Diccionario de afijos del español contemporáneo

El *Diccionario de afijos del español contemporáneo* es el primer estudio completo y sistemático de los morfemas que el español utiliza para la formación de palabras. En esta obra se presenta en detalle cada afijo utilizado para construir palabras en español.

Este completo diccionario destaca por sus descripciones de las principales propiedades de todos los afijos contemporáneos del español, incluyendo su comportamiento gramatical, clases de bases, significados, comportamiento fonológico y relación con otros afijos. El estudio se complementa con una bibliografía, un glosario de términos y apéndices que clasifican los afijos según diversos criterios. El formato de diccionario, organizado alfabéticamente, permite una consulta rápida y sencilla, y será especialmente útil para investigadores y estudiantes avanzados de morfología española.

Antonio Fábregas es Catedrático de Lengua Española en la Universidad Noruega de Ciencia y Tecnología, Trondheim (NTNU, Trondheim). Previamente ha sido catedrático de lengua española en la Universidad de Tromsø, donde trabajó entre 2009 y 2023. Su investigación se centra en la morfología descriptiva y teórica, la sintaxis, la semántica y el léxico.

Diccionario de afijos del español contemporáneo

Antonio Fábregas

Director de la colección: Javier Muñoz-Basols

LONDON AND NEW YORK

Designed cover image: Ainul Azhar via Getty Images

First published 2024
by Routledge
4 Park Square, Milton Park, Abingdon, Oxon OX14 4RN

and by Routledge
605 Third Avenue, New York, NY 10158

Routledge is an imprint of the Taylor & Francis Group, an informa business

© 2024 Antonio Fábregas

The right of Antonio Fábregas to be identified as author of this work has been asserted in accordance with sections 77 and 78 of the Copyright, Designs and Patents Act 1988.

All rights reserved. No part of this book may be reprinted or reproduced or utilised in any form or by any electronic, mechanical, or other means, now known or hereafter invented, including photocopying and recording, or in any information storage or retrieval system, without permission in writing from the publishers.

Trademark notice: Product or corporate names may be trademarks or registered trademarks, and are used only for identification and explanation without intent to infringe.

British Library Cataloguing-in-Publication Data
A catalogue record for this book is available from the British Library

Library of Congress Cataloging-in-Publication Data
Names: Fábregas, Antonio, author.
Title: Diccionario de afijos del español contemporáneo / Antonio Fábregas.
Description: Abingdon, Oxon ; New York, NY : Routledge, 2024. |
Includes bibliographical references.
Identifiers: LCCN 2023028251 (print) | LCCN 2023028252 (ebook) |
Subjects: LCSH: Spanish language–Affixes–Dictionaries. |
LCGFT: Dictionaries.
Classification: LCC PC4175 .F33 2024 (print) |
LCC PC4175 (ebook) | DDC 465/.92–dc23/eng/20231115
LC record available at https://lccn.loc.gov/2023028251
LC ebook record available at https://lccn.loc.gov/2023028252

ISBN: 978-1-032-54024-5 (hbk)
ISBN: 978-1-032-54077-1 (pbk)
ISBN: 978-1-003-41504-6 (ebk)

DOI: 10.4324/9781003415046

Typeset in Times New Roman
by Newgen Publishing UK

A Javier Gutiérrez-Rexach y Manuel Leonetti, que fueron pioneros

Contents

INTRODUCCIÓN	1
A	22
B	126
C	139
D	161
E	210
F	303
G	305
H	308
I	319
J	448
K	449
L	450
M	455
N	487
O	511
P	572

Q	599
R	602
S	638
T	668
U	695
V	729
X	732
Y	734
Z	737
Glosario de términos técnicos empleados	*741*
Apéndices. Clasificaciones de afijos citados	*746*
Bibliografía	*753*

Introducción

1. Cómo usar este diccionario

Uno de los escasos puntos en que existe un consenso general en lingüística es la necesidad de aceptar, en cualquier teoría, que existe un repertorio léxico que almacena el vocabulario de una lengua y un conjunto de operaciones que permiten combinar unidades para dar lugar a estructuras más complejas. Ya que las operaciones son de aplicación general –todo lo general posible, dadas potenciales restricciones a su contexto de aplicación– el repertorio léxico contiene la información que en principio no es predecible, lo cual en su forma más básica se refiere a la asociación entre sonido y significado de cada uno de los exponentes que conforman el repertorio: que una secuencia fonológica como /relóx/ designa un objeto artificial diseñado para medir el tiempo, o que /mantél/ se asocia al significado de cierta pieza de tela o de otro material que se pone sobre la mesa para protegerla de manchas son hechos del español que no pueden derivarse por regla alguna, y que el hablante tiene que memorizar.

Ya es algo más debatido qué estructura interna tiene el repertorio léxico. Dentro de la gramática generativa es habitual proponer que el repertorio léxico se estructura por medio de entradas, similares a las de un diccionario, donde cada pieza aparece asociada a varios tipos de información. (1) presenta una entrada posible, simplificada, para el exponente que normalmente representamos como *reloj*.

(1) 'instrumento para medir el tiempo'   <--->   /relóx/   <--->   [N]

Esta entrada contiene tres tipos de información. *[N]* es una hipótesis sobre el conjunto de rasgos sintácticos que se asocian al exponente, y que en algunas teorías –las que tienen inserción tardía, es decir, aquellas en que primero se construye la estructura sintáctica y luego se introducen las piezas léxicas sobre el resultado de la sintaxis– condicionan el contexto en el que puede aparecer el elemento. Desde la perspectiva de la arquitectura de la gramática, esta parte es el gancho que permite asociar el repertorio léxico con la sintaxis, donde se aplican las operaciones a las que nos referíamos antes sobre los elementos atómicos para formar estructuras complejas. La representación */relóx/* contiene la información fonológica de la pieza léxica, que será la que permita que los rasgos sintácticos, en último término, se manifiesten externamente. La representación *'instrumento para medir el tiempo'* contiene la información semántica no predecible a partir de la estructura sintáctica o de la interpretación de los rasgos sintácticos, como [N] –a este tipo de información semántica que se asocia directamente a un exponente sin la intermediación de rasgos sintácticos se la llama 'semántica conceptual'–.

DOI: 10.4324/9781003415046-1

2   Introducción

Lo que el lector tiene en sus manos no es un diccionario monolingüe estándar, que para cada entrada te proporciona una definición del término y si acaso algunos ejemplos. Este diccionario es mi representación de las entradas del repertorio léxico que contiene en su mente un hablante ideal del español contemporáneo. Específicamente, este diccionario presenta la información que, por lo que he podido rastrear, se asocia a cada uno de los prefijos, sufijos e interfijos del español contemporáneo, y en el fondo constituye mi hipótesis de qué propiedades tiene cada una de las entradas de estos elementos en el repertorio léxico de un hablante nativo del español actual.

La diferencia entre un diccionario y el repertorio léxico que usan los hablantes diariamente al emplear su lengua es clara: el diccionario es un producto externo, mientras que el repertorio léxico es parte de la información mental que posee un hablante que sabe hablar una lengua. Aquí el lector debe entender que cuando hablo de 'un hablante' me estoy refiriendo a un hablante idealizado del español contemporáneo, uno que tenga el conocimiento de todos los afijos que alguien puede reconstruir para el español actual leyéndose diccionarios y haciendo búsquedas en corpus. Es dudoso que existan hablantes específicos cuyo repertorio léxico para los afijos del español sea exactamente igual que la información contenida en este diccionario, y no pienso solamente en cuántas características tiene cada uno de los afijos. Distintos hablantes individuales pueden desconocer algunos afijos que aparecen en este diccionario y que otros hablantes individuales emplean de forma habitual; por ejemplo, **-dera** (*vomitadera*) es frecuente en distintas zonas de Centroamérica, pero es completamente desconocido para un hablante nativo de Burgos. A la inversa, el sufijo **-is**^{2}, que aparece en las segundas personas plurales en buena parte de España (*cantáis*) es totalmente artificial para la mayoría de los hablantes nativos de América. Me atrevería a decir que no existen hablantes que tengan a la vez en su repertorio léxico estos dos afijos, pero ambos aparecen en este diccionario, porque un 'hablante ideal del español contemporáneo' tendría conocimiento y entradas léxicas para ambos, porque ambos pertenecen a ese objeto, sin duda arbitrariamente definido, que llamamos 'español general'.

Esta idea del 'hablante ideal' cuyo repertorio léxico trato de recoger en este diccionario es visible también en el hecho de que los hablantes individuales pueden incrementar la lista de entradas en su repertorio léxico diariamente, aprendiendo nuevas raíces; un estudiante que abre por primera vez un libro de biología, filosofía, skateboarding o técnicas de tatuaje incrementará su repertorio léxico de forma sustancial conforme avance por las páginas del libro. Es cierto que esto casi nunca sucede con nuevos afijos, y que casi siempre las entradas que se incrementan afectan a raíces y lexemas, pero este incremento también afecta a los afijos de forma sustancial. Como veremos más abajo (§6.1), es probable que el español tenga procedimientos semiproductivos para convertir adjetivos relacionales en prefijos, y entre los sufijos, hace años empezó a extenderse el uso de **-ing** como sufijo unido a bases españolas (*puenting*); recientemente, se ha implantado en ciertas variedades del español el sufijo de género inclusivo **-e**^{1}. En la medida en que hemos tenido acceso a estos afijos, están incluidos en este diccionario, pero –como cualquiera que ha trabajado en un diccionario se ve obligado a aceptar con resignación– sin duda habrán aparecido nuevos afijos en alguna parte del dominio hispanohablante en el intervalo que media entre el día en que este texto se envió a imprenta y el día en que el lector lo compró y lo abrió por primera vez.

Dado que este no es un diccionario al uso, sino mi intento de representar las entradas de los afijos en el repertorio léxico mental de un hablante ideal del español contemporáneo, creo que es pertinente que aclare algo de qué información encontrará el lector aquí.

Este diccionario tiene tres tipos de entrada, de distinta extensión y complejidad; los afijos más productivos poseen entradas del primer tipo, la más compleja, y los menos productivos, en función de cuánta información requieran o se pueda decir de ellos, tienen entradas del segundo o del tercer tipo.

El primer tipo de entrada contiene, en este orden, información sobre:

a   Los tipos de base con los que se combina un afijo.
b   El comportamiento gramatical del afijo. Globalmente, (a) y (b) tratan de reconstruir qué rasgos sintácticos son los que subyacen a la inserción de ese afijo.
c   Los tipos de significado asociados al afijo. Parte de ese significado también sirve para reconstruir los rasgos sintácticos que subyacen al propio afijo, y otra parte proporciona la semántica conceptual que se asocia al afijo –recuérdese: el significado no predecible a partir de la estructura en la que aparece el afijo, o los rasgos sintácticos que lo componen–.
d   El comportamiento fonológico del afijo, incluyendo las operaciones fonológicas sistemáticas que puede producir en la base.
e   Los alomorfos documentados para el afijo.
f   Las posibles haplologías –es decir, cancelaciones de afijos o de segmentos finales, causadas por la adición de un afijo, como en *anál(isis) > anal(isis)ista*– a las que da lugar el afijo.
g   Posibles problemas de clasificación, cuando los datos empíricos no permiten determinar de forma clara si algo es un afijo o no.
h   Posibles problemas de segmentación, es decir, si cabe descomponer un afijo en una secuencia de dos afijos (como puede pasar a veces con *-ncia* o *-ería*) o no.
i   Relaciones con otros afijos, es decir, qué otros afijos tienen valores similares, opuestos o relacionados de otra forma con el afijo del que hablamos.

No todas las entradas del primer tipo tienen estos nueve puntos. Por motivos de espacio, hemos evitado secciones donde solo se podía decir 'No hay nada relevante en este aspecto', de forma que el lector tiene que interpretar la ausencia de alguno de estos nueve puntos como 'el autor de este diccionario no tiene nada interesante que decir al respecto'. Ocasionalmente, cuando dos de estas cuestiones están muy relacionadas entre sí, se han unido dos secciones en una, generalmente a partir de (d) y en adelante: por ejemplo, en algunos afijos solo uno de los alomorfos produce cambios fonológicos en la base, o existen dudas acerca de si algunos casos deben tratarse como haplologías o no, lo cual da lugar a problemas de segmentación. La presentación de estos datos de forma útil para el lector requería, en mi opinión, unir dos o más de las secciones dentro de la misma secuencia de presentación.

El segundo tipo de entrada se diferencia de la primera en que no distingue secciones para cada uno de los puntos (a-j), debido a que lo que había que decir de cada uno de ellos es mucho menos que en el caso anterior. Generalmente los afijos que tienen entradas de este tipo tienen una productividad reducida, un comportamiento extraordinariamente regular o no revisten complejidad descriptiva suficiente para requerir explicaciones más extensas. En estos casos hemos mantenido el mismo orden de presentación que en las entradas más complejas.

Finalmente, hay un tercer tipo de entrada que consiste apenas en unas líneas. Esta clase de entradas se emplea para aquellos afijos que aparecen en un conjunto tan reducido de formas que, frecuentemente, hay dudas acerca de si ese hablante ideal realmente los segmenta y construye entradas individuales en su repertorio léxico mental, frente a la alternativa de almacenar la voz completa sin separarla en morfemas. Esta entrada predomina con los posibles interfijos, en los que habitualmente hay dudas acerca de si son elementos segmentables o secuencias de sonidos que forman parte de alomorfos de la base o del afijo. También ha resultado útil para remitir al lector desde un alomorfo de un afijo hasta la entrada del afijo correspondiente.

2. Metodología y restricciones

El lector tal vez pueda entender mejor las utilidades y las limitaciones de este diccionario si es consciente de las decisiones metodológicas que hemos adoptado al elaborarlo.

2.1. Foco en la sincronía

El objetivo de este diccionario, como se ha dicho, es presentar las propiedades que tienen los afijos en ese repertorio léxico mental de un hablante contemporáneo. Esto nos lleva necesariamente a poner el énfasis en las propiedades sincrónicas de los afijos, y dejar de lado sus peripecias históricas. La información histórica que encontrará el lector en este diccionario, frente a por ejemplo Pharies (2002), está restringida a una breve nota etimológica y ocasionalmente a alguna observación acerca de la relación etimológica entre afijos que hoy tienen usos distintos, como puede ser el caso, por ejemplo, de **-áculo** y **-ajo**. El lector no encontrará ninguna descripción del devenir diacrónico de las formas.

El foco sincrónico tiene consecuencias no triviales a la hora de determinar qué afijos son alomorfos de otro y cuáles, pese a su relación etimológica, deben entenderse ya como afijos diferenciados. Es decir: el mismo criterio sincrónico que nos lleva a tratar **-áculo** y **-ajo** en entradas separadas pese a tener el mismo origen histórico puede hacer que tratemos en entradas separadas lo que tradicionalmente se consideran alomorfos de un mismo afijo. El lecto encontrará, por ejemplo, un tratamiento diferenciado para **-ano**, **-iano** y **-tano**, pese a que obviamente tienen un mismo origen diacrónico. La justificación es que el uso contemporáneo de estos afijos tiene un conjunto tan claro de propiedades gramaticales y semánticas diferenciadas que sugiere que el hablante que no es consciente de la relación histórica los ha especializado para distintos usos, algo que entiendo que ha de reflejarse en la existencia de entradas distintas para cada afijo en su repertorio léxico mental y, por tanto, también en este diccionario.

2.2. Uso de diccionarios y de corpus

Existe una tendencia muy marcada en los estudios sobre la formación de palabras a emplear el diccionario monolingüe como su fuente primaria. El motivo de esta elección es fundamentalmente práctico: el diccionario proporciona listas ordenadas de términos que contienen un afijo, y si además admite búsquedas por la terminación o de secuencias de letras, resulta muy práctico para localizar elencos de posibles formaciones que contienen un afijo determinado. Este diccionario está construido, también, considerando distintos diccionarios monolingües, sobre todo el DRAE (en su versión electrónica, 2023), el María Moliner y el CLAVE.

No obstante, la consideración exclusiva de diccionarios tiene problemas metodológicos cuando uno trata de reflejar el uso sincrónico de la lengua. No pienso ahora en la presencia habitual de formaciones históricamente documentadas pero desusadas en la actualidad, porque esos casos pueden excluirse fácilmente del estudio. Más bien pienso en el hecho de que las irregularidades y las idiosincrasias están sobredocumentadas en un diccionario, y pueden dar una sensación de asistematicidad que no refleja realmente las regularidades en el uso que un hablante contemporáneo hace de un afijo determinado.

Un diccionario, también este, es una obra finita en la que no pueden incluirse todas las voces que el hablante puede usar, interpretar o formar creativamente. Quien diseña un diccionario tiene que tomar decisiones firmes sobre qué voces incluye y cuáles no. Una de estas decisiones se refiere a la necesidad de que una voz aparezca recogida en el diccionario. Cuando la voz derivada por afijos tiene alguna idiosincrasia impredecible por regla general en su significado (por ejemplo, *ambulatorio*), en su forma (por ejemplo, *abacial*, de *abad*) o en otra dimensión de uso, resulta virtualmente obligatorio incluirla en el diccionario porque se entiende que un hablante normal tendrá que acudir a él para interpretar alguna de esas propiedades impredecibles. En cambio, cuando la forma es completamente regular, su inclusión en el diccionario no es tan obvia –claramente, ningún diccionario puede contener todas las voces combinadas con los diversos afijos apreciativos, solos o en cadenas, o todos los adverbios en **-mente** que un hablante nativo puede producir–.

Si bien claramente hay siempre más formas regulares que irregulares –algo que se sigue lógicamente de la misma definición de 'regular'–, quien hace un diccionario y tiene que limitar el número de voces para que la tarea sea abarcable recortará dentro del conjunto de formas regulares, predecibles, mucho más que dentro del conjunto de las impredecibles, que son las que más probablemente lleven a un usuario a consultar el diccionario. El resultado es que las voces irregulares están sobrerrepresentadas en los diccionarios.

Este hecho, que hace más útiles los diccionarios para sus usuarios, produce problemas serios para un análisis morfológico que se apoye exclusivamente en datos obtenidos del diccionario: la mayoría de voces serán irregulares en algún sentido –por el sufijo con el que se combinan, por su significado conceptual, por su forma fonológica, etc.–, y el investigador terminará concluyendo fácilmente que apenas hay generalizaciones que hacer sobre las bases que selecciona un afijo, la estructura argumental que impone, la interpretación con respecto a la base, etc. En definitiva, la impresión que se obtendrá será caótica y accidental, porque la mayoría de formas que se consideran son lo bastante idiosincrásicas para que un lexicógrafo vea la necesidad de explicarle a un hablante nativo cómo se emplea y qué significa.

Con la intención de al menos reducir este problema, este diccionario ha empleado también como fuente el corpus. Específicamente, hemos empleado para cada uno de los afijos que aquí se analizan el Corpus del Español de Mark Davies, y más concretamente el subcorpus NOW, que está construido con textos periodísticos digitales de los últimos años, en todas las áreas geográficas.

Las ventajas de emplear este subcorpus para completar y ampliar los datos observados en los diccionarios son tres, en mi opinión. Al ser textos periodísticos, las voces que se emplean son lo bastante formales para reflejar las variedades más estándar –y por tanto, el uso de los afijos de ese hablante ideal al que nos referíamos en §1–, pero lo bastante espontáneas como para que reflejen la lengua habitual de esos mismos hablantes. Por decirlo en términos menos técnicos, frente a un texto literario, un periodista tiene que producir textos de forma rápida, y en una lengua que se considere fácilmente comprensible por un hablante medio, y frente a los textos ocasionales que se encuentran en chats de internet y otros medios de comunicación, el lenguaje de un periódico está lo bastante cuidado y revisado como para garantizar que responde a lo que cada región geográfica considera su variedad estándar.

En segundo lugar, estos textos son actuales, tomados de periódicos digitales, lo cual garantiza información actualizada del uso de los afijos que estamos describiendo. Y en tercer lugar, frente a otros córpora que también podríamos haber usado, NOW recoge con profusión datos de todas las zonas geográficas del mundo hispanohablante, lo cual garantiza también cierta diversidad en un eje diatópico.

2.3. *Qué no encontrará el lector en este diccionario*

Junto a la ausencia casi total de información histórica, hay cuatro elementos que el lector no va a encontrar en este diccionario.

En primer lugar, el lector no puede emplear este diccionario como sustituto del diccionario monolingüe normal. Esto no es un diccionario que proporcione la definición de las palabras que aparecen bajo las entradas de cada uno de los afijos. Apenas se proporcionan definiciones de las palabras, salvo que sea para ilustrar los tipos de significado de cada afijo estudiado. El motivo es que me importa entender y describir las propiedades del afijo, no de la palabra completa que forman, y cualquier referencia a las palabras completas se hace para aclarar qué información contienen los afijos correspondientes.

En segundo lugar, este diccionario no contiene análisis de ningún tipo acerca de los procesos y operaciones que subyacen al uso de cada uno de los afijos, o de sus clases. Hablamos de parasíntesis, por ejemplo, solo para describir qué afijos intervienen en ella y bajo qué condiciones –las bases que toman, las correlaciones entre prefijo y sufijo, la categoría gramatical que producen, etc.–, pero no comparamos distintos análisis de la parasíntesis como proceso o proponemos estructura alguna que dé cuenta de sus propiedades. El lector interesado en estos temas encontrará, eso sí, referencias bibliográficas en las entradas de los afijos principales donde sí se discute el análisis de este y otros fenómenos relacionados con la gramática de cada uno de los afijos.

En tercer lugar, este diccionario está limitado con respecto a la información sintáctica que se proporciona. Por motivos de espacio, la información que se da acerca de la sintaxis de las formaciones que emplean cada uno de los sufijos se reduce a la clase gramatical a la que pertenecen y los principales hechos de su comportamiento en general, como si los sustantivos toman estructura argumental o no, pertenecen sistemáticamente a alguna clase gramaticalmente relevante de sustantivo –contable, colectivo, de evento, etc.–, de manera que pueda achacarse esa parte de su comportamiento a los rasgos que se asocian al afijo determinado.

Finalmente, esto es un diccionario de afijos, lo cual quiere decir que no tenemos entradas para las raíces, que componen el grueso del repertorio léxico del español, o las bases de formación. Esta ausencia, necesaria para darle coherencia interna al diccionario, se me ha hecho particularmente dolorosa en el caso de las bases de las categorías funcionales, como el auxiliar *haber*, las bases negativas de algunos pronombres (*nad-ie, nad-a*) y otros elementos sobre los que, sin duda, habría mucho que decir en una descripción detallada. Sin embargo, abordar un diccionario de morfemas que contenga tanto afijos como lexemas, bases y raíces es una tarea inabarcable, o al menos, una tarea que es mejor emprender por partes, comenzando por el diccionario de los afijos y tal vez siguiendo más adelante con otros diccionarios paralelos.

Esto quiere decir que –con las dificultades que se mencionarán en §6– el lector tampoco encontrará en este diccionario entradas para los temas neoclásicos, solos (*logo, filo*) o en compañía de algún sufijo (*logía, filia*), debido a que no son afijos e incluirlos en el diccionario solo podría hacerse si, para mantener la coherencia, se incluyeran también otros lexemas y raíces.

3. Clasificación de afijos

Con la excepción de la clasificación acerca de los prefijos, que se distancia por motivos empíricos de las que son más habituales, la terminología que emplea este diccionario es completamente estándar.

3.1. Sufijos

Entre los sufijos suponemos dos grandes familias: los flexivos y los derivativos. Como es bien sabido, pese a algunos fenómenos empíricos que parecen estar en el límite entre estas dos clases de procesos, se considera que la flexión proporciona las distintas formas de una misma voz, dependiendo del contexto gramatical en el que aparece. Así, los nombres y adjetivos del español dan lugar a distintas formas flexivas en género y número, mientras que los verbos tienen un conjunto mucho mayor de formas, que incluyen distintas combinaciones de modo, aspecto, tiempo, persona y número. En este campo, este diccionario considera dos clases fundamentales de sufijos flexivos:

a   Sufijos flexivos nominales, que se seleccionan como sus bases a sustantivos, adjetivos y frecuentemente también a pronombres y determinantes.
b   Sufijos flexivos verbales, que toman como base verbos léxicos, copulativos o auxiliares.

La clasificación de sufijos derivativos es necesariamente más compleja. Se asocia a la derivación un conjunto de efectos muy variados en la base que se entienden que fuerza a considerarla una voz nueva y no solo una forma de ella: el cambio de categoría gramatical, el cambio en la clase de entidades que denota la base, un cambio en su estructura argumental o aspecto léxico, etc. En este diccionario hemos partido de una primera clasificación que tenga en cuenta el cambio más radical que puede producir un sufijo derivativo en español, que es la categoría gramatical de la base, y secundariamente una clasificación algo más semántica, construida sobre ella, que establezca subclases para cada grupo de prefijos derivativos.

De esta manera, partimos de las siguientes clases:

a   Sufijos nominalizadores, que convierten una base que no es un sustantivo en un sustantivo.
b   Sufijos adjetivalizadores, que toman una base no adjetival y dan como resultado un adjetivo.
c   Sufijos verbalizadores, que toman bases no verbales y producen verbos léxicos.
d   Sufijos nominales, que toman sustantivos y producen otros sustantivos con distintas diferencias de significado.
e   Sufijos adjetivales, que toman adjetivos y dan lugar a otros adjetivos, generalmente operando sobre la escala o el grado de la base.

Las siguientes tablas muestran, dentro de cada una de las clases, las subdivisiones semánticas que hemos usado, y que se apoyan en Fábregas (2016).

Dos aspectos son comentables en la tabla 1. En primer lugar, no hay en español sufijos que se especialicen en nominalizaciones para verbos de estado, si bien algunos —como -**ncia**— suelen preferir lecturas del verbo base en que se expresan propiedades más que acciones. Por ello incluimos en una misma clase las nominalizaciones de acción y estado, que han de entenderse como formas nominales que conservan la estructura argumental

Tabla 1 Clases de nominalizadores

Clase	Ejemplos	Descripción
De acción o estado	*destrucción, abundancia*	Denotan eventualidades, eventos o estados, y mantienen la estructura argumental de la base. Vienen siempre o casi siempre de verbos
De cualidad	*fortaleza, calvicie*	Denotan propiedades, generalmente graduables, y suelen tomar como argumento la entidad de la que se predican estas propiedades
De agente o instrumento	*cantante, cerrojo*	Denotan el participante en la eventualidad del verbo base que inicia la acción o la facilita
De lugar	*bebedero, sanatorio*	Denota el participante de la eventualidad del verbo base que localiza convencionalmente la acción, o denota el lugar destinado específicamente a desarrollarla
De resultado o entidad afectada	*limadura, resumen*	Denota el participante que corresponde a la entidad creada o modificada como resultado del evento expresado por el verbo
De otros tipos	*ligamento, reinado*	Denotan distintos tipos de participantes no incluidos en las clases anteriores

del verbo base, de forma similar a lo que Grimshaw (1990) llama 'nominalizaciones de evento complejo'. En segundo lugar, estamos restringiendo el término 'nominalización de resultado' solo a aquellas que forman sobre el verbo el nombre de la entidad que se crea o produce como resultado del evento, es decir, cierto tipo de participante. Junto a esta clase de participantes, diferenciamos otros elementos típicos, que no denotan eventos o estados, entre las nominalizaciones, como los agentes o los lugares.

Con respecto a los adjetivalizadores, en la tabla 2 se muestran sus divisiones internas, siguiendo a Fábregas (2020).

Las verbalizaciones son menos fácilmente sistematizables. En el dominio de las verbalizaciones, las distinciones entre afijos se han presentado en términos de (i) cuáles participan en parasíntesis o no, (ii) qué clases de aspecto léxico producen, o al menos tienden a producir y (iii) qué estructuras argumentales imponen frecuentemente. Sin embargo, la adscripción de afijos particulares a este complejo conjunto de factores es menos limpia que en el resto de casos, en parte porque la relación que pueden establecer los afijos con sus bases es mucho más compleja (cf. Fábregas 2022).

El dominio de los sufijos derivativos nominales tiene también un buen conjunto de subclases semánticas (Fábregas en prensa).

Los sufijos adjetivales son aquellos que operan de alguna manera sobre el grado asociado al adjetivo, sea para seleccionar valores altos (*altísimo, paupérrimo*) o valores bajos (*blancuzco, parduzco*).

En cuanto a la morfología apreciativa, en este diccionario hemos seguido la convención estándar de dividirla en tres clases conforme a su valor semántico preferido:

a   diminutivos (**-it-**[1], **-illo**, **-ete**[1]...)
b   aumentativos (**-ón**[1], **-ote**, **-azo**[1]...)
c   peyorativos (**-ucho**, **-ajo**, **-engue**...)

Tabla 2 Clases de adjetivalizadores

Subclase	Ejemplos	Descripción
Relacionales	*estaturario, administrativo*	Denotan subclases de la entidad modificada, definidas por la relación que establece con la entidad o tipo de evento que denota la base
Calificativos causativos	*angustioso, calorífico*	Denotan la cualidad de poder producir o causar la entidad denotada por la base
Calificativos de hábito	*abusón, mirón*	Denotan la cualidad de participar frecuentemente, y de forma a veces excesiva, en el evento denotado por la base
Calificativos disposicionales	*futbolero, mentiroso*	Denotan la cualidad de tender o tener predisposición a la participación en el evento denotado por la base
Calificativos posesivos	*ventrudo, piojoso*	Denotan la cualidad de poseer alguna entidad o propiedad
Calificativos similitudinales	*cristalino, caballeroso*	Denotan alguna semejanza entre la entidad modificada y las propiedades de la entidad denotada por la base
Calificativos modales	*plegable, casadero*	Denotan la cualidad de facilitar la eventualidad denotada por la base a través de sus propiedades internas
De resultado	*cansado, roto*	Denotan propiedades adquiridas como efecto de su participación real en una instancia de la eventualidad denotada por la base

Finalmente, ha sido necesario proponer una clase de sufijos 'funcionales' que están restringidos a categorías no léxicas, generalmente pronombres y cuantificadores de varias clases, como los morfemas que forman los distintos tipos de numerales (*diez* > *décimo, ciento* > *centésimo, veinte* > *veinteavo*).

3.2. Prefijos

En cuanto a la prefijación, que en español siempre se considera derivativa y no flexiva, hemos seguido una clasificación en tres clases, que merecen algo de explicación.

a prefijos preposicionales
b prefijos cuantificativos
c prefijos adjetivales

Frente a las clasificaciones más tradicionales, que se basan en el dominio semántico del prefijo (y que el lector podrá encontrar en el apéndice), en este diccionario hemos optado por una clasificación basada en propiedades gramaticales.

La clase de los prefijos preposicionales, como su propio nombre indica, se asimila a las preposiciones, con las que a menudo son homófonas (*ante-, en-, sin-, con-*...). Se definen por el siguiente conjunto de propiedades, que el lector encontrará detalladas en las entradas correspondientes.

Tabla 3 Clases de sufijos derivativos nominales

Subclase	Ejemplos	Descripción
Colectivos	*cubertería, alameda*	Forman sustantivos que denotan grupos formados por la unidad denotada por la base
De acción o actividad	*mariscada, portazo*	Construyen nombres que designan acciones relacionadas de alguna manera con la entidad denotada por la base
De agente o instrumento	*portero, cineasta*	Designan las entidades que realizan una acción relacionada con la base
De estado	*mayorazgo, episcopado*	Dan nombre a la dignidad o al estado de ostentar un cargo denotado por la base
De lugar	*canódromo, frutería*	Designan el lugar donde se produce alguna acción relacionada de alguna forma con la base
De parentesco	*hijastro, osezno*	Designan distintas relaciones familiares o de padre-hijo relacionadas con la entidad denotada por la base
De propiedad	*conductancia, fobia*	Denotan la cualidad abstracta relacionada de alguna manera con la noción expresada por la base
Otros	*bolardo, altruismo, silicosis*	Designan otras clases semánticas (enfermedades, movimientos políticos, periodos de tiempo...) no sistemáticas

a   Pueden, en principio, combinarse con adjetivos calificativos y verbos, entre otras clases.
b   Suelen ser iterables, es decir, pueden añadirse recursivamente a la base (*anti-anti-minas*).
c   Pueden participar en formas parasintéticas, como en *tierra* > *en-terr-ar, sólido* > *con-solid-ar*.
d   Pueden formar verbos a partir de temas neoclásicos verbales, como en *im-plicar, re-plicar, su-plicar, com-plicar*, etc.

Algunos de estos prefijos preposicionales pueden usarse como modificadores de grado, sobre todo con adjetivos calificativos (*super-*, como en *super-super-moderno*), y en tal caso también son iterables. La principal diferencia entre la clase preposicional y la clase cuantificativa es que los prefijos cuantificativos son propiamente operadores que ligan una variable, y por ello no son iterables (de la misma forma que no podemos iterar el numeral en *dos tres libros): *mono-, in-* negativo, *pluri-, mili-*... (cf. *in-in-explicable, *mono-bi-plaza...). Junto a esto se definen por las siguientes propiedades:

a   O bien seleccionan sustantivos y adjetivos relacionales (la mayoría) o bien se especializan en formas deverbales (*recien-*, entre otros), pero pueden combinarse con ambos grupos porque el tipo semántico de aquello sobre lo que cuantifican está especificado en su significado.
b   Nunca son iterables, y no pueden combinarse unos con otros en la misma palabra.
c   No participan ni en parasíntesis ni en la formación con verbos neoclásicos.
d   Pueden convertir, sin ayuda de sufijos, sustantivos en adjetivos concordantes: *dolor* > *indoloro, sílaba* > *monosílabo*.

El término 'prefijo adjetival' ya aparece usado en algunas gramáticas descriptivas, como RAE & ASALE (2009), si bien en esta obra tiene un sentido más semántico que gramatical. En este diccionario el término se emplea para caracterizar a la clase de prefijos que tienen las siguientes propiedades, y que, entre otros, incluye a *pseudo-, ciber-, pleni-, tatara-* o *ex-*:

a   Al igual que los adjetivos, solo pueden unirse a bases sustantivas. Nunca aceptan verbos.
b   Si se combinan con adjetivos, solo lo hacen con adjetivos relacionales, que están gramaticalmente próximos por su comportamiento a los sustantivos.
c   Estos prefijos siempre conservan las propiedades gramaticales de la base, no pueden participar en parasíntesis y no alteran nunca la categoría gramatical.
d   La iterabilidad de estos prefijos es posible, y depende exclusivamente del valor semántico de la propiedad que expresan.

3.3. *Interfijos*

Pese a que en la bibliografía se suelen hacer algunas divisiones en la clase de los interfijos, su poca productividad, con excepciones particulares como (*-et-*), nos ha hecho inclinarnos por no complicar la descripción innecesariamente con subclases que, empíricamente, eran difíciles de identificar en segmentos que aparecen frecuentemente solo en un puñado de formas. Siguiendo a Portolés (1999) y a Martín Camacho (2003), aceptamos que existen interfijos que pueden estar motivados fonológicamente, mientras que en otros puede haber razones históricas para su presencia, ya perdidas en la conciencia del hablante contemporáneo, o incluso alguna explicación gramatical relacionada con la necesidad de adaptación de la base a las condiciones seleccionales del sufijo. Sin embargo, estas distintas divisiones apenas se han usado en este diccionario.

4. Problemas de segmentación

La definición estándar de morfema, desde Jespersen (1933), es que el morfema es la unidad menor de significado, y que además debe definirse por la propiedad de que puede ser sustituido por otro elemento –o no aparecer, trivialmente– y de ser un elemento recurrente que no se restringe a una sola voz. Estos criterios, como es bien sabido, han sido también muy discutidos en la bibliografía.

Un caso claro que se asocia a la definición es el sufijo **-dor**, que (i) se asocia a un valor de agente o instrumento, (ii) alterna con **-nte** y se une a bases que, sin él, son temas verbales y (iii) no está restringido a una sola voz, y es altamente productivo.

(2) a   nad-a-dor 'persona que nada'
    b   habl-a-dor, habl-a-nte
    c   corredor, cazador, andador, cenador, cortador, perdedor, ganador, vencedor...

En el otro extremo tenemos casos que no siguen ninguno de estos principios. Consideremos como ilustración los términos padre y madre. Un analista muy creativo podría estar tentado a segmentarlos como *p-adre* y *m-adre*, proponiendo que *p-* codifica 'masculino' y *m-*, femenino, con una base que significaría 'progenitor'. El problema sería que estos prefijos de género estarían restringidos cada uno a una sola palabra, y que la base 'progenitor' no daría otras formaciones, por lo que –hasta donde se me alcanza– nadie ha hecho una propuesta en esta dirección, diría yo que con buen juicio.

Aronoff (1976) fue el primero en presentar de forma sistemática el problema de que frecuentemente un morfema, incluso un morfema radical, carece de significado por sí mismo. A partir de aquí, el criterio del significado para identificar a un morfema se ha ido suavizando, y en la actualidad se admite que (i) algo es un morfema incluso en casos donde no se puede asociar a un significado si existen otras formas donde lo haga (cf. *pro-stitu-i*-r vs. *pro-cónsul*) y (ii) el significado de un morfema puede ser estrictamente gramatical, interpretable dentro del sistema de la gramática y sin reflejo externo en la realidad extralingüística (como es el caso de las vocales temáticas y las marcas de género).

El problema se hace más agudo en otros casos que son relevantes para este diccionario:

a   un segmento es recurrente, pero no tiene significado
b   un segmento es sustituible pero no es recurrente
c   un segmento es recurrente, pero no es sustituible

Los casos típicos de posibles morfemas recurrentes pero que no pueden asociarse a significados claros, ni gramaticales ni del mundo real, son los interfijos. Junto a otros problemas relacionados con su similitud, en muchos casos, a sufijos nominales o apreciativos (cf. §5), el interfijo es un caso claro de una secuencia que en principio puede ser aislable y aparece recurrentemente pese a que no se asocia a un valor claro.

(3) a   humo > humareda
    b   polvo > polvareda

Si segmentamos la raíz y el sufijo colectivo **-eda**, nos queda una secuencia *-ar-*. Podemos tratarla como una parte de un alomorfo de la base, lo cual tiene el beneficio de que *humar-* se documenta en otros casos (*humarada, humarasco*), pero el problema de *polvar-* no se emplea en otros casos; podemos tratarla como parte de un alomorfo del afijo, lo cual tiene el problema de que *-areda* solo aparecería en estas dos formas, y finalmente podemos tratarlo como un interfijo, que es lo que suele hacerse (Portolés 1988). Al considerarlo un interfijo, se puede postular en otras combinaciones, como *salt-ar-ín, and-ar-ín, lengu-ar-az, llam-ar-ón* y otras, pero no cabe encontrar ninguna propiedad gramatical o semántica que compartan las bases y los afijos involucrados para explicar qué función tienen, lo cual ha llevado a investigadores como Martín Camacho (2003) a concluir que la única posible explicación de estos casos es histórica. Podríamos, pues, no haber incluido interfijos en este diccionario, partiendo de esta observación –que consideramos esencialmente correcta, si bien deja fuera algún interfijo con valor fuerte, como **-et-**–, pero hemos optado por incluirlos, al menos para que el lector tenga elementos empíricos sobre su descripción que le permitan formarse alguna opinión.

Tenemos también casos en que hay un segmento que puede asociarse a un significado, es aislable –porque se identifica la base, que conserva su valor semántico– y no es recurrente. Tal vez el caso más dramático de esto que el lector encontrará en este diccionario es el de (4).

(4) matarife

Rainer (1993) observa, de forma muy razonable, que el hablante reconoce matar en la base de esta formación, porque un *matarife* es alguien que mata –con matices no gramaticalmente codificables frente a *matador*–. Si el hablante contemporáneo reconoce la base, está claro que segmenta *mat-a-rife*, y cuando aprende el valor de la palabra solo cabe pensar que asocie el valor 'persona que hace V' a *-rife*. El problema, por supuesto, es que este sufijo no aparece en otras formaciones para construir nombres de agente a partir de verbos. Estos casos, que abundan en el análisis de Rainer (1993), pero que reciben distintos grados de plausibilidad en virtud de otros factores, han sido todos incluidos en este diccionario, con los comentarios necesarios para evaluar la plausibilidad de que sea necesario postularlos.

Finalmente, existen posibles segmentaciones también donde se puede asociar un morfema a cierto valor (casi siempre gramatical), y es un morfema recurrente, pero no parece sustituible porque su segmentación dejaría bases muy difíciles de reconocer o postular. Esta clase de morfemas aparecen con frecuencia en análisis construccionistas de categorías funcionales, como pronombres y cuantificadores, y puede ilustrarse con los pares de (5):

(5) a t-al, t-anto
    b cu-al, cu-anto

Si se acepta esta segmentación, aislamos una base *t-* y otra *cu-* que podría aparecer también en otras formas funcionales; está claro que en esta segmentación *-anto* expresaría una noción de cantidad, *-al* una de identidad o propiedades, y *t-* expresaría un valor deíctico que se vuelve un cuantificador en el caso de *cu-*. Personalmente, no me caben dudas de que esta descomposición tiene ventajas para dar cuenta de las propiedades de los elementos funcionales en español, y que el precio de postular bases que apenas se emplean o donde es difícil reconocer una raíz es bajo en comparación con lo que ganamos, pero no todos los investigadores ponen la línea roja tan arriba como yo. En este diccionario hemos optado por incluir estos afijos también, como elementos funcionales que aparecen muy a menudo en numerales, casos donde la segmentación es menos problemática.

5. Problemas de posibles duplicaciones de entradas

Otra cuestión sobre la que se han tenido que tomar decisiones prácticas es en qué casos era necesario duplicar las entradas, atendiendo a un posible estatuto distinto de usos de un afijo, que en algunos casos podrían llevar a la conclusión de que tenemos segmentos homófonos. Estos casos pueden dividirse en las siguientes clases:

a Los interfijos que son al menos homófonos con sufijos, generalmente apreciativos, como *-ill-*, *-uch-*, o de otros tipos, como *-ar-*, *-ant-*. Los datos muestran que muy frecuentemente los segmentos clasificables como interfijos tienen la misma forma que otros afijos, lo cual –combinado con la hipótesis razonable de que en muchos casos son resultado de la fosilización de secuencias históricamente segmentables y reconocibles– plantea el problema de si no habría que tratar los casos de aparente interfijo, en tales condiciones, como usos del sufijo que se han desemantizado. Pese a que esta opción analítica puede ser superior en términos teóricos, he considerado que los propósitos prácticos de un diccionario hacen preferible dividir las entradas, por una parte los interfijos y por otra parte los sufijos.
b En relación con esto, ocasionalmente afijos que pueden entenderse como apreciativos con su semántica activa en algunos casos (*tierra* > *terruca*) son segmentables, sin ese valor, en algunas formas lexicalizadas (*pelo* > *peluca*). De nuevo, pese a que resulta

14 *Introducción*

atractiva la opción analítica de tratar ambos tipos de caso de forma paralela y proponer un proceso de lexicalización que en las segundas formas ha encubierto por completo el valor original del sufijo, he optado, en aras de que el diccionario se emplee de forma práctica, por dividir estas entradas.

c   En otras ocasiones, la duplicación se debe a que el mismo afijo toma terminaciones distintas de género, como en el caso de *-aza, -azo, -azos*, o de *-icia, -icio* e *-icie*, o de *-oide* y *-oideo*. En puridad, las entradas deberían ser *-az-, -ici-, -oid-*, con las terminaciones de género separadas en las entradas que ya existen para ellas. De nuevo por motivos prácticos, he optado en la mayoría de estos casos por permitir que el lector no experto reconozca más fácilmente el afijo dejando que aparezca citado con su vocal de género, y cuando se han encontrado diferencias de distribución entre las formas con una u otra marca de género (sea por su productividad, su especialización semántica, o por alguna otra propiedad gramatical) se han propuesto entradas distintas para cada una de ellas. Solo hemos contenido en la misma entrada variantes con distinta terminación de género (cf. *-ez* y *-eza*) cuando no existen tales diferencias y la distribución tuviera las propiedades esperables de la alomorfía.

d   La cuestión más compleja, sin embargo, ha sido la de determinar si distintos usos semánticos de un mismo afijo, potencialmente dos afijos relacionados históricamente pero en la actualidad homófonos, deben dividirse en entradas distintas o formar parte de la misma. En este caso hemos utilizado un conjunto algo más complejo de parámetros para decidir: cuando los distintos usos involucran sistemáticamente bases de distinta categoría gramatical o de propiedades gramaticales distintas en el derivado, hemos optado por dividir (cf. *-ón*, dividido en cinco entradas distintas conforme a este criterio). Cuando las clases de bases no presentan diferencias sistemáticas entre sus usos, los hemos tratado como interpretaciones distintas del mismo afijo, motivadas por propiedades conceptuales y de conocimiento del mundo que no se reflejan directamente en la gramática (cf., *-oso*[1], con valores similitudinales, posesivos, causativos y disposicionales). Cuando estos criterios no han sido suficientes, hemos aplicado también otros parámetros algo más arbitrarios, como en qué medida cada uno de estos usos es productivo y si la productividad permite justificar un tratamiento individualizado de cada uso o presenta suficientes correspondencias como para tratar ambos bajo la misma entrada.

6. Problemas de clasificación

6.1. *Prefijos y compuestos*

El principal problema de clasificación al que se ha enfrentado este diccionario es bien conocido en los estudios gramaticales: delimitar los campos de la prefijación y de la composición. La postura, más tradicional, de hecho, trataba la prefijación como un tipo de composición (Darmesteter, 1875), basándose en el siguiente conjunto de hipótesis:

a   Un compuesto es una palabra formada por al menos dos morfemas libres
b   Los prefijos son frecuentemente adverbios o preposiciones en la lengua, o en su origen histórico
c   Por tanto, las formas prefijadas son compuestos.

El criterio (a), sin embargo, es muy vago y, pese a su valor intuitivo en los primeros niveles de la enseñanza básica, no se sostiene en el análisis. Dejando a un lado el hecho de que en numerosas palabras que se consideran compuestos el formante que no actúa como núcleo aparece en una forma que no puede funcionar libremente en español (cf. *pel-i-rroj-o*), cualquier criterio que parta de la supuesta independencia de los elementos de un compuesto ha de enfrentarse a problemas descriptivos muy abundantes que se deben a que en español, como en cualquier otra lengua, falta una definición clara de qué es una palabra. Por ejemplo, en una forma como (6a) habría que proponer un análisis de compuesto debido a que existe en español la preposición *ante* ('ante las ruinas'), mientras que en (6b) estaríamos ante un prefijo porque el español no emplea una preposición *pre* (**pre la cena*).

(6) a ante-ceder
    b pre-ceder

No parece que entre los dos verbos de (6) haya el conjunto de diferencias en su comportamiento gramatical que justifique considerar compuesto a una y palabra derivada a la otra, esto es, salvo que aceptemos que 'compuesto' es un término conveniente que en realidad no refleja ninguna propiedad gramaticalmente significativa de los elementos que etiqueta, en cuyo caso simplemente habría que desterrar el término del análisis gramatical.

El hecho es que el supuesto criterio del 'morfema libre' no da los resultados deseables, precisamente porque no está claro qué significa 'libre' en un universo teórico donde nadie ha obtenido una definición clara de qué propiedades ha de tener algo para contar como 'palabra'. Es cierto que las preposiciones parecen 'libres' si nos atenemos al criterio de si se escriben como palabras ortográficas o no, y es cierto también que no se copian en los procesos de concordancia que, en otras lenguas, copian el valor de caso del constituyente nominal. Sin embargo, ¿en qué sentido podemos decir que es 'libre' un elemento que no puede aparecer sintácticamente sin la participación de un complemento seleccionado, como pasa en (7)?

(7) a *Juan vive en.
    b Juan vive aquí.

Acerca de estos casos, en este diccionario hemos adoptado la convención de que, si el candidato a prefijo no se combina con otros afijos para derivar una forma, es él también un afijo. Soy consciente de que existe la posibilidad de que algunas de estas bases no se combinen con afijos por ser 'preposiciones', entendidas como una clase de palabras con valor funcional que pueden tener sus capacidades de combinatoria fuertemente restringidas. No obstante, en este punto no he sido capaz de encontrar un criterio mejor para delimitar la clase de objetos.

El problema se replica con otros prefijos que potencialmente podrían considerarse usos adverbiales, y por tanto no variables, de adjetivos. Algunos ejemplos de esta situación son *medio*, *recién* y *puto*, en estructuras como las de (8):

(8) a Se medio-enamoró.
    b Me puto-encanta.
    c Se había recien-levantado.

La posición del elemento, tras los clíticos, deja claro que el elemento en cuestión no es un sintagma adverbial normal (cf. *Recien(temente) se había enamorado, A medias se había enamorado*), pero no aclara si tenemos un compuesto o si tenemos una palabra prefijada.

Es cierto, sin embargo, que tradicionalmente no se reconoce en español una estructura compositiva productiva que combine adverbios con otras categorías, lo cual hace que estos casos se clasifiquen como prefijos de forma menos polémica, pero eso no quita que en términos científicos haya que admitir que faltan suficientes criterios para determinar qué clase de estructura implican estas formas. En este diccionario hemos optado por aceptar provisionalmente la adscripción de estos elementos a la clase de prefijos, criterio que hemos extendido también a casos como *bien-* y *mal-*, por coherencia interna en nuestros parámetros de inclusión.

En la bibliografía formal más reciente (cf. Harley 2005, por ejemplo) el problema de la delimitación entre compuesto y palabras derivadas ha intentado resolverse restringiendo el elemento crucial cuya aparición hace que una estructura se clasifique como compuesto: Harley, y con ella otros muchos, proponen que lo que cuenta es la raíz, entendida como el lexema en la gramática tradicional, despojado de todo afijo. Un compuesto sería, pues, una 'palabra' que contiene dos o más raíces.

Este criterio resolvería el problema de formas como *pelirrojo*, porque *pel-* no es un morfema libre, pero sí una raíz. Sin embargo, no está exento de problemas. En español existen numerosos formantes que tienen una forma que podría analizarse como una raíz y una vocal de enlace -*i*- u -*o*-. Cito algunas en lo que sigue:

(9) alti-, arbori-, denti-, pleni-, justi-
(10) geno-, dento-, anemo-, fanto-

La cuestión es si estas formas han de analizarse como prefijos que terminan en vocal /i/ u /o/ o son raíces compositivas con la vocal de enlace que define algunos compuestos. El español tiene solo cinco vocales, por lo que no podemos concluir rápidamente, al ver que aparece una /i/ final, que la estructura contiene vocales de enlace.

El problema se hace más serio aún cuando intentamos aplicar otras pruebas. Es obvio que alto o diente pueden aparecer en segunda posición de una palabra (contralto, tridente), pero para determinar si esto es suficiente para determinar que son o no prefijos primero necesitamos tomar una decisión acerca de si la /i/ o la /o/ finales son vocales de enlace, en cuyo caso debemos considerar la forma sin /i/ u /o/ para aplicar el criterio posicional, o si son parte del morfema. En el primer caso, el resultado sería que *altisonante* se segmenta *alt-i-son-a-nte* y *alt-* es un formante compositivo que también puede prefijarse, como en *contr-alt-o*, y en el segundo caso *alti-son-a-nte* contendría un prefijo.

No tengo una respuesta clara a qué hacer en los casos generales para estos formantes. En este diccionario, he considerado casa caso individualmente y he empleado distintos criterios para determinar si una secuencia contiene o no vocal temática; cuando, por ejemplo, la distribución o el significado del elemento acabado en /i~o/ difiere mucho del que posee como raíz, o cuando no hay motivos estructurales que expliquen la presencia de una vocal de enlace compositiva –porque la voz no corresponde a ningún patrón compositivo productivo en español actual– he optado por el análisis de prefijo, pero he considerado la opción no marcada tratarlos como formantes de compuesto.

El español posee procedimientos semiproductivos, tal vez influidos por el inglés, que permiten acortar un adjetivo relacional, hacerlo terminar en /o/ invariable, y unirlo a la izquierda de una base como si fuera un modificador. Esto ya lo notaba Carmen Pensado (1999: §68.5.4.1) y la productividad de este procedimiento ha aumentado recientemente, sobre todo en el lenguaje periodístico. En tiempos recientes esto ha sucedido con *cripto*, en formaciones como *criptoestafa*, *criptomoneda* y otras. Parece que bajo esta forma se encuentra el adjetivo críptico o el verbo encriptar. Algo parecido, en formas más establecidas ya, sucede con *genérico* en *(variación) geno-lectal*.

No es fácil determinar qué está sucediendo en estos casos, es decir, si el hablante está creando nuevos prefijos o elementos compositivos truncados. Por un lado, ya hemos argumentado que existe una clase de prefijos equivalentes por su significado y distribución gramatical a los adjetivos relacionales; en la medida en que significan lo mismo que algunos adjetivos, que son clases abiertas, esperamos que los hablantes creen nuevos prefijos adjetivales conforme se van enfrentando a nuevos requisitos comunicativos y a nuevas realidades que quieren describir, o a veces conforme van generando nuevos términos técnicos que presentan de forma abreviada y convencional algunas realidades.

No resulta fácil tampoco en estos casos determinar si la posición obligatoria a la izquierda para estos elementos es una necesidad de la estructura compositiva que producen o refleja una naturaleza de afijo, con posición fija. Entendiendo, de nuevo, que la posición por defecto ha de ser la de tratarlos como formantes compositivos, solo hemos incluido en este diccionario aquellos miembros que presentaran otras propiedades de prefijo, o un significado lo bastante alejado del que tendría la supuesta forma que abrevian.

Finalmente, queremos mencionar un criterio informal que a veces se emplea y que no hemos adoptado en este diccionario: el peso semántico del formante. Existe la preconcepción de que ser un formante compositivo se asocia a un valor conceptual fuerte (cf. *limpiabotas, donde tanto limpiar como botas aportan una gran cantidad de información semántica*), mientras que en los prefijos el significado es mucho más vago (cf. *en-gord(ar)*, donde cuesta encontrar alguna noción locativa que aporte el prefijo). Cuando, además, el formante es robusto fonológicamente (polisílabo, tal vez con acento secundario), la intuición automática es tratarlo como un formante compositivo, y no como un afijo. Este criterio ha llevado alguna vez a proponer que *sobre-* en *sobrevolar* forma un compuesto porque el prefijo significa lo mismo que la preposición *sobre* en *volar sobre algo*, mientras que es un prefijo en *sobrealimentar*, porque el valor de exceso 'alimentar demasiado' está ausente de los valores de la preposición. Bajo este criterio es la única forma en que podemos darle sentido al hecho de que el DRAE, en su versión electrónica de 2023, incluya *aniso-* como un formante compositivo, cuando es evidente que es una secuencia del prefijo privativo **a-**^{2} y el prefijo adjetival **iso-**, y la secuencia no posee ninguna propiedad de compuesto. En este diccionario he evitado cualquier tentación de dejarme llevar por la tendencia, real o percibida, a que los prefijos sean breves y semánticamente vagos, y he evaluado cada formante con independencia de su semántica conceptual o de su robustez fonológica, para determinar qué comportamiento gramatical poseen y, a partir de él, si debía ser considerado afijo o no.

6.2. Temas neoclásicos

Incidiendo también en el problema de los límites entre la prefijación y la composición, otra dificultad que limita las entradas que aparecen en este diccionario es la cuestión de qué morfemas no pertenecen al elenco de afijos del español por tratarse de temas neoclásicos. El concepto de tema neoclásico (Melloni, 2023), de forma prototípica, se refiere a un morfema, típicamente de origen grecolatino, que no funciona por sí solo como un lexema del español pero no tiene posición fija.

La definición de tema neoclásico tiene, por tanto, dos partes: una etimológica, que asocia estos elementos al latín o griego clásicos, y una gramatical, que sitúa a estas entidades, si se quiere, en una posición intermedia entre la raíz y el afijo. Sin embargo, esta definición es problemática en la práctica. Por una parte, el criterio etimológico no es excluyente: existen morfemas que corresponden a la definición gramatical de 'tema neoclásico' pese a no proceder ni del latín ni del griego, como la base *glu-* en *gluón*, que procede del inglés. Acerca de estos casos, conviene advertir al lector de que en este diccionario hemos interpretado 'neoclásico' como 'transmitido de otra lengua predominantemente por vía escrita', y no hemos restringido el término arbitrariamente a los que proceden del latín o del griego: si el morfema despliega el comportamiento de los temas neoclásicos, lo hemos considerado como tal sin atenernos a los criterios etimológicos.

Pero, además, el criterio gramatical no siempre es claro. El comportamiento prototípico de los temas neoclásicos tal y como se definen en la bibliografía puede ilustrarse con *logo* o *grafo*. Frente a *papel* o *reloj*, no son elementos que puedan usarse 'solos' (aunque recuérdese el problema notado en §5), y frente a *-ción* o *pre-* carecen de una posición fija con respecto a la base y pueden formar palabras del español combinándose con afijos. Así, *-ción* se restringe a la posición de sufijo, y aparece solo tras la base, y *pre-* ocupa siempre una posición de prefijo, a la izquierda de la base. En cambio, estos dos morfemas pueden aparecer a derecha o izquierda.

(11) a logopeda, filólogo
     b grafólogo, bolígrafo

De la misma manera, *-ción* o *pre-* son afijos y como tales no pueden formar palabras uniéndose a otros afijos (*cional, *preción, *preoso...). En cambio, *logo* y *grafo* pueden formar palabras combinándose con sufijos o prefijos:

(12) a lógico, análogo, prólogo...
     b gráfico, ágrafo, grafema...

Estos criterios son bien conocidos en la bibliografía, y han sido repetidamente propuestos como formas de determinar qué elementos son afijos y cuáles no. Lamentablemente, se habla mucho menos del hecho de que, fuera de los casos prototípicos, el comportamiento gramatical de los morfemas no es tan sencillo. De la misma manera que grafo y logo, despliegan estas propiedades los morfemas *cardio* (*cardiopatía, pericardio, cardiaco...*), *céfalo* (*acéfalo, cefalea, cefálico...*), *acanto* (*acentocéfalo, anacanto...*), *aero* (*aéreo, aeroplano...*), *antropo* (*antropomorfo, licántropo, antrópico...*), *bio* (*biótico, anfibio, biociencia...*), *ciano* (*cinobacteria, cianosis*), *cromo* (*cromático, polícromo...*), *crono* (*isócrono, crónico, cronómetro...*), *dactilo* (*dactilar, dactilofacial, sindáctilo...*), *dermo* (*dérmico, dermatólogo, equinodermo....*), *ferro* (*ferroso, ferrocarril, autoferro...*), *filo* (*filia, filosoviético, francófilo...*), *fito* (*micrófito, fitoplancton...*), *fobo* (*fobia, fóbico, fotófobo...*), *fono* (*teléfono, foniatra, fónico...*), *foto* (*fotolisis, afótico...*), *franco* (*Francia, francoalemán, italofranco*), *gamo* (*polígamo, gamosépalo...*), *geno* (*endógeno, genocidio*), *grama* (*anagrama, gramática...*), *helio* (*heliocéntrico, heliosis, perihelio*), *hidro* (*hídrico, anhidro, hidrocarburo...*), *ibero* (*ibérico, celtíbero*), *indo* (*India, amerindio*), *lito* (*uranolito, lítico, litografía*), *mano* (*manía, dipsómano*), *metro* (*métrico, kilómetro, metrónomo*), *morfo* (*amorfo, morfólogo*), *paro* (*parir, ovíparo*), *plasta* (*plástico, autoplastia*), *rino* (*platirrino, rinitis, rinoplastia*), *tanato* (*eutanasia, tanatorio*), *termo* (*término, homeotermo*), *trofo* (*trófico, autótrofo*) o *génito* (*genital, segundogénito*), por nombrar solo algunos de los más comunes. Por tanto, es indudable que han de clasificarse como temas neoclásicos de acuerdo a esta definición.

Sin embargo, hay también morfemas que, pese a poder combinarse con afijos para dar palabras bien formadas, están restringidos a una posición dentro de la palabra, y siempre aparecen o bien en primera posición o bien en posición final, como sucede con los prefijos y sufijos, respectivamente. Este grupo, también numeroso, incluye al menos los morfemas *crata* (*ácrata, plutócrata...*) *adeno* (*adenoma*), *agro* (*agrario*), *anarco* (*anarquista*), *angio* (*angioma*), *apico* (*apical*), *atro* (*astral*), *biblio* (*biblioteca, bibliófilo*), *electro* (*eléctrico, electrón...*), *entero* (*enteritis*), *esclero* (*esclerosis*), *etno* (*etnia, étnico, etnógrafo...*), *galo* (*Galia*), *gastero* (*gástrico*), *germano* (*germanofrancés, germánico, cogermano...*), *gluco* (*glucosa*), *gono* (*polígono*), *halo* (*haloideo*), *helico* (*helicoide*), *hemato* (*hematófago, hematuria*), *hemo* (*hemolisis*), *hepato* (*hepático, hepatitis, hepatólogo*), *inmuno* (*inmunidad*), *italo* (*Italia, itálico*), *leuco* (*leucocito, leucoma...*), *linfo* (*linfocito, linfoma*), *lipo* (*lipoma*), *magneto* (*magnético*), *miria* (*miriápodo, miriada*), *muco* (*mucofaringeo, mucositis, mucosa*), *narco* (*narcótico, narcolepsia*), *necro* (*necromancia, necrosis...*), *nefro* (*nefrosis*), *neumo* (*neumático, neumosis, neumotórax*), *neuro* (*neurosis, neurótico...*), *nitro* (*nitrógeno, nitrosis*), *ónimo* (*anónimo, sinónimo, antónimo*), *onomo* (*autónomo*), *psico* (*psíquico, psicodélico...*), *quimio* (*químico*), *rizo* (*rizoide, rizoma*), *sarco* (*sarcoma*), *scopio* (*microscopio*), *seleno* (*selenita, selenoide*), *servo* (*servir*), *socio* (*social*), *tecno* (*tecnócrata, técnico*), *topo* (*tópico, isótopo*), *xeno* (*xenismo*) o *xero* (*xeroteca*). Determinar para ellos si han de considerarse temas neoclásicos o sufijos y prefijos no es tan directo, pero una solución razonable, que adoptamos aquí, es tratar la incapacidad de formar palabras por unión solamente con afijos como una propiedad definitoria de los mismos afijos, y en consecuencia los hemos considerado temas neoclásicos que, por tanto, no aparecen en este diccionario. No resulta descabellado pensar que las limitaciones en su posición se deben s a lo limitado del vocabulario al que pertenecen más a que a una propiedad interna de estos elementos, y por tanto en principio sería posible documentar formaciones en las que aparezcan en posiciones distintas.

También hay un grupo de morfemas, menos numeroso, que no parecen combinarse con otros afijos para formar palabras, pero permiten más de una posición dentro de la palabra, como *cito* (*citoplasma, leucocito...*), *fago* (*fagocito, antropófago...*), *moto* (*maremoto, motociclo*), *pata* (*patólogo, psicópata*), *peda* (*logopeda, pedagogo*), *podo* (*podólogo, gastrópodo*), *ptero* (*pterodáctilo, coleóptero*), y unos pocos más. Este caso es más complejo de abordar, porque cabe siempre preguntarse si la ausencia de palabras formadas por estos morfemas en combinación con un afijo es un accidente –es decir, esto sería posible en principio, pero no se ha estandarizado (aún) una palabra de este tipo partiendo de estos elementos– o nos indica que, pese a su libertad posicional, estos elementos son realmente afijos de algún tipo. En este diccionario hemos tomado la decisión, tal vez arbitraria, de considerarlos temas neoclásicos, y por tanto no están incluidos.

El criterio que diferencia a los afijos de los temas neoclásicos tiene otras complicaciones que tampoco suelen mencionarse en la bibliografía. Una de ellas tiene que ver con el conocimiento léxico del hablante individual. El foco de este diccionario está puesto en las propiedades internas de los afijos descritos, no en su implantación social o lexicográfica, lo cual quiere decir que tratamos de describir el conocimiento lingüístico que un hablante ideal tiene sobre estos elementos. Por necesidad, ese conocimiento lingüístico es individual, por más que deba ser lo bastante similar al de otros hablantes para que la lengua, además, sirva para comunicarse con ellos. Esto no fuerza a que el léxico que conoce un hablante tenga que ser el mismo que otros de su entorno; de hecho, el léxico que se maneja es uno de los ámbitos donde se identifica más variación individual, porque si un hablante usa una palabra que otro no entiende suele ser sencillo explicarle lo que significa o deducirlo del contexto –más, en todo caso, que si el sistema de pronombres clíticos fuera radicalmente distinto–. Sin embargo, el hecho de que el conocimiento gramatical es individual tiene una consecuencia inquietante para este diccionario: en cierta medida, que un hablante clasifique en su gramática mental un elemento como un afijo o como un tema neoclásico puede depender de qué palabras aprende que contengan ese elemento.

Para entender exactamente a qué me refiero, veamos algunos ejemplos. El morfema *bradi* 'lento' se trata en el DRAE (versión en línea, 2023) como un elemento compositivo, pero su distribución en español podría ser la de un prefijo –forzado a aparecer a la izquierda de la base, en *bradicardia, bradilalia, bradipepsia*–. Con la ayuda de este mismo diccionario, el sustantivo sufijado *bradita* 'estrella fugaz que parece moverse lentamente' confirma el criterio del DRAE. La cuestión es si un hablante que no conoce el término astronómico especializado *bradita* va a asociar este morfema al conjunto de propiedades características de un tema neoclásico y no de un prefijo adjetival. Es decir: el conocimiento gramatical de qué rasgos posee un elemento léxico depende crucialmente del comportamiento que el hablante identifique en ese elemento, y este a su vez depende de las voces en las que lo aprenda. Un hablante que escuche a su médico darle un diagnóstico de bradicardia pero no ha oído hablar de braditas podría almacenar *bradi* como un prefijo.

Sucede lo mismo, es decir, que las palabras clave que determinan que un elemento es un tema neoclásico o un afijo son de un léxico especializado y poco usual, accesible con un diccionario, un corpus o una enciclopedia pero no necesariamente accesible a cada hablante individual, con otros muchos morfemas del léxico científico, como *baro* (*barotraumatismo*), que se identifica como tema neoclásico solo si uno aprende el sustantivo *milibaro*, donde aparece combinado con un prefijo, *galacto* –donde hay que acceder a los términos *galactosa* o *galactita*–, *higro* –*higroma*–, *masto* –*mastoideo*– o *mio* –*miosis*–, por nombrar solo unos pocos. En este diccionario, más bien por motivos de espacio, hemos adoptado el criterio de que si esos términos existen la naturaleza de estos morfemas habrá de ser de elemento compositivo, pero esto no garantiza que en la mente de cualquier hablante estén clasificados como tales.

Hay más problemas relacionados con esto. Ocasionalmente, la pregunta que surge es si la existencia de un término derivado del morfema por afijación es percibida con claridad por los hablantres. Esto sucede con *afro*, donde determinar que es un elemento compositivo en formas como afrocaribeño depende mucho de la existencia de *África*, con '**-ico**. ¿Podemos estar seguros, sin embargo, de que todos los hablantes segmentan el nombre del continente? Claramente no, y por tanto para muchos hablantes tal vez *afro* sea un prefijo, si no es que tienen también expresiones como *pelo a lo afro*. Los ejemplos podrían multiplicarse, combinando el problema específico de los temas neoclásicos con el de la segmentación y sus límites.

En tercer lugar, el criterio de la combinación de afijos tiene el problema de que los temas neoclásicos también pueden tener alomorfos, y estos alomorfos pueden surgir en la derivación. Una ilustración clara de este problema es *gastero*. Los derivados afijales son formas como *gástrico*, donde la base es *gastr-*, no *gaster(o)*. ¿Debemos entender que *gastro* en *gastrointestinal* es un tema neoclásico, pero *gastero*, como en *gasterópodo*, es un prefijo? No creo que la decisión pueda tomarse de forma unívoca, sobre todo porque *gastero* tiene poca productividad, lo cual limita el conjunto de datos que podemos emplear. Un filólogo con conocimiento de lenguas clásicas puede observar que en griego esta clase de alomorfía era casi predecible por reglas fonológicas, y concluir que son alomorfos del mismo elemento, pero la cuestión es que un hablante medio no tiene por qué llegar a la misma conclusión.

Finalmente, la semántica puede ser un factor de complejidad. Cuando se dice que *logo* o *peda* tienen libertad posicional, en realidad estamos ignorando la semántica conceptual que aportan a la palabra: en los casos en que -*logo* aparece al final, suele indicar 'estudioso de' (*biólogo, cosmólogo, embriólogo, etimólogo, fonólogo, gemólogo...*), mientras que en los casos donde aparece al principio (*logopeda, logomaquia, logogrifo...*) significa 'palabra', y cuando aparece derivado significa 'orden intelectual', como en *lógico*. ¿Estamos seguros de que no tenemos más de un elemento *logo*, homófonos entre ellos? De nuevo, la decisión que lleva tradicionalmente a pensar que en los tres casos tenemos el mismo morfema está más bien informada por el conocimiento de las lenguas clásicas –donde *logo* tenía un alto grado de polisemia– que por datos internos del español a los que acceda con facilidad un hablante medio. Algo parecido podemos decir de *peda*, que delante equivale a 'niño' (*pedagogo, pedófilo...*) y detrás equivale a 'maestro' (*logopeda, glosopeda...*).

No estoy en posición de resolver ninguno de estos problemas, y mi intención al nombrarlos es informar al lector de los límites, y las decisiones arbitrarias que he tenido que tomar a veces, de este diccionario.

A

a-[1]. Del prefijo direccional latino *ad-*. Prefijo preposicional usado sobre todo en parasíntesis.

Tipos de bases

a Este prefijo es productivo con bases adjetivales, generalmente adjetivos calificativos graduables, pero también adjetivos adverbiales (*aproximar*) y relacionales (*asilvestrar*), de muy diversos campos semánticos, sean propiedades físicas, intelectivas o de otro tipo.

    (1)   abaratar, abobar, abreviar, achatar, acivilar, aclarar, acobardar, acristianar, adensar, afear, aflojar, agigantar, agilipollar, agrandar, agravar, agrisar, ahondar, alargar, alelar, aligerar, alisar, alocar, amoratar, amustiar, anular, aprontar, aproximar, asilvestrar, atontar, aviejar...

b Las clases de adjetivos graduables que pueden combinarse con este prefijo en parasíntesis son muy abundantes: adjetivos físicos dimensionales (*acortar, adelgazar*), temperaturas (*atibiar*), colores (*arrubiar, ablancar*), disposiciones físicas (*ablandar*), edad (*aviejar*)...

c Son muy frecuentes también las bases sustantivas, entre las que destacan nombres comunes que expresan entidades animadas, personas y animales:

    (2)   barragán > abarraganarse, canalla > acanallar, chulo > achular, hidalgo > ahidalgar, hijo > ahijar, juglar > ajuglarar, maricón > amariconar, pendejo > apendejar, preso > apresar, vasallo > avasallar, villano > avillanar, barítono > abaritonar, niño > aniñar...

    (3)   besugo > abesugar, borrego > aborregar, mariposa > amariposar, milano > amilanar, tocino > atocinar...

d Son numerosos también los casos en que se selecciona un nombre común de objeto o sustancia definidas por ciertas propiedades llamativas. Una situación típica es la de seleccionar clases de cosas definidas por cierta consistencia y otras sensaciones relacionadas con el sentido del tacto:

    (4)   bizcocho > abizcochar, cartón > acartonar, cecina > acecinar, merengue > amerengar, mojama > amojamar, terciopelo > aterciopelar...

e Sucede también frecuentemente que la clase de objetos se defina por su forma o alguna posición del cuerpo que se considera típica.

    (5)   barquillo > abarquillar, blusa > ablusar, bocina > abocinar, bolsa 'bag' > abolsar, bomba > abombar, bóveda > abovedar, canal > acanalar, caracol > acaracolar,

chaflán > achaflanar, cuclillo > acuclillar, gazapo > agazapar, horquilla > ahorquillar, ovillo > aovillar, pezón > apezonar, pirámide > apiramidar, garbanzo > agarbanzar...

f   El color, el tamaño, el sabor y otras propiedades pueden también ser las seleccionadas:

(6)   borrasca > aborrascar, damasco > adamascar, melocotón > amelocotonar, melón > amelonar, membrillo > amembrillar, champán > achampanar, chocolate > achocolatar, miel > amielar...

g   En otros casos, no se definen las clases de sustantivos por una propiedad única sino que el prefijo en combinación con esa entidad expresa un cambio total en que se pasa a convertir en la noción denotada por esa base.

(7)   chatarra > achatarrar, dehesa > adehesar, pantano > apantanar, plasta > aplastar...

h   Aunque de forma menos sistemática, también se documentan bases correspondientes a preposiciones (*atrasar*) y adverbios (*adelantar, alejar, acercar...*).

i   Ocasionalmente, se combina con bases verbales –por tanto, fuera de casos parasintéticos–. Se ha propuesto cierto valor causativo o transitivizador en pares como *callar ~ acallar, crecer ~ acrecentar, percibir ~ apercibir, clamar ~ aclamar, notar ~ anotar, huir ~ ahuyentar*.

j   De la misma manera se documentan, en variedades no estándar, la presencia del prefijo en numerosos verbos causativos que no lo llevan en las variedades más admitidas normativamente, como *arremangarse, afusilar, ajuntar, arrecoger, arrascar*, y otros.

k   No obstante, este supuesto valor causativo claramente no es sistemático (*tener ~ atenerse, parecer ~ aparecer, venir ~ avenir, guardar ~ aguardar, hincar ~ ahincar, percibir ~ apercibir*, etc). Este uso es claramente no productivo en español actual, y es dudoso que lo fuera en español antiguo, frente al latín.

l   En algunos verbos se dan alternancias con el mismo significado, algunas de ellas desusadas. Nótese que no todos estos verbos son causativos (*bajar ~ abajar, bastar ~ abastar, censar ~ acensar, matar~amatar, cocear ~ acocear, contecer ~ acontecer, cornear ~ acornear*).

m   En estos casos hay también alternancias con otros prefijos, como *ablandecer ~ reblandecer, abravecer ~ embravecer*.

n   Este prefijo también se combina con bases neoclásicas verbales, fuera de casos parasintéticos, para formar verbos completos en español: *asistir, aplicar, aducir, aversar, asistir*...

Comportamiento gramatical

a   Este prefijo interviene en cambio de categoría gramatical, para formar verbos a partir de otras categorías, como en los ejemplos (1)-(7), o adjetivos a partir de sustantivos (8).

(8)   fortuna > afortunado, dinero > adinerado

b   La presencia de este prefijo se puede asociar a la aparición de estructura argumental, ya que la base sin él (y sin el sufijo) no puede introducir otros argumentos por sí misma.

c   Este prefijo no es iterable.

d   Este prefijo no participa en paradojas de encorchetado, no admite la expansión funcional de la base y no toma alcance sintagmático.

e   Este prefijo participa en la parasíntesis verbal, muy frecuentemente con el sufijo verbalizador cero que se asocia a la vocal temática -a^1, como en todos los casos notados en (1)-(7).
f   Aunque de forma poco productiva, también participa en la parasíntesis con **-ecer**, siempre con bases sustantivas (*anochecer, atardecer*).
g   Participa de forma más productiva en la parasíntesis con **-ear**, generalmente sobre bases sustantivas para denotar verbos de contacto: *apalear, alancear, asaetear, apedrear*.
h   También participa en la parasíntesis verbal con **-izar**, de nuevo prioritariamente con bases nominales, como en *aterrizar, amerizar, alunizar*.
i   En la parasíntesis adjetival, está restringido prácticamente solo al sufijo **-ado**^{1}, con el que forma adjetivos similitudinales (*anaranjado*) o posesivos (*adinerado*).
j   No resultan frecuentes, de hecho, los casos en que este prefijo se combina con una base sin que medie parasíntesis, y todos ellos se forman sobre verbos (véase **a-**^{4} para la *a-*direccional de *adonde*).

Tipos de significado

a   En los valores verbales, no es posible encontrar un significado unívoco asociado a este prefijo, y el valor del verbo depende más bien de la naturaleza del verbalizador usado con él.
b   Sobre adjetivos, este prefijo aparece en verbos siempre de cambio de estado, sin admitir valores atributivos o de otro tipo, en que el cambio se predica del argumento que corresponde al objeto en la versión transitiva y al sujeto en la versión intransitiva: *Juan adelgazó, Pedro asilvestró a sus hijos*.
c   Sobre sustantivos, este prefijo aparece en un buen número de lecturas semánticas distintas: cambio de estado (*abombar*), cambio de lugar (*aprisionar*), transferencia de una entidad (*acordonar, acariciar*), posesión de una entidad (*adeudar*) o instrumento (*acuchillar*).
d   Siempre es posible asociar estas lecturas al sufijo, dado que el prefijo no añade lecturas que no tuviera este en versiones no parasintéticas, y como mucho selecciona alguna de esas lecturas, como sucede con la instrumental –no hay verbos parasintéticos instrumentales con el prefijo **en-**^{1}– o con la lectura de cambio de estado –ya que los verbos no parasintéticos con -a^1 pueden tener lectura estativa, de posesión de una propiedad–.
e   En la parasíntesis adjetival, el significado es similitudinal, como una versión estativa del cambio de estado que se asocia a este prefijo cuando forma verbos (*anaranjado*) o el valor posesivo (*adinerado*). Véase -**ado**^{1}.
f   En los casos basados sobre preposiciones y adverbios, la lectura general sigue siendo la de cambio de estado o lugar, pero sobre la dimensión que expresa la base (*adelantar, atrasar*).

Propiedades fonológicas y alomorfos

a   Este prefijo se integra plenamente en la unidad prosódica que forma la base.
b   No se documentan casos claros de alomorfía con este prefijo, ni alomorfos suyos ni que seleccione expresamente alomorfos de la base; cuando esto sucede puede culparse al sufijo.

Relaciones con otros prefijos

a Este prefijo entra en relación con **en-**, que es algo menos productivo que **a-**, pero del que lo separan algunas diferencias: junto a la ausencia de lecturas instrumentales, **en-** se combina más fácilmente con los sufijos **-ecer** e **-izar**, mientras que **-ear** prefiere **a-**.

b Este prefijo es más común que **en-** en la formación de adjetivos parasintéticos, si bien ese también se emplea.

c No hay diferencias de significado claras que reflejen la distinción entre las preposiciones *en* y *a* usadas locativamente y las que se dan en la parasíntesis con estos dos prefijos: *encarcelar* y *aprisionar* tienen ambos un valor de locación resultada, y lo mismo cabe decir de los valores de cambio de estado de *adelgazar* y *engordar*.

d Otros prefijos frecuentemente usados en la parasíntesis verbal incluyen **des-, re-, con-, contra-, inter-, per-, tras-, entre-, extra-** y **sobre-**.

LECTURAS RECOMENDADAS: Serrano-Dolader (1995, 1999); Rifón (1997a); RAE & ASALE (2009: §8.3-8.9); Pena (2014), Pujol Payet (2014), Mateu (2021); Fábregas (2023).

---

a-². Del griego *ἀ-*, la llamada 'alfa privativa'. Prefijo cuantificativo que expresa el conjunto vacío.

Tipos de base

a La mayor parte de las formas que toma este prefijo son temas neoclásicos, con o sin el sufijo **-ia / -ía**, equivalentes a sustantivos.

(1) abulia, acedia, acéfalo, acinesia, aclorhidria, ácrata, afasia, afonía, ageusia, agnosia, amelia, ametría, amimia, amnesia, amorfia, anaerobio, anarquía, anemia, anestesia, anhidro, anisopétalo, anisótropo, anisómero, anómalo, anomia, anónimo, anorexia, anopsia, anuria, apatía, apepsia, aplasia, apnea, aporía, apraxia, asíntota, asepsia, asistolia, ataraxia, ataxia, ateo, átomo, atonía, axenia, azeuxis

b Dado que este prefijo es propio del lenguaje técnico y científico, la mayor parte de las formaciones son neoclásicas, pero hay algunos sustantivos que toman también la alfa privativa:

(2) asimetría, agramatismo, amitosis, ametropía, asinergia

c El prefijo es, en cambio, mucho más productivo con adjetivos relacionales:

(3) acalórico, acatólico, aconfesional, acrítico, acrónico, acromático, adimensional, adinámico, afebril, afótico, agramatical, alegal, amoral, anormal, atípico, apolítico, asexuado, asintomático, asintótico, asísmico, asistólico, asonante, atónico, atonal, atemporal, atópico, atrófico, azoico

d La mayoría de los adjetivos que este prefijo toma como base son relacionales, pero esto no quiere decir que las formaciones a las que dan lugar sean también relacionales (cf. tipos de significado).

e Se documentan también algunas bases neoclásicas correspondientes a adjetivos: *áfono, ágrafo, amorfo, átono*.

Comportamiento gramatical

a   Este prefijo tiene el comportamiento típico de los prefijos cuantificativos. En primer lugar, no es iterable: *an-a-tonal*.
b   En segundo lugar, el prefijo puede tomar bases sustantivas y convertirlas en adjetivales. Esto se identifica no solo por la capacidad de modificar a un sustantivo, sino por la concordancia obligatoria:

(4)   *personas alfabeto ~ personas analfabetas, *flores sépalo ~ flores asépalas

c   Con adjetivos relacionales, este prefijo participa en paradojas de segmentación o de encorchetado: en *acromático*, no se dice 'que carece de la relación con los colores', sino 'que se relaciona con la ausencia o carencia de colores'. No obstante, en otras lecturas (*alegal, amoral, atonal*) es posible una glosa directa donde se indica la ausencia de una relación, como se verá.
d   No se identifican casos en que este prefijo tome alcance sintagmático o se combine con bases expandidas funcionalmente en número, grado u otra propiedad.
e   No se identifican casos en que este prefijo pueda coordinarse con otro.

Tipos de significado

a   Frente a otros prefijos cuantificativos negativos, lo que hace especial a **a-** es que denota el conjunto vacío, es decir, la ausencia de una entidad o relación.
b   De esta manera, *alegal* quiere decir 'que no se relaciona con la ley', en el sentido de que no está tipificado en la ley ni como legítimo ni como ilegítimo; el prefijo *in-*, en cambio, tomaría como su denotación las cosas ilegítimas. De la misma manera, lo amoral es aquello que no se relaciona o no contempla la moral, sin indicar necesariamente que sea *inmoral*.
c   Este significado de ausencia se combina a menudo con un valor posesivo para indicar conjuntamente la privación de alguna entidad que denota la base, lo cual sucede en la mayoría de las formaciones del léxico científico (*acéfalo, asépalo, apétalo, átono, anorexia, afasia*...).
d   Como se ha anotado ya, entre los valores privativos puede estar el de determinar que una entidad carece de relación con otra, como en *(música) atonal*, donde se dice no que se relacione con lo átono, sino que carece de relación con lo que se conoce como tonal. Este comportamiento es poco frecuente para los adjetivos relacionales, que casi invariablemente dan lugar a paradojas de encorchetado o segmentación.
e   Pese a que las bases tomadas por este prefijo suelen ser adjetivos relacionales, esto no quiere decir que las formas derivadas con él siempre lo sean: suele interpretarse como calificativo el adjetivo *atípico*, así como *anormal* y *atemporal*.

Propiedades fonológicas

Este prefijo se integra prosódicamente en la base, no recibe acento secundario no rítmico y no da lugar a casos de hiato con la vocal inicial de su base porque en tales casos se emplea el alomorfo *an-*.

Alomorfos

El prefijo tiene el alomorfo *an-*, que se emplea cuando la base comienza por vocal (*an-alfabeto, an-emia, an-isótropo, an-orgasmia, an-uria*). En presencia de cualquier consonante este prefijo se materializa como *a-*.

Relaciones con otros afijos

a   La ausencia de posesión de una entidad se expresa con **a-** en los casos del lenguaje técnico, pero **des-** y **-ado**[1] en otros muchos casos (*desdentado*).
b   Dentro de la serie de cuantificadores negativos, en sentido amplio, **a-** expresa la ausencia de algo, no la reversión de una escala (como **in-**) o el conjunto complementario (**no-**). Nótese que **des-** tiene el comportamiento de un prefijo preposicional, mientras que los anteriores son cuantificativos.

> LECTURAS RECOMENDADAS: Montero Curiel (1999), Gibert-Sotelo (2017, 2021).

a^3-. De origen incierto, tal vez el latín *eccum* influido por la forma femenina demostrativa *hac* o la preposición *ad*. Prefijo preposicional segmentable en adverbios deícticos y demostrativos.

a   Este prefijo puede segmentarse en una serie de adverbios espaciales y temporales que tienen en común su capacidad referencial, deíctica o anafórica, para identificar cierto espacio, periodo de tiempo o manera: *ahora, ayer, anoche, aquí, allí, allá, ahí, acá, acullá, adelante, atrás, afuera, abajo, adentro, arriba, así*.
b   Resulta significativo, desde este punto de vista, la alternancia sintáctica entre los adverbios transitivos con y sin **a-**^{3}: mientras que la serie que carece de este prefijo (*delante, detrás, debajo, fuera, encima, dentro*) determina siempre la localización empleando a su complemento como punto de referencia (*debajo de la mesa*), en la mayoría de las variedades la serie con el prefijo (*adelante ~alante, atrás, abajo, afuera, arriba, adentro*) no introduce un complemento que funcione como punto de referencia e identifica la localización por procedimientos deícticos (anclandola a las coordenadas espaciotemporales del enunciado) o anafóricos (refiriéndose a una entidad ya identificada en el texto).

(1)   a   Ponla debajo de la mesa.
　　　b   Ponla abajo.

c   La segmentación fuerza en algunos casos a proponer bases no productivas, posiblemente ellas mismas complejas y de naturaleza funcional (*a-quí ~ a-cá*), mientras que en otros se identifican voces empleadas independientemente como sustantivos (*a-noche, a-hora*), preposiciones (*a-de-l-ante*) o adverbios (*a-fuera, a-sí*).
d   Desde este punto de vista, puede asociarse el prefijo a la manifestación sintáctica de la deíxis, mientras que la base identifica la dimensión sobre la que tiene lugar la deíxis (tiempo, espacio, manera) y otros datos que restringen el ámbito del prefijo.

e   Este prefijo, posiblemente funcional, no es iterable y no toma alcance sintagmático, pero se asocia a un posible cambio de categoría gramatical de la base.

a-.[4] Del prefijo latino *ad* 'hacia'. Prefijo preposicional poco productivo que designa dirección 'hacia' y no interviene en parasíntesis. Aparece en un conjunto restringido de formas adverbiales o verbales, a menudo formadas en latín vulgar, como *traer ~ atraer, portar ~ aportar, catar ~ acatar, llegar ~ allegar, cometer ~ acometer, fluir ~ afluir, pegar ~ apegar, prender ~ aprender, donde ~ adonde* (también en forma interrogativa), y con menores grados de sistematicidad donde el valor direccional es menos visible, en *venir ~ avenir(se), parecer ~ aparecer*, y algunos otros. Véase también **ad-**.

-a[1]. Del latín *-am*, acusativo singular de la primera declinación. Sufijo asociado a la asignación de género femenino en sustantivos y adjetivos.

Tipos de bases

El sufijo *-a* aparece en numerosos sustantivos y adjetivos del español, específicamente:

a   Bases sustantivas, derivadas o no, referidas a seres animados y por tanto variables en cuanto al género. En todos estos casos la presencia de **-a**[1] se asocia con el género femenino, como puede verse en la concordancia con adjetivos y determinantes, y la forma en **-o**[1] marca el masculino (*una alumna aplicada, un alumno despistado*).
b   Bases sustantivas, derivadas o no, referidas a objetos inanimados y otras nociones, también variables en cuanto al género, donde de nuevo la presencia del sufijo implica concordancia femenina y alterna con **-o**[1] para el masculino (*la manzana podrida, el manzano podrido*).
c   Bases sustantivas, derivadas o no, referidas a seres animados o no donde no hay alternancia de género pero la **-a**[1] puede seguir asociándose al género femenino, como en *ventana, causa, trompeta, monada* o *pertenencia*.
d   Pese a que denotan seres animados, algunos hablantes se resisten a marcar con este sufijo la forma femenina de algunas bases sustantivas, derivadas o no, que contienen *-o* en el masculino y designan papeles sociales y profesiones que tradicionalmente las convenciones sociales excluían a las mujeres, como en *arquitecto, piloto, médico, testigo, político*. Pese a ello cada vez es más frecuente regularizar estas bases al femenino marcado con **-a**[1]:

(1)   arquitecta, pilota, médica, testiga, política

e   Bases adjetivales, derivadas o no, que alternan en género y usan **-o**[1] para el masculino y **-a**[1] para el femenino, como *alto ~ alta, guapo ~ guapa, arenoso ~ arenosa, huidizo ~ huidiza*.
f   Pronombres y determinantes donde la presencia de **-a**[1] marca regularmente el femenino: *ella, una, la, alguna, toda, esta, esa, aquella* frente a los masculinos *este, ese, aquel*.
k   El sufijo es posiblemente segmentable también como marca de palabra en algunas preposiciones (*contra*) y adverbios (*ahora*), si atendemos a su comportamiento gramatical en combinación con el diminutivo **-it-**[1] y el elativo **-ísimo** (en *contr-ísim-a, ahor-it-a*).

Comportamiento gramatical

a Este sufijo se caracteriza siempre por ser una forma átona, que ocupa la posición final dentro de la palabra y solo puede ser seguida por el sufijo plural -s[1].

(6) hermanas, niñas, siestas

b De la propiedad anterior se sigue que el morfema diminutivo -it-[1] aparece siempre a la izquierda del sufijo:

(7) suelta > sueltita, ahora > ahorita, pera > perita, guapa > guapita

c El diminutivo siempre preserva el sufijo -a femenino, de forma regular:

(8) cara > carita, estrella > estrellita, profesora > profesorita

d Este sufijo es cancelado siempre en procesos de sufijación derivativa, tanto si el sufijo comienza por vocal como si no.

(9) a perr-a > perr-er-a
     b generos-a > generos-idad
     c voluntari-a > voluntari-edad

e Si bien el masculino puede expresarse con diversas terminaciones (-o[1], -e[1], -a[3]), el femenino en los sustantivos variables solo puede recibir -a[1] como marca; nótese que este sufijo es un componente en las marcas excepcionales de género -isa, -ina, -esa (con la excepción de -triz).

(10) gat-o ~ gat-a, el artista ~ la artista, el juez ~ la jueza, el presidente ~ la presidenta

f El femenino se ha considerado tradicionalmente la forma marcada del español, pero sin embargo la coordinación de cualquier número de sustantivos femeninos con un solo sustantivo masculino fuerza concordancia en masculino en los adjetivos:

(11) Juan, María, Carlota, Ana y Lola son {simpáticos / *simpáticas}

g Se ha propuesto que este sufijo tiene la capacidad de derivar sustantivos a partir de bases verbales, aunque no está claro que esto sea lo que sucede en ejemplos como (12).

(12) ayudar > ayuda, marcar > marca, contender > contienda, reñir > riña, bullir > bulla

h Los ejemplos supuestamente derivados con el sufijo implican siempre bases radicales que no contienen vocales temáticas o sufijos verbalizadores, siendo así imposibles formaciones como *cauterizar > *cauteriza, clasificar > *clasifica* o *agujerear > *agujerea*. Desde esta perspectiva, parece que no es posible decir que -a[1] tenga la capacidad de cambiar categoría en la base, de manera que los casos de (10) pueden entenderse como raíces no verbales empleadas como sustantivos, con -a[1] como marca de género o marca de palabra.

Tipos de significado

a El sufijo -a[1], al asociarse estrechamente con el femenino en los sustantivos alternantes que denotan entidades animadas, puede relacionarse con la expresión del género biológico para hembras de otras especies en formaciones como *mona, hermana, panadera*.

b No obstante, no puede asociarse este significado al sufijo sin más, debido a dos motivos. El primero es que el sufijo no se restringe a marcar sustantivos femeninos animados cuyos referentes tienen sexo biológico, sino que también puede marcar nombres animados que no se interpretan como restringidos a hembras: *la persona, la víctima, la abeja, la foca*. En aquellos sustantivos referidos a animales (nombres epicenos) la expresión del femenino exige la presencia de un sustantivo en aposición (*la abeja hembra, la foca hembra*).

c Se distingue así entre el femenino composicional, que define hembras de clases animadas donde -o^1 indica los machos, y el femenino no composicional o idiomático. Este segundo significado es el más corriente: normalmente en sustantivos de distintos tipos semánticos, igualmente femeninos gramaticalmente, donde no cabe hablar de diferencias de sexo, el femenino no es interpretable: *puerta, mesa, luna, salsa, dentera, tartera, espera*, etc. En la inmensa mayoría de los casos, pues, el sufijo -a^1 no se asocia a un significado definido, aunque sí es posible decir que se asocia a la información gramatical de género.

d En otros sustantivos alternantes en cuanto al género, la presencia del género femenino marcado con -**a** se asocia a otras nociones que no tienen que ver con el sexo biológico. El español forma diversos pares mínimos de sustantivos que, en masculino, representan un árbol y en femenino representan el fruto de ese árbol.

(13) avellano ~ avellana, banano ~ banana, cerezo ~ cereza

e Existe un conjunto pequeño de pares de sustantivos donde el femenino se asocia a un tamaño menor de la entidad designada por la raíz de lo que implica el masculino.

(14) bolso ~ bolsa, río ~ ría, ruedo ~ rueda

f Hay también un conjunto aún menor de sustantivos alternantes donde el masculino se asocia con un valor contable y el femenino lo hace con un valor no contable, como en los pares de (13).

(15) leño ~ leña, madero ~ madera

g Este último valor se ha asociado a que históricamente algunos sustantivos femeninos en -*a* proceden del plural neutro, donde el neutro podía tender a expresar conceptos abstractos y por tanto no contables. Este valor se preserva en algunas expresiones específicas donde el singular toma una interpretación de pluralidad, como en la caída de la hoja. Véase también -**a**^{6}.

h Con todo, también entre los sustantivos alternantes en cuanto al género es más frecuente la situación en que la alternancia entre masculino y femenino designan distintos tipos de objetos relacionados con la misma noción expresada por la raíz, en los que la diferencia de significado entre la versión femenina y la masculina no es fácilmente sistematizable, y en ocasiones es casi imperceptible (*cesto ~ cesta*).

(16) fruto ~ fruta, huerto ~ huerta, jarro ~ jarra, manto ~ manta, banco ~ banca

i Pese a ser una cuestión socialmente polémica que en la actualidad se encuentra en fluctuación, muchos hablantes rechazan la idea de que el masculino sea genérico –es decir, que incluya en los nombres animados tanto a los hombres como a las mujeres– y proponen desdoblar dichos nombres para hacer explícita la marca de género femenina y visibilizar de esta manera a las mujeres dentro de la clase.

(17) a Los alumnos y las alumnas de este colegio tienen más derechos.
 b Los españoles y las españolas son europeos.

j Si bien es difícil decir que -o^1 sea marca de género masculino (cf. *mano*), es más posible proponer que -a^1 marca género femenino, especialmente si se distingue entre -a^1 y -a^3. Véase -a^3.

k Ciertos sustantivos deben añadir un morfema adicional para formar el femenino con este sufijo, como **-es-** (tal vez relacionado con **-és**), **-is-** (posiblemente relacionado con **-is**) o **-in-** (cf. **-ín**, **-ino**^{2}). Cabe entender que estas bases no admiten el género femenino por sí solas y el morfema extra se introduce para salvar esta restricción.

(18) a alcalde > alcaldesa, conde > condesa
 b profeta > profetisa, Papa > Papisa
 c héroe > heroína, gallo > gallina

Propiedades fonológicas

a Este sufijo es siempre átono.
b Los casos de sustantivos acabados en /a/ tónica se comportan de manera que claramente la última vocal es parte de la raíz, como se muestra por que no se cancele en procesos derivativos: *maná > mana-íst-a*. Los diminutivos en estos casos no aparecen entre la vocal final y la raíz: *manacito*, no *man-it-á.

Problemas de clasificación

a Al igual que el sufijo -o^1, el sufijo -a^1 es polémico por dos motivos: (i) si ha de considerarse un morfema de género o no y (ii) si debe considerarse un sufijo derivativo o uno flexivo.
b La idea de que -*a* se asocia a la información gramatical de género femenino se apoya sobre todo en tres fenómenos empíricos:

 i) Los casos alternantes entre masculino y femenino, en los que la forma en -*a* siempre se asocia con sustantivos o adjetivos femeninos, y nunca se asocia a otra información.
 ii) El hecho de que la inmensa mayoría de los sustantivos acabados en -*a* son masculinos.
 iii) El hecho de que el sufijo, con adjetivos de dos terminaciones, se asocie siempre a la concordancia con sustantivos femeninos.

c Esto, naturalmente, no puede confundirse con argumentos a favor de que incluso en estos casos el sufijo -a^1 signifique 'de sexo biológico femenino'.
d Los argumentos en contra de asociar -*a* directamente al género femenino son los siguientes:

 i) No es cierto que todo sustantivo o adjetivo femenino esté marcado por este sufijo: para algunos hablantes, formaciones como *la miembra* o *la estudianta* siguen rechazándose.

ii) Existen sustantivos tanto animados como no animados que tienen -*a* en la forma masculina, como en *el problema* o *el cura*. Esta cuestión, sin embargo, puede explicarse si se propone una fuente distinta para esta vocal final (-**a**^{3}).

e Conforme a esta segunda propuesta, -**a** no es un morfema de género, sino en todo caso una marca de palabra –sustantivo, adjetivo, preposición o adverbio– que se une a una raíz para convertirla morfológicamente en una palabra categorizada. Desde este punto de vista caben dos opciones fundamentales:

i) El sufijo no tiene ninguna conexión directa con el género, sino que es un morfema elegido arbitrariamente por ciertas bases para formar palabras, sin presuponer ninguna clase de información gramatical adicional. En esta propuesta es poco explicable que mayoritariamente -*a* aparezca en sustantivos masculinos y sobre todo que en las formas alternantes siempre se marque con -*a* el femenino.

ii) El sufijo tiene alguna correlación con el género, pero su función es la de clasificar sustantivos en clases gramaticales, y ocasionalmente –si el sustantivo tiene las propiedades semánticas adecuadas– esa clasificación puede reinterpretarse como género biológico.

f La segunda cuestión es si este sufijo puede tomarse como flexivo o derivativo. También aquí hay posturas encontradas:

i) La visión más tradicional es considerar que todo sufijo relacionado con el género es flexivo. El sufijo -*a* aparece en procesos de concordancia de adjetivos y determinantes cuando el sustantivo correspondiente es masculino (*l*a*s abuelas madrileña*s*). Por lo general, se piensa que todo rasgo que interviene en la concordancia debe ser, por definición, flexivo.

ii) La apreciación anterior es independiente de que -*a* se tome como una marca de género o una marca de palabra, pues se mantiene el hecho de que, como morfema, su distribución depende en adjetivos y determinantes de los contextos de concordancia en que aparecen cierto tipo de sustantivos, los tradicionalmente llamados femeninos.

iii) Este sufijo no puede cambiar la categoría gramatical de la base, ya que es incapaz de unirse a bases con verbalizadores o adjetivalizadores explícitos y convertirlos en sustantivos, y solo aparece con bases que se podrían relacionar con adjetivos o verbos cuando la base es una raíz sin otros morfemas (*march-a*).

iv) Este sufijo no está en distribución complementaria con nominalizadores o adjetivalizadores, sino que muy frecuentemente aparece junto al nominalizador (*lava-dor-a*) o adjetivalizador (*pard-uzc-a*). Si la marca de género o de palabra fuera derivativa, esperaríamos precisamente que alternara con estos morfemas, no que los acompañara. Si es, en cambio, un marcador de una propiedad flexiva en sustantivos y adjetivos es natural que coocurra con los morfemas que definen estas categorías.

v) La posición de este morfema es siempre externa a los morfemas indudablemente derivativos, como se espera de un morfema flexivo. De *tart-a* se deriva *tart-er-a*, no **tart-a-er*.

g No obstante, la postura de que estamos ante un morfema derivativo se ve apoyada por otros hechos:

i) El género es inherente a la inmensa mayoría de los sustantivos, en el sentido de que no está motivado por el contexto sintáctico, por lo que la inmensa mayoría de los sustantivos no animados y buena parte de los animados no alternan entre los dos géneros. La flexión prototípica, en cambio, suele ser sensible al contexto gramatical y permite que, dada una misma base, aparezcan todos los valores flexivos asociados a la clase gramatical. La ausencia de pares sistemáticos como *bulto ~ *bulta* o *pantalla ~ *pantallo* obligaría a tratar el género como un caso de flexión inherente al sustantivo que además no sería productiva en ambos valores para casi ninguna raíz. Este criterio no se aplica a la marca en los adjetivos, sin embargo, donde la alternancia es contextual y todo adjetivo de dos terminaciones emplea productivamente la alternancia *-o ~ -a*.

ii) La alternancia entre *-o ~ -a* se asocia, cuando se da, con dos significados conceptuales distintos, a menudo sexo biológico en las bases animadas y una variedad de valores en las bases no animadas (*cesto ~ cesta, manzano ~ manzana*). La flexión, sin embargo, no se asocia normalmente a cambios en la semántica conceptual de la base, una propiedad que sin embargo se considera típica de la derivación. Un análisis de *-a* como morfema flexivo tendría que proponer bases homófonas con distintos significados, independientes de la presencia del género, para dar cuenta de esta propiedad, o alternativamente proponer que la asignación de significado se hace de forma contextual a toda la palabra y no a cada morfema de forma composicional.

h   Véase también **-o**[1]. No es este el lugar para discriminar entre estos análisis.

i   Véase **-e**[1], **-e**[4], **-o**[1], **-a**[3], así como **-esa, -isa, -ina, -triz** para otra terminaciones de género.

LECTURAS RECOMENDADAS: Harris (1991); Ambadiang (1999), Roca (2005), Picallo (2008), RAE & ASALE (2009: §2), Fuchs, Polinsky & Scontras (2015), Escandell-Vidal (2018), Camacho (2021); Fábregas (2022), Montero Curiel & Montero Curiel (2022).

-a[2]. Del latín *-ā*, marca de conjugación de los verbos latinos de la primera conjugación. Vocal temática de los verbos de la primera conjugación española.

Tipos de bases

a   Este morfema marca la primera conjugación, que se considera la conjugación no marcada –es decir, la que se obtiene por defecto– en español. Esto se refleja en la cantidad de verbos que pertenecen a esta clase. En la actualidad la primera conjugación está representada por más del 75% de los verbos del español recogidos en el DRAE pertenecen a la primera conjugación.

b   Históricamente, muchos de estos verbos proceden de la primera conjugación latina: *cantare > cantar, fabulare > hablar, monstrare > mostrar*, etc.

c   Muchos verbos adaptados al español como préstamos de otras lenguas toman esta vocal temática, ya que es habitual que tomen el verbalizador **-ear**.

   (1)   check > chequear, format > formatear o formatar, chat > chatear, ban > banear

d   También toman esta vocal temática los verbos derivados mediante **-ificar, -izar**, y los poco productivos **-itar** (*debilitar*), **-iguar** (*santiguar*) o **-icar**.

e En cuanto a las verbalizaciones en las que participa en ausencia de sufijos explícitos que expliquen el cambio de categoría, este sufijo –sin tener en cuenta los casos parasintéticos, cf. **a-**[1]– se une a bases adjetivales de todos los tipos (*activar, intimar, amargar, transparentar, anexar, completar, especificar, igualar, secar, sanar, fecundar, limpiar, llenar, vaciar, tensar, contrariar*...), nominales (*abanicar, cepillar, fusilar, bailar, contusionar, erosionar, visionar, fragmentar, racionar, controlar, envidiar*...) y en menor medida posibles preposiciones (*sobre > sobrar, bajo > bajar*), interjecciones y onomatopeyas (*chistar, aupar*).

f En los casos parasintéticos se documentan, además, bases pronominales (*ensimismar*), cuantificadores (*apocar*) y adverbios (*adelantar*).

Comportamiento gramatical

a No es posible en español actual encontrar generalizaciones acerca del comportamiento gramatical de los verbos en **-a**. Encontramos entre los verbos que y elementos verbales que llevan esta vocal temática todas las clases relevantes gramaticalmente.

b Hay verbos transitivos (*contar*) o intransitivos, tanto inacusativos (*entrar*) como inergativos (*sudar*).

c Hay verbos de todas las clases de aspecto léxico (cf. *amar, odiar, bailar, saltar, cocinar, llegar, explotar*, etc.).

d Hay formantes verbales neoclásicos, como *-plicar (implicar, replicar, complicar), -clinar (inclinar, reclinar, declinar), -culcar (conculcar, inculcar), -dicar (predicar, abdicar, dedicar, indicar), -sertar (disertar, insertar)*.

e Esta vocal temática es la única que puede emplearse, sin verbalizadores expresos, para formar verbos derivados a partir de sustantivos o adjetivos.

(2) abanico > abanicar, martillo > martillar, espacio > espaciar, perdón > perdonar
(3) transparente > transparentar, activo > activar, vacío > vaciar, doble > doblar

f Como corolario al principio anterior, esta vocal temática es la única que puede aparecer en las formaciones parasintéticas sin sufijo verbalizador expreso:

(4) largo > alargar, corto > acortar, cárcel > encarcelar, losa > enlosar, peor > empeorar, raya > subrayar, denso > condensar

g Es frecuente que algunos verbos ligeros que en otros tiempos toman bases supletivas pertenezcan a la primera conjugación en presente de indicativo (*ir > voy, vas, va, vamos, vais, van; iba, ibas, iba...*, pero *fue, fuiste; dar > doy, das, da, damos, dais, dan; daba, dabas, daba...*, pero *diste, dimos*). *Estar*, donde la /a/ recibe excepcionalmente acento en el presente de indicativo (cf. *canta vs. está*), podría asimilarse a este grupo: *estuviste, estuvimos*.

h Fuera del posible caso de estos verbos, no hay verbos irregulares de primera conjugación por las terminaciones que toma en los tiempos, modos y aspectos gramaticales.

i Tampoco existen verbos cuya raíz sea irregular por adición de segmentos consonánticos en la primera conjugación. Debido a su motivación fonológica inicial, tampoco hay verbos de la primera conjugación donde una vocal media de la raíz se convierta en vocal alta.

j Sí hay en cambio verbos donde la raíz diptonga: *contar, soltar, volar, fregar, sentar*, entre otros muchos.

(5) cuento   friego
     cuentas   friegas
     cuenta   friega
     contamos   fregamos
     contáis   fregáis
     cuentan   friegan

Alomorfos

a La vocal se conserva inalterada en los contextos en que recibe acento (*cantamos, cantaba, cantaste, cantaron, cantara, cantase, cantando, cantado*) y en los que no (*cantas, cantaré, cantaría*).

b La ausencia de alomorfos de esta vocal temática hace que la forma primera plural del presente de indicativo y del pretérito perfecto simple sea homófona: *cantamos, bailamos, pasamos*. En algunas zonas dialectales, en registros no estándar, la vocal temática se convierte en /e/ en estos casos (*¡Cómo nos lo pasemos!*).

c Existen sin embargo contextos en que esta vocal temática desparece o es sustituida por otros morfemas: el presente de subjuntivo (cf. **-e**^{3}) es uno.

(6) cant-a-s, cant-e-s

d La marca de primera persona singular del presente de indicativo (**-o**^{2}) produce también la desaparición de la vocal temática: *cant-o*.

e Otro contexto de desaparición es en los pretéritos perfectos simples o indefinidos, en la forma de primera persona singular (*cant-é*), la tercera singular (*cant-ó*).

Tipos de significado

a Si bien no puede asociarse ningún significado directamente a la vocal temática, existen verbos donde esta vocal temática es la única marca verbal, es decir, en que esta vocal temática aparece sin prefijos en parasíntesis ni verbalizadores expresos.

b Con bases adjetivales se diferencian cuatro significados: los dos primeros son cambio de estado donde el argumento interno es aquel del que se predica el cambio (*activar*) y cambios de estado donde el cambio se predica de otro argumento, sea explícito o no (*intimar*). Con parasíntesis, solo se obtiene la primera lectura.

c Las otras interpretaciones también están restringidas a casos no parasintéticos: la lectura estativa, atributiva, donde se predican las propiedades de la base sobre el sujeto, sin cambio (*transparentar*), y lecturas semánticas más complejas donde se predican las propiedades de otro argumento que no es necesariamente el sujeto (*contrariar*).

d Con bases nominales se obtienen lecturas de cambio de estado (*bocetar*), cambio de lugar (*estacionar*), posesión de una propiedad o entidad (*dudar*), transferencia (*becar*), instrumento (*guillotinar*) y otras muchas que solo están limitadas por qué relaciones entienden los hablantes que pueden definirse a partir de la clase de entidades denotadas por la base.

Propiedades fonológicas

a La vocal temática es el segmento acentuado en las formas de imperfecto de indicativo y subjuntivo, los infinitivos, participios y gerundios, el futuro de subjuntivo y las formas de pretérito perfecto simple donde aparece.

b En el presente de indicativo, la vocal temática no recibe acento en las formas singular y la tercera plural (*canto, cantas, canta, cantan*).
c Son excepción a esta tendencia por motivos obvios los verbos monosílabos (*doy, das, da, damos, dais, dan*) y el verbo estar, que excepcionalmente siempre asigna acento a la vocal temática (*estás, está, estamos, estáis, están*).
d Ocasionalmente, en su uso como morfema derivativo, este sufijo fuerza un alomorfo de la base, generalmente acabado en /u/ (*concepto > conceptuar, consenso > consensuar, precepto > preceptuar, rédito > redituar*) o con otros cambios consonánticos (*antiguo > anticuar*).

Discusión

a El hecho de que esta vocal temática sea la única usada para formar verbos sin verbalizador expreso y que además se prefiera siempre en la adaptación de los préstamos verbales ha hecho que algunos autores la traten como un verbalizador.
b Esta propuesta tiene el grave problema de que si tratamos la vocal temática como verbalizador, deberían tener dos verbalizadores formaciones como *sant-ific-a(r), period-iz-a(r)* o *patal-e-a(r)*, algo que de forma independiente sabemos que es imposible (*clas-ifiqu-iz-a(r)).
c Es más probable que en estos casos la verbalización se produzca mediante un sufijo cero y la vocal temática de primera conjugación emerja de forma natural porque la primera conjugación es la forma no marcada en español.

Relaciones con otros afijos

a Esta vocal temática es, con gran diferencia, la que define la mayor parte de verbos del español.
b Entre los verbalizadores, **-a**^{2} es el elemento que más frecuentemente aparece –y por tanto, el que podría tener más productividad, con el matiz de que probablemente esa productividad sea la del verbalizador cero cuya clase de conjugación marca–, seguido de **-ear**.

LECTURAS RECOMENDADAS: Pena (1980), Val Álvaro (1992, 1998), Rifón (1997a); Serrano-Dolader (1999); Pharies (2002), RAE & ASALE (2009: §8.6-8.8); Bermúdez Otero (2013), Lavale Ortiz (2013), Batiukova (2021); Fábregas (2023).

-a^3. Sin origen único, a veces de la forma acusativa de la primera declinación latina *-am*, a veces de otras formas de distinta procedencia etimológica. Marca de género común.

Tipos de base

a Esta marca de género aparece en nombres, adjetivos y algunos determinantes. Entre los sustantivos, es el que marca siempre terminaciones como **-ma, -ta, -iatra, -ícola, -icida,** o **-ista**, la última de gran productividad en español.
b Además de los sustantivos o adjetivos derivados con esos sufijos, tenemos un buen número de formas no derivadas que toman esta marca de género. Entre otras:
    (1) cabecilla, camarada, centinela, cineasta, comparsa, colega, cura, espía, guardia, guía, hincha, karateca, logopeda, oligarca, pirata, tránsfuga, vigía, yudoca

c Existen también adjetivos que toman esta marca de género común a ambos valores, como *idiota, azteca, belga, hipócrita*.
d El cuantificador *cada* puede intepretarse como que también toma esta marca, si bien (al no combinarse nunca con sustantivos plurales) es posible pensar igualmente que es un único exponente morfológico no descomponible, invariable, donde la /a/ final no es segmentable.

Comportamiento gramatical

a Este sufijo se caracteriza siempre por ser una forma átona, que ocupa la posición final dentro de la palabra y solo puede ser seguida por el sufijo plural -*s*.

(2) curas, idiotas, pederastas, problemas, poetas

b De la propiedad anterior se sigue que el morfema diminutivo -*it* aparece siempre a la izquierda del sufijo:

(3) problem-a > problem-it-a

c El diminutivo siempre preserva este sufijo, incluso en los casos masculinos, frente a las terminaciones -e^4 o la terminación -o^1 cuando va unida a nombres femeninos.

(4) maric-a > mariqu-it-a

d Este sufijo es cancelado siempre en procesos de sufijación derivativa, tanto si el sufijo comienza por vocal como no.

(5) a idiot-a > idiot-ez
     b pirat-a > pirat-erí-a
     c Papa > pap-al

e Entre los sustantivos que van marcados con la -a^3 común para ambos géneros, hay que establecer tres clases. La primera la forman los nombres no animados, que no suelen admitir los dos valores de género (*el idioma*); la segunda está formada por nombres referidos a entidades animadas pero en los que el papel está tradicionalmente restringido a varones, lo cual hace que la forma en -*a* solo sea masculina (*el cura*) o que el femenino se marque con terminaciones especiales (*el Papa, la Papisa*); el tercero lo conforman los sustantivos referidos a entidades animadas que pueden tener ambos valores de género, masculino y femenino (*el colega ~ la colega, el artista ~ la artista*).
f Se verifica en español una asimetría en la marcación del femenino y del masculino; mientras que es frecuente marcar explícitamente con -a^1 algunos sustantivos marcados por -o^1 o -e^4 tradicionalmente común a ambos géneros (*testiga, miembra, presidenta*), no se suele marcar con -o^1 un sustantivo marcado con -a^3 para mostrar explícitamente el género masculino. Una excepción extendida es *modisto*, cuya marca masculina no se extiende a otras formaciones en -**ista**.

Tipos de significado

No se identifican alternancias entre el sufijo -a^3 y otros sufijos de género que puedan dar lugar a diferencias sistemáticas de significado; esto contrasta fuertemente con -a^1 y -o^1.

Propiedades fonológicas

Este sufijo es siempre átono; los casos de sustantivos acabados en /a/ tónica se comportan de manera que claramente la última vocal es parte de la raíz, como se muestra por que no se cancele en procesos derivativos: *pachá* > *pacha-íst-a*. Los diminutivos en estos casos no aparecen entre la vocal final y la raíz: *pachacito*, no *pach-it-á*.

Relaciones con otros afijos

Véase **-e**[1], **-e**[4], **-o**[1], **-a**[1], así como **-esa, -isa, -ina, -triz** para otra terminaciones de género.

> LECTURAS RECOMENDADAS: Harris (1991); Ambadiang (1999); RAE & ASALE (2009: §2); Camacho (2021); Fábregas (2022), Montero Curiel & Montero Curiel (2022).

-a[4]. Del latín *-ēba* / *-ĕba*, que tras caída de /b/ intervocálica es seguida por la formación de un diptongo por ascenso de *e* > *i*. Sufijo flexivo que expresa el tiempo pasado en aspecto imperfectivo en los verbos de la segunda y tercera conjugación del español.

Tipos de bases

a Este sufijo se emplea para expresar el pasado imperfecto de indicativo en verbos de la segunda y la tercera conjugación.

    (1) a bebía, comía, metía, vendía, creía
           b vivía, sentía, partía, concluía, permitía

b La posible excepción es el verbo irregular *ir*, que pese a la terminación –que sugiere pertenencia a la tercera conjugación– toma la forma **-ba**.

Comportamiento gramatical

a Este sufijo se emplea en todas las formas personales del imperfecto de indicativo, sin cambios.

    (2) beb-í-a   viv-í-a
            beb-í-a-s   viv-í-a-s
            beb-í-a   viv-í-a
            beb-í-a-mos   viv-í-a-mos
            beb-í-a-is   viv-í-a-is
            beb-í-a-n   viv-í-a-n

b Este sufijo preserva la vocal temática a su izquierda.
c Este prefijo selecciona el alomorfo *-i* de la vocal temática **-e**[2] de los verbos de la segunda conjugación.
d Este prefijo fuerza el sincretismo entre las terminaciones de primera y tercera persona singular.

(3) bebo   bebe
     bebía   bebía

Tipos de significado

Véase **-ba** para los valores semánticos del pasado imperfectivo, que comparte este sufijo.

Propiedades fonológicas y Alomorfos

a Este sufijo nunca recibe el acento de la palabra, y viene asociado a la posición acentual sobre la vocal temática.
b El sufijo **-ba** se ha interpretado como un alomorfo morfológicamente condicionado de este sufijo.

Problemas de segmentación

a Este sufijo se restringe a las formas de indicativo, pero su naturaleza fonológica como un segmento /a/ suscita posibles hipótesis que puedan segmentarlo también en **-ba**, y la terminación de imperfecto de subjuntivo **-ra**. El primer caso podría indicar un morfo cero para indicar el correspondiente a *-b-* si se segmenta *-ba* como *-b-a*, pero el segundo caso parece excluido si se atiende a que **-ra** es una terminación general para los verbos de las tres conjugaciones y este sufijo solo se emplea en la segunda y la tercera, además con las vocales temáticas a su izquierda.
b En algunos manuales se trata la forma *-ía* como la marca de imperfecto de indicativo de los verbos de la segunda conjugación. Sin embargo, existen varios argumentos para segmentar *-ía* en dos partes, dejando que la forma *-a* sea realmente el marcador del pasado imperfectivo y que la *-i* corresponda a la vocal temática.
c En efecto, si tratamos este morfema como indescomponible nos veríamos obligados a decir que los verbos de segunda y tercera conjugación pierden la vocal temática en imperfecto, lo cual sería un contraste claro con la primera conjugación, donde se ve claramente la vocal temática.

(4) cant-a-ba
     cant-a-ba-s
     cant-a-ba
     cant-á-ba-mos
     cant-a-ba-is
     cant-a-ba-n

d Esta supuesta pérdida de la vocal temática sería incluso menos intuitiva en los verbos de la tercera conjugación, donde aparece con claridad la vocal temática **-i**[1], y donde resultaría arbitrario proponer que esa *-i* pertenece a la marca de aspecto gramatical.
e Por tanto parece más razonable desde un punto de vista analítico proponer que, frente a la tradición, el morfema de imperfecto de indicativo en español es *-a* para los verbos de la segunda y tercera conjugación.

f   De esta manera, los verbos de la segunda conjugación emplean en esta forma un alomorfo -*i* de la vocal temática -**e**^{2}, lo cual está justificado fonológicamente como una forma de evitar el hiato que se formaría de no producirse este cambio.

(5)   *beb-e-a > beb-í-a

> **Lecturas recomendadas**: Alcoba (1999); RAE & ASALE (2009: §4.5); Pérez Saldanya (2012), Fábregas (2015); Pato (2018), Zacarías-Ponce de León (2021).

-a[5]. Del latín *-a-*, forma que marcaba el subjuntivo en presente en verbos de la segunda, tercera y cuarta conjugación. Sufijo que marca el presente de subjuntivo en verbos de la segunda y tercera conjugación.

Tipos de bases

a   Este sufijo se emplea en el presente de subjuntivo en verbos de la segunda y tercera conjugación. Véase -**e**^{3} para los verbos de la primera conjugación.

(1)   beb-a, viv-a

b   Los verbos irregulares en primera persona singular del presente de indicativo toman la misma forma irregular en el presente de subjuntivo. Esto incluye distintas clases de verbos, incluyendo verbos con gran supletivismo: *soy ~ sea, voy ~ vaya*.

c   Los verbos vocálicos acabados en dos vocales, la segunda de las cuales es -*i* (-V*i*), consonantizan la vocal (*y*) en este contexto, igual que en la 1sg del presente de indicativo: *arguya, destruya, diluya, construya, huya*. Se asimilan a este patrón, sin motivación fonológica, la forma *roya*, una de las posibles del verbo *roer*.

d   Con verbos cuyas raíces alternan entre una versión diptongada y una con vocal media, este sufijo selecciona siempre la versión diptongada –ya que el acento recae en estas formas sobre la sílaba previa al sufijo–. Esto sucede para los verbos de alternancia *e ~ ie* (*entienda*), los de alternancia *o ~ ue* (*duerma*) y también los mucho menos frecuentes *i ~ ie* (*inquiera*).

e   El sufijo también coocurre con la forma irregular en que la vocal media *e* asciende a *i* (*pida, fría, ría*), y *o* asciende a *u* (*pudra*).

f   Esta forma selecciona la raíz con incremento consonántico en /(i)g/ o donde la última consonante de la base pasa a /g/, a veces con otras alternancias vocálicas: *caiga, asga, oiga, traiga* (y otros formados sobre *traer*, como *contraiga, retraiga*) *salga, valga, tenga, venga, diga, haga, roiga* (en alternancia con *roya~roa*).

g   Con -**ecer**, el sufijo concurre con la forma que añade /k/: *crezca, amanezca, pertenezca, parezca*; esto se extiende a algunos verbos en -*acer* (*plazca, yazca* –en alternancia con *yazga–, nazca*), -*ocer* (*conozca*), -*ducir* (*conduzca, produzca*) y el verbo *lucir* (*luzca*). En todos los casos de este punto y del punto (f), la base irregular es la misma que selecciona -**o**^{2}.

h   Resulta excepcional la irregularidad del verbo *caber*, que elige la forma /kep/ (*quepa*), usada también en la 1sg del presente de indicativo.

i   El único verbo del español que diferencia con bases irregulares distintas la 1sg y el presente de subjuntivo es *saber* (*sé~sepa*).

Comportamiento gramatical

a   Este sufijo se emplea como único marcador del presente de subjuntivo en los verbos de la segunda y tercera conjugación.

   (2)   valga, viva, tenga, venga, coma, parta...

b   El sufijo implica siempre la cancelación de la vocal temática.
c   El sufijo fuerza el sincretismo entre la primera y la tercera singular:

   (3)   vivo   vive
         viva   viva

d   La alternancia que forma con -e^3 se restringe al presente, ya que en futuro e imperfecto de subjuntivo la vocal temática se restituye y se emplean los sufijos **-ra** y **-se** sin atender a la clase de conjugación.

Tipos de significado

Este sufijo se asocia a los valores del subjuntivo en presente. Véase -e^3.

Propiedades fonológicas

Este sufijo nunca recibe el acento de la palabra, que se sitúa en la sílaba inmediatamente a la izquierda de él.

Relaciones con otros afijos

Véase también -e^3.

> **LECTURAS RECOMENDADAS**: Alcoba (1999); RAE & ASALE (2009: §4.5, §24.1); Fábregas (2014), Martín Vegas (2014), Pérez Saldanya (2012), Zacarías-Ponce de León (2021).

-a[6]. Alomorfo de **-s**[1], usado en algunos cultismos para expresar plural dentro de registros formales (*currículum* > *currícula*).

ab-. De la preposición separativa latina *ab-*. Prefijo preposicional no productivo del español que expresa relaciones locativas, de separación o de cese.

Tipos de base

a   En los casos más claramente segmentables, este prefijo se combina con verbos:

   (1)   abjurar, absconder, absolver, absorber, abstenerse, abstraer

b   El prefijo toma ocasionalmente bases verbales neoclásicas, como en *abducir, abdicar*.
c   Son muy poco frecuentes los casos segmentables con bases adjetivales; existe el participio *abnegado*, pero para muchos hablantes no el verbo *abnegar*; se encuentra este

prefijo, al menos etimológicamente, en algunos adjetivos cultos como *abyecto, ablativo, abductor, absorto, abstruso*, y *absente* (*ausente*).

d Sucede lo mismo con bases nominales: *abdomen, absceso, abscisa*.

Comportamiento gramatical

a Este prefijo no altera la categoría gramatical de la base.
b Este prefijo, en cambio, puede manipular la estructura argumental y el régimen de los verbos con los que se combina, intransitivizándolos y asociándose a un complemento de régimen separativo con *de*: *traer algo ~ abstraerse de algo, jurar algo ~ abjurar de algo*. Esta operación sin embargo no es sistemática: *sorber algo ~ absorber algo*.
c Este prefijo no es iterable.
d Este prefijo no participa en la parasíntesis, no forma paradojas de encorchetado, no admite la expansión funcional de su base y no toma alcance sintagmático.

Tipos de significado

a En los casos segmentables este prefijo se asocia a un significado separativo que no es necesariamente locativo. En general, se puede asociar al valor de 'tomar algo de dentro de alguna cosa', como en *absorber*, que supone eliminar completamente un líquido de un lugar.
b Es más común el significado abstracto de extraer una idea o un concepto de algún conjunto de datos (*absconder, abstraer*) o sacar, eliminar o quitar a alguien de una situación (*absolver, abstener*).

Propiedades fonológicas

a Este prefijo se integra prosódicamente con la base.
b Pese a su integración no suele eliminarse su consonante final, incluso cuando forma secuencias consonánticas poco comunes en español (*abstraer*). Posiblemente a esto subyace la posibilidad de confusión con el prefijo **ad-**, de valor inverso, en caso de que se eliminara la consonante final.
c El alomorfo *abs-* aparece ocasionalmente (*abstenerse, absconder, abstraer*).

Relaciones con otros afijos

a Véase **ex-** y **des-**, junto a **de-**, para prefijos separativos más productivos.
b Véase **ad-** para el prefijo direccional que ocasionalmente aparece en algunas formas verbales, de valor opuesto a **ab-**.

Lecturas recomendadas: Varela & Martín García (1999), Morera (2019).

-ac-. De origen incierto, tal vez relacionado con **-aco**. Interfijo propuesto en Portolés (1999: 5061), para la forma *machacón*. Si se entiende que esta forma deriva de *machacar*, no es necesario postular un interfijo.

-aca. Posible sufijo segmentable en un conjunto pequeño de formas que denotan distintos adjetivos gentilicios referidos a pueblos precolombinos (*Panamá > panamaca, Anahuac >*

anahuaca, con posible haplología), extendido a la voz peyorativa *sudaca, tontaca*. Es común en género y está marcado por **-a**^{3}.

-áceo. Del latín *-āceum*, sufijo adjetivalizador. Sufijo adjetivalizador culto que forma adjetivos relacionales o similitudinales a partir de sustantivos.

Tipos de bases

a   Este sufijo toma siempre nombres comunes como su base. No son abundantes las bases patrimoniales de uso común:

(1)   arena > arenáceo, gallináceo, grisáceo, membranáceo, poligonáceo, rosáceo, violáceo

b   Este sufijo es productivo en el lenguaje de la botánica y otras ciencias naturales, por lo que en él destacan las bases que designan especies vegetales y otros seres vivos:

(2)   acanto > acantáceo, anacardo > anacardáceo, avena > aveníceo, balsamináceo, cactáceo, cannabáceo, geraniáceo, herbáceo, juncáceo, magnoliáceo, malváceo, mimosáceo, oliváceo, opiáceo, papayáceo, pasifloráceo, platanáceo, valerianáceo, verbenáceo

c   Resulta frecuente que el sufijo tome bases neoclásicas propias del lenguaje científico de la biología y otras ciencias.

(3)   aceráceo, agaricáceo, aizoáceo, amarantáceo, amarilidáceo, amentáceo, amigdaláceo, apocináceo, aristoloquiáceo, begoniáceo, berberidáceo, betuláceo, bombacáceo, bromeliáceo, campanuláceo, cardiáceo 'con forma de corazón', cetáceo, cigofiláceo, cingiberáceo, combretáceo, commelináceo, cornáceo, crasuláceo, crustáceo, cucurbitáceo, dioscoreáceo, droseráceo, euforbiáceo, farináceo, foliáceo, globulariáceo, gnetáceo, lauráceo, liliáceo, melastomatáceo, musáceo, ninfeáceo, oleáceo, proteáceo, punicáceo, ranunculáceo, saponáceo, sebáceo, yuglandáceo

d   Aunque no es frecuente, la base puede ser un nombre propio, pero usado para denotar una clase de entidades nombradas según esa entidad, tras empleo de un sufijo derivativo clásico: *Asclepio* > (*asclepiada*) > *asclepiadáceo*, *Malpighi* > *malpigiáceo*.

Comportamiento gramatical

a   Este sufijo forma adjetivos variables en género y marcados regularmente por **-o**^{1} en masculino y **-a**^{1} en femenino.
b   La mayoría de las formaciones son adjetivos relacionales no graduables, y con el comportamiento típico de estos (posición posnominal, posibilidad de coordinar dos singulares con un sustantivo plural).
c   Solamente se usan como calificativos los adjetivos *grisáceo, rosáceo* y *violáceo*, los tres derivados de nombres de color.
d   Algunos de los adjetivos relacionales se usan frecuentemente como sustantivos; este es el caso de *cetáceo* y *opiáceo*; todos los adjetivos relacionales, en la medida en que denotan especies y clases vegetales, pueden emplearse como sustantivos para denotar la clase que definen.
e   Este sufijo siempre implica la cancelación de la marca de género final del sustantivo.

Tipos de significado

a   Como sufijo que forma prioritariamente adjetivos relacionales, el papel semántico de este sufijo es el de definir una relación, cuya naturaleza está subespecificada, entre el sustantivo modificado y la clase de entidades que designa la base.
b   Es frecuente que los adjetivos formados por este sufijo denoten subclases dentro de las clasificaciones botánicas, donde la base indica una especie o propiedad característica de la clase y el adjetivo se interprete como que construye una clase mayor por la semejanza o las propiedades compartidas con el sustantivo de la base.
c   Cuando el sufijo se emplea como adjetivo calificativo, el significado que aporta es casi siempre similitudinal: la base define un conjunto de propiedades y se dice que la entidad de la que se predica el adjetivo posee algunas de estas propiedades, por lo que se asemeja en cierto sentido a la noción que denota la base. Muy frecuentemente esta semejanza se basa en el color (*rosáceo, grisáceo, violáceo*), que es similar al tono que denota el sustantivo, pero en su uso extendido como adjetivos calificativos los derivados pueden referirse también a la forma y complexión (*vieja gallinácea*).

Propiedades fonológicas

a   El carácter culto de este sufijo se refleja en que forma voces esdrújulas, con acento sobre la /a/, y en la preferencia por bases alomórficas cultas.
b   La posición del acento fuerza la monoptongación de la base: *hierba > herbáceo*.
c   Excepcionalmente, aunque el sufijo fuerza la cancelación de la vocal que marca el género, admite con facilidad los grupos vocálicos en contacto con la base: *proteáceo, dioscoreáceo*.

Haplologías

Junto a la cancelación de las terminaciones átonas que correspondían a marcas de declinación latinas (*cact(us) > cactáceo, cannab(is) > cannabáceo*) se identifican haplologías de los segmentos finales en algunas voces derivadas de bases patrimoniales, como *viol(eta) > violáceo*.

Relaciones con otros afijos

En la formación de adjetivos relacionales, este sufijo contrasta con los más productivos **'-ico** y **-al** en que se especializa en el lenguaje científico, especialmente el de la botánica. Tampoco es productivo entre los morfemas que forman adjetivos similitudinales, como **-oso, -esco** o **-izo**.

> Lecturas recomendadas: Rainer (1993, 1999); Pharies (2002), Fábregas (2020).

-ach-. De origen incierto. Posible interfijo segmentable en algunas formaciones con los sufijos **-al** (*lodo > lod-ach-ar*), **-ento** (*habl-ach-ento*) e **-ina** (*rod-ach-ina*). Parece probable que pueda relacionarse con el sufijo peyorativo **-acho**.

Lecturas recomendadas: Portolés (1999); Martín Camacho (2003); Ohannesian (2021).

-acho. Del latín *-aceum*. Sufijo apreciativo de valor peyorativo o aumentativo.

Tipos de base

a   Este sufijo se combina con bases sustantivas, especialmente las que denotan clases de seres animados, partes del cuerpo y algunos objetos físicos:

(1)   amigo > amigacho, boca > bocacho, cueva > covacha, hilo > hilacho, hombre > hombracho, libro > libracho, pueblo > poblacho, rico > ricacho

b   Ocasionalmente se encuentran también bases adjetivales: *vivo > vivaracho*. Muchas de estas formaciones se usan como sustantivos de valor lexicalizado (*verde > verdacho* 'tipo de arcilla'.

c   Algunas bases no segmentables en la actualidad pueden argumentarse como formaciones con este sufijo, debido a su valor peyorativo: *mamarracho, cucaracha*.

Comportamiento gramatical

a   Este sufijo forma sobre todo sustantivos a partir de otros sustantivos; estos sustantivos son masculinos o femeninos dependiendo casi siempre del género de la base, marcados regularmente con **-o**¹ para el masculino y **-a**¹ para el femenino.

b   Este sufijo cancela siempre la vocal átona final de la base.

c   Como otros sufijos peyorativos, este sufijo convierte la base en adjetivo en varios casos donde la base es nominal: *bomba > bombacho, boca > bocacho*.

d   Por lo general el sufijo no altera el género de la base (salvo en *hilo > hilacha*, aunque también se usa *hilacho*).

e   Este apreciativo no es iterable.

Tipos de significado

a   La noción general que expresa este sufijo es la de un peyorativo, que en su caso particular se asocia a la evaluación como deficiente, imperfecta, desagradable o molesta de la entidad o propiedad expresada por la base: *bocacho* es aquel al que en la boca le faltan dientes, *bombacho* es una forma abombada que resulta llamativa, *poblacho* es un pueblo miserable, *libracho* es un libro inútil, mal escrito, etc.

b   Como sucede con otros apreciativos, el valor aumentativo puede superponerse a él (*hombracho*, 'hombre poco proporcionado por su tamaño u obesidad').

c   Hay varias formas lexicalizadas, como *verdacho, asnacho* 'tipo de planta', *cabracho, hornacho* 'tipo de cueva artificial', donde el valor peyorativo no es visible.

Propiedades fonológicas

Este sufijo atrae el acento de palabra a su /a/ y se integra prosódicamente con la base, como muestra la monoptongación de las bases donde el diptongo depende de la posición del acento (*pueblo > poblacho*).

Alomorfos

En *dicharacho* 'dicho inútil' y *vivaracho* se documenta una forma *-aracho* que puede tratarse como un alomorfo o, alternativamente, como descompuesta en un interfijo **-ar-** y el propio sufijo.

Relaciones con otros afijos

Para otros sufijos peyorativos de más productividad, véase **-ucho, -aco**, con los que se relaciona fonológicamente al punto de que podría pensarse que su uso se ve favorecido por el cruce entre estos dos afijos.

LECTURAS RECOMENDADAS: Rainer (1993), Pharies (2002), RAE & ASALE (2009: §9.7).

-achuelo. Alomorfo de **-uelo**, usado en *covachuela, portachuela, riachuelo*. Véase también el interfijo **-ach-**.

-aco[1]. Del latín *-ācum*, y este a su vez del griego *-ακός*, sufijo adjetivalizador. Sufijo adjetivalizador que forma adjetivos relacionales o calificativos a partir de sustantivos.

Tipos de base

a Este sufijo se combina con nombres tanto propios como comunes. Entre los nombres propios destacan los topónimos, y en menor medida, los antropónimos.

 (1) austriaco, bosniaco, egipciaco, helespontíaco, peloponesiaco, siriaco
 (2) dionisiaco, jeremíaco

b Los nombres comunes que se combinan con este sufijo tienden a denotar entidades abstractas, pero no siempre.

 (3) demoniaco, elefancíaco, elegíaco, genesíaco, maníaco, paradisiaco, pulmoníaco, simoniaco

c Es frecuente también que el sufijo sea segmentable con bases neoclásicas (*afrodisiaco, cardiaco, celiaco, helíaco...*).

Comportamiento gramatical

a Este sufijo forma siempre adjetivos variables en género, marcados regularmente por **-o**[1] para el masculino y por **-a**[1] para el femenino.
b La mayoría de las formaciones con este sufijo son adjetivos relacionales, no graduables y que no pueden aparecer en posición prenominal. Esto es así con las formas derivadas a partir de topónimos y temas neoclásicos, especialmente.
c Sin embargo, junto a la interpretación calificativa de los adjetivos relacionales, algunas formas se emplean sobre todo como adjetivos calificativos, como *demoniaco, maniaco, paradisiaco*.
d Excepcionalmente, la forma *amoniaco* (originalmente 'procedente de donde Amón') se emplea exclusivamente como sustantivo en la actualidad.
e Este sufijo siempre implica la desaparición de la vocal átona final de género de la base.

Tipos de significado

a   Como otros sufijos que forman adjetivos relacionales, **-aco**[1] también se limita a denotar en ese uso una relación subespecificada semánticamente entre la clase de entidades denotada por la base y el sustantivo al que modifica el adjetivo.
b   Muchas de las lecturas relacionales son gentilicios, donde la relación se especializa como la de 'origen'; sucede esto, naturalmente, con las bases que denotan topónimos.
c   En los casos calificativos predomina la lectura similitudinal, en la que se denota la propiedad de asemejarse en algún parámetro a la entidad denotada por la base, como en *demoníaco* 'que se comporta de forma parecida a un demonio' o *paradisiaco* 'que es parecido a un paraíso'.

Propiedades fonológicas y alomorfos

a   Este sufijo tiene tendencia a tomar bases que terminan en **-ia** o **-ía**, o en general que terminan en la secuencia /iV/, donde V es la vocal átona que se asocia a la marca de género.
b   La alternancia entre si forma diptongo o hiato con la /i/ precedente (*-íaco* o *-iaco*) depende en buena medida de si la base tomaba **-ia** o **-ía**, pero no siempre: *manía* pero *maníaco ~ maniaco*.
c   Si bien la /i/ casi siempre pertenece a la base (*Simón > simonía > simoníaco*), parece necesario postular el alomorfo *-iaco* en *Egipto > egipciaco*. Como puede verse, este alomorfo produce espirantización de la consonante final de la base.

Haplologías

Sincrónicamente, parece necesario proponer haplología en *Pol(onia) > polaco*.

Relaciones con otros afijos

Entre los sufijos especializados en dar lugar a gentilicios, **-aco** no es particularmente productivo, y se restringe casi únicamente a zonas de influencia histórica griega.

> LECTURAS RECOMENDADAS: Rainer (1993, 1999); Pharies (2002), Fábregas (2020).

-aco[2]. De origen incierto, tal vez del latín *-ācum*. Sufijo apreciativo de valor peyorativo.

Tipos de base

a   Frente a otros sufijos apreciativos, **-aco** se restringe exclusivamente a bases nominales.

   (1)   libraco, tiparraco, bicharraco, pajarraco, pataca, bultaco, anillaco, burraco, pepinaco, camionaco

b   No se documentan bases adjetivales (cf. *flacucho ~ *flacaco*). Las bases que pueden usarse como adjetivos o sustantivos (2) solo se emplean como sustantivo con este sufijo (3).

(2) un tipo tonto ~ un tonto
(3) *un tipo tontarraco ~ un tontarraco

c   Tampoco se documentan bases adverbiales (cf. *lejitos* ~ **lejacos*) o de otras clases gramaticales.

Comportamiento gramatical

a   Este sufijo no altera la categoría gramatical de la base.
b   Este sufijo no altera el género de la base, pero puede regularizar la marca de género a -**a**¹ en femenino o -**o**¹ en masculino: *barril* > *barrilaco*.
c   Este sufijo, frente a otros apreciativos, no es iterable.
d   Este sufijo siempre implica la cancelación de la vocal átona que marca el género en la base.

Tipos de significado

a   El valor de este sufijo es peyorativo, a menudo combinado con una idea aumentativa de intensificación de los aspectos más negativos de la base, como en *burraco*.
b   Existen formaciones de significado demotivado o especializado, como *pepinaco*, que indica un golpe fuerte.

Propiedades fonológicas y alomorfos

a   Este sufijo se integra prosódicamente en la base y atrae el acento a su vocal /a/.
b   Consecuentemente, puede tener el efecto de hacer que monoptongue un diptongo de la base que depende de la posición acentual: *puerta* > *portaca*.
c   La forma *-arraco* aparece en varias formaciones, como *bicharraco, tiparraco, pajarraco, tiarraco, putarraca, tontarraco, tufarraco* y otras.

Relaciones con otros afijos

Pese a ser también despectivos, **-ucho** y otros se comportan de forma gramaticalmente distinta. Dentro de la serie de apreciativos, este sufijo no es particularmente productivo.

L ECTURAS RECOMENDADAS: Lázaro Mora (1999), Pharies (2002), RAE & ASALE (2009: §9.7).

acro-. Del griego ἄκρον 'extremidad'. Prefijo adjetival de valor relacional similar a 'relacionado con las extremidades'.

a   Este prefijo, propio del lenguaje científico, aparece en unas pocas formaciones sobre temas neoclásicos correspondientes a sustantivos, como *acróbata, acrofobia, acromegalia, acrópolis, acróstico*.
b   Este prefijo no altera las propiedades gramaticales de la base.
c   Su valor semántico es el de un adjetivo relacional que denota el extremo o las extremidades de algo (*acróstico, acróbata*), o por extensión semántica, altura (*acrofobia*).

d   Pese a su etimología, este elemento tiene en español contemporáneo el comportamiento gramatical de un prefijo: no se documentan formaciones en que aparezca tras una base, y no puede combinarse directamente con afijos para dar lugar a palabras del español (*ácrico, *anacro...).

-acro. Véase **-cro**.

-áculo. Del latín *-aculum*, sufijo diminutivo. Sufijo nominal que forma sustantivos a partir de bases verbales, o forma nuevos sustantivos a partir de bases nominales.

a   Este sufijo se combina con algunos verbos de la primera conjugación: *habitar > habitáculo, obstar > obstáculo, cenar > cenáculo, invernar > invernáculo, propugnar > propugnáculo, sustentar > sustentáculo*. La forma *receptáculo* puede relacionarse con el verbo de la tercera conjugación *recibir*, con una base usada en otras nominalizaciones (*recepción, receptor*).
b   En otras formas segmentales se reconocen bases nominales: *infierno > infernáculo, signo > signáculo, taberna > tabernáculo*.
c   Siempre se producen sustantivos (la forma *vernáculo* no es segmentable), siempre masculinos marcados por **-o**[1].
d   Predominan entre sus lecturas semánticas la de lugar (*habitáculo, cenáculo, invernáculo, receptáculo*) o instrumento (*obstáculo, sustentáculo, propugnáculo*), pero con un alto grado de especialización del significado y de lexicalización, sobre todo en las voces derivadas de sustantivos: *infernáculo* 'tipo de juego', *signáculo* 'sello de un escrito', *tabernáculo* 'sagrario'.
e   El valor diminutivo original no es visible en estas formaciones.
f   El sufijo atrae el acento a su vocal /a/, formando voces esdrújulas, y puede causar la monoptongación de la base: *infie̯rno > infernáculo*.

ad-. Del prefijo latino *ad-*, que expresaba dirección. Prefijo preposicional que denota localización.

a   El prefijo aparece frecuentemente con temas neoclásicos verbales, como en (1):

   (1)   adherir, adhortar, admitir, adquirir, adstringir, aducir, adversar, advocar

b   Son poco frecuentes las bases verbales o adjetivales patrimoniales (*admirar, adscribir, adsorber, advertir*, o entre los adjetivos, *adnominal, adyacente*)
c   Se documentan ocasionalmente bases de otras categorías, casi siempre neoclásicas: *admonición, advento, adverbio*.
d   Este prefijo no altera la categoría de la base, y no es iterable.
e   El valor semántico del prefijo es casi siempre no transparente; en los casos donde la base tiene un significado independiente (es decir, cuando no es una base verbal neoclásica), el valor suele ser no predecible (*admirar, advertir*) o, si se mantiene el valor semántico de la base, el prefijo parece aportar la noción de 'localización dentro de', como en *adscribir* o *adsorber*.
f   Este prefijo se integra plenamente en el significado de la base.
g   Podría relacionarse un alomorfo *a-* de este prefijo con algunos usos causativos del prefijo **a**[1]-, como *portar ~ aportar*. Véase también **a-**[4].

-ad. Posible alomorfo de **-idad** (*humildad*).

-ad-. De origen incierto, tal vez relacionado con la terminación participial en alguna de sus lecturas. Interfijo que aparece en combinación con sufijos colectivos (*atoll-ad-ar, sec-ad-al*). Para su posible presencia en voces como *secadero, mascadijo, enfadadizo, acabador, botonadura*, véase **-dero, -dizo, -dor, -dura**.

> LECTURAS RECOMENDADAS: Portolés (1999); Martín Camacho (2003); Ohannesian (2021).

-ada[1]. De la terminación de participio de la primera conjugación, *-ado*. Sufijo nominal que forma sustantivos de acción a partir de bases sustantivas.

Tipos de base

a Este sufijo se combina siempre con sustantivos. Entre los nombres comunes destacan dos clases: las formadas por sustantivos que designan clases de entidades animadas, sobre todo personas, constituye la primera.

(1) americanada, andaluzada, animalada, asnada, babosada, baturrada, barraganada, bellacada, borregada, borricada, botaratada, bribonada, bufonada, burrada, cabezonada, cacicada, cadetada, canallada, chiquillada, chochada, chulada, compadrada, fanfarronada, fantasmada, fantochada, frailada, gallegada, gauchada, gazmoñada, gitanada, gorrinada, granujada, gringada, horterada, huevonada, judiada, macacada, mamarrachada, mariconada, marujada, monada, niñada, paletada, pasmarotada, pavada, payasada, putada, sinvergonzada, trastada, truhanada, valentonada, verdugada...

b La segunda clase son nombres comunes referidos a objetos sólidos y partes del cuerpo usadas generalmente para golpear.

(2) aldabada, azadada, badajada, ballestada, bastonada, brochada, cacerolada, calabazada, campanada, corazonada, cornada, cuchillada, culada, dentellada, escobada, espingardada, espolonada, estocada, guantada, hocicada, hozada, lanzada, manotada, morterada, muletada, navajada, palada, patada, pedrada, pincelada, puñada, saetada, talonada, tijeretada...

c Junto a estas dos clases, también se aceptan nombres comunes que denotan alimentos, otros bienes consumibles y otras clases de entidades con las que se ejecutan habitualmente acciones:

(3) becerrada, calçotada, chorizada, esparragada, mariscada, novillada

d También se aceptan bases formadas por nombres propios de persona:

(4) charlotada, jeremiada, quijotada...

Comportamiento gramatical

a Este sufijo siempre forma sustantivos femeninos marcados por **-a**[1], en contraste con **-do**[2], que puede formar nombres de acción masculinos o femeninos.

b   Este sufijo siempre cancela la vocal átona final de género de la base.
c   Este sufijo podría descomponerse en -a-d-a, donde la primera /a/ es una vocal temática de primera conjugación, que típicamente aparece cuando se forman nombres de participante o acción sobre sustantivos con sufijos que de otra manera toman bases verbales (cf. **-nte, -dor**).
d   Este sufijo forma nombres de acción que pueden ser seleccionados como argumentos por los predicados que imponen el requisito de que el argumento denote un evento:

(5)   {La novillada / *La mesa} tuvo lugar...

e   Sin embargo, frente a las derivaciones deverbales, estos sustantivos no toman estructura argumental:

(6)   *la españolada de la película por Berlanga

Tipos de significado

a   Si bien este sufijo siempre da lugar a nombres de acción, el tipo de acción está condicionado por la semántica de la base y la forma en que el conocimiento del mundo hace que esa entidad participe dentro de los eventos.
b   Cuando la base denota una entidad humana, es frecuente la interpretación de manera: 'acción que manifiesta el comportamiento típico de la base', como en *payasada* 'acción propia de un payaso'.
c   Son poco frecuentes las interpretaciones de las bases humanas donde esta sea la entidad afectada, como en *novatada* 'acción que se aplica a un novato'. También se da esta lectura ocasionalmente con bases que denotan animales, como *novillada* o *becerrada*.
d   Cuando la base es una parte del cuerpo o un objeto físico, la interpretación predominante es la de golpe o movimiento brusco efectuado con la base, como en *lanzada* 'golpe dado con una lanza', o *manotada* 'movimiento brusco con la mano'.
e   Se identifican otras lecturas, como el periodo de tiempo en que se efectúa la acción (*inocentada, carnavalada*), lo que se consume en la acción (*paellada, mariscada, chorizada*).

Propiedades fonológicas

Este sufijo atrae a su primera vocal /a/ el acento prosódico de la base, lo cual puede causar la monoptongación de la base: *piedra > pedrada, sinvergüenza > sirvengonzada*. No se identifican otros cambios fonológicos sistemáticos.

Alomorfos

a   Sea por la presencia de alomorfos o sea por la existencia de interfijos, este sufijo aparece en combinación con segmentos entre la base y él con cierta frecuencia.
b   *-otada*, o el interfijo **-ot-**, aparece en *manotada, palmotada, risotada* o *picotada*, entre otros.
c   La forma *-onada*, o el sufijo aumentativo **-ón**[1], es necesaria en *cabezonada*, golpe dado con la cabeza.

Relaciones con otros afijos

En términos semánticos es complicado asociar este sufijo al afijo **-ada**^{2}. Para otros sufijos que expresan golpes a partir de sustantivos, véase **-azo**^{2} y **-ón**^{4}.

> LECTURAS RECOMENDADAS: Pharies (2002); Pena (2005); RAE & ASALE (2009: §5.9); Mondoñedo (2012); Resnik (2013).

-ada^2. De la terminación de participio de la primera conjugación, *-ado*. Sufijo nominal que forma sustantivos de medida a partir de otros sustantivos.

Tipos de base

a   Este sufijo toma bases nominales, generalmente referidas a la mano y sus partes u objetos físicos usados como contenedores de algo.

     (1)   alcuzada, baldada, brazada, camionada, canastada, carretada, cubetada, cucharada, palada, sartenada

Comportamiento gramatical

a   Este sufijo forma nombres femeninos marcados regularmente por **-a**^{1}. Existen unas pocas formaciones masculinas, como *puñado* y *bocado*, que son excepcionales.
b   Este sufijo cancela la vocal átona final de la base.
c   Este sufijo generalmente altera el género de la base.
d   Los sustantivos que se forman con este sufijo son relacionales, y pueden considerarse nombres ligeros que cuantifican sobre la entidad denotada por el complemento preposicional que toman.

     (2)   un puñado de arroz, una sartenada de patatas

e   En tanto que nombres ligeros, los predicados no los seleccionan directamente sino que seleccionan sus complementos preposicionales:

     (3)   Comer un puñado de almendras.
            #Comer un puñado.

f   El sufijo parece tomar alcance sintagmático en algunos casos: *una cucharada sopera* se interpreta como la cantidad que entra en una cuchara sopera, por lo que el sufijo tiene que interpretarse como referido al sintagma nominal *cuchara sopera*, y no solo la base formal.

Tipos de significado

a   Este sufijo produce sustantivos de medida: la base se interpreta como un contenedor que admite cierta cantidad y de esta manera indirectamente mide la magnitud de una entidad.
b   Algunos de estos sustantivos se interpretan como unidades de medida estándar, como *brazada* y *cucharada*.

Propiedades fonológicas

Este sufijo atrae el acento prosódico a su primera /a/. No se identifican alteraciones fonológicas sistemáticas en la base ni alomorfos de este sufijo.

Relaciones con otros afijos

Véase **-ada**[1]. El sufijo **-ada**[2] es el único del español que forma nombres de medida a partir de otros sustantivos.

LECTURAS RECOMENDADAS: Pharies (2002); Pena (2007).

-ada[3]. Sufijo que forma nombres colectivos, propio del español de Costa Rica y otras variedades centroamericanas (Lipski 1996: 249), como en *güila > güilada*. Este sufijo, sin duda, es una versión femenina de **-ado**[2].

-ado[1]. De la terminación latina *-atum*, forma participial de los verbos de la primera conjugación. Sufijo adjetivalizador que forma adjetivos posesivos y similitudinales a partir de sustantivos.

Tipos de bases

a   Este sufijo toma exclusivamente bases nominales, siempre nombres comunes.
b   En su uso similitudinal, este sufijo se combina preferentemente con bases que denotan animales, sustancias y otros objetos de la naturaleza, con pocos casos que sean objetos físicos artificiales, como en *acampanado, acucharado, diademado*.

(1)   argentado, cebrado, celulado, charolado, constelado, damascado, diademado, diamantado, espejado, esponjado, esqueletado, halconado, huracanado, lagartado, lechugado, leonado, limonado, mariposado, platinado, rosado

c   En su uso posesivo, tiene preferencia por bases que indican partes del cuerpo de las personas y los animales, prendas de vestir, sustancias que se añaden a una entidad y solo ocasionalmente otras clases de entidades que no establecen relaciones de posesión inalienable o no pertenecen directamente a la esfera personal del sustantivo del que se predica el adjetivo (*castillado, cartelado, billetado*).

(2)   barbado, bicarbonatado, billetado, cartelado, camisado caperuzado, capirotado, carbonado, castillado, cloratado, colorado, cordado, crestado, cromado, demoniado, denticulado, diablado, escotado, estelado, fasciculado, fosfatado, honrado, jabonado, jorobado, labiado, lobulado, lutado, nevado, oxigenado, pedunculado, plumado, pulmonado, puntillado, purpurado, sexuado, sulfatado, traumado, tunicado, vitaminado, yodado

Comportamiento gramatical

a   Este sufijo forma siempre adjetivos variables en género y número y marcados regularmente con **-o**[1] en masculino y **-a**[1] en femenino.

b Este sufijo forma tanto adjetivos calificativos como relacionales. Los usos similitudinales son siempre calificativos y dan lugar a adjetivos graduables, que pueden combinarse tanto con *ser* como con *estar*, si bien tienen preferencia por el primero.

(3) muy aceitunado, muy agitanado, muy leonado
(4) {ser / estar} esponjado, huracanado, rosado

c En su uso posesivo puede dar tanto adjetivos calificativos como relacionales. Son relacionales, entre otros, los que indican subclases de entidades dentro de clasificaciones técnicas, como *vertebrado, cordado, pedunculado, oxigenado*, etc. En tales casos el adjetivo no es graduable y tiene el comportamiento sintáctico esperable de los adjetivos relacionales: posición tras el sustantivo, posibilidad de coordinar dos singulares con un sustantivo plural.

(5) a *el vertebrado animal, el animal vertebrado
    b las clases vertebrada e invertebrada

d Resulta variable para cada hablante la nómina particular de adjetivos que contienen este sufijo. Se considera que el sufijo está presente cuando no existe un verbo sobre el que pueda formarse un participio regular en **-do**, y se considera que hay un participio adjetival cuando el verbo correspondiente, de la primera conjugación, está presente. Así, un hablante que carezca del verbo *oxigenar* tratará *oxigenado* como forma derivada del sustantivo *oxígeno*, pero quien lo tenga lo tratará como un participio pasivo que expresa el estado resultante de añadir oxígeno a algo, es decir, el estado de tener oxígeno.

e Es posible relacionar este sufijo con los participios incluso cuando no hay verbo. Al igual que los participios pasivos, en su uso adjetival, pueden designar estados, las nociones similitudinal y posesiva pueden interpretarse como estados. En este sentido, podría plantearse que la /a/ sea en realidad -a^2, la vocal temática por defecto, y que pese a no existir un verbo correspondiente se están formando nombres de estado que pueden ser permanentes o no.

f Este sufijo participa en la parasíntesis. Existe un gran número de formaciones adjetivales parasintéticas donde para muchos hablantes falta el verbo correspondiente. Con el prefijo **a**[1]- y en valor similitudinal existen numerosas voces, como las de (6).

(6) achampañado, aberenjenado, abestiado, abetunado, abizcochado, ablusado, abolsado, abribonado, abuñuelado, aburrado, acaballerado, acamellado, acanelado, acastañado, acebollado, acebrado, aceitunado, achampanado, achinado, achulapado, acibarado, acochinado, acriollado, acucharado, aculebrinado, adamascado, adiamantado, aflamencado, afrailado, agarbanzado, agauchado, agigantado, agitanado, agranujado, ahidalgado, aindiado, ajamonado, ajedrezado, ajerezado, ajuglarado, alacranado, alagartado, alatinado, alcachofado, alechugado, aleonado, aljamiado, alobado, alobunado, amadroñado, amelocotonado, amembrillado, amelonado, amerengado, amorcillado, amoriscado, amujerado, amuñecado, anaranjado, apapagayado, apepinado, aperlado, apezonado, apiramidado, apizarrado, aporcelanado, arrufianado, acristanado, asalmonado, asardinado, atabernado, aterciopelado, atetado, atocinado, atrompetado, avellanado, avispado, azabachado, azafranado

g También se forman con este prefijo adjetivos parasintéticos de valor posesivo, como los de (7). Como puede verse, resultan menos frecuentes las formaciones parasintéticas adjetivales posesivas que las similitudinales.

(7) abalconado, abarrancado, abuhardillado, acamado, acolmillado, adinerado, adintelado, adolorado, aduendado, afamado, afarolado, aflechado, afortunado, agrisado, ajardinado, alcoholado, amillonado, amostachado, anisado, anubado, apantuflado, arratonado, azucarado,

h Ocasionalmente, el prefijo usado en parasíntesis, siempre en casos posesivos, es **en-**.

(8) encochado, encorazado, endentado, endrogado, enfaenado, enlevitar, ensombrerado

i Finalmente los adjetivos posesivos pueden formar estructuras parasintéticas de valor privativo con el prefijo **des-**.

(9) desbarbado, desbarrigado, descabellado, descamisado, descarnado, descerebrado, desdentado

j Este sufijo siempre implica la cancelación de la vocal de género de la base.

k Son excepcionales las formas *limonada, naranjada* porque están lexicalizadas como sustantivos fijados en género femenino, pero cuya interpretación es claramente posesiva: 'que tiene limón', 'que tiene naranja'.

Tipos de significado

a Este sufijo tiene dos valores: el similitudinal y el posesivo. En el valor similitudinal la base se toma como un conjunto de propiedades y se indica que, sin llegar a serlo, el sujeto del adjetivo posee algunas de esas propiedades.

b Esta propiedad puede referirse a rasgos del comportamiento que se considera típico de la clase de personas denotada por la base (normalmente con nombres que indican nacionalidades y otras clases de humanos: *afrancesado, apicarado*).

c También puede referirse al color (*aceitunado*), a la foma (*abombado*), a la consistencia (*esponjado*) y a otras propiedades físicas o no (*amorcillado, huracanado, limonado*).

d Los adjetivos posesivos se expresan frecuentemente para indicar la posesión de una parte del cuerpo que no es inherente a la especie de la que se habla, como en *pedunculado, orejado, dentado*. Si la parte del cuerpo denotada por la base se considera inherente a la especie de la que se habla la formación del adjetivo posesivo está marcada, posiblemente por no resultar informativa, mientras que el adjetivo que indica la falta de posesión o privación es natural: *anciano desdentado* vs. *insecto dentado, #anciano dentado*.

e Esto no quiere decir que la posesión asociada a este sufijo sea necesariamente inalienable: *pico nevado* (imposible de derivar de *nevar*, ya que no tiene complemento directo; cf. *casa llovida, *suelo granizado), *producto cloratado, emblema castillado, muro cartelado*...

f Mientras que los adjetivos posesivos admiten la negación (*invertebrado, descorazonado*), los adjetivos similitudinales no lo hacen, posiblemente porque ya indican la posesión imperfecta de un conjunto de propiedades, y son predicados vagos que no indican ni la pertenencia ni la no pertenencia a la clase de entidades denotada por la base, por lo que la negación no es computable.

g Son numerosos los casos lexicalizados en el valor privativo, como *descerebrado, descarnado*.

Propiedades fonológicas

Este sufijo, como casi todos, se integra fonológicamente con la base. Recibe acento prosódico sobre la /a/ y por tanto puede causar la monoptongación de las bases cuando el diptongo depende de la posición del acento (*nieve* > *nevado*). No se documentan alomorfos para este sufijo.

Relaciones con otros afijos

Como ya se ha notado, este sufijo adquiere forma participial y tiene algunos usos similares al participio -**do**[1], del que se diferencia por no tomar bases verbales. Es difícil establecer una relación con -**ado**[2], porque este forma sustantivos colectivos, pero en el caso de -**ado**[3], que denota nombres de estado, puede unificarse si se acepta que las nociones de posesión y semejanza pueden ser estados o aproximarse a ellos.

> LECTURAS RECOMENDADAS: Serrano-Dolader (1995); Pharies (2002); Pena (2014); Fábregas (2020).

-**ado**[2]. De la terminación latina -*atum*, forma participial de los verbos de la primera conjugación. Sufijo nominal que forma nombres colectivos sobre otros nombres y verbos.

Tipos de base

a La principal clase de entidades que funcionan como base de este sufijo son los nombres comunes que expresan clases de entidades humanas, normalmente definidas por el papel social o profesión:

  (1) alumnado, campesinado, electorado, empresariado, estudiantado, jovenado, juniorado, patriciado, profesorado, proletariado

b En segundo lugar el sufijo puede combinarse con nombres comunes de objeto para indicar estructuras y agrupaciones de entidades que desempeñan la función designada por la base:

  (2) porticado, tablado, techado, vallado, alcantarillado, cartelado, cordelado, adoquinado, alfombrado, almohadillado, anillado, arbolado, cortinado, teclado...

c En tercer lugar, los verbos de la primera conjugación pueden emplearse también para formar sustantivos colectivos que indican el conjunto de entidades que desempeñan la función asociada a la base:

  (3) alumbrado, cableado, embaldosado, entoldado

Comportamiento gramatical

a Este sufijo produce sustantivos masculinos marcados regularmente en -**o**[1]. Existen unos pocos colectivos femeninos, como *alambrada*, *yeguada*, *muchachada* y *mozada*, pero son excepcionales.

b   El comportamiento colectivo de estos sustantivos se puede observar en que, en singular, pueden ser complemento de la preposición *entre*, y combinarse con predicados colectivos.

   (4)   Entre {el alumnado / el techado de la casa / *el alumno / *el techo} había algo raro.
   (5)   {El profesorado / #el profesor} se reunió allí.

c   Como otros nombres colectivos, los sustantivos suelen ser contables (*varios alcantarillados, distintos cableados*).
d   Este sufijo siempre exige la cancelación de la marca de género de la base, y cambia el valor siempre a masculino.
e   Surge la pregunta de si las vocales temáticas en los casos verbales se preservan, algo difícil de decidir porque existen dos opciones: que se cancele o que se introduzca pero se reduzca fonológicamente (/aado/ > /ado/).

Tipos de significado

a   El valor de este sufijo es colectivo, es decir, construye una idea de 'grupo acotado' o 'grupo estructurado' donde se contienen varios ejemplares de la entidad que se denota en la base.
b   Sobre bases verbales, el sufijo fuerza la interpretación de participante de la base verbal ('entidad que participa de alguna manera en el evento denotado por el verbo, generalmente como el instrumento empleado para el evento') y construye además un conjunto de ellos; así, se interpreta de forma sencilla que *alumbrado* equivalga al conjunto de entidades usadas para alumbrar algo.

Propiedades fonológicas

a   Este sufijo recibe acento sobre la vocal /a/, pero no se documentan casos sobre bases posiblemente diptongables para evaluar si tiene el efecto de monoptongarlas.
b   No suele este sufijo seleccionar alomorfos de la base, pero en *vecino* > *vecindado* se toma una base *vecind-* que aparece también en *vecind-ario*.

Relaciones con otros afijos

Este sufijo no es el más productivo entre los sufijos que forman sustantivos colectivos (cf. **-ería, -eda, -amenta, -amen**). Pese al origen histórico, no establece relación directa con ningún uso de **-ato**. Su relación con **-ado**[1] y **-ado**[3] no es clara, porque la noción de colectividad no se compadece bien con las de posesión, semejanza o estado, si bien en los casos deverbales podría pensarse que el colectivo es una interpretación especial de la entidad que se mantiene en el estado indicado por el verbo.

LECTURAS RECOMENDADAS: Pharies (2002).

-ado[3]. De la terminación latina *-atum*, forma participial de los verbos de la primera conjugación. Sufijo nominal que forma nombres de estado sobre otros sustantivos.

Tipos de base

a   Este sufijo es particularmente productivo con nombres comunes que indican cargos políticos, religiosos, administrativos y otras clases sociales.

   (1)   archiducado, archiprestado, arcontado, arzobispado, canonigado, diaconado, episcopado, exorcistado, matriarcado, obispado, patriarcado, pontificado, primado, principado, secretariado, senescalado, tribunado, vizcondado, voluntariado

b   Frente a **-ato**[1], este sufijo no toma bases verbales o adjetivales, con la posible excepción de *reinado*, que probablemente quepa interpretar mejor como una nominalización de participio de *reinar* especializada en una lectura de periodo temporal (cf. **-do**[4]).

Comportamiento gramatical

a   Este sufijo forma siempre sustantivos masculinos marcados regularmente con **-o**[1].
b   Es frecuente que los nombres equivalentes sean no contables, sobre todo cuando denotan el nombre de ciertos estados y dignidades: **varios matriarcados, *muchos exorcistados, *tres episcopados*.
c   Es sencillo, sin embargo, tratar estos nombres como contables, en cuyo caso suelen pasar a designar territorios bajo el mando de la entidad denotada en la base (*varios vizcondados, muchos archiducados*) u otras nociones próximas a estas.
d   En las bases nominales este sufijo cancela siempre la marca de género de la base e impone un valor masculino.
e   En la medida en que pueden denotar estados o eventos, los sustantivos derivados con este sufijo admiten modificadores de tiempo y aspecto: *un papado de veinte años, un voluntariado de dos meses*.

Tipos de significado

a   Este sufijo da nombre al estado de ostentar la dignidad que define la base, sobre todo con bases nominales, como en *ducado, arcontado, papado, primado, senescalado,* etc.

   (1)   archiducado, archiprestado, arcontado, arzobispado, canonigado, diaconado, episcopado, exorcistado, matriarcado, obispado, patriarcado, pontificado, primado, principado, secretariado, senescalado, tribunado, vizcondado, voluntariado,

b   Es frecuente que, por extensión del sentido de estado anterior, los nombres derivados con este sufijo desarrollen lecturas en que denotan el periodo de tiempo durante el que cierto referente tiene dicha dignidad (*durante el pontificado de Pío XII, durante mi lectorado*). Esta extensión es más común cuando la base designa un papel político, administrativo o profesional.
c   Otra extensión natural del significado de estado es la de designar a la entidad abstracta administrativa que desempeña el cargo, como en *las órdenes del obispado*, o la de designar la persona o conjunto de personas que desempeñan la función, como en *el exorcizado, el patriarcado* o *el secretariado*.
d   También se pueden asignar lecturas locativas, donde se designa el lugar de trabajo, residencia o reunión de la entidad que ostenta el cargo (*arzobispado, principado, condado*).

Propiedades fonológicas

a Este sufijo atrae el acento prosódico a la /a/.
b No selecciona por sí mismo alomorfos cultos: nótese que *matriarcado, patriarcado* están formadas sobre *matriarca* y *patriarca*. No se identifican otras alteraciones fonológicas.

Relaciones con otros afijos

Cabe entender el sufijo como la versión patromonial, con sonorización de /t/, del sufijo **-ato**[1], en varios de sus valores y también puede relacionarse, a través de la noción de estado, con el participio regular **-do**[1]. No resulta fácil relacionar de forma clara este sufijo con **-ado**[2] o con **-ado**[1], que expresan derivados colectivos o adjetivos de distintos tipos.

> LECTURAS RECOMENDADAS: Pharies (2002).

af-. Alomorfo de **apo-**.

-ag-. De origen incierto. Interfijo que aprece combinado con algunos apreciativos (*rapagón*) y otros sufijos (*tormagal*). Su falta de productividad no permite valorar si es realmente un interfijo o un segmento de un alomorfo de la base.

> LECTURAS RECOMENDADAS: Portolés (1999); Martín Camacho (2003); Ohannesian (2021).

-aico. Del latín *-aicum*, y este a su vez del sufijo adjetivalizador griego *-αϊκός*. Sufijo adjetivalizador especializado en la formación de adjetivos relacionales.

Tipos de base

a Este sufijo toma como bases sustantivos; entre los nombres comunes, se pueden citar los de (1):

  (1) algebraico, deltaico, farisaico, incaico, prosaico

b Sin embargo, es más productivo con nombres propios, especialmente de topónimos referidos a ciudades del Medio Oriente con raigambre religiosa, pero también algunos antropónimos.

  (2) Caldea > caldaico, Cirene > Cirenaico, Judea > judaico, Pirineos > pirenaico, Tebas > tebaico
  (3) Volta > voltaico, Ptolomeo > ptolemaico

c Debido a su origen culto, muchas de las bases son neoclásicas:

  (4) arcaico, espondaico, galaico, hebraico

Comportamiento gramatical

a Este sufijo produce adjetivos variables en género, marcados regularmente por **-o**[1] en masculino y **-a**[1] en femenino.

b   La mayoría de estos adjetivos son relacionales, con la excepción de *prosaico*.
c   Este sufijo se asocia a la cancelación de la vocal átona final de las bases nominales.

Tipos de significado

a   Como los demás sufijos que forman adjetivos relacionales, este también denota una relación no especificada semánticamente entre la entidad denotada por la base y el sustantivo al que modifica.
b   No es frecuente que, pese a la predominancia de los topónimos como base, este sufijo produzca gentilicios (*pirenaico*). Es más habitual que la relación se interprete como referida a la cultura o a la forma de comportamiento de lo denotado por la base; contrastan así *judío* y *judaico*, o *inca* e *incaico*.

Propiedades fonológicas

Este sufijo atrae el acento prosódico a su vocal /a/; no hay alteraciones fonológicas sistemáticas, pero con frecuencia selecciona bases alomórficas (pirenaico)

Haplologías

Posiblemente con motivación fonológica, este sufijo cancela, además de la vocal átona final, la terminación -eo y el sufijo de plural o la /s/ final en un buen número de voces: *pirenaico, farisaico, tebaico*.

Relaciones con otros afijos

Véase **-iano** para otro afijo especializado en bases constituidas por nombres propios. Véase **-al**[1] e **'-ico** para sufijos más productivos en la formación de adjetivos relacionales. Tratar **-aico** como una versión de **'-ico** sin cancelación de la vocal átona final (eg., *pros-a* > *pros-a-ico*) se enfrenta al problema de que **'-ico** regularmente cancela las vocales átonas finales en los demás casos.

> LECTURAS RECOMENDADAS: Rainer (1993, 1999); Fábregas (2020).

-aina. De origen incierto, tal vez el latino *-ago, -aginis*. Sufijo apreciativo que se combina con sustantivos y adjetivos.

a   Este sufijo toma bases que denotan clases de humanos y que pueden usarse como adjetivos o sustantivos: *tonto > tontaina, soso > sosaina, loco > locaina, simple > simplaina*. Es excepcional *azotaina*, tal vez derivado de *azote*, donde hay un valor colectivo.
b   Las formas derivadas con este sufijo pueden funcionar también como sustantivos o adjetivos, marcadas por **-a**[3] común en género.
c   Este sufijo no es iterable.
d   Su valor semántico es peyorativo y aumentativo, asignando un grado extremo a la propiedad expresada por la base, que se considera excesivo o molesto.
e   Fonológicamente, atrae el acento prosódico a su vocal /a/, que forma diptongo.

> LECTURAS RECOMENDADAS: Pharies (2002).

-aj-. De origen incierto. Interfijo que aparece en combinación con algunos sufijos, generalmente de valor intensivo (*cagar > cagajón, picar > picajoso*). En algunos casos podría proponerse que se integre como parte de un alomorfo del sufijo (como en la posible forma *-ajoso*, que también aparecería en *quebrajoso, quemajoso* y algunas más), pero esta solución no está siempre disponible. No se identifican regularidades acerca de los contextos en los que resulta necesario proponerlo.

> LECTURAS RECOMENDADAS: Portolés (1999); Martín Camacho (2003); Ohannesian (2021).

-aja. De origen incierto. Sufijo apreciativo despectivo poco productivo que aparece combinado con algunas bases acortadas, como *tartamudo > tartaja*. Se diferencia del femenino de **-ajo** (*migaja, barbaja*) en que en este caso el sufijo que aparece es **-a**[3], común en género (*un tartaja, una tartaja*).

-aje.[1] Del francés *-age* y este a su vez del latín *-aticum*. Sufijo nominalizador forma sustantivos a partir de verbos de la primera conjugación.

Tipos de base

a Este sufijo es relativamente productivo con verbos, siempre de la primera conjugación.

   (1) abordaje, acuatizaje, almacenaje, alunizaje, amaraje, amerizaje, anclaje, aprendizaje, arbitraje, arribaje, aterrizaje, blindaje, camuflaje, compostaje, concertaje, demarraje, desaduanaje, desembalaje, desmontaje, despistaje, doblaje, dopaje, embalaje, engranaje, ensamblaje, equipaje, etiquetaje, fichaje, filtraje, hospedaje, lavaje, maquillaje, montaje, oleaje, patinaje, peregrinaje, pillaje, pilotaje, placaje, rastrillaje, reciclaje, reglaje, reportaje, tatuaje, vareaje, vendaje, viraje

b Todos los verbos que toma como base son eventivos o tienen un valor eventivo, aunque no siempre indican cambio de estado (*hospedar, despistar, pilotar*).

Comportamiento gramatical

a Este sufijo forma siempre sustantivos masculinos, marcados con -e[4].
b Este sufijo suele producir nombres de acción y efecto. Cuando el sustantivo indica acciones, admite los complementos heredados de la base verbal.

   (2) el aterrizaje del avión en el aeropuerto por parte de los pilotos

c Algunos sustantivos, sin embargo, se emplean casi siempre exclusivamente como nombres de efecto, es decir, como el participante correspondiente al resultado obtenido tras la consecución del evento: *blindaje, equipaje, maquillaje, tatuaje, vendaje*, entre otros.
d Debido a que este sufijo siempre toma verbos de la primera conjugación, es difícil saber si preserva o no la vocal temática. Si preserva la vocal temática, debe suponerse una forma intermedia con doble /a/ (*dobl-a-aje*) que se simplifica, o entender que este sufijo

es realmente -*je*; no obstante, en las bases no verbales, con significados próximos a este sufijo, aparece la /a/ también, lo cual sugiere que el sufijo es realmente -*aje*.

Tipos de significado

a El valor semántico principal de este sufijo es el de producir nombres de acción o participante (generalmente, la entidad resultada) a partir de bases verbales.
b Sin embargo, en algunos casos el significado es el de un impuesto o cantidad que se ha de pagar por el evento que denota la base (*amarraje*) o la condición asociada a ella (*señoreaje*). Véase -**aje**^{2}.
c Además de los casos de sustantivos que prefieren la lectura de participante, otras formaciones con este sufijo se asocian a lecturas especializadas en su significado, como *lavaje*, que es el lavado específico de la lana para su uso textil, *fichaje*, que se restringe a fichar en el sentido de 'contratar', o *concertaje*, que es un contrato específico y no cualquier clase de acuerdo.

Propiedades fonológicas

Este sufijo se integra plenamente en la prosodia de su base, atrae el acento a la vocal /a/ y no produce cambios fonológicos en la base. No tiene alomorfos, aunque se relaciona etimológicamente con -**azgo**.

Relaciones con otros afijos

Este sufijo, además de la relación etimológica con -**azgo**, mantiene una relación evidente con -**aje**^{2} y, en cierta medida, -**aje**^{3}. Se distingue de ambos en que estos otros dos toman bases nominales; con respecto a -**aje**^{2}, el valor de cantidad aparece con poca frecuencia en -**aje**^{1}, pero se documenta. En cuanto a -**aje**^{3}, comparte la noción general de acción o estado, pero este segundo sufijo no da lugar a sustantivos eventivos en el sentido pleno del término. Con respecto a su relación con otros nominalizadores, es significativamente menos productivo que -**ción**, -**do**^{2} o -**miento**.

LECTURAS RECOMENDADAS: Santiago Lacuesta & Bustos (1999); Pharies (2002); Fábregas (2016).

-**aje**^{2}. Del francés -*age* y este a su vez del latín -*aticum*. Sufijo nominal de valor colectivo.

Tipos de base

a Este sufijo resulta relativamente productivo sobre todo con dos tipos de nombres comunes. El primer tipo lo forman los sustantivos que designan unidades de medida.

   (1) amperaje, brazaje, cabezaje (entendido como 'por cabeza, per cápita'), gramaje, kilometraje, millaje, minutaje, octanaje, porcentaje, tonelaje, voltaje

b El segundo conjunto, más heterogéneo, se refiere a entidades del dominio de la vida tradicional y sus actividades, y está formado por distintas entidades por cuya posesión o disfrute se debían pagar impuestos:

(2) acequiaje, barcaje, caballaje, calabozaje, carneraje, castillaje, monedaje, muellaje, portaje

c En tercer lugar, encontramos un conjunto notable de sustantivos que indican entidades físicas que, en agrupación, sirven de constituyentes de otros objetos:

(3) almenaje, andamiaje, aparellaje, balconaje, barandaje, barrilaje, billetaje, boticaje, cartonaje, cortinaje, costillaje, espumaje, dovelaje, hebillaje, herbaje, maderaje, mesonaje, moblaje, negraje, pelaje, plantaje, plumaje, ropaje, sombraje, tablonaje, velaje, ventanaje

d También se documentan algunos nombres referidos a entidades animadas:

(4) animalaje, bestiaje, chusmaje, corderaje, criollaje, gauchaje, inquilinaje, peonaje

e Ocasionalmente resulta necesario postular bases alomórficas o que no constituyen sustantivos independientes en español, como en *follaje, utillaje* o *balotaje*.

Comportamiento gramatical

a Este sufijo forma siempre sustantivos masculinos marcados en **-e**[4].
b Este sufijo cancela siempre la vocal átona final de género del sustantivo.
c Este sufijo, sobre todo en las clases ilustradas en (3) y (4), produce sustantivos colectivos, que denotan agrupaciones de entidades y pueden por tanto combinarse en singular con predicados que requieren la existencia de grupos.

(5) Entre el plumaje del animal encontró un parásito.
(6) Se reunió el peonaje de la empresa.

Tipos de significado

a Este sufijo se especializa en denotar grupos y colectividades de individuos a partir de la base. Dependiendo del significado de la base, esto puede dar lugar a distintos significados.
b El valor más frecuente de este sufijo es el colectivo, en el que la base proporciona la clase de individuos cuyas agrupaciones se definen en la forma derivada. Resulta una excepción *bodegaje*, donde la base denota más bien el lugar en que se almacena la colectividad, que es la carga que lleva una embarcación.
c Muchas de las formaciones denotan cantidades calculadas a partir de la unidad que denota la base, como las de (1), donde el significado en efecto indica el conjunto formado por esas unidades de medida, pero el sustantivo no se comporta gramaticalmente como un colectivo, porque designa cierta cantidad.
d Otras formaciones, por extensión de la noción de cantidad, denotan más bien impuestos, en los que la base denota la noción por cuyo uso se está pagando el impuesto (*monedaje* 'impuesto por la fabricación de moneda'), como en (2).
e Sin embargo, en otros casos la base no denota ni la unidad de medida ni la entidad cuyo uso da lugar a un pago, pero el sustantivo también tiene un valor de cantidad: *taquillaje* 'cuánta taquilla ha hecho una representación'.

Propiedades fonológicas

Este sufijo atrae el acento prosódico a su vocal /a/, lo cual puede comportar la monoptongación de aquellas formas donde el diptongo refleja la asignación de acento a esa sílaba, como en *puerto > portaje*.

Relaciones con otros afijos

Véase **-aje**[1]. Entre los sufijos que producen nombres colectivos, **-aje**[2] tiene una productividad elevada; carece de las restricciones semánticas de **-al**[2] o **-eda**, y tiene una productividad similar a la de **-ería**[2].

> LECTURAS RECOMENDADAS: Pharies (2002).

-aje[3]. Del francés *-age* y este a su vez del latín *-aticum*. Sufijo nominal que produce nombres de ocupación y dignidad.

Tipos de base

a   Este sufijo siempre toma nombres comunes como su base. Estos suelen pertenecer a dos grandes categorías: los nombres que indican cargos políticos o administrativos (*alcalifaje, bailiaje, caudillaje*) y los que designan distintas clases de entidades animadas, definidas por su comportamiento.

    (1)   alcalifaje, bandidaje, caudillaje, celestinaje, compadraje, escuderaje, espionaje, libertinaje, maestraje, maridaje, meritoriaje, mestizaje, padrinaje, pandillaje, peritaje, pupilaje, romeraje, vandalaje, vasallaje, villanaje

b   Son poco frecuentes las bases que no designan seres animados, pero en tales casos denotan objetos físicos a los que se asocia algún tipo de actividad, como en *carretaje* 'tipo de transporte', *coloniaje, lanchaje, mineraje, practicaje*.

c   Resulta excepcional el caso de *ambulantaje*, donde podría asociarse la base al adjetivo *ambulante*, pero parece más probable considerar que la base se interpreta como un sustantivo equivalente a *(vendedor) ambulante*.

Comportamiento gramatical

a   Este sufijo forma siempre sustantivos masculinos marcados en **-e**[4].
b   Este sufijo cancela siempre la vocal átona final de género del sustantivo.
c   Pese a que en algunos casos el sufijo produce el nombre de la actividad asociada al agente o al objeto que denota la base, estas actividades no forman eventos plenos, sino que se interpretan como clases de acciones realizadas habitualmente. Por ello los sustantivos correspondientes suelen rechazar los predicados que seleccionan argumentos eventivos.

    (2)   a   *El espionaje de la empresa tuvo lugar el año pasado.
               b   *Presenciamos el carretaje de las mercancías.

Tipos de significado

a   La noción general de 'actividad' adquiere dos interpretaciones habituales. Una de ellas es la de denotar algún tipo de ocupación o acción que define una clase de eventos, como en *carretaje, lanchaje, espionaje, padrinaje, maridaje, ambulantaje, celestinaje*, entre otras-
b   La otra intepretación es la de designar el título que posee una persona, o la dignidad y condición que tiene dentro de una estructura: *caudillaje, coloniaje, meritoriaje, pupilaje, vasallaje*, entre otras muchas.
c   De la noción de dignidad o condición anterior puede derivarse la denotación del periodo de tiempo durante el que una persona desempeña ese papel.

Propiedades fonológicas

Este sufijo atrae el acento prosódico a su vocal /a/, y se integra prosódicamente con la base. No produce cambios fonológicos sistemáticos, aunque puede seleccionar alomorfos especiales de la forma, tal vez por proceder muchas de las voces del francés (*espionaje*).

Relaciones con otros afijos

Véase **-aje**[1]. El valor de dignidad o condición lo comparte este sufijo con **-ado, -ato**.

> Lecturas recomendadas: Pharies (2002).

-aje[4]. Posible sufijo segmentable en un número reducido de formas nominales, casi siempre heredadas del francés, en que no tiene una aportación de significado sistemática, como en *persona > personaje, lengua > lenguaje, país > paisaje, selva > selvaje ~ salvaje*.

-ajo.[1] De la confluencia de las formas diminutivas latinas *-acŭlum* o *-atĭcum*. Sufijo apreciativo de valor peyorativo.

Tipos de base

a   Este sufijo selecciona casi siempre nombres comunes:
   (1)   barbaja, escobajo, espumajo ~ espumarajo, hierbajo, lagunajo, migaja, salivajo, sombrajo, terminajo
b   No son corrientes las bases adjetivales; la forma *cegajo*, especializada semánticamente, puede emplearse como adjetivo, a partir de la versión adjetiva de *ciego*. La forma *latinajo* puede proceder de la base adjetival *latino*, o del sustantivo común *latín*, pero el comportamiento gramatical del sufijo, que no altera la categoría gramatical de la base, sugiere la segunda opción.

Comportamiento gramatical

a   Este sufijo no altera la clase gramatical de la base.

b Este sufijo produce formas masculinas o femeninas marcadas regularmente por -**a**[1] en femenino y -**o**[1] en masculino.
c Este sufijo puede alterar el valor de género de la base, siempre hacia el masculino: *escoba > escobajo, espuma > espumajo, hierba > hierbajo, laguna > lagunajo, saliva > salivajo, sombra > sombrajo*.
d Este sufijo no es iterable.

Tipos de significado

a Este sufijo aporta una noción peyorativa en que se presenta una subclase deficiente o degradada de la entidad denotada por la base (*escobajo, latinajo*).
b Este sufijo tiende a convertir en contables las bases que pueden interpretarse como nombres masa o no contables: *saliva* puede ser un nombre no contable, pero *salivajo* equivale a una porción acotada de esa sustancia; sucede igual con *latín > latinajo*.
c Es común que este sufijo dé lugar a lecturas no composicionales, como *sombrajo* 'objeto usado para hacer sombra' o *muerto > mortaja* 'vestidura con la que se envuelve un cadáver'.

Propiedades fonológicas

a Este sufijo atrae el acento a su vocal /a/.
b No es sistemática la monoptongación de las bases diptongadas donde el diptongo depende de la posición del acento; junto a *ciego > cegajo* tenemos *hierba > hierbajo*.

Alomorfos

La forma -*arajo*, con posible interfijo -**ar**-, aparece por ejemplo en *espumarajo*. Véase también -**ajo**[2].

Relaciones con otros afijos

Véase -**ajo**[2]. Entre los peyorativos, la productividad de -**ajo**[1] es inferior a la de -**ucho**.

LECTURAS RECOMENDADAS: Pharies (2002), RAE & ASALE (2009: §9.7).

-**ajo**[2]. De la confluencia de las formas diminutivas latinas -*acŭlum* o -*atĭcum*. Sufijo nominalizador que se combina con bases verbales.

Tipos de base

a Este sufijo selecciona bases verbales.

   (1) adivinaja, colgajo, escupitajo, espantajo, fregajo, incendaja, lavajo, pintarrajo, requebrajo, sonaja

b Las bases verbales suelen ser de la primera conjugación; cuando pertenecen a otras conjugaciones, suele aparecer un alomorfo o interfijo que preserva la vocal temática (*escupir > escupitajo*).

Comportamiento gramatical

a   Este sufijo produce sustantivos, que pueden ser femeninos (*adivinaja, sonaja*) o, más frecuentemente, masculinos.
b   La marca de género que se une al sufijo es regularmente **-a**¹ para femeninos y **-o**¹ para masculinos.
c   No es fácil determinar si este sufijo preserva la vocal temática de la base o no; al ser la mayoría de las formaciones de primera conjugación, no es seguro si se construye sobre la raíz sin **-a**² (*son-aja*) o si selecciona como base el verbo con su marca de conjugación, seguida de un proceso de simplificación vocálica (*son-a-aja*).

Tipos de significado

a   Entre los nominalizadores, este sufijo nunca da lugar a lecturas de acción o evento.
b   Su lectura más típica es la del participante que se utiliza como instrumento para facilitar el evento expresado por la base, como en *espantajo, lavajo, fregajo, requebrajo, sonaja*.
c   En otros casos, denota la entidad que exhibe el estado de la base (*colgajo*) o el objeto sobre el que se aplica el evento (*adivinaja*).
d   En algunas de estas formaciones es posible rastrear un valor peyorativo similar al de **-ajo**¹, pero cabe pensar que la base verbal ya lo posee: *escupitajo, espantajo*.

Propiedades fonológicas

a   Este sufijo atrae el acento a la vocal /a/.
b   Esto implica bloquear la diptongación de las bases donde el diptongo depende de la posición del acento (*requiebro ~ requebrajo*).

Alomorfos

a   Sea por constituir alomorfos del sufijo o sea por llevar interfijos, son frecuentes las formas en que aparecen incrementos entre el sufijo y la base.
b   La forma **-arrajo**, con posible interfijo **-arr-**, aparece por ejemplo en *pintarrajo*, que no puede relacionarse con el verbo *pintarrajear*, por la terminación.
c   Como se ha notado, en *escupitajo* parece necesario el alomorfo **-tajo**.
d   La secuencia **-istrajo** aparece en *bebistrajo* y *comistrajo*, donde no está claro si se emplea un interfijo poco productivo o si tenemos un alomorfo del sufijo.

Relaciones con otros afijos

a   La relación entre **-ajo**¹ y **-ajo**² es clara desde el punto de vista etimológico, pero surge la duda de si debemos tomarlos sincrónicamente como dos afijos distintos o usos diferentes del mismo afijo.
b   A favor de la posibilidad de separarlos tenemos la diferente clase de palabras que seleccionan como base (nombres o adjetivos vs. verbos) y la capacidad de alterar o no la categoría gramatical.
c   A favor de tratarlos como usos distintos del mismo afijo tenemos que algunas de las nominalizaciones deverbales conservan un valor peyorativo que tiene el sufijo **-ajo**¹.

d   Una forma de conciliar ambas posturas sería proponer que -*ajo* es un sufijo nominal de valor peyorativo, no un apreciativo; esto dejaría al margen, sin embargo, las formas adjetivales, como *cegajo*.

e   Entre los nominalizadores, **-ajo**[2] tiene una productividad muy reducida, sobre todo en comparación con otros sufijos que se especializan en la formación de agentes o instrumentos, como **-dor** y **-nte**.

> LECTURAS RECOMENDADAS: Rainer (1993); Pharies (2002).

-ajoso. Posible alomorfo de **-oso**, si no se segmenta un interfijo.

-al[1]. Del sufijo adjetivalizador latino -*alem*. Sufijo adjectivalizador que forma adjetivos relacionales.

Tipos de bases

a   Este sufijo es enormemente productivo en la selección de bases correspondientes a nombres comunes, como los de (1):

(1)   abdominal, absidal, acentual, acimutal, adagial, adjetival, adnominal, aduanal, adverbial, alimental, amoniacal, arterial, auroral, balaustral, basilical, branquial, bronquial, cacuminal, campamental, cantonal, cementerial, cenobial, centesimal, central, cerebral, cicatricial, ciclonal, cloacal, colegial, colonial, coloquial, comarcal, comunal, condal, consistorial, constitucional, craneal, criminal, cultural, decagonal, demonial, deverbal, dialectal, diametral, documental, elipsoidal, epidemial, epilogal, epitelial, esferal, espacial, espinal, espectral, espiritual, estacional, estamental, estructural, excepcional, experimental, fetal, frutal, funcionarial, fundamental, global, gripal, grupal, helicoidal, heptagonal, hemorroidal, horizontal, hormonal, industrial, intelectual, mortal, labial, lagrimal, larval, material, medicinal, medieval, ministerial, monacal, monasterial, nacional, naval, numeral, oficinal, oracional, orbital, orquestal, otoñal, palacial, pentagonal, peritoneal, personal, piramidal, primaveral, proposicional, quincenal, regional, residencial, sectorial, sexagesimal, sindical, sobacal, teatral, temperamental, tensional, terminal, vaginal, vertebral, vestigial, zodiacal

b   Entre las clases semánticas de sustantivos, junto a nombres de objetos y clases animadas o no de entidades, tenemos también nombres abstractos de evento y acción, derivados o no, (*accidental, bautismal, ceremonial, comercial, correccional, educacional, miccional*...) y nombres abstractos de estado o propiedad como los de (2):

(2)   abundancial, actitudinal, adicional, ambiental, arquitectural, asistencial, aspectual, carencial, causal, circunstancial, competencial, conceptual, conductual, delincuencial, diferencial, emocional, esencial, experiencial, ficcional, ganancial, gramatical, jurisprudencial, jurisdiccional, matrimonial, nocional, notacional, ocasional, pericial, penitencial, preferencial, procedimental, situacional, tradicional, vivencial

c   El sufijo también es productivo con nombres de animales (*asnal*) o de clases de entidades humanas:

(3) actoral, ancestral, angelical, arbitral, arciprestal, baritonal, califal, doctoral, electoral, fantasmal, hermanal, lectoral, notarial, papal, pastoral, peatonal, policial, pontifical, profesoral, rectoral, secretarial

d   Es frecuente también que se emplee con términos geográficos que se refieren a distintas regiones o áreas definidas por su localización: *ecuatorial, equinoccial, septentrional, tropical, occidental, oriental*

e   Es frecuente también que el sufijo aparezca con bases neoclásicas o alomorfos cultos de sustantivos españoles:

(4) anual, autumnal, baptismal, boreal, capital, cervical, cordial, corporal, dictatorial, dominical, episcopal, estomacal, facial, factual, fecal, federal, fluvial, fontanal, forestal, gingival, laboral, lateral, liberal, lingual, magistral, maternal, menstrual, natal, nupcial, occipital, oral, palatal, paternal, pectoral, pecunial, radical, subliminal, umbilical, vital

f   En algunos casos, la base es a su vez un adjetivo del español, también usado como relacional, y la adición del sufijo puede verse como redundante, si bien la forma se puede asociar con un registro más elevado de lengua, o proponerse en algunos casos que la aparente cadena de sufijos es una forma etimológicamente relacionada con ellos, pero sincrónicamente indescomponible, como en el caso de **-ical** (*angélico ~ angelical*).

(5) divinal, eternal, fraternal, nocturnal, paternal, maternal, perennal

g   Resulta excepcional la formación de adjetivos con este sufijo sobre bases verbales: *inaugural*.

Comportamiento gramatical

a   Este sufijo forma siempre adjetivos invariables en número.

b   La inmensa mayoría de las formaciones corresponden a adjetivos relacionales, pero algunos de ellos tienen usos calificativos también.

c   Hay algunas formaciones que se usan prioritaria o exclusivamente como adjetivos calificativos, entre las que se encuentran las de (6).

(6) abismal, bestial, brutal, celestial, escultural, especial, fenomenal, ideal, infernal, monumental, radical, señorial, sentimental, natural, temperamental

d   Este sufijo puede tomar bases sintagmáticas, como en *por ciento* > *porcentual, puta madre* > *putamadral, doce años* > *doceañal*.

e   Es frecuente que este sufijo forme aparentes cadenas de afijos adjetivales, como en **-ical** (*angelical, apostolical*), **-alista** (*maximalista, minimalista*).

f   Este sufijo siempre cancela la vocal de género átona final de las bases.

g   Algunas de las formaciones a las que da lugar este sufijo se emplean más habitualmente (o exclusivamente) como sustantivos, a menudo con significados especializados o no predecibles: *cigüeñal, colegial, comensal, concejal, corresponsal, credencial, historial, homosexual*.

Tipos de significado

a   En su valor relacional, como otros afijos dedicados a la formación de esta clase de adjetivos, su valor se limita al de indicar la existencia de una relación subespecificada semánticamente entre la clase de entidades denotada por la base y el sujeto al que modifica.

b Cuando produce adjetivos calificativos, el significado suele ser similitudinal, es decir, que tiene algunas de las propiedades típicas que se asocian a la clase denotada por la base, como en *brutal, angelical, señorial, infernal*.

Propiedades fonológicas

a Este sufijo atrae el acento a su vocal /a/.

b Como consecuencia del desplazamiento acentual, puede suscitar la monoptongación de las bases diptongadas donde el diptongo depende de la posición del acento: *muerte > mortal*, y también *invernal, parental*.

c El sufijo, en su alomorfo *-ial*, produce espirantización de /t/ (*demente > demencial, tangente > tangencial*) y /d/ (*abad > abacial*).

d De forma no sistemática, el sufijo puede hacer caer vocales átonas finales de la base que no son marcas de género, como en *tribu > tribal, municipio > municipal* (contrástese con *asistencial, bestial*).

e La presencia del prefijo revierte los casos de espirantización que pueden deberse a la vocal átona final de la base en algunos casos, como *pontífice > pontifical, cónyuge > conyug*

Alomorfos

a El principal alomorfo de **-al** es *-ar*, que se emplea cuando la base contiene ya una consonante /l/ pero no hay una rótica: *singular, capilar, polar, denticular, insular, pedicular,* . Si la base contiene ambas consonantes, se emplea el alomorfo contrario a la consonante más próxima; así, en *parábola* se dice *parabolar*, en *sepulcro, sepulcral; partícula, particular*.

b Sin embargo, hay excepciones que muestran que **-al** es la forma básica: de *labio* se hace *labial*, no *labiar*; *lado > lateral*, entre otras, y alternan *glaciar* y *glacial*.

c El alomorfo *-ual* se documenta en numerosas formas, a menudo con base latina, como *conductual, congresual, contextual, conventual, delictual, eventual, manual, mensual, puntual*.

d El alomorfo *-ial* aparece en casos donde no se puede justificar la presencia de /i/ por un diptongo final de la palabra, como en *editorial, demencial, parcial, racial, vectorial*.

Relaciones con otros afijos

a Pese a que la relación de alomorfos con la forma *-ar* es similar, parece necesario diferenciar este sufijo de **-al**[2], que forma nombres colectivos, tanto por su significado como por la clase de palabras a la que dan lugar.

b Este sufijo está entre los más productivos para formar adjetivos relacionales, si bien no forma nunca gentilicios derivados de topónimos, frente a otros, como **-ense, -aco, -ano, -eco, -ego, -eño, -ero, -ol**; véase también **'-ico**.

LECTURAS RECOMENDADAS: Rainer (1993, 1999); Pharies (2002); Fábregas (2020).

-al[2]. Del sufijo adjetivalizador latino *-alem*. Sufijo nominal que forma nombres colectivos.

Tipos de bases

a   Este sufijo es productivo sobre todo sobre bases correspondientes a nombres comunes que expresan tipos de plantaciones, y otras entidades de la naturaleza, con solo algunas excepciones referidas a nombres comunes de objetos artificiales (*ventanal, cabañal*) o casos que involucral alomorfos y se refieren a entidades humanas (*santoral*).

   (1)   abetal, abrojal, acebuchal, aguacatal, alberchigal, alcachofal, alcaparral, alcornocal, algarrobal, algodonal, almendral, arenal, arrozal, avellanal, azafranal, bambusal, barrancal, barrizal, berenjenal, cabañal, cacahuatal, cafetal, cañizal, castañal, cerezal, cigarral, duraznal, encinal, endrinal, eucaliptal, fresal, fresnal, garbanzal, granadal, guayabal, guijarral, guisantal, higueral, lodazal, madroñal, maizal, manzanal, mostazal, naranjal, nogueral, palmeral, patronal, pedregal, peñascal, pimental, piñal, platanal, robledal, rosal, rosedal, tabacal, tomatal, zarzal

b   Son excepcionales formaciones como *humedal*, donde o bien hay que suponer la haplología de *-dad* (cf. **-idad**) o bien una base adjetival.

c   Algunas de las bases son alomórficas, como en *nuez > nogal*, o contienen interfijos poco frecuentes, como **-eg-** (*pedregal*).

Comportamiento gramatical

a   Este sufijo forma siempre sustantivos de género masculino.
b   Este sufijo forma habitualmente nombres gramaticalmente colectivos (cuando no se interpretan como nombres de plantas o de lugares), como muestra la posibilidad de que sean, en singular, términos de la preposición *entre*: *Encontré mi pendiente entre el barrizal*.
c   Los nombres formados con este sufijo son contables.
d   Este sufijo implica siempre la cancelación de la vocal átona final.

Tipos de significado

a   Fuera de los casos con posible valor lexicalizado (*berenjenal*), este sufijo tiene regularmente el valor colectivo de designar una agrupación de entidades a partir de la clase de sustantivos denotada por la base.
b   En muchos casos, sin embargo, el significado más saliente es el de lugar, donde en lugar de la propia agrupación de elementos se designa el lugar donde estos abundan, como en *barrizal, pedregal, arenal, robledal* (con **-eda**), o destinado a su cultivo, como en *cafetal, encinar, arrozal*.
c   En otros casos, la idea de agrupación de frutos o flores deriva el significado de 'árbol o planta que produce N', como en *peral, rosal* y varios otros.

Propiedades fonológicas

a   Este sufijo atrae el acento a su vocal /a/.
b   Como consecuencia del desplazamiento acentual, puede suscitar la monoptongación de las bases diptongadas donde el diptongo depende de la posición del acento: *pimiento > pimental*.

Alomorfos

a El principal alomorfo de **-al** es *-ar*, que se emplea cuando la base contiene ya una consonante /l/ pero no hay una rótica: *olivo > olivar*.
b Sin embargo, frente a **-al**[1], hay formaciones que emplean *-ar* sin que haya ninguna causa evidente, como *encina > encinar*.
c El alomorfo *-oral* parece necesario en *santo > santoral*

Relaciones con otros afijos

Véase **-al**[1].

-al[3]. Del latín *-alem*. Posible sufijo funcional segmentable en algunos determinantes que denotan identidad, como *tal, cual* (también en el interrogativo). La segmentación aislaría bases *t-* y *cu-* (posiblemente también en *t-anto, cu-anto*), pero se trataría de elementos no productivos, tal vez por su valor funcional altamente especializado en un contexto sintáctico y semántico.

-al-. De origen incierto, tal vez relacionado con el sufijo **-al**. Interfijo que aparece combinado con numerosos apreciativos (*cagaluta, pataleta, matalón*) y otros sufijos con significados valorativos (*cagalera, cambalada*). Ocasionalmente parece ser parte de una cadena de afijos o haberse reanalizado como parte de otro afijo, como en **-alista**.

> **Lecturas recomendadas:** Portolés (1999); Martín Camacho (2003); Ohannesian (2021).

-ales. Probablemente de la unión del adjetivalizador **-al**[1] con la forma plural **-s**[1]. Sufijo nominalizador de valor despectivo que toma bases adjetivales.

a Este sufijo tiene cierta productividad con adjetivos calificativos referidos a propiedades humanas: *borracho > borrachales, fresco > frescales, vivo > vivales, viejo > viejales*.
b Este sufijo da lugar a sustantivos comunes en género y número, que pese al origen etimológico plural pueden usarse en singular (*un frescales, una viejales*).
c Este sufijo implica siempre la desaparición de la vocal átona final asociada al género de la base.
d El valor del sufijo es tanto el de convertir a la voz en sustantivo (aunque su valor valorativo le permite seguir funcionando como adjetivos, *un tío frescal*) como el de aportar la noción de exceso o molestia asociada a la propiedad de la base. El valor del sufijo es similar en este sentido al de **-ón**[3] adjetivalizador.
e Las formas se interpretan siempre como humanas.
f Este sufijo no tiene alomorfos.
g Es posible relacionarlo etimológicamente con **-al**[1], pero se diferencia de él por la clase de palabras a la que da lugar y por su valor semántico. Sucede igual con el colectivizador **-al**[2].

Bibliografía: Rainer (1993); Pharies (2002).

-all-. De origen incierto. Interfijo poco productivo que aparece en combinación con algunos apreciativos, como en *gatallón*.

-alla. Probablemente del italiano *-aglia*, usado para formar sustantivos colectivos, y este a su vez de la forma neutra plural del sufijo *-alis, -alia*. Sufijo nominalizador poco productivo que forma sustantivos, a menudo colectivos.

a   Sobre bases sustantivas, este sufijo aporta un valor colectivo (*clérigo > clerigalla, gente > gentualla, roca > rocalla, grano > granalla*, y en cierta medida, aunque ya no se comporta gramaticalmente como colectivo, *muro > muralla*). Nótese también que la voz *canalla* puede usarse como colectivo (*Vino la canalla*).
b   Tiene posible origen verbal *lima > limalla*.
c   Algunas formas colectivas pueden tener este sufijo si se acepta la segmentación de bases no existentes o no empleadas como formas independientes en español (*quincalla*)
d   Sin valor colectivo, puede rastrearse como nominalizador con la base adjetival *antiguo > antigualla, gris > grisalla* (especializada en su significado) y con base verbal las formas *batir(se) > batalla, presentar > presentalla*.
e   Este sufijo cancela la vocal átona final de los nombres y adjetivos que toma como base, y aparentemente también la vocal temática de los verbos.

LECTURAS RECOMENDADAS: Rainer (1993).

-alista. De la unión de los sufijos **-al**¹ e **-ista**. Parece necesario postular en español contemporáneo que se ha desarrollado, como afijo independiente, esta forma, para explicar los casos acabados en *-alista* donde no existe una forma en *-al* para la base, como en *mutualista (*mutual), regalista, minimalista, maximalista, justicialista*, entre otras.

alo-. Del griego ἄλλο- 'otro'. Prefijo adjetival culto poco productivo que se emplea en un conjunto de formas del lenguaje técnico, casi siempre en combinación con un tema neoclásico: *alóctono, alófono, alomorfo, alópata, alopatía, alotropía*. Existe, sin embargo, la voz *aloforma*, con base patrimonial. Su significado es el de indicar o bien variantes de una entidad que se definen por lo que denota la base (*alófono*: 'variante de pronunciación') o bien la relación de no identidad dentro de la dimensión o dominio denotado por la base (*alopatía*: 'tratamiento que emplea medicamentos que producen el efecto contrario al de la enfermedad').

ambi-. Del latín *ambi-*, relacionado con *ambō* 'ambos'. Prefijo cuantificativo especializado en bases cultas.

Tipos de bases

a   Son poco frecuentes las bases patrimoniales, que habitualmente se restringen a adjetivos relacionales: *ambidiestro* (donde *diestro* tiene el valor relacional de 'que usa la mano derecha' y no el calificativo de 'habilidoso'), *ambivalente, ambisiniestro* ('que usa mal ambas manos'), y muy pocos más.
b   Entre las bases cultas, es probable que el prefijo se segmente en *ambidextro*, pero no en otras formaciones relacionadas etimológicamente, como *ambiguo* o *ambiente*.

Comportamiento gramatical

a   Este prefijo no altera la categoría gramatical de la base, ni otros aspectos de su gramática.
b   Este prefijo no es iterable, no participa en la parasíntesis y no forma paradojas de encorchetado.
c   Este prefijo no toma alcance sobre el sintagma completo.
d   Este prefijo participa en cruces léxicos: sobre las formas *extrovertido* e *introvertido* se ha formado *ambivertido* para denotar la propiedad de ser a veces extrovertido y a veces introvertido.

Tipos de significado

a   El valor semántico de este prefijo es el mismo que el cuantificador *ambos*, por lo que presupone la existencia de exactamente dos entidades y cuantifica universalmente sobre las dos.
b   Su significado, por tanto, es que la relación denotada por la base se da con los dos miembros posibles definidos en el universo del discurso: las dos manos (*ambidextro, ambidiestro, ambisiniestro*), dos formas de comportamiento (*ambivertido*) o dos opciones que se excluyen mutuamente (*ambivalente*).

Propiedades fonológicas

Este prefijo no da señales de independencia fonológica: no hay bases segmentables que comiencen por vocal, por lo que no se puede evaluar si cancelaría o no la vocal en contacto, no recibe acento secundario no rítmico y no impide la resilabificación.

Relaciones con otros afijos

Este prefijo se distingue de **bi-** y **di-** en que estos no presuponen que el dominio sobre el que se cuantifica se reduce a solo dos entidades.

LECTURAS RECOMENDADAS: Varela & Martín García (1999); Gibert Sotelo (2021).

-amen. De los sufijos latinos *-a-*, vocal temática de primera conjugación, y *-men*, sufijo nominalizador. Sufijo nominal poco productivo que forma nombres colectivos.

Tipos de bases

a   Este sufijo toma nombres comunes como su base. Una clase semántica típica es la de las partes del cuerpo, especialmente de la mujer: *cadera > caderamen, muslo > muslamen, pelo > pelamen, teta > tetamen*.
b   Otra clase semántica típica es la de los objetos físicos, materias o no, que se emplean en grandes cantidades y a menudo en la navegación, como *barril > barrilamen, bote (de farmacia) > botamen, cerdas > cerdamen, madero > maderamen, vela > velamen*.
c   Más allá de estos casos, el sufijo puede identificarse en algunas formas técnicas formadas sobre adjetivos (*duro > duramen*), y sustantivos tomados directamente del latín (*foramen*).

Comportamiento gramatical

a   Este sufijo forma siempre sustantivos masculinos con valor colectivo, sin marca de género, y con plural en *-es*.
b   En la medida en que aporta un valor colectivo, este sufijo hace que los sustantivos, generalmente contables, puedan ser tomados en singular por la preposición *entre* o por verbos colectivos también en singular.

    (1)   Se sacó la cadena de entre el tetamen.
    (2)   Reunimos el maderamen suficiente para construir el barco.

Tipos de significado

a   Este sufijo construye nombres de grupo a partir de la entidad, generalmente singular, que expresa la base: de un solo *barril* se pasa a un conjunto de barriles en *barrilamen*, por ejemplo.
b   Con bases que denotan partes del cuerpo, donde no se puede interpretar de forma razonable una acumulación de ellas, el valor del sufijo se suele traducir en la abundancia o exuberancia de la zona anatómica a la que designa la base.

Propiedades fonológicas

No se documentan cambios fonológicos en la base ni alomorfos de este sufijo.

Relaciones con otros afijos

Especializado en partes del cuerpo y en el léxico marinero, este sufijo es menos productivo que **-amenta, -ería** o **-ada** en sus valores colectivos.

Bibliografía: Rainer (1993).

-amenta. Del plural del sufijo neutro latino *-mentum*. Sufijo nominal de valor colectivo.

Tipos de base

a   Este sufijo se combina con bases que son nombres comunes, especialmente los referidos a partes del cuerpo.

    (1)   ast-amenta, corn-amenta, os-amenta, jacha ('diente') > jach-amenta ('dentadura')

b   Ocasionalmente, se une a nombres comunes que expresan tipos de personas y animales (*negro* > *negramenta, perro* > *perramenta*) y algunos objetos (*falda* > *faldamenta, trasto* > *trastamenta* 'conjunto de útiles de cocina').
c   Tienen un posible origen verbal *vestimenta* e *impedimenta*, donde puede reconocerse la vocal temática **-i** de los verbos de la tercera conjugación *vestir* e *impedir*.

Comportamiento gramatical

a   Este sufijo produce sustantivos femeninos marcados regularmente en **-a**[1].

b Etimológicamente, el sufijo procede de un neutro plural, lo cual explica parcialmente su uso como colectivo –es decir, un nombre contable que se compone de una agrupación de entidades delimitadas, como se espera de la lectura prototípica de 'grupo' del plural–.
c El comportamiento colectivo de estos sustantivos se puede observar en que, en singular, pueden ser complemento de la preposición *entre*, y combinarse con predicados colectivos.

(1) Sacó aquello de entre {su vestimenta / *su chaqueta}.
(2) {La perramenta / #la perra} se reunió allí.

d Como otros nombres colectivos, los sustantivos suelen ser contables (*varias osamentas, tres cornamentas*).
e Este sufijo siempre exige la cancelación de la marca de género de la base, y cambia el valor siempre a femenino.
f Las vocales temáticas en los casos verbales se preservan.

Tipos de significado

a El valor de este sufijo es colectivo, es decir, construye una idea de 'grupo acotado' o 'grupo estructurado' donde se contienen varios ejemplares de la entidad que se denota en la base.
b El conocimiento enciclopédico de la realidad exterior puede delimitar el número de entidades contenidas en el colectivo a dos (*cornamenta*) o a más (*osamenta, perramenta*).
c Sobre bases verbales, el sufijo fuerza la interpretación de participante de la base verbal ('entidad que participa de alguna manera en el evento denotado por el verbo') y construye además un conjunto de ellos; así, se interpreta de forma sencilla que *vestimenta* equivalga al conjunto de prendas de vestir que se asocian a alguien.
d El sustantivo *impedimenta* está especializado en su significado; no es el conjunto de cosas que impiden cualquier cosa en general, sino los utensilios y provisiones de una tropa que dificultan su movimiento.

Propiedades fonológicas

Este sufijo recibe acento sobre la vocal /e/, lo cual puede producir la monoptongación de aquellas vocales que diptongan en posición acentuada (*hueso > osamenta*). Más allá de esto no se identifican otras alteraciones fonológicas producidas en la base.

Alomorfos

Es necesario distinguir entre el alomorfo **-menta**, usado con bases verbales, y **-amenta**, usado con bases nominales. La distribución está, por tanto, morfológicamente condicionada.

Relaciones con otros afijos

Este sufijo se relaciona con el sufijo de resultado **-mento** y **-menta**, que toma bases verbales en general. Otros sufijos colectivos, más productivos que este, son **-ería**, **-ada** y **-eda**.

LECTURAS RECOMENDADAS: Rainer (1993).

-amento. Forma masculina del sufijo colectivo **-amenta**, empleada en un conjunto escaso de formas, como *regla* > *reglamento*, *arma* > *armamento* y *nalga* > *nalgamento*. Véase **-amenta**.

an-. Alomorfo de **a-**² (*analfabeto*).

-án. Del sufijo latino *-ānum*, ocasionalmente en confluencia con el germánico *-jan*. Posible sufijo nominalizador poco productivo, que forma nombres de agente sobre bases verbales (*guardar* > *guardián*, *holgar* > *holgazán*) o nominales (*capilla* > *capellán*, *sacristía* > *sacristán*). Nótese que para segmentar el sufijo se requiere siempre postular haplologías, cambios fonológicos irregulares y otros ajustes, lo cual hace dudoso que sea una forma segmentable en la actualidad. Si se segmenta, habría que incluir también el gentilicio *catalán*, de *Cataluña*.

> LECTURAS RECOMENDADAS: Rainer (1993), Pharies (2002).

-an-. De origen incierto, tal vez relacionado con **-ano**. Interfijo que aparece combinado con algunos sufijos nominales (*boc-an-ada*, *tolv-an-era*) y adjetivales (*agu-an-oso*).

ana-. Del latín *ana-* y este a su vez del prefijo griego ἀνα- 'sobre, hacia atrás, según'. Posible prefijo preposicional segmentable en algunos cultismos.

a Este prefijo, de segmentarse, estaría casi exclusivamente restringido a bases neoclásicas, sobre todo correspondientes a sustantivos:

   (1) anabolismo, anacoluto, anacoreta, anacronía, anacrusa, anadiplosis, anádromo, anafilaxia, anáfora, anaglifo, anagnórisis, anagoge, anagrama, analepsis, anamorfosis, anapesto, anaptixis, anástrofe

b Entre las escasísimas formas donde se puede reconocer una base independiente del español se encuentra *anabaptista* ~ *anabaptismo*.
c De segmentarse, habría que concluir que, más allá de habilitar a las bases neoclásicas para poder funcionar como formas del español, este prefijo no tiene ningún papel gramatical sistemático en las formaciones.
d Su significado tampoco es sistemático, y ya en griego y latín era difícil asociarlo a una contribución semántica estable.
e Este prefijo, de segmentarse, se integraría perfectamente en la prosodia de la base y no mostraría ningún signo de independencia fonológica.

-anc-. De origen incierto, tal vez relacionado con **-anco**. Interfijo propuesto en Portolés (1999: 5061) para la forma *vejancón* (de *viejo*). Como muchos otros interfijos, se combina preferentemente con morfemas apreciativos.

-anca. Relacionado con el femenino de **-anco**. Sufijo nominal no productivo que, sin añadir un valor semántico estable, puede segmentarse en algunas formaciones como *pala* > *palanca*, *hoya* > *hoyanca*.

-anch-. Relacionado con el latín vulgar *-anculum*. Interfijo que aparece combinado con el sufijo **-ín**, en formas deverbales como *parlanchín*, *hablanchín*, y el aumentativo

-ón[1] (*garganchón*). Debido a la asociación con las bases verbales en el primer caso, es posible que tenga la función sintáctica de construir una base nominal; Pharies (2002: 68-69) lo relaciona con un sufijo despectivo excepcional *-ancho* (*lebrancho*) documentado históricamente.

> LECTURAS RECOMENDADAS: Portolés (1999); Martín Camacho (2003); Ohannesian (2021).

-ancia. Del inglés *-ance*. Sufijo nominal del lenguaje técnico que forma algunos sustantivos de cualidad sobre raíces verbales o no, pero cancelando siempre la vocal temática: *absorbancia, admitancia, conductancia, luminancia, reactancia*. Nótese que la /a/ no procede de la base, ya que ninguna de estas formas pertenecen a la primera conjugación. Este sufijo expresa la capacidad de una entidad por producir o admitir un proceso que la manipula, y que se mide en una magnitud relacionada con su base. Véase **-ncia** para los casos que proceden de verbos españoles con su propia vocal temática.

-ancl-. Posible interfijo que Portolés (1999: 5061) identifica en la forma *pollanclón*.

-anco. De origen incierto (cf. Pharies 2002: 72). Sufijo apreciativo de valor despectivo que aparece en un conjunto pequeño de bases sustantivas, como *rubio* > *rubianco, moro* > *moranco*. No son frecuentes las formaciones adjetivales, aunque pueden aparecer: *mujeres rubiancas*, y algunas formaciones de base no fácilmente identificables, como *lunanco* 'con una pata más corta que otra'. Da lugar a formas lexicalizadas (*potranco* 'potro de menos de tres años', *pozanco* 'cierto tipo de poza'). Como puede verse en el último ejemplo, puede cambiar el género de la base. No es iterable.

-and-. De origen incierto, tal vez relacionado con la terminación de gerundio. Interfijo que Portolés (1999: 5061) identifica en un conjunto de formas, casi siempre procedentes de verbos (*colgandejo, amasandería, lavandería, rezandero, pirandón, mamandurria*...). Todos estos verbos son de la primera conjugación, lo cual sugiere que la /a/ inicial puede ser la vocal temática, y que este interfijo realmente tiene un valor sintáctico relacionado con adaptar una base verbal a una categoría nominal.

-andr-. De origen incierto. Interfijo que Portolés (1999: 5061) identifica en el sustantivo *pelandruca*, suponiendo una base *pel-*.

andro-. Del griego ἀνδρ- 'masculino'. Posible prefijo adjetival con valor equivalente al adjetivo relacional 'masculino'.

a Este prefijo se combina con bases sustantivas (*androfobia, androceo, androginia, andropausia*) o adjetivos relacionales (*androcéntrico*).
b No es fácil determinar si este morfema debe tratarse como una base neoclásica o como un prefijo. Frente a otras bases neoclásicas, no aparece nunca sin sufijos en segunda posición de palabra (**poli-andro, poli-andr-ia*, con **-ia**, cf. *filó-logo*) ni tampoco sola con un sufijo (**andria;* cf. *fob-ia*). Sin embargo, frente a los prefijos claros, se documentan formas en que *andr-* se combina directamente con un sufijo adjetivalizador, como en *andr-ógeno*.

c De tratarse como prefijo, este tendría las propiedades típicas de un prefijo adjetival: combinación solo con adjetivos relacionales o sustantivos, no alteración de la clase de palabras de la base ni de sus propiedades gramaticales cuando aparece sin prefijar.
d Su significado equivale al adjetivo 'masculino', es decir, excluyendo a las mujeres dentro de su denotación y centrándose solo en los seres humanos varones.
e Este prefijo no es iterable, no admite la expansión funcional de su base y no toma alcance sintagmático.

-aneco. Alomorfo de **-eco**.

anemo-. Del griego ἄνεμος 'viento'. Prefijo adjetival de valor equivalente a 'relacionado con el viento'.

a Este prefijo aparece con algunos temas neoclásicos equivalentes a sustantivos, sobre todo en el lenguaje científico, como en *anemógrafo, anemómetro*, y con algunas formaciones equivalentes a adjetivos relacionales (*anemófilo*).
b Este prefijo no altera las propiedades gramaticales de la base.
c En su significado, designa una relación cuya naturaleza no está especificada entre la entidad denotada por la base y el viento.
d Pese a su etimología, en español contemporáneo este elemento tiene la gramática de un prefijo, y no de un formante compositivo: no aparece tras una base, y no da lugar a palabras mediante la adición de afijos (nótese que *anémico* se relaciona con *a-nem-ia*).

-áneo. Alomorfo de **'-eo** (cf. Pharies 2002: 76 para otra interpretación).

anfi-. Del latín *amphi-* y este del griego ἀμφί 'alrededor, en torno a'. Prefijo culto que expresa el significado locativo equivalente a 'alrededor de' o al cuantificador 'ambos'.

Tipos de base

a Este prefijo se combina con temas neoclásicos equivalentes a adjetivos:

 (1) anfíbraco, anfifílico, anfígeno, anfineuro, anfímacro, anfípodo, anfipróstilo, anfiscio

b Este prefijo se combina ocasionalmente con bases neoclásicas equivalentes a sustantivos:

 (2) anfibio, anfibioma, anfibología, anfisbena

c Son muy escasas las formaciones sobre bases que sean palabras independientes del español (*anfiteatro*).

Comportamiento gramatical

a Este prefijo no cambia la categoría gramatical de la base, pero habilita a las bases cultas para funcionar como adjetivos o, en menor medida, sustantivos.
b Este prefijo no es iterable.
c Este prefijo no participa en la parasíntesis o en paradojas de encorchetado.

Tipos de significado

a El significado locativo del prefijo es visible en un conjunto reducido de formas, como *anfiteatro* ('estructura que rodea el teatro'), *anfíbraco* ('breve en ambos lados, es decir, una sílaba larga rodeada de dos breves'), anfineuro ('con sistema nervioso simétrico a los dos lados del cuerpo') o *anfípodo* ('con patas en ambos lados, es decir, rodeando el cuerpo').

b Resulta más común, sin embargo, su uso semejante al del cuantificador dual 'ambos', que se desarrolla fácilmente del valor locativo una vez que se delimitan dos lados en la entidad que rodea: *anfibio* 'forma de vida tanto marina como terrestre', *anfígeno* 'que produce tanto ácidos como bases', *anfibología* 'que tiene dos posibles significados' o *anfifilia* 'que tiene propiedades tanto hidrófilas como lipófilas'.

Propiedades fonológicas

Aunque la mayoría de las formaciones neoclásicas reciben acento sobre la /i/ del prefijo (*anfibio, anfípodo, anfígeno*) el acento prosódico recae en la base cuando este contiene ya tres sílabas –en virtud de la regla general del español, que no permite formaciones léxicas sobresdrújulas– (*anfipróstilo*) o en otros casos difícilmente segmentables para los hablantes (*anfineuro, anfiscio*). En las bases patrimoniales el acento de la base no se altera (*anfiteatro*).

Problemas de clasificación

La escasa productividad de este prefijo hace difícil evaluar hasta qué punto presenta las propiedades esperables de una clase mayor de prefijos, como los preposicionales o los cuantficativos. Muchas de las formaciones cultas se usan como adjetivos, pero ya lo hacían así en griego y latín, y no es posible asegurar que el prefijo sea responsable de convertirlas en adjetivos, como los prefijos cuantificativos (cf. **bi-**) que sí se unen a bases no neoclásicas (*término bisílabo* vs. **término sílabo*). En cuanto a su posible inclusión entre los prefijos preposicionales, el problema es que **anfi-** no participa en la parasíntesis o se une a bases verbales, no es iterable y no habilita a una base sustantiva para aparecer como modificador de otro sustantivo (**espacio anfiteatro*).

Relaciones con otros afijos

Para otro prefijo con valor equivalente a 'que rodea a', véase **circun-**.

> Lecturas recomendadas: RAE & ASALE (2009: §10.5).

-ángano. De origen incierto, tal vez relacionado con *zángano*. Sufijo apreciativo de valor despectivo de baja productividad. Se combina con bases sustantivas (*burro > burrángano, chulo > chulángano, cura > curángano, fulano > fulángano, puta > putángana*) y respeta el género y la clase de palabras de la base. Aunque tiende a combinarse con bases referidas a humanos o interpretadas como tales, se documenta también pelo > pelángano. Su valor es despectivo, indicando intensificación de los rasgos negativos de la base o añadiendo al significado una noción valorativa relacionada con la fealdad o el desorden.

> LECTURAS RECOMENDADAS: Rainer (1993).

-ango. Tal vez relacionado con **-anco**. Sufijo no productivo que forma sustantivos despectivos a partir de otros sustantivos y alguna base verbal, como en *mojiganga, bullanga, chulango, perrango* (Pharies 2002).

-aniego. Posible alomorfo de **-iego**.

-ano. Del sufijo adjetivalizador *-ānum*. Sufijo adjetivalizador especializado en formar gentilicios sobre bases nominales.

Tipos de base

a La mayoría de las formaciones con este sufijo parten de bases que son nombres propios de lugar, topónimios referidos a países, continentes o ciudades.

(1) africano, americano, alsaciano, altoperuano, andorrano, araucano, armoricano, asturiano, australiano, baezano, barquisimetano, bogotano, boliviano, caledoniano, californiano, cartujano, castellano, colombiano, compostelano, coreano, cracoviano, cubano, danubiano, ecuatoguineano, espartano, estoniano, floridano, formenterano, gambiano, georgiano, guineano, guipuzcoano, haitiano, hawaiano, jamaicano, jerezano, kiribatiano, lagarterano, lebrijano, leridano, liberiano, manresano, mantuano, mayagüezano, mejicano, michoacano, montevideano, murciano, nauruano, nigeriano, orensano, paduano, peruano, pisano, plasenciano, pompeyano, regiomontano, ribagorzano, riojano, romano, saboyano, sanlorenzano, segoviano, sevillano, siciliano, siracusano, tahitiano, talaverano, tejano, tibetano, toledano, tolosano, ucraniano, valenciano, varsoviano, veneciano, veracruzano, vestfaliano, zacatecano, zamorano, zaragozano

b Con sustantivos comunes, destacan aquellos que designan regiones geográficas y otros lugares:

(2) ciudadano, comarcano, cordillerano, deltano, hortelano – huertano, insulano, interiorano, riberano, serrano, somontano

c Son menos frecuentes los nombres comunes que designan otras nociones, entre ellas signos zodiacales (*acuariano, capricorniano, escorpiano, sagitariano*) o nociones de otra naturaleza (*bacteriano, cortesano, diluviano, microbiano, miliciano, pelviano, republicano*).

d Son frecuentes los casos formados sobre bases neoclásicas o alomorfos cultos del topónimo correspondiente:

(3) anglicano, bilbilitano, britano, culterano, cotidiano, gaditano, germano, hierosolimitano, hispano, iliturgitano, napolitano, novohispano, parlermitano, samaritano, tripolitano, urbano, vallisoletano

Comportamiento gramatical

a Este sufijo da lugar a adjetivos variables en género, marcados regularmente por **-o**[1] en masculino y **-a**[1] en femenino.

b   Este sufijo siempre implica la cancelación de la vocal átona de género de la base.
c   La mayoría de las formaciones obtenidas con este sufijo son adjetivos relacionales, y estos se usan habitualmente también como sustantivos.
d   En algunos casos concretos, el uso como sustantivo está más extendido en la actualidad, como en *aldeano, ciudadano, miliciano, villano*.
e   No son frecuentes las formaciones que se comportan como adjetivos calificativos; junto al valor metafórico de algunos de los gentilicios, tenemos los adjetivos siguientes, que se emplean más generalmente como calificativos:

   (4)   campechano, mundano, provinciano

Tipos de significado

a   Como otros sufijos que forman adjetivos relacionales, este también denota una relación subespecificada entre la entidad denotada por su base y el sustantivo al que modifica.
b   La especialización en bases correspondientes a topónimos y áreas geográficas hace que esa relación muy frecuentemente sea la propia de un gentilicio: la relación de origen o proveniencia de una entidad.
c   Algunas de las formaciones están lexicalizadas de forma clara, como las que corresponden a adjetivos calificativos nombradas anteriormente o el adjetivo *meridiano*, que se usa para indicar 'patente, obvio'.

Propiedades fonológicas y Alomorfos

a   Este sufijo atrae el acento a su vocal /a/, lo cual puede implicar la monoptongación del diptongo acentual de la base.(*Puebla* > *poblano*).
b   Este sufijo suele preservar la vocal final de la base cuando forma diptongo o hiato con la vocal átona de género, como en *aldeano, coreano, bruneano (Brunei), guineano, montevideano, vandeano (La Vendée)*.
c   Son varios los alomorfos de este sufijo. El alomorfo *-esano*, con posible interfijo **-es-**, se documenta en *Parma* > *parmesano*. El alomorfo *-eano* parece necesario en *Santander* > *santandereano*.
d   Existe un número considerable de formas terminadas en *-tano*. Véase **-tano**.
e   Sobre la posible existencia de *-iano* como alomorfo, véase 'relaciones con otros afijos' y también **-iano**.

Haplologías

No son frecuentes las haplologías con este sufijo, pero se da ocasionalmente: *Querétaro* > *queretano*.

Relaciones con otros afijos

a   Surge la pregunta de si **-iano** debe interpretarse como un alomorfo de este sufijo (o viceversa), frente a tratarlo como un afijo distinto. En este diccionario adoptamos la segunda solución, que permite dar cuenta de alternancia como *Bolivia* > *boliviano* vs. *(Simón) Bolívar* > *bolivariano*.

b   En efecto, **-iano** se especializa en bases que son nombres propios de persona, mientras que **-ano** lo hace en casos donde se denotan gentilicios a partir de topónimos. La facilidad con la que dan lecturas calificativas o se combinan con bases formadas por nombres comunes, así como sus alomorfos, también diferencian ambos afijos.
c   Es frecuente que la base termine ya en un diptongo /iV/ que hace difícil determinar cuál de los dos afijos se emplea en cada caso: en *Soria* > *soriano*, en principio, uno podría proponer **-ano**, con la /i/ que lo precede siendo parte de la base, o **-iano**, con una forma intermedia *sori-iano* que se simplifica a continuación.
d   Cuando la base termina en consonante, las dos formas se distribuyen de forma casi perfecta, con **-iano** tomando los casos de nombre propio y **-ano**, los de topónimo. Hay, sin embargo, excepciones a esta tendencia.
e   Entre los topónimos que toman **-iano** encontramos *bostoniano, caboverdiano, caucasiano, chadiano, ecuatoriano* o *egipciano*, entre otros.
f   Las bases formadas por nombres propios con **-ano** están mucho más limitadas: *copernicano, goetheano, herrerano, mahometano* y muy pocas más.
g   Proponer que ambos afijos son alomorfos tiene el problema de determinar qué criterio determina su distribución. Las causas fonológicas no son claras; junto a la ausencia predecible de formas en **-iano** unidas a bases terminadas en otra palatal (*Sevilla* > *sevillano, Pompeya* > *pompeyano*) encontramos casos donde haber empleado el alomorfo contrario habría facilitado la fonología, pero no se hace (*languedociano* vs. *languedocano), casos de alternancia libre (*peruano* ~ *peruviano*) y casos acabados en la misma consonante, que toman uno u otro (*chadiano, leridano*).
h   Véase también **-iano**.

LECTURAS RECOMENDADAS: Rainer (1993, 1999); Pharies (2002), Fábregas (2020).

-ant-. De origen incierto, tal vez relacionado con **-nte**. Interfijo que Portolés (1999: 5061) propone para formas como *tragantada, hablantina, quedantista, mamantón* y *labrantín*, siempre sobre bases verbales de la primera conjugación. Es posible por tanto que este interfijo deba verse más bien como el sufijo **-nte** unido a la vocal de primera conjugación, y que deba tratarse como un elemento que adapta la base verbal a las necesidades seleccionales del sufijo.

ante-[1]. Del prefijo latino *ante-*, y este de la preposición *ante* 'delante de, antes de'. Prefijo preposicional de valor espacial y temporal.

Tipos de base

a   Este prefijo, frente a **pre-**, es productivo sobre todo con sustantivos, entre los que destacan aquellos que se refieren a espacios o a nombres de entidades con un lugar definido dentro de una estructura (*antepuerta, antefirma, antecoro, anteportada*).

(1)   antealtar, antecámara, antecapilla, antecocina, antecomedor, antecuarto, antedespacho, antefoso, antejardín, antemuralla, antepalco, antesacristía, antesala, antetecho, antetemplo

84   A

b   Son relativamente frecuentes también los sustantivos que indican partes del cuerpo (*antebrazo, antepecho*) o eventos y entidades localizables en un periodo temporal (*antefuturo, anteguerra, antejuicio, antenoche, antepresente, anteproyecto, antevíspera*).
c   Su productividad es mucho menor con adjetivos, entre los que se restringe a los adjetivos relacionales. También se añade al ordinal *penúltimo* (*antepenúltimo*).

   (2)   anteclásico, antehistórico, anteislámico, antenupcial, antevocálico

d   Tampoco es particularmente productivo con verbos:

   (3)   antecoger, antedatar, antenotar, antepasar, anteponer, antevenir, antever

e   Existen algunas formaciones con base participial donde muchos hablantes no tienen la combinación entre el prefijo y el verbo, lo cual sugiere que en estos casos se ha añadido directamente al participio una vez formado: *antedicho, antenacido*.
f   Este prefijo también se une a bases verbales neoclásicas: *anteferir, anteceder*.
g   Finalmente, el prefijo se añade a algunos adverbios temporales: *anteayer, anteanoche*.

Comportamiento gramatical

a   Este prefijo no cambia la categoría gramatical de la base, ni su género, clase de conjugación o estructura argumental.
b   No es excepción *antemano*. *Antemano* no se comporta como un adverbio o sintagma preposicional (**Lo hizo antemano*), sino que es parte de una locución adverbial en combinación con preposición (*Lo hizo de antemano*), lo cual muestra que sigue siendo categorialmente un sustantivo.
c   Este prefijo es iterable: *ante-ayer > ante-ante-ayer*.
d   Este prefijo puede participar en las paradojas de segmentación, con adjetivos relacionales: *anteclásico* no es 'antes de la relación con lo clásico', sino 'relacionado con lo anterior al periodo clásico'.
e   Este prefijo no admite la expansión funcional de su base, pero puede habilitar a un sustantivo para ser modificador de otro:

   (4)   *lema título > lema antetítulo

f   Este prefijo no participa en la parasíntesis.
g   Este prefijo admite lecturas en que toma alcance sobre un sintagma completo, como en *anteproyecto de ley*, donde no se habla de un objeto de ley que precede a un proyecto, sino del borrador de un proyecto de ley.

Tipos de significado

a   Este prefijo expresa una relación de anterioridad que en su mayor parte es locativa. La interpretación temporal aquivalente a 'antes de' se interpreta solamente con sustantivos que indican periodos de tiempo (*antevíspera*), acciones (*antejuicio*), adjetivos referidos a periodos históricos y acciones (*anteclásico, antenupcial*), la mayoría de los verbos (*antedatar, antever, antevenir, anteceder*) y con adverbios temporales (*anteanoche*).
b   Son mucho más frecuentes, en cambio, los valores espaciales. Este se da con bases que designan objetos, partes del cuerpo y espacios (*antecámara, antejardín, anteportada, antecama*).

c El valor espacial generalmente toma la base como el punto de referencia para localizar otra antes de ella (*antecoro, antecapilla*). Es una excepción *antebrazo*, que se refiere a la parte anterior del brazo y no a lo que está delante del brazo.
d Con verbos, el valor espacial también puede aparecer: *antecoger* es llevar a alguien por delante de uno y *anteponer* es poner por delante, a veces en el sentido de 'priorizar'.
e Son frecuentes los casos de lexicalización del significado: *anteojo* o *anteojos* es una forma de referirse a las gafas, y no a cualquier objeto que se ponga delante de los ojos; *antecama* es un tipo de tapete o alfombra que se pone ante la cama. Resultan en lexicalización también algunos verbos: *antenotar* 'dar título a un escrito'.

Propiedades fonológicas

a Este prefijo da muestras de cierta independencia prosódica de la base, visible en la resistencia a resilabificar su vocal final con la primera de la base (*an.te.hu.ma.no*, no **an.teu.ma.no*) y en la ausencia de casos donde la vocal se cancele (*ante-altar*, no *antaltar o *anteltar).
b Ocasionalmente *anti-* es alomorfo de **ante-** (*antipara*), y también ocasionalmente *ante-* corresponde a un alomorfo de **anti-**, como en *antecristo*.

Problemas de segmentación

La existencia de *anterior* y *antes* podría interpretarse como que este prefijo puede actuar como una raíz, tal vez contenida en la estructura de la preposición *ante*. Estas formaciones, sin embargo, no contienen sufijos productivos en español, por lo que podrían considerarse no formadas o segmentadas en la sincronía del español.

Relaciones con otros afijos

Este prefijo compite con **pre-**, que es mucho más productivo con adjetivos y verbos. De hecho, muchas de las formaciones con **ante-** tienen pares en **pre-**, a menudo más usuales: *antever ~ prever, anteceder ~ preceder, antedatar ~ predatar*. Por tanto este prefijo se especializa en formas espaciales, no temporales, y sobre todo en las formaciones nominales. Forma oposición con **post-**, mucho menos productivo; el valor de anterioridad también se puede expresar con **ex-**.

LECTURAS RECOMENDADAS: RAE & ASALE (2009: §10.5-10.6); Gibert-Sotelo (2021).

ante-[2]. Alomorfo poco frecuente de **anti-** (*el antecristo*).

anti-[1]. Del latín tardío *anti-* y este del griego ἀντί 'contra'. Prefijo preposicional con valor de oposición.

Tipos de bases

a Este prefijo se combina productivamente con sustantivos y adjetivos relacionales. Entre los sustantivos, muchas bases denotan una entidad que se desea neutralizar (*tanque ~*

antitanque), o que existe y forma pareja, dentro de un sistema científico, con un opuesto (*materia ~ antimateria*).

(1) antiácido, anticarro, anticátodo, anticiclón, anticlímax, anticoncepción, anticrisis, anticristo, anticuerpo, antidemocracia, antielectrón, antiestrés, antihéroe, antilogaritmo, antimafia, antimateria, antimisil, antimoral, antinovela, antipapa, antipartícula, antipontificado, antiprotón, antisatélite, antisuero, antitabaco, antitanque, antiviral, antivirus

b Es muy frecuente que el sustantivo de la base denote una ideología, una forma de comportamiento o una entidad que se considera, por conocimiento del mundo, controvertida:

(2) antiaborto, antibloqueo, anticapitalismo, anticolonialismo, antidopaje, antiesclavismo, antifascismo, antiimperialismo, antiliberalismo,

c Son muy frecuentes las formaciones sobre adjetivos relacionales. Entre muchas otras encontramos las siguientes:

(3) antiacadémico, antiaéreo, antialcalino, antialcohólico, antialérgico, antiamericano, antiartrítico, antiasmático, antiatómico, antibacteriano, antibritánico, antiburgués, anticanceroso, anticatarral, anticatólico, anticientífico, anticlerical, anticoagulante, anticomunista, anticonstitucional, antidiabético, antidiarreico, antidictatorial, antidiurético, antiepiléptico, antiespañol, antieuropeo, antifeminista, antifrancés, antigramatical, antigripal, antigubernamental, antihigiénico, antihipertensivo, antihumano, antiinflacionario, antijurídico, antimagnético, antimicrobiano, antimilitarista, antimonárquico, antinuclear, antioccidental, antipalúdico, antiparasitario, antiparlamentario, antipatriótico, antipedagógico, antipoético, antirrábico, antirracionalista, antirreglamentario, antirreumático, antisemita, antisindical, antisoviético, antitérmico, antivenéreo

d No se documenta este prefijo con bases que sean adjetivos calificativos, verbos o adverbios.

e Este prefijo puede combinarse también con nombres propios para indicar el rechazo hacia lo que el referente representa o hacia la propia persona (*anti-Trump, anti-Berlusconi, anti-Miguel Bosé*).

f El origen culto de este prefijo hace que se documente a menudo con bases neoclásicas, conservando a menudo su valor de oposición: *antídoto, antipatía, antipendio, antisepsia, antistrofa, antítesis*.

Comportamiento gramatical

a Si bien este prefijo no altera la categoría gramatical de la base, muy a menudo habilita a la base para convertirse en un modificador de otro sustantivo:

(4) comisión *(anti)droga, refugios *(anti)gás, luces *(anti)niebla, dispositivo *(antir) robo...

b Con la excepción de los casos en que el prefijo denota al contrario de la entidad expresada en la base (*anticristo, antimateria, antiprotón*), todos los casos restantes, en que el prefijo denota una acción o actitud contraria a lo denotado en la base, permiten que la palabra resultante modifique a otro sustantivo. Desde esta perspectiva, los casos de uso como núcleo de sintagma nominal de los sustantivos con **anti-** pueden verse como situaciones de nominalización de un modificador nominal, aproximadamente como en (5).

(5)   el [n] antiabortista

d   Esta propuesta explica que el género y número de la palabra en **anti-** usada como núcleo no reflejen necesariamente el de la base:

(6)   Ella es una antiaborto, Él es un antiolimpiadas.

e   Este prefijo permite la expansión funcional de la base, que puede aparecer en plural e incluso acompañada de distintos determinantes y cuantificadores:

(7)   crema anti-arrugas
(8)   Soy anti-todo lo que digas

f   Este prefijo es iterable: *anti-tanque, anti-anti-tanque, anti-anti-anti-tanque*, y así sucesivamente para denotar distintas armas destinadas a neutralizar la que expresa su base.
g   Este prefijo no participa en la parasíntesis.
h   Con adjetivos relacionales, produce paradojas de encorchetado: ser *anticlerical* es oponerse al clero, no estar opuesto a la relación con el clero.
i   Este prefijo claramente toma alcance sobre el sintagma completo: *antijugadores del Barcelona* no es alguien del Barcelona que se opone a los jugadores, sino alguien que se opone a los jugadores del Barcelona.
j   Podría verse el prefijo **anti-** como una preposición del español, dadas estas propiedades sintácticas, pero carece de la capacidad de asignar caso oblicuo: *Todo lo que haces es anti {yo / *mí}*. Con todo, otras preposiciones del español rechazan los pronombres oblicuos (*según, entre*).
k   Este prefijo se combina con adjetivos relacionales, propiedad que rechazan las preposiciones: *antiepiscopal vs. *en contra de episcopal*.

Tipos de significado

a   Deben diferenciarse dos sentidos distintos para este prefijo, reflejados en distintos comportamientos gramaticales. En el primer sentido, el prefijo denota el opuesto perfecto de la entidad denotada por la base dentro de un sistema: el anticristo es la entidad opuesta a cristo, un antiprotón es la partícula que se opone al protón, etc. Se supone, en tales casos, que las propiedades de esa entidad son las contrarias a la que denota la base (*anticultura, antidemocracia, antinovela*). En estos casos el prefijo no habilita a la base para funcionar como modificador de un nombre, no se permite la expansión funcional de la base y no se producen discordancias de género.
b   Los casos más productivos, donde hay posible expansión funcional y se produce el cambio en la distribución sintáctica de la base, son aquellos en que el prefijo indica la actitud contraria a lo que se denota en la base, por parte de humanos que pueden tener opiniones y juicios sobre los estados de cosas (*antiaborto, antiliberal, antimonárquico*) o por parte de objetos cuya función es la de neutralizar el efecto de la base (*antiafrodisíaco, antihemético, antigás, antiminas, antiarrugas, antidescolgamiento*).

c Este valor de oposición se manifiesta semánticamente a veces en que, pese a que el prefijo se combina con un adjetivo derivado, el valor semántico que expresa es el de impedir la acción que expresa la base verbal del adjetivo:

(9) antiadherente, anticoagulante, anticongelante, anticongestivo, anticorrosivo, antideflagrante, antidepresivo, antideslizante, antidetonante, antiespumante, antiflatulento, antiinflamatorio, antisudoral, antitusivo

d Ocasionalmente se dan lecturas más complejas donde el prefijo parece interpretarse como un elemento nominalizado con significado conceptual: *antipontificado* no es en puridad lo que se opone a un pontificado, sino el pontificado de un antipapa.

Propiedades fonológicas

a Este prefijo claramente tiene independencia fonológica de la base, que a veces se refleja en su escritura como forma separada de la base.
b Esta independencia fonológica se refleja en asignación de acento secundario al prefijo (àntidistúrbios), en la ausencia de diptongos formados con la última vocal del prefijo y la primera de la base (*an.ti.a.rru.gas*, no **an.tia.rru.gas*) y en la no cancelación de la vocal final (*antiinflamatirio*).
c Se documenta el alomorfo *ante-* en *antecristo*.

Relaciones con otros afijos

Pese a que se suele tratar el prefijo **pro-**[1] como el contrario de **anti-**, la equivalencia no es exacta porque el prefijo **pro-** solo tiene el segundo valor semántico del prefijo **anti-**, el de actitud favorable o que promueve una tendencia. Para otros prefijos de contradicción, véase **contra-** y **no-**. En algunas formaciones cultas, **anti-** contrasta con **sin-**[2].

> Lecturas recomendadas: Montero Curiel (1998b); RAE & ASALE (2009: §10.11); Fábregas (2010).

anti-[2]. Alomorfo poco habitual de **ante-** (*antiparras*).

-anto. Del latín *-antum*. Posible sufijo funcional segmentable en formas como *t-anto cu-anto* (cf. *tal, cual*), que expresaría cantidad. El hecho de que no sean productivos puede deberse a que son sufijos que expresan una noción funcional y toman bases pertenecientes a categorías funcionales, que no son expansibles.

-año.[1] Del latín *-aneum*, sufijo adjetivalizador. Sufijo no productivo que deriva sustantivos a partir de otros sustantivos.

a Toma bases nominales (*abrigo* > *abrigaño*, 'lugar resguardado'; *ermita* > *ermitaño*; *escudo* > *escudaño* 'lugar resguardado', *través* > *travesaño*).
b Este sufijo forma siempre sustantivos masculinos marcados por **-o**[1].
c Su valor semántico es variable, aunque tiende a expresar relación con la entidad denotada por la base, sea por su función (*abrigaño, ermitaño*) o por su posición (*travesaño*).

d   Tal vez puede relacionarse con **-año**², como la versión nominalizada de algunas formas que originalmente fueron adjetivos.

> LECTURAS RECOMENDADAS: Pharies (2002).

-año². Del latín *-aneum*, sufijo adjetivalizador. Sufijo no productivo que deriva adjetivos partir de sustantivos o verbos.

a   Este sufijo deriva adjetivos a partir de sustantivos (*pared* > *paredaño*, *surco* > *surcaño*, *tierra* > *terraño*) y algunos verbos (*escuchar* > *escuchaño*, *picar* > *picaño*).
b   La forma *aledaño* etimológicamente procede de una locución 'al lado', pero ya no es segmentable.
c   Forma adjetivos variables en género, marcados por **-o**¹ en masculino y por **-a**¹ en femenino.
d   Los adjetivos pueden indicar localización (*paredaño, surcaño, soterraño*) o tendencia a comportamientos determinados (*escuchaño* 'que fisgonea, que escucha otras conversaciones').
e   Este sufijo produce monoptongación de la base: *ti̯erra* > *terraño*.
f   Véase también **-año**¹.

> LECTURAS RECOMENDADAS: Pharies (2002).

apo-. Del latín *apo-*, y este a su vez del griego ἀπό 'desde, lejos de'. Prefijo adjetival culto de significado poco claro.

Tipos de base

a   Este prefijo se combina con temas neoclásicos equivalentes a sustantivos:

  (1)   apocatástasis, apócema, apócopa ~ apócope, apódosis, apófige, apófisis, apogeo, apólogo, aponeurosis, apoplejía, apoptosis, apóstata, apostema, apóstrofe, apotegma, apotema, apoteosis

b   También se combina con otras bases neoclásicas equivalentes a adjetivos relacionales:

  (2)   apócrifo, apodíctico, apógrafo

c   Apenas hay formaciones sobre bases que puedan emplearse como voces independientes del español, como en *apocromático*.

Comportamiento gramatical

a   No hay motivos para pensar que este prefijo altere la clase de palabras de la base, su género u otras propiedades gramaticales.
b   Este prefijo no es iterable, no participa en la parasíntesis y no crea paradojas de encorchetado, dada la dificultad de asignarle un valor semántico definido y estable.

Tipos de significado

Pese a ser originalmente un elemento preposicional con valor ablativo ('desde, lejos de'), las formaciones que lo contienen en español no permiten glosas claras con ese significado, con algunas excepciones puntuales: *apófisis* 'parte saliente de un hueso, que sobresale de él', *apoplejía* 'suspensión de las funciones nerviosas, que se aleja del funcionamiento normal'.

Propiedades fonológicas

Este prefijo está completamente integrado en la base prosódica, y no recibe acento secundario no rítmico. Tampoco se documentan casos en que la última vocal del prefijo coexista con una primera de la base (cf. *apóstrofe, apóstata*).

Alomorfos

Se identifica ocasionalmente el alomorfo *af-* (*afelio*).

Relaciones con otros afijos

La conclusión es que este prefijo no se emplea para expresar los valores semánticos de separación que tenía en griego; los prefijos separativos en español son **ex^2-**, **des-**.

-aquen. De origen incierto. Sufijo coloquial poco productivo de valor apreciativo (aumentativo) que se une a adjetivos calificativos, como *tonto > tontaquen*, y a algunos sustantivos valorativos de propiedad negativa, como *mierda > mierdaquen*.

> LECTURAS RECOMENDADAS: Rainer (1993).

-áqueo. Posible alomorfo de '**-eo** (*terráqueo*).

-ar. Alomorfo de **-al^1** y **-al^2**, empleado cuando la base contiene /l/ (*olivar, glaciar*). Véase **-a^1** y **-r** para la terminación de infinitivo de los verbos de la primera conjugación.

-ar-. De origen incierto. Posible interfijo que aparece en español entre la base y el sufijo con cierta productividad.

a   Este posible interfijo aparece en contacto con sufijos apreciativos (*vivo > vivaracho, empuma > espumarajo, bulla > bullaranga, saltar > saltarilla, llama > llamarón, pasmo > pasmarote, abeja > abejaruco*), colectivos (*polvo > polvareda, seco > secaral*) y de otros tipos (*llama > llamarada, lengua > lenguaraz*).
b   A menudo se puede argumentar que en lugar de un interfijo tenemos un segmento que forma parte de un alomorfo de la base (*humar-eda, humar-ada, humar-asco, humar-azo*).
c   Se ha sugerido en algunos casos que el interfijo pueda corresponder en realidad a la terminación de infinitivo de la primera conjugación (*saltar > saltarín*), algo que sería inusitado dentro del sistema de formación de palabras del español, que suele derivar

voces a partir del tema verbal o de la raíz pero no de otras formas flexivas. Véase también **-er-** y **-r**.

> LECTURAS RECOMENDADAS: Portolés (1999); Martín Camacho (2003); Ohannesian (2021).

-araz. Posible alomorfo de **-az** (*lenguaraz*); véase también el interfijo **-ar-**.

-arca. Del griego ἀρχός 'líder'. Sufijo nominal que forma nombres de agente sobre otros sustantivos. No es productivo en español y podría pensarse que la mayor parte de sus voces vienen directamente importadas de las lenguas clásicas sin segmentar (*monarca, escolarca, genearca, oligarca, polemarca, sinarca, tetrarca*), con la posible excepción de *matriarca* y *patriarca*, donde los hablantes establecen oposiciones claras incluso si no tienen conocimientos especializados de su etimología. Si se trataran las formas no segmentables como segmentables habría que entender que **-arca** es un tema neoclásico, debido a que se combina con prefijos claros del español (**mono-, oligo-**) para dar formaciones completas sin necesidad de sufijos (cf. Pharies 2002).

arce-. Alomorfo de **archi-** (*arcediano*).

arci-. Alomorfo de **archi-** (*arcipreste*).

archi-. Del latín tardío *archi-* y este a su vez del prefijo griego ἀρχι- 'que empieza, que lidera'. Prefijo preposicional de significado escalar, usado para mostrar grado o dignidad elevada.

Tipos de base

a   Este prefijo se combina frecuentemente con sustantivos que expresan cargos (1) y papeles referidos a los humanos (2, con preferencia por bases que indican la relación de enfrentamiento con alguien) o dignidades que pueden aplicarse a ciertos edificios, regiones o instituciones:

    (1)   archicofrade, archidiácono, archidiócesis, archiduque, archimandrita, archimaestre, archibasílica
    (2)   archienemigo, archirrival, archimillonaril, archinémesis, archivillano, archicriminal

b   En segundo lugar, se combina con sustantivos referidos a objetos, frecuentmente con valor no composicional:

    (3)   archifonema, archilaúd, archipámpano

c   Es corriente que este prefijo se una a bases neoclásicas relacionadas con sustantivos: *archipiélago, archivolta, architriclino*.
d   En segundo lugar este prefijo se une a participios de verbos –especialmente, los que indican conocimiento intelectual– pese a que no se suelen documentar los verbos prefijados correspondientes: *archisabido, archiconocido, archidemostrado, archicomentado*.
e   También es posible la combinación con adjetivos calificativos, es decir, graduables: *archifamoso, archipopular, archipoderoso, archifavorito, archifeliz, archiconfidencial, archirreaccionario*, etc.

Comportamiento gramatical

a Este prefijo no altera la categoría gramatical de la base, ni el género, marca de palabra u otras propiedades morfológicas de su base.
b Este prefijo no habilita a la base para convertirse en un modificador de otro sustantivo.
c Este prefijo es iterable, especialmente con bases participiales y adjetivas: *archi-archi-conocido*.
d Este prefijo no permite la expansión funcional de la base.
e Este prefijo no participa en la parasíntesis.
f Tal vez porque el prefijo no se combina con adjetivos relacionales, no se documentan paradojas de encorchetado con este. Por ejemplo, *archisabido* no se interpreta como 'relacionado con saber mucho', sino como 'encontrarse en un estado de ser muy conocido'.
g No se documentan casos en que este prefijo tome alcance sobre el sintagma completo: *el archiduque de Baviera* no es el primero entre los duques de Baviera, sino el archiduque correspondiente a Baviera.
h Este prefijo crea, a partir de adjetivos, adjetivos cuyo comportamiento es elativo, y tienden a rechazar los cuantificadores de grado, al igual que otros adjetivos elativos: *muy famoso* vs. **muy archifamoso* (cf. **muy enorme*).

Tipos de significado

a El valor de este prefijo, en los casos más composicionales, es escalar: selecciona el grado máximo concebible dentro de una escala asociada a un estado o a una propiedad: *archisabido* es más que sabido, *archifamoso* es famoso en grado extremo, etc.
b Este valor se refleja también en las bases sustantivas, especialmente cuando éstas denotan clases de entidades humanas definidas por la relación de enemistad o rivalidad con alguien, donde se indica que la rivalidad alcanza un grado extremo y por tanto la persona a la que se describe con la voz prefijada es el primero dentro del posible conjunto de entidades: *archinémesis, archirrival, archienemigo*.
c Este valor de 'el primero entre la clase designada por la base' es el que se observa también en los casos sustantivos donde la base denota una dignidad o posición jerárquica dentro de una estructura social, política o religiosa: *archidiócesis, archiduque, archidiácono*, etc.
d El carácter originalmente culto de este prefijo hace que hayan llegado a nosotros algunos términos técnicos en los que es difícil reconstruir el significado que aporta el prefijo: en *archifonema*, el prefijo se asocia a un grado mayor de abstracción y en cierto sentido a un valor jerárquico –algo así como 'entidad abstracta que está por encima de un conjunto de fonemas relacionados'–. En *archilaúd* o *archivolta*, el valor es prácticamente imposible de reconstruir.
e La mayor productividad de **super-**[1] para expresar la noción de grado extremo hace que **archi-** se especialice en algunos campos semánticos para sus bases, como las relaciones de oposición o los estados relacionados con la extensión de un conocimiento o reconocimiento.

Propiedades fonológicas

El prefijo **archi-** da muestras de cierta independencia fonológica, que se manifiesta en la asignación de acento secundario no rítmico (*àrchifamóso*) y en la falta de cancelación de las vocales en contacto con el prefijo (*archienemigo* ~ **archinemigo, *archenemigo; archiinédito*).

Alomorfos

Las vicisitudes históricas de este prefijo, que estaba presente en voces no segmentadas en castellano pero conservadas como términos religiosos o artísticos, hace que tenga varios alomorfos ocasionales: *arci-preste* (no **archipreste*), *arce-diano, arz-obispo* o *arqui-volta* (junto a *archivolta*).

Relaciones con otros afijos

Este prefijo es mucho menos productivo que **super-** o **ultra-**, con los que comparte varias de sus propiedades.

> LECTURAS RECOMENDADAS: RAE & ASALE (2009: §10.9).

-ardo. Del francés antiguo *-ard*, sufijo apreciativo, pero tomado más directamente a través del inglés, el italiano o el francés moderno. Sufijo nominal poco productivo que aparece en un conjunto pequeño de formas segmentables, como *bola > bolardo, mill(ón) > millardo* y *petar* 'explotar' *> petardo*. Siempre forma sustantivos masculinos (nótese que *millardo* es un sustantivo, no un cardinal como *dos: un millardo de personas*). Si bien forma oposiciones significativas (*millón, millardo* 'mil millones') no se puede asociar este morfema a un significado regular en las formaciones españolas. En los últimos tiempos, en el lenguaje coloquial, se identifica cierta productividad aumentada del sufijo en bases adjetivales como *bueno > buenardo, malo > malardo* (cf. Pharies, 2002).

-areda. Posible alomorfo de **-eda**. Véase también **-ar-**.

-ariego. Posible alomorfo de **-iego**. Véase también **-ar-**.

-ario[1]. Del latín *-arium*, sufijo adjetivalizador. Sufijo adjetivalizador denominal.

Tipos de bases

a   Este sufijo toma nombres comunes como base. Los sustantivos pueden denotar una gran variedad de nociones, como objetos y entidades físicas (*planetario, sedimentario, embrionario*), nociones abstractas (*bancario, tarifario*), eventos (*accidentario, cesionario*), cantidades (*centenario, millonario, terciario*) y otras muchas.

(1)   accidentario, accionario, aeroportuario, agroalimentario, arancelario, arbitrario, articulario, asambleario, bancario, cambiario, carcelario, cavernario, centenario, cesionario, complementario, comunitario, coronario, cuaresmario, cuartelario, deflacionario, deficitario, dinerario, disciplinario, divisionario, domiciliario, eleccionario, embrionario, estatutario, estepario, estipendiario, ferroviario, fraccionario, fragmentario, hipotecario, indultario, inflacionario, larvario, millonario, monetario, nobiliario, paleotestamentario, panfletario, pigmentario, planetario, plebiscitario, publicitario, reglamentario, sedimentario, segmentario, tarifario, tributario, trinitario

94 *A*

b Debido a su carácter culto, algunas formaciones –tal vez heredadas sin descomponer desde el latín– contienen bases neoclásicas, o alomorfos cultos de sustantivos del español. Así, *totalitario* no se forma sobre el adjetivo *total*, sino sobre el equivalente culto del sustantivo totalidad (*totalit-*).

    (2) agrario, voluntario, consuetudinario, gregario, hereditario, necesario, literario, ordinario, sanitario, solitario

c Existe un pequeño conjunto de formas en que se identifica una base verbal: *contestatario* se relaciona con el verbo *contestar*, cuya nominalización es *contestación*, que claramente no se contiene en la base; *protestatario* podría venir tanto del verbo *protestar* como del sustativo *protesta*, pero el uso del alomofo *-tario* sugiere que lo hace del verbo. En *temerario* también se identifica una base verbal.

d En el caso de que se segmentara *contrario*, sería un caso de formación sobre una preposición (*contra*), que es algo poco común en español.

Comportamiento gramatical

a Este sufijo forma siempre adjetivos variables en género, marcados regularmente por **-o**[1] en masculino y **-a**[1] en femenino.

b La mayoría de las formaciones con este sufijo son adjetivos relacionales, como los de la lista de (1).

c No obstante, algunos de estos adjetivos pueden recategorizarse como calificativos, y se emplean casi siempre como calificativos los siguientes adjetivos no mencionados en (1):

    (3) hospitalario, incendiario, lapidario, legendario, patibulario, reaccionario, revolucionario, sanguinario, sectario, temerario, visionario

d Este sufijo siempre implica la cancelación de la vocal átona final de sus bases sustantivas.

e Este sufijo conserva, mediante el uso de alomorfos comenzados por consonante, la vocal temática de las escasas bases verbales.

Tipos de significado

a Este sufijo, en su valor relacional –que es el más común–, se limita a expresar la existencia de una relación no especificada entre la clase de entidades denotada por la base y el sustantivo al que modifica el adjetivo.

b Los valores calificativos tienden a ser disposicionales, como también sucede con -**ero**[1], con el que se relaciona etimológicamente: alguien incendiario es quien tiende a causar incendios, alguien reaccionario es quien tiende a reaccionar a unas reformas, el revolucionario tiende a la revolución, etc.

Propiedades fonológicas

Fuera de la posible selección de bases alomórficas, este sufijo no causa cambios directos en la forma de la base. Atrae el acento a su vocal /a/.

Alomorfos

a   Se identifican varios alomorfos de este sufijo. El primero es *-tario*, usado en bases verbales (*contestatario, protestatario*) y ocasionalmente en otras formaciones.

b   Podría segmentarse *totalitario* y otras formas acabadas en la secuencia *-itario* como un caso de uso del alomorfo *-tario* tras haplología parcial de **-idad**, por tanto, *total-i-tario*.

c   El alomorfo *-uario* se identifica en algunas formas, como *obituario, portuario, tumultuario*. Nótese que tratar la /u/ como parte de la base sería extraño, ya que generalmente las vocales átonas finales se cancelan en derivación.

d   Al igual que **-idad**, **-ario**[1] selecciona la forma *-bil-* del sufijo **-ble**: *inmueble > inmobiliario*.

Haplologías

En un número no desdeñable de formas (por ejemplo, *comunitario, humanitario, igualitario, mayoritario, paritario, propietario, universitario*) se identifican bases que, por su significado, deberían estar derivadas como sustantivos mediante el sufijo **-idad** u otro similar (*mayoría*). De ser así, este sufijo causaría la haplología de parte del sufijo, dejando solo la *-i-* y empleando el alomorfo *-tario*. Alternativamente, se puede pensar que estos casos están formados sobre formas latinas (en *-itas*), pero la haplología sería igualmente necesaria.

Relaciones con otros afijos

Véase **-ario**[3]. El **-ario**[1] comparte con **-ero**[1] valores, tanto relacionales como calificativos; de hecho, el primero es la versión culta del segundo, en términos históricos.

Lecturas recomendadas: Rainer (1993, 1999); Pharies (2002); Fábregas (2020).

-ario[2]. Del sufijo adjetivalizador latino *-arium*. Sufijo nominal que forma nombres de oficio y profesión a partir de verbos y otros sustantivos.

Tipos de base

a   Este sufijo es productivo sobre todo con nombres comunes que denotan conceptos físicos o abstractos relacionados con acciones:

   (1)   becario, bibliotecario, boticario, compromisario, empresario, expedicionario, funcionario, legionario, mercenario, operario, peticionario, plenipotenciario, religionario, semanario, victimario

b   Este sufijo es relativamente productivo con bases verbales, generalmente de la primera conjugación. Los verbos, siempre eventivos, indican casi siempre acciones que tienen un agente o causante como sujeto, pero no se descartan otras relaciones (*destinar > destinatario*):

   (2)   adjudicatario, arrendatario, asignatario, destinatario, dignatario, donatario, intermediario, mandatario

c   Excepcionalmente se une a bases adjetivales, si bien en estos casos podría pensarse en la existencia de voces heredadas del latín y no formadas en castellano:

(3)   falso > falsario, antiguo > anticuario, adverso > adversario

d   El sufijo se une productivamente a bases neoclásicas que corresponden a numerales: *sexagenario, septuagenario, octogenario*.

Comportamiento gramatical

a   Este sufijo forma siempre sustantivos variables en género, marcados por **-o**^{1} en masculino y por **-a**^{1} en femenino.
b   Las formaciones que proceden de verbos pueden heredar la estructura argumental, limitada siempre al argumento interno:

(4)   el destinatario de estas cartas, el adjudicatario de este contrato

c   Algunos de estos sustantivos pueden usarse también como adjetivos: *la autoridad adjudicataria de estos contrato*s.
d   Este sufijo cancela la vocal átona final de las bases sustantivas, pero preserva la vocal temática mediante alomorfos que comienzan por consonante.

Tipos de significado

a   Por lo general, este sufijo denota el agente humano que desarrolla una actividad expresada por la base (*intermediario*) o relacionada conceptualmente con la base (*empresario, victimario*).
b   No obstante, se documentan otras relaciones, como la meta de un acto de transferencia (*asignatario, destinatario, emisario*).
c   Reciben glosas posesivas ('que tiene X') algunas formaciones, como *becario, octogenario* y el resto de los derivados sobre numerales.
d   Hay otras relaciones posibles, como temporales (*semanario*), de contenedor ('que sirve para mostrar o almacenar, como en *noticiario*) o más complejas conceptualmente (*religionario*, 'que sigue el protestantismo').
e   Resulta excepcional el sustantivo *comentario* porque no expresa una entidad humana.

Propiedades fonológicas

Fuera de la posible selección de bases alomórficas, este sufijo no causa cambios directos en la forma de la base. Atrae el acento a su vocal /a/.

Alomorfos

a   Se identifican varios alomorfos de este sufijo. El primero es *-tario*, usado en bases verbales (*adjudicatario, arrendatario, mandatario*), con la excepción de *comentario, emisario*.
b   El alomorfo *-uario* se identifica en algunas formas, como *usuario*.

Relaciones con otros afijos

Véase **-ero**², que también forma nombres de oficio, aunque restringidos a bases nominales. Sobre la relación con **-ario**¹, véase **-ario**³.

> LECTURAS RECOMENDADAS: Pharies (2002).

-ario³. Del latín *-arium*, sufijo adjetivalizador. Sufijo nominal que forma nombres de lugar.

Tipos de base

a Este sufijo selecciona nombres comunes, muchos de ellos de objetos:

    (1)   campanario, columnario, concesionario, confesionario, escenario, hostiario, osario

b Aunque menos frecuentes, también toma algunas bases relacionadas con entidades animadas:

    (2)   animalario, delfinario, leprosario, santuario

c Hay algunas bases neoclásicas correspondientes a sustantivos (*lacunario*).
d En una de sus lecturas, el sustantivo *vestuario*, derivado de la raíz verbal para *vestir*, es un nombre de lugar.

Comportamiento gramatical

a Este sufijo forma siempre sustantivos masculinos marcados en **-o**¹.
b Este sufijo da siempre lugar a nombres comunes de objeto, nunca abstractos o eventivos.
c Este sufijo cancela siempre la vocal átona final de la base nominal que selecciona.

Tipos de significado

a Este sufijo da lugar a nombres que expresan el lugar destinado a algo expresado por la base. Ese 'algo' puede ser una actividad específica, que se deduce conceptualmente por el conocimiento del mundo (*leprosario, delfinario, confesionario, santuario*).
b En otras ocasiones, indica simplemente el lugar en que se sitúa algo, sea un objeto inmóvil (*escenario, campanario*) o sea un objeto que puede cambiar de lugar, en cuyo caso indica el lugar destinado para guardarlos o custodiarlos (*osario, hostiario*).

Propiedades fonológicas

Fuera de la posible selección de bases alomórficas, este sufijo no causa cambios directos en la forma de la base. Atrae el acento a su vocal /a/.

Alomorfos

Se identifica el alomorfo *-uario* se identifica en algunas formas, como *santuario*. No se identifican casos de haplología.

Relaciones con otros afijos

a   Resulta tentador proponer un único sufijo -*ario* que cubra los valores que se desglosan aquí como **-ario**[1], **-ario**[2] y **-ario**[3]. A favor de esta unificación tenemos los alomorfos comunes (-*uario*, -*tario*), la preferencia por bases nominales y la unidad de su comportamiento fonológico.

b   En contra de la unificación tenemos otros datos, como el hecho de que el primero y segundo valor puedan cambiar la clase de palabras de la base –pero no en la misma dirección: respectivamente, a adjetivo y a sustantivo– mientras que el tercero mantiene siempre la categoría de sustantivo.

c   Los valores de **-ario** son semejantes a los de **-ero**, que también tiene usos adjetivales, para nombre de oficio y para nombre de lugar.

LECTURAS RECOMENDADAS: Pharies (2002).

-ario[4]. Del latín *-arium*, sufijo adjetivalizador. Sufijo nominal que forma sustantivos colectivos.

Tipos de base

a   Este sufijo es productivo seleccionando nombres comunes, siempre referidos a objetos y entidades abstractas, y nunca a seres animados.

   (1)   anecdotario, aulario, cuestionario, ejemplario, epistolario, fabulario, glosario, imaginario, leccionario, lemario, mobiliario, muestrario, poemario, recetario, sermonario, silabario, talonario, vecindario, vocabulario

b   Son excepcionales los casos que toman otras categorías, como raíces verbales: *vestuario*.

c   Resulta también excepcional la base de *abecedario*, que es una formación siglar que lista las tres primeras letras de la serie.

Comportamiento gramatical

a   Este sufijo forma siempre sustantivos masculinos marcados en **-o**[1].

b   Este sufijo da siempre lugar a nombres colectivos, que por tanto pueden aparecer en singular como argumento de un predicado colectivo.

   (2)   Reunieron el mobiliario en una habitación.

c   Este sufijo cancela siempre la vocal átona final de la base nominal que selecciona.

Tipos de significado

a   Este sufijo codifica un valor colectivo, que suele implicar la multiplicación de la noción expresada por la base, habitualmente contable, para formar un conjunto con varios miembros.

b   Así, un *ejemplario* es un documento que contiene los ejemplos que se utilizan en una conferencia, un *aulario* es el conjunto de aulas disponibles, un *epistolario* es el conjunto de cartas o epístolas, un *poemario* es una colección de poemas, etc.

Propiedades fonológicas

Fuera de la posible selección de bases alomórficas, este sufijo atrae el acento a su vocal /a/, lo cual puede llevar a la monoptongación de un diptongo de la base (*mueble* > *mobiliario*).

Alomorfos

Este sufijo selecciona la forma *-bili-* de **-ble**: *mue-ble* > *mo-bili-ario*

Relaciones con otros afijos

Para otros sufijos colectivizadores, véase **-eda**, **-al**[2], **-ería**[1]. La relación con otros valores de **-ario** puede darse a través de **-ario**[3]: del nombre de lugar usado para acumular o guardar cierta entidad podría producirse una extensión que designe al propio conjunto, o al revés, del conjunto puede extenderse semánticamente una noción que identifique el lugar destinado a custodiar ese conjunto.

Bibliografía. RAE & ASALE (2009: §6.12-6.13).

arqueo-. Del griego ἀρχαῖος 'primigenio'. Prefijo adjetival de valor equivalente a 'relacionado con la antigüedad remota'.

a   Este prefijo aparece combinado con bases sustantivas o temas neoclásicos equivalentes a sustantivos, como en *arqueobacteria, arqueólogo, arqueohistoria*.
b   No altera las propiedades gramaticales de la base.
c   Su valor semántico es el de relacionar la noción denotada por la base con el pasado remoto.
d   Pese a su origen etimológico, el comportamiento que despliega en español actual es el de un prefijo: siempre aparece a la izquierda de la base y no da lugar a formaciones por unión exclusivamente con otros afijos. Una posible excepción podría ser la forma *arcaico*, si se supone una derivación *arqueo-aico* con cancelación de las vocales finales para evitar el hiato, si bien podría pensarse en un tema *arc-* cuyo origen etimológico es el mismo que el del prefijo *arqueo-*.

arqui-. Alomorfo de **archi-** (*arquidiócesis*).

-arr-. De origen incierto. Posible interfijo segmentable en algunas formaciones con sufijos apreciativos aumentativos (*mosc-arr-ón, cag-arr-ón, cag-arr-uta, taj-arr-azo, soñ-arr-era*), peyorativos (*bich-arr-aco, pap-arr-ucha*) y diminutivos (*jug-arr-eta*). Es posible relacionarlo con el sufijo **-arro**. En las combinaciones con **-aco**[2] su presencia es tan frecuente que surge la duda de si *-arraco* no debe entenderse como un alomorfo del sufijo en lugar de como una forma que contiene un interfijo.

Lecturas recomendadas: Portolés (1999); Martín Camacho (2003); Ohannesian (2021).

-arra. Del vasco *-tar*, sufijo usado para formar demónimos. Este sufijo es común en género, marcado con **-a**[3], y forma adjetivos relacionales que pueden emplearse fácilmente como sustantivos. Las formaciones se restringen a un conjunto de bases formadas por topónimos vascos, a menudo en formas alomórficas o supletivas con respecto al equivalente castellano (*vizcaitarra, bilbotarra, donostiarra*) y entidades históricamente asociadas al País Vasco (*ETA > etarra*, que toma una base que es una formación siglar). En conjunto las bases son siempre nombres propios, de organizaciones o de lugares (cf. Pharies 2002).

-arro. De origen incierto, tal vez relacionado con **-arra**. Sufijo apreciativo de valor aumentativo o peyorativo.

a Este sufijo aparece empleado con algunas bases sustantivas (1) o raíces verbales (2).

(1) chico > chicarro, pata > patarra
(2) cag-arro

b En muchas de las formaciones, la segmentación es dudosa porque los hablantes han perdido la conexión inicial entre la base y el derivado:

(3) cacho > cacharro

c Apenas se emplea con adjetivos, como en *ciego > cegarra*.
d En todos los casos, el sufijo cancela la vocal átona final de la base.
e Frente a otros apreciativos, pero de forma similar a muchos otros peyorativos y aumentativos, este sufijo no es iterable.
f El comportamiento de este sufijo con respecto al género no es regular. En la forma *cegarra*, común en género, parece asociarse con **-a**^{3}, mientras que en otras formas nominales puede alterar el género de la base hacia el masculino (*china > chinarro, guija > guijarro*).
g El valor semántico de este sufijo puede ser aumentativo (*chinarro*) o despectivo (*patarra, cagarro*).
h Este sufijo atrae el acento prosódico a su vocal /a/.

LECTURAS RECOMENDADAS: Lázaro Mora (1999); Pharies (2002); RAE & ASALE (2009: §9.7).

arz-. Alomorfo de **archi-** (*arzobispo*).

-asa. Del inglés *-ase*, tomado de la terminación de *diastase* 'cierto tipo de enzimas que fragmentan los compuestos en sus distintos elementos'. Sufijo nominal propio del lenguaje científico.

Tipos de base

a Este sufijo se combina casi exclusivamente con temas neoclásicos correspondientes a sustantivos:

(1) amilasa, lactasa, lipasa

b Son poco frecuentes las bases que constituyan sustantivos del español, y siempre pertenecen al léxico de la química: *polímero > polimerasa*.

c   Ocasionalmente, parece posible segmentar una base correspondiente a un sustantivo existente del español, pero esto no es así: *celulasa* no deriva de *célula*, sino del tema *celul-*, como en *celul-osa*, e indica la enzima que fragmenta la celulosa en sus componentes.
d   El sufijo no está presente en *potasa*, que denota un hidróxido potásico, no una enzima, y procede etimológicamente del holandés, donde la terminación se asocia con el sustantivo para 'ceniza'.

Comportamiento gramatical

a   Este sufijo forma siempre sustantivos femeninos marcados regularmente en **-a**[1].
b   Por su significado, forma nombres no contables.
c   En los casos donde se puede identificar una base descomponible, el sufijo siempre implica la cancelación de la marca de género átona de la base.

Tipos de significado

Como otros afijos del léxico científico, su significado es muy regular: denotar tipos de enzima cuya función es la de dividir en sus componentes el compuesto que denota la base.

Propiedades fonológicas

Este sufijo atrae el acento de palabra a su primera /a/.

-asco. Del latín vulgar *-iscum*. Sufijo adjetival poco productivo que da lugar a adjetivos a partir de sustantivos, como en *Mónaco* > *monegasco*. No es productivo y se preserva en algunas formaciones nominales ocasionales altamente lexicalizadas, como *tierno* > *ternasco*, *peña* > *peñasco*, *humo* > *humarasco* (también *chubasco*, con base en el portugués *chuva* 'lluvia') (Pharies 2002).

-asta. Del sufijo nominalizador griego *-στής*. Sufijo nominal que forma nombres de agente a partir de bases sustantivas o equivalentes a ellas.

a   Este sufijo aparece combinado con sustantivos del español (*cineasta, videasta, encomiasta*) y con bases neoclásicas equivalentes a sustantivos (*gimnasta, escoliasta*).
b   Con la posible excepción de *entusiasta*, siempre forma sustantivos.
c   Estos sustantivos son comunes en género, marcados en **-a**[3] tanto en masculino como en femenino.
d   Semánticamente, este sufijo se asemeja a **-ista**, con el que comparte etimología: denota entidades, generalmente humanas, que trabajan o se ocupan de alguna actividad relacionada con la base.
e   Junto con **-avo**, es uno de los pocos sufijos del español que pueden no cancelar la vocal átona final de la base (*cine* > *cineasta*, no *cinasta*).
f   Este sufijo atrae a su vocal /a/ el acento prosódico de la palabra.

-astre. Del latín *-aster*, sufijo adjetivalizador similitudinal. Variante de **-astro** que aparece en unas pocas formaciones denominales (*pillastre, pollastre*) y en el sustantivo *sollastre* 'pinche de cocina' (de *sollar*, 'usar el fuelle para avivar el fuego'). Hay dos diferencias fundamentales entre esta variante y -**astro**[1]. La primera es semántica: el sentido peyorativo de -**astro** no se identifica en estas formaciones. La segunda es formal: mientras que -**astro** produce sustantivos que marcan regularmente con -**o**[1] el masculino y con -**a**[1] el femenino, -**astre** presenta la marca -**e**[4] común en género.

-**astro**[1]. Del latín -*aster*, adjetivalizador similitudinal. Sufijo apreciativo de valor peyorativo.

Tipos de bases

a   Este sufijo se une exclusivamente a sustantivos, que siempre son nombres comunes. La clase más amplia la forman las bases que expresan oficios y ocupaciones:

    (1)   filosofastro, medicastro, musicastro, poetastro, politicastro

b   Otras formaciones son más minoritarias, como la que construye sustantivos peyorativos a partir de nombres de objeto (*camastro*).

Comportamiento gramatical

a   Este morfema produce sustantivos marcados en género mediante -**o**[1] en masculino y -**a**[1] en femenino, lo cual indica que puede alterar la marca de género de la base (*poet-a > poest-astr-o*).
b   Este sufijo no altera el valor de género de la base.
c   Este sufijo siempre produce sustantivos, y ya que siempre toma sustantivos como base esto puede entenderse como que nunca cambia la categoría gramatical de la base.
d   Este sufijo no es iterable.
e   Este sufijo no da lugar a paradojas de encorchetado.
f   Este sufijo implica la cancelación de la marca de género de la base.

Tipos de significado

a   El valor semántico del sufijo se suele considerar peyorativo: la entidad designada solo se asemeja, de forma imperfecta, a las propiedades típicas de la base. Un politicastro es, por tanto, una persona que ejerce mal el oficio de político porque no alcanza a mostrar las habilidades y capacidades de un político real.
b   Es fácil entender que este significado se haya derivado históricamente del valor similitudinal original del sufijo: si algo se parece a lo que denota la base, pero no llega a serlo, puede interpretarse la falta de identidad como una señal de que la entidad finge o pretende tener esas propiedades y no lo logra.

Propiedades fonológicas

Este sufijo se asocia a la asignación de acento prosódico en la /a/ que forma su primera sílaba. No se documentan cambios fonológicos producidos por él en la base o alomorfos de este sufijo.

Relaciones con otros afijos

Véase -**astre**. La relación con -**astro**[2] se puede establecer permitiendo que el afijo tenga un valor peyorativo variable, derivado del significado similitudinal etimológico. El valor peyorativo es más productivo en **-ucho**, **-ajo** y otros sufijos que pertenecen al mismo grupo semántico.

> LECTURAS RECOMENDADAS: Lázaro Mora (1999); Pharies (2002); RAE & ASALE (2009: §9.7).

-astro[2]. Del sufijo similitudinal *-aster*, ya usado para formar parentescos en latín tardío. Sufijo nominal que expresa relaciones de parentesco.

Tipos de base

a   Este sufijo se une productivamente a nombres que indican parentescos:

   (1)   abuelastro, hermanastro, hijastro, madrastra, nietrasto, padrastro

b   En menor medida se une a bases que indican animales, para formar otros que son sus crías, como en *cocho* 'cerdo' > *coch-astr-o* 'jabalí lechal' o *pollo* > *poll-astr-o*.

c   También se documentan casos puntuales en que la base es una especie vegetal: *olivastro, pinastro*.

Comportamiento gramatical

a   Este morfema produce sustantivos marcados en género mediante -o[1] en masculino y -a[1] en femenino, lo cual indica que puede alterar la marca de género de la base (*poet-a* > *poest-astr-o*).

b   Este sufijo no altera el valor de género de la base.

c   Este sufijo siempre produce sustantivos, y ya que siempre toma sustantivos como base esto puede entenderse como que nunca cambia la categoría gramatical de la base.

d   Este sufijo no es iterable.

e   Este sufijo no da lugar a paradojas de encorchetado.

f   Este sufijo implica la cancelación de la marca de género de la base.

Tipos de significado

a   Este sufijo indica parentescos no biológicos, sino obtenidos por el establecimiento de un vínculo legal con una familia. Así, un *hijastro* no es un hijo biológico, sino el hijo de una pareja con la que se establece una unión matrimonial.

b   Este significado se debilita en las bases que proceden de animales, donde no se puede establecer un vínculo legal entre ellos: entonces surge el significado de cría, y otros valores lexicalizados y no predecibles, como ciertas expectativas acerca del tamaño de la cría (*pollastro* 'pollo algo crecido').

c   Están lexicalizadas por completo *olivastro* 'áloe' y *pinastro* 'cierta especie de pino'.

Propiedades fonológicas

Este sufijo se asocia a la asignación de acento prosódico en la /a/ que forma su primera sílaba. No se documentan cambios fonológicos producidos por él en la base o alomorfos de este sufijo.

Relaciones con otros afijos

Véase **-astre**. La relación con **-astro**[1] puede interpretarse de la siguiente manera: en el sentido biológico pleno, la entidad designada no posee las propiedades completas de la base, pero se aproxima a ellas. El valor peyorativo se obtiene cuando la base designa un oficio u ocupación, o un instrumento, porque en tales casos puede entenderse que la entidad no desempeña adecuadamente sus funciones. En ausencia de esta posibilidad, el valor peyorativo se atenúa, aunque puede obtenerse culturalmente en combinación con el valor de la base, como en *madrastra*.

-at-. De origen incierto. Posible interfijo que Portolés (1999: 5062) identifica en combinación con algunos apreciativos y sufijos nominales (*vinatero, borratina, limatón*).

-ata[1]. Del sufijo latino *-ātam*. Sufijo verbalizador no productivo que da lugar a nombres de evento o participante a partir de bases verbales.

a Este sufijo selecciona verbos, casi siempre de la primera conjugación:

   (1) averiguata, bebiata, cabalgata, caminata, cantata, cenata, paseata, patinata, pegata, repasata, rotulata, viajata

b Son escasas las formaciones, como *beber* > *bebiata*, en que selecciona un verbo de otra conjugación. Estas formaciones indican que la primera /a/ del sufijo no corresponde a la vocal temática de la base.

c Esta forma también apoya la idea de que las bases contienen la vocal temática, de forma que posiblemente *cabalgata* es *cabalg-a-ata*, y se produce una simplificación de la secuencia de dos /a/. En el caso de la segunda conjugación, emplea el alomorfo *-i-* de la vocal temática **-e**[2].

d Resulta excepcional la forma *bravata*, sobre un sustantivo o adjetivo *bravo*. En estos casos el sufijo comporta la caída de la vocal átona final de la base.

e Este sufijo siempre da lugar a sustantivos femeninos marcados por **-a**[1].

f Este sufijo puede dar a nombres de evento, que denotan la acción que expresa la base (*averiguata, cabalgata, caminata, cenata, paseata, viajata, cabalgata*) o nombres de participante, generalmente equivalente al resultado de producir el evento, como en *errata, refrendata, separata, sonata*, o a las entidades que ejecutan el evento colectivamente (*patinata, pegata*).

g Este sufijo tiene valores intensificativos que se pueden manifestar de dos formas: ocasionalmente, el evento se presenta como de duración o cantidad excesiva (*averiguata, repasata, viajata, caminata, cenata*), y en ocasiones se presenta un valor iterativo o de repetición por el que se entiende que son varios los participantes que ejecutan la acción denotada por la base (*bebiata, pegata, cabalgata*...) o que resultan de ella (*rotulata*).

h Mediante posible influencia del italiano, son muchos los nombres de participantes relacionados con la música, como *sonata, tocata, cantata*.

i Este sufijo atrae el acento a su primera /a/.

j No puede interpretarse este sufijo como un alomorfo de **-ada**[1], porque no toma bases sustantivas, sino verbales, y porque puede producir nombres de participante y no de acción.

LECTURAS RECOMENDADAS: Pharies (2002).

-ata[2]. De origen incierto, tal vez relacionado con el morfema apreciativo **-ata**[3]. Sufijo apreciativo coloquial de valor diminutivo o peyorativo.

a   Este sufijo se combina exclusivamente con sustantivos, tanto de persona como de cosa: *bocata, drogata, jubilata, ordenata, tocata, parata* 'parado'. Es excepcional la forma *cubata* porque procede originalmente de un sintagma, *Cuba Libre*, que daba nombre a un cóctel.

b   Este sufijo, que siempre comporta la caída de la vocal átona final de la base, produce siempre sustantivos marcados por la terminación común de género **-a**[3]. En los casos en que denotan entidades no animadas, el género suele ser masculino (*cubata, bocata*), mientras que en los casos animados admite ambos valores de género sin alterar la terminación.

c   Resulta excepcional la forma *fuego > fogata*, que es femenina. Esta forma, además, tiene propiedades semánticas especiales: mientras las otras formas con este sufijo tienen valores peyorativos frecuentemente (*jubilata, parata*) o marcadamente coloquales (*bocata*), *fogata* se interpreta como una versión contable de *fuego*, posiblemente entendido como una hoguera intensa.

d   Tampoco está claro si deben considerarse parte de este sufijo, o fruto de un sufijo independiente, las voces femeninas *columnata, escalinata, culata* y *colegiata*, que podrían interpretarse vagamente como formas diminutivas de las bases, pero no son coloquiales y suelen tener valores lexicalizados.

e   Son frecuentes los valores lexicalizados, típicamente convirtiendo en humana una base que denotaba un objeto, como en *droga > drogata*.

f   Es habitual también que el sufijo se añada a formas truncadas o acortadas, como en *boc(adillo) > bocata, segur(idad) > segurata, soci(alista) > sociata*.

g   Véase también **-ato**[3] (*niñato*), especializado en valores despectivos pero que contrasta con **-ata** en la marca de género empleada.

LECTURAS RECOMENDADAS: Casado Velarde (1981); Pharies 2002; Camus & Miranda Pozas (1996).

-ata[3]. Sufijo adjetivalizador que forma el gentilicio *keniata* (junto a *keniano*) a partir del topónimo *Kenia*. Su origen es accidental, ya que procede del apellido de Yomo Kenyatta, un presidente de Kenia, tal vez favorecido por el sufijo **-ita** (*israelita*), y no es un sufijo productivo (nótese que en *croata* no se emplea este sufijo, sino que el nombre del país se construye añadiendo **-ia** con espirantización de /t/, *Croacia*).

-ate. Posible alomorfo no productivo de **-ato**, documentado en unas pocas voces que carecen de marca regular de género, como *avenate*.

-ático. Alomorfo de **'-ico** (*selvático*).

-ato[1]. Del sufijo latino para formar participios de primera conjugación *-atum*. Sufijo nominal que forma sustantivos de estado.

Tipos de base

a   Este sufijo es particularmente productivo con nombres comunes que indican cargos políticos, religiosos, administrativos y otras clases sociales. Nótese que en *estrellato* se toma el sentido de *estrella* como 'persona famosa y con éxito'.

   (1)   abadiato, albaceato, ancianato, arcedianato, bachillerato, burgraviato, caballerato, cacicato, califato, canonicato, cardenalato, clericato, comisariato, concubinato, deanato, decanato, diaconato, emirato, estatuderato, estrellato, generalato, inquilinato, liderato, margraviato, mariscalato, monacato, notariato, orfanato, patronato, presbiterato, priorato, sultanato, virreinato

b   En segundo lugar, este sufijo toma bases verbales, siempre de la primera conjugación:

   (2)   alegato, asesinato, chivato, concordato, mandato, prevaricato, silbato, ululato

c   En tercer lugar, toma bases adjetivales, que son siempre adjetivos calificativos que tienden a designar estados temporales, o se interpretan como tales:

   (3)   anonimato, bravata, celibato, novato

d   Nótese que *provincialato* no se deriva del uso como adjetivo relacional de *provincial*, sino del sustantivo equivalente a 'religioso que tiene a cargo una provincia'.

Comportamiento gramatical

a   Este sufijo forma siempre sustantivos masculinos marcados regularmente con **-o**[1].
b   Es frecuente que los nombres equivalentes sean no contables, sobre todo cuando denotan el nombre de ciertos estados y dignidades: **varios monacatos, *muchos celibatos, *tres concubinatos*.
c   Es sencillo, sin embargo, tratar estos nombres como contables, en cuyo caso pasan a designar territorios bajo el mando de la entidad denotada en la base (*varios emiratos, muchos sultanatos*) u otras nociones próximas a estas.
d   En las bases nominales este sufijo cancela siempre la marca de género de la base e impone un valor masculino.
e   En los casos verbales resulta difícil determinar si el sufijo ha de considerarse *-ato*, o *-to*. En el primer caso, además, habría dos opciones: que la vocal temática del verbo se cancele fonológicamente (*-aato* > *-ato*) o que no esté presente en la estructura. En el segundo caso la vocal temática estaría presente. Estas tres opciones existen y son difíciles de discriminar precisamente porque el sufijo no se combina con verbos de la tercera o segunda conjugación; si uno establece el paralelismo con las bases nominales, hay que entender que la /a/ pertenece al sufijo.
f   En la medida en que pueden denotar estados o eventos, los sustantivos derivados con este sufijo admiten modificadores de tiempo y aspecto: *un califato de veinte años, un alegato de dos horas*.
g   Cuando proceden de bases verbales, el sufijo permite que se proyecten sus argumentos:

   (4)   el asesinato de Jessee James por el cobarde Robert Ford

Tipos de significado

a Este sufijo da nombre al estado de ostentar la dignidad que define la base, sobre todo con bases nominales, como en *cardenalato, caballerato, clericato, generalato, priorato,* etc.
b Si la base designa un adjetivo esta es también la lectura que surge, la de denotar el estado que muestra ese conjunto de propiedades: *celibato, anonimato,* etc.
c Es frecuente que, por extensión del sentido de estado anterior, los nombres derivados con este sufijo desarrollen lecturas en que denotan el periodo de tiempo durante el que cierto referente tiene dicha dignidad (*durante el emirato de Abderramán II*). Esta extensión es más común cuando la base designa un papel político, administrativo o religioso, y no es clara con las bases adjetivales (*??un celibato de varios años* vs. *un periodo de celibato de varios años*).
d Otra extensión natural del significado de estado es la de designar a la entidad administrativa que desempeña el cargo, como en *las órdenes del generalato*, o la de designar la persona o conjunto de personas que desempeñan el oficio, como en *el cardenalato, el priorato* o *el patronato.*
e También se pueden asignar lecturas locativas, donde se designa el territorio sobre el que el cargo tiene potestad, o el lugar de trabajo, residencia o reunión de la entidad que ostenta el cargo (*abadiato, ancianato, virreinato, califato*).
f Sobre bases verbales, el sufijo no solo produce nombres de estado, sino también de evento: si es posible interpretar como resultados (físicos o no) nombres como *concordato, ululato* o *prevaricato*, tienen lecturas de evento *alegato, asesinato* y *mandato.*
g La lectura de participante en el evento puede asociarse al causante o agente, no al producto producido: *silbato, chivato.*
h Resultan excepcionales los nombres *pugilato* 'pelea' y *bravata* porque denotan acciones sin proceder de bases verbales.
i Es asimismo excepcional el sustantivo *nahuatlato* para indicar a quien habla náhuatl o conoce su cultura.

Propiedades fonológicas

Este sufijo atrae el acento prosódico a la /a/ y por tanto puede bloquear la diptongación de algunas vocales (*concuerda ~ concordato*). No se identifican otras alteraciones fonológicas.

Relaciones con otros afijos

Cabe entender el sufijo como la versión culta, sin sonorización de /t/, del sufijo **-ado**[3], en varios de sus valores y con el participio regular **-do**[1]. No resulta fácil relacionar de forma clara este sufijo con **-ato**[3], que expresa derivados de productos químicos o designa a las crías de ciertos animales, si bien podría pensarse que este uso puede ser manifestación de una noción general y vaga de 'resultado' aplicada a seres vivos que al reproducirse dan como resultado distintos tipos de cría.

LECTURAS RECOMENDADAS: Pharies (2002); Rainer (2007); RAE & ASALE (2009: §6.5).

-ato[2]. Del sufijo latino para formar los participios de primera conjugación, *-atum*. Sufijo nominal que produce nombres de resultado.

Tipos de base

a   Este sufijo es relativamente productivo con bases que designan nombres de algunos animales:

(1)   ballenato, cervato, cigüeñato, corvato, lebrato, lobato, yeguato

b   En segundo lugar, en el lenguaje científico es productivo con bases neoclásicas equivalentes a sustantivos que denotan ciertos elementos químicos o compuestos; este uso rara vez toma bases que coincidan con sustantivos del español (*alcoholato, carbonato, clorato, cromato, prusiato*).

(2)   acetato, acrilato, arseniato, benzoato, carbohidrato, feldespato, fosfato, hidrato, metacrilato, nitrato, permanganato, salicilato, sulfato

Comportamiento gramatical

a   Este sufijo forma siempre sustantivos masculinos marcados regularmente con **-o**[1].
b   Es frecuente que los nombres equivalentes sean no contables, cuando indican derivados de compuestos y productos químicos: #*varios cloratos,* #*muchos carbonatos,* #*tres silicatos*. La lectura que pueden adquirir estos plurales es la de clases o tipos distintos de la entidad designada por la base.
c   Es sencillo, sin embargo, tratar estos nombres como contables cuando indican las crías de ciertos animales, como *lebratos, jabatos, ballenatos*.
d   En las bases nominales este sufijo cancela siempre la marca de género de la base e impone un valor masculino, si bien en algunos casos de base animada se admite moción de género (*jabata*).

Tipos de significado

a   Este sufijo indica resultados a partir de la base, en sentido amplio. Cuando la base denota un ser vivo el resultado natural es la cría del animal, como en *lebrato* o *lobato*.
b   El resultado se interpreta como la sal o el éster derivado de la sustancia química denotada en la base en el resto de casos.

Propiedades fonológicas

Este sufijo atrae el acento de la palabra a la /a/, lo cual puede llevar a la monoptongación de las vocales diptongadas de la base, como en *libre* > *lebrato* o *cuervo* > *corvato*.

Haplologías

El sufijo produce haplología sistemática del sufijo '**-ico**, que se interpreta en distintos derivados químicos, como *acetato* 'sal del (ácido) acético'. Produce además haplología de segmentos de la base, como en *jaba(lí)* > *jabato*.

Relaciones con otros afijos

La relación con **-ato**[1], especializado en formar nombres de estado o evento, podría designarse por vía de que la noción de estado pueda presuponer un evento previo, del cual se interprete como resultado. Con todo, el sufijo **-ato**[2] produce resultados físicos y tangibles, no nombres de estado con dimensión temporal. Véase **-ezno** para otro sufijo usado para expresar las crías de otros animales. Véase también **-ado** y **-do**.

-ato[3]. Del sufijo participial latino de primera conjugación, *-atum*. Sufijo apreciativo de valor despectivo.

a Este sufijo, en contraste con otros morfemas despectivos, es poco productivo (cf. **-ucho**) y se identifica con bases nominales (*niñato*) o adjetivos calificativos (*cegato*).
b Las bases son casi siempre animadas y variables en género, donde el derivado toma marcas de género regulares para masculino y femenino. Son raras las bases no animadas (*arroyato*).
c Este sufijo implica la desaparición de la marca de género de la base.
d Semánticamente, el sufijo tiene un claro valor peyorativo, en que se incrementan los rasgos negativos que pueden asociarse enciclopédicamente a la base, como el comportamiento infantil y poco responsable típico de un niño o la dificultad para ver en *ciego*.
e Fonológicamente, el sufijo –al atraer el acento prosódico– puede llevar a la monoptongación de la base (*ciego* > *cegato*).

-atra. Véase **-iatra**.

atto-.[1] Del danés *atten* 'dieciocho'. Prefijo cuantificativo del lenguaje técnico con el valor fraccional equivalente a 10^{-18}. Se combina productivamente con sustantivos que equivalen a unidades de medida, como *attosegundo, attogramo, attohercio*.

atto-.[2] Del danés *atten* 'dieciocho'. Prefijo adjetival con valor equivalente a 'minúsculo'.

a Se combina con bases sustantivas, y sobre ellas denota un tamaño extraordinariamente reducido o que el ámbito de aplicación y estudio del sustantivo es una escala infinitesimalmente pequeña: *attociencia, attobiología, attoquímica*.
b Generalmente el tamaño y área de aplicación es más reducido que el que se expresa mediante **femto-**[2].

auto-. Del griego αὐτο- 'uno mismo'. Prefijo preposicional cuyo significado equivale a 'a uno mismo, por uno mismo', incorporando un componente reflexivo o anticausativo.

Tipos de base

a Como otros prefijos preposicionales, **auto-** también se combina con verbos, nombres y adjetivos. Entre los numerosos verbos que se combinan con este prefijo pueden citarse los siguientes:

(1) autoabastecerse, autoafirmarse, autocensurarse, autocomplacerse, autodefenderse, autodefinirse, autodenominarse, autodenunciarse, autodestruirse, autoeditar, autoengañarse, autoevaluarse, autoexcluirse, autoexplorarse, autofinanciarse, autoimponerse, autoinculparse, autoinducir, autoinvitarse, autolimpiarse, automedicarse, autopublicarse, autorrealizarse, autorregularse

b El requisito fundamental de las bases verbales es que han de tener dos argumentos, y uno de ellos debe ser un agente, causante o experimentante del evento. De esta manera, los verbos estativos con experimentante o causante pueden servir como bases (*autogustarse, autocomplacerse*), pero los verbos eventivos que no tienen más que un argumento (*autollegarse) o no tienen agentes (**autorrecibir un regalo* ~ *autodarse un regalo, autohacerse un regalo*) no lo admiten.

c No hay por tanto restricciones aspectuales: *autosorprenderse* (logro), *autoexplorarse, autoprotegerse* (actividad), *autoconsumir la energía producida* (realización).

d Este prefijo también se combina con adjetivos, tanto procedentes o relacionados con verbos como no, pero siempre relacionales.

(2) automóvil, autocomplaciente, autorregulable, autosostenible
(3) autosuficiente, autoinmune, autolesivo

e También se combina con bases nominales que designan situaciones, eventos y estados que involucran distintos participantes, vengan o no de verbos. Los de (4) son algunos casos de nombres de representación, evento y otras clases semánticas que no proceden de verbos. Nótese que al menos con nombres de representación no es imposible combinar el prefijo con sustantivos que denotan resultados.

(4) autobombo, autobiografía, autocontrol, autogolpe (de Estado), autopiloto, autolesión, autocopista, autorretrato, autogol, autoestima

f También se documentan algunas formas sobre temas neoclásicos correspondientes a adjetivos o sustantivos.

(5) autodidacta, autónomo, autótrofo, autóctono
(6) autoplastia, autómata, autógrafo, autócrata

Comportamiento gramatical

a Este prefijo no altera la categoría gramatical, el aspecto o la estructura argumental de las bases, pero sí establece una relación de correferencia entre dos de sus argumentos.

b El valor más común de este prefijo es el de denotar que la referencia del argumento externo, agente, causante o experimentante, es la misma que el de alguno de los argumentos internos, más habitualmente el que corresponde al complemento directo.

(7) a Juan critica a Pedro.
    b Juan se autocritica a sí mismo.

c En este sentido, el valor de **auto-** es similar al efecto que tienen las construcciones reflexivas, aunque como se ve en (7b) la presencia del prefijo no ocupa el papel de 'se' y el reflexivo, ya que estos también han de aparecer.

d El valor reflexivizador del sufijo suele relacionar el argumento externo con el que corresponde al argumento interno, como se ha visto, pero también puede ser el receptor o destinatario: *autootorgarse un premio, autoimponerse un castigo*. Sucede igual con el 'se' reflexivo, que puede enlazar el sujeto con el complemento indirecto (*lavarse las manos*).

e Cuando el argumento interno está introducido por preposición, **auto-** no puede añadirse: **autodepender de uno mismo, *autopensar en uno mismo, *autocasar con uno mismo*. De nuevo, es el mismo patrón que con 'se'.

f Sin embargo, al contrario de 'se', este prefijo puede unirse a bases adjetivales y nominales: *autobombo ~ bombo a uno mismo, autosuficiente ~ suficiente por uno mismo*.

g Este prefijo, precisamente por imponer esta lectura, no es iterable.

h No se documentan paradojas de encorchetado con este prefijo.

i En cierto sentido, el significado de este prefijo fuerza alcance sintagmático siempre sobre los argumentos del verbo, lo cual podría obtenerse permitiendo que manipule directamente la estructura interna del verbo (si es que la correferencia puede ser parte de la información léxica que contiene un verbo) o permitiéndole tomar alcance amplio sobre el sintagma que contiene al argumento externo y el resto de los elementos.

j Este prefijo no participa en la parasíntesis, pero puede unirse a verbos parasintéticos (*autoencarcelarse*).

k Este prefijo no es coordinable con otros.

Tipos de significados

a El significado de este prefijo se asemeja al que tienen las construcciones con 'se' en dos casos: los reflexivos y los anticausativos.

b Con respecto a su interpretación reflexiva, en que el prefijo impone el significado de 'a uno mismo', las lecturas recíprocas están descartadas con este prefijo.

(8) *Juan y María se automiraron uno al otro.

c Junto al valor reflexivo, este prefijo tiene un valor similar al del anticausativo 'por sí mismo', como en (9):

(9) La puerta se abrió {por sí misma / sola}.

d Este valor predomina en los adjetivos, tal vez porque en ellos no existen dos argumentos proyectados sintácticamente: *autoadhesivo* 'que se adhiere solo', *autodidacta* 'que aprende solo', *automóvil* 'que se mueve solo'.

e Esto no quiere decir que los adjetivos carezcan de lecturas reflexivas (*autoinyectable* 'que puede ser inyectado a uno mismo') o que los verbos carezcan de lecturas anticausativas (*La temperatura se autorregula* 'se regula sola, por sí misma'), pero la tendencia va en la dirección que se ha apuntado.

f Con los sustantivos, la lectura anticausativa es la más típica cuando denotan nombres de participante (*autopiloto* 'piloto autónomo', no 'que se pilota a sí mismo'; *autolimpiarse* 'limpiarse solo', *autodisparador, automotor*) y la reflexiva es típica cuando denotan nombres de acción (*autogol* 'gol a uno mismo, a su propio equipo', *autobombo, autogestión*).

Propiedades fonológicas

Este sufijo muestra independencia fonológica de la base, específicamente manifestada en la presencia de acento secundario no rítmico (*àutocontról*) y la no cancelación de su vocal final (*autooperación*) o formación de diptongos con la vocal inicial de la base (*au.to.in. mu.ne*, no **au.toin.mu.ne*). No se documentan alomorfos de este prefijo.

Relaciones con otros afijos

Este prefijo es único en codificar un valor reflexivo junto a su valor preposicional. Véase **inter-**, **co-** y **con-** para otros prefijos con incidencia argumental.

> LECTURAS RECOMENDADAS: Felíu (2003).

-avo[1]. Del latín *-āvus*. Sufijo que forma numerales fraccionarios en todas las variedades, y además ciertos numerales ordinales en otras.

Tipos de base

a   Este sufijo está restringido exclusivamente a los numerales, específicamente con la forma de los cardinales.

    (1)   onceavo, treintaavo, cincuentaiseisavo

b   En todas las variedades, formales o no, este sufijo se emplea a partir del cardinal 'once' (4), mientras que hasta la forma 'diez' las formas suelen ser especiales o idénticas al ordinal (2), (3).

    (2)   medio, tercio
    (3)   cuarto, quinto, sexto, séptimo, noveno
    (4)   onceavo, doceavo, treceavo, catorceavo, quinceavo...

c   A partir de la forma equivalente a 'cien', donde *centavo* está especializado en su significado y se prefiere *centésimo*, se recuperan en el uso culto las formas ordinales.

    (5)   centésimo, milésimo, cinmilésimo...

d   Resulta excepcional la forma *octavo*, donde sería segmentable este sufijo en combinación con una base culta. Es el único numeral por debajo de 10 en el que este sufijo parece segmentable.

Comportamiento gramatical

a   Los numerales fraccionarios formados con este sufijo suelen emplearse como sustantivos, en cuyo caso son masculinos marcados regularmente por **-o**[1].

    (6)   el treceavo de esta cantidad

b   En su uso como adjetivos, en la lengua se emplean en combinación con el sustantivo femenino *parte*.

    (7)   la treceava parte de esta cantidad

c   Este sufijo es, junto a **-asta**, el único documentado que no fuerza la cancelación de la vocal átona final de su base, con la posible excepción del sustantivo *centavo*, si se entiende que está formado sobre la forma cardinal *ciento* y no sobre *cien* con alomorfo de la base.

(8) veinticinco-avo (*veinticincavo)

d   Los sustantivos formados con este sufijo son relacionales, ya que presuponen la existencia de una totalidad, introducida por la preposición *de*, de la que se toma una fracción. En este sentido dan lugar a estructuras sintácticas partitivas, como también sucede en *el seis por ciento de once* o *la mitad de los cantantes*:

(9) el onceavo de la cantidad

Tipos de significado

a   El valor normativo de este sufijo es fraccionario, es decir, el de denotar la división de una entidad que corresponde al número de partes denotado por la base.
b   Sin embargo, en la lengua no normativa también se emplea para designar los numerales ordinales, especialmente los que se encuentran entre diez y veinte, y en tales casos designa la posición dentro de una serie ocupada por una entidad.

(10) el capítulo onceavo

c   Está especializado en su uso *centavo*, que se emplea únicamente para algunas divisiones monetarias.

Propiedades fonológicas

a   Este sufijo atrae el acento prosódico a su vocal /a/.
b   La no cancelación de las vocales átonas finales es una señal de que el sufijo establece cierta independencia fonológica de la base, que también se manifiesta en la no monoptongación de los diptongos que dependen de la posición del acento (cf. *siet(e)* > *set-enta* vs. *veintisiete-avo*).
c   La no cancelación de la vocal se extiende a casos en que se da lugar a una secuencia de dos /a/: *cuarenta-avo*.

Alomorfos

No se documentan alomorfos de este sufijo, pero en la forma *cent-avo* selecciona un alomorfo de la base *cien*, o bien se forma sobre *ciento* con caída excepcional de la vocal átona final.

Relaciones con otros afijos

Véanse, **-to**, **-ésimo**, **-eto**, **-ce**, **-enta**, **-eno**[3] y **-ero** para otros sufijos empleados en el sistema numeral.

LECTURAS RECOMENDADAS: Pharies (2002).

-avo[2]. Posible sufijo segmentable en algunos gentilicios, entre los que destacan *eslavo* y otros adjetivos referidos a naciones eslavas, como *moldavo, moravo, yugoslavo*, junto a *escandinavo*. La segmentación exigiría aceptar la existencia de raíces no productivas en español, como *esl-, mold-, escand-*. Nótese que los topónimos correspondientes involucran normalmente el sufijo **-ia**.

-az. Del latín *-acem*, acusativo de *-ax, -acis*. Sufijo adjetivalizador que forma adjetivos disposicionales.

Tipos de bases

a   Este sufijo se une a raíces que forman verbos en español:

   (1)   devoraz, fugaz, mordaz, pugnaz, vivaz

b   Excepcionalmente se une a una raíz que forma adjetivos en *agraz* 'sin madurar', relacionado con *agro* 'de sabor ácido', o sustantivos (*lenguaraz, montaraz*).

c   Una vez que resulta necesario segmentarlo en las formaciones de (1) cabe interpretar las numerosas formaciones de (2) como segmentables en español, sobre raíces neoclásicas (*locu-az*).

   (2)   audaz, capaz, contumaz, eficaz, falaz, feraz, locuaz, mendaz, perspicaz, pertinaz, sagaz, salaz, suspicaz, tenaz, veraz, voraz

Comportamiento gramatical

a   Este sufijo produce adjetivos calificativos graduables, sin excepción.
b   Los adjetivos producidos por este sufijo son comunes en género y forman el plural en *-es*.
c   El sufijo cancela la vocal temática de las bases verbales, y por supuesto también la marca de género de las bases adjetivales. Si bien la segunda operación es prácticamente propia de todos los sufijos del español, la primera es más excepcional y puede interpretarse como que el sufijo se construye siempre sobre bases que son raíces, antes de categorizarlas como verbos o adjetivos.

Tipos de significado

a   En los casos más claramente segmentables, el significado de este adjetivalizador es el que corresponde al tipo disposicional, es decir, la tendencia a participar de forma activa en el evento designado por la base: *pugnaz* 'belicoso, que tiende a pugnar', *devoraz* 'que tiende a devorar cosas', *mordaz* 'que tiende a causar daño (*morder*)', *vivaz* 'que tiende a mostrar signos de actividad y vida', etc.
b   Este mismo valor de disposicionalidad, en la medida en que el adjetivo caracteriza una propiedad que se aplica en eventos y acciones, es visible también en muchos casos donde la raíz es culta: *audaz, capaz, contumaz, eficaz, feraz, locuaz, mendaz, perspicaz, pertinaz, sagaz, suspicaz, tenaz, voraz*.
c   En otros casos, sin embargo, la lectura es la de poseer cierta propiedad que no se manifiesta necesariamente en acciones, sino que caracteriza al individuo: *agraz, falaz, veraz*.

Propiedades fonológicas

Este sufijo recibe el acento prosódico de la palabra. Pese a que ante él no aparece la vocal temática, esta operación no puede tener una base fonológica porque puede combinarse con raíces terminadas en vocal (*locuaz*).

Alomorfos

En las formas *lenguaraz* (en alternancia con *lenguaz*) y *montaraz* se puede argumentar que está presente el alomorfo -*araz*, que en tal caso se restringiría a bases constituidas por raíces nominales. Una alternativa es tratar -*ar*- como un interfijo, o incluso como el sufijo **-al**; podría suceder que las raíces sustantivas deban adaptarse de alguna manera para ser seleccionadas por este sufijo.

Relaciones con otros afijos

a El valor disposicional de este morfema, sobre verbos, lo relaciona con **-ón**^{3}, que es mucho más productivo y no prefiere bases cultas, y **-dizo**.
b Pese a la relación etimológica, el uso de este adjetivo es significativamente distinto al de **-azo** en cualquiera de sus usos.

> LECTURAS RECOMENDADAS: Pharies (2002).

-az-. De origen incierto, tal vez relacionado con el latín -*ationem*. Posible interfijo que aparece en un número reducido de formas formadas sobre raíces verbales sin incluir la vocal temática (o tal vez la vocal temática, que es -**a**^{2} en los dos casos, se reduzca fonológicamente): *holgar > holg-az-án, grabar > grab-az-ón, trbar > tragazón, quebrar > quebrazón*. También se documenta en bases adjetivales (*lleno > llenazón*) y nominales (*nieve > nevazón*). Aunque en algunos diccionarios -*azón* se toma como un sufijo único, su relación semántica y gramatical con cualquiera de los usos de **-ón** es evidente y justifica que, como mucho, se trate como un alomorfo de este sufijo, pero no como un sufijo independiente. La motivación para considerarlo una forma independiente es etimológica, no sincrónica; véase también **-azón, -zón**.

> LECTURAS RECOMENDADAS: Portolés (1999); Martín Camacho (2003); Ohannesian (2021).

-aza. Del latín -*ax* y -*ea*. Sufijo nominal poco productivo que forma algunos sustantivos sobre otros, como en *barco > barcaza, carne > carnaza, gallina > gallinaza* ('excremento de la gallina'). Su valor no es claro de percibir, y parece formar estructuras idiomáticas siempre con la base. Puede que su origen fuera un sufijo adjetival (tanto -*ax* como -*eus* eran sufijos adjetivalizadores en español), preservado ocasionalmente en algunas voces (eg., *paja trigaza*).

-azgo^1. Del latín -*aticum*, sufijo que formaba adjetivos relacionales. Sufijo nominal del español.

Tipos de bases

a Este sufijo es sobre todo productivo con bases nominales que denotan cargos políticos, administrativos y eclesiásticos.

(1) alarifazgo, albaceazgo, alcahuetazgo, alferazgo, alguacilazgo, almojarifazgo, almotacenazgo, apostolazgo, arcedianazgo, arciprestazgo, bailiazgo, cacicazgo, cadiazgo, centurionazgo, consulazgo, contralmirantazgo, deanazgo, infanzonazgo, justiciazgo, maestrazgo, mayorazgo, mayormodazgo, papazgo, prebostazgo, priorazgo, tenientazgo, vicealmirantazgo

b En segundo lugar, se combina bien con bases que indican relaciones de parentesco y relaciones dentro de una familia o círculo cercano próximo de una persona:

(2) comadrazgo, compadrazgo, hermanazgo, madrinazgo, noviazgo, padrinazgo, primazgo, sobrinazgo

c Siempre interpretados como sustantivos, también aparecen ocasionalmente bases más genéricas que expresan distintas clases de relaciones humanas, con preferencia por aquellas que denotan la relación de apoyo o guía de un humano hacia otro:

(3) caudillazgo, fielazgo, liderazgo, mecenazgo, patronazgo

d En la expresión de nombres de distintos impuestos y tasas se admite un conjunto reducido de bases sustantivas no animadas:

(4) cillazgo, colodrazgo, montazgo, pontazgo, portazgo, terrazgo, villazgo

e Siempre se combina con bases sustantivas. En *trecenazgo* puede interpretarse como base el nombre colectivo *trecena* (cf. **-ena**) y no el cardinal *trece*. Designa el cuerpo de trece caballeros que administraban la orden de Santiago.

Comportamiento gramatical

a Este sufijo produce siempre sustantivos masculinos marcados en **-o**[1].
b Este sufijo no es iterable, no produce paradojas de encorchetado y tampoco da lugar a estructuras formadas sobre sintagmas.
c Este sufijo produce sustantivos abstractos que expresan relaciones, dignidades y periodos de tiempo, lo cual suele reflejarse en que los sustantivos se emplean como nombres masa o no contables.

(5) ??dos apostolazgos,??cuatro pontazgos,??cinco mecenazgos

d No obstante, como sucede también a menudo con los nombres no contables, se pueden formar lecturas contables en las que el sustantivo indica alguna entidad acotada. En el caso de este sufijo son comunes las lecturas en que el sustantivo designa el territorio asociado a la dignidad que denota la base, como *varios mayorazgos*, o a periodos de tiempo acotados que se suceden en una secuencia, como en *diversos noviazgos*.

e En la medida en que este sufijo denota estados asociados a la dignidad que expresa la base, las voces derivadas pueden admitir modificadores de tiempo y aspecto similares a los de algunos nombres de estado no derivados (*hambre de tres días*):

(6) un papazgo de varios años, su continuo mecenazgo, un consulazgo de un año

Tipos de significado

a   Este sufijo da nombre al estado de ostentar la dignidad que define la base, como en *mecenazgo, apostolazgo, cacicazgo, hermanazgo*.

b   Es frecuente que, por extensión del sentido anterior, los nombres derivados con este sufijo desarrollen lecturas en que denotan el periodo de tiempo durante el que cierto referente tiene dicha dignidad. Esta extensión es más común cuando la base designa un papel político, administrativo o religioso, y no es posible con las bases que indican relaciones de parentesco, que se suelen considerar inmóviles: *el apostolazgo de este clérigo, el noviazgo entre Juan y María, *el primazgo entre Pedro y Juan*, etc.

c   Otra extensión natural del significado de estado es la de designar a la entidad administrativa que desempeña el cargo, como en *las órdenes del almirantazgo*, o la de designar la persona o conjunto de personas que desempeñan el papel de la base, como en *el fielazgo, el serenazgo* 'conjunto de servicio de vigilancia' o *el priorazgo*.

d   También se pueden asignar lecturas locativas, donde se designa el lugar de trabajo o reunión de la entidad que ostenta el cargo (*maestrazgo, mayorazgo, arcedianazgo*).

e   En una voz específica el sufijo parece tomar un valor despectivo: *latinazgo* 'voz latina corrompida o fuera de lugar'.

Propiedades fonológicas

Este sufijo recibe el acento en la /a/ inicial. No se documentan alteraciones alomórficas, consonánticas o vocálicas, en la base.

Haplologías

Este sufijo produce haplología al menos en tres voces: *alfér(ez)* > *alferazgo*, *mecen(as)* > *mecenazgo* y *mesí(as)* > *mesiazgo*. En los tres casos parece haber una causa fonológica: el segmento reducido es una vocal átona seguida de una sibilante, algo que puede chocar con la especificación fonológica del sufijo, que contiene ya -*z*-.

Relaciones con otros afijos

Este sufijo establece una relación al menos etimológica con el nominalizador **-azgo**[2]; el motivo de tratarlos separadamente es que se suele considerar que tienen distinto carácter gramatical los afijos que cambian la clase de palabra de la base y aquellos que no lo hacen, pero en ambos casos se producen nombres masculinos.

LECTURAS RECOMENDADAS: Pharies (2002); RAE & ASALE (2009: §6.5).

-azgo[2]. Del latín -*aticum*. Sufijo nominalizador no productivo que forma sustantivos masculinos a partir de un número muy reducido de bases verbales (*hallazgo*) y adjetivales (*hartazgo*). El valor de estado se asemeja al de **-azgo**[1] en el segundo caso, mientras que el primero denota bien un evento (*el hallazgo de las ruinas*) bien un resultado (*varios hallazgos importantes*).

-azo[1]. Del latín -*aceum*, relacionado con -*ax* y -*eus*. Sufijo apreciativo de valor aumentativo.

Tipos de bases

a Este morfema se combina sobre todo con sustantivos, como los de (1):

  (1) aceitazo, aironazo, astillazo, babaza, bocaza, bombazo, cacharrazo, carrazo, cristalazo, librazo, paquetazo, planazo, puntazo, puyazo, solazo, vinazo

b Es relativamente frecuente que este sufijo se una a nombres de objeto, como los de arriba, pero también a nombres que denotan profesiones, papeles sociales y ocupaciones referidas a humanos, como en (2):

  (2) caballerazo, jefaza, maridazo, matronaza, marinerazo, mujeraza, padrazo, paquetazo

c También se documenta con nombres de estado y acción:

  (3) bajonazo, gustazo, golpazo, azotazo, fiestaza, fregadazo, madrugonazo

d No es habitual que se combine con adjetivos, y cuando lo hace estos son solamente calificativos, y tienden a usarse como sustantivos:

  (4) buenazo (un buenazo,?un hombre buenazo), pelmazo (un pelmazo, un tío pelmazo), picarazo (un picarazo,??un niño picarazo)

e Frente a otros morfemas apreciativos, apenas se combina con adverbios (?*lejazos rapidazo*), cuantificadores (?*todazo*, *pocazo) y otras clases de palabras. Véase **-it-**[1].

Comportamiento gramatical

a Si bien puede favorecer el comportamiento de la palabra como sustantivo, en principio este sufijo no altera la categoría gramatical de la base.

b Este sufijo fuerza la expresión regular del género masculino y femenino mediante las marcas **-o**[1] y **-a**[1].

  (5) problema > problemazo, mano > manaza

c Aunque este sufijo no suele hacerlo, puede cambiar el género de la base. Frecuentemente lo hace de masculino a femenino en casos claramente aumentativos (*corriente* > *corrientazo*, *jeta* > *jetazo*, *ventana* > *ventanazo*), pero también puede hacerlo en la otra dirección (*hilo* > *hilaza*).

d Este sufijo fuerza la cancelación de la vocal de género final de la base.

  (6) carro > carr-azo (*carroazo)

e Las formas derivadas con este sufijo tienden a interpretarse como nombres contables. Si *cerveza* puede indicar un nombre masa o uno contable, el sustantivo *cervezazo* fuerza la lectura contable de 'una gran jarra de cerveza'.

  (7) a beber {cerveza / una cerveza}
       b beber {??cervezazo / un cervezazo}

f No obstante, al menos en los sustantivos *aceitazo* y *sangraza* se sigue preservando la lectura de nombre no contable (*pese a aceitazo, mucha sangraza*).

g Este sufijo no es iterable (*buenazazo).

Tipos de significado

a   Como suele suceder con los morfemas aumentativos, el significado de tamaño grande no es el más común. Generalmente el sufijo indica un aumento en la intensidad de algunas de las propiedades asociadas a la base. Cuando la base denota algo positivo, esta intensidad es positiva (*sueldazo, premiazo, regalazo*), y cuando la base denota una propiedad negativa también se intensifica esta (*cabronazo, mierdaza, tostonazo*).

b   En las bases que no son semánticamente positivas ni negativas, sino neutras en su valoración, el sufijo admite a veces una lectura positiva (*jefazo, librazo, mujeraza*) y otras negativa (*pelucazo, sangraza* 'sangre corrompida', *hilaza* 'hilo deforme').

c   Son muy frecuentes las lecturas lexicalizadas: *coñazo* 'cosa fastidiosa o tediosa', *espinazo* 'espalda', *marronazo* 'amago de suerte del toreo', *nortazo* 'viento fuerte' y *surazo* 'viento del sur', *gallinazo* 'zopilote', *hornazo* 'cierto producto hecho con huevos', *chispazo* 'chupito de alcohol', entre otros.

Propiedades fonológicas

Este sufijo, pese a atraer el acento prosódico de la palabra, no suele forzar la monoptongación de las vocales que diptongan en presencia del acento (*buenazo, *bonazo*).

Alomorfos

Este sufijo puede aparecer con segmentos entre la base y él mismo que podrían formar parte de un alomorfo suyo: *golpe > golp-etazo, humo > hum-arazo*. Los segmentos extra corresponden a afijos independientes (**-ete, -ar**). En el segundo caso, la existencia de *humareda* (cf. **-eda**) puede sugerir que el segmento extra pertenece a un alomorfo de la base. Los alomorfos son similares en el caso de **-azo**[2].

Relaciones con otros afijos

a   Habitualmente se considera que **-azo** es esencialmente un morfema apreciativo que indica una noción aumentativa a la que se suma cierta idea de intensidad.

b   Se puede pensar, desde esta perspectiva, que el uso de **-azo**[2] para expresar acciones violentas y rápidas se deriva a partir de una extensión de la idea de intensidad, y que el **-azo**[3] nominalizador, que contiene también esta idea de acción intensa, es un uso relacionado con este segundo.

c   No obstante, el comporamiento gramatical es diferente en los tres casos, tanto por las bases que selecciona el afijo como por la capacidad que tiene de alterar la categoría gramatical de la base, lo cual sugiere que han de ser consideradas tres estructuras distintas que posiblemente se materializan con el mismo elemento como un caso de sincretismo.

d   Resulta particularmente frecuente que **-azo**[1] establezca cadenas de afijos con el sufijo nominalizador **-ón**[4]: *madrugonazo, rasponazo, empujonazo*, entre otras.

LECTURAS RECOMENDADAS: Lázaro Mora (1999); Pharies (2002); Rainer (2003); RAE & ASALE (2009: §9.7); López (2015); Kornfeld (2021).

-**azo**². Del latín -*aceum*, relacionado con -*ax* y -*eus*. Sufijo nominal que forma nombres de acción violenta sobre otros sustantivos.

Tipos de bases

a Este sufijo se restringe a bases nominales, casi siempre nombres comunes. Entre ellos destacan los sustantivos que indican instrumentos de distintos tipos, que nuestro conocimiento del mundo indica que pueden asirse con las manos para moverlos de forma rápida y violenta. Entre muchísimos otros, tenemos los siguientes:

(1) agujazo, aldabazo, aldabonazo, alfilerazo, almohadazo, azadazo, azadonazo, badajazo, balonazo, baquetazo, bastonazo, bolazo, botellazo, cacerolazo, cadenazo, campanillazo, cañonazo, capotazo, cornetazo, correazo, escobazo, guantazo, hisopazo, jeringazo, ladrillazo, lengüetazo, macetazo, martillazo, muletazo, palancazo, palazo, panderetazo, pantuflazo, paraguazo, portazo, raquetazo, regaderazo, rodillazo, sabanazo, sartenazo, sombrerazo, sombrillazo, taconazo, trallazo, vejigazo, volantazo, zambombazo, zapatazo, zapatillazo

b Algunas bases indican directamente armas usadas para herir o golpear:

(2) alabardazo, arcabuzazo, balazo, ballestazo, banderillazo, bayonetazo, cachiporrazo, cañonazo, escopetazo, flechazo, floretazo, garrotazo, hachazo, lancetazo, lanzazo, latigazo, machetazo, mazazo, morterazo, mosquetazo, picazo, porrazo, saetazo, trabucazo, zurriagazo

c También selecciona sustantivos que equivalen a partes del cuerpo de animales o seres humanos, generalmente las empleadas para entrar en contacto físico con otro ser.

(3) aguijonazo, aletazo, cabezazo, calabazazo (calabaza=cabeza), cipotazo, coletazo, costalazo, crismazo, derechazo, espaldarazo, izquierdazo, pechugazo, rodillazo, zurdazo

d Sin embargo, muchas otras bases pueden aparecer en estos casos, donde el sufijo indica una acción agresiva, rápida, violenta o fugaz.

(4) bromazo, braguetazo, fogonazo, ofertazo, bandazo, cuartelazo

e Finalmente, este sufijo puede unirse a nombres propios referidos a personas.

(5) Tamayazo, Juancarlazo, Alfonsazo

Comportamiento gramatical

a Este sufijo siempre produce sustantivos masculinos, marcados regularmente con -**o**¹.
b En consecuencia, este sufijo puede implicar el cambio de género de la base sustantiva, cuando esta es femenina:

(6) oferta > ofertón, jeringa > jeringazo, sífilis > sifilazo, porra > porrazo

c La propiedad se extiende a los nombres propios de mujeres: *(Esperanza) Aguirre > aguirrazo*.
d Este sufijo cancela la marca de género de la base (**latigoazo > latigazo*)

e   Se ha observado que, sin venir de verbos, los nombres producidos con este sufijo admiten parcialmente estructura argumental, concretamente un sintagma preposicional que indica la entidad que recibe la acción cuando esta manifiesta golpes.

(7)   El bastonazo al diputado se juzgará la semana próxima.

f   Sin embargo, no es posible pensar que el sufijo es directamente responsable de introducir estructura argumental, ya que en los casos en que no hay un evento de movimiento no es posible legitimar este sintagma preposicional.

(8)   Los chispazos (*al público) me deslumbraban.

g   Esto sugiere que el sintagma preposicional no está legitimado sintácticamente por alguna propiedad estructural asociada a la base o al sufijo, sino que puede estar legitimado semánticamente a partir de la noción de golpe, en cuyo caso la presencia de este sintagma sería equivalente a la de otros sustantivos que admiten complementos de dirección o entidad afectada, como *oda a la alegría, poema a mi madre*.

h   En el mismo sentido, este sufijo no produce nombres de evento gramaticalmente definidos como tales, como muestra la dificultad de que aparezcan como sujetos del verbo *tener lugar*, no admite modificadores aspectuales y no tiene problemas en aparecer sin argumentos. Parece, por tanto, que el valor de acción es parte del contenido conceptual del sufijo, no de su estructura sintáctica o semántica subyacente.

(9)   ??El guantazo tuvo lugar a las tres.
*Un tortazo de dos milisegundos.
El hachazo me parece excesivo.

Tipos de significado

a   Pese a que se ha dicho que este sufijo expresa golpes, es más correcto decir que denota acciones breves, rápidas y fugaces. El valor de golpe, no obstante, es muy frecuente, como en los siguientes casos:

(1)   aguijonazo, agujazo, alabardazo, adabazo, aldabonazo, aletazo, alfilerazo, almohadazo, arcabuzazo, azadazo, azadonazo, badajazo, balazo, ballestazo, balonazo, banderillazo, baquetazo, bastonazo, bayonetazo, bolazo, botellazo, cabezazo, cacerolazo, cachiporrazo, cadenazo, calabazazo, campanillazo, cañonazo, capotazo, cipotazo, coletazo, correazo, costalazo, crismazo, derechazo, escobazo, escopetazo, espaldarazo, flechazo, floretazo, garrotazo, guantazo, hachazo, izquierdazo, jeringazo, ladrillazo, lancetazo, lanzazo, latigazo, lengüetazo, macetazo, machetazo, martillazo, mazazo, morterazo, mosquetazo, muletazo, palancazo, palazo, panderetazo, pantuflazo, paraguazo, pechugazo, picazo, porrazo, portazo, raquetazo, regaderazo, rejonazo, rodillazo, sabanazo, saetazo, salivazo, sartenazo, sombrerazo, sombrillazo, taconazo, tortazo, trabucazo, trallazo, vejigazo, zambombazo, zapatazo, zapatillazo, zarpazo, zurdazo, zurriagazo

b   En otras ocasiones el sufijo expresa movimientos bruscos, sin necesidad de terminar en un golpe (*bandazo, hisopazo, volantazo*). *Cerrojazo* se interpreta como echar el cerrojo – o sea, 'cerrar'– de forma rápida y definitva.

c Estas diferencias dependen del valor enciclopédico de la base. Cuando indican entidades que pueden producir sonido, el significado es el de emisión de sonido breve e intensa: *bocinazo, cornetazo, telefonazo, timbrazo*.
d También se admiten lecturas donde indica una manifestación visual rápida y breve (*pantallazo, chispazo, vistazo*).
e Cuando indica golpes, la base frecuentemente indica el objeto utilizado, pero a veces puede denotar el lugar del cuerpo en que se produce el golpe (*barrigazo, pechugazo, espaldarazo*).
f La base puede denotar también el lugar del que procede la acción violenta y rápida (*cuartelazo*), la entidad que lo produce (frecuente con nombres propios, como en *Tejerazo*) o el instrumento usado para producirlo (*plumazo*, de *pluma* como objeto para escribir).
g Son frecuentes los ejemplos de valor semántico no transparente, pero donde se preserva la noción de acción violenta y rápida: *decretazo* 'acción de gobierno que deja al margen al parlamento', *dedazo* 'elección de un cargo sin el proceso legal', *avionazo* 'accidente aéreo', *braguetazo* 'mejora en la posición socioeconómica mediante un matrimonio ventajoso', *pelotazo* 'negocio lucrativo e ilegal', *pepinazo* 'sonido o golpe fuerte', *pucherazo* 'trama electoral', *trancazo* 'resfriado fuerte', *trompazo* 'golpe', *lingotazo* 'trago rápido de bebida alcohólica'. El valor de golpe o movimiento rápido está presente, sin que se identifiquen las bases sincrónicamente, en *batacazo, chupinazo, ramalazo*.

Propiedades fonológicas

a Este sufijo atrae acento prosódico a su primera vocal.
b Es frecuente que este sufijo produzca la monoptongación de las bases cuya vocal media diptonga al recibir acento prosódico: *cuerno* > *cornazo*, *pierna* > *pernazo*.
c Este sufijo no produce cambios consonánticos en la base.

Alomorfos

a Se documenta el alomorfo -*etazo* en *palmetazo, puñetazo, silletazo, pistoletazo, tijeretazo*.
b El alomorfo -*onazo* parece necesario en *fogonazo*, mientras que -*otazo* es necesario en *picotazo, manotazo, rabotazo*. En *espaldarazo* parece necesario -*arazo*.
c Es significativo que los segmentos extra en todos los alomorfos salvo -*arazo* correspondan a sufijos apreciativos documentados independientemente, como **-ete**[1], **-ón**[1] y **-ote**. De hecho, las secuencias con -*onazo* aparecen también en otros casos donde no se dudaría en segmentar el sufijo **-ón** en alguno de sus usos: *encontronazo, aguijonazo, madrugonazo*. Quizá, más que alomorfos, cabría hablar aquí de cadenas de morfemas apreciativos.

Relaciones con otros afijos

a Existe una relación clara con **-azo**[3], que nominaliza verbos pero también produce acciones violentas y rápidas. El motivo para separarlos es la terminología tradicional que considera nominalizadores solo a los sufijos que alteran la categoría gramatical de la base, pero el hecho es que **-azo**[2] también da solamente sustantivos e impone género masculino, igual que **-azo**[3].

b Es menos sencilla la unificación con **-azo**[1], ya que el valor aumentativo no se convierte de forma evidente en un valor de movimiento rápido; no obstante, **-azo** no sería el único sufijo que desdobla su valor aumentativo y su valor de golpe, como sucede también con **-ón**. Podría pensarse, de hecho, que la noción de acción brusca subyace al aumentativo, entendido como intensidad de algo, y a este significado de acción.

c Históricamente, **-azo** se relaciona con **-az**, pero esta relación no se refleja en el comportamiento gramatical y significado conceptual o estructural.

Lecturas recomendadas: Pharies (2002); Rainer (2003); RAE & ASALE (2009: §9.7); Fábregas (2017); López (2018).

-azo[3]. Del latín *-aceum*, relacionado con *-ax* y *-eus*. Sufijo nominalizador que forma nombres a partir de verbos.

Tipos de bases

a Este sufijo solo toma verbos como su base. La mayoría de ellos expresan acciones de herir, mientras que otros indican movimientos.

  (1) arañazo, pinchazo
  (2) abanicazo, coletazo, lametazo, patinazo

b Con todo, otros verbos de distintos campos semánticos pueden documentarse con este sufijo nominalizador.

  (3) cambiazo, chivatazo, duchazo, frenazo, planchazo

c Los verbos suelen pertenecer a la primera conjugación. Cuando el verbo pertenece a la segunda, se usa un alomorfo (*lamer> lametazo*).

Comportamiento gramatical

a Pese a proceder de verbos, los sustantivos correspondientes reducen de forma radical su estructura argumental. Esto puede comprobarse comparando la nominalización en **-ción**, **-eo**, **-ado**[4] o **-miento** de un verbo próximo con el que contiene **-azo**.

  (4) La afirmación de que pasó eso por el testigo.
       ??El chivatazo de que pasó eso por el testigo.
  (5) El lameteo del helado por los niños
       ??El lametazo del helado por los niños
  (6) El planchado de las camisas por el asistente
       ??El planchazo de las camisas por el asistente

b De hecho, solo algunas de estas formaciones puede emplearse como sujeto de tener lugar, y otras muchas tienden a especializarse en lecturas de resultado (*arañazo*).

  (7) El {cambiazo / chivatazo / frenazo / patinazo} tuvo lugar...

c   En este sentido el sufijo se comporta de forma muy próxima a **-azo**[2], con el que también comparte la propiedad de definir sustantivos masculinos marcados regularmente con **-o**[1].
d   Dado que la mayoría de las formaciones son de la primera conjugación, es difícil saber si el sufijo cancela la vocal temática estructuralmente o se produce una simplificación de /aa/ en la fonología (*planchaazo > planchazo*). El hecho es que cuando el verbo es una forma terminada en *-e* se emplea algún alomorfo que impide el contacto con /a/: *cole(ar) > coletazo, lame(r) > lametazo*.

Tipos de significado

a   El valor de acción súbita, brusca o rápida se preserva en casi todas las formaciones con este sufijo (*cambiazo, chivatazo, coletazo, duchazo, frenazo, lametazo, patinazo, pinchazo*).
b   Tiene un significado lexicalizado *planchazo* 'chasco'.

Propiedades fonológicas

a   Este sufijo atrae acento prosódico a su primera vocal.
b   Este sufijo no produce cambios consonánticos en la base.

Alomorfos

Este sufijo puede tener el alomorfo *-atazo* (*chivatazo*, salvo que se decida derivarlo de chivato y tomarlo como un caso de **-azo**[2]) y *-etazo* (*lametazo, coletazo*, salvo que se decida derivarlos de *lametear* y *coletear*).

Relaciones con otros afijos

Véase **-azo**[2]. Todo lo dicho sobre este sufijo puede aplicarse también a **-azo**[3].

> LECTURAS RECOMENDADAS: Rainer (1993); Santiago Lacuesta & Bustos Gisbert (1999); Pharies (2002).

-azón. Del latín *-ationem*. Posible sufijo nominalizador que aparece con bases verbales (*apretar > apretazón, brillar > brillazón, ligar > ligazón, cargar > cargazón, nublar > nublazón, quemar > quemazón, llenar > llenazón*). El hecho de que sean siempre verbos de la primera conjugación sugiere la posibilidad de que el sufijo realmente sea **-zón**; el valor de intensidad de las formaciones sugiere, por su parte, que podríamos estar ante una cadena de afijos que incluya **-azo** y **-ón** en algunos de sus distintos usos en las escasas situaciones en que no se encuentra una base verbal, sino claramente nominal (*nube > nubazón, pluma > plumazón*), donde tiene un valor cercano al colectivo.

-azos. De origen incierto, tal vez relacionado con **-azo** y el sufijo de número **-s**. Sufijo apreciativo que aparece en un conjunto pequeño de formas, como *bragazas* 'marido sumiso', *calzonazos* 'marido sumiso', *cuartazos* 'hombre corpulento y flojo', *huevazos* 'flojo', *manazas* 'torpe', *vainazas* 'chapucero'. Su valor despectivo y aumentativo se relacionan con el sufijo **-azo**, y tal vez cupiera considerar que esta forma es el mismo sufijo empleado en contextos en que flexiona en plural sin darle este número a la forma derivada. La terminación de género del sufijo depende del valor de género de la base: femenino cuando la base lo es (*bragazas, manazas*) y masculino cuando esta lo es (*calzonazos, huevazos*). Ni el género ni el número flexivo que se refleja en la forma caracterizan necesariamente a la forma derivada (*un bragazas, un manazas*), lo cual puede sugerir una mayor complejidad interna para este sufijo en que se combina con un nominalizador que no se expresa explícitamente y determina el género y número del conjunto. Estas formas, en efecto, aparecen siempre referidas exclusivamente a humanos, lo cual es una propiedad característica de contextos en que se emplea una forma nominal no marcada abiertamente mediante un sufijo, como en los casos de conversión: *un gordo* puede interpretarse como un hombre gordo, pero no como un objeto gordo.

B

-ba. Del latín *-ba-*, marca de imperfecto de indicativo. Sufijo flexivo que expresa el tiempo pasado en aspecto imperfectivo en los verbos de la primera conjugación.

Tipos de bases

a   Este sufijo se emplea para expresar el pasado imperfecto de indicativo en verbos de la primera conjugación, sean o no derivados.

(1)   a   cantaba, bailaba, resultaba, andaba, contaba
      b   guillotinaba, descuartizaba, magnificaba, efectuaba, amargaba

b   La excepción es el verbo irregular *ir*, que pese a la terminación –que sugiere pertenencia a la tercera conjugación– toma la forma **-ba**.

(2)   i-ba
      i-ba-s
      i-ba
      í-ba-mos
      i-ba-is
      i-ba-n

c   Este sufijo, por motivos fonológicos, selecciona la forma monoptongada de los verbos cuya diptongación depende de la posición acentual: *cuento ~ contar ~ contaba*.

Comportamiento gramatical

a   Este sufijo se emplea en todas las formas personales del imperfecto de indicativo, sin cambios ni alomorfías.

(3)   esper-a-ba
      esper-a-ba-s
      esper-a-ba
      esper-á-ba-mos
      esper-a-ba-is
      esper-a-ba-n

b Este sufijo preserva la vocal temática a su izquierda, sin seleccionar alomorfo alguno de la forma.
c Este prefijo fuerza el sincretismo entre las terminaciones de primera y tercera persona singular.

(4) canto   canta
     cantaba   cantaba

Tipos de significado

a El valor semántico de este sufijo se define por la diversidad de valores que puede expresar el aspecto gramatical imperfectivo.
b Temporalmente, este sufijo expresa tiempo pasado, que puede ser independiente del tiempo del verbo principal (4a) o fruto de la concordancia de tiempos con él (4b).

(5) a Sé que Juan cantaba anoche.
    b Oían que Juan cantaba en ese momento.

c En las teorías que rechazan la caracterización aspectual de las formas de pasado llamadas imperfecto y pretérito perfecto simple o indefinido, se suele proponer que este sufijo tiene un valor de copretérito, es decir, que no introduce por sí mismo un intervalo temporal pasado sino que remite anafóricamente a un tiempo pasado que ha sido introducido por un pretérito perfecto simple o indefinido y describe una situación que es simultánea a ese tiempo pasado.
d Aspectualmente, suelen diferenciarse dos familias de valores para este sufijo, y también para el sufijo -a^4 que expresa la misma forma temporoaspectual en los verbos de la segunda y la tercera conjugación. La primera familia la componen los llamados usos rectos, en los que la noción aspectual definitoria es la de 'imperfectividad'.
e La imperfectividad se entiende como la focalización de un intervalo de tiempo dentro de periodo que ocupa la eventualidad, donde se excluye su inicio y su posible final. Esto deriva los tres valores más típicos del imperfecto de indicativo, respectivamente el imperfecto de descripción con verbos estativos (5a), el imperfecto de hábito con situaciones repetidas en las que se ven envueltos los participantes (5b) y el imperfecto progresivo, en que se destaca el desarrollo de un evento específico, excluyendo su terminación (5c). El imperfecto conativo (5d) indica que un evento planeado no llegó a efectuarse.

(6) a A María le gustaba Juan.
    b Luis nadaba en el mar todas las mañanas.
    c Mientras Juan cantaba, se escuchó una explosión.
    d Hasta ayer entrevistábamos al ministro esta tarde, pero lo ha cancelado.

f Los usos figurados del imperfecto de indicativo suelen ser modales y tienen en común que expresan situaciones hipotéticas, aquellas con cuya veracidad el hablante no quiere comprometerse o de las que el hablante desea distanciarse. Entre estas destacan el imperfecto lúdico (6a), usado en juegos infantiles, el onírico o narrativo (6b), que describe situaciones de realidades hipotéticas –como sueños, películas o novelas–, el imperfecto de cortesía (6c), usado para matizar órdenes y peticiones y el imperfecto citativo (6d) –usado para confirmar información que el hablante cree poseer.

(7) a ¿Jugamos a que yo era un gato y tú me perseguías?
 b En esa película, Christopher Lee era Drácula.
 c Quería un café, por favor.
 d ¿Te llamabas Luis?

Propiedades fonológicas y alomorfos

a Este sufijo nunca recibe el acento de la palabra, y viene asociado a la posición acentual sobre la vocal temática.
b El sufijo -a^4 se ha interpretado como un alomorfo morfológicamente condicionado de este sufijo.

Problemas de segmentación

Este sufijo se restringe a las formas de indicativo, pero su naturaleza fonológica como un segmento terminado en /a/ suscita la hipótesis de que tal vez sea descomponible como -b-a, donde el segundo elemento sería el que realmente expresa el imperfecto, y que estaría compartido con la segunda y la tercera conjugación (cf. *viv-í-a, beb-í-a*).

Relaciones con otros afijos

a Los valores notados en el apartado 'tipos de significado' contrastan con el valor pasado que expresan los sufijos propios del pretérito perfecto simple o pretérito indefinido (**-é, -í, -ó, -ste, -ron**), que expresan generalmente situaciones dinámicas, donde se focaliza su final o culminación y que se localizan en un periodo de tiempo acotado.
b Existen alternancias entre los sufijos de imperfecto y el condicional **-ría**. En sus valores hipotéticos, el imperfecto puede sustituir al condicional en la apódosis de los periodos condicionales no reales (*Si tuviera dinero, te lo {daría / daba}*), pero esta sustitución no se extiende a los casos contrafactuales con condicional perfecto (*Si hubiera tenido dinero, te lo {habría / *había} dado*).
c La misma alternancia, gracias al valor del imperfecto conativo, puede darse en contextos de conconrdancia temporal donde el condicional expresa la perspectiva pasada sobre una acción posterior a lo que expresa el verbo principal, como en *Me dijo que {llegarían / llegaban} al día siguiente*.
d Finalmente también se produce la alternancia en algunos condicionales de modalidad que expresan deseos y situaciones que el hablante ve de forma favorable: *¡Con qué ganas me {iría / iba} ahora mismo a la playa!*
e Véase **-ra** y **-se** para los llamados imperfectos de subjuntivo, que no tienen el mismo comportamiento gramatical de los de indicativo.

LECTURAS RECOMENDADAS: Alcoba (1999); RAE & ASALE (2009: §4.5; §23.10-23.13); Fábregas (2015); Pato (2018); Pérez Saldanya (2012); Zacarías-Ponce de León (2021); Camus (2021).

ben(e)-. Alomorfo de **bien-**, que aparece en formas como *bendecir, benevolente, benefactor*.

bi-. Del latín *bis* 'dos veces', también relacionado con *binus* 'doble'. Prefijo cuantificativo con valor de cardinalidad equivalente a 'dos'.

Tipos de base

a   Este prefijo se combina con bases correspondientes a nombres comunes:

(1)   bicampeón, bicarbonato, bicentenario, biciclo, bicolor, bicromato, bicuento, bicúspide, bifaz, bimetal, bimotor, bipartición, biplano, biplaza, birreactor, birrectángulo, bisemanario, bisexual, bisulfito

b   En segundo lugar, se combina con adjetivos relacionales:

(2)   biangular, bianual, biauricular, biaxial, bicameral, bicóncavo, biconvexo, bifásico, bifocal, bilabiado, bilabial, bilateral, bilobulado, biloculado, bilocular, bimensual, bipartido, bipartito, bipolar, birrefringente, bisemanal, bitonal, bivalente

c   No son frecuentes las bases verbales, y a menudo proceden directamente del latín, como en *bifurcarse, bilocarse* o *bisecar* 'cortar en dos partes'.

d   Este prefijo también es productivo con bases neoclásicas, siempre correspondientes a nombres comunes:

(3)   bicéfalo, bíceps, bicornio, bicronía, bífido, bígamo, bilingüe, bimestre, binóculo, binomio, bínubo, bípedo, biyección, biyectivo

Comportamiento gramatical

a   Este prefijo tiene la capacidad de convertir en adjetivo una base sustantiva, al igual que otros prefijos cuantificadores. Así, *bivalvo* puede funcionar como un adjetivo (*animales bivalvos*) cuando en ausencia del prefijo ha de ser sustantivo (cf. *valva*). Sucede igual con otros muchos casos, como *bifloro, bilítero* 'de dos letras', *bisílabo, bicolor, bisurco*.

b   De forma semejante, en otros casos el prefijo se une a un sustantivo y lo convierte en una voz que puede usarse para modificar a otra, como en *vehículo biplaza* (cf. *vehículo plaza) si bien la concordancia de número no es posible ahí para todos los hablantes (*vehículos biplazas* ~ *vehículos biplaza*). Sucede igual en otros muchos casos, como *birreactor, bimotor, bifaz, bimotor, biplano*.

c   Existe un buen número de formas que proceden de sustantivos o bases neoclásicas sustantivas en las que la combinación con el prefijo ha producido adjetivos. Estas formaciones regularmente toman el sufijo -e[4] con independencia del que tomara la base sin el prefijo: *birreme, bimembre, bilingüe, bidente*, entre otras. Todas estas voces pueden usarse como adjetivos, aunque algunas también lo hagan como sustantivos (*galera birreme, persona bilingüe*).

d   Este prefijo no es iterable.

e   Este prefijo no puede combinarse con bases expandidas funcionalmente, y no admite modificación de la base.

f   Es muy frecuente que este prefijo produzca paradojas de encorchetado. En *bitonal* se habla de la relación con algo que tiene dos tonos, no de algo que es tonal dos veces.

g   Este prefijo participa en cruces léxicos, y es segmentado antietimológicamente en *bikini* ~*monokini*. En la forma *billón* sustituye al segmento *mi-, millón*.

Tipos de significado

a   El valor de este prefijo es el cardinal 'dos'. Generalmente este valor de cardinalidad se aplica a la noción denotada por la base, algo visible particularmente cuando la base es un sustantivo del español (*bifaz, bimotor, biciclo*). Esta misma interpretación puede extenderse a varias formaciones neoclásicas, como *bilingüe, bimestre* o *bípedo*.
b   Sucede igual con las bases que son adjetivos relacionales, donde la cuantificación se aplica al sustantivo sobre el que se forma el adjetivo: *bisexual, bisemanal, bianual, bilateral*, etc.
c   Como sucede en un buen número de los casos en que un prefijo da lugar a formas adjetivales sobre bases sustantivas, la interpretación de las formaciones adjetivales implica la noción de posesión: *bifloro* equivale a 'que tiene dos flores', *bivalvo* equivale a 'que tiene dos valvas', etc.
d   En otras ocasiones, se ha de suponer que la cuantificación afecta a una noción relacionada con la base, pero no expresada directamente por ella: *bicampeón* no habla de dos campeones, sino de dos ocasiones distintas en que el referente ha sido campeón, o de dos ámbitos simultáneos en los que el mismo referente es campeón a la vez.

Propiedades fonológicas

Este prefijo no suele integrarse fonológicamente con la base: *bianual* se pronuncia con hiato (*bi.a.nwal*), no con diptongo (*bja.nwal*). Similarmente, el prefijo admite acentos secundarios incluso cuando no están impuestos por condiciones rítmicas (*bìsemanal*).

Alomorfos

El alomorfo *bin-* aparece documentado en algunas formas cultas ocasionales, como *binóculo* y *binomio*.

Problemas de clasificación

La existencia de un tema culto *bin-*, equivalente a 'doble', complica la clasificación de este morfema. Este formante neoclásico probablemente es el que se encuentra tras formaciones que implican sufijos sin raíces independientes, como *bin-ario*.

Bibliografía: Rainer (1993); Varela & Martín García (1999); RAE & ASALE (2009: §10.8); Gibert Sotel (2021).

bien-. Del adverbio español *bien*. Prefijo preposicional con valor escalar.

Tipos de base

a   Este prefijo apenas se emplea con bases correspondientes a nombres, comunes o propios. Entre los escasos ejemplos donde hay una base nominal se encuentran los de (1), en su mayoría infinitivos nominalizados.

(1)   bienandanza, bienmorir, bienvivir, bienestar

b   Son muy frecuentes las bases formadas por adjetivos de forma participial, en muchos casos cuando no existe el verbo correspondiente en combinación con el prefijo.

(2)   bienaventurado, bienfamado, bienfortunado, bienhadado, bienhumorado, bienintencionado, bienoliente, bienvenido, biempensante, bienamado, bienvestido, bienpagado, biennacido

c   Es frecuente que este prefijo se una a bases que han sido derivadas de verbos; junto a los casos de (1) y (2) tenemos los de (3).

(3)   bienhechor, bienhablado, bienllegado, bienmandado

d   También se une a verbos; existe cierta tendencia a que los verbos correspondientes se empleen como sustantivos en las formas no personales, similar a lo que sucede con los participios: *bienestar, bienmorir* y *bienvivir* se emplean exclusivamente como sustantivos. Los verbos de (4), en cambio, pueden emplearse como tales.

(4)   bienquerer, bienquistar, biencomer

Comportamiento gramatical

a   Este prefijo no altera la categoría gramatical o el resto de propiedades gramaticales de la base.
b   Este prefijo no es iterable.
c   Este prefijo participa en la parasíntesis, sobre todo con sufijos de forma participial: *fortunado > bienfortunado, *humorado > bienhumorado.
d   Este prefijo no participa en paradojas de encorchetado y segmentación.
e   Es posible coordinar este prefijo con otros, sobre todo **mal-**: *bien- y mal-humorados*.

Tipos de significado

a   Este prefijo tiene un valor escalar que indica el opuesto de **mal-**, es decir, un grado alto dentro de los grados asociados o no a las maneras de realizar un evento. El valor puro de grado, en que se habla de una situación que colma las necesidades, se encuentra en *biencomido, bienpagado, bienvivir* o *bienestar*, entre otros.
b   El valor de manera, unido al de grado, aparece en aquellos casos donde el prefijo indica que la manera asociada a un evento ha sido satisfactoria y se considera una forma positiva de realizar dicho evento, como en *bienintencionado, bienvestido, bienhablado, bienmandado, bienquerer, bienoliente, bienfortunado, bienfamado, bienandanza* y muchas otras. Cuando el evento no tiene un agente que pueda controlar la manera, la lectura se desplaza a la conveniencia y oportunidad de que suceda el evento, como en *biennacido, bienllegado*.
c   En la tercera lectura, el prefijo adopta un valor casi argumental, en el que designa un resultado positivo y favorable: *bienhechor, bienpensante*.

Propiedades fonológicas

Este prefijo da muestras de cierta independencia prosódica de la base, manifestada por lo general en la preservación del diptongo y la asignación de acento secundario no rítmico (*bièn̄fortunádo*), pero siempre resilabifica su última consonante con la primera vocal de la base (*bie.nha.da.do*).

Alomorfos

a El alomorfo *bene-* aparece en algunas formaciones cultas cuya base está derivada de un tema neoclásico o de un alomorfo latinizante de un término español, como en *benefactor, benevolente, benemérito*.
b El alomorfo *ben-* se documente en bendecir y sus derivados.

Problemas de clasificación

Un criterio de supuesta independencia del morfema podría clasificar **bien-** como un miembro de un compuesto porque se emplea el adverbio *bien* como palabra independiente. Sin embargo, nótese que (i) **bien-** no alterna con bueno cuando la base es sustantiva; (ii) **bien-** participa en casos claros de parasíntesis, en alternancia con **a-**[1], como en *bienfortunado / afortunado*; (iii) nunca aparecen formaciones compositivas en que bien aparezca a la derecha de otro formante compositivo.

Relaciones con otros afijos

Forma frecuentemente pares de antónimos con **mal-** (*bienestar* ~ *malestar*, *bienoliente* ~ *maloliente*), pero es algo menos productivo que este.

> LECTURAS RECOMENDADAS: Rainer (1993); Varela & Martín García (1999); Varela & Haouet (2001).

-bil(i)-. Alomorfo de **-ble**.

bin-. Posible alomorfo de **bi-** (*binoculares*).

bis-. Del latín *bis* 'dos veces'. Prefijo cuantificativo empleado en la formación de nombres de parentesco.

a Este prefijo se combina casi exclusivamente con bases correspondientes a nombres comunes relacionados con parentescos verticales construidos sobre la relación padre-hijo: *bisabuelo, bisnieto*.
b Etimológicamente, pero sin ninguna transparencia actual, se documenta con algunas bases participiales antiguas (*bizcocho, bistorta* 'tipo de planta'), pero claramente los hablantes no lo segmentan en estas voces.
c Existe al menos una formación en que este prefijo convierte el sustantivo en adjetivo: **personas cuernas* ~ *personas bizcuernas*.
d En principio, este prefijo no es iterable, en parte porque el significado que expresa su iteración está ya cubierto por el prefijo **tatara-**.
e El significado del prefijo es el de añadir una generación a la relación que define la base. Si un nieto y un abuelo están separados por una generación intermedia, la de los padres, un bisnieto está separado del bisabuelo por dos generaciones.

f   El alomorfo *biz-* aparece en *biznieto*, en alternancia libre con *bisnieto*, y también en *bizcuerno* 'bizco' y *bizcornear* 'bizquear'. Etimológicamente, este prefijo tiene el alomorfo *biz-* en *bizcocho* 'que ha sido cocido dos veces'.
g   Este prefijo se integra de forma plena en la prosodia de la base.

biz-. Alomorfo de **bis-**, en formas como *biznieto*.

-ble[1]. Del adjetivalizador latino *-bilem*. Sufijo adjetivalizador que forma adjetivos de sentido pasivo y modal a partir de bases verbales.

Tipos de base

a   Este sufijo es productivo con verbos de las tres clases de conjugación:

(1)   abarcable, abominable, abonable, abordable, acabable, acatable, accionable, aceptable, achacable, acomodable, aconsejable, acumulable, acusable, adaptable, adivinable, admirable, adoptable, afectable, agasajable, agitable, agotable, agradable, agrupable, aguantable, ahorcable, aislable, ajenable, ajustable, alabable, alcanzable, alfabetizable, alienable, alquilable, alterable, ambicionable, amoldable, amortizable, ampliable, analizable, anegable, aniquilable, anulable, apelable, aplacable, aplazable, aplicable, apreciable, apropiable, aprovechable, arable, arbitrable, armable, armonizable, arrendable, arrollable, arrugable, articulable, asegurable, asignable, asimilable, asociable, astillable, atacable, aumentable, aunable, averiguable, azotable, bailable, calcinable, calculable, calificable, cambiable, canalizable, cantable, certificable, censurable, certificable, clasificable, coagulable, cobrable, codiciable, codificable, coleccionable, combinable, comerciable, compartable, compensable, comportable, computable, comunicable, conciliable, concordable, condensable, confesable, confiable, confiscable, congelable, conjeturable, conjugable, conmemorable, conmensurable, conmutable, conquistable, consagrable, considerable, consolable, consultable, contable, conversable, cotejable, cotizable, creable, cristalizable, criticable, cuantificable, culpable, cultivable, curable, dable, dañable, declarable, declinable, deformable, delatable, delegable, deleitable, demandable, demostrable, denostable, denunciable, deplorable, derogable, desdeñable, destacable, destilable, detestable, diagnosticable, dignificable, edificable, educable, ejecutable, elaborable, elevable, elogiable, embargable, emocionable, enajenable, encasillablesable, explicable, explorable, explotable, exportable, expresable, loable, magnetizable, maleable, manejable, marchitable, masticable, medicable, mejorable, mezclable, mirable, modelable, mostrable, mutable, narrable, navegable, negable, negociable, notable, objetable, observable, operable, opinable, orientable, predicable, presentable, probable, programable, prolongable, pronunciable, prorrogable, publicable, pulverizable, purgable, quebrantable, rajable, razonable, refutable, regulable, respetable, respirable, saltable, salvable, sanable, sancionable, santificable, sindicable, sintetizable, sobornable, soportable, sospechable, sugestionable, suministrable, superable, suplantable, sustentable, tipificable, tocable, tolerable, transfigurable, transformable, transpirable, trasportable, tratable, trazable, ubicable, untable, vadeable, venerable, vengable, vinculable, vituperable, vulnerable

(2) aborrecible, absorbible, accesible, apetecible, atendible, atraíble, bebible, caíble, cedible, comible, componible, comprensible, conocible, contenible, corrompible, corrosible, cosible, creíble, decaíble, defendible, disoluble, disponible, entendible, extensible, extraíble, leíble, movible, obedecible, obtenible, perecible, raíble, rompible, sorbible, sostenible, temible, vencible, vendible, visible

(3) abatible, admisible, adscribible, afligible, asumible, atribuible, avenible, combatible, compartible, compresible, concebible, conducible, confundible, consumible, convenible, corregible, decible, deducible, definible, destruible, digerible, dirigible, dirimible, discernible, discutible, distinguible, divisible, elegible, eludible, escindible, esgrimible, excluible, exigible, expansible, extinguible, fundible, hundible, lucible, medible, oíble, omisible, partible, perceptible, permisible, perseguible, persuasible, predecible, preferible, prescindible, prevenible, producible, rebatible, recurrible, restituible, risible, rugible, sentible, sufrible, sumergible, sustituible, teñible, traducible, transferible, transmisible, unible

b Frecuentemente, la base es neoclásica y existe la posibilidad de que el adjetivo se herede del latín sin descomponerlo, en lugar de formar la voz en español:

(4) afable, agible, apacible, aplacible, asequible, audible, cognoscible, combustible, compasible, compatible, corruptible, deleble, delectable, dubitable, efable, eluctable, endeble, exorable, factible, falible, finible, flexible, formidable, horrible, laborable, legible, ostensible, plausible, posible, potable, punible, putrescible, sociable, terrible, tingible, vegetable

c Son relativamente frecuentes también las bases sustantivas en las que no se reconoce un verbo existente:

(5) alcaldable, amigable, bonancible, carrozable, confortable, defectible, discursible, doctrinable, enemigable, favorable, futurible, graciable, historiable, honorable, impepinable, justiciable, lagrimable, maderable, manuable, medicinable, ministrable, noticiable, papable, presidenciable, presidiable, saludable, viable

d Se han propuesto dos clases de restricciones sobre los verbos que pueden ser seleccionados como bases por este sufijo, ambas derivadas de la supuesta relación entre este sufijo y la voz pasiva. La primera de ellas es con respecto a la interpretación del argumento externo, que tiende a ser interpretado como un agente. Esta restricción es falsificada por dos grupos de ejemplos. El primero de ellos está formado por la abundante cantidad de bases verbales estativas donde el sujeto no se interpreta como un agente:

(6) admirable, apreciable, deleitable, detestable, dudable, espantable, experimentable, estable, estimable, flotable, tolerable, creíble, aborrecible, apetecible, conocible, contenible, temible, preferible, sentible, sufrible, venerable...

e El segundo está formado por verbos que tienen una lectura incoativa o anticausativa obligatoria, como *ganable, alcanzable, perecible, cambiable, variable, encogible*, entre otros muchos.

f La segunda restricción se refiere a la transitividad del verbo base, que, al igual que con la pasiva sintáctica, requiere un argumento acusativo. Esta restricción también es falsificada por numerosos ejemplos que, con o sin argumento interno, no asignan acusativo pero pueden dar lugar a estas formaciones: *durable, gustable, confiable, fiable, disponible, dudable, prescindible, risible, andable, llegable, llovible, vivible, flotable*, entre otras muchas.

g Nótese que muchos de los verbos que se citan como contraejemplos a la generalización de que las bases han de ser transitivas admiten usos transitivos: *navegable (navegar un río), transitable (transitar una avenida), opinable (opinar que algo es cierto), bailar (bailar un tango)*, etc.

Comportamiento gramatical

a Este sufijo produce siempre adjetivos comunes en género y marcados por la terminación -e[4].

b La inmensa mayoría de los adjetivos derivados de verbos (1, 2 y 3 en la sección anterior) son relacionales y rechazan tres propiedades características de los adjetivos calificativos: no admiten grado con facilidad (**muy pulverizable*), no dan lugar a adverbios en -mente (**pulverizablemente*) y rechazan la posición antepuesta al sustantivo (**la pulverizable sustancia*).

c Favorecen el uso calificativo las bases deadjetivales verbales (*muy mejorable*), la presencia del prefijo **in-**[1] (*muy inalcanzable*) y la existencia de un verbo estativo en la base (*muy venerable*).

d Las formaciones heredadas del latín suelen comportarse como adjetivos calificativos (*amable, flexible, sociable, terrible...*).

e Las voces de (1), (2) y (3) heredan parcialmente la estructura argumental de la base verbal. El sujeto del adjetivo suele interpretarse, cuando existe, como el argumento interno del verbo base (*cantar una tonadilla > una tonadilla cantable*). Hay excepciones, sin embargo: *durable* no toma un sujeto que sea argumento interno del verbo base; igual para *decaíble* y algunos otros.

f Es frecuente que el adjetivo herede los complementos preposicionales del verbo base (*homologable a las mejores tiranías, permutable por un cheque regalo, divisible en tres partes...*).

g También es frecuente que se herede el complemento indirecto (*notificable a las autoridades, mostrable a distintos expertos*) y que el adjetivo admita complementos circunstanciales (*lavable en agua fría*).

h Los agentes pueden introducirse con la preposición *por*, pero existen restricciones referenciales que pesan sobre el nominal: suele ser genérico o no específico, y los nombres propios solo se admiten en la medida en que refieran a entidades reconocibles y célebres.

(7) a *moldeable por Juan
     b moldeable por niños de todas las edades
     c moldeable por un experto

i Pese a que se ha afirmado que la presencia de prefijos negativos bloquea la estructura argumental, esto no es cierto: *indistinguible de la magia, inadaptable a las necesidades de la empresa, incomparable a nadie más, intransferible a los clientes, intrasladable a otras instancias, irrealizable por un juez de cualquier tipo, imparable por el portero*.

j Este sufijo conserva a su izquierda la vocal temática.

k   En la segunda conjugación selecciona el alomorfo -*i*-. Es frecuente que los verbos de la segunda conjugación adopten bases alomórficas con este sufijo; es algo menos frecuente con los verbos de la tercera conjugación.
l   En las bases nominales, el sufijo implica la presencia de una vocal temática, generalmente -*a*- (*papable, ministrable, carrozable, honorable, saludable*...).
m   Con todo, en algunas formaciones poco usuales se documenta la vocal temática de segunda o tercera conjugación: *defectible, discursible, futurible*.
n   En alguna formación aislada el prefijo selecciona una vocal temática distinta de la que acompaña normalmente al verbo: *contentar* > *contentible*; *defender* > *defensable*. Cabe pensar que tal vez estas formaciones estén tomando un sustantivo o una raíz como base.
ñ   Se ha propuesto también que estos adjetivos solo admiten complementos aspectuales relacionados con la base verbal, casi siempre cuando el adjetivo deriva de un verbo eventivo: *actividades realizables durante horas, amortizable progresivamente, renovable cada año*.
o   Generalmente estos adjetivos son predicados de individuos que se combinan con *ser*.

Tipos de significado

a   Este sufijo, al igual que **-dero**, se considera un sufijo modal de valor pasivo, con un significado semejante al de 'que puede ser Vdo'.
b   El valor modal suele ser de potencialidad, es decir, que la entidad a la que modifica el adjetivo permite o hace posible que se aplique sobre ella el evento expresado por la base.
c   Existen, sin embargo, dos clases de excepciones a esta tendencia. La primera es aquellos casos en que el valor modal se interpreta más bien como obligación que como potencialidad ('que debe ser Vdo' o 'que merece ser Vdo'): *aborrecible, admirable, censurable, deplorable, elogiable, envidiable, imponible, lamentable, loable, notificable, recomendable, reprobable, reprochable, respetable, temible, venerable, punible*, etc.
d   El segundo grupo de contraejemplos son aquellos, a menudo heredados del latín, que carecen de valor modal: *durable, amable, apacible, sociable, probable*...
e   Con bases nominales es frecuente la interpretación de posibilidad en que la base se interpreta como una clase de entidades a la que puede llegar a pertenecer la entidad modificada por el adjetivo, como en *ministrable, papable, presidenciable, alcaldable, noticiable, historiable, maderable, futurible* 'que puede convertirse en el futuro'. Es menos frecuente la lectura causativa, como en *saludable*,
f   Otras interpretaciones típicas son las de transferencia, generalmente con valor de obligación y no de posibilidad: *honorable, presidiable, justiciable, favorable* 'que puede dar o mostrar favor'. Otras lecturas posibles son menos sistemáticas: que puede causar algo (*lagrimable, saludable*), que puede realizarse con algo (*manuable*), que admite el uso de algo (*carrozable*)...
g   La lectura de posibilidad a veces contrasta con una lectura calificativa de agrado o placer, dependiendo de la naturaleza de la base. *Potable* y *bebible* contrastan en que el primero habla de la posibilidad de beber algo y el segundo del placer que se experimenta al beberlo (cf. también *legible* ~ *leíble, comestible* ~ *comible*).

Propiedades fonológicas

Este sufijo atrae el acento a la vocal temática, o el segmento vocálico que aparezca en su posición.

Alomorfos

a   El alomorfo *-bil-* aparece en combinación con distintos sufijos que comienzan por /i/: **-idad** (*amabilidad*), **-ísimo** (*amabilísimo*), **-izar** (**contabilizar**)
b   El alomorfo *-bili-* es necesario con **-ario**^{2} (*inmueble > inmobiliario*, si bien la primera forma procede directamente del latín y no está formada en español).
c   Es posible que estos dos alomorfos puedan unificarse en *-bili-* si aceptamos que el grupo de (a) tiene doble /i/, que se simplifica fonológicamente.

LECTURAS RECOMENDADAS: Val Álvaro (1981); Rainer (1993, 1999); Pharies (2002); RAE & ASALE (2009: §7.10); Oltra-Massuet (2014), Fábregas (2020).

-ble^2. Posible alomorfo de '**-ple** (*doble*).

braqui-. Del griego βραχύς 'corto'. Prefijo adjetival propio del lenguaje científico, con valor equivalente a 'corto, no alargado'.

a   Este prefijo se combina con temas neoclásicos equivalentes a adjetivos relacionales (*braquícero, braquicéfalo*) o sustantivos (*braquilogía*).
b   No altera las propiedades gramaticales de la base.
c   Su valor semántico es el equivalente al adjetivo dimensional 'corto, no alargado'.
d   Pese a su etimología, en español actual se comporta como un prefijo: no aparece nunca a la derecha de la base, no da lugar a formaciones uniéndose a otros afijos.

bronto-. Del griego βροντή 'trueno'. Prefijo cuantificativo de valor multiplicativo que expresa a magnitud de 10^{27}, y toma como bases unidades de medida, como en *brontobyte*. No es un prefijo oficialmente reconocido, y el valor expresado por él se asocia a **ronna-**.

-bundo. Del adjetivalizador deverbal latino *-bundum*, que formaba adjetivos activos. Sufijo adjetivalizador poco productivo, con un valor frecuente de intensificación.

Tipos de base

a   Este sufijo se combina con algunos verbos:

   (1)   errabundo, gemebundo, meditabundo, moribundo, nauseabundo (cf. *nausear* 'producir náuseas'), vagabundo

b   Debido al carácter culto del sufijo, son frecuentes las bases neoclásicas correspondientes a verbos que ya no se emplean en español (2). Desde el punto de vista sincrónico podría proponerse que *furibundo* deriva del sustantivo furia, pero históricamente deriva de *furere* 'tener o sentir furia'.

   (2)   cogitabundo, furibundo, nauseabundo, pudibundo, sitibundo, tremebundo

Comportamiento gramatical

a   Este sufijo forma siempre adjetivos variables en género, marcados regularmente por **-o**[1] en masculino y **-a**[1] en femenino.
b   Este sufijo produce adjetivos calificativos, pero –tal vez por el valor semántico intensificativo del sufijo– generalmente no son graduables.
c   Este sufijo preserva la vocal temática de la base a su izquierda. La vocal temática de primera conjugación permanece inalterada, pero la de tercera puede emplear el alomorfo -*e* (*gem-i-r* > *gem-e-bundo*) o mantenerse como -*i* (*mor-i-r* > *mor-i-bundo*). No se documentan bases de la segunda conjugación.
d   Los adjetivos formados con este sufijo pueden ser tanto predicados caracterizadores (*errabundo, tremebundo, vagabundo, pudibundo, nauseabundo...*) como de estadio (*furibundo, cogitabundo, meditabundo, gemebundo, moribundo...*), sin que se aprecien preferencias por una de las dos clases.

Tipos de significado

a   Este sufijo produce formas adjetivales activas en las que el sustantivo modificado por él se asocia al papel temático que recibe el sujeto en la versión verbal activa: *moribundo* 'que muere', *vagabundo* 'que vaga', *nauseabundo* 'que causa náuseas'.
b   Con pocas excepciones (*moribundo*) este sufijo denota una gran intensidad o frecuencia de la situación denotada por su base. Un vagabundo vaga de forma frecuente, alguien meditabundo se encuentra en un estado profundo de meditación, alguien gemebundo gime repetidamente y con intensidad, etc.
c   Por este motivo, muchas de las formaciones con este sufijo se comportan como un adjetivo elativo (*tremebundo, nauseabundo, cogitabundo, sitibundo*, etc.).

Propiedades fonológicas

Este sufijo atrae el acento a su vocal /u/; no se aprecian alteraciones sistemáticas de la fonología de la base.

Alomorfos

a   La forma -*undo* parece necesaria en *verecundo*.
b   La forma -*cundo* es necesaria en *rubicundo*.
c   La forma -*acundo* es necesaria en *iracundo*, suponiendo que la vocal átona final de una base nominal o adjetival se cancela siempre en derivación.

Relaciones con otros afijos

Frente a **-nte**, que también forma adjetivos activos sobre bases verbales, y **-dizo**, que también entra en su clase, **-bundo** es menos productivo y se asocia a valores intensificativos similares a los de **-ón**[3], que también es mucho más productivo.

LECTURAS RECOMENDADAS: Rainer (1993, 1999); Pharies (2002).

C

-ce. Del latín *decem* 'diez'. Sufijo que expresa algunos numerales cardinales dentro de la secuencia de las decenas.

Tipos de base

a   Este sufijo es segmentable en los cardinales entre el 11 y el 15:

(1)   once, doce, trece, catorce, quince

b   El sufijo tambié es visible, si bien desusado, en algunos numerales multiplicativos, como en *dúplice, tríplice, multíplice*, donde tomas bases multiplicativas.

Comportamiento gramatical

a   Este sufijo da lugar a numerales cardinales o multiplicativos. En el primer caso, como sucede con los cardinales siempre, no admite flexión de género o de número.
b   En el segundo caso da lugar a adjetivos comunes en género, marcados por -**e**[4].
c   Este sufijo siempre va asociado a la vocal átona final de la base cardinal o multiplicativa.

Tipos de significado

Este sufijo expresa en los cardinales el valor correspondiente a las decenas, sumando 10 a la cantidad denotada por la base.

Propiedades fonológicas

a   Este sufijo implica la caída de la consonante final /s/ de la base: *dos-ce > doce, tres-ce > trece*.
b   Este sufijo selecciona bases alomórficas, a veces usadas en otras formaciones, como en *quin-ce* (cf. *quin-to*, cf. -**to**[2]), y en otras ocasiones exclusivas del cardinal de las decenas (*cator-ce, on-ce*).

Relaciones con otros afijos

a   Los cardinales de las decenas a partir de 16 toman la forma de compuestos con la vocal de enlace -**i**-[1].
b   Este sufijo contrasta con -**enta**, que expresa la multiplicación por diez.

DOI: 10.4324/9781003415046-4

-cecico. Alomorfo del diminutivo **-ico**.

-cecín. Alomorfo del diminutivo **-ín**.

-cecino. Alomorfo del diminutivo **-ino**.

-cecillo. Alomorfo del diminutivo **-illo**.

-cecito. Alomorfo del diminutivo **-it-**[1].

centi-[1]. Del francés *centi-*, y este a su vez del latín *centum* 'cien'. Prefijo cuantificativo fraccionario del lenguaje técnico con valor equivalente a 10^{-2}, y que se combina únicamente con sustantivos que equivalen a unidades de medida, como *centímetro, centilitro, centigramo, centiárea*.

centi-[2]. Del latín *centum* 'cien'. Prefijo cuantificativo multiplicativo no oficial con valor equivalente a 10^2, y que aparece en unas pocas formaciones desusadas, como *centipondio* 'quintal', que originalmente expresaba el valor de cien libras (*pounds* > *pondio*), *centimano* 'de cien manos' –con un proceso de adjetivalización típico de los prefijos cuantificativos– o *centiloquio* 'que tiene 100 documentos'.

-cérrimo. Alomorfo de **-érrimo**.

-cezucho. Alomorfo de **-ucho**.

-cezuelo. Alomorfo del diminutivo **-uelo**.

-cho. De la secuencia latina *-ctum*, terminación de supino de algunos verbos irregulares. Falso sufijo que en realidad corresponde a la consonante final de una base irregular y la vocal invariable del participio, idéntica en su comportamiento a **-o**[1]. Aparece en *dich-o, hech-o* y sus derivados prefijales, y etimológicamente puede asociarse a *ducho, cocho* y otras formaciones originalmente participiales.

ciber-. Del inglés *cyber-*, acortamiento de *cybernetic* 'cibernético'. Posible prefijo adjetival de valor equivalente al adjetivo relacional 'cibernético'.

a   Este prefijo se combina con nombres comunes que denotan acciones o estados, (*ciberespacio, ciberataque, cibervigilancia, ciberseguridad, ciberespionaje, ciberdelito, ciberacoso, cibersexo, ciberguerra, ciberviolencia...*), papeles sociales aplicados a las personas (*cibercriminal, ciberdelincuente, ciberactivista, ciberperiodista, ciberpirata...*), y algunas entidades no animadas (*cibercafé, ciberarma, ciberestado...*).
b   Son excepcionales las formaciones sobre temas neoclásicos equivalentes a sustantivos (*cibernauta*).
c   Este prefijo no altera las propiedades gramatical de la base, no participa en parasíntesis y no es iterable, tal vez por su significado, que no aporta ninguna distinción semántica en la iteración.
d   Este prefijo equivale al significado 'cibernético', y establece alguna asociación entre la entidad o clase denotaba por la base y el ámbito de internet y las tecnologías relacionadas.

e   Este prefijo presenta cierto grado de independencia prosódica de la base, manifestada en la presencia de acento secundario no rítmico (*cìberatáque*), si bien la consonante final del prefijo se resilabifica como la primera del ataque silábico de la base cuando esta empieza por vocal.
f   Los motivos para tratar este morfema como un prefijo y no como un componente neoclásico son los siguientes: a) la forma **ciber-**, por más que se relacione etimológicamente con cibernético, no forma voces del español por adición de otros afijos; b) esta forma está restringida a la posición de prefijo, y nunca aparece tras una base.

-cico. Alomorfo de **-ico**.

-cillo. Alomorfo de **-illo**.

-cín. Alomorfo de **-ín**.

-cino. Alomorfo de **-ino**.

-ción. Del sufijo latino *-tionem*, nominalizador usado sobre todo con bases de forma participial. Sufijo nominalizador deverbal.

Tipos de base

a   Este sufijo es extraordinariamente productivo como nominalizador a partir de verbos de casi todas las clases morfológicas, semánticas y sintácticas. Se combina con verbos de las tres conjugaciones, si bien son escasas las formaciones que regularmente proceden de la tercera y, sobre todo, la segunda conjugación:

   (1)   aceptación, acomodación, acotación, radiación, rasuración, recaudación, revelación, revocación, rotación, rotulación, sanación, ultimación,
   (2)   demolición, perdición
   (3)   abolición, definición, inhibición, nutrición, partición, prohibición

b   Este nominalizador se combina productivamente con verbos derivados por los sufijos **-izar** e **-ificar**.

   (4)   racionalización, ralentización, realización, ridiculización, romanización
   (5)   ramificación, ratificación, sacarificación, salificación, saponificación, unificación

c   No sucede esto, sin embargo, con los verbos derivados en **-ear**, que generalmente toman **-eo**, o los derivados en **-ecer**, que toman **-miento**, salvo que se produzcan haplologías del sufijo verbalizador.
d   Existen también numerosas bases neoclásicas con este sufijo. Entre muchísimas otras que podrían citarse, encontramos las de (6).

   (6)   acepción, afección, afición, ambición, ración, reacción, sección, sedición, selección, sensación, sigilación, supleción, transición, traslación, tuición

e   Son pocos los casos en que se forma este sufijo, añadiendo una vocal temática, sobre una base nominal, y casi siempre puede suponerse una base heredada directamente del latín, como en *diente > dentición, placenta > placentación, lágrima > lagrimación*.

f   Son más frecuentes, en cambio, los casos en los que se identifican bases adjetivales, como en *conciso > concisión, corrupto > corrupción, estupefacto > estupefacción, abyecto > abyeccion, devoto > devoción, discreto > discreción, perfecto > perfección, obseso > obsesión*.

Comportamiento gramatical

a   Este sufijo produce regularmente sustantivos femeninos no marcados para género.

b   Este sufijo, cuando conserva la vocal temática de la base, preserva la -a^2 de la primera conjugación y la -i^1 de la tercera, pero convierte la -e^2 de la segunda en el alomorfo -*i*-.

(7)   demol-e-r > demol-i-ción

c   Son numerosos los casos en que este sufijo no conserva la vocal temática de la base, y muchos de ellos no son sistematizables porque involucran voces heredadas del latín, como en el caso de *cantar > canción*.

d   Sin embargo, otras formaciones son sistematizables y siempre involucran verbos de la segunda o la tercera conjugación, lo cual sugiere que la tendencia a mantener la vocal temática es sistemática para los verbos de la primera conjugación. En la mayoría de los verbos terminados en -*uir*, la vocal temática desaparece (con excepciones: *intuir*), con o sin alomorfía adicional de la base.

(8)   sustituir > sustitución, prostituir > prostitución, construir > construcción

e   Existe la misma generalización para los verbos formados sobre *tener*.

(9)   retener > retención, mantener > manutención, contener > contención

f   Los verbos en *venir* también eliminan la vocal temática.

(10)   prevenir > frevención, contravenir > contravención

g   Aunque con dobletes (*consumir > consunción ~ consumición*), los verbos terminados en -*sumir* toman la forma -*sun*-, donde el punto de articulación de la nasal se sigue de la naturaleza de la primera consonante del sufijo:

(11)   presumir > presunción, asumir > asunción, subsumir > subsunción

h   Sucede igual en los verbos acabados en -*cebir*, además con irregularidad de la base:

(12)   concebir > concepción, recibir > recepción

i   Es frecuente que los verbos de la segunda o tercera conjugación terminados en la velar fricativa representada ortográficamente como -*g*- (/x/) carezcan de vocal temática con este sufijo, y además conviertan la velar en oclusiva sorda:

(13)   dirigir > dirección, proteger > protección

j   Los verbos acabados en -*ducir* toman la forma -*duk*-:

(14)   producir > producción, conducir > conducción, reducir > reducción

k   Los verbos terminados en -*facer* toman -*fak*-:

(15)   satisfacer > satisfacción, desfacer > desfacción

l   Los verbos terminados en -*scribir* toman la forma -*scrip*-:

(16) inscribir > inscripción, proscribir > proscripción

m   Los verbos en -*solver* toman -*solu*:

(17) resolver > resolución, disolver > disolución

n   Los verbos en -*decir* toman -*dik*-:

(18) predecir > predicción, decir > dicción

ñ   Los verbos que terminan en -*mitir* o -*metir* pierden la vocal temática y la /t/ final, y además se combinan con el alomorfo -*sión*.

(19) remitir > remisión, emitir > emisión, cometer > comisión

o   Los verbos que terminan en -*prim*- también toman el alomorfo -*sión* y pierden la vocal temática y la nasal:

(20) imprimir > impresión, comprimir > compresión

p   Aunque tampoco de forma sistemática, los verbos acabados en -*ceder* siguen la misma pauta de los anteriores:

(21) interceder > intercesión, conceder > concesión

q   Los verbos de la segunda y tercera conjugación terminados en -d- suelen seguir esta misma pauta (con excepciones: *rendir > rendición*):

(22) eludir > elusión, invadir > invasión,

r   Aunque conservan la vocal temática, otros verbos toman bases alomórficas, como -*poner > pos*-:

(23) componer > composición, poner > posición, reponer > reposición

s   Este sufijo produce nombres de acción o participante de forma prioritaria. En tanto que produce nombres de participante, puede expresar una gran cantidad de nociones que dependen de la interpretación semántica que se asocie al participante de la situación denotada por la base.

t   Por lo que toca a las versiones en que el sufijo expresa nombres de eventualidad o de estado, en tales casos admite complementos heredados del verbo, incluidos los adjuntos.

(24) la destrucción de la ciudad por el ejército durante unas maniobras el viernes pasado

Tipos de significado

a   Este sufijo tiene tendencia a resultar transparente en su significado, en el sentido de que no aporta al nombre derivado ninguna noción semántica que no estuviera ya presente en su base. De esta manera, pueden tener lectura de evento todos los sustantivos derivados con este sufijo a partir de verbos eventivos.

(25) combinación, destrucción, compactación, competición, conducción, conformación, conmemoración...

b   Los verbos estativos, o los eventivos que contienen un estado resultante en su estructura semántica, pueden dar lugar a lecturas de estado:

(26) interrupción, confabulación, conservación, consideración, constatación, convicción, discriminación, fijación, fascinación, indignación, meditación, ofuscación, postración...

c   A partir de la lectura de estado se puede derivar una lectura en que el sustantivo denota la capacidad de desarrollar un evento: *imaginación, flotación, acidificación, oxidación...*

d   No todas las lecturas de acción denotan eventos, y de hecho con **-ción** es posible obtener formaciones en las que se denota una ocupación, afición o actividad sin que sea posible tomar argumentos sintácticos o denotar instanciaciones particulares de ese evento, como en *natación*. Véase también **-ía**.

(27) *la natación de dos largos de piscina por Juan ayer

e   Cuando el sufijo denota participantes del evento, con frecuencia el participante corresponde al resultado del proceso o en general al argumento interno, como en *inscripción, encarnación, construcción, dislocación, disimilación, disolución, donación, federación*, pero se admiten muchas otras lecturas.

f   Son frecuentes también la de instrumento (*decoración, distinción, distracción, iluminación, felicitación*) o agente (*administración, dirección, gobernación*), entre otras concebibles, como el lugar (*habitación, embarcación*).

g   Se ha observado que los verbos que admiten la lectura de participante no incluyen aquellos que implican cambios de estado donde el argumento interno desaparece: así, *construcción* puede tener lectura de participante ('lo construido') pero *destrucción* no puede equivaler a 'lo destruido'.

h   Como ya se ha mencionado, existen varios casos en que el sufijo parece añadirse a una base adjetival, y en tales casos el sufijo también es transparente y expresa la cualidad asociada a dicha base (*perfecto > perfección*).

i   Sin embargo, aun procediendo de bases verbales, designan cualidades algunas nominalizaciones con este sufijo donde la raíz denota una cualidad y el verbo denota un cambio de estado. Estos casos están restringidos a verbos de estado que no se han derivado de adjetivos mediante verbalizadores como *-izar* o *-ificar*:

(28) concretar > concreción, moderar > moderación, desesperar > desesperación, desolar > desolación, organizar > organización 'cualidad de ser organizado', sofisticación...

Propiedades fonológicas y Alomorfos

a   Este sufijo atrae a él el acento prosódico de la palabra, lo cual implica que selecciona las formas de la base regulares en aquellos verbos con alomorfos que dependen de la posición del acento sobre una vocal media de la base, como en *dormir ~ duerme ~ dormición, elegir ~ elige ~ elección*.

b   Este sufijo tiene, junto a la forma *-ción* –que es la no marcada, elegida siempre que hay vocal temática y en muchos casos donde no está, como en *concreción, perfección*– los alomorfos *-sión* e *-ión*, ambos restringidos a casos donde no aparece la vocal temática.

c   La forma *-sión* se elige en las formas donde falta la vocal temática y está condicionada morfológicamente por la terminación del verbo, como se ha descrito en 'comportamiento gramatical'.

d   La forma *-ión* se postula en aquellos casos que carecen de vocal temática y donde existe una base alomórfica que termina en /s/ de forma independiente, como en *remitir > remisión* (*remis-o*), *evadir > evasión* (*evas-iva*), *convertir > conversión* (*convers-o*). En estos casos podría proponerse de forma independiente que el alomorfo es *-sión*, y que al acabar la base en /s/ o /d/ se produce una simplificación consonántica (*evad-sión > evasión*). No obstante, la necesidad del alomorfo *-ión* está independientemente justificada por la existencia de otras formas donde la base no acaba en /s/: *rebelar > rebelión, religar > religión, unir > unión*.

Haplologías

Como se ha dicho, **-ecer** fuerza la presencia de **-miento**. No obstante, en algunos casos la solución elegida es emplear **-ción** pero hacerlo eliminando **-ecer**.

(28)   aparición, desaparición

Relaciones con otros afijos

El sufijo **-ción** es el nominalizador deverbal por defecto del español, y si no existen condicionantes de otros tipos es el elegido por encima de **-miento**, que le sigue en productividad. Etimológicamente, se relaciona con **-zón**.

> Lecturas recomendadas: Pena (1980); Bajo Pérez (1997); Santiago Lacuesta & Bustos Gisbert (1999); Pharies (2002); RAE & ASALE (2009: §5.2-5.3), Varela (2012); Alcoba (2014); Fábregas (2016); Resnik (2021), Buenafuentes de la Mata & Raab (2022).

circun-. Del prefijo latino *circum-* 'alrededor de'. Prefijo preposicional de valor locativo.

Tipos de base

a   Apenas hay formaciones de base nominal, pero se pueden citar las de (1).

(1)   circunstancia, circuncentro, circungalería

b   Este prefijo es mucho más productivo con bases correspondientes a adjetivos relacionales.

(2)   circumpolar, cincunterrestre, circunsolar, circunvecino, circunyacente, circunhorizontal, circunestelar, circunmediterráneo, circunvaginal, circunvesubiano, circungaláctico

c   También se localizan algunos verbos:

(3)   circunnavegar, cincunscribir, circunvenir, circunvolar

d   Son relativamente frecuentes las formaciones sobre temas neoclásicos; entre las bases neoclásicas verbales (algunas de las cuales dan lugar a derivados, como *circunferencia*) se documentan las de (4).

(4)   circuncidar, circunferir, circunvalar,

e   También hay formaciones neoclásicas sobre elementos correspondientes a adjetivos o sustantivos:

(5)   circunciso, circunflejo, circunloquio, circunspecto,

f   Existe como forma poco usada la formación adverbial *circumcirca*, sobre un tema neoclásico adverbial, *circa* 'aproximadamente'.

Comportamiento gramatical

a   Este prefijo no altera las propiedades gramaticales de la base.
b   Este prefijo no es iterable.
c   Este prefijo da lugar a paradojas de encorchetado, como en *circumpolar* 'que se relaciona con lo que rodea a los polos', donde no existe *circumpolo*.
d   Este prefijo no participa en la parasíntesis.

Tipos de significado

a   El valor de este prefijo es siempre locativo, y equivale a la expresión adverbial 'alrededor'.
b   Frecuentemente la base denota el espacio alrededor del cual se produce un movimiento o se localiza algo, como en *circumpolar, circunmediterráneo, circunvaginal, circunsolar*.
c   En otros casos, menos frecuentes, la base denota la entidad que se encuentra o se mueve en torno o alrededor de algo, como en *circungalería*.
d   Con bases verbales, o relacionadas con verbos, generalmente este prefijo indica que se produce un movimiento o se utiliza una locación que tiene como centro el argumento interno, como en *circunnavegar la tierrra, circunyacente a un objeto, circunscrito a un espacio*.

Propiedades fonológicas

a   Este prefijo da muestras de cierta independencia fonológica de la base, manifestada en la presencia de acento secundario no rítmico (*cìrcunnavegár*) y en el hecho de que tienda a producir la caída de las vocales iniciales de la base para evitar la resilabificación con ellas de su conosonante final (*circunscribir, circunstancia*).
b   Nótese que no es necesario postular un alomorfo *circum-*, ya que su distribución es la esperable mediante la regla fonética que hace bilabiales las nasales en contacto con otras bilabiales (*circumpolar*).

Relaciones con otros afijos

Junto a **peri-**, más productivo en el lenguaje científico, este prefijo es el único que expresa en español la locación alrededor de algo.

LECTURAS RECOMENDADAS: RAE & ASALE (2009: §10.5).

cis-. Del prefijo latino *cis-* 'de este lado', en algunos casos a través del inglés *cis-* o el alemán *zis-*, que también procede del mismo prefijo latino. Prefijo adjetival de valor aproximado a 'cercano, conforme'.

Tipos de bases

a   Este prefijo, cuya productividad ha aumentado en los últimos años, se combina sobre todo con sustantivos y adjetivos relacionales, especialmente los segundos. Entre los nombres comunes que pueden servir como base para el prefijo encontramos los de (1).

(1)   cisgénero, cisexismo, cispatriarcado, cismujer, cishombre

b   No son frecuentes los topónimos que forman bases para este sufijo, como los de (2).

(2)   Cisjordania, Cispadania

c   Son más frecuentes las bases formadas por adjetivos relacionales, como en (3), frecuentemente gentilicios o términos empleados en las ciencias sociales:

(3)   cisalpino, cisandino, cismontano, cispadano, cislunar, cisexual, cishetero, cisnormativo

Comportamiento gramatical

a   Este prefijo no altera la categoría gramatical ni otras propiedades de la base.
b   Este prefijo no es iterable y no participa en parasíntesis.
c   Este prefijo da lugar frecuentemente a paradojas de encorchetado: *cislunar* no se refiere a lo que está cerca de la relación con la luna, sino a lo que se relaciona con el espacio más próximo a la luna, tomando a la tierra como punto de referencia.
d   Este prefijo admite la coordinación con otros: *cis- y trans-género*.
e   Al igual que otros prefijos adjetivales, este también admite un uso como forma libre: *personas cis*.

Tipos de significado

a   Este prefijo adjetival tiene dos valores, claramente diferenciables en términos de su productividad histórica. El valor actualmente no productivo es el etimológico, equivalente a 'cercano, próximo', que se deriva directamente del significado del prefijo 'de este lado', y que se manifiesta con bases que denotan lugares, sean topónimos o nombres comunes tomados como puntos de referencia espacial (*Cisjordania, cislunar, cisestelar*).
b   En este valor locativo el prefijo es ocasionalmente sinónimo de **citra-**.
c   El valor productivo en la actualidad es el equivalente a 'conforme', y en él el prefijo expresa coincidencia entre lo denotado por la base y otra noción, como en *cisgénero* 'definición de la identidad de género que coincide con el papel tradicional asignado al sexo biológico' y en muchos otros términos relacionados con los estudios de género, como *cismujer, cisnormativo, cisexual*, etc.

Propiedades fonológicas

Este prefijo se integra plenamente en la prosodia de la base, como muestra la ausencia de acento prosódico no rítmico y la cancelación de su /s/ final cuando la base comienza por esta consonante (*cisexual*).

Relaciones con otros afijos

a   Este prefijo ha desarrollado usos en los que su antónimo es **trans-**, donde **cis-** expresa la coincidencia entre distintos ámbitos y **trans-** expresa la falta de coincidencia (*cisexual ~ transexual*). Nótese sin embargo que **trans-** se comporta como un prefijo preposicional que se puede combinar con verbos, mientras que **cis-** despliega el comportamiento de un prefijo adjetival.

b   Etimológicamente, **cis-** contrastaba con **citer-**, pero no se emplea este segundo prefijo latino como un prefijo del español.

-císimo. Alomorfo de **-ísimo**.

-cito. Alomorfo de **-it-**[1].

citra-. Del latín *citra* 'en este lado'. Prefijo preposicional poco productivo que equivale al significado 'cerca, a este lado'.

a   Este prefijo es poco productivo, y aparece con adjetivos relacionales, como en *citramontano* 'de este lado del monte'.

b   Este prefijo no altera las propiedades gramaticales de la base y no es iterable.

c   Véase **cis-** para el significado de este prefijo y su relación con él.

clepto-. Del griego κλέπτω 'robar'. Prefijo adjetival que expresa el significado relacional 'que tiene que ver con el robo'. Se combina solamente con bases neoclásicas equivalentes a sustantivos o adjetivos relacionales (*cleptócrata, cleptómano*). Su comportamiento, pese a la etimología, es el de un prefijo: solo aparece a la izquierda de la base y no forma palabras por unión con otros afijos (**cléptico*).

co-[1]. Del alomorfo *co-* del prefijo latino *con-*, y este a su vez de la preposición *cum* 'con'. Prefijo preposicional que forma predicados simétricos.

Tipos de base

a   Este prefijo es productivo con nombres comunes que indican cargos y papeles desempeñados por seres humanos:

   (1)   coacreedor, coacusado, coadministrador, coagente, coapóstol, coautor, codelincuente, codeudor, cofundador, coguionista, cohermano, coimputado, coinquilino, colitigante, colocutor, comadre, copartícipe, copartcipante, copiloto, copresidente, coprotagonista, corregente

   (2)   combeneficiado, compaisano, compatricio, compatriota, compatrono, compresbítero, compadre, concanónigo, conciudadano, concolega, concuñado, condiscípulo, condueño, conjuez, consuegro, convecino

b   También se documenta con nombres comunes que indican entidades no humanas, generalmente procesos, acciones o estados:

   (3)   coactividad, coadquisición, cogeneración, cogestión, coposesión, copretérito, copropiedad, correinado

   (4)   compaternidad, concambio, concatedralidad, conchupancia, condominio, confín

c   Con pocas excepciones, el prefijo no suele combinarse con nombres no animados que no denoten acciones o estados, con algunas excepciones, como *cofactor, concausa*.
d   Este prefijo también resulta muy productivo con bases verbales, tanto de acción como de estado (*coexistir*).

   (5)   coaligarse, codirigir, coeditar, coeducar, coescribir, coexistir, coextenderse, cofinanciar, cohabitar, coheredar, coincidir, colegislar, colicuar, coligarse, colindar, cooperar, cooptar, coordinar, copatrocinar, corresponder
   (6)   combatir, compartir, concelebrar, condecir, confabular, confluir, conformar, conjugar, conjuntar, conjurar, conreinar, consonar, convivir

e   Son menos frecuentes las bases adjetivales, siempre adjetivos no graduables, sean relacionales o adverbiales:

   (7)   coalescente, coaxial, coetáneo, cointeresado, cooficial, correlativo
   (8)   concercano, concomitante, concorpóreo, condigno, confederal, confraternal, connacional, connatural, consanguíneo, consustancial, contérmino

f   Se documentan también numerosas bases neoclásicas correspondientes a adjetivos o sustantivos.

   (9)   coadjutor, coadyuvar, cofrade, colaborar, colega, colocar, coloquio
   (10) cónclave, concordia, congénere, conmilitón, connubio, constelación, cónyuge

g   Son también frecuentes las bases neoclásicas correspondientes a verbos:

   (11) coludir
   (12) comparar, competir, concertar, conciliar, concordar, concurrir, concursar, conectar, confligir, confrontar, conglomerar, conglutinar, congregar, conspirar, contribuir, converger, conversar, convocar

Comportamiento gramatical

a   Este prefijo no altera la categoría gramatical de la base. Generalmente, sobre bases verbales y sustantivas no altera la clase de conjugación o género, pero se documentan ocasionalmente cambios de género, como en *tertulia > contertulio*, donde también hay cambio semántico en la noción expresada por la base (aproximadamente, 'tertuliano').
b   Con bases verbales, este prefijo tiene el efecto de forzar al predicado a comportarse como un predicado simétrico que requiere que haya al menos dos argumentos que mantienen uno con el otro la misma relación. Estos argumentos pueden corresponder al sujeto o argumento externo, como en (13).

   (13) Juan y María conviven.

c   También puede corresponder al argumento interno:

   (14) Juan confunde a Pedro con Luis.

d   El hecho de que uno de los argumentos que establecen entre ellos una relación simétrica pueda expresarse con la preposición *con* no puede tomarse como una propiedad forzada por el prefijo, ya que los verbos simétricos que no lo contienen también permiten esta estructura sintáctica, que ha de entenderse como uno de los recursos que tiene el español para expresar la simetría.

(15) Juan y María se reunieron.
(16) Juan se reunió con María.

e Este prefijo no es iterable.
f Este prefijo participa en la parasíntesis, por ejemplo en las formaciones de (17):

(17) compaginar, concadenar, concatenar, congraciarse

g Este prefijo puede dar lugar a paradojas de encorchetado, como en *coetáneo* 'que se relaciona con entidades que comparten la época en que están vigentes'.

Tipos de significado

a El valor fundamental de este prefijo es el de formar predicados simétricos en los que debe entenderse que hay al menos dos participantes que establecen uno con otro la misma relación. Con verbos, esto implica que los dos participantes tienen el mism papel durante el mismo periodo de tiempo, como en *coexistir* o *cohabitar*.
b Con sustantivos, se interpreta que las propiedades descritas por la base se aplican igualmente a los dos participantes, y que además ambos pertenecen a la misma clase; así, dos personas distintas pueden ser ciudadanos de distintos países, pero si son *conciudadanos* deben ser ciudadanos dentro de la misma entidad estatal.
c Cuando el predicado base ya es simétrico, el prefijo agrega la noción de que la simetría debe establecerse de forma interna al significado del sustantivo. Dos personas pueden ser vecinas de una tercera, pero si se dice que dos personas son convecinas se interpreta que la relación de vecindad se establece entre ellas y no con una tercera persona no cubierta por el término convecino. De aquí se sigue la agramaticalidad de **los convecinos de Juan*, frente a *los vecinos de Juan*.

Propiedades fonológicas

Este prefijo se integra plenamente en la prosodia de la base.

Alomorfos

Se documentan los alomorfos *co-* y *con-*. Si bien el primero se prefiere cuando la base comienza por una consonante líquida (*colaborar, correlativo*), hay excepciones a esta tendencia (*conreinar~correinar*). Con bases comenzadas por vocal no se emplea siempre *con-* (*coactividad, coetáneo*), y tampoco es cierto que se prefiera *co-* con bases que comienzan por consonante (*compartir, consuegro*). Desde el punto de vista sincrónico, por tanto, ambos alomorfos parecen estar disponibles en los mismos contextos fonológicos y su distribución con una u otra base parece depender de factores de uso.

Relaciones con otros afijos

a Junto con **inter-** y **auto-**, **co-** es uno de los prefijos preposicionales que pueden alterar de forma sistemática la estructura argumental de la base.
b Véase **con-**[2] para la relación entre estos dos prefijos.

LECTURAS RECOMENDADAS: Felíu (2003); RAE & ASALE (2009: §10.7).

co-². Alomorfo poco usual de **con-²**, como en *colateral* o *cohibir*.

con-¹. Alomorfo de **co-**, como en *convecino, conciudadano*.

con-². Del prefijo latino *con-*, y este a su vez de la preposición *cum* 'con'. Prefijo preposicional que indica valores sobre todo locativos.

Tipos de base

a   Este prefijo es productivo sobre todo con bases verbales neoclásicas, entre las que se pueden citar las de (1) y (2).

   (1)   compelir, competer, concebir, conceder, concernir, concluir, conculcar, concurrir, conducir, conferir, conflagrar, confutar, conhortar, conmemorar, conminar, conmutar, constar, constituir, constreñir, consumir
   (2)   cohibir

b   Se documenta también junto con algunas bases verbales que funcionan como tales verbos en español:

   (3)   compadecer, compasar, complacer, complañir, componer, comportar, comprender, comprobar, compungir, computar, concentrar, concomerse, condecorar, condoler, condurar, confiar, configurar, confirmar, congelar ('helar'), conllevar, conllorar, conmover, connotar, conseguir, consentir, consumar, contender, contener, conturbar, convencer, convenir, convolar

c   Son poco frecuentes las bases nominales o adjetivales:

   (4)   compasión, conciencia, conmoción, connombre, contexto, contorno, contorsión
   (5)   colateral, concéntrico, condescendiente, consabido, consiguiente

Comportamiento gramatical

a   Este prefijo no altera la categoría gramatical de la base.
b   Este prefijo no es iterable.
c   Este prefijo da lugar a paradojas de encorchetado, como en *concéntrico* 'que se relaciona con lo que comparte el centro'.
d   Este prefijo participa en parasíntesis con bases tanto nominales como adjetivales:

   (6)   condensar, conglobar, consagrar, consignar, consolidar, contristar

e   Si bien este prefijo no da lugar a lecturas simétricas, al contrario que **co-¹**, el valor que posee cuando expresa afinidad de sentimientos con alguien o algo puede tener el efecto de que su presencia comporte la adición de un argumento interno humano con verbos que no lo tienen sin el prefijo, aunque de forma no sistemática:

   (7)   Juan se conduele con Pedro.
         Juan se contrista con Pedro.
         Juan se compadece de Pedro.

Tipos de significado

a   Si bien este prefijo no tiene valores semánticos sistemáticos, hay dos tendencias reseñables. La primera es la tendencia a que el prefijo exprese una relación de solidaridad con respecto a otra entidad, que no tiene por qué ser correspondida, como por ejemplo en *compadecerse, confirmar, conllorar, condoler, compasión, consentir* o *convenir*.

b   La segunda tendencia es a la expresión de una noción locativa de 'dentro de', donde se habla de alguna clase de proceso o estado que se restringe a lo que se considera el espacio interior del sujeto, dando lugar a lecturas en que la situación descrita se considera interna y característica de dicho sujeto, como en *contraer algo, conllevar algo, concéntrico* 'con el mismo centro en su interior', *cohibir* 'restringir a su interior', *concentrar, contener, componer, conciencia,* y muchos otros.

c   Esta tendencia a expresar la noción de 'contenido dentro, restringido al interior' se manifiesta en las formaciones parasintéticas excepcionales *condensar* y *consolidar*, únicos casos de parasíntesis sobre base adjetival que emplean este prefijo, y donde se observa un significado semántico que se refiere a la formación de agrupaciones estrechas entre partículas o miembros de una sustancia, para dar lugar a una mayor consistencia.

Propiedades fonológicas

Este prefijo se integra prosódicamente con su base.

Alomorfos

Ocasionalmente se documenta el alomorfo co-, en bases que comienzan por consonante líquida (*correlativo*) y otros casos menos predecibles fonológicamente.

Relaciones con otros afijos

Podría verse **con-**² como relacionado semánticamente con **co-**¹ a través de la noción central de 'correspondencia' o 'solidaridad' entre dos participantes; desde este punto de vista, el valor simétrico de **co-**¹ puede ser una manifestación llevada a sus últimas consecuencias de la noción de solidaridad o acuerdo entre entidades, donde la relación sea recíproca. Resulta más complejo relacionar este valor con la noción de 'interior' que se asocia a otros valores de **con-**², pero tal vez pudiera derivarse metafóricamente si aceptamos que la solidaridad con otra persona puede conceptualizarse como la interiorización de los sentimientos de esta.

LECTURAS RECOMENDADAS: Val Álvaro (1993); Serrano-Dolader (1995); Varela & Haouet (2001).

---

contra-¹. De la preposición latina *contrā* 'frente a, opuesto a'. Prefijo preposicional que expresa oposición.

Tipos de base

a   Este prefijo es productivo sobre todo con bases correspondientes a nombres comunes, a menudo los que indican acciones o procesos:

(1) contranálisis, contraaviso, contrabando, contrabatería, contrabloqueo, contracambio, contracandela, contracarta, contracédula, contracorriente, contracultura, contracurva, contradiós, contraejemplo, contraemboscada, contraenvite, contraescritura, contraespionaje, contrafigura, contrafuego, contrafuga, contragolpe, contraguerrilla, contrahierba, contrainsurgencia, contrainteligencia, contrajudía, contramano, contramarea, contranota, contraofensiva, contraoferta, contraorden, contrapartida, contrapeso, contrapoder, contraprincipio, contraproposición, contrapropuesta, contrarreforma, contrarregistro, contrarreloj, contrarrevolución, contrasentido, contratorpedero, contravalor, contraveneno, contraventura, contratiempo

b En segundo lugar, este prefijo se combina con bases verbales para indicar procesos opuestos a los que denotan las bases, o en respuesta a ellos con intención de revertirlos o neutralizarlos. Los verbos en tales casos son siempre eventivos:

(2) contraargumentar, contraatacar, contrabalancear, contrabatir, contradecir, contrafacer, contrahacer, contraindicar, contramandar, contramanifestarse, contraponer, contraprogramar

c No es frecuente que este prefijo se combine con bases verbales neoclásicas, pero se documenta *contracebir* y sus derivados *contraceptivo, contracepción*.
d Son poco frecuentes las bases adjetivales, pero se documentan *contranatural, contraproducente* y algunas formaciones parasintéticas que se mencionan en la siguiente sección.
e Este prefijo no se combina con temas neoclásicos correspondientes a sustantivos o adjetivos.

Comportamiento gramatical

a Este prefijo no altera la categoría gramatical de la base ni sus propiedades gramaticales, si bien existen algunas formaciones que son parte casi exclusiva de locuciones adverbiales, como *a contramano, a contrapelo* o *a contrapié*.
b Este prefijo es iterable: *contra-ataque* > *contra-contra-ataque*.
c Este prefijo participa en la parasíntesis adjetival en combinación con el sufijo posesivo **-ado**.

(3) contracuartelado, contrafajado, contraflorado, contrapalado

d Este prefijo puede tomar bases expandidas funcionalmente, con flexión de número: *contraaproches, contraarmiños*.
e Este prefijo puede facultar a una base sustantiva para que actúe como modificador de otro sustantivo, si bien nunca la convierte en adjetivo: **pruebas reloj > pruebas contrarreloj*.
f Este prefijo es coordinable con otros de valor contrario: *contra- y pro-esclavistas*.
g Con bases verbales no es frecuente que el prefijo altere la estructura argumental de la base, si bien puede suceder ocasionalmente: *poner algo en algún lugar* vs. *contraponer algo con otra cosa*.

Tipos de significado

a El valor fundamental de este prefijo es el de indicar oposición. Esta oposición suele manifestarse como la expresión de la entidad contraria, que se da en respuesta o destinada a neutralizar lo que se expresa en la base, tanto si la base es un nombre común de acción (*contragolpe*), de entidad (*contraejemplo*) o un verbo (*contramandar*).

b Por lo general, la base denota la entidad a la que se quiere dar respuesta o que se desea neutralizar, o la acción que se quiere revertir. No obstante, es frecuente que la entidad denotada por la palabra prefijada pertenezca a la misma clase de entidades que denota la base, como en *contraguerrilla*, que es una guerrilla que se opone a otra, o en *contraorden*, que es una orden que se opone a otra.

c Sucede generalmente lo mismo en las bases verbales, donde estas expresan procesos que se desea revertir o contrarrestar, pero donde frecuentemente ellos mismos son procesos del mismo tipo, como en *contraprogramar*, programar en contra de lo que ha programado otro.

d Ocasionalmente, sin embargo, la base denota no la entidad a la que se opone la voz, sino que describe el objeto que denota la base y se ha de inferir otra entidad o proceso no expreso que es al que se opone este. Es decir, en tales casos la base no es el trasfondo que se toma de punto de referencia para definir la oposición, sino la entidad misma que se opone a otra, como figura.

e Sucede esto en *contramalla* 'red que detiene o se enfrenta a los peces', *contraseguro* 'seguro contra alguna eventualidad o percance'.

f Entre los verbos, tienen este valor, entre otros, *contrapasarse* 'pasarse al lado opuesto', *contrapelear* 'pelear contra alguien', *contrapugnar*, *contrarrestar* y *contravenir* 'venir o suceder de forma contraria a algo'.

g Un conjunto amplio de formaciones expresan la dirección opuesta a algo que se denota en la base, que es secuencial o direccional, como en *contrafuga* 'fuga que se ejecutura en sentido contrario a otra', o en las formaciones de (4):

(4) contrahílo, contramarcha, contramano, contrapelo, contrapié, contrarronda, contratransferencia, contravapor, contravía

h Ocasionalmente, el prefijo pierde el valor de oposición y denota solo la respuesta o reacción a algo denotado por la base, como en *contraseña* 'respuesta a la seña', *contrasalva* 'saludo que responde a una salva' o *contraprestar*.

Propiedades fonológicas

Este prefijo se integra prosódicamente en la base, pero a menudo conserva la vocal final en contacto con la primera de la base (*contraataque*) y, sobre todo en los casos semánticamente más transparentes, puede recibir acento secundario no rítmico (*còntrarregístro*).

Problemas de clasificación

La existencia del adjetivo *contrario*, que podría segmentarse en **contra-** y el sufijo **-ario**[1], suscita la pregunta de si este prefijo no será más bien una raíz que forma compuestos. Tratarlo como prefijo, que explica que siempre aparezca en primera posición de la palabra, no es incompatible con proponer la existencia de una forma homófona, relacionada etimológicamente con él, que sea la base de esta formación.

Relaciones con otros afijos

Véase **contra-**[2].

Bibliografía: Varela & Martín García (1999); Montero Curiel (1999, 2001b); RAE & ASALE (2009: §10.11); Fábregas (2010); Pujol Payet (2018); Rifón (2018); Gibert Sotelo (2021).

contra-[2]. De la preposición latina *contrā* 'frente a, opuesto a'. Prefijo preposicional de valor locativo.

Tipos de base

a   Este prefijo solo es productivo con nombres comunes, siempre los que denotan objetos y entidades físicas.

(1)   contraamura, contraarmadura, contraataguía, contrabarrera, contrabolina, contrabranque, contrabraza, contracaja, contracampo, contracanal, contracancha, contracara, contracarril, contracebadera, contrachapado, contracifra, contraclave, contracodaste, contracosta, contracubierta, contradique, contradurmiente, contraembozo, contraescarpa, contraescota, contraescotín, contrafilo, contrafoque, contrafoso, contrafuerte, contraguardia, contraguía, contrahaz, contrahilera, contrahuella, contralecho, contraluz, contramarca, contramarco, contramesana, contramina, contramuelle, contramuralla, contramuro, contrapalanquín, contrapicado, contrapilastra, contraplano, contraportada, contrapuerta, contrapunta, contrapunto, contrarraya, contrasello, contratrinchera, contratuerca, contraventana, contravidriera

b   Son muy escasas las formaciones de otras categorías; puede proponerse una base neoclásica verbal en contravalar 'construir frente a un ejército', y se documenta la formación *contramatarse*.

Comportamiento gramatical

a   Este prefijo no altera las propiedades gramaticales de la base.
b   Este prefijo no es iterable en principio, probablemente por motivos semánticos, ya que denota una posición enfrentada a otra entidad. Cabe imaginar, sin embargo, que en los casos en que hay una escala de implicación con distintos rangos podrían formarse estructuras como *contra-contra-fagot*.
c   No se documentan casos en que este prefijo participe en la parasíntesis, se coordine con otros o habilite a un sustantivo para actuar como modificador de otro.
d   Este prefijo admite la combinación con bases expandidas funcionalmente, específicamente en plural, como en *contramangas* 'adorno que cubre las mangas de la camisa'.

Tipos de significado

a   El valor fundamental de este prefijo es el de indicar la posición enfrentada a algo, denotado por la base, como sucede en *contraportada* 'lo que está en el lugar contrario a la portada', *contraventana* o *contracara*, así como en formaciones donde la base implica cierta direccionalidad, como en *contracampo, contraplano, contrapicado* o *contrarraya*, que indica rayas que cortan perpendicularmente a otras.

b Por extensión de la noción de posición encontrada, se documentan numerosos casos en que la relación locativa es la de encontrarse en paralelo, rodeándolo, como en *contramuralla* o *contracarril*, a veces con la noción de reforzarlo o protegerlo, como en *contratuerca, contravidriera, contramuro* o *contrapalanquín*.

c La noción locativa en la que el prefijo expresa simplemente la posición cercana o que rodea a la de otra entidad, sin oposición, ha desarrollado un valor jerárquico en el que el prefijo indica un valor por debajo del que denota la base, tanto en términos que designan dignidades y papeles sociales (*contraalmirante, contramaestre, contrapariente*) como en los que denotan timbres de voz o instrumentos musicales (*contrabajo, contrafagot, contralto, contratenor*).

d Nótese que en el sustantivo *contradanza* el prefijo no tiene un valor composicional, lo que se debe a que procede etimológicamente de *country*, sin relación alguna con el prefijo **contra-**.

Propiedades fonológicas

Este prefijo da muestras de cierta independencia prosódica de la base, manifestada en la preservación de la vocal final (*contraalmirante*) y en la existencia de acento secundario no rítmico (*còntrafagót*).

Relaciones con otros afijos

a Es posible identificar una relación entre los dos prefijos **contra-**. El valor de oposición que tiene el primero puede relacionarse fácilmente con el valor de lugar opuesto que expresa el segundo; no obstante, lo que resulta curioso en estos casos es que el valor de oposición es más productivo que el valor locativo, cuando normalmente en estas relaciones de significado suele pensarse que el valor locativo es básico y de él se derivan, por extensión metafórica, los valores no locativos.

b Entre los prefijos de oposición, **contra-**[1] tiene menos productividad que **anti-**.

crio-. Del griego κρύος 'helado'. Prefijo adjetival cuyo significado equivale a 'relacionado con el frío extremo', como en *criogenia, criobiología, criocauterio, crioscopia, crioterapia*. Siempre se une a sustantivos, sean propios del español o temas neoclásicos, y siempre del léxico científico. Su valor semántico es el de relacionar la noción expresada en la base con el dominio de las temperaturas extremadamente bajas. Pese a su etimología, tiene en español actual la gramática de un prefijo: no se une a otros afijos para formar palabras, y nunca aparece a la derecha de la base.

-cro. Posible sufijo que Rainer (1993: 436) propone segmentar, presente en la forma culta *simulacro*; la segmentación se seguiría si se identifica la base verbal *simular*, si bien la forma es directamente heredada del latín. En caso de aislarla como un morfema, este segmento sería un sufijo nominalizador no productivo.

cuasi-. Del latín *quasi* 'casi, como si'. Prefijo adjetival del español, de valor intensional.

Tipos de base

a   Este prefijo, de gran productividad, se combina frecuentemente con nombres comunes:

(1)   cuasidelito, cuasimoneda, cuasiparroquia, cuasifiscal, cuasiestado, cuasipartícula, cuasicongelación, cuasiesclavo, cuasicolisión, cuasifuncionario, cuasisoberano, cuasisatélite, cuasirritual, cuasimodernidad, cuasipeluca, cuasiimperio, cuasiempate, cuasialianza, cuasiteoría, cuasirrey, cuasianonimato, cuasidelincuente, cuasiespecie, cuasicolapso...

b   En segundo lugar, se combina con adjetivos relacionales y otros adjetivos no graduables:

(2)   cuasimilitar, cuasijudicial, cuasimafioso, cuasimonopólico, cuasifascista, cuasidivino, cuasieuskaldún, cuasiabsoluto, cuasiexperimental, cuasianalfabeto, cuasihumano, cuasidictatorial, cuasiobligatorio, cuasilogarítmico, cuasieterno, cuasimitológico, cuasimedieval, cuasiunánime, cuasiendémico...

c   Como otros prefijos adjetivales, este prefijo no se combina con verbos, pero se documentan numerosos participios pasivos, sean derivados de verbos o no:

(3)   cuasigeneralizado, cuasiperfecto, cuasicongelado, cuasiignoto, cuasiobligado, cuasifallido, cuasiquemado, cuasiolvidado, cuasicerrado, cuasidestruido, cuasiparecido, cuasipiblado, cuasiparalizado, cuasirretirado, cuasisentenciado, cuasiobsesionado...

Comportamiento gramatical

a   Este prefijo no altera la categoría gramatical de la base y el resto de sus propiedades.
b   Este prefijo es iterable: *quasi-quasi-delito*.
c   Este prefijo no participa en parasíntesis, y tampoco es coordinable con otros.
d   Este prefijo da lugar a paradojas de encorchetado: *cuasiobligatorio* no significa que casi tiene relación con lo obligatorio, sino que tiene relación con algo que casi es una obligación.
e   En contraste con otros prefijos adjetivales, este prefijo no se emplea como forma libre para modificar a sustantivos (**delitos cuasi*).
f   Este prefijo es coordinable a otros, como en *cuasi- y pseudo-delitos*.

Tipos de significado

a   El significado de este prefijo es intensional: al igual que adjetivos como 'falso', 'puro', 'auténtico', modifica o califica el grado de coincidencia entre las propiedades de un referente y las que se suelen considerar parte de las que denota un sustantivo.
b   De esta manera, algo que es *cuasidelito* es algo que se aproxima mucho a las propiedades que convierten algo en delito pero sin llegar a desplegarlas por completo, por lo que no es posible decir, en puridad, que la entidad sea un delito.
c   Por tanto, con este prefijo la base funciona como un conjunto de propiedades de las que se afirma que no todas están presentes, o están presentes pero sin el grado suficiente, para permitir que el referente se describa como miembro de esa clase de entidades.

Propiedades fonológicas

Este prefijo da muestras claras de independencia fonológica, manifestada en la existencia de acento secundario no rítmico (*cuàsiperfécto*) y la preservación de su vocal final incluso cuando la base comienza por vocal (*cuasiintegral*); su vocal final no forma diptongo nunca con la primera de la base (*cua.si.o.bli.ga.do*).

Relaciones con otros afijos

a   Frente a **pseudo-**, **cuasi-** tiene dos diferencias de significado: implica una mayor proximidad a las propiedades de la base y no sugiere que algo tenga la apariencia, fingida voluntariamente o no, de lo expresado por la base.
b   Frente a **para-**, **cuasi-** denota que las propiedades son muy cercanas a lo que expresa la base, no que sea una versión alternativa de lo que denota la base.
c   La ortografía *quasi-*, tomada directamente del latín, se documenta con frecuencia, pero no constituye un alomorfo porque no implica ninguna diferencia de pronunciación.

> LECTURAS RECOMENDADAS: Rainer (1993); Varela & Martín García (1999).

cuadri-[1]. Del latín *quadri-* 'cuatro'. Prefijo adjetival poco usado que expresa, con algunos nombres de parentesco, una relación más remota que la que denota **tatara-**. Un *cuadrinieto* es el hijo del tataranieto, es decir, está separado del abuelo por cuatro generaciones. En principio, este prefijo sería iterable, si bien los hablantes prefieren la iteración de **tatara-** para expresar los valores de distancia mayor, incluido el que debería expresar *cuadri-*.

cuadri-[2]. Alomorfo de **cuatri-**, como en *cuadrilátero, cuadrienio*.

cuatri-. Del cruce entre el latín *quadri-* 'cuatro' y el numeral cardinal *cuatro*. Prefijo cuantificativo con valor de cardinalidad equivalente a 'cuatro'.

Tipos de base

a   Este prefijo se combina con bases correspondientes a nombres comunes:

(1)   cuatrimotor, cuatriciclo, cuatricentenario, cuatripartidismo, cuatriplaza, cuatricampeón, cuatribarra, cuatrinieto, cuatripadre, cuatrisabor

b   En segundo lugar, se combina con adjetivos relacionales:

(2)   cuatridimensional, cuatriestatal, cuatripolar, cuatrilateral, cuatriministerial, cuatrigeneracional

c   No son frecuentes las bases verbales, pero se documenta *cuatridividir, cuatripartir*.
d   Este prefijo también es productivo con bases neoclásicas, siempre correspondientes a nombres comunes:

(3)   cuatrienio, cuatricromía, cuatrinomio, cuatrilingüe, cuatrípedo, cuatriplejia,

Comportamiento gramatical

a   Este prefijo tiene la capacidad de convertir en adjetivo una base sustantiva, al igual que otros prefijos cuantificadores. Así, *cuatrisabor* puede funcionar como un adjetivo (*helados cuatrisabores*) cuando en ausencia del prefijo ha de ser sustantivo (**helados sabores*).

b   De forma semejante, en otros casos el prefijo se une a un sustantivo y lo convierte en una voz que puede usarse para modificar a otra, como en *vehículo cuatrimotor* (cf. **vehículo motor*) si bien la concordancia de número no es posible ahí para todos los hablantes (*vehículos cuatrimotores* ~ *vehículos cuatrimotor*).

c   Existen algunas formas que proceden de sustantivos o bases neoclásicas sustantivas en las que la combinación con el prefijo ha producido adjetivos. Estas formaciones regularmente toman el sufijo -e con independencia del que tomara la base sin el prefijo *cuatrilingüe*.

d   Este prefijo no es iterable.

e   Este prefijo no puede combinarse con bases expandidas funcionalmente, y no admite modificación de la base.

f   Es muy frecuente que este prefijo produzca paradojas de encorchetado. En *cuatricameral* se habla de la relación con algo que tiene cuatro cámaras, no de algo que es cameral cuatro veces.

g   Este prefijo participa en cruces léxicos: *semestre* ~ *cuatrimestre*, *mellizo* ~ *cuatrillizo*, *millón* ~ *cuatrillón*.

Tipos de significado

a   El valor de este prefijo es el cardinal 'cuatro'. Generalmente este valor de cardinalidad se aplica a la noción denotada por la base, algo visible particularmente cuando la base es un sustantivo del español (*cuatriplaza, cuatripartido, cuatricolor*). Esta misma interpretación puede extenderse a varias formaciones neoclásicas, como *cuatrilingüe, cuatricromía*.

b   Sucede igual con las bases que son adjetivos relacionales, donde la cuantificación se aplica al sustantivo sobre el que se forma el adjetivo: *cuatrilateral, cuatrianual*, etc.

c   Como sucede en un buen número de los casos en que un prefijo da lugar a formas adjetivales sobre bases sustantivas, la interpretación de las formaciones adjetivales implica la noción de posesión: *cuatricolor* equivale a 'que tiene cuatro colores', *cuatriplaza* equivale a 'que tiene cuatro plazas', etc.

d   En otras ocasiones, se ha de suponer que la cuantificación afecta a una noción relacionada con la base, pero no expresada directamente por ella: *cuatripadre* no habla de cuatro padres, sino de cuatro ocasiones distintas en que el referente ha sido padre (cf. también *cuatricampeón*).

Propiedades fonológicas

Este prefijo no suele integrarse fonológicamente con la base: *cuatrianual* se pronuncia con hiato (*cua.tri.a.nwal*), no con diptongo (*cua.trja.nwal*). Similarmente, el prefijo admite acentos secundarios incluso cuando no están impuestos por condiciones rítmicas (*cuàtrisemanál*).

Alomorfos

El alomorfo *cuadri-*, que de hecho sería la forma etimológica, aparece documentado en algunas formas que conviven con *cuatri-*, como *cuadrienio, cuadrinomio, cuadrimestre, cuadrisílabo, cuadrifolio, cuádriceps*. En la forma *cuadrilátero* ('ring de boxeo') hay contraste semántico con *cuatrilátero*.

-cundo. Alomorfo de **-bundo**, documentado en *rubicundo* (cf. Pharies 2002: 157).

D

-d. Del sufijo flexivo latino -*te*, característico de las formas plurales de imperativo. Sufijo flexivo que expresa la noción de 2pl en las formas de imperativo.

Tipos de base

a   Este sufijo se une a verbos de las tres conjugaciones, independientemente de si son derivados o no.

  (1)   cantar > cantad
  (2)   beber > bebed
  (3)   vivir > vivid

b   No existen en español formas irregulares para el imperativo plural; los verbos que son irregulares en su imperativo singular, pese a ello, son regulares en el imperativo plural con este sufijo.

  (4)   a.   ve   id   ir
        b.   sal   salid   salir
        c.   ten   tened   tener
        d.   haz   haced   hacer
        e.   pon   poned   poner

Comportamiento gramatical

a   Este sufijo siempre preserva la vocal temática de la base.
b   Este sufijo, además, emplea los alomorfos por defecto en las tres conjugaciones: *cantad, bebed, vivid*. Esto contrasta con los imperativos singulares, donde la segunda y la tercera conjugación se neutralizan:

  (5)   romper   partir
        rompe   parte

c   Este sufijo es terminal, es decir, no puede ir seguido de ningún otro elemento.
d   De hecho, este sufijo está en distribución complementaria con el reflexivo *os*, de manera que cuando aparece el segundo desaparece el primero y viceversa.

DOI: 10.4324/9781003415046-5

(6) a Sent-a-d a los invitados.
　　b Sent-a-os vosotros.

e Esta distribución complementaria, que se ha querido achacar a una supuesta intención de evitar que surjan formas homófonas con algunos participios, puede sugerir que el reflexivo y este sufijo comparten rasgos. A favor de esta línea de investigación tenemos el hecho de que, con ciertos verbos estativos, el imperativo de 2sg es anómalo salvo que aparezca el reflexivo (7), pero en la 2pl el reflexivo no es necesario (8):

(7) a Está-te quieto / #Está quieto.
　　b Esta-os quietos / Estad quietos.

f Se ha observado también una relación entre la forma de 2pl y el infinitivo usado como imperativo, que de nuevo se ha querido achacar a la proximidad fonológica entre una líquida rótica y la consonante /d/, ambas coronales y que se aproximan en su realización cuando están en posición final de palabra.

(8) ¡Venir! / ¡Venir!

g Como es esperable, este sufijo no existe en las variedades que carecen de la forma de tratamiento 'vosotros'.

Tipos de significado

a Este sufijo codifica, junto a la noción de segunda persona plural, distintos parámetros en relación a la forma de tratamiento.
b En las variedades estilísticas más frecuentes del español europeo peninsular, este sufijo se asocia a la forma correspondiente a 'vosotros', que codifica un grado alto de familiaridad o cercanía, y contrasta con 'ustedes' en este sentido.
c En algunos usos estilísticos marcados, este sufijo se asocia al llamado voseo reverencial, por el que se codifica el grado máximo de respeto y distancia.

(9) Majestad, entrad y dejad vuestras cosas en el guardarropa.

Propiedades fonológicas

Este sufijo se asocia a la presencia de acento prosódico sobre la vocal temática.

Relaciones con otros afijos

Junto a **-is**, que es mucho más general, **-d** es el único afijo que se asocia a la forma 'vosotros' en español.

> Lecturas recomendadas: Alcoba (1999), RAE & ASALE (2009: §42.3).

-da. Forma femenina de los sufijos **-do**[2]; **-do**[3] y **-do**[4].

'-da. Patrón excepcional que aparece con el sufijo **-do**[4] en la palabra *pérdida*.

-dad. Alomorfo de **-idad** usado en formas como *ruindad, maldad, beldad*.

de-[1]. Del prefijo latino *de-*, de valor separativo. Prefijo preposicional no productivo con valor locativo.

Tipos de base

a   Este prefijo aparece sobre todo en combinación con verbos, muchos de ellos propios del español.

   (1)   decaer, degenerar, delegar, delimitar, delinear, demarcar, demandar, depender, deponer, depreciar, detener, devaluar

b   Es relativamente frecuente que este prefijo aparezca en formaciones sobre bases verbales neoclásicas:

   (2)   deambular, debelar, decebir, declinar, deducir, deferir, degradar, dehortar, deprimir

c   Este prefijo apenas aparece documentado en sustantivos sin base verbal (cf. *declive* y posiblemente *de-l-ante, de-bajo* y *de-trás*, de base preposicional en los tres casos), pero es semiproductivo con adjetivos relacionales para indicar procedencia, como en *deverbal* 'que procede de un verbo', *denominal, deadjetival, depreposicional*...

d   Este prefijo no altera la categoría gramatical de la base, pero puede tener efectos no sistemáticos sobre la estructura argumental y régimen de los verbos con los que se combina. Si bien el régimen de los verbos puede mantenerse inalterado, la presencia del prefijo puede dar lugar a nuevas posibilidades, como en *legar algo a alguien* > *delegar algo a alguien* o *en alguien*, *mandar algo a alguien* > *demandar algo a alguien* o *de alguien*.

e   Este prefijo no es iterable.

f   Este prefijo forma paradojas de encorchetado: *deverbal* quiere decir 'relacionado con lo que se original del verbo', no 'que se origina en la relación con el verbo'.

g   En los casos donde el valor de este prefijo es transparente semánticamente, suele indicar movimiento hacia abajo, como sucede claramente en *deponer, degenerar, depender, depreciar, devaluar, deprimir* y muchos otros. En otros casos la idea de movimiento hacia abajo se convierte en un valor jerárquico por el que una entidad con poder suficiente traspasa o pide algo de otra (*delegar, demandar*).

h   Este prefijo se integra plenamente en la prosodia de su base.

i   Este prefijo es una forma culta y no es productivo en español actual. Es uno de los prefijos que se cruzan para dar lugar al prefijo productivo **des-**, por lo que puede resultar difícil determinar en muchos casos si estamos ante este prefijo o ante el alomorfo *de-* de **des-**.

> **Lecturas recomendadas**: Morera (2019).

de-[2]. Alomorfo de **des-**, como en *decapitar, decapar, detraer, deletrear*.

de-[3]. De la preposición española *de*. Prefijo preposicional empleado en la formación de adverbios, generalmente de lugar.

a   Este prefijo se combina con preposiciones (*debajo, delante*), sustantivos (*deprisa*) y otros adverbios (*denantes*).

b   Es frecuente que estos adverbios sean transitivos (*debajo de algo, delante de algo*). En muchas variedades del español este prefijo alterna con **a-**[4], que da lugar a adverbios intransitivos (*debajo ~ abajo*).

-de. Posible sufijo segmentable, propuesto en Rainer (1993), para el nombre de agente rebelde (de *rebelar(se)*). De segmentarse, sería excepcional en cancelar la vocal temática de la base pese a su valor agentivo.

deca-[1]. Del griego δέκα 'diez'. Prefijo cuantificativo multiplicativo que expresa un valor igual a 10^1, y que se combina productivamente con bases que denotan unidades de medida, como *decámetro, decalitro, decavatio, decapascal, decagramo*.

deca-[2]. Del griego δέκα 'diez'. Prefijo cuantificativo cuyo valor es igual al cardinal 'diez'.

Tipos de bases

a   Este prefijo se une productivamente sobre todo a bases neoclásicas equivalentes a sustantivos, como en las de (1):

(1)   decálogo, decápodo, decágono, decatlón, decástilo

b   Es menos frecuente, en cambio, que se una a nombres comunes que funcionan independientemente como tales en español, tanto los que designan objetos físicos y entidades animadas (*decatleta, decacampeón, decasílabo*) como los que designan entidades abstractas (*decalustro*).

c   Con este prefijo se forman derivados a partir de adjetivos relacionales, derivados de verbos (*decavalente*) o de sustantivos.

(2)   decatonal, decacromático

Comportamiento gramatical

a   Este prefijo tiene la capacidad de convertir en adjetivo una base sustantiva, al igual que otros prefijos cuantificadores. Así, *decasílabo* puede funcionar como un adjetivo (*palabras decasílabas*) cuando en ausencia del prefijo ha de ser sustantivo (cf. *sílaba, *palabras sílabas*).

b   Este prefijo no es iterable, al igual que sucede con otros prefijos cuantificativos.

c   Este prefijo no puede combinarse con bases expandidas funcionalmente, y no admite modificación de la base.

d   Este prefijo, al igual que otros prefijos cuantificativos, no participa en la parasíntesis.

e   Este prefijo da lugar a paradojas de encorchetado: *decatonal* no se refiere a una relación multiplicada por diez con el tono, sino a lo relacionado con una escala de diez tonos.

Tipos de significado

a   En la serie de prefijos cuantificativos, este prefijo indica el valor de cardinalidad correspondiente a 10. Este valor de cardinalidad puede manifestarse de varias maneras.

b Es frecuente un valor posesivo donde se cuantifica sobre el sustantivo incluido en la base y se designa la propiedad de poseer o estar formado por diez miembros de esa entidad (*decápodo, decálogo, decasílabo...*). Esta interpretación es la que se asocia siempre a los casos en que el prefijo convierte la base en adjetivo o la habilita como modificador de otro sustantivo.

c En otras ocasiones no hay valor posesivo asociado a este elemento y simplemente se designa una entidad que se multiplica por diez de alguna manera, como en *decalustro*.

d Se admiten interpretaciones más complejas en las que el prefijo multiplica por diez una noción interna a la base, como en *decacampeón*, donde se indica que la persona ha sido campeón diez veces o es campeón en diez especialidades distintas.

Propiedades fonológicas

Este prefijo no da muestras de independencia fonológica con respecto a la base, manifestada en la cancelación de la vocal final (*decatleta*, no??*decaatleta*) y en que no recibe acento secundario no rítmico (*decacampeón*, no *dècacampeón*).

Problemas de clasificación

Existe la formación *década*, de la que podría pensarse que está segmentada en español contemporáneo como este elemento y el sufijo -**ada**^{2} en su valor de medida (*cucharada, sartenada*). La posición del acento, sin embargo, sugiere que esto no es así y que la voz no es segmentada por los hablantes.

deci-. Del francés *deci-*, y este a su vez del latín *decimus* 'décima parte'. Prefijo cuantificativo fraccionario del lenguaje técnico con valor equivalente a 10^{-1}, y que se combina únicamente con sustantivos que equivalen a unidades de medida, como *decibelio, decigramo, decilitro*.

demi-. Del francés *demi-* 'medio, a medias'. Prefijo adjetival cuyo valor es equivalente a 'medio'.

Tipos de base

a Como sucede con otros prefijos adjetivales, este prefijo se combina o bien con adjetivos relacionales (1) o bien con sustantivos (2).

(1) demisexual, demirromántico, demihumano, demipermanente, demihelado
(2) demimundo, demisolista, demichef

b Con mucha frecuencia, las bases se relacionan con el campo semántico de la danza, la gastronomía, la estética y otros dominios que, en la realidad extralingüística, se asocian culturalmente a Francia.

Comportamiento gramatical

a Este prefijo no altera la clase de palabras, el género o el número de su base.

b En principio, este prefijo no es iterable, probablemente por motivos semánticos: debido a que designa una posición jerárquica por debajo de otra entidad o un valor de posesión solo parcial de ciertas propiedades, la falta de iteración puede simplemente reflejar la aunsencia en la realidad extralingüística de las posiciones jerárquicas adicionales que la iteración denotaría.

c Este prefijo no participa en paradojas de segmentación con adjetivos relacionales: *demihumano* se interpreta como la relación parcial con lo humano, tal y como sugiere la segmentación formal *[demi[[hum]ano]]*.

d Este prefijo no toma alcance sintagmático y no se documentan casos en que este prefijo aparezca ya convertido en un adjetivo que pueda aparecer de forma libre para indicar una subclase de las entidades a las que modifica.

Tipos de significado

a Este prefijo adjetival tiene un valor de aproximación o posesión parcial de las propiedades que denota la base, como en *demihumano*, es decir, solo parcialmente humano, *demimundo*, es decir, 'grupo de personas solo parcialmente integrados en el mundo'. Este valor está presente también con adjetivos relacionales y no graduables, como *demipermanente*.

b Por extensión del valor anterior, este prefijo desarrolla un valor de escala jerárquica en que denota un grado inferior al que denota la base, como en *demichef, demisolista, demicarácter* ('pasos de demicarácter' en ballet).

Propiedades fonológicas

Este prefijo da muestras de cierta independencia fonológica de la base, manifestada en que recibe acento secundario no rítmico (*dèmisolísta*) y en que no cancela su vocal final incluso cuando la base comienza por vocal (*demiintegrado*).

Relaciones con otros afijos

Este prefijo es muy similar en su comportamiento a **semi-**, que sin embargo carece del valor jerárquico; véase también **vice-**.

> LECTURAS RECOMENDADAS: Rainer (1993); Varela & Martín García (1999).

demo-. Del griego δημο- 'pueblo'. Prefijo adjetival de valor equivalente al adjetivo relacional 'popular'.

a Este prefijo solo es productivo con temas neoclásicos como bases, siempre equivalentes a sustantivos:

(1) demócrata, demografía, demoscopia, demosofía

b Al igual que otros prefijos adjetivales equivalentes a adjetivos relacionales, no es iterable, no modifica la clase de palabras de la base, no se combina con bases expandidas funcionalmente y no puede aparecer aisladamente.

c Este prefijo no da lugar a paradojas de encorchetado porque no se une nunca a adjetivos relacionales que no estén derivados de bases nominales con las que se combina independientemente (*democrático, demoscópico*).

d Su significado es equivalente al adjetivo relacional 'popular', en el sentido 'del pueblo, del conjunto de la sociedad'. Este es el valor que tiene claramente en *democracia* 'gobierno del pueblo', *demoscopia* 'observación del estado de opinión del pueblo', *demografía* 'descripción de la estructura del pueblo', etc.
e Los motivos para considerar este elemento un prefijo son que aparece solo en posición inicial de palabra y no se combina con sufijos para dar otras formaciones; nótese que, pese a que *demótico* se relaciona etimológicamente con él, no da lugar a un significado igual ('del pueblo') sino que se refiere a un tipo de escritura simplificada en el Antiguo Egipto.

dentro-. Del adverbio *dentro*. Prefijo preposicional poco productivo que aparece en el verbo *dentrotraer* 'introducir', con un valor transparente.

-dera. Tal vez del cruce entre los sufijos latinos *-torium* y *-arium*. Sufijo nominalizador deverbal enfático empleado sobre todo en Centroamérica y México.

Tipos de base

a Este sufijo forma sustantivos a partir de verbos de las tres clases de conjugación:

    (1)   cantadera, coladera, asomadera, chingadera, habladera, peleadera, vomitadera...
    (2)   bebedera, llovedera, tosedera, jodedera...
    (3)   paridera, dormidera...

b Los verbos seleccionados por este sufijo siempre son eventivos y se rechazan los verbos de valor exclusivamente estativos.
c No parece haber restricciones con respecto a la estructura argumental del verbo base, que puede ser impersonal (*llovedera*), transitivo (*cantadera*), intransitivo (*habladera*), sin argumento interno (*lloradera*), con o sin sujeto agentivo (*tembladera*).

Comportamiento gramatical

a Este sufijo forma siempre sustantivos femeninos marcados regularmente con -a^1.
b Este sufijo siempre preserva la vocal temática de la base, que además emplea en todos los casos su alomorfo no marcado, preservando así la forma -*e* para la segunda conjugación.
c Este sufijo forma siempre nominalizaciones de acción, y como tal hereda los argumentos de la base verbal:

    (4)   una preguntadera al testigo sobre el asesinato por parte de la policía

Tipos de significado

a Sobre el valor central de acción, este sufijo da lugar a tres lecturas que dependen del grado de repetición o insistencia que se asocia a dicha acción. En unos pocos casos, como los de (5), este sufijo se limita a designar la acción que se asocia al verbo base sin determinar ninguna clase de repetición:

    (5)   cantadera, coladera, paridera, peladera, sangradera, sonadera, trancadera...

b Es más frecuente que el sufijo incorpore una idea de pluraccionalidad, es decir, de repetición de la acción denotada por la base, o de duración extendida del evento, que ocupa un periodo de tiempo más amplio de lo habitual.

(6) capeadera, gozadera, llovedera, orinadera, peleadera, platicadera, raspadera, robadera, salpicadera, tembladera, tosedera, viajadera, vomitadera

c En tercer lugar, la repetición del evento o la extensión ampliada se interpretan como excesivas o fastidiosas, como sucede típicamente en (7):

(7) asomadera, bebedera, chingadera, dormidera, gritadera, habladera, hartadera, jodedera, lloradera, mamadera, obradera, preguntadera

Propiedades fonológicas

Este sufijo se integra prosódicamente con la base, y atrae el acento a su vocal /e/, lo cual puede tener el efecto de bloquear la diptongación o ascenso vocálico en las bases que tienen irregularidades dependientes de la asignación de acento: *dormir* ~ *duermo* ~ *dormidera*.

Problemas de segmentación

La existencia de un sufijo -era[3] con valor abundancial puede suscitar la pregunta de si -dera no habrá de segmentarse en -era[3] construido sobre participios. El motivo fundamental que bloquea esta segmentación es que -dera selecciona el alomorfo -e de la vocal temática de la segunda conjugación (*tosedera*) mientras que el morfema de participio selecciona el alomorfo -i (*tosido*).

Relaciones con otros afijos

El sufijo **-dera** es el único sufijo nominalizador deverbal que incorpora un sentido abundancial o de exceso; véase **-ón**[3], como adjetivalizador deverbal, para otro caso de sufijo categorizador que incorpora un valor de abundancia o exceso.

LECTURAS RECOMENDADAS: Lipski (1996); Santiago Lacuesta & Bustos Gisbert (1999).

-deras. Tal vez del cruce entre los sufijos latinos *-torium* y *-arium*. Sufijo nominalizador que produce nombres de cualidad a partir de verbos.

Tipos de base

a Este sufijo se combina solamente con bases verbales; no se documentan casos de la tercera conjugación, pero sí hay de la primera y de la segunda.

(1) abogaderas, aguantaderas, desenfadaderas, despabiladeras, despachaderas, despavesaderas, espabiladeras, explicaderas, tragaderas
(2) absolvederas, creederas, entendederas

Comportamiento gramatical

a Este sufijo siempre forma sustantivos femeninos marcados regularmente por -a[1].
b Este sufijo siempre produce pluralia tantum marcados con -s[1].

c Este sufijo siempre produce nombres no contables, como suele suceder dentro de la clase semántica de los nombres de cualidad. Como nombres no contables, los sustantivos derivados con este sufijo poseen el comportamiento típico de esta clase gramatical de elementos.

d Como sucede normalmente con los sustantivos de cualidad, los sustantivos derivados con este sufijo toman un complemento del nombre que corresponde al sujeto de predicación de la propiedad asociada a la base.

(3)   las entendederas de Juan

e Los sustantivos derivados con este sufijo no heredan los demás argumentos del verbo:

(4)   *sus creederas en que eso es cierto

Tipos de significado

a Este sufijo produce siempre nombres de cualidad a partir del evento o estado que designa el verbo base. Esto puede obtenerse de distintas maneras.

b La más frecuente es la de interpretar la capacidad de participar en la acción o estado, como sucede en *entendederas* 'capacidad para entender algo', *desenfadaderas* 'capacidad para salir ileso de situaciones difíciles', *tragaderas* 'capacidad de tragar o tolerar algo'.

c Otra interpretación posible que permite transformar los eventos o estados en cualidades es la de interpretar la disposición o tendencia a participar en el evento, como en *despachaderas* 'tendencia a despachar rápido y de manera brusca', *absolvederas* 'tendencia a ser demasiado tolerante'.

d Finalmente, se documenta de forma ocasional la lectura de 'cualidad prototípicamente asociada con el agente típico de la acción', como en *abogaderas* 'razonamientos que se consideran típicos de un abogado'.

Propiedades fonológicas

Este sufijo se integra fonológicamente con la base y atrae el acento a su vocal /e/, lo cual tiene el efecto de bloquear la diptongación y otras irregularidades motivadas por la asignación de acento en las bases: *entender ~ entiendo ~ entendederas*.

Relaciones con otros afijos

Hasta donde se me alcanza, **-deras** es el único sufijo que produce nombres de cualidad a partir de bases verbales. Es posible relacionarlo con **-dera**, y tal vez asociar la lectura de cualidad –que da lugar a un nombre no contable– con la existencia del plural, que podría tener el efecto de deseventivizar la acción que expresa el sufijo en singular al convertirlo en una agrupación sin valores atómicos internos.

LECTURAS RECOMENDADAS: Santiago Lacuesta & Bustos Gisbert (1999); Rainer (2017a).

-dería. Posible sufijo que no se puede descomponer en **-dero** e **-ía** o en **-ería** con una base acabada en /d/ en un conjunto pequeño de formas donde la base original se ha perdido, como en *mandadería* (etimológicamente de *mandadero*, pero en la actualidad relacionado con *mandar*).

-dero[1]. Tal vez del cruce entre los sufijos latinos *-torium* y *-arium*. Sufijo nominalizador deverbal especializado en formar nombres de lugar.

Tipos de base

a   Este sufijo se documenta con bases verbales, casi siempre de la primera conjugación.

(1) abajadero, abarrancadero, abatidero, abrevadero, abrigadero, acaballadero, acechadero, achicharradero, agostadero, aguadero, aguardadero, aguzadero, ahechadero, ahijadero, aliviadero, amarradero, amasadero, ancladero, apacentadero, aparcadero, apartadero, apeadero, apostadero, arrancadero, arrastradero, arremetedero, aserradero, atadero, atascadero, atracadero, aulladero, aventadero, azagadero, bajadero, bañadero, batidero, bebedero, botadero, brincadero, burladero, cagadero, caladero, cargadero, cenadero, coladero, comedero, criadero, degolladero, derramadero, derrocadero, derrumbadero, desafiadero, desaguadero, descargadero, desembarcadero, dormidero, echadero, ejecutadero, emanadero, embalsadero, enfriadero, enterradero, entradero, esperadero, fondeadero, fregadero, fumadero, golpeadero, holladero, hozadero, humilladero, invernadero, lavadero, luchadero, maduradero, matadero, meadero, miradero, nadadero, paradero, parqueadero, pastadero, patinadero, peladero, picadero, ponedero, pudridero, rebosadero, reposadero, robadero, saladero, salidero, salpicadero, saltadero, sesteadero, tentadero, tiradero, tragadero, tropezadero, vaciadero, varadero...

b   Son mucho menos frecuentes las bases de la segunda o la tercera conjugación.

(2) lambedero, nacedero, vertedero
(3) escurridero, hervidero, mentidero, moridero, partidero, reñidero

c   En un conjunto pequeño de formas puede reconocerse una base nominal y no existe contemporáneamente la base verbal:

(4) arroyadero, bacaladero, balsadero, cintadero

d   Los verbos empleados como bases son siempre eventivos o denotan estados no característicos (*sabedero, #*merecedero*, *odiadero), en concordancia con la generalización de que los verbos que denotan estados característicos no expresan situaciones que se localicen espacialmente.

Comportamiento gramatical

a   Este sufijo produce siempre sustantivos marcados de forma explícita por su género.
b   Si bien la mayoría de las formas que incluyen este sufijo son masculinas y toman -**o**[1], ocasionalmente algunas de ellas han sido lexicalizadas en femenino con -**a**[1], casi siempre en casos que denotan nombres de instrumento como en *tapadera, escupidera, abrazadera, regadera, sudadera, heladera* y los de (5). Son menos frecuentes los femeninos referidos a lugares, pero también se documentan ocasionalmente, como en (6):

(5) abarredera, abrazadera, afiladera, afeitadera, agarradera, aguijadera, alargadera, allegadera, amasadera, andadera, arrancadera, atacadera, balitadera, bañadera, bramadera, calzadera, castradera, destiladera, echadera, enfriadera, espumadera, jugadera, latigadera, llamadera, mamadera, nadadera, pintadera, pisadera, pitadera, plegadera, podadera, raedera, rozadera, salivadera, sembradera, tejedera
(6) acechadera, aguadera, aguzadera, cerradera, predicadera

c Este sufijo preserva la vocal temática de la base y selecciona los alomorfos más regulares de la vocal temática.
d Este sufijo forma sustantivos concretos que expresan lugares destinados a una acción o instrumentos, y por tanto generalmente los nombres derivados con él son nombres contables de participante que no heredan la estructura argumental del verbo base.

Tipos de significado

a El valor fundamental de este sufijo es el de expresar el lugar destinado especialmente para el evento expresado por la base (*cenadero, amarradero, embarcadero*) o el lugar en que se produce habitualmente ese evento (*moridero, coladero, salidero*).
b Típicamente los eventos son propios del mundo de la agricultura, la ganadería, la navegación o la caza.
c Sin necesariamente tener que expresar lugares, en otros muchos casos, como los de (7), se interpretan instrumentos. En algunos casos el instrumento es a su vez el lugar destinado para algo (cf. *sentadero, agarradero, apoyadero, asidero*), pero no es así necesariamente (cf. *tapadera, atizadero, torcedero*).

(7) agarradero, ahogadero, apoyadero, arrendadero, asidero, atizadero, cejadero, cernadero, mecedero, montadero, ordeñadero, perfumadero, prendedero, pulidero, regadero, respiradero, sentadero, surtidero, tapadero, tomadero, torcedero

Propiedades fonológicas

Este sufijo es muy regular fonológicamente, y atrae a su vocal /e/ el acento prosódico de la palabra, lo cual puede tener como efecto el bloqueo de la diptongación de la base y otras irregularidades de presente (*morir ~ muero ~ moridero*).

Problemas de segmentación

a Puede plantearse la posibilidad de que este sufijo sea la suma de -**do**[1] y -**ero**[1], como nominalizador. Derivar -**dero** a partir del participio es problemático debido a que en la segunda conjugación -**dero** selecciona /e/ para la vocal temática, en contraste con el participio, que selecciona /i/: *vertedero ~ vertido*. Nótese además que el valor semántico locativo de este sufijo no es frecuente en absoluto con el sufijo -**ero**[1].
b Pese a su relación etimológica, resulta difícil unificar -**dero**[1] con -**dero**[2], debido a que es complicado establecer una relación razonable entre las nociones de lugar e instrumento que las unan a la noción de posibilidad pasiva o causa.

LECTURAS RECOMENDADAS: Rainer (1993); Santiago Lacuesta & Bustos Gisbert (1999); Pharies (2002); Felíu (2013); Fábregas (2016).

-dero[2]. Tal vez del cruce entre los sufijos latinos *-torium* y *-arium*. Sufijo adjetivalizador deverbal desusado que se usaba para formar adjetivos modales potenciales pasivos.

Tipos de base

a   Este sufijo se une a bases verbales de las tres conjugaciones, con un leve predominio de la primera conjugación, que es sin embargo sustancialmente menor al que se documenta con otros sufijos.

   (1)   andadero, arbitradero, asadero, bailadero, casadero, cobradero, colgadero, compradero, contadero, convocadero, dadero, dejadero, enseñadero, labradero, llevadero, olvidadero, otorgadero, pagadero, quemadero, rodadero
   (2)   acaecedero, acontecedero, cocedero, corredero, crecedero, defendedero, fallecedero, habedero, hacedero, imperecedero, moledero, pacedero, temedero
   (3)   abridero, advenidero ~ avenidero, cumplidero, decidero, dividero, exigidero, huidero, permitidero, recibidero, servidero, subidero, sufridero, vivídero

b   Este sufijo aparece combinado con posible base nominal, y adición de la vocal temática de la primera conjugación, en *limosna* > *limosnadero*.

Comportamiento gramatical

a   Este sufijo produce siempre adjetivos variables en género, marcados regularmente por **-o**[1] en masculino y **-a**[1] en femenino.
b   Los adjetivos formados con este sufijo generalmente no son graduables, con apenas algunas excepciones marcadas como *muy casadero* o *muy llevadero*. Esta falta de gradación puede deberse a que la noción de posibilidad u obligación se interpretan como escalas de solo dos valores (es posible o no, es obligatorio o no), lo cual hace la gradación imposible.
c   Generalmente, los adjetivos correspondientes no pueden heredar los complementos agentes de la base, u otros argumentos y adjuntos.

   (4)   ??muy llevadero por cualquiera con buena salud
   (5)   ??decidero en cenáculos intelectuales
   (6)   ??casadero con una joven de buena familia

d   Este sufijo generalmente se asocia a valores pasivos (*llevadero* 'que puede ser llevado', *pagadero* 'que debe ser pagado'), pero en muchos otros casos se obtiene un posible valor activo, como en *cerradero* 'que sirve para cerrar', *reidero* 'que hace reír', *volandero* 'que vuela', entre otros.
e   En algunos casos, igual que sucede con **-dizo**, la forma derivada se usa más frecuentemente o de forma casi absoluta como sustantivo, como en *apuradero, barrendero, lavandero, curandero*.

Tipos de significado

a   El valor básico de este sufijo es el de formar adjetivos de valor modal con una noción de potencialidad, como en *casadero* 'que puede casarse', o en *enseñadero* 'que puede enseñarse'.

b Sin embargo, en contraste con **-ble**, es muy frecuente que este otro sufijo imponga un valor de obligación, 'que debe ser hecho', como en *pagadero, cobradero, dadero, dejadero, otorgadero, pagadero, quemadero* 'que debe ser quemado', y muchos otros.

c Otro contraste con **-ble** es la frecuencia con la que **-dero** construye adjetivos de valor activo donde de hecho la noción modal se pierde a favor de una en que se predica la participación directa y activa en la acción, a veces de forma habitual (*andadero, rezandero*) y a veces en una instanciación concreta del evento, como en *amenguadero, apretadero, apuradero, chupadero, complacedero, crujidero, duradero, mancilladero* u *oledero*, entre otras.

Propiedades fonológicas

Este sufijo atrae el acento prosódico a su vocal /e/ y por tanto puede bloquear la diptongación de la base y otras irregularidades distribuidas fonológicamente, como se ve en *cerrar ~ cierra ~ cerradero*.

Alomorfos

a En muchos de los casos donde el sufijo no denota potencialidad, sino participación directa y activa en el evento, se identifica el alomorfo *-ndero*:

(7) colgandero, curandero, guisandero, hilandero, lavandero, paseandero, plañidero, rezandero, volandero

b No es probable que estas formaciones sean casos de **-ero**^{2} combinados con un gerundio **-ndo**^{1}, debido a que la vocal temática seleccionada en estos casos es distinta: *barrer ~ barriendo ~ barrendero*.

Relaciones con otros afijos

Históricamente, **-dero**^{2} ocupaba los valores que **-ble** comenzó a ocupar al ser implantado en el español de finales de la Edad Media. En la actualidad no es productivo.

> LECTURAS RECOMENDADAS: Pascual & Sánchez (1992); Rainer (1993, 1999); Pharies (2002); Fábregas (2020).

des-. Del cruce entre los prefijos *de-, ex-, dis-* y *e-* del latín. Prefijo preposicional de valor escalar o separativo.

Tipos de base

a Este prefijo es productivo con bases verbales de muy distinto tipo. Entre los numerosísimos ejemplos que se pueden citar se encuentran los de (1).

(1) desabastecer, desabonarse, desabotonar, desabrigar, desabrochar, desaceitar, desacelerar, desacoplar, desacostumbrar, desacralizar, desacreditar, desactivar, desactualizar, desacuartelar, desadornar, desagarrar, desagraviar, desajustar, desalar, desalinizar, desalmidonar, desalojar, desamortizar, desamueblar,

desanclar, desaparcar, desaparear, desaparecer, desapolillar, desaprisionar, desaprender, desarmar, desarraigar, desarreglar, desarropar, desarticular, desasear, deasegurar, desasosegar, desatar, desatascar, desaterrar, desatornillar, desatraer, desaturdir, desautorizar, desavenir, desayudar, desayunar, desbaratar, desbloquear, descabalgar, descalificar, descalzar, descansar, descargar, descasar, descatalogar, descatolizar, descifrar, desclasificar, descodificar, descolgar, descolocar, descolonizar, descomponer, descomprimir, desconcentrar, desconcertar, desconectar, descongelar, desconsolar, descontaminar, descontinuar, desconvocar, descoser, descrecer, descristianizar, descruzar, desdecir, desdibujar, desdramatizar, deseducar, desembalar, desembalsar, desembarazar, desembarcar, desembragar, desembrujar, desempañar, desempapelar, desempolvar, desempuñar, desenamorar, desencajar, desencintar, desenfocar, desenmarañar, desenredar, desenterrar, desequilibrar, desestabilizar, deshacer, deshelar, deshidratar, deshumanizar, desideologizar, desincrustar, desinfectar, desinflamar, desinflar, desintegrar, desinvertir, deslastrar, desligar, deslocalizar, deslustrar, desmaquillar, desmejorar, desmilitarizar, desmitificar, desmontar, desmoralizar, desnacionalizar, desnaturalizar, desnutrir, desobstuir, desorganizar, desosegar, desoxigenar, despegar, despeinar, despenalizar, despersonalizar, despintar, despoetizar, despolarizar, destapar, destaponar, destejer, destemplar, destensar, destrenzar, desubicar, desunir, desvestir, desvincular

b Los verbos que pueden funcionar como bases prioritarias suelen ser verbos eventivos de cambio de estado, con argumento interno, entre los que se encuentran la mayoría de los de (1). Sin embargo, esto no quiere decir que no pueda tomar como bases verbos estativos (*desconocer*), no transitivos (*desconfiar de alguien*) o incluso sin un argumento interno obligatorio (*desandar*).

c Es cierto, sin embargo, que los verbos frecuentemente tienden a tener un valor eventivo y no estativo, con preferencia por valores télicos. Así, este prefijo selecciona la lectura eventiva y télica, entre otros, de los verbos de (2). Una casa puede alojar a alguien, pero una casa no puede desalojar a alguien; alguien puede cabalgar durante horas pero no descabalgar durante horas, a alguien puede encantarle una persona durante mucho tiempo, pero *desencantar* implica un cambio de estado, etc.

(2) desalojar, descabalgar, desempatar, desencantar, desilusionar, despoblar, desposeer

d Es frecuente también que el prefijo seleccione la versión transitiva en los verbos que admiten lecturas intransitivas y lecturas transitivas: alguien puede andar un largo camino o simplemente andar, pero no puede decirse *Juan desanduvo*, frente a *Juan desanduvo el camino*.

e Aunque con poca frecuencia, este prefijo se une también a bases verbales neoclásicas:

(3) descaecer, descender, descordar, desistir, desnudar, despertar, destruir

f Sin ser productivo, el prefijo se documenta también con bases nominales, muy frecuentemente nombres abstractos que denotan estados psicológicos y propiedades. Aunque algunos de los de (4) tienen una versión verbal, el verbo en tales casos está formado sobre el sustantivo.

(4) desacomodo, desacuerdo, desafición, desahogo, desaliño, desamor, desarmonía, descontrol, desdicha, desempleo, desencuentro, desenfado, desfavor, desgana,

deshonor, deshonra, desmemoria, desnivel, desorden, desprestigio, destiempo, desvalor, desventaja, desventura, desvergüenza

g   También se documenta el prefijo en combinación con bases adjetivales, aunque en menor medida. En algunos de los casos con base de forma participial puede existir un verbo que, sin embargo, apenas se usa o muchos hablantes no conocen:

(5)   desafecto, desamable, desapacible, desapasionado, desaprensivo, descómodo, desconsiderado, descortés, desemejante, deshonesto, desigual, desleal

h   Los adjetivos con los que se combina este prefijo siempre son graduables, lo cual elimina la posibilidad de unirlo a adjetivos relacionales.

Comportamiento gramatical

a   Este prefijo nunca altera la categoría gramatical de la base. Hay algún caso aislado que probablemente ha de tratarse como una excepción ocasional, como en *perfecto* > *desperfecto*, donde el segundo es un sustantivo.

b   Por lo general este prefijo preserva las propiedades gramaticales de la base, el género en las bases sustantivas, y el aspecto léxico y la estructura argumental de la base, aunque se suelen preferir las lecturas eventivas, télicas y transitivas en los verbos que alternan.

c   Hay algunos cambios no sistemáticos en el régimen y estructura argumental de las bases, sin embargo. En un conjunto pequeño de verbos, la presencia del prefijo intransitiviza el verbo, como en *desdecirse, desposeer* o *desmerecer*. En el primero, sin embargo, la intransitivización puede estar asociada a la presencia de *se* (cf. *lamentar algo, lamentarse de algo*).

(6)   decir algo, desdecirse de algo
(7)   poseer algo, desposeer de algo
(8)   merecer algo, desmerecer de algo

d   La preposición *de* aparece en estos casos para introducir el régimen preposicional del verbo, y de la misma manera aparece en *desconfiar de alguien* (cf. *confiar en alguien*). Como prefijo, **en-** y **des-** también alternan en otros casos (cf. los casos de parasíntesis más abajo). Con todo, no es sistemático que el prefijo fuerce esta preposición ni siquiera en los casos que se asocia a un régimen preposicional (*vivir una larga vida* vs. *desvivirse por alguien*).

e   En algunos pocos casos, el prefijo invierte la relación argumental entre el sujeto y el objeto. Alguien hereda de otra persona, pero es la otra persona la que deshereda a alguien; alguien posee algo, pero se desposee a alguien de algo.

f   Este prefijo es iterable. La reversión del proceso de caminar un trayecto puede ser *desandar*, y si se vuelve de nuevo hacia atrás puede emplearse el verbo *desdesandar*.

g   Este prefijo no da lugar a paradojas de encorchetado porque no se combina con adjetivos relacionales.

h   Este prefijo participa en la parasíntesis. Puede aparecer en combinación con el sufijo **-ado** con bases nominales para dar lugar a adjetivos parasintéticos, como los de (9).

(9)   desalmado, desangelado, descabellado, descarado, descerebrado, desdentado, deslenguado, desnarigado...

i   Es frecuente también que se combine con bases nominales para dar lugar a verbos parasintéticos formados con la vocal temática **-a**^{1}, **-izar** o **-ificar**.

(10) desabejar, desaborar, desgraciar, desaguar, desarbolar, desarenar, desbabar, desbarbar, desbarrigar, desbordar, desborrar, desbotonar, desbragar, descabezar, descafeinar, descamisar, descaperuzar, descapirotar, descapotar, descapullar, descariñarse, descastar, deschapar, descharcar, descolorar, descorazonar, descorchar, descornar, descortezar, descremar, descuadernar, descuartizar, desescamar, desfamar, desfigurar, desflorar, desgajar, desgraciar, desgranar, desherbar, deshilachar, deshojar, deshuesar, desmembrar, desmigar, desnatar, despedazar, despellejar, despelotar, despepitar, desperezarse, despiezar, despiojar, desplumar, desrielar, destornillar, destripar, destrozar, desvalijar...

j Son mucho menos frecuentes los verbos parasintéticos que incluyen este prefijo formados sobre bases adjetivales.

(11) desacerbar, desambiguar, desbastar, desbravar, descabalar

k Este prefijo no es coordinable con otros.

Tipos de significado

a Pese a proceder originariamente de prefijos separativos, el significado separativo no es el predominante con este prefijo, que suele aportar un valor similar a la negación, a pesar de que no se comporta como los prefijos realmente negativos con valor cuantificativo (cf. **in-**, **a-**²).

b El valor negativo del prefijo es visible especialmente en las formaciones verbales no parasintéticas. En ellas, cuando la base es eventiva –lo cual sucede en la mayoría de los casos– el prefijo aporta un valor restitutivo o reversativo.

c En el valor reversativo, el prefijo indica la inversión de un proceso de cambio previo que podría involucrar o no al mismo agente, como en *desandar, desatornillar, desencuadernar, deshacer, despolarizar*. Esta lectura es particularmente evidente cuando el verbo contiene sufijos verbalizadores explícitos o es parasintético.

d En el valor restitutivo, el prefijo indica que el cambio devuelve al argumento interno al estado contrario al que resulta el verbo base, como en *desbloquear, destapar, desdibujar, desaparecer*. Muchos de los verbos admiten ambas lecturas, dependiendo del contexto.

e Sobre todo con bases verbales estativas, con preferencia por aquellas que expresan estados mentales y psicológicos, el prefijo puede indicar la ausencia del estado que denota la base, y en tal caso funciona como la negación *no* en la lectura en la que niega la eventualidad. Así, *desconfiar* es *no confiar*, y *deshabitar* es *no habitar*, no desalojar un espacio que estaba previamente habitado.

(12) desabastecer, desacatar, desacertar, desaconsejar, desafinar, desagradar, desagradecer, desalentar, desamar, desamparar, desanimar, desaprobar, desaprovechar, desasistir, desatender, desatinar, desconfiar, desconocer, desconvenir, descreer, descuidar, desengañar, desentenderse, desentonar, desesperar, deshabitar, desinhibir, desmerecer, desmotivar, desobedecer, desoír, despreocuparse, desproteger, desquerer, desusar,

f En los casos parasintéticos sobre base nominal destacan las lecturas privativas, en las que se denota la falta de posesión de la entidad denotada por la base. Este es el caso de los adjetivos parasintéticos enumerados en (9).

g   Con verbos parasintéticos de base verbal, el valor suele ser separativo, y se interpreta generalmente que la entidad que denota la base es eliminada o se le quita al argumento interno. En tales casos, la lectura negativa y la lectura separativa se solapan, ya que estos verbos no dejan de ser verbos que denotan en muchos casos la restitución de un estado previo en el que el argumento interno no poseía la entidad denotada por la base. Los casos de (10) representan este patrón.

h   En muchos de estos casos, el verbo puede interpretarse como una manera de destruir por completo una entidad, cuando la base se interpreta como partes del todo que compone al argumento interno: *desbriznar, descuartizar, desflecar, deshilachar, desmigajar, despedazar, despiezar, destrozar...*

i   En otras ocasiones, la base denota un espacio real o figurado del que se saca al argumento interno:

(13) desbancar, descaminar, descarrilar, descentrar, descuartelar, desmamar (destetar), desmoldar, despeñar, despistar, desplazar, despuntar, desterrar, destronar, desviar...

i   Con bases adjetivales como las de (11), la parasíntesis suele interpretarse como un cambio escalar en la propiedad, que pasa de un valor más alto a uno inferior.

j   Se documentan otros valores menos frecuentes. Así, con la parasíntesis nominal a veces se obtiene un valor instrumental, en que se emplea la entidad denotada por la base para extraer o sacar algo del argumento interno (*desgarrar, despinzar*).

k   Existen algunos casos también, probablemente relacionados con la lectura separativa, donde el prefijo aporta el valor intensificativo de que el evento se lleva hasta su final completo, generalmente cuando ese evento tiene la noción de extraer algo de una entidad, como en *desagotar, desangrar, desecar, desfallecer, desgastar, desudar*. El valor de intensidad se observa también, sin ser tan obvio el elemento separativo, en *deslumbrar, descambiar, desdoblar, desplegar*.

l   Se ha llamado lectura evaluativa a los casos donde este prefijo más que designar la separación o la negación indica una apreciación mala, imperfecta o inadecuada de alguna entidad o proceso, como en los casos de (14).

(14) descalificar, descolocar, descompensar, descontar, desestimar, desgobernar, desinformar, desopinar, despagar, despreciar

m   Así, *desopinar* no es 'no opinar', sino opinar mal de algo; descalificar es calificar algo como malo, desinformar es informar mal, etc.

n   Son muy frecuentes también las lecturas lexicalizadas, como en (15):

(15) desairar, desaforar, desazonar, desbeber, desbocar, descabalar, descarnado, descomer, desenvolverse, desmedirse, despechado, desmadrar, desorbitar...

Propiedades fonológicas

Este prefijo se integra fonológicamente con la base, y solo ocasionalmente se producen cambios fonológicos, que suelen corresponder a la caída de la /s/. Por lo general, la /s/ final del prefijo se resilabifica con la primera vocal de la base, si es que contiene alguna (*de.sau.to.ri.zar*).

Alomorfos

a El alomorfo *de-* se documenta en algunas bases donde la desaparición de /s/ es predecible fonológicamente (*decelerar, decepar*), pero también en muchas otras donde no está tan clara una causa fonológica.

b Es frecuente que este alomorfo aparezca con bases que comienzan por fricativa (*deformar, defecar, deflación, defoliar, deforestar*), nasal (*denunciar, demoler, denegar, denominar*) o líquida (*deletrear, derraigar, derrocar, derromper*), pero también hay muchos otros casos que no caen en esta descripción (*decapitar, decapar, decodificar, decolorar, deconstruir, decrecer, degustar, degollar, depilar, depopular, deportar, detraer, devenir, devolver*).

Relaciones con otros afijos

a Este es el único prefijo negativo que no tiene la distribución de un cuantificador, porque permite la iteración, entre otras propiedades.

b **Des-** es el principal prefijo reversativo y restitutivo del español. Véase **ex-**^{2}, **de-**^{1}, **ab-** para otros prefijos separativos.

c En su valor negativo, **des-** forma frecuentemente pares con los prefijos parasintéticos **a-**^{1} y **en-**^{1}, como en *destronar ~ entronizar, destornillar ~ atornillar* y muchos otros.

d El prefijo **dis-**, con el que se relaciona etimológicamente, tiene alguno de los valores de separación propios de este prefijo.

> LECTURAS RECOMENDADAS: Rainer (1993); Varela & Martín García (1999); Varela & Haouet (2001); Montero Curiel (1999, 2015); Martín García (2007); Rodríguez Rosique (2011, 2013) Pena (2014); Gibert Sotelo (2017, 2021); Morera (2019).

di-^{1}. Del prefijo latino *di-*, y este a su vez del griego *δι-* 'dos'. Prefijo cuantificativo con significado equivalente a 'dos'.

a Este prefijo, frente a **bi-**, no es productivo. Se documenta sobre todo con bases neoclásicas usadas como sustantivos o adjetivos:

   (1) diadelfos, diarquía, diclino, dicroísmo, didelfo, didimio, diedro, diglosia, dígrafo, dilema, dímetro, dipneo, dipodia, díptero, díptico, diptongo

b Son escasas las voces españolas con las que se combina este prefijo, que a menudo también tienen origen griego y solo por casualidad histórica se utilizan también como voces independientes dentro del lenguaje científico (*digamma, diteísmo*):

   (2) didracma, digamma, dióxido, dipolo, disacárido, diteísmo, dítono

c Hay también un conjunto reducido de formas adjetivales con las que se combina este prefijo:

   (3) dibranquial, dicarboxílico

d En cuanto a su comportamiento gramatical, este prefijo, al igual que otros prefijos cuantificativos, puede convertir la base nominal en un adjetivo dentro de lecturas posesivas:

(4) disépalo, difilo, dipétalo

e   Como otros prefijos cuantificativos, este tampoco se une a bases verbales, no participa en la parasíntesis y no es iterable.
f   Este prefijo produce paradojas de encorchetado con adjetivos relacionales, como en *dibranquial* 'que se relaciona con dos branquias', no 'que tiene dos relaciones con una branquia'.
g   Su significado es el cardinal 'dos', lo que se manifiesta siempre –en los casos segmentables de valor transparente– en la cuantificación de la noción denotada por la base: *didracma* 'que vale dos dracmas', *dítono* 'que contiene dos tonos', *díptero* 'con dos alas', etc.
h   Este prefijo se integra fonológicamente con la base.
i   La existencia de *díada* 'pareja' podría sugerir que este prefijo es en realidad un formante compositivo; no obstante, la posición del acento y el origen histórico de esta forma sugieren de forma fuerte que es una formación heredada sin segmentar, pero véase **-ada**[2] para los casos donde este sufijo tiene valor de medida.

di-[2]. Alomorfo de **dis-**, como en *divergente*.

dia-. Del prefijo griego δια- 'a través de'. Prefijo adjetival no productivo del español con valor equivalente a 'transversal'.

a   Este prefijo se une casi exclusivamente a bases neoclásicas, correspondientes a sustantivos (1):

(1)   diabetes, diacatolicón, diacronía, diádoco, diafonía, diaforesis, diafragma, diagnosis, diágrafo, diagrama, dialecto, dialefa, diálisis, diálogo, diámetro, diapédesis, diarrea, diáspora, diástole, diatriba

b   En otros casos se une a adjetivos relacionales del español o, más frecuentemente, neoclásicos.

(2)   diacrítico, diáfano, diafásico, diagonal, diamagnético, diastrático, diatónico, diatópico

c   Este prefijo en la mayoría de los casos no aporta un valor semántico reconocible en la actualidad, e incluso puede dudarse de que los hablantes lo segmenten en muchas de las formas que lo poseen etimológicamente donde su valor se ha perdido, como en *diabetes, diádoco, diafragma, diálogo* y muchas otras.
d   En los casos más claramente segmentables, su valor reconocible es 'transversal', e indica que alguna entidad o proceso se define a lo largo de distintas categorías, clases, épocas, espacios u otras nociones que denota la base, como *diacrónico, diastrático, diafásico*, o también en *diagrama*, y para los que manejan estos términos científicos, también *dialefa, diapédesis, diaforesis* y otras.
e   Los valores lexicalizados son muy comunes; en algunos de ellos conserva el sentido de extensión de 'a través de', pero indicando el borde o límites de algo, como en *diámetro, diáspora, diagonal, diáfano*.
f   Este prefijo se integra prosódicamente con la base, como muestra la no preservación de la vocal final en casos donde la base comienza por vocal (*dialefa, dieléctrico*) y la ausencia de acento secundario no rítmico.
g   Este prefijo ocasionalmente establece oposiciones con **sin-**[2], como en *sincronía ~ diacronía, sinalefa ~ dialefa*. Su uso es mucho más restringido que el de **trans-**.

diali-. Del griego 'separar'. Prefijo no productivo cuyo significado es equivalente a 'separado' e indica que la entidad denotada por la base contiene varios miembros que están separados unos de otros, como en *dialipétalo* y *dialisépalo*. Su comportamiento gramatical es el esperable de un prefijo cuantificativo en el sentido de que toma bases nominales y las habilita para funcionar como adjetivos (*flores dialipétalas*), en formaciones con valor posesivo, 'que tiene pétalos separados'. Tal vez pueda interpretarse como un operador distributivo que fuerza una lectura no colectiva de la base.

-dijo. Falso sufijo propuesto en algunas obras para formas como *atadijo, amarradijo*; puede considerarse la unión del sufijo **-ijo** junto a la terminación de participio **-do**[1].

dino-[1]. Del griego δεινός 'terrible'. Prefijo adjetival poco productivo, de valor equivalente a 'terrible', y que aparece siempre en formaciones sobre temas neoclásicos equivalentes a sustantivos, como *dinosaurio, dinoterio* 'cierto animal prehistórico', *dinornis* 'cierto pájaro prehistórico'. No debe confundirse con el formante de compuesto *dino*, fruto del acortamiento de *dinosaurio*, que es muy productivo (*dinobot, dinoparque, dinotrén, dinotopía, dinomanía, dinoemoji...*).

dino-[2]. Del griego δῖνος 'giro, rotación'. Prefijo adjetival poco productivo que aparece en algunas formaciones científicas, como *dinoflagelado* 'que tiene un flagelo rotatorio'.

dipso-. Del griego δίψα 'sed'. Prefijo adjetival no productivo que aparece en unas pocas formaciones con base neoclásica, como *dipsómano*, con el valor equivalente a 'alcohólico'. Nótese que no se comporta como un formante de compuesto, ya que es imposible formar palabras a partir de él solo uniéndolo a prefijos o sufijos.

dis-[1]. Del prefijo latino *dis-*, que expresaba nociones separativas. Prefijo preposicional del español con valor negativo.

Tipos de base

a   Sin llegar a ser productivo en ninguno de los casos, este prefijo se une a bases formadas por nombres comunes (1):

   (1)   discapacidad, disfavor, disimetría, displacer, distensión

b   También admite bases adjetivales, generalmente no graduables.

   (2)   disconforme, discontinuo, disímil, disjunto, dispar, disparejo

c   Puede unirse también a verbos, generalmente estativos (con excepciones no transparentes semánticamente, como *distraer* o *disponer*).

   (3)   disconvenir, disculpar, disentir, disgustar

d   Resultan más frecuentes las bases formadas por temas neoclásicos verbales:

   (4)   disceptar, discernir, discrepar, discriminar, discurrir, discutir, disertar, disgregar, disidir, disolver, dispersar, disputar, distar, distribuir, disuadir...

Comportamiento gramatical

a   Como otros prefijos preposicionales, este tampoco altera las propiedades gramaticales de la base.
b   Este prefijo no es iterable.
c   Este prefijo no produce paradojas de encorchetado.
d   Este prefijo puede participar en la parasíntesis: *disfamar, disfrutar, dislocar, disociar*.
e   Este prefijo no es coordinable y no admite la expansión funcional de la base.

Tipos de significado

a   El valor etimológico de este prefijo como un elemento separativo ('movimiento afuera de, lejos de') no es el más frecuente en la actualidad, si bien puede rastrearse en algunas formaciones como *distar, disentir* 'alejarse del sentir de otros', *distraer, dispersar* o *disolver*.
b   Al igual que sucede con **des-**, el significado separativo se ha transformado en un valor próximo al negativo, pese a que este prefijo no tiene el comportamiento de un cuantificador.
c   El valor con adjetivos suele ser la propiedad complementaria a la que denota la base, que por lo general además no se asocia a una escala con valores graduables, como en *disjunto, dispar, discontinuo*.
d   Este valor de entidad contraria, o conjunto de propiedades contrario al que denota la base, también es frecuente con los nombres comunes, como se ve claramente en *disfavor, disimetría, displacer* o *distensión*.
e   Esta misma lectura suele darse con bases verbales cuando estas son estativas o se interpretan como tales (*disentir, disgustar*), pero en las formas eventivas la interpretación puede ser más compleja y combinar aspectos del valor separativo, como en *disculpar* (aproximadamente, 'retirar la culpa'), *disputar* o *disuadir*.

Propiedades fonológicas

Este prefijo se integra plenamente en la prosodia de su base, no recibe nunca acento secundario no rítmico y sufre la cancelación de la vocal /s/ final cuando la base comienza por /s/, como en *símil > disímil* o *simetría > disimetría*.

Alomorfos

a   El alomorfo *di-* aparece en un buen número de formaciones, habitualmente (pero no exclusivamente) con base verbal.
b   Este alomorfo aparece de forma fonológicamente predecible cuando la base comienza por /s/, como en *disecar, diseminar, disentir, disoluble*, entre otras.
c   No obstante, también está presente en otros casos donde la caída de /s/ no es predecible fonológicamente, a menudo en combinación con bases neoclásicas (*digresión, diferir*) o alomorfos de la base (*fácil ~ difícil*).

(5)   difamar, diferir, difícil, difidencia, difluir, difundir, digerir, dilacerar, digresión, dilucidar, diluir, dimanar, divagar, divergir, divulgar

Relaciones con otros afijos

El comportamiento gramatical y significado de este prefijo lo aproxima a **des-**, con el que se relaciona históricamente, y con el que comparte algunos de los valores separativos. Podría tal vez tratarse como un alomorfo de ese otro prefijo, pero en tal caso no podría explicarse el distinto significado en *discapacitado* y *descapacitado*, por ejemplo, donde el primero habla de un grado menor de capacitación del que se considera habitual y el segundo habla del resultado de la reversión de la capacitación.

> LECTURAS RECOMENDADAS: Montero Curiel (1999, 2015); Gibert Sotelo (2017); Morera (2019).

dis-[2]. Del latín *dys-*, y este a su vez del griego δυσ- 'anomalía, dificultad'. Prefijo adjetival de significado equivalente a 'anómalo'.

Tipos de base

a Este prefijo se combina casi exclusivamente con temas neoclásicos equivalentes a sustantivos.

   (1) disartria, discrasia, disestesia, disfagia, disfasia, disfemismo, disfonía, disgrafía, dislalia, dislexia, dismenorrea, dismnesia, disnea, dispepsia, displasia, distermia, distonía,

b Apenas se documentan formas donde el prefijo tome bases pertenecientes al español, pero un posible ejemplo es *disfunción*, que parece interpretable más como 'función anómala' que como 'falta de función'.

Comportamiento gramatical

a Este prefijo, al igual que otros prefijos adjetivales, no altera ninguna propiedad gramatical de la base.
b El valor semántico del prefijo, y su uso en el lenguaje técnico, hacen que no sea iterable.
c Este prefijo no participa en parasíntesis, no permite la expansión funcional de la base y no es coordinable con otros.
d Este prefijo, con adjetivos relacionales, no produce propiamente paradojas de encorchetado porque el adjetivo se deriva del sustantivo ya prefijado: *disnea* > *disneico*.

Tipos de significado

El valor semántico de este prefijo es el del adjetivo 'anómalo', y como tal denota alguna anormalidad en el proceso o capacidad que denota la base, como en *disfagia* 'dificultad para tragar', *dismnesia* 'falta de memoria', *disartria* 'dificultad para articular', etc.

Propiedades fonológicas

Este prefijo se integra plenamente en la base.

Relaciones con otros afijos

Pese a la homofonía, es necesario diferenciar este prefijo de **dis-**[1], con el que no comparte ni significado ni comportamiento gramatical.

-dizo. Posiblemente del latín *-icium* unido a la terminación de participio. Sufijo adjetivalizador que forma sobre todo adjetivos disposicionales y toma verbos como su base.

Tipos de base

a   Este sufijo se combina productivamente con bases verbales de las tres conjugaciones.

  (1)   acarreadizo, acomodadizo, acuchilladizo, ahogadizo, ahorcadizo, alagadizo, alborotadizo, alquiladizo, alzadizo, anegadizo, apegadizo, apretadizo, arrojadizo, asustadizo, cambiadizo, cerradizo, clavadizo, cobertizo, coladizo, colgadizo, compradizo, deslizadizo, doblegadizo, echadizo, enamoradizo, encontradizo, enfadadizo, erradizo, levadizo, manchadizo, movedizo, mudadizo, olvidadizo, pegadizo, quebradizo, resbaladizo, robadizo, saltadizo, soltadizo, topadizo
  (2)   acogedizo, bebedizo, caedizo, cocedizo, cogedizo, corredizo, llovedizo, movedizo, perdidizo, rompedizo, traedizo
  (3)   advenedizo, huidizo, saledizo

b   Se puede combinar con toda clase de verbos, independientemente de su transitividad o no (*alcanzadizo, huidizo*), impersonalidad o no (*llovedizo*), telicidad o no (*levadizo, movedizo*).

c   Hay sin embargo una tendencia a que este sufijo seleccione la versión eventiva de la base verbal, o que al menos presuponga un cambio de estado, como *en antojadizo, olvidadizo, asustadizo, enojadizo, espantadizo, pegadizo*; cf. también la existencia de *enamoradizo* pero no de **amadizo*. Esto no quiere decir que se rechacen las lecturas estativas, como muestra *colgadizo*.

d   En un pequeño conjunto de casos parece que la base es un participio irregular o regular, como en (4).

  (4)   cobertizo, escondidizo, salidizo

Comportamiento gramatical

a   Este sufijo siempre produce adjetivos variables en género, marcados por **-o**[1] en masculino y por **-a**[1] en femenino.

b   Este sufijo generalmente produce adjetivos calificativos que expresan la tendencia o predisposición a participar en la eventualidad denotada por la base, y suelen ser graduables:

  (5)   muy resbaladizo, muy pegadizo, muy quebradizo, muy acomodadizo, muy huidizo, muy olvidadizo...

c   Con todo, algunas de las formaciones que contienen este sufijo se comportan como adjetivos no graduables, sobre todo cuando expresan la función o capacidad asociada a la eventualidad:

  (6)   arrojadizo, levadizo, movedizo, corredizo...

d   En algunos casos la formación se emplea sobre todo o exclusivamente como sustantivo, como en *advenedizo, cobertizo, bebedizo*.

e   Este sufijo preserva generalmente la vocal temática de la base. La primera conjugación se marca regularmente con el alomorfo /a/, y la tercera se marca con /i/, con la excepción de *advenedizo*, que al ser además un sustantivo puede tratarse como no descomponible de forma transparente.

f   En la segunda conjugación suele emplearse el alomorfo -*e* de la vocal temática -e^2 (*corredizo, cogedizo, caedizo*), pero ocasionalmente aparece el alomorfo -*i* en casos que suscitan la pregunta de si no están formados más bien sobre el participio e involucran el sufijo -**izo**, como en *escondidizo, salidizo*.

g   Los adjetivos formados con este sufijo, tanto si tienen sentido pasivo como activo, rechazan los complementos agentes (**levadizo por los soldados*, **arrojadizo por cualquiera con algo de fuerza*).

h   Generalmente, estos adjetivos no expresan acciones concretas que tienen lugar en un mundo y tiempo específicos, por lo que suelen rechazar también la mayoría de los adjuntos (**huidizo los martes*, *olvidadizo ayer).

Tipos de significado

a   El valor principal de este sufijo es el de expresar la tendencia o disposición a participar en la acción o eventualidad denotada por la base, como en *quebradizo* 'que tiende a quebrarse', *huidizo* 'que tiende a huir o escapar', *olvidadizo* 'que tiende a olvidarse de las cosas', *pegadizo* 'que tiende a pegarse', *movedizo* 'que tiende a moverse', *caedizo* 'que tiende a caer'.

b   Esto hace que este sufijo forme adjetivos que, por su significado, se asocian a la llamada construcción media o pasiva genérica en muchos casos, sin que esto quiera decir que la interpretación sea siempre pasiva. De esta manera, puede entenderse *arrojadizo* como 'que se arroja con facilidad', o *enojadizo* como 'que se enfada con facilidad', o *manchadizo* como 'que se mancha con facilidad', o *cocedizo* 'que se cuece fácilmente', o *robadizo* 'que es robada fácilmente por el agua', o *plegadizo* 'que es fácil de plegar', etc.

c   De forma diferente a la construcción media o pasiva genérica, -**dizo** no está restringido a bases transitivas, como se ve por ejemplo en *topadizo* 'que se encuentra con otro con facilidad', *antojadizo* 'que tiende a antojársele cosas con facilidad', *llovedizo* 'que facilita que pase la lluvia a través de él'.

d   Si bien la lectura disposicional es la más frecuente, en algunos casos la lectura es más bien modal de posibilidad, como en *levadizo* 'que puede levarse' (no 'que tiende a levarse'), *corredizo* 'que puede correrse por los rieles', *bebedizo* 'algo que puede beberse', entre otros.

e   Se identifica un valor causativo en *resbaladizo*, 'que tiende a resbalarse o a causar que otros se resbalen', como en *suelo resbaladizo*.

Propiedades fonológicas

Este sufijo, al atraer el acento prosódico a su vocal /i/, selecciona la base sin diptongación del verbo al que se une, como en *mover* ~ *mueve* ~ *movedizo*.

Alomorfos

Si se interpreta que proceden de bases participiales, el alomorfo *-izo* debe proponerse para *cobertizo, escondidizo, salidizo*.

Problemas de segmentación

Aunque resulta tentador relacionar este sufijo con **-izo**, y tal vez tratarlo como este otro sufijo adjetivalizador aplicado a bases participiales terminadas en **-do**[1], sincrónicamente esta segmentación se enfrenta al problema de que, frente al sufijo de participio, **-dizo** selecciona el alomorfo *-e* de los verbos de la segunda conjugación, como en *caedizo ~ caído, cogedizo ~ cogido*.

Relaciones con otros afijos

Junto a **-ón**[3], **-dizo** es el sufijo más productivo para formar adjetivos con valor de tendencia a participar en un evento.

> LECTURAS RECOMENDADAS: Rainer (1993, 1999), RAE & ASALE (2009: §7.11), Fábregas (2020).

-do[1]. De la terminación latina *-tum*. Sufijo flexivo que produce la forma del verbo léxico usada en los perfectos con *haber*.

Tipos de base

a   Este sufijo se une a verbos de las tres conjugaciones en la construcción de las formas compuestas de la conjugación, con *haber*.

(1)   cant-a-do
    beb-i-do
    viv-i-do

b   No existen las bases irregulares para el participio cuando el verbo está derivado:

(2)   amargo > amarg-a-r > amarg-a-do
(3)   toro > tor-e-a-r > tor-e-a-do
(4)   clase > clas-ific-a-r > clas-ific-a-do
(5)   tierra > a-terr-iz-a-r > a-terr-iz-a-do
(6)   flaco > en-flaqu-ec-e-r > en-flaqu-ec-i-do

c   Este sufijo no se emplea en las formas participiales irregulares, construidas sobre bases alomórficas acabadas en /s/ (*imprimir > impres-o*), /t/ (*romper > rot-o, ver > vist-o*), *-ch-* (*decir > dich-o*).

d   Desde el punto de vista aspectual o argumental, no hay excepciones a la generalización de que todos los verbos del español tienen una forma de participio flexivo. Esto se extiende a verbos de las cuatro clases aspectuales (7), de todos los tipos argumentales y de régimen (8).

(7) a estar > estado
    b correr > corrido
    c escribir > escrito
    d llegar > llegado
(8) a atardecer > atardecido
    b subir > subido
    c estornudar > estornudado
    d cantar > cantado
    e arrepentirse > arrepentido
    f dar > dado
    g depender > dependido

e Este sufijo selecciona el alomorfo regular de los verbos que diptongan o alteran la naturaleza de la vocal media cuando recibe el acento, como en *contar ~ cuento ~ contado* o *pedir ~ pido ~ pedido*.

Comportamiento gramatical

a Este sufijo construye la forma del verbo léxico que se combina con el auxiliar *haber* para formar los tiempos compuestos.

(9) ha comido, se había arrepentido, hubo entrado, habrá dormido, habría alcanzado...

b Este sufijo es invariable en género y número, además de persona, y en español actual no es sensible a los rasgos nominales del sujeto o del objeto.

c Frente a otras formas no personales del verbo (también llamadas formas no finitas), este sufijo no admite la presencia de pronombres enclíticos.

(10) a Puede cantarlo / Lo puede cantar.
     b Está cantándolo / Lo está cantando.
     c *Ha cantádolo / Lo ha cantado

d Este sufijo preserva la vocal temática de la base, pero en el caso de -e^2 selecciona el alomorfo -*i*: *comer > comido*.

Tipos de significado

a Se suele afirmar que el participio es una forma no personal marcada aspectualmente, con tendencia a expresar el estado resultante de un evento. Este valor aparece en varios usos del perfecto en que se focaliza, como aspecto gramatical, el estado que sigue a la culminación o terminación de un proceso.

(11) Ha escrito el libro.
     Ya ha corrido.

b   No obstante este valor solo puede asociarse a los predicados télicos o a los que se asocia contextualmente un final. El sufijo no tiene una asociación directa con la lectura de estado resultante en los casos llamados 'de perfecto continuo o universal', donde se habla de una situación que comenzó en el pasado y se extiende hasta el presente.

   (12)   He vivido en esta ciudad desde 1945.
          He estado enfermo toda mi vida.

c   En muchas variedades del español, además del valor imperfectivo de (12), el sufijo puede aparecer en contextos equivalentes al perfectivo, donde no se habla del estado alcanzado tras la terminación del evento, sino de la propia terminación.

   (13)   Cuando hubo entrado sonó el teléfono.
          El profesor no ha venido hoy.

d   Por tanto, puede considerarse que **-do**[1] es una forma aspectualmente marcada en el sentido de que se emplea solo con ciertos aspectos gramaticales marcados, pero no en el sentido de que se asocie directamente a un valor específico del aspecto gramatical, puesto que puede tener lecturas de perfecto, perfectivas e imperfectivas.

Propiedades fonológicas

Este sufijo se asocia con estructuras donde el acento prosódico recae en la vocal temática, y se integra plenamente con la base.

Alomorfos

Nótese que los participios verbales irregulares no involucran alomorfos de este sufijo, sino de la base, como muestra la existencia de esa misma base en otros procesos de formación de palabras: *romper ~ rot-o ~ rot-ura, hacer ~ hech-o ~ hech-ura, escribir ~ escrit-o ~ escrit-ura, imprimir ~ impreso ~ impres-ión...*

Relaciones con otros afijos

Véase **-do**[2].

> LECTURAS RECOMENDADAS García Fernández (1995), Alcoba (1999), Carrasco (2008), RAE & ASALE (2009: §23.7-23.8).

-do[2]. De la terminación latina *-tum*. Sufijo que produce formas concordantes del verbo léxico usadas en contextos verbales, nominales y pasivos, pero que conserva ciertas propiedades verbales.

Tipos de base

a   Este sufijo se une a verbos de las tres conjugaciones.

(1) abandonado, abrigado, acabado, achantado, acodado, acomodado, acomplejado, acumulado, aficionado, afincado, agobiado, agraciado, alejado, alterado, amaestrado, amedrentado, amueblado, beneficiado, calcado, caracterizado, castrado, climatizado, colgado, cortado, damnificado, dañado, detallado, determinado, dotado, empachado, empecinado, enamorado, endiosado, enterado, estudiado, forzado, ideologizado, legitimado, obstinado, vetado...

(2) aparecido, caído, comido, comprometido, contenido, cosido, escondido, nacido, movido...

(3) abatido, advertido, agredido, arrepentido, ceñido, concurrido, deprimido, elegido, huido, ocurrido, prevenido, prohibido, protegido, revestido...

b Este sufijo tiene restricciones argumentales, y necesita verbos con argumento interno. Esto permite que produzca formas concordantes en género y número con verbos transitivos, como en (4), con verbos inacusativos donde el único argumento corresponde al sujeto, como en (5), y con algunos verbos inergativos si admiten un complemento directo que se toma como sujeto de la forma producida por el verbo (6):

(4) un actor cuidadosamente caracterizado como un marinero
(5) un poeta nacido en Málaga en 1943
(6) unos largos nadados a toda velocidad, la bola de pelo tosida por el gato

c En contraste, los verbos inergativos sin complemento directo, cuyo único argumento es el sujeto agente, no dan lugar a estas formaciones:

(7) *un hombre bostezado, *una mujer estornudada, #una persona corrida

d Este rechazo se extiende a los verbos con argumento interno que lo introducen con régimen preposicional: depender de algo > *algo dependido, toparse con algo > *algo topado.

e Con respecto a los verbos que admiten tanto una forma causativa-transitiva, como una forma intransitiva de valor equivalente a un verbo inacusativo, se admiten ambas interpretaciones:

(8) a Juan reventó la rueda > la rueda reventada por Juan
    b La rueda reventó > la rueda reventada

f No existen, en contraste, restricciones aspectuales. Los verbos de estado, siempre y cuando sean transitivos, admiten estos participios (una persona conocida por todos, la reunión habida en la mañana del lunes), al igual que todas las clases de evento que cumplan la condición argumental.

g Desde el punto de vista semántico se asocian estos participios a lo que se conoce como 'target state', es decir, participios que expresan un estado o resultado que se asocia con el cambio que expresa el verbo base, y que por tanto ya está expresado léxicamente por él. Por ese motivo, sin ser exclusivos de la clase, es frecuente encontrar estas formaciones con verbos que denotan cambios de estado.

h La relación con **-do**[1] que sugiere que este uso debe relacionarse directamente con el uso verbal se manifiesta en que los verbos que tienen un participio irregular y satisfacen las restricciones de **-do**[2] también usan la forma irregular en los contextos sintácticos correspondientes a **-do**[2]: *ha escrito ~ un libro escrito por Juan*.

Comportamiento gramatical

a   Este sufijo produce formas concordantes en género y número, siempre variables y marcadas por -o[1] en masculino y -a[1] en femenino.
b   Este sufijo aparece involucrado en las formas participiales de las pasivas perifrásticas en español, con *ser* y *estar*.

   (9)   a   El libro fue escrito por Juan.
          b   El libro está escrito.

c   Este sufijo aparece también en contextos reservados a los adjetivos, como la posición de modificador del nombre o complemento predicativo.
d   Este sufijo preserva la vocal temática de la base, pero en el caso de **-e**[2] selecciona el alomorfo **-i**: *comer > comido*.
e   Este sufijo permite que la forma resultante conserve numerosas propiedades verbales, y hereda la estructura argumental de la base.

   (10)   una persona herida ayer en el tiroteo por parte de los asaltantes

f   Gramaticalmente, las formas derivadas con este sufijo siempre se combinan con *estar* fuera de la pasiva perifrástica con *ser*.

   (11)   Juan {está / *es} cargado de problemas.

g   Normalmente, estas formaciones no pueden producir adverbios en **-mente**, aunque admiten diminutivos interpretados con valor aspectual equivalente a 'completamente' y otras nociones afines.

   (12)   Juan está empachadito / *empachadamente

h   Estas formaciones pueden también combinarse con modificadores de grado, también interpretadas aspectualmente, o con el elativo **-ísimo**.

   (13)   una calle muy transitada por peatones, un problema poco conocido por los expertos, un tema estudiadísimo por los semantistas...

Tipos de significado

a   La interpretación de estos participios siempre es pasiva, pero no necesariamente de pasado. Las formaciones deverbales con interpretación activa son siempre casos de **-do**[4] porque no admiten ninguna forma de estructura argumental del verbo (**un hombre muy viajado a España*).
b   Sin embargo, como sucede con los participios flexivos, la interpretación de estas formaciones no es necesariamente pasada. Se interpretan como pasados, es decir, acciones que ya han sucedido y han afectado a la entidad, los que derivan de verbos télicos o de sus lecturas télicas (*Vi abierta la puerta*), mientras que los verbos atélicos, especialmente si son estados, tienen lecturas de simultaneidad (*Encontré la casa sostenida sobre pilastras, un hombre conocido por todos, una persona amada por sus parientes*).
c   Estos participios pueden dividirse en dos grupos por su interpretación aspectual con verbos télicos. En la primera, son propiamente resultados de una acción previa ya

culminada –a menudo llamados participios resultativos–, y esta es la lectura favorecida por la presencia de complementos agentes y adverbios orientados a los agentes.

   (15)   una puerta cuidadosamente abierta por el ladrón

d En la segunda, tienen una lectura pura de estado se obtiene cuando se predica la propiedad sin suponer que haya sido adquirida como un proceso de cambio.

   (16)   Encontramos la entrada a la cueva completamente abierta, sin rocas que la bloquearan.

e Esta lectura admite adverbios que no involucren el proceso o el agente de la acción:

   (17)   un camino completamente bloqueado

f Cuando derivan de verbos atélicos con complemento directo, es frecuente que estos se reconceptualicen como verbos con un final definido, y el participio denote el estado resultante si no se introduce el agente (*un coche ya usado, un jersey arrastrado por el suelo*).

g La presencia del agente en estos verbos suele favorecer o posibilitar una lectura atélica en la que el participio puede designar un evento en progreso (*El coche usado por Alonso en esta carrera, los adornos arrastrados por los recién casados*).

h Esta misma lectura imperfectiva de evento en proceso es aceptada con o sin agentes por los verbos atélicos no dinámicos que expresan situaciones sin cambios internos, como *un criminal buscado por la policía, una casa vigilada, un joven mantenido*.

Propiedades fonológicas

Este sufijo se asocia con estructuras donde el acento prosódico recae en la vocal temática, y se integra plenamente con la base.

Relaciones con otros afijos

a Existe una relación evidente entre los sufijos **-do**[1], **-do**[2], **-do**[3], que pueden ordenarse de esta manera dependiendo de cuántas propiedades verbales conservan y cuánto se aproximan a las propiedades adjetivales.

b Esta relación se manifiesta no solo en que tomen sufijos idénticos, sino en que cuando existen formaciones sobre verbos participiales irregulares suele emplearse la misma forma: *ha hecho ~ un acto hecho por personas sin responsabilidad alguna ~ un filete muy hecho*.

c Existen verbos con dobles participios, donde el regular se emplea obligatoriamente en los contextos de los tiempos compuestos y las lecturas pasivas, mientras que el irregular se emplea en contextos adjetivales como los que se asocian a **-do**[3], como *corrompido ~ corrupto, elegido ~ electo*.

   (18)   a   un hombre {corrompido / *corrupto} por sus padres
           b   una persona cuidadosamente {elegida / *electa} en la votación

d No caben dudas de la naturaleza propiamente verbal de las formaciones con **-do**[1], que despliegan todas las propiedades verbales salvo la de la concordancia en persona y número, y por tanto queda claro que esas formas son parte de la flexión del verbo.

e   Las formaciones del tipo de **-do**[3] funcionan como adjetivos salvo porque frecuentemente no dan lugar a adverbios en **-mente** (sobre todo cuando son activos: **bienhabladamente, *agradecidamente, *aburridamente* en el sentido de 'que aburre').

f   Sin embargo, en el caso de las formaciones con **-do**[2] se suelen distinguir distintos niveles. Generalmente se habla de dos, que son los que se suelen describir como participios verbales y participios adjetivales, lo cual es una clasificación imperfecta porque (i) también las formaciones de **-do**[1] son verbales, y (ii) muy a menudo se identifican patrones de datos que sugieren que una división en dos grupos no es adecuada.

g   El problema principal es que **-do**[2] se aleja de la estructura verbal sin integrarse plenamente en el patrón adjetival. Se aleja de la categoría verbal porque posee la flexión de género y número característica de adjetivos y sustantivos, con los morfemas que toman estas categorías y no el verbo, y carece de formas compuestas: *haber venido* es necesariamente **-do**[1], y **una mujer habida venida* es imposible. También admite diminutivos y modificadores de grado interpretados aspectualmente.

h   Al mismo tiempo, **-do**[2] no se integra en la categoría verbal por una larga serie de propiedades: admite, al menos en ciertos contextos, complementos agentes y otros argumentos del verbo base, admite complementos predicativos (*una persona considerada inocente por el juez*), modificadores relacionados con los argumentos, la causación y los procesos (*un hombre cruelmente atacado*), así como numerosos modificadores temporoaspectuales (*un libro ya escrito, las personas hoy juzgadas en el tribunal*) y rechaza la posición prenominal (**el ya escrito libro*).

i   La división dentro del dominio de **-do**[2] se ha centrado sobre todo en el contraste entre la pasiva con *ser* y la pasiva con *estar*, con la intuición de que la primera preserva más las propiedades verbales que la segunda. En efecto, la primera acepta con mayor facilidad los complementos agentes, los modificadores de manera y otras propiedades verbales que la segunda, que acepta con más facilidad los modificadores de grado y los diminutivos.

(19) a   El suelo {fue /??está} rápidamente fregado por Mario.
     b   El suelo {está /??fue} muy fregadito.

j   Con todo, se suele observar que esta división requiere a su vez subdivisiones y posibles casos intermedios. Dentro de las formas con *estar*, es necesario diferenciar la lectura de estado resultante, que admite algunos adverbios de manera que se reflejan en el resultado y algunos modificadores temporales, frente a la lectura de estado puro, que los rechaza. Así, (20) solo puede interpretarse como un resultativo.

(20) un traje {ya / cuidadosamente} cosido

k   También se identifican casos de participios adjetivales pertenecientes al grupo de **-do**[2], al menos por la imposibilidad de aparecer en posición prenominal, que rechazan los agentes, como en *un filete muy hecho (*por nuestro cocinero)*, que por defecto pueden considerarse como miembros adjetivales de este sufijo pero que sugieren la conveniencia de establecer más subclases que den lugar a una tipología más fina.

l   El participio contrasta con el gerundio **-ndo**[1] y el infinitivo **-r**[1] en varios aspectos que se detallan en **-r**[1].

> Lecturas recomendadas: Varela (1992); Marín (1997, 2004, 2009); Alcoba (1999); DiTullio (2008); RAE & ASALE (2009: §27.8-27.11); Bosque (1990, 2014, 2019).

-do³. De la terminación latina *-tum*. Sufijo derivativo que forma adjetivos a partir de verbos.

Tipos de base

a   Este sufijo se combina con verbos de las tres conjugaciones, si bien son escasos los casos claros de verbos de la tercera.

(1) abismado, abnegado, abocado, abultado, acalorado, accidentado, acelerado, acertado, acicalado, acostumbrado, acreditado, afectado, afeminado, ajustado, alargado, animado, apesadumbrado, apocado, arriesgado, avanzado, avisado, callado 'silencioso', centrado, chiflado, chupado 'fácil', complicado, cultivado, denodado, dilatado, educado, elaborado, encantado, equilibrado, escopetado, esperanzado, exagerado, fracasado, honrado, lanzado, limitado, mirado ('atento'), organizado, pausado, preciado, prolongado, rebuscado, relajado, señalado ('memorable')...

(2) atrevido, comedido, creído, debido, desvalido, distraído, dolido, entendido, ofendido, querido...

(3) fingido, mentido, salido, sufrido...

b   No existen formaciones plenamente adjetivales procedentes de participios irregulares.

(4) *el muy hecho filete, *la escrita poesía, *los impresos papeles...

Comportamiento gramatical

a   Este sufijo forma adjetivos variables en género y marcados regularmente con **-o¹** en masculino y con **-a¹** en femenino.

b   Todas las formaciones con este sufijo son adjetivos graduables.

c   Este sufijo preserva por lo general la vocal temática de la base, pero en el caso de los verbos de la segunda conjugación selecciona, como otras formaciones participiales, el alomorfo *-i* (*atreverse* > *atrevido*).

d   Resulta excepcional el cambio de vocal temática en *fallar* > *fallido*.

e   Frente a **-do²**, este sufijo no hereda los argumentos del verbo base ni admite modificadores de manera o de tiempo:

(5) *el complicado por el profesor ejercicio, *la enérgicamente animada estudiante...

f   La falta de estructura argumental en las formaciones adjetivales también hace que, si bien predominan las bases transitivas para estas formaciones, los verbos de régimen preposicional puedan ser base para estas formaciones, como en *confiar en alguien* > *una persona confiada*, *arriesgarse a algo* > *una arriesgada maniobra*, *arrojarse a algo* > *un hombre arrojado* 'valiente', *aludir a alguien* > *darse por aludido*, *dolerle a alguien* > *un hombre dolido*.

g   A la inversa, el adjetivo puede requerir argumentos introducidos por preposición que el verbo no rige obligatoriamente, como en *necesitar (de) algo* > *una persona necesitada de algo*.

h   Los adjetivos formados con este sufijo pueden ser tanto de individuo como de estadio, y por tanto ir con ser o estar, dependiendo de su valor semántico: por ejemplo, si son adjetivos referidos a estados psicológicos, van con *estar* (*acalorado, acelerado, chiflado, encantado, esperanzado*...), mientras que si son adjetivos causativos o denotan tipos de comportamiento, van con ser (*apocado, organizado, rebuscado, entretenido, comedido*...).

Tipos de significado

a   Estas formaciones expresan propiedades. Solo ocasionalmente la propiedad coincide con lo que podría resultar del evento del verbo base, pero en tales casos el adjetivo pierde la noción resultativa. Así, *un problema complicado*, en su lectura adjetival, sugiere que el problema es difícil, no que alguien lo haya hecho más complejo, cosa que sí se interpreta en *un problema bruscamente complicado por la situación económica*, donde interviene **-do**^{2}.

b   Por lo general, la lectura, cuando es composicional, identifica la cualidad denotada con la propiedad que subyace al cambio, y el sujeto del adjetivo se interpreta como la entidad pasiva, sin interpretación de resultado necesariamente, como en *abultado, acalorado, accidentado, acelerado, acicalado, acreditado, afectado, ajustado, alargado, animado, apesadumbrado, dilatado, educado, elaborado, debido*, y muchos otros.

c   La lectura activa, sin embargo, aparece con frecuencia también, como en *acertado, aburrido* ('que aburre'), *arriesgado* ('que arriesga'), *avanzado, mirado, entretenido* 'que entretiene', *divertido* 'que divierte', *sufrido, agradecido, arrastrado*...

d   De forma semiproductiva es posible formar participios adjetivales de valor activo a partir de participios pasivos, añadiendo un modificador adverbial, como en el contraste entre *Esto ya está hablado* vs. *un hombre bien hablado* ('que habla bien'), *La paella ya está comida* vs. *un hombre bien comido*, y también *bien pensado, bien encarado, un hombre muy trabajado, una mujer muy leída, una persona muy viajada*, etc.

e   Son muy frecuentes, sin embargo, las lecturas no composicionales, como en *abultado* 'grande', *acostumbrado* 'habitual', *afectado* 'pedante', *creído* 'engreído', *chiflado, escopetado, señalado, entendido* 'experto', etc.

Propiedades fonológicas

Este sufijo se asocia con estructuras donde el acento prosódico recae en la vocal temática, y se integra plenamente con la base.

Relaciones con otros afijos

Véase **-do**^{2}.

LECTURAS RECOMENDADAS: Marín (1997, 2004); Borgonovo (1999); Rainer (1999); ;, RAE & ASALE (2009: §27.10-27.11); Bosque (1990, 2014, 2019); DiTullio (2008); Martín García (2008); Fábregas (2020).

-do^4. De la terminación latina *-tum*. Sufijo derivativo que forma nominalizaciones a partir de verbos.

Tipos de base

a Este sufijo se combina productivamente con verbos, sobre todo de la primera (1) y de la tercera (2) conjugación, y en menor medida de la segunda (3).

(1) asfaltado, bañado, cargado, chupado, cobrado, cribado, depurado, dorado, etiquetado, filtrado, frenado, grabado, guisado, hilado, laqueado, lavado, licuado, lijado, manoteado, marcado, mascado, mezclado, moldeado, peinado, pelado, picoteado, pintado, planchado, precintado, quemado, rapado, recitado, sellado, sombreado, tallado, tapiado, vaciado, zapateado, zurrado...
(2) barrido, crujido, derretido, encedido, hervido, latido, plañido...
(3) parecido, tañido...

b Los verbos con participio irregular pueden también emplear su participio irregular como sustantivos, pero siempre restringidos a lecturas de participante y no de eventualidad:

(4) un hecho, un escrito, un cubierto, un muerto, un impreso, un puesto, un roto, fritos, un dicho, un (pre)supuesto...

c Por lo general, las bases verbales que forman esta clase de nominalizaciones son verbos eventivos que expresan cambios de estado o de localización con argumento interno, como los de (5):

(5) aclarado, acuchillado, afinado, alicatado, amasado, apagado, asado, asfaltado, atentado, bañado, barnizado, bordado, borrado, calafateado, centrifugado, chorreado, chupado, cifrado, cincelado, cocinado, cribado, manchado, decapado, duplicado, embotellado, embreado, empaquetado, encajonado, encalado, encartonado, enchufado, engomado, enjabonado, ensillado, esmaltado, estampado, etiquetado, fermentado, fondeado, forjado, guisado, hilado, horneado, iluminado, izado, lacado, laqueado, lavado, licuado, lijado, limado, llenado, machacado, manchado, marcado, mezclado, modelado, peinado, pintado, planchado, plantado, rallado, rebobinado, recitado, sangrado, sellado, soldado, sombreado, tallado, troquelado, vaciado...

d Esto hace que esta forma de nominalización sea frecuente junto con verbos transitivos con los verbos inacusativos, que pese a ser intransitivos tienen sujetos que son argumentos internos, como en *entrada, subida, llegada, bajada, salida, ida, venida, avanzada...*

e Los contraejemplos a esta tendencia entran en dos grandes grupos. El primero está constituido por verbos intransitivos que, aunque ocasionalmente puedan construirse con objetos cognados o de cantidad, son inergativos en el sentido de que su sujeto corresponde a un argumento externo. Sobre todo, en las variedades americanas, son frecuentes las nominalizaciones con estos verbos: *fondeado, sangrado, andada, cabalgada, cagada, disparada, goleada, meada, nevada, granizada, patinada, zarpada, corrida, nadada...*

f Son menos frecuentes, si bien existen, las nominalizaciones que provienen de verbos de estado o no dinámicos sin componente de cambio interno, como en *parecido, posado, estado*.

Comportamiento gramatical

a   Este sufijo produce siempre sustantivos marcados en género con el sufijo -o^1 cuando son masculinos y -a^1 cuando son femeninos.

b   La mayoría de las formaciones, sin embargo, son masculinas, y existe un número menor de formaciones femeninas, salvo en el caso de los verbos de la segunda conjugación (7).

(6)   abrazada, afeitada, agarrada, almorzada, andada, arañada, asonada, avanzada, azotada, cabalgada, cagada, cateada, cepillada, chingada, chupada, disparada 'acción de echar a correr', emboscada, entrada, escalada, espantada, estirada, fregada, fumada, galopada, goleada, llamada, llegada, mamada, matada, meada, mojada, nevada, ojeada, parada, patinada, pegada, rapada, rociada, tornada, zarpada...

(7)   acogida, acometida, amanecida, anochecida, arremetida, cabida, caída, cogida, comida, corrida, mordida, movida...

(8)   embestida, partida, subida...

c   Este sufijo, como -do^1, preserva la vocal temática de la base, pero selecciona el alomorfo -*i* de la vocal de la segunda conjugación -e^2 (*comer* > *comida*).

d   Resulta excepcional en este sentido el caso de *busca ~ búsqueda*, donde la asignación del acento hace también plausible que se trate de una formación no construida en español.

e   Gramaticalmente, las formaciones que emplean este sufijo entran en dos grupos, las nominalizaciones de evento o estado y las nominalizaciones de participante. Mientras que los sustantivos del segundo grupo tienen la gramática habitual de los nombres comunes y pueden ser tanto contables (*dictado*) como no contables (*cocido*), la gramática de los primeros es más compleja.

f   Cuando el verbo tiene una lectura causativa y una lectura incoativa o inacusativa, la nominalización suele preferir la primera:

(9)   a   Juan vació la piscina > el vaciado de la piscina por parte de Juan
      b   La piscina se vació >??el vaciado de la piscina

g   Además de complementos agentes cuando el verbo base puede ser causativo, como en (9a), estas nominalizaciones pueden heredar otros argumentos del verbo.

(10)   el atentado contra el archiduque por parte de Princip, la llegada de los obreros a la fábrica, el empaquetado de los regalos en cajas de cartón...

h   Se ha sugerido que la alternancia entre el género masculino y el femenino se asocia con la duración y energía del evento, con el femenino indicando una acción breve y enérgica, frente al masculino. Esto es visible sobre todo en los casos en que la misma base produce nominalizaciones de ambos géneros, como en *chupado* y *chupada*, donde el segundo es un único lametón, o *lavado* y *lavada*, donde el segundo sugiere un lavado rápido y enérgico.

i   Es igualmente cierto que es frecuente que las nominalizaciones femeninas vengan de verbos de logro, que carecen de extensión temporal, o de verbos que denotan acciones enérgicas, como en *agarrada, arañada, asonada, avanzada, azotada, cabalgada, cepillada, disparada, entrada, espantada, fregada, galopada, goleada, llegada, matada, ojeada, patinada, rociada,* cogida, embestida, partida, mordida, y otros muchos. Tal vez de una manera estructural o léxica estas formaciones puedan asociarse con el sufijo **-ada**[1] denominal.

j No obstante, hay también excepciones, en ambas direcciones: *una nevada* no tiene por qué ser ni breve ni intensa, al igual que *mojada, llamada, nadada, comida, corrida*; entre los masculinos, son frecuentes también los que proceden de logros (*marcado, sellado, apagado, encendido*...).

Tipos de significado

a La lectura de eventualidad tiene dos versiones: aquella en que se designa un evento y aquella en que se designa el estado, que es mucho menos frecuente. Frente al sufijo **-ción**, que admite acceder a la lectura de estado resultante de los verbos que lo denotan (*la interrupción de las comunicaciones durante dos horas*), esta posibilidad no existe con este sufijo: si bien es posible decir Juan bajó al sótano durante una hora en el sentido de que Juan se quedó en el sótano durante este tiempo, no es posible obtener esa lectura en la bajada de Juan al sótano durante una hora.

b La lectura de estado es accesible por tanto solo en los pocos casos en que el sufijo se une a verbos de estado, como en *el parecido de Juan con María* o *el posado de la modelo durante sus vacaciones*.

c La lectura de participante adquiere varias posibles interpretaciones. La más frecuente es aquella en que el participante denotado se corresponde con la entidad que resulta del proceso denotado por la base, como en los siguientes casos, masculinos o femeninos:

(11) acorazado, acusado, ahijado, ahorcado, ahumado, atado, blindado, comunicado, concentrado, congelado, dictado, emparedado, empleado, entrecomillado, entrevistado, gratinado, granizado, helado, jubilado, mantecado, pecado, pescado, refugiado, significado, trazado, contenido, tejido, tendido, batido, cocido, comprimido, oprimido...

(12) empanada, granizada, pintada, pisada, rebanada, tajada, bebida

d Otra interpretación que aparece frecuentemente es aquella en que el participante eqiuivale al agente o argumento externo de la eventualidad denotada por el evento.

(13) abanderado, abogado, abonado, apartado, encabezado, jurado, parado, predicado, fluido...

e Muchas formaciones equivalen al instrumento o medio que hace posible la eventualidad denotada por la base:

(14) alumbrado, cableado, calzado, candado, cercado, certificado, cuidado, decorado, listado, llamado, marinado, tocado...

f De forma menos sistemática, se documentan otras lecturas de participante, como el lugar (*mercado, poblado, morada, parada*), el receptor o experimentante expresado en dativo (*delegado, dolido*), la cantidad (*calado, medida, cabida*), el tiempo (*madrugada*), y otras menos fácilmente caracterizables (*parecido, mirada, estado*...).

Propiedades fonológicas

a Este sufijo se asocia con estructuras donde el acento prosódico recae en la vocal temática, y se integra plenamente con la base.

b Es excepcional en este sentido la forma *pérdida*, donde el acento es esdrújulo y no recae en la vocal temática.

Alomorfos

Nótese que las formaciones participiales irregulares no involucran alomorfos de este sufijo, sino de la base, como muestra la existencia de esa misma base en otros procesos de formación de palabras: *rot-o ~ rot-ura, hech-o ~ hech-ura, escrit-o ~ escrit-ura, impreso ~ impres-ión...*

Relaciones con otros afijos

a Entre los nominalizadores, este sufijo es el más productivo entre los verbos de logro, y los de cambio de estado que no expresan nociones graduables de cambio, sin escala interna de medida.

b La relación con las formas participiales adjetivales (sobre todo -**do**^{2}) puede estar relacionada con la necesidad de que exista un argumento interno en el verbo base. De esta manera, este nominalizador se especializaría en formar sustantivos a partir de verbos donde hay argumento interno y cambio, pero no existe una escala que pueda favorecer la aparición de -**miento**.

Lecturas recomendadas: Beniers (1977), Pena (1980), Bajo Pérez (1997), Santiago Lacuesta & Bustos Gisbert (1999); RAE & ASALE (2009: §5.8-§5.9); Fábregas (2012b,2016), Mondoñedo (2012), Resnik (2013, 2021).

---

dodeca-. Del griego δώδεκα 'doce'. Prefijo cuantificativo cuyo valor es igual al cardinal 'doce'.

Tipos de bases

a Este prefijo se une productivamente sobre todo a bases neoclásicas equivalentes a sustantivos, como en las de (1):

(1) dodecágono, dodecaedro, dodecafonía, dodecálogo, dodecamerón

b Es menos frecuente, en cambio, que se una a nombres comunes que funcionan independientemente como tales en español (*dodecadanza, dodecasílabo*).

Comportamiento gramatical

a Este prefijo tiene la capacidad de convertir en adjetivo una base sustantiva, al igual que otros prefijos cuantificadores. Así, *decasílabo* puede funcionar como un adjetivo (*palabras dodecasílabas*) cuando en ausencia del prefijo ha de ser sustantivo (cf. *sílaba, *palabras sílabas*).

b Este prefijo no es iterable, al igual que sucede con otros prefijos cuantificativos.

c Este prefijo no puede combinarse con bases expandidas funcionalmente, y no admite modificación de la base.

d Este prefijo, al igual que otros prefijos cuantificativos, no participa en la parasíntesis.

Tipos de significado

a   En la serie de prefijos cuantificativos, este prefijo indica el valor de cardinalidad correspondiente a 12. Este valor de cardinalidad puede manifestarse de varias maneras.
b   Es frecuente un valor posesivo donde se cuantifica sobre el sustantivo incluido en la base y se designa la propiedad de poseer o estar formado por diez miembros de esa entidad (*dodecágono, dodecasílabo*...). Esta interpretación es la que se asocia siempre a los casos en que el prefijo convierte la base en adjetivo o la habilita como modificador de otro sustantivo.
c   En otras ocasiones no hay valor posesivo asociado a este elemento y simplemente se designa una entidad que se multiplica por doce de alguna manera, como en *dodecálogo*.
d   Se admiten interpretaciones más complejas en las que el prefijo multiplica por diez una noción interna a la base, como en *dodecampeón*, donde se indica que la persona ha sido campeón doce veces o es campeón en doce especialidades distintas.

Propiedades fonológicas

Este prefijo da muestras de independencia fonológica con respecto a la base, manifestada en que recibe acento secundario no rítmico (*dòdecasílabo*).

Haplologías

Muy probablemente por motivos fonológicos se produce la haplología de /ka/ en *dodeca+ campeón = dodecampeón* (no *dodecacampeón).

Problemas de segmentación

La existencia de **dodeca-** y **deca-** suscita la pregunta de si el primero no puede segmentarse en *do-deca*, de forma parecida a lo que es necesario en *décimo* y *duo-décimo*. No obstante, mientras que *dúo* es un término bien documentado, no parece existir evidencia independiente de la existencia de un prefijo *do-* con el significado relevante.

Problemas de clasificación

Existe la formación *dodécada*, de la que podría pensarse que está segmentada en español contemporáneo como este elemento y el sufijo **-ada**[2] en su valor de medida (*cucharada, sartenada*). De ser así, este prefijo debería contener una raíz que se pueda emplear como base de formación de algunos compuestos.

-dor. Del latín *-torem*, sufijo nominalizador que formaba nombres de agente. Sufijo nominalizador de participante especializado en identificar al iniciador de la eventualidad.

Tipos de base

a   Este sufijo se une productivamente a verbos de las tres conjugaciones:

   (1)   acelerador, acosador, amaestrador, autentificador, bañador, bateador, borrador, calentador, calzador, decorador, denigrador, domador, esperanzador, fabulador,

filtrador, gobernador, goleador, hablador, idealizador, incinerador, jugador, labrador, localizador, manoseador, mediador, mitigador, nominador, orquestador, patrocinador, perfilador, predicador, programador, reformador, remolcador, secador, tasador, timador, urbanizador, vigorizador

(2) acogedor, adormecedor, arremetedor, barredor, bebedor, comprometedor, conmovedor, corrompedor, embellecedor, entendedor, mantenedor, mecedor, mordedor, perdedor, ponedor, poseedor, prometedor, tejedor, tenedor, vendedor

(3) abridor, bastidor, batidor, bruñidor, ceñidor, competidor, consentidor, consumidor, convertidor, cumplidor, curtidor, distribuidor, encubridor, exhibidor, hervidor, hundidor, inhibidor, medidor, recibidor, seguidor, servidor, sufridor, zurcidor

b Por lo general los verbos que son seleccionados como bases de este sufijo tienen dos propiedades: son eventivos y tienen un argumento externo que puede interpretarse como agente.

c No obstante, hay excepciones a ambas tendencias. Si bien la lectura más habitual de este sufijo cuando se une a una base es la de forzar una interpretación agentiva en la que la entidad ejerce cierto control sobre el evento (*salidor* 'que sale mucho de fiesta', *entrador* 'que entra o coquetea con muchas parejas', *anochecedor* 'que trasnocha habitualemente', *moridor* 'tenaz'...), hay algunos casos de verbos que carecen de un argumento externo agentivo y se combinan con este sufijo sin cambios apreciables de significado, como en *apetecedor* 'que apetece, apetitoso', *florecedor, crecedor, valedor, oídor, yacedor*.

d Son frecuentes las bases estativas, pero en ellas se observa que tienden a usarse como adjetivos y no como sustantivos:

(4) conocedor, sabedor, poseedor, encantador, distinguidor

e Se ha observado que cuando el verbo tiene un participio irregular puede suceder que el sufijo tome como base el participio (*escribir ~ escrito ~ escritor*, pero cf. *escribidor*).

(5) cubrir ~ cubierto ~ cobertor, hacer ~ hecho ~ malhechor / bienhechor, imprimir ~ impreso ~ impresor, elegir ~ electo (usado casi siempre como forma adjetival) ~ elector

f Sin embargo, esta tendencia tiene numerosas excepciones, como *abrir ~ abierto ~ abridor, romper ~ roto ~ rompedor, poner ~ puesto ~ ponedor*.

g Al igual que en latín, en español este sufijo se combina ocasionalmente con bases sustantivas, sobre la que forma derivados que involucran la adición de la vocal temática **-a**². Las siguientes formaciones o bien no tienen verbos en su base o bien esos verbos son desconocidos para muchos de los hablantes que las emplean.

(6) aguador, alcoholador, historiador, leñador, libertador, limosnador, mariscador, mercador, murador, novelador, principiador, viñador

h En algunas formas, como *deudor, embajador*, podría proponerse una base nominal sin adición de vocal temática.

i El origen latino del sufijo hace que hayan llegado numerosas voces derivadas del latín o tomadas de otras lenguas romances que desde una perspectiva sincrónica están formadas sobre temas neoclásicos que no forman palabras independientes en español. (7) da unos pocos ejemplos.

(7) acreedor, aparador, aviador, bastidor, celador, conqueridor, cumulador, embajador, equitador, espectador, gladiador, prestidigitador, trovador

Comportamiento gramatical

a   Este sufijo produce tanto adjetivos como sustantivos, y en ambos casos son formas en principio variables en género que marcan con **-a**¹ el femenino y sin marca expresa el masculino. Véase, de todos modos, **-triz**.

b   No resulta fácil determinar si es más básica la forma adjetival o la forma verbal. Muchas de las formaciones con este sufijo se emplean exclusiva o preferencialmente como adjetivos, entre ellas las de (8):

(8) abarcador, abastecedor, abofeteador, abogador, abordador, aborrecedor, abrasador, abrazador, abrumador, absolvedor, aburridor, acabador, acallador, acariciador, aceptador, aclamador, acogedor, acrecentador, activador, acusador, adormecedor, afeador, agasajador, agobiador, agotador, agravador, agraviador, ahuyentador, alarmador, aleccionador, alentador, alfabetizador, amenazador, amonestador, angustiador, apadrinador, aplaudidor, apresador, argüidor, armonizador, arrebatador, arrollador, arrullador, asimilador, atemorizador, atemperador, atenuador, aterrador, atronador, avasallador, batallador, cacareador, callador, calumniador, campeador, caracterizador, castigador, castrador, catequizador, causador, cautivador, cegador, centralizador, cercenador, chirriador, chocador, civilizador, clarificador, comparador, comprometedor, conciliador, conmovedor, conservador, contaminador, corrompedor, criticador, cumplidor, delimitador, democratizador, demoledor, devorador, dinamizador, disgregador, distinguidor, ejemplarizador, encantador, esperanzador, estremecedor, evocador, gruñidor, hablador, halagador, madrugador, masticador, motivador, observador, perturbador, ponedor, rompedor, sobrecogedor, trabajador, tranquilizador, volador

c   De estas formas, la mayoría se comportan como adjetivos relacionales que expresan la relación de agente o causante con el evento denotado por la base, y por tanto no son graduables.

(9) *muy {abogador / activador / acusador / civilizador / masticador / volador}

d   Otras muchas formaciones son adjetivos calificativos, típicamente cuando la base denota un cambio de estado o estado psicológico o se interpreta como tal: *alentador, abrumador, amenazador, conmovedor, evocador, encantador, esperanzador, motivador, rompedor*, etc. No obstante, no es una condición necesaria que la base pertenezca a esta clase para dar adjetivos calificativos (*trabajador, madrugador, cumplidor, hablador*...).

e   En otros casos, la lectura como sustantivo es mayoritaria o exclusiva, y resulta difícil emplear la formación como adjetivo, relacional o no. La siguiente lista muestra varios de los más frecuentes:

(10) abaleador, abanador, abanderizador, ablandador, abotonador, abrevador, abreviador, abridor, abrigador, abrillantador, abrochador, abusador, acaparador, acechador, acelerador, acertador, achicador, aclarador, acomodador, acompañador, acondicionador, aconsejador, acopiador, acoplador, acosador, acumulador, adaptador, adiestrador, adivinador, adjetivador, adjudicador,

administrador, admirador, adoctrinador, adorador, adulador, adulterador, afianzador, afinador, agarrador, agitador, aglutinador, ahorrador, ajustador, alargador, alborotador, alimentador, alisador, alquilador, altercador, alumbrador, amador, amaestrador, amalgamador, amamantador, amasador, ambientador, amedrentador, ametrallador, amotinador, amparador, ampliador, amplificador, analizador, andador, animador, anotador, anunciador, aparejador, apedreador, aplanador, aplicador, apodador, aportador, apuntador, archivador, armador, arrendador, articulador, asaltador, asediador, aseguradora, asfaltador, aspiradora, atizador, atracador, auscultador, autentificador, autorizador, averiguador, azotador, bailador, bañador, barnizador, barredor, bateador, batidor, bebedor, blanqueador, bloqueador, bordador, borrador, boxeador, bronceador, bruñidor, buceador, burlador, buscador, calculadora, calentador, calzador, cantador, carburador, cargador, catador, catalizador, catalogador, cazador, censador, cincelador, clasificador, climatizador, cobrador, codificador, colador, colonizador, comendador, comentador, competidor, compilador, comprador, comunicador, condensador, congelador, conjugador, conmutador, conquistador, consolador, conspirador, consumidor, contendedor, contenedor, contestador, conversador, convertidor, coordinador, copatrocinador, copiadora, corneador, corregidor, cosechadora, creador, cuantificador, cuidador, danzador, decodificador, decorador, defraudador, denominador, depredador, depuradora, derrochador, detonador, dictador, diseñador, divulgador, doblador, domador, dosificador, educador, electrolizador, elevador, embalsamador, escalador, escavador, esculpidor, escurridor, espumador, estabilizador, estafador, estimulador, estrangulador, evaluador, examinador, exhibidor, expendedora, explorador, explotador, exportador, extinguidor, extorsionador, fabulador, falsificador, fertilizador, fijador, follador, fotocopiadora, francotirador, fumador, fundador, ganador, gemidor, grabador, guerreador, hervidor, humidificador, ilustrador, importador, improvisador, incinerador, inhibidor, instigador, investigador, jugador, lavadora, limpiador, localizador, luchador, maltratador, manipulador, manoseador, matador, medidor, mezclador, moderador, mondador, mordedor, nadador, narrador, navegador, negociador, ojeador, ordenador, pasador, patinador, patrocinador, peinador, pelador, pensador, perdedor, pescador, potabilizadora, potenciador, preparador, presentador, profanador, programador, pulverizador, quemador, rallador, rascador, recaudador, roedor, rotulador, saboteador, salvador, secador, seguidor, servidor, silenciador, soldador, soñador, sufridor, surtidor, toreador, torturador, tostadora, transbordador, transformador, trasformador, trituradora, ultrajador, urbanizador, vacunador, vencedor, vendedor, vibrador, violador, vividor

f   Este sufijo preserva por lo general la vocal temática del verbo base.
g   Este sufijo conserva el alomorfo *-e* de la segunda conjugación (*perdedor*, no **perdidor*), con algunas pocas alternancias (*sabedor / sabidor*) que se suelen resolver a favor de /e/.
h   Este sufijo forma sustantivos de participante, que sin embargo pueden heredar parcialmente algo de la estructura argumental de la base, contra otros sustantivos que designan participantes. Por lo general, los complementos del nombre que podrían corresponder al argumento interno son no referenciales, y más que identificar la entidad concreta que sufre el evento designan subclases de la entidad denotada por el sustantivo, como en *fumador de puros*, que contrasta con??*el fumador de este puro*

que está en el cenicero, donde el complemento es realmente un argumento referencial identificado.
i Muchos de los sustantivos derivados con este sufijo cuyo valor es instrumental son sustantivos femeninos, marcados por *-a*.

   (11) afeitadora, ametralladora, apisonadora, aplanadora, asfaltadora, aspiradora, batidora, calculadora, centrifugadora, computadora, copiadora, cosechadora, depuradora, desmotadora, embotelladora, empacadora, engrapadora, espigadora, excavadora, fotocopiadora, freidora, grabadora, hiladora, incubadora, laminadora, lavadora, licuadora, lijadora, mecedora, montadora, ordeñadora, panificadora, refrigeradora, secadora, sembradora, taladradora, tejedora, trituradora, tuneladora...

Tipos de significado

a Se suele afirmar que este sufijo forma nombres de agente o instrumento, donde se suele asociar la noción de agente con los referentes animados y la noción de instrumento con los referentes no animados.
b De esta manera, son necesariamente agentes los sustantivos de (12), y necesariamente instrumentos los de (13), sencillamente porque unos y otros designan eventualidades que pueden o no estar controladas por humanos:

   (12) abusador, acaparador, acechador, acertador, acosador, admirador, adulador, alborotador, amador, atracador, boxeador, buceador, catador, competidor, comprador, cuidador, divulgador, estafador, follador, maltratador, pensador, vencedor, vividor
   (13) abrillantador, acondicionador, ambientador, aspiradora, atizador, bronceador, carburador, contenedor, cuantificador, depuradora, detonador, elevador, humidificador, rotulador, vibrador

c Sin embargo ya existe un acuerdo general en que se puede ser agente sin ser animado, en el sentido teleológico: basta con que las propiedades internas de la entidad controlen el inicio y desarrollo de un evento, tanto si es de forma voluntaria o consciente como si no. En este sentido todos los casos de (13) serían estrictamente agentivos también, y la lectura de instrumento estaría mucho más restringida, y si limitaría a los casos en que el sustantivo designa una entidad que debe ser manipulada por alguien para llevar a la consecución del evento, como en *flotador, andador, caminador*.
d En ocasiones, la lectura de objeto que facilita la consecución del evento puede mezclarse con una noción de 'lugar' empleado ex profeso para algo, como en *pudridor, tocador* o *perfumador*. Tal vez por esta vía proceda la lectura del sufijo en la que designa el lugar dedicado a cierta acción, como en los casos de (14).

   (14) cambiador, cenador, comedor, corredor, intercambiador, maquillador, mirador, obrador, parador, probador, vestidor...

e Por lo general la lectura de la eventualidad que subyace a estas formaciones es no episódica, lo cual quiere decir que se habla de una participación posible o habitual en la eventualidad denotada. Esto es lo normal con los nombres que expresan agentes animados o no: un *corredor* es quien corre habitualmente o lo hace como parte de su profesión, y una *copiadora* es una máquina que sirve para copiar incluso si aún no ha sido usada por nadie para copiar algo concreto. Por este motivo es tan frecuente emplear este sufijo para formar nombres de ocupación, profesión o tendencia.

f   Sin embargo, este sufijo puede dar lugar a nombres o adjetivos que denotan la participación en un evento concreto, específico y episódico, tal vez por su relación histórica con los participios, que también pueden dar este tipo de lecturas (cf. **-do**[1]). El ganador del concurso tiene que ser necesariamente la persona que ha ganado el concurso en concreto, igual que sucede con vencedor. Un perdedor y un triunfador son quienes habitualmente ganan o pierden, pero en contraste el anotador del tanto es quien ha anotado concretamente un tanto; alguien hablador es quien habla frecuentemente, pero algo incriminador es algo que incrimina en un caso concreto, etc.

g   Por lo general, cuando el evento designa una eventualidad que se espera que cualquier ser vivo realice, el valor agentivo se suele asociar con una lectura de abundancia o exceso, como en *dormidor* o *hablador*.

Propiedades fonológicas

Este sufijo atrae el acento a su vocal /o/, lo cual tiene el efecto de bloquear la diptongación de las bases irregulares, y otros casos de irregularidad que dependen de la posición del acento prosódico: *dormir ~ duermo ~ dormidor, contar ~ cuento ~contador*, etc.

Alomorfos

a   El alomorfo *-dor* aparece en los casos en que se preserva la vocal temática de la base.
b   Es necesario reconocer un alomorfo *-or* para casos como los de (15), en que la base alomórfica, sin vocal temática, termina en la consonante /s/, lo cual hace innecesario proponer un alomorfo *-sor*.

   (15) ascensor, antecesor, compresor, confesor, difusor, dispersor, divisor, emisor, evasor, impulsor, intercesor, invasor, ofensor, opresor, percusor, persuasor, previsor, profesor, revisor, sucesor, transgresor

c   Es una posible excepción, si se deriva sincrónicamente de sentir, el caso de *sensor*, donde no hay una base alomórfica que no tome vocal temática acabada en /s/. En ella la forma *sens-* aparece independientemente solo con bases con vocal temática (*sensible, sensación*), lo cual puede suscitar el análisis alternativo *sent-sor*. Con todo, si se adopta este análisis, el porblema sería identificar otros casos en que *-sor* sea necesario.

d   El alomorfo *-tor* es necesario en numerosos casos donde la base termina en /k/ y otros segmentos, típicamente procedentes del latín:

   (16) abductor, adjutor, admonitor, calefactor, contradictor, contraventor, opositor, protector, detractor, escultor, infractor, inspector, interlocutor, lector, persecutor, redentor, tractor, transistor,

e   Con bases independientemente acabadas en /t/ resulta difícil decidir si *-or* o *-tor* son la forma elegida:

   (17) aceptor, actor, agricultor, benefactor (benefactivo), captor, compositor, conductor (conduct-ivo), constructor, conector, consultor, corruptor (corruptela), delator, director (directivo), editor, ejecutor, elector (electivo), expositor, extractor (extractivo), impostor, inductor (inductivo), instructor, inventor, objetor, obstructor, perceptor, percutor, pintor, productor, proyector, raptor, receptor, reductor,

Relaciones con otros afijos

a   Ya se ha comentado la relación con el participio **-do**[1], que no es perfecta y además se enfrenta al problema del distinto alomorfo de la vocal temática usado en la segunda conjugación (*bebido ~ bebedor*).

b   Junto al participio y a **-nte**, **-dor** es uno de los sufijos que pueden dar lugar a lecturas episódicas de la eventualidad.

c   La restricción de agentividad que impone **-dor** a sus bases es más fuerte que con **-nte**, que admite con más facilidad bases estativas o claramente no agentivas (cf. por ejemplo *hirviente* vs. *hervidor*).

d   Tal vez como derivado de lo anterior, cuando existen dos formaciones sobre la misma base, cada una de ellas con un sufijo distinto, se suele elegir la lectura de agente en **-dor** y la de causa en **-nte**, como en *incriminante* e *incriminador*, *contaminante* y *contaminador*, y otros pares.

> LECTURAS RECOMENDADAS: Pascual & Sánchez (1992); Laca (1993); Rainer (1993, 1999, 2004, 2009, 2005); Bajo Pérez (1997); Santiago Lacuesta & Bustos Gisbert (1999); Pharies (2002); RAE & ASALE (2009: §6.6-6.7); Fábregas (2012b,2020); Vázquez (2020).

-driz. Posible alomorfo de **-triz**, como en *nodriza*.

-dumbre. Del latín *-tuminem*. Sufijo nominalizador no productivo que se combina con bases adjetivales o verbales.

Tipos de base

a   Este sufijo selecciona bases adjetivales, generalmente no físicas o interpretadas como no físicas.

   (1)   certidumbre, dulcedumbre, gravedumbre, mansedumbre, reciedumbre

b   En segundo lugar, selecciona unas pocas bases verbales.

   (2)   podredumbre, servidumbre, pesadumbre

c   Finalmente, selecciona también el cuantificador *mucho*, que comparte algunas propiedades con los adjetivos, como aceptar el elativo **-ísimo** (*muchísimo*) y permitir la coordinación con adjetivos calificativos (*muchos y grandes gritos de dolor*).

   (3)   muchedumbre

Comportamiento gramatical

a   Este sufijo produce siempre sustantivos femeninos marcados por **-e**[4].

b   Este sufijo sistemáticamente produce nombres no contables, e incluso en el caso de *muchedumbre*, donde se acepta el plural estilístico *muchedumbres* (cf. *masas*), el comportamiento gramatical es el de un nombre no contable que no se puede combinar con adjetivos como *medio* (**media muchedumbre*).

c   Fuera de las bases verbales, este sufijo cancela la vocal átona final de la base.

d   Tiende a preservar la vocal temática de la base cuando esta es un verbo, como en *pesadumbre* y *servidumbre*, pero en el caso de *podredumbre* (cf. *pudrir*) la cancela, ya que la /e/ no puede ser un alomorfo de la vocal temática en el análisis sincrónico, pues si fuera así tendríamos también **servedumbre*.

Tipos de significado

a   Con bases adjetivales o cuantificadores, el sufijo tiene el valor de cualidad, y denota la noción abstracta que se asocia a la propiedad expresada por la base, como en *una muchedumbre de personas, la certidumbre de este hecho*.
b   Con bases verbales el sufijo denota el estado asociado al verbo, que coincide con su denotación si este es estativo (*pesadumbre*) y se asocia con el estado resultante o la condición asociada al sujeto en otros casos (*podredumbre, servidumbre*).
c   Este sufijo tiende a seleccionar el significado no físico de las bases, como en *dulcedumbre*, que se interpreta más con dulzura o suavidad en el trato que con el sabor, o *pesadumbre*, que se asocia con el valor psicológico de la base ('sentir pesar') que con la magnitud del peso.

Propiedades fonológicas

Este sufijo se integra prosódicamente con la base y atrae el acento a su vocal /u/, lo cual puede tener el efecto de que seleccione la forma sin acento prosódico de la base, como en *podredumbre ~ pudro ~ podrimos*.

Alomorfos

Es necesario postular dos alomorfos de este sufijo junto a -*dumbre*: -*edumbre*, en *muchedumbre, podredumbre, reciedumbre* y otras formaciones, e -*idumbre* para *certidumbre*.

Relaciones con otros afijos

Este sufijo no es productivo entre los nominalizadores, y tiene la propiedad de admitir usos deverbales junto a usos deadjetivales. Su valor, con preferencia por las lecturas estativas, lo relaciona con **-ncia**, que es mucho más productivo que él.

LECTURAS RECOMENDADAS: Pharies (2002).

-dura. De la unión de la forma de supino -*t*- y el sufijo nominalizador -*uram*. Sufijo nominalizador que forma nombres a partir de verbos.

Tipos de base

a   Este sufijo se une a bases verbales de las tres conjugaciones, si bien son escasos los de la segunda y sobre todo tercera.

  (1)   abolladura, abotonadura, acanaladura, acicaladura, andadura, anudadura, aradura, armadura, atadura, barnizadura, bordadura, borradura, botadura,

bragadura, bronceadura, capadura, catadura, cepilladura, cercenadura, cerradura, chorreadura, cinceladura, colgadura, combadura, cortadura, degolladura, descalabradura, desgarradura, desolladura, dictadura, dobladura, doradura, empuñadura, endulzadura, engastadura, ensambladura, frotadura, hincadura, holladura, intercaladura, ligadura, limadura, magulladura, matadura, mojadura, mondadura, peladura, picadura, pisadura, plegadura, podadura, quebradura, quemadura, rajadura, ralladura, rapadura, rascadura, rasgadura, raspadura, rebañadura, recortadura, resquebrajadura, restregadura, rozadura, sajadura, saladura, salpicadura, soldadura, tachadura, tomadura, tostadura, trabadura...

(2) cocedura, comedura, escocedura, lamedura, metedura, moledura, mordedura, raedura, roedura, tejedura, torcedura...

(3) bruñidura, escurridura, freidura, henchidura, hendidura...

b Existe un conjunto reducido de formas donde el sufijo se une, junto a una vocal temática -**a**¹, a una base nominal:

(4) canaladura, carnadura, cornadura, dentadura, escotadura, horcajadura, nervadura ~ nervatura, musculatura, nomenclatura

c Solo se documenta una formación sobre base adjetival, *corvadura*, de *curvo*.

Comportamiento gramatical

a Este sufijo produce siempre nombres femeninos marcados regularmente por -**a**¹.
b Este sufijo preserva la vocal temática de la base a la que se une, con unas pocas excepciones que implican el alomorfo -*ura*.
c Este sufijo selecciona el alomorfo -*e* de la vocal temática -**e**².
d Por lo general, este sufijo da lugar a nombres contables que admiten el plural, la combinación con cardinales y otras propiedades típicas de esta clase de sustantivos.
e Cuando el sufijo produce nombres de acción, el sustantivo hereda los complementos del verbo sobre el que se deriva.

(5) la investidura del presidente por parte del parlamento ayer en una sesión plenaria

Tipos de significado

a Entre los nominalizadores deverbales, este sufijo se especializa en denotar nombres de participante, generalmente asociados al objeto o entidad producida como resultado de la acción, lo cual es particularmente frecuente con verbos que designan contacto físico (*rozadura, quemadura, picadura, rascadura*) o cambios de estado físico (*peladura, mondadura, limadura, pisadura, engastadura*).
b Esta situación general tiene dos tipos de excepciones. La primera la constituyen los sustantivos derivados mediante este sufijo que pueden denotar la acción o evento asociado al verbo base y no uno de sus participantes:

(6) atadura, botadura, brotadura, cascadura, castradura, comedura, domadura, empalmadura, enjabonadura, investidura, metedura (de pata), moledura, podadura, ralladura, singladura, tomadura (de pelo), untadura, voladura

c   La segunda familia de excepciones son las que se asocian a lecturas de participante donde no se denota la entidad que resulta de la ejecución del evento, sino un participante de otro tipo. Una lectura frecuente es la de instrumento o medio usado para ejecutar la acción (*cabalgadura, empuñadura, herradura, levadura, vestidura...*).

d   Otras lecturas más o menos sistemáticas son las que denotan el objeto que exhibe cierto estado (*colgadura, escarpadura*) o causa cierto evento (*punzadura*), o el lugar en el que se produce un evento (*coladura, desembocadura*).

e   Cuando la base es nominal, surgen dos lecturas de participante: en la primera de ellas, el sustantivo derivado se diferencia del nombre base porque denota el grupo obtenido como resultado de algún evento (*canaladura, escotadura, nervadura, corvadura*), o simplemente la agrupación de las entidades denotadas por la base (*musculatura, nomenclatura*).

f   La segunda lectura indica el estado o dignidad asociado a la base, generalmente involucrando el alomorfo *-tura*, y por extensión también el colectivo formado por quienes desempeñan el papel denotado por la base.

(7)   jefatura, judicatura, magistratura, nunciatura, prelatura,

Propiedades fonológicas

Este sufijo no produce cambios fonológicos en la base más allá de atraer a su vocal /u/ el acento prosódico de la palabra, lo cual puede conllevar la monoptongación de las bases diptongantes (*degollar ~ degüello ~ degolladura*). El resultado es que este sufijo siempre selecciona la forma regular de la base cuando está presente la vocal temática.

Alomorfos

a   Junto a la forma *-dura*, que es la manifestación por defecto de este sufijo, han de reconocerse al menos dos alomorfos más.

b   El alomorfo *-tura* aparece en una serie de voces, muchas ellas de significado no reconocible semánticamente a partir del de la base, como las de (8):

(8)   abreviatura, apoyatura, asignatura, criatura, cuadratura, curvatura, diplomatura, estatura, gobernatura, hilatura, probatura, signatura...

c   El alomorfo *-ura* puede proponerse para dar cuenta de una serie de casos que están formados sin vocal temática sobre bases terminadas en /t/, muchas de ellas procedentes de participios irregulares (*cobertura, escritura, fritura, lectura, rotura, ruptura*), y otras procedentes de raíces en las que no se añade una vocal temática (*apretura, montura, pintura, sepultura*).

d   Este último alomorfo puede no ser necesario si se acepta que en estos casos también se emplea *-tura* y la secuencia de dos /t/ se simplifica.

Relaciones con otros afijos

Entre los nominalizadores deverbales, este es el único especializado con claridad en lecturas de entidad resultada, pero véase también **-do**[2]. Véase **-ura** para la relación etimológica con este nominalizador deadjetival. No es posible segmentar **-dura** sincrónicamente en este sufijo y el participio porque en los verbos de la segunda conjugación el participio escoge -*i*- como alomorfo de la vocal temática (*cocido*), mientras que **-dura** toma -*e*- (*cocedura*).

> LECTURAS RECOMENDADAS: Rifón (1997b); Pharies (2002); RAE & ASALE (2009: §6.6-6.7); Fábregas (2016, 2020).

-duría. De **-dor** o **-dura** e **-ía**. Sufijo nominalizador que toma bases verbales.

Tipos de base

a   Este sufijo se une exclusivamente a verbos:

(1) abreviaduría, agregaduría, aposentaduría, armaduría, asaduría, celaduría, cenaduría, charladuría, conservaduría, contaduría, curaduría, dictaduría, fiaduría, habladuría, juraduría, mercaduría, pagaduría, procuraduría, zafaduría...
(2) correduría, expendeduría, meteduría, proveeduría, sabiduría, tejeduría, teneduría, veeduría...
(3) curtiduría, freiduría

b   En unos pocos casos este sufijo se combina con bases correspondientes a temas neoclásicos de valor verbal:

(4) parladuría, senaduría

Comportamiento gramatical

a   Este sufijo produce siempre sustantivos femeninos marcados regularmente por el sufijo femenino -**a**[1].
b   Este sufijo puede producir tanto sustantivos contables como no contables, dependiendo del significado que expresa en cada caso.
c   Este sufijo preserva la vocal temática de la base, y generalmente selecciona el alomorfo no marcado para cada uno de ellos (-*a*, -*e*, -*i*). En algunos casos, como *sabiduría*, sin embargo, toma la forma /i/ para la vocal temática -*e*[2].

Tipos de significado

a   Se diferencian tres valores típicos para este sufijo. El más frecuente de ellos es el valor locativo, en el que el sufijo designa el lugar donde se desarrolla oficialmente cierta acción, como en *pagaduría* 'oficina donde se pagan impuestos y otros cargos', *contaduría* 'oficina donde se lleva la cuenta de ciertos gastos oficiales', *cenaduría* 'local de cenas'.
b   El segundo significado es el de expresar la dignidad asociada con el cargo que oficialmente se encarga de desempeñar una tarea, como en *juzgaduría* 'dignidad de quien juzga', *teneduría* 'cargo de quien tiene los libros', *juraduría* 'cargo de quien actua de jurado'.
e   El tercer significado es el de 'acción o estado' asociados a la base, como en *meteduría* 'acción de introducir productos de contrabando', *sabiduría* 'estado de saber cosas', *dictaduría* 'estado donde las leyes se dictan sin negociación'...

Problemas de segmentación

a Hay cuatro motivos por los que **-duría** parece que ha de considerarse un sufijo independiente y no la unión de dos sufijos. El primero de ellos es que no todas las formaciones con este sufijo tienen un equivalente en **-dor** o **-dura** que pueda interpretarse como la base a la que se une **-ía**. Este es el caso, entre otros, de *juzgaduría* (*juez*, #*juzgador*), *juraduría* (la base sería **-do**²), *mercaduría, curaduría*.

b En segundo lugar, este sufijo puede seleccionar el alomorfo -*i* de la vocal temática de segunda conjugación, mientras que **-dor** selecciona /e/: *sabedor ~ sabiduría*.

c En tercer lugar, para dar cuenta de esta descomposición habría que proponer que -*ía* convierte la vocal /o/ de **-dor** en /u/, un cambio que no es sistemático sincrónicamente.

d Finalmente, el significado de 'acción o estado asociado a algo' no es normal con -*ía* cuando se emplea como sufijo combinado con nombres, pero es uno de los valores sistemáticos que adquiere **-duría**.

LECTURAS RECOMENDADAS: Rainer (1993).

E

e-. Alomorfo del prefijo **ex-**[2], documentado ante consonantes nasales (*emanar*), líquidas (*erradicar*) y algunos casos de fricativa (*efusión*).

-e[1]. Tal vez relacionado con la terminación **-e**[4], que no se asocia ni con masculino ni con femenino. Marca de género inclusivo.

Tipos de base

a Como cualquier otra marca de género, este sufijo aparece combinado con sustantivos, adjetivos, pronombres, determinantes y cuantificadores. Entre los sustantivos, se restringe a nombres comunes, generalmente referidos a entidades humanas.

  (1) amigue, colegue, hermane, obrere, víctime

b Al igual que sucede con la *a* del complemento directo (*Vi a mi hermano*, frente a *Vi la película*), la marca se extiende a los nombres comunes que designan algunos animales, generalmente los empleados como mascotas y cuyas propiedades se asimilan a los humanos, como en *perres, gates*. De la misma manera que los nombres comunes de animales distantes de las propiedades humanas no suelen marcarse con a como complementos directos (*Vi un gusano*), suelen rechazar este sufijo (*??gusane*).

c Este sufijo también se emplea en la concordancia adjetival, cuando el adjetivo o participio modifica o se predica de un nombre marcado con este sufijo: *víctimes agredides*.

d En cuanto a los pronombres, aparece solo con pronombres personales, debido a que sobre ellos también pesa la restricción de que deben interpretarse como humanos: *elle, otre, todes*.

e Los cuantificadores y determinantes que se combinan con sustantivos marcados en género inclusivo también concuerdan con este sufijo: *une amigue, varies colegues*.

Comportamiento gramatical

a Este sufijo no está alterado por la presencia de diminutivos, en contraste con la terminación **-e**[4]. *Clase > clasecita*, donde la presencia del diminutivo comporta la aparición de **-a**[1], contrasta con *amigue > amiguite*, donde no se ve afectada.

b Resulta variable la presencia de la marca en aquellos adjetivos y nombres referidos a humanos que terminan, en masculino, en consonante, tal vez porque en estos

casos no se observa una marca de género masculino regular que haga necesario el contraste: aunque se documentan tanto *españole* como *español* se prefiere la segunda.
c Es frecuente que esta marca aparezca en plural, tal vez porque en esos contextos existe una lectura de grupo donde algunos hablantes sienten que es más necesario aludir a toda la clase humana sin excluir a quienes no se identifican con uno de los dos géneros biológicos tradicionales: *les víctimes* es más frecuente que *le víctime*.
d Esto no quiere decir, sin embargo, que este sufijo excluya las lecturas específicas y no genéricas: *mi amigue* puede perfectamente referirse a una persona específica y no ha de interpretarse de forma genérica forzosamente.
e Como cualquier otra marca de género, este sufijo se cancela en los procesos de sufijación.

Tipos de significado

a El valor de esta marca de género es la de aludir a conjuntos de humanos sin adscribirlos a ninguno de los dos géneros tradicionales, lo cual se refleja en dos valores diferentes.
b En su primer valor, más próximo a su significado interno, este marcador de género equivale a 'humano', sin distinciones de sexo biológico de cualquier tipo. En las variedades que tienen este marcador, pues, el género no marcado, en el sentido de que se refiere genéricamente a toda la clase sin especificar su sexo, es este sufijo: *les amigues* equivale, pues, a *los amigos* en sentido genérico en aquellas variedades que no emplean esta marca de género.
c En coordinaciones, con doblado, el valor de este marcador es más específicamente 'aquellas identidades de género no cubiertas en la oposición tradicional masculino~femenino', como en *alumnos, alumnas y alumnes*. Este valor aparece típicamente en coordinaciones con las marcas tradicionales de masculino y femenino.
d De hecho, en las variedades que tienen este marcador de género inclusivo el doblado es virtualmente obligatorio cuando no se emplea la forma en -e^1 de forma genérica.

Propiedades fonológicas

Como cualquier otra marca de género este sufijo es átono y no produce alteraciones fonológicas sistemáticas en la base.

Relaciones con otros afijos

a No parecen existir motivos gramaticales que justifiquen el rechazo al empleo de este sufijo de género, propio de algunas variedades solamente, pero que posee todas las propiedades gramaticales características de las marcas de género -o^1 y -a^1.
b Pese a la homofonía, -e^1 y -e^4 son claramente entidades diferenciadas. -e^4 puede marcar sustantivos no animados (*coche*), es sustituido por otros afijos en presencia de los diminutivos (*coche* > *cochecito*) y carece del significado específico de -e^1. Véase -e^4 para la posibilidad de que, de hecho, no se trate de un sufijo.

Lecturas recomendadas: Bengoechea (2015); Pérez & Moragas (2020); Cantero (2021); Fábregas (2022).

-e². Del latín -ē, marca de conjugación de los verbos latinos de la segunda clase, o -ĕ, marca de conjugación de los verbos de la tercera clase. Vocal temática que caracteriza a los verbos de la segunda conjugación.

Tipos de bases

a   En la actualidad la segunda conjugación está definida por la vocal temática **-e**. El DRAE recoge cerca de 800 verbos caracterizados por esta conjugación, lo cual constituye un 3% del total de verbos recogidos.

b   Históricamente, muchos de estos verbos proceden de la segunda conjugación latina, caracterizada por una vocal temática /e/ larga: *tenere > tener, debere > deber, habere > haber, iacere > yacer*, etc.

c   Otros muchos de estos verbos proceden de la tercera conjugación latina, caracterizada por -ĕ: *vendĕre > vender, cognoscĕre > conocer, concedĕre > conceder, resolvĕre > resolver*... Para los verbos de la tercera conjugación latina que pasan a la tercera conjugación española, véase **-i**[1].

d   La segunda conjugación es la menos nutrida del español, por lo que puede considerarse como marcada. Se manifiestan históricamente y en español actual tendencias a convertir los verbos de la segunda conjugación latina (ē) en verbos en *-ir*, de esta manera incrementando el elenco de verbos de la tercera conjugación en español: *verter ~ vertir, tañer ~ tañir*.

e   Sin embargo, esta vocal temática caracteriza al verbalizador **-ecer**, con cierta productividad, lo cual puede incrementar el elenco de verbos de esta conjugación. Se documentan históricamente numerosos casos en que los verbos marcados en **-i**[1] en estadios anteriores de la lengua se han convertido en verbos de la segunda conjugación mediante adición del sufijo **-ecer**; véase **-i**[1].

Comportamiento gramatical

No es posible en español actual encontrar generalizaciones acerca del comportamiento gramatical de los verbos en **-e**. Encontramos entre los verbos y elementos verbales que llevan esta vocal temática todas las clases relevantes gramaticalmente.

a   Verbos transitivos (*romper*) o intransitivos, tanto inacusativos (*volver*) como inergativos (*toser*).

b   Verbos de todas las clases de aspecto léxico (cf. *yacer, tener, coger, verter, correr*, etc.)

c   Frente a la vocal temática de la primera y la tercera conjugación, la vocal temática de la segunda conjugación no caracteriza a ningún verbo neoclásico (cf. *-mitir, -cibir, -plicar*). Quizá esto refleja el hecho de que en latín las conjugaciones segunda y tercera, de la que procede esta vocal temática, no eran productivas.

d   Esta vocal temática no se emplea en español como única marca de verbos derivados de sustantivos o adjetivos, frente a la **-a**², que puede aparecer en verbos derivados sin verbalizador expreso. La excepción es *tos ~ toser*, donde probablemente el sustantivo está formado sobre la raíz.

e   Tampoco se documentan en español casos de parasíntesis que involucren a esta vocal temática aisladamente, si bien **-ecer** puede participar en parasíntesis.

f   Pese a su infinitivo, en presente el verbo *haber* no se conjuga como un verbo de la segunda conjugación por las terminacines que toma y parece mezclar las de primera y segunda conjugación: *he, has, ha, hemos, habéis, han*.

g   Esta vocal temática, al igual que todas las demás, es cancelada ante el morfema de presente de subjuntivo: *beba*.

Alomorfos

a   Desde el punto de vista de la alomorfía, es notable que la vocal temática de segunda conjugación es sincrética con la de tercera conjugación en la mayoría de los contextos. Véase también -i².

b   En imperfecto de indicativo, la vocal temática de segunda conjugación toma el alomorfo -*i*, que la hace indistinguible de la vocal temática de la tercera conjugación:

(1)   bebía   vivía
      bebías   vivías
      bebía   vivía
      bebíamos   vivíamos
      bebíais   vivíais
      bebían   vivían

c   Sucede lo mismo en el pretérito indefinido, perfecto simple o aoristo (*bebí, bebiste, bebió, bebimos, bebisteis, bebieron*) y el participio (*bebido*).

d   Los casos en que se emplea el alomorfo -*ie*- también fuerzan el sincretismo entre la segunda y la tercera conjugación: imperfectos de subjuntivo (*bebiera, bebieras, bebiéramos..., bebieseis, bebiesen, bebiese...*), gerundio (*bebiendo*), futuro de subjuntivo (*bebiere*).

e   De esta manera, la vocal temática de segunda conjugación se preserva como -*e* en el presente de indicativo (*bebe*), infinitivo (*beber*), el futuro de indicativo (*beberás*), el condicional (*beberíamos*) y las formas de imperativo afirmativo (*bebe, bebed*).

Propiedades fonológicas

Las condiciones de asignación de acento en los verbos que contienen esta vocal temática son globales para las tres conjugaciones: la vocal recibe acento solo en la 2pl correspondiente a 'vosotros' y las formas voseantes en presente de indicativo, en el imperfecto de indicativo y subjuntivo, futuro de subjuntivo, 2pl del imperativo afirmativo en las formas para 'vosotros' y las voseantes y las formas no personales de infinitivo, gerundio y participio.

LECTURAS RECOMENDADAS: Alcoba (1999); Martín Vegas (2014); Camus Bergareche (2021).

-e³. Del latín -*e*-, forma que marcaba el subjuntivo en presente en verbos de la primera conjugación. Sufijo que marca el presente de subjuntivo en verbos de la primera conjugación.

Tipos de bases

a   Este sufijo se emplea en el presente de subjuntivo en verbos de la primera conjugación. Véase -a^4 para los verbos de la segunda y tercera conjugación.

(1)   cant-e, bail-e, llegu-e

b   Esta distribución se extiende a todos los verbos derivados con o sin verbalizador expreso que entran en la primera conjugación.

(2)   clas-ifiqu-e, conton-e-e, motor-ic-e, amargu-e

c   Pese a que el presente de subjuntivo con -a^5 produce típicamente irregularidades consonánticas en la base, no existen verbos de la primera conjugación con irregularidad consonántica, lo cual hace que -e^3 nunca seleccione una base con esta clase de irregularidad.

d   Con verbos cuyas raíces alternan entre una versión diptongada y una con vocal media, este sufijo selecciona siempre la versión diptongada –ya que el acento recae en estas formas sobre la sílaba previa al sufijo–. Esto sucede para los verbos de alternancia *e ~ ie* (*piense*), los de alternancia *o ~ ue* (*cuente*).

Comportamiento gramatical

a   Este sufijo se emplea como único marcador del presente de subjuntivo en los verbos de la primera conjugación.

(3)   salte, tiemble, mande, hable, guste...

b   El sufijo implica siempre la cancelación de la vocal temática.
c   Este sufijo fuerza el sincretismo entre la primera y la tercera singular:

(4)   canto   canta
      cante   cante

d   La alternancia que forma con la vocal temática -a^2 se restringe al presente, ya que en futuro e imperfecto de subjuntivo la vocal temática se restituye y se emplean los sufijos -**ra** y -**se** sin atender a la clase de conjugación: *cant-e ~ cant-a-ra, cant-a-se ~ cant-a-re*.

Tipos de significado

a   Este sufijo se asocia a los valores del subjuntivo en presente, que son comunes al sufijo -a^5.
b   La caracterización semántica del subjuntivo en español tiene una gran complejidad, pero sus usos pueden agruparse en torno a dos núcleos semánticos: la falta de adecuación estricta entre el contenido proposicional expresado y la forma en que el hablante concibe la realidad actual y la noción de presuposición.
c   El primer núcleo de significado suele indicarse como 'incertidumbre', 'duda', 'inseguridad', y se manifiesta de varias maneras. El morfema de subjuntivo se emplea cuando el predicado principal niega la veracidad del estado de cosas denotado por la proposición (*Es mentira que llegue mañana*), la presenta como solo posible (*Es posible que llegue mañana*), como dudosa (*Dudo de que llegue mañana*) o como hipotética (*En caso de que llegue mañana*).

d   Este mismo valor explica que se emplee el subjuntivo en las construcciones de voluntad y deseo, ya que el estado de cosas no es efectivo en la realidad actual (*Ojalá llegue mañana, Deseo que llegue mañana*) y, por idénticos motivos, en contextos donde se expresa orden o mandato (*Te ordeno que llegues mañana*).

e   Lo que tienen en común todos estos usos es que denotan situaciones que no se consideran efectivas en la realidad actual, y que como mucho el hablante considera posibles pero carece de suficiente evidencia para permitir que formen parte de la manera en que representa su realidad. El valor de verdad de estas proposiciones depende de que el hablante realmente considere esas situaciones posibles, hipotéticas, dudosas, o alternativamente que esas situaciones efectivamente representen sus deseos.

f   Como posible extensión de esta noción de falta de anclaje a un periodo temporal y un mundo actual, el subjuntivo se emplea también –sobre todo en oraciones subordinadas de relativo– cuando describe propiedades de una entidad no específica, sea porque se considera que no existe ningún referente para ella (*No hay nadie que llegue mañana*) o sea porque no se piensa en un referente concreto sino que se permite una interpretación de elección libre en que no se está singularizando ningún ejemplar de una clase (*Cualquiera que llegue mañana*).

g   En la medida en que algunas construcciones que denotan lugar y manera se asimilan a las relativas, esta misma interpretación de falta de conocimiento o necesidad de focalizarse en un referente concreto explica el uso del subjuntivo en estructuras como *Ponlo donde esté la mesa, Hazlo como decida tu madre*.

h   En las oraciones temporales orientadas hacia el futuro o prospectivamente también se emplea el subjuntivo (*Llámame cuando llegues a casa*), y esto es así a pesar de que el periodo temporal no tiene por qué ser necesariamente desconocido o carecer de un referente en un sentido obvio (cf. *Cuando llegue el martes, volverá tu padre*).

i   A la inversa, otra dificultad de la asociación entre la falta de certidumbre y el subjuntivo es que las oraciones interrogativas indirectas, en la mayoría de las variedades del español, emplean el indicativo –si bien frecuentemente existe al menos la posibilidad de construirlas en subjuntivo–: *No sé si llega*.

j   El segundo núcleo de significado asociado al subjuntivo es la presuposición: la idea de que el contenido expresado por la proposición forma ya parte del trasfondo de la conversación, que ambos interlocutores aceptan como establecido y real, y cuya veracidad por tanto no tiene que ser declarada por el hablante. Este uso aparece sobre todo en predicados de sentimiento, estado psicológico o valoración, y con construcciones sintácticas donde se predica alguna valoración de la proposición, que se interpreta como presupuesta: *Me gusta que haga frío, Me parece mal que vengas* (cf. **Me parece que vengas*), *Considero inapropiado que vengas*.

k   Frente al núcleo de significado anterior, en este sentido el contenido de la proposición se considera real, en el sentido de que tiene existencia efectiva en el mundo actual y en un periodo de tiempo específico, pero al igual que la noción de inseguridad, el contenido presupuesto no es asertivo: el hablante, por distintos motivos, no declara la veracidad del contenido en ninguno de los dos casos, en el primero porque no está en condiciones de hacerlo y en el segundo porque se considera innecesario, ya que la veracidad está presupuesta.

l   Con respecto a la interpretación temporal del morfema de presente de subjuntivo, se ha observado repetidamente que la interpretación del presente de subjuntivo incluye también el futuro: *No creo que esté aquí ahora, No creo que esté aquí mañana*. Véase **-re** para el supuesto futuro de subjuntivo, que no expresa realmente valores de futuro.

m   Si bien los sufijos de imperfecto de subjuntivo **-ra** y **-se** pueden emplearse para el presente, pasado y futuro, los sufijos de presente de subjuntivo no pueden emplearse para designar situaciones pasadas: *Quizá tuviera tiempo mañana* puede interpretarse como orientado al futuro, pero **Quizá tenga tiempo ayer* no puede interpretarse como orientado al pasado.

Propiedades fonológicas

Este sufijo nunca recibe el acento de la palabra, que se sitúa en la sílaba inmediatamente a la izquierda de él.

> LECTURAS RECOMENDADAS: Alcoba (1999); RAE & ASALE (2009: §4.5, §24.1); Pérez Saldanya (2012); Fábregas (2014); Zacarías-Ponce de León (2021).

-e[4]. De la terminación *-em* latina. Posible sufijo de marca de género, más probablemente una vocal epentética introducida por motivos fonotácticos en la terminación de algunos sustantivos, adjetivos, determinantes y pronombres.

a   De entenderse como una marca de género, este segmento sería un sufijo que marca algunas categorías nominales sin asociarse a valor de género alguno, ya que puede dar lugar a sustantivos masculinos (*puente, mollete, molde, coche...*) o femeninos (*frente, clase, noche, llave*). Se trataría siempre de una vocal átona, de manera que las voces que contienen una /e/ final tónica no contarían con este segmentpo (*bidé, café, carné, cabaré*).

b   Sin embargo, existen varios argumentos para tratar esta /e/ final como un segmento fonológico y no un morfema de género. Desde el punto de vista estructural, la adición del diminutivo **-it-** nunca preserva la /e/ final y restituye la vocal regular de género, como en *puentecito, nochecita, jefecito, estudiantita*. Nótese que esto no se aplica a la **-o**[1] (*niñito*), a la **-a**[1] (*personita*), a la **-a**[3] (*coleguita*) o a la **-e**[1] (*amiguite*).

c   De la misma manera, alternancias como *presidente ~ presidenta* son poco fáciles de entender si se piensa que en el primer caso la /e/ final es una marca de género, porque en tales casos debería ser necesariamente una marca de género masculina, mientras que en otras formas no variables sería masculina o femenina. Si se interpreta que la /e/ es un segmento fonológico introducido para evitar palabras acabadas en /nt/, la alternancia *presidente ~ presidenta* sería igual a *español ~ española*, donde el masculino no tiene marca, con la diferencia de que /l/ sí es una consonante posible en final de palabra.

d   Otros argumentos a favor de tratar la /e/ final como una marca fonológica epentética son fonológicos. La /e/ final aparece con sustantivos masculinos o femeninos cuando la terminación del sustantivo sería una consonante que no puede emplearse patrimonialmente como segmento final de palabra en español: *nube, coche, jefe, deje, ataque, síndrome, leñe, escalope, filete, nieve, aquelarre, encierre, torre...*, y sufijos como **-aje, -ble, -nte, -ple,** entre otros.

e   Cuando el sustantivo termina en una consonante posible como segmento final de palabra, suele haber otro motivo fonológico para introducir la /e/, como el número de sílabas de la palabra resultante o la existencia de grupos consonánticos que no están legitimados como sencuencias finales. En casos como *clase, frase, nene, pene, trece, cruce, cine, baile, hule*, añadir la /e/ final forma una palabra con dos sílabas, que suele considerarse el tamaño no marcado para la palabra prosódica.

f   Nótese que en cambio en otros casos la /e/ final es parte de un acortamiento, y no cuenta como segmento prosódicamente añadido (*cole, progre, profe*).

g   En otras ocasiones, el problema es la existencia de grupos consonánticos, como en **-ble, -ense, -ple**, *azufre, mimbre, buitre, alcalde, borde, concorde, tarde, chifle, sede, lance, insomne, bronce, cisne, diciembre, ilustre*, entre otros muchos.

h   Los sustantivos acabados en /e/ donde no es fácil encontrar causas fonológicas para la presencia de este sufijo entran en dos grupos. El primero son cultismos y otros préstamos donde cabe pensar que la /e/ final es parte de la base, y no un morfema de género (*ábside*, **-oide**, *berebere, cofrade, almorávide, títere, célere, congénere, miserere, cómplice, bípede, raviole, sístole, conyúdice, pontífice, apéndice, cúspide, códice, adlátere*).

i   El segundo son algunos nombres relacionados con verbos sin nominalizador expreso, como *acelere, desguace, desbroce, desaire, empeine*, y algunos otros. Aunque no está claro el motivo, es interesante que muchos de estos casos incluyan un prefijo **des-**, y tal vez suceda que ese prefijo no cuenta a efectos del número de sílabas.

LECTURAS RECOMENDADAS: Harris (1991), Ambadiang (1999), Pharies (2002), RAE & ASALE (2009: §2), Fábregas (2022).

-e^5. De una /i/ átona en latín. Sufijo átono que expresa la 1sg del pretérito perfecto simple de los verbos irregulares rizotónicos (*quise, tuve, puse, pude, conduje, produje, traje, estuve...*). El contraste con *fui*, donde la /i/ se preserva y recibe acento, sugiere que este afijo es un alomorfo fonológicamente condicionado de **-í**^{2} usado en aquellos casos en que no recibe acento prosódico.

'-e. Patrón de nominalización que Rainer (1993: 458) identifica en la forma *interpretar* > *intérprete*, donde lo que hace especial a esta versión nominal es la posición del acento prosódico, que forma una palabra esdrújula. Este patrón, aun si se identificara correctamente en esta forma, no es productivo, si bien existen numerosos casos de conversión de verbo a nombre que emplean la terminación **-e**^{4}, como en *atacar* > *ataque*. Dado que en español resulta marcado el acento esdrújulo, sería muy plausible una explicación en la que la forma *intérprete* esté heredada como cultismo sin descomposición morfológica en español.

-eano. Alomorfo de **-ano**, empleado en *santandereano*

-ear. Del verbalizador **-idiare**, del latín vulgar, doblete de **-izar**. Sufijo verbalizador productivo que forma verbos, casi siempre eventivos, a partir de nombres y adjetivos.

Tipos de base

a   Este sufijo se une productivamente a sustantivos y adjetivos, entre los que destacan los que describen propiedades del comportamiento humano. Los de (1) se emplean como adjetivos y sustantivos:

(1)   babosear, bobear, charlatanear, chochear, chulear, coquetear, cotillear, curiosear, discretear, españolear, fanfarronear, felonear, fisgonear, galantear, gallardear,

gamberrear, gandulear, gitanear, glotonear, golfear, guarrear, haraganear, holgazanear, lloriquear, mangonear, mariconear, marranear, pedantear, racanear, regalonear, remolonear, tacañear, tontear, tristear, vaguear...

b Las bases inequívocamente sustantivas que selecciona este sufijo incluyen nombres comunes de persona o animal que tienen propiedades relevantes que se pueden comparar al comportamiento que exhiben las personas bajo ciertas condiciones.

(2) alcahuetear, azacanear, brujear, buitrear, caciquear, caracolear, capitanear, chalanear, chorizear, chusmear, comadrear, compadrear, cotorrear, culebrear, escarabajear, gallear, gansear, garrapatear, gatear, gauchear, grajear, hormiguear, lechucear, mariposear, marujear, mosconear, nomadear, padrear, pastorear, patronear, pilotear, piratear, pollear, putear, señorear, serpentear, turistear, vagabundear, zanganear, zangolotinear, zascandilear...

c Existe una tendencia a que las propiedades humanas que se emplean como base de este sufijo describan propiedades consideradas negativamente.
d Este sufijo también selecciona sustantivos de objeto y otras entidades no animadas, si es que ese objeto tiene alguna propiedad saliente que puede reinterpretarse metafóricamente como propia de algunos humanos, o sirve para realizar alguna acción.

(3) balancear, barajear, brujulear, campanear, cascabelear, centellear, jaspear, marcear, mayear, mimbrear, relampaguear...

e Otras muchas bases sustantivas indican objetos usados como instrumentos.

(4) arcabucear, arponear, baldear, banderillear, baquetear, batear, bolear, bombardear, bombear, bordonear, brasear, cablear, campanillear, canear, cañonear, capotear, cencerrear, chancletear, estoquear, hachear, hisopear, huronear, machetear, mantear, martillear, moldear, monitorear, navajear, olfatear, palanquear, panderetear, parafrasear, pedalear, petrolear, sablear, sondear, taconear, teclear, telefonear, tijeretear, timonear, tornear, torpedear, tractorear, trapear, varear, vocear, zapatear...

f También selecciona productivamente sustantivos que designan partes del cuerpo.

(5) aguijonear, aletear, boquear, bracear, cabecear, codear, colear, cornear, gambear, hociquear, morrear, ojear, paladear, palmear, parpadear, patear, pestañear, rabear, tripear, zanquear...

g Este sufijo se combina productivamente con sustantivos que constituyen préstamos, en la actualidad sobre todo del inglés:

(6) banear, bloquear, boicotear, chatear, chequear, emailear, escanear, faxear, formatear, tuitear, whatsappear...

h Este sufijo también admite como bases nombres propios, sobre todo de personas, cuando los referentes se asocian a comportamientos típicos, como en *celestinear, quijotear, berlusconear*, y otros muchos.
i Otras bases son inequívocamente adjetivales, aunque esta categoría es menos productiva, y se interpretan como tales en el verbo:

(7) amarillear, azulear, blanquear, cesantear, clarear, falsear, grisear, hermosear, malear, negrear, redondear, sanear, verdear...

j Frente a otros verbalizadores, como **-izar**, que seleccionan con facilidad adjetivos relacionales, la mayoría de adjetivos seleccionados por **-ear** son calificativos, con muy pocas excepciones, como *escaso > escasear*.

k La productividad de este sufijo se manifiesta también en que selecciona bases que corresponden a pronombres y otras categorías funcionales, si bien empleadas en un uso metalingüístico que puede asimilarlas a los sustantivos: *vosear, tutear, ustedear*...

l También son frecuentes las bases onomatopéyicas, como en *sesear, cecear, balbucear, bisbisear, borbotear, chachalaquear, cuchichear, gorgotear, repiquetear, ronronear, sisear, tintinear, traquetear*...

Comportamiento gramatical

a Este sufijo forma siempre verbos de la primera conjugación, marcados por **-a**^{2}, y siempre regulares.

b Este sufijo participa en la parasíntesis. Resultan productivas las formaciones con el prefijo **a-**^{1} que denotan dar golpes repetidos con el instrumento denotado por la base, siempre un sustantivo, como en *apedrear, apalear, alancear, aporrear, asaetear*, pero se documentan otras formaciones sin este valor (*abuchear, aperrear, asolear*...).

c Con el prefijo **en-** apenas hay formaciones (*enseñorear*), y tampoco con el prefijo **de-** (*deletrear*).

d Se suele afirmar en la bibliografía que el sufijo **-ear** da lugar a verbos típicamente intransitivos y atélicos, algo que se sigue de su supuesta especialización en los verbos de manera (que suelen ser, como *correr*, atélicos e intransitivos). Esta descripción es válida para la mayoría de los verbos que denotan comportamientos y manifestaciones externas de una propiedad, que habitualmente, además, tienen sujetos agentivos (*gandulear*, por ejemplo), pero no es más que una tendencia: por ejemplo, *chulear* tiene complementos directos (*Juan la chulea*).

e Los verbos formados sobre sustantivos interpretados instrumentalmente suelen ser también transitivos (*apalear, martillear*), sean o no télicos.

f No faltan, además, verbos formados por este sufijo que son télicos y potencialmente transitivos, en su lectura causativa, como *bloquear, blanquear, sanear*, y otros muchos de los formados sobre adjetivos.

g Existen también verbos no dinámicos con este sufijo (*escasear, flanquear, balancear*...).

h También se ha afirmado que este sufijo suele dar lugar a lecturas iterativas o repetidas, algo que en efecto es una tendencia que a veces da lugar a verbos semelfactivos (*aletear, pestañear, babosear, zascandilear, vosear, pelotear, mantear, teclear, llamear*...), pero esta tendencia no es total y no faltan verbos télicos que se interpretan como acciones únicas y no repetidas (*arquear, piratear, mosquear, chulear, homenajear*...). En general, los verbos formados sobre préstamos pueden tener cualquier valor aspectual, como en *tuitear, bloquear, formatear*.

i Este sufijo aparece frecuentemente con interfijos verbales, especialmente **-et-**, pero no exclusivamente: *tirotear, besuquear, comisquear, corretear*... Esta propiedad se ha entendido de nuevo como relacionada con la capacidad de este sufijo por dar lecturas de manera atélicas, en el supuesto de que el interfijo verbal introduce alguna manera especial de manifestar el evento.

j Este sufijo siempre comporta la cancelación de la vocal átona final de la base.

k Si se toma **-eo** como el resultado de la nominalización sin nominalizador expreso de **-ear**, este sería el único sufijo verbal que permite esta clase de nominalizaciones. Véase **-eo**.

Tipos de significado

a   Como ya se ha adelantado, se consideran prototípicos de este sufijo las lecturas de manera, en las que la base define un conjunto de propiedades que se manifiestan externamente en el comportamiento del sujeto. Esta interpretación, generalmente atélica pero que puede dar verbos transitivos o no, es efectivamente muy productiva, e incluye todos los verbos de (1) y (2), así como los de (8), donde la base denota alguna entidad que interviene típicamente en alguna actividad estandarizada.

(8)   cabildear, copear, hojear, mañanear, maear, pelotear, saborear, tapear, torear, trastear...

b   Por posible extensión, varios verbos de base adjetival dan lugar a lecturas atélicas donde se manifiesta de forma externa la propiedad designada por la base, como en *bizquear, cojear, flojear, flaquear, rojear* 'mostrar color rojo', *tartajear, mayear* o *tartamudear*.

c   También son posiblemente atélicos los verbos de (4), donde la base tiene valor instrumental, sobre todo si se interpreta que la base de alguna manera entra en contacto con otra entidad, sea para golpearla o para producir otro tipo de efecto.

d   Cuando la base denota una parte del cuerpo, se admite la lectura instrumental (*aguijonear*) o, más frecuentemente, una lectura de movimiento repetido (*aletear, patear*).

e   No obstante, numerosos verbos con este sufijo implican cambios de estado, algunos con base adjetival (*blanquear, sanear, redondear*...) y otros con base sustantiva (*mosquear, aerquear, broncear, cabrear, maltear*...). Muchos de los préstamos formados con este sufijo también indican cambios de estado.

f   También se interpretan típicamente como télicos los verbos con este sufijo que se interpretan locativamente, como poner o situar un argumento interno en el espacio definido por la base:

(9)   airear, foguear, flanquear, fondear, ventanear, ventear...

g   Como verbos atélicos, tenemos también casos de interpretación locativa donde se habla de seguir o recorrer un espacio sin necesariamente atravesarlo: *bandear, barloventear, callejear, campear, contornear, planear, siluetear, zigzaguear*...

h   Otros casos de verbos télicos incluyen verbos de transferencia, donde la base es una entidad que se da a otra (*acicatear, bajear, cocear, contrapuntear, corear, masajear, puentear, parchear, motear, ribetear, vetear, colorear, gasear, laquear, sombrear*...)

i   Existen también verbos de resultado donde la base denota el objeto que se obtiene tras realizar una acción, como en *filetear, granear, tablear, trocear*...

j   Otra clase frecuente con este sufijo, que implica resultado pero puede ser atélica mediante iteración, son los verbos de emisión, donde la base denota una sustancia o entidad que sale del sujeto: *babear, burbujear, chispear, chorrear, destellar, espumajear, gargajear, gotear, humear, lagrimear, llamear, moquear, ondear, rachear*...

k   En muchos otros casos, donde la base denota ya una acción o se relaciona estrechamente con una acción, el verbo indica desarrollar dicha acción, de forma repetida o no: *alardear, bromear, chacharear, chatear, chantajear, chapucear, discursear, fantasear, flirtear, homenajear, lisonjear, matraquear, mueuqear, parrafear, sermonear, trampear*...

l   No obstante, otros verbos son más difíciles de clasificar, y parecen interpretar la base como una entidad que de alguna manera se relaciona con una acción o proceso: entre otros muchos, *banquetear, borronear, garabatear, laborear, milagrear, novelear, pachanguear, piropear, pleitear, reportajear, sestear, silabear*...

Propiedades fonológicas

a   Este sufijo atrae a su vocal /e/ el acento prosódico de la palabra, lo que tiene el efecto de provocar la monoptongación de algunos diptongos de la base que dependen de la posición del acento, como en *fiesta* > *festear*.
b   La naturaleza fonológica de este sufijo, que contiene un hiato con la vocal temática, tal vez explique que tienda a cancelar las vocales y diptongos finales, incluso cuando son tónicos, como en *fantasía* > *fantasear*. Alternativamente, estos casos pueden verse como haplologías del sufijo **-ía**.

Relaciones con otros afijos

a   Entre los verbalizadores, **-ear** es sumamente productivo, solo por detrás de las verbalizaciones que emplean únicamente la vocal temática **-a**^{2}, sola o en parasíntesis. Sin embargo, es más productivo que esta en la adaptación de préstamos verbales.
b   Véase **-eo**^{1} para las asimetrías entre los nombres en **-eo** y los verbos en **-ear**.

> LECTURAS RECOMENDADAS: Rifón (1994, 1997a), Serrano Dolader (1999), Pharies (2002), RAE & ASALE (2009: §8.3-8.4), Lavale Ortiz (2013), Oltra-Massuet & Castroviejo (2014), Batiukova (2021), Fábregas (2023).

-eca. Del nahua *-ecatl* 'habitante de'. Sufijo que forma adjetivos gentilicios y otros adjetivos relacionales a partir de bases nominales.

a   Este sufijo, de origen nahua, debido a su etimología se emplea para formar sobre todo gentilicios a partir de topónimos de regiones antiguas del Imperio Azteca, como en *azteca* (etimológicamente, 'habitante de Aztan'), *acapaneca, jacalteca, olmeca, sacapulteca, tlaxcalteca*.
b   Este sufijo forma siempre adjetivos relacionales, generalmente de valor gentilicio, y muy fácilmente convertibles a sustantivos.
c   Este sufijo produce siempre voces comunes en género, marcadas por **-a**^{3}.
d   El significado de este sufijo, como el de otros sufijos empleados para formar adjetivos relacionales, es el de establecer una relación cuya naturaleza está subespecificada entre la entidad denotada por la base y la entidad modificada.
e   Este sufijo atrae el acento a su vocal /e/, y siempre comporta la pérdida de la vocal átona final de la base, como en *aguacate* > *aguacateca*.
f   Aunque etimológicamente este sufijo no está presente en la derivación *kárate* > *karateca*, es probable que la similitud en las propiedades flexivas, semánticas y gramaticales de esta voz con el resto de formaciones haga que en la conciencia del hablante no se distingan como sufijos diferenciados.
g   Este sufijo tiene una relación obvia con **-eco**, del que difiere por la marca de género y su productividad. Véase **-eco**.

> LECTURAS RECOMENDADAS: Esquivel (2017).

-ecer. Del verbalizador latino *-scĕre*. Verbalizador poco productivo que forma verbos a partir de sustantivos y adjetivos.

Tipos de base

a   Este sufijo forma verbos, casi siempre parasintéticos, a partir de adjetivos.

   (1)   ablandecer, abravecer, aclarecer, alobreguecer, aloquecer, altivecer, amarillecer, aridecer, atontecer, bermejecer, blanquecer, embastecer, embellecer, embermejecer, embobecer, embravecer, embrutecer, empalidecer, empedernecer, empequeñecer, empobrecer, enaltecer, encalvecer, encanecer, encrudecer, endulcecer, endurecer, enflaquecer, engrandecer, engravecer, engrosecer, enlentecer, enlobreguecer, enloquecer, enmagrecer, enmalecer, enmudecer, ennegrecer, ennoblecer, enrarecer, enrigidecer, enriquecer, enrojecer, enronquecer, ensordecer, enternecer, entibiecer, entontecer, entorpecer, entristecer, envaguecer, envanecer, envejecer, enverdecer, envilecer, enzurdecer, establecer, fortalecer, humedecer, juvenecer, languidecer, lividecer, lobreguecer, lozanecer, oscurecer, robustecer...

b   Todos los adjetivos empleados como bases son calificativos y graduables. Se documentan tanto adjetivos que denotan propiedades físicas como de comportamiento.

c   Pese a que se ha afirmado que este sufijo selecciona bases bisilábicas o monosilábicas (*envilecer*), no faltan los casos de adjetivos con mayor peso silábico, como *languidecer*.

d   En segundo lugar, este sufijo selecciona bases nominales, siempre nombres comunes.

   (2)   agradecer, alborecer, amodorrecer, amohecer, amortecer, anochecer, arbolecer, atardecer, dentecer, embarbecer, embosquecer, emplebeyecer, emplumecer, emputecer, encallecer, enfebrecer, enfervorecer, enlustrecer, enmocecer, enmohecer, enmugrecer, enorgullecer, ensombrecer, entallecer, entenebrecer, favorecer, florecer, fosforecer, frutecer, herbecer, hermanecer, hojecer, pimpollecer...

e   Semánticamente son frecuentes las bases que denotan partes del cuerpo de las personas, los animales y las plantas (*entallecer, florecer, herbecer, dentecer, embarbecer, hojecer*...), así como bases que denotan estados mentales y cualidades (*enfurecer, enorgullecer, enfervorecer, favorecer, amodorrecer*...).

f   Por motivos históricos son relativamente frecuentes las bases neoclásicas que han perdido ya su valor independiente en español, como en *amanecer, abastecer, aborrecer, amorecer, aparecer, apetecer, (com)padecer, ennudecer, entumecer, fenecer, perecer, remanecer.*

g   Ocasionalmente se documentan también bases verbales, sin la vocal temática, que pueden emplearse independientemente sin el sufijo, como en *caer ~ acaecer, contar ~ acontecer, doler ~ adolecer, dormir ~ adormecer, valer ~ convalecer, arder ~ enardecer, tener ~ pertenecer.*

h   Fuera de los casos de formas neoclásicas, que ocasionalmente pueden interpretarse como casos supletivos, este sufijo no suele seleccionar alomorfos de la base, pero se documenta *joven > rejuvenecer, crudo > encrudelecer* (si no se opta por proponer un interfijo *-el-*).

Comportamiento gramatical

a   Este sufijo forma siempre verbos pertenecientes a la segunda conjugación, marcados por la vocal temática -e^2.

b   Se ha afirmado que este sufijo es incoativo –lo cual puede interpretarse argumentalmente para decir que no forma verbos transitivos, o aspectualmente para indicar que denota cambios de estado que no necesariamente culminan–, debido al origen histórico del sufijo. No obstante, esto no es cierto en español actual, ya que este sufijo puede formar verbos que se usan como transitivos (*La reina ennobleció al caballero*), con un cambio de estado alcanzado plenamente, a la vez que verbos estativos (*favorecer*) y de otras clases.

c Este sufijo participa en la parasíntesis, tanto con bases adjetivales como nominales. Aunque se documentan verbos que incluyen el prefijo **a-**[1] (*amanecer, atardecer, anochecer*), estos suelen estar formados en épocas antiguas y a menudo se han sustituido por verbos parasintéticos en **en-**, que son más habituales en la actualidad (*aloquecer ~ enloquecer*).

d Junto a estos dos prefijos, también se documentan casos de parasíntesis con **re-** (*reblandecer, reverdecer*) y ocasionalmente con otros prefijos menos frecuentes (*pertenecer*).

e Las alternancias entre formas parasintéticas y formas que solo emplean el sufijo son frecuentes con **-ecer**. Entre otras, tenemos *abastecer~bastecer, embermejecer~bermejecer, emblanquecer ~ blanquecer, encanecer ~ canecer, acontecer ~ contecer, enamarillecer ~ amarillecer, endentecer ~ dentecer, enfortalecer ~ fortalecer, enhumedecer~humedecer, agradecer ~ gradecer, enmohecer ~mohecer, enlentecer ~lentecer, empalidecer ~ palidecer, atardecer ~ tardecer*, con distintos grados de uso y competición entre las dos formas, pero generalmente con preferencia por la forma parasintética en español actual.

f También se documentan alternancias con respecto al prefijo empleado, sin consecuencias claras para su significado; junto a la alternancia entre **a-**[1] y **en-**, tenemos casos de más alternancias, como en *ablandecer ~ emblandecer ~ blandecer ~ reblandecer*.

g Este sufijo define verbos irregulares que toman incremento velar en la 1sg del presente de indicativo (*embellezco*) y el presente de subjuntivo (*embellezcáis*).

h Siguiendo el criterio de la irregularidad a la que da lugar, este sufijo debería estar presente en un número mayor de formas donde es difícil o imposible documentar una base radical productiva, como en *crecer, ofrecer*, e incluso en casos donde no aparece el segmento /e/ pero se sigue el mismo patrón de conjugación (*nacer, conocer, -ducir*). Nótese que de incluirse estos verbos y temas neoclásicos verbales como formas que contienen el sufijo sería imposible encontrar propiedades semánticas o sintácticas comunes impuestas por este sufijo.

i Históricamente, este sufijo se añadió como terminación a verbos que no contenían verbalizador alguno (*fallir > fallecer, guarir > guarecer, embeber > embebecer*), lo cual constituye históricamente la única fuente para incrementar el elenco de verbos de la segunda conjugación. Esto ha dado lugar a algunas alternancias documentadas, como *diferir ~ diferecer, diminuir ~ diminuecer, embeber ~ embebecer, empodrecer ~ pudrir, engordecer~engordar, fallir ~ fallecer, licuar ~ licuecer, pudrir ~podrecer*.

j Este sufijo siempre comporta la cancelación de la vocal átona final de la base.

Tipos de significado

a La interpretación más frecuente asociada a este sufijo es la de cambio de estado, donde la base denota el conjunto de propiedades que obtiene el argumento interno como fruto de un proceso de cambio interno o externo. Esta lectura es la única que se da con bases adjetivales, como en la lista de (1).

b Con bases nominales, sin embargo, se admiten más interpretaciones. Son ejemplos de verbos de cambio de estado, entre otros, *emplebeyecer, emputecer, enmocecer, entenebrecer*, donde la base denota una clase de entidades, *enfervorecer, enfurecer, enorgullecer, amodorrecer, enlustrecer*, donde la base denota algún estado mental o propiedad, y *atardecer, anochecer, alborecer* o *amanecer*, donde denota un periodo temporal.

c Se interpretan más bien como verbos de adquisición de una entidad aquellos formados sobre bases que denotan partes del cuerpo, en sentido amplio, y algunas sustancias físicas, como *enmohecer, arbolecer, frutecer, hojecer, entallecer, encallecer, embarbecer*, entre otros.

d En todos estos casos se ha observado que hay una noción común de escala o trayectoria abstracta, que en las bases adjetivales se identifica como un cambio en el grado en que se posee cierta propiedad, y en las bases nominales frecuentemente se interpreta como la adquisición de un grado suficiente del estado mental o, de forma más compleja, como el movimiento hacia afuera en que crece una entidad a partir del cuerpo del sujeto, como en *florecer, encallecer, dentecer*.

e No obstante, esta noción de trayectoria es solo una tendencia que no se da siempre tampoco en los casos claramente segmentables, como en *favorecer* o *agradecer*, que denotan más bien 'mostrar favor', 'mostrar buen ánimo', y no denotan cambios de estado. Recuérdese también que si se decide incluir entre las formaciones derivadas con este sufijo formas como *obedecer, conocer, pertenecer*, los verbos que no denotan cambio con este sufijo formarían un conjunto considerable de formas.

Propiedades fonológicas

a La presencia de este sufijo atrae el acento prosódico a la terminación, lo cual puede tener el efecto de monoptongar la base si el diptongo depende de la posición del acento (*ciego > enceguecer*).

b Junto a la cancelación de la vocal átona final de la base, este sufijo ocasionalmente provoca, tal vez por motivos fonológicos, la caída de un diptongo completo con /i/, como en *furia > enfurecer, sandio > ensandecer, soberbia > ensoberbecer*. Otra forma de interpretar esta operación es proponer que produce la haplología de **-ia, -io**; es una excepción *tibio > entibiecer*.

c Ocasionalmente se documentan bases que o bien son alomórficas o bien han de tratarse como combinadas con un interfijo, como en *fuerte > fortalecer*, donde podría identificarse el interfijo *-al-*.

Alomorfos

En las formas irregulares ha de aceptarse un alomorfo *-ezc-* (*fortalezco, fortalezca*).

Relaciones con otros afijos

Pese a estar robustamente documentado en español, no se forman verbos nuevos con el sufijo **-ecer**, frente a **-izar**, **-ear** y sobre todo la vocal temática **-a**^{2}.

Lecturas recomendadas: Rifón (1994, 1997a); Serrano Dolader (1999); Pharies (2002); RAE & ASALE (2009: §8.9); Batiukova (2021); Fábregas (2023).

-ecérrimo. Alomorfo de -érrimo.

-echa. Del sufijo francés antiguo -*esche*. Posible sufijo segmentable en la forma *vientre* > *ventrecha* (Rainer 1993: 466), con cancelación del diptongo de la base debido a la atracción del acento prosódico a la /e/ del sufijo. De segmentarse sería un sufijo nominal con un significado altamente especializado, que identifica una parte específica del vientre de algunos animales.

-ecico. Alomorfo del diminutivo -ico.

-ecín. Alomorfo del diminutivo -**ín**.

-ecino. Alomorfo del diminutivo -ino.

-ecillo. Alomorfo del dominutivo -**illo**.

-ecito. Alomorfo de -**it**-[1] documentado en formaciones como *coch-ecito, cuent-ecito*.

eco-. Del griego οἶκος 'casa'. Prefijo adjetival con significado equivalente a 'ambiental'.

a   Este prefijo se une sin demasiada productividad a sustantivos y temas neoclásicos equivalentes a sustantivos.

    (1)   ecólogo, ecónomo, ecosistema

b   Este prefijo no altera las propiedades gramaticales de la base, no es iterable y no participa en parasíntesis.
c   Su significado no es inmediatamente transparente: suele indicar 'ambiental', como en ecosistema 'sistema del medio ambiente', o ecólogo 'estudioso del medio ambiente', pero adquiere con facilidad valores no composicionales, como en economía, originalmente 'distribución de los recursos del medio'.
d   No ha de confundirse este prefijo con el sustantivo *eco* 'repetición de un sonido', como en *ecografía, ecolalia, ecolocalización, ecoico*.
e   Tampoco ha de confundirse con el acortamiento de *ecológico*, como en *ecogranja, ecoturismo*, que es un elemento compositivo.

-eco. Del nahua -*ecatl* 'habitante de'. Sufijo que forma adjetivos gentilicios y otros adjetivos a partir de bases nominales.

a   Este sufijo forma sobre todo gentilicios a partir de topónimos, siempre de México y Centroamérica.

    (1)   ahuachapaneco, chalateco, chiapaneco, chichimeco, copaneco, guanacasteco, huasteco, santaneco...

b   Este sufijo forma siempre adjetivos relacionales marcados regularmente por -**o**[1] en masculino y -**a**[1] en femenino. Como sucede con otros sufijos que dan lugar a adjetivos relacionales, es frecuente que esos adjetivos se conviertan en sustantivos.
c   Este sufijo es productivo sobre todo en la formación de gentilicios, y en tales casos forma adjetivos relacionales no graduables a los que aporta semánticamente solo el

valor de denotar la existencia de una relación subespecificada entre la entidad denotada por la base y la entidad modificada, si bien el valor gentilicio asocia frecuentemente esa relación con la noción de 'origen'.

d   Son escasas las formaciones con este sufijo que no denotan adjetivos relacionales de valor gentilicio, y tienden a estar formadas sobre bases no reconocibles en español (*totoreco* 'un poco borracho'), con la excepción de *patuleco* 'con piernas o pies deformes', formado sobre *pata*. En los casos segmentables, este sufijo tiene un valor posesivo y valorativo 'que tiene una parte del cuerpo deforme o con alguna propiedad llamativa'.

e   Este sufijo siempre comporta la caída de la vocal átona final del sustantivo de la base, y ocasionalmente también de una -*s* final en la misma sílaba, como en *Tamaulipas* > *tamaulipeco*.

f   Se encuentra haplología de -*án* en *Cuzcatán* > *cuzcatleco*, con alomorfías adicionales, y en *Yucatán* > *yucateco*.

g   Son frecuentes los alomorfos de este sufijo, como la forma -*aneco* (*chiapaneco, cuilapaneco, jalapaneco, jutiapaneco, otompaneco*...) y la forma -*teco* (*quetzalteco, chiquimulteco, chilulteco, guatemalteco, salamateco*...).

h   Es evidente la relación con el sufijo -*eca*, como en *azteca*. La diferencia se refiere a la marca de género que emplea cada uno, que es la forma regular en español actual para -**eco** y el sufijo común -**a**[3] para -**eca**. La forma etimológica -*ecatl* está más próxima a la segunda, y tal vez no es casualidad que las formaciones más antiguas referidas a poblaciones de importancia en la historia de México tomen la forma común en género mientras que los gentilicios más frecuentes en la actualidad tomen la forma regularizada con variación de género.

LECTURAS RECOMENDADAS: Pharies (2002); Esquivel (2017).

ecto-. Del griego εκτός 'externo'. Prefijo adjetival de valor equivalente a 'externo'.

a   Este prefijo, como otros prefijos adjetivales, se combina con bases sustantivas. Es frecuente que estas sean temas neoclásicos:

   (1)   ectodermo, ectópago, ectomorfo, ectografía

b   Son poco frecuentes las bases correspondientes a nombres comunes del español, como en (2):

   (2)   ectoparásito, ectoplasma, ectogénesis, ectopleura

c   Tampoco son frecuentes las bases correspondientes a adjetivos relacionales, tanto temas neoclásicos como del español:

   (3)   ectocervical, ectotermo

d   Este prefijo no altera las propiedades gramaticales de la base, no es iterable y no participa en parasíntesis.

e   Este prefijo es coordinable: *ecto- y endo-morfos*.

f   El valor del prefijo como 'externo' se manifiesta en el significado locativo dentro de la biología o anatomía, como en *ectocervical* 'relacionado con el exterior de la cérvix', *ectodermo* 'piel externa'.

g Sin embargo es muy frecuente que se deriven lecturas no composicionales, como en *ectomorfo* 'de complexión delgada', por oposición a *endomorfo* (cf. **endo-**) o *ectoplasma* 'plasma exteriorizado de ciertos seres vivos'.
h Este prefijo da cierta muestra de independencia fonológica, que se manifiesta en la posibilidad de recibir acento secundario no rítmico (*èctoparásito*).
i En el lenguaje técnico es frecuente que este prefijo forme pares de oposición con **endo-**, y ocasionalmente con **meso-**.

-ectomía. Del griego εκτομία 'corte'. Sufijo nominal que produce nombres de procedimientos médicos a partir de nombres comunes y temas neoclásicos correspondientes a nombres, como en *colecistectomía, colectomía, esplenectomía, gastrectomía, histerectomía, lobectomía, mastectomía, nefrectomía, ovariectomía, vasectomía*, siempre dentro del lenguaje científico. Forma siempre sustantivos femeninos, marcados por **-a¹**, y no parece claro que pueda segmentarse en él el sufijo **-ía**. Forma nombres de acción, siempre asociada al evento de cortar, amputar o seccionar; estos sustantivos dan muestras de eventividad al poder ser sujetos de tener lugar (*La hemisferectomía tendrá lugar a las seis*). Pese a su origen etimológico, tiene el comportamiento gramatical de un sufijo, porque no forma palabras por combinación con otros afijos y no aparece en posición izquierda de la base. Puede verse como una versión semánticamente especializada de los sufijos que forman nombres de acción a partir de sustantivos, como **-ada**.

-ed-. Posible interfijo propuesto en Portolés (1999: 5062), que aparece siempre con bases verbales de la segunda conjugación: *lamedal, comedero, vencedor, acogedizo, lamedura*. En realidad, es más plausible que la /e/ corresponda a la vocal temática y la /d/ sea parte del sufijo o de un alomorfo de este.

-eda. Del latín *-ēta*, forma plural del neutro *-ētum*. Sufijo nominal que forma sustantivos colectivos a partir de nombres referidos a entidades naturales.

Tipos de base

a Este sufijo selecciona como base nombres comunes, generalmente contables, entre los que destacan los que se refieren a árboles y otros tipos de vegetación:

(1) acebeda, alameda, aliseda, arboleda, avellaneda, bejuqueda, carballeda, cereceda, moraleda, nopaleda, olmeda, peraleda, pineda, robleda, rosaleda, salceda, sauceda

b Por lo general, cuando existe una denominación para él, este sufijo toma el nombre del árbol, pero se documentan dobletes como *peraleda* (sobre 'peral') y *pereda* (probablemente sobre 'pero').
c Si bien no son abundantes, se documentan bases referidas a objetos naturales de otros tipos semánticos, como en *cepeda* o *roqueda*.
d De forma excepcional este sufijo selecciona algunos nombres no contables, siempre con el alomorfo *-areda* (o el interfijo **-ar-**, dependiendo de la segmentación): *humareda, polvareda*.
e No son frecuentes las bases alomórficas o supletivas, como en *boje* > *bujeda*.

Comportamiento gramatical

a   Este sufijo forma siempre sustantivos, generalmente femeninos marcados por **-a**¹.
b   Se documentan sin embargo algunas formaciones masculinas, cf. **-edo**¹.
c   Este sufijo produce siempre nombres colectivos, que denotan agrupaciones de entidades; estos sustantivos se comportan gramaticalmente como los nombres colectivos en admitir, en singular, ser término de la preposición *entre*, y estar seleccionados por predicados colectivos, entre otras propiedades.

   (2)   a   Encontraron al niño entre la arboleda.
         b   Esparcieron la polvareda por toda la habitación.

d   Este sufijo siempre comporta la cancelación de la vocal átona final de las bases (*álamo* > **alamoeda*).

Tipos de significado

a   El valor de este sufijo siempre es colectivo, pero da lugar a distintos sentidos dependiendo de la naturaleza contable o no de su base. Con bases contables, este sufijo designa la agrupación de las entidades individuales denotadas por la base, como en *roble* > *robleda* 'conjunto de robles'.
b   Debido a que las bases suelen ser entidades naturales, generalmente árboles, los sustantivos colectivos designan frecuentemente, por extensión, el terreno plantado por esos árboles.
c   Con nombres no contables en la base, este sufijo da un valor abundancial 'gran cantidad de N', muy similar al que producen los plurales estilísticos con nombres no contables (*las aguas, las gentes*): así, *humareda* se interpreta como 'gran cantidad de humo'.

Propiedades fonológicas y Alomorfos

a   Este sufijo atrae el acento prosódico a su vocal /e/, lo cual puede tener el efecto de producir la monoptongación de una base donde el diptongo depende del acento, como en *nuez* > *noceda*.
b   Cabe proponer el alomorfo **-areda** (*polvareda*) si no se segmenta **-ar-** como un interfijo.
c   Véase también **-edo**¹.

Relaciones con otros afijos

Este sufijo está especializado, entre los nombres colectivos, en las bases referidas a entidades naturales. Véase también **-ería**, **-ado**, **-al** para otros sufijos colectivos.

> Lecturas recomendadas: Portolés (1988); Pharies (2002); RAE & ASALE (2009: §6.13).

¹-eda. Patrón excepcional que aparece en la nominalización *búsqueda*, tal vez relacionado con **-do**⁴.

-edad. Alomorfo de **-idad** que se documenta en voces como *brevedad, soledad*.

-edo. Posiblemente de la forma singular del sufijo latino *-ētum*. Forma masculina no productiva del sufijo colectivo **-eda**.

a   Este sufijo comparte con el sufijo **-eda** todas las propiedades salvo el género que impone a su base, que es masculino marcado regularmente mediante **-o**[1].
b   Entre los sustantivos colectivos formados con este sufijo, muchos de los cuales tienen un doblete femenino en **-eda**, se encuentran *acebedo, alnedo, arboledo, avellanedo, cañedo, castañedo, hayedo, olmedo, pinedo, rebolledo, robledo, salcedo, viñedo*.
c   No obstante, el hecho de que proceda etimológicamente de una forma singular y no plural puede hacer que en algunas formaciones carezca de un valor colectivo, algo que no sucede con **-eda**. Así, *peñedo* es un único peñasco aislado, al igual que *roca > roquedo*. La forma *mediano > medianedo*, como un hito que marcaba una linde, también puede pertenecer a este grupo.

LECTURAS RECOMENDADAS: Pharies (2002).

-edro. Del griego ἕδρα 'cara de un objeto geométrico'. Falso sufijo, que aunque está clasificado como tal en algunas obras, despliega el comportamiento de un tema neoclásico, puesto que forma sustantivos en combinación con prefijos, generalmente cuantificativos, como en *poliedro, decaedro, diedro, dodecaedro, heptaedro, hexaedro, octaedro* (Pharies 2002).

-edumbre. Alomorfo de **-dumbre**, documentado en *dulcedumbre, mansedumbre, muchedumbre* o *reciedumbre*.

-eg-. De origen incierto. Interfijo que Portolés (1999: 5062-5063) documenta con algunos sufijos nominales y adjetivales, como *ventregada, pedregal, pedregón, pedregullo, terregoso*. Es posible que sea parte de un alomorfo de la base en los casos relacionados con *piedra* (*pedreg-*).

-egio. De la forma nominal italiana *-eggio*, del sufijo verbalizador *-eggiare*. Posible sufijo segmentable propuesto en Rainer (1993: 468) y documentado en el sustantivo *arpegio*, de *arpa*. De segmentarse sería un sufijo nominal que no altera la categoría gramatical pero sí el género de la base.

-ego. Alomorfo de **-iego**, que aparece tras consonantes palatales (*manchego, gallego, rebañego*) y ocasionalmente en algunos otros casos cuya base contiene un diptongo con /i/ (*frailego*).

-ej-. De origen incierto. Interfijo que aparece sobre todo en formaciones verbales con vocal temática (*mote > motejar, vuelta > voltejar*) o **-ear** (*fuerza > forcejear*). No tiene un valor semántico claro, y como sucede con otros interfijos verbales puede relacionarse tal vez con un diminutivo, en este caso **-ejo**[1].

LECTURAS RECOMENDADAS: Rifón (1998); Portolés (1999); Martín Camacho (2003).

-eja. Quizás del diminutivo latino *-iculam*. Sufijo nominal no productivo que forma nombres de golpe, documentado en *cuello > colleja*, con monoptongación predecible de la base que se sigue de la posición del acento. Puede relacionarse tal vez con **-ejo**[1].

-ejo[1]. Del diminutivo latino *-iculum*. Sufijo apreciativo de valor diminutivo y despectivo.

Tipos de base

a   Este sufijo selecciona nombres comunes, tanto masculinos como femeninos.

   (1)   abadejo, caballejo, candilejo, marmolejo, ovillejo, pellejo, sillarejo, asuntejo, capillejo, capitanejo, castillejo, cordelejo, dominguejo, infantejo, ladrillejo, librejo, martillejo, pesebrejo, rapacejo, realejo, tipejo, zagalejo...

   (2)   comadreja, lenteja, moraleja, boteja, calleja, capilleja, cazoleja, palabreja...

b   No son frecuentes, aunque se documentan ocasionalmente, las bases neoclásicas, como en *vulpeja* 'zorra', o *pellejo* (relacionado con 'piel').

c   Es excepcional la forma *azul* > *azulejo*, posiblemente derivada de un adjetivo, si bien cabe recordar que los nombres de color se emplean también como sustantivos. Se aplica el mismo razonamiento a *amarillejo, verdejo*.

d   El único caso de base adjetival clara es *mediano* > *medianejo* 'menos que mediano'.

e   Es excepcional también la forma *esperancejo*, posiblemente derivada de *Esperanza*, usada en el Caribe para referir a una persona cuyo nombre se ignora ('fulano de tal').

f   No se documenta este diminutivo con bases adverbiales o de otras categorías gramaticales.

Comportamiento gramatical

a   No hay casos claros en que este sufijo altere la categoría gramatical de la base. Véase sin embargo **-ejo**[2].

b   Este sufijo da lugar a nombres masculinos marcados en **-o**[1] y femeninos marcados en **-a**[1]. A menudo el valor de género refleja el de la base; sin embargo, puede alterar el género de la base: de femeninos pasan a masculinos *festejo, cracejo, pellejo, pulpejo* (de 'pulpa'), y a la inversa sucede con *collareja*.

c   Este sufijo siempre comporta la cancelación de la vocal átona final de la base.

d   Frente a otros diminutivos, este sufijo no es iterable.

Tipos de significado

a   De forma no sistemática este sufijo combina los valores diminutivo y peyorativo. El valor diminutivo parece destacarse en formas como *calleja, zagalejo, moraleja*; el peyorativo, en formas como *tipejo, librejo*, y una combinación de ambas en una buena parte de voces, como *asuntejo, palabreja*.

b   Con este sufijo son muy frecuentes los valores lexicalizados donde la base no denota una clase de entidades a la que también aluda la palabra derivada, como en *lente* > *lenteja, azul* > *azulejo, abad* > *abadejo*, y otras muchas.

Propiedades fonológicas

a   Este sufijo atrae a su vocal /e/ el acento prosódico de palabra, lo cual puede comportar la monoptongación de la base, como en *fiesta* > *festejo*.

b   Son muy frecuentes las bases alomórficas con este sufijo (*piel* > *pellejo*), pero no se documentan. alomorfos claros de él.

Relaciones con otros afijos

Entre los diminutivos, **-ejo**[1] tiene una productividad muy baja y parece emplearse casi exclusivamente en voces lexicalizadas. No parece sencillo relacionarlo con **-ejo**[2], que forma adjetivos posesivos, pero la relación con **-eja** es más clara, dado que otros sufijos apreciativos doblan como sufijos que dan nombre a golpes (cf. **-azo**, **-ón**).

> LECTURAS RECOMENDADAS: Náñez (1973); Lázaro Mora (1999); Pharies (2002); RAE & ASALE (2009: §9.7).

-ejo[2]. Del diminutivo latino *-iculum*. Sufijo adjetivalizador no productivo que forma adjetivos posesivos a partir de bases sustantivas, como en *lunar* > *lunarejo* 'que tiene manchas en la piel', o *albar* > *albarejo* 'candeal'. Da lugar a adjetivos variables en género, marcados regularmente mediante **-a**[1] en femenino y **-o**[1] en masculino, y produce formas muy especializadas en su significado.

-el. Del francés *-el*, y este a su vez del latín *-ellum*. Sufijo nominalizador no productivo que forma una diversidad de clases de nombres comunes.

a   Este sufijo se combina con bases sustantivas prioritariamente, como en *pasta* > *pastel, carta* > *cartel, cuarto* > *cuartel, liebre* > *lebrel, manta* > *mantel, tropa* > *tropel, planta* > *plantel* o *timón* > *timonel*. Se documental también bases neoclásicas o alomorfos latinizantes, como en *capitel*.
b   Son excepcionales las formaciones deadjetivales (*redondo* > *redondel*) y no se documentan formaciones deverbales.
c   Este sufijo siempre impone género masculino al sustantivo, que no está marcado mediante un morfema.
d   Este sufijo siempre implica la cancelación de la vocal átona final de la base.
e   El significado de este sufijo no es sistemático: produce –ocasionalmente siempre, al no ser productivo– nombres de agente (*timonel, coronel*), de lugar (*plantel*) y otras formaciones que se diferencian de la base, frecuentemente, por tener la entidad denotada por la base como un componente que se contiene en la entidad descrita, como en *pastel, granel*, o por tener un tamaño distinto, como en *cordel, joyel, cartel*.
f   Este sufijo atrae el acento prosódico de la palabra, lo cual puede comportar la pérdida de algunos diptongos que dependen del acento: *cuerda* > *cordel*.
g   Tal vez puede relacionarse con el sufijo diminutivo de género variable **-elo**, como en *bastardelo*.

> LECTURAS RECOMENDADAS: Rainer (1993); Pharies (2002).

-el-. Interfijo que Portolés (1999: 5063) identifica en metelón, del verbo *meter*; tal vez el interfijo sea propiamente **-l-** (cf. *dormilón*), y la /e/ sea la vocal temática.

-ela[1]. Del sufijo neolatino *-ella*, producido a partir del diminutivo latino *-lus*. Sufijo nominal que, a partir de temas neoclásicos, forma nombres generalmente de bacterias, como en *legionela, salmonela, leminorela*.

-ela[2]. Del sufijo nominalizador latino *-elam*. Sufijo nominal no productivo que forma nombres colectivos a partir de nombres comunes contables referidos a seres humanos, como en *cliente* > *clientela*, *pariente* > *parentela*. Su valor semántico 'grupo de N' le permite aparecer en singular como término de la preposición *entre*, junto a otras propiedades de nombre colectivo (*Entre su distinguida clientela hay varios marqueses*). Atrae el acento prosódico a su vocal /e/, pudiendo producir la monoptongación de un diptongo de la base (*pariente* > *parentela*). Véase **-eda**, **-ería**, **-al**, **-ado** para otros sufijos que forman nombres colectivos.

-ela[3]. Del sufijo nominalizador latino *-elam*. Posible sufijo no productivo que forma sustantivos abstractos a partir de adjetivos, como en *corruptela* 'mala costumbre o abuso de la ley' –si no se opta por tratarlo como una forma latina no segmentable–.

-ela[4]. Del francés *-elle*. Sufijo nominal que deriva nombres de subgéneros artísticos a partir de sustantivos (*pastor* > *pastorela*), siempre femeninos; da lugar a formas altamente irregulares, como *cantinela*, sobre una base correspondiente a un radical verbal sin vocal temática.

-eli. Variante ortográfica de **-elli**, como en *cretino* > *cretineli*.

-ell-. Interfijo no productivo que aparece en sustantivos como *dentellada*, *merdellón*.

-elo. Del diminutivo latino *-ellum*, posiblemente a través del italiano. Sufijo diminutivo no productivo.

a   Este sufijo toma como bases siempre sustantivos o temas neoclásicos (posiblemente también bases supletivas). Entre las bases neoclásicas o supletivas encontramos *cerebelo, pedicelo, ritornelo, acuarela, fontanela*.

b   Entre las bases sustantivas reconocibles en español tenemos *bastardelo* y *campanela*. Con posible haplología, *bizcotela* (*bizcocho*) y *damisela* (*dama*, con posible interfijo **-is-** o tal vez con un alomorfo no productivo **-isela**).

c   Resulta excepcional la forma *Juanelo*, sobre nombre propio, empleada solamente en la locución *huevo de Juanelo* ('huevo de Colón').

d   Como otros sufijos diminutivos, no altera la clase de palabras de la base, y generalmente preserva el género del sustantivo de la base, dando masculinos en **-o**[1] y femeninos en **-a**[1]. Sin embargo, hay cambio de género en *bizcotela* si se supone que *bizcocho* está en su base.

e   Este sufijo siempre comporta la cancelación de la vocal átona final de la base.

f   Este sufijo tiene un alto grado de lexicalización de su significado, como en *bastardelo* 'cierto cuaderno donde el notario documentaba los asuntos', *cerebelo* 'cierta parte del cerebro', o *acuarela* 'cierto tipo de pintura'. El valor diminutivo es visible, sin embargo, junto a la lexicalización, en formas como *pedicelo, ritornelo, campanela, damisela* o *fontanela*.

g   Este sufijo, con un alto grado de alomorfía para la base, atrae acento prosódico a su vocal /e/.

LECTURAS RECOMENDADAS: Pharies (2002).

-elli. Posiblemente intentando remedar el diminutivo italiano *-ello*. Sufijo apreciativo de valor despectivo y aminorativo que se emplea en la lengua coloquial de la región rioplatense en algunas formaciones como taradelli 'algo tarado'. Se pronuncia *-eli*, escritura que también se documenta, y selecciona siempre bases adjetivales, como *cansadelli, cretinelli, flojelli, fresquelli*, sobre cuyo grado opera, aportando un valor similar al de 'ligeramente, un poco'. Frente a otros morfemas apreciativos no es iterable, tal vez porque opera sobre el grado del adjetivo. No cambia la categoría gramatical de la base, si bien altera otras de sus propiedades gramaticales, como la expresión del género: forma adjetivos comunes en género con una terminación /i/ invariable que trata de reproducir el morfema de plural masculino del italiano.

LECTURAS RECOMENDADAS: Rainer (1993).

-ema. De la terminación griega *-ημα*, que incluye el sufijo nominalizador *-μα* y la terminación de una base verbal. Sufijo nominal que forma sustantivos, generalmente abstractos, a partir de temas neoclásicos.

a   Este sufijo forma generalmente nombres de patologías y unidades de análisis abstracto a partir de bases neoclásicas. Entre las que denotan nombres de patologías y afecciones encontramos las siguientes:

(1)   apostema, blastema, eczema, edema, eritema, exantema

b   Entre los que denotan unidades de análisis sobre bases neoclásicas correspondientes a nombres están los de (2):

(2)   apotema, (archi)fonema, epiquerema, erotema, grafema, lexema, morfema, noema, semema...

c   En otras ocasiones, sobre bases neoclásicas, este sufijo forma términos del lenguaje científico que no entran propiamente en las clases anteriores, como en *anatema, dilema, enema, miolema, xilema*.
d   Son escasas las formaciones que contienen este sufijo siendo sustantivos del español, como en *clasema*.
e   Este sufijo tiende a formar nombres abstractos, pero esto no es una generalización real: indican objetos físicos, entre otros, *eczema, edema, enema, eritema*.
f   Este sufijo se integra por completo en la estructura prosódica de la base.
g   Es posible relacionar el sufijo **-ema** con **-ma**, no solo etimológicamente; no obstante, tratar **-ema** como un alomorfo de **-ma** presenta el problema de que la terminación **-ema** es relativamente frecuente en el lenguaje médico para formar nombres de afecciones y tratamientos, lo cual es un hecho semántico que generalmente no se considera apropiado como una forma de diferenciar la distribución de los alomorfos. Véase también **-oma**.

LECTURAS RECOMENDADAS: Pharies (2002).

en-. Del prefijo latino *in-*. Prefijo preposicional que se emplea casi siempre en parasíntesis, sobre todo para formar verbos.

Tipos de bases

a   Este prefijo es productivo sobre todo con bases sustantivas, pero también admite bases adjetivales, generalmente adjetivos calificativos graduables, de muy diversos campos semánticos, sean propiedades físicas, intelectivas o de otro tipo.

   (1)   encalmar, encanijar, encorvar, endulzar, enfriar, engordar, engruesar, enguarrar, enrubiar, ensanchar, ensuciar, entibiar, enturbiar, enviudar, entontecer...

b   Este prefijo, frente a **a-**¹, puede tomar adjetivos en grado comparativo (*empeorar* vs. *mejorar*).

c   Son muy productivas las bases sustantivas, entre las que destacan nombres comunes que expresan tipos de entidades animadas, personas y animales:

   (2)   engalanar, embaritonar, endemoniar, endiosar, engolfar, envalentonar...
   (3)   encabritar, encabronar, emperrar...

d   Son numerosos también los casos en que se selecciona un nombre común de objeto o sustancia definidas por ciertas propiedades llamativas. Una situación típica con este prefijo es aquella en que se destaca alguna propiedad de comportamiento o de la acción típica que realiza la base:

   (4)   encampanarse, engallarse...

e   Sucede también frecuentemente que la clase de objetos se defina por su forma, composición o consistencia.

   (5)   ensoparse, enquistarse, envararse, enarcarse, encaballarse, ensortijarse, enredarse...

f   En otros casos, no se definen las clases de sustantivos por una propiedad única sino que el prefijo en combinación con esa entidad expresa un cambio total en que se pasa a convertir en la noción denotada por esa base (*engurruñarse*).

g   Frente a **a-**¹, este prefijo no se combina con bases neoclásicas verbales, donde se emplea **in-**². *asistir ~ insistir ~ *ensistir, aplicar ~ implicar ~ *emplicar, aducir ~ inducir ~ *enducir*...

h   Frente a **a-**¹, este prefijo no toma bases adverbiales o de otras categorías.

Comportamiento gramatical

a   Este prefijo interviene en el cambio de categoría gramatical, para formar verbos a partir de otras categorías, como en los ejemplos (1)-(5), o adjetivos a partir de sustantivos, si bien menos comúnmente que **a-**¹.

   (6)   encorazado, endentado, endrogado, enfaenado, enlevitado, ensombrerado...

b   La presencia de este prefijo se puede asociar a la aparición de estructura argumental, ya que la base sin él (y sin el sufijo) no puede introducir otros argumentos por sí misma.

c   Este prefijo no es iterable.

d   Este prefijo no participa en paradojas de encorchetado, no admite la expansión funcional de la base y no toma alcance sintagmático.

e   Este prefijo participa en la parasíntesis verbal, muy frecuentemente con el sufijo nominalizador cero que se asocia a la vocal temática -a^1, como en todos los casos notados en (1)-(5).
f   Este prefijo también participa en la parasíntesis con -ecer, mucho más productivamente que el prefijo a-^{1}: *enceguecer, enmudecer, enternecer, empalidecer, endetencer, enfurecer...*
g   Participa también en formaciones parasintéticas con -ear, siempre con base nominal, aunque con menos productividad: *enseñorear*.
h   También participa en la parasíntesis verbal con -izar, prioritariamente con bases nominales, como en *entronizar*.
i   En la parasíntesis adjetival, está restringido prácticamente solo al sufijo -ado^1, con el que forma adjetivos posesivos (*encorbatado*).
j   Al igual que en el caso de a-^{1}, apenas existen casos en que este prefijo se combine con una base verbal sin que medie parasíntesis, pero se documentan formaciones como *cerrar ~ encerrar, cubrir ~ encubrir* o *lucir ~ enlucir*.

Tipos de significado

a   En los valores verbales, no es posible encontrar un significado unívoco asociado a este prefijo, y el valor del verbo depende más bien de la naturaleza del verbalizador usado con él.
b   Sobre adjetivos, este prefijo aparece en verbos siempre de cambio de estado, sin admitir valores atributivos o de otro tipo, en que se predica el cambio del argumento que corresponde al objeto en la versión transitiva y al sujeto en la versión intransitiva: *Juan engordó, Pedro ensució la mesa*.
c   Sobre sustantivos, este prefijo aparece en un buen número de lecturas semánticas distintas. Si bien con los cambios de estado resulta poco productivo (cf. ejemplos 1-5), en otras lecturas semánticas tiene mucha mayor productividad, siempre sobre sustantivos.
d   Si bien el prefijo a-^{1} también puede tenerlas, destacan las lecturas de locatio, donde la base denota un espacio en el que se pone o sitúa el argumento interno, como en *encajar, encajetillar, encajonar, encallejonar, encapsular, encarcelar, enchiquear, encofrar, enfundar, enganchar, enhornar, enlatar, envasar*, y por extensión metafórica, *encamar, engrescar, encausar, enjuiciar, enrolar, entronar, engoznar, encabezar, empadronar, encasillar, encastillar, enzarzar, entroncar, ennoviar, enmadrar, empadrar...*
e   Existe un conjunto de verbos donde la base denota una trayectoria que se sigue:

(7)   encaminar, encarrilar, encarar, enfilar

f   Son frecuentes también las interpretaciones de locatum, donde la base denota una entidad que se coloca o añade a otra, expresada por el argumento interno:

(8)   enarenar, encalar, encebollar, encartonar, encerar, enchilar, encolar, endrogar, enfangar, engomar, engominar, enjabonar, enlodar, enmaderar, enmasillar, envenenar, enguirnaldar, enmoquetar, enladrillar, entoldar, encargar, engolosinar, enmarronar...

g   Los límites entre la clase de locatum y los verbos de transferencia, en que se entrega o aporta al argumento interno la noción designada por la base, son difusos; entre los verbos que pueden interpretarse como de transferencia tenemos los siguientes:

(9) empoderar, endeudar, entonar, enamorar, encaprichar, encariñar, encelar, enviciar, enrabietar, enrabiar...

h Frente al prefijo **a-**¹, este prefijo apenas da lugar a lecturas estativas de posesión o localización (*encabezar*). Compárese *adeudar* y *endeudar*, por ejemplo.
i También frente a **a-**¹, este prefijo no tiene lecturas instrumentales.
j En la parasíntesis adjetival, el significado es posesivo, como una versión estativa del cambio de estado que se asocia a este prefijo cuando forma. Véase **-ado**¹.

Propiedades fonológicas

a Este prefijo se integra plenamente en la unidad prosódica que forma la base.
b Nótese que la consonante nasal final se asimila de forma fonéticamente predecible (por lo que no es un alomorfo) al punto de articulación de la consonante siguiente (*empoderar*) y no se cancela incluso en presencia de otras nasales (*ennegrecer*).
c No se documentan casos claros de alomorfía con este prefijo, ni alomorfos suyos ni que seleccione expresamente alomorfos de la base; cuando esto sucede puede culparse al sufijo.

Relaciones con otros afijos

a Este prefijo entra en relación con **a-**¹, que más productivo que **en-** en las lecturas de cambio de estado, pero menos en las lecturas locativas. Con respecto a otros sufijos, **en-** se combina más fácilmente con los sufijos **-ecer** e **-izar**, mientras que **-ear** prefiere **a-**.
b Este prefijo es menos común que **a-**¹ en la formación de adjetivos parasintéticos, si bien ese también se emplea. Véase también **a-**¹.
c Otros prefijos usados en la parasíntesis verbal incluyen **des-, re-, con-, contra-, inter-, per-, tras-, entre-, extra-** y **sobre-**.

> Lecturas recomendadas: Val Álvaro (1992), Serrano-Dolader (1995, 1999); Rifón (1997a); RAE & ASALE (2009: §8.8); Pena (2014), Mateu (2021); Fábregas (2023).

-en. De la terminación latina *-entem*, forma de participio activo de verbos de la tercera conjugación. Sufijo nominalizador no productivo que Rainer (1993: 471) propone a partir de *resumir > resumen* como una forma coloquial de valor humorístico que se emplea para formar nombres de acción *apoquinar > el apoquinen, empinar (el codo) > el empinen*. En la actualidad no parece ser productiva.

-én. Posible sufijo que Rainer (1993: 471) propone, aunque con cautelas, para el sustantivo *andén* (si se relaciona con *andar*). En caso de segmentarse, no sería productivo y formaría nominalizaciones de lugar a partir de verbos.

-ena. Del francés *-aine*, y este a su vez de la forma *-ana*, acusativo neutro plural del adjetivalizador *-anum*. Sufijo nominalizador que forma sustantivos colectivos a partir de numerales cardinales.

a Este sufijo se une exclusivamente con numerales cardinales:

(1) catorcena, centena, cincuentena, cinquena, cuarentena, docena, quincena, sesentena, treintena, veintena

b En unos pocos casos la base aparece como un alomorfo latinizante: *quincuagena, septena*.

c Este sufijo siempre comporta la caída de la vocal átona final de la base (*cuarenta* > *cuarenta-ena).

d El comportamiento gramatical de este sufijo es variable. Por una parte puede relacionarse con el sufijo **-eno**[3], que producir adjetivos posesivos y adjetivos ordinales o fraccionarios, como en *catorceno* 'que tiene catorce años', mientras que por otra, siempre en femenino, puede producir nombres colectivos, como en *una catorcena de años*.

e Ambos usos están próximos en la medida en que un colectivo formado sobre un cardinal indica un conjunto que posee un número de miembros igual al valor del cardinal, pero es complejo determinar cuál de los dos usos es más básico y cuál se deriva del otro. Por un lado, la conversión de adjetivo a sustantivo es un proceso productivo del español (*hombre gordo* > *un gordo*), frente a la conversión de sustantivos en adjetivos, que es muy minoritaria. Esto sugeriría que el uso básico es el de formar adjetivos posesivos, y que a partir de él se derivan los sustantivos colectivos.

f Sin embargo, no todos los sustantivos colectivos tienen un uso como adjetivos posesivos, como en *una docena de huevos* vs. *una caja docena. Este hecho sugeriría más bien que la forma básica es el sustantivo colectivo y que ocasionalmente se forma también un adjetivo posesivo. Véase también **-eno**[3].

g Otra propiedad que puede apoyar que este sufijo es fundamentalmente adjetival es la existencia, en la lengua antigua y ocasionalmente aún documentada, de formas adjetivales ordinales con este sufijo, como en *onceno, septeno*.

h El valor semántico de este sufijo es el de posesión de alguna noción en la cantidad denotada por la base (*catorceno* 'que tiene catorce de algo') o de formar un colectivo de alguna entidad no especificada pero la cardinalidad de cuyos miembros equivale al número denotado por la base (*cuarentena* 'conjunto de cuarenta').

i Este sufijo atrae el acento prosódico a su vocal /e/, lo cual puede producir la monoptongación de un diptongo de la base que dependa de la asignación del acento, como en *ciento* > *cent-ena*.

j Este sufijo contrasta con **-eto**, que también forma colectivos a partir de numerales, porque **-ena** suele preferir los valores entre 11 y 19 y los cardinales que son múltiplos de 10, mientras que **-eto** suele combinarse más bien con los que están entre 3 y 9.

-encia. Posible sufijo del español, propuesto en Rainer (1993: 472), para nombres de cualidad como *benevolencia, experiencia, munificencia, inadvertencia*. Es probable que deba segmentarse internamente como *-e-ncia* y, en otros casos, como **-e**, **-nte** y el sufijo nominalizador **-ia**. Nótese que, en todo caso, produce espirantización de la /k/ final en *munífico* > *munificencia* (Pensado 1999: 4477).

-enco. Posiblemente del germánico *-ingôs*, sufijo adjetivalizador. Sufijo adjetivalizador poco productivo.

a Este sufijo produce sobre todo adjetivos, generalmente relacionales, a partir de bases nominales. Algunas de ellas son topónimos, sobre los que forma gentilicios (*ibicenco, jinonenco, salacenco*); otras son nombres comunes, como en *pasto* > *pastenco* 'que se echa al pasto', *mesta* > *mestenco* 'que no tiene amo conocido'. Es excepcional *(San) Martín* > *martinenco*, para designar un tipo de higo que madura en torno a la festividad de San Martín.

b Se documentan también bases nominales con valor numeral, como en *mitad* > *mitadenco* y *tercio* > *tercenco*.

c Este sufijo tiene un uso poco habitual como sufijo de cualidad aproximada, como en *azulenco* 'ligeramente azul' o *zopenco* 'algo zopo'.

d Este sufijo forma siempre adjetivos variables en género, marcados regularmente con -o^1 en masculino y -a^1 en femenino. Casi siempre esos adjetivos son relacionales no graduables, con excepciones lexicalizadas, como *mostrenco* o *zopenco*.

e Este sufijo es regular en términos fonológico y atrae el acento a su vocal /e/.

> LECTURAS RECOMENDADAS: Pharies (2002).

-end-. Interfijo que Portolés (1999: 5063) identifica en algunas formaciones, siempre con base en verbos de la segunda conjugación, como *barrendero, querendón, bebendurria*. Es posible que la /e/ sea la vocal temática de la segunda conjugación (cf. también **-and-**), y que el resto del interfijo pueda relacionarse con la terminación de gerundio; tal vez su función sea adaptar una base verbal a los requisitos seleccionales del sufijo.

endeca-. Del griego ἕνδεκα 'once'. Prefijo cuantificativo de valor equivalente a 'once'.

a Este prefijo se combina con bases nominales casi exclusivamente, algunas de ellas correspondientes a nombres comunes del español (*endecasílabo, endecacampeón*), y otras correspondientes a temas neoclásicos (*endecágono*).

b Como otros prefijos cuantificativos, tiene la capacidad ocasional de convertir –en una interpretación posesiva– una base nominal en una base adjetival, como en *versos endecasílabos* ~ **versos sílabos*.

c Su valor semántico es el de multiplicar por once alguna noción denotada por la base (*endecágono* 'que tiene once ángulos y once lados'), o asociada a ella (*endecacampeón* 'que ha sido campeón once veces').

d Este prefijo, pese a su robustez fonológica –es el único prefijo español que consta de tres sílabas– no presenta independencia fonológica de la base, y no admite acento secundario no rítmico.

-endengue. Posible alomorfo de **-engue**, como en *querendengue*.

endo-. Del griego ἔνδον, 'interno'. Prefijo adjetival de significado equivalente a 'interno'.

Tipos de base

a Como otros prefijos adjetivales, este también se une a bases sustantivas o adjetivos relacionales. Entre las bases sustantivas destacan las que corresponden a temas neoclásicos propios del lenguaje científico:

(1) endocardio, endocarpio, endocrino, endodermo, endodoncia, endogamia, endolinfa, endometrio, endoscopia, endoscopio, endospermo, endotelio

b   También se une a nombres comunes que corresponden a sustantivos del español, también del lenguaje científico de la biología y la anatomía:

(2)   endoesqueleto, endogénesis, endoparásito, endósmosis, endocannabinoide, endoterapia, endotoxina, endorracismo, endocráneo

c   En tercer lugar, se une a adjetivos relacionales, tanto temas neoclásicos como palabras empleadas como tales en español:

(3)   endógeno, endotermo, endomorfo
(4)   endovenoso, endovascular, endotraqueal, endomedular

Comportamiento gramatical

a   Este prefijo no altera las propiedades gramaticales de la base.
b   Este prefijo no es iterable, tal vez por motivos semánticos, debido a que expresa una noción no escalar ('interno') cuya repetición no tiene un reflejo claro en lo que denota.
c   Este prefijo no participa en la parasíntesis.
d   Este prefijo produce frecuentemente paradojas de segmentación o encorchetado con bases correspondientes a adjetivos relacionales, como en *endovenoso* 'que se relaciona con el interior de las venas', no 'que es interno a la relación con las venas'.
e   Este prefijo es coordinable: *endo- y ecto-morfos*.
f   Este prefijo no puede funcionar solo como un modificador adjetival.

Tipos de significado

a   El significado de este prefijo equivale al adjetivo relacional 'interior'. Este valor se manifiesta típicamente designando un área, región u órgano que se encuentra en el interior de la entidad denotada por la base, como en *endometrio*.
b   En otros casos, la base designa la entidad que se encuentra en el interior de otra, como en *endoparásito, endoesqueleto, endocéfalo*.
c   Se observan sin embargo extensiones metafóricas de la noción de 'interno' que no tienen necesariamente un valor locativo, como en *endorracismo* 'racismo que se manifiesta en el interior del propio grupo discriminado', *endofobia* 'fobia hacia los miembros de su mismo grupo'.
d   Frecuentemente también se interpreta este prefijo referido al origen interno y no externo de algún proceso, como en sistema *endocannabinoide, endotoxina, endotermo* y otros.
e   En otras ocasiones su significado se define por oposición al de **ecto-**, y no es transparente, como en *endomorfo* 'con tendencia a acumular grasa', frente a *ectomorfo* 'con tendencia a acumular poca grasa'.

Propiedades fonológicas

Este prefijo, frente a **ecto-**, se integra plenamente en la estructura prosódica de la base, como muestra la cancelación de la vocal final y la ausencia de acento secundario no rítmico (*endósmosis*).

240   *E*

Relaciones con otros afijos

Este prefijo establece una oposición doble con **exo-**, más productivo, y **ecto-**, que se restringe a un conjunto pequeño de formas.

-endo. Secuencia de la vocal temática *-e-*, como alomorfo, y el sufijo **-ndo**^{2}, como en *dividendo, corrigendo, sustraendo*. Solo hay unos pocos casos, posiblemente derivados de bases neoclásicas, que pueden sugerir la necesidad de aceptar un sufijo *-endo* que dé lugar a adjetivos, como en *horrendo, pudendo, reverendo, tremendo*, que en todos los casos podrían ser consideradas formas cultas no segmentables en español.

enea-. Del cardinal griego ἐννέα 'nueve'. Prefijo cuantificativo del español con valor multiplicativo equivalente a 'nueve'.

a   Este prefijo se combina prioritariamente con bases sustantivas, algunas de las cuales son temas neoclásicos (*eneagrama, enealogía, eneágono*), mientras que otras son sustantivos del español (*eneasílabo, eneatipo, eneabuelo*).
b   Frente a otros prefijos cuantificativos correspondientes a numerales cardinales, este prefijo no se une a adjetivos relacionales.
c   Este prefijo es significativamente menos productivo que otros prefijos que también expresan numerales cardinales.
d   Como otros prefijos cuantificativos, este prefijo tiene la capacidad de transformar una base sustantiva en un adjetivo concordante: *versos eneasílabos* ~ **versos sílabos*.
e   Este prefijo no es iterable, no participa en parasíntesis, no forma paradojas de encorchetado y no toma alcance sintagmático.
f   Este prefijo no es coordinable con otros: **enea- y octo-sílabo*.
g   Este prefijo presenta cierta independencia prosódica de la base, manifestada en la presencia de acento secundario: *enèalogía*.
h   Véase **mono-**, **bi-**, **tri-**, **tetra-** o **penta-** para otros prefijos cuantificativos con valor numeral.

-engo. Del antiguo germánico *-ingôs*, sufijo que formaba adjetivos (Pharies 2002). Sufijo adjetivalizador no productivo que forma adjetivos relacionales a partir de sustantivos, siempre nombres que denotan papeles sociales y cargos, como en *abad > abadengo, fraile > frailengo, abuelo > abolengo*, y (suponiendo una sustantivación) *real > realengo*. La voz *abolengo*, con monoptongación de la base debido a que el sufijo atrae el acento a su vocal /e/, se emplea en la actualidad como sustantivo. Es posible tal vez incluir en la nómina al sustantivo *varenga* (posiblemente relacionado sincrónicamente con *vara*).

-engue. De origen incierto, tal vez relacionado con **-engo**. Sufijo apreciativo de valor peyorativo.

a   Este sufijo aparece combinado con sustantivos (*perro > perrengue, mindundi > mindundengue, ministro > ministrengue*), algunos adjetivos (*blando > blandengue*) y algunas raíces verbales, desprovistas de la vocal temática (*querendengue, caguengue*).
b   Cuando la base es un adjetivo o sustantivo, sistemáticamente desaparece la vocal átona final de género; la vocal temática también desaparece con este sufijo.

c   Este sufijo generalmente se asocia con la categoría nominal, pero la forma *blandengue* puede emplearse como adjetivo.
d   Este sufijo no es iterable.
e   El valor semántico de este sufijo suele ser peyorativo. En los casos derivados de verbos, se da lugar a una lectura animada 'persona que participa en la situación expresada por el verbo'.
f   Resulta difícil la segmentación de querendengue, debido a que el segmento extra *-end-* (suponiendo que en este caso, como en caguengue, la /e/ no es la vocal temática) puede relacionarse con la terminación de gerundio **-ndo**. Debido a que esa /e/ no puede ser la vocal temática asociada al gerundio (que debería tomar el alomorfo *-ie-*, como en *queriendo*), aquí tomamos la decisión de tratar *-endengue* como un alomorfo de **-engue**.

-eno[1]. Del sufijo adjetival latino *-ēnum*. Posible sufijo adjetivalizador que forma adjetivos, casi siempre relacionales, a partir de bases nominales.

a   Este sufijo es productivo sobre todo con topónimos, sobre los que forma adjetivos de valor gentilicio. Son frecuentes los topónimos referidos a Próximo Oriente, especialmente con relación a la Biblia.

   (1) agareno, antioqueno, asunceno, chileno, dama(s)ceno, encarnaceno, nacianceno, samosateno...

b   Son escasos otros tipos de base, siempre nominales: *hayeno* se forma sobre el nombre común de árbol *haya*; *heleno* tiene una base neoclásica correspondiente al nombre clásico de Grecia. La forma *sarraceno* originalmente toma como base un nombre común arameo que significa 'desierto' y por tanto designaba a los habitantes del desierto.
c   Este sufijo forma casi siempre adjetivos relacionales no graduables, y por ello su significado se limita a establecer una relación subespecificada entre la entidad denotada por la base y el nombre modificado. Esos adjetivos son siempre variables en género y marcados regularmente por **-o**[1] en masculino y **-a**[1] en femenino.
d   No es excepción la forma *moreno* (de *moro*), pese a que es un adjetivo calificativo graduable, debido a que la forma probablemente no se segmenta en la conciencia contemporánea del hablante.
e   Si bien *terreno* puede usarse como adjetivo (*vida terrena*), es más frecuente emplearlo como sustantivo.
f   Desde el punto de vista fonológico, este sufijo atrae el acento a su vocal /e/, y ocasionalmente produce haplologías de algo más que la vocal final del sustantivo, como en *Nazaret* > *nazareno* o *Nicea* > *niceno*.

LECTURAS RECOMENDADAS: Bosque (1993); Pharies (2002); Fábregas (2007, 2020); RAE & ASALE (2009: §7.6).

-eno[2]. Del sufijo patronímico griego *-ηνός*. Sufijo nominal del lenguaje científico que en química orgánica denota compuestos con propiedades de alcano, compuestos derivados del benzeno y los polímeros derivados de los alcanos.

a   Se combina casi siempre con bases neoclásicas, como en *acetileno, antraceno, benceno, caroteno, etileno, isopreno, licopeno, polietileno, queroseno, tolueno*.

b La única excepción es *limoneno*, que denota un hidrocarburo presente en los limones y otros cítricos.
c Como puede verse, la base suele denotar alguna entidad o sustancia que deriva el compuesto.
d Produce siempre sustantivos masculinos, que por su significado suelen constituir nombres no contables.
e Ocasionalmente interviene en formaciones con propiedades morfológicas especiales, como en *butadieno*, donde la base es *buta-* y el segmento *di-* corresponde con el prefijo cuantificativo cuyo significado es 'dos'; esta posición interna a la palabra es excepcional para los prefijos.

-eno[3]. Del sufijo adjetival latino *-ēnum*. Sufijo que formaba adjetivos ordinales y fraccionarios a partir de numerales cardinales.

a Este sufijo se combina exclusivamente con numerales cardinales:

   (1) catorceno, cincuenteno, cuarenteno, deceno, dieciocheno, dieciseiseno, doceno, noveno, ochenteno, onceno, quiceno, seiseno, septeno, treceno, treintaidoseno, trenteno, veinteno...

b Estos numerales solían emplearse como ordinales o fraccionarios en estadios anteriores de la lengua (*Alfonso onceno*, es decir, *Alfonso XI*) pero en la actualidad, con la excepción de *noveno*, han caído en desuso.
c Este sufijo siempre comporta la caída de la vocal átona final de la base.
d Este sufijo produce siempre adjetivos variables en género, marcados con **-o**[1] y **-a**[1] en los dos valores de género del sustantivo.
e En cuanto a su significado, al igual que otros sufijos, como **-ésimo**, da lugar tanto a adjetivos ordinales que indican la posición que ocupa una entidad dentro de una serie, como adjetivos fraccionarios que denotan la división en un número determinado de partes de un objeto. Como sucede frecuentemente, los adjetivos fraccionarios formados con este sufijo pueden emplearse también como sustantivos.
f La excepción es *mileno*, que tiene un valor relacional posesivo: 'que posee mil partes', generalmente referido a cierto tipo de tejido especialmente tupido. Sucede también esto con *catorceno* 'que tiene catroce años'.
g Véase también **-ena**.

> LECTURAS RECOMENDADAS: Pharies (2002).

-ense. Del sufijo adjetivalizador del latín *-ensem*. Sufijo adjetivalizador especializado en formar adjetivos relacionales gentilicios.

Tipos de base

a Este sufijo es particularmente productivo con topónimos:

   (1) abulense, aguascalentense, alajuelense, alavense, albacetense, albeldense, almeriense, asturiense, ateniense, atlantidense, aviñonense, badajocense, bahiense, barbastrense, basilense, bayonense, belgradense, benalmadense, bruselense,

cabañense, canadiense, canariense, cancunense, castellonense, cesarense, chiloense, comayagüense, comorense, costarricense, cretense, dombenitense, duranguense, estadounidense, floridense, galapaguense, gandiense, gijonense, granollerense, gravetiense, guadalupense, guanajuatense, guerrerense, hermosillense, hidalguense, italicense, laodicense, lesothense, libertadense, liliputiense, linarense, malvinense, managüense, medellinense, megarense, melillense, najerense, narbonense, nicaragüense, nicomediense, paranaense, peloponense, praguense, quebequense, rionegrense, rioplatense, sabadellense, salomonense, sanmarinense, santaelenense, santalucense, santanderiense, segobrigense, singapurense, sonorense, sorianense, sucrense, tarrasense, tegucigalpense, tesalonicense, vanuatuense, veronense, zimbabuense...

b   Son poco frecuentes las bases correspondientes a nombres propios de otros tipos (*Cisneros* > *cisneriense*), nombres comunes (*circo* > *circense*, *huerta* > *hortense*) o temas neoclásicos (*castrense*, *amanuense*, *forense*).

c   El origen culto de este sufijo hace que sean frecuentes las base supletivas, donde la base corresponde al nombre latino, de otra lengua o a la antigua denominación de la ciudad, como en *antuerpiense, aurelianense, barcinonense, blandense (Blanes), bonaerense, camaldulense, complutense, easonense, egabrense, emeritense, escurialense, gerundense, hispalense, ilerdense, jiennense, londinense, lucense, matritense, onubense, oscense, ovetense, oxoniense, pacense, roterodamense, tarraconense, turolense, ubetense*, entre muchos otros.

Comportamiento gramatical

a   Este sufijo, frente a **-és**, con el que se relaciona etimológicamente, da lugar a adjetivos que habitualmente son comunes en género.

b   Este sufijo generalmente implica la cancelación de la vocal átona final de la base.

c   Ocasionalmente este sufijo puede unirse a sintagmas, como en *Alto Paraná* > *altoparanaense*, *Alto Paraguay* > *altoparaguayense*.

d   Este sufijo produce casi siempre adjetivos relacionales, no graduables. Las excepciones son pocas: algunos de los adjetivos formados por este sufijo pueden desarrollar usos calificativos que no excluyen los relacionales, como *circense*.

e   Los adjetivos relacionales formados con este sufijo se pueden emplear fácilmente como sustantivos.

f   Unas pocas formaciones con base neoclásica se usan solo como sustantivos, como *amanuense*, y *forense* en un uso semántico distinto del que tiene como adjetivo forense en *medicina forense*.

Tipos de significado

a   Frente a otros adjetivalizadores relacionales, que solo indican una relación no especificada entre la clase de entidades de la base y el sustantivo al que modifican, este sufijo se especializa en la relación de origen, como en *londinense* 'de Londres'.

b   Esta tendencia es tan fuerte que, sobre nombres propios ambiguos entre antropónimos y topónimos, la elección de este sufijo orienta la lectura a la relación de origen geográfico, como en *Sucre* > *sucrense* 'de la ciudad de Sucre', *sucriano* 'relacionado con Antonio José de Sucre'.

c   Pese al predominio de la lectura de origen, algunas formaciones indican más bien periodos históricos –casi siempre de la prehistoria– etimológicamente relacionados con ciudades y regiones, como los de (2):

   (2)   achelense, auriñaciense, cisterciense, cluniacense, lateranense, magdaleniense, musteriense, solutrense

Propiedades fonológicas

a   Este sufijo se integra fonológicamente en la prosodia de la base y atrae el acento a su primera vocal /e/.
b   Como resultado de la atracción acentual el sufijo puede producir la monoptongación de un diptongo de la base, como en *Cuenca > conquense, huerta > hortense*.
c   El sufijo, al comenzar por vocal palatal, puede producir espirantizaciones, tanto de /k/ como de /g/: *circo > circense, Costa Rica > costarricense, Sárdica > sardicense, Miróbriga > mirobrigense*.
d   La espirantización no es sistemática, sin embargo: *Atlántico > atlanticense* y *atlantiquense*, y también *cuernavaquense, mexiquense, galapaguense, galleguense*, entre otras.
e   Cuando la palabra termina en diptongo o en /i/ existen varias soluciones; el sufijo puede cancelar el diptongo entero (*Calcedonia > calcedonense*), se puede insertar una consonante (*Cenia > cenicense, Albi > albigense*) y, ocasionalmente, conservar la vocal /i/, como en *amambaiense* y *anzoatequiense*.
f   La cancelación de las vocales finales acentuadas tampoco es sistemática: *Canadá > canadiense*, pero *Paraná > paranaense*.

Haplologías

a   Cuando el topónimo termina en una consonante precedida de vocal átona es frecuente que se produzca la haplología de la terminación, como en *Linares > linarense, Filipos > filipense, Comores > comorense*.
b   Se produce ocasionalmente la haplología de segmentos mayores, como en *Benalmádena > benalmadense, Villavicencio > villavicense*.

Alomorfos

Sin que haya motivos fonológicos claros, el alomorfo *-iense* aparece en varias formaciones, como *antuerpiense, ateniense, canadiense, cisneriense, liliputiense, segoviense* y otras.

Relaciones con otros afijos

a   Como sucede con muchos otros sufijos que forman gentilicios, se observan dobletes frecuentes con otras denominaciones de origen; entre otros, se documentan con este sufijo, aunque existen formaciones paralelas, a menudo más usuales, de ellos los siguientes:

   (3)   bolivarense, cartaginense, cordobense, galleguense, guadalajarense, guatemalense, hispanense, hondurense, japonense, legionense (León), lisbonense, mexiquense, parisiense, salmanticense, segoviense...

b   En ocasiones la lengua explota la sinonimia virtual entre los sufijos que forman gentilicios para diferenciar ciudades o regiones de distintos ámbitos: *mexicano* es el natural del país México y *mexiquense*, de la ciudad México; *cordobense* remite a Córdoba, Colombia, mientras que *cordobés* es alguien o algo de Córdoba, España; *galleguense* es de Río Gallegos, Argentina, mientras que *gallego* es de Galicia, España, entre otros.

LECTURAS RECOMENDADAS: Bosque (1993); Pharies (2002); Fábregas (2007, 2020); RAE & ASALE (2009: §7.6).

-ent-. Posible interfijo que Portolés (1999: 5063) identifica en formas como *correntón*. Suelen proceder de bases verbales correspondientes a verbos de la segunda conjugación, lo cual puede sugerir que en realidad la /e/ es la vocal temática y el interfijo se relaciona con **-nte**, tal vez como forma para adaptar la base a los requisitos del sufijo. Véase también **-ant-**.

-enta. Del latín *-āgintā*, sufijo que formaba cardinales multiplicativos. Sufijo que forma cardinales multiplicativos a partir de cardinales correspondientes a las unidades.

a   Este sufijo es segmentable en los numerales *cuarenta, cincuenta, sesenta, setenta, ochenta, noventa*. Es posible segmentarlo, aceptando un alomorfo *-inte~-inta*, en *veinte* y *treinta*.
b   Este sufijo suele seleccionar bases alomórficas del cardinal, como en *tres ~ tre-, cuatro ~ cuar-, cinco ~ cincu-*. Se reconoce supletivismo en *ve-inte*.
c   Gramaticalmente, este sufijo no altera la categoría gramatical de la base, que sigue siendo un numeral cardinal.
d   El valor semántico del sufijo es el de multiplicar por diez la unidad denotada por la base, como en *och-enta* (8x10).
e   Este sufijo atrae el acento prosódico de la base a su vocal /e/, lo cual deshace el diptongo cuando depende de la posición del acento: *nueve* > *nov-enta*, *siete* > *set-enta*, *seis* > *ses-enta*.
f   No es sistemática la cancelación de la vocal final de la base: cuando esta es -e[4], y por tanto posiblemente un elemento epentético, desaparece (*siete* > *set-enta, nueve* > *noventa*), mientras que si es *-o* puede desaparecer (*ocho* > *ochenta*) o preservarse como parte de un diptongo (*cinco* > *cincu-enta*).

LECTURAS RECOMENDADAS: Pharies (2002).

-ento. Alomorfo de **-iento**, como en *amarillento*.

entre-[1]. De la preposición española *entre*, y a su vez esta de la preposición latina *inter* 'entre'. Prefijo preposicional locativo.

Tipos de bases

a   Este prefijo se combina sobre todo con sustantivos, como en *entreacto, entrebarrera, entrecejo, entreforro, entrelínea, entrenervio, entreplanta, entrepaño, entrepierna, entreplanta, entretecho*, entre otros.

b No se documentan formaciones en combinación con adjetivos calificativos o relacionales.
c Son relativamente frecuentes, en cambio, los casos deverbales: *entrechocar, entrecomillar, entrecortar, entrecruzar, entrelazar, entremeter, entresacar...*
d Se documenta al menos una base adverbia: *entretanto.*

Comportamiento gramatical

a Este prefijo generalmente no altera las propiedades morfológicas de la base, y mantiene el género y las propiedades de flexión de la base. Así, por ejemplo, la conjugación de *entretener* –pese a ser una forma muy lexicalizada– es idéntica a la conjugación de *tener*.
b No obstante, se documenta al menos la forma *ceja > entrecejo*, donde el prefijo altera el género y la vocal átona final del sustantivo.
c Este prefijo no es iterable.
d Este prefijo admite la expansión funcional de la base, que puede aparecer en plural cuando es un sustantivo: *entreguerras, entremedias*. No obstante, estas formaciones con base plural no funcionan nunca como sustantivos nucleares, y son claramente adverbios (*entremedias*) o actúan como modificadores sin determinante (**las entreguerras*, **la entreguerras*, **el entreguerras* pero *el periodo de entreguerras*). Pese a estar en singular (tal vez por ser un nombre no contable), sucede igual con *entretiempo*: *ropa de entretiempo* vs.??*el entretiempo*.
e El prefijo impone al verbo la condición de que se defina una relación entre al menos dos participantes, lo cual puede afectar al número de argumentos (cf. *cruzar*, que no exige un argumento interno doble, como en *cruzar la calle*, frente a *entrecruzar*, que exige que se suponga un argumento interno doble, como en **entrecruzar la calle, entrecruzar dos cosas*), o a su manifestación sintáctica (*chocar con algo* vs. *entrechocar dos cosas* o *entrechocar algo con algo*).

Tipos de significado

a Deben diferenciarse dos significados de este prefijo. El primero es un valor locativo en el que designa una relación espacial de encontrarse entre dos entidades de la misma naturaleza, como sucede con las bases sustantivas: *entrepierna, entrepaño, entreplanta, entrecejo, entrecto...*
b La misma interpretación locativa se documenta con algunos verbos: *entrecomillar, entremeter, entresacar...* En el caso de *entrecortar* parece que la lectura implica más bien 'cortar algo en distintos puntos de un discurso, repetidamente' que 'cortar algo que quede entre dos puntos'.
c Este valor espacial se convierte en temporal cuando la base más que una localización designa una periodización: *entretiempo, entreguerras, entreacto*.
d La interpretación locativa implica siempre la duplicación de la entidad denotada por la base: *entreplanta* fuerza a interpretar dos plantas que se relacionan espacialmente, y el sustantivo designa lo que hay entre las dos.
e Son menos frecuentes los casos en que la base de la palabra no indica la entidad que se duplica, sino la entidad que se sitúan en el espacio que queda entre dos objetos que permanecen tácitos, pero se documenta por ejemplo *entrerrejado*, 'rejado que hay entre dos espacios'.

e   El segundo significado de este prefijo es el de definir acciones o relaciones simétricas que requieren dos o más participantes que establecen una relación recíproca entre ellos. Numerosos verbos tienen esta interpretación: *entrechocar, entrecruzar, entrelazar, entremezclar, entretejer...* Se documentan formaciones recientes, sobre todo del español de América, que extienden productivamente esta nómina: *entrematarse* 'matarse unos a otros', *entreayudarse* 'ayudarse unos a otros'.
f   El valor de *entretener* está muy lexicalizado y no son reconocibles en él ni el significado de la base ni el del prefijo.

Propiedades fonológicas

El prefijo muestra signos de independencia fonológica que se reflejan en que rechaza la simplificación vocálica en linde de morfema: *entreacto*, no **entracto*.

Alomorfos

a   Es posible que el prefijo **inter-** sea un alomorfo de este prefijo, con el que comparte valores locativos y recíprocos. El prefijo **inter-** se especializa en adjetivos relacionales, que no se documentan con **entre-**[1], pero ambos compiten en la formación de verbos y sustantivos derivados.
b   Se documenta el alomorfo *entro-*, directamente a partir del latín *intro*, en *entrometer*.

> Lecturas recomendadas: Val Álvaro (1993); Varela & Martín García (1999); RAE & ASALE (2009: §10.5).

entre-[2]. De la preposición española *entre*, y a su vez esta de la preposición latina *inter* 'entre'. Prefijo preposicional escalar que expresa incompleción, como en *entrecerrado*.

Tipos de bases

a   Este prefijo se combina sobre todo con participios (*entrabierto, entrepelado, entrecomido, entreblanqueado*).
b   Seguidamente, se combina con verbos: *entrever, entreoír, entrecavar, entreabrir*. No es siempre el caso que la existencia del participio implique que se admita también la forma con base verbal (*entrepelado ~??entrepelar*).
c   Finalmente, el prefijo se combina con algunos adjetivos calificativos: *entrecano, entreclaro, entrefino*.

Comportamiento gramatical

a   Este prefijo no es iterable.
b   Este prefijo no admite la expansión funcional de la base, ni la interpolación de modificadores.
c   Este prefijo no altera las propiedades gramaticales de la base, ni su clase de conjugación o manifestación de la concordancia.
d   Cuando el verbo existe, la combinatoria de este prefijo es tanto con los participios verbales (**-do**[1], *ha entreabierto*) como los adjetivales (**-do**[2], *está entreabierto*). En los casos

en que el verbo no se admite pero sí el participio, esta forma es adjetival (**-do**³): *ha entrepelado, *está entrepelado*.

e Con los participios, el prefijo no impide la gradación: *un poco entreabierto*. Con adjetivos, en cambio, la gradación en presencia del prefijo es mucho más marginal: ??*un poco entrecano,*?? *muy entrecano*.

Tipos de significado

a El significado de este prefijo es el de expresar la incompleción de la acción o del estado resultante que se obtiene tras realizar la acción: *entreoír* es 'no llegar a oír por completo', y *entreabrir* es 'abrir de forma que algo no esté abierto por completo'.

b Con adjetivos, produce una lectura de grado insuficiente, en el que no se llega a alcanzar el valor estándar asociado al adjetivo, pero se puede llegar a acercar a él: algo *entrefino* está entre lo basto y lo fino, y algo *entreclaro* tiene más claridad que algo oscuro, pero sin alcanzar un valor suficiente.

Propiedades fonológicas

Este prefijo preserva parte de su independencia fonológica y rechaza la simplificación vocálica (*entreabierto*, no *entrebierto).

Relaciones con otros afijos

Véase **medio-**, como otro prefijo que expresa la incompleción de un estado o acción; su productividad es mucho mayor. Resulta tentador asociar **entre-**² con **entre-**¹, que expresa la localización intermedia entre dos elementos, a través de un proceso de metaforización que pasa de localizarse en un punto intermedio entre dos objetos a llegar a un estado intermedio entre la ausencia total de una propiedad y el punto que se considera suficiente para dicha propiedad.

> LECTURAS RECOMENDADAS: Varela & Martín García (1999); Montero Curiel (2001b); RAE & ASALE (2009: §10.9); Felíu & Pato (2015).

entro-. De la preposición latina *intro* 'dentro de'. Posible alomorfo de **entre-**¹, que aparece en la forma *entrometer*.

-eño. De los sufijos adjetivalizadores latinos *-enum* e *-ineus*. Sufijo adjetivalizador que selecciona sustantivos.

Tipos de bases

a Este sufijo selecciona especialmente nombres propios de lugar, topónimos, como su base. Es particularmente productivo con topónimos de Latinoamérica y regiones del sur de España:

(1) acapulqueño, achacacheño, aiquileño, alaskeño, alauseño, albaceteño, alcalaeño, acarreño, alcazareño, alcireño, algabeño, algecireño, almodovareño, alpujarreño,

alpujarreño, alteño, andujareño, angoleño, antigüeño, apoleño, apureño, arecibeño, argandeño, atacameño, avileño, badajoceño, bahameño, beliceño, bermudeño, bermejeño, brasileño, cacereño, calahorreño, calatraveño, carabobeño, caribeño, ceibeño, cerreño, chaqueño, chihuahueño, ciudadrealeño, coloneño, copacabaneño, corinteño, corteseño, cuzqueño, davideño, durangueño, fajardeño, gibraltareño, guadalajareño, guadalupeño, guadarrameño, guanajueño, guadalupeño, guayaquileño, huelveño, ibarreño, jalapeño, jarameño, lanzaroteño, latacungueño, limeño, malagueño, manileño, marfileño, merideño, migueleño, moguereño, montoreño, mozambiqueño, oaxaqueño, olimpeño, orureño, otumbeño, paceño, panameño, pasqueño, pinareño, portorriqueño, portugueseño, posadeño, rondeño, salvadoreño, sanlucareño, sanluiseño, sansalvadoreño, santaclareño, santiagueño, tabasqueño, tarifeño, tierracalenteño, toboseño, villaclareño...

b De esta manera se producen pares mínimos que involucran a este sufijo, en los que este aparece combinado con el nombre de una ciudad latinoamericana y otro forma el gentilicio cuando se une a una ciudad de otra zona geográfica, como en *Corinto (Grecia) > corintio* vs. *Corinto (Nicaragua) > corinteño*.

c En contraste, es poco productivo con otras clases de nombres propios, como los referidos a personas (*enriqueño, manriqueño, velazqueño*) y periodos de tiempo (*abrileño, agosteño*).

d Este sufijo se combina también con algunos nombres comunes, entre los que destacan los que denotan espacios físicos:

(2) campeño, capitaleño, costeño, hogareño, isleño, lugareño, marismeño, norteño, pradeño, ribereño, sureño

e El sufijo también selecciona algunos nombres comunes que expresan tipos de sustancias:

(3) alcornoqueño, almizcleño, cobreño, marmoleño, mimbreño, pizarreño, terreño

f Se documentan también algunos casos de nombres propios referidos a seres animados, como en *aguileño, borriqueño, fraileño, galgueño*.

g Es excepcional la formación deadjetival *agraz > agraceño*.

h Ocasionalmente se documenta este sufijo con bases correspondientes a adverbios de lugar, como en *abajeño, afuereño*.

i Son poco frecuentes las bases alomórficas (*Tenerife > tinerfeño, madrid > madril-eño*) y no se documentan casos de bases neoclásicas.

Comportamiento gramatical

a Este sufijo forma siempre adjetivos variables en género y marcados regularmente con -o^1 en masculino y -a^1 en femenino.

b La mayor parte de las formaciones con este sufijo son adjetivos relacionales no graduables, entre ellas todos los gentilicios formados sobre topónimos; esto no excluye que algunos de ellos puedan desarrollar usos calificativos.

c Tienden a ser, en cambio, adjetivos calificativos graduables las formaciones que parten de nombres comunes de sustancia o ser animado, como *aguileño, cobreño*, y también algunas de las que toman sustantivos que denotan espacios, como *hogareño*.

d Este sufijo comporta siempre la cancelación de la vocal átona final de género del sustantivo de la base, como en *agost-o > agost-eño*.

Tipos de significado

a Como sucede con otros sufijos que expresan adjetivos relacionales, este sufijo también desarrolla lecturas calificativas.
b En las lecturas relacionales, el sufijo denota solamente una relación subespecificada entre la entidad denotada por la base y aquella denotada por el sustantivo al que modifica. Debido al predominio de las bases que denotan topónimos, esta relación suele ser la de origen o procedencia, como en *cacereño*, 'de Cáceres', pero se admiten otras interpretaciones, como la de agente (*la invasión salvadoreña de Nicaragua*).
c Esta misma lectura relacional es típica con bases formadas por nombres comunes, como en *sureño, isleño, costeño*.
d Cuando el sufijo forma adjetivos calificativos, suele imponer una lectura similitudinal, en la que se denota la semejanza en propiedades con la entidad que denota la base, como en *cobreño* 'similar al cobre', *navideño* 'típico de la Navidad', etc.
e Son poco frecuentes otras lecturas calificativas; en *hogareño* se identifica una lectura disposicional 'que prefiere estar en casa' junto a la lectura similitudinal 'que recuerda al hogar'; en *terreño* hay una lectura posesiva 'que tiene tierra' junto a la lectura similitudinal.

Propiedades fonológicas y haplologías

a Este sufijo atrae a su vocal /e/ el acento prosódico de la palabra, lo cual tiene el efecto de cancelar los diptongos de la base que están motivados por la presencia del acento, como en *Puerto Rico > portorriqueño, Berrueco > berroqueño*.
b Junto a la cancelación regular de la vocal átona final de género de la base, este sufijo también comporta la cancelación de las terminaciones átonas, incluso cuando la base termina en consonante, como en *Bermudas > bermudeño*, y también en *cacereño, caraqueño, esmeraldeño, hondureño*.
c Este sufijo participa en distintas haplologías, de las cuales la única sistemática es la del segmento *-ad* (*Libertad > libereño, navidad > navideño*). Así, de *Castrojeriz > castreño* y de *Extremadura > extremeño*.
d Ocasionalmente este sufijo aparece con interfijos fonológicamente condicionados, como en *Congo > congoleño*.
e Las vocales tónicas finales tienen un comportamiento variable con este sufijo: a veces se cancelan (*Panamá > panameño*) y a veces se conservan (*Alcalá > alcalaeño*).

Relaciones con otros afijos

Entre los sufijos que forman adjetivos relacionales, sobre todo con lectura de gentilicio, **-eño** se diferencia tanto por su preferencia por regiones latinoamericanas como por la ausencia de bases neoclásicas.

> Lecturas recomendadas: Bosque (1993); Pharies (2002); Fábregas (2007, 2020); RAE & ASALE (2009: §7.6).

-eo[1]. Posiblemente relacionado con **-ear**. Sufijo nominalizador que forma nombres de acción a partir de verbos.

a Tradicionalmente, se ha considerado que los sustantivos deverbales terminados en **-eo** (*zapateo*) son casos en que se produce una nominalización sin sufijo nominalizador expreso, mediante la cancelación de la vocal temática y la adición de una marca de género, como en *comprar > compra, contar > cuento* o *pagar > pago*.
b Esta impresión está apoyada por la existencia de numerosos verbos en **-ear** que tienen un par nominal en **-eo**, entre otros muchos *arponear ~ arponeo, babear ~ babeo, bailotear ~ bailoteo, bambolear ~ bamboleo, bizquear ~ bizqueo, bombardear ~ bombardeo, cantear ~ canteo, cecear ~ ceceo, centellear ~ centelleo, chaquetear ~ chaqueteo, chequear ~ chequeo, cabrear ~ cabreo, cotillear ~ cotilleo, deletrear ~ deletreo, emplear ~ empleo, espolvorear ~ espolvoreo, fisgonear ~ fisgoneo, foguear ~ fogueo, gimotear ~ gimoteo, gotear ~ goteo, juguetear ~ jugueteo, lagrimear ~ lagrimeo, lloriquear ~ lloriqueo, mangonear ~ mangoneo, mantear ~ manteo, menear ~ meneo, moquear ~ moqueo, morrear ~ morreo, mosquear ~ mosqueo, palmear ~ palmeo, parlotear ~ parloteo, patalear ~ pataleo, pelotear ~ peloteo, picotear ~ picoteo, revolotear ~ revoloteo, salsear ~ salseo, solfear ~ solfeo, terracear ~ terraceo, vapular ~ vapuleo*.
c De ser así, -ear sería el único sufijo verbalizador del español (y de otras muchas lenguas tipológicamente próximas) que permite nominalizaciones cero, algo vedado a **-ificar** (**un clasifico*), **-izar** (**un realizo*), **-ecer** (**un crezo*) y los demás.
d Sin embargo, hay motivos para pensar que el sufijo **-eo** es independiente de **-ear**, por lo que los nominales no son fruto de una nominalización cero a partir del verbo. En primer lugar son muchos los verbos en **-ear** que carecen de nominalización en **-eo**; entre otros los nombres de (1) son imposibles para muchos hablantes pese a tener las formaciones en **-ear** correspondientes.

(1) **acacheteo, *acoceo, *(a)corneo, *afeo, *agujereo, *aireo, *alanceo, *alardeo, *alineo, *ambicioneo, *apeo, *apedreo, *atareo, *botoneo, *bromeo, *caldeo, *camorreo, *campeo, *cateo, *chivateo, *cobardeo, *codeo, *cojeo, *eleganteo, *embusteo, *escaseo, *escrupuleo, *fantaseo, *flambeo, *flojeo, *galopeo, *glaseo, *goleo, *golpeo, *ideo, *merodeo, *neblineo, *perfumeo, *rumoreo, *saneo, *simultaneo, *trajeo, *troceo, *vitoreo...*

e En algunos de los casos anteriores puede argumentarse que se produce un bloqueo léxico porque el nombre base ya adopta el significado de actividad que puede incorporar -eo (*galope ~ galopear ~*galopeo*) o porque existe otra forma más afianzada en el uso (*golear ~ goleada*), pero esta no es una explicación válida en muchos otros casos, como *escasear ~ *escaseo*.
f Asimismo, muchos sustantivos en **-eo** carecen para muchos hablantes de una versión verbal en **-ear**, como en *famoseo, postureo, papeleo, pasteleo, escarceo*, y también en *visiteo (visitar), soldeo (soldar), pregunteo (preguntar), marqueo (marcar), manipuleo (manipular), machaqueo (machacar), espigueo (espigar), critiqueo (criticar)*.
g Dados estos argumentos, parece plausible proponer que, si bien pueden tener una relación etimológica, **-eo** y **-ear** no son la versión nominal y verbal del mismo sufijo.
h Dicho esto, **-eo** comparte con **-ear** el valor de acción habitual, frecuente o repetida (*tarareo, tambolireo, punteo, paseo, mordisqueo, papeleo, pataleo...*) o formas de comportamiento (*postureo, famoseo, tonteo, celestineo...*) y el valor de efectuación de la base (*bloqueo, formateo...*), pero carece de los valores estativos (**escaseo*) y el resto de sus lecturas.

LECTURAS RECOMENDADAS: López (2015); Fábregas (2016).

-eo[2]. Del sufijo adjetivalizador latino *-eum*. Forma llana, con acento sobre la /e/, del sufijo '**-eo**, documentada en unas pocas formas, como *europeo, justinianeo* y *etneo*.

'-eo. Del sufijo adjetivalizador latino *-eum*. Sufijo adjetivalizador culto que selecciona un buen número de temas neoclásicos.

Tipos de base

a Mayoritariamente las formas que selecciona este sufijo son temas neoclásicos con valor correspondiente a un sustantivo:

(1) aclamídeo, aéreo, álveo, venéreo, arbóreo, argénteo, artocárpeo, áureo, bóreo, calcáreo, celentéreo, cerúleo, cigofíleo, cinéreo, coccíneo, coetáneo, corpóreo, deletéreo, ebúrneo, ecuóreo, erróneo, estercóreo, femíneo, férreo, fulgúreo, fulmíneo, funéreo, homogéneo, idóneo, ígneo, juglándeo, lácteo, lapídeo, lúteo, marmóreo, níveo, pandáneo, pedáneo, pétreo, plúmbeo, rúbeo, sidéreo, silíceo, simultáneo, tintóreo...

b Esto no impide que también seleccione algunos nombres comunes usados como tales en español, si bien tienen en común que suelen pertenecer al léxico técnico, científico o especializado:

(2) cotiledóneo, albarráneo, bucofaríngeo, carmíneo, cárneo, cáseo, céreo, ciclópeo, córneo, curvilíneo, espélteo, espíneo, espúmeo, estamíneo, etéreo, gorgóneo, gríseo, jazmíneo, meníngeo, nacáreo, nectáreo, nérveo, platáneo, plúmeo, purpúreo, róseo, sesámeo, sulfúreo, tartáreo, virgíneo...

c En tercer lugar, este sufijo selecciona nombres propios de persona, generalmente personalidades de la historia y la cultura de la antigüedad, si bien en algunos casos el hablante medio no reconoce una base (eg., *estentóreo*).

(3) cesáreo, dioscóreo, epicúreo, estentóreo, hectóreo, herculeo, icáreo, neptúneo, nestóreo...

d El alomorfo *-áneo* selecciona ocasionalmente bases verbales sin vocal temática, como en *frustráneo* y *sufragáneo*.

e Podría proponerse una base adverbial en *foráneo* si se propone que procede del adverbio *fuera*.

Comportamiento gramatical

a Este sufijo produce adjetivos, sobre todo relacionales, que siempre son variables en género y marcan el masculino con **-o**[1] y el femenino con **-a**[1].

b Pese a la fuerte tendencia a formar adjetivos relacionales y otros tipos de adjetivos no graduables (*momentáneo, instantáneo, simultáneo, virgíneo, femíneo*), algunos de los adjetivos derivados con este sufijo poseen valores calificativos o se emplean mayoritariamente como calificativos: *hercúleo, deletéreo, erróneo, férreo*, entre otros.

c Como sucede con otros sufijos que forman mayoritariamente adjetivos relacionales, los formados con este sufijo también adquieren frecuentemente valores sustantivos, y en algunos pocos casos, como *cráneo*, se emplean como sustantivos únicamente.

d Este sufijo siempre comporta la cancelación de la vocal átona final de género de la base.

Tipos de significado

a   Como otros sufijos que forman adjetivos relacionales, este también tiene una semántica abstracta en que expresa una relación general entre la clase de entidades denotada por la base y el sustantivo modificado, sin precisar su naturaleza (*producción láctea, alergia láctea, suero lácteo...*).
b   En los valores calificativos, suele tener un sentido similitudinal en que predica del sustantivo alguna propiedad notable de la base, sea su apariencia (*femíneo, gríseo, etéreo, jazmíneo*) o cualquier otra cualidad (*férreo, hercúleo, nectáreo, virgíneo...*).

Propiedades fonológicas

a   Este sufijo, al igual que **'-ico** y otros, refleja su naturaleza culta en que impone acento esdrújulo a la palabra, siempre a la sílaba anterior a la /e/.
b   Pese a esto, la presencia del acento no tiene el efecto de diptongar la base: *hueso > óseo*, sin diptongación pese a recibir el acento. Esto sugiere que el adjetivo puede ser una forma culta no segmentable en español o, alternativamente, que está construido sobre una raíz y queda al margen de la regla de la diptongación irregularmente.
c   Este sufijo, debido a su carácter culto, puede dar lugar a espirantización de forma no sistemática: *cartíla[g]o > cartila[x]íneo, coxis > coccígeo*.
d   Junto a la cancelación sistemática de la vocal átona de género, este sufijo puede también cancelar la terminación consonántica de la base, como en *cactus > cácteo*.

Alomorfos

a   El carácter culto de este sufijo hace que frecuentemente tome bases neoclásicas o supletivas, y también versiones alomórficas de la base que siguen las reglas del latín, como en *virgen > virgíneo*.
b   El alomorfo *-íneo* aparece en un buen conjunto de formas, casi siempre de base neoclásica, como *apolíneo, abietíneo, aceríneo, albugíneo, arundíneo, bixíneo, broncíneo, canabíneo, celastríneo, equisetíneo, ferrugíneo, filicíneo, gramíneo, ictíneo, licopodíneo, nictagíneo, salicíneo, sanguíneo*.
c   Aunque es una cuestión polémica, en español actual puede tratarse *-ídeo* como un alomorfo de este sufijo, al no separarlos ninguna propiedad gramatical o semántica: *berberídeo, cefalorraquídeo, celtídeo*.
d   En cambio, resulta más problemático determinar si *-áneo* (*calcáneo, colactáneo, coterráneo, cutáneo*) debe interpretarse como un alomorfo de **'-eo** o como un afijo independiente. Tiene dos propiedades que lo distinguen parcialmente de **'-eo**, aunque no son sistemáticas o productivas: puede formar adjetivos a partir de raíces verbales (*frustráneo*) y suele combinarse con bases que denotan periodos de tiempo (*contemporáneo, instantáneo, momentáneo*). Otra alternativa es proponer un interfijo *-an-*.
e   Es excepcional la forma *terráqueo*, con alomorfo *-áqueo* o un interfijo *-ac-*.
f   Véase **-áceo**.

Relaciones con otros afijos

Entre los sufijos que forman adjetivos relacionales, **'-eo** se distingue de los demás por su predilección por bases neoclásicas, supletivas o cultas. Se emplea sobre todo en el léxico científico de la botánica y otras ciencias biológicas.

> Lecturas recomendadas: Rainer (1993, 1999); Pharies (2002).

-eolo. Posible alomorfo de **-olo**.

epi-. Del griego ἐπι- 'sobre, encima de'. Prefijo adjetival de valor equivalente a 'superior, abstracto'.

a Este prefijo aparece combinado sobre todo con bases neoclásicas correspondientes a sustantivos, y propias del lenguaje técnico y científico.

 (1) epidemia, epidermis, epidídimo, epifanía, epífisis, epífora, epigastrio, epigeo, epígono, epígrafe, epigrama, epilepsia, epílogo, epímone, epiquerema, epistaxis, epístrofe, epitafio, epitalamio, epítasis, epitaxia, epitelio, epíteto...

b Existen también algunas bases nominales empleadas como sustantivos en español, entre ellas las de (2), también características del léxico científico.

 (2) epicentro, epiciclo, epicocloide, epifenómeno, epifonema, epigénesis, epiglotis, epiparásito...

c No son frecuentes las bases adjetivales, tanto cuando corresponden a temas neoclásicos (*epiceno, epifito*), como cuando son adjetivos relacionales derivados en español (*epistémico, epizoótico*).

d Este prefijo, como otros prefijos adjetivales, no altera la clase de palabras y otras propiedades gramaticales de su base.

e Este prefijo no es iterable, no es coordinable, no se combina con bases expandidas funcionalmente, no toma alcance sintagmático y no participa en parasíntesis.

f Dado que el valor etimológico del prefijo es locativo ('sobre, encima'), son frecuentes los casos en que posee un significado locativo, como en *epiglotis, epicentro, epigastrio, epiparásito, epidídimo* o *epígrafe*.

g Son menos frecuentes las lecturas en que el prefijo indica una entidad o proceso que surge a continuación de otro –ya que la preposición griega podía significar también 'a continuación de'–, como en *epílogo*, una entidad abstracta –tal vez porque se entiende que lo abstracto está por encima de lo concreto, que se deriva de alguna manera de él–, como en *epifonema*, que se considera solo aparente en la superficie pero no real en un sentido esencial (*epifenómeno*), entre otros significados.

h Este prefijo se integra plenamente en la prosodia de la base.

i Este prefijo es propio del lenguaje científico y contrasta con **sobre-**, más productivo, que además tiene el comportamiento de un prefijo preposicional.

-eque[1]. De origen incierto, tal vez relacionado con *-eco*. Sufijo nominalizador que toma algunas bases verbales, como en *temblar > tembleque, fumar > fumeque, comer > comeque, follar > folleque*; generalmente se emplea con bases que denotan eventos de consumo, siempre dinámicos, y es propia del lenguaje coloquial. Produce siempre nombres masculinos. Su significado es el de formar nombres de evento intensivos, habituales o que se repiten con excesiva frecuencia, como en *fumeque* 'acción initerrumpida de fumar'. Véase también **-era, -eta, -dera**, para sufijos que forman nominalizaciones de acción intensificada.

-eque². De origen incierto, tal vez relacionado con *-eco*. Sufijo apreciativo de valor diminutivo y peyorativo, empleado en Chile y otras regiones, como en *asunto > asunteque* 'asunto de poca importancia'. No hay suficientes datos para saber si puede unificarse con -eque¹ o debe tratarse como un sufijo diferente.

equi-. Del adjetivo latino *aequum* 'igual'. Prefijo preposicional de significado similar a 'igual, parejo'.

Tipos de base

a   Este prefijo es poco productivo, pero se combina con nombres, adjetivos y verbos. Entre los nombres, típicamente en el lenguaje de las matemáticas y de la economía, encontramos los de (1).

(1)   equiángulo, equidiferencia, equidistrubución

b   El carácter culto de este prefijo hace que aparezca ocasionalmente con temas neoclásicos correspondientes a nombres, como en *equinoccio*.

c   Este prefijo también se combina con bases adjetivales, pero siempre adjetivos relacionales, generalmente de origen verbal. Ocasionalmente se une a temas neoclásicos equivalentes a adjetivos relacionales (*equilátero*).

(2)   equipolado, equipolente, equipotente...

d   En este sentido es significativo que los verbos que estarían en la base de formación de muchas de las formaciones de (2) no puedan combinarse directamente con el prefijo (**equipoder, *equipolar*). Sin embargo, el prefijo aparece documentado con bases verbales, generalmente no dinámicas y estativas, como en (3).

(3)   equidistar, equiparar, equiponderar, equivaler

e   No es claro que deba segmentarse la forma *equivocar*, etimológicamente 'llamar de la misma manera (a cosas que no lo son)'.

Comportamiento gramatical

a   Este prefijo no altera la categoría gramatical de la base, ni sus propiedades gramaticales generales. Una posible excepción es *equilátero*, si se entiende que la base es un alomorfo de *lado*, porque en tal caso convertiría un sustantivo en adjetivo de la misma manera que hacen muchos prefijos cuantificativos.

b   Este prefijo se combina con bases verbales que suelen ser estativas, y el significado que posee (similar a 'igual') puede tener efectos sobre la estructura argumental del verbo, como pasa con otros prefijos preposicionales, formando predicados simétricos que exigen dos participantes que tienen uno con el otro la misma relación. Así, *equivaler* introduce dos participantes (*algo equivale a algo*), igual que *equidistar* (*algo y algo equidistan de algo*), equiparar (equiparar algo a algo) y, en la medida en que se emplea, equiponderar (equiponderar algo con algo).

c   Este prefijo, tal vez por su significado, no es iterable. Debido a que expresa una relación de igualdad, su repetición no tendría efectos semánticos.

d   Este prefijo no participa en parasíntesis, y no forma paradojas de encorchetado o segmentación.

e   Este prefijo no toma alcance sintagmático, aunque introduce argumentos que están bajo su ámbito, como en *ser equipotente a alguien*.
f   Este prefijo no es coordinable.

Tipos de significado

a   El significado de este prefijo es el de establecer una relación de igualdad entre dos cantidades, magnitudes o grados. Así, *equidistar* es estar a la misma distancia que otra entidad, *equipotente* es que tiene el mismo grado de poder que otra entidad y *equilátero* es que tiene todos los lados iguales.
b   Puede sorprender que este prefijo tenga el comportamiento gramatical de un prefijo preposicional pero un significado que en español se asocia a un adjetivo; en este sentido, téngase en cuenta que en otras lenguas el adjetivo usado para expresar igualdad tiene la sintaxis de una preposición (el inglés *like*, que puede asignar caso, como en *He is like me*).
c   Este prefijo da también lugar a formas lexicalizadas de valor no predecible, como en *equivocar*.

Propiedades fonológicas

Este prefijo se integra plenamente en la estructura prosódica de la base, no recibe acento secundario no rítmico y rechaza las bases que comienzan por vocal.

Problemas de clasificación

La existencia del sustantivo *equidad*, posiblemente segmentable en *equ-idad*, podría interpretarse como que este morfema es en realidad un tema neoclásico. Sin embargo, los temas neoclásicos no tienen efectos sobre la estructura argumental de la base, y además equi- solo aparece en posición inicial. Es posible, por ello, que *equidad* deba tratarse como un latinismo no segmentable en español (lo cual explicaría la fuerte alomorfía que sería necesaria para explicar el derivado *equitativo*).

Relaciones con otros afijos

Véase **homo-**, cuyo comportamiento es el de un prefijo adjetival, para un prefijo de valor similar, y **alo-**, **hetero-** para prefijos de valor opuesto.

> Lecturas recomendadas: Varela & Martín García (1999).

-er. Posible alomorfo de **-ero** que aparece únicamente en la formación *mercader*, si se supone sincrónicamente una derivación a partir de *mercado*. Históricamente, sin embargo, no hay dudas de que la segmentación sería *merc-a-der*, a partir de un verbo *mercar* 'comerciar, vender y comprar', con *-der* como un alomorfo de **-dor** influido por el catalán. Tampoco es ajeno a este patrón el hecho de que **-ero**[2] en los ordinales *primero* y *tercero* cancele la vocal de género cuando antecede a un sustantivo masculino singular (*primer elemento, tercer piso*).

> LECTURAS RECOMENDADAS: Rainer (1993).

-er-. De origen incierto. Posible interfijo que aparece en algunas formas segmentables, como *temeroso* (cf. **-oso**), *voltereta* (cf. **-eta**[1]), *temerón* (cf. **-ón**[3]) y posiblemente *verderol*. Es probable que deba dividirse en dos grupos: aquellos que proceden de verbos de la segunda conjugación, donde la /e/ puede ser la vocal temática (*meterete, beberueca*), y aquellos formados sobre otras categorías gramaticales, donde no se puede proponer lo mismo. Véase también **-ar-**.

¹-er. Del inglés *-er*, sufijo agentivo que se puede unir a ciertos sustantivos. Sufijo nominali que forma nombres comunes, humanos, a partir de nombres propios.

a   Este sufijo se une a nombres propios de persona, generalmente apellidos, aunque también admite nombres de pila si la persona es conocida por él: *(Mónica) Naranjo > naránjer, (Quentin) Tarantino > tarantíner, (Isabel Díaz) Ayuso > ayúser, Pablo (Iglesias) > pábler, (Rafa) Nadal > nadáler...*
b   Este sufijo siempre forma nombres comunes referidos a personas, comunes en cuanto al género, y debido a su origen inglés toman el alomorfo *-s* del plural, no *-es*.
c   Este sufijo aporta el significado de 'defensor o fanático de N', y se emplea para formar nombres de hinchas y seguidores de una personalidad política, deportística o artística.
d   Este sufijo cancela la vocal átona final del sustantivo; por motivos tal vez fonológicos, rechaza los apellidos terminados en **-ez**, sufijo que no recibe el acento: ??*Sánchez > sánchecer*.
e   Al igual que el sufijo patronímico **¹-ez**, **¹-er** no desplaza el acento de la base, que se mantiene en la misma sílaba en la que se encontraba: *Bárcenas > bárcener*.

-era[1]. Del latín *-ariam*. Sufijo nominalizador no productivo que forma nombres de cualidad a partir de algunos adjetivos.

a   Este sufijo selecciona algunas bases adjetivales, siempre calificativas, y asociadas con valores negativos de las personas: *bizquera, ceguera, chochera, cojera, flojera, ronquera*, y unos pocos más.
b   Este sufijo produce siempre sustantivos femeninos marcados por **-a**[1].
c   Los nombres producidos por este sufijo tienen las propiedades de las nominalizaciones de cualidad, y suelen implicar que la entidad de la que se predican tiene un grado suficiente de la propiedad para considerarse que 'es A'. Los nombres de cualidad, también en este caso, son no contables, abstractos y toman un argumento referido a la entidad de la que se predica la base (*la cojera de María*).
d   No se documentan casos en que el nombre de cualidad se reinterprete como nombre de entidad contable, para indicar individuos que poseen la propiedad.
e   Este sufijo comporta siempre la caída de la vocal átona final de la base.
f   Este sufijo, fonológicamente, atrae el acento a su vocal /e/ y puede producir la monoptongación de la base (*ciego > ceguera*).
g   Entre los nominalizadores de cualidad, este sufijo es poco productivo, frente a **-idad**, **-ura**, **-ez(a)**.

-era². Del latín -*ariam*. Sufijo nominal poco productivo que forma nombres colectivos a partir de nombres individuales (*piojo* > *piojera*) y más frecuentemente de sustancia (*cristal* > *cristalera, pelambre* > *pelambrera, cabello* > *cabellera*). Los sustantivos formados con él, siempre femeninos, tienen las propiedades gramaticales de los nombres colectivos (*entre su cabellera*). Véase **-eda**, **-ario** para otros sufijos colectivos de mayor productividad.

-era³. Del latín -*ariam*. Sufijo nominalizador que forma sustantivos de acción o estado enfático a partir de varios tipos gramaticales de base.

a Este sufijo selecciona bases verbales, que pierden la vocal temática a no ser que se empleen interfijos: *arranquera, cagalera, cansera, carraspera, laborera, arrechera, pedorrera, temblequera, vomitera*...
b En menor medida, selecciona bases adjetivales para obtener sustantivos que designan un estado intenso de posesión de las propiedades (*calentera, fiolera*) y sustantivos (*dentera, escandalera, llantera, lumbrera*).
c Este sufijo forma siempre sustantivos femeninos marcados por **-a**¹.
d Este sufijo aporta, junto a la categoría nominal, una noción de acción intensa o estado intenso, porque se ejecuta la acción denotada por la base de forma insistente, repetida o abundante, o porque el conjunto de propiedades denotadas por ella aparecen en un grado alto. Hay una tendencia a que la base se interprete semánticamente como un estado desfavorable, o una acción incómoda, con preferencia por verbos que indican la emisión de sustancias físicas y distintos tipos de síntomas de enfermedad.
e Este sufijo cancela siempre la marca de categoría de la base, incluyendo la vocal temática, por lo que tal vez se forme directamente sobre la raíz. No es claro si la cancelación de **-ear** (*carraspear* > *carraspera*) obedece a causas fonológicas (*carrasp-e-era*) o refleja la selección de bases radicales directamente.
f Es frecuente que la base contenga interfijos verbales (*ped-orr-era*) que denotan instancias no prototípicas de la acción denotada.
g Véase también **-dera**.

LECTURAS RECOMENDADAS: RAE & ASALE (2009: §5.9).

-eras. Probablmente de la forma plural de **-era**³, intensificativo. Sufijo apreciativo de valor intensificativo.

a Este sufijo se combina con sustantivos, generalmente referidos a entidades humanas definidas por alguna propiedad de comportamiento o apariencia (*golferas, guaperas, sorderas, flojeras, rojeras, lumbreras*).
b Este sufijo produce siempre adjetivos frecuentemente convertidos a sustantivos (*un cantante guaperas* ~ *un guaperas*); son en todos los casos voces comunes en género (*una rojeras, un rojeras*) y número (*un golferas, unos golferas*) sin cambio en su terminación.
c Este sufijo comporta siempre la cancelación de la vocal átona final de la base.
d Este sufijo tiene un valor intensificativo que lleva a un grado extremo la propiedad denotada por la base, o que se emplea para definir a la clase de personas de la base, y siempre se restringe a entidades humanas.

e   Con frecuencia, el valor intensificativo puede derivar en valores peyorativos cuando se considera que la base denota una propiedad negativa o que su intensidad puede ser perjudicial (*golferas, sorderas*).
f   Véase también **-deras**.

-ería[1]. Posiblemente de la suma de los sufijos **-ero** e **-ía**. Sufijo nominal que forma sustantivos de lugar a partir de nombres comunes.

Tipos de base

a   Este prefijo selecciona siempre nombres comunes, generalmente referidos a objetos y otras entidades no animadas.

(1)   abaniquería, aceitería, acemilería, acerería, aguardentería, albañilería, alcahuetería, almidonería, alpargatería, arrocería, betunería, bizcochería, bocadillería, bombonería, botiquería, buñolería, cevichería, chocolatería, colchonería, corbatería, corsetería, crepería, droguería, espejería, fiambrería, güisquería, hamburguesería, heladería, horchatería, mantequería, pajarería, pollería, pulpería, sidrería, tabaquería, tintorería, tortillería...

b   Existen pocos casos, pero hay, en que la base es una entidad animada, generalmente referida a la persona que desarrolla cierto oficio o al instrumento relacionado con él:

(2)   alguacilería, chapistería, conserjería, copistería, floristería, herboristería, lampistería ebanistería...

c   No son frecuentes tampoco las bases verbales: *destilería, guardería, refinería*.

Comportamiento gramatical

a   Este sufijo siempre produce sustantivos femeninos marcados productivamente con **-a**[1].
b   Este sufijo siempre cancela la vocal átona final de género de la base.
c   Este sufijo produce siempre nombres concretos y contables, que designan espacios y comercios bien delimitados.
d   En los casos de base verbal, el sufijo siempre comporta la desaparición de la vocal temática, lo cual sugiere que puede estar tomando una raíz como base.

Tipos de significado

a   Este sufijo da siempre el significado de 'nombre de lugar en que se desarrolla una actividad relacionada con la base'.
b   Frecuentemente, esta actividad es la compraventa del objeto denotado por la base, como en *cevichería, chocolatería*.
c   Es menos común, en cambio, con este sufijo la lectura de 'lugar donde la base desarrolla su labor', como en *conserjería* o *floristería*. Véase sin embargo 'Problemas de segmentación' abajo.

Propiedades fonológicas

a   Este sufijo atrae el acento a la vocal /i/, lo cual puede causar la monoptongación de la base si el diptongo depende de la posición del acento (*buñuelo* > *buñolería*), pero no de forma sistemática (*huevo* > *huevería*).
b   Este sufijo no suele seleccionar alomorfos de la base, y no tiene alomorfos conocidos.

Problemas de segmentación

a   Surge la cuestión de si es posible segmentar este sufijo en **-ero**, referido a nombres de profesión, e **-ía**, que admite valores de lugar construidos sobre nombres de entidad animada (*abadía*). En los sustantivos de (3) esta posibilidad de simplificación existe, porque sistemáticamente existen formaciones en **-ero** que designan una profesión:

(3)   abacería, aparcería, arcabucería, artillería, barbería, caballería, cancillería, carnicería, carpintería, cerrajería, cervecería, charcutería, churrería, coctelería, cuchillería, enfermería, ferretería, fontanería, frutería, ganadería, herrería, huevería, jardinería, joyería, juguetería, lavandería, librería, marinería, mensajería, panadería, pastelería, peluquería, pescadería, quesería, relojería, sombrerería, tesorería, trompetería, verdulería, zapatería...

b   En cambio, en los ejemplos de (1) no existe una formación en **-ero**, o el hablante puede emplear la voz sin conocer el nombre de oficio, por lo que postular un sufijo **-ería**, indescomponible en español contemporáneo, parece necesario para esos casos.
c   Si esta propuesta está bien encauzada, la conclusión sería que **-ía**, cuando da nombres de lugar, tiende a consturirlos sobre una entidad animada, asociada a una profesión o actividad, mientras que **-ería** tiende a seleccionar, con excepciones, entidades no animadas que se manejan en el desarrollo de esa actividad.
d   Nótese que, con la excepción de *brujería* y *piratería*, la mayor parte de los sustantivos que denotan la actividad relacionada con una profesión y no el lugar en que se realiza, proceden de formaciones en **-ero**: *cestería, alfarería, jardinería, platería, ofebrería*...

Relaciones con otros afijos

Este sufijo es el más productivo de entre los que dan lugar a nombres de lugar a partir de sustantivos. Véase **-ería**[3].

> LECTURAS RECOMENDADAS: Rainer (1993); Pharies (2002); Pena (2005, 2008); RAE & ASALE (2009: §6.12).

-ería[2]. Posiblemente de la suma de los sufijos **-ero** e **-ía**. Sufijo nominalizador que forma sustantivos de cualidad y acción a partir de adjetivos.

a   Este sufijo selecciona adjetivos calificativos, casi siempre referidos a propiedades del comportamiento de las personas:

(1)   babosería, baraganería, beatería, bellaquería, bisoñería, blandenguería, bobería, bonachonería, bravuconería, bribonería, cabezonería, camaradería,

chabacanería, charlatanería, chulería, cochinería, comadrería, cuñadería, cutrería, fanfarronería, galantería, gandulería, gazmoñería, glotonería, gorrinería, granujería, guapetonería, guarrería, haraganería, holgazanería, machaconería, mariconería, mojigatería, ñoñería, pedantería, perrería, piratería, racanería, ramplonería, roñosería, santurronería, socarronería, sofistería, sosería, tacañería, tontería, truhanería, vagabundería, villanería...

b   Son excepcionales otras bases, como el cuantificador *nada* > *nadería* o el nombre propio *Quijote* > *quijotería*.
c   Frecuentemente, las bases tienden a designar propiedades negativas.

Comportamiento gramatical

a   Este sufijo siempre produce sustantivos femeninos marcados productivamente con -a^1. Hay, sin embargo, algún caso excepcional en masculino, como en *cutrerío* –usado también como nombre de cualidad, pese a que sea más frecuente como colectivo– y *puterío*.
b   Este sufijo siempre cancela la vocal átona final de género de la base.
c   Este sufijo suele dar una lectura de cualidad, lo cual produce sustantivos no contables que expresan algún valor de grado en la cualidad denotada por la base, como en *la chulería*, #*las chulerías*.
d   En tanto que nombres de cualidad, pueden tomar un complemento que designa la entidad de la que se predican las propiedades, y asignar una interpretación de grado a los cuantificadores: *la bravuconería de Juan, mucha glotonería, un poco de chulería*.
e   En la lectura de nombre de acción, en cambio, el sustantivo se interpreta como contable: *las muchas chulerías que hizo en la fiesta*.

Tipos de significado

a   El valor más frecuente de este sufijo es el de formar nominalizaciones de cualidad, donde la base denota una dimensión sin precisar que su complemento posea un grado suficiente de ella (*La beatería de esta gente es nula*) o predicando un grado suficiente de la propiedad (*Es insoportable tu gazmoñería*).
b   Como sucede con otras nominalizaciones de cualidad formadas sobre adjetivos que hablan del comportamiento de los humanos, el sufijo también admite lecturas de acción en que denota un acto en que se exhibe la propiedad relevante, como en *Esto es una chulería, Sus declaraciones fueron una galantería hacia el público, Ha hecho una tontería*.

Propiedades fonológicas

a   Este sufijo atrae el acento a la vocal /i/.
b   Este sufijo no suele seleccionar alomorfos de la base, y no tiene alomorfos conocidos.

Problemas de segmentación

a   Si bien en los casos de (1) es necesario postular un sufijo **-ería**, dada la ausencia de una forma base en **-ero**^{1}, en otros casos puede proponerse que la secuencia **-ería** se divide en **-ero**¹ e **-ía**, en su valor de cualidad o actividad general. Algunos de estos ejemplos aparecen mencionados en (2).

(2) alfarería, altanería, chapucería, cicatería, compañería, grosería, hechicería, lisonjería, pordiosería, sensiblería, tercería, zalamería...

Relaciones con otros afijos

Como nominalizador de cualidad, **-ería** es mucho menos productivo que **-idad**. Véase también **-ería**³.

> LECTURAS RECOMENDADAS: Pharies (2002); Pena (2005); RAE & ASALE (2009: §6.3); Fábregas (2016).

-ería³. Posiblemente de la suma de los sufijos **-ero** e **-ía**. Sufijo nominal que forma sustantivos colectivos a partir de nombres individuales.

Tipos de base

a   Este sufijo selecciona como bases siempre nombres comunes:

(1) cristalería, cubertería, tapicería, arquería, sillería, cintería, bollería, pedrería, circuitería, grifería, palabrería, azulejería, balconería, cacharrería, cajonería, cañonería, crucería, espejería, hotelería, librería, perlería, plumajería, utilería...

b   También se documentan nombres comunes referidos a persona y otros seres animados en la base:

(2) asnería, chiquillería, beatería, matonería, devotería, ovejería...

c   La versión masculina de este sufijo, **-erío**, puede tomar también bases verbales: *ladrerío*, y posiblemente también *haberío, griterío*.

d   Por motivos evidentes, el sutantivo denotado por la base suele ser contable e individual; es una excepción *plumajerío*, sobre *plumaje*, que ya es un nombre colectivo, y se interpreta, de hecho, como un conjunto de conjuntos de plumas.

Comportamiento gramatical

a   Este sufijo siempre produce sustantivos femeninos marcados productivamente con **-a**¹. Hay, sin embargo, casos en masculino, que comparten las propiedades gramaticales de esta forma, solo que con valor de género distinto.

(3) balerío, carguerío, caserío, fiesterío, frasquerío, graderío, griterío, ladrerío, llanterío, loquerío, lucerío, mocerío, monjerío, mosquerío, palabrerío, papelerío, pedrerío, piberío, picanterío, plumerío, raicerío, rancherío, rojerío, sangrerío, vocerío, yegüerío...

b   Este sufijo siempre cancela la vocal átona final de género de la base, y la vocal temática de la base verbal.

c Este sufijo produce nombres colectivos, que en singular pueden ser seleccionados por predicados colectivos:

(4) a entre la cubertería
    b reunir a la chiquillería

Tipos de significado

a El valor semántico de este sufijo es el de formar nombres colectivos, lo cual se obtiene construyendo un grupo sobre la entidad individual designada por la base. Así, la *cubertería* es el conjunto de cubiertos, la *mantelería* es el conjunto de manteles, etc.
b Cuando la base se relaciona con una acción, sea por proceder de un verbo o sea por proceder de un sustantivo que designa una acción, el sufijo indica una acumulación intensa y repetida de manifestaciones de dicho evento, como en *griterío* o *llanterío*.
c Aunque lo tuvieron en tiempos, *cacería, tubería* y *cañería* no designan agrupaciones de entidades en español contemporáneo.

Propiedades fonológicas

a Este sufijo atrae el acento a la vocal /i/.
b Este sufijo no suele seleccionar alomorfos de la base, y no tiene alomorfos conocidos. Nótese que la alternancia entre **-ería** y **-erío** no es un caso de alomorfía, sino dos valores de género diferentes para el mismo sufijo, *-erí-*.

Relaciones con otros afijos

a Entre los sufijos colectivos, **-ería** / **-erío** tiene un valor intermedio.
b Resulta polémica la cuestión de qué clase de relación establecen los tres sufijos **-ería**. El valor colectivo de **-ería**[3] tal vez pueda relacionarse con el valor locativo de **-ería**[1], si podemos suponer que la agrupación de las entidades de la base define frecuentemente un comercio o lugar donde se venden y compran. No obstante, esta explicación no sirve para los casos en que **-ería**[1] selecciona el sustantivo que denota la profesión, ya que ahí no interpretamos necesariamente que haya una acumulación de personas que tienen el mismo oficio en la tienda o comercio.
c De la misma manera, la relación ente **-ería**[2] y los otros valores es difícil de establecer. No parece que de ninguna manera evidente se puedan relacionar las nociones de cualidad, colectividad y lugar; además, **-ería**[2] se diferencia de los otros dos sufijos en que selecciona prioritariamente bases adjetivales.

LECTURAS RECOMENDADAS: Pharies (2002); Pena (2005, 2007), Zacarías-Ponce de León (2016).

-eril. Posible sufijo que Rainer (1993: 539) propone, por influencia de **-ero**[2], en formaciones como *bruja* > *brujeril, negocio* > *negocieril*. Probablemente deba entenderse como la combinación de **-il** junto al interfijo **-er-**.

-erino. Posible alomorfo del sufijo **-ino** (*pueblerino*).

-erio. Del latín *-erium*. Sufijo nominalizador no productivo que da lugar a distintos tipos de sustantivos.

a   Pese a que en la mayor parte de casos, la secuencia *-erio* puede analizarse en **-ero** e **-io**[1], entre las formas que no aceptan esta descomposición por no existir la forma correspondiente en **-ero** encontramos sobre todo nombres comunes referidos a humanos y temas neoclásicos o bases supletivas equivalentes a sustantivos:

     (1)   asceterio, beaterio, cautiverio
     (2)   monasterio, cementerio, climaterio, puerperio

b   Nótese que en las formas *magisterio* y *ministerio* podría proponerse que el segmento /er/ corresponde a la base, como alomorfo culto.

c   Son poco habituales las bases relacionadas con verbos, como *sahumar* > *sahumerio* y *bautizar* > *baptisterio*.

d   Este sufijo da siempre lugar a sustantivos masculinos, y cancela la vocal átona final y la vocal temática de la base.

e   Este sufijo no tiene un significado estable, y puede dar lugar a nombres de lugar (*beaterio, monasterio, ministerio, baptisterio*), de estado (*climaterio, cautiverio*, 'periodo durante el que se está cautivo') o acción y efecto (*sahumerio, dicterio*).

f   Este sufijo atrae a su vocal /e/ el acento prosódico de la palabra.

-erío. Forma masculina de **-ería**[3], documentada en formas como *griterío, vocerío* o *rojerío*.

eritro-. Del griego ἐρυθρός 'rojo'. Prefijo adjetival propio del lenguaje científico, que se combina con unas pocas bases nominales y temas neoclásicos equivalentes a sustantivos (*eritrocito, eritropoyesis, eritroblastosis*). Pese a la etimología, su comportamiento es el de un prefijo, ya que nunca aparece a la derecha de la base y no forma palabras por combinación con otros afijos.

-eriza. Posiblemente relacionado con **-ero** e **-iza**. Posible sufijo que Rainer (1993: 220) propone como hipótesis para explicar casos como *caballeriza, porqueriza*, con valor locativo ('lugar destinado a los caballos o a los puercos'). En ambos casos existe la forma en **-ero** (*caballero, porquero*), lo cual puede argumentar en contra de no segmentar esta terminación en dos partes, pero por otro lado **-iza** carece de valores locativos.

-erizo. Posiblemente relacionado con **-ero** e **-izo**. Posible sufijo adjetivalizador que forma adjetivos relacionales a partir de sustantivos. Rainer (1993: 485) propone para adjetivos como *cabrerizo, boyerizo, yegüerizo, vaquerizo*, y algunos pocos más, siempre con bases que son nombres comunes cuyo valor semántico se relaciona con el mundo de la ganadería. Si bien es cierto que en todos estos casos existe un nombre derivado en **-ero**, el valor semántico del adjetivo no se construye sobre el derivado en **-ero**, sino sobre la base: así, *cabrerizo* es 'relacionado con las cabras', no 'relacionado con el cabrero o similar al cabrero'.

-erno. Del sufijo adjetivalizador latino *-num*, unido a la terminación de la base *-er*. Sufijo adjetivalizador que forma adjetivos relacionales a partir de temas neoclásicos, como en *cuaterno* 'que tiene cuatro partes', y en los adjetivos *materno, paterno, fraterno, moderno* (de *modo* 'ahora mismo'). Dependiendo de cómo se segmenten las formas *materno, paterno* y *fraterno* podría reconocerse un proceso de haplología de /er/ (*pater-erno* > *paterno*) (Pharies 2002).

-ero[1]. Del sufijo adjetivalizador latino *-arium*. Sufijo nominal que forma nombres de profesión, instrumento y lugar a partir de otros nombres comunes.

Tipos de base

a Este sufijo está restringido a nombres comunes, casi siempre referidos a objetos que se emplean de forma central en una profesión o actividad:

(1) alfiletero, alhajero, almanaquero, almohadillero, alpargatero, alpistero, arponero, arquero, balsero, barbero, barrenero, boletero, buñuelero, butanero, cachiporrero, cartero, cartonero, cigarrero, cochero, cristalero, gondolero, grafitero, hechicero, joyero, juguetero, librero, mensajero, mosquetero, navajero, organillero, palafrenero, peluquero, portero, tapicero, telonero, tesorero, tintorero, torpedero, violetero, zapatero...

b También destacan los nombres comunes de productos, alimentos y otras sustancias consumibles:

(2) aceitero, aceitunero, buñuelero, butanero, carnicero, cervecero, dulcero, frutero, heladero, huevero, lechero, panadero, pastelero, pescadero, petrolero, sidrero, verdulero...

c Otras muchas bases designan lugares empleados para alguna actividad:

(3) almacenero, balsero, bodeguero, calabocero, camarero, capillero, carcelero, estanquero, granjero, hostalero, mercadero, mesonero, minero, molinero, posadero, prisionero, quiosquero, restaurantero, tendero, ventero...

d No son frecuentes las bases que designan entidades animadas:

(4) animalero, boyero, cabrero, faisanero, halconero, loquero, negrero, niñero, pajarero, santero, vaquero, yegüero...

e Hay otras muchas categorías semánticas representadas por nombres comunes; entre otras, partes del cuerpo (*bracero*), cantidades (*jornalero*), acciones (*butronero, guerrero, misionero, pregonero*), agrupaciones (*concejero*), géneros artísticos (*roquero, rapero*). Lo que tienen en común es que siempre pueden asociarse a actividades profesionales.

f Son excepcionales las bases que pertenecen a otras categorías gramaticales, como sustantivos (*repostar* > *repostero*, muy lexicalizada), posibles adjetivos (*marino* > *marinero, fresco* > *fresquera*) o advebios (*encimera*), frente a **-ero**[2], que forma adjetivos a partir de una variedad mayor de categorías.

g Este sufijo apena toma bases que sean temas neoclásicos o no voces independientes del español, con muy pocas excepciones, como *fontanero, cetrero, caldera, carpintero*.

Comportamiento gramatical

a Este sufijo forma siempre nombres comunes. Cuando el sustantivo se refiere a una persona, admite moción de género, marcada regularmente con **-o**[1] para el masculino y **-a**[1] para el femenino.

b En cambio cuando el sufijo designa instrumentos (*torpedero, babero, brasero, papelera, fresquera*) o lugares que suelen usarse para un propósito (*caldero, cenicero, jabonera, pecera*), los sustantivos tienen género invariable y están fijados en masculino o femenino.
c Este sufijo siempre produce la desaparición de la vocal átona final de género de la base.
d Este sufijo puede combinarse con sintagmas, como en *ropa vieja* > *ropavejero*, *por dios* > *pordiosero*.

Tipos de significado

a Los significados que tiene el sufijo **-ero**[1] son paralelos a los que posee el sufijo **-dor**, con diferencias que derivan del tipo gramatical de base que selecciona cada uno de ellos. En el caso de **-ero**[1], el valor de agente es más bien un valor de ocupación que no puede tomar argumentos internos y presenta la acción como deducida a partir del significado conceptual de la base, una entidad que se relaciona enciclopédicamente con alguna actividad.
b Así, un *fumador* es la persona que fuma mientras que un *cigarrero* es la persona que realiza alguna acción con los cigarros, cuyo contenido conceptual orienta hacia la interpretación de que los vende o los produce.
c La interpretación de que la ocupación se define mediante producir o vender la entidad denotada por la base es muy frecuente (*panadero, pescadero, zapatero, mantequero, carbonero, churrero, joyero, avellanero, sidrero...*), pero se admiten otras interpretaciones que derivan del significado conceptual de la base, como 'que tiene un oficio que usa N' (*camillero, camionero, pistolero, cochero, barquero, santero, torero, motero, navajero...*) 'participar en' (*consejero, fallero, follonero, guerrero...*), 'trabajar en' (*carcelero, granjero, hacendero, jardinero, obrero, tabernero, cajero...*), 'ocuparse de' (*portero, tesorero, niñero, enfermero, cabrero, vaquero, boyero, pobrero...*) y otras muchas interpretaciones, solo limitadas por la información enciclopédica que poseen los hablantes (*viajero, pasajero, trolero, sonajero, recadero, costurera...*).
d Este sufijo también denota instrumentos, en masculino o femenino: frecuentemente los instrumentos son objetos destinados a guardar o preservar la entidad denotada por la base, o que habita dicha entidad, por lo que muy frecuentemente pueden reinterpretarse como lugares (5).

> (5) aceitera, avispero, azucarero, basurero, bombonera, botellero, camisero, chequera, cigarrero, colillero, corbatero, corsetero, costurero, cuchillero, escobero, estercolero, fichero, florero, gallinero, gatera, hormiguero, jabonera, llavero, macetero, maletero, palomero, panera, papelera, paragüero, pastillero, pecera, perrera, pitillera, revistero, ropero, servilletero, sombrerero, tarjetero, termitero, tintero, trastero, zapatillero, zorrera, cafetera, coctelera, cubitera, vinagrera...

e No son muchos los instrumentos difícilmente interpretables como lugares, como *letrero, anteojera, babero, codillera, rodillera, riñonera, mosquitera, chichonera, cañonero, petrolero...*
f En cambio, son muchos los casos de nombres de instrumento que se definen por la parte del cuerpo donde se sitúan, y ocasionalmente que protegen: *codillera, riñonera, rodillera, chichonera, barbillera, hombrera, muñequera, muñonera, orejera, pantorrillera, pulsera, cabecera...*

g   También hay casos de voces que claramente se interpretan como lugares y no instrumentos: *bolera, buitrera, cantera, pradera, carretera, cochera, escombrera, gasolinera, encimera, leonera, zorrera, buitrera*...

Propiedades fonológicas

Este sufijo atrae a su vocal /e/ el acento prosódico de la palabra, lo cual puede tener el efecto de monoptongar la base cuando su diptongo depende de la posición del acento: *puerta > portero*.

Relaciones con otros afijos

Entre los sufijos que forman nombres de ocupaciones a partir de sustantivos, **-ero** se diferencia de **-ista** en que toma en mayor medida bases patrimoniales y carece de sentidos en que se sugiera que la entidad sigue ideológicamente alguna corriente. Véase también **-ero**[2].

LECTURAS RECOMENDADAS: Rainer (1993, 2017b); Pharies (2002); RAE & ASALE (2009:§6.8).

-ero[2]. Del sufijo adjetivalizador latino *-arium*. Sufijo adjetivalizador que produce adjetivos a partir de sustantivos.

Tipos de base

a   Este sufijo se une sobre todo a nombres comunes, pertenecientes a muchos tipos distintos de campos semánticos:

(1)   aduanero, alcantarillero, algodonero, antifonero, atunero, azucarero, bananero, borriquero, buitrero, cabañero, callejero, camaronero, campero, cangrejero, caravanero, cebollero, cementero, chaletero, choricero, comunero, corralero, cuartelero, culero, esparraguero, forrajero, fresero, garrapatero, hotelero, jamonero, lechuguero, maderero, mantequero, metalero, montañero, olivarero, ovejero, parrillero, patatero, petrolero, pimentero, platanero, quesero, remolachero, rociero, sidrero, tabacalero, tomatero, trompetero, vinatero...

b   Aunque este sufijo no selecciona nombres propios de persona, sí puede seleccionar topónimos para construir el gentilicio: *trianero, cartagenero*... Estos gentilicios son particularmente frecuentes en Cuba, y para hablar de toponimia cubana (Lipski 1996: 258): *guantanamero, santiaguero, habanero, matancero*...

c   De forma excepcional y no productiva, se documentan algunos casos en que este sufijo se combina con bases adjetivales, como en *cierto > certero, escaso > escasero*.

d   Se documentan varios casos en que la base es una preposición (*trasero*) o un adverbio (*delantero, encimero, debajero*).

e   Son poco frecuentes los casos de bases que no tienen independencia como sustantivos u otras categorías del español, como *chafardero, agorero*.

Comportamiento gramatical

a   Este sufijo forma siempre adjetivos variables en género, marcados regularmente por **-o**¹ en masculino y por **-a**¹ en femenino.
b   Muchas de las formaciones, incluyendo las de (1) y los gentilicios, se comportan como adjetivos relacionales no graduables. No obstante, este sufijo también produce adjetivos calificativos como los de (2).

> (2)   agorero, alborotero, altanero, altarero, arrabalero, arrocero, cafetero, campero, carroñero, casamentero, cazallero, cervecero, cevichero, chaquetero, chanchullero, chocolatero, cizañero, colchonero, cristero, cuentero, discotequero, dominguero, farlopero, fandanguero, farolero, festivalero, futbolero, gazpachero, guerrero, horchatero, iglesiero, justiciero, lastimero, lisonjero, llantero, mañanero, milagrero, minifaldero, nochero, patriotero, pinturero, patrañero, rumbero, salchichero, salsero, santero, teatrero, veranero, verbenero, viajero, zarzuelero...

c   Como suele suceder con los adjetivos relacionales, son frecuentes los casos en que el adjetivo se convierte en nombre, como en los adjetivos relacionales construidos sobre nombres de frutos, que también pueden nombrar al árbol o planta que da lugar a esos frutos: *aguacatero, albaricoquero, albercoquero, bellotero, cacaotero, cocotero, melocotonero, palmera, limonero, tomatera, higuera*, entre otros.
d   Este sufijo se combina frecuentemente con sintagmas, como en *quinceañero, sietecallero*.
e   Este sufijo produce sistemáticamente la cancelación de la vocal átona final de la base.

Tipos de significado

a   Este sufijo, cuando da lugar a adjetivos relacionales, se limita a denotar una relación cuya naturaleza no está especificada entre la clase de entidades denotada por la base y el sustantivo modificado.
b   Cuando forma adjetivos calificativos, su valor semántico prioritario es el disposicional, en el que designa la propiedad de tender a participar, o sentirse inclinado hacia, alguna actividad relacionada con el sustantivo de la base, como en *arrocero, cafetero, casamentero, cazallero, cerveero, chocolatero, futbolero, discotequero, farlopero, lisonjero, verbenero, viajero, mañanero, festivalero*, etc.
c   Aunque de forma menos productiva, se identifican otras lecturas, como la similitudinal (en la que se designa alguna propiedad prototípica relacionada con la base, como en *arrabalero, dominguero, teatrero, cuartelero*).
d   La lectura causativa también está muy limitada, aunque se documentan formas como *placentero*.
e   Finalmente, la lectura posesiva se documenta con las bases sintagmáticas, como *quinceañero* 'que tiene quince años'.

Propiedades fonológicas

Si bien el sufijo atrae a su vocal /e/ el acento prosódico de la palabra, no suele producir la monoptongación de las bases diptongadas, como en *fiesta* > *fiestero*, *cuento* > *cuentero*.

Relaciones con otros afijos

a Este sufijo es el más productivo en la formación de adjetivos disposicionales.
b Entre los adjetivos relacionales, su productividad es inferior a **'-ico**.
c Resulta difícil determinar si el sufijo **-ero**[1], que forma sustantivos, se puede tomar como una versión nominal de **-ero**[2]. A favor de unificarlos tenemos el hecho de que es frecuente convertir en sustantivos los adjetivos relacionales, que ambos sufijos pueden combinarse con bases sintagmáticas y que ambos sufijos toman las mismas marcas de género.
d En contra tenemos, en cambio, varios hechos: **-ero**[1] nunca tiene valores disposicionales, frente a **-ero**[2]; **-ero**[1] produce la monoptongación (*portero*), mientras que **-ero**[1] no monoptonga la base (*fiestero*); la selección de bases es diferente en el caso de los dos sufijos.
e No resulta sencillo asociar **-ero**[3], con valor colectivo, con ninguno de los otros dos sufijos, **-ero**[1] o **-ero**[2].

LECTURAS RECOMENDADAS: Pharies (2002); Fábregas (2020).

-ero[3]. Del sufijo adjetivalizador latino *-arium*. Sufijo nominal poco productivo que forma nombres colectivos a partir de nombres individuales.

a Este sufijo se combina con nombres comunes, siempre referidos a entidades no animadas, como en *cancionero, casillero, romancero, medallero, perchero, cartelera, cabellera*.
b Da lugar a nombres comunes colectivos, que pueden ser seleccionados en singular por predicados que requieren agrupaciones de individuos, como en *Reunió todo el cancionero español* o *Entre la cartelera había varias películas interesantes*.
c Los sustantivos no son variables en género, y pueden ser masculinos o femeninos.
d Semánticamente, este sufijo suele formar una agrupación de entidades a partir de la noción que denota la base (un *medallero* es el conjunto de medallas). No obstante, tal vez por relación con **-ero**[1], en otras ocasiones la base no define una entidad individual sino un ámbito con el que se relacionan los objetos que se agrupan en ella, como en *cartelera* o *gotera*, que más que un conjunto de gotas es una entidad de la que salen, secuencialmente, gotas.

LECTURAS RECOMENDADAS: Pharies (2002); Rainer (2017b).

-ero[4]. Del latín *-arium*. Sufijo nominal no productivo que, sin aportar un significado sistemático, deriva algunos sustantivos de otros sustantivos, como en *lápiz > lapicero, liga > liguero, senda > sendero, tabla > tablero*, y en femenino *banda > bandera, barra > barrera, cajón > cajonera, escala > escalera, junta > juntera*. Puede especularse que se trata de casos de nominalización de adjetivos relacionales con **-ero**[2] que se han lexicalizado.

-erol. Posible sufijo que Rainer (1993: 492) segmenta en la forma no composicional *verderol*, suponiendo que procede de *verde*. Es probable que deba segmentarse en **-ol** y el interfijo

-er-, si bien su carácter no composicional no permite argumentar claramente a favor de este análisis.

-eroso. Posible alomorfo del sufijo **-oso** (*temeroso*).

-érrimo. De la terminación latina *-errimum*, forma irregular de superlativo para algunos adjetivos terminados en *-er*. Sufijo adjetival que forma adjetivos de grado extremo.

Tipos de base

a Este sufijo se combina sobre todo con temas neoclásicos o alomorfos latinos correspondientes a adjetivos calificativos graduables.

    (1)   acérrimo, aspérrimo, celebérrimo, fidelérrimo, integérrimo, libérrimo, misérrimo, nigérrimo, paupérrimo, pulquérrimo, salubérrimo, ubérrimo

b Sin embargo, en la actualidad los hablantes extienden este sufijo, en competición con **-ísimo**, a bases adjetivales patrimoniales que también son adjetivos calificativos graduables, generalmente con intención irónica.

    (2)   buenérrimo, guapérrimo, estupendérrimo, tristérrimo, cachondérrimo, tontérrimo, queridérrimo, excelentérrimo, famosérrimo

c Al igual que el sufijo **-ísimo**, los adjetivos elativos que expresan grado extremo léxicamente pueden combinarse con este sufijo (*genialérrimo, deliciosérrimo*).

d No se documenta este sufijo con cuantificadores valorativos (*muchérrimo).

e Tampoco se documenta con bases nominales (*hermanérrimo), o adverbiales (*cerquérrima).

Comportamiento gramatical

a Pese a que suele considerarse una variante de **-ísimo**, este sufijo no posee el mismo comportamiento gramatical. Coincide este sufijo con **-ísimo** en que no cambia la categoría gramatical de la base, y en que es variable en género y marca con **-o**[1] y **-a**[1] los sustantivos y adjetivos a los que se une, independientemente de si las bases hubieran llevado estar marcas desinenciales: *paupérrimo ~ paupérrima*.

b Sin embargo, este sufijo no permite iteración: *guapísimo > guapisísimo* contrasta con *guapérrimo > *guaperrérrimo*.

c Pese a ser clasificado tradicionalmente como un sufijo superlativo, debido a su etimología, los adjetivos que se combinan con este sufijo no tienen el comportamiento de los superlativos. Los superlativos en español se caracterizan por dos propiedades fundamentales: la primera es que pueden introducir una coda superlativa preposicional, que expresa el conjunto del que se destaca al que posee el mayor valor. Como se ve en (3), esto no es el caso con los adjetivos combinados con **-érrimo**.

    (2)   el estudiante más pobre de la clase
    (3)   *el estudiante paupérrimo de la clase

d Un superlativo escoge a un referente único dentro de un grupo, porque dentro de cualquier grupo solo puede ser una la entidad que tiene el grado más alto de alguna propiedad. Por lo tanto, los sintagmas nominales que contienen un superlativo deben aparecer con el artículo definido, que se emplea en contextos en que el referente es único y por tanto puede ser identificado; esta propiedad, sin embargo, no se extiende a los adjetivos con **-érrimo**, donde ese adjetivo no fuerza la lectura de unicidad y por tanto no legitima el uso del artículo definido.

(4) {el / *un} capítulo más limpio que ha escrito
(5) {*el / un} capítulo pulquérrimo que ha escrito

Tipos de significado

a El significado de este sufijo difiere dependiendo de si se une a bases latinizantes o a adjetivos patrimoniales. Con bases latinizantes (*acérrimo, pulquérrimo*), el valor de este sufijo es el mismo de **-ísimo**, si bien frente a él no es productivo: denota un grado extremo dentro de la escala asociada a la base, similar al de los adjetivos elativos.
b Cuando el sufijo es productivo y por tanto se une a bases adjetivales patrimoniales, tiene dos usos fundamentales. El primero de ellos es el de denotar un valor extremo que es superior al que se asocia con **-ísimo** y más enfático que él, como en *buenérrimo, deliciosérrimo, tontérrimo*.
c El segundo de ellos es un valor irónico en el que se da a entender que el valor que se ha alcanzado de la propiedad es precisamente negativo, aunque también extremo, o que pese a los intentos o la apariencia de poseer un valor alto de la propiedad, dicho valor no ha sido obtenido, como en *Iba elegantérrima con ese vestido de flores*.

Propiedades fonológicas

a Este sufijo atrae el acento a su vocal /e/, pero esto no comporta la pérdida de los diptongos de la base *bueno > buenérrimo*.
b En contraste con algunos diminutivos, este sufijo nunca actúa como un infijo que rompe la secuencia de segmentos de la raíz.

Alomorfos

a Este sufijo tiene alomorfos paralelos a los de **-ísimo**. Con bases bisilábicas acabadas en /n/ o /r/, se selecciona el alomorfo *-cérrimo: jovencérrimo, mayorcérrimo*.
b Con algunos adjetivos bisílabos acabados en /e/ se documenta *-ecérrimo*, como en *suavecérrimo*.
c Las diferencias gramaticales (selección de bases adjetivales exclusivamente, imposibilidad de iterarlo) sugieren que este sufijo no puede tomarse como un alomorfo de **-ísimo**.

Lecturas recomendadas: Pharies (2002); RAE & ASALE (2009: §7.4); Pastor (2021); Kornfeld (2021).

-eruzo. Posible alomorfo de **-uzo** (*caperuzo*).

es-. Alomorfo del prefijo **ex-**[2] que aparece documentado en formas como *esclarecer, escoger, espachurrar* o *esforzar*.

272   E

-es. Alomorfo del plural **-s**[1].

-és. Del latín *-ensem*. Sufijo adetivalizador que forma adjetivos relacionales sobre bases sustantivas.

Tipos de base

a   Este sufijo es productivo con topónimos, referidos a países (*ugandés*), ciudades (*vienés*), islas (*mahonés*), regiones (*escocés*) y otros términos geográficos.

(1)   agramontés, alavés, albanés, (alto)aragonés, ampurdanés, asturleonés, aviñonés, bajoaragonés, baracaldés, barcelonés, beamontés, bearnés, berlinés, boloñés, borgoñés, burgalés, burundés, calabrés, camerunés, cantonés, cordobés, coruñés, cremonés, cumanés, cundinamarqués, curlandés, dinamarqués, dublinés, escocés, finlandés, francés, gabonés, galaicoportugués, gantés, gasconés, genovés, ghanés, gijonés, ginebrés, gironés, groenlandés, guayamés, guayanés, guienés, hamburgués, holandés, indianés, indostanés, irlandés, irunés, islandés, jaenés, japonés, jativés, javanés, leonés, libanés, lionés, lisbonés, logroñés, lorenés, lugués, luxemburgués, mahonés, maltés, marsellés, marshalés, medinés, milanés, modenés, molinés, moronés, murviedrés, narbonés, oranés, padronés, pekinés, perpiñanés, pontevedrés, portugalés, portugués, quebequés, roncalés, rosellonés, ruandés, sanabrés, santoñés, sayagués, senegalés, sierraleonés, sudanés, surinamés, tailandés, taiwanés, turinés, ugandés, vienés, vigués

b   Es frecuente que la base seleccionada por el sufijo sea alomórfica, como en *bordelés* (Burdeos), *cartaginés* (Cartago), *ginovés* (Génova, hoy desusado), *lucemburgués* (Luxemburgo, desusada) o *neozelandés* (Nueva Zelanda).
c   También son frecuentes las bases supletivas, a menudo porque el adjetivo se formó en una época en que la zona geográfica de la que se habla tenía otro nombre. Tienen base supletiva *cingalés* (Ceilán), *danés* (Dinamarca), *hibernés* (Irlanda), *inglés* (Inglaterra), *neerlandés* (Países Bajos), entre otros.
d   No son productivas las formaciones a partir de otra clase de sustantivos. Tienen su base en nombres comunes *burgués* (cf. burgo), *montañés, montés* y *payés* (de 'pago', a través del catalán).

Comportamiento gramatical

a   Este sufijo produce adjetivos relacionales, no graduables, sin marca de género en masculino y con la marca de género **-a**[1] en femenino.
b   Todos los adjetivos formados con este sufijo pueden usarse como sustantivos de forma natural.
c   Este sufijo siempre comporta la caída de la vocal átona final de género en la base.
d   Todos los adjetivos formados con este sufijo son relacionales, pero ocasionalmente pueden desarrollar lecturas calificativas por extensión metafórica en que designan el comportamiento o rasgos característicos de los habitantes de la región que designa su base.

Tipos de significado

a   Frente a otros sufijos que forman adjetivos relacionales, este no se limita a designar una relación subespecificada entre la entidad denotada por la base y la que designa el

sustantivo al que modifica: este sufijo se especializa en lecturas de origen o gentilicias, 'natural de N', donde N corresponde a la base.
b Este valor de origen es el que aparece en todas las formaciones sobre topónimos, que son la inmensa mayoría. También está presente en formaciones sobre nombres comunes, como *montañés, montés* y *payés*.
c No son frecuentes las lecturas no composicionales, como en *burgués*, originalmente de *burgo* como ciudad, y *siamés*, empleado para designar a los gemelos unidos en alguna parte del cuerpo.

Propiedades fonológicas

a Este sufijo atrae a su vocal /e/ el acento prosódico de la palabra.
b Junto a la cancelación de la vocal átona final que expresa género, este sufijo comporta la cancelación sistemática de los diptongos formados por /ia/, como en *Francia > francés, Escocia > escocés*.
c La cancelación adicional de /i/ puede llevar a la depalatalización de la consonante final, como en *Cerdaña / Cerdanya > sardanés*, no **sardañés*.
d Es frecuente que, en algunas formaciones terminadas en vocal donde no representa ninguna marca de género, el sufijo se combine con un interfijo fonológico, como en *congolés, togolés*. La forma *burgalés* también toma un interfijo.

Relaciones con otros afijos

Este sufijo es el más productivo en la formación de gentilicios. Frecuentemente se documentan con este sufijo formaciones posibles que en el uso han sido sustituidas por otros sufijos gentilicios, como en *avilés (abulense), alemanés (alemán), dominiqués (dominicano), malagués (malagueño), nepalés (nepalí), pamplonés (pamplonica), polonés (polaco)*.

> LECTURAS RECOMENDADAS: Bosque (1993); Pharies (2002); Fábregas (2007, 2020); RAE & ASALE (2009: §7.6).

-esa. Del sufijo **-és** y la marca de género femenino **-a**[1]. Terminación que define la forma femenina de algunos nombres animados.

Tipos de base

a Esta combinación de sufijos aparece con varios nombres comunes humanos, siempre referidos a títulos, oficios y cargos políticos, nobiliarios o religiosos:

(1) abadesa, alcaidesa, alcaldesa, almirantesa, (archi)duquesa, baronesa, choferesa, (viz)condesa, condestablesa, consulesa, dogaresa, infantesa, juglaresa, lideresa, maestresa, marquesa, princesa, prioresa, quijotesa

b Son poco frecuentes las bases referidas a seres animados no humanos, como *diablesa, ogresa, trigresa, vampiresa*.
c Resulta también excepcional el término *varonesa*, para hablar de la versión femenina del varón.

Comportamiento gramatical

a   Esta terminación es la suma de dos sufijos, donde el segundo puede considerarse el mismo -a[1] que aparece regularmente en los nombres femeninos.
b   La presencia del primer sufijo es sorprendente, debido a que generalmente se emplea para formar adjetivos relacionales –si bien fácilmente convertibles a nombres–.
c   Esta secuencia siempre cancela la vocal átona final de la base.

Tipos de significado

a   La generalización que puede hacerse sobre los contextos de aparición de esta secuencia es que se une a bases que, tradicionalmente, designan títulos y oficios que estaban desempeñados por hombres, y otras bases que por uno u otro motivo se restringen a hombres, como sucede con *varón* o *quijote*, debido al género de su referente.
b   Estilísticamente, el uso de esta secuencia es marcado en numerosos casos. En estos casos los hablantes desarrollan otras formas de expresar el femenino de los nombres masculinos correspondientes y esta secuencia comporta valores estilísticos adicionales, que pueden ser enfatizar el género del referente (*la lideresa* vs. *la líder*) o asociar la forma a valores metafóricos y connotativos, como en *una vampiresa* vs. *una mujer vampiro* o *una vampira*.

Propiedades fonológicas

Es idéntico al de **-és**.

Relaciones con otros afijos

Véase **-isa, -triz, -ina** para otra secuencia que marca el femenino de forma excepcional.

> LECTURAS RECOMENDADAS: Ambadiang (1999); Pharies (2002); Camacho (2021); Montero Curiel & Montero Curiel (2022).

-esano. Alomorfo de **-ano** (*artesano*).

-esca. Relacionado con **-esco**. Sufijo nominal colectivizador poco productivo. Toma como bases siempre nombres comunes referidos a humanos y construye a partir de ellos nombres colectivos que indican la agrupación de esos humanos, como en *soldado > soldadesca, ladrón > ladronesca, pícaro > picaresca*. Tiene la capacidad de alterar el género de la base, imponiendo un valor femenino. Véase **-ería, -eda, -al** y **-ado** para otros sufijos colectivizadores más productivos.

-esco. Del sufijo adjetivalizador latino *-iscum*. Sufijo adjetivalizador que forma sobre todo adjetivos similitudinales a partir de sustantvos.

Tipos de base

a   Este sufijo es particularmente productivo con bases sustantivas que denotan clases de entidades animadas, sobre todo humanos (1). Aunque muchas de las bases seleccionadas por este sufijo pueden funcionar como adjetivos o sustantivos, lo que tienen en común es que tienen un uso como sustantivos, por lo que puede concluirse que en todos estos casos el sufijo selecciona la base en lectura sustantiva:

(1) abogadesco, alemanesco, alguacilesco, arlequinesco, barbaresco, bribonesco, brujesco, bufonesco, caballeresco, canallesco, canibalesco, chalanesco, chinesco, chulesco, cristianesco, detectivesco, diablesco, fulleresco, gauchesco, germanesco, gigantesco, gitanesco, godesco, goliardesco, hampesco, hechiceresco, irlandesco, juglaresco, labradoresco, ladronesco, loquesco, matonesco, pedantesco, picaresco, plateresco, principesco, putesco, rufianesco, sacristanesco, soldadesco, tahuresco, trovadoresco, truhanesco, turquesco, villanesco, zagalesco...

b Son proporcionalmente menos frecuentes las bases correspondientes a sustantivos animados referidos a animales:

(2) animalesco, faunesco, galguesco, gatesco, hormiguesco, ratonesco, simiesco...

c En cambio son muy frecuentes las bases correspondientes a nombres propios de persona, real o ficticia, como en (3). Son mucho menos frecuentes, aunque se documentan, los nombres propios de lugares (*guadianesco, versallesco*).

(3) aristofanesco, borrominesco, cantiflesco, celestinesco, cervantesco, churrigueresco, dantesco, donjuanesco, donquijotesco, goyesco, lucianesco, miguelangelesco, perogrullesco, petrarquesco, quevedesco, quijotesco, rocambolesco, sanchopancesco, valleinclanesco...

d Pese a esta preferencia por bases que denotan entidades animadas, no es difícil encontrar casos donde la base es un nombre común no animado, con cierta predilección por sustantivos que denotan géneros literarios o artísticos (*teatresco, peliculesco, vodevilesco...*).

(4) alfileresco, caricaturesco, grutesco, guiñolesco, guitarresco, libresco, madrigalesco, memorialesco, naipesco, novelesco, refranesco, romancesco, sainetesco, vodevilesco

e Se documentan también bases correspondientes a lugares o periodos de tiempo que pueden asociarse a tipos de comportamiento y otras propiedades típicas, como en *burdelesco, camarillesco, carnavalesco, cuartelesco, montesco, oficinesco...*

f Son muy poco frecuentes las bases que formalmente pertenecen a otras categorías gramaticales. En *dieciochesco* la base es formalmente un numeral cardinal, si bien es obvio que se interpreta como 'siglo dieciocho'; sucede algo parecido en *andantesco*, donde la base es formalmente un adjetivo pero se interpreta como 'caballero andante'. Finalmente, en *birlesco* se identifica la base del verbo birlar 'robar', pero la ausencia de vocal temática sugiere que está formado sobre una raíz y no sobre una forma verbalizada.

g Apenas hay bases neoclásicas que no constituyan formaciones españolas, pero se documenta *funambul-esco*.

Comportamiento gramatical

a Este sufijo produce adjetivos variables en género, marcados regularmente en -o^1 para el masculino y en -a^1 para el femenino.

276   E

b   Este sufijo produce tanto adjetivos calificativos como adjetivos relacionales. Por lo general, cuando la base denota una entidad animada, sobre todo humana, el resultado obtenido es un adjetivo calificativo graduable (*muy simiesco, un poco chulesco, demasiado pintoresco, un poco rocambolesco*), mientras que cuando la base denota otras clases de entidades suele preferirse la interpretación de adjetivo relacional no graduable (*saber libresco, tratamiento caricaturesco, pensamiento dieciochesco*).

c   Es probable que esta correspondencia se deba a que el valor básico del sufijo es relacional, pero es posible derivar de él lecturas calificativas cuando la base contiene suficientes rasgos descriptivos y valorativos para que la relación se reinterprete como un conjunto de propiedades a las que alguna entidad se asemeja. De esta manera, las bases que denotan comportamientos y profesiones humanas tienden a dar lugar a adjetivos calificativos, pero las no animadas, en la medida en que también posean rasgos que especifican tipos de comportamiento, también lo hacen (*carnavalesco*).

d   No son frecuentes los casos en que este sufijo dé lugar a sustantivos; muchos de los adjetivos formados con él pueden convertirse a sustantivos, pero las únicas formaciones que se emplean casi exclusivamente como sustantivos son *arabesco* 'cierta filigrana decorativa', y *parentesco* 'relación entre parientes'.

e   Este sufijo siempre comporta la desaparición de la vocal átona final de la base, como en *estudiant-e* > *estudiant-esco* o *simi-o* > *simi-esco*.

Tipos de significado

a   En su uso para formar adjetivos relacionales, este sufijo regularmente expresa una relación subespecificada entre la entidad a la que modifica el adjetivo y la clase de entidades denotadas por la base, sin determinar la naturaleza de dicha relación: *prosa cancilleresca, sistema cancilleresco, análisis cancilleresco* expresan distintas clases de relación.

b   No son frecuentes las formaciones gentilicias, por lo que este sufijo en su valor relacional no suele formar nombres de origen geográfico, aunque ocasionalmente se documenta (cf. *tobosesco*).

c   Cuando forma adjetivos calificativos, este sufijo se especializa en una lectura similitudinal en la que se predica del sustantivo modificado la semejanza en propiedades con la entidad o clase denotada por la base; así, *alfileresco* significa 'que se asemeja a un alfiler', o *chulesco* significa 'que se asemeja a lo que se espera de un chulo'. Esto se extiende a algunas bases formadas por nombres propios de personajes que se consideran prototípicos de ciertos comportamientos, como en *quijotesco* o *celestinesco*.

d   Ocasionalmente, la semejanza no se establece con las propiedades de la base, sino con las propiedades de alguna entidad producida o creada por la base, como en *dantesco* 'que se asemeja a la descripción del infierno de Dante', *plateresco* 'que se asemeja al estilo de lo producido por los plateros' o *dieciochesco* 'que se asemeja a lo típico del siglo XVIII'.

e   No son frecuentes otras lecturas calificativas, como la posesiva en *burlesco* 'que contiene burla'.

f   Tampoco son frecuentes las lecturas no composicionales, si bien se documentan ocasionalmente: *pintoresco* no es tanto 'lo que se asemeja a aquello que elige un pintor como tema' como 'que llama la atención', y *guadianesco* 'que aparece y desaparece, como el río Guadiana' tampoco tiene un significado transparente.

Propiedades fonológicas

a   Este sufijo, además de la cancelación sistemática de la vocal de género final de la base, puede comportar la cancelación de algunas consonantes finales en sílaba átona, como en *Cantiflas* > *cantiflesco*.
b   De la misma manera, el sufijo puede causar la desaparición de un diptongo final y no solo de la vocal átona final, como en *matrimonio* > *matrimonesco*.
c   Pese a que este sufijo atrae a su vocal /e/ el acento prosódico de palabra, no cancela los diptongos controlados por la posición del acento en la base: *dueña* > *dueñesco*, no **doñesco*.
d   Ocasionalmente, este sufijo puede combinarse con interfijos, como en *curia* > *curialesco*, no **curiesco*. Intentar interpretar el segmento /al/ como un sufijo tiene el problema de que *curi-al* sería un adjetivo, y este sufijo no toma adjetivos como base, si bien nada excluye tratar /al/ como parte de un alomorfo de la base.

Relaciones con otros afijos

a   Se ha propuesto que **-esco** es una variante de un supuesto formante *-sco* que también se documenta en **-isco**, **-asco**, **-usco** e **-izco**, **-uzco**.
b   Entre los sufijos que forman adjetivos relacionales, **-esco** no es particularmente productivo, pero lo es entre los que forman adjetivos similitudinales, especialmente con bases animadas.

LECTURAS RECOMENDADAS: Rainer (1993, 2020); Pharies (2002); Fábregas (2020).

-ese(s). Alomorfo de **-s**¹ en algunas variedades (*mujérese(s)*).

-ésimo. Del latín *-ēsimus*. Sufijo que forma adjetivos numerales ordinales o fraccionarios.

Tipos de base

a   Lo que tienen en común las bases seleccionadas por ese sufijo es el valor numeral, pero categorialmente son variadas. Son bases sustantivas las de *billonésimo, millonésimo, trillonésimo* y posiblemente *centésimo*, dado que la forma ciento puede usarse como sustantivo.
b   Son numerales cardinales las de *milésimo* o *veintésimo*.
c   Son más frecuentes, sin embargo, las bases neoclásicas o alomorfos cultos equivalentes a numerales cardinales, como en *cuadragésimo, cuadringentésimo, nonagésimo, noningentésimo, octingentésimo, octogésimo, quincuagésimo, qungentésimo, septingentésimo, septuagésimo, sexagésimo, tricésimo, trigésimo, vicésimo* y *vigésimo*.
d   Junto al valor numeral, la otra propiedad que tienen las bases de este sufijo es que denotan cantidades múltiplas de 10 o 100; los ordinales y fraccionarios inferiores a 10 no emplean este sufijo (*primero, segundo, tercero, cuarto, octavo, noveno*...).
e   Resulta excepcional la formación *enésimo*, formado sobre el nombre de la letra 'n', entendida como una variable que se refiere a un numeral cardinal positivo, para indicar una cantidad elevada cuyo valor exacto se desconoce o se considera irrelevante.

Comportamiento gramatical

a   Este sufijo forma adjetivos de valor numeral, variables en género y marcados regularmente con -**o**[1] en masculino y -**a**[1] en femenino.
b   Estos adjetivos pueden convertirse fácilmente en sustantivos en la lectura fraccionaria, como en *una milésima de segundo, un centésimo de las personas encuestadas*, pero más difícilmente en la lectura ordinal (**un centésimo entendido* como 'uno que ocupa la posición 100 de la serie').
c   Este sufijo comporta de forma regular la caída de la vocal átona final de la base.

Tipos de significado

a   Este sufijo admite dos valores, de los cuales el más regular es el ordinal –es decir, indicar el valor numérico de la posición que ocupa alguna entidad en un orden secuencial–, como en *el vigésimo aniversario, el capítulo centésimo*, etc.
b   Junto a este valor, este sufijo también posee un valor fraccionario que, frente a **-avo**, no está especializado y se deriva plausiblemente de la lectura ordinal. Este valor, sin embargo, en el uso está restringido solo a algunas formas, en combinación con el sustantivo *parte* o solo (*la vigésima parte, un vigésimo de esta cantidad*).

Propiedades fonológicas

Este sufijo atrae el acento prosódico de la palabra a su vocal /e/, lo cual puede producir la monoptongación de un diptongo de la base si este depende de la presencia del acento en su sílaba, como en *ciento* > *centésimo*.

> LECTURAS RECOMENDADAS: Pharies (2002).

-esino. Posible alomorfo de **-ino**.

-esis. Posible alomorfo de **-is**[1].

-este. Alomorfo de **-estre**, como en **agreste**.

-estorio. Posible sufijo que aparece únicamente en la forma *vejestorio*, sobre el adjetivo o sustantivo *viejo*. Tiene un valor obligatoriamente humano en la mayor parte del mundo hispano, si bien en parte de Centroamérica y el Caribe puede aplicarse también a objetos. No parece fácil reducirlo a una cadena de sufijos que involucre **-torio**, con el que no comparte ni semántica ni comportamiento gramatical. En caso de segmentarse, sería un sufijo no productivo.

-estre. Del adjetivalizador latino *-estrem*. Sufijo adjetivalizador especializado en formar adjetivos relacionales a partir de sustantivos.

a   Este sufijo no es productivo; forma adjetivos sobre nombres comunes (1), algunos nombres propios referidos a cadenas montañosas (2) y temas neoclásicos correspondientes a nombres comunes.

(1) campestre, celeste, terrestre
(2) alpestre (Alpes), andestre (Andes)
(3) agreste, ecuestre, pedestre, silvestre

b   Este sufijo siempre forma adjetivos comunes en género, marcados con -e[4].
c   Los adjetivos derivados con este sufijo son siempre relacionales, pero algunos, como *pedestre* 'vulgar', pueden desarrollar usos calificativos.
d   Como otros sufijos que expresan adjetivos relacionales, la contribución semántica del sufijo se limita a denotar que existe una relación entre la clase de objetos denotada por la base y el sustantivo al que modifica.
e   Este prefijo invariablemente implica la cancelación de la vocal de género átona final del sustantivo.
f   Este prefijo se integra plenamente en la prosodia de la base, y atrae el acento a su primera vocal /e/, lo cual bloquea la diptongación de la base (*cielo* > *celeste*, *tierra* > *terrestre*).
g   El alomorfo *-este* se emplea cuando la base contine la rótica simple (*agr-, agreste*, no *agrestre) o /l/ (*ciel-, celeste*, no *celestre). Nótese que, a la luz de *terrestre* (*terreste) parece que la vibrante múltiple no sigue la misma pauta.

> **LECTURAS RECOMENDADAS:** Bosque (1993); Pharies (2002); Fábregas (2007, 2020); RAE & ASALE (2009: §7.6).

-et-. De origen incierto, tal vez relacionado con el diminutivo *-ete*. Interfijo segmentable en numerosas formaciones con morfemas apreciativos y verbalizaciones.

a   Este interfijo aparece ocasionalmente en combinación con sufijos apreciativos, donde su presencia no sistemática suscita la pregunta de si ocasionalmente no podemos tratarlo como un segmento que forma parte de un alomorfo de la base, como en *guapo* > *guapetón*, *chorro* > *chorretón*, *cuchara* > *cucharetazo*, *palanca* > *palanquetazo*.
b   Este mismo papel no sistemático se documenta ocasionalmente con otros sufijos, generalmente nominales(*castaña* > *castañetada*, *rollo* > *rolletal*).
c   El hecho de que frecuentemente el sufijo *-ete* dé lugar a formaciones de valor no predecible dificulta determinar si es necesario postular este interfijo o los casos en que aparece el segmento pueden derivarse del uso de *-ete*.
d   No obstante, el uso de este interfijo en la formación de verbos deverbales con el verbalizador **-ear** es muy productivo, y es en la actualidad la principal fuente de creación de verbos a partir de verbos, en neologismos o fuera de ellos: junto a formaciones más afianzadas en el uso como *correterar, juguetear, toquetear, golpetear, aletear, chupetear, coletear* o *repiquetear* se documentan formaciones ocasionales productivamente como *whasappetear, mensajetear, hurguetear, pobretear, queretear, cometear, etiquetear, sorbetear, figuretear, culetear, foguetear, tecletear, perretear* o *chismorretear*, entre otras muchas.
e   En todos estos casos, el interfijo se asocia a valores de iteración, repetición e intensidad baja de la eventualidad (*queretear* 'establecer muchas relaciones superficiales, tener antojos'). Si bien la iteración o insistencia son propiedades de **-ear** también, el valor de baja intensidad no se aplica al verbalizador, pero puede relacionarse con el diminutivo **-ete**, lo cual podría sugerir que se asocia directamente al interfijo.

f   Este interfijo es parcialmente iterable: *repiquetetetear*.
g   Este interfijo no atrae el acento prosódico.

> **LECTURAS RECOMENDADAS**: Rifón (1994, 1998); Camus (1997); DiTullio (1997); Portolés (1999), Martín Camacho (2003).

-eta[1]. Del italiano *-etta*, y este a su vez del diminutivo latino *-ittum*. Sufijo nominalizador que forma nombres de evento intensivo, casi siempre sobre bases verbales.

a   Este sufijo toma como base casi siempre verbos, donde no se observa nunca la vocal temática, por lo que cabe pensar que toma las raíces directamente.

   (1)   charleta, chupeta, lloreta, parleta, rabieta

b   Ocasionalmente, se observan formaciones de base nominal donde no se puede encontrar un verbo, como en *pataleta*.
c   Este sufijo produce siempre sustantivos femeninos marcados regularmente con **-a**[1].
d   Frente a otros sufijos nominalizadores, este comporta la pérdida de la vocal temática característica del verbo.
e   En cuanto a su significado, este sufijo forma nombres de eventualidad donde destaca un rasgo de intensificación que presenta el evento como llamativo por su duración o énfasis. Así, una *charleta* es una charla de larga duración, o una *lloreta* es un llanto intenso y desconsolado.
f   Este sufijo prefiere siempre una lectura de acción sobre la lectura de estado; pese a que *rabiar* y *rabia* designan estados psicológicos, una *rabieta* no es un estado intenso de rabia, sino un ataque de rabia.
g   Resulta excepcional por su significado el sustantivo *rasqueta*, de *rascar*, que designa un instrumento usado para realizar el evento, en lugar de una acción.
h   Este sufijo atrae el acento prosódico a su vocal /e/.
i   La forma *pataleta* tiene un posible interfijo **-al-**.
j   Este sufijo se encuentra entre los que forman nombres de evento intensificado; véase también **-era**, **-dera**, y para los sufijos que forman nombres de acción sobre bases nominales, **-ada**.

-eta[2]. Posiblemente relacionado con el sufijo **-ta**. Sufijo nominal que forma nombres y adjetivos de persona a partir de distintos tipos de base.

a   Este sufijo no es productivo, pero aparece combinado con distintas clases de palabras. Entre las bases que claramente tienen base verbal encontramos *acuseta* y *cagueta*.
b   Tienen una clara base nominal *cultureta, jorobeta, narigueta, porreta* y *lisboeta*. La única formación sobre una base adjetival clara es *majara > majareta*.
c   No parece que este sufijo se combine con bases neoclásicas, si bien se documenta la forma *apolog-eta* (cf. *apolog-ía*).
d   Este sufijo forma siempre voces comunes en género, marcadas mediante **-a**[3] (*hombre lisboeta, mujer lisboeta*), tal y como sucede con el sufijo **-ta**. Como otros sufijos nominales, implica la cancelación de la vocal átona de género de la base.
e   Si bien todas las formaciones con este sufijo pueden usarse como sustantivos, no todas admiten un uso adjetival. Las formas *lisboeta, cagueta* o *majareta* se emplean

habitualmente como adjetivos, pero en cambio *cultureta* está restringido a un uso nominal.

f   La contribución semántica de este sufijo es la de denotar una entidad, generalmente humana, cuyas propiedades se asocian a lo denotado por la base, con cierto matiz peyorativo o intensificativo que acerca este sufijo a los morfemas apreciativos (cf. sobre todo -**ete**[1]). Un *cagueta* es alguien que 'se caga mucho', en el sentido figurado de 'tiene mucho temor', por ejemplo.

g   En este sentido es excepcional el sustantivo y adjetivo *lisboeta*, que es un gentilicio formado a partir del topónimo *Lisboa*, y donde se expresa solamente el origen geográfico de algo como relacionado con dicha ciudad.

h   Este sufijo atrae el acento prosódico a su vocal /e/.

i   El comportamiento de este sufijo lo relaciona, por un lado, con el sufijo apreciativo -**ete**[1], sobre todo debido a su significado, y por otro lado con el sufijo culto -**ta**, especialmente en lo que se refiere a la marca de género que emplea, que no es la femenina -**a**[1] sino la -**a**[3] común en cuanto al género. Es frecuente, sin embargo, que los sufijos que forman nombres humanos intensificativos a partir de bases de varias categorías usen esta marca de género (cf. también -**ica**, en *acusica*, o -**aina** en *tontaina*).

-**etano**. Posible alomorfo del adjetivalizador -**tano**.

-**etas**. Probablement relacionado con -**eta**[2]. Sufijo apreciativo que se documenta en formas como *un bombetas* 'un engreído', propias de Centroamérica y otras zonas del español americano. Claramente debe entenderse como una forma con marca plural del sufijo -**eta**, con el que comparte el valor intensificativo. Véase también -**otas**, -**azas** para otros sufijos que, pese a tener forma plural donde aparentemente se puede segmentar -**s**[1], no fuerzan necesariamente la concordancia plural.

-**etazo**. Posible alomorfo de -**azo**, si no se segmenta un interfijo.

-**ete**[1]. Del diminutivo latino -*ittum*, posiblemente a través del francés -*et*. Sufijo apreciativo de valor diminutivo.

Tipos de base

a   Este sufijo es el diminutivo por defecto en muchas zonas de contacto con el catalán y sus variedades. En el español general, se combina con cierta productividad con nombres comunes. Los de (1) se forman a partir de nombres comunes femeninos y los de (2) lo hacen a partir de nombres comunes masculinos.

(1)   agujeta, aleta, ampolleta, anchoveta, arqueta, banqueta, barreta, bragueta, brocheta, cadeneta, cajeta, calceta, camareta, camiseta, cancioneta, careta, caseta, castañeta, cebolleta, chamarreta, chancleta, coleta, cuchareta, cuneta, escobeta, falangeta, gallineta, guadañeta, hebilleta, higuereta, historieta, horqueta, isleta, lengüeta, loneta, loseta, lonjeta, luneta, manzaneta, naveta, opereta, palanqueta, paleta, palometa, pipeta, plancheta, roseta, sabaneta, silleta, tableta, tijereta, toalleta, trompeta...

(2)   amiguete, anisete, arbolete, autobusete, bailete, barrilete, besuguete, borriquete, bracete, caballerete, casquete, castillete, clarinete, cojinete, colorete, cornete,

disquete, golpete, jovenete, mandilete, mantelete, mocete, molinete, ojete, palacete, patinete, rollete, salmonete, tamborete, templete

b Como sucede con otros diminutivos, si bien no suele combinarse con nombres propios fuera de las zonas donde es el diminutivo por defecto, puede documentarse ocasionalmente con ellos, tanto los referidos a humanos (*Gabrielete, Miguelete*) como los topónimos (*Malagueta*).

c Este sufijo, fuera de las áreas geográficas donde se toma como el sufijo diminutivo por defecto, no suele combinarse con bases adjetivales, si bien están establecidos en el uso formas como *calvete, majete, pobrete, regordete*.

d Fuera de las áreas geográficas donde es la forma diminutiva no marcada, tampoco suele documentarse con bases adverbiales: formas como *rapidete, lejete(s)* se sienten como marcadas.

Comportamiento gramatical

a Este sufijo contrasta con el comportamiento del diminutivo -**ito** no solo con respecto a la selección de las bases –prefiere con mucho bases exclusivamente nominales– sino también en otros aspectos de su gramática.

b Este sufijo forma sustantivos masculinos marcados por -**e**[4], o femeninos marcados por -**a**[1].

c Este sufijo puede alterar el género de la base. Los ejemplos siguientes son casos de sustantivos masculinos que se convierten en femeninos al combinarse con este sufijo:

(3) avioneta, caldereta, calzoneta, camioneta, carreta, colchoneta, corneta, cubeta, furgoneta, morisqueta, pandereta, pañoleta, pantaloneta, papeleta, patineta, peineta, poceta, puñeta, tanqueta, vinagreta...

d Es menos frecuente, aunque también se documenta, el cambio contrario, de sustantivo femenino a forma sufijada masculina: *copete, cubilete, florete, pistolete*.

e Este sufijo prefiere lecturas sustantivas, lo cual tiene el efecto de que convierte en sustantivo algunas bases adjetivales, como *rojete* 'colorete', *azulete, doblete, falsete, triplete, negreta*. Estos casos, donde no es transparente el valor apreciativo del sufijo, podrían sin embargo analizarse también como formas de -**ete**[2] donde la base es adjetival.

f Este sufijo no es iterable, fuera de las variedades donde es el diminutivo por defecto: **regordetete*.

g Junto a la lexicalización del significado, muy frecuente con este sufijo, se verifica la capacidad de este diminutivo para convertir una base no contable en un sustantivo contable. Si bien *jabón* puede interpretarse como un nombre no contable, *jaboneta* es necesariamente una pastilla de jabón; si *pulpa* es un nombre no contable que expresa una masa, una *pulpeta* es una porción o tajada de pulpa.

Tipos de significado

a Este sufijo, como otros diminutivos, posee tanto un valor objetivo de tamaño menor como un valor afectivo. Cuando tiene un valor afectivo, asocia la noción expresada por la base con una valoración positiva por parte del hablante, como en *majete, mocete*.

b Son poco frecuentes los casos en los que la valoración es negativa o irónica, como en *caballerete*.

c   El tamaño objetivo menor es visible en numerosos ejemplos, como *palacete, ampolleta, lengüeta, cojinete,* y otros muchos.
d   Son igualmente frecuentes los casos en los que se verifica un alto grado de lexicalización del significado, como en *clarinete, colorete, disquete, ojete, salmonete, aleta, anchoveta, bragueta, calceta, camiseta, cuneta, gallineta, historieta, tableta, metralleta, juanete* y otros muchos.

Propiedades fonológicas

a   Este sufijo atrae a su vocal /e/ el acento prosódico de la palabra, lo cual puede tener el efecto de deshacer el diptongo de la base, como en *cuerno > cornete, pañuelo > pañoleta, cazuela > cazoleta.*
b   Como sucede con otros sufijos apreciativos, los interfijos son frecuentes, y ocasionalmente es difícil determinar si son casos de otros apreciativos u otros sufijos que forman cadena con ellos: *plazoleta (¿plazuela?), brazalete, guantelete, ramillete, tenderete.*

Alomorfos

Se documenta la forma *-cete*, en condiciones similares a las que fuerzan la presencia de *-cito* (*melón > melon-cete*).

Relaciones con otros afijos

a   El alto grado de lexicalización del significado de este sufijo, así como su preferencia por las bases nominales, hacen compleja la respuesta a la pregunta de cuál es su relación con los sufijos **-eta**[1], **-eta**[2], **-ete**[2] y **-ete**[3]. Comenzando por este último, un criterio que permite tratarlos separadamente es que este produce productivamente adjetivos, es común en género y está restringido a algunas áreas del español americano. No obstante, comparte con **-ete**[1] el valor apreciativo, aunque en una dirección distinta: forma adjetivos intensificativos.
b   La cuestión es más compleja en **-ete**[2], que forma sustantivos. La preferencia de **-ete**[1] por las bases sustantivas puede interpretarse como que aporta categoría nominal; el criterio del significado, que en **-ete**[2] tiende a dar lugar a instrumentos, no es decisivo en este caso por el alto grado de lexicalización de las formaciones con **-ete**[1].
c   Una reflexión similar cabe hacer para **-eta**[1] y **-eta**[2], que de todos modos se diferencian entre sí por la lectura preferida para cada uno de ellos, acciones o entidades generalmente humanas. La preferencia por bases nominales es similar a la de **-ete**[1], así como su valor apreciativo, si bien los dos sufijos **-eta** prefieren lecturas intensificativas similares a las de **-ete**[3], y no diminutivas.

LECTURAS RECOMENDADAS: Náñez (1973); Lázaro Mora (1999); Pharies (2002).

-ete[2]. Del diminutivo latino *-ittum*, posiblemente a través del francés *-et*. Sufijo nominalizador que se combina con raíces verbales.

a   Este sufijo se combina sobre todo con bases verbales. En las bases verbales tiene un papel claro de nominalizador:

(1) chupar > chupete, jugar > juguete, soplar > soplete, volcar > volquete

b No es claro si en *soniquete*, con posible interfijo, se deba suponer la base transparente *sonar* o relacionar la forma con un sustantivo como *sonido*.
c Este sufijo forma siempre sustantivos masculinos.
d El sufijo, pese a que toma bases verbales, nunca aparece junto a la vocal temática. Si descartamos motivos fonológicos (el rechazo al hiato *-ae-*), esto puede sugerir que selecciona raíces y las nominaliza, pero accediendo al significado eventivo que puede caracterizar a dichas formas.
e En cuanto a su significado, el sufijo forma nombres de instrumento a partir de bases verbales, dando como resultado 'objeto cuya funcion es V o que facilita la acción de V', como en *juguete* 'objeto usado para jugar'.
f La base verbal está especializada en *soplete*, que no es un instrumento que sopla sino un instrumento usado para expulsar una llama intensa.
g Este sufijo atrae el acento prosódico a su vocal /e/.
h Para las relaciones entre otros afijos, véase **-ete**[1].

-ete[3]. Del diminutivo latino *-ittum*, posiblemente a través del francés *-et*. Sufijo adjetivalizador característico de varias zonas americanas. Este sufijo forma adjetivos despectivos e intensificativos a partir sobre todo de bases verbales, sin presencia de la vocal temática –tal vez porque selecciona directamente a las raíces– como en *acusar > acusete, adular > adulete, amarrar > amarrete*. En otros casos parece necesario proponer una base nominal, como en *intruso > intrusete*. Frente a **-ete**[1], forma adjetivos comunes en género (*mujer acusete*). Su valor intensificativo se asocia con el de **-ón**, de manera que por ejemplo *un adulete* es alguien que adula mucho e innecesariamente.

-eti. Posiblemente relacionado con *-etis*, o con el sufijo diminutivo italiano *-etto*. Sufijo apreciativo que Rainer (1993: 503) documenta para el Río de la Plata para voces como *taradeti* 'algo tarado', *escaseti* 'algo escaso'. El sufijo se documenta en la región andina y rioplatense en formas como *figureti* 'que quiere figurar o hacerse notar mucho', donde parece tener un valor más cercano al de **-ón**[3] adjetival que a un sufijo diminutivo, dado que la base parece verbal.

-etis. Probablemente relacionado con el sufijo apreciativo **-ete**. Sufijo propuesto en algunas obras como morfema apreciativo coloquial, en formaciones como *millonetis*. No es necesario postularlo como un sufijo distinto, en tanto que la terminación *-is* puede asociarse con **-is**[1], marca de palabra poco productiva, por tanto *-et-is*, de la misma manera que el sufijo diminutivo **-ete** puede tomar la marca de palabra **-o**[1] para formar **-eto**. Al igual que **-ete**, toma bases nominales, pero la terminación *-is* se asocia con un significado aumentativo o frecuentativos. Pese a que Rainer (1993: 503) identifica este morfema en la forma *caguetis*, es más probable que en este caso estemos ante *cagu-et-a* con una terminación *-is* que sugiere, al igual que en *millonetis*, un valor aumentativo.

-eto[1]. Del italiano *-etto* y este a su vez del latín *-ittum*, sufijo diminutivo. Sufijo diminutivo poco productivo que se combina exclusivamente con bases sustantivas.

a Frente a **-ete**[1], este sufijo es poco productivo y se combina con unos pocos sustantivos, siempre comunes: *canaleto, careto, grupeto, libreto, muleto* y algunos más. Debido a su origen italiano, son relativamente frecuentes las bases neoclásicas, como en folleto, o que en español no tienen la forma del sustantivo correspondiente, como en *soneto*, que en español parece relacionarse con la raíz del verbo *sonar*.

b Este sufijo no es iterable, y puede alterar el valor de género de la base: *la cara > el careto*. Resulta difícil determinar si formaciones como caseta y coleta son el femenino de este sufijo o de **-ete**[1].

c Este sufijo se especializa en combinación con bases sustantivas, y no toma bases adjetivales o adverbiales, frente a otros diminutivos. Este sufijo tampoco altera la categoría gramatical de la base.

d Este sufijo siempre comporta la caída de la vocal átona final de la base.

e En términos de significado, este sufijo no suele dar lugar a formaciones transparentes y es frecuente que los valores semánticos de las palabras que se forman con él estén especializados semánticamente, como en *libreto*, que no es un libro pequeño sino el texto asociado a una ópera o representación teatral, o *grupeto*, que es un conjunto de notas musicales.

f Ocasionalmente, el valor diminutivo queda en segundo plano a favor de uno despectivo, como en *careto*.

g Etimológicamente este sufijo se relaciona claramente con **-eto**[2].

LECTURAS RECOMENDADAS: Rainer (1990); Pharies (2002).

-eto[2]. Del italiano *-etto* y este a su vez del latín *-ittum*, sufijo diminutivo. Sufijo nominalizador que forma nombres colectivos a partir sobre todo de bases numerales.

a Este sufijo se combina sobre todo con bases numerales, que suelen corresponder a las que se emplean para los ordinales (*cuatro ~ cuarto > cuarteto, cinco ~ quinto > quinteto, tres ~ terc(ero) > terceto, siete ~ sépt(imo) > septeto*).

b En otras ocasiones la base posee también valor numeral pero no corresponde con la forma adoptada del numeral, sino que es un sustantivo: *dúo > dueto*.

c Son poco frecuentes las bases que pertenecen a grupos semánticos distintos; sobre nombres comunes se identifica *árbol > arboreto*, 'conjunto de árboles usados en investigación'.

d Este sufijo forma siempre sustantivos masculinos de valor colectivo, es decir, que expresan conjuntos de entidades individuales.

e No es claro hasta qué punto el sufijo codifica directamente la noción de colectividad, o esta está expresada parcialmente al menos en la base. Cuando la base denota un valor numeral, el sustantivo denota un grupo que tiene esa cardinalidad, pero sin especificar de qué entidades se compone: un *terceto* es un grupo de tres, pero sin indicar qué clase de entidades se combina en tres.

f Dicho esto, es cierto que frecuentemente la interpretación del colectivo se relaciona con la música y otras manifestaciones artísticas, si no se especifica nada más la clase de entidades que se combinan (*un dueto cómico, un octeto de cuerda, un cuarteto de viento*), pero se admiten otras especificaciones (*un cuarteto de postres*).

g Este sufijo comporta siempre la cancelación de la vocal átona final de género del sustantivo y atrae a sí el acento prosódico de la palabra.

-eto[3]. Del latín *-etum*, sufijo adjetivalizador. Sufijo adjetivalizador que forma adjetivos posesivos a partir de sustantivos.

a   Este sufijo es poco productivo; aparece en unas pocas formas cuya base es un nombre común que expresa partes del cuerpo (*corneto, narigueto, cambeto, calceto*), así como en el adjetivo *rojeto* 'rojizo, que tiene algo de color rojo'.
b   En este sentido, puede interpretarse el sufijo como un adjetivalizador de valor posesivo que impone a la base la interpretación de que es un componente de la entidad de la que se predica el adjetivo: *un animal corneto* es un animal con cuernos.
c   Este sufijo forma adjetivos variables en género, marcados con **-o**^{1} en masculino y **-a**^{1} en femenino.
d   Este sufijo atrae el acento prosódico a su vocal /e/, lo cual puede conllevar la monoptongación de la base (*cuerno > corneto*).
e   Véase también **-ado** para un sufijo adjetivalizador de valor posesivo.

eu-. Del adverbio griego εὖ 'bien'. Prefijo adjetival poco productivo de valor equivalente a 'sano, correcto'.

a   Este prefijo, como otros prefijos adjetivales, solo se une a sustantivos. En este caso se une siempre a temas neoclásicos equivalentes a sustantivos:

   (1)   eubolia, eucaria, eucaristía, eudemonía, eufemismo, eufonía, euforia, eugenesia, eupepsia, euritmia, eutanasia, eutrapelia, eutrofia...

b   Apenas hay casos de bases correspondientes a adjetivos relacionales; se documenta la forma *eucrático*, 'que posee un buen temperamento adecuado a su edad', sin que haya una base nominal equivalente de la que se derive el adjetivo, pero en el resto de casos existe siempre una base nominal de la que se deriva el adjetivo (*euforia ~ eufórico, eugenesia ~ eugenésico*, etc.).
c   Este prefijo no altera la categoría gramatical de la base, no participa en parasíntesis, no toma alcance sintagmático y no admite bases expandidas funcionalmente.
d   Este prefijo no es coordinable (**eu- y dis-pepsia*) y no se emplea como un adjetivo libre.
e   El valor semántico de este prefijo corresponde al adjetivo calificativo 'correcto, adecuado', si bien son frecuentes los casos en que la formación está heredada del griego y posee un significado no transparente, como en *eucalipto, eucaristía*, etc.
f   Por motivos semánticos, este prefijo no es iterable: una vez que se predica de la base la propiedad de ser correcta o adecuada, la iteración no aportaría más información.
g   Este prefijo se integra fonológicamente con la base.
h   Este prefijo establece frecuentemente pares con **dis-**, que expresa la noción de 'anormal, patológico': *euforia ~ disforia, eupepsia~dispepsia, eufemismo ~ disfemismo...*

-euque. De origen incierto. Posible sufijo que Rainer (1993: 504) presenta como exclusivo del español de Chile. El sufijo tiene un valor adjetivalizador: *fallar > falleuque* 'que falla, que es insuficiente', *callar > calleuque* 'que calla, silencioso'. Es posible que este sufijo tome directamente raíces sin categoría, debido a que en los escasos ejemplos documentados se combina con bases verbales que carecen de vocal temática. Su valor, por contraste con el adjetivalizador deverbal de intensidad **-ón**^{3}, parece aminorativo: 'que falla algo, que tiende a ser silencioso'.

euro-. Del sustantivo *Europa* o el adjetivo *europeo*. Prefijo adjetival de valor equivalente a 'europeo'.

a   Este prefijo aparece combinado con numerosas bases sustantivas, casi siempre del léxico político: *euroescéptico, eurodefensor, eurodiputado, europarlamento, eurocomunista, eurofascismo, eurodivisa, eurodólar...*
b   Este prefijo no altera las propiedades gramaticales de la base.
c   Su valor semántico es el de establecer una relación entre la entidad denotada por la base y la Unión Europea, es decir, Europa en términos políticos y no geográficos.
d   Pese a su etimología, tiene el comportamiento de un prefijo: nunca aparece a la derecha de la base y no puede dar lugar a palabras por combinación con otros afijos.

-euta. Del griego ευτής, terminación que une el sufijo nominalizador de agente -τής con los segmentos finales de algunos verbos. Posible sufijo segmentable, con valor de nominalizador agentivo, propuesto en Rainer (1993: 504) para el caso de *terap-ia ~ terap-euta*. De ser así, se documentaría también en *farmaceuta* y *hermeneuta*. Tal vez no es necesario proponer este sufijo y los casos pueden reanalizarse como instancias de **-ta** con bases neoclásicas alomórficas que contienen una terminación en *-eu-*.

-évolo. Relacionado con el verbo latino *volo* 'querer'. Posible sufijo segmentable, propuesto en Rainer (1993), que forma adjetivos causativos a partir de raíces, como en *benévolo* y *malévolo*. Etimológicamente, estas formaciones eran compuestos que involucraban adverbios en *-e*, pero sincrónicamente, si se segmenta este elemento, la /e/ se trata como parte de la terminación. La alternativa sería identificar los prefijos **mal-** y **bien-**, en formas alomórficas acabadas en /e/, y en tal caso *-volo* debería ser una raíz; nótese que *volitivo* o *volición* permiten tratar este elemento como un verbo neoclásico, por lo que es probable que esta forma no deba tratarse como un sufijo.

ex-[1]. Del latín *ex* 'fuera'. Prefijo adjetival cuyo valor es equivalente al adjetivo adverbial 'antiguo, pasado'.

Tipos de base

a   Este prefijo se combina únicamente con nombres comunes, generalmente aquellos que expresan papeles sociales y cargos. Entre los que denotan cargos, destacan los que se refieren a papeles políticos y puestos de gestión de cualquier tipo.

   (1)   expresidente, exmandatario, exministro, exalcaldesa, exgobernador, exdirector, exjefe, exsenador, excanciller, excongresista, excomandante, excapitán, exmagistrado, exconcejal, exembajador, exdecano, exintendente, excomisario, exedil, exdictador...

b   También se combina productivamente con sustantivos que denotan relaciones familiares, siempre y cuando no estén condicionadas biológicamente y por tanto sean reversibles:

   (2)   expareja, exnovia, exmarido, exesposa, excompañero sentimental, excuñado, exyerno, exnuera, exsuegro...

c   El prefijo es productivo también con sustantivos que expresan oficios y ocupaciones:

   (3)   exjugador, exsecretario, exfutbolista, exfuncionario, exfiscal, excombatiente, exasesor, exjuez, exentrenador, extesorero, exdelantero, expolicía, extrabajador,

exrepresentante, exabogado, exseleccionador, expiloto, exempleado, exmodelo, exarquero, extenista, exespía, exportavoz, exalumno, exsoldado...

d   Finalmente, se combina con sustantivos que denotan distintos tipos de propiedades socialmente reconocidas que adquiere o pierde un individuo de forma externa, es decir, con la intervención de otras entidades que causan la adquisición o la pérdida.

(4) expresidiario, excandidato, exlíder, excampeón, exintegrante de un grupo, exmiembro, exconcursante, exestrella, exmiss universo...

e   Por lo general, los sustantivos que denotan conjuntos de propiedades que se adquieren o pierden por procesos biológicos internos (*viejo, joven, adolescente*...) no admiten con facilidad este prefijo (??*exjoven*) porque no existen entidades externas al individuo que determinen la pérdida o adquisición de las propiedades. Lo mismo se extiende a las relaciones de parentesco definidas biológicamente (??*exhijo*,??*expadre*).

f   Sin embargo la consideración de una propiedad como adquirida de forma biológica interna o por intervención de causas o instrumentos externos es semántica y puede ser modificada por el conocimiento del mundo y los avances médicos y tecnológicos; así, se documentan formas como *exmujer, exchico*, para designar a una persona que ha transicionado de género.

g   De forma natural, las bases con las que se combina este prefijo denotan entidades humanas individuales, pero por extensión puede unirse a bases que denotan grupos de entidades cuando adquieren interpretación humana, como en *exequipo, exguerrilla*.

h   El valor semántico del prefijo hace necesario que las propiedades denotadas por la base puedan perderse durante la vida del individuo, pero no impone requisitos acerca de su duración temporal, que puede ser más breve (*exconcursante*) o más extensa (*expapa*, dado que un papa puede abdicar).

Comportamiento gramatical

a   Este prefijo no altera la clase de palabras, el género o la marca de género de la base sustantiva.

b   En principio, este prefijo es iterable. Se documentan formas como *exexnovio* para indicar a una persona que fue primero novio, luego rompió y luego volvió a ser novio.

c   El comportamiento gramatical de este prefijo es inusual y se ha propuesto que en realidad es un adjetivo. Este prefijo, como algunos adjetivos, puede tomar alcance sintagmático no solo sobre su base sino también sobre los modificadores o argumentos que introduce: *un exjugador de este equipo* no es una persona que ha dejado de ser jugador, sino una persona que ha dejado de ser jugador de este equipo (por tanto, *[ex [jugador de este equipo]]*).

d   La propuesta de que este prefijo es un adjetivo se apoya sobre todo en el hecho de que aparezca en contextos de aparente nominalización, donde se interpreta como sustantivo sin presencia de una base nominal: *He hablado con mi ex*.

e   Sin embargo, este patrón no es claro. El prefijo ex es un prefijo con valor equivalente a un adjetivo adverbial forzosamente prenominal (cf. *antiguo novio ~ exnovio*). Estos adjetivos no admiten la sustantivación (*un antiguo diputado* > #*un antiguo, un presunto violador* > *un presunto), lo cuál suscita la pregunta de cómo sí la admitiría *ex* de ser un adjetivo adverbial también forzosamente prenominal.

f   La alternativa que no implica sustantivación es la de analizar los casos en que falta una base como casos de elipsis nominal o de nombre tácito. Así, en *mi ex* como 'mi expareja' realmente lo que sucedería es que la base es un elemento nominal vacío de contenido fonológico, no que el prefijo aparezca solo categorizado como sustantivo.
g   En este sentido, nótese que el contenido semántico del sustantivo tácito depende del contexto semántico. En *el ex del Real Madrid*, interpretamos no 'pareja', sino 'jugador, entrenador u otro cargo dentro del equipo', por ejemplo.
h   Este prefijo permite también la coordinación de la base: *ex[actor y modelo]*.
i   Este prefijo no participa en la parasíntesis.

Tipos de significado

a   Este prefijo tiene un valor semántico equivalente al de los adjetivos adverbiales temporales que denotan que las propiedades denotadas por el sustantivo se aplicaban en un periodo temporal anterior, como 'antiguo', 'anterior', 'pasado'. Así, un *exjuez* es una persona de la que en el pasado podían predicarse las propiedades denotadas por 'juez', pero no en la actualidad.
b   En este sentido, el prefijo aporta un contenido intensional y no intersectivo. Su significado es el que explica la restricción que impone a su base, que es que las propiedades denotadas por ella puedan ser reversibles (cf. **expersona*).
c   Se ha debatido si este prefijo ha de considerarse temporal o no. La caracterización más exacta es probablemente aspectual: el prefijo denota la pérdida de un conjunto de propiedades y sitúa al predicado –su base– en un momento anterior a aquel que se focaliza o discute en la oración.

Propiedades fonológicas

a   Frente a **ex-**², este prefijo no se integra fonológicamente con la base. Esto se manifiesta, además de en la posibilidad de funcionar sin un sustantivo fonológicamente expreso (*mi ex*), en la asignación de acento secundario no rítmico (*èxnóvio*).
b   Otra prueba de la independencia prosódica de este prefijo es que, incluso cuando la base comienza por consonante, es inusual la pronunciación en que desaparece la /k/; *exnovio* no suele pronunciarse como /es.nó.bio/. No se documentan casos en que desaparezca la /s/.

Relaciones con otros afijos

a   Dentro del elenco de afijos del español, **ex-**¹ es el único que equivale a un adjetivo adverbial de valor temporal (véase **pseudo-** para uno que equivale a un adjetivo adverbial de valor modal).
b   Pese a que contrastan en su comportamiento, **ex-**¹ y **ex-**² comparten etimología. El valor espacial de **ex-**² se extiende a casos de grado –para denotar grado extremo– y, en el caso de **ex-**¹, ese mismo valor de 'fuera' indica la pérdida de un conjunto de propiedades denotadas por la base, de forma parecida al valor espacial que se documenta con **ex-**² en verbos parasintéticos como *excarcelar*, donde también se expresa la pérdida de un conjunto de propiedades (en este caso, una localización).

> Lecturas recomendadas: Montero Curiel (1998a); Varela & Martín (1999); RAE & ASALE (2009: §10.6); Rifón (2018); Morera (2019).

ex-[2]. Del prefijo latino ex- 'fuera'. Prefijo preposicional de valor locativo y escalar.

Tipos de base

a   Este prefijo aparece en combinación con verbos, adjetivos y sustantivos. Entre las formaciones que toman como base verbos existentes del español se encuentran las siguientes:

(1)   excavar, excitar, exclamar, excomulgar, excomunicar, exculpar, expedir, exponer, exportar, expugnar, expulsar, expurgar, extender...

b   En cuanto a los sustantivos, son poco frecuentes las bases que no intervienen en formaciones parasintéticas, y generalmente tienen valores lexicalizados que se relacionan con eventos o participantes en ellos, como en *exacción, exactor*.

c   Con adjetivos también son poco frecuentes los casos donde se documenta una base española, como en *exagitado* o *excéntrico*. Como puede verse, el primero es calificativo y el segundo es relacional, lo cual muestra que el prefijo no impone la propiedad de la gradación por sí mismo a su base.

d   Son muy frecuentes los casos de temas neoclásicos usados como base. Entre los verbos neoclásicos que este prefijo selecciona encontramos los de (2):

(2)   exaudir, exceder, exceptar, excluir, excogitar, excoriar, excretar, excusar, exhalar, exhibir, exhortar, expandir, expeler, expirar, explicar, explorar, exprimir, extirpar, extruir

e   Son menos frecuentes, aunque también se documentan, las bases neoclásicas nominales o adjetivales: *excursión, exhausto, extrínseco*.

Comportamiento gramatical

a   Este prefijo no cambia la categoría gramatical de la base ni el género o marca de palabra de la base.

b   No son excepciones a esto algunos casos que proceden de la lexicalización de expresiones latinas, como *exabrupto, exlibris, exvoto*. En el caso de *exánime* puede considerarse la posibilidad de que el prefijo intervenga en un cambio categorial de sustantivo a adjetivo (*ánima*) si no se entiende que la palabra está formada en latín y no se segmenta en español.

c   En las formaciones verbales, la presencia del prefijo se asocia a ciertos cambios de significado que, de forma sistemática, favorecen lecturas télicas del predicado, como en *comunicar durante un tiempo* (atélico) vs. *excomunicar a alguien en un momento* (télico). Es posible que en este proceso intervenga el alto grado de lexicalización del significado que tiene el prefijo en muchos casos.

d   Son frecuentes y no sistemáticos los cambios en la estructura argumental y asignación de caso: *comunicar con alguien* vs. *excomunicar a alguien, poner algo en un lugar* vs. *exponer algo, pugnar con alguien* vs. *expugnar algo*, etc.

e   Este prefijo participa en la parasíntesis. Generalmente, la parasíntesis toma bases nominales, como en *excarcelar, exclaustrar, expatriar, exulcerar*. Ocasionalmente la base nominal es neoclásica, como en *exfoliar, exhumar, expectorar* o *excoriar*.

f   También hay bases adjetivales, si bien casi siempre con valor de grado y no predecible, como en *exaltar, exacerbar, exasperar*. Resulta excepcional en este sentido el caso de *expropiar*, aparentemente derivado del adjetivo *propio*, donde se produce un valor composicional.

g   Generalmente las formaciones parasintéticas se construyen sin verbalizador expreso, pero ocasionalmente se documenta **-ecer**, como en *esclarecer*.

h   Este prefijo no es iterable, tal vez por motivos semánticos: su valor de 'fuera' no tiene sentido en iteración, ya que la primera aparición ya define todo el espacio externo a una entidad.

i   Este prefijo no se combina con bases funcionalmente expandidas del español.

j   Este prefijo no es coordinable: *ex- e im-portar.

Tipos de significado

a   Este prefijo tiene dos valores fundamentales: el básico es el espacial, en el que indica movimiento hacia el exterior de algo o localización externa de algo, y de él se deriva un valor escalar en el que indica 'que excede o sale fuera de los valores normales de la escala'.

b   El valor espacial es visible sobre todo con bases que indican movimientos y acciones que implican avanzar en un espacio o sacar a la luz algo que estaba oculto, como en *excavar, exportar, expulsar, exponer, explicar*. Este es el valor típico que se obtiene también en los casos parasintéticos.

c   Por extensión, en *extender* o *expandir* puede entenderse que se produce un movimiento real o figurado en el que una entidad comienza a ocupar el espacio que estaba fuera de ella inicialmente.

d   En ocasiones el espacio no se define en términos locativos sino como un conjunto de propiedades del que se sale, es decir, indicando así la desaparición de un estado que se había obtenido previamente, como en *culpar ~ exculpar, comulgar ~ excomulgar*, entre otros.

e   El valor de 'fuera' se documenta ocasionalmente indicando no un movimiento, sino una localización externa a algo, como en *excéntrico, extrínseco, exánime, exceptar*...

f   El valor escalar aparece manifestado en bases graduables o asociadas a situaciones que admiten distintos grados de culminación, y es siempre de valor extremo positivo, 'fuera de lo común' o 'más allá de lo normal', como en *exacerbar, exaltar, exterminar, exagitado, exasperar, excelso, exceder, exhausto*, etc.

g   Son muy frecuentes los casos lexicalizados de valor impredecible, como en *excitar, expedir, exclamar, expulsar*...

Propiedades fonológicas y Alomorfos

a   Este prefijo se integra prosódicamente en la base y no recibe acento secundario no rítmico. La /s/ final del prefijo se integra siempre silábicamente con la primera vocal de la base, cuando esta comienza por vocal, como en *exhibir* (/ek.si.bir/).

b   Hay dos alomorfos fonológicamente condicionados de este prefijo. El primero es poco sistemático, **es-**, donde desaparece el fonema /k/, como en *espirar, escoriar, esclarecer,* *escoger, esforzar, espulgar*. Esta desaparición es poco sistemática porque, pese a que en todos los casos en que aparece la base comienza por consonante oclusiva, no siempre se da en ese contexto fonológico.

c   La variante *e-*, con pérdida adicional de /s/, se documenta cuando la base comienza por nasal (*emanar, emascular, emitir, emoción, emérito, enervar, enunciar, enumerar...*) o líquida (*elaborar, eliminar, elidir, elocutivo, erradicar...*), y frecuentemente cuando la base comienza por consonante fricativa (*efable, eferencia, efluir, efluvio, efusión*). En algunos cultismos puede documentarse también con consonantes oclusivas sonoras, como e, *egresar, egregio, evacuar, evadir, evaporar, eviscerar...*

Relaciones con otros afijos

Este prefijo contrasta con los prefijos **con-** y sobre todo **in-**^{2}, cuando estos expresan respectivamente coincidencia en el espacio y movimiento hacia adentro. Son frecuentes los pares mínimos entre **in-**^{2} y él, como en *importar~exportar, intrínseco~extrínseco, inhalar~exhalar*, etc.

LECTURAS RECOMENDADAS: Montero Curiel (1998a).

exa-. Del griego ἕξ 'seis'. Prefijo cuantificativo multiplicativo que expresa el valor equivalente a 10^{18}. Como otros prefijos cuantificativos, se une exclusivamente a base que designan unidades de medida, como *exabyte, exagramo, exámetro*.

exo-. Del griego ἔξω 'externo'. Prefijo adjetival de significado equivalente a 'externo'.

Tipos de base

a   Como sucede con otros prefijos adjetivales, este también se une a sustantivos y adjetivos relacionales. Entre los sustantivos muchos de ellos son temas neoclásicos.

(1)   exocrino, éxodo, exoftalmia, exogamia, exosfera, exodoncia

b   Otras muchas de las bases son nombres comunes usados en español:

(2)   exoesqueleto, exoplaneta, exobiología, exocometa, exopolítica, exomundo, exoatmósfera, exotoxina, exosistema, exocerebro, exoprótesis

c   El prefijo es mucho menos productivo con bases adjetivales, tanto si son temas neoclásicos como si no.

(3)   exógeno, exofítico
(4)   exotérmico, exoeléctrico

Comportamiento gramatical

a   Este prefijo no altera las propiedades gramaticales de la base.
b   Este prefijo no es iterable, tal vez por motivos semánticos, debido a que expresa una noción no escalar ('externo') cuya repetición no tiene un reflejo claro en lo que denota.

c   Este prefijo no participa en la parasíntesis.
d   Este prefijo produce frecuentemente paradojas de segmentación o encorchetado con bases correspondientes a adjetivos relacionales, como en *exotérmico* 'que se relaciona con la producción externa de calor', no 'que es externo a la relación con el calor'.
e   Este prefijo es coordinable: *endo- y exo-esqueleto*.
f   Este prefijo no puede funcionar solo como un modificador adjetival.

Tipos de significado

a   El significado de este prefijo equivale al adjetivo relacional 'externo, exterior'. Este valor se manifiesta típicamente designando un área, región u órgano que se encuentra fuera de otra. Generalmente, la base designa la entidad que se encuentra en el exterior de otra, como en *exoplaneta* 'planeta externo al sistema solar', o *exoesqueleto* 'esqueleto externo'.
b   Se observan sin embargo extensiones metafóricas de la noción de 'interno' que no tienen necesariamente un valor locativo, como en *exopolítica* 'política ejercida hacia o por personas de fuera del mundo de la política'.
c   Frecuentemente también se interpreta este prefijo referido al origen interno y no externo de algún proceso, como en *exotoxina, exotermo* y otros.

Propiedades fonológicas

Este prefijo se integra plenamente en la estructura prosódica de la base, como muestra la cancelación de la vocal final y la ausencia de acento secundario no rítmico (*éxodo, exosfera*).

Relaciones con otros afijos

Este prefijo establece una oposición con **endo-**, más productivo que él.

extra-[1]. Del adverbio y preposición latina *extra* 'fuera'. Prefijo preposicional de valor locativo.

Tipos de base

a   Este prefijo se combina sobre todo con adjetivos relacionales:

   (1)   extracomunitario, extracontractual, extracorpóreo, extracurricular, extraembrionario, extraescolar, extrajudicial, extralingüístico, extramarital, extramatrimonial, extranatural, extraoficial, extraordinario, extraparlamentario, extrarrenal, extrasensorial, extraterrestre, extraterritorial, extrauterino...

b   En unos pocos casos, se combina con bases verbales, como en *extralimitarse*, pero este uso no es productivo.
c   Ocasionalmente, se combina con adjetivos relacionales derivados de verbos, cuando el verbo base no existe en combinación con el prefijo.

   (2)   extravagante, extravertido

d   Tampoco son recuentes las bases nominales, como en *extrarradio, extrapuerto* o *extrasístole*.
e   Ocasionalmente este prefijo se combina con bases neoclásicas, como en *extradós (dorsum)*.

Comportamiento gramatical

a   Este prefijo no cambia la categoría gramatical de la base.
b   Como otros prefijos preposicionales, este prefijo puede habilitar a un sustantivo para funcionar como un modificador, como en *muro* > *extramuros, micrófono* > *extramicrófonos* o *refuerzos fronteras vs. *refuerzos extrafronteras*.
c   Como se ve en el ejemplo anterior, este prefijo puede combinarse con bases expandidas funcionalmente, con plural.
d   Este prefijo participa en la parasíntesis, siempre con base nominal: *extrapolar, extravasar, extravenar, extraviar*.
e   Este prefijo es en principio iterable, como en *extraextralimitarse*.
f   Este prefijo produce paradojas de encorchetado: *extramarital* es lo que se relaciona con lo que está fuera del matrimonio, no lo que está fuera de la relación con el matrimonio.
g   Este prefijo es coordinable: *extra-* e *intra-territorial*.

Tipos de significado

a   El valor locativo de este prefijo es 'fuera de', y se manifiesta en el sentido puro cuando la base designa un espacio determinado, como en *extrarradio, extramuros, extraterrestre, extragaláctico, extraterritorial*, etc.
b   Esta misma lectura se obtiene si la entidad designa un objeto que tiene una localización fija dentro del todo, como sucede con las partes del cuerpo o ciertos términos astronómicos o geográficos: *extracraneal, extratorácico, extrauterino, extrasolar, extralunar, extrapeninsular...*
c   Es más frecuente, sin embargo, la lectura metafórica en la que 'fuera de' quiere decir 'no perteneciente al ámbito definido por la base', como en *extrajudicial, extraoficial, extrainstitucional, extraescolar, extrabancario...*
d   Ambos valores se asocian en algunas formaciones, que indican tanto la localización fuera de un ámbito determinado como el haber salido de la situación normal, como *extralimitarse, extravagante*.
e   La lectura de 'fuera de' en todos estos casos es la locativa, no la direccional en que se va hacia afuera; esta lectura está limitada a muy pocos ejemplos, como *extravertido*.
f   Normalmente la base de formación se toma como el punto de referencia para definir un área externa a él, pero ocasionalmente designa la entidad que está fuera de un área sin determinar, como en *extrapuerto* 'puerto externo a algo'.

Propiedades fonológicas

Este prefijo da muestras de independencia fonológica con respecto a la base, manifestada en la preservación de la vocal final (*extraacadémico*) y la asignación de acento secundario no rítmico (*èxtraterréstre*).

Relaciones con otros afijos

Véase **extro-** para su relación con él. Este prefijo se opone a **intro-** e **intra-**. Frente al prefijo **exo-**, que se especializa en términos del lenguaje científico y prefiere bases neoclásicas, **extra-**[1] tiene preferencia por bases adjetivales que no pertenecen al vocabulario neoclásico. Véase también **extra-**[2].

> Lecturas recomendadas: Martín García (1998); Montero Curiel (1998, 2011).

extra-[2]. Del adverbio y preposición latina *extra* 'fuera'. Prefijo preposicional de valor locativo.

Tipos de base

a Este prefijo se une sobre todo a adjetivos calificativos graduables:

   (1)   extrafino, extraplano, extradulce, extracaro, extraproblemático, extraagresivo, extraamable, extranervioso, extracontento, extrapesado, extralargo, extragrande, extrasecreto, extrasuave...

b En todos estos casos, existe una tendencia a combinar el prefijo con la versión positiva del adjetivo que orienta la propiedad hacia los valores positivos de la escala: *extragrande* contrasta con?*extrapequeño*.

c También se puede unir a adverbios graduables, pero no lo suele hacer a los que se construyen con **-mente** (*extrarrápido* vs.??*extrarrápidamente*).

   (2)   extrabién, extrapronto, extratemprano

d Es frecuente que se una también a los participios adjetivales de los verbos de estado graduables o los participios que expresan el resultado del evento, cuando este también es graduable:

   (3)   extrasabido, extraconocido, extraenamorado, extrarroto, extraprotegido

e En contraste, no se documentan bases verbales con este prefijo.
f Se documentan también algunas formaciones con base nominal que no proceden de bases adjetivales (como en *extraamabilidad*), como en extracoste 'coste que excede el presupuesto', *extrabase, extraedad* 'que excede la edad adecuada', *extraatención, extrainterés, extrafinanciación*.

Comportamiento gramatical

a Este prefijo no altera la clase de palabras de la base, ni su comportamiento gramatical.
b Este prefijo es iterable: *extraextrasuave*.
c Este prefijo requiere la existencia de una escala en la base, por lo selecciona la lectura graduable de algunos adjetivos, como en *extrahumano* en la lectura de 'más humano de lo normal', frente a *extrahumano* como 'fuera de lo humano', que contiene **extra-**[1].
d Este prefijo no produce paradojas de encorchetado ni participa en la parasíntesis.

Tipos de significado

a   Como prefijo escalar, **extra-**² selecciona la porción de la escala que excede los valores que se consideran normales, por lo que su valor es equivalente a 'extraordinariamente, muy'.
b   Esta es la interpretación clara que recibe este prefijo con adjetivos calificativos, participios graduables y nombres derivados de adjetivos o no que denoten cualidades (*extradulzura*).
c   Sin embargo, con otros sustantivos el significado del prefijo puede equivaler a 'que sobra, que se añade a lo normal', derivado a partir del significado de exceso o grado que supera a lo normal, como en *extraqueso* 'queso adicional', *extragasto* 'gasto adicional', y otras en que el prefijo se aproxima a los prefijos adjetivales.

Propiedades fonológicas

Este prefijo da muestras de independencia fonológica con respecto a la base, manifestada en la preservación de la vocal final (*extraagradable*) y la asignación de acento secundario no rítmico (*èxtracansádo*).

Relaciones con otros afijos

a   Es posible considerar la posibilidad de que **extra-**² sea una extensión semántica de **extra-**¹, que, partiendo de la noción locativa de 'fuera de', desarrolle un valor escalar que sitúa el valor de una propiedad fuera de lo que se considera normal.
b   Esta hipótesis no puede explicar, sin embargo, por qué los valores de **extra-**² son no solo los que están fuera del intervalo normal de grados, sino específicamente los que son superiores a él. Así, **extra-**² no puede denotar los valores que se salen por la parte baja de la escala de lo que se considera normal, es decir, no pueden ser valores deficientes.
c   Esta complicación se suma a la de que **extra-**¹ tiene un alomorfo **extro-** que nunca alterna con **extra-**².

> **-eyo**. Del latín *-eium*, sufijo que formaba adjetivos relacionales. Posible sufijo adjetivalizador no productivo que aparece documentado en *plebe* > *plebeyo*, y posiblemente también en formas que, de segmentarse, tendrían bases alomórficas, como *leguleyo*.
>
> **-ez**. Del latín *-itiam~-itiem*, con posible influencia del francés *-esse*. Sufijo nominalizador que toma bases adjetivales.

Tipos de base

a   Este sufijo se une productivamente a adjetivos, siempre calificativos y nunca relacionales. No existen casos de adjetivos no graduables que sean seleccionados como bases por este sufijo.
b   Hay una preferencia no absoluta por los adjetivos que denotan propiedades características de los individuos y se combinan siempre o preferencialmente con *ser*.

>   (1)   adultez, adustez, altivez, añejez, aridez, beodez, bisoñez, brillantez, brutez, caduquez, calidez, candidez, caninez, cretinez, dejadez, delicadez, despotiquez, domestiquez, doncellez, endeblez, esbeltez, escasez, escualidez, esplendidez,

estolidez, estrictez, estupidez, exotiquez, etiquez, extrañez, fetidez, flacidez, floridez, frigidez, gelidez, gigantez, grandeza, hediondez, hibridez, honradez, horridez, idiotez, intrepidez, invalidez, languidez, ligerez, limpidez, macanudez, malcriadez, memez, modernez, morbidez, nitidez, ñoñez, ordinarez, oriundez, pelotudez, placidez, plebeyez, rapidez, reconditez, ridiculez, rotundez, rubicundez, sabihondez, salvajez, sesudez, sordomudez, terriblez, testarudez, timidez, translucidez, validez, vetustez, viudez...

(2) aspereza, basteza, braveza, bruteza, destreza, fiereza, franqueza, gentileza, igualeza, llaneza, pobreza, pronteza, pureza, riqueza, rudeza, simpleza, sutileza, terqueza, vileza...

b Esta preferencia no es absoluta; las siguientes listas incluyen adjetivos que pueden combinarse con ambos verbos copulativos y que por tanto son interpretables como predicados de individuo y como predicados de estadio:

(3) acidez, amarillez, bermejez, boludez, cachondez, calvez, chochez, completez, cutrez, delgadez, enjutez, esquivez, estrechez, esquisitez, insipidez, insulsez, lucidez, madurez, morenez, palidez, peladez, pequeñez, pesadez, redondez, rigidez, rojez, sordez, vejez...

(4) belleza, blandeza, clareza, dulceza, dureza, fortaleza, gordeza, guapeza, lindeza, rareza, robusteza, tibieza, torpeza, turbieza...

c Además, este sufijo también se combina con bases adjetivales especializadas en denotar propiedades de estadio, que se combinan preferencialmente o siempre con *estar*.

(5) avidez, borrachez, derechez, descalcez, desnudez, entereza, lividez, llenez, marchitez, putridez, ronquez, taradez, tirantez, tullidez...

(6) contenteza, lleneza, tristeza, ufaneza, viveza...

d El único caso de base que puede relacionarse con un adjetivo relacional es *natural* > *naturaleza*, que sin embargo es un adjetivo que también puede emplearse como calificativo.

e Existe un conjunto pequeño de bases sustantivas que se combinan con este sufijo; dichas bases son valorativas y definen entidades por sus propiedades de comportamiento. No entran necesariamente en esta clase las bases usadas preferencialmente como sustantivos pero con uso adjetivo posible, como *hidalgo > hidalguez, niño > niñez*.

(7) burrez, ceporrez, desgraciadez, doncellez, liquidez, mancebez, mendiguez, muchachez, orgulleza, pollez...

f Tiene posible base participial *fluidez*, de *fluir*, relacionado con *fluido* como adjetivo (*hablar un italiano fluido*).

g La forma *poqueza* es excepcional por tener una base correspondiente a un cuantificador.

Comportamiento gramatical

a Este sufijo forma siempre sustantivos femeninos.

b Son más frecuentes las formaciones en que el femenino no está marcado mediante un sufijo expreso que aquellas en que se marca con -**a**[1], dando lugar a la secuencia -*eza*.

c La marca femenina no propiamente un caso de alomorfía del sufijo, pese a la forma en que se describe frecuentemente la alternancia entre -**ez** y -**eza**.

d   Se ha dicho que la distribución está marcada generalmente por la fonología, y que la marca -**a**[1] se emplea en casos en que la base adjetival tiene dos sílabas, mientras que no se emplea si tiene tres o más sílabas. Sin embargo, pueden encontrarse excepciones con facilidad: toman -*eza* pese a que tener más de dos sílabas en la base, por ejemplo, *aspereza, naturaleza, delicadeza, entereza, impureza,* y toman -*ez* pese a ser bisílabas, entre muchísimos otros, *burrez, chochez, memez, niñez, rojez, vejez, viudez.*

e   Son frecuentes las alternancias entre las dos formas de marcar el femenino (*algidez(a), bajez(a), delicadez(a), ligerez(a), extrañez(a)*); estas situaciones también debilitan la propuesta fonológica para explicar la alternancia.

f   Se suele considerar que la forma productiva en la actualidad es la que no marca el femenino con un sufijo independiente (**-ez**), y que las formas que emplean la terminación de femenino ya no son productivas en la actualidad.

g   Este sufijo forma sustantivos abstractos de cualidad, que suelen por tanto ser sustantivos no contables que solo pueden emplearse como nombres concretos en casos semánticamente marcados que se discutirán en la próxima sección.

h   En su uso productivo para formar nombres abstractos de cualidad, el nombre derivado debe combinarse con un sintagma preposicional que se interpreta como el sujeto que posee la propiedad determinada, o este debe recibir una interpretación genérica.

(8)   La desnudez del modelo le perturbó.
(9)   La desnudez no tiene nada de vergonzoso.

i   Este sufijo permite que se hereden los argumentos del adjetivo, como en *escaso de recursos > escasez de recursos, rápido en hacerlo > rapidez en hacerlo, estrecho de hombros > estrechez de hombros.*

j   Este sufijo siempre implica la cancelación de la vocal átona final del adjetivo.

Tipos de significado

a   Al igual que otros sufijos que forman nombres de cualidad a partir de adjetivos calificativos, son posibles en principio tanto la lectura de escala como la lectura de cualidad propiamente dicha, si bien predomina la segunda.

b   En la lectura de escala, el sustantivo denota cierta dimensión, asociada a la base, con todo el conjunto de valores sin entrañar que la entidad posee un grado suficiente de la propiedad, como en *La honradez de este ministro es escasa, la inexistente placidez del viaje, la escasa belleza del modelo,* donde no se sigue que el ministro sea honrado, el viaje sea plácido o el modelo sea bello.

c   En la lectura de cualidad propiamente dicha, que es la predominante con este sufijo, el sustantivo denota un grado suficiente de la propiedad para poder predicarla del sujeto, como en *la pesadez de Juan* ('Juan es pesado'), *la estupidez de Pedro* ('Pedro es estúpido').

d   En ambas lecturas, se obtiene un sustantivo no contable que se interpreta como necesariamente asociado a un argumento, que es la entidad que posee las propiedades relevantes. Hay dos grupos de lecturas de nombre contable.

e   El primer grupo es la lectura de evento o de acción, por la cual la nominalización denota una acción que exhibe el comportamiento denotado por la base, como en *Hizo una estupidez, Dijo una memez, Esa idiotez tuvo lugar ayer en el congreso,* etc. En todos los casos, el adjetivo de la base tiene ya una lectura semieventiva en la que denota un comportamiento que se manifiesta en una acción (*Fue memo al decir que sí, Está siendo idiota al tratarla así...*), por lo que puede argumentarse que el sufijo en sí no aporta el significado de acción.

f   En el segundo grupo, encontramos las lecturas derivadas de las interpretaciones de cualidad en las que el sustantivo denota una entidad o participante que posee las propiedades denotadas por la base, como en *Tiene asperezas en los pies, Muestra rojeces en la cara*, o *Vive con muchas estrecheces*.

g   Al valor de participante, el sustantivo *realeza* añade un valor colectivo, 'conjunto de miembros de la familia real'.

h   Apenas hay casos de lecturas no composicionales, como en *cierto* > *certeza*, que no es 'propiedad de cierto' sino 'seguridad', *doblez* ('astucia').

i   Es muy frecuente, en cambio, que en la lectura de cualidad el sufijo seleccione la lectura no física de los adjetivos base, cuando estos poseen una, como en *bajeza* 'naturaleza ruin, acción ruin', *crudeza, entereza, firmeza, flaqueza, grandeza, llaneza* y muchos otros.

j   Excepcionalmente, y pese a que el adjetivo *limpio* carece de una lectura de evento, el sustantivo *limpieza* puede usarse para designar la acción de limpiar, como en *La limpieza de los baños tuvo lugar...*

Propiedades fonológicas

a   Este sufijo atrae el acento prosódico a su vocal /e/, lo cual puede comportar la monoptongación de aquellas bases donde el diptongo depende de la posición del acento, como en *diestro* > *destreza*.

b   Este sufijo suele preservar la primera vocal de los diptongos finales de palabra (*limpio* > *limpieza, ordinario* > *ordinariez*), con la excepción de *sandio* > *sandez*, donde cabe pensar que el sustantivo se deriva directamente a partir de la raíz.

c   En cambio, se preservan las vocales finales que no son marcas de género, como en *repipi* > *repipiez*.

Alomorfos

Se ha propuesto el alomorfo *-idez*, formado tal vez por cruce con **-idad**, en formas como *rancio* > *rancidez, gravidez, rotundidez, turbidez*, y tal vez *limpidez*.

Haplologías

Si no se propone que la voz se deriva directamente la raíz o de una forma neoclásica, es necesario postular haplologías en *sofisticado* ~ *sofistiquez, embriagado* ~ *embriaguez*.

Relaciones con otros afijos

Entre los nominalizadores que forman nombres de cualidad a partir de adjetivos, **-ez** es el más productivo de los especializados en adjetivos calificativos, pero tiene globalmente menos productividad que **-idad**.

> LECTURAS RECOMENDADAS: Pena (1980, 2004); Camus (1998); Santiago Lacuesta & Bustos Gisbert (1999); Pharies (2002); RAE & ASALE (2009: §6.2); Fábregas (2016); Resnik (2021).

'**-ez**. De origen incierto, tal vez de una forma *-icem* o de un sufijo prerromano. Sufijo que forma apellidos a partir de nombres de pila.

Tipos de base

a   Este sufijo se combina exclusivamente con nombres propios, muchos de ellos aún usados de forma habitual.

(1)   Álvaro > Álvarez, Benito > Benítez, Bermudo > Bermúdez, Domingo > Domínguez, Fernándo > Fernández, Íñigo > Íñiguez, Jimeno > Jiménez, Lope > López, Martín > Martínez, Ramiro > Ramírez, Rodrigo > Rodríguez, Sancho > Sánchez, Velasco > Velásquez, Velázquez...

b   Son frecuentes las bases alomórficas, ocasionalmente porque el apellido está formado sobre una versión del nombre de pila propia de otra variedad romance o germánica, en ocasiones porque la palabra ha sufrido, a lo largo de la historia, adaptaciones fonológicas:

(2)   Antón > Antúnez, Diego > Díaz, Díez, Esteban > Estévez, Fernando > Hernández, Iván > Ibáñez, Menendo > Menéndez, Méndez, Pelayo > Peláez, Pedro > Pérez, Sancho > Sanz...

c   Ocasionalmente se documentan bases correspondientes a nombres propios antiguamente usados que ya no se emplean como tales.

(3)   Gummo > Gómez, Gutierre > Gutiérrez, Muño > Muñoz, Orti > Ortiz, Ruy > Ruiz, Baldo > Valdez

d   En la medida en que ciertos nombres de origen geográfico o profesión se podían emplear como distintivos para hacer referencia a algunas personas, se documentan de forma excepcional algunas bases correspondientes a nombres comunes.

(4)   llave (chave) > Chávez, suero 'porquero' > Suárez, vasco > Vázquez

e   En estilos humorísticos y literarios, la clase anterior se expande para incluir toda clase de nombres comunes que diferencian a las personas por rasgos de su comportamiento, como en *Idiótez, Hijopútez, Bestiájez*, etc.

Comportamiento gramatical

a   Este sufijo produce siempre nombres propios usados como apellidos.
b   Este sufijo no se asocia a ningún valor de género específico, y admite tanto el masculino como el femenino dependiendo del sexo biológico del referente: *El López, la López*.
c   Este sufijo nunca toma plural; pese a que en su caso se pueden invocar motivos fonológicos para esta restricción, el hecho es que en español los apellidos nunca pluralizan: *Los Alonso, Los Martín*. El plural *Martines* debe corresponder forzosamente al nombre de pila *Martín*, no al apellido homófono.
d   Este sufijo siempre cancela la vocal átona final de la base.

Tipos de significado

a   Etimológicamente, este sufijo expresaba la relación de parentesco padre-hijo que en algunas lenguas modernas expresan algunos elementos compositivos, como *-son* en inglés o sueco y *-sen* en noruego.

b   Frente a las lenguas, como es islandés, en que esta relación es rastreable de forma composicional y el apellido de cada individuo se construye composicionalmente sobre el nombre de pila de su padre, en español este sufijo está gramaticalizado y ya no expresa de forma transparente esta relación.
c   Los nombres propios carecen de denotación; son excepcionales y propias de estilos marcados las formaciones como *Bestiájez*, donde se sugiere a través de la base que la persona que tiene este apellido posee las propiedades descriptivas que denota la base de formación.

Propiedades fonológicas

a   Este sufijo no suele atraer el acento prosódico a su vocal /e/ y conserva el acento en la misma posición de la base.
b   La posible excepción son aquellos casos en los que la relación con el nombre de pila de la base se ha perdido, sea porque el nombre original se ha perdido o porque se han producido cambios fonológicos que oscurecen la relación, como en *Muñoz*, donde además se pierde la /e/ del sufijo.
c   Además de cancelar la vocal átona final del nombre propio, este sufijo cancela la consonante /s/ antecedida de vocal átona, como en *Marcos* > *Márquez*.

Relaciones con otros afijos

Este sufijo es el único que construye nombres propios de forma semisistemática.

LECTURAS RECOMENDADAS: Pharies (2002).

-eza. Versión de **-ez** donde el género femenino está mezclado explícitamente por **-a**[1], como en *pureza*.

-ezc-. Alomorfo de **-ecer** que aparece en varias formas flexivas (*aparezco, aparezca*).

-ezno. Del latín *-icinum*. Sufijo nominal que forma el nombre de algunas crías de animal.

Tipos de base

a   Este sufijo se combina casi siempre con nombres comunes referidos a animales:

(1)   gamezno, lobezno, osezno, pavezno, perrezno, viborezno

b   No es transparente la derivación *rufián* > *rufezno*, donde toma una base animada no animal, pero tambén designa corta edad.
c   Etimológicamente, este sufijo aparece también con bases que designan entidades no animadas, para indicar tamaño pequeño, como en *rueda* > *rodezno*, con cambio de género.

Comportamiento gramatical

a   Este sufijo siempre produce sustantivos.
b   Casi siempre el sustantivo es variable en género, marcado regularmente por **-o**[1] en masculino y **-a**[1] en femenino.

c Son pocas las excepciones a esta tónica, como en *lagartezna* ('lagartija'), que está fijado en género femenino, frente a su base, que es masculina.
d El término lagartezna no es el único con cambio de género: sucede también en *viborezno* y el no transparente *rodezno*.
d Este sufijo siempre comporta la cancelación de la vocal átona final de la base.
e Resulta excepcional el caso de *torrar* > *torrezno*, que conserva el valor de 'pequeño tamaño' asociado al sufijo en sus usos productivos. Es la única formación no denominal, y podría estar formada directamente sobre la raíz sin la vocal temática.

Tipos de significado

a El valor semántico fundamental de este sufijo es el de designar la cría o los miembros jóvenes de la especie a la que designa la base.
b Por extensión semántica, dado que las crías son de menor tamaño que los adultos, puede desarrollar el valor de 'tamaño pequeño' excepcionalmente, como en *torrezno* y *rufezno*.

Propiedades fonológicas

Este sufijo atrae el acento a su vocal /e/, lo cual puede producir la monoptongación de la base si esta está controlada por el acento (*rueda* > *rodezno*).

Relaciones con otros afijos

Véase también *-ato* para un sufijo que produce nombres de crías.

> LECTURAS RECOMENDADAS: Pharies (2002).

-ezuelo. Alomorfo de **-uelo**.

-ezucho. Alomorfo de **-ucho**.

F

fanta-. Del italiano *fanta-*, posiblemente del acortamiento de *fantastico* 'fantástico'. Prefijo adjetival poco productivo cuyo valor es equivalente a 'fantástico', en el sentido de 'que se relaciona con la fantasía'. Aparece en unas pocas formaciones con base sustantiva, como *fantaciencia, fantaterror, fantamundo, fantadeporte* y otros que denotan géneros y ámbitos del entretenimiento. Su significado es 'que se relaciona con lo sobrenatural' o 'que se relaciona con lo creativo', en ambos valores de 'fantasía'. Su clasificación como prefijo y no como forma compositiva se apoya en que (i) siempre aparece en posición inicial de palabra, (ii) solo selecciona bases sustantivas, cuando los elementos compositivos no seleccionan la clase de palabras de su núcleo y (iii) su valor semántico es más restringido que el del adjetivo 'fantástico'.

> LECTURAS RECOMENDADAS: Rainer (1993).

fanto-. Relacionado con *fantasma*. Posible prefijo adjetival segmentable en algunas formaciones, como *fantogénesis*. No es productivo, y de segmentarse habría que asociarlo con el significado de 'fantasmagórico'.

farmo-. Relacionado con *farmacéutico*. Prefijo adjetival poco productivo de valor equivalente a 'farmacológico, farmacéutico', y que se documenta solo con bases nominales o adjetivos relacionales: *farmoquímico, farmocultivo, farmoindustria, farmoterapia*.

femto-.[1] Del danés *femten* 'quince'. Prefijo cuantificativo del lenguaje técnico con el valor fraccional equivalente a 10^{-15}. Se combina productivamente con sustantivos que equivalen a unidades de medida, como *femtosegundo, femtolitro, femtogramo*.

femto-.[2] Del danés *femten* 'quince'. Prefijo adjetival cuyo significado es equivalente a 'minúsculo'.

a Al igual que **nano-**, se ha extendido su uso con bases sustantivas para indicar la aplicación de una técnica, un instrumento o un estudio a una escala extraordinariamente reducida:

   (1) femtoquímica ('área de la química que se ocupa del estudio de las reacciones a escalas muy pequeñas), femtoláser, femtocelda, femtofotografía, femtosatélite

DOI: 10.4324/9781003415046-7

b   A pesar de que sus equivalentes en el lenguaje técnico indican cantidades precisas, entre **femto-** y **nano-** como prefijos adjetivales no hay una direccionalidad clara acerca de cuál de ellos denota un tamaño menor, si bien ambos denotan un valor inferior a **micro-**.

c   Este prefijo es iterable y tiene el comportamiento típico de los prefijos adjetivales (cf. **mini-**).

-feno. Del verbo griego *φαίνω* 'aparecer'. Posible sufijo nominal que se une a algunas bases neoclásicas y que denota la manifestación espontánea, sin causa externa, de distintos tipos de estímulos físicos, como *fosfeno* 'sensación visual que produce puntos de luz', *acúfeno* 'sensación que produce sonidos sin causa externa'. El motivo para tratarlo como un posible sufijo es que en *fenómeno* no es posible segmentar un sufijo del español, por lo que el comportamiento de **-feno** no es el de un tema neoclásico, al estar restringido a posición de sufijo y no formar voces por combinación con otros afijos, pero la existencia de formas como *fenotipo*, en posición inicial, sugieren que al menos para algunos hablantes es un tema neoclásico.

-ficar. Véase **-ificar**.

ficto-. Del latín *fictionem*, 'ficción'. Prefijo adjetival poco productivo con significado equivalente a 'ficticio'. Se combina exclusivamente con sustantivos (*fictohistoria, fictociencia, fictodocumental*).

fino-. Del germánico antiguo *finn* 'sami, esquimal'. Prefijo adjetival poco productivo que se asocia con el significado 'finlandés', como en *finoúgrio*; se combina exclusivamente con adjetivos relacionales y sustantivos.

fuera-. Del adverbio *fuera*. Posible prefijo que Varela & Martín García (1999: 5013) identifican en la forma *fueraborda*, que está lexicalizada ('(barco con motor) fuera de la borda'). En caso de que se tratase como un prefijo, no sería productivo en español.

G

-gate. Del inglés *-gate*, segunda parte del nombre del *Hotel Watergate*, que dio nombre a un escándalo político de los setenta. Sufijo nominal que forma nombres no contables que denotan distintos escándalos de mayor o menor relevancia.

a   Este sufijo se combina sobre todo con nombres propios, a menudo de países y otros topónimos, como en *Irangate, Rusiagate, Ibizagate*, pero también de persona (*Penelopegate*, por Penélope Cruz, *Piñeragate, Corinnagate, Alessiogate, Latorregate*).
b   También se documentan formaciones sobre nombres comunes: *pizzagate, penaltigate, aduanagate, impuestogate, dieselgate, pezongate...*
c   Este sufijo no forma nombres propios, sino nombres comunes, siempre masculinos y sin marca explícita de género.
d   El valor de este sufijo es el de denotar alguna clase de conflicto, polémica o escándalo que se relaciona conceptualmente con la entidad denotada por la base, que está afectada por el escándalo o está directamente involucrada en él.
e   El origen inglés del término hace que la ortografía no refleje su pronunciación, que en español sería /geit/, lo cual podría sugerir una ortografía regularizada a *-gueit*, algo que sin embargo no se documenta en el uso.
f   Este sufijo lleva acento prosódico primario, pero no desplaza el acento de la base (*pezòngáte*).
g   Pese a que en inlgés es un claro elemento compositivo que participa en cruces léxicos, en español este elemento tiene la distribución de un sufijo, al no poder aparecer en posición inicial de palabra o formar derivados solamente uniéndose a otros afijos.

geronto-. Del griego *-γέρων* 'anciano'. Prefijo adjetival poco productivo, cuyo valor es equivalente a 'relacionado con los ancianos'.

Tipos de base

a   Este prefijo se combina con bases sustantivas, casi siempre neoclásicas.

   (1)   gerontocidio, gerontocracia, gerontofobia, gerontofilia, gerontólogo
   (2)   gerontogimnasia, gerontopsiquiatría, gerontovida, gerontodiseño, gerontoinmigración, gerontodictadura, gerontofeminismo, gerontobiología...

b   No se documentan bases formadas por adjetivos relacionales.

DOI: 10.4324/9781003415046-8

Comportamiento gramatical

a Este prefijo no altera la clase de palabras ni otras propiedades de la base.
b Este prefijo no es iterable, tal vez por motivos semánticos: expresa la relación con los ancianos, por lo que su iteración no aportaría ninguna propiedad adicional a la base.
c Este prefijo no forma paradojas de encorchetado o segmentación.
d Este prefijo no participa en la parasíntesis.
e Este prefijo participa en cruces léxicos, como en *gerontolescencia*.
f Este prefijo adjetival no tiene un uso como adjetivo libre.

Tipos de significado

a El significado de este prefijo equivale al de un adjetivo relacional, 'que se relaciona con los ancianos'.
b La interpretación de la base generalmente refleja este carácter relacional: la base denota un evento o entidad de la que se afirma su propósito, interés o dominio de aplicación relacionado con los ancianos. Así un *gerontogimnasio* es un gimnasio adaptado a las necesidades de los ancianos y la *gerontopsiquiatría* es la disciplina psiquiátrica que trabaja específicamente con los ancianos.
c Como sucede también con los adjetivos relacionales, este prefijo puede obtener una interpretación casi argumental en la que la relación puede corresponder a un papel temático, como el agente (*gerontocracia* 'gobierno por los ancianos'), el tema (*gerontofobia* 'rechazo a los ancianos') y otras.

Propiedades fonológicas

Este prefijo da muestras de independencia prosódica de la base, manifestada en la presencia de acento secundario no rítmico (*geròntogimnásia*) y la preservación de su vocal final (*gerontooftalmología*).

Problemas de clasificación

Frente a *ger(o)* (*geriatra*) este morfema no es un tema neoclásico. No se une a otros afijos para formar voces del español (**gerontía*) y no aparece en posición final de palabra. Su etimología es efectivamente una típica de un elemento compositivo, pero su comportamiento gramatical actual corresponde al de un prefijo.

giga-[1]. Del griego γίγας 'gigante'. Prefijo cuantificativo, propio del lenguaje técnico, que expresa una cantidad multiplicativa equivalente a 10^9. Se combina exclusivamente con nombres comunes que corresponden a unidades de medida, como en *gigavatio, gigabit, gigahercio, gigatonelada, gigapíxel*.

giga-[2]. Del griego γίγας 'gigante'. Prefijo adjetival cuyo valor es semetanje al de 'gigantesco'.

a Este prefijo se emplea sobre todo en combinación con nombres comunes:

   (1)   gigavisión, gigaconstrucción, gigafactoría, gigaencuesta, gigaeconomía

b En principio, este sufijo es iterable. Su significado es de tamaño, y adquiere dos lecturas: en la primera, denota un tamaño extraordinariamente grande para la entidad denotada por la base (*giga-CV, gigaciudad, gigacoalición*...).
c En la segunda lectura, se refiere al ámbito en el que se aplica o se da la noción denotada por la base, indicando que es muy extenso: *gigaeconomía, gigaencuesta, gigavisión*.
d Este prefijo puede tener alcance sobre todo el sintagma: *giga[coalición de partidos]*.
e Este prefijo da signos de independencia prosódica de la base, con acento secundario no rítmico (*gìgaquilómbo*) y la preservación de la vocal final (*gigaenvoltorio*).

gineco-. Del griego γυνή 'mujer'. Prefijo adjetival no productivo, cuyo significado es equivalente a 'relacionado con la mujer', que aparece combinado con temas neoclásicos equivalentes a sustantivos (*ginecocracia, ginecólogo*). Pese a la existencia de *gineceo*, no segmentable en español actual y tomada directamente del griego, su gramática es la propia de un prefijo y no de un elemento compositivo, ya que no aparece a la derecha de una base y no forma palabras por combinación con otros afijos.

-güeño. Posible alomorfo de **-ueño**.

H

hecto-. Del francés *hecto-* y este a su vez del griego ἑκατόν 'cien'. Prefijo cuantificativo que expresa el valor multiplicativo 10^2, y se combina exclusivamente con nombres comunes que expresan unidades de medida, como *hectolitro, hectogramo, hectómetro, hectopascal*.

hella-. Del inglés *hella*, contracción a *(a) hell of* 'un montón de'. Prefijo cuantificativo que en algunos textos científicos se emplea, siempre con bases nominales correspondientes a unidades de medida, para expresar el valor multiplicativo de 10^{27}. Cf. **ronna-**. Se pronuncia /xéla/.

hemi-. Del latín tardío *hemi-* y este a su vez del griego ἡμι- 'medio'. Prefijo adjetival cuyo valor corresponde a 'medio'.

Tipos de bases

a   Este prefijo se une productivamente a bases formadas por nombres comunes, frecuentemente del lenguaje científico de la anatomía, la geometría o la química.

   (1)   hemiciclo, hemitórax, hemicelulosa, hemicuerpo, hemicirco, hemipelvis, hemicuello, hemicolectomía, hemiabdomen, hemipene, hemivértebra, hemidiafragma, hemivagina, heminegligencia, hemisección

b   En segundo lugar, se une a bases neoclásicas correspondientes a sustantivos.

   (2)   hemicránea, hemiplejia, hemíptero, hemisferio, hemistiquio, hemicampo

c   No se documentan casi nunca con este prefijo casos de adjetivos relacionales que no vengan derivados de bases sustantivas documentadas (cf. *hemipléjico*). Entre las excepciones se pueden citar *hemifacial* o *hemicordado*.

Comportamiento gramatical

a   Este prefijo no altera la categoría gramatical de la base, u otras propiedades gramaticales.
b   Este prefijo no participa en la parasíntesis.
c   Este prefijo produce paradojas de encorchetado o segmentación con adjetivos relacionales: *hemifacial* 'relativo a la mitad del rostro'.
d   Este prefijo, por motivos semánticos, no es iterable: su significado identifica la mitad de algo o sitúa algo en la mitad de un espacio, y por ello se produce redundancia o contradicción si se itera.

DOI: 10.4324/9781003415046-9

e Frente a otros prefijos adjetivales, este prefijo no puede aparecer aisladamente como adjetivo: *un cuerpo hemi*.

Tipos de significado

a Su significado equivale al del adjetivo cuantificativo 'medio'. Generalmente, por eso, selecciona bases que denotan entidades acotadas, en las que la acotación permite evaluar qué cuenta como su mitad.
b Generalmente la base proporciona la entidad de la que se toma una mitad, como en *hemivétebra* 'malformación por la que solo se desarrolla la mitad de la vértebra', *hemisferio* 'mitad de una esfera', etc.
c Cuando la base no denota una entidad física, la noción de 'medio' se aplica a entidades relacionadas con ella; en *heminegligencia* se habla de la imposibilidad de percibir la mitad del campo visual, entre otros síntomas; una *hemisección* es un tratamiento odontológico que elimina una parte del molar, dejando su raíz.
d No es frecuente que las formaciones con este sufijo tengan valores impredecibles, pero en *hemiciclo* se suele interpretar 'parlamento', debido a la disposición en medio círculo de la bancada de los diputados.

Propiedades fonológicas

Este prefijo tiende a interpretarse prosódicamente integrado con la base, no suele recibir acento secundario no rítmico, y su vocal final tiende a hacer desaparecer la vocal inicial de la base (*hemisferio*).

Relaciones con otros afijos

Fuera del lenguaje de la medicina, este prefijo tiene una productividad reducida, frente a **semi-**, que comparte valores con él.

> LECTURAS RECOMENDADAS: Varela & Martín (1999), RAE & ASALE (2009: §10.8), Rifón (2018).

hemo-. Del griego αιμο- 'sangre'. Posible prefijo adjetival cuyo significado se aproxima al del adjetivo relacional 'hemático'.

Tipos de base

a Este prefijo se combina sobre todo con bases formadas por nombres comunes.

   (1) hemoaglutinación, hemocianina, hemocromatosis, hemocultivo, hemodiálisis, hemodinámica, hemoglobulina, hemotórax

b No son frecuentes las bases constituidas por adjetivos relacionales que posiblemente no deriven del sustantivo correspondiente ya prefijado, como *hemodinámico*.
c Son frecuentes, asimismo, las bases constituidas por temas neoclásicos correspondientes a sustantivos.

    (2) hemofilia, hemograma, hemolisis, hemopatía, hemoptisis, hemorragia, hemorroide, hemostasia

d   Este prefijo no se une a nombres propios.

Comportamiento gramatical

a   Este prefijo no altera la categoría gramatical de la base, u otras propiedades gramaticales.
b   Este prefijo no participa en la parasíntesis.
c   Este prefijo produce paradojas de encorchetado o segmentación con adjetivos relacionales: *hemodinámico* 'que se relaciona con la dinámica de la sangre'.
d   Este prefijo, por motivos semánticos, no es iterable: su significado es relacional y por tanto su iteración no aportaría más significado.
e   Frente a otros prefijos adjetivales, este prefijo no puede aparecer aisladamente como adjetivo: **una infección hemo*.

Tipos de significado

a   Este prefijo adopta el significado 'relacionado con la sangre', donde la relación depende mucho de la naturaleza semántica de la base.
b   Si la base designa un evento o se relaciona con uno, esa relación puede corresponder a un papel temático, como en *hemoacumulación, hemodiálisis, hemoptisis*. Si corresponde a una entidad abstracta, la relación puede ser que esa entidad se aplica al ámbito de la sangre (*hemodinámica, hemopatía*).
c   Se documentan relaciones semánticas más complejas, como *hemotórax* 'flujo de sangre al tórax'.

Propiedades fonológicas

Este prefijo da claras muestras de independencia prosódica de la base, manifestada en la asignación de acento secundario no rítmico (*hèmocultívo*) y en la preservación de su vocal final (*hemoacción*), que nunca forma diptongo con la primera vocal de la base (*hemoinfección*).

Problemas de clasificación

El comportamiento gramatical de **hemo-** muestra que es un prefijo, frente a la forma *hemato*, que es un tema neoclásico; la segunda, pero no la primera, puede formar voces en combinación con afijos (*hematófago, hemático;* **hemía,* *hémico)

hetero-. Del griego ἕτερος 'otro, diferente'. Prefijo adjetival de valor semántico similar a 'distinto'.

Tipos de base

a   Este prefijo es particularmente productivo con adjetivos relacionales:
    (1) heterocigótico, heterosexual, heterotrófico, heteroparental, heterorromántico, heterocentrista, heterofermentativo, heterodeportivo, heterocompositivo, heteroinculpatorio, heteroliberal...

b Son menos frecuentes las bases constituidas por nombres comunes.

   (2)   heterociclo, heterosfera, heteroevaluación, heterounión, heteropolisacárido

c Abundan las formaciones en que el prefijo toma bases neoclásicas, casi siempre correspondientes a adjetivos:

   (3)   heteróclito, heterodoxo, heterogéneo, heterómero, heterónimo, heterónomo, heterópsido, heteroscio
   (4)   heteroplastia, heteroplasmia

Comportamiento gramatical

a Este prefijo no altera la categoría gramatical de la base, u otras propiedades gramaticales.
b Este prefijo no participa en la parasíntesis.
c Este prefijo produce paradojas de encorchetado o segmentación con adjetivos relacionales: *heterosexual* 'que se relaciona con el sexo contrario'.
d Este prefijo, por motivos semánticos, no es iterable: su significado identifica la falta de identidad o la clase opuesta a otra, y por ello se produce redundancia o contradicción si se itera.
e Frente a otros prefijos adjetivales, este prefijo no puede aparecer aisladamente como adjetivo: **un liberalismo hetero*. Nótese que el adjetivo *hetero* como 'heterosexual' es en realidad un acortamiento de la forma adjetival completa, como indica su restricción de significado.

Tipos de significado

a Este prefijo adopta el significado 'otro, distinto', que se puede manifestar de distintas formas, dependiendo en parte del significado de la base.
b Frecuentemente la base designa una clase de entidades y el prefijo indica que, dentro del dominio de esa base, existen al menos dos subclases, y la entidad denotada se relaciona con la subclase diferente a la que pertenece, como en *heterosexual, heteroliberal, heterocentrista, heterodoxo* y todos los que se derivan sobre adjetivos o sustantivos referidos a ideologías políticas.
c En otras ocasiones el prefijo denota que la entidad denotada por la base se forma mediante la agrupación de entidades de distinto tipo, como en *heteróclito* 'que se conjuga o declina empleando distintas formas', *heterounión, heterogéneo,* o *heteroparental*.
d La tercera lectura típica es aquella en la que, sin oponer dos subclases distintas, se interpreta la existencia de dos ejemplares distintos de la misma clase, que intervienen de alguna manera en la interpretación del derivado: *heterocigótico, heterónimo, heteroevaluación* 'evaluación de unos estudiantes por otros estudiantes', *heteroincriminatorio* 'incriminatorio para una persona distinta del declarante'.

Propiedades fonológicas

Este prefijo da claras muestras de independencia prosódica de la base, manifestada en la asignación de acento secundario no rítmico (*hetèroclasificación*) y en la preservación de su vocal final (*heteroorganismo*), que nunca forma diptongo con la primera vocal de la base (*heteroindependiente*).

Problemas de clasificación

No ha de confundirse este prefijo con la forma homófona propia del acortamiento de heterosexual, *hetero*, como en *un hetero, heteropatriarcado, heteronormativo, heteroaliado, heterosexista*.

> LECTURAS RECOMENDADAS: RAE & ASALE (2009: §10.12); Fábregas (2018).

hexa-. Del prefijo griego ἑξα- 'seis'. Prefijo cuantificativo de valor cardinal igual a 'seis'.

Tipos de base

a   Este prefijo se une productivamente temas neoclásicos equivalentes a sustantivos o adjetivos:

   (1)   hexacorde, hexacordo, hexágono, hexámetro, hexápeda, hexástilo, hexagrama, hexafonía

b   En segundo lugar, se une a nombres comunes del español, sobre todo dentro del léxico de las ciencias químicas:

   (2)   hexacampeonato, hexacampeón, hexafluoruro, hexagoleador, hexabromo, hexapéptido, hexafosfato, hexamonarca, hexaperdedor, hexapétalo, hexapodio, hexaproceso, hexángulo

c   En tercer lugar, se une productivamente a adjetivos relacionales, derivados o no de otros sustantivos.

   (3)   hexavalente, hexasílabo, hexacicloidal, hexadecimal, hexatónico, hexacilíndrico,

hexatlón, hexampeón, hexasdrilátero

Comportamiento gramatical

a   Este prefijo tiene la capacidad de convertir en adjetivo una base sustantiva, al igual que otros prefijos cuantificadores. Así, *hexapétalo* puede funcionar como un adjetivo (*flores hexapétalas*) cuando en ausencia del prefijo ha de ser sustantivo (cf. *pétalo,* *flores pétalas). Sucede lo mismo en otras formaciones, como las de (4)

   (4)   hexasílabo, hexasépalo

b   Este prefijo no es iterable, al igual que sucede con otros prefijos cuantificativos.
c   Este prefijo no puede combinarse con bases expandidas funcionalmente, y no admite modificación de la base.
d   Este prefijo, al igual que otros prefijos cuantificativos, no participa en la parasíntesis.
e   Este prefijo da lugar a paradojas de encorchetado: *hexadecimal* no se refiere a una relación multiplicada por seis con el diez, sino a lo relacionado con el número sesenta, pese a que no exista *hexadécimo.
f   Este prefijo participa en la formación de cruces léxicos: de *decatlón* se forma *hexatlón*, de *campeón* se forma *hexampeón* y de *cuadrilátero* se forma *hexadrilátero*.

Tipos de significado

a   En la serie de prefijos cuantificativos, este prefijo indica el valor de cardinalidad correspondiente a 6. Este valor de cardinalidad puede manifestarse de varias maneras.

b   Es frecuente un valor posesivo donde se cuantifica sobre el sustantivo incluido en la base y se designa la propiedad de poseer o estar formado solo por un ejemplar de esa entidad (*hexapétalo, hexasílabo, hexágono, hexángulo*...). Esta interpretación es la que se asocia siempre a los casos en que el prefijo convierte la base en adjetivo o la habilita como modificador de otro sustantivo.

c   En otras ocasiones no hay valor posesivo asociado a este elemento y simplemente se designa la existencia de seis instancias de una entidad o acción asociada con la base, que puede ser uno de sus argumentos (*hexavalente*), las repeticiones de un evento (*hexaperdedor, hexacampeón*), los dominios a los que se aplica un título (*hexamonarca*), etc.

Propiedades fonológicas

Este prefijo no da muestras de independencia fonológica con respecto a la base; puede haber cancelación de la vocal final (*hexángulo* vs. **hexaángulo*) y en que no recibe acento secundario salvo que sea por motivos rítmicos (*hexàpartído*).

Relaciones con otros afijos

Véase también **mono-, bi-, tri-, tetra-, penta-, octo-, enea-**, entre otros.

hiper-[1]. De la preposición griega ὑπέρ 'sobre'. Prefijo preposicional de valor escalar, que selecciona la franja alta de una escala, por encima de un límite.

Tipos de base

a   Este sufijo es productivo con bases formadas por nombres comunes, particularmente –pero no únicamente– del lenguaje médico.

(1)   hipercalcemia, hiperclorhidria, hipercolesterolemia, hipercrisis, hiperíndice, hiperinflación, hiperfunción, hiperglucemia, hiperhidrosis, hiperlipemia, hipermenorrea, hipermetamorfosis, hipersensibilidad, hipertensión, hipertiroidismo, hipervitaminosis, hipersomnolencia, hipervigilancia, hiperconsumo

b   Este prefijo también toma adjetivos relacionales como su base:

(2)   hiperbárico, hipersónico, hipertrófico, hipercalórico, hiperquinético, hiperreactivo, hiperproteico

c   Este prefijo, al igual que otros prefijos preposicionales, toma también adjetivos calificativos.

(3)   hiperactivo, hipercrítico, hiperblando, hipermoderno, hiperprolífico

d   No son frecuentes las bases formadas por verbos, pero se documentan, entre otros, las de (4):

(4) hipercaracterizar, hiperventilar, hiperconectar, hipersexualizar, hiperproducir

e   Finalmente, este prefijo se une a temas neoclásicos tanto correspondientes a nombres comunes como a adjetivos:

(5) hipérbato, hipérbole, hiperbóreo, hiperémesis, hipermétrope, hiperónimo, hiperoxia, hiperplasia, hipertermia, hipertonía, hipertrofia

Comportamiento gramatical

a   Este prefijo no cambia la categoría gramatical ni otras propiedades de la base, incluido su número de argumentos.
b   Este prefijo es iterable: *hiper-hiper-blando*.
c   Este prefijo no participa en la parasíntesis.
d   Este prefijo da lugar a paradojas de encorchetado con adjetivos relacionales: *hipersónico* significa 'que se relaciona con las franjas que están por encima de la barrera del sonido', no 'que está por encima de la relación con el sonido'.
e   Este prefijo permite la coordinación con otro: *hiper- e hipo-colesterolemia*.

Tipos de significado

a   Este prefijo tiene dos valores, que son lecturas distintas de la misma noción de 'por encima'. La más frecuente es la lectura escalar, en que el prefijo denota que el grado de cierta propiedad o la cantidad de cierta magnitud está por encima de lo que se espera, de lo normal o se considera aceptable: *hiperactivo, hipertrofia, hipercaracterizar, hipercolesterolemia, hiperglucosis, hiperventilar*...
b   Este valor de exceso puede manifestarse de distintas formas. Con bases graduables o formadas sobre adjetivos graduables, indica que el valor de la escala que subyace al adjetivo excede un límite determinado; la hiperactividad denota un grado de actividad que se considera excesivo.
c   Con bases no graduables en sí, pueden darse dos lecturas. En la primera, se habla de una cantidad que se considera excesiva o que va más allá de lo que se esperaba (*hipertensión, hiperhidrosis*). En la segunda, se habla de un resultado que excede lo deseable (*hipersexualizar, hiperinflación*) o de la intensidad excesiva en la realización de un evento (*hipervigilancia, hiperconsumo*).
d   Resulta menos frecuente el valor locativo del prefijo, que apenas se documenta con algunas bases sustantivas (hiperíndice, 'índice que está encima de una expresión') o adjetivos relacionales (*hipersónico* 'por encima de la barrera del sonido').
e   Una lectura derivada de su valor espacial es aquella, usada como término técnico de internet y otras tecnologías, en que el prefijo indica que un elemento está enlazado a dominios superiores que forman una jerarquía con él, como en *hipervínculo, hipertexto*.

Propiedades fonológicass

Este prefijo muestra signos de independencia fonológica, que puede reflejarse en la falta ocasional de resilabificación con la primera vocal de la base (*hi.per.hi.dro.sis*) y en algunos casos en que el prefijo recibe acento secundario no rítmico (*hìperactívo*).

Relaciones con otros afijos

Este prefijo tiene valores similares a **sobre-** y **super-**[1], pese a que ambos son más productivos que él. Al igual que **super-**, tiene una versión de prefijo adjetival. Forma frecuentemente pares con **hipo-** en el lenguaje científico.

> LECTURAS RECOMENDADAS: Varela & Martín (1999), RAE & ASALE (2009: §10.5), Montero Curiel (2011).

hiper-[2]. De la preposición griega ὑπέρ 'sobre'. Prefijo adjetival cuyo valor es semejante al adjetivo 'aumentado'.

a Este prefijo es productivo casi exclusivamente con nombres comunes:
 hipermercado, hiperrealismo, hiperbodega, hiperlíder, hiperauto, hiperespacio.
b Este prefijo no altera la clase de palabras ni otras propiedades gramaticales de la base.
c Este prefijo es, en principio, iterable.
d El valor del prefijo equivale a 'aumentado, extendido', lo cual puede manifestarse de distintas maneras. El valor de tamaño es el predominante en hipermercado, mientras que en otros casos se obtiene una lectura de calidad en la que el prefijo indica que la noción denotada por la base posee un alto grado de perfección, como en *hiperlíder* o *hiperpremio*.
e La noción de 'extendido' puede interpretarse también de formas más específicas: en *hiperespacio* se habla de un espacio extendido a más de tres dimensiones, y en *hiperrealismo* se habla de una versión del realismo que trata de capturar la realidad hasta el mínimo detalle.
f Este prefijo da muestras de cierta independencia prosódica de la base, manifestada en la asignación de acentos secundarios no rítmicos (*hìperrealísta*).

hipo-. De la preposición griega ὑπό 'bajo'. Prefijo adjetival de valor similar a 'inferior'.

Tipos de base

a Como otros prefijos adjetivales, este es productivo en la combinación con bases correspondientes a nombres comunes y adjetivos relacionales. Entre los primeros podemos citar los siguientes, muchos de ellos del lenguaje de la química y la medicina.

 (1) hipocalcemia, hipocentro, hipoclorhidria, hipofosfito, hipofunción, hipoglucemia, hipogonadismo, hipomanía, hiposulfito, hipotálamo, hipotensión, hipovitaminosis, hipovolemia

b No son igualmente frecuentes las bases formadas por adjetivos relacionales que no procedan de la derivación de sustantivos como los de (1):

 (2) hipoalergénico, hipocalórico, hipodérmico, hipotiroideo

c El carácter culto de este prefijo hace que se documenten numerosas formaciones sobre temas neoclásicos correspondientes a sustantivos o adjetivos relacionales:

(3) hipocausto, hipocondría, hipócrita, hipófisis, hipogastrio, hipogeo, hiponimia, hipóstasis, hipotaxis, hipoteca, hipotermia, hipotonía, hipoxia

Comportamiento gramatical

a   Este prefijo no altera la categoría gramatical u otras propiedades de la base.
b   Este prefijo es en principio iterable: si tenemos una dieta baja en calorías a la que llamemos *hipocalórica* podemos imaginar una dieta todavía inferior a esta que denote el término *hipo-hipo-calórico*.
c   Este prefijo no participa en la parasíntesis.
d   Este prefijo da lugar a paradojas de encorchetado: *hipodérmico* no indica 'que está por debajo de la relación con la piel', sino 'que se relaciona con lo que está debajo de la piel'.
e   Este prefijo no es coordinable con otros.

Tipos de significado

a   Este prefijo tiene un significado similar a 'inferior', lo cual se manifiesta de dos formas distintas. En la primera el adjetivo se interpreta locativamente, y habla de una entidad o un espacio que está por debajo de otro, como en *hipotálamo, hipocardio* o *hipodermis*.
b   En el segundo, la idea de 'inferior' se refiere al grado o intensidad de un proceso denotado por la base o asociado semánticamente a ella, como en *hipofunción, hipomanía, hipoalergénico*, o denota que una magnitud está por debajo del valor normal, como en *hipovolemia, hipoglucemia, hipocalórico*.

Propiedades fonológicas

Este prefijo muestra cierto grado de independencia fonológica de la base, manifestada en la preservación de la vocal final en contacto con la inicial de la base (*hipoalergénico*) y en la asignación ocasional de acento secundario no rítmico (*hìposulfíto*).

Relaciones con otros afijos

a   Pese a que habitualmente forme pares semánticos con **hiper-**[1], nótese que este prefijo es adjetival, mientras que **hiper-**[1] es preposicional.
b   No ha de confundirse este prefijo con el tema neoclásico *hipo* 'caballo', que forma compuestos (*hipódromo, hipocampo, hipopótamo*) y admite la derivación de voces a partir de él (*hípico*).

> LECTURAS RECOMENDADAS: Varela & Martín (1999), RAE & ASALE (2009: §10.5), Rifón (2018).

histo-. Del griego ἱστός 'tejido'. Prefijo adjetival propio del lenguaje científico, de valor equivalente a 'relacionado con los tejidos biológicos', que se combina con sustantivos y temas neoclásicos equivalentes a sustantivos (*histocompatibilidad, histoquímica, histología*). Es excepcional *histograma*, donde el prefijo adquiere la lectura metafórica de 'distribuido en barras', como las capas del tejido. Tiene la gramática de un prefijo, pese a su etimología, porque nunca aparece a la derecha de la base y no forma palabras por combinación con otros afijos.

holo-. Del griego ὅλος 'total'. Prefijo adjetival con significado equivalente al adjetivo de cantidad 'total', y que aparece combinado en el lenguaje científico con algunas bases neoclásicas equivalentes a sustantivos (*holograma, holocausto, hológrafo, holómetro...*). Tiene la gramática de un prefijo, pese a su etimología, porque nunca aparece a la derecha de la base y no forma palabras por combinación con otros afijos.

homeo-. Del adjetivo griego ὅμοιος 'semejante'. Prefijo adjetival poco productivo, propio del lenguaje científico, de valor equivalente a 'similar'. Aparece siempre combinado con temas neoclásicos equivalentes a sustantivos, como en *homeópata, homeorresis, homeostasis*, y adjetivos relacionales, como *homeotermo, homeomorfo, homeodermo*. Su valor indica que la noción expresada por la base implica entidades de valor semejante, como *homeotermo* 'que mantiene valores de temperatura semejantes entre ellos', homeostasis 'situación en que un sistema se encuentra en estados similares entre ellos, sin gran variación' y *homeopatía* 'curación mediante elementos que producen efectos semejantes a la enfermedad'.

homo-. Del griego ὁμός 'mismo'. Prefijo adjetival de valor semántico similar a 'igual, el mismo'.

Tipos de base

a   Este prefijo es particularmente productivo con adjetivos relacionales:

(1)   homocigótico, homoclamídeo, homosexual, homoparental, homoafectivo...

b   Son menos frecuentes las bases constituidas por nombres comunes.

(2)   homosfera, homocisteína, homoinjerto, homopolímero...

c   Abundan las formaciones en que el prefijo toma bases neoclásicas, casi siempre correspondientes a adjetivos:

(3)   homocerca, homófono, homogéneo, homógrafo, homólogo, homónimo, homóptero
(4)   homomorfismo, homoplastia, homogamia

Comportamiento gramatical

a   Este prefijo no altera la categoría gramatical de la base, u otras propiedades gramaticales.
b   Este prefijo no participa en la parasíntesis.
c   Este prefijo produce paradojas de encorchetado o segmentación con adjetivos relacionales: *homocigótico* 'que se relaciona con el mismo cigoto'.
d   Este prefijo, por motivos semánticos, no es iterable: su significado identifica la identidad dentro de una clase o entre individuos, y por ello se produce redundancia o contradicción si se itera.
e   Frente a otros prefijos adjetivales, este prefijo no puede aparecer aisladamente como adjetivo: **un liberalismo homo*.

Tipos de significado

a Este prefijo adopta el significado 'mismo', que se puede manifestar de distintas formas, dependiendo en parte del significado de la base.

b Frecuentemente la base designa una clase de entidades y el prefijo indica que, dentro del dominio de esa base, existen al menos dos subclases, pero la entidad denotada se relaciona con la misma subclase a la que pertenece, como en *homosexual, homoafectivo,*.

c En otras ocasiones el prefijo denota que la entidad denotada por la base se forma mediante la agrupación de entidades del mismo tipo, como en *homogéneo, homoparental* u *homomorfismo*.

d La tercera lectura típica es aquella en la que, sin oponer dos subclases distintas, se interpreta la existencia de dos ejemplares idénticos de la misma clase, que intervienen de alguna manera en la interpretación del derivado: *homocigótico, homónimo, homógrafo, homófono*.

e También se obtienen lecturas en que se habla del mismo individuo: *homoinjerto* 'injerto del propio cuerpo', *homoplastia, homoodiante* 'que se odia a sí mismo'.

Propiedades fonológicas

Este prefijo da claras muestras de independencia prosódica de la base, manifestada en la asignación de acento secundario no rítmico (*hòmosexuál*) y en la preservación de su vocal final (*homoodiante*), que nunca forma diptongo con la primera vocal de la base (*homoinjerto*).

Problemas de clasificación

No ha de confundirse este prefijo con la forma homófona propia del acortamiento de *homosexual, homo,* como en *un homo, homofobia, homoerótico*, ni por supuesto tampoco con el término técnico latino *homo* 'humano', como en *homo sapiens*.

LECTURAS RECOMENDADAS: RAE & ASALE (2009: §10.12); Fábregas (2018).

I

i-. Alomorfo de **in**[1]- que aparece ante *l* y *r* (*irreal, ilógico*).

-i.[1] Del latín *-ī*, marca de conjugación de los verbos latinos de la cuarta clase, o *-ĕ*, marca de conjugación de los verbos de la tercera clase. Vocal temática que caracteriza a los verbos de la tercera conjugación.

Tipos de bases

a   En la actualidad la tercera conjugación está definida por la vocal temática **-i**. El DRAE recoge 2116 verbos caracterizados por esta conjugación, lo cual constituye un 7,5% del total de verbos recogidos.
b   Históricamente, muchos de estos verbos proceden de la cuarta conjugación latina, caracterizada por una vocal temática /i/ larga: *venire > venir, audire > oír, sentire > sentir, servire > servir*, etc.
c   Otros muchos de estos verbos proceden de la tercera conjugación latina, caracterizada por *-ĕ*: *fugĕre > huir, recipĕre > recibir, succutĕre > sacudir, concipĕre > concebir, petĕre > pedir*.
d   También se manifiestan históricamente y en español actual tendencias a convertir los verbos de la segunda conjugación latina (*ē*) en verbos en *-ir*, de esta manera incrementando el elenco de verbos de la tercera conjugación en español: *complēre > cumplir, fervēre > hervir, putrēre > podrir*, o en español actual *verter ~ vertir, tañer ~ tañir*.
e   Se documentan históricamente algunos casos en que los verbos marcados en **-i** se han convertido en verbos de la segunda conjugación mediante adición del sufijo **-ecer**: *florir > florecer, fallir > fallecer, establir > establecer, obedir > obedecer, escarnir > escarnecer, guarir > guarecer*.

Comportamiento gramatical

No es posible en español actual encontrar generalizaciones acerca del comportamiento gramatical de los verbos en **-i**. Encontramos entre los verbos y elementos verbales que llevan esta vocal temática todas las clases relevantes gramaticalmente.

a   Verbos transitivos (*abrir*) o intransitivos, tanto inacusativos (*salir*) como inergativos (*reír*).
b   Verbos de todas las clases de aspecto léxico (cf. *aburrir, vivir, acudir, escribir, zurcir*, etc.)

DOI: 10.4324/9781003415046-10

c   Morfemas verbales que solo funcionan como verbos en combinación con prefijos, como *-stituir (constituir, restituir, prostituir)*, *-cibir (percibir, recibir)*, *-mitir (remitir, permitir)*, *-ducir (reducir, producir, conducir)*, que son particularmente frecuentes con esta vocal temática.

d   Esta vocal temática nunca se emplea en español como única marca de verbos derivados de sustantivos o adjetivos, algo que sin embargo era posible en estadios anteriores de la lengua: *flor > flor-i* (cf. *flor-ec-e*).

e   Como corolario al principio anterior, tampoco se documentan en español casos de parasíntesis que involucren a esta vocal temática.

f   De forma tal vez accidental o tal vez como reflejo de alguna propiedad gramatical más profunda aún por identificar, ninguno de los verbalizadores explícitos del español actual toma la vocal temática -i: **-ear, -izar, -ificar, -ecer, -itar**, etc,

g   Pese a su terminación, el verbo *ir* no se comporta como un verbo de la tercera conjugación, ya que toma los morfemas esperables de la primera conjugación tanto cuando aparece la /i/ –posiblemente parte del radical– (*iba*) como cuando exhibe supletivismo (*voy, vas*); nótese que *fu-* tampoco toma las formas esperables si se conjugara como un verbo irregular de tercera conjugación (*fui* vs. *conduje, escribí; fue* vs. *condujo, escribió*)

Alomorfos

a   Históricamente, la vocal temática de la tercera conjugación dio lugar a estructuras con yod, que se preservó durante un periodo considerable de tiempo, y produjo la metafonía de la vocal media de la raíz, algo que en español contemporáneo da lugar a alternancias vocálicas cuando la vocal media recibe el acento de palabra. Pese a que en el origen de esta operación hay una causa fonológica, en la actualidad, como veremos, su efecto se ha convertido en una alternancia alomórfica condicionada morfológicamente, que no es sistemática en todos los contextos fonológicos iguales.

b   Así, los verbos de la tercera conjugación que contienen /e/ en su raíz sufren ascenso de la vocal media en un gran número de formas donde el acento recae sobre la raíz y, posiblemente por analogía, también en otras formas donde el acento recae en otra sílaba: las tres personas del singular y la tercera persona plural del presente de indicativo (*pedir > pido, pides, pide, piden* vs. *pedimos, pedís*), todas las formas del presente de subjuntivo (*regir > rija, rijas, rija, rijamos, rijáis, rijan*), las formas de tercera persona singular y plural del pretérito indefinido o perfecto simple (*medir > midió, midieron* vs. *medí, mediste, medimos, medisteis*), las formas de imperativo de segunda persona singular y correspondientes a *usted* (*repetir > repite, repita* vs. *repetid*), el gerundio (*vestir > vistiendo*) y todas las formas de imperfecto de subjuntivo (*servir > sirviera, sirvieras, sirvieran o sirviese, sirvieses, sirviesen*) y futuro de subjuntivo (*seguir > siguiere, siguieres, siguieren...*). La excepción en la lengua culta es el verbo *discernir*, que diptonga cuando la /e/ recibe acento (*discierno, discierna*) pero no sufre ascenso vocálico en los contextos del otro conjunto de verbos (*discerniera, discerniendo*), pese a que los hablantes suelen regularizarlo.

c   Un conjunto pequeño de verbos con /e/ en la raíz ha optado por la diptongación en las formas de presente, sea por motivos fonológicos como sucede con *erguir > yergo, yerga* vs. *irguiera, irguió*, o por motivos menos sistematizables (*sentir > siento, sienta* vs. *sintiera, sintiese, sintió; vertir > vierto, viertes, vierta* vs. *virtiera, virtió, virtiéremos*). Este patrón de diptongación se documenta también como única irregularidad en el verbo *adquirir* pese a que contiene la vocal /i/ y no /e/ (*adquiero, adquieres, adquiere, adquieren, adquiera*..., es decir, en todas las formas que tienen el acento sobre la vocal /i/ de la raíz).

d Este conjunto de irregularidades solo está parcialmente justificado fonológicamente, debido a que no es sistemática a través de contextos fonológicos iguales y es sensible a la forma paradigmática del verbo que se emplee.

e De hecho, esta irregularidad puede combinarse con otras (*decir* > *digo, dices, dice; diga, digas, digamos, digáis*) que en ocasiones sobreescriben sobre la alternancia vocálica (*venir* > *vengo, vienes, viene* vs. *vine, viniste, vino, vinimos, vinisteis, vinieron*), dando lugar a patrones de gran complejidad flexiva.

f En cuanto a los verbos que tenían originalmente la vocal /o/, su resultado es algo diferente. La inmensa mayoría de verbos en -ŏ latina que han pasado a la tercera conjugación han regularizado la vocal /o/ a /u/ (*mŏllere* > *mullir*; cf. los antiguos *cobrir, sofrir, escopir*) en todas las formas, perdiendo la alternancia vocálica, salvo en el caso de *podrir*, que algunos hablantes regularizan a *pudrir*, y los verbos *morir, dormir* y *oír*.

g Las propiedades fonológicas únicas de *oír*, o la posible confusión con *huir*, hacen que la /o/ de este verbo se preserve en todas las formas, produciendo otros tipos de irregularidad (*oigo, oiga*, etc.). El verbo *podrir* / *pudrir*, para aquellos hablantes que admiten la forma en /o/ toma la forma en /u/ en las formas de presente de subjuntivo (*pudra*) y las de presente de indicativo donde la tonicidad recae en la vocal (*pudro, pudres, pudre, pudren* vs. *podrimos, podrís*), así como el gerundio (*pudriendo*) y las formas del imperativo donde la tonicidad cae en la vocal (*pudre, pudra*), mientras que en las otras formas, incluyendo las de pretérito indefinido o imperfecto de subjuntivo, se preserva la vocal, en contraste con los verbos en /e/.

h En cuanto a los verbos *dormir* y *morir*, en ellos coexisten dos irregularidades a la manera de *sentir* o *vertir*: se produce diptongación en las formas de presente de subjuntivo y del presente de indicativo donde la vocal /o/ recibe el acento (*duermo, duerma, muere, muera* vs. *muramos, durmáis, dormimos, moréis*) y en el imperativo bajo la misma condición fonológica (*duerme, muera* vs. *morid, dormid*); a esto el verbo *morir* añade el participio irregular *muerto*. El ascenso a /u/ se produce en las formas del presente de subjuntivo donde el acento no recae en la /o/ (*durmamos, muráis*), en todas las formas del imperfecto de subjuntivo y del futuro de subjuntivo (*durmiera, muriere*), en el gerundio (*muriendo, durmiendo*) y en las formas de tercera persona del pretérito indefinido (*murió, durmieron*).

i En cuanto a los posibles alomorfos de -i, se reconocen dos: -e y -ie-. El primero es segmentable en las formas de presente de indicativo donde el acento recae en la raíz (*vives, vive, viven*), junto al imperativo de segunda persona singular (*vive*).

j El alomorfo -ie- puede identificarse en la tercera persona plural del pretérito indefinido o perfecto simple (*vivieron*), suponiendo la segmentación **-ron** para la marca de concordancia (cf. *cant-a-ron*), el gerundio (*viv-ie-ndo*), los imperfectos de subjuntivo (*viviera, vivieseis*) y el futuro de subjuntivo (*viviere*).

k El alomorfo por defecto, **-i**, aparece en el infinitivo (*abrir*), el participio regular (*salido*), el imperfecto de indicativo (*adquiría, adquiríamos*), el futuro (*remitiré*), el condicional (*conduciría*), todas las formas del pretérito indefinido salvo la tercera plural (*viví, viviste, vivió, vivimos, vivisteis*) y el imperativo correspondiente a *vosotros* (*recibid*). Como puede verse, estos son casos donde generalmente la vocal recibe el acento o que históricamente están construidos regularmente sobre el infinitivo.

l   La vocal temática **-i**, o cualquiera de los alomorfos que se acaban de presentar, está ausente de algunas formas de la conjugación verbal en los que no parece probable encontrar causas fonológicas –véase la siguiente sección para los casos donde podría suponerse un motivo fonológico–. En un verbo regular no es segmentable ningún morfema que plausiblemente corresponda a la vocal temática **-i** en las siguientes formas: primera persona singular del presente de indicativo (*parto*), presente de subjuntivo (*parta, partas, partamos*...); en la forma correspondiente a *vosotros* del presente de indicativo (*partís*) presumiblemente la vocal temática está presente pero la secuencia *part-i-ís* se simplifica en *partís*.

m   En el caso de los verbos irregulares, la desaparición de **-i** se relaciona sobre todo con las formas irregulares del pretérito indefinido y las que se construyen sobre él, como los imperfectos de subjuntivo o el futuro de subjuntivo (véase también **-e²**). Así sucede con los verbos que toman la consonante /x/ en el indefinido; la motivación parece también parcialmente fonológica, aunque es menos transparente diacrónicamente, debido a que *-ie-* se reduce a *-e-*: *condujera, produjera, dijo, dijera*. Sucede también esta desaparición de **-i** sin motivación fonológica obvia en otros temas de perfecto irregulares como *fu-* (*ser* e *ir: fue, fueron*), donde la evitación de la forma en *-ie-* tal vez puede relacionarse con la evitación de que la /i/ consonantice (*fuieron*).

n   El carácter morfológico y no fonológico de esta situación se ve reflejado en que la caída de **-i** es más fuerte en las formas en *-io* que en las en *-ieron*, dando lugar a asimetrías como *plugo ~ pluguieron, pluguiera, pluguiese, vino ~ vinieron, viniera, viniese*.

Propiedades fonológicas

a   Por motivos fonológicos (la raíz termina en una vocal palatal) desaparece la vocal temática en los verbos acabados en *-ñ* (*bruñir, ceñir*) en los casos en que no recibe acento y es seguida de otra vocal (*ciñó ~ bruñó*). Esta operación parece fonológica entre otros motivos porque el alomorfo *-ie-* se reduce a *-e-* en estos casos (*ciñeron, ciñese, ciñendo*). Sucede igual con los verbos acabados en *-ll-* (*mullir*).

b   La vocal temática **-i** se convierte en la consonante **-y-**, tal vez por motivos fonológicos, en los casos en que la raíz verbal acaba en vocal y la vocal temática no recibe el acento: *oír > oyera, oyese*. La existencia de *construir > contruyo*, cuando normalmente se supone que la vocal temática **-i** no está presente en la primera persona singular (*vivo*) sugiere que, contra lo generalmente asumido, el formante verbal que suele citarse como *-stitu* termina en /i/ y es por tanto *-stitui*, al que se une la vocal temática **-i** (*-stitui-i*), seguido de simplificación vocálica (*-stitui*).

LECTURAS RECOMENDADAS: Alcoba (1999); RAE & ASALE (2009: §4.3); Martín Vegas (2014); Camus Bergareche (2021).

-i². Alomorfo de la vocal temática **-e²**, que aparece en varias formas de la conjugación, como el participio (*beb-i-do*), el pretérito indefinido o perfectivo (*beb-i-ste*) y el imperfecto de indicativo (*beb-í-a*).

-i-¹. Probablemente relacionado con la conjunción copulativa *y*. Vocal de enlace que aparece en diferentes compuestos de valor coordinativo.

Tipos de bases

a La inmensa mayoría de los compuestos coordinativos del español, y especialmente aquellos que se han creado en tiempos recientes, carecen de esta vocal de enlace (*aguanieve, compraventa, suroeste*). Este elemento de enlace aparece en una serie de voces, muchas de ellas poco usadas, que están formadas por dos raíces nominales, denotando sobre todo alimentos que se combinan y ciertos tipos de vegetales o animales.

   (1) ajiaceite, sopicaldo, pavipollo, colinabo, cervicabra, ajipuerro, salchipapas, pimientisal

b Como sustantivos, resultan ocasionales las formaciones que indican instrumentos y ropajes (*capisayo, carricoche*) o nociones abstractas (*pasitrote, mortinatalidad*) o clases de personas (*doncellidueña*). Muchas de estas formaciones, así como las de (1), están restringidas en su uso, y es frecuente que los hablantes no las segmenten o no reconozcan una de las dos raíces que la forman (*artimaña, carricubo*).

c La baja productividad de este morfema para marcar la coordinación en el caso de los compuestos de dos sustantivos contrasta con la alta productividad que tiene en la combinación de numerales cardinales.

   (2) dieciséis, diecisiete, dieciocho, diecinueve
   ventiuno, veintidós, veintitrés...

d El uso de este morfema en los cardinales ordinales se restringe en español estándar a combinar las unidades con las decenas (*ciento y uno vs. ciento uno). Se documenta ocasionalmente este elemento en la combinación con mil (*mil y una*).

e Este morfema es también productivo en la combinación de dos raíces adjetivales, como se ve en (3). Pese al predominio de adjetivos de color, existen también formaciones compositivas de dos adjetivos con otras clases semánticas de voces (*agridulce, anchicorto, tontiloco, tontirrico*), algunas de ellas de acuñación reciente, como *fofisano, gordibueno*.

   (3) verdinegro, blanquiazul, albiazul, rojinegro

f Son muy escasos los compuestos formados por verbos, que en su mayoría además tienen valores altamente impredecibles y donde aparecen con frecuencia las bases verbales conjugadas (*quitaipón, vaivén* –con formas de imperativo–) o que pueden interpretarse como temas verbales equivalentes a formas de tercera persona singular en presente de indicativo: *tiraiafloja, metisaca*. En otras ocasiones hay formas gramaticales incluidas en la expresión, como el pronombre átono de dativo en *correveidile*.

g Pese a contener formas verbales, estos compuestos nunca actúan como verbos, sino que funciona como sustantivos (*vaivén*) o como parte de expresiones adverbiales (*un cierre de quitaipón*).

Comportamiento gramatical

a Este elemento de enlace siempre combina raíces patrimoniales, y rechaza la combinación de temas neoclásicos.

b Como sucede siempre con los elementos de enlace, este aparece entre las dos raíces que forman el compuesto.

c   Este elemento de enlace siempre produce la cancelación de la vocal final átona del primer miembro del compuesto:

   (4)   sop(*a)-i-caldo

d   Esta cancelación de la vocal átona final se extiende a los cardinales de la serie de veinte, donde cae la /e/ final del primer numeral.

   (5)   veint(*e)icinco

e   Ortográficamente, los cardinales superiores a *treinta* se representan gráficamente en tres palabras ortográficas, sin cancelación de la vocal átona final del primer numeral correspondiente a las decenas (6).

   (6)   treinta y dos, cuarenta y siete, cincuenta y ocho, sesenta y dos, setenta y cinco, ochenta y ocho, noventa y uno

f   Pese a la representación ortográfica y la ausencia de cancelación vocálica, en (6) el morfema se comporta también como un elemento de enlace y la combinación en su conjunto actúa como un compuesto. Por ejemplo, es imposible interponer elementos entre los miembros del compuesto.

   (7)   a   cuarenta y dos chicos (42 chicos)
         b   #cuarenta chicos y dos (40 chicos y 2)

g   El segundo miembro del compuesto aparece siempre flexionado con su vocal átona final asociada al género.
h   La presencia de la vocal de enlace no impide que el compuesto en su totalidad flexione, siempre en el segundo miembro.
i   No suele cancelar este elemento de enlace la vocal temática de los temas verbales (*quita-i-pón, corre-ve-i-di-le*), salvo ocasionalmente (*metisaca*).

Tipos de significados

a   El valor más frecuente de este elemento de enlace en los casos más productivos es el de agregar o sumar el significado de los dos miembros del compuesto, dando lugar a una entidad compuesta que se obtiene por la combinación de ambos elementos. Esto es así en los casos adjetivales (*fofisano, rojiverde*) y claramente también en los casos de numerales cardinales (*veintidós*, 20 + 2).
b   En cambio, con bases sustantivas es mucho menos frecuente que el compuesto designe una entidad obtenida por la agregación de las dos que se designan en cada raíz: *ajiaceite, salchipapas, pimientisal*. Es mucho más frecuente, en cambio, que se designen entidades que combinan propiedades consideradas prototípicas de los dos elementos coordinados sin indicar la suma agregada de ambos, como en *sopicaldo, colinabo, pasitrote*.
c   A esto se suma que, como ocurre con frecuencia en la coordinación sintáctica de dos verbos conjugados (*Vino y se fue*), cuando se combinan bases verbales el significado predominante sea el de la ejecución secuencial de las dos acciones, a menudo de forma repetida: *vaivén, quitaipón*.

Propiedades fonológicas

a   Este elemento de enlace respeta las propiedades fonológicas de ambos miembros del compuesto.

b   La cancelación de la vocal átona final del primer miembro del compuesto (*aj(*o)isal*) puede entenderse sin necesidad de proponer un proceso fonológico si se piensa que ese primer miembro es una raíz que aún no se ha combinado con las marcas de género.

c   No se documentan casos en que esta vocal produzca cambios consonánticos en el final de la primera raíz. Sin embargo, es frecuente en la lengua coloquial que la presencia de **-i-**[1] vaya asociada a la pérdida del diptongo en las voces formadas por *veinte*, algo que podría deberse no a la presencia de ese afijo sino al hecho de que en el compuesto el acento primario recae en el segundo elemento.

(8)   veinte
      ventidós ~ veintidós

Alomorfos

Nótese que la alternancia *-i-* / *y* no es fonológica sino ortográfica (*veintidós, treinta y dos*), por lo que no se considera un caso de alomorfía.

Relaciones con otros afijos

Posiblemente **-i-**[1] sea el único afijo español que codifica una noción de coordinación o suma. No se ha de confundir, pese a su homofonía, con el **-i-**[2] que designa relaciones subordinativas en el interior de compuestos.

> LECTURAS RECOMENDADAS: Bustos Gisbert (1986); Val Álvaro (1999); RAE & ASALE (2009: §11.3).

-i-[2]. Posiblemente de la forma genitiva *-i* de los sustantivos terminados en *-us* y *-um* del latín. Vocal de enlace usada en compuestos de tipo subordinativo.

Tipos de base

a   Esta vocal de enlace se emplea productivamente en la formación de compuestos adjetivales cuyo primer miembro es un sustantivo. Generalmente el segundo miembro denota una propiedad física y el primero denota una parte del cuerpo de los seres humanos o de los animales.

(1)   cuellicorto, patilargo, pelirrojo, cornigacho, barbirralo, carirredondo, ojituerto, lomienhiesto, boquihendido, cuellierguido, manialbo, cejijunto

b   Resultan menos frecuentes las formaciones en que el segundo elemento, el adjetivo, designa una propiedad psicológica o de otra índole que no sea una descripción física, pero se documentan ocasionalmente: *cariacontecido, ojitierno, caricontento*. Incluso en estos casos, la designación se refiere a las manifestaciones físicas externas del estado psicológico.

c Con respecto al primer término, está casi completamente restringido a sustantivos que designan partes del cuerpo, y solo ocasionalmente se permite que el esquema se extienda a prendas de vestir, que por extensión pueden interpretarse como objetos estrechamente ligados a la apariencia física de las personas: *faldicorto* (nótese que en contraste en *faldinegro*, *falda* se refiere a una parte del cuerpo de ciertos mamíferos).

e Frente a la **-i-**[1] con valor coordinativo, esta vocal de enlace de naturaleza subordinativa aparece rara vez en combinación con sustantivos, pero se documentan *puticlub* o *palabrimujer*.

f Tampoco es productiva su presencia en formaciones verbales: *maniatar, perniquebrar*.

Comportamiento gramatical

a Se ha propuesto que este elemento de enlace puede combinarse con segundos miembros que corresponden a temas neoclásicos de valor adjetival: *insecticida, plantígrado, campaniforme, aurífero, carnívoro, ignífugo* y muchos otros. En la mayoría de estos casos, sin embargo, esta afirmación responde a la etimología más que a un análisis sincrónico de las formas, ya que el elemento que se trata como segundo elemento no siempre se comporta como una raíz derivable mediante sufijos o prefijos. Véase en este sentido **-ícola, -ífero, -iforme, -icida, -ígero, -ígrado**.

b Con todo existen formaciones que sí corresponden a compuestos con tema neoclásico en la actualidad porque el segundo elemento puede derivarse mediante sufijos o prefijos.

(2) a ovíparo (par-o, par-i-r)
     b carnívoro (vor-o, vor-az)
     c ignífugo (fug-o, fug-az)

c Como sucede siempre con los elementos de enlace, este aparece entre las dos raíces que forman el compuesto.

d Este elemento de enlace siempre produce la cancelación de la vocal final átona del primer miembro del compuesto:

(3) oj(*o)-i-tuerto

e El segundo miembro del compuesto aparece siempre flexionado con su vocal átona final asociada al género, y la vocal de enlace no tiene efectos sobre la flexión del adjetivo (*negro > ojinegro*), sustantivo (*mujer > palbrimujer*) o la conjugación verbal (*atar > maniatar*). La presencia de la vocal de enlace no impide que el compuesto en su totalidad flexione, siempre en el segundo miembro.

f Se ha observado repetidamente que los compuestos formados por esta vocal de enlace presentan problemas para identificar su núcleo, por lo que se ha propuesto que son formaciones exocéntricas. Este juicio causa el problema de que se espera, en gramática, que las construcciones productivas sean siempre endocéntricas.

g El problema se ha centrado, por tanto, en los casos en que la vocal de enlace aparece en el contexto N-i-A, ya que estas son las construcciones productivas en las que se ve involucrada. Este problema tiene dos facetas: la naturaleza del núcleo cuando N-i-A se emplea como sustantivo (*un pelirrojo*) y la naturaleza del núcleo cuando se emplea como adjetivo.

h   El más estudiado ha sido el primer fenómeno. La argumentación que concluye con que esta forma es exocéntrica se basa en que si se toma -*rrojo* como núcleo en *pelirrojo* no se satisface la relación semántica esperable: un pelirrojo no es un tipo de rojo (compárse 'el chico de pelo rojo', donde el núcleo es *chico* y efectivamente el sintagma denota un tipo de chico). Del mismo modo, *un pelirrojo* no es un tipo de pelo tampoco. Consecuentemente, parece que ninguno de los dos miembros del compuesto, asociados a un significado conceptual más fuerte, puede dar cuenta de la clase semántica del conjunto.

i   Se han propuesto dos soluciones para este problema. La primera es la de tratar el compuesto en su uso nominal como el resultado de una metonimia por la que la propiedad de tener el pelo rojo se usa para designar a la persona que exhibe esa propiedad. La segunda es emplear una noción de significado no conceptual y proponer que el núcleo en esta construcción es de hecho la vocal de enlace, que designaría la relación predicativa entre el pelo de una entidad y la propiedad de ser roja. Debido a que los nombres de partes del cuerpo son relacionales, y remiten siempre a la entidad de la que forman parte, esto permite que el todo se refiera al ser humano del que se predica que su pelo tiene cierta propiedad.

j   La segunda parte del problema se refiere al hecho de que la combinación de N y A en estos compuestos produce lo que parece ser un adjetivo, cuando normalmente dicha combinación produce un sintagma nominal (*chico guapo* es un sintagma nominal). En este sentido, se ha propuesto que la función gramatical de la vocal de enlace en estos casos es semejante a la que tiene la preposición en construcciones de llamado 'acusativo griego', donde el sintagma preposicional introduce la entidad a la que se restringe la propiedad notada, como en *ancho de caderas, largo de brazos, corto de piernas*. De ser así, la vocal de enlace debería también entenderse como el núcleo de la construcción y realmente el problema de que se combine un sustantivo con un adjetivo para dar lugar a un adjetivo se disuelve porque el sustantivo nunca proyecta como núcleo dentro de la estructura.

Tipos de significados

a   El valor más frecuente de este elemento de enlace es, como se acaba de hacer notar, el de restringir la propiedad que describe el segundo elemento –el adjetivo– a la parte del cuerpo que se expresa en la primera parte.

(4)   pern-i-largo 'largo de piernas'

b   El valor es mucho más amplio en las formaciones de tema neoclásico, donde la vocal de enlace parece habilitar al primer elemento para interpretarse como un participante dentro del evento expresado por el segundo elemento. En *herb-í-voro* y otros compuestos con este tema neoclásico ese participante corresponde al paciente, mientras que en *centr-í-fugo* y otros compuestos con el mismo segundo constituyente la interpretación es ablativa, la entidad de la que se escapa.

c   Esta misma lectura de 'restricción de las propiedades' se obtiene en las formaciones verbales: *maniatar* quiere decir atar las manos, sin necesariamente inmovilizar otras partes del cuerpo.

d   Se ha observado repetidamente que esta vocal de enlace impone normalmente al primer elemento que sea un sustantivo relacional que mantenga una relación de posesión inalienable (parte-todo) con la entidad animada de la que se predica el compuesto. Esto hace imposible que se formen con esta vocal de enlace compuestos que describen las propiedades de objetos poseídos por el sujeto, con la única posible excepción de algunas prendas de vestir.

    (5)   *coch-i-rrojo, *cas-i-nuevo, *perr-i-amistoso

e   La interpretación de la vocal de enlace es equivalente a la preposición *de* en los compuestos de dos sustantivos, como *puticlub* 'club de putas'.

f   Se encuentran con facilidad casos donde el compuesto tiene un significado demotivado: *cariacontecido* 'triste', *manirroto* 'derrochador', *cabizbajo* 'bajo de ánimos'.

Propiedades fonológicas

a   La principal propiedad de la vocal de enlace en este sentido es que restringe los primeros elementos a aquellos que forman dos sílabas en combinación con él. Esto permite que las palabras de dos sílabas acabadas en vocal átona se combinen en muchas ocasiones sin cambios fonológicos dentro de los compuestos que define:

    (6)   pelilargo, ojinegro, manilargo

b   Los sustantivos de partes del cuerpo que son trisilábicos o bisilábicos terminados en consonante requieren alguna clase de adaptación, por lo general, para formar parte de estos compuestos, debido a que al combinarse con la vocal de enlace dan lugar a formaciones trisilábicas.

    (7)   *naric-i-largo ~ nar-i-largo, *cabec-i-bajo ~ cabiz-bajo

c   En otras ocasiones, el primer elemento se bloquea precisamente por esta restricción fonológica, que no se salva en esos casos mediante acortamientos: *barb-i-largo* contrasta con **bigot-i-largo* precisamente por esto.

d   La restricción, sin embargo, se relaja en algunos hablantes, y existen neologismos que no la siguen: *cabec-i-duro, palabr-i-mujer*.

e   Adicionalmente, los primeros miembros bisilábicos pueden experimentar otros cambios fonológicos independientes, como la monoptongación –que tal vez se siga de la ausencia de acento prosódico en los primeros miembros de estos compuestos–, aunque no es sistemática: *corn-i-gacho* contrasta con *cuell-i-largo* (también *dent-i-largo*).

Relaciones con otros afijos

La vocal de enlace -**i**-[2] alterna en algunos usos con -**o**-, que también expresa relaciones subordinativas entre dos miembros de un compuesto formado por temas neoclásicos. Recuérdese que aunque etimológicamente esté subyacente a formaciones como **-ífero**, en este estudio estamos tratando la secuencia como un solo sufijo adjetivalizador.

> LECTURAS RECOMENDADAS: Bustos Gisbert (1986); Val Álvaro (1999); Fábregas (2004); RAE & ASALE (2009: §11.3).

-í[1]. Del árabe *-ī*, sufijo adjetivalizador. Sufijo adjetivalizador especializado en formar adjetivos gentilicios a partir de topónimos.

Tipos de bases

a   Este sufijo es particularmente productivo con sustantivos topónimos, generalmente asociados a regiones, países o áreas de influencia histórica y cultural musulmana, árabe o al menos semítica: *(Al-)Andalus > andalusí, Bahrein > bahreiní, Catar > catarí, Irán > iraní, Magreb > magrebí, Oman > Omaní, Sefarad > sefardí, Israel > israelí*. La conexión cultural es menos evidente en la mente de los hablantes no especializados en otros casos, como *Kiribati > kiribatí*.

b   Menos frecuentemente, la base son antropónimos que, de nuevo, se perciben como propios del mundo musulmán o estrechamente ligados culturalmente a él, como *Alfonso (X) > alfonsí, Fátima > fatimí*.

c   La palabra forma adjetivos también sobre posibles bases segmentables que sin embargo no son términos habituales del español salvo para especialistas, como en *abasí, askenazí, muladí, nazarí, sunní* o *wahabí*.

d   Son poco frecuentes bases que en español son nombres comunes, como *aceituna > aceituní*, sustantivo igualmente de origen árabe.

e   Finalmente, el morfema es de discutible segmentación en otras formaciones adjetivales o sustantivas donde la base es de difícil identificación fuera del léxico de los especialistas, y que posiblemente han pasado al español directamente del árabe sin segmentación: *baladí, jabalí, hurí, alhelí, carmesí, cadí*.

Comportamiento gramatical

a   Este sufijo forma sobre todo adjetivos relacionales, especialmente usados como gentilicios, e implica siempre la pérdida de las vocales finales de las bases.

b   Los adjetivos resultantes son comunes en género y normativamente hacen el plural usando el alomorfo *-es*, pese a que en la lengua coloquial se documentan casos de *-s*[1] (*marroquís ~ marroquíes*).

c   Son poco frecuentes las formaciones que dan lugar a adjetivos calificativos, dejando al margen el uso calificativo de algunos de los gentilicios. Se emplea como calificativo *aceituní*, pero el resto de adjetivos calificativos no son claramente segmentables en español (cf. *baladí*).

d   Son igualmente de segmentación polémica los casos en que el sufijo podría formar sustantivos y no adjetivos, como en *hurí* o *jabalí*. Por tanto podemos concluir que el sufijo -í es claramente un adjetivador en español.

Tipos de significados

a   Dado que este sufijo forma sobre todo adjetivos relacionales, su significado puede parafrasearse como 'que establece una relación con N', siendo N la base. Destaca por supuesto el valor gentilicio 'que tiene origen en N' o 'nacido en N', como en *omaní, malauí, bengalí, somalí, kuwaití*.

b   Sobre antropónimos o posibles nombres comunes, los valores son más variados: 'relación con un culto o ideología característica o relacionada históricamente con N' (*fatimí, wahabí, sunní*), 'relacionado con la época o actividades de N' (*alfonsí*), 'relacionado con la dinastía o grupo de N' (*alauí, abasí*), etc.

c   Cuando forma adjetivos calificativos, el valor del sufijo es similitudinal o de semejanza (*aceituní*, 'del color de la aceituna').

d   De segmentarse, habría que reconocer valores muy lexicalizados en voces como *jabalí, muladí, baladí* o *cadí*.

Propiedades fonológicas

En los casos de base claramente segmentable, el sufijo produce pocos cambios fonológicos en las consonantes, pero es habitual que implique desaparición de vocales (*Sefarad* > *sefardí*) o monoptongación (*Marruecos* > *marroquí*).

Relaciones con otros afijos

a   En la formación de gentilicios, este sufijo tiene una productividad limitada a los topónimos que en sentido lato pueden asociarse con el mundo musulmán.
b   El sufijo compite en la lengua cotidiana con **-ita**[1], que normativamente tiene usos diferentes del meramente gentilicio y forma adjetivos de relación con otros valores, típicamente religiosos o políticos.
c   En la lengua normativa, pero no en el uso habitual, *israelí* debería ser 'del moderno Estado de Israel', e *israelita* se refiere a lo relacionado con las manifestaciones históricas o culturales anteriores.
d   Pese a esto, se documentan también usos gentilicios de **-ita**[1], junto a otros que no son posibles para **-í**.

> LECTURAS RECOMENDADAS: Rainer (1993); Pharies (2002).

-í[2]. Del latín *-ī*, marca del tema de perfecto de indicativo. Sufijo de primera persona singular usado en la forma perfectiva, pretérito perfecto simple, aoristo o pretérito indefinido de los verbos de las conjugaciones segunda y tercera.

Tipos de bases

a   Esta forma aparece con verbos de la segunda conjugación para marcar la primera persona singular en el aspecto perfectivo del indicativo.

(1)   bebí, comí, metí, vendí, creí

b   La forma también aparece con verbos de la tercera conjugación, para marcar la misma forma verbal.

(2)   viví, sentí, partí, concluí, permití

c   La mayoría de los verbos irregulares que toman un perfecto fuerte o rizotónico (con acento prosódico sobre la raíz) no emplean este morfema en la primera persona singular y en su lugar emplean **-e**[5].

(3)   quise, tuve, puse, pude, conduje, produje, traje, estuve

d   Sin embargo, algunos verbos irregulares pertenecientes a todas las clases de conjugación lo toman: *dar* > *di, ver* > *vi, ser* > *fui*.

Problemas de segmentación y Relaciones con otros afijos

a   Esta forma suele entenderse como un morfema sintético que expresa al menos tres categorías gramaticales: la concordancia con el sujeto (1sg), aspecto gramatical perfectivo y tiempo pasado.

b   Sin embargo, su clasificación no es completamente clara cuando se contrasta la forma 1sg con el resto de personas del paradigma de aspecto perfectivo en indicativo. Una /i/ tónica aparece en la posición donde sería esperable la presencia de la vocal temática en otras cuatro de las formas personales de este tiempo, en verbos de la segunda y tercera conjugación (la tilde es prosódica en 4):

(4)   beb-í   viv-í
      beb-í-ste   viv-í-ste
      beb-í-mos   viv-í-mos
      beb-í-ste-is viv-í-ste-ís

c   Combinado con el hecho de que muy frecuentemente en muchos los tiempos marcados en tiempo, aspecto o modo las formas de 1sg se caracterizan por no llevar marca de concordancia personal –lo cual a menudo las hace sincréticas con las de 3sg: *beba, bebía, bebiera, bebiese, bebiere, bebería...*– existe la posibilidad de que este morfema sea realmente una manifestación de la vocal temática *-e/-i* empleada para marcar el aspecto perfectivo y que, por lo tanto, carezca de información explícita acerca de la persona gramatical. En tal caso la marca de 1sg en la forma perfectiva del indicativo correspondería a un morfema cero.

LECTURAS RECOMENDADAS: Alcoba (1999); Fábregas (2015); RAE & ASALE (2009: §23.9); Pérez Saldanya (2012); Zacarías-Ponce de León (2021).

'-i. De origen incierto, posiblemente fonoestético. Posible sufijo que interviene en varios truncamientos del español, especialmente en hipocorísticos: *Paqui, Juani, Pepi, Luci, Toni, Ani, Pedri, Loli*, en ciertas formaciones adjetivales (*cuqui, fresqui*) y también las formas de tratamiento *churri, mami, papi, chiqui*. Se puede considerar la posibilidad de que el sufijo sea fruto del acortamiento del diminutivo -**it**-[1] (*Luisito > Luisi*), si bien no siempre se encuentra una forma diminutiva equivalente que contenga el segmento relevante (cf. *Susi*, pero *Susanita*).

-ia. Del latín *-ia.* Sufijo que forma sustantivos a partir de bases sustantivas o adjetivales.

Tipos de bases

a   Este sufijo es productivo sobre todo con bases neoclásicas que dan lugar a adjetivos, ocasionalmente en alternancia con el sufijo tónico -**ía**. Entre las muchas bases neoclásicas que toman este sufijo encontramos las siguientes:

(1)   -crata (*acracia*), -fago (*autofagia*), -fobo (*hematofobia*), -filo (*francofilia*), -morfo (*dismorfia*), -ónimo (*heteronimia*)

b En mucha menor medida el sufijo se une a bases neoclásicas que se interpretan como sustantivos; de hecho, -*crata* (*fisiócrata* > *fisiocracia*) admite junto a las lecturas adjetivales también lecturas nominales. Junto a él, el elemento neoclásico -*mante* (*cartomante* > *cartomancia*) pertenece a esta clase.

c Es frecuente que este sufijo aparezca como parte de temas neoclásicos equivalentes a sustantivos en los que la forma segmentable no funciona productivamente ni como adjetivo ni como sustantivo.

(2) -cardia (*taquicardia*), -fasia (*afasia*), -scopia (*lamparoscopia*), -tecnia (*mercadotecnia*), -plastia (*rinoplastia*)

A estas formaciones se añaden otros casos ocasionales en que la base es una raíz segmentable que, sin sufijos adicionales, no puede funcionar como un adjetivo o un sustantivo: *abulia, academia, alergia, alquimia, terapia*. En estas voces o bien se asume un análisis en que el sufijo **-ia** fuerza la apócope de otros sufijos adjetivales o nominales (*académ-ico, alérg-ico, alquim-ista, alquím-ico, terap-euta*) o se ha de admitir derivación directamente a partir de una raíz segmentable.

d En cuanto a las bases que pueden funcionar con mayor independencia en español, existen algunos adjetivos con los que puede combinarse este sufijo: *contumaz* > *contumacia, eficaz* > *eficacia, insano* > *insania, audaz* > *audacia, (im)púdico* > *(im)pudicia*. Un grupo numeroso dentro de esta clase es el formado por adjetivos en **-nte**: *ausente* > *ausencia, presente* > *presencia, consecuente* > *consecuencia, decente* > *decencia*.

e Se documentan al menos dos casos en que el sufijo parece combinarse con bases nominales: *colono* > *colonia* y *gerente* > *gerencia*.

f Son frecuentes los casos en que toma como base un adjetivo en **-nte**, dando lugar a una secuencia **-ncia** que es homófona con el sufijo nominalizador pero se distingue de él por su comportamiento (cf. **-ncia**).

Comportamiento gramatical

a Este sufijo siempre forma sustantivos femeninos marcados regularmente en **-a**[1]. Dichos sustantivos no son variables en género.

b Un buen número de las voces formadas con este sufijo son sustantivos no contables, especialmente las clases más productiva formada con él, que es el de los sustantivos que se refieren a cualidades, disciplinas, prácticas o técnicas: *cartomancia, decencia, antropofagia, abulia, terapia, alergia, concordia*...

c Se pueden reclasificar como nombres contables un pequeño número de formaciones con este sufijo, generalmente apoyadas en el valor que tienen como nombres masa: *presencias* se interpreta como 'entidades que están presentes', *ausencias* como 'ocasiones en que se está ausente'; excepcionalmente en la clase, *consecuencia* es un nombre contable.

d Sistemáticamente, este sufijo fuerza la caída de la vocal átona final de la base (*hematófobo* > *hematofob-ia*).

Tipos de significado

a Este sufijo, partiendo de bases adjetivales, tiende a formar sustantivos abstractos de cualidad: *abulia, contumacia, eficacia, insania, audacia, (im)pudicia, decencia*, así como numerosos derivados en *-filia* (*germanofilia*) y *-fobia* (*anglofobia*). En menor grado, se forman sustantivos que expresan estados ligados temporalmente: *ausencia, presencia, bradicardia, taquicardia.*

b   Sobre temas neoclásicos son comunes los significados en que el sufijo designa nombres abstractos que designan disciplinas (*electrotecnia, filatelia*), afecciones (*hemofilia, agorafobia, alergia*), tratamientos (*blefaroplastia, colonoscopia*) y actividades frecuentes o prácticas (*antropofagia, zoofilia*). En un solo caso este sufijo designa la cualidad de ostentar cierto cargo (*gerencia*). En todos estos casos, lo que parece crucial para determinar la clase de nombre abstracto es el significado del miembro al que se une el sufijo, aportando este solo la noción regular de que el sustantivo es abstracto.

c   Son muy poco frecuentes los casos en que este sufijo designa lugares, como en *colono > colonia*, al que cabe unir una de las acepciones de *gerencia*.

Propiedades fonológicas

a   En el plano fonológico, y de forma semejante a **-ía**, este sufijo se caracteriza por producir la espirantización de la consonante habitual de la base, que es completamente sistemática en el caso de las terminadas en *-nt* (*-omante > -omanc-ia, -nte > -nc-ia*; compárese con *cesante > cesantía*).

b   Este mismo cambio se produce de /g/ a /x/: *antropófago > antropofagia.*

c   Fuera de esto, y en contraste con **-ía**, el sufijo produce pocos cambios fonológicos en la base y no fuerza el desplazamiento acentual de la base.

Problemas de segmentación

a   Este sufijo da lugar a dos problemas de segmentación principales. El primero es el problema de si en muchos casos la formación se construye sobre una raíz que no constituye una base de palabra por sí sola o si cabe hablar de haplología de un segmento.

b   Así, por ejemplo, mientras existe el par *hematófobo > hematofobia*, no existe el par **agoráfobo > agorafobia*. Para segmentar una voz como *agorafobia*, por tanto, se pueden tomar dos decisiones ninguna de las cuales es enteramente satisfactoria.

c   Por un lado, puede proponerse que la relación real es *agorafóbico > agorafobia*, afirmando que **-ia** fuerza haplología de **'-ico**, lo cual complicaría el análisis morfofonológico.

d   Por otro lado, puede argumentarse que en *agorafobia* el par real es *agorafobia > agorafóbico*, invirtiendo la relación derivativa que se ve en otros ejemplos (*decente > decencia*) y por la que **-ia** forma derivados abstractos a partir del adjetivo que expresa una afección, cualidad o estado. En tal caso habría que admitir también cierto grado de haplología fonológica que simplifica la secuencia /ii/, frente a otros casos; la haplología sería del sufijo entero en un caso como *terapia > terapeuta*, ya que en esta forma desaparece también la /i/.

e   Finalmente, se puede proponer que los dos derivados parten de la misma base, que en la mayoría de los casos sería una raíz que no funciona como palabra independiente en español: a partir de *agorafob-* se formarían tanto *agorafob-ia* como *agorafób-ico*; esta solución parece necesaria en otros casos en los que intervienen morfemas que sabemos que no producen haplologías, como en *concord-ia ~ concord-a(r)*.

f   El segundo caso de problema de segmentación se relaciona con la duda acerca de si cabe segmentar **-ia** en algunas secuencias, entre las que destaca **-ncia**, como nombre de cualidad o estado abstracto. Remitimos a la entrada de este sufijo.

Alomorfos

Pese a que no son alomorfos en sentido estricto por no considerarse que el acento sea una propiedad de los segmentos, la bibliografía suele tratar -ía[1] como una variante de -ia, explicando la diferencia como un epifenómeno de la vacilación acentual dentro de las voces que tal vez se asocie con distintas épocas de formación de las palabras de cada uno de estos dos afijos. No obstante, como se puede consultar en la entrada correspondiente, los dos sufijos no funcionan de la misma manera por el tipo de base que seleccionan prioritariamente o por su productividad.

Relaciones con otros afijos

En su valor para formar nombres de cualidad, **-ia** es menos productivo que otros sufijos como **-ez(a)**, **-ura**, **-or** e incluso la forma tónica **-ía**[1].

LECTURAS RECOMENDADAS: Santiago Lacuesta & Bustos Gisbert (1999); Pharies (2002); RAE & ASALE (2009: §6.3).

-ía[1]. Del latín *-ia*. Sufijo que forma sustantivos a partir de bases sustantivas o adjetivales.

Tipos de bases

a   Este sufijo es productivo con sustantivos o adjetivos. Cuando se emplea en combinación con bases sustantivas, destacan entre ellas los nombres comunes referidos a personas.

  (1)   abadía, abogacía, fotografía, fiscalía, hombría, oficialía, tutoría, autoría

b   Son poco frecuentes, en cambio, las bases sustantivas que no designan entidades animadas, como *sangre > sangría, calor > caloría*.

c   Entre las bases adjetivales, son igualmente frecuentes los casos de adjetivos que se tienden a predicar de entidades humanas y que designan comportamientos o propiedades características de la personalidad de los humanos.

  (2)   alevosía, bigardía, bizarría, bonhomía, cobardía, gallardía, veteranía

d   Son poco frecuentes, también, las formaciones a partir de adjetivos que no son típicamente predicados de los humanos, aunque se pueden encontrar más casos que con bases sustantivas: *falso > falsía, caro > carestía*.

e   El sufijo se une a un buen número de bases comparativas: *mejor > mejoría, mayor > mayoría* o *menor > minoría*.

f   Resulta muy productivo el sufijo en combinación con temas neoclásicos que pueden emplearse para construir sustantivos, generalmente relacionados con personas, aunque no sistemáticamente. Entre los numerosos ejemplos de bases neoclásicas que toman preferentemente -ía[1] como sufijo, encontramos los siguientes:

  (3)   -metría (optometría), -patía (psicopatía), -logía (filología), -cronía (isocronía), -manía (dipsomanía), -nomía (astronomía), -gonía (cosmogonía), -fonía (psicofonía), -sofía (filosofía), -latría (idolatría), -atría (pediatría), -tropía (filantropía).

g Existe un número relativamente pequeño de voces cuyo significado y forma permiten aislar el sufijo, segmentando bases radicales que no tienen independencia salvo que se supongan haplologías de segmentos finales: *compañ-ía* (pero cf. *compaña*), *polic-ía*, *alegor-ía*, *iron-ía*.
h Resultan poco frecuentes otros tipos de bases, como el cuantificador *cuanto > cuantía* o *demás > demasía*. Se ha citado como derivado deverbal *valía*, de *valer*, donde podría pensarse en una haplología de *-or* en *valor*, o en el anticuado *adestría < adestrar*.

Comportamiento gramatical

a Este sufijo siempre forma sustantivos femeninos marcados regularmente en **-a**[1]. Dichos sustantivos no son variables en género.
b Un buen número de las voces formadas con este sufijo son sustantivos no contables, especialmente las clases más productiva formada con él, que es el de los sustantivos que se refieren a cualidades, disciplinas o estados psicológicos o de comportamiento: *alegría, felonía, filantropía, soltería, valentía, egolatría, gastronomía, fisionomía, urología*.
c Se comportan, en cambio, como nombres contables sobre todo aquellos que pertenecen a las clases menos productivas de nombres de lugar (*abadía, rectoría*) o unidades de una entidad (*caloría*).

Tipos de significado

a Este sufijo, partiendo de bases adjetivales, tiende a formar sustantivos abstractos de cualidad: *alegría, alevosía, analogía, antipatía, cobardía, cortesía, felonía, gallardía, garantía, lozanía, rebeldía, valentía*, o entre los comparativos *minoría* o *mayoría*, que suelen usarse también para designar las cantidades correspondientes a esos valores dentro de un grupo. Por extensión, puede formar también sustantivos que expresan distintas condiciones sociales o vitales, como *veteranía* o *soltería*.
b No es frecuente, pese a proceder de adjetivos que designan comportamientos humanos, que algunos de estos derivados sutantivos designen también la acción característica de las personas designadas por la base, como *felonía*. Este sufijo se asocia claramente a valores abstractos, lo cual bloquea la interpretación de acción concreta ejecutada por una persona que puede ser descrita por el adjetivo de la base.
c Sobre bases sustantivas, destacan sobre todo dos significados: aquel en que designa la disciplina, materia o ámbito de estudio que corresponde a la persona que se denota en la base (*filosofía, astronomía, artesanía, fotografía, arqueología, biología*...) y la dignidad, cargo o profesión que se asocia a esa persona (*adjuntía, abogacía, baronía, canonjía, cesantía, concejalía, coronelía, fiscalía, oficialía, portavocía, pretoría, sultanía*).
d Sobre sustantivos, la tendencia es siempre a formar nombres abstractos cuyo valor concreto depende en buena medida de la denotación de la base. Se interpretan como condiciones o propiedades de una situación nombres como *isocronía, autonomía, carestía*; como afecciones nombres como *cardiopatía* o otros muchos derivados con este segundo miembro; como periodos de tiempo en que la base ejerce su función o es válida *tutoría, estadía, garantía* o *minoría / mayoría (de edad)*, o como ideologías y sistemas de pensamiento derivados como *idolatría, autarquía, progresía* o *teosofía*.
e Sobre derivados en **-ero**[1], este sufijo tiene muy frecuentemente el valor de expresar la actividad u ocupación frecuente que desempeña la base, como en *jardinero > jardinería, fontanero > fontanería*.

f   Existe una tendencia a que los derivados con este sufijo se interpreten como relacionados con los humanos cuando la base es adjetival, incluso en los pocos casos en que el adjetivo no es exclusivo de los humanos. Frente a *falsedad, falsía* se refiere a una persona que se comporta de forma falsa; *cercanía* tiende a interpretarse, aunque no exclusivamente, en el sentido de 'accesible, simpático' aplicado a los humanos.

g   Frente a la gran cantidad de significados abstractos o referidos a ámbitos no físicos, son menos frecuentes los casos en que este sufijo forma nombres concretos. Significan lugares relacionados con las bases los derivados *abadía, acería, comisaría, vicaría* o *rectoría*; no en todos los casos pueden interpretarse estos sustantivos como la dignidad de la persona que ostenta el cargo, lo cual sugiere que no cabe hablar en todos los casos de un proceso de metonimia que usa el nombre de la profesión para designar el lugar en que se ejerce esa profesión.

h   Son poco productivos los casos en que la base se interpreta como un sustantivo colectivo definido por miembros que tienen las propiedades de la base, y en muchos de estos casos puede pensarse en una metonimia que designa al grupo partiendo de la dignidad o estatus que lo definen: *aldeanía, animalía, ciudadanía, cofradía, feligresía, marinería*.

i   Son aún menos productivos los casos en que el sufijo forma unidades de la base (*caloría*) o cantidades sin especificar (porque la propia base no lo especifica), como en *cuantía*.

Propiedades fonológicas

a   Este sufijo, en el plano fonológico, está condicionado por dos factores: la presencia de un hiato con una vocal alta que lleva acento, y el hecho de que comienza por un segmento palatal que puede dar lugar a cambios consonánticos en la base. La segunda propiedad forma, entre otros, los siguientes procesos:

    i   Espirantización de la consonante final de la base, como en *abogado > abogacía, profeta > profecía* o *prelado > prelacía*. Este cambio no es sistemático (cf. *abadía, cofradía, estadía*). Generalmente, este proceso no sucede cuando la base termina en una secuencia de dos consonantes (*bastardía, gallardía*).

    ii   Ensordecimiento de /g/ en posición final de la base, como en *filólogo > filología* y otros muchos derivados, propiedad general cuya única excepción parece ser *hidalgo > hidalguía*.

    iii   Ascenso de vocal media en la base (*menor > minoría*) y, en ciertas segmentaciones, ascenso de la vocal /o/ en los derivados en **-dor** (*sabiduría, habladuría*).

    iv   Presencia ocasional de algunos interfijos, como en *rey > rey-ec-ía*.

b   Con respecto a la otra propiedad, el carácter tónico de la vocal alta del sufijo, se documentan las siguientes propiedades:

    i   Hay desplazamiento acentual de la base, que puede hacer que desaparezca un diptongo condicionado por su tonicidad (*miembro > membresía*).

    ii   La /i/ tónica puede preservarse, incluso, cuando se añade a la base otro afijo que comienza por vocal, incluso /i/: *profeci-íta*

Problemas de segmentación

a   Los problemas de segmentación de este sufijo son paralelos a los de **-ia**, al que remitimos.

b   Nótese que, mientras que existe el par *astrónomo* > *astronomía*, no existe el par *ecónomo > *economía*. Para segmentar una voz como *economía*, por tanto, se pueden tomar dos decisiones ninguna de las cuales es enteramente satisfactoria: *economista* > *economía*, afirmando que **-ía**[1] fuerza haplología de **-ista**.

c   Por otro lado, puede argumentarse que en economía el par real es *economía* > *economista*, invirtiendo la relación derivativa que se ve en otros ejemplos y por la que **-ía**[1] forma derivados abstractos a partir del nombre dado a la persona relacionada con la materia.

d   Finalmente, se puede proponer que los dos derivados parten de la misma base. Sucede igual en otros muchos ejemplos en los que **-ía**[1] forma pares con sufijos como **-ista** (*anarquista* ~ *anarquía*) o **'-ico** (*irónico* ~ *ironía*), donde surge la pregunta de si debería hablarse de una haplología o admitir que la relación entre las voces derivadas a partir de esa base no sigue la tendencia general.

e   El segundo caso de problema de segmentación se relaciona con la duda acerca de si cabe segmentar **-ía**[1] en algunas secuencias, entre las que destacan dos: **-ería**, como nombre de lugar (*zapatería, fontanería...*) o colectivo (*cubertería, chiquillería...*) y **-duría** (*teneduría, correduría...*). Remitimos a las entradas de estos otros afijos.

Alomorfos

Pese a que no son alomorfos en sentido estricto por no considerarse que el acento sea una propiedad de los segmentos, la bibliografía suele tratar **-ia** como una variante de **-ía**[1], explicando la diferencia como un epifenómeno de la vacilación acentual dentro de las voces. No obstante, como se puede consultar en la entrada correspondiente, existen diferencias que sugieren que tal vez no deban verse como dos variedades del mismo sufijo.

Relaciones con otros afijos

En su valor para formar nombres de cualidad, **-ía**[1] es menos productivo que otros sufijos como **-ez(a)**, **-ura** o **-or**. El sufijo **-ía** contrasta con **-ismo**, que también forma nombres abstractos que se forman posiblemente sobre otros sustantivos, en que el segundo suele expresar ideologías o sistemas de pensamiento, mientras que **-ía** se refiere a la cualidad o ámbito abstracto, como puede verse por ejemplo en *anarquía* ~ *anarquismo* o *ecología* ~ *ecologismo*.

> LECTURAS RECOMENDADAS: Pena (1980, 2004); Santiago Lacuesta & Bustos Gisbert (1999); Pharies (2002); RAE & ASALE (2009: §6.3).

-ía[2]. Forma de imperfecto de indicativo de los verbos de la segunda y tercera conjugación. Véase **-a**[4].

-iaco. Alomorfo del sufijo **-aco**, del griego -ακός. Está presente en un número pequeño de palabras donde –con independencia de su origen histórico– la base segmentable no incluye /i/ en español, como *Afrodita* > *afrodis-iaco*, *Egipto* > *egipc-iaco* (ambos con espirantización de t > s) o *paraíso* > *paradisiaco*. Como se ve, en todos los casos la base es también alomórfica. No contienen este alomorfo, sino que son casos de **-aco** donde la base termina en /i/, la mayoría de los ejemplos, como *manía* > *maniaco*, *Siria* > *siriaco*, *policía*

> *policiaco*, *génesis* > *genesiaco* (con haplología de la *s* final), *Bosnia* > *bosniaco* o *simonía* > *simoniaco*. Alternan la pronunciación con diptongo (-*iaco*) con la pronunciación con diptongo (-*íaco*).

-ial. Alomorfo de **-al** en sus distintos usos.

-iano. Etimológicamente, del sufijo adjetivalizador latino *-ānum*. Sufijo adjetivalizador especializado en formar adjetivos relacionales sobre bases propios.

Tipos de base

a   Este sufijo es particularmente productivo con nombres propios de persona, tanto apellidos como –cuando el personaje es conocido por su nombre de pila o un apodo– otros (*juanramoniano, clariniano*).

   (1)   agustiniano, alarconiano, azoriniano, baconiano, baquiano, barojiano, becqueriano, beethoveniano, bolivariano, bonaventuriano, brechtiano, bretoniano, buñueliano, byroniano, calderoniano, cartesiano, cesariano, claretiano, clariniano, constantiniano, cristiano, daltoniano, darwiniano, erasmiano, estaliniano, faulkneriano, flaubertiano, freudiano, galdosiano, garcilasiano, goethiano, hegeliano, hertziano, hitleriano, isidoriano, jeronimiano, juanramoniano, kafkiano, kantiano, lorquiano, machadiano, mahleriano, malthusiano, mendeliano, mortainiano, morzartiano, neperiano, nestoriano, newtoniano, orteguiano, picassiano, pirroniano, ramoniano, robinsoniano, rubeniano, sansimoniano, sartriano, unamuniano, volteriano, wagneriano

b   Frente a **-ano**, no resultan frecuentes las bases constituidas por nombres propios de lugar, pero se dan algunas.

   (2)   bostoniano, caboverdiano, caucasiano, chadiano, ecuatoriano, egipciano, hannoveriano, lesbiano, lichtensteiniano, parnasiano, peruviano, sahariano, washingtoniano

c   Es frecuente también que se tomen nombres propios de planetas como base, o signos zodiacales (*canceriano*):

   (3)   marciano, neptuniano, plutoniano, venusiano

d   Frente a estas clases, son poco frecuentes aquellas formadas por nombres comunes, como las de (4).

   (4)   amebiano, carpiano, falangiano, maratoniano, pretoriano, retiniano

Comportamiento gramatical

a   Este sufijo da lugar a adjetivos variables en género, marcados regularmente por **-o**[1] en masculino y **-a**[1] en femenino.
b   Este sufijo siempre implica la cancelación de la vocal átona de género de la base.
c   La mayoría de las formaciones obtenidas con este sufijo son adjetivos relacionales, y estos se usan habitualmente también como sustantivos.

d   No son frecuentes las formaciones que se comportan como adjetivos calificativos, que esencialmente se restringen a la posible interpretación calificativa similitudinal de las formaciones sobre nombres propios de persona:

Tipos de significado

a   Como otros sufijos que forman adjetivos relacionales, este también denota una relación subespecificada entre la entidad denotada por su base y el sustantivo al que modifica.
b   La especialización en bases correspondientes a nombres propios de artistas, políticos y personalidades históricas hace que esa relación muy frecuentemente sea la de autoría, o agente de un sustantivo que denota una obra artística o de otro tipo (*producción juanramoniana, cisma acaciano*).
c   Resulta frecuente que estos adjetivos desarrollen lecturas calificativas, en cuyo caso la interpretación preferida es la similitudinal: se predica la semejanza entre el sujeto al que modifica el adjetivo y el estilo, sistema de pensamiento o categoría asociado al referente del nombre propio: *humor ramoniano, existencialismo unamuniano, estilo mozartiano, metáforas garcilasianas*, etc.

Propiedades fonológicas

a   Este sufijo atrae el acento prosódico a su vocal /a/, lo que puede conducir a la monoptongación de las bases de diptongo acentual, como (*San*) *Buenaventura* > *bonaventuriano* (en alternancia con *buenaventuriano*).
b   Al comenzar por vocal palatal, ocasionalmente este sufijo puede causar la espirantización de la consonante final de la base (*Languedoc* > *languedociano*), pero no de forma sistemática (*Lorca* > *lorquiano*).

Alomorfos

a   Cuando la base termina en /e/, incluso a veces seguida de consonante, el sufijo adopta la forma -*ano*, conservando la vocal /e/ final, como en *nietzscheano, borgeano (Borges), goetheano*. La desaparición de la /i/ inicial del sufijo puede explicarse como un procedimiento que evita su consonantización (**goetheyano*).
b   Cuando la base acaba en vocal tónica, se emplea el alomorfo -*niano* (*daliniano, rousseauniano*).

Relaciones con otros afijos

Véase **-ano**. Entre los sufijos que tienden a tomar bases correspondientes a nombres propios, contrasta con **-esco** en que prefiere las lecturas relacionales sobre las similitudinales. Véase, para otros sufijos que forman adjetivos relacionales, '**-ico, -és, -al**[1].

LECTURAS RECOMENDADAS: Bosque (1993); Fábregas (2007); RAE & ASALE (2009: §7.6).

-iatra. Del griego ἰατρός 'médico'. Sufijo nominal que forma nombres de profesión sobre bases neoclásicas.

a   Este sufijo se une a unos pocos temas neoclásicos: *foniatra, geriatra, pediatra, psiquiatra*.
b   Produce siempre sustantivos comunes en género, marcados por -**a**³.
c   Su significado es el de dar nombre a la persona que desempeña un oficio (cf. -**ero**¹), pero debido a su etimología siempre dentro de la profesión médica.
d   Aunque etimológicamente fuera él mismo un tema neoclásico, como muestra la -i- inicial, en la actualidad es un sufijo, porque nunca forma voces con otros afijos y porque nunca aparece en posición inicial de palabra.

-**íbiris**. De origen incierto, tal vez onomatopéyico. Sufijo apreciativo intensificativo que se une a sustantivos (*fresco > fresquíbiris, gallego > galleguíbiris, fantasma > fantasmíbiris*). Pese a su forma, puede emplearse como singular.

-**ic**-. De origen incierto. Interfijo que aparece en combinación con ciertas bases radicales verbales y parece adaptarlas para combinarse con sufijos apreciativos (*mojar > moj-ic-ón, sonar > son-iqu-ete*). No parece necesario postularlo en *quejicoso*, donde puede relacionarse la voz con *quejica* (cf. -**ica**¹), y en caso de aparecer en *cochiquera* estaría forzando haplología de la base: *coch(in)-iqu-era*.

LECTURAS RECOMENDADAS: Portolés (1999).

-**ica**.¹ De origen incierto. Sufijo nominalizador que forma, en español coloquial, nombres de agente.

a   Este sufijo forma sustantivos a partir de verbos, generalmente transitivos: *quejar > quejica, acusar > acusica, abusar > abusica, llorar > llorica*. Resulta excepcional en este sentido el sustantivo *miedica*, que procede de otro sustantivo (*miedo*) pero que se interpreta como 'el que tiene demasiado miedo', es decir, suponiendo un verbo ligero de valor posesivo.
b   El sufijo forma nombres deverbales, siempre referidos al agente que ejecuta la acción, y dando un valor intensificativo al sustantivo: 'que hace V de una manera que resulta molesta'
c   El sufijo es común en género y está marcado por la -**a**³.
d   Cabe plantearse si este sufijo surge como una extensión del sufijo -**ica**², que se emplea ocasionalmente como un morfema apreciativo peyorativo. Pueden unificarse ambos si se entiende que las formaciones de (a) no son deverbales sino que parten de una raíz sin categoría gramatical, ya que en todos los casos desaparece la vocal temática que caracterizaría al verbo.

-**ica**². De origen incierto. Posible sufijo apreciativo peyorativo que se documenta en un puñado de palabras, como *cobarde > cobardica*, sin alterar su clase de palabras (*cobardica*, al igual que *cobarde*, puede funcionar tanto como sustantivo como en calidad de adjetivo). No es clara su relación con -**ica**¹, aunque es tentadora una unificación debido a que ambos sufijos implican una noción peyorativa y son comunes en género, con -**a**³ tanto para masculino como para femenino.

-**ica**³. Sufijo gentilicio utilizado en *Pamplona > pamplonica* y otras pocas formaciones. Desde el punto de vista gramatical es un sufijo adjetivalizador que toma topónimos como su base y que forma adjetivos relacionales comunes en género, marcados con **-a**[3] tanto para masculino como para femenino.

-icar. Reanalizado a partir del latín -plicāre, 'plegar'. Sufijo verbalizador poco productivo que forma verbos a partir de adjetivos numerales.

Tipos de bases

a   Este sufijo es relativamente productivo a partir de numerales multiplicativos acabados en **-uple**.

(1)   céntuple > centuplicar, cuádruple > cuadruplicar, duplo > duplicar, quíntuple > quintuplicar

b   También forma verbos a partir de adjetivos que expresan nociones cuantificativas sin ser propiamente numerales, como en *múltiple* > *multiplicar*

c   Con otras bases hay apenas formaciones ocasionales, y solo si se admiten bases radicales que puedan tomarse como alomorfos de otras palabras (*radicar* ~ *raíz*) o que símplemente no se emplean en español (*ubi* 'donde', *ubicar*).

Comportamiento gramatical

a   Este sufijo forma invariablemente verbos de la primera conjugación, caracterizados por **-a**[2]

b   Los verbos formados por este sufijo son invariablemente regulares.

c   Los verbos formados por este sufijo sobre adjetivos son siempre transitivos, y expresan cambios dinámicos télicos (2). Varios de los verbos admiten usos estativos que se emplean para comparar dos magnitudes (3).

(2)   El niño multiplicó la cantidad dada por 3.
(3)   Nuestro patrimonio duplica vuestro patromonio.

Tipos de significado

Este sufijo expresa un cambio de estado que afecta a la cantidad en la que aparece una entidad, grupo o magnitud (4). Por extensión, el cambio que implica el verbo puede reinterpretarse como una comparación entre dos cantidades, una que actúa como sujeto y otra que actúa como el objeto.

(4)   a   Duplicamos el documento.
      b   Este grupo de estudiantes quintuplica los suspensos de todo el instituto.
      c   Se ha centuplicado la deuda del país.

LECTURAS RECOMENDADAS: Rifón (1997a).

-ich-. Interfijo poco productivo que Portolés (1999: 5064) identifica en formas como *campichuelo, sabichoso, murichento*.

-iche. De origen incierto, tal vez de *-icium* a través del francés o italiano. Sufijo apreciativo, de valor intensivo, propio de América Central, México, Perú y algunas otras áreas americanas.

a   Aparece en formaciones como *metiche, lambiche*, siempre sobre bases verbales donde cabe plantearse si la vocal temática es la /i/ inicial o se ha cancelado al añadir el sufijo (*meter, lamer*; cf. **-e**^{2}, con el alomorfo *-i-*).
b   Este sufijo siempre forma sustantivos comunes en género, con terminación **-e**^{4} tanto para masculino como para femenino.
c   Semánticamente, de forma semejante a **-ón**^{3}, este sufijo prefiere interpretaciones humanas en las que se predica de una entidad la propiedad de participar de forma insistente y excesiva en el evento denotado por la base.
d   No está claro si puede relacionarse de forma directa con el sufijo nominal que aparece en *can > caniche, bolo > boliche, pasta > pastiche*, y que puede relacionarse con el francés *-iche*, del latín *-icium*.

-ichi. De origen incierto. Sufijo apreciativo de valor diminutivo que aparece en algunas pocas formaciones nominales, sobre todo a partir de nombres propios, como *Juan > Juanichi*.

-icia. Del latín *-itia, -itiae*. Posible sufijo segmentable en unos pocos sustantivos de cualidad con bases que corresponden a raíces usadas como adjetivos: *avaricia, injusticia, inmundicia, malicia, pudicicia*. Si se adopta el análisis de segmentación para estas formas, cabe segmentarlo también en otras que tendrían bases neoclásicas como *pericia* o *puericia*. Es posible tratarlo parcialmente como un alomorfo de **-ia** o una forma femenina de **-icio**; véase también **-icie** (cf. Pharies 2002).

-icida. Véase -i-Del latín *-(i)cīda, -cidae*. Sufijo adjetivalizador que toma bases nominales y forma adjetivos que imponen lectura de agente o instrumento al nombre al que modifican.

Tipos de bases

a   Este sufijo se combina productivamente con sustantivos comunes; debido a su significado, predominan los referidos a seres animados tanto humanos (*infanticida, tiranicida, conyugicida*) como animales (*raticida, parasiticida, acaricida*), pero también se admiten nombres referidos a otros seres biológicamente vivos (*herbicida*) y ocasionalmente a otras nociones asimilables (*pesticida, plaguicida*).
b   El sufijo se combina productivamente también con temas neoclásicos equivalentes a sustantivos, que ocasionalmente pueden interpretarse como alomorfos cultos de raíces españolas: *arboricida, filicida, fratricida, regicida, uxoricida*...
c   Resulta excepcional la forma *magn-icida*, en tanto que se forma sobre lo que parece ser un adjetivo y no un sustantivo.
d   Resulta igualmente excepcional, y probablemente deba tratarse por ello como no derivada, la forma *suicida*, donde la base etimológica es un pronombre reflexivo.

Comportamiento gramatical

a   Este sufijo forma adjetivos comunes en género, marcados siempre con **-a**^{3}.
b   Los adjetivos son casi siempre relacionales, y son pocos los que admiten una reclasificación como adjetivos calificativos graduables (*sentirse muy suicida*).

c   En cambio, sucede con frecuencia que estos adjetivos se reinterpreten como sustantivos referidos a agentes (*un fratricida, un matricida*) o instrumentos (*larvicida, fungicida*). De hecho, en algunas de estas formaciones el valor sustantivo es mucho más común que el adjetival, como en *insecticida* y *pesticida*.
d   Con respecto a la base, este sufijo invariablemente causa la desaparición de la vocal átona final que marca el género de los sustantivos.

Tipos de significado

a   Este sufijo se especializa de forma muy regular en el significado 'que sirve para matar a N', donde N es el sustantivo de la base.
b   Este valor es generalmente literal, y las bases frecuentemente forman familias léxicas, entre las que destacan la de las relaciones familiares (*conyugicida, filicida, fratricida, matricida, parricida, uxoricida*) y otras relaciones sociales (*tiranicida, regicida, magnicida*) junto a distintas especies invasoras que se interpretan como parasitarias dentro de cierto espacio (*bactericida, espermicida, herbicida, insecticida, larvicida, microbicida, vermicida*...)

Propiedades fonológicas

a   Este sufijo produce muy pocos cambios fonológicos, entre los que apenas se encuentran algunas situaciones en que bloquea la diptongación de la base –al atraer el acento– (*hierba > herbicida*).
b   Frente a otros sufijos que comienzan por /i/, no produce la espirantización ni ensorcecimiento de la base (eg., *plaguicida, raticida*).
c   Sin embargo, este sufijo puede producir la haplología de la base, a veces condicionada fonológicamente (*lombricida*, no *lombric-icida) y en otras ocasiones sin una motivación fonológica clara (*germen > germicida*, no *germen-icida).

Problemas de segmentación

a   Cabe plantearse si el sufijo segmentable es la forma **-icida**, o si debe segmentarse esta secuencia en el interfijo **-i-**^{2} y un sufijo *-cida*.
b   En parte la decisión que se tome depende de si se admite un tema neoclásico *-cida* que dé lugar a compuestos en español actual, algo que no parece motivado. El hecho es que en español no existen formaciones que terminen en *-cida* sin estar precedidas de una vocal /i/, lo cual hace poco justificable que estos segmentos deban separarse como morfemas independientes.
c   Además de esto, la segmentación forzaría a tratar el elemento *-i-* como *-i-*^{1} o *-i-*^{2}, algo que no representa de forma adecuada el significado de la palabra compleja: en todo caso, la base, dentro de la glosa semántica que admite el sufijo, equivaldría a un complemento directo o argumento interno de un verbo, que es una relación que ni suele marcarse con un elemento relacional.

Problemas de clasificación

a   La clasificación de **-icida** como sufijo no está libre de problemas, ya que tradicionalmente se ha considerado un elemento compositivo donde *-i-* es un elemento de enlace. Los motivos para clasificarlo como un sufijo se hacen más claros cuando se compara con un elemento compositivo neoclásico más estándar como -*logo*, y son los siguientes –para facilitar la exposición, trataremos **-cida** separado de la /i/–.

b Frente a los elementos compositivos, **-cida** no puede aparecer en posición inicial de palabra, siendo siempre un elemento que aparece a la derecha de la base.

   (1)   logo-peda, *cida-BASE

c Frente a los elementos compositivos, -*cida* no deviene una palabra española añadiendole otros sufijos o prefijos.

   (2)   lógo > lógico, *cida > *cídico

d Hay tres argumentos que pueden aducirse para tratar -*cida* como tema neoclásico. El primero de ellos es el origen etimológico del término, como elemento radical latino (cf. *oc-cidere* 'matar') que etimológicamente sería esperable que mantuviera su naturaleza de raíz

e El segundo es el significado del elemento, que tiene más contenido conceptual del que habitualmente se espera en los afijos, al asociar el adjetivo con una eventualidad concreta, 'matar' o 'acabar con'.

f El tercero es la posible presencia del interfijo **-i-**, que aparece típicamente como elemento de enlace en compuestos formados por temas neoclásicos de origen latino.

g Mientras las últimas propiedades anteriores no se consideran definitorias para ser un elemento compositivo, la tercera puede derivar –dependiendo de las opciones analíticas que adopte el investigador– en clasificar **-cida** como un elemento compositivo que por motivos poco claros solo se emplea a la derecha de la palabra y no admite otros afijos para formar una palabra plena.

h Esto dependerá del análisis que se haga de **-i-**, pero nótese que en otros casos –cf. **ificar, -ifico**– el español ha reanalizado una raíz latina (*facere* 'hacer') como un sufijo, interpretando el segmento que podría haber sido vocal de enlace (**-i-**) como parte de este sufijo. En este diccionario, dado el peso que otorgamos a las propiedades formales de los elementos morfológicos, le hemos dado un peso mayor a los criterios posicionales y de combinatoria con otros afijos y por ese motivo lo tratamos como un sufijo.

LECTURAS RECOMENDADAS: Pharies (2002).

-icie. Posiblemente relacionado con **-icia**. Posible sufijo segmentable que forma nombres de cualidad (*calvicie*) o de entidad que exhibe una propiedad (*planicie*) en un conjunto muy pequeño de casos (cf. Pharies 2002).

-icio. Del latín -*īcius*, -*icii*. Sufijo adjetivalizador que toma bases sustantivas para formar adjetivos relacionales.

Tipos de bases

a Este sufijo toma sobre todo bases sustantivas, nombres comunes, sobre los que forma adjetivos de relación:

   (1)   cardenal > cardenalicio, catedral > catedralicio, crédito > crediticio, edil > edilicio

b   Resultan menos frecuentes las bases verbales, aunque se documentan *acomodar > acomodaticio, servir > servicio, trasladar > traslaticio* o *arrendar > arrendaticio*.

c   En otros casos la base puede ser sustantiva o verbal: *alimenticio* (de *alimentar*, con pérdida de la vocal temática, o de *alimento*). Sucede algo semejante en *ejercicio* (*ejercitar, ejército*), *adventicio*.

d   También forma adjetivos sobre bases neoclásicas, que en ocasiones pueden tomarse como alomorfos de raíces españolas: *ficticio, frumenticio, novicio, patricio, propicio*.

Comportamiento gramatical

a   Este sufijo forma sobre todo adjetivos relacionales variables en género, marcados con -**o**^{1} en masculino y -**a**^{1} en femenino.

b   No obstante, ocasionalmente forma sustantivos o al menos voces que, pudiendo ser también adjetivos, se emplean mucho más frecuentemente como sustantivos: *servicio* y *ejercicio* se emplean exclusivamente como sustantivos, y *natalicio* o *patricio* se emplean mucho más habitualmente como sustantivos.

c   Son poco frecuentes los usos en que el sufijo produce un adjetivo calificativo o, en general, no relacional: *acomodaticio, propicio*.

d   Como sucede con otros sufijos especializados en formar adjetivos relacionales, -icio puede formar secuencias de sufijos: *vit-al-icio, nat-al-icio*

Tipos de significado

Como sucede con otros sufijos que forman adjetivos relacionales, el significado del sufijo **-icio** se limita a expresar una relación subespecificada con la clase de entidades denotada en la base, o el tipo de evento denotado en la base. Algo *cardenalicio* es algo que de alguna manera establece relación con la clase de entidades llamada 'cardenal'. Pese a esto, como sucede también en ocasiones, ciertas palabras se especializan en ciertos tipos de relación: *crediticio* suele ser 'que da crédito', *vitalicio* 'que dura toda la vida', *alimenticio* 'que da alimento'.

Propiedades fonológicas

Este sufijo atrae el acento de la palabra, y produce un mínimo de efectos fonológicos sobre la base, y pese a comenzar por /i/ no produce ni la espirantización ni la palatalización de la consonante final (*credit-icio*).

Alomorfos

Es necesario admitir un alomorfo *-ticio* para formas como *acomodaticio, arrendaticio* – nótese que postular alomorfos de la base *acomodat-, arrendat-* equivale a proponer que -*at*- es un alomorfo de la vocal temática -**a**^{2}.

Problemas de segmentación

a   Las formas *natalicio* y *vitalicio* presentan el problema de si cabe considerar un alomorfo -*alicio* o, por el contrario, ha de interpretarse que este sufijo forma secuencias con otros sufijos adjetivalizadores, como sucede por ejemplo con -*al-ista* (*minimalista*).

El hecho de que el incremento /al/ sea necesario en otros sufijos del mismo tipo – que forman adjetivos relacionales–, así como el hecho de que /al/ corresponda a otro sufijo que da lugar a adjetivos relacionales (**-al**) sugiere de forma fuerte que ha de entenderse que no existe un alomorfo *-alicio* y en cambio el sufijo forma una secuencia con **-al**.

b La forma *ejercicio* plantea el problema de si ha de considerarse una segmentación *ejerc-icio*, partiendo de una raíz no documentada en español *ejerc-* o tras haplología (*ejercit-icio*), o si es preferible una segmentación *ejercic-io*, sobre *ejercit-* y con el sufijo **-io**. La ausencia de valores adjetivales para esta voz sugiere que es preferible la segmentación segunda.

Relaciones con otros afijos

Entre los sufijos que forman adjetivos relacionales, la productividad de este sufijo es considerablemente menor que **'-ico, -al** u **-oso**, entre los que toman bases nominales, o que **-orio, -ivo**, entre los que toman bases verbales.

LECTURAS RECOMENDADAS: Pharies (2002).

-ico. De origen incierto, tal vez de una forma *-iccu* prerromana. Sufijo apreciativo de valor diminutivo. Se emplea como forma no marcada en distintas variedades peninsulares, específicamente las que ocupan la franja que va de Huesca y Navarra hacia el sur hasta Murcia y la Andalucía Oriental, y en el español americano se identifica en Colombia, Costa Rica y Cuba (Lipski 1996).

Tipos de bases

a Este sufijo es productivo sobre nombres comunes, referidos tanto a entidades animadas como no.

(1) viejecico, taponcico, borrico, besico, refrancico, pajarico

b El sufijo también se documenta con nombres propios, como *Paquico, Teresica, Luisico*.
c No son tan frecuentes las formaciones a partir de adjetivos calificativos, si bien se documentan formas como *enfermico, tontico, blanquico*.
d También se documentan formas a partir de cuantificadores (*poco > poquico*), o adverbios (*tarde > tardico, rápido > rapidico*)

Comportamiento gramatical

a Este sufijo conserva la categoría gramatical de la base, como otros morfemas apreciativos, dando lugar a sustantivos a partir de bases sustantivas (*perro > perrico*) o adjetivos a partir de bases adjetivas (*pequeño > pequeñico*).
b Las voces formadas a partir de él marcan el género masculino con **-o**[1] y el femenino con **-a**[1], conservando siempre el género de la base cuando se construye con sustantivos y dando lugar a adjetivos de dos terminaciones. Esta marca de género se agrega en todos los casos, incluidos aquellos en los que la base carece de marca explícita (*papel > papelico*).

c   El sufijo siempre implica la cancelación de la vocal átona final del sustantivo, relacionada con el género, y su sustitución por las terminaciones productivas de género masculino o femenino.

(2)   valle > vallico

d   Este sufijo permite su iteración; de forma paralela a *chiqu-it-ito* se documenta *chiqu-iqu-ico*.

Tipos de significado

a   Al igual que otros diminutivos, el valor de tamaño menor con sustantivos puede estar presente (*taponcico*), pero es más frecuente encontrarlo asociado a un valor de afecto o simpatía (*besico, abracico, perrico*).
b   Como sucede también con otros diminutivos, al unirse a bases adjetivales se obtiene un valor gradativo por el que se expresa un valor relativamente pequeño de la propiedad expresada en la base, como en *enfermo > enfermico*, o se enfatiza el valor de los adjetivos que expresan pequeñez, como en *chico > chiquico*.
c   El mismo valor de grado reducido se encuentra cuando el sufijo toma bases cuantificativas (*poco > poiquo*) o adverbiales.
d   Junto a estos valores productivos en zonas geográficamente determinadas, el sufijo se ha conservado en algunas formaciones generales al mundo hispano, pero más lexicalizadas donde a pesar de ello es posible relacionar el significado con el valor de tamaño pequeño o la juventud del animal: *burro > borrico*.

Propiedades fonológicas

a   Conforme a la descripción habitual en el español americano, en las variedades colombianas, costarricenses o cubanas, este diminutivo se emplea de forma virtualmente obligatoria cuando la base termina en /t/ o /d/, tal vez para evitar -*ito*: *ratico, momentico*...
b   Este efecto fonológico no se documenta en otras áreas de uso de este diminutivo.

Alomorfos

a   Este diminutivo tiene un alomorfo -*cico* cuyo uso es paralelo al del alomorfo -*cit*- de -**it**-[1] y aparece prioritariamente con bases bisilábicas acabadas en consonante nasal o vocal tónica (*jaboncico, cafecico*). Se ha observado que este alomorfo es de mayor extensión en Aragón que en otras zonas.
b   También se documentan, en las variedades donde este diminutivo es el empleado por defecto, los alomorfos -*ecico* y -*cecico*, cuya distribución es también idéntica a la de los alomorfos -*ecito* y -*cecito* de -**it**-[1].

Relaciones con otros afijos

Como sufijo diminutivo, **-ico** se restringe geográficamente en su uso, dentro de la península, a Navarra, Aragón, Murcia y las zonas orientales de Castilla la Mancha y Andalucía, y contrasta por tanto con los sufijos diminutivos preferidos en otras áreas, como **-ito**, **-illo**, **-ín**, **-uco** o **-iño**. Se ha llegado a afirmar que este diminutivo carece de tonos despectivos o peyorativos, un dato que es complicado comprobar sin un estudio de campo.

LECTURAS RECOMENDADAS: Náñez (1973); Lázaro Mora (1999); Pharies (2002); RAE & ASALE (2009: §9.5); Martín Camacho (2001); Camus (2018); Kornfeld (2021).

¹**-ico**¹. Del latín *-cus, -ci*, unido a voces con temas terminados en *-i*. Sufijo adjetivalizador que toma bases sustantivas, a partir de las cuales produce adjetivos relacionales.

Tipos de bases

a   Este sufijo es particularmente productivo con bases sustantivas referidas a numerosas nociones conceptuales. Destacan por ejemplo las bases que se refieren a escuelas de pensamiento, ámbitos científicos o dominios de estudio.

   (1)   islámico, democrático, balompédico, criminológico, fraseológico, económico, mormónico, siderúrgico, teocrático

b   Son también frecuentes las formaciones que se refieren a enfermedades y otros términos del lenguaje científico (2) o a substancias y materias empleadas en contextos más o menos técnicos (3).

   (2)   alérgico, alopécico, amnésico, anoréxico, astigmático, celulítico, cirrótico, diabético, epiléptico, escleróxico, flebítico, neurótico
   (3)   adrenalínico, alcohólico, argéntico, fosfórico, mercúrico

c   También se documentan numerosas formaciones cuyas bases se refieren a tipos de persona y otras entidades animadas definidas por la función social, ideológica o social que desempeñan.

   (4)   anacorético, apostólico, chamánico, faraónico, jesuítico, necrofílico, nigromántico, profético, rabínico, tiránico, trogloditico, visigótico

d   Se documentan también formaciones a partir de nombres propios, tanto de pila como apellidos, de personas.

   (5)   adánico, aristotélico, artúrico, borbónico, fáustico, homérico, mesiánico, órfico, pírrico, sáfico, salomónico

e   Son frecuentes también las formaciones a partir de nombres propios de lugares, aunque normalmente no se emplean las formaciones resultantes como gentilicios.

   (6)   adriático, altaico, antártico, arábico, asiático, babilónico, baleárico, balcánico, cantábrico, céltico, germánico, hispánico, macedónico, occitánico, patagónico

f   Junto a esto, existen numerosísimas formaciones que se forman a partir de nombres comunes que designan una amplia y variada gama de significados, siempre y cuando en el contexto pueda entenderse que ese nombre común define algún dominio o ámbito relevante.

   (7)   académico, alegórico, algorítmico, algebraico, alquímico, atmosférico, bíblico, burocrático, analgésico, analítico, céntrico, cismático, coránico, cuántico, epidémico, episódico, escénico, escultórico, esférico, espasmódico, evangélico, lingüístico, fílmico, galáctico, irónico, megalítico, monolítico, numérico, oceánico, pancreático, pornográfico, prostático, taxonómico, telescópico, vitamínico, zoomórfico

g No es poco frecuente, debido al valor culto de este sufijo, que las bases aparezcan con frecuencia en una forma culta diferente de la versión patromonial que suele funcionar como sustantivo en español.

   (8) acuático, fáctico, fulmínico, fúngico, láctico, lumínico

h A no ser que se supongan cancelaciones de afijos finales, como -ia, se ha de admitir que este sufijo se combina también con raíces latinizantes:

   (9) catól-ico, acét-ico, acríl-ico, crón-ico, acúst-ico, tóx-ico, fís-ico, hídr-ico, quím-ico, hemático, político, trág-ico

i En muchos casos el sufijo se combina con temas neoclásicos, aislados o como parte de compuestos, siendo particularmente frecuentes *árqu-ico* (*anárquico, autárquico, oligárquico*), *lóg-ico* y *mórf-ico*.

j No se documentan bases adjetivales, verbales, adverbiales o preposicionales.

Comportamiento gramatical

a Este sufijo produce mayoritariamente adjetivos relacionales. Como tales adjetivos relacionales, las formaciones resultantes concuerdan en género y número con el sustantivo al que modifican, pero no admiten gradación.

   (10) formas escultóricas
   (11) *formas muy escultóricas (cf. *formas muy esculturales*)

b Sin embargo, y al igual que sucede en general con muchos adjetivos relacionales, pueden generarse extensiones semánticas que permitan emplear el adjetivo relacional como un adjetivo calificativo, con capacidad descriptiva, y en tales casos se admite la gradación, como es de esperar por ser una propiedad general de los adjetivos calificativos.

   (12) el Egipto (*muy) faraónico ~ una proyecto (extraordinariamente) faraónico
   (13) el método (*muy) analítico ~ una persona (muy) analítica

c Pese al enorme predominio de adjetivos relacionales de varios tipos, este sufijo produce ocasionalmente adjetivos calificativos, como los de (14), que apenas tienen uso como adjetivos relacionales (*literatura fantástica, orden angélico*) y se usan más frecuentemente como adjetivos calificativos.

   (14) fantástico, anecdótico, angélico, apoteósico, armónico, cadavérico, camaleónico, diabólico, enigmático, metódico, paradójico, prototípico, traumático

d Es muy frecuente que los adjetivos relacionales se recategoricen como sustantivos, y esto mismo se aplica a muchas de las formaciones que contienen este sufijo, como por ejemplo *un esférico* 'un balón', *un alcohólico, un asiático*. Sin embargo, con este sufijo existe también un conjunto pequeño de formaciones que se usan exclusivamente o casi exclusivamente como sustantivos: *catedrático, cerámica, farmacéutico, pórtico*, entre algunos otros.

e En algunos casos prefijados, se puede comprobar que el sufijo **'-ico** alterna con la ausencia explícita de verbalizador para formar el adjetivo: así, *zoomorfo* convive con *zoomórfico* y *bisílabo* convive con *bisilábico*.

f Generalmente este sufijo implica la pérdida de la vocal átona final del sustantivo base (*atmósfera* > *atmosfér-(*a)-ico*).

Tipos de significado

a   Como sucede con otros sufijos que forman adjetivos relacionales, el significado de este sufijo es enormemente abstracto en tales casos y se limita a definir una relación subespecificada entre la entidad que designa la base y la que designa el sustantivo con el que concuerda. Habitualmente es la información del contexto lingüístico el que permite al hablante dar más entidad a la relación que se designa.

   (15)   error diagnóstico ('error que se produce en el diagnóstico'), poder diagnóstico ('capacidad de hacer posible un diagnóstico')

b   Cuando los adjetivos formados por este sufijo reciben empleos calificativos, existen dos lecturas privilegiadas. La primera es la que hace al sufijo adquirir un valor similitudinal en el que se predica alguna propiedad prototípica de la entidad que designa la base del adjetivo, como la forma (*cilíndrico, cónico, esférico, rómbico*), la densidad o dureza (*granítico*) o rasgos del comportamiento (*profético, tiránico, jesuítico*).

c   La lectura similitudinal es también la que se emplea normalmente cuando el adjetivo se interpreta como calificativo a partir de bases que corresponden a nombres propios de persona. En estos casos la cualidad destacada es alguna que se asocia prototípicamente al comportamiento o las obras de la persona designada por la base, como en *adánico* 'que descubre algo por primera vez o lo ve con ojos nuevos', *sáfico* 'que celebra el amor entre mujeres'.

d   La segunda lectura calificativa, más típica cuando la base designa sustancias o estructuras que integran clases de entidades, es la de adjetivo posesivo: *armónico, alcohólico, apoteósico*.

e   Cuando el adjetivo se forma a partir de topónimos, no se producen gentilicios más que ocasionalmente (*asiático*). Es mucho más frecuente que el adjetivo se emplee como un término relacional que designa una zona geográfica determinada sin emplearse a la vez para designar a las personas oriundas de esa zona: *(mar) cantábrico* contrasta con *cántabro*, *(filología) hispánica* contrasta con *española*.

Propiedades fonológicas y haplologías

a   Este sufijo se caracteriza por imponer acento esdrújulo al adjetivo resultante, lo cual fuerza a que el acento recaiga sobre la base. Se ha solido interpretar esta propiedad como una manifestación más del carácter culto, técnico y escrito de este sufijo.

   (16)   cilindro > cilíndrico

b   Sin embargo, este acento no lleva equiparada necesariamente la diptongación de las vocales medias en aquellas raíces que alternan. De esta manera, *puerta* alterna con *portal* porque la posición del acento en la primera palabra recae sobre la sílaba que contiene /o/. Sería entonces esperable que se diera diptongación en la palabra *pórtico*, pero esto no sucede (**puértico*). De nuevo esta propiedad apoya la idea de que este sufijo es de carácter culto y las palabras formadas con él pueden escaparse de las reglas generales de alternancia condicionadas prosódicamente.

c   Ya se ha dicho que este sufijo implica la pérdida de la vocal átona final de las bases; además, cuando la base termina en diptongos crecientes con /i/ se cancela la vocal /i/ : *academia* > *académ-ico, homeopatía* > *homeopát-ico*.

d Este sufijo, pese a comenzar por vocal palatal, no produce cambios consonánticos sistemáticos en la base. De hecho, es frecuente que seleccione formas de la base terminadas en consonante dental /t/, sin espirantizarla: *apat-ía* > *apát-ico*.
e Es frecuente que este sufijo implique la cancelación de la terminación -**is**: *celulit-is* > *celulít-ico*, a menudo unido a seleccionar un alomorfo acabado en /t/ de la base (*cris-is* > *crít-ico*).

Alomorfos

a Es necesario reconocer un alomorfo *-ático* para este sufijo, que aparece sin duda en formaciones como *abism-o* > *abism-ático*. Por paridad de razonamiento, se reconoce el mismo alomorfo en palabras como *cuadrático, dramático, dogmático, ideático*.
b Es más problemática la cuestión de si es necesario postular un alomorfo '*-tico*. Parece necesario proponerlo en la forma *fantás-tico*, dado que la base no tiene otras formaciones donde emplee un alomorfo *fantast-* (*fantasía, fantasioso, fantasma*).
c En otras muchas formaciones, sin embargo, parece más adecuado proponer que la /t/ final pertenece a un alomorfo de la base: *pancreas* > *pancreát-ico* (*pancreat-itis, pancreat-ina*), *herpes* > *herpét-ico* (*herpet-ó-logo*), *cromát-ico* (*cromat-ismo*), *sintét-ico* (*sintet-izar*), *reumát-ico* (*reumat-ismo*). Parece que una propiedad significativa de este sufijo es, pues, que tiende a seleccionar alomorfos terminados en /t/ de la base (cf. también *caótico, deíctico*).
d Existen, con todo, formaciones donde es difícil dirimir entre las dos opciones debido a la baja productividad de la base, que no aporta otras formaciones derivadas para comparar: *paréntesis* > *parentético*, *éxtasis* > *extático*.
e La forma '*-nico* es necesaria en *mediúmnico*.

Relaciones con otros afijos

a Es muy frecuente que el sufijo aparezca en combinación con una secuencia que parece corresponder a -*ista*: *acuarelístico, aforístico, ajedrecístico, operístico*. En estos casos la forma en -**ista** o no existe o su significado no aparece contenido en la palabra derivada. Si comparamos, por ejemplo, *operístico* con *sofístico*, el segundo habla de algo relacionado con los *sofistas* pero el primero habla de algo relacionado con la *ópera*. Véase para estos casos -**ístico**.
b Existen formaciones, sin embargo, donde es posible que -**ista** e '-**ico** se unan cada uno de ellos con entidad de morfema separado: en *periodístico*, es posible relacionar la palabra con algo relativo a los periodistas (*period-ist-ico*) o con algo relacionado más ampliamente con el periódico (*period-ístico*). Sucede igual con voces como *virtuosístico, novelístico* o *humorístico*, donde es posible relacionar el significado con las formaciones en -**ista**.
c Entre los sufijos que forman adjetivos relacionales, '-**ico** tiene una elevada productividad que se manifiesta sobre todo en el lenguaje científico, el de la política y el de las ideologías. Frente a otros sufijos relacionales, como -**és**, no se especializa en formar gentilicios, pero tiene una productividad comparativamente más baja que -**al**, pero superior a -**uno** o -**ino**.

LECTURAS RECOMENDADAS: Bosque (1993); Pharies (2002); Fábregas (2007); RAE & ASALE (2009: §7.7).

'-ico². Del latín *-cus, -ci*, unido a voces con temas terminados en *-i*. Sufijo adjetivalizador que forma adjetivos relacionales relacionados con productos químicos en la lengua técnica.

a Este sufijo forma siempre adjetivos relacionales usados dentro de la nomenclatura química. Aunque el sufijo **'-ico¹** también se emplea mayoritariamente para formar adjetivos relacionales, este otro sufijo se diferencia en que aporta un valor técnico dentro del lenguaje de la química que las formaciones con **'-ico¹** no poseen.

b Aunque ya caída en desuso y debida originalmente a Lavoisier, sigue empleándose en distintos contextos el sufijo **-ico²** dentro del nombre de compuestos químicos, generalmente óxidos, para marcar que su estado de oxidación es mayor. Así, el óxido clórico es aquel que emplea el cloro en valencia 5 (Cl_2O_5), mientras que el óxido cloroso tiene un grado de oxidación menor (Cl_2O_3).

c Debido a su asociación con la lengua técnica, la base de estas formaciones suele ser un tema neoclásico (1), si bien la base puede ser un sustantivo del español en otros casos:

(1) férr-ico, nítr-ico, cúpr-ico, sulfúr-ico
(2) alumín-ico, carbón-ico

d Las formaciones con este sufijo siempre implican la pérdida de la marca de género de la base, cuando es un sustantivo del español y cuando es un tema neoclásico.

(3) a ferro-carril
     b férr-ico

-ícola. Del latín *-cŏla*, relacionado con *colo* 'cultivar'. Sufijo adjetivalizador que toma bases sustantivas.

Tipos de bases

a Este sufijo forma adjetivos a partir de bases sustantivas comunes, generalmente referidas a entidades físicas:

(1) cavernícola, frutícola, urbanícola, vinícola

b El sufijo es relativamente productivo también con temas neoclásicos de comportamiento sustantivo, a veces candidatos a ser alomorfos cultos de raíces españolas:

(2) acuícola, apícola, piscícola, terrícola

Comportamiento gramatical

a Este sufijo forma adjetivos marcados por el sufijo **-a³** común en género.
b Los adjetivos que forma este sufijo son generalmente relacionales.
c Las formaciones que significan 'que habita N' suelen convertirse con mucha facilidad en sustantivos. De hecho, en algunos términos (*cavernícola, terrícola*) el valor como sustantivo es más frecuente que el valor adjetival.
d las formaciones que significan 'que cultiva N', en cambio, se resisten a convertirse en sustantivos.

Tipos de significados

a   Como se ha adelantado, este sufijo admite dos valores fundamentales. El más frecuente es aquel en que conserva el valor etimológico del sufijo y aporta el significado 'que cultiva N': *agrícola, apícola, frutícola, olivícola, piscícola, vinícola, vitícola*.

b   El segundo significado, algo menos común, es 'que habita N': *acuícola, cavernícola, nidícola, selvícola, terrícola, urbanícola*. Los hablantes oscilan entre ambas interpretaciones en *arborícola*, 'que cultiva árboles' o 'que vive en los árboles'.

c   No parece que las dos lecturas puedan predecirse a partir de la base; si bien, como es lógico, la segunda interpretación suele aparecer con espacios y regiones espaciales, nada impide que 'campo' (cf. *agrícola*) perteneciera a este tipo y sin embargo toma el significado 'que cultiva el campo', no 'que habita en el campo'. A la inversa, *lignícola* –que se relaciona con *leña*– podría haberse interpretado razonablemente como 'que cultiva o produce leña', por ser un nombre referido más a un producto natural que a un lugar donde se vive, pero el adjetivo se refiere precisamente a los hongos que viven en la leña.

Propiedades fonológicas

a   Este sufijo tiene un mínimo de efectos fonológicos en la base; pese a comenzar por /i/ no produce palatalizaciones, aunque ocasionalmente produce espirantizaciones (*puerco > porcícola*). Sus alteraciones fonológicas se reducen a la posible monoptongación de la base, al atraer el acento (*hierba > herbícola*).

b   Se documentan ocasionalmente haplologías: *cítricos > citrícola* (no *citriqu-ícola*, o *citric-ícola*)

Problemas de segmentación

Cabe plantearse si el sufijo segmentable es la forma **-ícola**, o si debe segmentarse esta secuencia en el interfijo **-i-**[2] y un sufijo **-cola**. El problema es paralelo al que se da en **-icida**, a cuya entrada remitimos.

Problemas de clasificación

La clasificación de **-ícola** como sufijo presenta los mismos problemas que **-icida**, al que remitimos.

icosa-. Del griego εἴκοσι 'veinte'. Prefijo cuantificativo no productivo de valor equivalente a 'veinte', como en *icosaedro* 'figura de veinte lados'. Mantiene cierta independencia prosódica de la base, como muestra la no cancelación de su vocal final cuando la base comienza también por vocal.

-ículo. Del latín *-icŭlus*. Sufijo culto no productivo que aparece en una serie de sustantivos y se asocia a un valor de 'tamaño menor', si bien no tiene el comportamiento gramatical de los morfemas diminutivos debido a su baja productividad, la imposibilidad de iteración y la ausencia de valores afectivos. Entre las formaciones donde es posible encontrar una base española apenas encontramos *monte > montículo, verso > versículo* y tal vez *testa > testículo* y *cubo* > *cubículo*. Fuera de estas formaciones, la inmensa mayoría tendrían en el mejor de los casos alomorfos cultos de sustantivos españoles (*retícula, edículo, fascículo*). Resulta excepcional en todos los sentidos la forma *ridículo*, que es un adjetivo que procedería del verbo *reír*, y que es poco probable que se segmente en la mente del hablante debido a la falta de otras formaciones que sigan el mismo patrón. Puede ser alomorfo de **-úculo**.

-id-. Posible interfijo que propone Portolés (1999: 5064) para formas como *huidizo, reidor, añadidura*. Es más plausible que la /i/ corresponda a la vocal temática y la /d/ sea parte del sufijo.

'-ida. Del griego -ίδης, sufijo patronímico. Posible sufijo segmentable en español que aparece en una gran cantidad de cultismos griegos, como *Peleo* > *Pélida, Cronos* > *Crónida, Neleo* > *Nélida, Atreo* > *Átrida*. El sufijo se emplea para formar patronímicos que designen al hijo a partir del nombre propio asociado al padre (cf. también **-ez**), e implica siempre la cancelación de las vocales finales de la base. Común en género, marcado con el sufijo -**a**[3], este sufijo impone acento esdrújulo a la palabra formada, lo cual siempre implica que recaiga sobre la raíz.

-idad. Del sufijo nominalizador latino *-itātem*. Sufijo nominalizador que se combina con bases adjetivales.

Tipos de base

a   Este sufijo se combina productivamente con bases adjetivales, sobre todo adjetivos calificativos. Entre la numerosísima lista de adjetivos seleccionados por este sufijo encontramos los de (1). Aunque algunos de ellos pueden también emplearse como sustantivos, todos tienen usos adjetivales.

(1)   absurdidad, acerbidad, acetosidad, actividad, acuciosidad, acuosidad, adversidad, afectividad, afinidad, agilidad, ajenidad, aleatoriedad, alegalidad, altividad, ambigüedad, amenidad, amoralidad, ancianidad, antigüedad, arbitrariedad, arcanidad, arduidad, aromaticidad, artificialidad, asiduidad, asperidad, asquerosidad, atrocidad, austeridad, autenticidad, bajedad, banalidad, barbaridad, bastedad, beldad, benignidad, bestialidad, bobedad, bondad, brevedad, bronquedad, brusquedad, brutalidad, caducidad, caloricidad, capacidad, carnalidad, casticidad, castidad, casualidad, catolicidad, cautividad, ceguedad, celebridad, cerrilidad, chatedad, civilidad, clandestinidad, claridad, colectividad, colegialidad, comicidad, comodidad, complejidad, complementariedad, complicidad, comunidad, conformidad, cotidianeidad, credulidad, criminalidad, cristiandad, criticidad, crueldad, cruentidad, cultedad, curialidad, curvidad, cutredad, debilidad, deformidad, densidad, diafanidad, digestibilidad, dignidad, dinamicidad, direccionalidad, discrecionalidad, disformidad, disparidad, diversidad, divinidad, docilidad, domesticidad, dualidad, ductilidad, ebriedad, ecuanimidad, eficacidad, ejemplaridad, elasticidad, electricidad, elementalidad, emocionalidad, enfermedad, enormidad, equivocidad, erectilidad, escolaridad, esencialidad, especialidad, especificidad, falsedad, familiaridad, fatalidad, fatuidad, fealdad, febledad, fecundidad, felicidad, feracidad, ferocidad, fertilidad, finalidad, flojedad, formalidad, fragilidad, fraternidad, frialdad, frivolidad, frugalidad, fugacidad, funcionalidad, funebridad, futilidad, futuridad, gafedad,

garrulidad, generalidad, genialidad, gentilidad, gracilidad, gradualidad, gravedad, grosedad, habilidad, hermandad, heroicidad, heterogeneidad, homogeneidad, honestidad, hostilidad, huerfanidad, humanidad, humedad, humildad, idoneidad, igualdad, jovialidad, justedad, labilidad, legalidad, legitimidad, letalidad, levedad, liberalidad, liricidad, liviandad, locuacidad, longevidad, lubricidad, magnanimidad, maldad, malignidad, mansedad, manualidad, marcialidad, maternidad, mediocridad, mendacidad, menesterosidad, mocedad, modernidad, monumentalidad, mordacidad, movilidad, musicalidad, nacionalidad, naturalidad, necedad, nimiedad, notoriedad, novedad, nulidad, obesidad, oblicuidad, perpetuidad, perspicuidad, perversidad, plasticidad, pluralidad, pobredad, popularidad, precariedad, precocidad, procacidad, proclividad, profanidad, profundidad, prolijidad, promiscuidad, propiedad, prosperidad, publicidad, puerilidad, puridad, remotidad, rivalidad, ruindad, rusticidad, sagacidad, santidad, seguridad, senilidad, severidad, sinceridad, singularidad, soledad, solemnidad, sordedad, suciedad, sutilidad, taciturnidad, tenacidad, tipicidad, torpedad, tosquedad, turbiedad, utilidad, vaguedad, virilidad, vitalidad, viudedad

b Este prefijo es particularmente productivo con adjetivos terminados en los sufijos **-al** (cf. 1), **-ble** (2), **-ivo** (3) y **-oso** (4).

(2) accesibilidad, accidentabilidad, adaptabilidad, admisibilidad, afabilidad, alienabilidad, amabilidad, amigabilidad, aplicabilidad, apreciabilidad, asequibilidad, cognoscibilidad, compatibilidad, comprensibilidad, condensabilidad, confiabilidad, conmutabilidad, corruptibilidad, credibilidad, culpabilidad, deducibilidad, digestibilidad, disponibilidad, divisibilidad, edificabilidad, elegibilidad...

(3) agresividad, amatividad, combatividad, competitividad, comunicatividad, conductividad, conflictividad, conmutatividad, creatividad, deportividad, efectividad, efusividad, emisividad, emotividad, exclusividad, exhaustividad, expresividad...

(4) afectuosidad, aguanosidad, ampulosidad, angulosidad, animosidad, aparatosidad, artificiosidad, belicosidad, borrosidad, caballerosidad, callosidad, capciosidad, carnosidad, contagiosidad, copiosidad, cremosidad, curiosidad, dadivosidad, escabrosidad, espaciosidad, esponjosidad...

c Se ha afirmado que este sufijo prefiere bases calificativas, y que rechaza por lo general los adjetivos relacionales. Si bien es cierto que es natural interpretar los adjetivos relacionales como calificativos al ser seleccionado por este sufijo –como sucede con los adjetivos de origen, como en (5)– esto no impide la lectura relacional, como se ve en (6).

(5) africanidad, argentinidad, castellanidad, catalanidad, españolidad, europeidad, hispanidad, latinidad...

(6) la argentinidad de las Islas Malvinas

d Entre los adjetivos relacionales que son seleccionados por este sufijo encontramos los de (7).

(7) adhesividad, adiposidad, agramaticalidad, alcalinidad, capilaridad, catolicidad, centralidad, cientificidad, circularidad, constitucionalidad, corporalidad, cronicidad, direccionalidad, esfericidad, estacionalidad, eticidad, exterioridad, feudalidad, fiscalidad, fotoconductividad, gestualidad, gramaticalidad,

heterosexualidad, homosexualidad, horizontalidad, juridicidad, lateralidad, nacionalidad, nasalidad, perpendicularidad, radioactividad, salinidad, verticalidad...

e Este sufijo ocasionalmente también toma como bases adjetivos no calificativos clasificados habitualmente como adverbiales o intensionales:

(8) anterioridad, anualidad, contemporaneidad, mensualidad, mismidad, nocturnidad, proximidad

f Se documentan asimismo bases sustantivas, al menos en algunos casos como los de (9):

(9) ansiedad, autoridad, capitalidad, catedralidad, cavernidad, declividad, edilidad, entidad, finalidad, hombredad, mendicidad, merindad, patriedad

g Sin llegar a ser productivo en este uso, este sufijo también se une a determinantes interrogativos o exclamativos (10) e indefinidos (11):

(10) cualidad, cuantidad
(11) otredad

h Este sufijo también se combina con el cuantificador poco, que tiene ciertos aspectos de su gramática que se asocian a usos adjetivales (*poquedad*), como la combinación con el superlativo -**ísimo** (*poquísimo*) y la coordinación con adjetivos calificativos (*pocos y mal avenidos*).

i Este sufijo, debido a su origen latino, a menudo se documenta con bases neoclásicas correspondientes a adjetivos o sustantivos:

(12) alteridad, calamidad, calidad, cantidad, caridad, celeridad, deidad, equidad, femineidad, hilaridad, natalidad, navidad, necesidad, nihilidad, piedad, posteridad, saciedad, sacralidad, sociedad...

Comportamiento gramatical

a Este sufijo da lugar siempre a sustantivos femeninos sin marca expresa de género.
b Debido a su significado, que asocia a este sufijo con sustantivos de cualidad, generalmente las formaciones a las que da lugar son nombres masa, no contables y a menudo considerados abstractos. Sin embargo, en algunos casos puede dar lugar a nombres contables, cuando su significado no se refiere ni a la cualidad ni a la dignidad denotada por la base, sino a entidades que manifiestan la propiedad o dan lugar a ella (*comodidades, enfermedades, facilidades*):

(13) actividades, adversidades, afinidades, antigüedades, asquerosidades, atrocidades, beldades, bondades, casualidades, comodidades, contrariedades, crueldades, debilidades, enfermedades, extremidades, facilidades, falsedades, formalidades, genialidades, habilidades, heroicidades, humedades, maldades, necedades, nimiedades, novedades, oportunidades, profundidades, propiedades, utilidades...

c Cuando el sustantivo expresa una cualidad, toma como argumento en genitivo a la entidad de la que se predica dicha cualidad:

(14) la honestidad de Juan

d Si el adjetivo contiene otros argumentos, el nombre derivado no suele heredarlos:

(15) a el libro difícil de leer
     b #la dificultad de leer del libro
(16) a un libro contrario a esta idea
     b *la contrariedad del libro a esta idea

e   Sistemáticamente, este sufijo implica la cancelación de la vocal átona final del adjetivo o sustantivo (*enorme* > *enorm-idad*).

Tipos de significado

a   El valor fundamental de este sufijo es el de expresar la noción de cualidad abstracta. Por lo general el valor que se obtiene con este sufijo es la llamada 'lectura de escala', en la que el sustantivo derivado denota cualquier grado de la escala asociada a la base sin afirmar que el sujeto posea suficiente valor dentro de esa escala para considerar que posee esa propiedad. Así, de *la dificultad del ejercicio* no se sigue necesariamente que sea difícil, ya que puede decirse *La dificultad del ejercicio era mínima*.

b   Partiendo de esta lectura fundamental, que se da con adjetivos calificativos y por tanto graduables, el sufijo da lugar a una lectura de relación abstracta con bases relacionales (*palatalidad, bilabilidad, sonoridad*) y a la lectura de dignidad o categoría asociada a lo denotado por la base cuando esta es sustantiva (*catedralidad, edilidad, capitalidad*).

c   Es frecuente que, si el adjetivo tiene una lectura calificativa junto a una lectura relacional o adverbial, el sufijo seleccione preferentemente la lectura calificativa, sin que esto quiera decir que la existencia de una lectura calificativa sea obligatoria para poder ser seleccionado como base:

(17) a la (*muy) antigua capital   (adverbial)
     b un reloj (muy) antiguo   (calificativo)
(18) a *la antigüedad de la capital
     b la antigüedad del reloj
(19) a una comedia (*muy) musical   (relacional)
     b una voz (muy) musical   (calificativo)
(20) a *la musicalidad de la comedia
     b la musicalidad de su voz

d   Por lo general el sufijo es transparente en el sentido de que permite que el sustantivo exprese otras nociones semánticas denotadas por la base. Así, con los adjetivos que denotan tipos de comportamiento a los que pueden asociarse acciones, como en (21a), este sufijo permite que el sustantivo exprese la acción que se caracteriza mediante ese comportamiento:

(21) a Juan fue {cruel / necio / imbécil} al hacer eso.
     b Esa {crueldad / necedad / imbecilidad} tuvo lugar cuando...

e   Tal vez por extensión de la noción semántica de 'cualidad', este sufijo puede desarrollar lecturas en que denota a todos los miembros de la clase que posee dicha cualidad, con lo cual se obtiene un resultado similar al de los nombres colectivos. Esta lectura es típica cuando la base adjetival también puede usarse como sustantivo:

(22) hermandad, humanidad, vecindad, fraternidad, sociedad, cristiandad, natalidad, criminalidad, mortalidad

Propiedades fonológicas y haplologías

a Este sufijo da lugar a dos tipos fundamentales de procesos fonológicos. El primero es que, al atraer el acento prosódico a su vocal /a/, puede causar la monoptongación de aquellas bases diptongadas donde el diptongo depende de un acento, como en *ciego* > *ceguedad*.

b La segunda es que da lugar a la espirantización de las consonantes finales de la base, como en *esférico* > *esfericidad*, *eléctrico* > *electricidad*, *ético* > *eticidad*, etc., con excepciones que están justificadas por que la consonante /k/ aparece tras otra consonante: *estanco* > *estanquidad*.

c También se documenta la espirantización de /d/: *animado* > *animacidad*.

d En otros casos, el sufijo parece producir haplologías en el análisis sincrónico, sea del sufijo '**-ico** (*idéntico* ~ *identidad*), **-ario** (*hospitalario* ~ *hospitalidad*) o de segmentos no asociados directamente a un sufijo (*gratuito* ~ *gratuidad*). Ninguna de estas haplologías es sistemática (*jurídico* > *juridicidad*, *solidario* > *solidaridad*, *honesto* > *honestidad*).

e También se documenta ocasionalmente la cancelación de diptongos finales, como en *necio* > *necedad*, de nuevo no de forma sistemática (*nimio* > *nimiedad*).

Alomorfos

a Siendo *-idad* la forma por defecto de este morfema, es necesario reconocer al menos los alomorfos *-edad*, *-dad* y *-tad*.

b La forma *-edad* aparece en muchos casos donde la base es bisilábica, a menudo cuando ella misma está marcada como adjetivo por /e/ final (*brevedad, cutre, gravedad, hombredad, levedad, pobredad*). Ninguna de estas dos tendencias es absoluta.

c Toman *-edad* pese a no ser bases bisilábicas, entre otros, *aleatoriedad, ambigüedad, antigüedad, complementariedad, contrariedad, enfermedad, notoriedad, obligatoriedad, perentoriedad, precariedad, supletariedad, transitoriedad, voluntariedad*.

d Toman *-edad* pese a no acabar en /e/, entre otros, *bajedad, bastedad, bobedad, bronquedad, brusquedad, ceguedad, chatedad, cortedad, cultedad, ebriedad, falsedad, flojedad, hosquedad, justedad, mansedad, mocedad, necedad, novedad, obviedad, oquedad, otredad, parquedad, ranciedad, ronquedad, sequedad, seriedad, sobriedad, soledad, sordedad, sosedad, suciedad, terquedad, tontedad, tosquedad, turbiedad, vaguedad, variedad, viudedad*.

e El alomorfo *-dad*, sin vocal previa, aparece con bases acabadas en /l/ o /n/: entre los primeros, *beldad, crueldad, fealdad, frialdad, igualdad, maldad*; entre los segundos, *bondad, cristiandad, hermandad, liviandad, merindad, mezquindad, mortandad, orfandad, ruindad, vecindad*. Puede asimilarse a ellos *verdad*, si se relaciona con la raíz *ver-*, de *ver-az*.

f No está claro si en formas como *humildad, humedad*, donde la base ya termina en /d/, ha de proponerse que se emplea el alomorfo *-dad*, con posterior simplificación de la secuencia, o que implican un alomorfo *-ad*.

g El alomorfo *-tad* aparece en varias formaciones con base neoclásica, o con alomorfos cultos de la base, como *amistad, dificultad, enemistad, facultad, libertad, majestad, potestad, pubertad, voluntad*, así como en la forma *lealtad*, con base regular.

h   Ocasionalmente, tal vez por reanálisis de los casos con haplología, se documenta una secuencia *-icidad* (*robusto* > *robusticidad*, que puede estar ayudada por el sustantivo *robustez*).

Relaciones con otros afijos

Este sufijo es el más productivo y sistemático de los que forman nombres de cualidad a partir de adjetivos; véase también **-ura, -ez, -eza, -itud**.

> LECTURAS RECOMENDADAS: Pena (1980, 2004); Santiago Lacuesta & Bustos Gisbert (1999); Pharies (2002); RAE & ASALE (2009: §6.1); Fábregas (2016); Benítez (2020).

-ídeo. Posible alomorfo de **'-eo**.

-ido[1]. Del latín *-itus*. Forma participial de los verbos de la segunda (**-e**[2]) y tercera (**-i**[2]) conjugación. Véase **-do**. Al igual que otras formas participiales esta terminación da lugar a adjetivos calificativos, tanto sobre formas verbales existentes en español (*abatido, abstraído, aburrido, creído, distraído*) como sobre formas verbales ya perdidas (*aguerrido, aterido, empedernido*). También produce formas nominales que corresponden a nombres deverbales de participante, generalmente expesando resultados del evento (*añadido, bruñido, embutido, pedido*), pero también nombres de otras clases como evento (*barrido*).

-ido[2]. De la forma participial latina *-itus*. Sufijo nominalizador que se combina con bases verbales.

Tipos de bases

a   Este sufijo se combina sobre todo con verbos de la primera conjugación **-a**[2], especialmente cuando el verbo denota una emisión de sonido o sustancia que puede concebirse como súbita, rápida y enérgica:

   (1)   berrido, bramido, bufido, chasquido, estallido, graznido, ladrido, maullido, pitido, quejido, resoplido, restallido, ronquido, silbido, sonido, soplido, zumbido

b   Resulta difícil saber si el mismo sufijo es segmentable en los verbos de la tercera conjugación con este mismo significado (*gruñido, mugido, rugido*).
c   Existen también otras formas, como *alarido* o *gañido*, donde el sufijo parece tener el mismo comportamiento pero cuyas bases no son verbos en el español actual.

Comportamiento gramatical

a   Excepcionalmente este sufijo fuerza la desaparición de la vocal temática del verbo, ya que la vocal *-i* no es la vocal temática correspondiente a la base, que suele ser de la primera conjugación: *ladrido* ~ **ladraído*.
b   Este sufijo forma nombres de evento que designan las acciones correspondientes al verbo, algo observable en la combinación con adjetivos de manera (*un rápido chasquido*) o que describen las propiedades temporales del sustantivo (*un maullido de varios segundos*).

c   Los sustantivos formados por este sufijo, contables como todos los nombres de evento, son siempre masculinos marcados por **-o**[1].

Tipos de significado

a   Este sufijo crea nombres de evento sobre los sustantivos correspondientes.
b   Es muy frecuente que el nombre de evento, dentro de los distintos contenidos que denota el verbo base, seleccione el valor donde el evento se define por la emisión de un sonido potente y brusco, con independencia de que este rasgo sea el más relevante del verbo (*ladrido*) o no (*chasquido*).
c   Resulta excepcional en este sentido el nombre *sonido*, que no requiere que la emisión auditiva sea brusca o potente.
d   Son posibles, sin embargo, valores de emisión que no implican necesariamente sonidos y donde el evento brusco puede interpretarse como la emisión de una sustancia, como en *soplido, estallido*.

Problemas de segmentación

Nótese que la segmentación *ladr-i-do* no es evidente, porque la vocal temática del verbo sería la correspondiente a la primera conjugación. De segmentarse, habría que postular un cambio de clase de conjugación de la base verbal en estas formaciones, o un sufijo *-i* diferente de la vocal temática, que de alguna manera se asociara a un valor de brusquedad, emisión de sonido, etc., algo que no parece evidente.

Relaciones con otros afijos

Salvo por el cambio de clase de conjugación de la base, este sufijo se asemeja al sufijo **-do** en la medida en que las formas participiales pueden expresar en otras condiciones nombres de evento relacionados con su base (*limpiado, recogida, barrido*); véase también **-ada** para otros sufijos de forma participial asociados a lecturas de evento, e **-ido**[3] para otras formaciones de la misma terminación en que la vocal no corresponde a la vocal temática de la base.

Bibliografía: Pharies (2002).

-ido[3]. Del latín *-itus*. Sufijo adjetival poco productivo que toma bases nominales, como en *colorido, dolorido, florido*. Resulta excepcional la forma *despavorido*, donde se forma un adjetivo parasintético a partir del sustantivo *pavor*, ya que la inmensa mayoría de los adjetivos parasintéticos emplean **-ado**. El sustantivo *bandido* no contiene este sufijo, sino que viene de un participio italiano *bandito*, 'enviado al exilio, forajido'.

'-ido. De la contracción del francés *(ox)ide*. Sufijo propio del lenguaje de la química que se une a bases sustantivas para producir otros sustantivos. Se une al nombre de un elemento o compuesto químico no metálico y aporta el significado de que ese elemento es un compuesto químico binario (*anhídrido, súlfido* –más usual, *sulfuro*–) o que se deriva de otro compuesto sin especificar (*glucósido*).

-idumbre. Alomorfo de **-dumbre**.

-ie-. Alomorfo de las vocales temáticas **-e**^{2} e **-i**^{1}, empleado por ejemplo en las formas de imperfecto de subjuntivo: *beb-e* > *beb-ie-ra, viv-i* > *viv-ie-se*.

-iego. De origen incierto. Sufijo adjetivalizador que toma bases sustantivas.

Tipos de bases

a   La inmensa mayoría de las bases de este sufijo son sustantivos, donde destacan dos clases semánticas. La primera es la clase semántica que agrupa entidades humanas por su origen o papel social:

(1)   cristianiego, escolariego, frailego, judiego, moriego, pastoriego

b   La segunda se refiere a nombres comunes que designan áreas espaciales o lugares:

(2)   albarraniego, aldeaniego, palaciego, solariego, vinariego

c   En relación con el punto anterior, este sufijo también forma adjetivos a partir de algunos topónimos.

(3)   manchego, pasiego

d   Son escasas las bases que pueden tener un origen verbal: *andariego, labriego*. No parece apropiado considerar que la primera proceda de un infinitivo, ya que el alomorfo -*ariego* está documentado de forma independiente.

Comportamiento gramatical

a   Este sufijo puede producir tanto adjetivos calificativos graduables como adjetivos relacionales. Entre los adjetivos relacionales que solo expresan una subclase de entidades definida por su relación con un tipo de objetos se encuentran *serraniego, manchego, gallego, moriego, solariego, veraniego, palaciego* o *cristianego*.
b   Como sucede en general, algunos de estos adjetivos relacionales puede reclasificarse como calificativo (*vacaciones veraniegas* ~ *una propuesta muy veraniega*).
c   Se emplean más habitualmente como calificativos otros adjetivos, como *mujeriego, casariego, andariego*.
d   Esos adjetivos son variables en género, marcados con **-o**^{1} en masculino y **-a**^{1} en femenino.
e   Este sufijo siempre implica la cancelación de la vocal átona final de las bases nominales, como en *moro* > *moriego* (**moroiego*). El hecho de que comience por /i/ hace que también se cancele la /i/ final en las palabras que terminan en diptongo o hiato: *judío* > *jud-iego*.

Tipos de significados

a   Como adjetivo relacional, este sufijo expresa simplemente una relación subespecificada entre el sustantivo modificado y la clase de entidades denotada por la base.
b   Es relativamente frecuente que este sufijo se emplee para formar adjetivos gentilicios a partir de sustantivos topónimos: *manchego, gallego, lebaniego, pasiego*.

c Como adjetivo calificativo, este sufijo es uno de los que pueden producir adjetivos disposicionales en los que la base se asocia a una acción típica que caracteriza a la entidad: *andariego, casariego* 'casero', *mujeriego, nocherniego* (de *nochorno*, 'nocturno').

d Es frecuente que los adjetivos relacionales derivados con este sufijo se reinterpreten como calificativos que expresan propiedades típicas o clásicamente asociadas a la entidad expresada por la base, como en *palaciego, escolariego, veraniego*.

Propiedades fonológicas

Este sufijo no suele producir cambios fonológicos en la base, más allá de la cancelación de las vocales finales de la palabra incluso en casos de diptongo o hiato (*palacio > palaciego, judío > judiego*). Sin embargo, se documentan casos en que, al atraer el acento prosódico hacia él, produce la monoptongación de algunas bases diptongadas (*Liébana > lebaniego*). Ocasionalmente, el sufijo va asociado a cambios no sistemáticos en las bases (cf. *lucharniego*, asociado a *noche, nochorno*) que no es fácil tratar como cambios fonológicos en el sistema actual. Desde una perspectiva sincrónica, en *Zamarramala > zamarriego* puede entenderse que hay un proceso de haplología.

Alomorfos

a Es posible proponer un alomorfo *-ariego* en algunas de las formaciones, como *casa > casariego, caña > cañariego, pino > pinariego*. Pese a que existan formaciones como *casar* o *pinar*, el valor del adjetivo no se relaciona con ellas, sino con las formas sin **-ar**. Este alomorfo puede estar presente en *andariego*, de manera que se forme el adjetivo a partir de la raíz *and-* sin vocal temática (cf. también *labr-iego*).

b En otras formaciones, sin embargo, parece claro que el segmento *-ar-* pertenece a la base: *escolar > escolariego, solar > solariego, vinar > vinariego*.

c Es necesario postular un alomorfo *-ego* cuando la base termina en consonante palatal: *manchego, rebañego, gallego*.

d Es necesario también reconocer un alomorfo *-aniego* en *alde-aniego*, relacionado con *aldea* y no con *aldeano* o *serr-aniego* (de *sierra*, no de *serrano*). Contrástese con *cristian-iego*, relacionado con *cristiano*.

Relaciones con otros afijos

El sufijo **-iego** no es demasiado productivo en la formación de gentilicios, aunque algunos de los más frecuentes lo emplean. Como sufijo que da lugar a adjetivos disposicionales, su productividad es baja en comparación con **-ero**, y es incluso menor que **-ín**^{2}.

LECTURAS RECOMENDADAS: Rainer (1993, 1999); Pharies (2002); Fábregas (2020).

-ien. De la terminación *-em* en el interrogativo latino *quem*. Posible sufijo funcional no productivo que aporta el valor 'humano' a algunas bases pronominales, como el interrogativo *quién* y el existencial *alguien*. El motivo que justifica la posible segmentación es la existencia de pares referidos a objetos y entidades no animadas con la misma base, como *qu-é, alg-o*. Podría proponerse su presencia, tal vez como alomorfo, en *nad-ie* (cf. *nad-a*).

-iense. Alomorfo de **-ense**, como en *Canadá* > *canadiense*.

-iento. Del latín *-entus*. Sufijo adjetivalizador denominal con valor posesivo o similitudinal.

Tipos de bases

a Este sufijo se combina prioritariamente con sustantivos no contables referidos a substancias y materias o estados:

   (1) calenturiento, ceniciento, grasiento, hambriento, harapiento, polvoriento, sangriento, soñoliento, sudoriento

b Existe un conjunto pequeño de formas donde se podría hablar de una base adjetival, pero generalmente la base se puede emplear fácilmente también como sustantivo: *amarillento (el amarillo)*, *avariento (un avaro)* o *azuliento (el azul)*. Pese a que etimológicamente turbulento se relaciona con turbio no parece que la relación se conserve en el español actual. Por estos motivos, parece que las bases posibles son solo sustantivas.

c En otros casos la base es o bien un tema neoclásico o un alomorfo culto de una raíz sustantiva española: *corpulento, macilento, suculento, purulento* (*pus*).

d Existe una formación que puede proceder de una base verbal donde el inicio del sufijo podría ser la vocal temática: *hediento* (*heder*). Sin embargo, esta formación puede analizarse alternativamente como el resultado de un sufijo *-nto* asociado a **-nte**, que forma adjetivos activos o agentivos, con la marca de género regular.

Comportamiento gramatical

a Este sufijo produce adjetivos calificativos graduables.
b Esos adjetivos son variables en género, marcados con **-o**^{1} en masculino y **-a**^{1} en femenino.
c Estos adjetivos se refieren obligatoriamente a entidades humanas solo cuando indican estados psicológicos en sus bases (*somnoliento, hambriento*).
d Este sufijo siempre implica la cancelación de la vocal átona final de las bases nominales, como en *sangre* > *sangriento* (*sangreiento).

Tipos de significado

a Este sufijo tiene sobre todo un valor posesivo, que se toma en sentido literal cuando la base designa una sustancia u objeto: *ceniciento, grasiento, harapiento, mugriento, polvoriento, sanguinolento*.

b Debido a que el español gramaticaliza como posesivo el exhibir estados psicológicos (*tener hambre*) el valor posesivo se reinterpreta como 'experimentar un estado' cuando las bases se refieren a estados psicológicos o mentales, como en *hambriento, sediento, friolento, somnoliento, relajiento, gripiento*.

c El sentido posesivo a veces es valorativo y se indica que la cantidad que se tiene de la base es excesiva, algo típico cuando la base indica nociones negativas que se espera que no aparezcan en un objeto, como en *polvoriento*. Esto también sucede a veces en casos donde la base no tiene una carga negativa, como en *corpulento* 'que tiene un cuerpo grande'.

d El sentido de posesión puede interpretarse también como valorativo por aproximación, entendiendo que las propiedades asociadas a la base son exhibidas de forma no suficiente o imperfecta (*amarillento*) en cierto sentido con una glosa como 'tener algo de N'. En tales casos, el adjetivo es más similitudinal que posesivo, como en *amarillento, avariento, turbulento* ('ser algo turbio'), *ceniciento* ('de color o consistencia parecida a la ceniza').

d   En las formaciones con bases neoclásicas y de segmentación algo más dudosa, se documentan otros valores, como el de 'tendencia a producir N' (*fraudulento, flatulento*) o 'que hace algo en un alto grado' (*hediento*).

Propiedades fonológicas

Este sufijo produce pocos cambios fonológicos, debido en parte a la existencia de diversos alomorfos que pueden emplearse para evitar el contacto directo entre la vocal palatal inicial y la base. Las formaciones sin alomorfo nunca implican cambios consonánticos, vocálicos o de diptongación de la base: *amarillento, calenturiento, ceniciento, granujiento, grasiento, gripiento, hambriento, harapiento, hilachento, mugriento, relajiento, sangriento, soñoliento, sudoriento*.

Alomorfos y Problemas de segmentación

El sufijo **-iento** tiene un gran número de alomorfos, entre los que destacan los siguientes:

a   La forma *-ento*, sin vocal palatal inicial, que aparece con bases terminadas en palatal (*amarillento, aguachento*) y ocasionalmente algunas bases cultas que es posible que no admitan segmentación (*macilento*).
b   La forma *-ulento*, restringida a bases cultas, como en *corpulento, flatulento, fraudulento, turbulento*.
c   La forma *-olento*, a veces con diptongación (*-oliento*), que aparece en formas como *somnoliento ~ soñoliento ~ somnolento, friolento, sanguinolento*.
d   la forma *-ujiento*, en *granujiento* ('que tiene granos').
e   La forma *-oriento*, posible alomorfo en formas como *polvoriento*.

En las formas de (b) a (e) surge la cuestión de si ha de interpretarse que la terminación es un alomorfo del sufijo o debe descomponerse en un interfijo (*-ul-, -ol-, -uj-*) y el sufijo **-iento** con su alomorfo *-ento*. La segmentación en interfijos se enfrenta al problema de que esas secuencias no aparecen con la misma base en ausencia del sufijo: *somnol-* no tendría productividad. No obstante, en el caso de *polvoriento* existe otra alternativa, que *-or-* sea parte de un alomorfo de la base, debido a la existencia de formas como *polvorón, polvorín, polvoroso, polvorera*, que sugieren que la segmentación correcta deba ser *polvor-iento* sin necesidad de postular otro alomorfo.

LECTURAS RECOMENDADAS: Rainer (1993, 1999); Pharies (2002); Fábregas (2020); Zacarías-Ponce de León (2020).

-ífero. Del latín *fero* 'llevar'. Sufijo adjetivalizador que toma bases sustantivas sobre las que forma adjetivos posesivos o causativos.

Tipos de base

a   Este sufijo se combina productivamente con bases sustantivas, específicamente nombres comunes que se refieren a masas, substancias y productos.

(1)   carbonífero, diamantífero, lanífero, metalífero, petrolífero, resinífero, salífero

b   Son frecuentes también las formaciones sobre sustantivos que se refieren a nombres abstractos (*calorífero*) o nombres contables que aparecen típicamente en grupos (*nubífero, plumífero*).

c   También se combina con bases neoclásicas equivalentes a sustantivos, ocasionalmente relacionables con raíces españolas como alomorfos.

(2)   acuífero, argentífero, aurífero, ignífero, plumbífero, salutífero

Comportamiento gramatical

a   Este sufijo forma sobre todo adjetivos relacionales, que siempre son adjetivos variables en número marcados por **-o**^{1} en masculino y **-a**^{1} en femenino.

b   Ocasionalmente, el adjetivo relacional puede convertirse en sustantivo, llegando incluso a ser mucho más frecuente la forma sustantiva que la adjetival (*plumífero, mamífero, acuífero*).

c   Son poco frecuentes los casos en que el adjetivo producido es calificativo, como en *fructífero*.

d   Como en casi todos los casos de derivación a partir de sustantivos, el prefijo implica la cancelación de la vocal átona final del sustantivo.

Tipos de significados

a   Este sufijo da lugar a dos tipos de significado. El primero es el significado posesivo, 'que tiene N', que a veces contextualmente se reinterpreta como un valor de transferencia, 'que trae o produce N'. Lo primero sucede cuando la base se interpreta como una parte del cuerpo, por ejemplo en *mamífero* 'que tiene mamas', mientras que la interpretación de transferencia se solapa con la posesiva cuando la base designa un posible producto utilizable, como en *lanífero* 'que tiene lana' o 'que produce lana'.

b   En el valor posesivo, generalmente la base indica la entidad que es poseída sin aclarar dónde se guarda o custodia, de forma similar a lo que en el dominio verbal se conoce como una relación de locatum (cf. por ejemplo el prefijo **en-**). Sin embargo existen casos donde la base se interpreta como el lugar en que se guarda algo, como en una relación de locatio: así, *caulífero* se interpreta como 'que lleva algo en el tallo' (*caul-*, 'tallo').

c   La segunda interpretación de este sufijo es la lectura causativa, 'que causa o suscita N', tal vez por extensión de la lectura de transferencia; en efecto, la glosa 'que produce N' es válida para muchos de estos adjetivos causativos, donde la base es un nombre de estado: *mortífero, salutífero, somnífero, soporífero, sudorífero*.

d   La desemantización de este sufijo se identifica en algunos casos en que la forma derivada se emplea como el adjetivo relacional básico, sin implicar relación posesiva o causativa (*petrolífero*) o adopta otros valores (*crucífero*, 'en forma de cruz').

Propiedades fonológicas

Pese a comenar por vocal, este sufijo produce un mínimo de cambios fonológicos en la base. El prefijo atrae el acento, lo cual puede implicar la monoptongación de la base (*miel* > *melífero*). Sin embargo, no produce ni espirantizaciones ni palatalizaciones de la base.

Problemas de segmentación

Cabe plantearse si el sufijo segmentable es la forma **-ífero**, o si debe segmentarse esta secuencia en el interfijo **-i-**[2] y un sufijo *-fero*. El problema es paralelo al que se da en **-icida**, a cuya entrada remitimos.

Problemas de clasificación

La clasificación de **-ífero** como sufijo presenta los mismos problemas que **-icida**, al que remitimos.

> LECTURAS RECOMENDADAS: Pharies (2002); Mendívil (2021).

-ificar. Del latín *-ificare*, y este a su vez del alomorfo compositivo *-ficare*, de *facio* 'hacer'. Sufijo verbalizador que forma verbos, casi siempre transitivos, a partir de bases adjetivales y sustantivas.

Tipos de base

a Este sufijo se combina con facilidad con bases adjetivales, que pueden referirse tanto a propiedades físicas (*amplio* > *amplificar, denso* > *densificar, dulce* > *dulcificar*) como no (*cierto* > *certificar, digno* > *dignificar, diverso* > *diversificar, falso* > *falsificar*). En español actual algunos de estos adjetivos se consideran adverbiales (*auténtico, cierto, diverso*), pero el valor que adoptan dentro de la formación verbal es próximo a un sentido calificativo donde se habla de las propiedades que posee la entidad que corresponde al argumento interno: *certificar* 'mostrar que algo es real', *autentificar* 'mostrar que algo es real', *diversificar* 'hacer variado'.

b El sufijo es igualmente productivo con bases sustantivas, entre las que destacan las que se refieren a tipos de sustancias y materias (*calcio* > *calcificar, fluido* > *fluidificar, gas* > *gasificar, masa* > *masificar*), pero donde se encuentran muchas otras categorías (*cosa* > *cosificar, ejemplo* > *ejemplificar, escena* > *escenificar, persona* > *personificar*).

c Existen algunos casos en que es complejo determinar si la base es sustantivo o adjetivo: *santificar* y *beatificar* tienen bases y glosas semánticas que funcionan igualmente bien con sustantivos en la base ('convertir a alguien en un santo / beato') o con adjetivos ('hacer a alguien santo / beato'). Sucede igual con *fortificar*, que puede interpretarse como 'convertir algo en un fuerte' o 'hacer algo fuerte'.

d El carácter culto de este sufijo hace que sean frecuentes las formaciones en que se identifican bases que corresponden a alomorfos cultos de raíces españolas (*damnificar, vitrificar, corporificar, petrificar, fructificar*) o que contengan bases identificables como formantes grecolatinos pero que carecen de reflejo directo en español: *deificar, magnificar, saponificar*.

e Ocasionalmente este sufijo se une a cuantificadores: *cuanto* > *cuantificar, uno* > *unificar*.

Comportamiento gramatical

a   Este sufijo se emplea para verbalizar bases de categoría sustantiva o adjetival. La vocal átona final de la base se cancela siempre de forma sistemática: *puro* > *purificar, ruso* > *rusificar, escena* > *escenificar*.

b   Los verbos formados por este sufijo son siempre de la primera conjugación, con la vocal temática -a^1, y siempre son regulares.

c   Por regla general, todos los verbos que se forman con este sufijo comparten una serie de propiedades generales. Para empezar, todos ellos admiten usos transitivos, tanto si designan cambios de estado como otras categorías semánticas.

d   En segundo lugar, y posiblemente relacionado con el hecho de que el sufijo esté conectado con el verbo 'hacer', que se emplea para formar estructuras causativas, los verbos formados con este sufijo son verbos dinámicos que toman un sujeto interpretable como causante o agente voluntario de dicho evento.

e   Muchos los verbos formados por este sufijo no admiten una forma incoativa donde la relación causativa desaparezca y solo se exprese un cambio sin especificar causa externa alguna: *autentificar, certificar, especificar, falsificar, vivificar, beatificar, fortificar, santificar, escenificar*, entre otros muchos, son verbos que por sus propiedades semánticas no permiten con facilidad que el proceso que expresan se interprete como causado internamente.

f   Para poder tomar sujetos pacientes, los verbos derivados con este sufijo suelen requerir marcar con *se* el predicado (*El fluido se densificó, El cadáver se momificó*), pero esta propiedad no es sistemática (*Esta oración ejemplifica lo que te acabo de decir*).

g   Existen algunas excepciones al valor aspectual y papel temático que se asocia al sujeto. La más relevante tal vez sea el verbo *signo* > *significar*, que se comporta como un verbo de estado donde no parece existir una relación causativa obvia.

h   La forma pontificar sería completamente irregular desde este punto de vista si se trata como *puente* > *pont-ificar*, que es el origen etimológico de la voz. Es más probable, sin embargo, que en la actualidad la segmentación correcta de este verbo sea *pontífice* > *pontific-a*, como un caso específico del uso de la vocal temática -a^1 como verbalizador.

Tipos de significado

a   Los significados que tienen las formaciones con **-ificar** corresponden al abanico de valores que se documentan también en las formaciones parasintéticas con el prefijo **en-**. En primer lugar, destaca un valor de cambio de estado en el que la base indica una serie de propiedades que se adquieren como consecuencia del evento. Todas las bases adjetivales obtienen este valor, y se añade a ellas el caso de *uno* > *unificar*, donde el numeral cardinal se interpreta como equivalente a la propiedad de ser único.

   (1)   amplificar, autentificar, certificar, densificar, dignificar, diversificar, dulcificar, falsificar, intensificar, justificar, purificar, rusificar, simplificar, vivificar

b   Este mismo valor aparece también con numerosas bases sustantivas, donde la clase de entidades denotada por la base se interpreta como un conjunto de rasgos prototípicos que se adquieren como consecuencia del cambio de estado.

   (2)   acetificar, calcificar, cosificar, estatificar, fluidificar, masificar, metrificar, momificar, prosificar, versificar

c Hay, sin embargo, algunos matices en algunos cambios de estado, que tal vez se deban a las condiciones pragmáticas de uso del verbo y no se reflejen necesariamente en la estructura interna del verbo. En algunos casos, el verbo se emplea para indicar 'hacer que otros vean algo como A', más que para denotar 'hacer algo A': *justificar* o *certificar*, por ejemplo, son instancias de esto, puesto que equivalen a 'presentar algo como justo' o 'mostrar algo como cierto y verdadero'. Otro caso que puede requerir una glosa semántica más compleja es el de *falsificar*, que no es estrictamente 'hacer que algo sea falso' porque generalmente implica también crear ese algo, y por eso equivale más bien a un verbo de objeto resultado o creado, donde se predica que ese objeto es falso: 'crear algo falso'.

d Las bases sustantivas admiten otros valores semánticos aparte del cambio de estado. Algunas de las formaciones tienen significado de verbo de locatio, donde la base indica un lugar en el que se sitúa algo: *crucificar* y *escenificar* admiten glosas como 'poner en la cruz' y 'poner en escena', si bien en muchos casos estos verbos se emplean en valor figurado.

e El valor de locatio implica en ocasiones distribuir el complemento directo en distintas porciones, cada una de ellas localizada en una entidad designada por la base: *clasificar* 'dividir en clases', *dosificar* 'dividir en dosis'.

f Hay también casos de locatum donde la base indica una entidad que se sitúa en otra (*nido* > *nidificar* 'poner el nido'); es frecuente que estos casos se interpreten más bien como verbos de transferencia equivalentes a 'dar N a alguien': *honorificar, damnificar, glorificar, ejemplificar, pacificar, gasificar*.

g Existen también algunos casos menos sistemáticos. *Cuantificar* se interpreta como 'identificar cuánto es algo', y *calificar* podría relacionarse con cuál y glosarse como 'identificar la calidad de algo'.

Propiedades fonológicas y haplologías

a Este sufijo se caracteriza por producir numerosas haplologías, entre las que destaca la cancelación del sufijo **'-ico**[1].

(3)   auténtico > autentificar, crónico > cronificar, jurídico > juridificar

b También causa la haplología de algunos segmentos internos a morfemas, donde no es claro que pueda justificarse una segmentación.

(4)   cód(igo) > cod-ificar

c En el caso de *humidificar* la base es *humedad*, no *húmedo*, porque la glosa es 'poner humedad a algo' y no 'hacer algo húmedo'. Por tanto, hay haplología: *humed(ad)* > *humid-ificar*.

d Al atraer el acento hacia sí, este sufijo puede producir la monoptongación de algunas bases donde el diptongo depende de la posición del acento: *fuerte* > *fortificar*, *puente* > *pontificar*.

e No se identifican alomorfos de este sufijo.

Relaciones con otros afijos

a Pese a que los une una clara relación etimológica, no es posible relacionar el sufijo **-ificar** con el adjetivalizador **-ífico** en español actual. El motivo es que los verbos derivados con este sufijo normalmente carecen de un adjetivo en **-ífico**: **falsífico, *amplífico, *diversífico, *intensífico, *cosífico, *ejemplífico, *santífico, *justífico*, etc.

b La correspondencia existe, sin embargo, en algunos casos. En la mayoría de los casos, sin embargo, el adjetivo carece del valor causativo normal en **-ífico**: *pacificar ~ pacífico, deificar ~ deífico, magnificar ~ magnífico* y *beatificar ~ beatífico*.

c Los únicos casos en que hay equivalencia y se conservan los significados causativos de ambos sufijos son *honorificar ~ honorífico, petrificar ~ petrífico, clarificar ~ clarífico*.

d Entre los verbalizadores, **-ificar** funciona como una forma culta con una productividad reducida, en comparación con otros verbalizadores que pueden dar lugar a lecturas de cambio de estado (**-izar, -ear, -a^1**), locativas (**en-, a^2-**) o de otros tipos (**-a^1**).

LECTURAS RECOMENDADAS: Rifón (1997a); Pharies (2002); RAE & ASALE (2009: §8.10); Lavale Ortiz (2013); Batiukova (2021); Fábrega (2023).

-ífico. Del latín *-ĭfĭcus*, y este a su vez de *facio* 'hacer'. Sufijo adjetivalizador que toma bases sustantivas y forma adjetivos generalmente causativos.

Tipos de bases

a Este sufijo selecciona casi siempre sustantivos como su base; esos sustantivos generalmente se refieren a conceptos abstractos o estados psicológicos (1) y solo ocasionalmente a nociones físicas (*sudor > sudorífico*):

(1) calor > calorífico, honor > honorífico, horror > horrífico, paz > pacífico, terror > terrorífico.

b Pueden relacionarse con bases adjetivales tres casos: *salvo > salvífico, claro > clarífico* y *vivo > vivífico*.

c Resulta problemático si en el caso de *beatífico* el adjetivo se forma sobre un sustantivo o sobre un adjetivo.

d El carácter culto de este sufijo hace posible que muchas de las bases aparezcan como alomorfos cultos de formas sustantivas del español actual, o directamente sean raíces grecolatinas que carecen de equivalente directo en español.

(2) científico, deífico, magnífico, frigorífico, morbífico, petrífico

Comportamiento gramatical

a Este sufijo siempre implica la cancelación de la vocal átona final de la base, cuando esta existe: *claro > clarífico*.

b Este sufijo da lugar siempre a adjetivos variables en género marcados por **-o^1** y **-a^1** para las formas masculina y femenina, respectivamente.

c La mayoría de adjetivos formados por este sufijo son calificativos: *magnífico, pacífico, beatífico, horrífico, terrorífico, clarífico*, etc.

d Este sufijo puede producir también adjetivos relacionales, a menudo propios del lenguaje científico: *científico, calorífico, frigorífico, honorífico, morbífico*, etc.

e Como sucede con muchos de estos adjetivos relacionales, algunas de las formaciones en **-ífico** se emplean más frecuentemente como sustantivos, como en el caso de *frigorífico*.

Tipos de significado

a   Como sufijo adjetivalizador, el significado fundamental de este elemento es causativo, 'que produce o causa N'. Este valor se identifica en un número muy elevado de voces.

(3) calorífico, frigorífico, honorífico 'que produce o muestra honor', horrífico, morbífico 'que produce una enfermedad', sudorífico, terrorífico, petrífico 'que produce piedras'.

b   Este significado causativo conlleva a veces glosar en su equivalente sustantivo la base adjetival; recuérdese que estas bases son minoritarias dentro del elenco de formas asociadas a este sufijo:

(4) clarífico 'que produce claridad', salvífico 'que produce o conduce a la salvación', vivífico 'que produce o da vida'

c   Pese a este, existen numerosas formas donde no se reconocen valores causativos: *pacífico* no es 'que produce paz', sino el valor posesivo 'que tiene paz'; sucede igual con *beatífico, deífico* o *petrífico*.

d   Algunas voces tienen valor lexicalizado, y por tanto carente de valor causativo inherente, como adjetivo relacional. En tales casos resulta apropiada la glosa 'que se relaciona con N': *científico* 'que se relaciona con la ciencia', *deífico* 'que se relaciona con dios'.

e   Se lexicaliza como adjetivo calificativo el elativo *magnífico*.

Propiedades fonológicas y haplologías

a   Junto a la selección frecuente de alomorfos cultos de la base, la propiedad fonológica más destacada de este sufijo es que impone acento proparoxítono en la palabra, lo cual implica que el acento prosódico recae sobre la primera /i/ que lo forma y se desplaza de la base: *terror* > *terrorífico*.

b   Este sufijo no suele producir haplologías. Aunque el sufijo **-or** desaparece en *horror* > *horrífico*, se conserva en todos los otros casos: *calorífico, frigorífico, honorífico, sudorífico, terrorífico*.

c   No se identifican cambios consonánticos en la base, como espirantizaciones.

d   Este sufijo no posee alomorfos.

Relaciones con otros afijos

a   El sufijo **-ífico** es el único sufijo específicamente causativo del español. En este sentido, compite con otros afijos –como **-oso**[1]– que poseen un posible valor causativo. Se asocia generalmente con el léxico científico y la lengua culta y literaria (cf. *horroroso* ~ *horrífico*).

b   Pese a la obvia relación etimológica con **-ificar**, no parece adecuado tratar ambos sufijos como versiones adjetival y verbal del mismo formante. Con algunas excepciones (*beatificar, honorificar, petrificar*; cf. **-ificar**), la inmensa mayoría de las formaciones en **-ificar** carecen de una versión en **-ífico** y viceversa: *cientificar, *calorificar, *frigorificar, *sudorificar, *terrorificar.

c   Nótese en este sentido que *magnificar* no puede interpretarse igual que *magnífico*, ya que *mangnificar* no significa 'hacer algo magnífico', sino 'hacer algo grande'; a la inversa, *magnífico* no significa 'que hace algo grande'. Por el mismo motivo, *pacífico* no significa 'que da paz a alguien', lo cual sugiere que pese a la equivalencia superficial no hay una verdadera relación derivativa entre las dos voces.

d Los dos morfemas, **-ificar** e **-ífico**, se diferencian también por su papel en las haplologías, que son numerosas con el primero y prácticamente inexistentes con el segundo.

> LECTURAS RECOMENDADAS: Rainer (1993, 1999); Pharies (2002); Fábregas (2020).

-iforme. Del latín *forma, formae*. Sufijo adjetivalizador que toma bases sustantivas, a las que aporta un significado similitudinal.

Tipos de bases

Este sufijo toma bases sustantivas (*baciliforme, campaniforme, canceriforme, espongiforme, corniforme*) y temas neoclásicos interpretables como sustantivos, ocasionalmente posibles alomorfos de bases españolas (*arboriforme, dactiliforme, deiforme, paseriforme*).

Comportamiento gramatical

Este sufijo forma adjetivos sobre todo dentro del léxico técnico y científico, y por este motivo habitualmente se emplea para definir clases y subclases de entidades dentro de las clasificaciones científicas (eg., *vaso campaniforme*), sin que se documenten casos de adjetivos tomados en un sentido descriptivo general valorativo. Los adjetivos formados con este sufijo son comunes en género, marcados por -e^4.

Tipos de significado

a En relación con el origen etimológico del sufijo, el significado que predomina dentor de los valores similitudinales es el de 'con forma de N': *campaniforme, arboriforme, cruciforme, paseriforme*.

b No obstante, se documentan valores menos literales, como 'con aspecto de N', o 'en un estado semejante a N', que son valores que *forma* también admite (cf. *en forma de*): *gaseiforme* es 'en estado de gas, en forma de gas', *canceriforme* 'que recuerda al cáncer, que tiene apariencia de cáncer'.

Propiedades fonológicas

Pese a comenzar por /i/, los efectos fonológicos de este sufijo en la base son muy limitados, y apenas se reducen a atraer el acento fuera de la base (*cáncer* > *canceriforme*). No se documentan casos de espirantización o palatalización con este sufijo.

Problemas de segmentación

Cabe plantearse si el sufijo segmentable es la forma **-iforme**, o si debe segmentarse esta secuencia en el interfijo **-i-**^{2} y un sufijo *-forme*. El problema es paralelo al de **-icida**, al que remitimos.

Problemas de clasificación

La clasificación de **-iforme** como sufijo presenta los mismos problemas que **-icida**, al que remitimos

> LECTURAS RECOMENDADAS: Pharies (2002); Fábregas (2020).

-ífugo. Del latín *fugo* 'expulsar, rechazar, huir'. Sufijo adjetivalizador que toma bases sustantivas.

Tipos de bases

a   Este sufijo se combina con sustantivos comunes, habitualmente los que denotan sustancias, como en (1):

   (1)   calorífugo, febrífugo, lucífugo, nidífugo

b   Son más frecuentes, sin embargo, los temas neoclásicos que pueden interpretarse como sustantivos:

   (2)   hidrófugo, higrófugo, ignífugo

Comportamiento gramatical

a   Este sufijo fuerza la caída de la vocal átona final de las bases sustantivas a las que se une.
b   Este sufijo forma adjetivos, generalmente relacionales, variables en género y marcados con **-o**[1] en masculino y **-a**[1] en femenino.

Tipos de significado

a   Este sufijo tiene un significado general de rechazo o expulsión, algo que se manifiesta de dos formas. En el sentido físico literal, se habla generalmente de impedir que una sustancia, expresada por la base, pase a través de él: *hidrófugo, calorífugo, ignífugo*.
b   En este sentido físico ocasionalmente la base no indica la sustancia cuyo paso o extensión se bloquea, sino un espacio que se abandona o del que se sale: *centrífugo, nidífugo* 'pájaros que huyen del nido', *lucífugo* 'que huye de la luz'
c   La segunda forma en que se manifiesta el significado de rechazo es por extensión como 'que acaba con N', como en *febrífugo* 'que corta la fiebre' o *vermífugo* 'que mata a las lombrices'.

Propiedades fonológicas

Pese a comenzar por /i/, los efectos fonológicos de este sufijo en la base son muy limitados, y apenas se reducen a atraer el acento fuera de la base con posible monoptongación de la base (*fiebre* > *febrífugo*). No se documentan casos de espirantización o palatalización con este sufijo.

Problemas de segmentación

Cabe plantearse si el sufijo segmentable es la forma **-ífugo**, o si debe segmentarse esta secuencia en el interfijo **-i-**^{2} y un posible morfema *-fugo*. El problema es paralelo al que se da en **-icida**, a cuya entrada remitimos.

Problemas de clasificación

La clasificación de **-ífugo** como sufijo presenta los mismos problemas que **-icida**, al que remitimos.

> LECTURAS RECOMENDADAS: Fábregas (2020).

-ígero. Etimológicamente del latín, de la suma de la marca de caso *-i* y el elemento compositivo *-ger*, del latín *gero* 'llevar'. Sufijo adjetivalizador que forma adjetivos posesivos. En la actualidad, se ha de tratar como un único sufijo adjetivalizador poco productivo y no descomponible. Aparece en un número pequeño de formas cultas, como *alígero* 'con alas', *armígero* 'que porta armas', *aurígero* 'que tiene oro', *cornígero* 'con cuernos', *crucígero* 'que lleva la insignia de la cruz', *flamígero* 'llameante', *serpentígero* 'que tiene serpientes', y unos pocos más. Su consideración como sufijo se debe a que *-gero* no se comporta como un tema neoclásico porque no puede derivarse mendiante sufijos o prefijos (compárese con *-voro* en *carn-í-voro*, donde sí hay *vor-az*). El significado de este sufijo adjetivalizador es 'con N', donde N corresponde a la base. Su carácter culto hace que frecuentemente la base muestre alomorfos cultos (*aurígero*) o directamente corresponda a bases que no se emplean en español como sustantivos independientes (*penígero* 'con plumas'). Por su valor semántico se relaciona con *-ífero*, más productivo en la actualidad (cf. Pharies 2002).

'-igo. Del latín *-icus*. Sufijo adjetivalizador poco usado, que forma sobre todo adjetivos relacionales. Puede verse como la versión patrimonial de **'-ico**, y aparece en formas como *árabe > aráb-igo*. La inmensa mayoría de las formaciones segmentables con este sufijo en español actual, sin embargo, se emplean más bien como sustantivos y no hay un valor semántico estable, tal vez como efecto de que el sufijo fuera inicialmente relacional y no aportara contenido conceptual: *clero > clérigo, India > índ-igo* (usado ahora como sustantivo referido a un color).

-ígrado. Del latín *gradūs, gradus* 'andares, paso'. Sufijo adjetivalizador que toma bases sustantivas, como en *planta (del pie) > plantígrado* 'que anda apoyando la planta del pie'. Es mucho más frecuente, sin embargo, que la base sea un tema neoclásico (*tardígrado, palpígrado, platígrado*). Restringido al léxico científico, donde se especializa en establecer clasificaciones de animales por la forma en que caminan, las formaciones adjetivales a las que da lugar son relacionales, no valorativas, y se convierten fácilmente en sustantivos. Como adjetivos, son formas variables en género. Cabe plantearse si esta secuencia puede segmentarse en *-grado*, como elemento compositivo neoclásico, y una vocal de enlace. En español existe, de hecho, *retró-grado* como adjetivo calificativo (literalmente 'que camina hacia atrás'), lo cual sería una señal de que *-grado* es un elemento compositivo culto, pero el carácter excepcional de esta formación no permite aclarar si es una forma segmentable en la conciencia del hablante y por tanto si realmente justifica tratar *grado* como elemento neoclásico. No se ha de confundir este morfema, en todo caso, con el sustantivo homófono que designa una unidad de medida y aparece en *centí-grado*.

-iguar. Del latín *-ificare*. Sufijo verbalizador no productivo que aparece en *(a)muchiguar, atestiguar, apaciguar, adulciguar*, siempre con tendencia a aparecer en esquemas parasintéticos que implican **a-**[1]. No parece que deba segmentarse como tal sufijo, pero de hacerse tendría un significado siempre causativo, y siempre seleccionaría la vocal temática **-a**[2].

-ij-. Tal vez relacionado con **-ijo** en su valor etimológico diminutivo. Interfijo que aparece documentado en un conjunto pequeño de formas, como *mentirijilla*.

-ija. Del latín *-icŭlus*, sufijo diminutivo. Sufijo nominal poco productivo que forma sustantivos a partir de adjetivos (*barato* > *baratija*) o da lugar a otros sustantivos a partir de bases de la misma categoría (*lagarto* > *lagartija, vaso* > *vasija, mano* > *manija, horno* > *hornija*). Casi siempre las formaciones son femeninas, con muy pocas excepciones (*bote* > *botijo*, y tal vez *corte* > *cortijo*), y son femeninas con independencia del género de la base (cf. *lagarto* > *lagartija*), lo cual sugiere que este sufijo no se comporta como un diminutivo normal en español; nótese también que las formaciones a las que da lugar no se interpretan simplemente como una forma atenuada o cariñosa de referirse a la entidad denotada por la base, sino que expresan conceptos diferentes a los que denotaba la base de formación. Véase también **-ja**.

-ijo. Del latín *-icŭlus*, sufijo diminutivo. Sufijo nominalizador que forma sustantivos de participante a partir de verbos.

Tipos de bases

a Este sufijo se combina sobre todo con bases verbales, como *acertar* > *acertijo, enredar* > *enredijo, esconder* > *escondrijo*.

b Otras formaciones toman bases participiales, regulares (*atar* > *atado* > *atadijo*) o irregulares (*revolver* > *revuelto* > *revoltijo*).

Comportamiento gramatical

a Este sufijo forma sustantivos contables masculinos marcados en **-o**[1].

b Este sufijo siempre cancela la vocal final de la base, tanto si corresponde a la vocal temática (*acertar* > *acertijo*, no *acertaíjo) como si lo hace a la vocal final del participio (*envolver* > *envuelto* > *envoltijo*, no *envoltoíjo).

Tipos de significado

a Este sufijo produce nombres referidos a participantes, no al evento o acción designados por la base. Partiendo de esta noción de participante, son frecuentes algunos valores específicos.

b El más frecuente es el de entidad resultada de aplicar la acción, generalmente con el matiz de que ese objeto resultado es poco sistemático, enrevesado o está desordenado, como en *amasijo, atadijo, enredijo, envoltijo, revoltijo*.

c   Junto a este se documenta un valor locativo, 'lugar en que se produce la acción', como en *escondrijo*.
d   Finalmente, hay un valor deóntico en *acertar* > *acertijo* 'cosa que debe ser resuelta o acertada', que es una formación excepcional dentro de la serie.

Propiedades fonológicas

Este sufijo produce el cambio fonológico de bloquear los diptongos de la base, debido a que atrae el acento a sí, como en *envolver* > *envuelto* > *envoltijo* o *revolver* > *revuelto* > *revoltijo*. En el término *escondrijo* parece dar lugar a un alomorfo de la base que no aparece documentado en otros casos; sería poco probable que la formación partiera del infinitivo (**esconderijo*) con posterior pérdida de la vocal *-e-*.

LECTURAS RECOMENDADAS: Rainer (1993); Pharies (2002).

-il[1]. Del latín *-īlis, -ilis*. Sufijo adjetivalizador que toma sustantivos como bases.

Tipos de base

a   Este sufijo toma ante todo nombres comunes como su base. Entre ellos destacan bases que significan tipos de seres humanos definidos por su profesión o estatus social.

   (1)   bruja > brujil, cacique > caciquil, escudero > escuderil, estudiante > estudiantil, monja > monjil, maruja > marujil, pastor > pastoril

b   No son tan frecuentes las bases comunes que definen seres humanos por sus propiedades biológicas, aunque se documentan *mujer* > *mujeril, varón* > *varonil*.
c   Hay también bases que denotan animales y otros seres vivos no humanos.

   (2)   araña > arañil, becerro > becerril, cordero > corderil, ratón > ratonil

d   Se documentan también bases que son nombres referidos a objetos (3) o estados abstractos (4).

   (3)   campana > campanil, cancionero > cancioneril, marioneta > marionetil, revista > revisteril
   (4)   fiebre > febril

e   Existe un número reducido de formas donde surge la duda sincrónica de si deberían ser segmentadas sus bases como formas latinizantes a veces alomórficas de otros sustantivos españoles o deben tratarse como formaciones no segmentables en español.

   (5)   civil, femenil, textil, viril

f   No parece necesario postular una base verbal en *prensa* > *prensil*, donde la formación puede proceder del sustantivo *prensa*.

Comportamiento gramatical

a   Este sufijo produce adjetivos comunes en cuanto al género, que toman regularmente el alomorfo *-es* de plural.

b La mayoría de estas formaciones tiene un uso como adjetivo relacional, y por tanto da lugar a adjetivos no graduables y no escalares que no se emplean para describir propiedades del nombre modificado por ellos, sino para asociarlos con distintas clases de objetos.

(6) literatura pastoril, poesía cancioneril, estado febril, movimiento estudiantil

c No obstante es frecuente que estos adjetivos, junto a su uso relacional, puedan desarrollar un valor calificativo en que el adjetivo denota rasgos de apariencia o comportamiento que se asocian a la entidad denotada por la base.

(7) comportamiento caciquil, actitud estudiantil, tono pastoril

d Son sin embargo usados casi exclusivamente como adjetivos calificativos que indican la semejanza o parecido con alguna clase de objetos evocada por las propiedades del sustantivo modificado un buen número de adjetivos derivados con este sufijo, como *gentil, infantil, marujil, monjil, varonil*.

e Como sucede regularmente con los sufijos adjetivalizadores, se cancela sistemáticamente la marca de género del sustantivo que se identifica en la base.

(8) arañ-a > arañ-il (*arañ-a-íl)

Tipos de significado

a Con este sufijo se identifican dos tipos de significado diferentes: por un lado, al formar adjetivos relacionales, el valor de este sufijo no va más allá que el de definir una relación general que se establece entre el sustantivo modificado y el nombre que está en su base, sin especificar su naturaleza, que depende de factores semánticos del nombre modificado y otros elementos contextuales.

(9) movimiento estudiantil (=hecho por estudiantes), préstamo estudiantil (=para los estudiantes), práctica estudiantil (=durante el periodo en que se es estudiante)...

b Cuando el sufijo forma adjetivos relacionales a partir de sustantivos, el valor que adopta prioritariamente es el de adjetivo similitudinal que expresa el parecido, semejanza o evocación de las propiedades de la clase de objetos denotada por la base en el sustantivo que es modificado:

(10) brujeril 'que recuerda a la brujería', caciquil 'que se comporta como un cacique', ratonil 'que se asemeja a un ratón', varonil 'con las propiedades típicas del macho dentro de su especie'

Propiedades fonológicas

a Este sufijo atrae hacia él el acento de la palabra, lo que puede redundar en la desaparición de los diptongos de la base cuando dependen de la posición del acento: *fiebre > febril*.

b Pese a comenzar por vocal palatal, este sufijo no parece producir nunca espirantización de la consonante final de la base, si bien nunca se documenta con bases que terminen en consonante coronal que no forme grupo consonántico con otras (*estudiante > estudiantil*).

Alomorfos

No se documentan alomorfos del sufijo, pero existen varios casos en que puede considerarse que la base aparece de forma alomórfica, si se opta por segmentar algunas formaciones latinizantes (*femin-il*, 'femenino, hembra'); en la forma *brujeril*, interpretable como 'relacionado o semejante a las brujas' parece necesaria en esa interpretación suponer un alomorfo *brujer-* de la base o un interfijo *-er-*.

Relaciones con otros afijos

Es muy probable que **-il**^{1} se relacione con **-il**^{2} en formaciones como *cubil* o *cuartil*, a través de un proceso de conversión de adjetivo a sustantivo que ha dado como resultado un sustantivo cuyo origen adjetival se ha perdido. Entre los sufijos que forman adjetivos relacionales, **-il**^{1} es menos productivo que otros como **'-ico** o **-al** y además tiende más que estos a producir sistemáticamente lecturas calificativas; entre los sufijos similitudinales tampoco puede ser considerado el más productivo, ya que otros como **-esco** o **-ado** tienen usos más prototípicos dentro de esta clase de adjetivos.

> Lecturas recomendadas: Rainer (1993, 1999); Pharies (2002); Fábregas (2020).

-il^2. De varios posibles orígenes que pueden haber confluido, como el sufijo latino *-ilis* y su equivalente variable en género *-ilus*. Sufijo nominal poco productivo, casi con total seguridad relacionado sincrónicamente con **-il**^{1}, que forma sustantivos a partir de otros sustantivos: *cubo > cubil, toro > toril*. Es muy probable que estos sean casos originalmente de adjetivos relacionales que se han convertido en sustantivos y en los que el origen adjetival ha dejado de emplearse con tanta extensión como el sustantivo. En su significado, solo se encuentra una sistematicidad parcial cuando se une a sustantivos que expresan fracciones, como en *cuarto > cuartil* (cf. también *percentil, quintil, sextil*, etc.), donde puede interpretarse que designan el área delimitada por la división de un espacio de acuerdo a esas fracciones. Este valor locativo puede rastrearse de forma remota en *toril*, y quizá también en *cubil*, sin que sea productivo en ninguno de estos casos.

'-il. Del latín *-ĭlis, -ilis*. Sufijo adjectivalizador que toma sustantivos y verbos como sus bases.

Tipos de bases

a   Este sufijo, claramente culto, se combina con bases sustantivas, que muy frecuentemente adoptan una forma latinizante, alomórfica de otro sustantivo más común en español o no.

   (1)   agua > acuátil, bolsa > bursátil, tacto > táctil

b   Son frecuentes también las formaciones de base verbal, de nuevo típicamente latinizantes y muy frecuentemente con alomorfos cultos de verbos con otra forma patrimonial.

   (2)   mover > móvil, errar > errátil, portar > portátil, retraer > retráctil

c   Podría considerarse segmentar el sufijo en una serie de adjetivos, frecuentemente pero no exclusivamente cultos, donde no es posible identificar bases segmentables en español:

(3)   ágil, dúctil, fértil, frágil, grácil, hábil, imbécil, lábil, núbil,

Comportamiento gramatical

a   Este sufijo produce adjetivos comunes en género que toman regularmente el alomorfo -*es* para expresar el plural.
b   Casi de forma exclusiva este sufijo produce adjetivos relacionales que expresan sobre bases sustantivas la relación no graduable con la noción expresada por la base:

(4)   acuátil, bursátil, táctil

c   Cuando proceden de bases verbales, el adjetivo relacional expresa la relación general con el tipo de evento que expresa el verbo base.
d   En las bases nominales se produce una desaparición sistemática de la vocal de género que caracteriza al sustantivo (*tact-o* > *táctil*, *táct-o-il).
e   En cambio en las bases verbales se identifican dos posibilidades: pérdida de la vocal temática (*móvil, dócil*) a veces con un alomorfo correspondiente del verbo, algo típico en los derivados de *traer* (*contrae* > *contráctil, retrae* > *retráctil*), o conservación de la vocal temática unida a un alomorfo del sufijo que comienza por consonante (*errátil, pulsátil, versátil*).

Tipos de significado

a   Al formar adjetivos relacionales, este sufijo carece de significado más allá del de establecer una relación entre el sustantivo modificado y la noción que se denota en su base. Esta relación está insuficientemente especificada, por lo que el sustantivo al que modifica el adjetivo y otros factores contextuales contribuyen a definirla.
b   Un pequeño número de formaciones con este sufijo tienen valores calificativos, como es el caso de *dócil, fértil* y *versátil*. Estas formaciones contienen posibles bases cuyo significado original apenas es rastreable en el valor que tienen los adjetivos derivados correspondientes.

Propiedades fonológicas

Este sufijo fuerza la presencia de acento fonológico en la sílaba anterior a aquella que lo contiene, y no está asociado a cambios fonológicos sistemáticos, si bien prefiere con mucho formaciones en las que la base es alomórfica y aparece como una voz latina.

Alomorfos

a   Este sufijo tiene un alomorfo '-*til*, que aparece sobre todo con bases verbales donde se conserva la vocal -**a**^{2} característica de la primera conjugación: *versátil, volátil, pulsátil*.
b   Puede de hecho establecerse la regla morfológica, con bases verbales, de que los verbos de la primera conjugación conservan la vocal temática y eligen el alomorfo -*til*, mientras que los verbos de la segunda o la tercera conjugación pierden la vocal temática y eligen el alomorfo por defecto, -*il*: *move* > *móvil, erigi* > *eréctil, retrae* > *retráctil*.

c   Sin embargo, esta alternancia no está del todo condicionada por la regla anterior, ya que un alomorfo muy similar aparece en algunas formaciones denominales. Suponiendo, como es habitual, que la vocal final del sustantivo base desaparece en la derivación (*tacto* > *táctil*), debe suponerse un alomorfo *-átil* en *agua* > *acuátil* y *bolsa* > *bursátil*.

Relaciones con otros afijos

Pese a la evidente relación con **-il**[1] en español y en latín, no parece posible tratar ambos sufijos adjetivalizadores como variantes que contrastan solo por la posición del acento. El sufijo **-il**[1] puede producir adjetivos relacionales, pero tiende a dar lugar a lecturas calificativas que son excepcionales en el caso de las formaciones con **'-il**. Además, este sufijo admite una gran variedad de bases verbales, que no se reconocen con **-il**[1]. Es esta propiedad precisamente, la de formar adjetivos relacionales a partir de verbos, lo que distingue **'-il** dentro de los sufijos adjetivalizadores relacionales, relacionándolo con **-torio** y **-tivo**, ambos con una productividad mayor a él.

-il-. Posible interfijo que Portolés (1999: 5064) propone para formas como *chiquilín*, *saquilada*. Nótese, en cambio, que en *dormilón* la /i/ puede ser la vocal temática y el interfijo se reduciría a /l/.

-ill-. De origen incierto, posiblemente fonoestético. Posible interfijo que se ha propuesto en formas como *grande* > *grandillón*, *queja* > *quejilloso*. Como sucede en otros casos, la escasez de formas y la variabilidad en su uso hacen difícil determinar si se trata de un morfema segmentable o de segmentos que forman parte de un alomorfo de la base o del propio sufijo. En la mayoría de los casos donde aparece la secuencia *-illón* con el sufijo aumentativo **-ón**[1], los segmentos extra pertenecen claramente a la base (*mejillón, escotillón, sillón*; cf. también *mantillón*, que puede relacionarse con *mantilla* o *mantillo*), y lo mismo cabe decir de **-oso**[1] (*maravilloso, cosquilloso, arcilloso*). No obstante, en estos casos no existen bases alomórficas *grandill-, quejill-* que puedan asociarse directamente con alomorfos, lo cual sugiere que correctamente este elemento se ha considerado un morfema segmentable. Es tal vez posible relacionarlo con el sufijo diminutivo **-illo**, que, tal vez empleado con un valor afectivo que no refleje de ninguna manera un valor diminutivo, podría formar parte de estas formaciones. Ha de tenerse también enb cuenta la existencia de **-all-, -ell-, -oll-, -ull-**, con los que esta forma parece formar serie que solo se diferencia por la cualidad de la primera vocal; si esto es así, **-ill-** no debería relacionarse con el diminutivo, sino considerarse una manifestación específica de un interfijo de valor expresivo cuya primera vocal es variable.

> LECTURAS RECOMENDADAS: Portolés (1999); Martín Camacho (2003).

-illo. Del latín *-ellus*, forma reanalizada del diminutivo *-lus*. Sufijo apreciativo de valor diminutivo.

Tipos de base

a   Este sufijo se combina casi exclusivamente con sustantivos, entre los que destacan en español general los nombres comunes referidos a personas (1) y animales (2).

(1) abuela > abuelilla, chico > chiquillo, obispo > obispillo
(2) águila > aguililla, cochino > cochinillo, potro > potrillo, zorra > zorrilla

b Junto a estos, se combina con un buen número de nombres comunes referidos a objetos, sustancias y otras clases de entidades no animadas.

(3) balconcillo, carboncillo, cestillo, cigarrillo, ventanilla, veranillo

c No son comunes las combinaciones con adjetivos, pero sin embargo se pueden documentar ocasionalmente, como en *barato > baratillo, listo > listillo, verde > verdecillo, cansado > cansadillo*.

d Son menos comunes, pero se documentan en las zonas donde este diminutivo es la forma diminutiva más extendida, las formaciones sobre adverbios graduables, como *cerquilla, lejillos, rapidillo*.

e Los nombres propios pueden combinarse productivamente con este diminutivo (*Luisillo, Paquillo*), incluyendo apellidos (*Varguillas*), pero no se suele documentar este diminutivo, ni siquiera en las zonas donde es la forma diminutiva preferida, con interjecciones (??*holilla*,??*adiosillo*) o categorías verbales (cf. *El bebé estaba durmiendito* vs.??*El bebé estaba durmiendillo*).

Comportamiento gramatical

a Este sufijo suele conservar la clase de palabras de la base (*una chaqueta verde > una chaqueta verdecilla, vivir lejos > vivir lejillos*). No obstante se documenta una tendencia marcada, sobre todo en las áreas donde este sufijo no es la forma por defecto del diminutivo, a que se combine prioritariamente con sustantivos y favorezca el uso sustantivado de las bases adjetivas o participiales: *listo > un listillo, sabido > un sabidillo, revuelto > un revoltillo, doblado > un dobladillo*.

b Con sustantivos este sufijo forma voces marcadas por **-o**^{1} y **-a**^{1} regulares dependiendo del género de la base en combinación con las bases acabadas en consonante o en -**e**^{4}: *papel > papelillo, puente > puentecillo*.

c Este sufijo no suele alterar el género de la base (con excepciones como *zapato > zapatilla*) y conserva siempre la terminación en -*a* de los nombres masculinos (*un cura > un curilla*). Al igual que -**it-**^{1} este sufijo puede restituir la terminación femenina de los sustantivos masculinos acabados en -*o*, como en *mano > manilla, manecilla*, pero sometido a un considerable grado de variación (*la soprano > la sopranillo*), no alterando la vocal final cuando esta vocal procede de acortamientos (*fotillo, motillo*).

d No es frecuente tampoco que este sufijo se itere, frente a -**it-**^{1}: *chiquitito* vs. **chiquillillo*.

e En paralelo a su tendencia a dar lugar a formaciones nominales, este sufijo puede alterar la contabilidad de la base, tomando nombres no contables y produciendo nombres contables: *azúcar > azucarillo* ('terrón de azúcar'), *pan > panecillo, amor* 'sentimiento de afecto' > *amorcillo* ('persona a la que se ama') Este paso a contable no es, sin embargo, obligatorio: *agua > agüilla*.

Tipos de significado

a El valor de este morfema apreciativo es casi exclusivamente diminutivo, y como otros tiene tres valores fundamentales. El principal de ellos es un valor gradativo que se manifiesta sobre todo cuando se combina con adjetivos y adverbios graduables, como en *verdecillo, lejillos, blanquillo, pequeñillo*. Si bien generalmente designa un grado bajo de las propiedades y dimensiones que subyacen a sus bases, puede entenderse ocasionalmente que se habla de un grado más alto, como en *un perro pequeñillo*.

b El segundo significado que puede aparecer de forma sistemática pero no predomina en casi ningún caso es aquel en que se cuantifica sobre el tamaño u otras propiedades de la entidad, generalmente con sustantivos, como *papelillo, perrillo, bigotillo, piececillo, mercadillo, farolillo, molinillo, pepinillo, organillo, ventanilla*. Para ello, naturalmente, los sustantivos deben ser contables para que sea posible discutir su extensión espacial.

c No obstante en la inmensa mayoría de los casos el valor del diminutivo implica cierto significado afectivo o valorativo que denota una actitud del hablante hacia la entidad designada por la base, o la noción expresada en la secuencia lingüística que contiene la palabra en diminutivo. Esto es así siempre que el diminutivo se una a nombres propios, que carecen de propiedades descriptivas, o categorías funcionales sin semántica conceptual, como *Pedrillo, Juanillo*, etc., pero también emerge con facilidad al unirse a sustantivos (*mi hermanillo*).

d El sufijo **-illo** forma un gran número de voces de significado impredecible que designan entidades de naturaleza distinta a la que designa la base, como en *bandera > banderilla, carbón > carboncillo, manta > mantilla, mesa > mesilla, bocado > bocadillo, borde > bordillo, espina > espinilla, barba > barbilla, bolso > bolsillo*, o *infierno > infiernillo*, entre otros muchos. Nótese que en ninguno de estos casos se altera el género de la base; esta propiedad de formar valores nuevos encaja bien con la capacidad de este sufijo por formar sustantivos contables a partir de nombres no contables (*amor > amorcillo*) y la tendencia a dar lugar formaciones sustantivas a partir de otras categorías, como sucede frecuentemente cuando se combina con participios (*doblado > dobladillo*).

e Por el mismo motivo, es relativamente frecuente que aparezca este diminutivo en ciertas frases hechas donde la base a la que se une no tiene ese mismo valor, como en *dedo > saberse algo al dedillo, tapado > ir de tapadillo*.

Propiedades fonológicas

a Hay tres propiedades fonológicas significativas de este sufijo, que son paralelas a las de la forma -it-. La primera de ellas es que se ancla prosódicamente a la derecha de la sílaba tónica de la base, como en *casa > casilla* o *perro > perrillo*. Este requisito, que no tiene efectos aparentes en la mayoría de las formaciones, sí hace que en las palabras llanas terminadas en consonante precedida de las vocales /o/ y /a/ el diminutivo se comporte como un infijo que interrumpe la raíz:

(1) Carlos > Carlillos
     lejos > lejillos

b La segunda propiedad fonológica es que este diminutivo, en el español general, debe tener a su derecha la vocal /o/ o /a/. Esto redunda en que las bases acabadas en -*e* o en consonante restituyen la marca de género correspondiente en -*o* o -*a*, pero también en que algunas voces puedan combinar el efecto de (1) con uno adicional en que la vocal -*e* final se convierte en una de las dos que requiere obligatoriamente este diminutivo, como en *Lourdes > Lourdillas, Mercedes > Mercedillas*.

c En tercer lugar, el diminutivo atrae el acento de la palabra a su primera sílaba, con la vocal /i/. Generalmente esto no implica la pérdida de la diptongación en la base (*puerta > puertilla*).

Alomorfos

a   Se han propuesto los siguientes alomorfos para el sufijo diminutivo, que de nuevo son paralelos a los de **-it-**: *-cillo*, *-ecillo*, *-cecillo* y *-ececillo*. De estas formaciones, hay dos aspectos polémicos: si las secuencias *-c-*, *-ec-*, *-cec-* y *-ecec-* son interfijos segmentables o no (algo a lo que nos referiremos en la siguiente sección) y hasta qué punto tienen validez algunos de ellos.

b   La segunda cuestión se refiere sobre todo a las formas *-cecillo* / *-ececillo*. En primer lugar, aparecen solo con el sustantivo *pie*, que tiene la peculiaridad fonológica de ser una palabra tónica monosilábica acabada en *-e*. La forma *piececillo*, a partir de aquí, puede ser segmentada como *pi-ececillo* o como *pie-cecillo*. La segunda segmentación parece más coherente con el diminutivo de otras formas acabadas en vocal tónica (*mamaíta*), donde se observa que no cae la vocal tónica final de la base. Por lo tanto parece más plausible que este alomorfo sea *-cecillo*.

c   Se ha propuesto sin embargo que la forma *piececillo* no es segmentable y debe entenderse como un diminutivo irregular, debido a que *-cecillo* solo aparecería en esta formación. No obstante, podría suceder que esta formación sea única porque también son excepcionales las demás propiedades de la base *pie* /pié/, que es la única palabra del español que es monosilábica acabada en una vocal /e/ tónica.

d   La distribución de estos alomorfos sigue una combinación de factores léxicos y fonológicos que dan lugar a una amplia gama de hechos de variación, como también es el caso con los alomorfos paralelos de **-it-**. Si nos concentramos primero en los factores fonológicos, la tendencia es a que tomen *-cillo* las voces bisilábicas agudas terminadas en las consonantes /n/ (*bastón* > *bastoncillo*), /r/ (*calor* > *calorcillo*, *mujer* > *mujercilla*) o vocal tónica (*vermú* > *vermucillo*).

e   La forma *-ecillo* es típica de las bases bisilábicas acabadas en *-e*[4], donde posiblemente esa *-e* sea una vocal epentética y la palabra sea subyacentemente acabada en vocal (*pobre* > *pobrecillo*, *noche* > *nochecilla*, *hambre* > *hambrecilla*, *grande* > *grandecillo*), o en voces bisilábicas que contienen un diptongo dependiente del acento (*bueno* > *buenecillo*, *puerta* > *puertecilla*, *nuevo* > *nuevecillo*). Normalmente, si la base tiene aisladamente más de dos sílabas no se emplea este alomorfo (*despierto* > *despiertillo*).

f   También toman *-ecillo* numerosas voces monosilábicas terminadas en consonante: *flor* > *florecilla*, *tren* > *trenecillo*. Con respecto al alomorfo *-cillo* este alomorfo suma una vocal a la secuencia, lo cual redunda en que se define una sílaba adicional que podría estar compensando la monosilabicidad de la base.

Problemas de segmentación

En el caso de los alomorfos de **-illo** surge la cuestión polémica de si los segmentos extra deben considerarse parte del alomorfo, y por tanto indescomponibles, o interfijos introducidos por motivos fonológicos en virtud de las reglas que se han descrito en la sección anterior, que sin embargo estarían sujetas a variación dialectal. Véase **-it-**[1] para la discusión de este problema.

Relaciones con otros afijos

a   El diminutivo **-illo** se considera la forma no marcada en la Andalucía Occidental, pese a que tiene un empleo ocasional en muchas otras áreas, generalmente en contextos donde a la noción de pequeño tamaño se añade o prima una valoración de lástima (*perrillo, pobrecillo, cuartillo*) que por lo general no se entiende como peyorativa.

b Se ha documentado un uso extenso de **-illo** también en la región de Chiapas, México (Lipski 1996: 304), pronunciado sin la consonante palatal.

c Al igual que otros diminutivos, contiene la vocal /i/, que fonoestéticamente puede asociarse a tamaños pequeños.

d Dentro del grupo de diminutivos del español, gramaticalmente se diferencia de los demás por la facilidad con que permite tratar la palabra resultante como un sustantivo y la cantidad de valores lexicalizados no composicionales que produce.

Lecturas recomendadas: Náñez (1973);, Lázaro Mora (1999); Martín Camacho (2001); Pharies (2002); Marrero et al. (2007); Fábregas (2013); Camus (2018).

-ilo. Del griego ὕλη 'material', a través del francés científico. Sufijo nominal que, en la química, designa grupos funcionales a partir de bases neoclásicas que denotan ciertas moléculas, como en *propilo, metilo, galactosilo, fructosilo, globotriosilo* y otras muchas. Cuando el término está tomado del inglés a veces se adopta la forma sin marca de género, acabada en *-il*.

-ílocuo. Del latín *loquor* 'hablar'. Posible sufijo adjetival que aparece en algunas formaciones esporádicas como *grandílocuo, vanílocuo*. La forma *ventrílocuo* es exclusivamente un sustantivo. Tratar *locuo* como un tema compositivo neoclásico parece apoyado inicialmente por la existencia de una forma como *locuaz*, pero es la única palabra potencialmente derivada sobre esta base y toma un sufijo **-az** cuya segmentación no está falta de controversia.

-imbre. Véase **-mbre**.

in-[1]. Del latín *in-*, prefijo negativo. Prefijo cuantificador de valor negativo.

Tipos de bases

a En su uso productivo, este prefijo se combina con adjetivos calificativos.

(1) inactivo, inaplicable, inapropiado, inarmónico, incasto, incierto, incomible, incómodo, incompetente, incompleto, inconsciente, increíble, incruento, indescriptible, indócil, ineducado, inestimable, inexacto, infiel, injusto, inmaduro, inmóvil, innecesario, innoble, inoportuno, innumerable, insano, insatisfecho, inservible, inútil

b Semánticamente, este sufijo parece exigir que las bases con las que se combine tengan escalas, entendidas como series ordenadas de posibles valores graduables de la propiedad. Por este motivo, rechaza con pocas excepciones (*inalámbrico, incorpóreo, indeterminado, inoperativo, invertebrado*) los adjetivos relacionales o fuerza la lectura calificativa de ellos.

(2) *inespañol, *imbiológico...
(3) indiferente, indirecto, inhumano, imborrable...

c Son muy poco frecuentes las bases que no corresponden a adjetivos calificativos. Con bases verbales, casi siempre se observa que el prefijo en realidad se une a un adjetivo sobre el que se construye el verbo (*inmovilizar* < *inmóvil*).

d Existen con todo al menos tres verbos en los que aparece el prefijo *in-* sin que haya un equivalente adjetival más básico: *insubordinar, inadmitir* e *incomunicar*.

e Existen algunas formaciones participiales donde el prefijo se combina con su valor verbal sin que lo haga con el propio verbo: *inhabitado* 'sin habitar', *intocado* 'sin tocar', *insepultado* 'sin sepultar', *inusado* 'sin usar'.

f Sucede lo mismo con los sustantivos. En la inmensa mayoría de las formaciones sustantivas que contienen este prefijo se encuentra un adjetivo en su base, con el que realmente se asocia el prefijo (*incapacidad* < *incapaz*). No obstante, se documentan algunos sustantivos de cualidad no derivados de adjetivos donde puede aparecer el prefijo (4). Esto se debe a que en estos usos el sustantivo indica una cualidad o estado graduables, por lo que confirman la tendencia del prefijo a combinarse con escalas.

(4) inatención, incomprensión, inexperiencia, inmoderación

g También se documentan con sustantivos, como en el caso de adjetivos y verbos, algunas escasas formaciones donde sin que haya una noción clara de cualidad aparece el prefijo indicando 'falta de' (5).

(5) infortunio, innúmero, impago

h Este sufijo puede combinarse con temas grecolatinos y bases que en español no funcionan como formas plenas, como en *inane, ingente, incólume, inerte, ileso, infame, insólito, impúber, indiviso*, entre muchos otros.

Comportamiento gramatical

a Pese a que normalmente este prefijo no cambia la categoría gramatical de la base – como se espera de los prefijos en español (4)– sí se documentan casos en que el prefijo parece colaborar para que una base verbal o nominal se interpreten como adjetivos.

b El caso más estudiado en la bibliografía es el de ciertos participios que solo admiten una lectura verbal sin prefijo, lo cual les imposibilita para combinarse con **-mente**, y en los cuales la adición del prefijo permite que se reinterpreten como adjetivos que pueden dar lugar a adverbios.

(5) a opinado ~ *opinadamente
     b interrumpido ~??interrumpidamente
(6) a inopinado ~ inopinadamente
     b ininterrumpido ~ ininterrumpidamente

c Ha sido menos estudiado el caso de las bases nominales que, en combinación con *in-*, se convierten en adjetivos sin ayuda de sufijos adjetivalizadores (cf. también *inoloro, indoloro*).

(7) a *color-o
     b banderas in-color-a-s

d   Esta propiedad es compartida con muchos otros prefijos cuantificadores –negativos (**an-**) o no (**multi-**)– y se manifiesta a menudo en que con **in-**² se forman adjetivos terminados en **-e**³ a partir de formas alomórficas o no de sustantivos: *imberbe, informe, insomne, insigne, implume*, entre otros.
e   Este comportamiento, sin embargo, no puede querer decir que el prefijo automáticamente sea capaz de construir adjetivos a partir de otras categorías. De ser así, tendríamos un número ilimitado de formaciones en **in-** con bases sustantivas o verbales donde el resultado fueran adjetivos. Más bien parece que **in-** requiere (o prefiere) una propiedad semántica verbal, como es la escalaridad, y por tanto favorece estas lecturas o fuerza a la base a desarrollarlas. La medida en la que esta escalaridad sea compatible con el significado del verbo o sustantivo es lo que dicta que esa base pueda reinterpretarse plenamente como adjetivo o no.
f   Este prefijo no admite la iteración: *in-in-aceptable. Esta propiedad es compartida con muchos otros prefijos cuantificadores.
g   Pese a lo que se ha afirmado ocasionalmente en la bibliografía, este prefijo normalmente no bloquea que la base pueda proyectar sus argumentos. Concretamente en las formas en **-ble**, este prefijo permite que se proyecten sus argumentos preposicionales y el complemento agente:

(8)   Cualquier tecnología lo suficientemente compleja es indisitinguible de la magia.
(9)   Esto es indemostrable por cualquier científico.

h   El prefijo tampoco impide que se proyecten los argumentos en la bases verbales, pero sí se asocia a un cambio en el régimen, lo cual tal vez se siga de que en combinación con el verbo impone una lectura escalar que puede alterar su significado: *comunicarse con alguien, incomunicar a alguien*.
i   La interpretación de cualidad que impone a los sustantivos que toma como base conduce a que pierdan los argumentos que pueden tener en su lectura de evento o estado: *atención al cliente* ~ **inatención al cliente*.

Tipos de significado

a   En su uso productivo, este prefijo se emplea para indicar los valores que, en la escala de la base, están por debajo de lo que se considera suficiente para predicar la propiedad de un individuo. Por este motivo, **in-** se emplea para indicar los valores más bajos de la propiedad en la mayoría de los casos: *in-útil* es lo que no tiene un valor de utilidad suficiente para un propósito, *in-decente* quien no muestra la suficiente decencia, *in-abarcable* lo que no se puede abarcar suficientemente, etc.
b   Este mismo valor aparece en los casos verbales y nominales donde se pueden asociar escalas a la acción o concepto expresado por la base. De esta manera, *incomunicar* a alguien implica ponerlo en una situación donde la comunicación está por debajo de lo que se considera normal, o *insubordinarse* implica pasar a un estado en que no se acatan las órdenes de manera que se considere suficiente. Por el mismo razonamiento, la *inatención* implica no atender suficientemente a algo o alguien, y la *inmoderación* se interpreta como un valor excesivamente bajo de moderación.
c   Por el contrario, el prefijo adopta un valor privativo cuando se combina con bases no escalares, donde indica 'sin' o 'falta de'. Esto sucede con bases sustantivas convertidas en adjetivos por adición del prefijo, como en *imberbe* 'sin barba', pero también en

los casos construidos sobre adjetivos relacionales donde se indica una relación de posesión: *inalámbrico* 'sin cables'.

d   Probablemente derivado a partir del valor privativo, en otros casos el prefijo indica la inhibición de un evento o la falta de aplicación de la situación descrita por la base: *impago* 'ausencia de pago', *inhabitado* 'no habitado'.

e   Fuera de los casos donde se ha perdido la relación sincrónica con la base etimológica (por ejemplo, *inerte*) el significado del prefijo es predecible. Debido a su carácter escalar es predecible también que favorezca la lectura de la base como graduable en casos donde ésta es apenas graduable o subyacen a ella escalas de solo dos valores: algo está *completo* o no lo está, pero *estar incompleto* admite diversos grados de incompletitud.

Propiedades fonológicas y Alomorfos

a   Son varias las propiedades fonológicas de este prefijo. El hecho de que termine en consonante nasal hace que se asimile al punto de articulación de la consonante inicial de la base: *posible ~ imposible, batible ~ imbatible*.

b   Frente a otros prefijos, **in-** se integra fonológicamente con su base, lo cual hace que rechace acento secundario y resilabifique su consonante nasal con la primera vocal de la base (*i.na.bar.ca.ble*)

c   Con bases que comienzan por consonantes líquidas el prefijo exhibe el alomorfo **i-**, claramente fonológicamente condicionado: *i-legal, i-rredento*. Esta propiedad no se extiende a las palatales (*inllamable*)

d   Frecuentemente el prefijo selecciona bases alomórficas, como en *insipiente, imberbe, inepto* o *inerme*, entre otros.

Relaciones con otros afijos

El prefijo **in-**[1] es el más productivo, entre los considerados negativos, con bases adjetivales, donde los prefijos **an-** y **des-** son excepcionales. El motivo de esto es, como se ha apuntado, su escalaridad. En cambio, en su uso con verbos claramente pierde la batalla con **des-**, que desarrolla lecturas reversativas y donde el valor puramente negativo es minoritario. Para los valores privativos, también la pierde con **an-**, y en los casos en que no existe escalaridad, compite con **no-**.

LECTURAS RECOMENDADAS: Varela (1990); Varela & Martín (1999); Montero Curiel (1999, 2015); RAE & ASALE (2009: §10.10); Gibert Sotelo (2017, 2021).

in-[2]. Del latín *in-* 'hacia dentro'. Prefijo preposicional que se combina con verbos para dar lugar a lecturas de 'dirección hacia'. Generalmente, la base no es segmentable en español (*inhalar, incluir*) o se puede reconocer como un alomorfo de un radical existente en español (*incordiar, incorporar, incurrir, inhumar*). Ocasionalmente, existe una forma segmentable y en tales casos el valor de dirección hacia adentro es muy claro: *inmigrar, importar*. En estas formaciones suele interpretarse siempre una acción cuyo resultado lleva a que una entidad termina en el interior de otra de forma espacial (*incluir, inhalar, incorporar, inhumar*) o figurada.

-in. Véase -ing.

-ín[1]. Posiblemente del latín *-īnus*, seguido de caída de las vocales finales. Sufijo apreciativo de valor diminutivo, usado como forma por defecto del dominutivo en Asturias y León.

Tipos de bases

a   Este sufijo se emplea frecuentemente en combinación con bases sustantivas de todo tipo en Asturias (*chiquín, perrín, cosina, tiendina, sidrina*), pero en la lengua general su uso como forma diminutiva se documenta en un número relativamente reducido de sustantivos no animados que designan objetos físicos, generalmente artificiales (1), y en menor medida objetos naturales (2) o nociones abstractas (3).

   (1)   baldosín, banderín, bombín, botellín, collarín, folletín, llavín, maletín, peluquín, pizarrín
   (2)   calabacín
   (3)   colorín, figurín

b   Si bien en Asturias y el resto de zonas en que se emplea como el diminutivo por defecto no existe esta restricción, en español general son raras las bases que designan seres animados o nombres propios.

   (4)   un borrachín

c   En las zonas de Asturias y León donde este es el diminutivo por defecto, está generalizado su uso con nombres propios de persona (*Arturín, Isabelina*), apelativos usados como nombres propios (*La Santina*) o topónimos (*El Escorialín*)
d   Entre las bases adjetivales, de nuevo en las zonas donde no es la forma no marcada del diminutivo, se encuentran muy pocas formas y siempre relacionadas léxicamente con el tamaño pequeño, como por ejemplo *pequeñín, chiquitín*. Está fuertemente lexicalizado el caso de *cómodo* > *comodín*, que se emplea como sustantivo pese a proceder de una base adjetival, pero donde es difícil rastrear la conexión semántica entre los dos elementos.
e   En las zonas de Asturias y León donde esta es la forma por defecto del diminutivo, está generalizado su uso con bases adjetivales: *pobrín, azulín, cansadín*.
f   En las zonas en que se emplea este diminutivo como la forma por defecto se documentan casos en que el sufijo se une a bases adverbiales: *lejos* > *lejín*, *cerca* > *cerquín*, *rápido* > *rapidín*.
g   En las áreas asturianas y leonesas donde este diminutivo es la forma por defecto del diminutivo se pueden incluir entre las bases algunos numerales ordinales: *cinquín, cuartín*. El español general admite este diminutivo con algunos cuantificadores (*todín, poquín, muchín*). No suele extenderse este diminutivo ni a determinantes, ni a adjetivos posesivos ni a interjecciones, salvo las que se emplean para saludar o despedirse (*adiosín*).

Comportamiento gramatical

a   Este diminutivo nunca altera la categoría gramatical de la base, con independiencia de cuál sea su naturaleza. Si bien la forma *borrachín* se emplea generalmente como sustantivo, ha de notarse que *borracho* también funciona como sustantivo sin necesidad de operaciones adicionales (*un borracho* > *un borrachín*).
b   Sistemáticamente, este diminutivo produce formaciones que no están marcadas en el género masculino, pero que toman **-a**[1] en femenino: *chiquín ~ chiquina*.

c   Este diminutivo fuerza la caída de la vocal átona final de la base: *baldos-a > baldos-ín*.
d   Este diminutivo no puede ser recursivo en español general, pero sí lo puede ser en las zonas leonesas y asturianas donde es la forma no marcada (*chiquinín, poquinín*).
e   En general, este sufijo no modifica las propiedades de su base: además de preservar la clase de palabra y el género en los sustantivos, con ellos no influye en su significado semántico convirtiéndolos en nombres contables cuando son nombres masa. Véase sin embargo **-ino**[3], con el que se relaciona estrechamente.
f   Todos estos motivos pueden sugerir que, al igual que sucede con **-it-**, en las zonas en que *-ín* es la forma por defecto del diminutivo, realmente sea estructuralmente un prefijo, al no cambiar la categoría ni otras propiedades gramaticales de la base y permitir cierto grado de repetición.
g   Sin embargo, en el español general este diminutivo no tendría este estatus de prefijo, ya que puede cambiar el valor de género de la base, lo que sugiere un estatuto como núcleo: *la peluca > el peluquín, la bomba > el bombín*.

Tipos de significado

a   Como sucede con todos los diminutivos productivos, en las zonas donde es una forma por defecto del diminutivo (Asturias, León), este diminutivo tiene tres valores fundamentales. El principal de ellos es un valor gradativo que se manifiesta sobre todo cuando se combina con adjetivos y adverbios graduables, como en *enfadadín, chiquinín*. Esta misma noción de gradación puede relacionarse con la interpretación que adquiere en combinación con ciertos adverbios, como *despacín* o cuantificadores, como *poquín*.
b   Este valor gradativo parece casi ausente en la lengua general, debido a la escasez de ejemplos con base adjetival; no obstante, se emplea *un pelín* como expresión asociada a una cantidad muy pequeña de algo.
c   El segundo significado que puede aparecer de forma sistemática es aquel en que se cuantifica sobre el tamaño de la entidad, generalmente con sustantivos. Si bien este significado no aparece frecuentemente en los diminutivos, en la lengua general –donde **-ín**[1] no es el diminutivo por defecto, es el que predomina: *corbatín, sillín, peluquín, futbolín, cajín, batín*, etc.
d   En las zonas donde es la forma por defecto, el valor del diminutivo implica cierto significado afectivo o valorativo que denota una actitud del hablante hacia la entidad designada por la base, o la noción expresada en la secuencia lingüística que contiene la palabra en diminutivo. No suele suceder esto en la lengua general, donde casi siempre se habla del tamaño presentado como una cualidad objetiva; no obstante, en formas como *borrachín* es posible encontrar signos de afecto.
e   En contraste con otros diminutivos, como **-illo**, no abundan en español las voces lexicalizadas con **-ín**, pero existen: *calabacín, bombín, garrotín, listín (de teléfonos), balancín*.

Propiedades fonológicas

a   Hay dos propiedades fonológicas significativas de este sufijo. La primera de ellas es que recibe el acento prosódico de la palabra, sin que esto implique en las zonas donde es el diminutivo por defecto eliminar la diptongación de las bases: *bueno > buenín, cuerpo > cuerpín*.

b En esta misma zona donde es el dominutivo por defecto se documenta que el diminutivo puede aparecer interpuesto entre la raíz de la palabra y su terminación: *lej-os* > *lej-in-os*, *Marc-os* > *Marqu-in-os*.

Alomorfos

a En las zonas donde es una forma por defecto del diminutivo, se han propuesto los siguientes alomorfos para el sufijo diminutivo: *-cín*, *-ecín*, *-cecín* y *-ececín*. De estas formaciones, hay dos aspectos polémicos: si las secuencias -*c*-, -*ec*-, -*cec*- y -*ecec*- son interfijos segmentables o no (algo a lo que nos referiremos en la siguiente sección) y hasta qué punto tienen validez algunos de ellos. Remitimos a la entrada de **-it-**[1] para la discusión de estas formas, puesto que su distribución y su polémica referida a su estatus es idéntica para este diminutivo y para **-ín**.

b La distribución de estos alomorfos sigue una combinación de factores léxicos y fonológicos que reproducen los que se identifican con **-it-**. La tendencia es a que tomen -*cín* las voces bisilábicas agudas terminadas en las consonantes /n/ (*camión* > *camioncín*), /r/ (*calor* > *calorcín*) o vocal tónica (*café* > *cafecín*).

c La forma -*ecito* es típica de las bases bisilábicas acabadas en **-e**[4], donde posiblemente esa -*e* sea una vocal epentética y la palabra sea subyacentemente acabada en vocal (*hombre* > *hombrecín*), o en voces bisilábicas que contienen un diptongo dependiente del acento (*tiesto* > *tiestín*, *nuevo* > *nuevín*).

Problemas de segmentación

En el caso de los alomorfos de **-ín** surge la cuestión polémica de si los segmentos extra deben considerarse parte del alomorfo, y por tanto indescomponibles, o interfijos introducidos por motivos fonológicos en virtud de las reglas que se han descrito en la sección anterior, que sin embargo estarían sujetas a variación dialectal. Remitimos a la entrada de **-it-**[1] para esta discusión.

Relaciones con otros afijos

El diminutivo **-ín**[1] se considera la forma no marcada del diminutivo en Asturias y León, en contraste con la forma **-ino**[3], que es idéntica a ella salvo por el sufijo empleado para marcar el género masculino pero se emplea sobre todo en italianismos. La forma -*ina* es compartida como femenino por ambos sufijos, por lo que hay que decidir en base a factores históricos y geográficos a cuál de los dos sufijos masculinos corresponde. Al igual que otros diminutivos, contiene la vocal /i/, que fonoestéticamente puede asociarse a tamaños pequeños. En el español general, se diferencia de otros diminutivos por poder alterar el género de la palabra de la base, y ocasionalmente también sus propiedades semánticas, y por especializarse en la expresión de tamaños objetivamente menores que los que normalmente se asocian al sustantivo de la base.

> **Lecturas recomendadas:** Náñez (1973), Rainer (1993), Lázaro Mora (1999), Pharies (2002), Kornfeld (2021).

-ín[2]. De origen incierto, tal vez relacionado con el diminutivo **-ín**[1]. Sufijo adjetivalizador que produce adjetivos disposicionales a partir de bases verbales.

a   Sus bases son siempre verbales, y aparentemente se construyen a partir de la forma de infinitivo, lo cual –de ser correcto– sería un caso único en la morfología del español.

   (1)   andarín, bailarín, cantarín, danzarín, saltarín

b   Si no se acepta que la base de estos adjetivos es el infinitivo, habría que proponer que el sufijo es realmente -*arín*, pero esto no captura la generalización de que todas las bases del sufijo son de la primera conjugación y por tanto con infinitivos acabados en -*ar*.

c   Una alternativa posible sería la de considerar que en (1) las bases no son verbos en infinitivo, sino infinitivos sustantivados, de donde se seguiría que este sufijo se une más bien a sustantivos que semánticamente se asocian a acciones.

d   Este sufijo forma siempre adjetivos de valor disposicional, donde se indica que el sustantivo modificado por él tiende a realizar de forma habitual la acción expresada por la base: *andarín* 'que disfruta andando' o 'que anda mucho', *saltarín* 'que da saltos con frecuencia', etc.

e   Es frecuente que estos adjetivos se empleen también como sustantivos.

f   Existen dos adjetivos que podrían relacionarse con este sufijo. El préstamo italiano *espadachín*, donde la base es claramente nominal, podría relacionarse con este sufijo si se admite que el sufijo toma raíces como su base (*and-arín*), si bien sería necesario postular un alomorfo -*achín*. Sin embargo, *espadachín* carece del significado típico del sufijo. La forma *espadachín* designa una profesión que no permite deducir necesariamente que la persona que la ejerza tienda o tenga una disposición natural a emplear la espada.

g   Tal vez es más fácil relacionar el sufijo con la forma *parlanchín*, donde se debe postular un alomorfo -*(a)nchín* y parece claro que no se puede rastrear la forma de infinitivo en la base. Esta forma sí tiene un valor disposicional o de tendencia a la acción denotada por la base. Si se toma seriamente su inclusión en este grupo de adjetivos derivados, esto podría constituir un argumento fuerte de que el sufijo en realidad debería ser -*rín* o -*arín*, dependiendo de si se toma la -*a*- como vocal temática o no.

-**ín**[3]. De origen incierto, tal vez relacionado con el sufijo diminutivo -**ín**[1] o el sufijo -**í**[1]. Sufijo adjetivalizador poco productivo que forma gentilicios a partir de topónimos, como en *Mallorca > mallorquín, Menorca > menorquín*.

-**in**-. Tal vez relacionado con el diminutivo -**ino**. Interfijo que aparece en formas como *blanquinoso, boquinete*.

-**ina**[1]. De origen incierto, tal vez relacionado con el diminutivo -**ino**[3]. Sufijo nominal que forma sustantivos de estado intenso o acción intensa a partir de verbos u otras bases sustantivas.

a   Este sufijo toma especialmente como base verbos que designan acciones:

   (1)   chamuscar > chamusquina, escabechar > escabechina, regañar > regañina, sofocar > sofoquina

b   También puede tomar sustantivos que designan acciones (*llanto > llantina, sopapo > sopapina*) o estados (*calor > calorina, coraje > corajina*). Ocasionalmente toma como bases nombres de entidades físicas que se asocian conceptualmente a estados que se perciben de forma marcada: *sobaco > sobaquina, sudor > sudorina*.

c   Este sufijo forma siempre sustantivos femeninos marcados regularmente por -**a**[1].

d Su valor es generalmente el de designar la intensificación del estado o acción designados por la base: *calorina* es calor intenso, *sobaquina* es un intenso olor a sobaco, una *regañina* implica regañar de forma fuerte, *sopapina* implica una secuencia fuerte de sopapos, etc.

e Por lo general este sufijo cancela la vocal átona final de los sustantivos a los que se une y también la vocal temática asociada al verbo de la base. La única posible excepción es el sustantivo deverbal *pega-tina*, con posible alomorfo, que sin embargo no tiene el significado esperable si se relacionara con este sufijo, por lo que tal vez debería tratarse como una formación ocasional.

f La noción de intensificación da lugar a distintos tipos de sustantivo dependiendo de la noción expresada por la base. Cuando la base designa un estado, los nombres derivados son –como tales estados– no contables (*calorina*). Si designa una acción, el nombre derivado suele ser contable (*llantina, escabechina*). En el caso de *sopapo* > *sopapina*, el carácter puntual y no extendido en el tiempo de sopapo permite interpretar el nombre de intensificación como un colectivo 'conjunto de sopapos'.

-ina[2]. Del inglés *-ine*. Sufijo nominal, propio del lenguaje científico, que produce nombres de compuestos o productos a partir de otros sustantivos.

a Este sufijo se une a bases sustantivas, generalmente las que se refieren a tipos de sustancias:

(1) cafeína, cocaína, fosfatina, gomina, teína

b Ocasionalmente se documentan bases sustantivas que designan otra clase de entidades; sin embargo, dentro del contexto de la palabra derivada se interpreta que esa clase de entidades en realidad es relevante por la clase de substancia que la compone y se toma como un nombre no contable o masa:

(2 huevina, cadaverina, globulina

c Propio del lenguaje científico, la inmensa mayoría de las bases con las que aparece no corresponden a sustantivos propios del español. Abundan las formaciones sobre raíces grecolatinas que normalmente carecen de un uso como sustantivo independiente en español.

(3) adenina, adrenalina, anfetamina, arginina, atropina, auxina, benzocaína, bilirrubina, caseína, citosina, cocaína, dextrina, digitalina, dopamina, endorfina, estrictnina, glicerina, hidrocaína, melanina, melatonina, morfina, morfina, nicotina, nitroglicerina, oxitocina, proteína, quinina, serotonina, tiamina, tiroxina, toxina

d Son pocos los casos en que la base puede ser adjetival, y en tales casos la base designa alguna propiedad que en principio se espera que fomente la substancia a la que da nombre: *brillantina, purpurina*.

e Este sufijo forma siempre sustantivos femeninos marcados en **-a**[1].

f Las palabras derivadas con este sufijo, al designar tipos de productos derivados de otros, suelen tener un uso principal como nombres no contables. De la misma manera que prefiere seleccionar bases que designan substancias no contables, él mismo produce esta clase de sustantivos como resultado.

g Desde el punto de vista fonológico, este sufijo produce la cancelación de las vocales átonas finales (*huevo* > *huevina*), con alguna excepción particular no sistemática –tal vez debida a la vía de entrada de la palabra–, como *coca* > *cocaína*. En cambio, las vocales tónicas finales, como es de esperar, se preservan sistemáticamente (*café* > *cafeína*).

h Son relativamente numerosos los casos en que la base de la palabra ha experimentado cambios fonológicos con respecto al equivalente más próximo en español; esto suele deberse a que la voz ha entrado como préstamo de otra lengua o a que su base ha sido manipulada voluntariamente como parte del nombre de una marca comercial (*merbromina* > *mercromina*). Pese a que *gasolina* pueda relacionarse sincrónicamente con *gasoil*, su etimología procede del inglés, donde toma el nombre de la marca comercial *Gazeline*.

-ina[3]. Del sufijo relacional latino *-inus, -ini*. Sufijo empleado para hacer la forma femenina de un pequeño número de sustantivos, como *rey* > *reina, gallo* > *gallina, zar* > *zarina*. Nótese que la presencia del sufijo no excluye que aparezca la marca de palabra **-a**[1], empleada regularmente para formar sustantivos femeninos, lo cual sugiere que este sufijo debe ser segmentado como **-in-a** y relacionado con el sufijo **-ín**[1] o **-ino**[3]. Tal vez la forma correcta de analizar esta terminación es proponiendo que ciertas bases sustantivas, como *gall-* o *zar-*, carecen gramaticalmente de forma femenina, de manera que la única forma de crear un femenino es derivando la base mediante un sufijo relacional, que a su vez puede ser especificado como una forma femenina. El problema de segmentación que produce este sufijo es comparable al que produce **-esa** en *alcalde* > *alcaldesa*, e **-isa** en *papa* > *papisa*.

-inchi. De origen incierto. Sufijo apreciativo de valor diminutivo, que se documenta en el lenguaje coloquial en combinación con adjetivos (*regulinchi*) y sustantivos (*colorinchi, vestidinchi*), ocasionalmente también nombres propios (*Paulinchi*); la terminación tal vez puede relacionarse con **-i**, que bloquea la marca de género pero no la de número. No es iterable.

> LECTURAS RECOMENDADAS: Ambadiang (1993, 1999); Montero Curiel & Montero Curiel (2022).

-ind-. Posible interfijo que Portolés (1999: 5064) identifica en *querindango*. La /i/ podría relacionarse con una vocal temática; véase también **-and-**, **-end-**.

-íneo. Del latín *-ineus*. Posible sufijo segmentable en un pequeño número de adjetivos relacionales denominales, como *apolíneo, aceríneo, sanguíneo*. Es de carácter claramente culto; véase **'-eo**.

-ing. Del inglés *-ing*, sufijo nominalizador que produce sustantivos de acción. Sufijo nominal que produce nombres de actividad y ocupación frecuente.

Tipos de bases

a Dejando de lado las bases que constituyen extranjerismos crudos y donde no siempre es posible asegurar que la voz se segmente en español (*branding, briefing, bullying, casting, catering, dripping, dumping, holding, living, marketing, networking, rafting, zapping*, entre otras muchas), este sufijo se agrega con cierta productividad a bases nominales que designan objetos que se relacionan con ciertas acciones típicas:

(1)   balconing, caravaning, puenting, edredoning, silloning

b   Destaca en este sentido, pese a tomar una base inglesa, el sustantivo *footing* empleado para designar la afición a correr a velocidad moderada de forma no profesional; el motivo es que el término inglés correspondiente carece de este significado, lo cual sugiere que la formación se ha establecido en español.
c   No son frecuentes las bases verbales que pueden reconocerse en español, pero se documentan *vending, tumbing* y *consulting*.

Comportamiento gramatical

a   Este sufijo da siempre lugar a sustantivos masculinos sin marca de palabra.
b   Los sustantivos formados con este sufijo suelen comportarse como nombres masa, porque designan actividades de ocio y tareas u ocupaciones, categorías que suelen interpretarse como masas (*natación, jardinería, bricolaje, papiroflexia...*).

Tipos de significado

a   Este sufijo forma nombres que designan distintas clases de acción que involucran de alguna manera al sustantivo que está expresado por la base.
b   La relación semántica entre la base y la acción no es gramaticalmente transparente, y el hablante debe recurrir al conocimiento del mundo para identificar qué acción concreta es aquella de la que se habla, como en *balconing* 'práctica de saltar desde un balcón hasta una piscina'.
c   Las acciones designadas son genéricas, habituales y no se refieren a ocurrencias específicas del evento que designan, por lo que no pueden emplearse para hablar de una instanciación particular de ese evento. Por tanto, estos sustantivos rechazan las marcas típicas de eventividad:

(2)   a   *Su footing tuvo lugar ayer.
      b   *un puenting de cinco minutos
      c   *el vending durante dos horas

d   Su naturaleza genérica, en cambio, hace que este sufijo forme con facilidad nombres usados para referirse a prácticas habituales, profesiones, aficiones y otras clases de acción que se producen de forma recurrente o característica.
e   Es frecuente que en estas formaciones haya cierto valor humorístico o afán de ridiculizar la práctica, a menudo proponiendo el nombre en **-ing** como una forma rimbombante, con afán de sonar novedosa o innecesariamente embellecida de designar prácticas ya existentes a las que no rodeaba ninguna idea de modernidad o novedad, como *siesting* por *siesta, vacuning* por *vacunación* o *vermuting* por 'tomar un vermut'.

-ingl-. Interfijo no productivo que Portolés (1999: 5064) identifica en *vocinglero*. Cf. también **-angl-**.

-ingo. De origen incierto, tal vez germánico. Sufijo diminutivo poco productivo que se combina con bases nominales para formar otros sustantivos.

a   Se documenta en tres clases distintas de casos: en zonas americanas, sobre todo en los llanos de Bolivia (Lipski 1996: 213), aparece combinado con bases patrimoniales (*capa* > *capingo*, *llama* > *llamingo*) y como parte de voces cuya base no siempre es reconocible (*chimirringo, chiringo, gringo, pichingo, tilingo*). Lipski trata estas formas como diminutivas.
b   El segundo grupo de formas en que se documenta son bases germánicas (*garingo* ~ *guarda; silingo, vikingo*). No quedan rastros de ningún valor diminutivo en estas formas, que, de segmentarse, tendrían bases neoclásicas y corresponderían a denominaciones para humanos.
c   El tercer grupo de formas contiene un número reducido de palabras que, en el español general, muestran el uso peyorativo de este morfema: *señorito* > *señoritingo*.

-ingue. Posible morfema aislable en algunas formaciones americanas, donde podría ser una forma de **-ingo** con una vocal átona final **-e**[4]: *curiquingue, fuñingue*.

infra-. Del latín *infra-* 'por debajo'. Prefijo preposicional que suele combinarse con sustantivos.

Tipos de base

a   La mayoría de las formaciones con este prefijo toman sustantivos como base: *infraestructura, inframundo, infrasonido, infravivienda, infraembarcación*.
b   Le siguen en productividad verbos, generalmente verbos que implican dotar a alguien o algo de alguna cosa (*infrafinanciar, infradotar, infrainvertir*), dar una valoración (*infravalorar, infraponderar*) y otros predicados que designan situaciones que pueden presentarse con mayor o menor intensidad (*infrarrepresentar, infrautilizar*).
c   Finalmente, se documentan algunos casos de bases adjetivales: *infrahumano, infrarrojo*.

Comportamiento gramatical

a   Este prefijo no altera la clase de palabras de la base, como suele ser el caso con los prefijos cuantificativos.
b   Este prefijo es marginalmente iterable en los casos en que tiene el significado de 'cantidad o calidad insuficiente': *infra-infra-vivienda, infra-infra-utilizar*.
c   Este prefijo no permite la expansión funcional de la base o la interpolación de modificadores.
d   Este prefijo no altera los valores de género, la clase de conjugación o la marca de palabra de la base.

Tipos de significado

a   El valor etimológico de *infra-* era espacial 'por debajo de', pero este valor espacial aparece representado con poca frecuencia: un *infrasonido* es un sonido que se encuentra por debajo del umbral perceptible, al igual que sucede con el adjetivo *infrarrojo*; cabe interpretar *infraestructura* en un sentido espacial, como las estructuras que están por debajo de algo o que subyacen a algo.
b   Estos casos son los únicos en que cabe hablar de un uso preposicional del prefijo; la base es el punto de referencia para definir la relación espacial en un solo caso,

que además es extraño en la medida en que produce un adjetivo relacional cuando la base puede ser también calificativa (*infrarrojo* = 'lo que está por debajo del rojo'), pero en *infraestructura* la base parece actuar como la figura que se localiza espacialmente por referencia a otra entidad que permanece tácita ('estructura que está por debajo de algo'), y véase también *infrasonido* ('sonido por debajo de algo (perceptible)').

c Fuera de estos pocos casos, la mayoría de los usos de **infra-** corresponden a lo esperable de un prefijo cuantificativo que gradúa la calidad o la cantidad de algo indicando que esa magnitud es inferior a lo deseable. Con verbos, esto suele traducirse en la expresión adverbial 'de forma insuficiente', donde se establece un límite esperable, necesario o desable por debajo del que queda la cantidad: así, en *infrarrepresentar* 'representar menos de lo esperado o de lo deseado', o *infrautilizar* 'utilizar menos de lo esperado'.

d Con los sustantivos, generalmente se cuantifica la calidad de lo denotado por la base, indicando que sus propiedades internas son insuficientes para el propósito al que estaba destinado: *infravivienda, infraembarcación, infratrabajo*. El caso de *inframundo* está algo lexicalizado en su significado, puesto que no habla de un mundo insuficiente o de baja calidad, sino del conjunto de personas que viven en situación de pobreza o marginalmente.

e Con los adjetivos relacionales, se replican los valores de calidad insuficiente que se veían con las bases sustantivas: *infrahumano* es algo que es insuficiente en su propósito para los humanos, o que está por debajo de lo que se considera aceptable para las personas.

Propiedades fonológicas

Este prefijo, al igual que otros muchos, rechaza la integración fonológica con la base: *infrahumano* se pronuncia con hiato (*in.fra.u.ma...*), no con diptongo (**in.fraw.ma...*). De hecho, los hablantes permiten la acentuación del prefijo especialemnte en los casos en que tiene un valor cuantificativo, de forma similar a los dos elementos de un compuesto (*ínfra-valóro*), pese a que el comportamiento distribucional de **infra-** es claramente el de un prefijo.

> LECTURAS RECOMENDADAS: Varela & Martín (1999), Montero Curiel (2001b), RAE & ASALE (2009: §10.9), Montero Curiel (2011), Rifón (2014, 2018).

-ino[1]. Del latín *-īnus, -ini*. Sufijo adjetivalizador que se combina prioritariamente con bases nominales.

Tipos de base

a Este sufijo se combina típicamente con bases nominales, entre las que destacan nombres comunes relacionados con substancias y tipos de materia (*alabastro > alabastrino, ámbar > ambarino, perla > perlino, cristal > cristalino*), animales (*león > leonino, ciervo > cervino*), espacios físicos (*palacio > palatino, capital > capitalino, levante > levantino*) y periodos de tiempo (*mañana > matutino, sábado > sabatino, septiembre > septembrino*). Sin embargo, aparece en combinación con nombres comunes que designan una gran variedad de nociones: *adulterio > adulterino, mar > marino, libertad > libertino*, entre muchos otros.

b   Este sufijo es muy productivo en combinación con nombres propios de persona.

(1)   alejandrino, alfonsino, benedictino, celestino, cervantino, colombino, draculino, fernandino, filipino, gongorino, isabelino, jacobino, josefino

c   También es frecuente con bases que representan topónimos:

(2)   alicantino, alpino, andino, argelino, bizantino, florentino, girondino, granadino, montenegrino, neoyorquino, numantino, parisino, salmantino, santanderino, santiaguino, tunecino, venusino, vizcaíno

d   Es relativamente frecuente, debido al carácter culto de este sufijo, que aparezcan alomorfos cultos en la base (cf. arriba *matutino, palatino*) o directamente raíces grecolatinas que no se emplean como sustantivos independientes en español.

(3)   albino, alcalino, bovino, canino, divino, equino, felino, femenino, leporino, sacarino, taurino, vulpino

e   En algunos casos, el sufijo toma nombres de color en su base; en el contexto del resto de formaciones a las que da lugar, es probable que las bases sean en este caso sustantivos y no adjetivos, pese a que ambas opciones sean posibles inicialmente.

(4)   azulino, blanquecino, purpurino

f   Algunas formas derivadas podrían proceder de bases verbales sin vocal temática: *cansino (cansar), dañino (dañar)*.

g   Se documentan también formaciones a partir de adverbios de lugar:

(5)   abajino, afuerino

h   Podría considerarse sincrónicamente que la forma *repentino* procede de una expresión adverbial *(de) repente*.

Comportamiento gramatical

a   Este sufijo siempre implica la cancelación de la vocal átona final de la base, cuando esta existe: *diamante > diamantino*.

b   Este sufijo da lugar siempre a adjetivos variables en género marcados por **-o**^{1} y **-a**^{1} para las formas masculina y femenina, respectivamente.

c   Este sufijo produce tanto adjetivos relacionales como adjetivos calificativos. Entre los adjetivos calificativos se encuentran, por ejemplo, *opalino, draculino, divino, cristalino, luciferino*.

d   Sin embargo, son proporcionalmente más frecuentes los adjetivos relacionales, como por ejemplo los siguientes: *albino, alcalino, equino, femenino, fernandino, filipino, josefino, cervino, cigoñino, ovino, porcino, salino, taurino, tunecino, uterino, venusino, vulpino*.

e   Como sucede con muchos de estos adjetivos relacionales, algunas de las formaciones en **-ino** se emplean más frecuentemente como sustantivos, como en el caso de *campesino, felino*.

f   Este sufijo interviene en la formación de palabras compuestas a partir de sintagmas. La forma *sietemesino* está formada a partir del sintagma *siete meses* (*sietemés*).

Tipos de significado

a   Como sufijo que forma adjetivos relacionales, su significado en tales casos es abstracto y se limita a indicar la existencia de una relación entre la clase de entidades denotada por la base y el sustantivo al que modifica. En buena medida la naturaleza de la relación expresada depende del significado de la base con la que se combine y la información que proporciona el contexto lingüístico en forma del significado del sustantivo al que modifica.

   (6)   comportamiento adulterino, paseo matutino, género femenino

b   Con topónimos en la base, la relación más típica es la de origen, de donde surgen adjetivos usados como gentilicios (*montenegrino, santanderino*). Con nombres propios de persona en la base, es frecuente el significado de pertenencia a un grupo definido por el referente (*benedictino*), de pertenencia al periodo histórico definido por él (*alfonsino, isabelino*) o simple autoría (*cervantino*).

c   Cuando el adjetivo es calificativo, el significado que se asocia a este sufijo es el de similitud, donde la base define un conjunto de propiedades típicas que se predican del sustantivo modificado. Así, sucede al menos con los siguientes ejemplos:

   (7)   ambarino, cristalino, olivino, opalino, perlino

d   Son menos sistemáticos otros tipos de significado, a veces documentados solo en una o dos formas. El valor disposicional de tendencia a la acción se puede documentar en *adulterino* y, con algo de lexicalización, en *libertino*. El valor causativo donde la base indica algo que se produce se ve en *dañino* 'que causa daño'.

e   Varios de los adjetivos relacionales que se forman con este sufijo se convierten fácilmente en adjetivos calificativos, en cuyo caso también tienen valor similitudinal, donde la relación que expresa el adjetivo relacional se reinterpreta como la predicación de un conjunto de propiedades típicas: *gongorino, bizantino, cervantino*. Por extensión, se interpreta también con valor similitudinal, generalmente relacionado con el comportamiento que se considera típico de sus miembros, *opus > opusino*.

f   Con nombres de color, el valor similitudinal se interpreta como aproximación o cercanía al tono de color que denota la base, sin llegar a exhibirlo plenamente: *blanquecino, azulino*.

Propiedades fonológicas y haplologías

a   Al atraer el acento a él, este sufijo produce con frecuencia la monoptongación de algunas bases cuyo diptongo depende de la posición del acento: entre otros, se documentan *ciervo > cervino, cigüeña > cigoñino, puerco > porcino*.

b   Este sufijo no es sistemático con respecto a la espirantización. A pesar de que la produce en el caso de *puer[k]o > por[θ/s]ino*, no la produce en *damas[k]o > damas[k]ino*, y de hecho restituye la /t/ etimológica en muchos casos donde la base espirantiza con otros sufijos: *palac-io > palat-ino*.

c   Este sufijo, al comenzar por /i/, puede implicar la pérdida del diptongo final de la palabra: *adulterio > adulterino*, no *adulteriíno.

d   Si se interpreta que *libertino* procede de *libertad* y no de *libertar*, este sufijo produce haplología en este caso.

Alomorfos

a   Parece necesario postular al menos tres alomorfos para este sufijo. El primero de ellos es *-ecino* (*blanqu-ecino*, donde no parece razonable postular la base *blanquez*).
b   El alomorfo *-erino* aparece en *pueblo > pueblerino* (**pueblero*).
c   Finalmente, el alomorfo *-esino* parece necesario en *campo > campesino* (**campés*), *Santa Fe > santafesino*.

Relaciones con otros afijos

Es posible relacionar este sufijo con **-ino**^{2}, si se interpreta que el caso de **-ino**^{2} es en realidad una serie de adjetivos derivados que se emplean casi exclusivamente como sustantivos. No obstante, hay diferencias de significado claras entre estos dos sufijos.

Por otra parte, entre los adjetivalizadores relacionales **-ino**^{1} parece especializarse en formar adjetivos a partir de nombres propios de lugares y personas, frente a otros sufijos, como **'-ico**. En su uso calificativo, es junto a **-esco** el sufijo que tiene una mayor especialización en usos similitudinales.

> LECTURAS RECOMENDADAS: Rainer (1999); Pharies 2002; Fábregas (2020).

-ino^2. Del latín *-īnus, -ini*. Sufijo que se combina prioritariamente con bases nominales para producir otros sustantivos. Este sufijo se documenta en *padre > padrino, angora > angorina, Manolete > manoletina, médico > medicina*. Este grupo podría interpretarse históricamente como una serie de casos del sufijo adjetivalizador **-ino**^{1} que por uno u otro motivo se emplean exclusivamente o casi exclusivamente como sustantivos. Sin embargo, en la actualidad es difícil identificar el significado relacional o similitudinal típico de ese sufijo en estas formaciones, lo cual puede hacer aconsejable interpretar estos casos contemporáneamente como el resultado de un sufijo nominal diferente. La forma *interino*, pese a sus apariencias, no puede incluirse en este grupo, puesto que deriva del adverbio latino *interim* 'durante un tiempo' mediante una derivación *ínterin > interino*.

-ino^3. Del latín *-īnus, -ini*. Sufijo nominal, típicamente usado en italianismos y sobre bases sustantivas.

a   Este sufijo toma como bases casi exclusivamente sustantivos. Entre los que muestran por su estructura interna que pueden proceder de bases existentes en español tenemos los siguientes:

   (1)   *cebolla > cebollino, plata > platino, moral > moralina, niebla > neblina, orquesta > orquestina, tesis > tesina*

b   Es muy frecuente encontrar este sufijo en préstamos del italiano, muchos de ellos también con base sustantiva pero que exhiben alomorfos o significados de la base que se asocian con el italianismo:

   (2)   *cámara > camerino, casa > casino, serpiente > serpentina, sonata > sonatina*

c   Desde el punto de vista sincrónico y si se ignora su etimología, procederían de bases adjetivales –aunque se interpreten como sustantivos– formas como *andante* > *andantino, sordo* > *sordina* o *escarlata* > *escarlatina*. No obstante, estas formas probablemente deban considerarse formaciones no segmentables en español, debido a su alto grado de lexicalización. Es frecuente que se asocien con la música, las artes y otras áreas relacionadas históricamente con la influencia social, cultural o política italiana.

d   Este sufijo implica siempre la caída de la vocal átona final de la base.

e   Este sufijo produce siempre sustantivos marcados en **-o**[1] para el masculino y en **-a**[1] para el femenino.

f   Desde el punto de vista gramatical, es muy frecuente que este sufijo altere el género de la base.

(3)   una cámara > un camerino, una cebolla > un cebollino, la plata > el platino, una lechuga > un lechuguino, el viento > la ventolina, el film > la filmina, el cartón > la cartulina

g   También se documentan casos en que el sufijo fuerza la recategorización del sustantivo de la base como contable, cuando este era no contable: *chocolate* es nombre masa o no contable, pero *chocolatina* es una porción de chocolate.

h   En sus significados, en relación con su origen histórico, hay casos donde es posible rastrear un significado diminutivizador (*orquestina, neblina, moralina, sonatina, tesina, ventolina, filmina* y *andantino* si se toma como una forma atenuada del ritmo *andante*).

i   La inmensa mayoría de casos presentan, sin embargo, un alto grado de lexicalización, a veces asociada a valores peyorativos (*lechuguino*) y en otras ocasiones sin valor afectivo relacionado pero donde la base designa una entidad marcadamente distinta de la que expresa la base: *camerino, cebollino, platino, neutrino, serpentina, escarlatina, filmina, cartulina*.

j   Globalmente, estas propiedades sugieren que, frente a los morfemas apreciativos, este sufijo actúa realmente como núcleo de la palabra derivada.

k   No se documentan alomorfos de este sufijo.

l   Este sufijo, al atraer el acento, puede conllevar la monoptongación de las bases cuyo diptongo depende de la posición del acento: *serpiente* > *serpentina, niebla* > *neblina*.

m   Este sufijo implica la haplología de **-is**[1]: *tesis* > *tesina*.

n   Resulta problemático a veces determinar si las formaciones en *-ina* corresponden al femenino de este sufijo o al de **-ín**[3], empleado como diminutivo. Ya que **-ín**[3] es un sufijo diminutivo por defecto en Asturias y León cabe tal vez emplear el criterio geográfico e histórico para discernir entre los dos casos, si bien esto no da siempre resultados concluyentes.

LECTURAS RECOMENDADAS: Náñez (1973); Lázaro Mora (1999); Martín Camacho (2001).

-inta. Alomorfo de **-enta** (*treinta*).

-inte. Alomorfo de **-enta** (*veinte*).

inter-. De la preposición latina *inter* 'entre'. Prefijo preposicional que se combina prioritariamente con adjetivos relacionales y verbos.

Tipos de bases

a   Este prefijo se combina sobre todo con adjetivos relacionales, como *interacadémico, interactivo, interestelar, interministerial, interplanetario, intertextual, intervocálico*, entre muchos otros.
b   No se documentan formaciones en combinación con adjetivos calificativos.
c   Los casos de base sustantiva son mucho más limitados: *interacción, interlínea*, y algunos otros casos que son bases neoclásicas interpretadas como sustantivos: *interfono, interludio*.
d   Son frecuentes, en cambio, los casos deverbales: *interactuar, intercalar, intercambiar, interceder, interdepender, intermediar, interponer, intervenir...*

Comportamiento gramatical

a   Este prefijo no altera las propiedades morfológicas de la base, y mantiene el género y las propiedades de flexión de la base. Así, por ejemplo, la conjugación de *intervenir* es idéntica a la conjugación de *venir*.
b   Este prefijo no es iterable.
c   Este prefijo admite la expansión funcional de la base, que puede aparecer en plural cuando es un sustantivo: *interequipos, interclubes*.
d   Las formaciones con base plural funcionan como modificadores nominales aunque la base sea sustantiva: *eliminatoria interequipos, ruta interlagos, ronda intergrupos, comité intercentros*. Nótese que el plural parece forzado por el valor simétrico del prefijo **inter-**, como sucede con la preposición *entre* (*entre lagos*, no *entre un lago) y no depende del número del sustantivo al que se modifica. En ausencia de prefijo, ninguno de esos sustantivos puede funcionar como modificador de un sustantivo, lo cual sugiere que el prefijo conserva de su naturaleza preposicional la capacidad de definir un sustantivo como modificador de otro.
e   Son menos frecuentes los casos de base singular que actúan como modificadores, pero esto es posible: junto a su uso sustantivo (*la interfase*), este sustantivo puede funcionar como modificador: *proceso interfase*.
f   Este prefijo produce frecuentemente paradojas de encorchetado con bases que son adjetivos relacionales: *intermolecular* es 'relativo a lo que sucede entre moléculas', no 'lo que sucede entre lo relativo a las moléculas'; esta interpretación es general para las formaciones que contienen adjetivos relacionales.
g   El prefijo impone al verbo la condición de que se defina una relación entre al menos dos participantes, lo cual puede afectar al número de argumentos (cf. *actuar*, que no requiere un argumento interno, frente a *interactuar*, que exige que se suponga un argumento interno, como en *interactuar con alguien*), o a su manifestación sintáctica (*venir a un lugar* vs. *intervenir en algo* o *intervenir entre dos personas*)

Tipos de significado

a   Deben diferenciarse dos significados de este prefijo. El primero es un valor locativo en el que designa una relación espacial de encontrarse entre dos entidades de la misma naturaleza, como sucede frecuentemente con los adjetivos relacionales formados con sustantivos que designan regiones anatómicas, geográficas o de otra naturaleza: *interamericano, intercontinental, intercostal, interestatal, interestelar, intergaláctico, interinsular, interoceánico, interóseo, interplanetario, interracial, intertropical, interurbano, intervertebral, intervocálico.*

b La misma interpretación locativa se documenta con numerosos verbos, si bien en varios de ellos (eg., *interceptar* 'ponerse entre dos entidades para recibir algo') el valor locativo se interpreta de forma figurada: *intercalar, interceder, interceptar, interpaginar, interponer, intervenir.*

c Este valor espacial se convierte en temporal cuando la base más que una localización designa una periodización: *interglacial, interanual.*

d La interpretación locativa implica siempre la duplicación de la entidad denotada por la base: *intercontinental* fuerza a interpretar dos continentes que se relacionan espacialmente de alguna manera. El espacio que se define entre las dos entidades puede ser estativo (*intercostal*) o puede definir una trayectoria que se espera que se cubra en un movimiento (*vuelos internacionales*). Es normal que los adjetivos relacionales no especifiquen por entero la relación semántica que expresan, y en este caso la lectura de trayectoria suele requerir un sustantivo modificado como *vuelo* u otro que implique movimiento o transferencia.

e Son muy poco frecuentes los casos en que la base designa la entidad que se localiza entre dos entidades distintas, como *interfaz*, que es la faz o nivel de traducción que se encuentra entre dos módulos o compartimentos separados.

f El segundo significado de este prefijo es el de definir acciones o relaciones simétricas que requieren dos o más participantes que establecen una relación recíproca entre ellos. Numerosos adjetivos relacionales, sobre todo los formados sobre sustantivos que designan individuos, colectividades de individuos y ámbitos abstractos, reciben naturalmente esta interpretación recíproca: *interacadémico, interbancario, intercultural, interdisciplinar, interempresarial, intergubernamental, interministerial, intermolecular, internacional, interparlamentario, interpersonal, interprofesional, intersexual, intertextual*, entre muchísimos otros.

g Con verbos son también muy frecuentes las formaciones donde el prefijo da lectura simétrica recíproca: *interactuar, intercambiar, intercomunicar, interconectar, interdepender, intermediar.* Nótese que en estos casos la base define la relación, no las entidades relacionadas, al contrario de lo que sucede con las bases que son adjetivos relacionales.

h Se documentan también lecturas simétricas con base nominal; estas pueden relacionarse con las lecturas verbales cuando la base designa el evento o relación (*interacción, interdiscusión*) o con las formaciones adjetivales cuando la base designa a las entidades relacionadas: *interfase, interequipos.*

Propiedades fonológicas

El prefijo muestra signos de independencia fonológica que se reflejan en que permite mantener la consonante final en posición de coda y no exige que se resilabifique con la vocal inicial de la base: se admite tanto *in.ter.a.ca.dé.mi.co* como *in.te.ra.ca.dé.mi.co*.

Alomorfos

Es posible que el prefijo **entre-**[1] sea un alomorfo de este prefijo, pero en todo caso habría que diferenciarlo del prefijo **entre-**[2] empleado para graduar procesos y estados como incompletos, ya que **inter-** carece por completo de usos gradativos. **Inter-** y **entre-**[1]

comparten, entre otras cosas, los valores locativos (*entresuelo*) y simétricos (*entrechocar*), la posibilidad de combinarse con sustantivos plurales (*entreguerras*) y el origen histórico, si bien **entre-**[1] no se documenta con adjetivos relacionales y puede alterar las propiedades morfológicas de la base, como en *ceja > entrecejo*.

Problemas de clasificación

Existen formaciones donde aparentemente el prefijo se combina con algunos sufijos para dar lugar a palabras del español, lo cual sería una propiedad de los temas neoclásicos: *interino, interior, interno*. Faltan, sin embargo, formaciones en que aparezca en segunda posición de palabra, lo que sugiere que estas formas se heredan del latín por vía culta y no se forman en español.

No se ha de confundir el prefijo **inter-** con el sustantivo *inter* que procede del acortamiento de *internet*, como en *internauta*.

LECTURAS RECOMENDADAS: Felíu (2003); RAE & ASALE (2009: §10.7).

intra-. De la preposición latina *intra* 'en el interior de, dentro de'. Prefijo preposicional de valor locativo que se combina sobre todo con adjetivos relacionales.

Tipos de bases

a   Este prefijo se combina sobre todo con adjetivos relacionales, cuyas bases entran dentro de tres grupos. El primero y más numeroso es el que se refiere a partes del cuerpo o regiones anatómicas, como en *intracardiaco, intracelular, intradérmico, intragástrico, intramuscular, intraocular*, entre muchas otras.
b   El segundo grupo es el que se refiere a bases que designan demarcaciones geográficas y otros espacios físicos acotados, como *intraprovincial, intracomunitario, intrahospitalario*.
c   El tercer grupo indica espacios figurados, generalmente clases en las que entran los objetos y las personas y que sirven para organizarlas taxonómicamente, como *intrageneracional, intrafamiliar, intrapartidista, intragénerico*.
d   En mucha menor medida, el prefijo se combina con sustantivos, como en *intrahistoria, intranet*.
e   No es frecuente el prefijo tampoco en combinaciones verbales, pero se documenta por ejemplo *intraemprender* 'emprender en el interior de una empresa pública o privada'.
f   No se documentan casos de base que sean adjetivos calificativos.

Comportamiento gramatical

a   Este prefijo no altera las propiedades morfológicas de la base, y mantiene el género y las propiedades de flexión de la base.
b   Este prefijo no es iterable.
c   Este prefijo admite la expansión funcional de la base, que puede aparecer en plural cuando es un sustantivo: *intramuros, intracampos*.
d   Las formaciones con base plural, y otras con base singular, funcionan como modificadores nominales aunque la base sea sustantiva: *reuniones intramuros, terapia intradía, competiciones intracampos, sismo intraplaca*. En ausencia de prefijo, ninguno

de esos sustantivos puede funcionar como modificador de un sustantivo, lo cual sugiere que el prefijo conserva de su naturaleza preposicional la capacidad de definir un sustantivo como modificador de otro.

e Este prefijo produce frecuentemente paradojas de encorchetado: *intracraneal* es 'relativo al interior del cráneo', no 'interno a lo relativo al cráneo'; esta interpretación es general para las formaciones que contienen adjetivos relacionales.

Tipos de significado

a El valor de este prefijo es siempre locativo. La interpretación más frecuente es aquella en que toma a la base como el fondo que se usa de punto de referencia para definir la relación 'dentro de'. Así, *intravenoso* se refiere a 'dentro de la vena', no 'vena que está dentro de algo'. Esta es la interpretación más frecuente del prefijo, con gran distancia de las demás.

b En menos ocasiones la relación locativa define la base como aquello que está o sucede dentro de otra cosa que permanece tácita. En *intrahistoria*, hablamos de la historia que está en el interior de algo, o la historia interna de algo; en *intranet*, hablamos de la red de internet interna a una compañía u organización, y en *intraemprender* hablamos de emprendimiento dentro de alguna empresa ya existente.

c En los casos en que el prefijo habilita al sustantivo como modificador, la interpretación es siempre la primera: *tratamiento intradía* es un tratamiento en el interior de un día, *reuniones intramuros* son reuniones que suceden dentro de los muros (figurados o no) de alguna entidad.

Propiedades fonológicas

El prefijo mantiene su independencia fonológica de la base en que rechaza la simplificación vocálica en el linde de morfema (*intraarticular*, no *intrarticular), produce hiatos (*in.tra.u.te.ri.no*, no **in.traw.te.ri.no*) y recibe acento secundario.

Alomorfos

Véase el prefijo **intro-**.

Lecturas recomendadas: Varela & Martín (1999).

intro-. Del adverbio latino *intrō*, 'en el interior'. Prefijo locativo de naturaleza preposicional.

a Este prefijo aparece en un número muy reducido de formaciones, con el significado 'dentro, en el interior de algo'. Aparece combinado con el tema verbal -*ducir* en *introducir* y con algunas otras bases neoclásicas de naturaleza sustantiva, como en *introversión*, *introspección* e *introvertido*, que puede funcionar tanto como adjetivo como en calidad de sustantivo; cf. el cultismo *intro-ito*, 'entrada', de la forma latina correspondiente al verbo *ir*.

b Este prefijo no altera las irregularidades y otras propiedades morfológicas de la base -*ducir*.

c   En español cabe considerar que este prefijo es en realidad un alomorfo del prefijo **intra-**, con el mismo significado. Las formaciones que lo contienen parecen heredadas del latín en el sentido de que no se combina con bases españolas.
d   Otra señal de que este prefijo es un alomorfo de **intra-** es que en *introvertido – introversión* se documentan también *intravetido – intraversión*.

-iño¹. Forma diminutiva usual en las zonas donde el castellano está en contacto con el gallego. Hasta donde se me alcanza, sus propiedades son las mismas de **-ino**¹.

-iño². Posiblemente del latín *-ineus*. Posible morfema segmentable en una pequeña cantidad de formas lexicalizadas, como *corpiño, rapiña*.

-io¹. Del latín *-ium*. Sufijo que, a partir de otros sustantivos y bases radicales, forma sustantivos con diversos significados.

Tipos de bases

a   Este sufijo toma ante todo nombres propios como su base, tanto de personas (*Alfred Nobel > nobelio, Fermi > fermio, Watt > vatio*) como de lugares (*Urano > uranio, Berkeley > berkelio*).
b   Son poco frecuentes, en contraste, las formaciones de nombres comunes: *sacerdote > sacerdocio*.
c   Este sufijo se combina frecuentemente con temas neoclásicos interpretados como sustantivos, como en *cardio (pericardio), carpio (metacarpio), cordio (clavicordio), gastrio (hipogastrio), somnio (insomnio), loquio (soliloquio), lunio (novilunio), scopio (periscopio), cornio (unicornio)*.
d   Entre los adjetivos, se combina prioritariamente con los adjetivos terminados en -*cida*: *suicidio, matricidio*. Junto a este, es posible reconstruir *silente > silencio*.
e   Existe un grupo notable de formaciones con este sufijo que toma bases verbales, que posiblemente estén reducidas a la raíz, donde desaparece sistemáticamente la vocal temática: *arbitrio, (des)equilibrio, designio, disturbio, dominio, escrutinio, imperio, naufragio, patrocinio, sacrificio, sufragio, suplicio*.
f   Junto a estas formaciones, hay casos individuales de difícil tratamiento y posiblemente tomados del latín sin segmentar, como *tercio* (cf. *terc-ero*),

Comportamiento gramatical

a   Este sufijo da lugar a sustantivos masculinos invariables en género y marcados sistemáticamente por **-o**¹, con independencia de la información que tuviera la base de formación.
b   La mayoría de los sustantivos formados por este sufijo son no contables, puesto que suele denotar elementos químicos (*circonio, neptunio, plutonio, tantalio, tecnecio, wolframio*...) y estados (*desequilibrio, sacerdocio, silencio, suplicio*...).

Tipos de significado

a   Es posible identificar cuatro grupos de formaciones con este sufijo. El primero y más numeroso se refiere a nombres dados a productos químicos: *berkelio, cerio, circonio, neptunio, nobelio, plutonio, selenio, silicio, tantalio, tecnecio, titanio, topacio, uranio, wolframio*

b   Dentro del lenguaje científico son frecuentes también los nombres que designan unidades de medida, generalmente con el nombre de un científico en su base: *culombio, fermio, henrio, hercio, vatio, voltio.*

c   Seguidamente, tenemos nombres derivados de raíces verbales que designan el evento (*disturbio, escrutinio, naufragio, sacrificio*) o un estado asociado a dicho evento (*arbitrio*). En otros casos, el estado se interpreta más cercano a una cualidad que a un evento, como en *silencio, imperio, equilibrio, suplicio, sacerdocio* ('condición de sacerdote').

d   Varios de los sustantivos anteriores también pueden designar a ciertos participantes dentro del evento, como el lugar (*dominio, imperio*) o el resultado (*sufragio, designio, patrocinio*).

Propiedades fonológicas

Este sufijo tiene efectos sobre la consonante final de la base, entre los que destacan la espirantización (*sacerdote* > *sacerdoc-io, naufrag-a* > *naufra/x/-io*). No fuerza el ascenso de la vocal final de la base ni atrae el acento.

Relaciones con otros afijos

La relación entre -**io**¹ y -**ío**¹ no puede considerarse de alomorfia, dado que tienen significados y usos distintos; esto recuerda a la relación que se da entre -**ia** e -**ía**.

> LECTURAS RECOMENDADAS: Santiago Lacuesta & Bustos Gisbert (1999); RAE & ASALE (2009: §6.3).

-**io**². Sufijo adjetivalizador que forma el adjetivo relacional gentilicio a partir de un topónimo, como en *Irán* > *iran-io*. Es muy poco productivo en español actual.

-**ío**¹. Del latín -*ium*. Sufijo adjetivalizador que forma adjetivos relacionales y calificativos a partir de bases de muy distinto tipo.

Tipos de bases

a   Este sufijo toma bases nominales, como en *cabra* > *cabrío, sombra* > *sombrío* y la versión alomórfica *umbrío*. No es transparente si en *tarde* > *tardío* la base es el sustantivo o el adverbio, si bien el significado que toma hace más probable que la base sea adverbial (*tardío* se relaciona con algo que se demora, no con las horas de la tarde durante un día).

b   En varios casos, dentro del léxico de la agricultura específicamente, la base se relaciona con un verbo, pero no está claro si esa base es un participio (*labrado* > *labrad-ío, sembrado* > *sembrad-ío*) o el verbo con vocal temática y un alomorfo del sufijo (*labra* > *labra-dío, sembra* > *sembra-dío*). El significado que obtienen ('que puede ser labrado o sembrado') sugiere que la segmentación correcta es la primera.

c   En el caso de *plantío* 'que puede plantarse en él', parece claro que la base ha de ser la raíz verbal de *plantar*, no la raíz nominal de *planta*.
d   Existe al menos un caso de base adjetival: *bravo* > *bravío*.

Comportamiento gramatical

a   Este sufijo forma adjetivos de género variable, marcados en -**o**¹ en masculino y en -**a**¹ en femenino.
b   Los adjetivos pueden ser relacionales, como en *sembradío, labradío*, o calificativos, como en *bravío, sombrío*.
c   Dado el significado de los adjetivos relacionales, estos suelen convertirse en sustantivos que designan nombres de lugar.

Tipos de significado

a   No resulta fácil asociar este sufijo a un significado específico y estable. Cuando forma adjetivos relacionales, parece incorporar un significado modal ('que puede ser V') que acerca al adjetivo a las formaciones relacionales correspondientes con -*ble* (eg., *inundable* 'que puede ser inundado').
b   Es más difícil aún identificar un significado estable en las formaciones calificativas; la diferencia entre *bravo* y *bravío* se reduce casi exclusivamente a que el segundo se predica de ciertos animales, particularmente toros de lidia.

Propiedades fonológicas

Este sufijo atrae el acento de la base, pero no tiene efectos fonológicos más allá de este (compárese con -**io**¹, que sí los tiene); entre otros, no fuerza espirantización (*labradío*, no **labracío*).

Relaciones con otros afijos

Es claro que -**ío**¹ ha de entenderse como un sufijo diferente de -**io**¹, ya que este segundo se especializa en formar sustantivos derivados. Es menos clara la decisión que ha de tomarse con -**ío**², específicamente si puede unificarse con -**ío**¹, debido a que se conectan por la relación de nombres de lugar y la dificultad de asignarles un significado claro y estable.

> LECTURAS RECOMENDADAS: Santiago Lacuesta & Bustos Gisbert (1999); RAE & ASALE (2009: §6.3).

-**ío**². Del latín -*ium*. Sufijo nominal que toma unas pocas bases sustantivas, a las que aporta un valor que es poco sistemático. En *gente* > *gentío*, donde el sufijo cambia el género de la base (*la gente, el gentío*) parece asignar la información de que hay una abundancia de gente, o aglomeraciones de ella, lo cual relaciona la voz con los nombres colectivos (cf. -**erío**). Hay al menos tres formaciones en las que este sufijo parece formar sustantivos que designan cualidades intensas y positivas: *trapío, tronío* y *poderío*, la última formada sobre un sustantivo que ya indica una cualidad y donde el sufijo aporta la noción de intensidad (*poderío* 'poder grande'). Sin embargo, la noción de intensidad no aparece en *amor* > *amorío*, donde se designa una relación superficial, o en *señor* > *señorío*, donde se designa la condición de ser señor o dueño de algo, y por extensión se puede emplear para hablar del territorio sobre el que un señor impone su dominio (cf. -ío[1], que también da nombres reinterpretables como sustantivos de lugar).

-ío[3]. Unión de dos morfemas usada para marcar la persona 3sg en el pretérito perfecto simple o indefinido en español. En realidad ha de segmentarse; véase -i-[1] y -ó.

-iola. Alomorfo de -ola.

-ión. Alomorfo de -ción.

-iondo. Véase -ondo y también -bundo.

-ioso. Alomorfo de -oso.

-iota. Alomorfo de -ota, documentado en voces como *chipriota*.

-ípeto. Del latín *peto*, 'buscar, avanzar hacia'. Sufijo adjetivizador que aparece en un número muy restringido de formas, como *centrípeto* o *basípeto*. En tales casos toma una base nominal, y da lugar a adjetivos relacionales variables en género. La interpretación semántica de estas formas recibe una glosa 'que se dirige a'; es mucho menos productivo que su opuesto **-ífugo**. No parece justificado segmentar esta forma en un elemento compositivo *-peto* y una vocal de enlace, dado que dicho elemento nunca aparecería en posición inicial, o fuera de la combinación con **-i-**[2] (nótese que *cornúpeto* 'que tiene cuernos' no procede etimológicamente de la misma forma).

-iple. Posible alomorfo de '**-uple**.

-ipondio. De origen incierto. Posible sufijo peyorativo no productivo, segmentable en *flor* > *floripondio*, asociado al cambio de género (masculino).

-ir-. Interfijo que aparece combinado en un gran número de formas con sufijos apreciativos y otras clases de sufijos nominales: *larguirucho, tapirujo*. Véase también **-ar-, -er-**.

-irr-. Interfijo no productivo que aparece en la forma *muchachirrito*.

-is[1]. Del griego -ις, terminación de nominativo de algunos sustantivos. Posible terminación desinencial de algunos cultismos del español.

Tipos de bases

a Esta desinencia aparece en varias voces del vocabulario común, siempre como morfema final en sustantivos.

(1) análisis, apocalipsis, bilis, cannabis, clítoris, crisis, cutis, diócesis, éxtasis, génesis, oasis, parálisis, paréntesis, pelvis, pubis, sífilis, tesis, síntesis

b A voces como las de (1) se han de sumar los derivados en **-itis**, como *mamitis, cuentitis* o *celulitis*.

c   La desinencia aparece también en numerosos sustantivos pertenecientes a registros técnicos y cultos de distintas ciencias y disciplinas, siempre con origen etimológico en el griego.

(2)   anafilaxis, analepsis, anamnesis, catálisis, catarsis, diálisis, diéresis, elefantiasis, enclisis, enfiteusis, epéntesis, glotis, hidrólisis, homeostasis, mímesis, polis, psicosis, telequinesis...

d   No son frecuentes las bases que son nombres propios, aunque existen: por ejemplo, *Alexis, Adonis*.

Comportamiento gramatical

a   Esta desinencia aparece siempre en sustantivos, y nunca se documenta en adjetivos o adverbios.
b   Como desinencia, se diferencia de -o^1 o -a^1 y se acerca a -e^4 en no estar asociada sistemáticamente a un valor de género. Aunque muchas de estas formaciones, sobre todo las técnicas de (2), son femeninas, el léxico más común incluye también sustantivos masculinos (*análisis, apocalipsis, cánnabis, clítoris*, entre otros).
c   Su carácter de desinencia es visible en distintos procesos: para empezar, sistemáticamente es cancelada en todos los procesos de formación de palabras, algo que es solo excepcional en los segmentos consonánticos finales que no son parte de una desinencia: *tesis > tesina, epéntesis > epentético, cutis > cutáneo, análisis > analizador, pelvis > pélvico, diócesis > diocesano...*
d   Seguidamente, aparece en lugar de la marca de género habitual, documéntandose en ocasiones dobletes donde **-is** compite con **-a**^{1}: *telequinesis > telequinesia*.
e   El diminutivo **-ito** aparece entre la raíz y el segmento, que en tales casos se reemplaza sistemáticamente por la marca regular de género: *crisis > crisita ~ crisecita, paréntesis > parentesito*.
f   En último lugar, la presencia de **-is** fuerza sistemáticamente alomorfos cero del plural, impidiendo la presencia de **-es**: *una diócesis, dos diócesis*.

Tipos de significado

a   Como sucede con -e^4, este morfema no está asociado a valores semánticos claros, ya que es una desinencia funcional y no léxica.
b   Podría proponerse cierta extensión de esta desinencia a un número muy reducido de voces (*locatis, finolis, extranjis*), asociadas todas ellas con un léxico coloquial. No obstante, más allá de la coloquialidad no se identifican diferencias de significado asociables a la desinencia, ya que siempre aparecen otros segmentos que podrían coadyuvar a ese valor (*loc-at-is, fin-ol-is*).

Propiedades fonológicas

Como se espera de las desinencias nominales, este sufijo no atrae el acento y es siempre átono, incluyendo los casos en que posiblemente aparece en su alomorfo bisilábico. En paralelo con otras desinencias la sílaba acentuada suele ser la anterior a **-is**, si bien –como sucede también con las otras desinencias– no son imposibles los casos esdrújulos.

(3) a apocalipsis, finolis, homeostasis, analepsis
    b cánnabis, clítoris, diócesis, éxtasis, génesis

Alomorfos

Es posible identificar dos alomorfos de este sufijo, -*sis* y tal vez -*esis*. El alomorfo -*sis* es de probable segmentación en voces como (4), en algunas de las cuales la comparación con otros derivados sugiere que la /s/ inicial implica la desaparición de una consonante final, típicamente la /t/.

(4) a apocalip-sis (apocalípt-ico)
    b géne-sis (genét-ico, genet-ista)
    c diure-sis (diurét-ico)
    d cri-sis (crít-ico)
    e análi-sis (analít-ico)

La misma comparación en voces como *diócesis* (*dioces-ano*) sugiere una segmentación *diócesis-is*, con el alomorfo sin /s/ inicial. En una voz como *catequesis* la comparación (*catequ-ista*) sugiere un alomorfo -*esis*, pero esta parece una forma aislada.

> LECTURAS RECOMENDADAS: Ambadiang (1993, 1999); Camacho (2021).

-**is**². Del latín -*tis*, marca de la segunda persona plural. Marca de las segunda persona plural, sobre todo en las variedades del español que emplean el pronombre *vosotros*.

Tipos de bases

a Este sufijo se emplea en la segunda persona plural de verbos regulares e irregulares de todas las conjugaciones.

   (1) cantáis, bebéis, vivís
   (2) crezcáis, salgáis, habéis, sois, estáis

b Este sufijo aparece combinado con las marcas de aspecto, tiempo y modo de casi todos los tiempos. Así, en las tres conjugaciones y en los verbos irregulares aparece en el imperfecto de indicativo, el pretérito perfecto simple o indefinido, el futuro, el condicional, el presente de subjuntivo, el imperfecto de subjuntivo y el futuro de subjuntivo, así como todas las formas flexivas del verbo *haber*.

   (3) a cantabais, bebíais, vivíais
       b cantasteis, bebisteis, vivisteis
       c cantaréis, beberéis, viviréis
       d cantaríais, beberíais, viviríais
       e cantéis, bebáis, viváis
       f cantarais, bebierais, vivierais / cantaseis, bebieseis, vivieseis
       g cantareis, bebiereis, viviereis

410   *I*

  (4) a habéis
      b habíais
      c hubisteis
      d habréis
      e habríais
      f hayáis
      g hubierais / hubieseis
      h hubiereis

c La única forma verbal en que no se emplea este sufijo para marcar la concordancia de segunda persona plural es el imperativo afirmativo de 'vosotros': tened, sabed, cantad, tomad. Véase **-d**.

d Los verbos irregulares de diptongación o ascenso de la vocal anterior usan la forma regular en el presente de indicativo en presencia de este sufijo:

  (5) cuent-e-s / cont-é-is
  (6) pid-e-s / ped-í-s

e La tendencia a combinarse con formas regulares del verbo se manifiesta también en que en presente de indicativo eligen la base regular en aquellos casos donde el verbo tiene una forma alterna acabada en consonante palatal.

  (7) construy-e-s / constru-ís

f En los verbos que contienen **-ecer**, en presente de indicativo, el sufijo no concurre con la forma que añade /k/: *crezco, crecéis*. La misma forma se documenta en los verbos que contienen *-ducir* (*conduzco, conducís*).

g En cambio, fuera del presente de indicativo este sufijo preserva las irregularidades que el tiempo, aspecto o modo del verbo imponga de forma independiente.

  (8) pidáis, construyáis, crezcáis, conduzcáis, quepáis, sepáis, hayáis, seáis
  (9) fuisteis, tuvisteis, quisisteis

Comportamiento gramatical

a Este sufijo aparece en combinación con la vocal temática explícita en los verbos de la primera y segunda conjugación.

  (10) cantáis, bebéis

b En la tercera conjugación, cuando la vocal temática esperable es /i/, el conjunto *-i*-is se simplifica en una sola vocal, que mantiene el acento prosódico que recibe la vocal temática.

  (11) viv-ís

c Fuera de este caso, probablemente motivado fonológicamente, este sufijo nunca implica la cancelación previa de ningún afijo.

  (12) cantéis, vivíais, tuvierais, habríais...

d En las formas de pretérito perfecto simple, la presencia de **-is**[2] en la segunda persona plural implica cierto grado de redundancia de rasgos. El motivo es que aparece precedido del sufijo -ste, que al igual que -is codifica el rasgo de segunda persona. En una secuencia como *cant-a-ste-is*, por tanto, la aportación nueva del segundo sufijo es realmente el número plural, pero pese a esto la gramática no codifica la forma como *cant-a-ste-n, como podría haberse esperado.

e   La extensión de este sufijo es casi idéntica a la del pronombre 'vosotros', por lo que se emplea normalmente en aquellas variedades donde esta es la forma habitual de referirse, en contextos de familiaridad, a un oyente plural.

f   No obstante, se documentan en varias áreas de Andalucía las formas flexivas que emplean esta terminación en combinación con el pronombre *ustedes*, que fuera de estos casos sigue empleándose como forma cortés o para marcar distancia: *ustedes estáis*.

g   Esta terminación se relaciona históricamente con las formas flexivas de voseo en varias áreas americanas (*cantés, sos*), si bien en la actualidad se ha perdido esta conexión. Véase -s^2.

h   La flexión de segunda persona plural puede aparecer en español con sujetos plurales o singulares de tercera persona siempre y cuando el hablante desee marcar que el oyente está incluido en los conjuntos denotados por el sujeto: *Los profesores siempre decís eso, Ninguno sabéis qué hacer, ¿Habéis llegado bien los demás?*

Tipos de significado

a   La existencia en la mayor parte del español europeo de una distinción entre el tratamiento de las segundas personas en contextos formales o de distancia y contextos de familiaridad o cercanía hace que **-is**^{2} tenga una interpretación más rica que otros morfemas de concordancia verbal, ya que codifica la marca de familiaridad y puede ser el único marcador de este valor cuando el sujeto es tácito.

b   Debido a que el llamado 'voseo reverencial' emplea las formas flexivas históricamente correspondientes a la forma latina 'vos', esta terminación se emplea también para referirse a oyentes singulares en contextos de máxima distancia y respeto: *Majestad, tenéis una mancha de huevo en vuestra real chaqueta*.

Propiedades fonológicas

a   Este sufijo, junto a *-mos*, hace que en presente de indicativo y subjuntivo el acento prosódico del verbo recaiga sobre la vocal temática (13). Es posible que esta propiedad se deba a que, junto a *-mos*, sea el único morfema de concordancia verbal que fonológicamente introduce al mismo tiempo vocales y consonantes en posición de coda (cf. **-o**^{2}, **-s**, **-n**)

(13)   c/á/nto ~ cant/á/is
(14)   b/é/bas ~ beb/á/is

b   Este cambio en la posición del acento se ha relacionado con la emergencia de formas regulares en aquellos verbos que diptongan o tienen ascenso vocálico, donde parece que el hecho de que la vocal que sufre el cambio esté o no acentuada es un factor importante para explicar la alternancia: *cuento ~contáis, pido ~ pidáis*.

c En el resto de formas fuera del presente, sin embargo, este sufijo no se asocia a cambio sistemático alguno en la posición de acento, y parece que en tales casos el sufijo determinante es el que expresa tiempo, aspecto y modo.

(15) cant/á/bas ~ cant/á/bais, canté ~ cant/á/steis, habrás ~ habréis, habrías ~ habríais...

> **Lecturas recomendadas:** Alcoba (1999), RAE & ASALE (2009: §4.4, §4.7), Pérez Saldanya (2012), Martín Vegas (2014), Zacarías-Ponce de León (2021).

-isc-. De origen incierto, tal vez relacionado etimológicamente con el latín *-iscus*. Posible interfijo que aparece en un número reducido de adjetivos, como *ol(er) > oliscoso*, sustantivos (*torn(ar) > torniscón*), y verbos (*lamer > lam-isc-ar*).

-isco. Del latín tardío *-iscus*, cognado con el diminutivo griego -ισκος. Posible sufijo poco productivo que a partir de sustantivos forma en su mayoría adjetivos relacionales o calificativos que pueden emplearse fácilmente como sustantivos, como *Berbería > berberisco, moro > morisco* o *Levante > levantisco* (también relacionable en otro significado con el participio activo de *levantarse* 'alzarse, sublevarse'). Otras formaciones con este posible sufijo tienen un uso exclusivamente como sustantivos, como *arenisca, pedrisco*, no siempre conservando el género de la base sustantiva. Resulta excepcional la forma *mordisco*, que sincrónicamente puede tratarse como un sustantivo formado a partir de una raíz verbal relacionada con *morder*. El significado de este sufijo es difícil de rastrear, debido a la escasez de derivados a partir de él, pero cuando forma adjetivos estos suelen ser relacionales, con preferencia por los adjetivos gentilicios (cf. Pharies 2002).

-isa. Del latín *-issa, -issae*. Sufijo empleado para hacer la forma femenina de un pequeño número de sustantivos, como *poeta > poetisa, papa > papisa, profeta > profetisa, sacerdote > sacerdotisa*. A menudo la forma femenina en estos casos tiene connotaciones estilísticas que hacen que los hablantes rechacen que la segunda forma sea simplemente la versión femenina del masculino. Nótese que la presencia del sufijo no excluye que aparezca la marca de palabra **-a**[1], empleada regularmente para formar sustantivos femeninos, lo cual sugiere que este sufijo debe ser segmentado como *-is-a*, donde es el segundo morfema el que es propiamente femenino. Tal vez la forma correcta de analizar esta terminación es proponiendo que ciertas bases sustantivas, como *poet-* o *pap-*, carecen gramaticalmente de forma femenina, de manera que la única forma de crear un femenino es derivando la base mediante un sufijo adicional, *-is-*, que a su vez puede ser especificado como una forma femenina. El problema de segmentación que produce este sufijo es comparable al que produce **-esa** en *alcalde > alcaldesa*, e **-ina**[3] en *gallo > gallina*.

> **Lecturas recomendadas:** Ambadiang (1993, 1999); Camacho (2021); Montero Curiel & Montero Curiel (2022).

-isela. Alomorfo de -ela.

-ísimo. Del superlativo latino *-issimus, -issima, -issimum*. Sufijo adjetival que forma adjetivos de grado extremo.

Tipos de base

a   Este sufijo se combina ante todo con adjetivos calificativos graduables cuya forma morfológica coincide con la que expresa el grado positivo.

   (1)   guapísimo, carísimo, rojísimo, buenísimo, gordísimo, elegantísimo, dolorosísimo

b   Normalmente los adjetivos relacionales y los adjetivos adverbiales rechazan este sufijo, debido a que no expresan propiedades graduables, salvo que se reinterpreten como adjetivos calificativos (*españolísimo, antiquísimo*). No obstante, aquellos adjetivos adverbiales que expresan nociones aspectuales o modales y admiten gradación por sí mismos lo admiten (*frecuentísimo, habitualísimo, rapidísimo...*).

c   Los adjetivos que expresan nociones comparativas o superlativas de por sí (*óptimo, mejor, único, primero, último*) no admiten este sufijo con facilidad, fuera de contextos que se sienten como enfáticos (*primerísimo,?ultimísimo*); no es excepción *mayor > mayorcísimo*, donde a pesar de su forma etimológicamente comparativa el adjetivo expresa grado positivo (*muy mayor* 'avejentado, anciano').

d   Los adjetivos elativos que expresan grado extremo léxicamente pueden combinarse con este sufijo, aunque es más frecuente que lo hagan en algunos casos donde la noción que se expresa es positiva (*estupendísimo* vs.??*espantosísimo, padre* 'muy bueno' > *padrísimo*). Pese a ello, en estos suele sentirse que el sufijo **-ísimo** es enfático o redundante, y es muy frecuente que los hablantes rechacen, fuera de contextos humorísticos, formaciones como *deliciocísimo, repugnantísimo, fantastiquísimo, horribilísimo, raudísimo, miserabilísimo*, etc.

e   Algunos cuantificadores valorativos admiten este sufijo, como *muchísimo, poquísimo, tantísimo, cuantísimo* (solo en su uso exclamativo; cf. **¿cuantísimo cuesta?*, debido a que este sufijo entraña que se sabe ya que la noción aparece en un grado extremo y por tanto bloquea que se pregunte por su valor) y, aunque menos extendido en el uso, *bastantísimo*. Algunos de estos cuantificadores pueden coordinarse con adjetivos (*muchas y grandes voces, somos pocos y mal avenidos*), pero no todos ellos.

f   Si este sufijo se combina con participios, lo hace en su valor adjetival: *estoy cansadísimo* vs. **me he cansadísimo*.

g   Es común el uso de este sufijo con bases nominales que indican primariamente papeles sociales, generalmente relativos a la posición de alguien en una jerarquía de mando (*generalísimo, jefecísimo*) o dentro de relaciones familiares (*hermanísimo, cuñadísimo, hijísimo*), donde designa a la persona más importante de entre las que tienen esa relación de parentesco o título o a la persona que tiene ese parentesco que se relaciona con la persona más importante de un grupo. En ambos casos se siente que la formación tiene intención humorística o al menos valorativa.

h   Este sufijo también se combina con adverbios graduables, como en *lejísimos, despacísimo* o *cerquísima*. Ocasionalmente, se documenta con nombres propios (*Carlísimos, Rafaelísima*) y ciertas interjecciones relacionadas con adjetivos o sustantivos (*¡Bravísimo! ¡Felicidadísimas!*)

Comportamiento gramatical

a   Este sufijo no cambia la categoría gramatical de la base, que permanece como adjetivo, adverbio o sustantivo en todos los casos.

b   Este sufijo marca con **-o**[1] y **-a**[1] los sustantivos y adjetivos a los que se une, independientemente de si las bases hubieran llevado estar marcas desinenciales: *feliz > felicísimo, pobre > pobrísimo, general > generalísimo, mujer > mujerísima.*
c   Este sufijo nunca cambia el género del sustantivo al que se une.
d   Este sufijo permite cierto grado de iteración, que fonológicamente se manifiesta solo en la repetición de la sílaba /si/: *guapísimo > guapisísimo*.
e   Pese a ser clasificado tradicionalmente como un sufijo superlativo, debido a su etimología, los adjetivos que se combinan con este sufijo no tienen el comportamiento de los superlativos. Los superlativos en español se caracterizan por dos propiedades fundamentales: la primera es que pueden introducir una coda superlativa preposicional, que expresa el conjunto del que se destaca al que posee el mayor valor. Como se ve en (3), esto no es el caso con los adjetivos combinados con **-ísimo**.

    (2)   el estudiante más alto <u>de la clase</u>
    (3)   *el estudiante altísimo <u>de la clase</u>

f   Un superlativo escoge a un referente único dentro de un grupo, porque dentro de cualquier grupo solo puede ser una la entidad que tiene el grado más alto de alguna propiedad. Por lo tanto, los sintagmas nominales que contienen un superlativo deben aparecer con el artículo definido, que se emplea en contextos en que el referente es único y por tanto puede ser identificado; esta propiedad, sin embargo, no se extiende a los adjetivos con **-ísimo**, donde ese adjetivo no fuerza la lectura de unicidad y por tanto no legitima el uso del artículo definido.

    (4)   {el / *un} capítulo más interesante que ha escrito
    (5)   {*el / un} capítulo interesantísimo que ha escrito

g   Las propiedades de este sufijo, de hecho, son similares más bien a las de los morfemas apreciativos típicos (cf. **-it-**[1]): no cambia la categoría de la base, no cambia el género de la base, se combina con sustantivos, adjetivos y adverbios gradativos, admite cierto grado de iteración e introduce, con más claridad en los sustantivos, una valoración subjetiva del hablante que a menudo puede entenderse como humorística o sarcástica. El examen de sus propiedades gramaticales sugiere que este sufijo es más bien un morfema apreciativo que se especializa en formar adjetivos elativos o de grado extremo en combinación con bases adjetivales, donde puede entenderse que el componente de evaluación se refiere a que el hablante entiende que las propiedades de la entidad exceden sus expectativas previas en alguna dimensión.

Tipos de significado

a   El significado de este sufijo depende del tipo de base con el que se combine. Con adjetivos y adverbios graduables, el hablante que lo emplea denota que el grado que exhibe cierta entidad dentro de la dimensión denotada por el adjetivo excede lo que considera normal o incluso lo que le parecería esperable. Así, quien dice que algo es importantísimo está diciendo que su importancia está por encima de lo que habría esperado él o su interlocutor.
b   Este valor extremo, con cuantificadores, indica que la noción que normalmente habrían expresado estos cuantificadores ha de entenderse de forma extrema, también como por encima de lo esperable: *muchísimo dolor, poquísima atención, tantísimo interés.*

c   En el caso de las bases sustantivas, el significado es más complejo. En algunas voces, se conserva el significado de grado extremo, manifestado en que la condición o dignidad que expresa la base se interpreta como aquella que dentro de una jerarquía o cadena es la preeminente por encima de los demás que puedan ostentar el mismo título: *generalísimo, jefecísimo*.

d   Esta interpretación de 'persona más importante dentro del conjunto de personas que pueden ser descritas con el sustantivo de la base' se puede documentar también en algunas formaciones que toman nombres de parentesco, como en *hermanísimo*, interpretable como el principal de entre todos los hermanos. No obstante, en estos casos es mucho más frecuente que la interpretación del sufijo se acerque más a un carácter evaluativo, humorístico o sarcástico, equivalente a 'persona que se considera muy importante por ser hermano de alguien importante', 'hermano que actúa como si fuera la persona principal' o algo parecido a esto.

e   Es frecuente que este sufijo produzca formas de tratamiento en registros cultos, muy a menudo relacionados con ámbitos religiosos o protocolarios, como *eminentísimo, excelentísimo, ilustrísima*, etc.

Propiedades fonológicas

a   La asimilación de **-ísimo** a los morfemas apreciativos se ve apoyada también por algunos aspectos de su comportamiento fonológico. Como **-it-**[1] o **-illo**, también este sufijo puede interponerse entre la raíz y las vocales átonas finales de la base, incluso cuando no corresponden claramente a marcas de género: *lejos > lej-ísim-os, cerca > cerqu-ísim-a*.

b   En contraste con algunos diminutivos, sin embargo, este sufijo nunca actúa como un infijo que rompe la secuencia de segmentos de la raíz. En contraste con **-it-**[1], que puede anclarse a la derecha de la sílaba tónica de la base y dar lugar a formaciones como *azúcar > azuquítar*, del adjetivo *frágil* no obtenemos *frag-ísim-il, sino *fragil-ísimo*.

c   En cuanto a los procesos fonológicos que puede producir este sufijo, hay que diferenciar el uso culto del sufijo del uso coloquial. En el uso culto, este sufijo puede producir espirantización de algunas bases acabadas en consonante, como las acabadas en *-g-* (*amicísimo, enemicísimo*) y elimina los diptongos condicionados por el acento (*cierto > certísimo, diestro > destrísimo, fuerte > fortísimo, bueno > bonísimo*). Ninguno de estos procesos se documenta, sin embargo, en la lengua coloquial e incluso en lo que podríamos calificar como el uso productivo normal de este sufijo: *buenísimo, amiguísimo, fuertísimo, ciertísimo*. Por tanto, cabe tratar los casos anterior más como alomorfos cultos seleccionados por el sufijo en ciertos registros que como procesos fonológicos productivos.

Alomorfos

a   Este sufijo tiene dos aspectos de relevancia para la alomorfía. El primero de ellos es que, tal vez debido a su carácter etimológicamente culto, tiene tendencia a seleccionar alomorfos latinizantes de la base, como en *antiguo > antiquísimo, cruel > crudelísimo, fiel > fidelísimo*.

b   Al igual que otros sufijos que comienzan por /i/ (cf. **-idad, -izar**), este sufijo fuerza el alomorfo *-bil-* del sufijo **-ble**: *amable > amabilísimo*.

c   El segundo es que este sufijo cuenta con una serie de alomorfos que en ocasiones comparten propiedades con los alomorfos que exhiben los diminutivos **-it-**[1] e **-illo**. Con bases bisilábicas acabadas en /n/ o /r/, se selecciona el alomorfo -císimo (cf. -cito, -cillo): cabrón-císimo, joven-císimo, vulgar-císimo, mayor-císimo.

d Con algunos adjetivos bisílabos acabados en /e/ se documenta -ecísimo (cf. -ecito, -ecillo), en la suposición habitual de que la vocal átona final de la base desaparece del derivado: suave > suavecísimo. Este alomorfo se usa también como una posible solución a los adjetivos acabados en -io (serio, limpio), que alternan entre una versión con este alomorfo (seriecísimo, limpiecísimo) y una en que se simplifica la secuencia de doble /i/ (serísimo, limpísimo).

e Pese a que se ha considerado etimológicamente un alomorfo de este sufijo, **-érrimo** (*paupérrimo*) probablemente deba entenderse ya como un morfema independiente.

LECTURAS RECOMENDADAS: Rainer (1993, 1999); Pharies (2002); RAE & ASALE (2009: §7.4); Pastor (2021); Kornfeld (2021).

-ismo. Del latín *-ismus*, y este a su vez del griego *-ισμός*. Sufijo nominal que toma bases sustantivas o adjetivales para dar lugar a sustantivos abstractos.

Tipos de bases

a Este sufijo produce con gran facilidad sustantivos a partir de adjetivos que designan ideologías, políticos, científicas o religiosas, así como aquellos que designan distintos ámbitos geográficos o históricos que pueden asociarse con rasgos típicos. La mayoría de estas formaciones tienen adjetivos relacionales en su base.

(1) absolutismo, americanismo, andalucismo, andinismo, anglicanismo, celtismo, chiísmo, chilenismo, cientifismo, clericalismo, colectivismo, colonialismo, constitucionalismo, corporativismo, cristianismo, culteranismo, culturalismo, didacticismo, doctrinarismo, dominicanismo, dualismo, eclecticismo, episcopalismo, escepticismo, eslavismo, españolismo, estatalismo, esteticismo, europeísmo, extranjerismo, falangismo, funcionalismo, generativismo, gnosticismo, gregarismo, gremialismo, hegelianismo, hinduismo, hirsutismo, hispanismo, individualismo, industrialismo, innatismo, internacionalismo, jacobinismo, legalismo, leonesismo, liberalismo, lesbianismo, luteranismo, madrileñismo, mahometismo, maniqueísmo, medievalismo, misticismo, mitraísmo, mozarabismo, nativismo, nestorianismo, nicaragüesismo, numantinismo, orientalismo, paganismo, papismo, parlamentarismo, parnasianismo, portuguesismo, pretorianismo, provincialismo, racionalismo, realismo, relativismo, republicanismo, ruralismo, socialismo, sufismo, tradicionalismo, vegetarianismo, venezolanismo,

b Son mucho menos frecuente las bases formadas por adjetivos calificativos, e incluso en estos casos hay una tendencia marcada a tratarlas como adjetivos relacionales no graduables (*cretinismo* ~ *cretino* 'persona aquejada de cierta enfermedad', no *cretino* 'tonto').

(2) colosalismo, cultismo, decadentismo, esnobismo, extremismo, favoritismo, feísmo, indiferentismo, infantilismo, intimismo, malditismo, modernismo, negrismo,

nerviosismo, optimismo, particularismo, pasotismo, pedantismo, pedestrismo, pobrismo, preciosismo, quietismo, salvajismo, servilismo, tremendismo,

c En general, muchos otros conceptos semánticos pueden aparecer como adjetivos en la base de estas formaciones, siempre que se asocien por conocimiento del mundo a comportamientos típicos, ideologías, fenómenos científicos y enfermedades o sus tratamientos:

(3) centralismo, conformismo, coquetismo, correcionalismo, decorativismo, dialectalismo, electoralismo, esencialismo, exclusivismo, formalismo, francesismo, furtivismo, historicismo, magnetismo, materialismo, maximalismo, mecanicismo, milenarismo, mutualismo, ocasionalismo, personalismo, posibilismo, profesionalismo, providencialismo, sedentarismo, triunfalismo

d Esta misma productividad se documenta también con bases que corresponden a nombres comunes que designan estas mismas nociones y por tanto pueden definir doctrinas o escuelas de pensamiento, ideologías políticas, estilos de vida o afecciones de distinto tipo:

(4) anexionismo, animismo, asambleísmo, budismo, campismo, capitalismo, caudillismo, cenobitismo, chamanismo, cuatrerismo, druidismo, elitismo, enanismo, gigantismo, guerrillerismo, hermafroditismo, histerismo, histrionismo, intervencionismo, intrusismo, intuicionismo, izquierdismo, machismo, monaquismo, monarquismo, mormonismo, nazismo, noctambulismo, obrerismo, panfilismo, protestantismo, proxenetismo, segregacionismo, seleccionismo, totemismo, unionismo, utopismo, voyeurismo, vuduismo,

e Al igual que con bases adjetivales, numerosos sustantivos que no necesariamente designan movimientos culturales o ideológicos, formas típicas de comportamiento o enfermedades y sus tratamientos se interpretan como tales en combinación con *-ismo*.

(5) borreguismo, caradurismo, catastrofismo, chabolismo, clasismo, clientelismo, conceptismo, conservacionismo, consumismo, costumbrismo, creacionismo, cubismo, deportismo, derrotismo, divismo, embolismo, enchufismo, enciclopedismo, esperpentismo, espiritismo, expansionismo, futurismo, humorismo, ilusionismo, impresionismo, matonismo, megalitismo, memorismo, nicotinismo, origenismo, paisajismo, parkinsonismo, proteccionismo, sexismo, sinfonismo, tabaquismo, terrorismo, vampirismo, vedetismo,

f Así, con nombres de evento como bases, los derivados correspondientes también se interpretan como filosofías de vida o sistemas de pensamiento:

(6) consumismo, derrotismo, entreguismo

g Frente a **-ista**, no son frecuentes las formaciones con bases que indican objetos concretos que se emplean típicamente en aficiones: *senderismo, paracaidismo, piragüismo*.

h Resultan muy frecuentes las formaciones a partir de nombres propios de persona que se considera representativa de cierta escuela de pensamiento, arte o ciencia o de algún desorden psíquico o físico.

(7) bonapartismo, cervantismo, cesarismo, churriguerismo, darwinismo, donatismo, donjuanismo, epicureísmo, erasmismo, estalinismo, estajanovismo, franquismo,

furierismo, galvanismo, jansenismo, josefismo, kantismo, krausismo, leninismo, molinismo, narcisismo, peronismo, petrarquismo, pitagorismo, priapismo, quijotismo, robinsonismo, tartufismo, taylorismo, trotskismo, zoroastrismo

i Son menos frecuentes, aunque se documentan algunas, bases sobre topónimos: *olimpismo, nicaragüismo, pirineísmo, sionismo*.

j Aunque en algunos casos puede pensarse en una base verbal (*separatismo*), generalmente en estos casos se encuentra un adjetivo en **-tivo** derivado de él, lo cual explica la presencia de *-t-* y permite tratar estos casos como haplologías. Resulta, sin embargo, difícil de explicar *dirigismo* sin hacer referencia al verbo *dirigir*.

k Aunque no son frecuentes, se identifican también formaciones sobre bases ligadas grecolatinas: *cinismo, civismo, deísmo, dextrismo, eufemismo, feminismo, laconismo, nudismo, paludismo*.

l La enorme productividad de este sufijo también lo hace aparecer con bases que representan afijos (*ultraísmo*), fonemas (*yeísmo*), pronombres (*otrismo, laísmo*), numerales (*diechiochismo*) o incluso secuencias lingüísticas (*apriorismo, belcantismo, dequeísmo, yoquepierdismo*).

Comportamiento gramatical

a Este sufijo produce invariablemente sustantivos, lo cual implica que tiene la capacidad de alterar la categoría gramatical de la base cuando las bases son adjetivos calificativos o relacionales.

b Invariablemente, este sufijo produce sustantivos masculinos que marca regularmente con **-o**[1]. En el caso de las bases sustantivas, esto implica que el género y la desinencia de la base no se mantienen en la palabra derivada: *cultura > culturismo, hermafrodita > hermafrodistimo*.

c Los sustantivos que se forman con este sufijo se comportan como nombres abstractos en su mayor parte, y sobre todo cuando denotan escuelas de pensamiento de cualquier tipo o formas de comportarse. Como otros nombres abstractos, esto quiere decir que el sustantivo tiende a ser un nombre masa que o bien nunca toma marcas de plural (*neoplatonismo*) o bien en plural recibe una lectura taxonómica –tipos distintos del concepto expresado por la base– (*feminismos*).

d No todos los sustantivos formados por este sufijo, sin embargo, son abstractos y nombres masa. Cuando el sufijo se emplea para designar una entidad que se toma como síntoma o muestra particular de un fenómeno subyacente, el sustantivo resultante es contable y admite con facilidad el plural: *traumatismos, quechuismos, galicismos*.

e Formalmente, es frecuente que este sufijo se una a sintagmas completos para producir palabras complejas, sin que existan los compuestos equivalentes: *doceañismo, tercermundismo, dieciochismo, quemeimportismo*.

f Tal vez la propiedad más relevante de este sufijo es la asociación que establece con el sufijo **-ista**, que muy frecuentemente –pero no de forma absoluta– aparece en su lugar con las mismas bases, como se discutirá después.

Tipos de significado

a Hay esencialmente tres valores diferentes para el sufijo **-ismo**. En este orden, presentaremos su uso en la expresión de escuelas de pensamiento político, cultural o de otra naturaleza ideológica –que es el uso predominante en la mayoría de las formaciones–, su uso en la expresión de tipos de comportamiento y su uso como sufijo que expresa dolencias, afecciones y tratamientos médicos.

b En cuanto al primer uso, el sufijo **-ismo** forma sin dificultad sustantivos que denotan ideologías políticas, filosóficas o religiosas. Estos sustantivos siempre son abstractos y no contables.

(8) derechismo, despotismo, ecologismo, empirismo, esencialismo, eslavismo, espiritismo, filibusterismo, golpismo, igualitarismo, laborismo, laicismo, nacionalcatolicismo...

c En ocasiones la escuela de pensamiento se interpreta como un movimiento social o cultural, en condiciones indistinguibles gramaticalmente de las anteriores –es solo nuestro conocimiento del mundo lo que nos informa de la naturaleza conceptual de estas formaciones–.

(9) conceptismo, dantismo, dadaísmo, evolucionismo, formalismo, gansterismo, hermetismo, historicismo, expresionismo, manierismo, matonismo, nepotismo, pacifismo, patriotismo...

d En una posible extensión de este significado, el sufijo puede emplearse para indicar el ámbito de estudio asociado con la base y por tanto pasa a designar una disciplina o subdisciplina dentro de un área.

(10) cervantismo, hispanismo, glaciarismo, helenismo, humanismo

e En segundo lugar, este sufijo permite formar sustantivos que indican formas de comportamiento, tendencias de carácter u otras propiedades valorativas asociadas a la entidad (*efectismo, egoísmo, escapismo*). Este uso es frecuente con adjetivos calificativos en la base, y da lugar a nombres abstractos similares a los que se forman con nominalizadores como **-ura** o **-ez**.

(11) dinamismo, escepticismo, exotismo, fanatismo, fariseísmo, heroísmo, hieratismo, infantilismo, intrusismo, irracionalismo, laxismo, mimetismo, narcisismo, paternalismo, perfeccionismo, pesimismo, purismo...

f Con nombres propios, el significado es o bien escuela de pensamiento o forma de comportarse, dependiendo de la naturaleza de nuestro conocimiento enciclopédico acerca de la persona o personaje que designa el nombre propio. Así, en *zapatismo* interpretamos un movimiento político (*Zapata*), mientras que en *quijotismo* interpretamos una forma de comportarse, ya que no asociamos un sistema ideológico coherente a *Quijote*.

g El tercer valor de este sufijo es el de indicar dolencias médicas, entendidas de forma abstracta como conjuntos de síntomas que permiten alcanzar un diagnóstico.

(12) monocromismo, enanismo, gigantismo, priapismo, herpetismo, hipertiroidismo, hipogonadismo, histerismo, idiotismo, meteorismo, narcotismo, nicotismo...

h Por extensión, pueden considerarse parte de este mismo uso aquellos casos en que el sufijo da lugar a fenómenos científicos de otros ámbitos, como puede ser el de la lingüística.

(13) cromatismo, dialogismo, electromagnetismo, esdrujulismo, fototropismo, galvanismo, monolitismo, parasitismo,

i Cuando el sufijo indica fenómenos científicos y formas de comportamiento, es frecuente que los sustantivos se empleen también para hablar de los casos particulares o instancias que permiten observar el fenómeno que se trata de diagnosticar (13), en cuyo caso funcionan como nombres contables.

(14) disfemismo, eufemismo, dominicanismo, consonantismo, favoritismo, grafismo, guarismo, organismo,

j Frente al sufijo **-ista** son muy escasas las formaciones en que el sufijo designa una afición u ocupación, presentada de forma abstracta: *ensayismo, ilusionismo, interiorismo, pugilismo, ciclismo*.

k El sufijo es muy transparente y apenas hay formaciones de valor demotivado, pero se documenta *espejismo* (relacionado con *espejo*).

l Se suele apuntar en la bibliografía que este sufijo forma pares con adjetivos o sustantivos en **-ista** donde **-ismo** designa cierta escuela de pensamiento, ideología o algún tipo de comportamiento e **-ista** hace referencia al individuo que lo sigue o practica. Así, *egoísmo ~ egoísta, independentismo ~ independentista* o *madridismo ~ madridista*. Esta correspondencia no es perfecta, sin embargo, ya que en ocasiones la base de formación de -ismo es la que ya designa a la persona que exhibe esa ideología o comportamiento: *liberalismo ~ liberal, divismo ~ diva, donjuanismo ~ donjuán*.

m Los pares entre **-ismo** e **-ista** se disuelven en dos ámbitos semánticos, lo cual puede tomarse como un argumento para negar la relación directa actual entre los dos sufijos. Así, el sufijo **-ista** no se emplea en el lenguaje de la medicina para hablar de los pacientes que están aquejados de una dolencia que se puede designar con **-ismo**: **enanista, *gigantista, *meteorista*.

n A la inversa, son muy escasas las formaciones en que **-ismo** designa aficiones o profesiones, lo cual hace que un buen número de formas en **-ista** que designan estos conceptos carezcan de un par en **-ismo**: **acordeonismo, *alfombrismo, *anestesismo, *antenismo, *ascensorismo, *bajismo, *caricaturismo, *chapismo, *clarinetismo, *contrabajismo, *copismo, *dentismo, *escayolismo, *fabulismo, *fagotistmo, *flautismo, *florismo, *gasismo, *guionismo, *guitarrismo, *lampismo, *letrismo, *libretismo, *marmolismo, *recepcionismo*. Cabe interpretar este contraste como que **-ismo** rechaza en general las bases que denotan objetos físicos, y solo las admite si existen conjuntos de propiedades asociadas a ellas que denoten sistemas de pensamiento, síntomas de una dolencia o comportamientos típicos.

Propiedades fonológicas y haplologías

a El sufijo **-ismo** en general preserva la forma fonológica de las bases, pero suele producir espirantización cuando se une a bases terminadas en /k/: *lai[k]o > lai[θ/s]ismo, mecánico > mecanicismo*, y otros muchos.

b Al comenzar por /i/ puede implicar la pérdida total de un diptongo final de palabra: *doctrinario > doctrinarismo / *doctrinariísmo*.

c Este sufijo fuerza en general la caída de toda vocal final átona de la base, incluidas algunas que forman parte de la base: *espíritu > espirit-ismo*. Sin embargo, existen varios casos en los que se preserva una vocal final, tal vez por formar parte de la raíz y no constituir una marca de género, o debido al peso prosódico de la base: *lama > lamaísmo*. Como se espera, el sufijo conserva las vocales tónicas finales: *vudú > vuduismo*.

d Muchas de las propiedades fonológicas de este sufijo son replicadas por **-ista**, tal vez porque en muchos casos **-ista** parece tomar como base en realidad una formación en **-ismo**. Ocasionalmente, se pierde la última sílaba completa, si su vocal es átona: *Suárez > suarismo*.
e No se identifican alomorfos claros de este sufijo, pero véase **-alismo**.
f Son frecuentes las haplologías con este sufijo. Para empezar, este sufijo implica la caída de **-is**[1] o **-isis**: *ten-is> tenismo (*tenisismo)*.
g Este sufijo suele hacer caer el sufijo '**-ico**, pero de nuevo de forma no sistemática: *dinamismo (dinámico), hipnotismo (hipnótico)* y *dogmatismo (dogmático)* contrastan con *mecánico > mecanicismo* o *bélico > belicismo*.
h Son frecuentes también las haplologías de los últimos segmentos de los sufijos adjetivales **-ífico** (*científico > cientifismo*) y **-tivo** (*comparativo > comparatismo*).
i Son menos sistemáticas otras haplologías, como la necesaria para explicar *renacimiento > renacentismo*, donde es posible proponer que la base de formación no es el sustantivo con el que se asocia semánticamente.
j En ocasiones, el sufijo tiene que tomar como base una forma compleja que no se emplea como adjetivo independiente en español actual, como en *justicial-ismo* o en *oscurant-ismo*. En el primer caso tal vez se deba postular un alomorfo **-alismo**, históricamente formado por la adición de dos sufijos independientes (cf. *miminalismo*, donde no existe la base *minimal), pero parece difícil tratar el segundo caso como algo que no sea una formación ocasional e idiosincrática.

Relaciones con otros afijos

a Entre los nombres abstractos que designan escuelas de pensamiento, **-ismo** tiene una productividad alta que se manifiesta sobre todo en su especialización para designar los procesos relacionados con movimientos ideológicos de todo tipo. Véase en contraste la productividad de **-ía / -ia, -ío / -io**, que normalmente toman bases sustantivas frente a las adjetivas que son predominantes con **-ismo**.
b Como se ha hecho evidente en esta entrada, la principal relación de este sufijo es con **-ista**. Esta relación es compleja en tres sentidos: (i) si las dos formas pueden entenderse independientemente o no, (ii) cuál de las dos es la forma básica cuando existe esa relación, (iii) si cabe descomponerlas por compartir el segmento /is/. Véase en este sentido la entrada de **-ista**, donde se discuten las tres opciones.

> LECTURAS RECOMENDADAS: Santiago Lacuesta & Bustos Gisbert (1999); Pharies (2002); RAE & ASALE (2009: §6.4); Fábregas (2014); Zacarías-Ponce de León & Hernández-Quiroz (2017).

iso-. Del griego ἴσος 'igual'. Prefijo adjetival, propio del lenguaje técnico, que se combina sobre todo con bases neoclásicas.

Tipos de base

a De forma casi exclusiva este prefijo se combina con temas neoclásicos equivalentes a sustantivos y adjetivos relacionales: *isobara, isoedro, isofonía, isoglosa, isómero, isostasia* o *isótopo*, y entre los adjetivos, *isócrono, isodáctilo, isomorfo, isotermo, isótropo*.

b   Es frecuente que las formaciones adjetivales marquen en español su naturaleza morfológica mediante sufijos de adjetivo relacional, ocasionalmente en alternancia con las formas adjetivales sin ese sufijo: *isócromo ~ isocromático, isotermo ~ isotérmico*.
c   Hay también formaciones adjetivales propias: *isosilábico, isoclimático, isotónico, isométrico*.
d   Fuera del lenguaje técnico casi no existen las formaciones sobre sustantivos existentes en español, como *isocontenedor* o *isopanel*.

Comportamiento gramatical

a   Este prefijo no es iterable.
b   Este prefijo no admite la expansión funcional de la base, o la interpolación de modificadores.
c   Este prefijo no altera las propiedades gramaticales de la base.
d   Este prefijo forma paradojas de encorchetado con las bases que son adjetivos relacionales: *isotérmico* es 'relacionado con temperaturas iguales', no 'igual a la relación con la temperatura', o algo similar a eso.

Tipos de significado

a   Como prefijo, **iso-** aporta el significado de una relación de identidad equivalente a 'igual', donde la identidad no se refiere al referente sino a los valores para una propiedad determinada, que se relaciona con la base.
b   La interpretación más frecuente es aquella en que la base designa qué propiedad o parámetro es el que se considera igual a otra entidad, que permanece tácita. Un *isótopo* –la base equivale a 'lugar'– es el elemento que ocupa el mismo lugar en la tabla periódica (es decir, que tiene el mismo número atómico) que otro; una *isoglosa* –la base indica 'lengua, habla'– agrupa las variedades con rasgos de lengua iguales; una *isobara* –la base indica 'presión, pesantez'– une las regiones con el mismo valor de presión atmosférica; algo *isómetro* –la base indica 'medida'– agrupa entidades con la misma longitud o medida; la *isofonía* –'sonido'– agrupa sonidos del mismo tipo, etc.
c   Es posible también una lectura en que la base denota el objeto o la entidad que es igual a otra, dejando tácitos los parámetros o dimensiones que se emplean para evaluar la igualdad: un *isoedro* –la base indica 'base, lado'– es una forma geométrica con bases iguales en dimensión, *isósceles* –la base indica 'pierna'– es un triángulo con dos lados de la misma longitud; un *isopanel* es un panel igual a otros paneles, de manera que todos los paneles son de la misma longitud, grosor y material; algo *isodáctilo* –la base indica 'dedo'– es un animal con los dedos iguales–, etc.
d   A veces son necesarias interpretaciones más complejas y requieren deducir procesos que dan resultados estables o iguales a lo largo del tiempo o del espacio: *isostasia* –donde la base significa 'equilibrio'– implica que un proceso se autorregula para mantener un valor total igual a lo largo del tiempo; la *isotropía* –la base indica 'medición'– es la propiedad que tienen las entidades en las que la dirección en que se mida algo no influye en el resultado. Estas lecturas suelen ser necesarias para dar cuenta del valor técnico de algunos de estos términos en el léxico científico.

Propiedades fonológicas

Este prefijo mantiene parte de su independencia fonológica al evitar la reducción vocálica de las secuencias de vocales: *isoedro*, no **isodro* o **isedro*.

-ist-. Interfijo no productivo, tal vez relacionado con -ista, que aparece en la forma *lambistón* (Portolés 1999: 5065).

-ista. Del latín *-ista* y este a su vez del griego *-ιστής*. Sufijo adjetivalizador que toma bases sustantivas para producir generalmente adjetivos disposicionales o relacionales que frecuentemente se emplean también como sustantivos.

Tipos de bases

a   Este sufijo produce adjetivos a partir de sustantivos que representan nombres comunes, entre muchos otros tipos de base sobre todo a partir de nombres de entidades físicas que se emplean para definir ocupaciones o aficiones:

(1) acordeonista, acuarelista, adornista, alarmista, alfombrista, anagramista, anestesista, antenista, archivista, articulista, ascensorista, bajista, caricaturista, cartelista, carterista, chapista, clarinetista, contrabajista, copista, coplista, dentista, documentalista, editorialista, elitista, enciclopedista, escayolista, fabulista, fagotista, flautista, florista, folletinista, gasista, guionista, guitarrista, lampista, letrista, libretista, marmolista, paisajista, recepcionista, senderista

b   Otras muchas bases denotan ámbitos del saber, técnicas y otros nombres abstractos que definen potenciales ocupaciones o aficiones.

(2) acupunturista, aguafuertista, ajedrecista, aeromodelista, artista, baloncestista, bañista, beisbolista, billarista, bolerista, bolsista, coleccionista, deportista, dramaturgista, esgrimista, esperantista, espiritista, evolucionista, folclorista, futbolista, golfista, hispanista, ilusionista, interiorista, italianista, malabarista, manicurista, maratonista,

c   También existen bases que son nombres comunes que denotan o se asocian conceptualmente a movimientos políticos, científicos, sociales y económicos de los que una persona puede ser seguidora.

(3) abolicionista, abstencionista, africanista, andalucista, animalista, centrista, colaboracionista, conductista, elitista, espiritista, evolucionista, fuerista, golpista, huelguista, idealista, institucionalista, islamista, latifundista, moralista, racista

d   En general, muchos otros conceptos semánticos pueden aparecer como base de estas formaciones, siempre que se asocien por conocimiento del mundo a comportamientos típicos, ideologías, ocupaciones o aficiones.

(4) ahorrista, animista, bromista, camorrista, catastrofista, chabolista, chantajista, comentarista, derrotista, descuidista, detallista, escapista, fetichista, finalsta, humorista, interiorista, medallista, pandillista, perfeccionista, prestamista, rollista, senderista, transformista, zarista

e   Son muy frecuentes también las bases en las que se identifica un nombre propio de persona, asociada a un movimiento artístico, político o religioso. Entre otros muchos pueden citarse los siguientes.

   (5)   apolinarista, averroísta, bonapartista, budista, calvinista, carlista, castrista, cesarista, churriguerista, dantista, darwinista, erasmista, estajanovista, estalinista, franquista, garcilasista, jansenista, krausista, leninista, lopista, malinchista, maoísta, maquiavelista, marxista, orangista, peronista, sandinista, suarista, tomista, trotskista

f   Aunque la descomposición morfológica da la sensación de que son frecuentes las formaciones sobre adjetivos (6), el hecho es que en estos casos siempre se encuentra un derivado en **-ismo** con el que se relaciona la formación en **-ista**. Así, el significado de *pesimista* no se construye sobre el de *pésimo*, sino sobre el de *pesimismo*.

   (6)   mayorista, medianista, medievalista, menorista, mexicanista, modernista, penalista, pesimista, posibilista, preciosista, quietista

g   Aunque no son frecuentes, se identifican también formaciones sobre bases ligadas grecolatinas: *autista, jurista, nudista, nihilista, fascista*.

h   La enorme productividad de este sufijo también lo hace aparecer con bases que representan fonemas (*yeísta*), pronombres (*leísta, egoísta*), o numerales (*dieciochista*).

Comportamiento gramatical

a   Este sufijo cambia la categoría gramatical de la base, que pasa de sustantivo a adjetivo, con las complicaciones notadas en el apartado anterior acerca de la necesidad de postular una forma en **-ismo**.

b   Este sufijo marca con **-a**[3] los adjetivos que forma, independientemente de si son masculinas o femeninas.

c   Este sufijo produce tanto adjetivos relacionales como adjetivos calificativos. Entre los adjetivos calificativos se encuentran *pesimista, detallista, hedonista, bromista*.

d   Es muy frecuente que las formaciones adjetivales que contienen este sufijo se conviertan en sustantivos cuando denotan a los seguidores de movimientos políticos, religiosos, artísticos o científicos, los que ejercen una profesión o los que se definen por su comportamiento típico.

e   Con todo se emplean como sustantivos de forma casi exclusiva algunas de sus formaciones. Es muy típico que se empleen únicamente como sustantivos las formaciones que indican profesiones. Estas formaciones se caracterizan también porque típicamente les falta un equivalente en **-ismo** (*flautista* ~ **flautismo*) (7).

   (7)   esgrimista, espadista, espaldista, extorsionista, financista, genetista, lingüista, solista, flautista, telefonista, transportista

f   Formalmente, es frecuente que este sufijo se una a sintagmas para producir palabras complejas, sin que existan los compuestos equivalentes: *centrocampista, tercermundista, doceañista, mediocampista, noventayochista, sanjuanista*.

g   Es igualmente posible que se combine con secuencias incompletas o completas de palabras que se asocian a algún rasgo de comportamiento: *dequeísta, yoquepierdista*.

h   Tal vez la propiedad más relevante de este sufijo es la asociación que establece con el sufijo **-ismo**, que muy frecuentemente aparece presente en su significado y otras propiedades en la base de las formaciones.

Tipos de significado

a   Hay esencialmente tres valores diferentes para el sufijo -**ista**. En este orden, presentaremos su uso en la expresión de las personas que siguen un movimiento social o político –que es el uso predominante con adjetivos relacionales–, su uso en la expresión de ocupaciones y aficiones, y su uso en la expresión de tipos de comportamiento.

b   El significado de -**ista** como adjetivo relacional es el de expresar una mera relación entre la base y el sustantivo al que modifica, relación que está subespecificada y cuya determinación depende del conocimiento del mundo y de la naturaleza semántica de las dos clases de entidades que se relacionan.

   (8)   giro atlantista, movimiento huelguista, planteamiento institucionalista, prohibición abortista

c   Frente a otros sufijos que forman adjetivos relacionales, incluso en estos casos es muy habitual constatar que el sufijo aporta algo más de significado a la formación de lo que es habitual entre este conjunto de adjetivalizadores. Concretamente, este sufijo aporta el significado de que la relación de la que se habla define el sustantivo de la base como el exponente de un movimiento político, ideológico, social o de otro tipo.

d   Esto es visible por ejemplo con las formaciones que toman nombres de lugar como base, donde es necesario definir alguna clase de movimiento relacionado con ese lugar para dar cuenta correctamente del significado del adjetivo (cf. *andalucista* 'defensor de los derechos políticos de Andalucía', no 'procedente de Andalucía').

   (9)   africanista, barcelonista, madridista, galleguista, pirineísta, valencianista, vaticanista

e   Este mismo valor de movimiento social, artístico o político se identifica cuando se construye el adjetivo sobre un nombre propio (*pedrista* 'seguidor de Pedro Sánchez, presidente de España') y en otros muchos casos.

f   De aquí se concluye que un valor fundamental de este sufijo es el de indicar la relación con un movimiento social, artístico, político o de otra naturaleza. Esto hace que, cuando se emplean como sustantivos, sea muy frecuente que -**ista** se emplee para denotar a la persona que sigue o se adhiere a ese movimiento: *un impresionista, un progresista, un atlantista, un fascista*, etc.

g   El segundo valor de este sufijo es la definición de una ocupación o afición. En estos casos, -**ista** es un sufijo asociado a adjetivos calificativos donde es posible identificar un valor disposicional en el que la base del adjetivo se asocia a alguna acción hacia la que tiende la persona de la que se predica el adjetivo. Estas son las formaciones en -**ista** donde es más probable que la formación se emplee casi exclusivamente como un sustantivo.

   (10)   acuarelista, arreglista, bolerista, comentarista, contrabandista, futbolista

h   De aquí se sigue el segundo uso más frecuente de este sufijo cuando produce voces que se emplean como sustantivos es el de expresar las personas que tienen ciertas ocupaciones (*archivista*) o aficiones (*coleccionista*).

i   En los casos anteriores se supone la existencia de alguna clase de acción típica y frecuente, que o bien sucede de manera habitual o bien define alguna disposición natural de la entidad hacia dicha acción. Existen, sin embargo, algunos casos específicos en que la acción que se supone queda satisfecha si ha sucedido una sola vez:

(11) finalista 'que participa en una final', medallista 'que ha ganado una medalla'

j En tercer lugar, el sufijo puede indicar una clase de persona definida por su comportamiento, también con un valor predisposicional donde se indica la tendencia a actuar de una manera relacionada con la base de formación del adjetivo:

(12) bromista, catastrofista, detallista, egoísta

k Es muy frecuente que, pese a no encontrarse en la base de formación visible, el significado de la palabra derivada suponga un sustantivo en -**ismo**, que da nombre al movimiento social, político o de otro tipo. En tal caso, la forma en -**ista** designa al partidario de ese movimiento expresado por -**ismo**. De hecho, lo más frecuente es que las voces con -**ista** tengan un equivalente en -**ismo** relacionado con ellas, como en la lista de (13).

(13) absentista, absolutista, activista, agrarista, alpinista, altruista, amarillista, ambientalista, andinista, atlantista, cantonalista, centralista, cientifista, clasicista, colonialista, comunista, conformista, corporativista, criminalista, determinista, dualista, electoralista, estructuralista, empirista, escapista, espiritualista, exclusivista, exorcista, fatalista, funcionalista, gremialista, fundamentalista, hedonista, imperialista, legalista, nacionalista, objetivista, obrerista, paternalista, panteísta, urbanista

l Tener que suponer una forma en -**ismo** para entender el significado de la forma en -**ista** sucede de forma obligatoria en los casos en que la forma de la base es un adjetivo (*activo* > *activista* 'que practica el activismo', no 'que es activo'), pero parece necesario en otros muchos casos en que la base es un sustantivo y la palabra designa al seguidor de un movimiento, por no decir en la inmensa mayoría de dichos casos. Aunque en principio sea posible definir *abolición* > *abolicionista* como la persona que defiende la abolición, resulta más complejo definir *costumbre* > *costumbrista* como quien defiende las costumbres, ya que es más bien el seguidor de un movimiento artístico llamado *costumbrismo*.

m En cambio, los nombres que designan a la persona que ejerce una profesión o afición no suelen requerir que se suponga una formación en -**ismo**. De hecho, la inmensa mayoría de las formaciones en -**ista** que designan profesiones o aficiones carecen de un par en -**ismo**: **acordeonismo, *acupunturismo, *antenismo, *arreglismo, *ascensorismo, *carterismo, *dentismo, *flautismo, *guitarrismo*, etc. Cuando esta forma existe (*aeromodelismo, senderismo*) sigue siendo posible definir la forma en -**ista** asociándola directamente a la noción expresada por su base, sin tener que pasar a través de la derivada en -**ismo**: un aeromodelista puede ser quien hace aeromodelos.

n La relación semántica entre -**ista** e -**ismo** es menos sistemática en las formaciones que denotan comportamientos típicos. No es sistemático si tienen un equivalente en -**ismo**, para empezar: **bromismo*, pero *catastrofismo*; **camorrismo, *chantajismo*, pero *derrotismo, fetichismo*; **humorismo* pero *perfeccionismo*, etc.

ñ En los casos en que existe una forma en -**ismo**, parece todavía posible explicar el significado de la forma en -**ista** sin hacer referencia a ella. Algo *catastrofista* puede ser algo que tiende a la catástrofe, un pensamiento *derrotista* puede ser el que espera la derrota, etc.

Propiedades fonológicas y haplologías

a   El sufijo **-ista** preserva en general la forma fonológica de las bases, y pese a atraer el acento a su vocal /i/ no cancela normalmente los diptongos de las bases (*cueva* > *cuevista*, pero *covacha*). No obstante, puede producir espirantización: *béli[k]o* > *beli[θ/s]ista*, *mecánico* > *mecanicista*. Las bases en las que produce espirantización suelen coincidir con las que sufren el mismo proceso con **-ismo**.

b   En cambio, no produce cambio de /g/ a /x/: *huelga* > *huelguista*.

c   Al comenzar por /i/ puede implicar la pérdida total de un diptongo final de palabra: *comentario* > *comentarista* / *comentariísta.

d   Este sufijo fuerza la caída de toda vocal final átona, incluidas las que forman parte de la base: *espíritu* > *espirit-ista*. Ocasionalmente, se pierde la última sílaba completa, si su vocal es átona: *Suárez* > *suarista*.

e   No se identifican alomorfos claros de este sufijo, pero véase **-alista**.

f   Son frecuentes las haplologías con este sufijo. Para empezar, este sufijo implica la caída de **-is**[1] o **-isis**: *analista, tenista*.

g   Este sufijo también causa la haplología de **-io / -ío, -ia / -ía**, sin que quede claro si esto se debe a causas fonológicas: *economía* > *economista*, *equilibrio* > *equilibrista*, *memoria* > *memorista*, *diplomacia* > *diplomatista*.

h   Este sufijo suele hacer caer el sufijo **'-ico** (pero *bélico* > *belicista*, *laico* > *laicista*, *mecánico* > *mecanicista*): *cerámica* > *ceramista*, *dinámico* > *dinamista*, *periódico* > *periodista*, *polémica* > *polemista*.

i   La posible haplología de **-idad** se observa en *intimista* (tal vez relacionado con *intimidad*), *relativista* (*relatividad*), *oportunista* (*oportunidad*). Estos casos solo pueden explicarse sin haplología si se admite que este sufijo puede tomar bases adjetivales.

j   Es menos sistemática la haplología necesaria para explicar *renacimiento* > *renacentista*, donde es posible proponer que la base de formación no es el sustantivo con el que se asocia semánticamente.

Relaciones con otros afijos

a   En algunas formaciones, surge el problema de si este sufijo entra en cadena con **-al**. Son muy frecuentes las bases en **-al** a las que se une **-ista** (*vital* > *vitalista*, *imperio* > *imperial* > *imperialista*), pero no existe la forma *minimal cuando sí se documenta *minimalista* (cf. también *censo* > *censal > *censalista*, y algunas otras). Véase **-alista**.

b   Entre los adjetivos relacionales, **-ista** tiene una productividad alta que se manifiesta sobre todo en su especialización para designar los procesos relacionados con movimientos de todo tipo. Como adjetivo disposicional, su productividad es alta, solo igualada o superada por **-ero**, con el que también comparte la propiedad de dar nombre a los que ejercen ciertas profesiones y ocupaciones.

c   Como se ha hecho evidente en esta entrada, la principal relación de este sufijo es con **-ismo**. Esta relación es compleja en tres sentidos: (i) si las dos formas pueden entenderse independientemente o no, (ii) cuál de las dos es la forma básica cuando existe esa relación, (iii) si cabe descomponerlas por compartir el segmento /is/.

d   La primera cuestión es tal vez la más compleja. A favor de tratar **-ismo** e **-ista** como dos sufijos que se relacionan directamente (tal vez uno para formar sustantivos y otro para formar adjetivos) tenemos distintos factores: en los casos de términos que designan movimientos y sus seguidores, es sistemática la existencia de formaciones en **-ismo** e **-ista**; la forma en **-ismo** tiene que suponerse cuando la base superficial de formación para **-ista** es un adjetivo (*modernismo ~ modernista*); es frecuente que sea necesario suponer el significado del término en **-ismo** en la glosa del significado de **-ista**.

e De ser correcto el razonamiento anterior, podría pensarse que **-ista** contiene en su estructura **-ismo**, de forma que pueda verse como una forma más compleja de **-ismo** que construye adjetivos a partir de ellos. No obstante, esta relación no se da siempre, y hemos visto también otros motivos para suponer que no debe considerarse que **-ista** se asocia siempre a **-ismo**: no todas las formas en **-ista** tienen pareja con **-ismo**, y de hecho es excepcional que exista la forma en **-ismo** para dar nombre a ocupaciones, aficiones y tendencias de comportamiento; tampoco es cierto que toda forma en **-ismo** tenga un equivalente en **-ista** (cf. **-ismo**, por ejemplo en el caso de los nombres de afecciones y enfermedades).

f La falta de coincidencia perfecta entre los dos sufijos, por tanto, ha de tomarse como un argumento que dificulta en principio tratar a cualquiera de los dos como una versión derivada del otro. Parece más apropiado, pues, tratar **-ista** como un sufijo independiente de **-ismo** que, bajo ciertas condiciones, coincide en el ámbito semántico en que se aplica.

g Esto sin embargo no resuelve los casos de coincidencia donde el significado de **-ismo** se sobreentiende para explicar el valor del adjetivo derivado en **-ista**. Esto hace necesario proponer que, aunque **-ista** no contenga la estructura de **-ismo**, sí coincide con él en algunos rasgos y propiedades estructurales. Una forma de resolver este problema sería la de permitir que **-ista** comparta con **-ismo** la capacidad de definir la base como un movimiento, y que tome raíces adjetivales o nominales, alternativamente; otra forma de resolver el problema, menos elegante, sería dividir **-ista** en dos sufijos dependiendo del tipo de base que tomen, pero el problema sería entonces que el resto de propiedades de esos dos hipotéticos **-ista**[1] e **-ista**[2] serían iguales. Finalmente, una tercera posibilidad sería tratar los dos sufijos como estructural y gramaticalmente relacionados, de forma que sean las versiones nominal y adjetival uno del otro, y tratar los huecos de formación en que falta uno de los dos miembros como accidentes causados por el valor conceptual, el conocimiento del mundo o simples irregularidades de uso.

h Sea como fuere, es necesario considerar que al menos en algunos casos se establece una relación entre los dos sufijos, y la pregunta entonces es cuál es la forma básica y cuál es la derivada. Generalmente se piensa que **-ista** es una forma más compleja que **-ismo**, y por tanto que la direccionalidad de la relación es **-ismo** > **-ista** y no al revés, por tres motivos: (a) se entiende que los adjetivos son más complejos que los sustantivos, porque es habitual convertir los adjetivos en sustantivos (*gordo > un gordo*) pero más excepcional convertir los sustantivos en adjetivos sin añadir morfemas derivativos; (b) a veces el valor de **-ista** supone el de **-ismo**, pero no hay casos claros en que un sustantivo derivado de **-ismo** tenga que suponer forzosamente **-ista**; (c) en general, semánticamente se tiende a interpretar que dar nombre a un movimiento es previo a designar a sus seguidores.

i Finalmente, no parece oportuno segmentar **-ismo** e **-ista** como **-is** y dos eventuales morfemas **-mo** y **-ta**. La razón es que no se documentarían usos de **-is-** en la denotación de movimientos, nombres abstractos, etc. equivalentes en ausencia de los otros dos supuestos sufijos. Nótese que **-is**[1], con el que podría relacionarse tal vez, siempre sufre haplología en casos de derivación, por lo que es imposible relacionarlo con él. Véase sin embargo **-ta**.

> **LECTURAS RECOMENDADAS**: Rainer (1993, 1999); Pharies (2002); Fábregas (2014, 2020); Zacarías-Ponce de León & Hernández-Quiroz (2017).

-ístico. De la suma de los sufijos **-ista** e **'-ico**[1]. Sufijo que forma adjetivos relacionales exclusivamente y que es necesario postular en una serie de formaciones donde no existe una base en **-ista**, como *balletístico, billarístico, boxístico, balístico, culpabilístico, dibujístico, faunístico, eurístico, memorístico, museístico, operístico, zarzuelístico*, entre otros. La necesidad de considerarlo ya como un sufijo propio y no como una cadena de dos sufijos que forman adjetivos relacionales se apoya en los siguientes argumentos:

a La forma en **-ista** no existe para estas bases.
b El significado que aportaría **-ista**, de ser segmentable en estas bases, no se verifica en su significado. **-ista** generalmente produce significados de predisposición a algo, para caracterizar tipos de comportamiento o profesiones, o designa a los seguidores de cierta ideología. Esto no es el caso en formaciones como *dibujístico, culpabilístico, operístico* o *balletístico*.
c A esto cabe sumar otras muchas formaciones donde la relación semántica no se establece con una base en **-ista**, aunque exista, sino con el sustantivo que aparece en la base: *lingüístico* no se relaciona con *lingüista* sino con *lengua*; *armamentístico* se relaciona con *armamento*, *artístico* se relaciona con *arte*, *tenístico* se relaciona con *tenis*, *urbanístico* se relaciona con *urbe*, *golfístico* se relaciona con *golf*, *ensayístico* se relaciona con *ensayo*, entre otros muchos casos.

> **LECTURAS RECOMENDADAS**: Pharies (2002); Fábregas (2020).

-it-[1]. Del latín tardío *-ittus, -itti*. Afijo derivativo de valor diminutivo, que puede combinarse con sustantivos, adjetivos, numerosos adverbios y otras clases de palabras.

Tipos de bases

a Este sufijo diminutivo es el que tiene mayor extensión en su uso gramatical y geográfico. Se combina productivamente con toda clase de nombres comunes que designan objetos (*telefonito*), substancias y materias (*agüita, maderita*), lugares (*pueblecito*), periodos de tiempo (*vacacioncitas*), estados (*miedecito*) y otras muchas nociones tanto contables como no contables, con la única posible excepción de sustantivos de cualidad (??*hermosurita*) y otras nociones abstractas similares (??*caracteristiquita*).
b De la misma manera, este sufijo es productivo en combinación con nombres de pila referidos a personas (*Pedrito, Luisita*), apellidos (*Varguitas*), topónimos (*Limita*) o incluso nombres de marcas (*Ferrarito*).
c Con adjetivos el sufijo diminutivo también tiene una gran productividad que solo se ve restringida en el español general por que el adjetivo sea graduable, lo cual virtualmente lo restringe a los adjetivos calificativos (*guapito, tontito, elegantito, encantadito, cargadito*). No suele documentarse con adjetivos relacionales, que no son graduables, salvo en su uso calificativo (*biologiquito, *nigerianito) ni con adjetivos adverbiales (*presuntito, ??*anteriorcito*)

d   Suele entenderse que los diminutivos no se combinan con los verbos (pero véase **-it-**[2] e **-itar**). Si bien el participio se puede combinar con este diminutivo, no lo hace en casos en que admite complementos agentes y otros signos de naturaleza verbal (*se encontraba atacadito de los nervios* vs.??*fue atacadito por una horda bárbara*). Los infinitivos nominales lo admiten (*un cantarcito*) pero no los verbales (**prometió cantarcito un tango*). Los gerundios admiten el diminutivo incluso en construcciones perifrásticas en mayor medida que el resto de categorías verbales no personales (*estaba andandito por el parque, lleva varias horas durmiendito*).

e   La combinatoria de **-it-** con adverbios graduables es general: *lejitos, deprisita, despacito, cerquita, delantito, prontito, debajito,* etc. No obstante, la combinatoria con adverbios deícticos no graduables está restringida a ciertas áreas geográficas americanas: *ahorita, aquicito.*

f   Las áreas americanas extienden este diminutivo a una gran serie de contextos funcionales que no son permitidos en las variedades europeas, generalmente más conservadoras. Si bien el uso del diminutivo con numerales ordinales está bastante extendido en el español general (*primerito, segundito*), algunas variedades americanas de influencia quechua, sobre todo en Ecuador (Toscano Mateus 1953: 422-424) admiten la combinación de este diminutivo con numerales ordinales: *dosito, cuatrito.*

g   El español general admite este diminutivo con algunos cuantificadores (*todito, poquito, muchito*), pero el español americano muchas veces lo extiende a otros casos no recogidos generalmente en las variedades europeas (*tantito, nadita, bastantito*).

h   Los determinantes y adjetivos posesivos en español general no admiten diminutivos, pero sí lo hacen en varias áreas dialectales americanas en contacto con el quechua: *estito, suyito.*

i   Cabe decir lo mismo de las interjecciones, en las que son muy escasas las que admiten este diminutivo en el español general (*holita*), pero que lo admiten en mayor medida en algunas áreas americanas (*ayito, ojito*).

j   Está muy restringida la unión del diminutivo a combinaciones verbales, como en *bájamelo* > *bajamelito* (región de Nariño, Colombia; Lipski 1996: 238), donde se emplea con un valor atenuador que sugiere cortesía.

k   Tal vez por motivos fonológicos suele rechazar este diminutivo (y otros) las voces agudas acabadas en **-d** independientemente de su significado: *pared* >??*paredita,*??*paredecita, soledad* > **soledadita,* **soledadcita.*

Comportamiento gramatical

a   Este diminutivo nunca altera la categoría gramatical de la base, con independiencia de cuál sea su naturaleza.

b   Sistemáticamente, este diminutivo produce formaciones cuya última sílaba contiene las vocales átonas /o/ y /a/. En los casos más comunes, esto implica formar sustantivos masculinos marcados en **-o**[1], sustantivos femeninos marcados en **-a**[1] o adjetivos de dos terminaciones que contienen estas marcas de género.

c   Este diminutivo da lugar a la restitución del morfema productivo para marcar género masculino y femenino cuando se combina con sustantivos o adjetivos que terminan en consonante o **-e**[4]. De esta manera, los hablantes pueden decir *el jefe* o *la jefe*, pero en diminutivo siempre dirán *el jefecito* y la *jefecita.*

d   Así, este diminutivo favorece que los sustantivos sean marcados por el morfema regular de género que caracteriza al género de su base, que nunca altera. Muchos hablantes que admiten *la testigo* prefieren *la testiguita* al combinarlo con el diminutivo, por ejemplo.

e Los sustantivos femeninos marcados en **-o**¹ pueden por tanto convertirse en sustantivos femeninos marcados por **-a**¹ al combinarse con este diminutivo. Junto a *la testiguita*, encontramos *la piloto* > *la pilotita*, y el famoso caso de *mano* > *manita*, que sin embargo se conserva como manito en numerosas variedades. Los hablantes no suelen restaurar el morfema femenino, sin embargo, en *la fotito, la radiíto* y *la motito*, tal vez porque en los tres casos estamos ante una -o que procede originalmente de un acortamiento (cf. **-o-**).

f En contraste con lo anterior, este sufijo nunca produce la restitución del morfema masculino en los casos en que la palabra termina en -a pero es masculina: *el problemita, el idiomita, el curita, el artistita*.

g Este diminutivo puede ser recursivo, aunque son pocos los casos en que su repetición resulta realmente natural (*chiquitito, poquitito*).

h En general, este sufijo no modifica las propiedades de su base: además de preservar la clase de palabra y el género en los sustantivos, con ellos no influye en su significado semántico convirtiéndolos en nombres contables cuando son nombres masa. El diminutivo *agüita* puede emplearse como nombre masa igual que la forma *agua*.

i Todos estos motivos han llevado a algunos autores a proponer que, pese a su posición linear dentro de la palabra, este diminutivo es en realidad estructuralmente un prefijo, al no cambiar la categoría ni otras propiedades gramaticales de la base y permitir cierto grado de repetición.

Tipos de significado

a Este diminutivo tiene tres valores fundamentales. El principal de ellos es un valor gradativo que se manifiesta sobre todo cuando se combina con adjetivos y adverbios graduables, como en *enfadadito, lejitos, blanquito, calentito*. Si bien generalmente designa un grado bajo de las propiedades y dimensiones que subyacen a sus bases, puede entenderse ocasionalmente que se habla de un grado más alto, como en *Es que estoy ya hartito de tus preguntas* o *Te quiero muchito*. Esta misma noción de gradación puede relacionarse con la interpretación que adquiere en combinación con adverbios deícticos, donde designa posición inmediatamente adyacente al hablante, como *ahorita* 'ahora mismo, en el instante más próximo a aquel en que estoy' o *aquicito* 'aquí mismo, tan cerca de mí como sea posible'.

b El segundo significado que puede aparecer de forma sistemática pero no predomina en casi ningún caso es aquel en que se cuantifica sobre el tamaño u otras propiedades de la entidad, generalmente con sustantivos. Para ello, naturalmente, los sustantivos deben ser contables para que sea posible discutir su extensión espacial: *un sombrerito, una chaquetita, un librito, un papelito*.

c No obstante en la inmensa mayoría de los casos el valor del diminutivo implica cierto significado afectivo o valorativo que denota una actitud del hablante hacia la entidad designada por la base, o la noción expresada en la secuencia lingüística que contiene la palabra en diminutivo. Esto es así siempre que el diminutivo se una a nombres propios, que carecen de propiedades descriptivas, o categorías funcionales sin semántica conceptual, como *dosito, Laurita, bajamelito, holita,* etc., pero también emerge con facilidad al unirse a sustantivos (*mi abuelito*) o formas verbales (*Iba andandito sin meterme con nadie*).

d   En contraste con otros diminutivos, como **-illo**, no abundan en español las voces lexicalizadas con **-it-**, pero existen: *centralita, pajarita, cabrito, pepita*. Nótese que en estos casos puede cambiarse el género de la base, algo que de otra forma no hace este afijo.

Propiedades fonológicas

a   Hay tres propiedades fonológicas significativas de este sufijo. La primera de ellas es que se ancla prosódicamente a la derecha de la sílaba tónica de la base, como en *casa* > *casita* o *perro* > *perrito*. Este requisito, que no tiene efectos aparentes en la mayoría de las formaciones, sí hace que en las palabras llanas terminadas en consonante precedida de las vocales /o/ y /a/ el diminutivo se comporte como un infijo que interrumpe la raíz:

(1)   Víctor > Victítor
      Carlos > Carlitos
      azúcar > azuquítar
      Lucas > Luquitas
      nenúfar > nenufítar
      atlas > atlitas
      Burdeos > Burdeítos
      lejos > lejitos

b   La segunda propiedad fonológica es que este diminutivo, en el español general, debe tener a su derecha la vocal /o/ o /a/. Esto redunda en que las bases acabadas en *-e* o en consonante restituyen la marca de género correspondiente en *-o* o *-a*, pero también en que algunas voces puedan combinar el efecto de (1) con uno adicional en que la vocal *-e* final se convierte en una de las dos que requiere obligatoriamente este diminutivo, como en *Lourdes* > *Lourditas*, *Mercedes* > *Merceditas*, *Gertrudis* > *Gertruditas* (contrástese con *Ángeles* > *Angelines*, donde no se restituye la vocal).

c   En tercer lugar, el diminutivo atrae el acento de la palabra a su primera sílaba, con la vocal /i/. Generalmente esto no implica la pérdida de la diptongación en la base (*cuerpo* > *cuerpito*), salvo en casos tan lexicalizados que se ha perdido la conexión con la base (*bueno* > *bonito*).

Alomorfos

a   Se han propuesto los siguientes alomorfos para el sufijo diminutivo: *-cito*, *-ecito*, *-cecito* y *-ececito*. De estas formaciones, hay dos aspectos polémicos: si las secuencias *-c-*, *-ec-*, *-cec-* y *-ecec-* son interfijos segmentables o no (algo a lo que nos referiremos en la siguiente sección) y hasta qué punto tienen validez algunos de ellos.

b   La segunda cuestión se refiere sobre todo a las formas *-cecito* / *-ececito*. En primer lugar, aparecen solo con el sustantivo *pie*, que tiene la peculiaridad fonológica de ser una palabra tónica monosilábica acabada en *-e*. La forma piececito, a partir de aquí, puede ser segmentada como *pi-ececito* o como *pie-cecito*. La segunda segmentación parece más coherente con el diminutivo de otras formas acabadas en vocal tónica (*mamaíta*), donde se observa que no cae la vocal tónica final de la base. Por lo tanto parece más plausible que este alomorfo sea *-cecito*.

c   Se ha propuesto sin embargo que la forma *piececito* no es segmentable y debe entenderse como un diminutivo irregular, debido a que *-cecito* solo aparecería en esta formación. No obstante, podría suceder que esta formación sea única porque también son excepcionales las demás propiedades de la base *pie* /pié/, que es la única palabra del español que es monosilábica acabada en una vocal /e/ tónica.

d   La distribución de estos alomorfos sigue una combinación de factores léxicos y fonológicos que dan lugar a una amplia gama de hechos de variación. Si nos concentramos primero en los factores fonológicos, la tendencia es a que tomen *-cito* las voces bisilábicas agudas terminadas en las consonantes /n/ (*camión > camioncito, bastón > bastoncito*), /r/ (*calor > calorcito, amor > amorcito, mujer > mujercita*) o vocal tónica (*sofá > sofacito, allá > allacito, vermú > vermucito*).

e   La forma *-ecito* es típica de las bases bisilábicas acabadas en -**e**[4], donde posiblemente esa *-e* sea una vocal epentética y la palabra sea subyacentemente acabada en vocal (*fraile > flailecito, noche > nochecita, peine > peinecito, hombre > hombrecito, grande > grandecito*), o en voces bisilábicas que contienen un diptongo dependiente del acento (*bueno > buenecito, cuerpo > cuerpecito, puerta > puertecita, tiesto > tiestecito, nuevo > nuevecito*). Normalmente, si la base tiene aisladamente más de dos sílabas no se emplea este alomorfo (*abuelo > abuelito*).

f   En América hay una tendencia a emplear esta forma también con numerosos sustantivos y adjetivos terminados en *-io / -ia*, donde el empleo de la forma *-it-* formaría potencialmente secuencias con hiato de doble /i/ (*noviíto*): *noviecito, lluviecita, negociecito*. En otras variedades, estas voces evitan el diminutivo -**it**-[1] (*noviete*, cf. -**ete**[1]) o resuelven el hiato simplificándolo (*negocito*).

g   También toman *-ecito* numerosas voces monosilábicas terminadas en consonante: *sol > solecito, flor > florecita, tren > trenecito*. Con respecto al alomorfo *-cito* este alomorfo suma una vocal a la secuencia, lo cual redunda en que se define una sílaba adicional que podría estar compensando la monosilabicidad de la base.

h   Estos factores fonológicos muchas veces quedan anulados por hechos léxicos en que distintas variedades, y a veces hablantes individuales, manifiestan preferencias distintas por diferentes formas del diminutivo: *bebé > bebecito, bebito, mamá > mamacita, mamaíta, pie > piececito, piecito, puerta > puertita, puertecita*, entre otras muchas que podrían listarse casi sin límites.

Problemas de segmentación

a   En el caso de los alomorfos de -**it**-[1] surge la cuestión polémica de si los segmentos extra deben considerarse parte del alomorfo, y por tanto indescomponibles, o interfijos introducidos por motivos fonológicos en virtud de las reglas que se han descrito en la sección anterior, que sin embargo estarían sujetas a variación dialectal.

b   Han de considerarse tres opciones.

   i)   El segmento extra es un interfijo
   ii) El segmento extra es parte de un alomorfo de la base
   iii) El segmento extra es parte de un alomorfo del diminutivo

c   Estas opciones pueden discutirse comparando tres diminutivos del sustantivo *café*: *cafecito, cafetito* y *cafelito*. La comparación entre el primero y los dos siguientes puede arrojar luz sobre esta pregunta.

d La forma *cafec-ito*, tratando los segmentos extra como una parte de un alomorfo de la base, tiene varios problemas. El fundamental de ellos es que segmenta un alomorfo que no tiene uso fuera de la forma con diminutivo **-it-** para esta base: *cafec-* no se emplea como base de formación en otras palabras.

e Similarmente, si consideráramos que los segmentos extra con este y otros diminutivos pertenecen a la base tendríamos la complicación de que nos veríamos obligados a postular un gran número de alomorfos para las bases (*solec-, piecec-, calorc-,* etc.) que solo aparecen al combinarse con este diminutivo y posiblemente **-illo**.

f Contrastemos esto con la segmentación paralela en la forma *cafet-ito*, que aísla un alomorfo de la base que sí aparece en otras palabras como el colectivo *cafet-al*, el verbo frecuentativo *cafet-ear*, o el adjetivo disposicional *cafet-ero*. En este caso considerar el segmento extra como un alomorfo de la base es razonable, frente a decir lo mismo para los segmentos *-c-, -ec-* o *-cec-*.

g De las dos opciones restantes, que esos segmentos sean interfijos o que sean parte de alomorfos de la base, encontramos argumentos que apoyan de manera no concluyente la segunda opción. Considerarlos interfijos tiene el problema de que estos segmentos extra aparecen en el contexto de los diminutivos siempre, y además en la forma **-ísimo**, algo que sería sorprendente si fueran afijos independientes, ya que no aparecerían por ejemplo en combinación con otros sufijos que comienzan por /i/ (**-ico, -ino, -ín**).

h Contrástese esto con *cafelito*, donde cabe tratar la /l/ como un interfijo que se inserta en algunas voces acabadas en vocal tónica (*José* > *Joselito, Joselillo, sofá* > *sofalito*), dado que el posible alomorfo *-lito* no se emplearía nunca fuera de este contexto fonológico (**camiónlito, *buenelito*...).

i Un argumento que solo apoya parcialmente el análisis como parte de un alomorfo de la base es que esos segmentos, de ser interfijos, no aportarían significado alguno a la palabra; el argumento no es concluyente, sin embargo, porque se reconoce que en muchos casos los interfijos se introducen en una palabra para evitar alguna secuencia fonológicamente no favorecida, sin aportar información gramatical alguna (como sucede plausiblemente en *cafelito, Joselito*).

Relaciones con otros afijos

El diminutivo **-it-** se considera la forma no marcada y con más extensión geográfica dentro de todos los diminutivos. Geográficamente, es conocido en todas las áreas y es la forma por defecto en el centro de España y sus áreas de conexión histórica, y es también predominante en toda América, salvo parte de Centroamérica y el Caribe. Al igual que otros diminutivos, contiene la vocal /i/, que fonoestéticamente puede asociarse a tamaños pequeños. Frente a **-illo**, el segundo diminutivo en frecuencia, no suele dar lugar apenas a voces de significado lexicalizado.

> LECTURAS RECOMENDADAS: Náñez (1973), Ambadiang (1996), Lázaro Mora (1999), Eguren (2001), Martín Camacho (2001), Pharies (2002), Bermúdez-Otero (2006), RAE & ASALE (2009: §9.4-§9.6), Fábregas (2013), Kornfeld (2016, 2021), Camus (2018).

-it-[2]. De origen incierto, probablemente relacionado con el diminutivo. Interfijo verbal poco productivo. Se ha identificado en *dormir* > *dormitar, deber* > *debitar, ejercer* > *ejercitar* o *comandar* > *comanditar*. Salvo en la primera formación, en los tres otros casos pueden suponerse bases nominales sobre las que podría haberse formado el verbo por adición de la vocal temática -a²: *débito, ejército, comandita*. Estas voces, con mayor o menor grado de lexicalización, podrían encontrarse en la base de formación de los verbos. Alternativamente, podría pensarse que más que casos de verbo con interfijo, comandar y comanditar son formas distintas de derivar un verbo a partir de comando, con la vocal temática o con el sufijo **-itar**. Su carácter como interfijo, pues, solo está claro en el primer verbo de la lista. Al igual que el sufijo **-itar** y que otros interfijos verbales, este afijo fuerza la primera conjugación verbal con independencia de cuál sea la conjugación del verbo sin el interfijo.

LECTURAS RECOMENDADAS: DiTullio (1997); Camus (1997); Rifón (1998); Portolés (1999).

-it-³. Interfijo que aparece en algunas formas nominales, como *escupitajo, chivitero*.

-ita¹. Del latín *-īta, -itae*, y este del griego *-ίτης*. Sufijo que forma adjetivos o sustantivos a partir de sustantivos.

Tipos de bases

a   Un buen número de formaciones con este sufijo son adjetivos formados sobre bases sustantivas correspondientes a topónimos. Algunas de estas formaciones tienen dobletes con el sufijo **-í¹** en el mismo uso.

(1)   israelita, sefardita

b   Otras formaciones parten de topónimos y otros nombres propios sin dobletes en **-í¹**, relacionados con el mundo semítico (*islamita, sodomita*) o no (*moscovita, samnita, vietnamita*).

c   Se documentan también bases antropónimas, de nuevo con dobletes en **-í²** (*fatimita, wahabita*) o sin ellos (*cainita, jesuita, ludita*).

d   No son frecuentes las formaciones relacionadas con sustantivos comunes (*cosmópolis > cosmopolita, cenobio > cenobita*) o adjetivos relacionales (*urbano > urbanita*).

Comportamiento gramatical

a   Este sufijo forma adjetivos comunes en género marcados en **-a³** tanto para el masculino como para el femenino.

b   Los adjetivos resultantes suelen ser relacionales (*israelita, islamita, carmelita, mennonita, vietnamita*), aunque se documentan ocasionalmente valores calificativos (*actitud cainita, persona cosmopolita*).

c   Es habitual usar los adjetivos relacionales formados con este sufijo como sustantivos; se emplean casi exclusivamente como sustantivos formas como *urbanita, jesuita* o *ludita*.

d   Este sufijo implica siempre la pérdida de las vocales átonas finales de la base, cuando no de secuencias mayores.

Tipos de significado

a   En tanto que forma adjetivos relacionales, el valor de este sufijo es el general de 'que se relaciona con N', donde destacan los valores gentilicios y los que asocian el adjetivo con una ideología o modo de actuación característico de la base, como en *ludita, cenobita, carmelita* o *mennonita*, con distintos grados de transparencia de la base.

b Es frecuente que los sustantivos formados con este sufijo se asocien ellos mismos y a veces también sus bases a terminología religiosa (*carmelita, jesuita, moabita, cenobita, eremita*, de nuevo con bases de distinta transparencia para el hablante no especializado). Cabe pensar que la conexión entre el griego clásico y el Nuevo Testamento de la Biblia justifique esta tendencia.

c En los escasos valores calificativos, el sufijo parece especializarse en un valor de 'comportamiento característico de N', como *cosmopolita* o *cainita*.

Propiedades fonológicas y haplologías

Este sufijo implica frecuentemente la haplología de los segmentos finales de la base, tanto vocálicos (*cenobio* > *cenobiíta) como consonánticos (*cosmópolis* > *cosmopolisita), aunque en ambos casos pueden encontrarse justificaciones independientes, como el rechazo a una secuencia de doble vocal /i/ o el estatus posiblemente desinencial de **-is**[1] en *cosmópolis*. Es igualmente frecuente la selección de bases alomórficas cuando la forma no marcada hubiera acabado en vocal (*Moscú* > *moscov-ita*).

Relaciones con otros afijos

En la formación de adjetivos y sustantivos, este sufijo tiene una productividad limitada a términos del lenguaje religioso. El sufijo compite en la lengua cotidiana con **-í**[1], que normativamente tiene usos gentilicios sobre todo aplicados al mundo musulmán o semítico. Pese a esto, se documentan también usos gentilicios de **-ita**[1], como hemos visto, junto a otros que no son posibles para **-í**, que está casi exclusivamente especializado en la formación de estos gentilicios.

LECTURAS RECOMENDADAS: Pharies (1993); RAE & ASALE (2009: §7.6).

-ita[2]. Del francés *-ite*. Sufijo nominal que forma en el lenguaje técnico de la química y la geología nombres de distintas sustancias a partir de bases nominales.

Tipos de base

a Son bases frecuentes para esta formación topónimos que se refieren al lugar en que fueron identificados los productos correspondientes, como en *(Mina de) Alacrán* > *alacranita, Les Baux* > *bauxita, (Mina de) Algodones* > *algodonita, (Tierra) Amarilla* > *amarillita, Andalucía* > *andalucita, (Condado de) Calaveras* > *calaverita, Danbury* > *damburita*, entre muchos otros.

b También son frecuentes como bases de formación antropónimos que homenajean a personalidades destacadas, ocasionalmente su descubridor: *Abelson* > *abelsonita, Abramov* > *Abramovita, Aguilar* > *aguilarita, Akimoto* > *akimotoíta, E(rnest) C(layton) Andrews* > *ecandreusita*, entre muchos otros.

c Pese a no ser tan frecuentes, ocasionalmente se forman estos sustantivos a partir de nombres comunes, como *enigma* > *enigmita* (por lo desconocido de su composición), *aluminio* > *aluminita, calcio* > *calcita, caolin-ita,* entre muchos otros casos donde toman preferencia los nombres propios referidos a sustancias.

d   También se documentan casos en que la voz está formada sobre una base grecolatina sin independencia en español, como *adel-ita* ('adelos', oscuro), *amarant-ita, camac-ita, farmacol-ita,* también entre muchos otros.

e   Como puede verse, en todos los casos el sufijo forma sustantivos femeninos marcados regularmente mediante -**a**^{1} y que se comportan, tal y como es de esperar, como nombres no contables.

f   El significado que predomina con este sufijo, propio de la lengua técnica y de especialidad, es el de 'mineral', donde la base puede referirse al principal componente con el que se relaciona, destacar una propiedad de dicha substancia o referirse solo a un referente al que se pretende homenajear.

g   Sin ser tan productivos, el sufijo también se emplea para formar nombre de explosivos, generalmente en tales casos mediante bases grecolatinas o que son el acortamiento técnico de nombres técnicos para distintas sustancias: *dinam-ita, tril-ita* (*tril* siendo un acortamiento de *trinitotolueno*), *pentr-ita* (*pentaeritritol*), *clorit-ita* (*clorato*).

-itar. De la unión de la vocal temática -**a**^{2} y la terminación de -*it*- de algunas formas latinas. Sufijo verbalizador, poco productivo, especializado en bases adjetivales.

Tipos de bases

a   Este sufijo forma sobre todo verbos a partir de adjetivos.

(1)   capaz > capacitar, débil > debilitar, fácil > facilitar, grave > gravitar, feliz > felicitar

b   No se documentan voces claramente denominales, aunque en algunos casos la glosa del verbo sugiere una noción nominal, como en *necesitar* 'tener necesidad', que sin embargo tendría que implicar un alto grado de haplología para derivarse de un sustantivo (*necesidad > necesitar*). Si se postula la haplología para justificar esa base nominal, sin embargo, podría postularse de forma similar una derivación deadjetival (*necesario > necesitar*), con una glosa aproximada a 'considerar necesario'.

c   Es más probable, por tanto, que en casos como *necesitar* (cf. también *precipitar*) sea más oportuno proponer bases latinizantes (*neces-, precip-*) en lugar de derivaciones que implican haplologías o altos grados de alomorfía a partir de sustantivos o adjetivos.

Comportamiento gramatical

a   Este sufijo siempre forma verbos regulares de la primera conjugación.

(2)   posibilitar, publicitar, felicitar

b   Muchos de estos verbos son transitivos (*capacitar, debilitar, posibilitar*) o pueden usarse fácilmente como transitivos (*felicitarle a alguien el año nuevo*), pero también se documentan verbos radicalmente intransitivos, como *gravitar*.

c   Los verbos formados con este sufijo son casi siempre eventivos, de nuevo con la posible excepción de *gravitar*, que se interpreta como 'estar en la órbita de' o 'estar relacionado con' en su uso más frecuente (*El problema gravita en torno al libre albedrío, Este político gravita en la órbita de ese partido*).

Tipos de significado

a   En los casos de valor composicional, el significado más frecuente del verbo es causativo de cambio de estado, 'hacer algo o a alguien A'. Estos son los casos que sistemáticamente son transitivos y eventivos.

   (3)   público > publicitar 'hacer algo público', débil > debilitar 'hacer algo débil'

b   Otros ejemplos eventivos con base claramente segmentable están claramente lexicalizados en su valor semántico: *feliz* > *felicitar*, que no es 'hacer feliz a alguien', o *grave* > *gravitar*, donde no hablamos de 'hacer o ser grave', aunque es posible rastrear cierta relación con la gravedad como fuerza física.

c   Con las precauciones descritas previamente en esta misma entrada, podría proponerse un valor de posesión 'tener N' en *necesitar*.

Propiedades fonológicas

Incluso dejando a un lado los casos más controvertidos que podrían implicar altos grados de haplología o alomorfía (*necesitar, precipitar*), el sufijo es capaz de producir cambios fonológicos en la base, como la espirantización de /k/: *públi*[k]*o* > *publi*[θ/s]*itar*. El sufijo tiene una preferencia no trivial por bases adjetivales que acaban en consonante (*débil, capaz, fácil*) o -e[4], que debido a su baja productividad es difícil determinar si es casual o parte de sus condiciones de selección.

Relaciones con otros afijos

La baja productividad de **-itar** como verbalizador lo sitúa en una posición de desventaja frente a **-izar**, el sufijo más próximo segmentalmente a él. No obstante, se ha documentado en ciertas variedades la voz *agilitar* (cf. *agilizar*), donde el sufijo se emplea en lugar del más extendido **-izar**.

> Lecturas recomendadas: Rifón (1997a).

-ité. De origen guaraní (*-eté*). Sufijo que Flórez (1980: 152) documenta en combinación con adverbios, y al que asocia un valor de grado equivalente a **-ísimo**: *lejoité* 'muy lejos', *tempranoité* 'muy temprano'. Resulta excepcional que este sufijo no cancela la vocal átona final de la base, al igual que hacen **-asta** y **-avo**.

-itis. Del griego -ῖτις. Sufijo nominal que forma nombres de distintas clases de afecciones, generalmente inflamaciones, a partir de bases nominales.

Tipos de bases

a   El sufijo toma como bases, de forma productiva, sustantivos comunes referidos a partes del cuerpo, generalmente internas:

   (1)   amigdalitis, apendicitis, duodenitis, encefalitis, esofagitis, laringitis, faringitis, meningitis, ovaritis, prostatitis, tendinitis, traqueítis, vaginitis

b   Resultan también frecuentes las formaciones sobre bases grecolatinas sin independencia para formar palabras en español, pero que igualmente denotan partes del cuerpo:

   (2)   artritis, blefaritis, dermatitis, flebitis, gastritis, hepatitis, mastitis, otitis, queratitis, rinitis

c   Pese a ser un sufijo originalmente del lenguaje técnico, ha pasado a la lengua más coloquial, donde puede unirse a bases que son nombres comunes que no expresan partes del cuerpo, como en *cuento > cuentitis, mamá > mamitis, miedo > mieditis*.

Comportamiento gramatical

a   Este sufijo forma siempre sustantivos femeninos, marcados con el sufijo **-is**.
b   En consonancia con su significado general, un tipo de afección, esos sustantivos suelen ser nombres no contables que se emplean para designar estados y situaciones de los individuos.
c   De forma regular, el sufijo implica la cancelación de la marca de género del sustantivo, si bien preserva otras vocales finales (*traque-a > traque-ítis*).
d   La tendencia a estar formados sobre partes del cuerpo, que constituyen una de las áreas semánticas de la posesión inalienable, hace que sea frecuente que los sustantivos formados con este sufijo tomen complementos que designan a la entidad afectada por la dolencia (*la orquitis de Ángel*), salvo que se construya en un marco sintáctico que permita expresar igualmente la relación de parte-todo que se da entre la parte del cuerpo y su posesor (*Ángel tiene orquitis*).

Tipos de significado

a   El significado más estable de este sufijo es el de 'inflamación de N', donde N corresponde a la base (*amigdalitis, faringitis*), o en su defecto una dolencia que implica la inflamación o irritación de parte del órgano denotado en la base, por cualquier causa médica (*dermatitis, conjuntivitis*).
b   Resultan menos transparentes algunas formaciones, como *celulitis*, donde no se habla de la inflamación o irritación de cualquier célula, sino del aumento de tamaño, específicamente, de las células que están situadas inmediatamente debajo de la piel, y especialmente en algunas zonas del cuerpo.
c   De forma regular, este sufijo se construye sobre la versión no marcada en número del sustantivo, incluso cuando la afección suele afectar a órganos que aparecen en pares o en pluralidades (bronquitis,
d   En las bases que no expresan partes del cuerpo, se mantiene –con cierto tono humorístico ocasional– el significado de 'enfermedad' o 'tendencia grave y patológica a algo': quien tiene *mieditis* tiene tanto miedo que le impide hacer algo necesario; quien tiene *mamitis* sufre la dolencia de no poder separarse de su madre, o reclamarla a cada paso. Destaca la formación *cuentitis*, relacionada con 'tener cuento', que denota una afección falsa que realmente no existe pero se usa como excusa.

Propiedades fonológicas

a   Este sufijo atrae el acento a su primera sílaba: *apéndice > apendicitis*.

b Como suele suceder con los sufijos que pertenecen a los registros técnicos y científicos, este sufijo produce pocos cambios fonológicos en la base, si bien produce generalmente la simplificación de las secuencias de doble /i/: tras la cancelación de la vocal de género, *bronqui-o* debería haber dado *bronqui-ítis, no *bronquitis*; igualmente en *ovari-o > ovar-itis*, no *ovari-ítis.

c Ocasionalmente, el sufijo produce el ensordecimiento de /g/ (*esófago > esofagitis*) y el ascenso de vocales medias (*tendón > tendin-itis*, no *tendon-itis), este último probablemente como reemplazo alomórfico más que como proceso fonológico, debido a su escasa productividad y predictibilidad fonológica.

LECTURAS RECOMENDADAS: Rainer (1993); Pharies (2002).

-ito¹. Afijo diminutivo. Véase **-it-¹**

-ito². Sufijo nominal que, a partir de bases sustantivas de muy diverso tipo, forma en el lenguaje científico nombres de sales (*Molina de Aragón > aragonita*) o minerales (*grafo > grafito*). La inmensa mayoría de las formaciones con este sufijo toman bases neoclásicas (nitrito, sulfito) que designan el elemento químico fundamental de dicha sal.

-itud. Del latín *-ūdo, -udinis*. Sufijo nominalizador que forma sustantivos abstractos de cualidad a partir de adjetivos.

Tipos de bases

a Este sufijo forma nombres derivados a partir de adjetivos, generalmente que expresan propiedades no físicas:

(1) alto > altitud, apto > aptitud, exacto > exactitud, negro > negritud, recto > rectitud

b Son mucho menos frecuentes las formaciones que parten de otros sustantivos, como en *esclavo > esclavitud* o *acto > actitud*.

c Debido al carácter culto del sufijo, son frecuentes las bases segmentables que corresponden a raíces latinas sin reflejo directo –salvo que se supongan reglas de alomorfía– en el español:

(2) acritud, lenitud, longitud, magnitud, multitud

d En otros casos, la base corresponde con un adjetivo culto poco usado en español, en todo caso de menor extensión de uso que el sustantivo derivado:

(3) crasitud, similitud, excelsitud, gratitud, laxitud, pulcritud

Comportamiento gramatical

a Los sustantivos formados por este sufijo son siempre femeninos, sin marca de género explícita.

b Debido a su preferencia por los significados en que designa una escala adjetival, una propiedad o una condición, los sustantivos formados por este sufijo son generalmente no contables y abstractos.

c   Debido a su valor de escala o cualidad, estos sustantivos suelen legitimar la interpretación de grado de los cuantificadores nominales; así, *mucha exactitud* se interpreta como 'cualidad de lo que es muy exacto'.

Tipos de significado

a   La mayoría de las formaciones con este sufijo dan lugar a un valor de nominalización de cualidad, sobre todo sobre adjetivos que expresan propiedades no físicas (*beatitud, certitud, exactitud, acritud, lasitud, pulcritud*). En los adjetivos que tienen un significado físico y otro no físico, es frecuente que el sufijo seleccione el segundo (*plenitud, rectitud, finitud*)
b   Sobre adjetivos que indican propiedades físicas suele darse el caso de que el sustantivo designe la dimensión física relevante (amplitud, longitud, magnitud) en lugar de que sea propiamente un nombre de cualidad que denota que la entidad a la que se refiere posee un grado suficiente de esa propiedad. Así, si *la pulcritud de Juan* implica que Juan es pulcro, *la longitud de la vara* no denota que la vara sea necesariamente larga.
c   Existe alguna formación en que el sustantivo denota un estado particular o una condición, como en *esclavitud, prontitud*.
d   El valor de cualidad o propiedad se ha hecho muy secundario en algunas formaciones que se han especializado en otros valores, como en el caso de *solícito > solicitud*, donde el sustantivo no designa la cualidad de solícito sino que se relaciona con el acto de *solicitar* y se interpreta como el nombre de acción o efecto relacionado con este verbo.
e   Son mucho menos frecuentes, aunque se documentan, los valores colectivos, como en *negritud*, entendido como el conjunto de pueblos y grupos de raza negra de África. En el caso de *multitud* el valor colectivo puede achacarse al significado de la base, y no del sufijo.

Propiedades fonológicas

Pese a comenzar por una vocal alta, este sufijo no produce la espirantización de las consonantes previas (*beato > beatitud*). Su carácter tónico, en que atrae el acento de palabra, produce que se deshaga el diptongo condicionado fonológicamente en las bases, como en *cierto > certitud*.

Problemas de segmentación

En algunas bases acabadas en -*(i)t*- el sufijo se reduce a la forma /ud/ (*lícito > licit-ud*). La convivencia de esta forma reducida con **-itud** hace que la segmentación no sea clara en algunos casos donde parece necesario optar por bases radicales latinas no españolas, o por formas poco usadas, como en *finitud* o *solicitud*, donde se puede argumentar tanto a favor de la segmentación *fin-itud / solic-itud* como de la segmentación *finit-ud (finito) / solicit-ud*: en el primer sustantivo, la primera segmentación da lugar a un derivado denominal, como *esclavitud*, mientras que la segunda tiene la ventaja de que la base es adjetival y la desventaja de que ese adjetivo es poco usado; en *solicitud*, debido a su significado, la segunda segmentación probablemente tomara como base la raíz verbal y no el adjetivo *solícito*, lo cual sería también excepcional.

Alomorfos

Junto a la forma reducida -*ud*, que acaba de ser expuesta, este sufijo da lugar a un alomorfo -*itudin*- que aparece especializado en aquellos casos en que el sustantivo se deriva mediante el afijo adjetival relacional -**al**[1].

(4)   actitud > actitudin-al, longitud > longitudinal

Relaciones con otros afijos

De entre los sufijos nominalizadores especializados en bases adjetivales, -**itud** no tiene una gran productividad en el español actual, sobre todo si se compara con -**ez**, -**ura** o -**idad**, y es parcialmente comparable a -**or**. Lo especial de -**itud** es que selecciona alomorfos latinizantes de muchas de las bases, sin duda debido a su carácter culto, y que es el unico sufijo dentro de la serie que puede dar lugar a sustantivos abstractos que designan la dimensión física sin entrañar que una entidad tiene un grado suficiente de la cualidad. Así, *altitud* se limita a denotar una dimensión determinada, mientras que *altura* puede denotar la dimensión o la cualidad que una entidad posee en grado suficiente; *longitud* denota inequívocamente la dimensión, mientras que *largueza* o *largura* ya implican que la entidad posee un grado suficiente de dicha propiedad.

Bibliografía: Santiago Lacuesta & Bustos Gisbert (1999), Pharies (2002), Fábregas (2016), Benítez (2020), Zato (2020).

-**itudin**-. Alomorfo de -**itud**.

-**ivo**. Alomorfo de -**tivo**, sufijo adjetivalizador que toma bases verbales sin vocal temática, como en *agredir > agres-ivo, dividir > divisivo, repeler > repulsivo, compungir > compungivo*, o bases latinizantes correspondientes a verbos (*nocivo*).

-**iz**-. Interfijo no productivo que aparece en formas como *campizal, carrizada* (cf. Portolés 1999: 5065).

-**iz**. Del latín -*icem*. Posible sufijo segmentable en un número muy limitado de formas, como *aprend-e > aprend-iz*. Para las formaciones relacionadas con -**dor**, véase -**triz**.

-**iza**. Del latín -*itia*, -*icia*. Sufijo nominal femenino que, a partir de otros nombres, forma sustantivos colectivos que indican una gran agrupación de algo o una gran cantidad de algo, y que es particularmente productivo en algunas variedades de América Latina. Las bases que se combinan preferentemente con este sufijo colectivo son nombres referidos a golpes o instrumentos usados para golpear, como *golpe > golpiza, palo > paliza, piedra > pedriza* (con eliminación del diptongo, ya que el sufijo atrae el acento), *trompa > trompiza*. No obstante, se documentan ocasionalmente otras bases, como *nieve > neviza* o *sangre > sangriza*.

LECTURAS RECOMENDADAS: Zacarías-Ponce de León (2015).

-izar. Del sufijo verbalizador latino *-izāre*, y este a su vez del griego *-ίζειν*. Sufijo verbalizador de la primera conjugación, especializado en bases nominales y adjetivales.

Tipos de bases

a Este sufijo es particularmente productivo con bases sustantivas, generalmente nombres comunes que designan una gran variedad de nociones, como sustancias, tipos de personas y animales, objetos de distintas clases, etc. Como se verá en *Tipos de significado*, en buena medida la naturaleza semántica de la base condiciona la interpretación del verbo, dando lugar a clasificaciones más detalladas.

   (1)   alegoría > alegorizar, animal > animalizar, átomo > atomizar, caramelo > caramelizar, carbón > carbonizar, bárbaro > barbarizar, caricatura > caricaturizar, colonia > colonizar, demonio > demonizar, derecha > derechizar

b También se documenta un alto número de formaciones sobre nombres propios, típicamente de persona, pero ocasionalmente también topónimos que se asocian con propiedades descriptivas típicas.

   (2)   Aznar > aznarizar, Trump > trumpizar, Cervantes > cervantizar
   (3)   Balcanes > balcanizar, Japón > japonizar

c Entre las bases adjetivales, son particularmente frecuentes las formaciones que parten de adjetivos relacionales.

   (4)   adverbial > adverbializar, africano > africanizar, alcalino > alcalinizar, árabe > arabizar, automático > automatizar, colectivo > colectivizar, comercial > comercializar, conceptual > conceptualizar, constitucional > constitucionalizar, contextual > contextualizar, criogénico > criogenizar, eléctrico > electrizar, escolar > escolarizar

d Sin embargo, también se documentan formaciones con adjetivos calificativos.

   (5)   ágil > agilizar, agudo > agudizar, ameno > amenizar, culpable > culpabilizar, especial > especializar, fiel > fidelizar, hostil > hostilizar, idiota > idiotizar, ridículo > ridiculizar

e Hay asimismo un grupo de formaciones sobre adjetivos con significado adverbial, algo que es excepcional entre los verbalizadores:

   (6)   actual > actualizar, anual > anualizar, mensual > mensualizar, semanal > semanalizar

f Ocasionalmente, la base adopta la forma de un adjetivo relacional, generalmente marcado por **-al**, pese a que no exista la forma correspondiente fuera de la base de este sufijo: *médico > medic-al-izar, externo > extern-al-izar, sacro > sacr-al-izar.*

Comportamiento gramatical

a Este sufijo produce regularmente verbos de la primera conjugación, caracterizados por la vocal temática **-a**^{2}. Por tanto, en puridad el verbalizador es el segmento correspondiente a *-iz-*.

b Como sucede en todos los sufijos verbalizadores, la -r final con la que suele citarse al sufijo corresponde al morfema de infinitivo **-r**.
c Todos los verbos que se forman con este sufijo tienen una conjugación regular y no se documenta ningún caso en que sea irregular ninguna de sus formas, que se conjugan como es esperable en los verbos de la primera conjugación.
d Este sufijo no impone ninguna condición gramatical estable a sus formaciones, que pueden ser tanto estativas (*simbolizar*) como eventivas (*cristalizar*), y dentro de las eventivas pueden ser télicas o atélicas: *monotorizar, computerizar, estatalizar, hospitalizar*...
e La inmensa mayoría de las formaciones con este sufijo son transitivas o pueden usarse como tales, pero también pueden documentarse formaciones intransitivas (*ironizar*), lo cual muestra que el sufijo tampoco tiene efectos directos sobre la asignación de caso.
f Este sufijo puede participar en esquemas parasintéticos, pero solamente con bases sustantivas: *aterrizar, alunizar, entronizar, encolerizar*. No se documentan formaciones parasintéticas con bases adjetivales, y todas las formaciones deadjetivales en las que aparezca un prefijo están derivadas a partir del verbo (*desnacionalizar*).

Tipos de significado

a El sufijo **-izar** destaca por la diversidad de significados a los que da lugar. Con bases adjetivales destaca el valor de cambio de estado en el que la base designa una propiedad y el verbo denota un cambio en el valor de dicha propiedad, generalmente referido al argumento interno.

(7)   digitalizar, españolizar, extranjerizar, labializar, profesionalizar, urbanizar

b También se documentan verbos de cambio de estado con algunas bases sustantivas, en las que a veces se interpreta la lectura de adquirir algunas de las propiedades de la noción expresada por la base (*Satán* > *satanizar, literatura* > *literaturizar*) y otras veces se indica una transformación completa en la entidad designada por esta (*alegoría* > *alegorizar, desierto* > *desertizar*).
c También se documentan, aunque son menos frecuentes, lecturas estativas en las que el verbo resultante tiene un valor equivalente a un predicado nominal con verbo copulativo, como en *protagonizar* 'ser protagonista', *simbolizar* 'ser símbolo', *esponsorizar* 'ser espónsor'.
d Particularmente con bases que denotan clases de personas o animales definidos por sus rasgos de comportamiento, este sufijo produce verbos que indican maneras de comportamiento, como en *vándalo* > *vandalizar, caníbal* > *canibalizar, vampiro* > *vampirizar*...
e En menor medida, este sufijo forma verbos de valor instrumental a partir de bases que se definen generalmente como herramientas: *computador* > *computadorizar, monitor* > *monitorizar*.
f También se producen verbos con valor de locatio, donde la base indica la localización resultada tras el cambio, con sustantivos que designan edificios, regiones y áreas: *hospitalizar, bunkerizar, jerarquizar*.
g Entre los verbos de locatum donde se designa el evento de situar la entidad denotada por la base en un lugar encontramos *polinizar, señalizar, ozonizar*.
h Se encuentran valores de transferencia de una entidad en *narcotizar, oscarizar, estigmatizar, garantizar*, entre otros.

i   Cuando la base desgina un estado psicológico, este sufijo puede producir verbos que indican el evento de causar o producir ese estado a alguien, como en *escandalizar, ruborizar, horrorizar*.

j   Un pequeño conjunto de verbos con este sufijo tienen un valor posesivo, 'tener N', como en *monopolio > monopolizar*. Cuando la base es un estado psicológico este valor posesivo se reinterpreta como el de experimentar ese estado, como en *simpatía > simpatizar* (cf. *tener simpatía por alguien*).

k   Otros verbos dan lugar a un valor de creación, donde la base designa la entidad que se crea como resultado del evento: *analizar, fotosintetizar, teorizar*.

l   Son frecuentes también los valores no sistemáticos, como en *alfabetizar* 'enseñar el alfabeto a alguien', *climatizar* 'controlar el clima de un espacio', *temporizar* 'controlar o asignar intervalos de tiempo a algo', etc.

m   Con patrones parasintéticos, *a-izar* indica localización resultada, como en *amarizar, alunizar, amartizar*, o suscitar un estado psicológico (*aterrorizar*); ambos valores aparecen también con el patrón *en-izar*: *entronizar* y *encolerizar*, respectivamente.

n   Sobre todo cuando la base adopta la forma de un adjetivo relacional, es relativamente frecuente con este sufijo que la interpretación del verbo involucre no a la relación denotada por el adjetivo, sino a la entidad designada por la base nominal de ese adjetivo. *Localizar* no se interpreta con referencia a *local*, sino a *lugar*, *conceptualizar* alude a *concepto* y no a *conceptual*, entre otros casos posibles. Estas paradojas de encorchetado son frecuentes con los adjetivos relacionales.

Propiedades fonológicas y haplologías

a   Con este sufijo se produce sistemáticamente la haplología del sufijo '-**ico** característico de los adjetivos relacionales. Nótese que sabemos que el verbo se deriva del adjetivo por el alomorfo de la base que contiene, terminado en /t/, como en las formaciones relacionales.

(8)   acuát-ico > acuat-izar, traumát-ico > traumat-izar

b   Sin embargo, frente al sufijo -**ificar**, esta haplología no es sistemática para todos los sufijos que forman adjetivos relacionales (cf. *itali-ano > itali-an-izar, estat-al > estat-al-izar*) y ni siquiera afecta a todas las formaciones con '-**ico** independientemente de las propiedades prosódicas de la palabra (*etnia > étn-ico > etn-ic-izar*). Esto sugiere que la razón de las haplologías en (8) es puramente fonológica, tal vez para evitar una secuencia con dos sonidos interdentales sordos consecutivos, y no se debe a motivos estructurales.

c   La misma explicación fonológica puede explicar otros casos menos frecuentes de haplología, que siempre involucran sufijos terminados en consonantes que habrían sufrido espirantización, como en *independ-ie-nt(e) > independ-izar* (**independiencizar*), *profund-idad > profund-izar* (**profundicizar*) o *protagon-ist-a > protagon-izar* (**protagoniscizar*).

d   Posiblemente por motivos fonológicos, este sufijo puede producir la caída del sufijo '-**eo**, como en *subterráneo > subterranizar, corpóreo > corporizar ~corporeizar*.

e   Este sufijo fuerza la presencia de algunos alomorfos de la base, como la forma -*bil*- para -**ble**: *estable > estabilizar*.

f Al atraer el acento de la palabra, este sufijo puede conducir a la monoptongación de la base (*griego* > *greguizar*), si bien resultan frecuentes los casos en que no se produce este efecto (*grieguizar*).
g La espirantización con este sufijo sucede solo de manera ocasional: *laico* > *laicizar*.

Relaciones con otros afijos

El abanico de valores semánticos que admite este verbalizador lo relaciona con el uso de **-a²** como verbalizador fuera de los esquemas parasintéticos, y contrasta con los sufijos como **-ificar, -ear** o **-ecer**, que tienen un número mucho más limitado de tipos verbales posibles. Su comportamiento con adjetivos relacionales, que a menudo se interpretan como sustantivos en la glosa del verbo, recuerda al del sufijo **-ificar**, que es sin embargo mucho menos productivo con bases adjetivales.

LECTURAS RECOMENDADAS: Rebollo Torío (1991); Val Álvaro (1992); Rifón (1997a); Serrano-Dolader (1999); Pharies (2002); Lavale Ortiz (2013); Gibert Sotelo & Pujol (2020); Batiukova (2021); Fábregas (2023).

-izco. Posiblemente relacionado con **-uzco**. Sufijo adjetival que expresa valor reducido dentro de la escala de un adjetivo, como en *blanquizco, negrizco*.

-izna. Posible sufijo diminutivo segmentable en un número muy limitado de formas, como *lluvia* > *llovizna*.

-izo. Del latín *-itius, -itii; -icius, -icii*. Sufijo adjetivalizador que forma adjetivos similitudinales y otras clases a partir de bases sustantivas.

Tipos de bases

a Este sufijo, que no es muy productivo en el español actual, se combina preferentemente con nombres comunes: *agosto* > *agostizo, cobre* > *cobrizo, paja* > *pajizo*.
b También se combina con adjetivos calificativos. Si bien en casos como *enfermo* > *enfermizo, rojo* > *rojizo* la base también se puede emplear como sustantivo, hay otros casos en que la base es exclusivamente adjetival, como en *primero* > *primerizo*, donde tampoco es posible suponer que la base sea una raíz, debido a que aparece el sufijo adjetival **-ero**[1].

Comportamiento gramatical

a Este sufijo cuando se combina con sustantivos da lugar a adjetivos de dos terminaciones, marcados regularmente en **-o**[1] para el masculino y en **-a**[1] para el femenino.
b Al combinarse con otros adjetivos preserva la categoría gramatical de la base.
c Este sufijo es un caso excepcional en que puede combinarse con voces de dos categorías gramaticales, en ambos casos dando lugar a adjetivos. En este sentido se diferencia tanto de los morfemas apreciativos, que admiten varias categorías gramaticales como bases pero no alteran nunca la categoría de la palabra resultante, como de los sufijos

derivativos más corrientes, que suelen especializarse en un solo tipo de categoría para su base.

d   Este sufijo implica siempre la cancelación de la vocal átona final de la base: *otoño* > *otoñizo* (**otoñoizo*).

e   Generalmente este sufijo produce adjetivos calificativos, con muy pocas excepciones no sistemáticas, como *yeguar* > *yeguarizo* 'relativo a las yeguas'.

Tipos de significado

a   El valor semántico más frecuente de este sufijo es el de 'semejante a, que tiende a', lo cual produce sobre todo adjetivos similitudinales donde la entidad de la que se predica tiene alguna propiedad física o de comportamiento que recuerda a la clase de la base: *plomo* > *plomizo, invierno* > *invernizo, verano* > *veranizo, paja* > *pajizo, tierra* > *terrizo*. No obstante, algunos de estos adjetivos admiten otras interpretaciones, como *terrizo* 'que tiene tierra', con valor posesivo.

b   El valor de 'tendencia a' en combinación con bases adjetivales acerca su interpretación a la que reciben los sufijos diminutivos con estas mismas bases, indicando 'grado no suficiente de la propiedad', como en *rojo* > *rojizo, bermejo* > *bermejizo, blanco* > *blanquizo*.

c   Se documenta un valor disposicional en *enfermo* > *enfermizo*.

d   Hay otros valores menos frecuentes, excepcionales en la clase de sufijos adjetivalizadores: 'lugar en' en *fronterizo*, 'ocasión en que' en *primerizo* (cf. *actor primerizo*, 'actor que lo es por primera vez'), así como valores idiosincrásicos en *casta* > *castizo*.

Relaciones con otros afijos

El valor de 'tendiente a' que se asocia a este sufijo puede identificarse también en el caso del sufijo **-dizo**, que produce adjetivos disposicionales a partir de bases verbales (*asustadizo, enfadadizo, huidizo, olvidadizo, pegadizo, resbaladizo*). No es posible en estos casos, sin embargo, reducir ambos sufijos a uno solo, proponiendo que **-dizo** es en realidad un caso de **-izo** que toma participios como su base. Esta hipótesis podría funcionar en el caso de los verbos de la primera conjugación, como *resbal-a* > *resbala-d-o* > *resbal-a-d-izo*, pero los verbos de la segunda conjugación muestran que esta segmentación es incorrecta: cf. *corr-e* > *corr-i-do* pero **corr-i-d-izo* (cf. *corr-e-dizo*) o *mov-e* > *mov-i-do*, pero **mov-i-d-izo* (cf. *mov-e-dizo*). Entre los sufijos que forman adjetivos similitudinales o disposicionales es mucho menos frecuente que **-oso** o **-ero**.

LECTURAS RECOMENDADAS: Rainer (1993, 1999); Pharies (2002); Fábregas (2020).

J

-ja. Posiblemente del diminutivo latino *-iculam* y la terminación plural *-ilia*. Nominalizador no productivo que puede identificarse en un pequeño conjunto de formas deverbales, como *part-i-r >part-i-ja, yac-e-r > yac-i-ja*. Podría relacionarse con **-ija**, ya que nada impide pensar que en estas formaciones también se emplea **-ija** y se produce una simplificación de la cadena /ii/ de vocales, o bien las formaciones no toman la vocal temática de la base; esta segunda solución está apoyada por la observación de que en *torr-a-r > torr-ija* es necesario independientemente suponer que la base no contiene la vocal temática.

> LECTURAS RECOMENDADAS: Náñez (1973); Rainer (1993: 598).

-je. Véase **-aje**[1].

-jo. Del latín *-xum*. Posible sufijo nominalizador deverbal que toma como base el verbo *fluir* y los derivados a partir de él: *flujo, influjo, reflujo*. Parece más probable pensar, sin embargo, que estas formas han de segmentarse como *fluj-o*, por lo que lo que tenemos es una base alomórfica del verbo y no un sufijo distinto (cf. Rainer 1993: 598).

justi-. Posible prefijo adjetival no productivo que aparece en justiprecio y sus derivados (*justipreciar, justipreciado*). La dificultad de clasificar este formante radica en el carácter que ha de dársele a la /i/ final: podría ser el elemento de enlace compositivo **-i-** (en cuyo caso *just-* sería la misma raíz que aparece en *injusto*) o podría ser el segmento final de un prefijo, tal vez reanalizado a partir de lo que originalmente era una marca de caso o un elemento de enlace (cf. **multi-**, **pluri-** y otros tantos prefijos acabados en /i/). La baja productividad de este sufijo complica la decisión, pero se puede argumentar que el español no suele formar con vocal de enlace compuestos del tipo adjetivo-sustantivo (*medianoche*), lo cual inclinaría la balanza hacia considerar este morfema un prefijo.

K

-ka. Del sufijo nominal agentivo japonés *-ka*. Sufijo no productivo que forma nombres de agente a partir de sustantivos referidos a artes marciales y ocasionalmente algunas otras discipinas, como en *kárate > karateka, judo > judoka*. Es posible tal vez relacionarlas en la conciencia del hablante contemporáneo con **-eca**.

kilo-. Del francés *kilo-* y este a su vez del griego $\chiίλιοι$ 'mil'. Prefijo cuantificativo que expresa una cantidad equivalente a 10^3. Propio del lenguaje científico, se une exclusivamente a sustantivos que denotan unidades de medida de distintas clases, como *kilogramo, kilovatio, kilobyte, kilómetro, kiloherzio, kilolitro, kilojulio, kilopascal, kilonewton, kilocaloría, kilobaudio, kilovoltio*.

DOI: 10.4324/9781003415046-12

L

-l-. Interfijo fonológicamente motivado que aparece en algunas formaciones de base verbal, tras la vocal temática, como en *dormilón, metelón*, y ocasionalmente en otras formas, como el adverbio *de-l-ante*.

> LECTURAS RECOMENDADAS: Portolés (1999); Martín Camacho (2003); Ohannesian (2021).

-landia. Del germánico *land~lond*, 'tierra'. Sufijo nominal especializado en la expresión de territorios geográficos.

Tipos de bases

El sufijo **-landia** tiene cierta productividad en español actual, con los siguientes tipos de bases:

a Sustantivos usados para referirse a los habitantes de alguna región o zona geográfica:

 (1) Somali-landia, Yanqui-landia, Thai-landia, Gringo-landia

b Nombres de marcas, o el nombre propio de la persona a la que se asocia una empresa o compañía:

 (2) Disney-landia, Ford-landia, Corty-landia

c Sustantivos comunes que se refieren a distintas actividades o clases de objetos que pueden concentrarse o trabajarse especializadamente en un lugar concreto.

 (3) cine-landia, sueñolandia, choco-landia, jugueti-landia

d En otros casos la base es un nombre común animado referido a tipos de persona u otros seres vivos (*pequelandia, animalandia*).

e Son de segmentación dudosa algunas formaciones bien establecidas en el uso donde en caso de optar por la segmentación tendríamos bases radicales que generalmente, fuera de la lengua especializada, no tienen productividad.

 (4) Finlandia (fínico), Suazilandia (el pueblo suazi), Groenlandia, Jutlandia, Islandia

 Dichos nombres geográficos suelen ser invariablemente del dominio germánico, especialmente escandinavo, o de regiones geográficas colonizadas históricamente por pueblos germánicos. El topónimo *Irlanda* permite rastrear históricamente el sufijo, pero en este caso la segmentación es aún más dudosa.

f   Las bases que no se refieren a adjetivos no gentilicios son muy escasas, pero no inexistentes: de divertido se documenta *divertilandia* (no *diversión* > *diversionlandia, *diversilandia).

Comportamiento gramatical

El sufijo **-landia** se caracteriza por las siguientes propiedades formales.

a   Forma invariablemente sustantivos y, dentro de ellos, típicamente nombres propios referidos a lugares geográficos (topónimos), marcas, tiendas u otro tipo de entidades individualizadas.

   (5)   Suazilandia, Disneylandia, Pequelandia, Radiolandia

b   Cuando forma sustantivos que denotan nombres comunes, dichos sustantivos son femeninos y contables.

   (6)   una narcolandia inaceptable, varias fantasilandias sin existencia real

c   Normalmente el sufijo no fuerza la presencia evidente de vocales u elementos de enlace, con la única excepción de *juguete* > *juguetilandia*, donde podría reconocerse el elemento de enlace **-i-**.

d   Es posible pensar que en otros casos el sufijo fuerza la presencia de **-o-**, como en *radiolandia* o *gringolandia*. El motivo es que generalmente este sufijo implica la eliminación de la marca de palabra final de la base (*fantasía* > *fantasilandia*) y solo preserva la vocal final en casos de acortamiento de la base (*pequelandia*) o haplología (*chocolandia*), lo cual haría sorprendentes los casos mencionados arriba. No obstante, frente a otros usos de **-o-**, obsérvese que en estos casos la vocal no recibe el acento, por lo que la preservación de *o* en estos casos puede deberse a motivos fonológicos.

Tipos de significado

a   El sufijo **-landia** tiene un valor central correspondiente a 'territorio habitado por BASE', como en *Thailandia* 'territorio habitado por los thai' o *Gringolandia* 'país habitado por los gringos'.

b   Partiendo de este valor nuclear, se derivan dos usos. En el primero de ellos, cuando la base no corresponde a un gentilicio pero sigue siendo un nombre propio, el sufijo sigue aportando un valor de nombre lugar, y dicho lugar se asocia con la actividad empresarial o comercial promovida por un individuo o una empresa, que se ha ocupado de construir o establecer una estructura urbanística en ese lugar. Así, *Fordlandia* era la ciudad que Henry Ford trató de fundar en Brasil para concentrar a sus trabajadores y sus fábricas, y *Disneylandia* es un parque de atracciones construido por Walt Disney.

c   Cuando la base es un nombre común, el sufijo puede indicar aún un lugar cuya actividad se define por la relación con lo expresado por la base, admitiendo distintos tipos típicos de relación: 'lugar en que se trabaja o comercia especialmente con BASE' (*cinelandia, petrolandia, chocolandia, juguetelandia, narcolandia, eurolandia*), 'lugar donde se concentra BASE' (*animalandia, farandulandia, sueñolandia*), 'lugar diseñado para el disfrute por parte de BASE' (*pequelandia*), entre otras concebibles.

d   No son frecuentes, pero se documentan, las formaciones en que la base describe el tipo de lugar, como en *fantasilandia* 'tierra de fantasía' o *divertilandia* 'lugar divertido'.

Propiedades fonológicas

a   El sufijo recibe el acento de la palabra, desplazándolo de la base (*Somalí* > *Somalilandia*). La mayoría de las formaciones parten de bases bisílabas, y se producen abundantes casos de haplología de la base, que en ocasiones dan lugar a resultados bisílabos:

(7)   choco(late) > choco-landia, peque(ño) > peque-landia, petró(leo) > petro-landia

b   Las haplologías se extienden a casos en que la base termina en /l/ o /la/ y tienen también el efecto de reducir el número de sílabas, si bien la base puede mantenerse como trisílaba:

(8)   farándu(la) > farandu-landia, anima(l) > anima-landia

c   En otros casos la haplología se da sin que se dé coincidecia segmental entre la base y el sufijo, y sin que se produzca un resultado bisílabo.

(9)   diverti(do) > diverti-landia

d   A la inversa, también se documentan bases monosílabas, si bien en tales casos siempre hay consonantes en posición de coda, haciendo la sílaba bimoraica:

(10)   Fordlandia, Jutlandia, Islandia

e   Por tanto, hay suficientes datos para afirmar que el sufijo impone condiciones prosódicas a la base con respecto a su tamaño silábico o moraico, si bien esas condiciones pueden violarse ocasionalmente para admitir bases de tres sílabas.

Relaciones con otros afijos

a   En tanto que sufijo especializado en construir nombres de lugar, **-landia** compite con **-torio**, del que le separan dos propiedades fundamentales: el segundo no produce nombres propios y además deriva sustantivos a partir de bases verbales.
b   No es posible plantear la descomposición de **-landia** en *land-ia*, dado que no existe en español como forma ligada *-land-* (sí en inglés y otras lenguas germánicas), que no puede tratarse como un elemento compositivo porque nunca aparece en posición inicial de palabra.
c   Este sufijo, junto a '**-ez**, es el único que en español forma nombres propios específicamente.

Problemas de clasificación

a   Al igual que sucede con otros afijos nominales con significado conceptual muy preciso, podría plantearse la clasificación de **-landia** como elemento compositivo. Los motivos para clasificarlo como un sufijo se hacen más claros cuando se compara con un elemento compositivo neoclásico como *-logo*, y son los siguientes.
b   Frente a los elementos compositivos, **-landia** no puede aparecer en posición inicial de palabra, siendo siempre un elemento que aparece a la derecha de la base.

(11)   logo-peda, *landia-BASE

c   Frente a los elementos compositivos, **-landia** no deviene una palabra española añadiendole otros sufijos o prefijos.

(12)   lógo > lógico, *landia > *lándico

d   No obstante, hemos indicado ya que ocasionalmente cabe pensar que el sufijo ha añadido una vocal de enlace, al igual que sucede con otros elementos compositivos (*juguetilandia, sueñolandia*). Nótese, no obstante, que en la vocal de enlace de los elementos compositivos el acento recae sobre ese segmento.

(13)   fil-ó-logo, demon-ó-logo, pap-ó-logo

Por ello no parece excesivamente polémico clasificar **-landia** como sufijo.

> LECTURAS RECOMENDADAS: Pharies (2002).

lati-. Del latín *lātus* 'ancho'. Prefijo adjetival no productivo que se documenta en *latisueldo* 'sueldo de considerable cuantía', *latifundio* 'extensión amplia de terreno campestre' (vs. *minifundio*, cf. **mini-**) y es equivalente al adjetivo 'amplio, extenso'.

-latra. Véase **-ólatra**.

-latría. Véase **-ólatra** e **-ía**.

-lento. Posible alomorfo de **-iento**.

-lisis. Del griego λύσις, aflojamiento, resolución. Sufijo nominal culto empleado en química y medicina.

a   Este sufijo forma, en el lenguaje técnico, cultismos siempre sobre bases neoclásicas, y en ellos indica invariablemente el proceso de descomposición, destrucción o disolución de un vínculo.

(1)   citó-lisis 'destrucción de una célula', electró-lisis 'descomposición de un electrolito', fotó-lisis 'descomposición de algo por acción de la luz', hemó-lisis 'destrucción de los hematíes', hidró-lisis 'destrucción de algo por acción del agua', lipó-lisis 'descomposición de las grasas en ácidos y glicerol', piró-lisis, 'destrucción de algo por acción del calor'

b   Las bases se interpretan de dos maneras: como la entidad que sufre la destrucción o descomposición (*citólisis, electrólisis, hemólisis, lipólisis*) o como la entidad empleada como el medio o instrumento para dicha destrucción (*fotólisis, hidrólisis, pirólisis*).

c   El hecho de que **-lisis** siempre tenga una vocal tónica /o/ a su izquierda sugiere que dicho segmento puede ser la vocal de enlace **-o-** que aparece frecuentemente entre elementos compositivos cultos. En tal caso, **-lisis** no sería un afijo sino un elemento compositivo. Contra este análisis tenemos varios hechos: **-lisis** nunca aparece en primera posición de la palabra, y no puede unirse directamente a otros sufijos para dar lugar a palabras bien formadas en español. No obstante, a favor de este análisis como elemento compositivo tenemos el hecho de que **-lisis** es reconocible en algunas voces formadas solo por él y prefijos griegos.

(2) análisis, catálisis, diálisis, parálisis

d   No obstante, estos prefijos tienen una productividad muy baja en español y además el significado de estas voces no es transparente y, con la posible excepción de *análisis* (entendido como la descomposición de algo en sus partes integrantes), es difícil de relacionar con el significado de **-lisis** en el resto de formaciones.

-lle. Posible sufijo segmentable en *gobern-a* > *gobern-a-lle*. Si se segmentara, como propone Rainer (1993: 599), sería un nominalizador deverbal de instrumento que solo aparece en una formación.

M

-ma. Del latín *-ma* y este del griego *-μα*, nominalizador de género neutro que formaba nombres de acción y resultado a partir de bases verbales. Posible sufijo nominal segmentable asociado a sustantivos masculinos marcados regularmente en **-a**^{3}.

Tipos de base

a   Este sufijo se combina casi exclusivamente con bases neoclásicas correspondientes a sustantivos:

(1)   adema, anatema, apotegma, axioma, ciclóstoma, citoplasma, cromosoma, diafragma, diastema, dogma, dracma, ectoplasma, eczema, esperma, esquema, estigma, fantasma, flema, fonema, hematoma, idioma, linfoma, magma, melanoma, miasma, monema, neuma, panorama, paradigma, plasma, poema, prisma, problema, sistema, sofisma, tonema, zeugma

b   En unos pocos casos la base neoclásica también funciona como base para otros sufijos, como en *fantasma ~ fantasía, melanoma ~ melanina, poema ~ poeta*.

c   Son poco frecuentes las bases nominales empleadas independientemente: clasema ~ clase.

d   Son muy abundantes las formaciones con *-grama*: *cardiograma, hemograma, ideograma, pentagrama, pictograma*, etc.

e   Puede asimilarse a la serie, pese a tener un origen etimológico distinto, *pijama*, también masculina.

Comportamiento gramatical

a   Este sufijo siempre da lugar a sustantivos masculinos marcados por **-a**^{3}.

b   Este sufijo, pese a su origen en griego, no se asocia exclusivamente ni a nombres contables ni a nombres no contables (cf. *axioma, plasma*), ni abstractos ni concretos (*problema, eczema*).

Propiedades fonológicas

Este sufijo se integra plenamente en la base.

DOI: 10.4324/9781003415046-14

Alomorfos

a   No está claro si las formas **-ema** y **-oma** deben ser tratadas como alomorfos de este sufijo o como sufijos independientes: *-ema* (*blastema, eczema, edema, enfisema, eritema, lema, lexema, semantema, semema...*) y *-oma* (*adenoma, angioma, axioma, carcinoma, estroma, fibroma, genoma, glioma, neuroma, ribosoma, rizoma*) tienen un alto grado de especialización semántica y pueden tratarse sincrónicamente como sufijos diferenciados.

b   En combinación con **'-ico** siempre aparece una /t/ adicional (*problema > problemático*) que etimológicamente se asociaba a la terminación griega, pero en español es más probable tratarla como parte del alomorfo *-ático* para el sufijo, debido a que aparece también con otras terminaciones que no contienen **-ma**: *democrático, extático, cuadrático*.

Relaciones con otros afijos

a   Véase también **-ta**, que forma con él algunos pares donde **-ma** se refiere al objeto (*poema*) y **-ta** se refiere a la persona (*poeta*).

b   Ocasionalmente se documentan casos en que los hablantes restituyen la **-o**[1] que marca masculino, como en *aforisma ~ aforismo*.

macro-. Del griego μακρο- 'grande'. Prefijo adjetival con significado equivalente a 'grande'.

Tipos de base

a   Como otros prefijos adjetivales, **macro-** también se une prioritariamente a bases constituidas por nombres comunes, tanto concretos como abstractos:

(1)   macrocentro, macroeconomía, macroproyecto, macrorregión, macrogranja, macroencuesta, macroalga, macrobotellón, macroconcierto, macrozona, macrodiscoteca, macrotúnel, macrofestival, macropantalla, macroparque, macroinstrucción, macrocementerio, macroinversión, macroestructura, macroplantación, macrooperativo, macroplástico, macrodato

b   Hay tres campos semánticos que destacan en las bases: espacios físicos (*macrosector, macroárea, macrohotel, macrouniversidad, macropuerto, macrocárcel...*), nombres de evento (*macrocolecta, macromanifestación, macrocompra, macroincendio, macrojuicio, macrohuelga...*) y nombres de entidades físicas (*macrocarpa, macrofauna, macropartícula, macrocélula, macropolígono...*).

c   Existen también bases neoclásicas equivalentes a sustantivos:

(2)   macrocéfalo, macrocosmos, macrospora

d   Con menor productividad, este prefijo se une también a adjetivos relacionales, pero nunca a adjetivos calificativos. Es habitual que exista también el par con base sustantiva, por lo que estas voces pueden haberse formado una vez que el prefijo se combine con el sustantivo:

(3)   macrofinanciero, macrocriminal, macrohistórico, macrobiótico

e   Este prefijo no se une a nombres propios, frente a otros adjetivales (cf. **pseudo-**).

Comportamiento gramatical

a   Este prefijo no altera la clase de palabras, el género o el número de su base.
b   En principio, este prefijo es iterable; si definimos una entidad como *macrorregión*, podemos referirnos a otra que una dentro de sí varias macrorregiones como *macromacrorregión*. En esto se comporta igual que el adjetivo *grande*, con el que comparte propiedades: *un gran político* vs. *un gran político grande*.
c   Este prefijo no participa en paradojas de segmentación con adjetivos relacionales porque no se documentan casos claros en que el prefijo se una al adjetivo relacional directamente sin que antes lo haga al sustantivo que está en la base de formación del adjetivo relacional; *macroestructural* existe, pero también *macroestructura*, lo que permite interpretar sin necesidad de paradoja que la interpretación semántica y la estructura formal es *[[macro[estructur]] al]*.
d   Este prefijo toma alcance sintagmático: *un macrocentro de ancianos* se interpreta como centro de ancianos de gran tamaño, no necesariamente como un centro de gran tamaño destinado a los ancianos. Para ello es necesario interpretar *macro [centro de ancianos]*.
e   Como otros prefijos adjetivales (cf. **mini-**), se documentan casos en que este prefijo aparece ya convertido en un adjetivo que puede aparecer de forma libre para indicar una subclase de las entidades a las que modifica: *datos macro, fotos macro, tamaño macro*, etc.

Tipos de significado

a   El significado de este prefijo equivale a 'grande', en el sentido de tamaño físico siempre. Este significado puede manifestarse de varias maneras.
b   La más evidente de ellas es interpretar que la entidad denotada por la base tiene gran tamaño, sea por sí misma (*macrovirus, macropantalla, macrocementerio*) o sea porque es el resultado de la unión de varias entidades de su clase (*macrorregión, macroclase*).
c   Con los nombres que designan eventos, el prefijo indica la participación de un gran número de entidadades, generalmente personas. En *macroconcierto* o *macroencuesta*, la encuesta y el concierto en sí pueden consistir en pocas preguntas y un grupo de música de un solo miembro, pero necesariamente las personas que contestan a la encuesta y que atienden el cocierto debe ser muy elevado.
d   Ocasionalmente, el tamaño grande involucra no a la entidad denotada por la base sino a sus miembros componentes, como en *macrofauna*, donde fauna es un nombre no acotado que no puede tener tamaño y ese tamaño se asocia con las especies animales que componen la fauna; cf. también *macroalga*.
e   Es posible también que **macro-** se reinterprete como indicando un grado mayor de abstracción o generalidad que atiende a fenómenos globales en lugar de casos particulares o de un ámbito más privado: *macroeconomía, macrohistoria*.

Propiedades fonológicas

Este prefijo da señales claras de cierta independencia prosódica de la base, manifestada en la asignación de acento secundario no rítmico (*màcroestádo*), la preservación de su vocal final incluso en casos de contacto vocálico con la base (*macroalga, macroorganismo*) y la posibilidad de emplearlo como voz independiente (*proyecto macro*).

Relaciones con otros afijos

En la serie de prefijos adjetivales de tamaño, **macro-** indica un tamaño notable, pero menor que **maxi-**; forma frecuentemente oposiciones con **micro-**, que indica tamaño reducido.

> LECTURAS RECOMENDADAS: Martín García (1998); Varela & Martín (1999); RAE & ASALE (2009: §10.12); Fábregas (2018).

mal-. Del adverbio *mal* o del adjetivo *malo*. Prefijo preposicional escalar que se combina con verbos y adjetivos.

Tipos de base

a Este prefijo es particularmente productivo con bases verbales, tanto eventivas (*malparir*) como estativas (*malcreer*).

(1) malbaratar, malcasar, malcomer, malcreer, malcriar, maldecir, malenseñar, malentender, malformar, malparar, malparir, malpensar, maltraer, maltratar, malvender, malvivir

b Son frecuentes también las bases formadas por antiguos participios activos: *maloliente, malevolente, malsonante, malandante*.

c También toma bases participiales en casos en que el verbo correspondiente no admite el prefijo para muchos hablantes.

(2) malacosumbrado, malagradecido, malavenido, malconsiderado, maleducado, malhablado, malmirado, malnacido, malnutrido

d No son frecuentes las bases adjetivales que no se relacionen con un verbo (*malcontento, malsano*).

e El prefijo se combina con adjetivos que carecen de una base verbal directa:

(3) malaventurado, malcontentadizo, malevolente, malintencionado, malmaridada

f Los casos nominales siempre implican bases verbales, sea en forma de infinitivos o de sustantivos derivados: *malestar, malhechor, malquerer*.

Comportamiento gramatical

a Pese a su relación con un adverbio o adjetivo, este prefijo tiene el comportamiento típico de los prefijos preposicionales.
b Participa en la parasíntesis: **humor-ado ~ mal-humor-ado*.
c Puede combinarse con bases verbales neoclásicas para formar un verbo: *mal-versar*.
d Fuera de estos casos, este prefijo no altera la categoría gramatical de la base, su clase de conjugación y otras propiedades gramaticales.
e Este prefijo no toma alcance sintagmático ni es iterable.
f Debido a su baja productividad con bases sustantivas, tal vez como reflejo de su origen adverbial, este prefijo no habilita a un sustantivo para funcionar como modificador de otro sustantivo.

Tipos de significado

a   El valor de este prefijo es escalar: suponiendo una escala graduable asociada a la base, selecciona dentro de ella los valores inferiores que son insuficientes para obtener un resultado o desarrollar un proceso de manera efectiva.
b   Este valor es general en el caso de los adjetivos (malaventurado, malcontento, mal, y también se extiende a muchos verbos: *malvivir* es no llegar a vivir de forma suficiente, *malformar* es no llegar a formar algo considerado suficiente, *malnutrir* es no llegar a nutrir de forma suficiente, *malentender* es no llegar a entender, etc.
c   El valor escalar se reinterpreta no como insuficiencia sino como la ejecución inadecuada de un evento en aquellos casos en que no se opera sobre una escala de valores, sino sobre la manera en que se ejecuta la acción: *maltratar, malcasar, malcomer, malvender*, etc.
d   El valor de manera se extiende a varios adjetivos y sustantivos, como *malevolente, maloliente, malsonante, maledicente, malhechor*, etc.
e   Son frecuentes los valores lexicalizados, como en *maldecir* 'denigrar', *malparido, malnacido* 'miserable', *malestar* 'molestia'.

Propiedades fonológicas

Este prefijo se integra en la base, como muestra la posibilidad de cancelar la consonante final (*mal-lograr* > *malograr*) y la ausencia de acento secundario no rítmico.

Alomorfos

Se documenta el alomorfo *male-* (*maledicente, malevolente*).

Problemas de clasificación

Podría proponerse que este prefijo es en realidad un constituyente compositivo, porque la voz *mal* puede emplearse como forma libre. Dejando a un lado la ineficacia del criterio de la supuesta libertad del morfema para definir los compuestos, el comportamiento semántico, gramatical y fonológico de **mal-** es el de un prefijo: parasíntesis y formas sobre verbos neoclásicos, valor escalar e integración con la base.

> LECTURAS RECOMENDADAS: Buenafuentes de la Mata (2001); Montero Curiel (2001b).

male-. Alomorfo de **mal-**.

maxi-. Formado por acortamiento del latín *maximum*, tal vez por analogía con *minimum* > *mini-*. Prefijo adjetival que indica tamaño equivalente a 'enorme'.

Tipos de base

a   Como otros prefijos adjetivales, **maxi-** también se une prioritariamente a bases constituidas por nombres comunes, tanto concretos como abstractos:

(1) maxigimnasio, maxiconsumo, maxikiosco, maxivestido, maxitúnel, maxicollar, maxi-single, maxisaco, maxiindustria, maxicubo, maxiaccesorios, maxitaxi, maxipestaña, maxilunar

b   Hay tres campos semánticos que destacan en las bases: espacios físicos (*maxihuerta, maximercado, maxidespensa, maxihospital, maxicementerio...*), nombres de evento y actividades (*maxibaloncesto, maxivoley, maxiahorro, maxiproceso...*) y nombres de prendas de vestir (*maxifalda, maxibolso, maxigafas, maxicinturón, maxiabrigo, maxibufanda, maxijersey...*).
c   No se documentan bases neoclásicas con este prefijo.
d   No se documentan bases que sean adjetivos relacionales si no existe ya la forma prefijada con el sustantivo correspondiente.
e   Este prefijo no se une a nombres propios, frente a otros adjetivales (cf. **pseudo-**). Este comportamiento es típico de los prefijos adjetivales de tamaño.

Comportamiento gramatical

a   Este prefijo no altera la clase de palabras, el género o el número de su base.
b   En principio, este prefijo no es iterable; si definimos una entidad como *maxipetrolero*, no podemos referirnos a otra que sea incluso mayor como **maximaxipetrolero*, pero sí se documentan casos en que **maxi-** concurre con **macro-** (*maxi-macro-nevera*). La imposibilidad de iterar el prefijo tal vez se relacione con su significado elativo equivalente a 'enorme'.
c   Este prefijo toma alcance sintagmático: *un maxicentro de ancianos* se interpreta como centro de ancianos de enorme tamaño, no necesariamente como un centro de enorme tamaño destinado a los ancianos. Para ello es necesario interpretar *maxi [centro de ancianos]*.
d   Como otros prefijos adjetivales (cf. **mini-**), se documentan casos en que este prefijo aparece ya convertido en un adjetivo que puede aparecer de forma libre para indicar una subclase de las entidades a las que modifica: *vestidos maxi, categoría maxi*, etc.
e   Este prefijo puede participar en cruces léxicos: de *plusmarquista* se forma *maximarquista* para indicar a un deportista que bate récords de forma extrema.

Tipos de significado

a   El significado de este prefijo equivale al adjetivo elativo de tamaño 'enorme', en el sentido de tamaño físico siempre. Este significado puede manifestarse de varias maneras.
b   La más evidente de ellas es interpretar que la entidad denotada por la base tiene gran tamaño, sea por sí misma (*maxiletra, maxilentejuela, maxiyate, maxisolapa*) o sea porque es el resultado de la unión de varias entidades de su clase (*maxicartera ministerial*). En *maximobiliario*, nótese que el tamaño grande se aplica a cada mueble en particular que compone el mobiliario.
c   Con los nombres que designan eventos, el prefijo indica la participación de un gran número de entidadades, generalmente personas. En *maxidevaluación* o *maxioperación*, la devaluación y la operación involucran sean grandes cantidades o un número enorme de participantes.
d   Ocasionalmente, el tamaño grande denota una intensidad elevada (*maxitornado*).
e   No se documentan lecturas en las que el prefijo se refiera un grado mayor de abstracción o generalidad (cf. **micro-, macro-**).

Propiedades fonológicas

Este prefijo da señales claras de cierta independencia prosódica de la base, manifestada en la asignación de acento secundario no rítmico (*màxiahórro*), la preservación de su vocal final incluso en casos de contacto vocálico con la base, evitando la formación de diptongos (*maxiolla, maxiabrigo, maxiimperdible*) y la posibilidad de emplearlo como voz independiente (*talla maxi*).

Relaciones con otros afijos

En la serie de prefijos adjetivales de tamaño, **maxi-** indica un tamaño mayor que el de **macro-**. Dentro de la serie en que se incluye **mini-, macro-, micro-** es el único que no tiene lecturas que no sean de tamaño.

> LECTURAS RECOMENDADAS: Martín García (1998); Varela & Martín (1999); RAE & ASALE (2009: §10.12); Fábregas (2018); Rifón (2018).

-mbre. Del latín *-uminem*, terminación de algunos sustantivos de la tercera conjugación. Sufijo nominalizador que forma ocasionalmente nombres colectivos.

Tipos de bases

a   Este sufijo se combina con varios sustantivos que corresponden a nombres comunes de objeto o parte del cuerpo.

    (1)   hierro > herrumbre, pelo > pelambre, queja > quejumbre, sal > salumbre, techo > techumbre, vela > velambre

b   También se combina ocasionalmente con verbos:

    (2)   urd-ir > urdimbre

c   También se documentan algunas formas neoclásicas, como *raigambre*.

Comportamiento gramatical

a   Este sufijo forma sustantivos femeninos marcados con -e[4].
b   Este sufijo da dos clases de sustantivos: nombres de cualidad, que son abstractos y no contables, como *salumbre* o *herrumbre*, y nombres colectivos, que suelen ser contables, como *techumbre*.
c   Este sufijo siempre hace caer la vocal final de la base sustantiva, pero preserva la vocal temática del verbo.

Tipos de significado

a   En la mayoría de los casos este sufijo construye sustantivos colectivos que están formados por conjuntos de entidades. La base puede corresponder a la entidad que se multiplica para formar un colectivo (*pelambre, velambre*) o puede dar nombre a la función de ese colectivo, como en *techumbre* o *quejumbre*, donde los colectivos se emplean respectivamente como techo o como queja.

b   En su segundo valor, menos frecuente, el sufijo forma nombres abstractos de cualidad, como en *salumbre* 'salinidad' o *herrumbre* 'cualidad de estar oxidado'.

Propiedades fonológicas

Este sufijo se integra fonológicamente con la base, e impone acento prosódico a la vocal que le precede. La posición del acento puede llevar a la monoptongación de las bases (*hierro* > *herrumbre*).

Alomorfos

Este sufijo tiene tres versiones: la que carece de vocal inicial (*urd-i-mbre*), la que toma /u/ (*sal-umbre*) y la que toma /a/ (*pel-ambre*).

Relaciones con otros afijos

Para la nominalización de cualidad, véase **-idad, -ura, -ez**. Para la formación de nombres colectivos, véase **-ería, -ado, -al**[2]**, -amen**.

medio-. Del adjetivo *medio*. Prefijo preposicional escalar especializado en la combinación con verbos.

Tipos de base

a   Este prefijo se combina exclusivamente con bases verbales. Están excluidas

(1)   medio despistarse, medio arreglarse, medio salvarse, medio aplacar, medio endurecer, medio conseguir, medio ganar, medio resbalar, medio inventar, medio solucionar, medio secar, medio volverse algo, medio vestirse, medio torcerse, medio tapar, medio reír, medio recuperar, medio matar, medio morirse, medio disculparse, medio abrir, medio cerrar, medio abrazarse, medio publicar, medio informar...

b   Están excluidas las bases verbales estativas.

(2)   *Juan medio cree que está mal.
(3)   *Juan medio está enfermo.

c   Entre las bases verbales, se prefieren aquellas que son télicas o al menos están interpretadas como télicas.

(4)   ??Juan medio corrió.
(5)   ??Juan medio vive en Madrid.

d   Es imposible que este prefijo aparezca con bases que contienen el llamado 'se aspectual', es decir, el que indica que el proceso está asociado a una escala cerrada que alcanza una culminación.

(6)   Juan se medio cansó [no aspectual]
(7)   *Juan se medio comió un bocadillo [aspectual]

Comportamiento gramatical

a Este prefijo no modifica las propiedades gramaticales de la base, incluida su categoría gramatical, su número de argumentos o su valor aspectual.
b Este prefijo no es iterable.
c Este prefijo toma alcance sintagmático sobre todo el evento, y cuantifica como no alcanzado de forma plena el evento con sus participantes completos.
d Este prefijo no participa en la parasíntesis ni se combina con bases verbales neoclásicas.
e Al unirse solamente a verbos, este prefijo no produce paradojas de segmentación.

Tipos de significado

a Este prefijo cuantifica sobre una escala cerrada, indicando que no se llega a alcanzar su valor de culminación. Esto explica la agramaticalidad con el llamado 'se aspectual', que precisamente denota que la culminación ha sido alcanzada.
b Hay así dos interpretaciones del prefijo que dependen de si el verbo sobre el que se opera tiene un resultado o no. En los casos en que no hay un resultado, el prefijo indica que la acción casi sucedió o su desarrollo fue interrumpido, como en *Se medio resbaló, Se medio rio, Medio intentó responder*.
c Cuando el verbo está definido por un resultado, el resultado se alcanza pero se indica que no se obtuvo de forma completa: *Se medio tapó con la sábana, Se medio desnudó, Medio corrigió los exámenes, Medio consiguió entenderlo*.

Propiedades fonológicas

Este prefijo mantiene signos de independencia prosódica de la base, manifestada en la presencia de acento secundario no rítmico (*mèdio intentó*) y la no cancelación de la vocal final del prefijo cuando entra en contacto con la inicial de la base (*medio ordenar*).

Problemas de clasificación

Existe un adjetivo medio que mantiene cierta relación semántica con este prefijo, pero se diferencian por dos propiedades: este prefijo debe aparecer siempre antes de los clíticos (*se medio cayó* vs. *medio se cayó) y este prefijo no se combina más que con verbos. Por otro lado, no se puede considerar este morfema como parte de un compuesto, dado que su comportamiento es el que se espera de un prefijo cuantificativo, incluyendo la cuantificación sobre una escala.

Relaciones con otros afijos

Para otros prefijos que fuerzan o prefieren escalas cerradas, véase **semi-** y **cuasi-**.

Lecturas recomendadas: Varela & Martín (1999); Montero Curiel (2001b); RAE & ASALE (2009: 10.9); Buenafuentes de la Mata (2015); Felíu & Pato (2015).

mega[1]-. Del griego *μέγας*, 'grande'. Prefijo adjetival con significado aproximado de 'muy grande'.

Tipos de base

a Como otros prefijos adjetivales, **mega-** también se une prioritariamente a bases constituidas por nombres comunes, tanto concretos como abstractos:

(1) megaproyecto, megaoperativo, megamedia, megacausa, megaobra, megaevento, megadevaluación, megaconcierto, megaincendio, megaapagón, megasimulacro, megaproducción, megaterremoto, megadeuda, megaevasión, megatendencia, megaelecciones, megaplaza, megacable, megatienda, megacampo, megacolegio, megaestructura, megayate, megarregión, megabiblioteca, megaempresa, megabanda, megapantalla, megacorporación, megatanque, megacamión, megabanco, megaescultura

b Hay tres campos semánticos que destacan en las bases: espacios físicos (*megabiblioteca, megacolegio, megaplaza, megarregión, megacine...*), nombres de evento y actividades (*megadevaluación, megaconcierto, megaincendio, megaterremoto...*) y nombres de objetos físicos (*megapantalla, megatanque, megacable, megaestructura...*).

c Hay un conjunto reducido de bases neoclásicas con este prefijo: *megalito, megáfono, megalómano*.

d No se documentan bases que sean adjetivos relacionales si no existe ya la forma prefijada con el sustantivo correspondiente.

e Este prefijo no se une a nombres propios, frente a otros adjetivales (cf. **pseudo-**). Este comportamiento es típico de los prefijos adjetivales de tamaño.

Comportamiento gramatical

a Este prefijo no altera la clase de palabras, el género o el número de su base.

b En principio, este prefijo es iterable; si definimos una entidad como *megacorporación*, podemos referirnos a otra que sea incluso mayor y se obtenga de la fusión de varias megacorporaciones como *mega-mega-corporación*.

c Este prefijo toma alcance sintagmático: *un megacampo de fútbol* se interpreta como un campo de fútbol muy grande, no necesariamente como un campo muy grande destinado al fútbol. Para ello es necesario interpretar *mega [campo de fútbol]*.

d Como otros prefijos adjetivales (cf. **mini-**), se documentan casos en que este prefijo aparece ya convertido en un adjetivo que puede aparecer de forma libre para indicar una subclase de las entidades a las que modifica: *archivos mega, concierto mega*, etc.

e Este prefijo puede participar en cruces léxicos: de *robot* se forma *megabot* para indicar a un robot gigantesco.

Tipos de significado

a El significado de este prefijo equivale al adjetivo de tamaño graduado 'muy grande', generalmente en el sentido de tamaño físico, pero no siempre.

b La más evidente de ellas es interpretar que la entidad denotada por la base tiene gran tamaño, sea por sí misma (*megatanque, megaestructura*) o sea porque es el resultado de la unión de varias entidades de su clase (*megacorporación, megarregión*). En *megafauna*, nótese que el tamaño grande se aplica a cada especie animal que compone la fauna.

c Con los nombres que designan eventos, el prefijo indica la participación de un gran número de entidadades, generalmente personas, como en *megaconcierto* o *megaevasión*.

En otros casos habla de la intensidad del evento (*megaterremoto, megacorrupción, megadevaluación*), sea porque se aplica a una extensión amplia o sea porque implica un cambio brusco y notable.

d   Solo ocasionalmente se interpreta como el tamaño de los participantes en el evento, como en *megaminería*, interpretado como la minería que trabaja grandes yacimientos o emplea maquinaria de gran tamaño.

e   Ocasionalmente, el prefijo puede indicar el valor de 'gran' que se asocia a la importancia o calidad de una entidad, como en un gran artista 'un artista importante': *megaestrella, megaéxito*.

f   Se documentan lecturas en las que el prefijo se refiere un grado mayor de abstracción o generalidad (cf. **micro-, macro-**), como en *megahistoria, megadiplomacia*.

Propiedades fonológicas

Este prefijo da señales claras de cierta independencia prosódica de la base, manifestada en la asignación de acento secundario no rítmico (*mègaterremóto*), la preservación de su vocal final incluso en casos de contacto vocálico con la base (*megaahorro, megaanimales*) y la posibilidad de emplearlo como voz independiente (*tamaño mega*).

Alomorfos

Solo se documenta *megalo-* en la forma *megalómano*.

Relaciones con otros afijos

En la serie de prefijos adjetivales de tamaño, **mega-** indica un tamaño mayor que el de **macro-** pero menor que el de **maxi-**.

> LECTURAS RECOMENDADAS: Varela & Martín (1999); RAE & ASALE (2009: §10.12); Fábregas (2018).

mega²-. Del griego *μέγας*, 'grande'. Prefijo cuantificativo del lenguaje técnico que equivale a una cantidad de 10^6 y se combina exclusivamente con unidades de medida, como en *megahercio, megavatio, megapíxel*.

-men. Del nominalizador latino *-men*, usado para formar sustantivos a partir de verbos. Sufijo nominalizador culto poco productivo que aparece en un conjunto reducido de verbos de la primera conjugación, como *dictar > dictamen, gravar > gravamen, ligar > ligamen, pujar > pujamen*, siempre para indicar nombres de resultado y no de evento. Aparece también en algunas formas tomadas directamente del latín y sin base verbal española, como *certamen, foramen*. Para el sufijo colectivo de *velamen, maderamen*, véase **-amen**.

> LECTURAS RECOMENDADAS: Pharies (2002); Rainer (2018).

menos-. Del adverbio latino *minus* 'menos'. Prefijo escalar no productivo que indica un valor por debajo de lo que se considera necesario o suficiente.

a   Este prefijo se combina sobre todo con bases verbales, y cuando aparece con otras categorías estas suelen estar derivadas del verbo:

(1)   menospreciar, menoscabar, minusvalorar

b   Este prefijo no es iterable y no altera las propiedades gramaticales de la base.
c   Este prefijo participa en parasíntesis, como en el caso de *menoscabar*, derivado del sustantivo *cabo*.
d   Como sucede ocasionalmente con algunos prefijos preposicionales, su valor está especializado en un significado escalar (cf. también **bien-**, **infra-**, **mal-**): dentro de una secuencia ordenada de valores relacionados con una propiedad expresada por la base, selecciona aquellos valores que están por debajo de lo que se considera normal o adecuado.
e   El alomorfo culto *minus-* ha obtenido cierta productividad aumentada en los últimos tiempos. Aunque solo existe una base con la que se combina en español general (la raíz *val-*; *minusvalorar*, y el participio relacionado *minusválido*, junto a los sustantivos *minusvalía* y *minusvalidez*), se documenta también con formas participiales de nuevo cuño (*minus-educado, minus-vestido*) y se extiende ocasionalmente a otras bases (*minuspreciar, por menospreciar*).
e   Este prefijo mantiene cierta independencia prosódica de la base: recibe acento secundario no rítmico (*mìnuseducádo*) y no cancela la vocal átona final ni la /s/.

> Lecturas recomendadas: Montero Curiel (2001b).

-menta. Sufijo relacionado con **-amenta**, y que puede identificarse con algunas bases verbales (*vestimenta, impedimenta*).

-mente. Del sustantivo español *mente*, tal vez cruzado con el adverbializador latino *-iter*, y este a su vez del ablativo latino *mente*. Sufijo que forma adverbios a partir de adjetivos.

Tipos de base

a   Este sufijo se combina con adjetivos o participios adjetivales. Entre los adjetivos, lo hace con cualquier clase semántica y gramatical de ellos.
b   Pueden ser, por tanto, bases para este sufijo los adjetivos relacionales:

(1)   económicamente, físicamente, históricamente, técnicamente, lógicamente, genéticamente, teóricamente, científicamente, realmente, legalmente, tradicionalmente, judicialmente, verbalmente, financieramente, exponencialmente, militarmente

c   También los adjetivos adverbiales referidos al modo pueden funcionar como bases.

(2)   presuntamente, seguramente, posiblemente, probablemente, supuestamente, obviamente, aparentemente, evidentemente

d   Lo mismo se aplica a los adjetivos adverbiales de tiempo y otras nociones:

(3)   antiguamente, próximamente, actualmente, futuramente, anteriormente, nuevamente, recientemente, inmediatamente, habitualmente

e   Entre los adjetivos calificativos, los admite de todas las clases semánticas. Los de forma y color, pese a que se ha afirmado que no constituyen bases adecuadas, también se documentan:

   (4)   triangularmente, redondamente, cuadradamente, blancamente

f   Los adjetivos calificativos que expresan propiedades físicas relacionadas con las dimensiones de altura, anchura, espesor, tamaño, peso, velocidad y otras son también bases frecuentes de este sufijo:

   (5)   largamente, pesadamente, ligeramente, anchamente, estrechamente, rápidamente, lentamente, brevemente...

g   Lo mismo cabe decir de los adjetivos que expresan propiedades valorativas, cualidades no física o formas de comportamiento:

   (6)   cruelmente, inteligentemente, normalmente, difícilmente, sencillamente, desafortunadamente, intensamente, responsablemente, optimistamente, gratuitamente, increíblemente, violentamente, tranquilamente, cuidadosamente, tristemente, alegremente, cómodamente, sorpresivamente, lastimosamente, peligrosamente...

h   Los adjetivos numerales ordinales y otros adjetivos que indican posición dentro de una secuencia también son admitidos como base:

   (7)   primeramente, últimamente, terceramente, finalmente, inicialmente

i   También lo admiten los adjetivos que denotan cantidades o denotan la referencia e identidad, incluso, ocasionalmente, algunos cuantificadores (*pocamente, demasiadamente, bastantemente*):

   (8)   solamente, completamente, exclusivamente, parcialmente, aproximadamente, pluralmente, singularmente, precisamente, aproximadamente, únicamente, igualmente, sumamente, íntegramente

j   Generalmente los adjetivos están en grado positivo y se rechazan las formas comparativas (**mejormente, *peormente, *menormente*), con la excepción aparente de *mayor* (*mayormente*), que también puede emplearse como grado positivo (*estar muy mayor*).

k   Los adjetivos elativos también se admiten: *enormemente, drásticamente, brutalmente, tremendamente, inteligentísimamente, fortísimamente, eminentemente...*

l   Los participios adjetivales también son admitidos por la base; para ello, el participio debe tener un valor adjetival independientemente de este sufijo. Véase **in-**[1].

   (9)   debidamente, reiteradamente, deliberadamente, desesperadamente, detenidamente, detalladamente, merecidamente, apresuradamente, obligadamente, civilizadamente, organizadamente

m   Lo mismo cabe decir de los participios en **-nte**, que solo funcionan como bases si tienen un uso adjetival independiente:

   (10)   incesantemente, recurrentemente, brillantemente, persistentemente, consiguientemente, preocupantemente, aplastantemente, sugerentemente, fascinantemente, relevantemente...

n   Aunque se ha dicho que este sufijo rechaza los adjetivos en **-ble** que se han formado en español y no se heredan del latín, esto no es factualmente cierto: *entendiblemente, creíblemente, imaginablemente, reversiblemente, discutiblemente...*

ñ   También se ha afirmado que los adjetivos que indican estadios episódicos no suelen ser tomados como base de este sufijo, pero no es cierto: *llenamente, desnudamente, vacíamente, torcidamente...*

Comportamiento gramatical

a   Este sufijo se emplea para formar adverbios. Es el único sufijo del sistema español que tiene sistemáticamente este papel.

b   Las propiedades gramaticales de **-mente** son excepcionales en tres sentidos, que dentro de los sistemas lexicalistas son problemáticos. El primero es que este elemento permite bases coordinadas, algo que ningún otro sufijo permite hacer (si bien algunos prefijos lo aceptan, como **pre-** y **post-** o **anti-** y **pro-**).

(11)   [clara y distinta]mente, [rápida y eficaz]mente

c   Esta propiedad se extiende a cualquier tipo de coordinación (*rotunda pero amable-mente, tanto irritante como falsa-mente, o rápida o lenta-mente*) y también a las estructuras comparativas (*más entusiasta que eficazmente, tan amable como rotudamente*).

d   Este sufijo fuerza la presencia de flexión interna a la palabra, ya que se combina con la forma femenina del adjetivo, que en los adjetivos variables en género equivale a que el sufijo flexivo **-a**^{1} esté contenido dentro de la base.

(12)   calmad-a-mente

e   En tercer lugar, este sufijo no fuerza la cancelación de la vocal átona de la base.

f   Además, forma paradojas de encorchetado por las que los modificadores de grado del adverbio se reinterpretan como graduando el adjetivo que está en su base: *muy rápidamente* equivale a una manera que es muy veloz, no a 'muy de manera veloz'.

g   De la misma manera, la base puede combinarse con morfemas apreciativos (*rapiditamente*), que se interpretan como aplicados a todo el derivado adverbial.

h   Se ha documentado, adicionalmente, que los hablantes de diversas variedades americanas ocasionalmente añaden el morfema **-s**^{1} al sufijo cuando el adverbio es adyacente a otra forma plural, tal vez como resto de su etimología nominal: *libros completamentes destruidos, palabras frecuentementes dichas*.

Tipos de significado

a   El sufijo **-mente** no tiene significado por sí mismo. El valor del adverbio depende de la interacción entre el significado del adjetivo que toma en su base y la posición sintáctica que ocupa.

b   Así, con adjetivos calificativos que expresan propiedades compatibles con un evento suele interpretarse la noción de manera (*rápidamente, progresivamente*); con calificativos que indican formas de comportamiento, puede interpretarse predicado del agente de una eventualidad (*inteligentemente*), con adjetivos adverbiales de modo se interpreta como un modificador modal (*presuntamente*), con los adverbiales de tiempo se interpreta como modificador temporal (*antiguamente*), con los relacionales se interpreta como adverbio de marco que restringe el ámbito al que se circunscribe algo (*Económicamente, esta medida es un desastre*), etc.

c Se documentan ocasionalmente pares entre adverbios de forma adjetival y adverbios en **-mente**: *hondo ~ hondamente, largo ~ largamente, primero ~ primeramente, rápido ~ rápidamente*. Cuando hay diferencia de significado, el adverbio en **-mente** selecciona una lectura no física del adjetivo que está en la base. *Cavar hondo / profundo* contrasta así con *hondamente / profundamente triste*, donde se habla de la intensidad del sentimiento. *Hablar alto* contrasta con *hablar altamente de alguien*, y así sucesivamente.

Propiedades fonológicas

a Pese a ser un sufijo, este elemento exhibe las propiedades fonológicas típicas de un compuesto. En primer lugar, permite choque de acentos: la última sílaba de la base puede llevar acento secundario sin que esto implique desplazar el acento que recae sobre él.

(13) fi.èl.mén.te

b Por el mismo motivo, no fuerza la monoptongación de las bases con diptongos dependientes de la posición del acento.

(14) buenamente (*bonamente, cf. bonachón, bondad, bonísimo...)

Problemas de clasificación

a Es tradicional en español el debate sobre si **-mente** debe considerarse un formante de compuesto o un sufijo.
b Los argumentos esgrimidos para entenderlo como compuesto no son convincentes: (i) la supuesta independencia de este morfema como sustantivo independiente (*la mente*), (ii) la independencia prosódica con respecto a la base, (iii) la posibilidad de coordinar dos o más bases adjetivales con él, (iv) la presencia de flexión interna.
c Con respecto a (i), no parece que se pueda interpretar *mente* como equivalente a **-mente**, ya que su significado no está presente en las paráfrasis requeridas por el adverbio salvo cuando pueda interpretarse, en todo caso, como una manera de comportarse de una entidad consciente y viva. Con respecto a (ii), se encuentran en muchas otras lenguas sufijos de dos sílabas que fonológicamente se comportan independientemente, y además también lo hacen muchos prefijos; las propiedades de (iii) y (iv) realmente tampoco son parte del comportamiento normal de un compuesto.
d Los argumentos (iii) y (iv) se basan en la idea de que los adverbios que incluyen este elemento son formas cuasisintagmáticas que se van aproximando a los compuestos, y no pertenecen ni a una ni a otra clase. En realidad, estos dos problemas se resuelven si se diseña el sistema de manera que se puedan formar palabras sobre sintagmas (sea como se interprete esto: como la aplicación de una regla de formación de palabras a una estructura que no lo es, o como la afirmación general de que las palabras se forman internamente como lo hacen los sintagmas).
e El hecho de que **-mente** solo aparezca en posición final de palabra, y que no forme voces (con el mismo valor, distinto de *la mente*) por unión exclusivamente con afijos sugiere que debe ser analizado como un sufijo.

Relaciones con otros afijos

El sufijo **-mente** es terminal, es decir, no se unen a él otros sufijos.

> LECTURAS RECOMENDADAS: Pharies (2002); Torner (2003); RAE & ASALE (2009: §7.14); Carriscondo Esquivel (2018); Mendívil (2021).

-mento. Del sufijo tardolatino -*mentum*, nominalizador sobre verbos. Nominalizador deverbal especializado en nombres de participante.

Tipos de base

a Este sufijo se combina casi exclusivamente con bases verbales, muchas de ellas de la primera conjugación:

(1) apartamento, basamento, calamento, campamento, cargamento, coronamento, delineamento, destacamento, encasamento, entablamento, estamento, firmamento, fundamento, incitamento, juramento, ligamento, medicamento, ornamento, paramento, pegamento

b Son menos frecuentes las bases de la tercera conjugación; no se documentan bases de la segunda conjugación.

(2) argumento (argüir), bastimento, compartimento, divertimento, impedimento, instrumento, nutrimento, pulimento

c También aparece con frecuencia en formaciones sobre temas neoclásicos equivalentes a verbos en latín pero que no se usan como tales en español actual:

(3) aditamento, alimento, cimento, complemento, departamento, detrimento, documento, elemento, emolumento, excremento, fomento, implemento, incremento, indumento, linimento, monumento, parlamento, temperamento,

d La base es adjetival en solo dos casos:

(4) blanquimento 'disolución blanqueante', clarimento 'color claro de una pintura'

Comportamiento gramatical

a Este sufijo produce siempre sustantivos masculinos marcados regularmente por -o[1].
b Los sustantivos que se forman a partir de él designan casi siempre entidades físicas, como en *entablamento, pegamento, apartamento, documento, ligamento, medicamento, compartimento, estamento, parlamento*.
c En tanto que entidades físicas, algunas formaciones designan sustancias y otras entidades no contables (*alimento, pegamento*) mientras que otras son contables.
d En los verbos de la primera conjugación este sufijo siempre conserva la vocal temática de la base, pero en algunos casos de la tercera (*argumento, instrumento*) desaparece la vocal temática.

e   Son escasas las formaciones que permiten lecturas eventivas o de estado. Entre estas se encuentran *fletamento, pagamento, salvamento, predicamento* y *pulimento*. Dentro de ellas, no admiten con facilidad complementos argumentales *salvamento* y *predicamento*:

(5)   servicios de salvamento, *el salvamento de los náufragos por los buques
(6)   tener gran predicamento, *el predicamento de las noticias por el profeta

f   El resto de formaciones listadas en (e) admiten al menos algunos complementos argumentales: *el fletamento de los buques, el pagamento de las deudas, el pulimento del suelo por los servicios de limpieza*.

Tipos de significado

a   En la mayor parte de los casos este sufijo produce nombres de participante, con preferencia por las lecturas en que la entidad designada causa, facilita o sirve de medio para el evento, como en *impedimento, medicamento, ornamento, fundamento, ligamento, pegamento* y muchos otros.
b   Otras lecturas posibles implican el resultado del evento (*juramento, testamento, cargamento*) o la localización (*apartamento, campamento, parlamento*).
c   Se interpretan como eventos *salvamento, pulimento, delineamento, parlamento, pedimento*, al menos en algunas de sus lecturas.

Propiedades fonológicas

Este sufijo atrae el acento prosódico a su vocal /e/, lo cual bloquea la diptongación de las vocales de la base (*divierte* > *divertimento*) y el ascenso de algunas vocales (*pide* > *pedimento*).

Alomorfos

El comportamiento gramatical diferenciado de este sufijo sugiere que **-miento**, más que un alomorfo de este sufijo, ha de tratarse como un sufijo distinto, relacionado etimológicamente con él. No obstante, en los casos eventivos podría pensarse que el comportamiento de ambos sufijos se aproxima y no sería descabellado tomar el *-mento* eventivo de *pulimento* como un alomorfo de **-miento**.

Relaciones con otros afijos

Se documentan algunos dobletes entre **-mento** y **-miento**, como *ligamento* (nombre de participante) ~ *ligamiento* (nombre de acción). Junto a la relación con **-miento**, del que se ha dicho que es la versión patrimonial de este sufijol, véase **-dura** para otro nominalizador especializado en lecturas de participante, y también **-dor, -nte, -torio, -do**[2] para otros sufijos de participante.

LECTURAS RECOMENDADAS: Pena (1980); Santiago Lacuesta & Bustos Gisbert (1999); Pharies (2002); RAE & ASALE (2009: §5.4); Fábregas (2016).

meso-. Del griego μέσος 'medio'. Prefijo adjetival culto de valor equivalente a 'intermedio'.

Tipos de base

a   Como otros prefijos adjetivales, este prefijo se combina con nombres comunes y adjetivos relacionales. Las bases nominales suelen corresponder a temas neoclásicos equivalentes a sustantivos:

    (1)   msocarpio, mesocéfalo, mesocracia

b   Son muy escasas las bases que corresponden a sustantivos del español: mesopausa, mesoterapia, mesosfera, mesotórax
c   También se documentan casos de bases que son nombres propios de lugar: *Mesoamérica*. No es segmentable en la actualidad la forma *Mesopotamia*.
d   Tampoco son frecuentes las bases correspondientes a adjetivos relacionales, sean estos formados en español o correspondientes a bases neoclásicas.

    (2)   mesodérmico, mesotrófico, mesozoico

Comportamiento gramatical

a   Este prefijo no altera la categoría gramatical ni el resto de las propiedades de la base.
b   Este prefijo no es iterable.
c   Este prefijo no participa en la parasíntesis.
d   Se pueden identificar paradojas de segmentación con este prefijo en aquellos casos en que modifica a un adjetivo relacional, dado que entonces la lectura es aquella en que afecta a una secuencia de entidades que puede no estar expresada en la base, sino corresponder al sustantivo modificado: *periodo mesozoico* se interpreta como el periodo intermedio correspondiente a la formación de ciertos animales.

Tipos de significado

a   Este prefijo tiene un significado equivalente a 'intermedio', lo cual admite lecturas espaciales y temporales.
b   En la lectura temporal, indica un periodo de tiempo intermedio entre dos (*paleozoico, mesozoico, cenozoico*).
c   En la lectura espacial, indica una localización intermedia entre otras dos (*ectodermo, mesodermo, endodermo*).

Propiedades fonológicas

Este prefijo se integra prosódicamente con la base, no recibe acento secundario no rítmico y fuerza la simplificación de los grupos vocálicos (*meso + esfera > mesosfera*).

Relaciones con otros afijos

Véase **inter-**, mucho más productivo, y para los prefijos que establecen oposiciones con este, **epi-, endo-, ecto-, paleo-, neo-**.

LECTURAS RECOMENDADAS: RAE & ASALE (2009: §10.12); Fábregas (2018).

meta-. Del latín *meta-*, y este a su vez de la preposición griega μετά 'más allá de'. Prefijo adjetival culto con significado equivalente a 'ulterior, posterior'.

Tipos de bases

a   Como otros prefijos adjetivales cultos, este también se combina preferentemente con bases neoclásicas correspondientes a sustantivos:

(1)   metacarpo, metafonía, metáfora, metagoge, metalepsis, metaplasmo, metatarso, metátesis, metazoo

b   Son escasas, aunque se documentan algunas, las formaciones que implican como base un nombre común que se emplea independientemente en español:

(2)   metacentro, metafísica, metalengua, metalenguaje, metapsíquica, metatórax,

c   No se documentan casos donde el prefijo se combine con un nombre propio.
d   Entre las formaciones sobre adjetivos relacionales, varias implican bases neoclásicas.

(3)   metabólico, metafito, metamórfico

e   Son muy pocas las que contienen un adjetivo relacional empleado independientemente en español.

(4)   metaestable, metalingüístico

Comportamiento gramatical

a   Este prefijo, como otros prefijos adjetivales, no altera las propiedades gramaticales de la base.
b   Este prefijo no es iterable, no toma alcance sintagmático y no participa en la parasíntesis.
c   Este prefijo da lugar a paradojas de segmentación: *metamórfico* se interpreta como 'relacionado con lo que ha ido más allá de su forma inicial', lo cual fuerza una interpretación correspondiente a *metamorfo*.

Tipos de significado

a   El valor de este prefijo equivale a 'posterior, que va más allá', lo cual adquiere distintas lecturas dentro del lenguaje científico. En *metatórax* se habla de la región que es posterior o va más allá del tórax, en algunos insectos.
b   En la forma *metazoo* y otras se designan los animales que están más allá de la clasificación porque no pertenecen a ningún grupo anteriormente establecido; en *metafísica* se denota aquello que va más allá de la física y por tanto se ocupa de cuestiones no abarcadas por esta.
c   Hay otras lecturas en las que la noción de ser posterior o ir más allá de algo ha adquirido interpretaciones más específicas: en *metaestable* se habla de la propiedad de mostrar estabilidad variable, débil o fuerte, dentro de un sistema.
d   El valor de 'mayor abstracción' que se deriva de *metafísica* ha dado lugar a significados en que se habla de la propiedad de pertenecer a un segundo orden, ulterior, a lo que designa la base, como en *metalenguaje*.

Propiedades fonológicas

Este prefijo da señales de independencia prosódica de la base, manifestada en la asignación de acento secundario no rítmico (*mètalenguáje*) y la conservación de los grupos vocálicos (*metaestable*). No se documentan alomorfos de este prefijo.

Relaciones con otros afijos

Véase **ultra-**, **citer-** para otros prefijos que codifican la noción de 'más allá de'.

> LECTURAS RECOMENDADAS: Varela & Martín (1999); RAE & ASALE (2009: §10.12); Fábregas (2018).

micro-[1]. Del griego μικρός 'pequeño'. Prefijo adjetival equivalente a 'pequeño'.

Tipos de base

a   Como otros prefijos adjetivales, **micro-** también se une prioritariamente a bases constituidas por nombres comunes, tanto concretos como abstractos:

(1)   microbús, microchip, microcinta, microcircuito, microcirugía, microclima, microcrédito, microcopia, microdosis, microeconomía, microelectrónica, microempresario, microespacio, microestructura, microfibra, microficha, microfilm, microfotografía, microgravedad, micromanipulador, micromotor, microonda, microorganismo, microprocesador, microtraficante, microsurco

b   Hay tres campos semánticos que destacan en las bases: objetos y espacios físicos (*microbus, micropartícula, microcámara, microesfera, microvivienda, microcervecería, micropene, microrrueda, microlente...*), nombres de ámbitos de conocimiento o ideologías (*micromachismo, microeconomía, microbiología, micropolítica, microfinanzas, microemprendimiento...*) y nombres de actividades y sus resultados (*microteatro, microvoladura, microcirugía, micromecenazgo, microfútbol, microrrelato, micronoticiero, micropréstamo...*).

c   Existen también bases neoclásicas equivalentes a sustantivos:

(2)   microbio, micrococo, microcosmos, micrófono, Micronesia, micropilo, microscopio, microspora

d   Con menor productividad, este prefijo se une también a adjetivos relacionales, casi siempre con bases neoclásicas (*microcéfalo, micrófito*).

e   Este prefijo no se une a nombres propios, frente a otros adjetivales (cf. **pseudo-**).

Comportamiento gramatical

a   Este prefijo no altera la clase de palabras, el género o el número de su base.
b   En principio, este prefijo es iterable; si definimos una entidad como *microcámara*, podemos referirnos a otra que sea una versión reducida de esta como *micromicrocámara*.
c   Este prefijo no participa en paradojas de segmentación con adjetivos relacionales porque no se documentan casos claros en que el prefijo se una al adjetivo relacional directamente

sin que antes lo haga al sustantivo que está en la base del relacional; *microeconómico* existe, pero también *microeconomía*, lo que permite analizar sin necesidad de paradoja que la interpretación semántica y la estructura formal es *[[micro[econom(ía)]] co]*.

d Este prefijo toma alcance sintagmático: *un microespacio de discusión* se interpreta como un espacio de discusión de pequeño tamaño, no necesariamente como un espacio pequeño destinado a la discusión. Para ello es necesario interpretar *micro [espacio de discusión]*.

e Como otros prefijos adjetivales (cf. **mini-**), se documentan casos en que este prefijo aparece ya convertido en un adjetivo que puede aparecer de forma libre para indicar una subclase de las entidades a las que modifica: *tarjetas micro, empresas micro, memoria micro*, etc.

Tipos de significado

a El significado de este prefijo equivale a 'pequeño', en el sentido de tamaño físico siempre. Este significado puede manifestarse de varias maneras.

b La más evidente de ellas es interpretar que la entidad denotada por la base tiene un tamaño reducido, sea por sí misma (*microfósil, microsatélite, microrred*) o sea porque está formada por entidades pequeñas (*microflora, microarquitectura*).

c Con los nombres que designan eventos, el prefijo indica la participación de una entidad pequeña o la aplicación del evento a un espacio reducido. En *micromedición* se habla de la medición de cantidades en un espacio muy reducido, en *microdonación* se habla de la donación de pequeñas cantidades de dinero, en *micropropagación* se denota la propagación a distancias pequeñas o de entidades pequeñas, y así sucesivamente.

d Otra interpretación posible del prefijo con nombres de acción es la cantidad reducida de participantes (*microfiesta, microcelebración*) o su corta duración (*micronoticiero*) o intensidad reducida (*microexplosión*).

e Puede suceder que el prefijo, a partir del valor de tamaño, desarrolle una lectura abstracta en la que se refiere a los ámbitos más personales, sutiles y cotidianos, por oposición a ámbitos globales, más llamativos y con consecuencias generales: *micromachismo, microlibertad, microespacio, micropoder*...

Propiedades fonológicas

Este prefijo da señales claras de cierta independencia prosódica de la base, manifestada en la asignación de acento secundario no rítmico (*mìcromachísmo*), la preservación de su vocal final incluso en casos de contacto vocálico con la base (*microalimento, microordenador*) y la posibilidad de emplearlo como voz independiente (*riesgos micro*).

Relaciones con otros afijos

En la serie de prefijos adjetivales de tamaño, **micro-** indica un tamaño reducido, generalmente menor incluso del que se percibe como **mini-**; forma frecuentemente oposiciones con **macro-**, que indica un tamaño mayor. Véase también **micro-**[2], que obviamente indica tamaño reducido pero medido de forma precisa con un valor bien definido en el lenguaje científico.

LECTURAS RECOMENDADAS: Varela & Martín (1999); Montero Curiel (2001b); RAE & ASALE (2009: §10.12); Fábregas (2018).

476   M

micro-[2]. Del griego μικρός 'pequeño'. Prefijo cuantificativo que equivale al valor 10^{-6}. Propio del lenguaje técnico, se combina solamente con sustantivos equivalentes a unidades de medida, como en *microfaradio, microsegundo, micrómetro, microvoltio*.

-miento. Del latín *-mentum*, sufijo nominalizador deverbal. Sufijo nominalizador que se combina con verbos para dar nombres de acción y efecto en español.

Tipos de base

a   Este sufijo se combina productivamente con verbos no derivados de la primera, segunda y tercera conjugación.

   (1)   calentamiento, casamiento, cobramiento, derrumbamiento, ensañamiento, equipamiento, gobernamiento, levantamiento, levamiento, licenciamiento, marchitamiento, miramiento, profanamiento, quebrantamiento, rozamiento, señalamiento, turbamiento
   (2)   cocimiento, cogimiento, conocimiento, prendimiento, procedimiento, vencimiento
   (3)   aburrimiento, bruñimiento, escurrimiento, hervimiento, hundimiento, pudrimiento, sufrimiento

b   No es relevante el aspecto léxico de la base, y el sufijo puede combinarse con estados (*aburrimiento*), actividades (*corrimiento*), realizaciones (*recibimiento de los pasajeros, ungimiento del líder*) y logros (*nacimiento*). Lo mismo se aplica a la estructura argumental de los verbos que están en la base.

c   El sufijo verbalizador *-ecer* siempre implica la proyección de este nominalizador cuando es segmentable y se reconoce en la base una forma de la que se deriva el verbo (cf. *aparecer > aparición*):

   (4)   flor-ec-e > flor-ec-i-miento

d   Es frecuente también que este sufijo se combine con los verbos parasintéticos en **-a**[1], especialmente cuando indican cambios de estado graduales o no.

   (5)   agrandamiento, agusanamiento, ahondamiento, amordazamiento, apuntalamiento, aseguramiento, aventajamiento
   (6)   enamoramiento, encastillamiento, encrespamiento, endeudamiento, enfriamiento, ensuciamiento, entoldamiento

e   Son poco frecuentes las formaciones sobre verbos derivados en **-izar** (*agudizamiento, descuartizamiento*) o **-ear** (*blanqueamiento, planteamiento*), y no se deriva nunca a partir de verbos en **-ificar**.

f   El sufijo no se combina con bases nominales o adjetivales, pero existe la forma lexicalizada *enbabiamiento* a partir de *(estar) en Babia*, donde puede suponerse que la nominalización actúa sobre un verbo ligero.

Comportamiento gramatical

a   Este prefijo forma sustantivos masculinos marcados regularmente por **-o**[1].
b   Este prefijo preserva la vocal temática de la base en las tres conjugaciones.

   (7)   encant-a-miento, entend-i-miento, part-i-miento

c Los verbos de la segunda conjugación usan el alomorfo -*i*- de la vocal temática -**e**^{2} en presencia de este sufijo.
d Este sufijo puede formar nombres de evento que introducen argumentos heredados del verbo. Los argumentos correspondientes al sujeto y complemento directo se introducen de la forma habitual.

   (8) el recibimiento de los embajadores por las autoridades

e Los argumentos correspondientes a los complementos de destino, en cambio, son menos aceptables con este sufijo:

   (9) el seguimiento al criminal (??hasta su casa)

f Los complementos de dirección que no implican la llegada a un destino, en cambio, son algo más naturales:

   (10) el corrimiento de las tierras por la ladera

g Al igual que los destinos, resulta difícil proyectar en estas nominalizaciones un argumento independiente que corresponda al complemento indirecto; de hecho, este sufijo apenas se combina con bases que expresen transferencia.

   (11) el pagamiento de los tributos (??al rey) por parte de los campesinos

Tipos de significado

a Como otros nominalizadores de acción deverbales, este sufijo también da lugar a ambigüedades entre la lectura de acción y la lectura de participante. Generalmente el participante elegido es el resultado de la acción, objeto o estado, pero a veces se interpreta el agente o sujeto (*gobernamiento, yacimiento*).

   (12) aburrimiento, pensamiento, lineamiento, fajamiento, apelotonamiento, encarcelamiento

b Se documentan también casos en que el nombre denota una cualidad asociada al evento, como en *lucimiento, abigarramiento, recogimiento*.
c La existencia del sufijo -**mento** y -**menta**, ambos especializados en formar nombres de resultado, ha hecho a algunos autores pensar que -**miento** siempre da lugar a lecturas de evento que pueden extenderse posteriormente a sus resultados o a otros participantes involucrados. No obstante, existen varios sustantivos derivados con este sufijo que solo tienen lectura de resultado o participante, como *cocimiento, ayuntamiento, ordenamiento* (con matiz colectivo).
d Se ha observado también que en los verbos que admiten alternancias causativo-incoativas, este sufijo suele preferir la versión incoativa sobre la causativa:

   (13) a La muchedumbre ahorcó al preso
        b ??el ahorcamiento del preso por parte de la muchedumbre
   (14) a El preso se ahorcó.
        b el ahorcamiento del preso
   (15) a El coche se movió ---> el movimiento del coche
        b Juan movió el coche --> *el movimiento del coche por parte de Juan

e   Con este sufijo se verifican numerosos casos de especialización del significado, pero no son frecuentes los casos de lexicalización plena. Tenemos, entre otros casos de especialización, *allanamiento (de morada), posicionamiento (en una discusión), corrimiento (de tierras), miramiento, nombramiento (para un cargo)*.

Propiedades fonológicas

Este sufijo se integra plenamente con la base, y atrae el acento fonológico a su diptongo /ie/, lo cual lleva a seleccionar las bases monoptongadas (*fregamiento*, no **friegamiento*) y con vocal media de las bases (*impedimiento*, no **impidimiento*).

Relaciones con otros afijos

Entre los nominalizadores, este sufijo prefiere lecturas eventivas o de estado por encima de las de participante en mayor medida que **-do²** y **-ción**. Pese a que el sufijo **-mento**, relacionado etimológicamente con él, se especializa en lecturas de participante, este sufijo también tiene ocasionalmente lecturas de evento, si bien son minoritarias; a la inversa, **-miento** también produce sustantivos sin lectura de evento (*cocimiento*), por lo que esta distribución de usos es más una tendencia que una regla firme.

> LECTURAS RECOMENDADAS: Bajo Pérez (1997); Santiago Lacuesta & Bustos Gisbert (1999); RAE & ASALE (2009: §5.4); Varela (2012); Fábregas (2012a, 2016); Buenafuentes de la Mata & Raab (2022).

mili-. Del latín *mille* 'mil'. Prefijo cuantificativo con valor equivalente a 10^{-3}, que se combina solo con nombres que designan unidades de medida: *mililitro, milímetro, miligramo, milibar, milisegundo, milivoltio*.

mini-. Del inglés *mini-*, acortamiento de *miniatura*. Prefijo adjetival con significado equivalente a 'pequeño'.

Tipos de base

a   Como otros prefijos adjetivales, **mini-** también se une prioritariamente a bases constituidas por nombres comunes, tanto concretos como abstractos:

(1)   *miniserie, minifalda, minibar, minibús, minijuego, minimosca, minivestido, minicampamento, minimercado, miniindustria, minicumbre, minifútbol, minicrisis, minitorneo, minisalario, miniconcierto, minipretemporada, minicomputadora, minicromo, minireloj, minigolf, miniluna, miniexcavadora, miniacueducto...*

b   Hay tres campos semánticos que destacan en las bases: objetos y espacios físicos (*minishort, minicampamento, minicargador, minisatélite, minipunto, minilibro, minicerebro, miniconsola...*), nombres de evento y estado (*minimaratón, minitregua, miniexperimento, minientrevista, minijuicio...*) y nombres de periodos de tiempo (*minivacaciones, minijornada, minisemana, minicrucero...*).

c No se documentan con este sufijo bases neoclásicas equivalentes a sustantivos o adjetivos. Pese a la existencia de miniteca, el sustantivo está formado sobre *discoteca*, con acortamiento de la segunda, ya que significa 'réplica pequeña del equipamiento de una discoteca'.
d Frente a otros prefijos adjetivales, no se documentan tampoco formas sobre bases que sean adjetivos relacionales.
e Este prefijo no se une a nombres propios, frente a otros adjetivales (cf. **pseudo-**).

Comportamiento gramatical

a Este prefijo no altera la clase de palabras, el género o el número de su base.
b En principio, este prefijo es iterable; si definimos una entidad como *minigrabadora*, podemos referirnos a otra que sea una versión reducida de esta como *miniminigrabadora*.
c Este prefijo no participa en paradojas de segmentación con adjetivos relacionales porque no se documentan casos claros en que el prefijo se una al adjetivo relacional directamente sin que antes lo haga al sustantivo que está en la base de formación del adjetivo relacional.
d Este prefijo toma alcance sintagmático: *una minicumbre de jefes de estado* se interpreta como una cumbre de jefes de estado de pequeño tamaño, no necesariamente como un cumbre pequeña que involucra a jefes de estado. Para ello es necesario interpretar *mini [cumbre de jefes de estado]*.
e Este prefijo participa en cruces léxicos: *robot* > *minibot*, *bikini* > *minikini*
f Se documentan numerosos casos en que este prefijo aparece ya convertido en un adjetivo que puede aparecer de forma libre para indicar una subclase de las entidades a las que modifica: *modelo mini, tamaño mini, vehículos mini, caniche mini*...

Tipos de significado

a El significado de este prefijo equivale a 'pequeño, de tamaño reducido', en el sentido de tamaño físico siempre. Este significado puede manifestarse de varias maneras.
b La más evidente de ellas es interpretar que la entidad denotada por la base tiene un tamaño reducido (*minisalchicha, minivehículo, miniestadio*).
c Con los nombres que designan eventos, el prefijo indica la aplicación del evento a un ámbito reducido, o por un tiempo corto. En *minifútbol* se habla del fútbol en un espacio más pequeño que el habitual, y tal vez con menos participantes; en *minigira*, se habla de una gira que cubre pocas ciudades y presumiblemente dura poco tiempo; en *miniturismo* se habla también de un breve espacio de tiempo, que involucra poco movimiento, y así sucesivamente.
d Otra interpretación posible del prefijo con nombres de acción es la cantidad reducida de participantes (*minicrisis de gobierno, miniconcierto*) o su intensidad reducida (*miniataque de pánico*).

Propiedades fonológicas

Este prefijo da señales claras de cierta independencia prosódica de la base, manifestada en la asignación de acento secundario no rítmico (*mìnicentrál de negocios*), la preservación de su vocal final incluso en casos de contacto vocálico con la base (*miniindustria, minihospital*) y la posibilidad de emplearlo como voz independiente (*hamburguesa mini*).

Relaciones con otros afijos

En la serie de prefijos adjetivales de tamaño, **mini-** indica un tamaño reducido, pero mayor que el que expresa **micro-**.

> Lecturas recomendadas: Varela & Martín (1999); Montero Curiel (2001b); RAE & ASALE (2009: §10.12); Fábregas (2018).

minus-. Alomorfo poco usado de **menos-**, como en *minusvalorar*.

mito-. Del griego μίτος 'hilo'. Prefijo adjetival no productivo, que aparece en *mitocondria* y algunos otros términos del lenguaje científico, relacionado con el significado de 'división'. Nótese que podría considerarse este elemento como un tema neoclásico, dado que existe la forma *mitosis* (cf. **-osis**) para hablar específicamente de la división celular.

mono-. Del latín *mono-* y este a su vez del adjetivo griego μόνος 'solo'. Prefijo cuantificativo equivalente a 'uno'.

Tipos de bases

a Este prefijo se une productivamente a nombres comunes, tanto los que designan objetos físicos (*monomando*) como los que designan entidades abstractas (*monoterapia, monocultivo*).

(1) monobloque, monocarril, monocasco, monociclo, monocolor, monocultivo, monodieta, monomando, monomanía, monopatín, monoplano, monoplaza, monorraíl, monosacárido, monoterapia, monotipo, monousiario, monovolumen, monóxido

b Son frecuentes también las bases neoclásicas equivalentes a sustantivos.

(2) monocito, monocorde, monocordio, monocotiledón, monócromo, monóculo, monogamia, monograma, monografía, monolito, monólogo, monómero, mononucleosis, monoplejia, monoteísta, monóptero, monoptongo

c Con este prefijo se forman derivados a partir de adjetivos relacionales, derivados de verbos (*monovalente*) o de sustantivos, lo cual es más común.

(3) monocameral, monocelular, monocromático, monoparental, monopartidista, monorrítmico

d También se documentan, en el lenguaje científico, bases participiales sin que necesariamente el prefijo tenga uso con el verbo correspondiente: *monoinsaturado*.

Comportamiento gramatical

a Este prefijo tiene la capacidad de convertir en adjetivo una base sustantiva, al igual que otros prefijos cuantificadores. Así, *monosépalo* puede funcionar como un adjetivo (*flores monosépalas*) cuando en ausencia del prefijo ha de ser sustantivo (cf. *sépalo, *flores sépalas*). Sucede lo mismo en otras formaciones, como las de (4)

(4)   monolingüe, monomembre, monopétalo, monosílabo, monocolor

b   En otros casos el prefijo no comporta conversión de la base en adjetivo, pero la habilita para funcionar como modificador de un sustantivo:

(5)   grifos monomando(s), *grifos mando(s)

c   Este prefijo no es iterable, al igual que sucede con otros prefijos cuantificativos.
d   Este prefijo no puede combinarse con bases expandidas funcionalmente, y no admite modificación de la base.
e   Este prefijo, al igual que otros prefijos cuantificativos, no participa en la parasíntesis.
f   Este prefijo da lugar a paradojas de encorchetado: *monocameral* no se refiere a una relación única con la cámara, sino a lo relacionado con la existencia de una sola cámara (legislativa).
g   Este prefijo participa en la formación de cruces léxicos: de *bikini*, interpretando el primer elemento como el prefijo cuantificativo **bi-**, se forma *monokini*, en coexistencia con *monobikini*.

Tipos de significado

a   En la serie de prefijos cuantificativos, este prefijo indica el valor de cardinalidad correspondiente a 1. Este valor de cardinalidad puede manifestarse de varias maneras.
b   Es frecuente un valor posesivo donde se cuantifica sobre el sustantivo incluido en la base y se designa la propiedad de poseer o estar formado solo por un ejemplar de esa entidad (*monomando, monocarril, monoplaza, monorraíl, monocelular*...) o se destina a una entidad única (*monousuario*). Esta interpretación es la que se asocia siempre a los casos en que el prefijo convierte la base en adjetivo o la habilita como modificador de otro sustantivo.
c   En otras ocasiones no hay valor posesivo asociado a este elemento y simplemente se designa una entidad que se opone a otra, doble, por ser no compleja: *monopatín, monoplano, monosacárido, monóxido*.
d   Se admiten interpretaciones más complejas en las que la noción de 'único' se refiere al tema o materia asociado a la base (*monótono, monomanía, monovalente*) o se asocia a un participante dentro de un evento (*monocultivo, monodieta* 'dieta en que se consume un único alimento').

Propiedades fonológicas

Este prefijo da muestras de cierta independencia fonológica con respecto a la base, manifestada en la no cancelación de la vocal final (*monoorganismo*) y en que recibe acento secundario no rítmico (*mònosacárido*).

Problemas de clasificación

Existen formaciones en las que parece posible descomponer una forma *mon-* correspondiente a 'único, uno' y un sufijo: el sustantivo *mónada*. No obstante, esta es una formación técnica, no espontánea, y especializada dentro de cierta corriente filosófica para indicar algo semejante a un átomo, sin que se pueda ver el significado de forma totalmente transparente.

-mos. Del latín *-mus*, sufijo de concordancia verbal para la primera persona plural. Sufijo flexivo verbal que marca la concordancia con los sujetos de primera persona plural.

Tipos de bases

a   Este sufijo se combina con el tema de presente de verbos de las tres conjugaciones, y preserva la distinción entre las tres vocales temáticas.

(1)   cantamos, bebemos, vivimos

b   Los verbos irregulares no lo son en presencia de este sufijo, que por sí mismo no selecciona formas irregulares de la base verbal.

c   Los verbos vocálicos acabados en dos vocales, la segunda de las cuales es *-i* (-V*i*), no consonantizan la vocal (*y*) en este contexto: *arguimos, destruimos, diluimos, construimos*.

d   Con verbos cuyas raíces alternan entre una versión diptongada y una con vocal media, este sufijo selecciona siempre la versión sin diptongación –ya que el acento recae en estas formas sobre la vocal temática–. Esto sucede para los verbos de alternancia *e ~ ie* (*acertamos, entendemos, fregamos, apretamos*), los de alternancia *o ~ ue* (*dormimos, contamos, encontramos, tostamos, soñamos*) y también los mucho menos frecuentes *u ~ ue* (*jugamos*), *i ~ ie* (*inquerimos, requerimos*).

e   El sufijo también coocurre con la forma regular en los verbos cuya vocal media *e* asciende a *i* (*pedimos, freímos, reímos*), y *o* asciende a *u* (*podrimos*).

f   En numerosos verbos terminados en **-ecer**, el sufijo selecciona también la forma regular: *crecemos, amanecemos, pertenecemos, parecemos*; esto se extiende a algunos verbos en *-acer* (*placemos, yacemos*), *-ucir* (*lucimos*) y *-ocer* (*conocemos*), y a los que contienen *-ducir* (*conducimos, producimos*).

g   Los verbos regulares de primera y la tercera conjugación son homófonos en las formas de presente y de pretérito perfecto simple, porque el sufijo *-mos* por sí solo no selecciona alomorfos de la vocal temática:

(2)   Ayer bailamos, Ahora bailamos
(3)   Ayer salimos, Ahora salimos

h   En cambio, los verbos regulares de segunda conjugación se diferencian por el alomorfo de la vocal temática **-e** que se emplea. Este alomorfo es común a todas las formas de perfecto de los verbos de segunda conjugación y no está seleccionado específicamente por el sufijo de concordancia.

(4)   Ayer bebimos.
(5)   Ahora bebemos.

i   Este sufijo selecciona el alomorfo **-ré** para el futuro de indicativo.

Comportamiento gramatical

a   Este sufijo se emplea como único marcador de la concordancia con la primera persona plural. Este sufijo identifica regularmente esta forma en todos los tiempos del indicativo y del subjuntivo –está excluido en el imperativo, por motivos semánticos–.

(6) cant-a-mos   Presente de indicativo
    cant-e-mos   Presente de subjuntivo
    cant-a-ba-mos   Imperfecto de indicativo
    cant-á-ra-mos   Imperfectos de subjuntivo
    cant-á-se-mos
    cant-a-re-mos   Futuro de indicativo
    cant-a-ría-mos Condicional
    cant-á-re-mos   Futuro de subjuntivo
    cant-a-mos   Pretérito indefinido
    he-mos   (formas compuestas)

b   Este sufijo preserva siempre la vocal temática.
c   La flexión de primera persona plural puede aparecer en español con sujetos plurales o singulares de tercera persona siempre y cuando el hablante quiera incluirse en los conjuntos denotados: *Los estudiantes queremos esto, Ninguno sabemos qué hacer, Todos llegamos bien.*

Tipos de significado

a   El significado estricto de **-mos** es el de designar una colectividad en la que está incluido el hablante. Algunas lenguas, pero no el español, diferencian gramaticalmente mediante distintos morfemas los llamados 'inclusivo' y 'exclusivo'.
b   La lectura 'inclusiva' es aquella en que el grupo donde se incluye el hablante también incluye al oyente, como en la interpretación habitual de las exhortativas (*Vayamos al cine*), mientras que la exclusiva denota como sujeto un grupo que incluye al hablante pero no al oyente.
c   El conjunto de entidades asociado a la interpretación de la primera persona plural puede ser tan amplio como se desee, siempre y cuando incluya al oyente. De este valor se derivan usos en que puede designarse a la totalidad de entidades de un dominio en el que también se incluye el hablante.
d   Existen sin embargo otros valores asociados a este sufijo; en el primer grupo la noción de 'primera persona' se mantiene pero no la de 'plural'. Este es el caso de los llamados plurales mayestáticos, que señalan máximo de dignidad y pueden ir acompañados por el pronombre *nos* como sujeto (*Nos y el espíritu santo hemos acordado que...*), y el plural de modestia o plural de autor que se usa frecuentemente en textos científicos incluso cuando hay un único autor (*Nos permitimos proponer que...*).
e   En el segundo conjunto de valores, la noción de primera persona tampoco está presente y el hablante emplea **-mos** para expresar solidaridad o cortesía con el oyente, pero no está incluido en la interpretación del sujeto. Estos casos, llamados 'plural sociativo', son típicos en algunas preguntas y exhortaciones –un médico a su paciente: *¿Cómo nos encontramos esta mañana?*, o un profesor a su alumno: *Intentemos pensar antes de responder*–.
f   Finalmente, el uso genérico de **-mos** no excluye al hablante y al oyente, pero tampoco los singulariza, porque el predicado se aplica a todos los seres humanos que eventualmente se encuentren en esa situación potencial: *Si tenemos fiebre, debemos siempre acudir al médico.*

Propiedades fonológicas

Este sufijo nunca recibe el acento de la palabra, que se sitúa en la sílaba inmediatamente a la izquierda de él, sobre la vocal temática.

Alomorfos

a   En las formas reflexivas en que el clítico *nos* se pospone al verbo, se emplea el alomorfo *-mo*.

   (7)   nos sent-a-mos
         sent-e-mo-nos

b   No es fácil justificar un análisis fonológico de esta alternancia, ya que otros clíticos no la producen:

   (8)   dig-a-mos-lo
         dig-a-mos-se-lo

c   Cabe plantearse si *nos*, como en el clítico y en la forma *nos-otros*, debe interpretarse como un alomorfo de **-mos** empleado en contextos pronominales. En ambos casos se asocia a los rasgos de primera persona plural.

LECTURAS RECOMENDADAS: Ambadiang (1993); Alcoba (1999); Almela (2000); RAE & ASALE (2009: §4.4); Pérez Saldanya (2012); Zacarías-Ponce de León (2021).

---

multi-. Del latín *multis* 'mucho'. Prefijo cuantificativo con valor equivalente a 'mucho'.

Tipos de base

a   Este prefijo está especializado en tomar bases correspondientes a adjetivos relacionales:

   (1)   multicultural, multidisciplinar, multiétnico, multifamiliar, multifocal, multilateral, multinacional, multiorgánico, multipolar, multirracial, multisensorial, multiviral...

b   Es habitual que se combine también con sustantivos:

   (2)   multijugador, multivitaminas, multicolor, multirred, multidestino, multideporte, multicámara, multivibrador, multiinstrumentista, multicancha, multimillonario, multimedia, multivisión...

c   Aunque con menor productividad, también se documenta en combinación con algunos verbos: *multiprogramar, multicopiar, multilaterizar*. Es frecuente que estos verbos se relacionen con sustantivos (multiprogramación, multicopista) o adjetivos (multilateral), que son de uso más extendido y frecuente.

d   En el mismo sentido, puede unirse con algo más de productividad a los participios verbales, incluso en casos donde el verbo base no está establecido como base para

el prefijo, como en *multipremiado, multinominado, multilaureado, multimencionado, multiimputado, multiconectado*, etc.
e   Ocasionalmente se identifican bases neoclásicas adjetivales, como en *multíparo*.

Comportamiento gramatical

a   Como otros prefijos cuantificativos, este prefijo no es iterable.
b   Este prefijo tiene la capacidad, dentro de un valor posesivo, de convertir la base nominal en un adjetivo concordante: **plantas floras ~ plantas multifloras*.
c   Son frecuentes también los casos en que el prefijo habilita a un sustantivo para que pueda funcionar como modificador de otro sustantivo:

   (3)   programas *(multi-)jugador, complejo *(multi-)vitaminas, banderas *(multi-)color, residencias *(multi-)propiedad

d   Otra aproximación a la categoría adjetival que se verifica con este prefijo es que pueden convertirse en predicados:

   (4)   Soy *(multi-)tarea.

e   Este prefijo permite la expansión funcional de su base, en número: *multivitaminas, multiválvulas*.
f   Este prefijo da lugar a paradojas de encorchetado o segmentación: *multilateral* no quiere decir 'con muchas relaciones con un lado', sino 'que se relaciona con muchos lados', *multimillonario* es quien tiene muchos millones, no muchos millonarios.
g   Este prefijo no admite la coordinación con otros prefijos (**bi- y multi-color*).
h   Este prefijo no participa en la parasíntesis.

Tipos de significado

a   Este prefijo se asocia al cuantificador 'mucho', y cuantifica sobre la noción expresada por la base, que ha de ser contable (*multijugador*) o interpretada como contable (*multicolor*, 'distintos tonos de color').
b   Es frecuente que este prefijo se asocie a un valor posesivo que se une a su cuantificación: *multivitaminas, multiaventura, multimillonario, multifloro*, y en la mayoría de las formaciones adjetivales.
c   No obstante, se verifican otras relaciones sobre las que cuantifica: el conjunto de entidades para las que se destina algo (*programa multijugador, casas multifamiliares*), el conjunto de entidades que se asocian a un evento que se deduce de la base (*multihomicida, multiinstrumentista*), las veces que sucede un evento (*multinominado, multimencionado, multicopiar*), etc.

Propiedades fonológicas

Este prefijo da muestras de cierta independencia prosódica de la base, manifestada en la existencia de acento secundario no rítmico (*mùltinominádo*), la no cancelación de vocales en contacto con la primera de la base (*multiintegrado*) y la no formación de diptongos (*mul.ti.or.gá.ni.co*). No se identifican alomorfos de esta forma.

Relaciones con otros afijos

El comportamiento de **multi-** en la clase de los prefijos cuantificativos es atípico, porque se combina con algunos verbos (algo que generalmente no sucede con prefijos como **mono-**, **bi-**, **in-**) y puede transformar la base en un predicado adjetival sin alterar sus propiedades flexivas, como en *multivitaminas*. Ambas propiedades son más típicas de los prefijos preposicionales, que sin embargo se diferencian de este en que no pueden convertir la base en adjetivo (*multifloro*) y son iterables. Por otro lado, se diferencia de **poli-** y **pluri-** en que **multi-** se especializa en el significado equivalente a 'muchos'.

LECTURAS RECOMENDADAS: Varela & Martín (1999); RAE & ASALE (2009: §10.8).

N

-n. Del sufijo latino de concordancia en tercera persona plural *-nt*. Sufijo flexivo que, en verbos, marca la concordancia con los sujetos de tercera persona plural.

Tipos de bases

a   Este sufijo se emplea con bases formadas por verbos regulares de todas las conjugaciones.

   (1)   cantan, beben, viven

b   Los verbos irregulares lo son en concurrencia con este sufijo flexivo. El sufijo concurre con alguna de las formas irregulares del verbo en una larga serie de casos, entre los cuales están los que se detallan a continuación.

c   Los verbos vocálicos acabados en dos vocales, la segunda de las cuales es -*i* (-V*i*), consonantizan la vocal (*y*) en este contexto: *arguyen, destruyen, diluyen, construyen, huyen*.

d   Con verbos cuyas raíces alternan entre una versión diptongada y una con vocal media, este sufijo selecciona siempre la versión diptongada –ya que el acento recae en estas formas sobre la sílaba previa al sufijo–. Esto sucede para los verbos de alternancia *e ~ ie* (*aciertan, entienden, friegan, aprietan*), los de alternancia *o ~ ue* (*duermen, cuentan, encuentran, tuestan, sueñan*) y también los mucho menos frecuentes *u ~ ue* (*juegan*), *i ~ ie* (*inquieren, requieren*).

e   El sufijo también coocurre con la forma irregular en que la vocal media *e* asciende a *i* (*piden, fríen, ríen*), y *o* asciende a *u* (*pudren*).

f   No selecciona la forma irregular por sí mismo este sufijo en los verbos de incremento velar (*crecer ~ crecen ~ crezco, decir ~ dicen ~ digo*).

g   Este sufijo se emplea en casi todas las formas temporales, modales y aspectuales del verbo:

   (2)   cant-e-n   Presente de subjuntivo
         cant-a-ba-n   Imperfecto de indicativo
         cant-a-ra-n   Imperfectos de subjuntivo
         cant-a-se-n
         cant-a-rá-n   Futuro de indicativo
         cant-a-re-n   Futuro de subjuntivo
         cant-a-ría-n   Condicional
         ha-n + participio Formas de perfecto

h La posible excepción es el pretérito de indicativo, o pretérito perfecto simple, o indefinido, donde la forma -*ron* no se segmenta tradicionalmente en -*ro-n*. El motivo es que la forma segmentada -*ro-* que hipotéticamente saldría si se segmenta la terminación no se emplea en otras formas de perfecto simple o tercera persona.

Comportamiento gramatical

a Este sufijo se emplea como único marcador de la concordancia con la tercera persona plural en las formas verbales.

b Este sufijo conserva siempre la vocal temática a su izquierda.

(3) a cant*(-a)-n
 b beb*(-e)-n
 c viv*(-e)-n

c Tal vez por motivos fonológicos relacionados con la posición del acento, este sufijo emplea el alomorfo -*e* de la vocal temática -**i**[1] en los verbos de la tercera conjugación.

(4) viv-e-n (*viv-i-n)

Tipos de significado

a Hay tres usos fundamentales de este sufijo, que reflejan tres valores de la concordancia en tercera persona plural. El primero es la marca de terceras personas —es decir, no participantes dentro del evento— que se interpretan como plurales, y es el más habitual, con o sin sujeto expreso.

(5) a Los estudiantes vien-e-n.
 b Sab-e-n lo que hay.

b El segundo uso conserva la noción de plural pero no la de tercera persona, y es el uso que se asocia a la forma de tratamiento *ustedes*, que pese a indicar semánticamente una segunda persona —el oyente— gramaticalmente se comporta como una tercera persona por su origen histórico y tal vez sus propiedades estructurales internas.

c En las variedades que tienen la forma *vosotros*, el uso de este sufijo marca un grado mayor de respeto, distancia o cortesía, que es el mismo que se asocia a la forma *ustedes*. En las variedades que no emplean *vosotros*, en cambio, el valor de esta forma de concordancia está subespecificado con respecto a la distancia social, y se admiten las lecturas de familiaridad y de respeto.

d En el tercer valor, generalmente se interpreta una tercera persona, pero no necesariamente plural. Este valor es el llamado indefinido o existencial, equivalente a 'alguien', en el que la tercera persona marca que existe un sujeto que no corresponde ni al hablante ni al oyente y cuya identidad se desconoce o se calla.

(6) Llaman a la puerta.
(7) Dicen que esto es necesario, pero yo no me lo creo.

Propiedades fonológicas

a   Este sufijo se asocia a formas de verbales en las que el acento está asignado fuera de la sílaba que lo contiene, salvo en el futuro de indicativo (*cantaban, cantarán*).
b   No se identifican alomorfos de este sufijo.

Relaciones con otros afijos

En las variedades que tienen tanto la forma ustedes como la forma vosotros, este sufijo alterna con -is dependiendo del grado de familiaridad que el hablante desee expresar con un interlocutor plural. En las formas de tercera persona singular, salvo posiblemente en el pretérito indefinido o perfecto simple, no existe marca alguna de concordancia con el sujeto, por lo que este sufijo no establece en puridad relaciones con una versión singular.

> Lecturas recomendadas: Ambadiang (1993); Alcoba (1999); RAE & ASALE (2009: §4.4); Pérez Saldanya (2012); Zacarías-Ponce de León (2021).

nano-[1]. Del latín *nanum*, y este a su vez del griego νᾶνος 'enano'. Prefijo cuantificativo del lenguaje técnico con el valor fraccional equivalente a 10^{-9}. Se combina productivamente con sustantivos que equivalen a unidades de medida, como *nanómetro, nanosegundo, nanogramo*.

nano-[2]. Del latín *nanum*, y este a su vez del griego νᾶνος 'enano'. Prefijo adjetival con valor equivalente a 'diminuto'.

a   Se combina productivamente con bases sustantivas para denotar su tamaño pequeño o la relación de la entidad con un dominio de aplicación o estudio reducido y detallado:

   (1)   nanopartícula, nanociencia, nanomaterial, nanotubo, nanosintaxis, nanomedicina, nanofibra, nanosistema, nanoterapia

b   Este prefijo tiene el comportamiento típico de un prefijo adjetival (cf. **mini-**).
c   Este prefijo es iterable, en principio.
d   Este prefijo participa en cruces léxicos (*robot ~ nanobot*).
e   A pesar de que sus equivalentes en el lenguaje técnico indican cantidades precisas, entre **femto-** y **nano-**, como prefijos adjetivales no hay una direccionalidad clara acerca de cuál de ellos denota un tamaño menor, si bien ambos denotan un valor inferior a **micro-**.

> Lecturas recomendadas: Varela & Martín (1999); RAE & ASALE (2009: §10.12); Fábregas (2018).

-ncia. Del latín *-ntiam*, sufijo nominalizador. Sufijo nominalizador deverbal.

Tipos de bases

a   Este sufijo se combina con verbos, sobre todo verbos de la segunda y tercera conjugación; entre otros, se documentan las formas de (1):

(1) absorbencia, adherencia, alternancia, antecedencia, asistencia, autocomplacencia, bienquerencia, comparecencia, complacencia, concurrencia, conferencia, confluencia, congruencia, consistencia, convenencia, convergencia, correspondencia, creencia, dependencia, descendencia, divergencia, dolencia, equivalencia, exigencia, existencia, pertenencia, preferencia, recurrencia, referencia, refulgencia, repelencia, sugerencia, tendencia, tenencia, transferencia, vivencia,

b Aunque son menos frecuentes, también se documentan verbos de la primera conjugación:

(2) abundancia, capacitancia, consonancia, discordancia, discrepancia, distancia, dominancia, ganancia, ignorancia, jactancia, militancia, observancia, redundancia, tolerancia, vacancia, vagancia, vigilancia

c Debido al origen histórico de la forma, algunas de las bases son temas neoclásicos, posiblemente heredados del latín por vía culta o semiculta.

(3) audiencia, cadencia, decadencia, esencia, experiencia, gerencia, herencia

d Este sufijo se construye sobre el tema de presente, seleccionando la forma regular de los verbos con alternancias vocálicas o consonánticas.

(4) adhiero ~ adherencia, refiero ~ referencia

e Este sufijo prefiere las bases estativas, o la interpretación estativa de los verbos que podrían haber sido de otro modo eventivos: *convergencia, conveniencia, creencia, abundancia, ignorancia, tenencia, tendencia*, y muchos otros de los listados en (1) y (2).

f Otra clase semántica típica formada por las bases es la que constituyen aquellos eventos que expresan situaciones sin cambios internos, pero agentivas, como *vigilancia, tolerancia, observancia, mantenencia*.

Comportamiento gramatical

a Este sufijo forma siempre sustantivos femeninos marcados regularmente por **-a**[1].

b Este sufijo casi siempre conserva la vocal temática del verbo a su izquierda.

(5) ignor-a-ncia, dol-e-ncia

c Con los verbos de la tercera conjugación, selecciona el alomorfo **-e** de la vocal temática **-i**.

(6) refulg-i-r > refulg-e-ncia

d No es regular la selección del alomorfo **-ie-** para las vocales temáticas de la segunda y la tercera conjugación; *convenencia* y *conveniencia* alternan, pero el primero se emplea como verbalización de *convenir* (*la convenencia entre los empleados*) y el segundo está formado sobre el adjetivo *conveniente* (cf. **-nte**; *la conveniencia de esta medida*). En general las formaciones que toman **-ie-** proceden de adjetivos y no involucran a este sufijo, sino al sufijo **-ia** en combinación con **-nte**: *eficiencia, impaciencia, presciencia, sapiencia, resiliencia*, etc.

e Este sufijo forma generalmente sustantivos de eventualidad, especialmente estativos. En este sentido puede tomar argumentos, que hereda de la base verbal.

(7) la creencia de Juan en la injusticia de la vida

f El valor estativo que caracteriza a este sufijo hace que frecuentemente rechace los argumentos agentes, por el motivo de que el verbo base no toma sujetos agentivos. No obstante, cuando la base se interpreta eventivamente, los agentes son posibles:

(8) esta advertencia por parte de la policía

Tipos de significado

a Se documentan tres interpretaciones fundamentales asociadas a este sufijo. En la primera de ellas, la más común, se habla de un estado asociado a la base verbal. Esto sucede naturalmente en los casos en que la base es estativa (*creencia, estancia, dependencia, pertenencia, equivalencia, preferencia*), pero también en otros casos donde el verbo podría interpretarse como eventivo.
b Así, en *asistencia* se interpreta el estado de estar presente en algún lugar por haber asistido, más que el cambio de lugar asociado con *asistir*; sucede igual con muchos otros derivados de los listados en (1) y (2), como *tolerancia* 'capacidad de tolerar' u *observancia* 'estado de cuidar o atender a algo'.
c La segunda interpretación, menos frecuente, es la de evento: formada sobre verbos eventivos interpretados como tal, esta lectura se obtiene con naturalidad en *alternancia, comparecencia, advertencia, exigencia, sugerencia, transferencia*, entre otros.
d La tercera lectura típica es la de nombre de participante, que es habitualmente el objeto o entidad que motiva o manifiesta el estado, como en *dolencia, circunstancia*, el resultado (*ganancia*), el instrumento (*ambulancia*) o el lugar donde se produce el estado (*estancia, residencia*).

Propiedades fonológicas

Este sufijo se integra prosódicamente con su base, y no produce cambios puramente fonológicos en ella. Atrae el acento a la vocal temática que está a su izquierda. No se documentan alomorfos.

Haplologías

a Este sufijo produce haplología de **-ecer**, tanto con significado como sin él:

(9) carecer > carencia, (des)obedecer > (des)obediencia, permanecer > permanencia, pertenecer > pertenencia

b La haplología es un criterio para discriminar los casos de **-ncia** que proceden de **-nte** de aquellos que constituyen un sufijo específico, porque **-nte** no forma haplología de manera sistemática. Así, *perteneciente* y *pertenencia* tienen que tener fuentes distintas.

Problemas de segmentación

a Muchas de las formas en **-ncia** tienen dobletes con **-nte**, lo cual suscita la pregunta de si no puede segmentarse **-ncia** en **-nte** e **-ia**.
b El examen de las propiedades empíricas de los derivados sugiere que la secuencia *-ncia* tiene dos orígenes: uno en que realmente es la combinación de -nte e -ia, y otra en que ha de ser tratado como un sufijo nominalizador indescomponible.

c   Existen casos en que **-ncia** forma un nombre deverbal sin que exista la forma en **-nte** (cf. **-nte**). En tales casos no cabe duda de que el sufijo empleado es **-ncia**, por ejemplo en *ganar > ganancia* (**ganante*).

d   A la inversa, existen formaciones donde no existe una base verbal, y donde el significado de la forma acabada en *-ncia* es el de la cualidad abstracta, no un estado o evento, y en tales casos está claro que la secuencia corresponde a **-nte** + **-ia**. Entre otros muchos de estos casos pueden citarse los de (10).

(10) agencia, altilocuencia, altisonancia, ambivalencia, anuencia, arrogancia, autoconsciencia, autosuficiencia, beligerancia, benevolencia, bioluminiscencia, clarividencia, clemencia, coherencia, concomitancia, concupiscencia, condescendencia, consecuencia, contingencia, corpulencia, decencia, deficiencia, delincuencia, diligencia, disidencia, displicencia, docencia, efervescencia, eficiencia, elegancia, elocuencia, estridencia, evanescencia, evidencia, excelencia, exorbitancia, extravagancia, flatulencia, fluorescencia, fragancia, impaciencia, impotencia, inapetencia, incoherencia, indolencia, independencia, indulgencia, inobservancia, latencia, maledicencia, negligencia, paciencia, pestilencia, petulancia, presencia, prudencia, pubescencia, resliencia, reticencia, reverencia, rimbombancia, solvencia, somnolencia, suculencia, transparencia, turbulencia, turgencia, urgencia, valencia, vehemencia, vigencia, vilulencia

e   También contribuyen a clarificar la segmentación la combinación con prefijos exclusivamente (o casi exclusivamente) adjetivales, como **in-**[1]. Mientras que *dolencia* se ha de segmentar como *dol-e-ncia*, y su significado corresponde a 'estado de dolor' o 'manifestación de algo con dolor', *indolencia* se segmenta como *in-dol-e-nc-ia*, y está formado sobre *indolente*, del que toma su significado ('cualidad de indolente').

f   Otro criterio para diferenciar ambas secuencias es la naturaleza de la vocal temática, que es *-e-* en los verbos de la tercera y segunda conjugación con **-ncia** pero *-ie-* en algunos casos formados sobre el adjetivalizador **-nte**.

Relaciones con otros afijos

Históricamente, se relaciona con **-nte**, aunque como se ha visto pueden diferenciarse los casos que se construyen sobre este sufijo de aquellos en que no lo hace. No todas las formas en **-nte** tienen un equivalente en **-ncia**, venga o no de la combinación de este sufijo con **-ia**. Dentro de los nominalizadores deverbales, este sufijo se especializa en lecturas estativas, sin que esto quiera decir que **-ción** o **-miento** carezcan de ellas. Véase también **-ancia**.

LECTURAS RECOMENDADAS: Pena (1980, 2004); Santiago Lacuesta & Bustos Gisbert (1999); Pharies (2002); Pena (2005); RAE & ASALE (2009: §6.3); Fábregas (2016).

-ndero[1]. Relacionado con **-ero**[2], del latín *-arium*, sufijo adjetivalizador. Posible sufijo nominalizador deverbal poco productivo.

Tipos de bases

a   Este sufijo se une a algunos verbos de sujeto agente:

(1) barrer > barrendero, curar > curandero, guisar > guisandero, hilar > hilandero, lavar > lavandero, moler > molendero

b Los verbos son siempre eventivos y transitivos, y pueden pertenecer a la primera o segunda conjugación, pero no se documentan casos de la tercera.

Comportamiento gramatical

a Este sufijo siempre forma sustantivos referidos a humanos, variables en género y marcados con -o^1 para el masculino y con -a^1 para el femenino.
b Este sufijo preserva la vocal temática de la base verbal, sin seleccionar alomorfos marcados.
c Este sufijo forma nombres de agente, nunca de instrumento. En contraste con **-dor**, no admite con facilidad los complementos argumentales correspondientes a su argumento interno:

(2) *la lavandera de esta ropa, *el curandero de estos pacientes, *el barrendero del polvo

d Generalmente, estas voces no pueden usarse como adjetivos, frente a **-dor**, salvo en el caso de *hilandero: máquina hilandera*.

Tipos de significado

a La interpretación de este sufijo es la esperable de un nombre de agente, con la particularidad de que ha de tener siempre un referente humano.
b Por tanto, este sufijo nunca tiene lecturas instrumentales, y tampoco puede indicar la causa de algo.

Propiedades fonológicas

Este sufijo se asocia a la asignación de acento prosódico en su vocal /e/. No se documentan alomorfos claros de este sufijo, salvo que se desee tratarlo como un alomorfo de **-dero**.

Problemas de segmentación

Podría tratarse de descomponer este sufijo en la marca del gerundio (**-ndo**^{1}) y el sufijo de ocupación **-ero**^{2}. Esta descomposición, sin embargo, se enfrentaría a varios problemas: con verbos de la segunda conjugación, el gerundio toma *-ie-* (*barr-ie-ndo*), pero aquí se selecciona siempre *-e* (*barrendero*). Por otro lado, **-ero**^{2} toma bases sustantivas y el gerundio en español tiene la distribución de un sintagma preposicional o un adverbio.

Relaciones con otros afijos

Entre los nominalizadores deverbales de agente, **-ndero** se destaca por exigir lecturas humanas, y tiene una productividad mucho menos, incluso dentro de la clase de agentes humanos, que **-dor**, **-nte** y otros.

-ndero^2. Alomorfo del adjetivalizador deverbal **-dero**, documentado en formas como *colgandero, volandero, paseandero, rezandero*.

-ndino. De origen incierto. Sufijo adjetivalizador deverbal poco productivo, que se documenta en algunas formas como *chupar* > *chupandino* 'que bebe mucho'. Podría reanalizarse como la combinación del sufijo de gerundio **-ndo**[1] y el apreciativo **-ino**.

-nda. Del sufijo adjetivalizador latino *-ndam*. Sufijo nominalizador poco productivo.

Tipos de base

a   Este sufijo forma sustantivos a partir de verbos, especialmente los que se relacionan típicamente con las tareas rurales o la administración:

    (1)   bebienda, cogienda ('recolección'), componenda, escamonda, hacienda, jodienda, leyenda, molienda, propaganda, reprimenda, subienda ('época en que los peces suben el río'), vivienda

b   Existen algunas bases neoclásicas, donde probablemente la voz ha sido heredada del latín sin descomponerla: *adenda, agenda*.

Comportamiento gramatical

a   Este sufijo forma siempre sustantivos femeninos marcados regularmente en **-a**[1].
b   La mayoría de los sustantivos que forma este sufijo son nombres de participante, por lo que no toman argumentos (**la propaganda de las medidas por parte del gobierno*). Incluso en los casos en que hay cierto valor eventivo (*reprimenda, molienda*), los agentes están muy limitados, pero se permiten complementos internos introducidos por preposición *a*.

    (2)   a   la reprimenda a los trabajadores (?por parte de los jefes)
                b   la ofrenda a la virgen (?por los feligreses)

c   Este sufijo siempre preserva la vocal temática de la base verbal.
d   Al igual que las formaciones de gerundio en **-ndo**[1], se emplea el alomorfo *-ie-* para la segunda y la tercera conjugación.

Tipos de significado

a   La mayoría de las formaciones con este sufijo indican participantes en el evento, generalmente objetos (*vivienda, hacienda, propaganda, bebienda*), pero también periodos de tiempo y entidades abstractas (*subienda, componenda, jodienda, leyenda*).
b   Con las limitaciones argumentales que se han descrito, otras formaciones indican el evento de realizar la acción: *cogienda, escamonda, molienda*.

Propiedades fonológicas y haplologías

a   Este sufijo se asocia a que el acento prosódico recaiga en la vocal temática.
b   Hay posible haplología de **-ecer** en *ofrenda*, si es que se segmenta la forma a partir del verbo, cosa probable por la conservación del complemento indirecto (*ofrenda a alguien*).

Relaciones con otros afijos

Este sufijo se diferencia de -**ndo**[1] y -**ndo**[2] en varios sentidos. Con respecto a -**ndo**[1], pese a su relación etimológica, el segundo nunca produce formas con distribución nominal. Con respecto al segundo, este se especializa en nombres de persona, no de evento u objeto.

-**ndo**[1]. De la terminación latina para el ablativo del infinitivo, -*ndo*. Sufijo flexivo que forma gerundios.

Tipos de bases

a   Este sufijo se combina con verbos de todas clases y de todas las conjugaciones.

    (1)   cant-a-ndo, beb-ie-ndo, viv-ie-ndo

b   Esta terminación selecciona distintos tipos de irregularidad. Los verbos que tienen ascenso vocálico en las terceras personas del pretérito indefinido emplean la forma irregular en el gerundio: *pedir ~ pidió ~ pidiendo, dormir ~ durmió ~ durmiendo, venir ~ vino ~ viniendo, perferir ~ prefirió ~ prefiriendo.* La irregularidad asociada a la diptongación no es heredada por el gerundio.

c   Los verbos que consonantizan la vocal temática /i/ en indefinido también heredan esta irregularidad: *construir ~ construyó ~ construyendo, leer ~ leyó ~ leyendo.*

d   Aunque explicable por motivos fonológicos, *ir > yendo* es una irregularidad en la que resulta difícil determinar si /y/ procede de la raíz o de la consonantización del alomorfo -*ie*- de la vocal temática.

Comportamiento gramatical

a   Este sufijo preserva la vocal temática.
b   Con la segunda y la tercera conjugación, selecciona el alomorfo -*ie*-.
c   El gerundio español, frente al inglés o al latín, no tiene la distribución de un sintagma nominal.

    (2)   *El cantando maravillosamente de Juan

d   La distribución del gerundio español se ha considerado tradicionalmente la de un adverbio, pero puede precisarse más. En muchos casos tiene la distribución de un sintagma preposicional, locativo o de otro tipo, como en (3), donde expresa una localización alcanzada tras un movimiento.

    (3)   La farmacia está girando a la derecha.
                La farmacia está pasando el puente.

e   Son frecuentes los casos en que se interpreta como una manera y otros complementos circunstanciales.

    (4)   Se marchó pitando.
                Se comió todo cortando los pedazos con el cuchillo.

f Como forma verbal, el gerundio puede mantener los argumentos del verbo y asigna una interpretación activa a su sujeto.

   (5) Luis entró trayendo consigo una caja.

g El gerundio puede formar oraciones subordinadas adverbiales de distinto tipo, sobre todo causales, temporales, condicionales.

   (6) Conociéndote como te conozco, sé que contestarás el correo.

h El gerundio puede interpretarse adjetivalmente, y desempeñar la función de modificador de un nombre (7a), complemento predicativo (7b) y también oración subordinada de relativo reducida (7c).

   (7) a echar agua hirviendo al guiso
        b Entró Pedro echando pestes de su hermano.
        c Vi a un hombre durmiendo en el suelo.

i Junto a los usos como sintagma preposicional y como sintagma adjetival, el gerundio puede también formar parte de una perífrasis, generalmente aquellas que indican progresión, continuación o desarrollo de un evento.

   (8) Juan sigue escribiendo, Pedro está bailando, Luis continúa estudiando.

j El gerundio, frente al infinitivo, no se combina con preposiciones en ninguno de sus usos, con la excepción de *con* en algunas oraciones subordinadas (9), y en la lengua antigua, *en* (*en concluyendo esta carta...*).

   (9) Con el niño jugando en la terraza no puedo estar tranquilo.

Tipos de significado

a Frente al infinitivo, que se considera una forma temporoaspectual neutra, el gerundio se asocia a nociones específicas de tiempo y aspecto.
b Temporalmente, el gerundio suele expresar simultaneidad con la situación denotada por el predicado principal, por lo que es compatible con verbos de percepción y otras estructuras semánticas que exigen que la situación descrita por el verbo subordinado se dé al mismo tiempo que la eventualidad principal.

   (10) Vi a Pedro llorando desconsoladamente.

c Sin embargo, se extienden sus usos temporales a contextos de posterioridad inmediata o no, en la lengua coloquial.

   (11) Salió de la habitación, cerrando la puerta tras sí.

d Aspectualmente, el gerundio es una forma estativizadora que selecciona la fase de la eventualidad que precede a la terminación y por tanto se considera imperfectiva.

   (12) Luis estaba escribiendo la carta.

e Con verbos que carecen de duración interna, el gerundio puede incluir la culminación en su denotación.

   (13) Alcanzando la cima, puso la bandera en su sitio.

Propiedades fonológicas

Este sufijo se asocia a la asignación de acento sobre la vocal temática que está a su izquierda.

Relaciones con otros afijos

Las formas construidas con **-ndo** han recogido muchos de los usos que históricamente se asociaban a los participios de presente en **-nte**, que en la actualidad –con algunas excepciones– se consideran formas adjetivales con una capacidad eventiva reducida.

> LECTURAS RECOMENDADAS: Ambadiang (1993); Alcoba (1999); RAE & ASALE (2009: §27.1-27.7); Martín Vegas (2014); Marín & Fábregas (2021).

-ndo[2]. De la forma *-ndum*, acusativo singular de la forma de gerundivo latino. Sufijo nominalizador poco productivo que forma nombres de participante sobre bases verbales.

Tipos de bases

a   Este sufijo es productivo con verbos, especialmente aquellos que hablan de la obtención de cargos o cambios de estatus profesional. La mayoría pertenecen a la primera conjugación.

   (1)   adoptando, alfabetizando, confirmando, desposando, doctorando, educando, examinando, graduando, laureando, multiplicando, resultando, sumando, tonsurando, venerando

b   Existen, sin embargo, casos de la segunda y tercera conjugación.

   (2)   corrigendo, dividendo, sustraendo,

c   Debido al carácter marcadamente culto de este sufijo, son frecuentees los casos en que la base es un tema neoclásico.

   (3)   horrendo, radicando, reverendo

c   Los verbos que se emplean con este sufijo han de ser eventivos y expresar cambios de estado causados por una entidad externa al argumento interno. Véase también **-ble**.

Comportamiento gramatical

a   Este sufijo forma sustantivos variables en género, marcados con **-o**[1] en masculino y con **-a**[1] en femenino.
b   Aunque forma sustantivos, algunas formas en que se reconoce el sufijo se emplean prioritariamente o exclusivamente como adjetivos, reflejando el origen histórico, ya que el gerundivo era una forma adjetival derivada de verbos: *venerando, horrendo*.
c   Este sufijo preserva la vocal temática de la base.
d   Este sufijo, frente al **-ndo**[1], que forma gerundios, no selecciona el alomorfo *-ie-* de la vocal temática de la segunda y la tercera conjugación (*corrigendo ~ corrigiendo*).
e   Generalmente los sustantivos son humanos, pero en el lenguaje de las matemáticas, la economía y el derecho se documentan casos de referente no humano, no variables en género por tanto, como *sustraendo, multiplicando, dividendo, considerando*.

f   Existe algún caso de formación aparentemente denominal (*tesina* > *tesinando*) donde la vocal temática -a² no procede de una base verbal; estos casos se asemejan a algunas formaciones con **-ble**, como *papable* o *ministrable* (cf. **-ble**).

Tipos de significado

a   El valor nuclear de este prefijo es el de designar el participante que corresponde al argumento interno del verbo, la entidad que sufre un cambio en su situación.
b   Al valor pasivo se une una noción modal equivalente a 'que debe ser Vdo', o prospectiva, 'que va a ser Vdo', en el sentido de que –dada la situación actual, si nada cambia y se sigue el curso natural de los acontecimientos– el cambio de estado se producirá.
c   Dado que *doctorarse* carece de forma causativa (**Juan doctoró a su estudiante*), la interpretación del derivado corresponde al sujeto, pero sigue siendo un argumento interno.
d   En algunos casos especiales, donde la base verbal no es tan clara, el valor es sin embargo activo: *un tesinando* se interpreta como 'que va a defender su tesina, que escribe su tesina'.

Propiedades fonológicas

Este sufijo se asocia a la asignación de acento sobre la vocal temática de la que es adyacente.

Relaciones con otros afijos

Véase **-ble** y **-dero** para otros sufijos que forman relaciones pasivas modalizadas. Este sufijo, pese a su origen etimológico, se diferencia claramente del que forma el gerundio verbal, por su resultado gramatical, significado y selección de alomorfos.

LECTURAS RECOMENDADAS: Rainer (1993); Pharies (2002).

-ndurria. De origen incierto, tal vez relacionado con **-urrio**. Sufijo apreciativo de valor aumentativo y peyorativo que, sobre verbos, forma sustantivos (*mamandurria, bebendurria*). Este sufijo, de segmentarse, carece de productividad y solo se justifica su segmentación a través del significado de la base verbal, que es perceptible en la palabra completa (*bebendurria* 'reunión en que se bebe mucho', *mamandurria* 'ganga laboral', relacionado con mamar 'obtener algo que no se merece'). Su significado une a un valor peyorativo un sentido de exceso o abundancia. Las formaciones son siempre femeninas, pero su baja productividad no permite determinar si el género femenino es un rasgo que realmente distinga a este sufijo de **-urrio** o no.

neo-. Del latín *neo-* y este a su vez del griego νέος 'nuevo'. Prefijo adjetival cuyo significado es equivalente a 'moderno, reciente'.

Tipos de base

a   Este prefijo es productivo con bases correspondientes a nombres comunes, como los siguientes:

(1) neoantígeno, neocolonialismo, neocorteza, neodarwinismo, neofascismo, neolatín, neolengua, neolector, neoliberal, neorrealismo

b Por los general, la clase semántica más productiva entre los nombres comunes es la formada por aquellos que expresan distintos géneros o movimientos políticos, artísticos, religiosos y de otras clases (*neosocialismo, neocomunismo, neototalitarismo, neoporfirismo, neobarroco, neorrenacimiento, neomudejar, neowestern, neoplateresco, neofolk*), seguida por los que indican distintos tipos de entidad humana o sus clases (*neolector, neohippy, neocomulgante, neofeminista, neoinquisición, neomachista*), entidades abstractas (*neobanco, neomundo, neolengua, neopatria*) y en menor medida, objetos físicos o sus clases (*neoartesanía, neovagina*).

c Este prefijo es particularmente productivo con adjetivos relacionales, generalmente los que denotan las mismas clases observadas en el punto anterior:

(2) neocatólico, neoclásico, neoespartano, neokantiano, neoleonés, neoliberal, neonazi, neoplatónico, neorrealista, neotestamentario, neoimpresionista, neo-tropical, neofranquista, neosoltero, neopagano, neoplatónico, neokeynesiano, neodesarrollista,

d Con pocas excepciones, este prefijo no se une a nombres propios –en tal caso, han de ser de lugar (*Neo-Tokio*)–, pero es frecuente que se emplee con adjetivos relacionales procedentes de topónimos como forma equivalente a 'nuevo': *Nueva York > neoyorquino, Nueva Zelanda > neozelandés*.

e Este prefijo no se une a adjetivos calificativos.

f Se documentan bases neoclásicas, tanto griegas como latinas, que equivalen en su mayoría a sustantivos (*naonato, neodimio, neolítico, neoplasia, neotenia...*), pero también a adjetivos (*neófito, neógeno*).

Comportamiento gramatical

a Este prefijo no altera la clase de palabras, el género o el número de su base.

b En principio, este prefijo es iterable; si definimos un movimiento como *neobarroco*, podemos referirnos a otra que sea una versión actualizada de este como *neo-neo-barroco*.

c Este prefijo participa en paradojas de segmentación con adjetivos relacionales; claramente, si bien no existe *Neoyork, en *neoyorquino* se habla de lo relacionado con Nueva York, no de una versión actualizada de la relación con York. Sucede igual en todos los casos de base adjetival.

d Este prefijo puede tomar alcance sintagmático: *la neorrestauración absolutista* no habla de una versión absolutista de la restauración actualizada, sino que puede interpretarse como una versión actualizada de la restauración absolutista.

e Se documentan casos en que este prefijo se emplea como forma adjetival independiente: *la versión clásica y la versión neo de este movimiento*.

Tipos de significado

a Pese a su origen etimológico, **neo-** se asocia más con el significado de 'actualizado, moderno' que con el valor de 'nuevo'. El significado de 'actualizado' aparece prioritariamente como la interpretación de las bases que indican movimientos intelectuales o de otro tipo, y clases de personas definidas por esos mismos comportamientos.

b Así, *un neonazi* o *el neoliberalismo* son versiones actualizadas o modernas de los movimientos y tendencias que se denotan en la base, o de sus seguidores.
c Este mismo valor de 'actualizado, moderno' se documenta con algunas bases que indican entidades abstractas (*neolengua, neoestado*).
d El segundo valor de este prefijo es el de 'reciente', y se emplea con aquellas bases que indican clases de entidades humanas definidas por una propiedad interna o una habilidad, como en *neonato, neolector, neoalfabetizado*, etc. En tales casos se supone un cambio de estado asociado a la interpretación de la base –'que pasa a ser lector'– y el prefijo determina que la adscripción a la clase de entidades denotada por la base ha sucedido recientemente.
e Así, en el lenguaje científico este prefijo puede indicar la subclase de la entidad denotada por la base que se produjo o apareció más recientemente, como *neolítico, neocórtex, neocorteza terrestre*, etc.
f En ocasiones, el valor adquirido está más cerca de 'remodelado, reconstruido', como en *neovagina, neopene*.

Propiedades fonológicas

Este prefijo da signos de cierta independencia prosódica de la base, manifestada en la asignación de acento secundario no rítmico (*nèocortéza*) y en la preservación de la vocal final incluso cuando la base comienza también por vocal (*neoorganigrama, neoactivismo, neoenergía*), que no llega a formar diptongo con la vocal final del prefijo (*neointervencionismo*).

Relaciones con otros afijos

En algunos casos, este prefijo establece oposiciones con **paleo-** (*neocristiano, paleocristiano*). Véase **recien-** para otro prefijo que puede adquirir interpretaciones temporales que midan la distancia desde un cambio de estado.

> LECTURAS RECOMENDADAS: Rainer (1989); Varela & Martín (1999); RAE & ASALE (2009: §10.12); Fábregas (2018); Rifón (2018).

-niano. Posible alomorfo de **-iano** (*daliniano*).

'-nico. Posible alomorfo de **'-ico**.

no-. Del adverbio de polaridad *no*. Prefijo cuantificador de valor negativo.

Tipos de base

a Este prefijo aparece combinado sobre todo con nombres comunes, entre los que destacan los que denotan eventos y acciones:

   (1) no-proliferación, no-agresión, no-transferencia, no-contratación

b Son posibles y frecuentes también los casos en que el prefijo se combina con un sustantivo humano que indica un papel, ocupación o estatus: *no-poeta, no-artista, no-blanco* (en el sentido de raza).

c También aparece combinado con adjetivos relacionales y otros adjetivos, estos escalares, que carecen de escalas de más de dos valores y por tanto indican propiedades que o son poseídas o no por el sujeto:

   (2)   no-muerto, no-clásico, no-político, no-vivo, no-americano, no-europeo

d No se documentan casos de bases verbales, pero sí de participio: *no-integrado, no-discriminado, no-invisibilizado*.

Comportamiento gramatical

a Este prefijo no altera la categoría gramatical u otras propiedades de la base.
b Este prefijo no es iterable.
c Este prefijo no participa en parasíntesis ni da lugar a paradojas de encorchetado o segmentación.
d Este prefijo se diferencia del adverbio negativo homófono por ciertas propiedades. La primera de ellas es que no legitima los términos de polaridad negativa.

   (3)   a   No hay agresión a nadie.
         b   *Hay no-agresión a nadie.

e La segunda de ellas es que este prefijo no puede alternar, en contextos de afirmación enfática, con el adverbio afirmativo:

   (4)   a   Sí hay agresión a algunas personas.
         b   *Hay sí-agresión a algunas personas.

Tipos de significado

a El valor semántico de este prefijo, de forma similar a la negación clausal, es el de indicar el conjunto complementario del que denota la base. Si decimos que alguien es *impaciente*, estamos seleccionando los valores bajos de una escala de paciencia donde caben tanto los valores mínimos que puedan contar como 'contrario de paciente' como valores intermedios que un hablante no querría clasificar ni como *paciente* ni como *no-paciente*; en cambio, si decimos que es *no-paciente*, tratamos la escala de paciencia como cerrada y seleccionamos el conjunto de entidades que no entran en ella. En algunos casos, como este, es difícil ver una diferencia semántica.
b En cambio, en otros casos hay suficientes diferencias claras: la *no-belleza* habla de la ausencia completa de valores de belleza, lo *no-americano* selecciona todo aquello que esté excluido de la denotación de 'americano', lo *no-legal* es todo aquello que no se relaciona con la ley, sin presuponer que la contravenga.
c De esta manera, el uso de este prefijo puede dar a entender la ausencia de la propiedad denotada por la base, sin necesariamente indicar que se obtiene el valor opuesto, como sí sucede con **in-**[1]. Así, un *no-muerto* tampoco está necesariamente vivo; una *no-novia* es alguien que no es novia pero tampoco se comporta necesariamente como su contrario (por ejemplo, una amiga) y la *no-agresión* no denota necesariamente amistad.
d Con bases que indican eventos y acciones, la interpretación puede ser la de evento negativo, es decir, la situación en la que una acción que se esperaba deja de producirse,

como en *la no-transferencia del pago*, donde se indica que la transferencia que se esperaba no se produce.

e   Así, es común que el prefijo, con bases que indican humanos, indique la ausencia de las propiedades esperables en alguna entidad que sea descrita por la base, como en *no-poeta*, que serían aquellos artistas que no actúan como se espera de un poeta.

Propiedades fonológicas

Frente al adverbio negativo *no* usado en oraciones, y que puede legitimar términos de polaridad negativa, es frecuente que este prefijo se trate como tónico: la *nòagresión*.

Relaciones con otros afijos

En la serie de prefijos negativos, donde también se encuentran **a-**², **des-**, **in-**¹, el prefijo **no-** se especializa en formar el conjunto complementario, donde se incluye tanto la clase de entidades opuesta a la que denota la base como una clase intermedia neutra.

> Lecturas recomendadas: Montero Curiel (1999, 2015); Gibert Sotelo (2017).

nor-¹. Del francés *nord*, 'norte'. Prefijo adjetival de valor locativo.

Tipos de base

a   Este prefijo es productivo con nombres propios de lugar, generalmente referidos a países o regiones administrativas:

(1)   Nordáfrica, Norcorea

b   Seguidamente, es productivo con sustantivos que designan, como el prefijo, puntos cardinales y sus sinónimos:

(2)   noroeste, noreste, nororiente, norponiente

c   Es asimismo productivo con aquellos adjetivos relacionales que designan el origen geográfico de un elemento o su posición entre los puntos cardinales:

(3)   nororiental, norcoreano, noroccidental, norirlandés, norandino, norcentral, norafricano...

Comportamiento gramatical

a   Este prefijo no altera ni la categoría gramatical de la base, ni su género, número o marca de palabra.
b   Este prefijo es iterable: *noreste* > *nornoreste*.
c   Desde el punto de vista de su distribución, el prefijo es más común con adjetivos relacionales derivados de nombres geográficos que con los sustantivos equivalentes. Para muchos hablantes, voces como *Norcorea* o *Noráfrica* no son comunes (vs. *Corea del Norte, Norte de África*), pero admiten sin problemas el adjetivo relacional correspondiente (*norcoreano, norafricano*).

Tipos de significado

a El significado de este prefijo adjetival es el de restringir a su parte norte la entidad referida por la base; si *peninsular* se refiere a cualquier entidad que provenga de una península, *norpeninsular* se refiere solo a las que provienen de la parte norte de una península.

b Con sustantivos referidos a puntos cardinales, el prefijo orienta hacia el norte la dirección expresada por la base: *oeste* > *noroeste*.

Propiedades fonológicas

Este prefijo presenta signos de independencia fonológica de la base, manifestadas en la presencia de acento secundário no rítmico (*nòréste*) y la tendencia a no resilabificar su consonante final con el inicio de la base (compárese *nor.o.rien.tal* con *no.ro.vi.rus*).

Alomorfos

En el uso más técnico este prefijo puede adquirir la forma *nord-*, cuando la base comienza por vocal, como en *nord-este* ~ *nor-este*.

Problemas de clasificación

Tradicionalmente este elemento se considera un formante de compuestos. En contra de esta clasificación encontramos dos fenómenos: la posibilidad de iterarlo, inusitada para los compuestos de cualquier clase, y que siempre se deba restringir a la posición inicial de palabra, algo de nuevo inesperado si fuera un formante de compuesto (**estenor* vs. *noreste*). Pese a que existen algunas voces con nord- que son derivadas mediante sufijos (*nord-ista*), pueden tratarse dichas formaciones a partir del sustantivo *norte*.

nor-[2]. Del acortamiento del inglés *normal* 'normal'. Prefijo adjetival propio del lenguaje científico de la química y la biología que indica que el compuesto expresado por la base se obtiene eliminando un radical, como en *nor-epinefrina, nor-adrenalina*.

-nte. De la terminación del participio de presente latino, *-ntem*. Sufijo adjetivalizador que toma bases verbales y forma adjetivos causativos o relacionales.

Tipos de base

a Este sufijo se combina productivamente con verbos de todas las clases aspectuales, argumentales y semánticas. Muchos de ellos proceden de la primera conjugación:

(1) adelgazante, adulterante, agitante, aglomerante, aglutinante, agobiante, agravante, amante, anabolizante, aromatizante, atenuante, beligerante, calmante, cantante, ceceante, cicatrizante, coagulante, colgante, colorante, comunicante, condicionante, confirmante, conglomerante, conglutinante, conservante, contaminante, convocante, cooperante, danzante, decapante, decolorante, defoliante, desencadenante, detonante, dopante, emigrante, emulsionante, espesante, estimulante, excitante, exfoliante, expectorante, fabricante, fertilizante,

formante, gestante, hidratante, ignorante, inmunizante, integrante, justificante, lubricante, migrante, modificante, mutante, negociante, oxidante, paralizante, picante, practicante, reflectante, refrigerante, relajante, saborizante, sedante, significante, suavizante, suplicante, tirante, tonificante, tranquilizante, volante

b   Son menos los que proceden de la segunda o la tercera conjugación, como los de (2).

(2)   contribuyente, convaleciente, corriente, creyente, dependiente, doliente, durmiente, oyente, recipiente, reconstituyente, superviviente

c   Entre estas bases hay de todos los tipos: estativas (*doliente, creyente, picante*), eventivas atélicas (*habitante, cooperante, corriente*), télicas extendidas en el tiempo (*gestante, cantante*), télicas puntuales (*naciente, detonante*), transitivas (*exfoliante, practicante*), intransitivas (*volante, integrante*), etc.

d   Hay algunas formaciones con base nominal, siempre con la adición de una /a/ que podría corresponder a la vocal temática de la primera conjugación:

(3)   abracadabrante, bacante, comediante, desodorante, escalofriante, farsante, feriante, hormigante, maitinante, ministrante, principiante, romeriante

e   Son comunes también las bases neoclásicas que no corresponden a verbos del español, o que pueden analizarse como formas alomórficas cultas de otras bases:

(4)   fragante, hilarante, horripilante, lactante, laxante, pedante, reactante, sibilante, tremulante, dubitante, fiduciante, parlante, semoviente

f   Con verbos irregulares de la segunda y la tercera conjugación donde la vocal media asciende, este sufijo selecciona habitualmente la base que se emplea en las terceras personas del pretérito perfecto simple o pretérito indefinido: *morir ~ murieron ~ muriente, pedir ~ pidieron ~ pidiente, venir ~ vinieron ~ viniente, creer ~ creyeron ~ creyente*.

Comportamiento gramatical

a   Este sufijo produce tanto sustantivos como adjetivos. En ocasiones, como los listados en (1) y (2), la forma puede adquirir los dos valores, pero no siempre es así.

b   La cuestión que surge es si el sufijo forma sustantivos que pueden convertirse en adjetivos, si forma adjetivos que pueden convertirse en sustantivos o si hay que diferenciar dos sufijos homófonos. La tercera opción es descartable porque el comportamiento gramatical del sufijo con adjetivos y sustantivos es igual con respecto a selección de bases y significado.

c   Entre las formaciones que solo se emplean como sustantivos tenemos las de (5), de primera conjugación, y las de (6), de segunda y tercera.

(5)   acertante, acompañante, agarrante, anunciante, apostante, asaltante, aspirante, atacante, ayudante, bajante, caminante, carburante, comerciante, comprante, comprobante, comulgante, concursante, conferenciante, declarante, delineante, demandante, denunciante, dibujante, enseñante, entrante, estante, estudiante, figurante, gobernante, habitante, hablante, interrogante, mangante, manifestante, monologante, narcotraficante, navegante, ocupante, participante, paseante, querellante, reactante, reclamante, representante, simpatizante, tripulante, variante, veraneante, viajante, vigilante

(6) aprendiente, combatiente, compareciente, contendiente, conviviente, escribiente, expediente, nutriente, poniente, sirviente, vertiente

d   La lista de formas que solo se emplean como adjetivos es más amplia. La de (7) muestra casos de la primera conjugación y la de (8) muestra casos de la segunda y tercera.

(7) abochornante, abundante, acojonante, acongojante, acuciante, adorante, agonizante, alarmante, alentante, alternante, alucinante, ambulante, amenazante, andante, anhelante, apabullante, apasionante, aplastante, apremiante, arcaizante, arrogante, balbuceante, bamboleante, barroquizante, basculante, brillante, cambiante, campante, cargante, centelleante, chirriante, chispeante, chocante, circundante, coadyuvante, colindante, concordante, constante, cortante, crepitante, crispante, culminante, debilitante, decepcionante, degradante, delirante, denigrante, deslizante, desternillante, dialogante, dignificante, disonante, edificante, electrizante, emocionante, enervante, epatante, equidistante, estomagante, estresante, euforizante, exasperante, exorbitante, expectante, faltante, fascinante, firmante, flotante, frustrante, fulgurante, fulminante, galopante, habilitante, humeante, humillante, impactante, impresionante, inoperante, inquietante, insultante, jadeante, lacerante, limitante, llameante, machacante, medievalizante, mendigante, moralizante, obsesionante, ofuscante, ondeante, oscilante, palpitante, penetrante, pensante, predominante, preocupante, pujante, punzante, recalcitrante, reconfortante, redundante, refrescante, relevante, restante, resultante, retumbante, sangrante, semejante, sobrante, sofocante, sollozante, tajante, tolerante, temperante, terminante, titubeante, traumatizante, triunfante, tronchante, ultrajante, vacilante, zigzagueante

(8) adoleciente, ardiente, complaciente, condescendiente, consiguiente, correspondiente, creciente, crujiente, decreciente, ferviente, floreciente, hiriente, languideciente, naciente, perteneciente, proveniente, pudiente, resplandeciente, siguiente, sonriente

e   Esta asimetría en la cantidad de formas sugiere que es más probable la opción de que **-nte** sea un sufijo adjetivalizador, como también lo era su origen etimológico, y que los sustantivos que no pueden ser adjetivos tienen alguna peculiaridad. Volveremos sobre esto más adelante en esta sección.

f   En los casos sustantivos, este sufijo forma nombres casi siempre masculinos marcados por **-e**[4]. La forma femenina aparece sobre todo cuando el referente es humano (*dependiente, cantante*) o en casos lexicalizados concretos, como *vertiente*.

g   La forma femenina de los sustantivos no expresa su marca de forma regular; factores sociales y de conocimiento del mundo parecen tener peso en la decisión de si el femenino es común en cuanto a género o se marca expresamente con **-a**[1]. La marca es frecuente cuando el sustantivo indica un papel social de cierta importancia, donde se considera oportuno marcar de forma expresa el género del referente, como en *presidenta*, o cuando se expresan oficios y papeles (tradicionalmente o exclusivamente, por motivos biológicos) desempeñados por mujeres (*asistenta, parturienta*).

h   Como adjetivos, se pueden formar tanto adjetivos relacionales que indican la asociación con el evento descrito por la base (*ambulante*) o calificativos (*agobiante*). Cuando el adjetivo calificativo no tiene un significado lexicalizado e impredecible, el resultado son adjetivos causativos (*estresante, agobiante, emocionante, barroquizante*).

i   Los adjetivos son siempre comunes, y nunca marcan con -a[1] el femenino; así, *una asistenta* contrasta con *las personas asistentes al acto*.
j   Este sufijo en todos los casos, con ambas categorías gramaticales, preserva la vocal temática de la base.
k   En la segunda y tercera conjugación no es sistemático el alomorfo que se selecciona para la vocal temática, que puede ser -*e*- o -*ie*-, comunes a las vocales temáticas -e[2] e -i[1]. En muchos casos, hay alternancias entre dos formas, sin que se observen tendencias sistemáticas que distingan las palabras con una u otra variante: *ascendente ~ ascendiente, compareciente ~ compareciente, tendiente ~ tendente, yaciente ~yacente*, entre otras.
l   La alternancia se ha interpretado como dependiente de la vía por la que entra la palabra, si escrita u oral, la época histórica de entrada o la lengua de la que se toma en préstamo. Hay una tendencia a que sean los verbos de la segunda conjugación los que pueden tomar la forma -*e*- (*absorbente, convincente, emergente, precedente, sorprendente*, entre otros).
m   Sin embargo también otros toman -*ie*-: complaciente, contendiente, correspondiente, *creciente, dependiente, naciente, entre otros*. Este mismo alomorfo es típico con verbos de la tercera conjugación (*viviente, sonriente...*), pero también pueden tomar -*e*-: *coincidente, concurrente, exigente, reincidente*.
n   Como puede comprobarse en la lista anterior, no hay sistematicidad entre los alomorfos elegidos; en ambos alomorfos encontramos formas adjetivales y formas nominales.
ñ   Si se acepta que el sufijo es fundamentalmente un adjetivalizador, hay que encontrarle explicación a los casos que solo son sustantivos. Muchos de ellos son instancias de voces de valor lexicalizado, donde históricamente puede suponerse que funcionaron como adjetivos que modificaban a ciertos sustantivos, y con el paso del tiempo se convirtieron en sustantivos heredando el valor semántico de todo el sintagma: *estante, poniente, expediente*, etc.
o   En otros muchos casos, los sustantivos expresan siempre entidades humanas que desarrollan una acción dentro de un contexto episódico (véase 'tipos de significado), típicamente en el lenguaje del derecho: *ocupante, caminante, asaltante, atacante, demandante, declarante, estudiante*. Puede pensarse que la necesidad de caracterizar a una entidad por la acción que desarrollan haga que estas voces, más que propiedades, denoten la asociación con una acción concreta donde el referente es el agente, lo cual favorece la estructura nominal.
p   Al proceder etimológicamente de una forma flexiva latina, este sufijo hereda por lo general complementos argumentales del verbo, especialmente los referidos al argumento interno.
q   No son posibles actualmente los casos en que, como el infinitivo o el gerundio, este argumento aparezca introducido en la forma de acusativo, que en cambio eran posibles en estadios anteriores de la lengua; por tanto se dice *el desencadenante de que lo que sucedió*, y no **desencadenante lo que sucedió*. Si el argumento no es referencial, como en *distar dos kilómetros de...*, se admite con algunas formas sin preposición (*distante dos kilómetros de...*)
r   En casos lexicalizados, las formas en este sufijo son preposicionales (*durante, mediante*) o adverbiales (*obstante*).

Tipos de significado

a   Tanto en los adjetivos como en los sustantivos, el significado asociado a este sufijo es la noción de 'participante activo en la eventualidad'. Este valor admite ciertas variaciones.

b   Es típica la lectura de agente, en la que el adjetivo asigna al sujeto (o el sustantivo denota) el participante que de forma consciente inicia una acción (*cantante, caminante*). También es frecuente la lectura de instrumento, en la que el adjetivo asigna a su sujeto (o el sustantivo correspondiente denota) el objeto o sustancia que sirve para causar un cambio o iniciar una actividad (eg., *hidratante*). También pueden asociarse a causas no conscientes o no voluntarias, como en *justificante, estimulante, picante*, y muchos otros.

c   Los adjetivos pueden designar, por tanto, agentes, instrumentos o causas, lo cual hace que muy frecuentemente este sufijo produzca adjetivos causativos, es decir, que expresan la propiedad de producir o dar lugar a lo que se indica en la base, que en este caso es una eventualidad.

d   En otros casos, sin embargo, el sufijo da lugar a lecturas disposicionales donde no se indica que cause un evento, sino la tendencia a causarlo debido a sus propiedades internas, como en *(objeto) cortante, (puerta) chirriante, (pan) crujiente, (suelo) deslizante, (testigo) ignorante de las causas de ello*, y otros muchos.

e   Finalmente, hay casos en que **-nte** adjetival da lugar a lecturas de propiedad sin implicar la existencia de un evento: *abundante, alternante, arrogante, concordante, constante, dialogante, disonante, equidistante, inoperante, redundante, relevante, tolerante*, y muchos otros.

f   Casi todos los sufijos adjetivalizadores deverbales del español producen lecturas no episódicas, es decir, aquellas lecturas en que no se denota una eventualidad concreta, que sucede realmente en un momento y mundo determinados, sino que dan lecturas de hábito, disposición frecuente a algo o posibilidad (cf. por ejemplo **-ble**, **-ón**^{3}, **-dero**, **-dizo**). Resulta especial en el caso de **-nte** que las lecturas episódicas, en las que se predica la participación real del sujeto en un evento concreto, sean posibles: *la autoridad firmante de esta carta, una bandera ondeante, una herida palpitante*, etc.

g   La posible lectura episódica se extiende también a los sustantivos. Si bien algunas formas se especializan en denotar nombres de profesión, que pueden verse como lecturas no episódicas de hábito o disposición (*estudiante, viajante, enseñante, cantante*), son muy corrientes también los casos en que se identifica a la entidad que ha actuado como agente de un evento concreto, instanciado en un tiempo determinado, lo cual admite la glosa con tiempos perfectivos ('que hizo'), como en *firmante, manifestante, asistente, asaltante, demandante, querellante, declarante*, y otros muchos de los que solo pueden emplearse como sustantivos. Véase también **-dor**, **-do**^{1} para casos similares de lectura no episódica de una formación deverbal.

h   Hay por tanto tres áreas semánticas destacadas en las interpretaciones de este sufijo en casos nominales: nombres de profesión (*cantante, comerciante, ayudante*), nombres de objetos y sustancias destinadas a un fin (*disolvente, lubricante, conservante*), nombres de los agentes y causantes en eventos particulares (*asaltante, atacante, participante, caminante*).

i   Se ha notado que en ocasiones, **-dor** y **-nte** se oponen, eligiendo el segundo el papel temático de causante o instrumento y el primero, el de agente: *contaminador ~contaminante*. Esta diferencia puede relacionarse con el hecho de que **-dor** acepte peor las bases estativas que **-nte**, ya que los causantes generalmente se preservan en la versión estativa, frente a los agentes.

j   Se ha observado que este sufijo, también en sus lecturas adjectivales, tiende a expresar propiedades características del individuo que lo clasifican en clases, con o sin una idea de persistencia temporal. Existen, sin embargo, adjetivos que indican propiedades no características, y por tanto construidas con *estar* como verbo copulativo, como *anhelante, expectante, jadeante,* y algunas pocas más.

Propiedades fonológicas

Este sufijo va asociado a la asignación de acento prosódico en la vocal temática a la que sigue inmediatamente. Fuera de los casos de selección de bases alomórficas, este sufijo no produce cambios.

Haplologías

Este sufijo ocasionalmente produce la haplología de *-ecer*, pero conserva el sufijo en la mayor parte de las formas (frente a **-ncia**): *obedecer > obediente, aparecer > aparente, permanecer > permanente,* pero *adolecente, compareciente, convaleciente, floreciente, languideciente, perteneciente, prevaleciente, resplandeciente.*

Relaciones con otros afijos

a   Se ha discutido en morfología la relación de este sufijo con **-ncia**, sugiriendo dos posibilidades: que **-ncia** se deba segmentar siempre como **-nte** + **-ia**, con espirantización de /t/, o que ambos sean sufijos alternantes, restringidos respectivamente a hablar del participante y de la propiedad abstracta, de forma paralela a lo que se ha propuesto a veces sobre **-ista** e **-ismo**.

b   Sin duda existen casos de la secuencia *-ncia* que deben ser analizados como casos de **-nte** + **-ia**; véase **-ncia**.

c   Sin embargo, la alternancia no es perfecta, lo cual implica que debe existir casos de **-ncia** como forma no segmentable, y que no se puede asumir una correspondencia entre **-nte** y **-ncia** (como tampoco entre **-ista** e **-ismo**).

d   Los casos de correspondencia afectan sobre todo a las bases en **-nte** que denotan propiedades características (9, pero no todos ellos: *brillancia) y no las formas relacionales (10), las que indican causas (11) o disposiciones (12), o las que indican la participación episódica en eventos:

(9)   abundancia, ardiencia, fragancia, relevancia, tolerancia, equidistancia
(10) *ceceancia, *mutancia, *integrancia...
(11) *adelgazancia, *agitancia, *agobiancia, *amancia, *calmancia, *relajancia...
(12) *cortancia, *deslizancia, *crujencia...
(13) *participancia, *caminancia, *fabricancia, *suplicancia...

e   Existen también formas en **-ncia** que carecen de formas en **-nte**, entre otras, *advertencia, condolencia, ganancia, nocturnancia, pregnancia, prestancia, secuencia, transferencia, menudencia, escogencia, herencia, licencia, sustancia.*

> **Lecturas recomendadas:** Laca (1993); Rifón (1997b); Rainer (1993, 1999); Fábregas (2020); Vázquez (2020).

-nza. Del latín *-ntiam*, sufijo nominalizador. Sufijo nominalizador deverbal que forma sustantivos de eventualidad y de participante.

Tipos de base

a Este sufijo es relativamente activo con bases verbales, siempre pertenecientes a la primera conjugación.

 (1) acechanza, acordanza, adivinanza, alabanza, alegranza, alianza, añoranza, antojanza, aprobanza, asechanza, andanza, cobranza, comparanza, conchabanza, concordanza, confianza, crianza, demandanza, demostranza, dudanza, ensenanza, esperanza, gobernanza, heredanza, holganza, igualanza, labranza, llevanza, matanza, mudanza, olvidanza, ordenanza, pasanza, perdonanza, privanza, probanza, pujanza, recaudanza, semejanza, tardanza, venganza

b No existen bases de la segunda o tercera conjugación, lo cual lo diferencia de **-ncia**.
c En un conjunto restringido de formas puede postularse una base adjetival, al no existir la verbal:

 (2) bienaventuranza, bonanza

d También existen algunas formas cuya base solía emplearse como verbo en estadios anteriores de la lengua, pero ya no lo hace.

 (3) mezcolanza ~ mescolanza, remembranza, semblanza

e Frente a **-ncia**, que prefiere bases estativas, este sufijo se combina frecuentemente con bases eventivas.

Comportamiento gramatical

a Este sufijo produce sustantivos invariables en género, siempre femeninos marcados por **-a**[1].
b Este sufijo, en su lectura de eventualidad, hereda la estructura argumental de la base, incluyendo el argumento agente.

 (4) la matanza de los inocentes por Herodes

c No obstante, en otros casos –aunque se relacione con una base eventiva– expresa la asociación general con el evento sin denotar una instanciación episódica del mismo: *tierras de labranza* indica que las tierras pueden ser labradas, pero no que lo hayan sido. Por ese motivo, en estos casos se rechazan los argumentos: **tierras de labranza por los campesinos*.
d De esta manera, este sufijo frecuentemente denota una relación abstracta y genérica con el evento expresado por la base, que describe una clase de acciones en lugar de una manifestación particular, en un mundo y periodo de tiempo concretos, de dicha

acción: *alabanza, cobranza, pasanza, ordenanza, venganza...* En tales casos la estuctura argumental también está restringida:

(5) **la venganza de sus agresores por Pedro* (cf. *la venganza de Pedro contra sus agresores*)
(6) **la alabanza de Pedro por su profesor*

e   Este sufijo siempre conserva la vocal temática de la base.

Tipos de significado

a   Este prefijo tiene tres valores específicos. El primero de ellos es el de denotar el evento que se asocia a la base. Esto sucede claramente en casos como *alianza, cobranza, crianza, enseñanza, labranza, matanza, mudanza,* y otros.
b   Algunas de las formaciones sobre verbos estatuvos denotan el estado asociado, como en *acordanza, añoranza, antojanza, confianza, dudanza, esperanza* (en el sentido psicológico de *esperar*), *semejanza, tardanza*.
c   En su segundo valor, relacionado con el valor estativo, la nominalización expresa una cualidad más que un estado: *holganza, amistanza, alegranza, igualanza*.
d   El tercer valor es el de indicar un participante en el evento; no es frecuente que el mismo sustantivo en **-nza** tenga valores de acción (o estado) y efecto (con excepciones: *alianza*), y se suelen especializar. Los de (7) se interpretan como participantes, resultados o no.

(7)   acechanza, adivinanza, alabanza, andanza, heredanza

Propiedades fonológicas

Este sufijo se integra fonológicamete en la base, y atrae el acento a la vocal temática que lo precede inmediatamente.

Relaciones con otros afijos

Pese a la relación etimológica con **-ncia**, que da lugar a algunos dobletes como concordancia ~ concordanza, son claramente dos sufijos distintos por los siguientes motivos: (i) **-nza** se restringe a verbos de la primera conjugación y (ii) no se inclina tan claramente por las bases estativas; (iii) no establece una relación directa con **-nte**, y (iv) produce nombres de participante con más facilidad.

LECTURAS RECOMENDADAS: Santiago Lacuesta & Bustos Gisbert (1999); Pharies (2002); Fábregas (2016); Zato (2020).

O

-o[1]. Del latín *-um*, acusativo singular de las declinaciones 2ª y 4ª. Sufijo asociado a la asignación de género masculino en sustantivos y adjetivos.

Tipos de bases

El sufijo *-o* aparece en numerosos sustantivos y adjetivos del español, específicamente:

a   Bases sustantivas, derivadas o no, referidas a seres animados y por tanto variables en cuanto al género. En todos estos casos la presencia de **-o**[1] se asocia con el género masculino, como puede verse en la concordancia con adjetivos y determinantes, y la forma en **-a**[1] marca el femenino (*el perro blanco, la perra blanca*).
b   Bases sustantivas, derivadas o no, referidas a objetos inanimados y otras nociones, también variables en cuanto al género, donde de nuevo la presencia del sufijo implica concordancia masculina y alterna con **-a**[1] para el femenino (*el cesto blanco, la cesta blanca*).
c   Bases sustantivas, derivadas o no, referidas a seres animados o no donde no hay alternancia de género pero la **-o**[1] puede seguir asociándose al género masculino, como en *bulto, cabildo, contubernio, delito* o *tufo*.
d   Bases sustantivas, derivadas o no, referidas a sustantivos animados alternantes en cuanto al género, donde la forma empleada contiene *-o* tanto en el masculino como en el femenino, si bien en el uso estas raíces son cada vez más frecuentes con *-a* en el femenino (*testiga, pilota, médica, miembra*).

   (1)   testigo, piloto, médico

e   Bases sustantivas no derivadas referidas a entidades animadas solo femeninas, donde *-o* no marca género masculino.

   (2)   la soprano, la virago

f   Bases sustantivas no derivadas referidas a entidades no animadas no alternantes y femeninas, sin que pueda hablarse en estos casos de acortamientos.

   (3)   mano, libido, dinamo, nao, seo

g   Bases sustantivas femeninas no alternantes referidas a entidades animadas (4) que pueden verse como el acortamiento de formaciones femeninas, marcadas en género femenino con **-a**[1] y otros sufijos relacionados con el femenino (5).

DOI: 10.4324/9781003415046-16

(4) disco, foto, moto, quimio, polio, radio
(5) discoteca, fotografía, motocicleta, quimioterapia, poliomielitis, radiodifusión

h Bases adjetivales, derivadas o no, que alternan en género y usan -o¹ para el masculino y -a¹ para el femenino, como *alto ~ alta, guapo ~ guapa, arenoso ~ arenosa, huidizo ~ huidiza*.

i Un escaso número de formaciones adjetivales invariables en género que emplean -o tanto en masculino como en femenino y que pueden verse posiblemente como acortamientos de formaciones más largas: *tecno (tecnológico), porno (pornográfico)*.

j Pronombres, sobre todo demostrativos, donde la presencia de -o¹ marca el género neutro, no el masculino: *esto, eso, aquello* frente a los masculinos *este, ese, aquel*.

k El sufijo es posiblemente segmentable también como marca de palabra en algunas preposiciones (*bajo*) y adverbios (*luego*), si atendemos a su comportamiento gramatical en combinación con el diminutivo (cf. 7).

Comportamiento gramatical

a Este sufijo se caracteriza siempre por ser una forma átona, que ocupa la posición final dentro de la palabra y solo puede ser seguida por el sufijo plural -*s*.

(6) sopranos, perros, alivios

b De la propiedad anterior se sigue que el morfema diminutivo -*it* aparece siempre a la izquierda del sufijo:

(7) bajo > bajito, luego > lueguito, perro > perrito, alto > altito

c El diminutivo tiende a preservar el sufijo -*o*, incluso en las formaciones que responden a sustantivos femeninos, con la excepción de *mano > manita* en algunas variedades.

(8) foto > fotito, soprano > sopranito, moto > motito

d Este sufijo es cancelado siempre en procesos de sufijación derivativa, tanto si el sufijo comienza por vocal como no.

(9) a perr-o > perr-er-a
    b generos-o > generos-idad
    c voluntari-o > voluntari-edad

e Se ha propuesto que este sufijo tiene la capacidad de derivar sustantivos a partir de bases verbales, aunque no está claro que esto sea lo que sucede en ejemplos como (10).

(10) comerciar > comercio, abusar > abuso, usar > uso, chequear > chequeo, recordar > recuerdo

f Los ejemplos supuestamente derivados con el sufijo implican siempre bases radicales que no contienen vocales temáticas o sufijos verbalizadores, siendo así imposibles formaciones como *cauterizar > *cauterizo, clasificar > *clasifico* o *agujerear > *agujereo*.

g Desde esta perspectiva, parece que no es posible decir que -**o** tenga la capacidad de cambiar categoría en la base, de manera que los casos de (10) pueden entenderse como raíces no verbales empleadas como sustantivos, con -*o* como marca de género o marca de palabra, o con -**o**¹ como parte de sufijos nominalizadores, como en el caso de -**eo**.

Tipos de significado

a El sufijo -o^1, al asociarse estrechamente con el masculino en los sustantivos alternantes que denotan entidades animadas, puede relacionarse con la expresión del género biológico para varones y machos de otras especies en formaciones como *perro, niño, zapatero*.

b No obstante, no puede asociarse este significado al sufijo sin más, debido a dos motivos, ya adelantados en las secciones anteriores. El primero es que el sufijo no se restringe a marcar sustantivos masculinos animados cuyos referentes tienen sexo biológico, sino que más frecuentemente marca sustantivos de muchos otros tipos semánticos, igualmente masculinos gramaticalmente, donde no cabe hablar de diferencias de sexo: *vaso, cuerpo, odio, aliento, bolígrafo, mando*, etc.

c El segundo motivo es que, incluso cuando no hay un reflejo semántico directo del masculino, tampoco es cierto que el sufijo siempre se asocie al género masculino, ni en nombres animados (*soprano*) ni no animados (*mano*), que pueden ser femeninos. En la inmensa mayoría de los casos, pues, el sufijo -o^1 no se asocia a un significado definido, aunque sí es posible decir que en la mayoría de los casos puede asociarse a la información gramatical de género.

d En otros sustantivos alternantes en cuanto al género, la presencia del género masculino marcado con -o^1 se asocia a otras nociones que no tienen nada que ver con el sexo biológico. El español forma diversos pares mínimos de sustantivos que, en masculino, representan un árbol y en femenino representan el fruto de ese árbol.

(11) almendro ~ almendra, manzano ~ manzana, cerezo ~ cereza

e Existe un conjunto pequeño de pares de sustantivos donde el masculino se asocia a un tamaño mayor de la entidad designada por la raíz de lo que implica el femenino.

(12) bolso ~ bolsa, río ~ ría, ruedo ~ rueda

f Hay también un conjunto aún menor de sustantivos alternantes donde el masculino se asocia con un valor contable y el femenino lo hace con un valor no contable, como en los pares de (13).

(13) leño ~ leña, madero ~ madera

g Con todo, también entre los sustantivos alternantes en cuanto al género es más frecuente la situación en que la alternancia entre masculino y femenino designan distintos tipos de objetos relacionados con la misma noción expresada por la raíz, en los que la diferencia de significado entre la versión femenina y la masculina no es fácilmente sistematizable, y en ocasiones es casi imperceptible (*cesto ~ cesta*).

(14) fruto ~ fruta, huerto ~ huerta, jarro ~ jarra, manto ~ manta, banco ~ banca

h Pese a ser una cuestión socialmente polémica que en la actualidad se encuentra en fluctuación, el morfema -o^1 se emplea, en singular o plural, para designar a todos los miembros de un grupo, incluyendo a ambos sexos, cuando el sustantivo tiene interpretación genérica.

(15) a Un oso es un plantígrado.
      b Los niños de menos de catorce años no pueden quedarse solos en casa.

Problemas de clasificación

a Al igual que el sufijo -**a**[1], el sufijo -**o**[1] es polémico por dos motivos: (i) si ha de considerarse un morfema de género o no y (ii) si, siendo género o no, debe considerarse un sufijo derivativo o uno flexivo.

b Comencemos discutiendo la primera pregunta. La idea de que -**o** se asocia a la información gramatical de género masculino se apoya sobre todo en tres fenómenos empíricos:

    i Los casos alternantes entre masculino y femenino, en los que la forma en -*o* siempre se asocia con sustantivos o adjetivos masculinos, y nunca se asocia a otra información.

    ii El hecho de que la inmensa mayoría de los sustantivos acabados en -*o* son masculinos.

    iii El hecho de que el sufijo, con adjetivos de dos terminaciones, se asocie siempre a la concordancia con sustantivos masculinos.

c Esto, naturalmente, no puede confundirse con argumentos a favor de que incluso en estos casos el sufijo -**o**[1] signifique 'de sexo biológico masculino'.

d Los argumentos en contra de asociar -**o** directamente al género masculino son los siguientes:

    i No es cierto que todo sustantivo o adjetivo masculino esté marcado por este sufijo.

    ii Existen sustantivos tanto animados como no animados que conservan -*o* en la forma femenina.

    iii En los pronombres que tienen formas distintas para masculino y neutro el neutro es el elemento que está expresado con -*o*.

e Conforme a la segunda propuesta, -**o** no es un morfema de género, sino en todo caso una marca de palabra –sustantivo, adjetivo, preposición o adverbio– que se une a una raíz para convertirla morfológicamente en una palabra categorizada. Desde este punto de vista caben dos opciones fundamentales:

    i El sufijo no tiene ninguna conexión directa con el género, sino que es un morfema elegido arbitrariamente por ciertas bases para formar palabras, sin presuponer ninguna clase de información gramatical adicional. En esta propuesta es poco explicable que mayoritariamente -*o* aparezca en sustantivos masculinos.

    ii El sufijo tiene alguna correlación con el género, pero no designa un valor específico de él, sino la forma no marcada de género –digamos, género no marcado o género sin especificación de un valor marcado–. Esto explicaría que en los sustantivos se asociara al masculino, mientras que -**a**[1] introduciría información de género marcado femenino, ya que los sustantivos nunca son neutros en español, mientras que en los pronombres se asocie al valor neutro, que sería el menos especificado de entre los tres posibles. Esto forzaría, sin embargo, a tratar los adverbios y preposiciones que contienen la marca como si contuvieran alguna clase de información de género.

f La segunda cuestión es si este sufijo puede tomarse como flexivo o derivativo. También aquí hay posturas encontradas:

- i La visión más tradicional es considerar que todo sufijo relacionado con el género es flexivo. El sufijo -o aparece en procesos de concordancia de adjetivos y determinantes cuando el sustantivo correspondiente es masculino (*los chicos altos*). Por lo general, se piensa que todo rasgo que interviene en la concordancia debe ser, por definición, flexivo.
- ii La apreciación anterior es independiente de que -o se tome como una marca de género o una marca de palabra, pues se mantiene el hecho de que, como morfema, su distribución depende en adjetivos y determinantes de los contextos de concordancia en que aparecen cierto tipo de sustantivos, los tradicionalmente llamados masculinos.
- iii Este sufijo no puede cambiar la categoría gramatical de la base, ya que es incapaz de unirse a bases con verbalizadores o adjetivalizadores explícitos y convertirlos en sustantivos, y solo aparece con bases que se podrían relacionar con adjetivos o verbos cuando la base es una raíz sin otros morfemas (*comerci-o*).
- iv Este sufijo no está en distribución complementaria con nominalizadores o adjetivalizadores, sino que muy frecuentemente aparece junto al nominalizador (*zapat-er-o*) o adjetivalizador (*amarill-ent-o*). Si la marca de género o de palabra fuera derivativa, esperaríamos precisamente que alternara con estos morfemas, no que los acompañara. Si es, en cambio, un marcador de una propiedad flexiva en sustantivos y adjetivos es natural que coocurra con los morfemas que definen estas categorías.
- v La posición de este morfema es siempre externa a los morfemas indudablemente derivativos, como se espera de un morfema flexivo. De *zapat-o* se deriva *zapat-er-o*, no *zapat-o-er.

g No obstante, la postura de que estamos ante un morfema derivativo se ve apoyada por otros hechos:

- i El género es inherente a la inmensa mayoría de los sustantivos, en el sentido de que no está motivado por el contexto sintáctico, por lo que la inmensa mayoría de los sustantivos no animados y buena parte de los animados no alternan entre los dos géneros. La flexión prototípica, en cambio, suele ser sensible al contexto gramatical y permite que, dada una misma base, aparezcan todos los valores flexivos asociados a la clase gramatical. La ausencia de pares sistemáticos como *bulto* ~ *bulta o *pantalla* ~ *pantallo obligaría a tratar el género como un caso de flexión inherente al sustantivo que además no sería productiva en ambos valores para casi ninguna raíz. Este criterio no se aplica a la marca en los adjetivos, sin embargo, donde la alternancia es contextual y todo adjetivo de dos terminaciones emplea productivamente la alternancia -o ~ -a.
- ii La alternancia entre -o ~ -a se asocia, cuando se da, con dos significados conceptuales distintos, a menudo sexo biológico en las bases animadas y una variedad de valores en las bases no animadas (*cesto* ~ *cesta*, *banano* ~ *banana*). La flexión, sin embargo, no se asocia normalmente a cambios en la semántica conceptual de la base, una propiedad que sin embargo se considera típica de la derivación. Un análisis de -o como morfema flexivo tendría que proponer bases homófonas con distintos significados, independientes de la presencia del género, para dar cuenta de esta propiedad, o alternativamente proponer que la asignación de significado se hace de forma contextual a toda la palabra y no a cada morfema de forma composicional.

h Véase también **-a**[1].

> **Lecturas recomendadas:** Harris (1991); Ambadiang (1993, 1999); Pharies (2002); Roca (2005); Picallo (2008); RAE & ASALE (2009: §2); Fuchs, Polinsky & Scontras (2015); Mendívil (2020); Camacho (2021); Fábregas (2022); Montero Curiel & Montero Curiel (2022).

-o^2. Del latín *-ō*. Sufijo de concordancia 1sg empleado en el presente de indicativo para verbos de las tres conjugaciones.

Tipos de bases

a   Este sufijo se emplea en la primera persona singular del presente de indicativo de verbos regulares de todas las conjugaciones.

   (1)   canto, bebo, vivo

b   Los verbos irregulares suelen serlo en concurrencia con este sufijo flexivo. El sufijo concurre con alguna de las formas irregulares del verbo en una larga serie de casos, entre los cuales están los que se detallan a continuación. Se comprueba, además, que en todos estos casos el alomorfo irregular de la base seleccionado es el mismo que se emplea en el presente de subjuntivo para todas las formas (*destruya, pida, sueñe, caiga, tenga, haga, plazca, quepa*).

c   Los verbos vocálicos acabados en dos vocales, la segunda de las cuales es *-i* (*-Vi*), consonantizan la vocal (*y*) en este contexto: *arguyo, destruyo, diluyo, construyo, huyo*. Se asimilan a este patrón, sin motivación fonológica, la forma *royo*, una de las posibles del verbo *roer*.

d   Con verbos cuyas raíces alternan entre una versión diptongada y una con vocal media, este sufijo selecciona siempre la versión diptongada –ya que el acento recae en estas formas sobre la sílaba previa al sufijo–. Esto sucede para los verbos de alternancia *e ~ ie* (*acierto, entiendo, friego, aprieto*), los de alternancia *o ~ ue* (*duermo, cuento, encuentro, tuesto, sueño*) y también los mucho menos frecuentes *u ~ ue* (*juego*), *i ~ ie* (*inquiero, requiero*).

e   El sufijo también coocurre con la forma irregular en que la vocal media *e* asciende a *i* (*pido, frío, río*), y *o* asciende a *u* (*pudro*).

f   Esta forma selecciona la raíz con incremento consonántico en /(i)g/ o donde la última consonante de la base pasa a /g/, a veces con otras alternancias vocálicas: *caigo, asgo, oigo, traigo* (y otros formados sobre *traer*, como *contraigo, retraigo*) *salgo, valgo, tengo, vengo, digo, hago, roigo* (en alternancia con *royo~roo*).

g   En numerosos verbos terminados en **-ecer**, el sufijo concurre con la forma que añade /k/: *crezco, amanezco, pertenezco, parezco*; esto se extiende a algunos verbos en *-acer* (*plazco, yazco* –en alternancia con *yazgo* y *yago*–) y *-ocer* (*conozco*).

h   La misma forma se documenta en los verbos que contienen *-ducir* (*conduzco, produzco*) y el verbo *lucir* (*luzco*).

i   Resulta excepcional la irregularidad del verbo *caber*, que elige la forma /kep/ (*quepo*).

j   Véase **-oy** para el alomorfo empleado en cuatro verbos.

k   El único verbo del español que no emplea este morfema en el presente de indicativo es *saber* (*sé*), que es también el único verbo donde la irregularidad de la forma 1sg para el presente de indicativo no se exptiende al presente de subjuntivo (*sepa*).

Comportamiento gramatical

a   Este sufijo se emplea como único marcador de la concordancia con la primera persona singular en una única forma del verbo español: el presente de indicativo.

(2)   canto, vivo, tengo, vengo, hago, valgo, conduzco

La concordancia de primera persona singular en otros tiempos suele no marcarse con un morfema con valor fonológico (*cant-a-ba* ~ *cant-á-ba-mos*, *cant-a-ría* ~ *cant-a-ría-mos*, *cant-a-ré* ~ *cant-a-re-mos*, *cant-a-ra* ~ *cant-á-ra-mos*, *com-í* ~ *com-i-mos*, etc.).

b   El sufijo, dentro de la flexión del presente de indicativo, es el único que implica necesariamente la desaparición de la vocal temática de la conjugación verbal:

(3)   a   cant(*-a)-o
      b   beb(*-e)-o
      c   viv(*-i)-o

La desaparición podría tener causas fonológicas en las dos primeras conjugaciones, pero no así en la tercera, donde la vocal temática podría haber formado diptongo con este sufijo (*vivio*).

c   Las dos observaciones anteriores han llevado a distintos estudiosos a proponer que el sufijo no se limita a codificar la concordancia de 1sg, sino que también expresa un valor no marcado de tiempo (presente), aspecto (imperfectivo) y modo (indicativo), por lo que sería un morfema sintético o portmanteau que expresa las cuatro nociones al mismo tiempo y por ello no puede ser empleado cuando cualquiera de los cuatro valores –tiempo, aspecto, modo, sujeto– tiene otro valor.

Propiedades fonológicas

a   Este sufijo nunca recibe el acento de la palabra, que se sitúa en la sílaba inmediatamente a la izquierda de él.
b   En verbos acabados en *-i* precedida de consonante, el sufijo puede formar diptongo con la vocal anterior (*anuncio, desprecio, ensucio, negocio, premio*...) o hiato (*espío, esquío, amplío, envío, vacío, varío*...) sin que sea posible establecer reglas morfológicas que permitan predecir esta propiedad. En la lengua oral las alternancias entre los dos patrones son frecuentes.
c   Lo mismo sucede con los verbos acabados en *-u* ante consonante, que pueden dar formas en las que el sufijo forma dipongo con la vocal alta (*desaguo, amortiguo, averiguo, santiguo*) y otras en que forma hiato (*acentúo, actúo, evacúo, evalúo, insinúo, sitúo*), siendo las segundas mucho más frecuentes que las primeras.

LECTURAS RECOMENDADAS: Ambadiang (1993); Alcoba (1999); Almela (2000); RAE & ASALE (2009: §4.4); Pérez Saldanya (2012); Martín Vegas (2014); Zacarías-Ponce de León (2021).

-ó. Del latín hispánico *-aut*, y este a su vez de la terminación de perfecto de primera conjugación *-avit*, extendida después a verbos de las otras conjugaciones. Sufijo que expresa la concordancia 3sg en el pretérito, indefinido o perfecto simple para verbos de las tres conjugaciones.

Tipos de bases

a   El sufijo **-ó** se añade en la expresión de la concordancia de 3sg al pretérito indefinido o perfecto simple de verbos de las tres conjugaciones.

(1)   cantó
      bebió
      vivió

b   Con verbos irregulares de vocal media diptongante, este sufijo selecciona la forma sin diptongación ni cambios en el caso de los verbos de la primera conjugación.

(2)   contó, fregó, jugó

c   En cambio, en verbos diptongantes de la tercera conjugación, este sufijo fuerza bases en que la vocal media se convierte en una vocal alta: *adquirió, sintió, durmió, murió*.

d   Con verbos de la tercera conjugación con alternancia vocálica e > i, este sufijo siempre selecciona la forma con vocal alta.

(3)   pidió, rió, sirvió

e   Existe un solo verbo en *-ar*, generalmente interpretado como verbo de la primera conjugación, donde sin emplear un exponente claramente irregular el sufijo -ó lo trata como si perteneciera a la segunda o a la tercera conjugación, manteniendo la vocal temática como /i/: *dio*, de *dar*.

f   Existen asimismo numerosos verbos llamados rizotónicos en el pretérito indefinido, es decir, verbos en los que el acento recae en la raíz en este tiempo y donde por lo tanto el sufijo **-ó** aparece en una variante átona. Para tales verbos el sufijo siempre se combina con formas irregulares, que pueden clasificarse en las siguientes subclases, e implica la desaparición de la vocal temática en verbos de las tres conjugaciones.

  i.   bases rizotónicas acabadas en -j, entre las que están *traer > trajo, decir > dije*, así como todas las formas de verbos acabados en *-ducir* (*produjo, condujo, indujo*).
  ii. bases rizotónicas acabadas en -s o sigmáticas: *querer > quiso, poner > puso*.
  iii. Como se ve, algunos de los verbos de las clases anteriores, junto a la irregularidad consonántica, alteran la vocal de la base convirtiéndola en una vocal alta. Tambén existen bases rizotónicas donde la vocal de la base pasa a ser /i/ o /u/ sin cambios consonánticos adicionales (*venir > vino, hacer > hizo, poder > pudo*). El verbo *haber*, cuyo pretérito irregular es *hubo* se asimila también a este grupo.
  iv. Tomando *hubo* como forma de partida y como formaciones analógicas, la terminación /ubo/ se agrega o sustituye a la base en un conjunto pequeño pero frecuente de verbos rizotónicos: *estar > estuvo, andar > anduvo, tener > tuvo*.
  v.   El ascenso vocálico a /u/ se combina con cambios consonánticos únicos en *caber > cupo* y *placer > plugo*, versión desusada de *plació*.

g Solo hay una forma, rizotónica o no, donde -o no se emplea para la 3sg: *fue*, pretérito de tanto *ser* como *ir*.

Comportamiento gramatical

a Este sufijo fuerza la desaparición de la vocal temática en los verbos de la primera conjugación (*bailó*, no **bailaó*).
b En verbos regulares de la segunda conjugación, se mantiene la vocal temática pero con ascenso vocálico (*comió*, no **comeó*; *vio*, no **veó*); no es necesario suponer razones fonológicas para este cambio, ya que e > i se da en otras formas de pretérito indefinido donde el sufijo de concordancia no comienza por vocal (*comiste*, no **comeste*).
c En verbos de la tercera conjugación, la vocal temática permanece inalterada: *vivió, sintió, durmió*.
d En las formas rizotónicas la vocal temática desaparece siempre ante este sufijo, independientemente de la conjugación a la que pertenezca el verbo: *estuvo, trajo, quiso, cupo, pudo, hizo*.

Propiedades fonológicas

a Los verbos terminados en secuencias -CV- pertenecientes a la tercera conjugación convierten la vocal /i/ en /y/ en esta forma (*construyó, instituyó*).
b Los verbos de la segunda conjugación terminados en secuencias CV- previas a la vocal temática convierten la vocal temática -*e* en /y/, presumiblemente tras el paso intermedio de hacer ascender la vocal /e/ a /i/.

  (4) cayó, creyó, leyó, poseyó, royó

c Fuera de las formas rizotónicas, el sufijo siempre recibe al acento. En las formas rizotónicas el acento siempre está en la sílaba anterior al propio sufijo.
d Los verbos de diptongo variable tratan la -ó como parte de un diptongo o de un hiato de la misma manera que el sufijo -o^2 en el presente: igual que en *sacio* el sufijo forma diptongo con la vocal final de la raíz, lo forma en *sació*; igual que en *vacío* el sufijo forma hiato, lo forma en *vació*.

> LECTURAS RECOMENDADAS: Ambadiang (1993); Alcoba (1999); RAE & ASALE (2009: §23.9); Fábregas (2015).

-o-. Del griego -*o*, marca de declinación de sustantivos típicamente masculinos, y segmento en varias terminaciones de caso genitivo. Elemento de enlace empleado en compuestos adjetivales y nominales de núcleo a la derecha, típicamente con temas neoclásicos de origen griego.

Tipos de bases

a Este elemento aparece normalmente entre los dos componentes de un compuesto nominal o adjetival cuyo segundo miembro es un tema neoclásico de origen griego. Frecuentemente también el primer elemento del compuesto es un tema neoclásico.

(1) psicólogo, arqueólogo, podólogo, rinólogo
(2) francófilo, hidrófilo, hispanófilo, anglófilo, entomófilo

b No obstante, el primer miembro de estos compuestos puede ser también un sustantivo del español.

(3) musicólogo, futurólogo, cienciólogo
(4) italianófilo, aliadófilo

c Esta vocal de enlace también se identifica en otros compuestos donde el segundo miembro es un sustantivo o adjetivo español. En tales casos, las propiedades de dichos compuestos son siempre las mismas: contra la regla general del español, el segundo elemento es el núcleo, y frecuentemente está derivado mediante sufijos específicos.

(5) drog-o-dependiente, ven-o-dilatador, tard-o-franquismo, turb-o-compresor, quechu-o-hablante

d La vocal de enlace -o- es mucho menos frecuente que la vocal de enlace -i- en español. No son muchos los segundos elementos que la toman; junto a -*logo*, y -*filo* puede documentarse -*fobo* (7), -*grafo*, -*grama*, -*crata*, -*geno* o -*fono* (8), en los que el primer elemento puede de nuevo ser tanto un tema neoclásico como un sustantivo del español, así como algunos casos etimológicos en que se puede argumentar que las formas han sido reanalizadas como sufijos (cf. por ejemplo **-ófago**). También se documentan casos, como (9), en los que no se emplea la vocal de enlace pese a que el segundo elemento es neoclásico y no hay motivos fonológicos, como bases que terminen en vocal tónica, para justificar su ausencia.

(6) andrófobo, xenófobo, galófobo, hidrófobo, tanatófobo
(7) catalanófobo, turistófobo, trumpófobo
(8) camarógrafo, selenógrafo, cardiograma, espectrograma, plutócrata, patógeno, francófono
(9) cinéfago, cinéfilo

Comportamiento gramatical

a Cuando el primer elemento del compuesto es un sustantivo o adjetivo del español, la presencia de la vocal de enlace siempre conduce a la pérdida de la marca de palabra del sustantivo o adjetivo:

(10) music-ó-logo (*music-a-ó-logo)

b Cuando el primer elemento termina en vocal acentuada, la -o- no desaparece: *bantú* > *bantuófilo*, *tabú* > *tabuófobo*.

c Ocasionalmente resulta dudoso si el elemento de enlace se encuentra presente en algunas formaciones donde el primer elemento terminaría de todos modos en -o[1].

(11) aliadófilo, hispanófobo

d Igualmente complejo resulta evaluar si el elemento de enlace está presente en aquellas formaciones no compositivas donde el primer elemento es un prefijo terminado en -o: *macrófago, autólogo*.

Tipos de significado

a   No se identifica ninguna relación estable que exprese el elemento de enlace -o- en los compuestos en que aparece, ya que la relación entre el segundo y el primer elemento se determina por la semántica de la base del segundo elemento.

b   Sin embargo, todos los compuestos que contienen este elemento de enlace son subordinativos: el segundo término funciona como un argumento interno del primero (*drogodependiente* 'que es dependiente de las drogas', *hematófago* 'que come sangre') o se refiere a la entidad sobre la que recae la filia, fobia o estudio expresado por el segundo elemento (*cancerólogo* 'que estudia el cáncer', *hispanófilo* 'que adora lo hispano'). Como tal, cabría analizar este elemento de enlace como un subordinador que introduce un argumento interno del segundo elemento.

Propiedades fonológicas

a   Este elemento de enlace siempre recibe el acento de la palabra cuando el segundo elemento es un tema neoclásico.

   (12)   farmacólogo, insectófago, germanófilo

b   El elemento es, sin embargo, átono cuando el segundo elemento es de español.

   (13)   cardiosaludable, narcotraficante, tardofranquismo

c   El primer elemento está frecuentemente reducido fonológicamente, y en muchos casos la glosa requiere agregar sufijos al primer elemento (*cardiosaludable* 'que es saludable para lo cardiaco', *francófilo* 'que adora lo francés'). No es necesario, sin embargo, hablar en estos casos de haplología, ya que los primeros elementos pueden considerarse en todos estos casos instancias de temas grecolatinos cuya propiedad definitoria es precisamente no poder emplearse como palabras del español en ausencia de afijos adicionales.

LECTURAS RECOMENDADAS: Bustos Gisbert (1986); Val Álvaro (1999).

ob-. Del latín *ob-* 'sobre, en oposición a'. Posible prefijo preposicional que formaría parte de algunas verbos formados con bases latinas, como *obcecar, objetar, obliteral, obnubilar, obsequiar, observar, obstar, obstruir* u *obturar* y muy ocasionalmente en combinación con verbos españoles (*obtener*). La justificación de segmentarlo parte casi siempre de la oposición formal que establece ocasionalmente con **sub-** (*objetar ~ sujetar, objetivo ~ subjetivo*), ya que no se identifica ningún significado aislable para este prefijo. Su segmentación en español es por tanto muy discutible.

-ocha. Del latín *-uculam*. Sufijo nominal no productivo que Rainer (1993: 623) identifica en *pino > pinocha* 'hoja de pino'. De segmentarse, sería un sufijo próximo a los diminutivos que cambiaría el género de la base.

-oca. Posiblemente del tupí antiguo *-oka* 'casa'. Sufijo tal vez empleado en un pequeño conjunto de formaciones, como *carioca*, que sin embargo son claramente no segmentadas en español actual. Véase **-ka** para *judoka*.

-ocho. Del diminutivo latino *-uculum*. Posible sufijo segmentable en un número pequeño de formas de valor apreciativo, como *pan* > *panocha, moro* > *morocho*, si bien este segundo procede directamente de una voz quechua. Rainer (1993: 623) identifica en Guatemala el uso de este sufijo, en valor diminutivo, en el hipocorístico *Catocha* (*Catalina*).

-oclasta. Del griego κλάω 'destruir' y el sufijo nominalizador agentivo -της. Sufijo nominal que forma nombres de agente de semántica especializada a partir de sustantivos. Este sufijo se une a bases nominales, como en *iconoclasta*, y da lugar a sustantivos marcados por **-a**³, común a ambos géneros. Pese a su etimología, que contiene en griego una raíz, en la actualidad tiene la gramática de un sufijo, no de un tema neoclásico, por lo que la /o/ no puede entenderse ya como la vocal de enlace **-o-**: no se forman voces españolas sobre *-clasta* por adición de otros sufijos y no se documenta a la izquierda de la base (cf. *crata*, que da *ácrata*). En este sentido, **-oclasta** puede entenderse como una versión con más carga conceptual de **-ero** para formar nombres de agente, que determina ya el tipo de eventualidad en la que participa el referente.

octa-. Véase **octo-**.

octi-. Véase **octo-**.

octo-. Del latín *octō*, 'ocho'. Prefijo cuantificativo que se combina con bases neoclásicas correspondientes a sustantivos, y ocasionalmente con sustantivos españoles.

Tipos de bases

a   Este prefijo es casi exclusivamente combinable con bases neoclásicas que corresponden a sustantivos, como en *octópodo, octograma* u *octofobia*.
b   Son mucho menos frecuentes las formaciones sobre sustantivos del español, como en *octocampeón, octomamá* 'madre de ocho', *octopuzzle*.
c   Ocasionalmente, se forman derivados a partir de adjetivos relacionales, como en *octopolar*; es frecuente que en tales casos exista ya la forma prefijada con **octo-**, como en *octógono* > *octogonal*.

Comportamiento gramatical

a   Este prefijo tiene la capacidad de convertir en adjetivo una base sustantiva, al igual que otros prefijos cuantificadores. Así, *octosílabo* puede funcionar como un adjetivo (*versos octosílabos, palabras octosílabas*) cuando en ausencia del prefijo ha de ser sustantivo (cf. *sílaba* vs. *silábico*).
b   Este prefijo no es iterable.
c   Este prefijo no puede combinarse con bases expandidas funcionalmente, y no admite modificación de la base.
d   Este prefijo participa en cruces léxicos: de *mellizos* se forma *octillizos*.

Tipos de significado

El valor de este prefijo es el cardinal 'ocho'. Generalmente este valor de cardinalidad se aplica a la noción denotada por la base (*octosílabo* 'de ocho sílabas'), frecuentemente implicando una idea de posesión. En otros casos, el valor de cardinalidad se aplica a las ocasiones en que el referente ha desempeñado el papel descrito por la base, como en *octocampeón*, 'que ha sido campeón ocho veces'.

Alomorfos

En el ámbito de la geometría, el prefijo exhibe el alomorfo *octa-*: *octaedro*, *octágono*. No se identifican diferencias ni en su comportamiento gramatical ni en su significado con respecto a *octo-*. Se documenta *octi-* en *octillizos*.

Problemas de clasificación

Existen formaciones en las que parece posible descomponer una forma *oct-* correspondiente a 'ocho' y un sufijo: el ordinal *octavo*, el multiplicativo *óctuple* y el sustantivo *octeto*, junto a posiblemente *octano*. Estas formas suscitan el problema de si la forma *oct-* ha de entenderse como un alomorfo de la raíz *och-* del numeral cardinal *ocho* y por tanto como una forma diferente del prefijo **octo-**, o si ha de entenderse que *oct(o)* es un tema neoclásico que puede formar parte de relaciones de composición. Un motivo para optar por la primera opción es que, como prefijo, **octo-** y su alomorfo *octa-* nunca pierde la vocal final (*octaedro*, no **octedro*), pero no parece que este argumento sea lo bastante sólido y efectivamente puede considerarse que este patrón problematiza la naturaleza de **octo-** como morfema.

-ódromo. Del griego δρόμος 'carrera'. Sufijo nominal que forma nombres de lugar a partir de nombres comunes.

a   Este sufijo se combina con nombres comunes y temas neoclásicos correspondientes a sustantivos: *canódromo, hipódromo, velódromo, rocódromo, botellonódromo, sambódromo, aeródromo, cosmódromo...* Ocasionalmente se documenta con alguna base verbal, como *follódromo, meódromo, escalódromo*.
b   Este sufijo forma siempre sustantivos masculinos marcados regularmente por -o[1].
c   Este sufijo siempre comporta la cancelación de la vocal átona final de la base.
d   Este sufijo tiene un significado similar al de otros sufijos que dan lugar a nombres de lugar a partir de sustantivos, como **-ería**, con la salvedad de que suele especializarse más en su significado, indicando que es un espacio destinado a hacer carreras con las entidades denotadas por la base, o alternativamente a hacer actividades físicas exigentes y extenuantes a partir de las bases, a menudo nombres de bailes y otras actividades físicas.
e   Pese a su origen etimológico, la gramática de este elemento es la propia de un sufijo: *-dromo* no se comporta como un tema neoclásico porque no aparece nunca a la izquierda de la base y no puede formar palabras en combinación con otros afijos (**drómico*), lo cual hace que la /o/ no sea la vocal de enlace **-o-** sino que se haya reanalizado como parte del sufijo.

oes-. De *oeste*. Forma poco usada de 'oeste', documentada en el lenguaje técnico en combinación con otros nombres y prefijos relativos a los puntos cardinales, como en *oes-sureste*. Su naturaleza como prefijo no está clara, y podría considerarse una versión apocopada del sustantivo *oeste*.

-ófago. Del griego φάγος 'que come'. Sufijo adjetivalizador que forma adjetivos de agente a partir de nombres comunes.

a   Este sufijo se combina con nombres comunes y temas neoclásicos correspondientes a sustantivos: *antropófago, bacteriófago, coprófago, ictiófago, necrófago, zoófago, hematófago...*
b   Este sufijo forma siempre adjetivos variables en género, en masculino marcados regularmente por -o^1 y en femenino, con -a^1.
c   Este sufijo siempre comporta la cancelación de la vocal átona final de la base.
d   Este sufijo tiene un significado similar al de otros sufijos que dan lugar a adjetivos de agente, como **-ista**, con la salvedad de que suele especializarse más en su significado, indicando que la acción implica comer o alimentarse de lo expresado por la base.
e   Pese a su origen etimológico, la gramática de este elemento es la propia de un sufijo: *-fago* no se comporta como un tema neoclásico porque no puede formar palabras en combinación con otros afijos (**fágico*), lo cual hace que la /o/ no sea la vocal de enlace -o- sino que se haya reanalizado como parte del sufijo.

-oide. Del griego -ειδής. Sufijo apreciativo que expresa falta de adecuación con una norma esperable.

Tipos de bases

Como sufijo productivo, *-oide* se combina con las siguientes clases de base.

a   Sustantivos, generalmente contables, que denotan entidades animadas o no.

   (1)   planeta > planetoide, humano > humanoide, órgano > organoide, parábola > paraboloide, rombo > romboide, animal > animaloide, metal > metaloide

b   Adjetivos, especialmente adjetivos relacionales que no expresan propiedades graduables sino la relación con una clase de objetos.

   (2)   paranoico > paranoide, anarquista > anarcoide, marxista > marxistoide, mongólico > mongoloide

La preferencia por usos relacionales se manifiesta también en el valor que selecciona de la base. La forma *negroide* procede de la acepción clasificativa de *negro* que da nombre a una raza, no de la acepción calificativa de color.

c   Existen, asimismo, numerosas formaciones cuya posible base procede de otras lenguas y no funciona como un sustantivo o adjetivo independiente en español. Tienen preferencia, como es esperable dada la etimología, bases neoclásicas de origen griego.

   (3)   androide, antropoide, asteroide, esquizoide, diploide, geoide

No está claro si se justifica en todos estos últimos casos la segmentación del afijo, ya que las palabras pueden haber sido introducidas como cultismos no analizables. Este problema puede extenderse a otros casos, prestados de otras lenguas distintas del griego, como *tabloide*.

d El sufijo implica sistemática la pérdida de la marca de palabra final de adjetivos y sustantivos.

   (4) *elips-e-oide

e Si la base termina en un diptongo átono, desaparecen no solo la vocal final sino todo el diptongo (*trapecio > trapezoide*).

f Con una marcada preferencia, tanto las bases como las palabras derivadas con este sufijo tienden a pertenecer a lenguajes técnicos y científicos, siendo excepcionales las palabras formadas con él que se emplean en otros registros (*paranoide, humanoide*).

Comportamiento gramatical

El sufijo **-oide** se caracteriza por las siguientes propiedades formales.

a Nunca altera la categoría gramatical de la base.
b Cuando se combina con sustantivos, impone el género masculino con independencia del valor de género de la base.

   (5) una esfera > un esferoide

c El sufijo es común en cuanto al género, marcado con -e^4.

   (6) un hombre paranoide, una mujer paranoide

d Las formaciones adjetivales derivadas por este sufijo son casi exclusivamente adjetivos relacionales no graduables.

   (7) fascistoide, feminoide, paranoide, maxistoide...

Tipos de significado

a El sufijo **-oide** impone una lectura de falta de adeacuación al prototipo de lo expresado en la base. Un planetoide no es un planeta, sino una entidad a la que le faltan algunas de las propiedades necesarias de los planetas. De aquí se deriva un valor de semejanza o proximidad imperfecta con dicha norma.

b Este valor de proximidad o semejanza, carente de connotaciones peyorativas, es frecuente en sustantivos que designan figuras geométricas, donde el sufijo proporciona la lectura de que las condiciones ideales y prototípicas de la figura expresada en la base se dan solo de forma aproximada: *ovoide, esferoide, trapezoide, romboide*, entre otros.

c Son frecuentes los adjetivos o sustantivos relacionados con el léxico político en los que la falta de adecuación a la norma se interpreta característicamente como una ideología o comportamiento que recuerda o tiene rasgos de la ideología de base, sin llegar a representarla, como en *una decisión fascistoide* o *medidas socialistoides*.

d Cuando la voz derivada no pertenece a un léxico científico, la falta de adecuación a la norma suele tomar valores peyorativo que llegan a sugerir que la propiedad expresada por la base está impostada o falseada, como sucede de forma clara en *intelectualoide, infantiloide* o *sentimentaloide*.

e Son abundantes los valores lexicalizados en que el sustantivo o adjetivo no tiene un significado de falta de adecuación a la norma que sea rastreable en la conciencia de los hablantes. Esto sucede en buena parte de las voces formadas a partir de bases latinizantes y de dudosa segmentación en español (*tabloide, androide, antropoide, alcaloide*), pero ocasionalmente también en voces segmentables: de *célula* procede *celuloide*.

Relaciones con otros afijos

a   En tanto que expresa falta de adecuación a una norma, el sufijo **-oide** compite con el prefijo **pseudo-**, del que se diferencia por dos propiedades fundamentales: el segundo admite bases que son nombres propios (*pseudo-Dionisio*) y se especializa en valores de proximidad a la norma donde la falta de adecuación se interpreta como correspondiente al adjetivo *falso*. Así, la *pseudo-ciencia* es ciencia falsa, o un *pseudo-argumento* es un argumento falso, no solo ciencia o argumentos que no se corresponden con la norma establecida para estas categorías.

b   No es un alomorfo la versión de **-oide** con marca explícita de género, *-oideo*, que aparece en *adenoideo, alantoideo, albuminoideo, alcaloideo, aroideo, cicloideo, concoideo, hialoideo, hipotiroideo, ovoideo, romboideo, sacaroideo, sesamoideo, tifoideo, tiroideo, xifoideo* y otros términos del lenguaje científico.

c   Existen también algunas formaciones adjetivales que conservan la terminación en /s/ propia del griego, como *alantoides, aracnoides, aritenoides, cricoides, mastoides*,

Haplologías

a   El sufijo **-oide** suele dar lugar a la haplología de los sufijos usados normalmente para formar adjetivos relacionales, sobre todo *-ico*.

(8)   parano-ico > paran-oide (*paranoicoide)

b   La haplología es menos sistemática en el caso del sufijo *-ista*, también en formaciones de adjetivo relacional: *anarcoide* procede de *anarquista*, no de *anarca*, mientras que *socialista* preserva el mismo sufijo (*socialistoide*).

c   Los sufijos que forman adjetivos calificativos suelen preservarse (*infant-il > infant-il-oide, sentiment-al > sentiment-al-oide*), mientras que tienden a desaparecer en formaciones relacionales (*femen-ino > femin-oide*) o aun en casos de sustantivos cuya base no es directamente segmentable (*vocal > vocoide*).

Problemas de clasificación

a   En este diccionario hemos clasificado el sufijo **-oide** como perteneciente a la morfología apreciativa, pese a que no se suela incluir en estos elencos. Esta decisión se apoya, sobre todo, en que formalmente nunca altera la clase de palabras de la base y se combina preferentemente con adjetivos y sustantivos; semánticamente, introduce una valoración sobre el significado de la base.

b   La decisión se encuentra apoyada por los valores peyorativos que este sufijo deriva en ocasiones, si bien –como hemos visto– no son imprescindibles en su interpretación.

c   Otra relación relevante de este sufijo es la que tiene, junto a **pseudo-**, con los adjetivos adverbiales que expresan prototipicidad o falta de ella (*aparente, supuesto, falso*, como en *un problema solo aparente* o *un supuesto socialista*).

LECTURAS RECOMENDADAS: Rainer (1993, 1999); Pharies (2002); Rifón (2009); Felíu (2022).

-oideo. Variante con marca de género explícita del sufijo **-oide**, como en *alcaloideo*.

-oides. Del griego *-ειδής*. Sufijo nominal que forma nombres de músculos y huesos de la anatomía humana. Pese a su evidente relación con **-oide**, se distingue de él no solo por su terminación, sino también por estar especializado en formar sustantivos y carecer de una semántica que denota manifestaciones no prototípicas de algo denotado por la base: *cuboides, deltoides, escafoides, esfenoides, etmoides, hioides*. En muchos de estos casos puede postularse un proceso de conversión nominal que parte de un adjetivo que acompaña a un sustantivo y da un sustantivo con el género de ese sustantivo, ya eliminado (*la (glándula) tiroides, el (hueso) escafoides*).

-ojo[1]. Posiblemente del diminutivo latino *-uculum*. Sufijo adjetivalizador que tiene cierta productividad en algunas áreas de América latina, como en *pato > patojo* 'que anda como un pato', *pinta > pintojo* 'que tiene pintas'. Produce adjetivos calificativos, generalmente de similitud o posesión (Pharies 2002).

-ojo.[2] Del latín *-uculum*. Nominalizador deverbal no productivo que aparece en *cerrar > cerrojo*, dando nombre de instrumento. No es productivo tampoco su uso ocasional con bases nominales, como *rastro > rastrojo* (Pharies 2002).

-ojo.[3] Del latín *-uculum*. Sufijo nominal no productivo que forma el sustantivo colectivo *ramojo*, de *rama*, 'conjunto de ramas' (Rainer 1993: 207) y el nombre de medida *mano > manojo* 'cantidad que entra en la mano'.

-ol[1]. Posiblemente del occitano antiguo *-ol*. Sufijo adjetivalizador usado para formaciones gentilicias.

a La productividad de este sufijo es bajísima, y se documenta solo en una formación donde la descomposición es clara; en ella la base es un territorio geográfico con el que se relaciona el adjetivo gentilicio correspondiente:

(1) España > español

b Se podría argumentar que el sufijo se encuentra también en la forma *mongol*, también gentilicia, si bien aquí la base sería un radical *mong-* y el territorio geográfico estaría, en todo caso, derivado a partir del gentilicio (*Mongolia*).

c Como adjetivalizador, da lugar a formas no marcadas en masculino que añaden *-a* en el femenino.

(2) un vino español, una costumbre española
(3) la capital mongola, el imperio mongol

-ol[2]. Posiblemente de la terminación del sustantivo *alcohol*. Sufijo nominal usado en el lenguaje técnico para dar nombre a productos químicos derivados de otros, típicamente alcoholes.

Tipos de bases

a No son numerosas las formaciones fácilmente segmentables en español donde se emplee este sufijo. Las formaciones que pertenecen a este grupo proceden siempre de sustantivos.

(1) menta > mentol, metano > metanol, etano > etanol, propano > propanol, butano > butanol

b En la inmensa mayoría de los casos, sin embargo, la base que quedaría tras la descomposición es de uso inexistente o muy reducido fuera de la lengua especializada. La segmentación es más factible en casos donde la base puede relacionarse con un radical culto empleado en otras formaciones (lactitol) o cuando se dan alternancias entre terminaciones que comparten un posible radical.

(2) cortisona ~ cortisol, glicerina ~ glicerol, retinal ~ retinol, benceno ~ benzol, fénico ~ fenol

c En muchas otras formaciones la base no es reconocible o su reconocimiento es problemático incluso dentro del lenguaje de la química (*clembuterol, xilitol, sorbitol, polifenol, paracetamol*...), si bien el significado de estos elementos, alcoholes o relacionados con alcoholes, tal vez justificaría la segmentación.

Comportamiento gramatical

a El sufijo -ol^2 sistemáticamente produce sustantivos masculinos que designan nombres no contables, ambas propiedades compartidas con el sustantivo *alcohol*, del que procede etimológicamente.

b Debido a su naturaleza técnica y aún artificial como nomenclatura técnica estandarizada, este sufijo tiene propiedades únicas que posiblemente se derivan de su etimología como acortamiento de un sustantivo pleno. Existe una formación que procede del acortamiento técnico de una palabra dando como resultado una voz que se compone superficialmente solo de afijos.

(3) poliol 'poli(alcoh)ol'

c Igualmente, la nomenclatura química permite la interposición de numerales entre la base y el sufijo para indicar la posición del grupo hidróxilo en estas formaciones.

(4) propanol, propan-1-ol, propan-2-ol

Tipos de significados

a El sufijo -ol^2 forma sustantivos que designan compuestos químicos orgánicos, especialmente alcoholes (*mentol, glicerol, lactitol, retinol, etanol, fenol, esterol, sorbitol, colesterol, xilitol*...), pero también productos químicos derivados de alcoholes (*clembuterol, cortisol*).

b Este afijo, en cierto sentido, ha sido introducido normativa y artificialmente en la lengua, ya que su uso en la nomenclatura química fue promovido por la Unión Internacional de Química Pura y Aplicada, que recomienda que los alcoholes primarios se denominen añadiendo la terminación *-ol* al sustantivo que designa el alcano –hidrocarburo saturado– correspondiente.

Propiedades fonológicas

Este sufijo atrae el acento prosódico.

Problemas de clasificación

a   Este afijo posee propiedades que se siguen de que procede del acortamiento de un sustantivo, de manera que cabe pensar que en algunas formaciones más que un sufijo derivativo es un elemento compositivo completo, 'alcohol', del que se ha conservado solo la última sílaba.

b   Esto explicaría la gramaticalidad de *poliol* en (3) y la posibilidad de interponer elementos adicionales entre el elemento y la base, como en (4), pero el análisis como sufijo sigue siendo más apropiado para casos de bases más directamente segmentables, como en *mentol*.

LECTURAS RECOMENDADAS: Pharies (2002).

-ol[3]. Posible sufijo, de segmentación poco clara, que aparecería en un conjunto pequeño de formaciones nominales, como *faro > farol, pera > perol* y *tercero > tercerol*. Este posible sufijo, de ser tal, alternaría con formas femeninas en *-a* (*farola, perola*). Se ha propuesto que es una forma de **-olo** con apócope de la *-o* final, si bien el valor diminutivo que se esperaría de este proceso no es siempre visible.

-ol-. Posible interfijo segmentales, presente en unas pocas voces derivadas, como *vent-ol-era, vent-ol-ina* y *almendr-ol-ón*. Véase también **-olento**.

-ólatra. Del griego *-λατρα*, 'adorador' y, originalmente, la vocal de enlace **-o-**. Sufijo adjetivalizador cuyo significado es 'que adora a BASE'

Tipos de bases

a   Este sufijo se une preferencialmente a bases sustantivas que corresponden a sustantivos o cuyo significado puede asociarse con la denotación de clases de entidades.

(1)   ídolo > idólatra, demonio > demonólatra, libro > librólatra, ovni > ovniólatra, icono > iconólatra

b   Las formaciones mejor afianzadas se combinan con temas neoclásicos no empleadas como sustantivos plenos en español, pero cuyo significado expresa nociones que pueden entenderse como nominales.

(2)   zoólatra, podólatra, ególatra, heliólatra, pirólatra, necrólatra

c   En la formación de neologismos destacan las formaciones sobre nombres propios, en las que el adjetivo expresa la cualidad de admirar o sentir un gran respeto por la persona a la que corresponde el nombre propio.

(3)   Gabo (Gabriel García Márquez) > gabólatra, Darío (Rubén Darío) > dariólatra

Comportamiento gramatical

El sufijo **-ólatra** se caracteriza por las siguientes propiedades formales:

a   Invariablemente forma adjetivos, algunos de los cuales –cuando son referidos a personas– pueden emplearse como sustantivos por conversión.

(4)   mariólatra, mezcólatra

b   Dichos adjetivos son comunes en cuanto al género, marcados con -*a*, como sucede con otros sufijos de origen griego.

(5)   un cura zoólatra, una sacerdotisa zoólatra

c   Los adjetivos son típicamente relacionales y clasifican a las entidades conforme a sus devociones religiosas o ideológicas. Cuando el significado del sufijo es más bien 'que siente admiración por BASE' o 'que solo se interesa por BASE', los adjetivos son calificativos y admiten con facilidad la gradación.

(6)   a   *un culto muy demonólatra
      b   un hombre muyególatra

d   El sufijo suele aparecer acompañado del interfijo **-o-**, que además recibe el acento de la palabra. Este interfijo, pese a que **-latra** tiene el comportamiento de un sufijo, suele aparecer típicamente con elementos compositivos neoclásicos. Como se puede observar, este interfijo aparece en lugar de la marca de palabra del sustantivo:

(7)   María > mariólatra, Papa > papólatra

Tipos de significado

a   El significado más característico de este sufijo es 'que rinde culto religioso a BASE'.

(8)   mariólatra 'que rinde culto a la Virgen María', demonólatra 'que rinde culto a los demonios', papólatra 'que rinde culto al Papa (por encima de Dios)'

b   La noción de rendir culto o pleitesía se extiende a valores no religiosos en que se describen tipos de comportamiento, como en *ególatra* 'que solo se preocupa por sí mismo' o, parafraseándolo de manera más regular para el valor de este sufijo, 'que se rinde culto solo a sí mismo'.

c   Partiendo de este significado, se deriva un valor calificativo en que el sufijo expresa 'que siente admiración marcada por BASE'

(9   gabólatra 'que siente admiración por García Márquez'

d   Este valor calificativo a veces se manifiesta como interés en lugar de admiración, como sucede con *librólatra* ('que tiene enorme interés en los libros'), *mezcólatra* ('que tiene interés marcado por el mezcal o licor de ágave') u *ovniólatra* ('que se interesa vivamente por los ovnis'). Se documenta el valor 'que se siente atraído por BASE' en *podólatra*, 'que tiene fetichismo con los pies'.

e   El valor de 'que siente admiración' o 'que siente interés' suele interpretarse siempre de forma neutral o positiva, mientras que –en virtud de convenciones culturales y religiosas– el valor relacionado con el culto religioso tiende a teñirse de nociones negativas que sugieren formas de paganismo o heterodoxia religiosa inaceptable.

Relaciones con otros afijos

a   Si **-ólatra** expresa la propiedad de rendir culto o mostrar interés por la base, las formaciones que terminan en -latría suelen expresar el sustantivo referido a dicho culto:

   (10)   idolatría, egolatría, zoolatría, papolatría, idolatría

b   Como en otros casos (cf. **-ería**) surge la pregunta de si en estos casos cabe descomponer la forma en un sufijo final **-ía** que se une a este otro sufijo. En este caso parece razonable hacer dicha descomposición, por varios motivos.

c   No existen formaciones en *-olatría* donde no haya una palabra bien establecida que termina en **-ólatra**.

d   Es sencillo relacionar el significado de las voces acabadas en *-latría* con el significado de **-ólatra** y una noción de 'sustantivo abstracto correspondiente a la propiedad', como sucede con otros usos del sufijo **-ía**.

   (11)   astrólogo > astrología, armónico > armonía, fotógrafo > fotografía

Propiedades fonológicas y haplologías

a   Dada la poca productividad de este sufijo con bases correspondientes a nombres comunes, es difícil identificar haplologías generales en este caso, si bien hay una voz en que desaparece el segmento final *-al*, aunque no corresponda claramente a un afijo:

   (12)   mezcal > mezcólatra (*mezcalólatra)

b   Fonológicamente, el sufijo fuerza siempre acento en la vocal adyacente a su izquierda, que es invariablemente **-o-**. Nótese que esto fuerza la desaparición del acento en la base, incluyendo casos de hiato (14).

   (13)   ególatra, icónolatra
   (14)   mariólatra, dariólatra

Problemas de clasificación

La clasificación de **-latra** como sufijo no está libre de problemas, ya que tradicionalmente se ha considerado un elemento compositivo; las propiedades son similares a las de **-icida**, al que remitimos.

> LECTURAS RECOMENDADAS: Pharies (2002); Fábregas (2020).

-olento. Alomorfo de **-iento**, que aparece en voces como *sanguinolento* o *friolento*. Estas formas posiblemente hayan de descomponerse en un interfijo -ol- y el sufijo **-iento**.

oligo-. Del griego ὀλίγος, 'poco'. Prefijo adjetival que se combina con bases sustantivas.

Tipos de base

a   La mayoría de voces formadas con este prefijo son temas neoclásicos correspondientes a sustantivos: *oligoanuria, oligoceno, oligofrenia, oligopolio, oligospermia, oligotrofia*. Probablemente esta tendencia se deba al carácter científico y técnico de este prefijo.
b   Sin embargo, también puede combinarse con sustantivos españoles, si bien de nuevo característicos del lenguaje técnico: *oligoelemento, oligonutrientes, oligopéptido, oligoartrosis*
c   Los casos en que el prefijo aparece en adjetivos relacionales (*oligofrénico, oligopólico*) parten siempre de un sustantivo que ya contiene **oligo-**.

Comportamiento gramatical

a   El prefijo no altera la marca de género y número de las voces con las que se combina, ni tampoco la categoría gramatical de la base.
b   El prefijo no permite la expansión funcional de la base (**oligo-buen-elemento*) o la interpolación de elementos.
c   El prefijo no es iterable (**oligo-oligo-elemento*).

Tipos de significado

a   **Oligo-** conserva el valor de cuantificador que procede de su origen etimológico, pero no funciona propiamente como un cuantificador, sino que su significado está más próximo al del adjetivo 'escaso': un oligoelemento es un elemento escaso o raro, de la misma forma que la oligotrofia habla de la escasez de alimento, y la oligofrenia de la escasez de inteligencia.
b   Resulta excepcional en este sentido el término *oligopolio*, donde se habla de una situación de mercado en que solo unos pocos controlan cierto producto o servicio –no de que ese producto o servicio sea escaso–. En este sentido, parecería que en esta voz el prefijo adjetival se ha convertido en un sustantivo que se interpreta como el agente de la acción de venta: 'comercio de unos pocos' (dando por hecho que el elemento compositivo *polio* quiere decir algo así como 'venta, comercio').
c   No han de confundirse estos usos con aquellos donde *oligo* es el acortamiento de *oligoelemento*: en *oligoterapia*, no se habla de una terapia escasa (como en *oligotrofia*) o de la terapia de unos pocos (como en *oligopolio*), sino de la terapia con oligoelementos.

Propiedades fonológicas

Este prefijo, al igual que otros muchos, rechaza la integración fonológica con la base, algo que se manifiesta en que los hablantes permiten la acentuación del prefijo, de forma similar a los dos elementos de un compuesto (*olígo-eleménto*) y en que se rechaza la reducción vocálica aunque se forme hiato entre el prefijo y la base (*oligoartritis*, no **oligortritis~ *oligartritis*).

-oll-. Posible interfijo propuesto por Portolés (1999: 5065), y que aparece en formas como *borbollón, cebollón*. La primera forma, sin embargo, parece onomatopéyica, y la segunda podría formarse sobre *cebolla*.

-olo. Del latín *-olus*. Sufijo apreciativo poco productivo, generalmente diminutivo. Este sufijo se caracteriza por las siguientes propiedades.

a Se combina con sustantivos y es variable en género, preservando generalmente el género de la base:

(1) merienda > meriendola, bandera > banderola, bronquio > bronquiolo, camisa > camisola, arteria > arteriola

b Muchas de las voces que toma como bases son formas ya perdidas en español, y la descomposición no suele ser evidente en muchos de los casos que se heredan del latín.

(2) gladiolo, escarola, cacerola, escayola, alveolo

c Solo forma sustantivos, a los que aporta valores diminutivos (*banderola, camisola*), a veces dentro del lenguaje técnico (*arteriola, bronquiolo*), aumentativos (*merendola*) o, también con frecuencia, valores lexicalizados en que no se aporta ninguna clase de evaluación (*aura > aureola, laurel > laureola*).

d El sufijo, debido a su baja productividad, da problemas de segmentación que suscita la pregunta de cuáles deben considerarse como sus alomorfos. Se ha segmentado *-eolo* en *aureola*, de *aura*, e *-iolo* en *cerviolo*, de *ciervo*.

LECTURAS RECOMENDADAS: Pharies (2002).

-oma. Relacionado con el griego *-ωμă*. Sufijo culto, característico del lenguaje técnico de la medicina, relacionado con la formación de sustantivos que indican distintos tumores.
Este sufijo, de baja productividad, se caracteriza por las siguientes propiedades.

a El sufijo se une a bases neoclásicas, casi exclusivamente, relacionadas con sustantivos. Entre las escasas bases que pueden considerarse sustantivos en español se encuentran *fibra > fibroma*. Alterna *canceroma* con *carcinoma*, más frecuente.

(1) carcinoma, leucoma, glaucoma, osteoma, papiloma, estafiloma

b El sufijo carece de alomorfos, y su significado es siempre 'tumor o hinchazón relacionada con la base'.

LECTURAS RECOMENDADAS: Pharies (2002).

-ómaco. Relacionado con el griego *μάχος* 'luchador'. Sufijo nominal poco productivo que forma nombres de agente a partir de otros sustantivos, generalmente temas neoclásicos, como *taurómaco, iconómaco*.

-omante. Del latín tardío *-mantia* y este a su vez del griego *μαντεία* 'adivinación'. Sufijo nominal culto que forma sustantivos de persona a partir de nombres comunes.

Tipos de base

a Este sufijo se combina prioritariamente con temas neoclásicos correspondientes a sustantivos:

(1) aeromante, alectomante, bibliomante, capnomante, catoptromante, ceraunomante, geomante, hidromante, necromante, nigromante, onicomante, ornitomante, piromante, quiromante, rabdomante, uromante

b De forma secundaria, se une a sustantivos que corresponden a nombres comunes usados en español, aunque a veces en valores que no corresponden directamente a su significado como formas independientes (*espatulomante* 'adivinador a través de los huesos de los animales'): *cartomante, ceromante, demonomante, espatulomante*

c Ocasionalmente, se combina con la forma acortada de otras formas, dando la impresión de que se une directamente a un prefijo, como en *heteromante* 'adivinador por el vuelo de las aves, según si van hacia uno u otro lado'.

Comportamiento gramatical

a Este sufijo produce sustantivos de persona, comunes en género y marcados por el sufijo -e^4.

b Este sufijo siempre implica la cancelación de la vocal átona de género de la base (*cart-a* > *cart-omante*).

c Este sufijo siempre se combina con **-ia** para dar nombre a la práctica asociada a la entidad humana que denota: *piromante* > *piromancia*.

Tipos de significado

Este sufijo siempre expresa nombres de agente, asociados siempre a un mismo evento, la adivinación por medio de la entidad denotada por la base.

Propiedades fonológicas y haplologías

a Este sufijo se integra prosódicamente con la base y puede cancelar las vocales finales, incluyendo diptongos completos: demonio > demonomante.

b Este sufijo produce haplología en onomante, de *onoma-* 'nombre', que no es *onomomante.

Problemas de clasificación

A pesar de que etimológicamente este sufijo corresponde a un tema neoclásico, su comportamiento gramatical actual fuerza a tratarlo como un sufijo: no se forman voces derivadas de él mediante otros afijos, al contrario que *logo*, (*lógico* vs. *mántico), ni se documenta en posición inicial de palabra. Pese a que etimológicamente su /o/ inicial se relaciona con **-o-**, se ha reanalizado como parte del sufijo.

-omancia. Véanse **-omante** e **-ia**.

omni-. Del latín *omnis, omne*. Prefijo adjetival que se combina preferentemente con adjetivos relacionales deverbales, de valor equivalente a 'total'.

Tipos de bases

a Este prefijo se combina de forma relativamente productiva con adjetivos. De entre ellos destacan los deverbales en **-nte**.

(1) omniabarcante, omnipotente, omnipresente, omnisapiente, omnisciente

b Junto a estas formaciones, se combina con otras formaciones adjetivales deverbales en **-ivo** (*omnicomprensivo*) o **-al** (*omnidireccional*).
c Nótese que pese a la existencia de sustantivos de cualidad en **-ia** con el prefijo **omni-** (*omnipresencia, omnipotencia, omnisciencia*) puede mostrarse que esos sustantivos están derivados de los adjetivos de (1), que ya contienen el prefijo: la omnipotencia es la cualidad de omnipotente, no una potencia total, y no existen formaciones con sustantivo de cualidad que no tengan un equivalente adjetival más básico.
d Pese a esto, existe un puñado de voces, generalmente del lenguaje comercial, en que el prefijo se combina con sustantivos no derivados: *omnicanal, omnivisión, omnizona*. Resulta excepcional *ómnibus*, pronunciado más habitualmente *omnibús*, donde sin relación etimológica se segmenta el sustantivo *(auto)bús*, para indicar de forma composicional 'vehículo de transporte para todos'.
e Ocasionalmente, se documentan formaciones con tema neoclásico (*omnívoro*).
f La forma *omnímodo* procede etimológicamente de una base adverbial 'manera', pero en español, de segmentarse, sería una forma idiomática cuyo significado es difícil de reconstruir.

Comportamiento gramatical

a Este prefijo selecciona la versión no calificativa de los adjetivos con los que se combina. Así, *comprensivo* puede tener una lectura relacional 'que comprende o incluye cosas' y una calificativa 'tolerante, indulgente'; de forma similar, *potente* tiene una lectura relacional 'que puede', y otra calificativa 'con fuerza'. En ambos casos, el prefijo selecciona la forma que permite rescatar de manera más directa el valor verbal: *omnicomprensivo* 'que lo incluye todo', *omnipotente* 'que lo puede todo'.
b El prefijo no altera la marca de género y número de las voces con las que se combina.
c El prefijo no permite la expansión funcional de la base (**omni-muy-comprensivo*) o la interpolación de elementos.
d El prefijo no es iterable (**omni-omni-direccional*).
e El prefijo da lugar a paradojas de encorchetado: *omnipotente* es 'que lo puede todo' (no 'que es completamente potente') pese a que no existe **omnipoder*

Tipos de significado

a **Omni-** conserva el valor de cuantificador que procede de su origen etimológico, pero no funciona propiamente como un gradador al combinarse con los adjetivos deverbales. La interpretación de voces como *omnicomprensivo, omniabarcante, omnipotente, omnisapiente* u *omnisciente* es aquella en que el prefijo ocupa la posición de complemento directo de los verbos: 'que lo incluye todo', 'que lo abarca todo', 'que lo puede todo', 'que lo sabe todo'. Sucede lo mismo en *omnívoro*, 'que come toda clase de cosas'.
b En estas ocasiones el prefijo actúa como un cuantificador que afecta a la base sobre la que se construye el adjetivo, que en los casos anteriores es un verbo. Sin embargo, no es obligatorio que esta base sea un verbo: en *omnidireccional*, **omni-** actúa como un cuantificador del sustantivo base: 'en todas direcciones'.
c Cuando la base no es denominal o no procede de un verbo transitivo, el prefijo se puede interpretar como un cuantificador adverbial que opera sobre ocasiones o

instanciaciones de un estado de cosas: *omnipresente* es 'presente en todas partes' o 'presente en todas las ocasiones'.

d Estas lecturas en las que el prefijo equivale a un cuantificador sobre un sustantivo o un complemento de un verbo transitivo es la que se da con mayor frecuencia en los casos nominales propios del lenguaje comercial: *omnicanal* 'todos los canales o todas las vías', *omnivisión* 'que permite verlo todo'.

Propiedades fonológicas

Este prefijo, al igual que otros muchos, rechaza la integración fonológica con la base: *omnioperativo* se pronuncia con hiato (*om.ni.o.pe...*), no con diptongo (**om.njo.pe...*). De hecho, los hablantes permiten la acentuación del prefijo, de forma similar a los dos elementos de un compuesto (*òmni-poténte*), pese a que el comportamiento distribucional de **omni-** es claramente el de un prefijo.

LECTURAS RECOMENDADAS: Varela & Martín (1999); RAE & ASALE (2009: §10.8).

-**ón**[1]. Del latín *-ō, -onis*. Sufijo apreciativo, normalmente clasificado como aumentativo.

Tipos de bases

a Como sufijo aumentativo, es productivo sobre todo con sustantivos (1) y, sobre todo en las variedades americanas, adjetivos (2). Al igual que otros morfemas apreciativos no se añade a verbos, pero en el caso de este sufijo esto incluye también formas de gerundio, infinitivo o participio (3). Tampoco se añade fácilmente a bases adverbiales (4).

(1) a cuchara > cucharón
    b noticia > notición
    c carrera > carrerón
(2) a simpático > simpaticón
    b coqueto > coquetón
    c triste > tristón
(3) a *cantandón
    b *cantadón
(4) a cerca > *cercón
    b rápido > *rapidón

b Como se ve, en todos los casos anteriores la marca de sustantivo o adjetivo desaparece invariablemente de la base al añadir el sufijo (*carrer-a-ón). Constituye una aparente excepción sincrónica a esta tendencia la palabra *torreón*, relacionada con *torre*, que, sin embargo, se encuentra claramente lexicalizada y donde cabe la interpretación de que el segmento *-e-* es un interfijo y no la marca de sustantivo.

c En las bases nominales y adjetivales resulta muy frecuente que este prefijo seleccione formas alomórficas de la base en las que algunos investigadores han identificado interfijos (Portolés 1999).

(5) grande > grandullón, casa > caserón, bueno > bonachón, bravo > bravucón, santo > santurrón, nube > nubarrón

d Entre los sustantivos, el sufijo tiene una preferencia marcada por sustantivos que expresan objetos físicos, como suele suceder con otros afijos apreciativos, y entre ellos los que denotan entidades contables. Esta tendencia se manifiesta también cuando la base es un sustantivo que expresa objetos no físicos, como *alegría* > *alegrón*, donde se selecciona la base contable *(darle a alguien) una alegría*, no el nombre de cualidad de valor no contable (*mucha alegría*).

e Como es esperable de los morfemas apreciativos, las bases adjetivales son invariablemente adjetivos calificativos graduables (**perfectón, *biologicón*) y hay una preferencia, entre las bases nominales, por sustantivos que designan objetos físicos (o, en el caso de ser objetos abstractos, aquellos que poseen propiedades cuya intensidad puede graduarse (*memoria* > *memorión*).

Comportamiento gramatical

a Al igual que otros morfemas apreciativos, de forma regular no altera la categoría gramatical de la base. No obstante, se constata una tendencia a que la versión aumentativa de los adjetivos tienda con frecuencia a emplearse más como sustantivo que como adjetivo.

(6) ser un bonachón, ser un santurrón

b Con los adjetivos, este morfema admite formas masculinas no marcadas y formas femeninas marcadas con el sufijo habitual de femenino.

(7) un hombre simpaticón, una mujer simpaticona

c Con los sustantivos, frente a otros morfemas apreciativos, este sufijo tiende a imponer género masculino a la palabra derivada, independientemente del género de la base.

(8) a una casa > un caserón
    b una piva > un pivón
    c una novela > un novelón

d La tendencia puede llegar incluso a afectar a sustantivos animados que denotan entidades de sexo femenino (*un mujerón*, en alternancia con *una mujerona*).

Tipos de significado

a Este sufijo tiene los valores habituales de un aumentativo. Con sustantivos, expresa de un tamaño, volumen, peso, cantidad o extensión por encima de lo normal.

(9) nariz > narizón, nube > nubarrón, fortuna > fortunón

b Con sustantivos, también expresa una calidad por encima de la media, o ponderación de alguna de las propiedades características de la entidad como particularmente intensa o llamativa.

(10) película > peliculón, novela > novelón, problema > problemón, memoria > memorión

c   Con adjetivos, denota ponderación del grado en que se da la propiedad.

   (11)   grande > grandullón, coqueto > coquetón

d   Se verifica a menudo un valor despectivo, especialmente con adjetivos, donde la propiedad se presenta como desagradable o inconveniente

   (12)   dulce > dulzón, santo > santurrón, fácil > facilón

e   Son frecuentes, asimismo, las formaciones lexicalizadas en que no se expresan los valores habituales del aumentativo.

   (13)   silla > sillón, sala > salón, taza > tazón, rata > ratón, carta > cartón

Alomorfos

a   Si bien el sufijo -ón^1 tiene una manifestación fonológica estable, la presencia frecuentes de segmentos adicionales en las palabras formadas con él suscita el problema analítico de si estos segmentos deben considerarse parte de alomorfos del sufijo, alomorfos de la base o son, por el contrario, interfijos. Ilustremos el problema con (14).

   (14)   manso > mansurrón

b   La opción de que la secuencia -*urr*- sea un interfijo es la que se privilegia en la actualidad (Portolés 1999, Ohannesian 2021). Tratar la secuencia como parte de un alomorfo del sufijo forzaría a proporcionar un gran número de alomorfos (15)

   (15)   -urrón, -ullón, -ajón (cagajón), -erón (caserón), -ancón (vejancón), -arón (llamarón), --arrón (moscarrón), -atón (limatón), -egón (pedregón), -ejón (cepejón)

c   Junto a la dispersión de alomorfos, algunos de ellos estarían empleados solo en una o dos formaciones, como sería el caso de -*ullón*, solo empleado en *grandullón*. Por su parte, que tratar los segmentos extra como parte de alomorfos de la base daría lugar a bases alomórficas usadas solo en combinación con el aumentativo y nunca en otros casos (como sería el caso de *santurr*-, que solo existiría como forma alternativa de *sant(o)* en *santurrón*).

Propiedades fonológicas

a   Al atraer el acento de la palabra a la última sílaba de la palabra, el sufijo -ón^1 puede bloquear la diptongación de algunas bases alternantes (16), mientras que rechaza otras que contienen un diptongo (17).

   (17)   a   puerta > portón
          b   puente > pontón
   (18)   cuento > *contón (cuentazo)

Relaciones con otros afijos

a   El valor aumentativo de este sufijo, así como su etimología compartida, permiten relacionarlo con -ón^2 y -ón^3, con los que intuitivamente comparte distintas nociones de intensificación o cantidad excesiva de algo.

b No obstante, **-ón²** tiene la capacidad de convertir las bases en adjetivos y semánticamente expresa posesión del sustantivo marcado en la base, no énfasis sobre sus propiedades, mientras que **-ón³**, también adjetivalizador, forma construcciones de hábito o frecuencia en las que tampoco cabe la interpretación de que la base se manifiesta de forma intensa o desmesurada.

c Asimismo, en la expresión de valores aumentativos este sufijo compite con **-azo¹** y **-ote**, en ocasiones permitiendo su uso con las mismas bases.

   (19) grandote, grandullón
   (20) bigotazo, bigotón

d Frente a otros sufijos apreciativos, **-ón¹** produce un mayor número de cambios en la palabra resultante, entre los que destacan el cambio de género y la tendencia a privilegiar el uso de las bases adjetivales como sustantivos. Su significado de exceso lo relaciona con los dos sufijos homófonos adjetivalizadores con los que comparte etimología, **-ón²** y **-ón³**, algo que suscita la pregunta de si podrían unificarse sus entradas.

e Esta unificación, si bien tentadora desde el punto de vista semántico, soslaya la pregunta de por qué estos dos últimos casos imponen una categoría adjetival a la base y cómo se derivaría el valor posesivo o habitual en el que cada uno de los dos anteriores muestran la lectura de exceso.

f Desde una perspectiva morfofonológica, la presencia habitual de interfijos con el sufijo **-ón⁴**, replicada por **ón¹**, podría dar lugar a intentar una unificación entre las dos unidades, si bien el primero se especializa en nominalizaciones deverbales.

LECTURAS RECOMENDADAS: Lázaro Mora (1999); Pharies (2002); RAE & ASALE (2009: §9.7); Kornfeld (2021).

-ón². Del latín *-ō, -onis*. Sufijo adjectivalizador de valor posesivo.

Tipos de bases

a El adjetivalizador posesivo **-ón²** se combina casi exclusivamente con sustantivos, y entre ellos casi exclusivamente con aquellos que denotan partes del cuerpo, por tanto relacionándose estrechamente con la posesión inalienable.

   (1) a barriga > barrigón (una mujer barrigona)
       b cabeza > cabezón (una niña cabezona)
       c nariz > narizón, narigón (una artista narigona)
       d diente > dentón (un tigre dentón)

b También puede tomar como base numerales cardinales, concretamente los referidos a las decenas mayores de treinta y menores de cien.

   (2) a cuarenta > cuarentón (un cantante cuarentón)
       b cincuenta > cincuentón (una actriz cincuentona)

c   Debido a estas restricciones en su productividad morfológica, resulta difícil evaluar si las bases tienen otras propiedades morfológicas o semánticas especiales.
d   Los numerales que se combinan con el sufijo contienen normalmente el morfema **-enta**, pero en cuanto a las formaciones que parten de sustantivos de parte del cuerpo, estas se componen solo de la raíz como base.

Comportamiento gramatical

a   El sufijo invariablemente implica la desaparición de la marca de sustantivo de su base.

    (3)   *sesent-a-ón, *cej-a-ón

b   En tanto que forma adjetivos, en español actual, dichos adjetivos no llevan marca de género en el masculino y emplean regularmente -*a* para el femenino.

    (4)   a   un perro rabón / una perra rabona
                   b   un estudiante tripón / una estudiante tripona

c   Esos adjetivos, sin embargo, se emplean con facilidad como sustantivos mediante conversión.

    (5)   a   un hombre cabezón / un cabezón
                   b   una mujer orejona / una orejona
                   c   un escritor setentón / un setentón

d   Pese a este doble comportamiento categorial, se considera que este sufijo forma adjetivos que se convierten a sustantivos y no a la inversa. Esta decisión se apoya en que la conversión que pasa de adjetivo a sustantivo se encuentra mucho más generalizada en español, sobre todo cuando da lugar a sustantivos de persona, que la dirección contraria, donde los sustantivos se convierten a adjetivos.

Tipos de significado

a   El sufijo -ón^2 se considera, por su sigificado, un sufijo posesivo evaluativo o valorativo, en la medida en que junto a la noción de posesión evalúa o valora las propiedades de la entidad poseída. En la inmensa mayoría de los casos en que la base es un sustantivo de parte de cuerpo, el sufijo aporta el significado de que la entidad posee la base y dicha base es desmesuradamente grande, conforme al esquema 'que tiene N grande'.

    (6)   a   hocicón 'que tiene el hocico grande'
                   b   barrigón 'que tiene la barriga grande'

b   Existen unos pocos casos en que la evaluación se refiere a la ausencia o la escasez de la entidad expresada en la base: *pelón* 'que no tiene pelo, que tiene poco pelo', *rabón* 'que no tiene rabo, que tiene el rabo pequeño'. En estos casos también se hace una evaluación, pero en la que la cantidad resulta sorprendente o llamativa por su escasez.
c   Cabe argumentar que el valor posesivo es también apropiado con bases numerales, porque en español la edad se expresa mediante el verbo *tener* 'que tiene X años'. Siendo

así, también podrían considerarse valores posesivos los que se muestran en formaciones como *cuarentón*.

d También en estos últimos casos cabe hablar de una valoración, ya que los términos *cuarentón, cincuentón, sesentón* y demás no se limitan a identificar la edad de las personas, sino que valoran a los individuos como representantes de estereotipos negativos de cada una de esas edades.

e Por tanto, en ambos casos, los propiamente posesivos y los relacionados con la edad, se observa que el sufijo se asocia fácilmente a nociones peyorativas, en unos casos derivadas directamente del tamaño excesivamente grande o excesivamente pequeño de una parte del cuerpo, y en los otros casos añadidas a la edad como parte de su evaluación.

Propiedades fonológicas

Al atraer el acento de la palabra a la última sílaba de la palabra, el sufijo **-ón^2** puede bloquear la diptongación de algunas bases alternantes (7), mientras que rechaza otras que contienen un diptongo (8).

(7) diente > dentón
(8) cuello > *cuellón (cuelludo)

Relaciones con otros afijos

a La valoración que aporta este sufijo a la relación posesiva, así como su etimología compartida, permiten relacionarlo con **-ón^1**, sufijo que expresa también un tamaño excesivo y ocasionalmente puede tener valores en que se evalúa la calidad de la base.

b En tanto que sufijo adjetivador, resulta relevante la relación con **-ón^3**, con el que comparte la propiedad de expresar un valor elevado de alguna noción, en este segundo caso la frecuencia o habitualidad con la que se participa en una acción.

c No obstante, **-ón^2** se diferencia del segundo por la base gramatical que prefiere, y del primero por la categoría a la que da lugar.

d Asimismo, en la expresión de posesión evaluativa este sufijo compite sobre todo con **-udo**, en ocasiones permitiendo su uso con las mismas bases.

(9) barrigón, barrigudo
(10) dentón, dentudo

e No parece problemática la adscripción de este sufijo entre los adjetivalizadores, ya que no es infrecuente que los adjetivos referidos a personas puedan conventirse en sustantivos.

f Sin embargo, su preferencia por bases referidas a partes del cuerpo sugieren que este sufijo se especializa en relaciones de posesión inalienable. Esto, a su vez, suscita la pregunta de por qué no se pueden expresar relaciones posesivas más libres con este sufijo, algo que podría indicar que el sufijo no establece relaciones específicamente posesivas sino que se limita a marcar relaciones naturales de posesión que ya se derivaban de la relación parte-todo entre el sujeto del adjetivo y la base.

g Desde otra perspectiva, las pocas excepciones que se verifican con este sufijo a la valoración de una cantidad excesiva (pelón, rabón) sugieren que el sufijo expresa, en términos generales, cantidades que se salen de la norma o de las expectativas previas, sin que sea un factor primario si la expectativa se infringe por exceso o por defecto.

h Desde ese punto de vista es menos evidente que se desee unificar este sufijo con el adjetivalizador -ón[3], ya que en este segundo caso la lectura es siempre de frecuencia o cantidad excesiva. Recuérdese que existen casos aislados del aumentativo -ón[1] en que se expresa tamaño menor (*rata* > *ratón*).

> LECTURAS RECOMENDADAS: Rainer (1993, 1999); Pharies (2002); Fábregas (2020); Zacarías-Ponce de León (2020).

-ón[3]. Del latín *-o, -onis*. Sufijo adjectivalizador, especializado en formar adjetivos evaluativos de hábito o propensión.

Tipos de bases

a El adjetivalizador **-ón[3]** se combina con bases verbales para expresar adjetivos que denotan normalmente la participación frecuente, habitual y aun excesiva en un evento. Hay una preferencia marcada por bases verbales que expresan eventos, sobre todo actividades y realizaciones.

(1) acusar > acusón, adular > adulón, bailar > bailón

b No son imposibles las formaciones que parten de verbos estativos, si bien en esos casos el sufijo no expresa frecuencia sino una gran intensidad del estado. Sucede esto en *molar* > *molón*. No es el mismo caso *faltar* > *faltón*, donde el adjetivo selecciona la lectura eventiva del verbo ('faltarle el respeto a alguien').

c Se ha discutido en algunos casos si la base puede ser sustantiva. Esto sucede en aquellos casos en que junto al verbo existe un sustantivo sin nominalizador expreso que también es activo en español, como en *abusón* (*abuso*), *gritón* (*grito*), *llorón* (*lloro*). El análisis de la base como nominal se enfrenta a dos problemas: la tendencia marcada de este sufijo a tomar bases verbales y el hecho de que su lectura presuponga o implique una acción frecuente o habitual que el sustantivo correspondiente, no eventivo, no expresa por sí mismo.

d Los verbos se caracterizan casi siempre por pertenecer a la primera conjugación (meón, chillón, criticón, matón, pasmón, peleón). Las excepciones son contadas, pero existen:

(2) pedir > pidón, gruñir > gruñón, comer > comilón

e En el caso de *dormir* > *dormilón*, la base emplea un alomorfo *dormil-* que en parasíntesis se trata como perteneciente a la primera conjugación (*adomirlar*), por lo que no es inmediatamente obvio que este caso sea un contraejemplo a la tendencia.

f Si bien la mayoría de las formaciones parte de verbos no derivados, se documentan casos en que es posible ver morfemas verbalizadores:

(3) berr-ear > berr-e-ón

g Semánticamente, son particularmente productivas las bases de verbos de emisión, tanto de sustancias (*vomitón, cagón, llorón, meón*) como de sonidos (*chillón, gritón, berreón*). Dado que este sufijo suele dar lugar a adjetivos que caracterizan tipos de comportamiento, no es extraño que otra clase destacable sea la de actividades realizadas específicamente por humanos (*criticón, mandón, peleón, abusón, fisgón, rezongón, sobón*, etc.)

Comportamiento gramatical

a En tanto que forma adjetivos, los adjetivos toman regularmente la marca -*a* en el femenino, dejando el masculino no marcado.

(4) a una mosca zumbona, un mosquito zumbón
    b una presidenta ligona, un presidente ligón
    c una amiga tardona, un amigo tardón

b Contra lo que sucede en la mayoría de los sufijos adjetivalizadores o nominalizadores, -**ón**³ fuerza la desaparición de la vocal temática en todos los casos. Presumiblemente, esto se relaciona con su estructura fonológica, concretamente con comenzar por una vocal que no puede formar diptongo con la vocal anterior.

(5) *trot-a-ón

c Dada la tendencia a formar adjetivos que expresan propiedades humanas que, además, se tienden a considerar bajo una luz negativa, no es extraño que de manera casi invariable los adjetivos formados por este sufijo puedan usarse como sustantivos mediante conversión.

(6) un buscón, un machacón, un ligón, un abusón, un adulón

d Se exceptúan aquellos adjetivos que no se refieren específicamente a entidades humanas, donde la conversión a sustantivo no es sistemática.

(7) ??un zumbón,??un picón

Tipos de significado

a La interpretación más común es aquella en que el adjetivo predica de una entidad, generalmente humana, la participación frecuente y típica en un evento, expresado por la base. Así, ser chillón quiere decir más o menos 'participar de forma típica y frecuente en la acción de chillar'.

b La idea de frecuencia o participación típica viene acompañada de una idea de exceso, de tal manera que se siente que el hablante evalúa esa participación frecuente como incómoda, inconveniente o desagradable. Si decimos de un niño que es meón, no nos limitamo a decir que orina con cierta frecuencia, sino que evaluamos la frecuencia o la cantidad de orina emitida en cada micción como excesiva o, incluso, puede que queramos decir que –si bien no orina con una frecuencia excesiva– las ocasiones en que decide hacerlo son inconvenientes.

c En todos estos casos, el sujeto del adjetivo se interpreta como el agente de la acción expresada en la base. Una persona tocona es una persona que toca con demasiada frecuencia, no una persona a la que tocan con demasiada frecuencia. Existen unas pocas excepciones, ya lexicalizadas, en las que el sujeto es paciente, como *cebón* 'que se ha cebado con frecuencia', pero estos casos no son productivos.

d De esta manera, los adjetivos formados con este sufijo tienden a expresar distintos tipos de comportamientos humanos, por lo que se usan para clasificar a las personas dependiendo de las acciones que desempeñan de forma más típica o característica.

e Sobre bases eventivas puede este sufijo también expresar tendencias a participar en la acción más que el hábito de participar en ellas. Una persona llorona, así, puede ser una persona que se siente inclinada a llorar con cierta frecuencia, pero podría no llegar a romper en lágrimas en ninguno de esos casos.

f Sobre bases estativas, el sufijo no expresa valores de frecuencia, sino de intensidad del estado designado por la base, que también se puede considerar como extremo. Este es el caso de *molón* 'que mola mucho' –donde excepcionalmente la intensidad no se siente como negativa– o *picón* 'que pica mucho'.

Alomorfos

El sufijo **-ón**^{3} es sorprendentemente estable fonológicamente, en comparación con los otros sufijos que comparten con él su etimología. Específicamente, frente a lo que tiende a suceder en **-ón**^{1}, no impone interfijos a su base (con escasas excepciones lexicalizadas, como *querendón* o *pirandón*). No es una excepción *besucón*, que puede proceder del desusado *besucar* (cf. *besuquear*), donde el interfijo ya está incorporado en la base verbal.

Propiedades fonológicas

a El sufijo **-ón**^{3} tiene el efecto morfológico de forzar el cierre de las vocales medias de los verbos en *-ir*, como es el caso de (8; cf. *pedir > pedidor*).

(8) pedir > pidón (*pedón)

b La tendencia del sufijo a combinarse con verbos de la primera conjugación impide ver cómo de general es esta regla, pero cabe pensar que la base alomórfica *domil-* en *dormilón* está parcialmente motivada por ella: la vocal media /o/ der verbo de la tercera conjugación dormir podría ser incompatible con el sufijo y la introducción del segmento /il/ resolvería la situación.

c Existe, asimismo, una tendencia marcada a tener vocales altas en la sílaba adyacente de **-ón**^{3} (*abusón, bailón, acusón, criticón, gruñón, gritón*), si bien con excepciones que admiten vocales medias (*llorón, destrozón, embrollón, peleón*). No obstante, esta tendencia puede favorecer la forma *besucón* frente a **besón* y *comilón* frente a **comón*.

Relaciones con otros afijos

a La valoración que aporta este sufijo a la expresión de la frecuencia, así como su etimología compartida, permiten relacionarlo con **-ón**^{2}, sufijo también adjetivalizador que expresa también un tamaño excesivo o con el aumentativo **-ón**^{1}.

b El sufijo **-ón**^{3} se diferencia de ambos por las propiedades categoriales y semánticas independientes de la expresión de un valor excesivo, pero en él es más plausible la unificación con **-ón**^{2} que con **-ón**^{1}.

c El valor frecuentativo de este sufijo proviene claramente de las propiedades de la base, como muestra la imposibilidad de tener lecturas frecuentativas de un verbo de estado, por lo que es crucial que este sufijo se combine con bases eventivas para dar valores de frecuencia.

d Por ello no sería descabellado hablar de un único afijo adjetivalizador en estos casos, que combinado con partes del cuerpo produce lecturas de posesión inalienable y combinado con bases verbales produce lecturas de participación frecuente en un evento.

e La unificación con **-ón**[1] tendría, en cambio, el problema de explicar a qué se debe el distinto resultado categorial de cada uno de los dos afijos, ya que **-ón**[1] o no altera la clase de palabras o, en todo caso, convierte la base en sustantivo.

f Asimismo, en la expresión de la participación habitual o frecuente en un evento este sufijo compite sobre todo con **-nte**, **-tivo** y **-dor**, que pese a no ser su valor principal en ocasiones pueden formar adjetivos de frecuencia o disposición característica a un evento.

(9) lloriqueante, pleiteante
(10) batallador, luchador
(11) ahorrativo, argumentativo, creativo, intuitivo

g El sufijo **-ón**[3] tiene el comportamiento esperable de un adjetivalizador deverbal, pero frente a otros como -dor o -nte impone un mayor número de requisitos morfofonológicos a su base, incluida la preferencia por una conjugación y los cambios vocálicos de la base.

h No parece descabellado tratar **-ón**[3] como una versión de **-ón**[2] que se diferencia solo de este último por la información que aporta la base, pero que en ambos casos construye adjetivos que expresam cantidades o medidas de algo que se consideran llamativas, generalmente por su exceso, y que se evalúan de manera negativa.

i Los problemas a los que da lugar esta unificación, sin embargo, dependen de si la ausencia de adjetivos en **-ón**[3] con valor de cantidad insuficiente ha de tomarse como una señal de que este sufijo es distinto de **-ón**[2], ya que desde esa perspectiva su comportamiento es más próximo a **-ón**[1], del que se distingue claramente por el resultado categorial al que da lugar.

LECTURAS RECOMENDADAS: Rainer (1993, 1999); Pharies (2002); Fábregas (2020).

-ón[4]. Del latín *-iō, -ionis*. Sufijo nominalizador, usado frecuentemente en palabras que expresan acciones bruscas.

Tipos de bases

a El sufijo **-ón**[4] es propiamente nominalizador cuando toma bases verbales. Dichas bases son siempre verbos eventivos que expresan acciones de movimiento balístico o encuentro que pueden ser conceptualizadas como acciones rápidas y bruscas. La nominalización con **-ón**[4] destaca precisamente el rasgo de la brusquedad.

(1) empujón, reventón, estirón, tirón, apretón, encontrón, bajón, remezón

b Las bases son invariablemente formas radicales sin vocal temática ni otros afijos.

(2) estir-ón

c Casi todas las formaciones parten de verbos de la primera conjugación, pero existe al menos una forma procedente de un verbo de la tercera (3a) y otro de la segunda (3b).

(3) a sacudón (sacudir)
     b remezón (remecer)

d   Este sufijo construye acciones bruscas, específicamente golpes, unido a bases sustantivas. En tal caso conserva la categoría nominal de la base, pero al no producir cambio categorial no sería propiamente un nominalizador. El sufijo no es productivo, y las formaciones que produce parten siempre de sustantivos que expresan partes del cuerpo donde se recibe el golpe o acción brusca.

    (4)   pescozón (pescuezo), gaznatón (gaznate)

e   Están sumamente lexicalizadas *bofetón* (de bofe, 'pulmón de algunos animales') y *capón* (de capo, 'cabeza').

Comportamiento gramatical

a   El sufijo -ón[4] forma invariablemente sustantivos masculinos.
b   Impone la pérdida de la vocal temática de la base, al empezar con una vocal que no forma fácilmente diptongo.

    (5)   *tir-a-ón

c   Los sustantivos que forma este sufijo suelen ser nombres contables, tanto si vienen de sustantivos como de verbos, lo cual se sigue naturalmente de que expresen acciones bruscas fácilmente individualizables.

    (6)   varios tirones, cuatro bajones, cinco pescozones

Tipos de significado

a   El sufijo -ón[4] tiene un valor básico de acción brusca que se manifiesta de dos maneras fundamentales dependiendo de la categoría de la base. Con verbos, el sufijo expresa movimientos rápidos en los que se produce el contacto brusco entre dos objetos, sea para que uno propulse al otro o para que entren en choque.
b   Ocasionalmente, ese significado de contacto y movimiento brusco ya está expresado en el verbo:

    (7)   tirar > tirón, sacudir > sacudón, reventar > reventón

c   Tiene este mismo estatuto *chapuzón*, del desusado *chapuzar* 'meter a alguien de cabeza en el agua'.
d   Más frecuentemente, este valor no es inherente al verbo, sino que el sufijo lo impone al verbo. Un caso de esto es el verbo *empujar*, con dos valores, solo el segundo de los cuales implica una acción brusca.

    (8)   a   Pedro empujó el carro a lo largo del pasillo.
              b   Pedro empujó a otro estudiante en el patio.

e   El derivado *empujón* selecciona el segundo valor. Sucede lo mismo con *apretón*, *encontrón* y *estirón*.
f   No hay necesidad de contacto entre elementos en *bajón* (contrástese con *subidón*, donde tenemos -ón[1] unido al sustantivo *subida* y por tanto no es responsable de la nominalización). El sustantivo sí implica, en cambio, un movimiento o cambio rápido y brusco.

g Con las escasas bases sustantivas, el sufijo aporta el significado de 'golpe dado en N', es decir, la base expresa el lugar donde se produce el golpe, si bien hay un buen grado de lexicalización en el español actual.

(9) capón (capo, 'cabeza'): golpe dado en la cabeza

Alomorfos

a Existe un único término en que el significado deverbal del sufijo aparece expresado con la variante **-zón**^{1}.

(10) vir-a-r > vir-a-zón, 'vijare o cambio de orientación repentino y brusco'

b Pese a que históricamente **-zón**^{2} esté emparentado con el sufijo, no hay razones sincrónicas que apoyen una relación de alomorfía entre estos dos morfemas.

Relaciones con otros afijos

a Si bien no comparte etimología con ellos, se ha considerado la posibilidad de que -ón^4 se relacione sincrónicamente con **-ón**^{1}, con el que comparte en términos muy abstractos el valor de cantidad excesiva, solo que, en estos casos aplicada a la rapidez o brusquedad del movimiento, o, incluso, en términos que posiblemente sean tan vagos que no aporten nada al análisis, al efecto llamativo que producen.

b Asimismo, en la expresión de golpes, el sufijo compite sobre todo con **-azo**^{2}, y **-ada**^{1}, con los que en ocasiones comparte base sin cambio apreciable de significado.

(11) bofetón, bofetada, bofetazo

c Estos otros sufijos, en cambio, pueden tomar como base los instrumentos del golpe y no el lugar en que se producen (*bastonazo, patada*).

d La poca productividad de este sufijo suscita la pregunta de si debe considerarse un sufijo independiente o, como sugiere su etimología, una variante de **-ción** que se emplea en un conjunto restringido de contextos.

e Contra esta propuesta, sin embargo, tenemos el hecho de que **-ción** no se combine con bases sustantivas ni registre valores de acción brusca que imponga al predicado. Más bien cabe sospechar que la baja productividad de este sufijo se deba a que con bases verbales no ha sido explotado, por motivos extralingüísticos, en español actual y que las formaciones nominales actuales, altamente lexicalizadas sobre todo al venir de bases sustantivas, puedan deberse más bien a una herencia de estadios anteriores de la lengua que no se descomponen productivamente en la mente de los hablantes contemporáneos.

LECTURAS RECOMENDADAS: RAE & ASALE (2009: §5.9); Pharies (2002); López (2018)

-ón^5. De la terminación nominal neutra griega *-ον*. Sufijo nominal del lenguaje científico, que forma sustantivos a partir de bases neoclásicas.

a Este sufijo se emplea con bases neoclásicas equivalentes a sustantivos o adjetivos (*neutro > neutrón, positrón, electrón, fotón, codón, gravitón*).

b   Este sufijo, siempre dentro del lenguaje científico, forma sustantivos masculinos sin marca explícita de género.
c   Los nombres formados por este sufijo son contables cuando designan partículas y no contables cuando designan sustancias o elementos químicos (*argón, interferón*).
d   Hay dos campos semánticos destacados en los sustantivos que forma este sufijo: partículas subatómicas y gases nobles (*argón, xenón, radón, neón*...).
e   Este sufijo atrae a su vocal /o/ el acento prosódico de la palabra.

-on-. Tal vez relacionado con el aumentativo **-ón**[1]. Interfijo que aparece en un conjunto reducido de formas, como *zonzoneco*.

-onada. Posible alomorfo de **-ada**[1], si no se opta por segmentar un interfijo poco productivo.

-onazo. Posible alomorfo de **-azo**, si no se opta por segmentar un interfijo poco productivo.

-oncho. De origen incierto. Posible sufijo apreciativo que aparece en la forma *peloncho* y unas pocas más.

-oncio. De origen incierto. Sufijo apreciativo aumentativo, poco productivo, que aparece en las formas *soponcio, sortijoncio* y pocas más. Cambia el género de la base a masculino, marcado por **-o**[1], no es iterable y tiene un matiz peyorativo junto al valor aumentativo.

onco-. Del griego ὄγκος 'tumor'. Prefijo adjetival de valor equivalente a 'relacionado con el cáncer'. Se combina con sustantivos y temas neoclásicos de valor sustantivo (*oncólogo, oncogén, oncocercosis, oncoterapia*...), siempre dentro del lenguaje científico. No afecta a las propiedades gramaticales de la base. Pese a su etimología no tiene la gramática de un tema neoclásico, ya que aparece siempre a la izquierda de la base y no forma palabras por combinación con otros afijos del español.

-ondo. Del latín *-bundus*. Sufijo adjetivalizador poco frecuente, asociado a valores de posesión abundante.

a   Se une a unos pocos verbos, siempre de la segunda conjugación, en los que la vocal temática *-e* se convierte en *-i*.

   (1)   saber > sabiondo, heder > hediondo, pederse > pediondo

b   Hay aún menos formas procedentes de bases nominales, y están casi siempre en desuso.

   (2)   toro > toriondo, cacho 'macho' > cachondo

c   Su valor con verbos siempre es 'que exhibe el estado o acción de forma excesiva', asociado el exceso a un valor desagradable. Con sustantivos, suele indicar 'que desea a N', generalmente visto desde la perspectiva del apareamiento biológico.
d   En *toriondo* es necesario reconocer el alomorfo *-iondo*.
e   Se ha identificado el sufijo en algunas formas restringidas geográfica y temporalmente, de bases adverbiales o adjetivales como *bajo > bajondo* 'abajo', *verde > verdiondo* 'casi maduro', pero en ellos no es fácilmente identificable la contribución del supuesto sufijo segmentable.

> LECTURAS RECOMENDADAS: Pharies (2002).

-ongo. De origen incierto, tal vez africano, y tal vez asociado a **-engo**, **-ingo** y **-anga**. Sufijo aumentatvo o peyorativo.

a   En la lengua general, se une a bases nominales, en las que suele preservar el género de la base. Predominan en estos casos casi exclusivamente los sustantivos que expresan entidades animadas.

   (1)   señorongo, señoronga, mujeronga, frailongo, querindongo

b   El sufijo en estos casos tiene un valor claramente peyorativo que enfatiza rasgos desagradables de la base o expresa que resulta de baja calidad o molesta.

c   Con bases adjetivales, el sufijo se documenta casi exclusivamente en *fácil* > *facilongo*, donde tiene un valor cercano al aumentativo, 'que resulta tan fácil que es trivial', si bien incluye matices peyorativos que sugieren que la facilidad ha de contemplarse como un rasgo negativo.

d   Con bases verbales, de nuevo, solo parece documentarse una forma, *bailar* > *bailongo*, que está carente de connotaciones peyorativas y donde el sufijo funciona como un adjetivador disposicional que denota la tendencia a bailar.

e   En los llanos de Bolivia, Lipski (1996: 213) asocia este sufijo a valores aumentativos.

f   Se relaciona este sufijo, por su uso y tal vez por su etimología, con **-anga**, **-engo** e **-ingo**, hasta el punto de que se ha propuesto que los cuatro constituyen versiones que varían solo vocálicamente para el mismo sufijo.

-or[1]. Del latín *-or, -ōris*. Sufijo nominalizador especializado en formar nombres de estado o de cualidad.

Tipos de bases

a   Este sufijo nominalizador se combina con raíces correspondientes a verbos y adjetivos, siempre forzando la eliminación de la vocal temática o marca de género del radical.

b   Pese a su poca productividad general, entre los verbos resulta llamativa la sistematicidad de la clase de bases que elige. El sufijo tiene preferencia por bases que expresan estados y no eventos, y especialmente estados psicológicos (2).

   (1)   saber > sabor, oler > olor, escocer > escozor
   (2)   amar > amor, doler > dolor, resquemar > resquemor, temer > temor

c   Son excepcionales, en este sentido, las bases verbales que designan eventos, y aun en ellas el sufijo puede llegar a seleccionar un valor estativo o de cualidad, como se verá.

   (3)   arder > ardor, clamar > clamor, fulgir > fulgor, temblar > temblor

d   Con bases correspondientes a radicales adjetivales, el sufijo tiene cierta productividad restringida a adjetivos que expresan propiedades físicas.

   (4)   amargo > amargor, dulce > dulzor, espeso > espesor, grueso > grosor, negro > negror, verde > verdor

e   El sufijo puede reconocerse como tal en otras formaciones donde puede proponerse un radical presente en otros adjetivos o verbos, pero que por sí solo no funciona como tal y requiere la combinación con otros sufijos.

   (5)   resplandor (respland-ecer), calor (cál-ido)

Comportamiento gramatical

a   El sufijo invariablemente produce sustantivos masculinos sin marca explícita de género.
b   Los sustantivos formados con él siempre son nombres no contables, como se espera de los sustantivos que expresan estados o cualidades.
c   El sufijo sistemáticamente fuerza la pérdida de la vocal temática de la base en los verbos y de la marca de género de los adjetivos.

   (6)   *am-a-or, *verd-e-or

d   Las formaciones derivadas con este sufijo conservan la estructura argumental de la base e incluyen sin dificultad el sujeto de predicación del adjetivo correspondiente.

   (7)   a   saber a mar > el sabor a mar de este pescado
         b   amar la vida > el amor a la vida
         c   doler la pierna > el dolor de la pierna
   (8)   a   el amargor de estas endibias
         b   el grosor de este muro
         c   el dulzor de esas uvas

Tipos de significado

a   Cuando la base es verbal, el sufijo produce casi siempre sustantivos que expresan un estado relacionado con la base, que a menudo es ella misma estativa.

   (9)   amor, dolor, escozor, temor

b   Pese a proceder de verbos eventivos, no son sustantivos de evento *temblor* y *fulgor*, que más bien denotan situaciones sin cambios internos en que se manifiesta una vibración o un brillo.

   (10)   *{Su temblor / su fulgor} tiene lugar cada mañana.

c   Solo hay un caso de nominalización con este sufijo que admita lectura de evento, procedente de un verbo asimismo eventivo: *clamor*, entendido como la acción de clamar (*El clamor del pueblo tuvo lugar tan pronto como se suspendieron las elecciones*).
d   Las formaciones que proceden de bases adjetivales denotan siempre cualidades. Resulta destacable que esas cualidades son siempre propiedades físicas, aun cuando el adjetivo admite otros valores. Este es el caso, por ejemplo, de *amargo* o *dulce*.

   (11)   a   el amargor del cianuro (= el sabor amargo del cianuro)
          b   la amargura de Juan (= el carácter amargo de Juan)
   (12)   a   el dulzor de la miel (= el sabor dulce de la miel)
          b   la dulzura de Marta (= el carácter dulce de Marta)
   (13)   a   la blancura de su humor
          b   *el blancor de su humor

e   Pese a proceder de una base verbal eventiva, el sustantivo *ardor* se interpreta más como la cualidad de ser ardiente o dedicar un esfuerzo intenso que como la acción de arder, como se comprueba en el siguiente par de ejemplos.

    (14) a El ardor del futbolista sorprendió a todos.
             b *El ardor de la leña causó un conato de incendio en la casa.

Cabe pensar que en este caso el valor de ser ardiente se deriva de una estativización del evento de arder en que indica la permanencia en un estado ardiente más que la acción continuada de consumirse en el fuego.

Propiedades fonológicas

Este sufijo siempre atrae el acento de la palabra a la última sílaba y como tal bloquea la diptongación de la base (*escoz-or*, no *escuez-or*; *gros-or*, no *grues-or*).

Relaciones con otros afijos

Históricamente el sufijo -or[1] se relaciona con el sufijo -ura, sobre todo en los usos calificativos, dando en ocasiones lugar a pares que se distinguen en la actualidad por su significado conceptual (*dulzor ~ dulzura, amargor ~ amargura, negror ~ negrura*). Existe igualmente una relación histórica entre -or y -dor[1], que se manifiesta en el uso del alomorfo -*or* para el segundo en ciertas formaciones (*escrit-or*), pese a que en la actualidad los dos sufijos están claramente diferenciados.

> Lecturas recomendadas: Santiago Lacuesta & Bustos Gisbert (1999); Pharies (2002); Fábregas (2016); Zato (2020).

-or[2]. Alomorfo de -dor[1].

-or-. Interfijo que aparece en algunas formas nominales, como *abejoruco, picoreto, zonzorino*. Cf. también -ar-, -ir-.

-oral. Posible alomorfo de -al (*santoral*).

-oriento. Alomorfo de -iento (*polvoriento*) si no se propone un interfijo.

-orio. Alomorfo de -torio.

-oro. Posible sufijo adjetivalizador que aparecería solamente en la forma *sonoro*, de *sonar*, sin vocal temática, pese a que la forma es heredada del latín (Rainer 1993: 644).

-orr-. Posible interfijo de etimología incierta.

a Este interfijo es aislable morfológicamente en un pequeño conjunto de voces, como las de (1).

(1) matorral, pedorreta, coscorrón, ventorrero

b   La segmentación de **-orr-** como interfijo depende de dos suposiciones: el reconocimiento de bases y sufijos que excluyen estos segmentos, y la suposición de que esos segmentos no pueden considerarse parte de alomorfos de la base o del sufijo.

c   Así, en *matorral* segmentar **-orr-** como interfijo presupone (i) reconocer la base *mat(a)*, que se relaciona semánticamente con el sustantivo; (ii) reconocer el sufijo **-al**², usado para expresar colectividades, especialmente de plantas (*rosal, cafetal*); (iii) rechazar la posibilidad de que la base exhiba el alomorfo *matorr-* (iv) rechazar la posibilidad de que el sufijo aparezca como *-orral*; (v) no poder asociar semánticamente **-orr-** a un sufijo que, unido a la base, dé un cambio de significado o categoría perceptible en la palabra derivada y (vi) identificar otras voces, con distintas bases y distintos sufijos, que contienen esa misma secuencia y donde también se den las condiciones (i-v).

d   En este caso, los pasos (i) y (ii) no son polémicos. Los pasos (iii) y (iv) están justificados por la ausencia de otras voces donde se justifique la presencia de *matorr-* o *-orral*, lo cual desaconseja postular dichos morfemas. El paso (v) se ve justificado en esta palabra porque los posibles candidatos sufijales para este morfema, **-orro** y **-orrio**, aportan valores peyorativos o aumentativos que no se identifican en la palabra *matorral*. El paso (vi) es el más polémico, ya que depende de que los pasos (i-v) se apliquen igualmente a palabras como *pedorreta, ventorrero* o *coscorrón*, algo que no es completamente claro.

e   En el caso de *coscorrón*, postular **-orr-** depende del conocimiento de la etimología antigua de la palabra, que originalmente procede de la base *cosque*, por la posible onomatopeya de un golpe, 'cosk', algo que no está de forma clara en la conciencia de todos los hablantes, para los que podría proponerse que la palabra o no se segmenta o parte de un radical *coscorr-* unido a **-ón**⁴.

f   En el caso de *ventorrero* 'sitio alto y muy ventoso', el valor aumentativo asociado al tipo de viento permitiría justificar que la base sea *ventorro*, con **-orro**, por lo que no sería necesario postular un interfijo.

g   En *pedorreta*, por su parte, cabe postular también la base *pedorro*, con **-orro**. Segmentar, pues, un interfijo **-orr-** en este caso daría como resultado postular un morfema cuya aparición está muy limitada en la lengua, que es justo el mismo problema que se trataba de evitar al no postular alomorfos *matorr-* o *-orral*. La segmentación es, pues, igualmente problemática tanto si se segmenta un interfijo como si se proponen alomorfos de la base o del sufijo.

LECTURAS RECOMENDADAS: Portolés (1999); Martín Camacho (2003).

-orragia. Del latín *-rrhagia* y este a su vez del griego *-ρραγία*, 'flujo'. Sufijo culto que forma sustantivos de acción a partir de otros sustantivos.

Tipos de base

a   El carácter culto de este sufijo hace que predominen como bases temas neoclásicos equivalentes a sustantivos del español:

(1) blenorragia, hemorragia, menorragia, gingivorragia, otorragia

b   Sin embargo, sea porque en ocasiones la base culta también se emplea como sustantivo en español o sea por extensión del sufijo, también se documentan formaciones donde la base es un sustantivo.

(2)   lagrimorragia, varicorragia, verborragia

Comportamiento gramatical

a   Este sufijo forma siempre sustantivos femeninos caracterizados por la terminación **-a**[1].
b   Los sustantivos formados con él son casi siempre nombres que se comportan como no contables, ya que suelen designar síntomas médicos o síndromes que se consideran patológicos.

(3)   *tres otorragias, *seis uretrorragias

c   Sin embargo, el valor del sufijo como nombre de acción 'flujo' permite que algunas de estas formas designen acciones –por lo que pueden combinarse con un predicado como *tener lugar*, que selecciona nombres de acción– y en tales casos el sustantivo se recategoriza como contable para indicar distintos episodios en que se exhibe el síndrome o síntoma.

(4)   La hemorragia del paciente tuvo lugar a las tres.
(5)   varias hemorragias nasales

Tipos de significado

a   El valor semántico de este sufijo tiene dos variables. La primera es si la base designa la entidad que fluye o el objeto del que fluye algo: en el primer caso tenemos por ejemplo *hemorragia* 'emisión de sangre', y en el segundo tenemos *gigivorragia* 'emisión anormal localizada en las encías'.
b   La segunda variable es si el flujo se interpreta como una emisión de un líquido –como en la inmensa mayoría de los casos– o adquiere un significado metafórico en que se habla de producir de forma excesiva e incontrolada la noción expresada por la base, como en *verborragia* 'acción de hablar demasiado'.

Propiedades fonológicas

Este sufijo lleva acento prosódico en si primera sílaba, de manera que arrastra el acento de la base –en caso de ser una formación patrimonial– (*lágrima* > *lagrimorragia*). Su carácter culto le hace seleccionar muy a menudo alomorfos de la base (*lacrimorragia, varicorragia*).

Problemas de segmentación

Junto al problema acerca de la posibilidad de dividir el sufijo en **-o-rragia**, cabe plantearse también si **-orragia** contiene el sufijo **-ia**, característico de algunas formaciones abstractas. El problema es que no se documentan formas en **-orrago, -orraga** y otras que se habrían esperado si la secuencia *-ia* fuera un sufijo añadido, por lo que parece poco aconsejable proponer dicha segmentación.

Problemas de clasificación

Los problemas de clasificación de este sufijo son paralelos a los de **-icida**, a cuya entrada remitimos.

-orrio. De origen incierto, tal vez celtíbero o tal vez como secuencia cuasionomatopéyica, expresiva. Sufijo apreciativo de valor peyorativo.

a Este sufijo se combina exclusivamente con sustantivos.

   (1)   boda > bodorrio, villa > villorrio, cena > cenorrio, vida > vidorria

b Ese sufijo nunca cambia la categoría de la base, pero tiende a imponer género masculino al derivado con independencia del género de la base (*bodorrio, villorrio, cenorrio*), aunque no siempre: alternan *vidorrio* y *vidorria*, la segunda más afianzada en el uso.

c El valor de este sufijo es claramente peyorativo en el sentido estricto de que presenta las nociones denotadas por las bases bajo una luz negativa, con propiedades que la destacan como de poca calidad, excesivamente bastas, o directamente desagradables. Estas nociones se interpretan específicamente dependiendo de qué se considera prototípicamente como basto o de poca calidad para cada clase de entidades: en *villorrio* se destaca el carácter provinciano, paleto o aislado; en *bodorrio*, la ordinariez o poco gusto de los festejos que acompañan a la ceremonia; en *cenorrio*, la mala calidad de los alimentos o lo pesados que resultan, etc.

Lecturas recomendadas: Lázaro Mora (1999); RAE & ASALE (2009: §9.7).

-orrea. Del latín *-rrhoea*, y este a su vez del griego *-ρροια* 'flujo, caudal'. Sufijo culto que forma sustantivos a partir de bases neoclásicas.

Tipos de bases

a Debido a su carácter culto y a su ámbito de aplicación dentro del lenguaje médico, **-orrea** toma preferentemente bases neoclásicas cuyo significado con frecuencia alude a partes del cuerpo y otros términos de los organismos vivos.

   (1)   broncorrea, espermatorrea, gonorrea, leucorrea, otorrea, seborrea, rinorrea

b Son poco frecuentes las formaciones en que se toman bases patrimoniales, pero se documentan como formaciones tal vez producidas con intención humorística *mocorrea* 'exceso de mocos', *mierdorrea, pedorrea* y algunas otras cuya base indica alguna clase de fluido o excrecencia producida por los mamíferos.

Comportamiento gramatical

a Este sufijo forma sustantivos femeninos marcados regularmente por el sufijo **-a**[1].

b Debido a que su significado es el de 'flujo de X', normalmente este sufijo da lugar a nombres no contables que expresan sea el proceso de fluir, el resultado líquido –y por tanto no acotado– o presentan el proceso como un síntoma de una enfermedad.

Resultan, por tanto, difícilmente pluralizables o combinables con cardinales sustantivos como *menorrea* (y también *amenorrea, hipermenorrea*), *piorrea, blenorrea*, etc.

Tipos de significado

a   La base del sufijo generalmente se interpreta como el órgano del que fluye algo anormal –pus, por ejemplo– (*otorrea, gonorrea, broncorrea*, etc.).
b   La segunda lectura posible es que la base representa la sustancia que se emite, como en *espermatorrea, leucorrea, dacriorrea* ('exceso de lágrimas').
c   Esta segunda lectura es la que puede producir neologismos con bases patrimoniales, como en *mierdorrea* o *pedorrea*. Espero que el lector no consulte esta entrada inmediatamente antes de comer.

Propiedades fonológicas

El carácter culto de este sufijo se manifiesta en que contiene un hiato -*e-a*, formado por el sufijo y la marca de femenino, que no se resuelve en diptongo o mediante elisión. El sufijo contiene el acento (sobre la /e/) de la palabra completa, pero en las formaciones patrimoniales no evita la diptongación de una vocal media de la base (*mierda* > *mierdorrea*).

Alomorfos

No se documentan alomorfos de este sufijo, pero selecciona frecuentemente formas alomórficas de la base: *esperma* > *espermat-orrea*.

Problemas de clasificación

a   La existencia de una voz como *diarrea*, que podría ser segmentable en el prefijo *dia-* y -*rrea*, podría apoyar un análisis en el que este morfema, en lugar de ser un sufijo, es un elemento compositivo neoclásico. Esto podría venir apoyado, adicionalmente, por la presencia frecuente de la vocal /o/ ante la forma, lo cual podría interpretarse como la vocal de enlace **-o-** que aparece con frecuencia en compuestos cuyo segundo elemento es neoclásico.
b   No obstante, este análisis no parece tan claro cuando se observan tres propiedades. La primera de ellas es que la palabra *diarrea* está claramente lexicalizada en español, y se emplea para hablar únicamente de un trastorno digestivo; véase el prefijo **dia-**, que es poco productivo. Es dudoso que el hablante segmente la forma *diarrea* en dos partes.
c   En segundo lugar, el posible morfema -*rrea* nunca aparece en primera posición de la palabra, frente a elementos compositivos neoclásicos como *logo*, que puede aparecer en segunda posición (*filólogo*) o primera (*logopeda*).
d   En tercer lugar, -*rrea* nunca daría lugar a palabras mediante la adición de sufijos (compárese con *logo* > *lógico*). Todos estos motivos nos llevan a tratar **-orrea** como un sufijo y no la suma de la vocal de enlace y un tema neoclásico.

Relaciones con otros afijos

El significado de **-orrea** comparte mucho con el de **-orragia**, que también expresa flujos que surgen de un ser vivo. Existen, de hecho, pares de cuasisinónimos, como *verborrea* y *verborragia*. Una posible diferencia relevante es que **-orragia** presenta siempre el flujo como un síntoma patológico de alguna afección y **-orrea** puede emplearse para definir flujos esperables en un organismo (*menorrea*).

-orro. De origen incierto, tal vez celtíbero o como secuencia cuasionomatopéyica. Sufijo apreciativo de valor aumentativo o peyorativo.

Tipos de bases

a   Este sufijo forma voces aumentativas o peyorativas a partir de bases nominales y, en menor medida, adjetivales:

   (1)   tinto > tintorro, fiesta > festorro, mozo > mozorro
   (2)   bueno > buenorro, facha > fachorro, basto > bastorro

b   Entre los sustantivos se documentan tanto bases animadas (*macho > machorro*) como no animadas (*vida > vidorra*), incluyendo nombres propios (Paco > Pacorro).

c   Entre los adjetivos, como se espera de los morfemas apreciativos, solo tenemos bases calificativas; cuando la base tiene valores relacionales y descriptivos es el segundo uso el que aparece con el sufijo (*vasco > vascorro*).

   (3)   caliente > calentorro, listo > listorro

Comportamiento gramatical

a   El sufijo no altera la categoría gramatical de la base, produciendo sustantivos o adjetivos dependiendo del carácter de su base.

b   Como adjetivo, **-orro** es alternante en cuanto al género (*Pacorro, Pacorra*).

c   En los sustantivos, el sufijo normalmente preserva el género de la base (*vida > vidorra*), si bien tiene preferencia por bases masculinas y cambia el género en *fiesta > festorra* o *venta > ventorro*.

d   El sufijo siempre impone la pérdida de la vocal átona final de la base, y regulariza la marca de género: *un facha > un fachorro*.

Tipos de significado

El sufijo **-orro** tiene dos valores composicionales típicos y da también algunas formas lexicalizadas.

a   En algunas voces, el significado aportado es claramente aumentativo referido al tamaño o la intensidad (*mozo > mozorro, abeja > abejorro*).

b   Este valor se manifiesta en los adjetivos como un grado alto de la cualidad, y por tanto puede ser positivo cuando la cualidad de la base se considera igualmente positivo (*bueno > buenorro, guapo > guapetorro*), o negativo si la base expresa una noción considerada negativa (*facha > fachorro, basto > bastorro*).

c   En otras voces, el valor es evaluativo, generalmente –pero no exclusivamente– peyorativo: *tinto > tintorro* 'tinto de mala calidad', *venta > ventorro* 'una posada tosca', *macho > machorro, listo > listorro*.

d El valor evaluativo puede ser, excepcionalmente, positivo en algunas voces donde la base tiene un valor neutral, como *vida* > *vidorra* 'vida muy agradable y despreocupada', si bien esto no es lo corriente.
e Con nombres propios, *-orro* se asocia marcadamente a un valor de tosquedad que, desde una perspectiva positiva, puede asociarse con la sencillez y llaneza (*Pacorro*), que puede extenderse a algunos nombres comunes (*festorro*, como fiesta tosca o fiesta sencilla sin formalidades).
f Se encuentra lexicalizado *pedorro* (de *pedo*), donde no se habla de una ventosidad sino que se construye un término descriptivo aplicado a humanos que designa la propiedad peyorativa de ventosear con frecuencia o de ser ridícula o presuntuosa. Este es un caso excepcional en que el sufijo **-orro** construye un sustantivo humano a partir de una base que no lo es, aunque esta propiedad –la de asociar la base con propiedades humanas– se documenta en otros casos: el adjetivo *buenorro* suele aplicarse a humanos, en el sentido de 'atractivo', y *calentorro* tiende a usarse para hablar de la propiedad humana de estar excitado sexualmente. Está igualmente lexicalizada pero es peyorativa, y aplicada a humanos, la palabra *pachorra*, del desusado *pacha* 'tripa, barriga' (cf. *pachón*), 'tardanza molesta, lentitud'.

Propiedades fonológicas

Este sufijo atrae el acento y por tanto bloquea la diptongación de la base (*fiesta* > *festorro*).

Relaciones con otros afijos

El sufijo tiene una relación clara con el sufijo *-orrio*, también apreciativo, pero se diferencia de él en (i) los valores positivos o aumentativos, (ii) la formación de adjetivos o nombres propios y (iii) la existencia de pares con valores claramente diferenciados, como *vidorrio* y *vidorra*.

LECTURAS RECOMENDADAS: Lázaro Mora (1999); Pharies (2002); RAE & ASALE (2009: §9.7).

orto-. Del griego ὀρθός 'recto, correcto'. Prefijo adjetival que se combina con bases sustantivas y adjetivos relacionales.

Tipos de bases

a Este prefijo se combina preferentemente con bases neoclásicas que corresponden a sustantivos: *ortodoxia, ortoedro, ortografía, ortofonía, ortoplastia, ortopedia...*
b En mucha menor medida, se combina con bases sustantivas españolas: *ortocentro, ortoimagen, ortotipografía*.
c También se documentan en el lenguaje técnico formaciones sobre adjetivos relacionales en las que no se documenta la forma con orto- y el sustantivo que forma la base del adjetivo relacional: *ortocromático, ortofosfórico*.

Comportamiento gramatical

a   El prefijo no altera la marca de género y número de las voces con las que se combina, ni tampoco la categoría gramatical de la base.
b   El prefijo no permite la expansión funcional de la base (*orto-buen-alimento*) o la interpolación de elementos.
c   El prefijo no es iterable (*orto-orto-cromático*), al igual que sucede con otros prefijos adjetivales.
d   El prefijo da lugar a paradojas de encorchetado con bases que son adjetivos relacionales: *ortocromático* quiere decir 'con colores correctos', pese a que no se documenta *ortocolor*.

Tipos de significado

a   Los significados de **orto-** son muy variados y poco sistematizables, pero suelen pendular en torno al adjetivo 'correcto'. En sentido estricto, este valor aparece en *ortotipografía, ortodoxia* u *ortografía*.
b   El valor más frecuente, sin embargo, en las formaciones más productivas del léxico científico es el de 'corregido', como en *ortoimagen*, que es una fotografía que ha sido corregida para ajustar los valores geométricos correctos, o en *ortocromático*, que se refiere a un tipo de película que corrige los colores para que se ajusten lo más posible a la visión del ojo humano.
c   Fuera de estos casos, encontramos valores que están aún más alejados: en *ortorexia* y *ortomolécula* el valor del prefijo se asocia a 'sano, que produce un efecto beneficioso', de donde puede derivarse la idea de que ingerir esos alimentos es una forma que se considera correcta de comer.
d   Hay, finalmente, valores más técnicos que son difícilmente asimilables a un único adjetivo y que afectan a distintos términos técnicos de la geometría y otras ciencias: *ortocentro* es el punto en que se cruzan las tres alturas de los ángulos de un triángulo, *ortoedro* es un prisma recto, y *ortofosfórico* es una forma alternativa de hablar del ácido fosfórico. Es probable que en estos casos debamos hablar de demotivación del significado.

Propiedades fonológicas

Este prefijo, al igual que otros muchos, rechaza la integración fonológica con la base, algo que se manifiesta en que los hablantes permiten la acentuación del prefijo, de forma similar a los dos elementos de un compuesto (*òrto-molécula*) y en que se rechaza la reducción vocálica aunque se forme hiato entre el prefijo y la base (*ortoedro*, no *ortedro* ~ *ortodro*).

-os. De distintas terminaciones latinas, entre ellas el nominativo Latino *-us*, el comparativo neutro Latino *-ius* y el nominativo griego *-ος*. Marca flexiva de palabra.

a   El sufijo **-os** aparece como marca de palabra en algunos sustantivos singulares como los de (1).

   (1)   albatros, calvados, caos, cosmos, logos, pronaos

b Varias de estas formaciones son cultas (*caos, cosmos, logos*), o fruto de préstamos (*calvados*, referido a un licor procedente de las islas Calvados). Asimismo, es aislable como marca de palabra en el adverbio *lejos* y en los nombres propios *Carlos* y *Marcos*.

c La propuesta de que este es un morfema aislable se apoya sobre todo en el comportamiento del diminutivo y de la derivación a partir de estas formaciones. Con respecto al primero, el diminutivo **-it-** combinado con estos sustantivos y el adverbio *lejos* implica siempre separar la raíz de **-os**, algo que se considera una propiedad típica de las marcas de palabra en sustantivos y adjetivos.

(2) lejos > lej-it-os
(3) albatros > albatr-it-os

d La separación no puede ser causada por propiedades fonológicas, ya que en formaciones donde la terminación *-os* pertenece a la raíz no se da:

(4) dios ~ diosa > dios-ecito (*di-it-os)
(5) dos > dos-ito, dos-ecito (*d-it-os)

e Asimismo, el morfema **-os** desaparece, al igual que otras marcas de palabra, en casos de derivación de la base:

(6) cosmos > cósm-ico (*comós-ico)

f Por ser formas plurales, no se consideran casos de la marca de palabra **-os** los pluralia tantum (*añicos, ambos*) y algunos numerales (*ochocientos*), donde cabe segmentar la terminación relevante en dos morfemas separados, el masculino **-o** y el sufijo plural **-s**.

Por motivos distintos, tampoco se considera **-os** la terminación de algunos compuestos verbonominales, pese a que (i) pueda aparecer en sustantivos singulares y (ii) el diminutivo de dichos compuestos se interpone entre la terminación y la base del sustantivo.

(7) a el tocadiscos > el tocadisqu-it-os
     b el lavaplatos > el lavaplat-it-os

g En tales caso, pese a que el compuesto pueda ser singular, la terminación recibe un análisis más razonable si se piensa que es el resultado de la forma masculina plural del elemento nominal (*plat-o-s, disc-o-s*) que, al estar en el interior de una palabra posiblemente exocéntrica, no impone su género o número al compuesto.

Lecturas recomendadas: Ambadiang (1993, 1999).

-osis. Del griego *-ωσις*, 'estado de enfermedad'. Sufijo nominal que deriva nombres para distintas afecciones.

Tipos de bases

Frente a otros sufijos típicos de los lenguajes científicos, **-osis** tiene una productividad mayor sobre bases de uso corriente en la lengua general.

a   Estas son invariablemente sustantivos.

   (1)   ácido > acidosis, vitamina > (a)vitaminosis, cloro > clorosis, fibra > fibrosis, parásito > parasitosis

b   Debido a su significado médico, es natural que esas bases suelan ser nombres comunes referidos a sustancias químicas orgánicas, partes del cuerpo o organismos sobre los que puede recaer una afección o que pueden producirla.

   (2)   pólipo > poliposis, salmonela > salmonelosis, leucocito > leucocitosis

c   De nuevo como es esperable en los formantes característicos de los lenguajes técnicos, encontramos bases neoclásicas también en estas formaciones, típicamente del griego.

   (3)   atrosis, esclerosis, dermatosis, hematosis, necrosis

Comportamiento gramatical

a   Este sufijo produce invariablemente sustantivos femeninos caracterizados por la terminación átona -is[1] (cf. también -itis), que se encuentra en otras formaciones cultas femeninas o masculinas (*tesis, análisis*).
b   La base, cuando existe en español, siempre ve cancelada la vocal final (**fibr-a-osis*).
c   Los sustantivos producidos con este sufijo, en tanto que nombres de afección o enfermedad que pueden conceptualizarse como separados en el tiempo, tienden a ser sustantivos contables (*Ha sufrido ya dos cirrosis*), si bien la lectura como nombre masa es la esperada cuando la afección o defecto no puede delimitarse temporalmente (**Este edificio sufre dos aluminosis*).

Tipos de significado

a   El sufijo forma con cierta productividad distintos nombres de dolencias, enfermedades o afecciones referidos a los seres vivos, por lo que puede glosarse como 'afección relacionada con BASE'.
b   La interpretación más típica de la base es denotar la entidad que causa la afección por su presencia (*parasitosis, legionelosis, salmonelosis, poliposis, trombosis*). Están muy próximos a esta interpretación los casos en que la base produce la afección al existir una cantidad anormalmente alta de esta (*acidosis, leucocitosis, fagocitosis*).
c   En otros casos la base designa la entidad en la que se manifiesta la afección (*hálito > halitosis, fibra > fibrosis, dermatosis, hematosis, artrosis*), así como relaciones más vagas (*necrosis*) o difícilmente rastreables sincrónicamente (*tuberculosis*).
d   Resulta excepcional en este sentido el término *aluminosis*, que junto a su valor de enfermedad ('envenenamiento por aluminio') se usa para hablar de un síndrome de algunas estructuras en las que se ha empleado cemento aluminoso, es decir, que contiene alúmina.

LECTURAS RECOMENDADAS: Phesries (2002).

-**oso**[1]. Del latín *-ōsus, -osi*. Sufijo adjetivalizador de valor relacional que forma adjetivos relacionales o calificativos con valores posesivos, similitudinales, causativos o disposicionales.

Tipos de base

a El sufijo -**oso**[1] se combina productivamente con bases sustantivas, y según varios análisis, esta clase de palabras es la única admisible para las formaciones adjetivales formadas con el sufijo.

(1) arena > arenoso, fama > famoso, cartílago > cartilaginoso, miedo > miedoso

b La base puede ser en algunos casos la raíz correspondiente a un verbo, sin sufijos nominales que justifiquen que esté categorizada como sustantivo. En tales casos nunca aparece la vocal temática característica de los verbos, tal vez por motivos fonológicos o tal vez porque la base debe ser considerada en puridad una raíz acategorial y no un verbo relacionado con ella:

(2) apestar > apestoso, desdeñar > desdeñoso, silbar > silboso

c Existen también algunas formaciones que, si bien su significado parece relacionarse estrechamente con el valor verbal de la raíz, pueden segmentarse como de base sustantiva:

(3) estorbar (estorbo) > estorboso, marear (mareo) > mareoso, quejarse (queja) > quejoso, dudar (duda) > dudoso, olvidar (olvido) > olvidoso, trabajar (trabajo) > trabajoso, cantar (cante) > cantoso

d Son muy poco frecuentes las formaciones donde se puede argumentar que la base es adjetival, si bien –como en los casos anteriores– podría en ellas también argumentarse que la base es una raíz acategorial, al faltar en todos los ejemplos morfemas adjetivales más allá de la propia raíz.

(4) verde > verdoso, grande > grandioso, rancio > rancioso

e No constituye una excepción *voluntario* > *voluntarioso*, ya que *voluntario* puede usarse como sustantivo, si bien el significado de *voluntarioso* se relaciona más con el de *voluntad* que con el de *voluntario*.

f Resulta problemático el análisis de algunos casos donde parece necesario postular haplologías o interfijos para explicar la relación sincrónica de la formación adjetival con una base, abstrayendo del devenir histórico de la forma. En *temeroso* o *valeroso* cabe plantearse si la base es el infinitivo verbal *temer/valer*, algo que sería inusitado en la derivación deverbal en español, si cabe suponer alomorfía del sustantivo *temor/valor*, o si se debe postular un alomorfo -*eroso* que también aparecería en *asco* > *asqueroso* y que se combina con la raíz *tem-* / *val-*.

g Son relativamente frecuentes los casos, tal vez heredados directamente del latín, en que el sufijo -*oso* tal vez pudiera segmentarse dejando una base radical que no funciona como un sustantivo, adjetivo o verbo en el español, como en *hermoso, curioso, moroso, suntuoso o luminoso o suntuoso*. En todos estos casos, el sustantivo relacionado con estas voces está derivado a partir del adjetivo.

Comportamiento gramatical

a El sufijo -**oso**[1] forma siempre adjetivos variables en cuanto al género, marcando con -**o**[1] el masculino y con -**a**[1] el femenino.

b El sufijo puede producir adjetivos relacionales no gentilicios, típicamente a partir de bases no patrimoniales, como en *adip-oso* o *case-oso*, o con alomorfos cultos de la base, como en *cartílago > cartilagin-oso, gas > gase-oso, leche > lact-oso*.

c Son más frecuentes las formaciones calificativas, que admiten gradación y que tienen una gran variedad de significados que se detallan en la siguiente sección. Las clases conceptuales típicas que se encuentran con cada uno de estos valores se detallaran en esa sección. Sin embargo, se detallan a continuación algunas propiedades gramaticales de estas formaciones.

d En general, el sufijo **-oso**[1] no suele admitir versiones negativas del adjetivo obtenidas con prefijos negativos. Con el sufijo **-oso**[1], las formaciones posesivas nunca tienen una versión privativa, al contrario de lo que sucede con otros afijos posesivos, como **-ado**. Lo mismo sucede con las lecturas causativas o disposicionales. En cuanto a las lecturas similitudinales, la ausencia de versiones negativas es esperable, ya que esta es una propiedad general de los adjetivos de semejanza.

(5) dentado > desdentado
(6) arenoso > *desarenoso

e El sufijo siempre implica la cancelación de la vocal de género de la base sustantiva, pero no de otras vocales finales que forman diptongo con ella, como en *gracia > gracioso (*grazoso), estudio > estudioso, ingenio > ingenioso, insidia > insidioso*. Con bases posiblemente verbales, la vocal temática nunca aparece y la base verbal se reduce a la raíz.

f Este sufijo es uno de los más productivos del español y, probablemente, el sufijo más productivo para formar adjetivos calificativos a partir de sustantivos.

Tipos de significado

a Junto al valor relacional que puede formar este sufijo, se documentan cuatro tipos principales de significado: el posesivo, el similitudinal, el disposicional y el causativo. A continuación se estudian cada uno de estos cuatro valores.

b En el valor posesivo, el sufijo significa 'que tiene (exceso) de N'. Este uso es productivo con una gran cantidad de sustantivos cuyas bases denotan distintos tipos de entidades no animadas, contables o no contables.

(7) crema > cremoso, cana > canoso, nube > nuboso.

c El valor posesivo es frecuente con sustantivos que designan partes del cuerpo (*peca > pecoso*), las partes geométricas o no de un objeto (*ángulo > anguloso*), prendas de vestir (*andrajo > andrajoso*), sustancias producidas o no por humanos (*moco > mocoso, sudor > sudoroso, roña > roñoso*) y ocasionalmente entidades animadas, generalmente parasitarias, cuya posesión se ve como negativa (*pulga > pulgoso, piojo > piojoso*).

d Por extensión, se incluyen dentro del uso posesivo otras formaciones que implican cualidades o estados que posee la entidad de la que se predica el adjetivo. Estas nociones, que en español también admiten la paráfrasis 'que tiene N', incluyen cualidades (*avaricia > avaricioso, defecto > defectuoso*) y habilidades (*poder > poderoso, memoria > memorioso*), estados mentales (*furia > furioso, miedo > miedoso*) y enfermedades (*gripe > griposo*), junto a otras clases de estados (*éxito > exitoso*).

e En el valor similitudinal, el sufijo significa 'que se asemeja a N', donde la propiedad del sustantivo que se emplea para justificar la semejanza está frecuentemente subespecificada, pero que suelen referirse al color, la forma, la consistencia o el sabor. Este uso se documenta con numerosas bases sustantivas, entre las que destacan de nuevo los sustantivos comunes, contables o no, que designan entidades no animadas.

(8) esponja > esponjoso, tierra > terroso, seda > sedoso

f   Suelen ser frecuentes en las lecturas similitudinales los nombres de sustancias (*gelatina > gelatinoso, harina > harinoso, vino > vinoso*) en los que se suele destacar la consistencia como propiedad usada para destacar la semejanza; frente a otros sufijos similitudinales, como **-il** o **-esco**, no se documentan bases animadas.

g   Es frecuente que, fuera de contexto, las formaciones con **-oso**[1] puedan ser ambiguas entre lecturas posesivas y similitudinales.

(9) algodón > algodonoso, chicle > chicloso

h   En el valor causativo, donde el sufijo es menos productivo, **-oso**[1] significa 'que produce o causa N en otros'. Esta lectura es frecuente con bases que expresan estados psicológicos.

(10) angustia > angustioso, asco > asqueroso, ruido > ruidoso, apetito > apetitoso, bochorno > bochornoso, daño > dañoso, trabajo > trabajoso, deleite > deleitoso, asombro > asombroso, contagio > contagioso, lío > lioso

i   Pese a que no son frecuentes, existen algunas voces, como la de (11), donde el valor causativo alterna con el valor posesivo.

(11) vergüenza > vergonzoso 'que tiene exceso de vergüenza' o 'que causa vergüenza'

j   En el valor disposicional, el sufijo significa 'que tiende a hacer N o que tiende a participar en eventos que involucran N'. Obsérvese que *catarroso*, frente a *griposo*, no significa 'que tiene un catarro', sino 'que tiende a sufrir catarros'.

(12) chiste > chistoso, ceremonia > ceremonioso, dádiva > dadivoso, catarro > catarroso, queja > quejoso, revuelta > revoltoso

Alomorfos

a   Este sufijo tiene varios alomorfos de cierta productividad. Uno de los alomorfos principales es *-uoso*, que suele unirse a bases cultas, aunque no exclusivamente:

(13) luto > luctuoso, tumulto > tumultuoso, tempestad > tempestuoso, respeto > respetuoso, afecto > afectuoso

b   El alomorfo *-ioso* se documenta en otras formaciones donde la *i* (frente a *harmonía > harmonioso* o *avaricia > avaricioso*) no puede explicarse como parte de la base:

(14) grande > grandioso, labor > laborioso, elegante > elegantioso

c   Se reconoce el alomorfo *-ajoso* en algunas formaciones:

(15) pegar > pegajoso, quemar > quemajoso, espuma > espumajoso

d   Finalmente, el alomorfo *-eroso* aparece en otros casos.

(16) temer > temeroso, asco > asqueroso

Propiedades fonológicas y haplologías

a   El sufijo participa en varias haplologías sistemáticas. Sistemáticamente elimina la secuencia *-ad-* de **-idad** y sus alomorfos de la base sustantiva (*calamidad* > *calamitoso, vanidad* > *vanidoso, habilidad* > *habilidoso*), aun cuando puede discutirse la oportunidad de segmentar **-idad** como sufijo de la base (*tempestad* > *tempestuoso*), siendo excepcionales los casos en que no lo hace (*bondad* > *bondadoso*).

b   Igualmente, el sufijo sistemáticamente implica la cancelación de la secuencia *-ón* de **-ción** y otras palabras terminadas en esta secuencia, como en *religión* > *religioso, ambición* > *ambicioso, superstición* > *supersticioso*.

c   En ambos casos, esta alomorfía parece implicar una secuencia fonológica y no un morfema completo.

Relaciones con otros afijos

a   Siendo este sufijo el más productivo en español para la formación de adjetivos, se encuentra frecuentemente en la base de formaciones nominales o verbales obtenidas por derivación.

b   Las nominalizaciones a partir de **-oso**[1] suelen elegir el nominalizador **-idad**, dando lugar a secuencias *-os-idad*, rechazando otros nominalizadores especializados en nombres de cualidad, como **-ez**.

   (17)   generoso > generosidad, luminoso > luminosidad

c   En las verbalizaciones, el sufijo verbalizador típico es **-ear**.

   (18)   baboso > babosear, hermoso > hermosear, ventoso > ventosear

d   Como sufijo es particularmente productivo en las lecturas posesivas, si bien en ellas compite con **-iento** y **-ado**[1], junto a los posesivos evaluativos **-udo** y **-ón**[2], de significado distinto.

   (19)   a   mugriento ~ mugroso
          b   angulado ~ anguloso

e   En los valores similitudinales es menos productivo, y en ellos compite sobre todo con **-esco, -uno, -il, -iano** e **-ino**. Sus principales competidores en las lecturas causativas son **-ígeno** e **-ífico**, mientras que en las lecturas disposicionales los competidores son sobre todo **-ero**[2] e **-ista**.

Problemas de clasificación

a   El sufijo **-oso**[1] presenta dos clases de cuestiones debatibles, ambas relacionadas con la diversidad de valores que presenta. La primera de ellas se refiere a la conveniencia o no de considerar que, sincrónicamente, algunos de estos valores justifican entender que hay más de un sufijo **-oso** calificativo, por ejemplo distinguiendo en entradas distintas los valores posesivos de los disposicionales. En este diccionario no hemos adoptado esta visión por los motivos que detallamos a continuación:

i   La distribución de las bases, incluso si se acepta que en algunos casos no es sustantiva, no justifica una división entre las lecturas del sufijo, ya que varias de las lecturas están igualmente disponibles con bases del mismo tipo. Con bases posiblemente verbales se forman lecturas posesivas (*temeroso*), causativas (*trabajoso*) o disposicionales (*quejoso*), por ejemplo.

ii   Es frecuente que la misma formación admita dos o más de las lecturas relevantes, pivotando sobre la lectura posesiva, que es la más productiva, como la similitudinal y la posesiva (*harinoso*), la disposicional y la posesiva (*achacoso*) o la posesiva y la causativa (*vergonzoso*).

iii   La distribución de los alomorfos tampoco justifica la división; -*eroso* se encuentra en la lectura posesiva (*temeroso*) y la causativa (*asqueroso*), y -*uoso* se encuentra en la lectura disposicional/posesiva (*respetuoso*), similitudinal (*tempestuoso*) y causativa (*luctuoso*), entre otras conexiones.

b   El segundo problema, dada la variedad de significados propuesta, es qué contribución semántica hace este sufijo. Existen, hasta donde se nos alcanza, cuatro posibles posturas:

i   El sufijo carece de semántica, y se limita a marcar el paso a otra categoría, la adjetival. Esta propuesta no explica, por ejemplo, que el sufijo sea productivo sobre todo en la lectura posesiva.

ii   El sufijo expresa una relación cualitativa entre una base y el sujeto del adjetivo, sin especificar qué clase de relación es esta. Desde este punto de vista, la lectura posesiva sería la interpretación por defecto de esa relación con bases nominales, y las demás dependerían de la interpretación conceptual de la base: similitudinal cuando la base proporciona propiedades lo bastante salientes para justificar la relación de semejanza, causativa cuando se trata de estados mentales que pueden causarse en otros y disposicional cuando la base expresa una relación con algún evento en que pueden participar los individuos.

iii   El sufijo es esencialmente posesivo y los demás significados están derivados pragmáticamente de él.

iv   El sufijo es polisémico, y expresa los cuatro significados a la vez, con bases o palabras particulares seleccionando la lectura relevante en cada caso.

LECTURAS RECOMENDADAS: Rainer (1993, 1999); Pharies (2002); RAE & ASALE (2009: §7.3); Fábregas (2020); Zacarías-Ponce de León (2020).

-**oso**[2]. Del latín -*ōsus, -osi*. Sufijo adjetivalizador que forma adjetivos relacionales relacionados con productos químicos en la lengua técnica.

a   Este sufijo forma siempre adjetivos relacionales usados dentro de la nomenclatura química. Se asocia a Lavoisier la introducción de la convención por la cual los óxidos y otros compuestos químicos se expresan con -**oso**[2] cuando el estado de oxidación es menor y con '-**ico**[1] cuando es mayor, aunque esta terminología ya se considera desusada. Así, el óxido ferroso es aquel que emplea el hierro en valencia 2 (FeO), y el óxido férrico es aquel en que el hierro aparece en valencia 3 (Fe_2O_3), siendo 2 la valencia menor y 3 la valencia mayor para este elemento químico.

b   Debido a su asociación con la lengua técnica, la base de estas formaciones suele ser un tema neoclásico (1), si bien la base puede ser un sustantivo del español en otros casos:

(1)   ferr-oso, nitr-oso, cupr-oso, sulfur-oso
(2)   alumin-oso, cabron-oso, estañ-oso

c   Las formaciones con este sufijo siempre implican la pérdida de la marca de género de la base, cuando es un sustantivo del español y cuando es un tema neoclásico.

(3)   a   ferro-carril
      b   ferr-oso

-ot-. De origen incierto, tal vez relacionado con el aumentativo **-ote** o tal vez de valor fonoestético. Interfijo productivo en las verbalizaciones, asociado a significados de acción irregular o incompleta.

Tipos de bases

a   Como interfijo, **-ot-** se une a raíces verbales, generalmente que expresan eventos atélicos:

(1)   bailar > bailotear, charlar > charlotear, fregar > fregotear, silbar > silbotear, gemir > gimotear

b   Raíces verbales asociadas a eventos generalmente télicos de cambio de estado o movimiento:

(2)   explicar > explicotear, lavar > lavotear, ligar > ligotear, pisar > pisotear, tirar > tirotear, picar > picotear

c   Ocasionalmente, la base verbal no puede funcionar como verbo independiente sin el interfijo, si bien puede identificarse como tal por su significado (*parl-ot-ear*) o descomponiéndola morfológicamente. No existe, en este sentido, el verbo *re-volar, de *volar*, pero sí existe *re-vol-ot-ear*.

d   En algunas formaciones donde puede justificarse la segmentación del interfijo, se reconocen formas onomatopéyicas no aislables como verbos independientes.

(3)   barbotear, borbotear, chisporrotear

e   Son muy poco frecuentes, aunque se documentan, las formaciones donde la base parece ser sustantiva; algunas son verbos y otras son sustantivos.

(4)   palma > plamotear, mano > manotear, mano > manotazo

f   Es dudoso si *picotear* procede del verbo *picar* ('picar repetidamente', como *tirotear*) o del sustantivo *pico* ('usar el pico en un movimiento repetido', como *palmotear*), si bien su significado se acerca más al segundo que al primero.

Comportamiento gramatical

a   Este interfijo es productivo en la formación de verbos, que siempre van seguidos del verbalizador **-ear**.

b   Aunque no son productivos, el interfijo aparece ocasionalmente con formaciones sustantivas, como *picotazo* o *manotada*.

c A la izquierda del interfijo siempre hay una base no derivada, que en el caso de los verbos carece de vocal temática, y en el de los sustantivos carece de marca de género.

Tipos de significado

a Con bases verbales atélicas, el significado más frecuente es el de que la acción se ejecuta de forma descuidada, imperfecta o irregular (*lavotear, bailotear, fregotear, revolotear*), pudiendo llegar a ser una acción molesta (*silbotear, gimotear*).
b Con bases verbales télicas, el significado más frecuente es que la acción se ejecuta de forma frecuente y repetida, resultando la frecuencia a menudo desagradable o inconveniente (*ligotear, pisotear, tirotear*). Este es también el valor que toma el interfijo en las escasas formaciones denominales, que expresan movimientos repetidos realizados con una parte del cuerpo (*manotear, palmotear, picotear*). El problema en todos estos casos, sin embargo, es que el verbalizador **-ear** también se asocia a significados de acción repetida en otros casos, por lo que no está claro si en estos verbos es el interfijo el que aporta este valor o debe considerarse semánticamente vacío y asociar la iteración a **-ear**.
c Se documentan, aunque son excepcionales, los casos en que el verbo atélico sugiere acciones repetidas (*charlotear, parlotear*), o el verbo télico sugiere una consecución descuidada e incompleta de la acción (*explicotear*).
d El interfijo no se asocia a ningún valor semántico identificable cuando participa en la formación de sustantivos, como en *manotazo* o *picotazo*.

Propiedades fonológicas

El interfijo produce el ascenso de la vocal /e/ en las bases verbales de la tercera conjugación como en *gemir* > *gimotear* (**gemotear*).

> **Lecturas recomendadas:** DiTullio (1997); Rifón (1998); Portolés (1999); Martín Camacho (2003).

-ota. Del latín *-otes, -ota*, y este a su vez del griego *-ωτης*. Sufijo que forma adjetivos gentilicios, de baja productividad en español.

a Este sufijo se usa casi exclusivamente para formar adjetivos gentilicios, fácilmente convertibles a sustantivos, relacionados con lugares geográficos del Este del Mediterráneo, en la zona que históricamente estaba bajo el dominio político y cultural de la Grecia de Alejandro Magno.

(1) El Cairo > cairota, Candía (Heraclión) > candiota, Chipre > chipriota, Épiro > epirota, Rodas > rodiota

b Los adjetivos así formados son comunes en género, fijado en la marca **-a**[3] para masculinos y femeninos. No tiene este sufijo valor gentilicio en *patria* > *patriota*, y está presente etimológicamente, pero es difícil justificar su segmentación, en la forma *ilota*.
c Para *chipriota* y *rodiota* es necesario reconocer un alomorfo *-iota* (cf. Pharies 2002).

-otada. Posible alomorfo de **-ada**[1] (*manotada*), si no se opta por segmentar un interfijo.

-ote. Posiblemente del catalán -*ot*, y este a su vez del latín vulgar -*ottus*. Sufijo apreciativo de valor aumentativo.

Tipos de bases

a Siendo uno de los sufijos aumentativos más productivos, **-ote** se combina con diversos tipos de base, sobre todo sustantivos comunes, generalmente contables, referidos tanto a personas como a entidades no animadas:

  (1) ángel > angelote, palo > palote, multa > multota, nariz > narizota, beso > besote, guiso > guisote

b Nombres propios, específicamente antropónimos.

  (2) Sara > Sarota, Pedro > Pedrote

c Adjetivos calificativos, tanto referidos a propiedades físicas como no:

  (3) blanco > blancote, gordo > gordote, bruto > brutote, enfermo > enfermote

d Adverbios graduables, como *lejos* > *lejotes*.
e Las bases, adjetivales o nominales, pierden la vocal de género característica, o su vocal átona final.

  (4) padre > padrote (*padre-ote)

f Hay unas pocas formaciones donde el valor aumentativo es reconocible pero donde no cabe identificar una base claramente descomponible en español, como *cipote* y *biscote*.

Comportamiento gramatical

a El sufijo, como otros apreciativos, mantiene la categoría gramatical de su base, en todos los casos.
b Con sustantivos, el sufijo conserva a menudo el género de la base (*plaza* > *plazota, nalga* > *nalgota, multa* > *multota, lengua* > *lenguota, oreja* > *orejota*), pero en unos pocos casos impone el género masculino, marcado con *-e* (*mezcla* > *mezclote, serie* > *seriote, cena* > *cenote* o *cenota*).
c Con adjetivos, forma adjetivos variables en cuanto al género, con *-e* en masculino y *-a* en femenino.

  (5) grandote / grandota, provincianote / provincianota, hermosote / hermosota

d Existe un único caso, tal vez lexicalizado, en que se puede postular una base verbal donde el sufijo tiene la capacidad de convertir en sustantivo: *pegote*, posiblemente de *pegar* y de difícil relación con el sustantivo *pega*.

Tipos de significado

a El sufijo tiene un valor claramente aumentativo que, unido a sustantivos concretos de objetos físicos, suele dar como resultado la valoración del tamaño como grande. Este valor puede entenderse como positivo (*angelote, amigote*), neutro (*sobrerote, pelotota, paquetote*) o negativo (*multota*) dependiendo de la apreciación que merezcan de por sí las entidades expresadas por la base.

b El valor de tamaño grande puede mezclarse con apreciaciones peyorativas, sea porque el tamaño grande del objeto se ve como algo negativo (*cabezota, narizota*), o sea porque el derivado se asocia con objetos no solo grandes, sino también toscos o inservibles (*palote, papelote, cantinota, plazota*).

c Con adjetivos, la lectura suele ser de grado intenso, interpretado como positivo o negativo dependiendo de la naturaleza de la cualidad expresada en la base (*hermosote, brutote, gordote, grandote, pesadote*). Pese a todo, se constata una tendencia a combinar el adjetivo con cualidades negativas, y en las positivas o neutras puede entenderse cierta noción de tosquedad (*gordote, grandote*).

d La lectura de grado intenso, donde se destacan las propiedades del objeto, se extiende también a algunas bases sustantivas donde se pondera el énfasis con el que se ejecuta una acción (*besote, abrazote*), la calidad de la entidad (positiva en *seriote*, negativa en *guisote*) o la naturaleza del comportamiento asociado a la base (*macho > machote*).

e El sufijo tiene valor no composicional, lexicalizado, en varias formaciones donde no se encuentran valores aumentativos o peyorativos y a menudo no se siente una conexión semántica suficiente con la base, como en *barrote, camarote, capote, islote, cascote* o *garrote*.

f El aumentativo *cabezota*, junto a denotar una cabeza de gran tamaño, se ha lexicalizado también como sustantivo invariable en el género, que describe a las personas tercas o tozudas (cf. *cabezón*).

Relaciones con otros afijos

a Como aumentativo, **-ote** compite sobre todo con **-ón**^{1} y **-azo**, formando a veces alternancias corradicales.

(6) a besazo – besote
     b serión – seriote
     c grandullón – grandote
     d buenazo – buenote

b Cabe plantearse si este sufijo se relaciona con el interfijo **-ot-**, con el que comparte un valor evaluativo que puede relacionarse, en términos abstractos, con la apreciación de que la noción expresada por la base se presenta de forma descuidada o tosca (cf. *lavotear, fregotear*).

LECTURAS RECOMENDADAS: Lázaro Mora (1999); Pharies (2002); RAE & ASALE (2009: §9.7).

-oteca. Del griego -θήκη. Sufijo nominal que forma nombres comunes de lugar a partir de bases sustantivas.

Tipos de bases

a Este sufijo se combina con bases nominales tanto del español como bases neoclásicas del griego o del latín que equivalen a sustantivos. Entre las primeras encontramos formaciones como las siguientes:

(1) discoteca, juegoteca, frutoteca, creamoteca, cervezoteca

b Entre las formaciones sobre bases grecolatinas encontramos las siguientes:

(2) hoploteca, enoteca, gliptoteca, litoteca, hemeroteca, ludoteca, pinacoteca, tecnoteca

c Es posible encontrar pares mínimos que alternan entre las dos clases anteriores, como *biblioteca ~ libroteca* o *enoteca ~ vinoteca*.

d Otras bases proceden originariamente de préstamos extranjeros de otras lenguas, pero se han integrado en español, como *fanzinoteca, comicteca, filmoteca*.

Comportamiento gramatical

a Este sufijo forma invariablemente sustantivos femeninos marcados en -a[1].

b La base, cuando es una forma reconocible del español, puede terminar tanto en consonante (*comicteca*) como en vocal.

c En algunos casos, pero no en todos, la base termina en -o, incluso si su marca de palabra habitual era otra (*cervezoteca, ceramoteca*) o carecía de ella (*filmoteca*). No obstante, también son posibles terminaciones en -a, como en *cintateca* o *mediateca*.

Tipos de significado

a El principal significado de este sufijo es el de 'lugar en que se encuentra X', donde la base se refiere a la entidad para cuya acumulación, consumo o exhibición se ha diseñado ese lugar, como en *biblioteca, pinacoteca, fonoteca, mediateca, litoteca, juegoteca, cervezoteca, pizzoteca*.

b Por extensión, no es extraño que varias de estas formaciones se haya desarrollado un valor secundario que denota las propias colecciones de objetos y no el lugar para ellas, como en *biblioteca* o *videoteca*.

c Cuando las bases son productos que suelen venderse y consumirse, esta suele ser la relación que se supone en el nombre de lugar para caracterizar la relación con su base, como en *pizzoteca* o *frutoteca*, frente a *hoploteca, litoteca* o *pinacoteca*, donde se supone que el lugar se emplea solo para la exhibición de estos elementos.

d La relación con la base es, en ocasiones, menos precisa, como sucede en *viejoteca* 'lugar frecuentado por personas viejas',

Propiedades fonológicas

a La materialización fonológica de este sufijo es muy estable, y carece de alomorfos.

b Tampoco son frecuentes las alteraciones fonológicas que el sufijo impone en su base, salvo ocasionalmente la sustitución de la vocal final por -o (*cervezoteca*), o su adición (*filmoteca*).

c Sin embargo, el sufijo ocasionalmente impone haplologías a la base, posiblemente motivadas por razones fonológicas que evitan formas de cuatro sílabas como bases: *ceramoteca* (no *ceramicateca*), *salmoreteca* (no *salmorejoteca*)

Problemas de clasificación

a La visión tradicional es no tratar *-teca* como un sufijo, sino como un elemento compositivo culto, como *logo* o *tecno*. Pese a que por su origen etimológico está claro que esto sería lo esperable, caracterizarlo como un elemento compositivo no da cuenta del comportamiento gramatical que tiene este morfema en español actual.

b Nuestra decisión de caracterizarlo como un sufijo responde a dos propiedades. La primera es que, al contrario de los elementos compositivos cultos o neoclásicos, no se documentan voces formadas por *tec(a)* y un sufijo o prefijo:

(3) a monólogo, lógico, lógica
     b técnico, técnica

c Nótese que en *hipoteca* y *apoteca* el hablante no reconoce el valor de lugar o colectividad que predomina incluso en las formaciones con base neoclásica (*enoteca*), por lo que es dudoso que deba segmentarse el morfema *-teca*. El segundo es que, al contrario que los elementos compositivos cultos, *-teca* está fijado en su posición, algo esperable de un afijo. No hay formaciones en que *teca* aparezca al inicio de la palabra.

(4) a logopeda, entomología
     b tecnocracia, pirotecnia

d Obsérvese, además, que –si bien en varias de las formaciones podría argumentarse la presencia del morfema **-o-**, que aparece típicamente en compuestos neoclásicos del griego (*filmoteca*)–, esto no es siempre el caso, especialmente entre las formas de creación más reciente y menos establecidas en la norma lingüística (*comicteca, mediateca*).

LECTURAS RECOMENDADAS: Pharies (2002).

-oy. De la unión del sufijo latino *-o*, morfema de concordancia para la 1sg, y el antiguo clítico locativo *y*, del adverbio latino *ibi* 'allí'. Sufijo flexivo irregular asociado a la concordancia 1sg en el presente de indicativo de unos pocos verbos.

a Este sufijo aparece únicamente como marca de concordancia con la primera persona singular en la forma de presente de indicativo de cuatro verbos, los dos copulativos *ser* y *estar*, más los verbos *dar* e *ir*.

(1) soy, estoy, doy, voy

b Desde un punto de vista sincrónico, no existen motivos que apoyen la división de este sufijo en **-o^2** más **-y^1**, pese a que se piense que este es su origen histórico –donde *y* sería un clítico locativo adoptado en la forma locativa *esto-y*, que después se extendió al otro verbo copulativo (*soy*), al verbo de movimiento prototípico (*voy*) y, de allí por motivos menos fáciles de explicar, al verbo *dar* (*doy*).

c Sincrónicamente, frente a lo que sucede en el par *ha ~ hay*, estas formas no alternan con otras no acabadas en *-y* (**so, *estó, *vo, *do*) y la presencia de la *-y* es independiente del valor locativo o no del verbo.

d El sufijo **-oy**, pues, debe considerarse contemporáneamente como un alomorfo de **-o^2** que aparece en un pequeño número de verbos con valor semántico muy general y usados frecuentemente como elementos funcionales.

LECTURAS RECOMENDADAS: Ambadiang (1993); Alcoba (1999); RAE & ASALE (2009: §4.4).

P

paido-. Del griego παῖς- 'niño'. Posible prefijo adjetival segmentable en algunos cultismos, como *paidofilia, paidología*. Si no se considera un alomorfo del tema neoclásico *ped-*, con su mismo significado, habría que considerarlo una versión prefijal no productiva. Sin embargo, la escasa cantidad de formaciones con este elemento sugiere que debería considerarse más bien un alomorfo del tema neoclásico, y por tanto no sería un afijo.

paleo-. Del griego παλαιός 'viejo'. Prefijo adjetival que significa 'antiguo'.

Tipos de base

a   Este prefijo se combina con nombres comunes de muy distintos tipos, incluyendo nombres contables (*paleoencéfalo*) y no contables (*paleomagnetismo*), animados (*paleofauna*) o no (*paleoarchivo*).

(1) paleomagnetismo, paleoecología, paleoclima, paleocanal, paleocauce, paleomamífero, paleohebreo, paleoizquierda, paleoconservador, paleoduda, paleoencéfalo, paleosuelo, paleotelevisión, paleofauna, paleobosque, paleomapa, paleocorteza, paleocontinente, paleolenguaje, paleoplaya, paleopositivismo, paleoisla, paeloarchivo, paelodarwinismo

b   Entre estos sustantivos destacan dos campos semánticos: los referidos a tipos de ideología (*paleomarxismo, paleocristianismo*), y los referidos a términos geográficos y biológicos (*paleoisla, paleobosque*).

c   Su productividad con nombres referidos a elementos geográficos le permite aparecen en combinación con nombres propios de lugar o topónimos: *Paleosiberia, Paleovenezuela, Paleoiberia*.

d   Como otros prefijos adjetivales, puede combinarse con adjetivos relacionales, pero no con adjetivos calificativos (**paleosucio*).

(2) paleocristiano, paleoambiental, paleotropical, paleoliberal, paleoindio, paleofascista, paleosemita,

e   Su carácter culto hace que con mucha frecuencia se combine con bases neoclásicas para formar términos técnicos y científicos:

(3) paleolítico, paleontólogo, paleozoico, paleografía, paleoceno, paleocórtex

f   Al igual que otros prefijos adjetivales, este tampoco se combina con bases verbales.

DOI: 10.4324/9781003415046-17

Comportamiento gramatical

a   Este prefijo no altera la clase de palabras, el género o el número de su base.
b   En principio, este prefijo es iterable; si definimos un periodo histórico como *paleorrenacimiento*, es posible iterarlo para hablar dentro de dicho periodo de su parte más antigua o bien para definir un periodo anterior al designado por la base: *paleopaleorrenacimiento*.
c   Al igual que otros prefijos adjetivales (cf. **mini-**), se documentan casos en que este prefijo aparece ya convertido en un adjetivo que puede aparecer de forma libre para indicar una subclase de las entidades a las que modifica: *la dieta paleo* (cf. también *paleodieta*).

Tipos de significado

a   Es necesario diferenciar tres valores de este prefijo, dos de los cuales corresponden a los que tiene el adjetivo *antiguo*. En el primer valor, el prefijo se refiere a una noción temporal (posiblemente no intersectiva) que produce la versión temprana o antigua de la entidad definida por la base: *paleocristianismo, paleoliberalismo, paleocorteza, paleoencéfalo*...
b   El segundo valor es aquel en que 'antiguo' se interpreta como 'excesivamente conservador', como en *paleoizquierda* 'izquierda reaccionaria', *paleoderecha* 'derecha reaccionaria' (cf. *Mi abuelo es muy antiguo, no acepta las moderneces*).
c   El tercer valor, muy habitual en el lenguaje científico, es la lectura argumental en la que el prefijo designa el conjunto de entidades antiguas que se relacionan con la base: la *paleoantropología* no es la versión temprana de la antropología, ni una antropología reaccionaria, sino la antropología que se relaciona con las sociedades tempranas.
d   Esta lectura puede considerarse un caso de sustantivación del prefijo adjetival –esperable, por otro lado, si 'adjetival' tiene algún sentido gramatical y no es solo una etiqueta semántica– y aparece en un buen número de voces derivadas a partir de sustantivos deverbales o no: *paleobotánica, paleobiólogo, paleogenética, paleosismología, paleógeno, paleodiversidad*.

Propiedades fonológicas

Este prefijo muestra signos de independencia fonológica con respecto a la base, manifestada en la presencia clara de acento secundario no asignado rítmicamente (*palèodiéta*) y en la no cancelación de la vocal final cuando la base comienza por vocal (*paleoarte*). No se documentan alomorfos de este prefijo.

> LECTURAS RECOMENDADAS: Varela & Martín (1999); RAE & ASALE (2009: §10.12); Fábregas (2018).

pan-. Del griego παν, 'todo'. Prefijo adjetival cuyo significado equivale a 'total'.

Tipos de bases

a   Este prefijo, como se espera de un prefijo adjetival, se concentra en bases sustantivas, algunas de ellas nombres del español:

(1) panenteísmo, paneslavismo, pangermanismo, panléxico, panlogismo, pansexualismo

b En segundo lugar, se une a adjetivos relacionales:

(2) pancromático, paneslavo, paneuropeo, panhelénico, panhispánico, panislámico, pansexual

c Debido al carácter culto del prefijo son frecuentes las bases neoclásicas:

(3) pancarpia, panclastita, pandemónium, panspermia, panteísmo, panteón

d Este prefijo no se une a nombres propios, pero sí a los adjetivos relacionales derivados de ellos: *Panamérica > panamericano*.

Comportamiento gramatical

a Este prefijo no altera la categoría gramatical de la base, ni su género o número.
b Este prefijo no es iterable y no permite la expansión funcional de su base.
c En combinación con adjetivos relacionales, este prefijo da lugar a paradojas de encorchetado: *panhispánico* se interpreta como 'relacionado con la totalidad del dominio en que se habla español', pese a que no existe la base *Panhispania* sobre la que podría entenderse que se ha formado panhispánico.
d Este prefijo da lugar a cruces léxicos donde sustituye un segmento que no se interpreta como una forma segmentable de significado transparente: *epidemia* > *pandemia* 'epidemia mundial'.

Tipos de significado

a Este prefijo tiene el significado de 'total' que normalmente se interpreta como indicando que el dominio designado por la base se cubre enteramente: *panléxico* 'léxico total', *pancromático* 'que cubre toda la gama de colores'.
b Con bases que indican ideologías y movimientos, el valor de totalidad suele interpretarse como la ideología partidaria de la unión de todo un conjunto de pueblos (*paneslavismo, panislamismo*) o de englobar bajo un mismo concepto todas las entidades de un dominio (*panteísmo*).
c Con adjetivos, el prefijo indica que la entidad modificada establece una relación con todo el conjunto definido por la base del prefijo (*cultura panhelénica*) o que la entidad cubre, recorre o se extiende de forma total por la extensión de la (*ruta panamericana*).

Propiedades fonológicas

Este prefijo se integra fonológicamente en la base en la medida en que no recibe acento prosódico secundario (*panteísmo*, no *pànteísmo*) y su consonante final se resilabifica con la base (*pa.na.me.ri.ca.no*).

Alomorfos

Se documenta el alomorfo *panto-* en combinación con algunas bases neoclásicas: *pantógrafo, pantómetro, pantomima* y el término técnico no transparente *Pantocrátor*. No parece probable que la /o/ de estas formaciones sea la vocal de enlace -o-, que se restringe a compuestos, ya que el comportamiento sincrónico de *pan-* es claramente el de un prefijo.

Problemas de clasificación

Pese a la existencia de la forma *pánico*, este morfema es claramente un prefijo: los hablantes no segmentan la base en esta estructura y, en todo caso, se relaciona con el nombre propio *Pan*, el fauno, y no con el prefijo de totalidad.

Relaciones con otros afijos

La noción amplia de 'todo' puede expresarse también mediante los prefijos **omni-** y **todo-**; nótese que **pan-** se opone a **todo-** en la medida en la que el primero es de carácter culto y no indica la noción de 'totalidad', sino más frecuentemente la noción escalar de 'valor máximo de algo', como en *todopoderoso*. Con respecto a **omni-**, también de carácter culto, este prefijo se especializa en bases que son participios activos (*omnipresente, omnipotente*).

panto-. Alomorfo de **pan-**.

para-. Del griego παρά, 'junto a, contrario a'. Prefijo adjetival relativamente productivo que significa 'alternativo'.

Tipos de bases

a   Como otros prefijos adjetivales, este toma como bases sustantivos. Destacan entre elloos los nombres comunes referidos a cargos y oficios desempeñados por seres humanos:

   (1)   paradocente, paramédico, paraoficial

b   También toma bases que indican lugares en que se desempeña cierta función (*parafarmacia*), áreas del conocimiento (*parapsicología, paramedicina*) o afecciones y situaciones (*paratifus, parafenómeno*).
c   El carácter claramente culto de este prefijo hace que con frecuencia tome bases del lenguaje técnico, tanto bases neoclásicas como otras que pueden emplearse como sustantivos independientes del español: *paracronismo, paradiástole, paralogismo, paráfrasis, parágoge*.
d   Este prefijo es productivo también con adjetivos relacionales:

   (2)   paraestatal, paramagnético, paramilitar, paranormal, parapolicial, parasimpático, paratáctico

e   Nótese que no se combina con bases verbales, pese a la existencia de *parafrasear* (que procede de la verbalización en **-ear** de *paráfrasis*), ni tampoco con adverbios (*parabién* procede de la expresión *para bien sea*).

Comportamiento gramatical

a   Este prefijo no altera la categoría gramatical de la base, ni su género o número.
b   Este prefijo no es iterable y no permite la expansión funcional de su base.

c En combinación con adjetivos relacionales, este prefijo da lugar a paradojas de encorchetado: *paraestatal* se interpreta como 'relacionado con una institución al margen del Estado', pese a que no existe la base *Panestado sobre la que podría entenderse que se ha formado panhispánico.

d Este prefijo da lugar a cruces léxicos donde sustituye un segmento que no se interpreta como una forma segmentable de significado transparente: *olimpiada* > *paralimpiada* 'olimpiadas alternativas'. Nótese que no puede explicarse la caída de /o/ por procedimientos fonológicos, ya que este prefijo conserva su vocal y la de la base (*paraestatal*).

Tipos de significado

a Este prefijo tiene el significado de 'alternativo', que admite dos lecturas. En la primera de ellas la palabra derivada se interpreta como una versión no estándar, no aceptada plenamente o no oficial de la base, como en *paraoficial* 'que actúa de oficial pero no lo es', *parafarmacia* 'farmacia que vende productos de medicina alternativa', *paratifus* 'enfermedad similar al tifus, pero distinta de ella', *parapolicial* 'que actúa como la policía pero no lo es'.

b En la segunda interpretación el prefijo indica 'al margen de', y en tales casos puede referirse a instancias plenas de lo que designa la base, que se añaden a ella (una *paralimpiada* es una olimpiada que se celebra además de la olimpiada, pero sigue siendo una olimpiada oficial) o bien a entidades que están fuera de lo que se considera caracterizable con la base (*paranormal* 'fuera de lo normal') e incluso se opone a lo que esta denota (*sistema simpático* ~ *sistema parasimpático*).

c Son frecuentes las voces en que el significado de la base y del prefijo ha dejado de ser transparente: *parágoge*, *paráfrasis*, *paralogismo*, *paradoja*, *paratáctico*.

Propiedades fonológicas

Este prefijo no se integra fonológicamente en la base en la medida en que recibe acento prosódico secundario (*pàrafármácia*) y su vocal final ni desaparece ni fuerza la desaparición de la inicial de la base (*paraestatal, paraorganismo*).

Relaciones con otros afijos

Este prefijo tiene en algunos usos un valor intensional en el que manipula las propiedades de la base e indica una versión alternativa, o no plena, de la clase denotada por la base. En esto se asemeja a **pseudo-**, que sin embargo tiene un valor privativo claro del que carece **para-**.

> LECTURAS RECOMENDADAS: Varela & Martín (1999); RAE & ASALE (2009: §10.12); Fábregas (2018).

pebi-. Del cruce entre **peta-** y el adjetivo inglés *binary* 'binario'. Prefijo cuantificativo multiplicativo que equivale a la magnitud de 2^{50}. Se usa en el lenguaje de la informática, con bases equivalentes a unidades de medida.

pen-. Del adverbio latino *paene* 'casi'. Prefijo adjetival poco productivo que en español se combina con nombres comunes referidos del ámbito de la geografía (*penillanura, península, penisla*) y adjetivos relacionales derivados de topónimos (*penibético*, con el alomorfo *peni-*). En estas formaciones tiene el significado de 'que tiene propiedades próximas a', con valor intensional no intersectivo, próximo a lo que indica el prefijo **cuasi-**, que es mucho más productivo que este. Es excepcional la formación *penúltimo*, que toma una base adjetival que se puede asimilar parcialmente a los numerales ordinales, donde tiene el mismo significado de 'que casi tiene la propiedad de'.

peni-. Alomorfo de **pen-**.

penta-. Del griego πέντε, 'cinco'. Prefijo cuantificativo que se combina con bases neoclásicas correspondientes a sustantivos, y ocasionalmente con sustantivos españoles.

Tipos de bases

a   Este prefijo es casi exclusivamente combinable con bases neoclásicas que corresponden a sustantivos, como en *pentacordio, pentámetro, pentagrama, pentarquía, pentadáctilo, pentatlon, pentágono, pentalogía, pentafonía, pentacefalia*.
b   También se documenta en el lenguaje científico con bases que indican compuestos químicos (*pentaclorofenol, pentagrafeno, pentapéptido, pentafloruro...*).
c   Son mucho menos frecuentes las formaciones sobre sustantivos del español, como en *pentacampeón, pentatleta, pentapartidismo, pentasecretario, pentavocalismo, pentamillonario*.
d   Se combina también con bases adjetivales, a menudo procedentes de verbos (*pentavalente*) y muchas veces cultas (*pentapartito, pentavarietal*).

   (1)   pentatónico, pentacromático, pentalingüe, pentacilíndrico

Comportamiento gramatical

a   Este prefijo tiene la capacidad de convertir en adjetivo una base sustantiva, al igual que otros prefijos cuantificadores. Así, *pentasílabo* puede funcionar como un adjetivo (*versos pentasílabos, palabras pentasílabas*) cuando en ausencia del prefijo ha de ser sustantivo (cf. *sílaba* vs. *silábico*). También tiene esta función con algunas bases cultas, como *pentalingüe*.
b   Este prefijo no es iterable.
c   Este prefijo no puede combinarse con bases expandidas funcionalmente, y no admite modificación de la base.
d   Este prefijo da frecuentemente paradojas de segmentación, como en *pentapartidismo*, que no es 'cinco partidismos', sino 'sistema de cinco partidos', pese a la ausencia de *pentapartido* para la mayoría de los hablantes.

Tipos de significado

a   El valor de este prefijo es el cardinal 'cinco'. Generalmente este valor de cardinalidad se aplica a la noción denotada por la base y el prefijo se interpreta como un multiplicativo, cuando hay una noción contable en la base (*pentasílabo* 'de cinco sílabas').

b   En ocasiones, sin embargo, no multiplica la noción expresada por la base sino que indica que la base está compuesta por cinco partes distintas, como en *pentatlón, pentarquía* o *pentafonía*, así como en todas las formaciones de la química.
c   En otros casos, el valor de cardinalidad se aplica a las ocasiones en que el referente ha desempeñado el papel descrito por la base, como en *pentaganador*, 'que ha sido ganador cinco veces'.
d   Hay también voces en que el prefijo no tiene un significado inmediatamente transparente con la base, como *pentateuco* 'cinco libros canónicos del antiguo testamento'.

Alomorfos

En el ámbito de la química, el prefijo posee el alomorfo *pento-* (*pentobarbital*) para indicar la existencia de cinco átomos de algún elemento.

pento-. Alomorfo de **penta-**.

per-[1]. Del prefijo latino *per-*, relacionado con la preposición *per* 'a través de'. Prefijo preposicional poco productivo de valor perfectivo.

Tipos de base

a   Este prefijo aparece combinado con un número notable de bases verbales:

(1)   percolar, perdurar, permutar, pernoctar, perseguir, persignar, pervivir, percatar, perdonar, perfundir, perjudicar, perjurar, perlongar, permanecer, perturbar, pervertir, perforar, perfumar

b   Resultan abundantes también las bases verbales neoclásicas, que requieren un prefijo para poder funcionar como verbos:

(2)   percibir, percudir, percutir, perimir, permitir, perquirir, persistir, persuadir

c   Fuera de estos casos, resulta poco frecuente encontrar este prefijo con adjetivos o sustantivos. Con adjetivos, selecciona adjetivos relacionales (*percutáneo*).
d   Los casos relacionados con sustantivos son, en realidad, heredados del latín (*perito*); también se heredan del latín, y por tanto en español se ha perdido la conexión etimológica que permitía segmentarlos, *perenne* (relacionado con anno 'año'), *perfecto, pernicioso, perplejo, perspicaz* y *perspicuo*.

Comportamiento gramatical

a   Este prefijo no altera la categoría gramatical de la base en las palabras segmentables del español, aunque en la forma *perenne > anno* se ha pasado de sustantivo a adjetivo, tal vez mediante la operación que permite usar un sintagma preposicional como modificador de un sustantivo.
b   Este prefijo tampoco altera la marca de conjugación del verbo con el que se combina, ni la expresión del género de las bases adjetivales.
c   Este prefijo no es iterable.
d   Este prefijo da lugar a paradojas de segmentación: *percutáneo* se interpreta como 'que se relaciona con lo que atraviesa la piel', pero no existe *per-cutis*.

e   Este prefijo participa en la parasíntesis: *noche > pernoctar, signo > persignar(se)*. En la parasíntesis se restringe a bases sustantivas.
f   Se puede argumentar que este prefijo participa, desde un punto de vista sincrónico, en los cruces léxicos: de la forma *divulgar*, donde el hablante no siente la necesidad de segmentar **di-**, se forma *pervulgar* 'divulgar extensamente'.

Tipos de significados

a   Este prefijo tiene dos valores: el valor locativo, con significado de 'a través de', es visible en *percutáneo* 'que actúa a través de la piel', *perseguir* 'seguir a través de cualquier lugar', *persignar* 'hacer el signo de la cruz a lo largo del espacio del propio cuerpo', y parcialmente en *percolar* 'colar algo a través de un espacio' o *perforar* 'hacer un agujero a través de algo'.
b   Este valor 'a través de' en latín ya había adquirido una dimensión temporal en la que se interpreta que la acción es recorrida completamente, y por tanto está acabada o llevada a su culminación natural. Este valor perfectivo es visible aún en algunas formas verbales, como *pernoctar* 'pasar toda la noche' o *permutar* 'cambiar algo por completo', pero es más frecuente que el significado adquirido por el prefijo sea el de 'conducir la situación expresada por el verbo a lo largo de todo un periodo extenso', sin que necesariamente esa situación tenga una culminación: *perdurar* 'durar más allá de algún acontecimiento', *pervivir* 'vivir más allá de algún acontecimiento'.
c   La forma *perjurar* a veces se emplea para indicar una versión más acabada y enfática de *jurar* (*juré y perjuré que yo no tenía nada que ver con eso*).
d   Es mucho más frecuente, sin embargo, que la base no sea interpretable en su valor habitual y por tanto que tampoco sea transparente la contribución del prefijo: no tienen mucho que ver con el significado del verbo base, entre otras, las formas *percatar, perdonar, perfundir, perjudicar, perlongar, permanecer, perturbar, pervertir, perfumar*.
e   El valor de la voz es siempre no transparente en las formaciones adjetivales heredadas del latín, como *perenne, perspicaz, perfecto* o *perspicuo*.

Propiedades fonológicas

Este prefijo se integra claramente con la base, no admite acento secundario y su consonante final se resilabifica con la primera vocal de la base cuando está presente (*perimir, perito, perenne*). No se identifican alomorfos de este prefijo.

Relaciones con otros prefijos

En su valor locativo, este prefijo compite con **trans-** y con **por-**. Su valor de 'extensión de una acción más allá de un acontecimiento' no se expresa directamente mediante otros morfemas en español, pero véase **re**[1]-, **des**[1]- para otros prefijos que pueden actuar sobre la estructura aspectual y temporal del verbo.

per-[2]. De la misma etimología que **per-**[1]. Prefijo adjetival empleado en el lenguaje de la química para indicar que una sustancia contiene un enlace oxígeno-oxígeno, y por tanto que ha saturado todas las posibles posiciones para el oxígeno. Su relación con **per-**[1] es precisamente que en estas sustancias se alcanza el grado máximo de átomos de oxígeno.

Aparece en la forma *peróxido*, y a partir de ella en los nombres de los resultados de la oxidación de otras sustancias, como *percloruro, permanganato* y *perborato*.

peri-. Del latín *peri-*, y este de la preposición griega περί 'alrededor de'. Prefijo adjetival del español, con significado equivalente a 'circundante, que rodea, que está alrededor'.

Tipos de base

a   Este prefijo, de carácter culto, se combina sobre todo con bases neoclásicas equivalentes a sustantivos.

    (1)   pericardio, periferia, perifonía, perífrasis, perigeo, perihelio, perímetro, periodonto, periostio, períptero, periscopio, perístasis, perizoma

b   Son escasísimas las bases en que el sustantivo es un término usado como nombre en español (*pericráneo*).
c   Sucede igual con las bases adjetivales, siempre adjetivos relacionales (*peripatético, peridáctilo*) neoclásicos y rara vez formaciones del español (*perinatal*).
d   Este prefijo rechaza las bases que son adjetivos calificativos, verbos o adverbios.

Comportamiento gramatical

a   Este prefijo no altera la clase de palabras, el género o el número de su base.
b   En principio, este prefijo es iterable; si definimos una entidad como *pericardio*, 'lo que está alrededor del corazón', podemos referirnos a otra que rodee a esta como *peripericardio*; el hecho de que no exista en el uso solo refleja la ausencia de este tipo de tejido, no un problema gramatical.
c   Este prefijo participa en paradojas de segmentación con adjetivos relacionales: *perinatal* se interpreta como lo relacionado con el periodo de tiempo que rodea el nacimiento, no como una relación que rodea al nacimiento.
d   Contra otros prefijos adjetivales (cf. **mini-**), no se documentan casos en que este prefijo aparezca ya convertido en un adjetivo que puede aparecer de forma libre para indicar una subclase de las entidades a las que modifica: **una carretera peri* (donde se podría querer indicar 'una carretera circundante').
e   Pese a que este prefijo tiene valor locativo, y la mayoría de los prefijos locativos son preposicionales, el comportamiento de **peri-**, que rechaza bases verbales y se especializa en bases sustantivas, muestra que se comporta como un prefijo adjetival.

Tipos de significado

a   El valor etimológico de este prefijo es locativo: 'en torno a'. Este valor se documenta de forma transparente en algunas formaciones científicas, como *pericardio, periscopio* 'que permite ver alrededor' o *periodonto* 'tejido en torno a los dientes'.
b   En la extensión conceptual típica de nociones locativas a nociones temporales, este prefijo adquiere el valor de 'en torno al periodo de tiempo definido por' en otras formaciones, como *perinatal*.
c   El valor de 'en torno a' ocasionalmente da lugar al significado 'dando un rodeo', como en *perífrasis*, originalmente 'expresión con rodeos de algo que podría decirse de forma directa'.

d   Con todo, la inmensa mayoría de ejemplos tienen valores no composicionales: el *perihelio* no es la órbita que recorre el sol o una órbita en torno al sol, sino el punto de la órbita que está más cerca del sol. Están igualmente lexicalizadas de forma fuerte y casi irreconocible en su valor actual *peripatético, perifreria* o *perímetro*.

Propiedades fonológicas

Este prefijo muestra signos de independencia fonológica de la base solo en aquellos casos en que su significado es composicional: se manifiesta en la preservación de acento secundario no rítmico (*pèrinatál*). Generalmente, sin embargo, produce la simplificación vocálica de la palabra (*periscopio*, no **periescopio*).

Relaciones con otros afijos

Este prefijo es uno de los prefijos adjetivales de valor locativo en español (cf. también **epi-**, **hipo-**). El valor locativo de alrededor se puede expresar también con **circum-**.

LECTURAS RECOMENDADAS: Varela & Martín (1999); RAE & ASALE (2009: §10.5).

peta-. Basado en 'penta', con eliminación de la nasal por analogía con **tera-**. Prefijo cuantificativo multiplicativo que equivale a 10^{15}, y como el resto de prefijos de su serie toma solo unidades de medida como su base.

pico-. Del italiano *piccolo* 'pequeño'. Prefijo cuantificativo del lenguaje técnico con valor equivalente a 10^{-12}, y que se combina casi exclusivamente con sustantivos que equivalen a unidades de medida, como *picogramo, picometro, picovatio*. Ocasionalmente se documenta, en el lenguaje de la tecnología, este prefijo con un valor mucho menos preciso equivalente a 'en miniatura', donde indica un valor de tamaño inferior a **micro-**, como en *picoproyector, picosatélite, picocelda* (dentro de un circuito), *picoturbina*, etc.

piro-. Del latín *pyro-*, y este del griego πυρο- 'fuego'. Prefijo adjetival de valor equivalente a 'relacionado con el fuego'.

a   Como otros prefijos adjetivales, este se combina con algunos sustantivos y adjetivos relacionales.

   (1)   piroplástico, pirofosfato, pirograbado
   (2)   piroeléctrico, pirotécnico

b   No obstante, la mayoría de formaciones toma bases neoclásicas interpretables como sustantivos o adjetivos relacionales.

   (3)   pirógeno, pirólatra, pirólisis, pirología, piromancia, pirómano, pirometría, prióscafo, pirosfera

c   Este prefijo no cambia la categoría gramatical de la base ni altera sus otras propiedades léxicas.

d   Este prefijo participa en paradojas de encorchetado (*piroeléctrico*, 'que se relaciona con la electricidad formada por fuego').

e El valor de este prefijo es 'que se relaciona con el fuego', lo cual permite distintas interpretaciones: 'causado por el fuego' en *pirograbado* o *pirofosfato*, 'aplicado al fuego' en *pirotécnico*. La interpretación argumental de los prefijos adjetivales que equivalen a adjetivos relacionales es frecuente también con este prefijo.

f Tradicionalmente este prefijo se considera una forma compositiva culta. No obstante, su comportamiento gramatical no es acorde con este término: **piro-** nunca aparece en segunda posición de palabra, frente a los formantes compositivos neoclásicos (*logopeda ~ filólogo*) y tampoco permite que se deriven adjetivos o sustantivos a partir de él mediante la única adición de afijos (**pírico, *piria*). En el lenguaje de la medicina existe el sustantivo *pirosis*, para indicar una afección, pero esta voz procede originalmente del griego y no se deriva en español mediante el sufijo **-osis**.

-ple. Véase '**-uple**.

-plo. Véase '**-uple**.

pleni-. Del latín *pleni*, genitivo de *plēnus*, 'lleno'. Prefijo adjetival no productivo del español,

a Como otros prefijos adjetivales, este se une a bases sustantivas (*plenipotencia, plenilunio, plenillanura*) y adjetivos relacionales (*pleniglacial*).

b Este prefijo no altera las propiedades de la base, no es iterable y no toma alcance sintagmático sobre los modificadores del sustantivo o adjetivo.

c Este prefijo da lugar a paradojas de segmentación con bases adjetivas.

d El valor de este prefijo equivale al adjetivo 'total', que puede interpretarse como que la noción expresada por la base aparece completa (*plenilunio*) o no es interrumpida por otras entidades (*plenillanura*). Al igual que el adjetivo 'total' este sentido de completud puede aplicarse a distintos ámbitos (*plenipotencia* 'poder total', *pleniglacial* 'que se relaciona con un periodo de glaciación máxima').

e Surge la pregunta de si esta forma ha de considerarse prefijo o debe entenderse como un elemento compositivo, en el que se combina el adjetivo *pleno* con la vocal de enlace **-i-**[2] empleada en ciertos compuestos. La consideración de este elemento como compuesto tiene el problema de que generalmente la vocal de enlace toma un primer miembro sustantivo, lo cual no podría ser el caso aquí. En segundo lugar, *pleno* no aparece como segundo miembro de palabra en español, para formar compuestos (cf. *pleno de gracia > *gracipleno*). Estos problemas dejarían como única justificación de tratar *pleni-* como un formante compositivo la supuesta independencia morfémica de *pleno*, pero esta independencia es, como en otros casos, falsa: *pleni-* no aparece solo, ni tampoco la forma *plen-*, que para formar un adjetivo debe unirse a la marca de género **-o**[1].

plus-. Del latín *plus*, adverbio comparativo correspondiente a 'más'. Posible prefijo preposicional de valor escalar que aparece un conjunto reducido de formaciones con base sustantiva, como *plusmarca, plusvalía* y *pluspetición*, donde indica la noción de exceso o superación de una cantidad contextualmente fijada. Ocasionalmente contrasta con **minus-**, aunque rara vez forman pares con significados estrictamente opuesto (véase por ejemplo *plusvalía* frente a *minusvalía*).

pluri-. Del latín *pluris*, forma genitiva de *plūs* 'más'. Prefijo cuantificativo equivalente a 'varios, más de uno'.

Tipos de base

a Como otros prefijos cuantificativos se une principalmente a bases sustantivas y adjetivos relacionales. En general son pocas las bases patrimoniales sustantivas a las que se une, como en *pluriempleo, pluriactividad, pluricampeón, pluricultura, pluridiversidad*.

b Las bases que son adjetivos relacionales son mucho más frecuentes: *plurianual, pluricelular, pluricéntrico, pluridimensional, pluridisciplinar, pluriétnico, plurinacional, pluriprovincial, plurisectorial, plurivalente, pluriverbal*, entre muchísimos otros.

c Ocasionalmente, este prefijo se une a participios: *pluripremiado (*pluripremiar), plurinominado (*plurinominar), plurigravado (*plurigravar), plurimedicado (*plurimedicar)*.

d La propiedad de no combinarse bien con verbos está compartida por otros prefijos cuantificativos, pero resulta sorprendente desde un punto de vista semántico, ya que en principio podría cuantificarse sobre el evento. Suponer que este cuantificador solo actúa sobre individuos podría resolver el problema: en los participios que admiten el prefijo, se interpreta cuantificación sobre el número de entidades involucradas: el número de premios, de nominaciones, de impuestos, de medicamentos. Es posible que el valor eventivo del verbo deba desaparecer para que se pueda acceder a esta cuantificación.

e Este prefijo no se une a bases adverbiales, adjetivos calificativos o de otras categorías.

Comportamiento gramatical

a Este prefijo puede alterar la categoría gramatical de la base, convirtiéndola en un adjetivo a partir de un nombre:

   (1) miembro > pluri-membr-e, lengua > pluri-lingü-e, color > pluri-color
   (2) *sistemas partidos > sistemas pluripartidos

b Este prefijo, al igual que otros prefijos cuantificativos, no es iterable: **pluri-pluri-empleo*.

c Este prefijo da lugar a paradojas de encorchetamiento con bases adjetivales: *pluridisciplinar* se entiende como 'que se relaciona con varias disciplinas', no 'que tiene varias relaciones con una disciplina'.

d Este prefijo, al igual que otros prefijos cuantificativos, no participa en la parasíntesis ni forma verbos a partir de bases neoclásicas (**pluricidir*).

Tipos de significado

a El valor de este prefijo es el de indicar que existe más de una entidad involucrada en la situación que se describe. Muy a menudo la base proporciona la entidad relevante que aparece varias veces, es decir, con una semántica 'plural': *pluriempleo, pluridisciplinar, pluriprovincial*. Como puede verse, el sufijo de los adjetivos relacionales es transparente a efectos de la cuantificación, que se produce directamente sobre el sustantivo del que éste se deriva.

b El valor numérico puede incluir la pareja o no; en pluriempleo basta con que la persona tenga más de un empleo, mientras que en otras voces donde también existe una formación con **bi-** o **di-**, se interpreta que el valor debe ser mayor a dos: *pluripartidismo ~ bipartidismo, plurilingüe ~ bilingüe*.

c En otras ocasiones la cuantificación indica que la entidad denotada por la base está compuesta por varias partes (*pluridiversidad* 'diversidad en distintos aspectos', *pluricultura* 'cultura que incluye distintas manifestaciones') o se multiplican nociones semánticamente asociadas a la base que no están presentes formalmente en la base, pero no la base misma (*plurinominado, plurimedicado, pluriganador*).

Propiedades fonológicas

Este prefijo muestra cierta independencia prosódica de la base, manifestada en la presencia de acento secundario (*plùriestatál*) y la no cancelación de la vocal final cuando la base comienza por vocal (*pluriactuación, pluriindicado*). No se documentan alomorfos de este prefijo.

Relaciones con otros afijos

Como ya se ha dicho, **pluri-** puede oponerse a **bi-** o **di-** para indicar valores plurales superiores a dos; contrasta con **multi-** y **poli-** porque estos segundos dan el significado de 'muchos', mientras que **pluri-** solo habla de varios.

> LECTURAS RECOMENDADAS: Varela & Martín (1999); RAE & ASALE (2009: §10.8).

poli-. Del griego πολύς 'mucho'. Prefijo cuantificativo equivalente a 'muchos'.

Tipos de bases

a Pese a tener un carácter culto, este prefijo se puede combinar con sustantivos patrimoniales.

(1) polialcohol, policlínica, polifarmacia, politraumatismo

b No obstante, son mucho más frecuentes como bases los temas neoclásicos equivalentes a sustantivos.

(2) poliandria, poliarca, policromía, polidipsia, polifonía, poligamia, polígono, polígrafo, polímata, polinomio, polisíntesis

c Resultan particularmente frecuentes como bases los términos técnicos relacionados con el lenguaje de la química y otras ciencias:

(3) polietileno, polimerasa, polímero, polipéptido, polisacárido, polivinilo

d También aparecen como bases adjetivos relacionales:

(4) policíclico, politécnico, polivalente, polifacético

e Este prefijo no se une a adjetivos calificativos, ni verbos, adverbios u otras categorías gramaticales.

Comportamiento gramatical

a Como otros prefijos cuantificativos, este prefijo puede convertir en adjetivos relacionales las bases sustantivas. Entre muchos otros, tenemos los siguientes casos:

(5) policromo, políglota, polimorfo, polipétalo, polisépalo, polisílabo
(6) *flores pétalas > flores polipétalas

b No es la misma situación la que se encuentra en *polideportivo*, que es un adjetivo relacional que se usa de forma no transparente como sustantivo para indicar ciertas instalaciones usadas para hacer deportes.
c Este prefijo no es iterable.
d Este prefijo no participa en la parasíntesis y no forma verbos a partir de temas neoclásicos (*policidir*).
e Este prefijo no permite la expansión funcional de la base.

Tipos de significado

a El valor de este prefijo equivale al cuantificador 'mucho', y generalmente la entidad denotada por la base (o sobre la que se forma la base) es la que se cuantifica: *politraumatismo* 'muchos traumatismos', *polipétalo* 'muchos pétalos', *polisacárido* 'cadena de monosacáridos'.
b Es posible también que la cuantificación se aplique a una entidad relacionada semánticamente con la base, pero no presente en su forma, que se multiplica para dar el significado de que la entidad denotada por la base está compuesta por muchas partes distintas: *polifarmacia* 'abuso de muchos tipos de medicamento', *policlínica* 'clínica que trata muchas patologías'.
c Resulta frecuente con las formaciones a partir de bases neoclásicas que los hablantes hayan perdido la conexión semántica etimológica, como en *polígrafo*, originalmente 'que registra distintas constantes físicas' y actualmente entendido como una máquina de la verdad, o *polinomio* 'expresión con una suma finita de variables y constantes'.

Propiedades fonológicas

Este prefijo da muestras de independencia prosódica de la base, mediante acento secundario no rítmico (*pòlicromía*) y la no cancelación de vocales entre él y la base (*poliandria, poliindustrial*).

Relaciones con otros afijos

Este prefijo parcialmente se opone a **oligo-**, que indica 'poco', por su significado, pero no pertenecen al mismo grupo de prefijos (**oligo-** es un prefijo adjetival). Entre los prefijos cuantificativos, **poli-** compite con **multi-**, más frecuente con bases sustantivas. Véase también **pluri-**.

LECTURAS RECOMENDADAS: Varela & Martí (1999); RAE & ASALE (2009: §10.8).

por-. De la preposición española *por*, y esta del latín vulgar *por*, de *pro* y *per*. Prefijo preposicional segmentable en un número pequeño de formas, como *porvenir* o *porque*. Se han considerado tradicionalmente compuestos las formaciones nominales que proceden originalmente de sintagmas preposicionales reanalizados, como *porcentaje, pordiosero* y *porvida*. La razón de considerarlas compuestos se debe exclusivamente a que la preposición se escribe ortográficamente como una palabra independiente en esos casos (*por ciento, por Dios, por vida mía*), pero la preposición nunca tiene independencia gramatical en español, lo cual aconseja clasificar estas formaciones como prefijadas. Las estructuras que implican a **por-** habitualmente son casos en que un sintagma es derivado como constituyente, *por ciento > porcentaje* (cf. **-aje**), *por Dios > pordiosero*, y dan lugar a paradojas de segmentación en la medida en que el segundo miembro con el sufijo no forma una palabra del español (**centaje, *diosero*), problema que obviamente se resuelve si se permite que el sufijo actúe sintácticamente sobre sintagmas complejos.

pos-. Véase **post-**.

post-. De la preposición latina *post* 'tras, después de'. Prefijo preposicional de valor locativo o temporal.

Tipos de base

a   Este prefijo se combina típicamente con sustantivos y adjetivos relacionales. Entre los sustantivos encontramos los de (1):

(1)   postcombustión, poscomunión, posfecha, posguerra, postgrado, postmeridiano, posparto, pospierna, posventa

b   Los adjetivos relacionales, algo más numerosos, incluyen los siguientes (2):

(2)   postbélico, postclásico, postdental, postdiluviano, postdorsal, postgutural, posindustrial, postnominal, postónico, postoperatorio, postpalatal, postverbal

c   No es habitual que este prefijo se combine con adjetivos calificativos, pero es posible: *postmoderno* (*muy postmoderno*).

d   Tampoco son frecuentes las formaciones sobre verbos, que también son gramaticales: *postponer*.

e   Es frecuente que este prefijo se combine con bases neoclásicas, como en *postdata, posliminio* o *posprandial*.

Comportamiento gramatical

a   Este prefijo no altera la clase de palabras de la base, ni afecta a su género, clase de conjugación u otras propiedades léxicas.

b   Este prefijo es iterable: si definimos un área como *postdental*, es en principio posible hablar de otra área que va tras ella como *postpostdental*.

c   Este prefijo da lugar a paradojas de segmentación con adjetivos relacionales: *postverbal* no es 'lo que va después de la relación con el verbo', sino 'lo que se relaciona con lo que va tras el verbo'.

d   Normalmente este prefijo no participa en la parasíntesis, si bien cabría analizar la forma *postergar* como derivada de un tema neoclásico sustantival (**tergar*).

e   Este prefijo habilita a los sustantivos para actuar como modificadores de otro nombre: **depresión parto > depresión posparto, *pastilla coito > pastilla postcoito*.

Tipos de significado

a   Este prefijo tiene un valor locativo similar al de la preposición 'tras'. En su valor locativo, aparece con bases que indican objetos materiales, generalmente partes del cuerpo o elementos dentro de una estructura: *postdental, postgutural, postalveolar, postpalatal, postónico*, etc.

b   Normalmente las bases se usan como el punto de referencia usado para localizar otra entidad, de manera que un *sonido postdental* es un sonido que se localiza tras los dientes, no los dientes que están detrás de un sonido.

c   Las interpretaciones temporales de **post-** son mucho más frecuentes que las locativas. La lectura temporal, que también tiene la preposición *tras*, aparece con bases que denotan entidades localizadas en el tiempo. Los nombres de acción destacan entre ellas (*posparto, poscombustión, posguerra, posfiesta, poscoito*), pero también aquellos sustantivos y adjetivos relacionales que indican periodos históricos y otros eventos que se localizan en el tiempo: *posdiluviano, posbarroco, posindustrial* ('era industrial').

d   En el lenguaje de la lingüística se usa este prefijo para indicar causa, como en *posnominal, posverbal* y *posadjetival* para indicar que una palabra procede o se forma a partir de, respectivamente, nombres, verbos y adjetivos.

Propiedades fonológicas

a   Es habitual que el prefijo **post-** se pronuncie sin su consonante final, como *pos-*, que de hecho es la forma recomendada en la norma ortográfica actual. Dado que *post-* es una forma gráfica, no se puede entender como un alomorfo, ya que la pronunciación en la práctica es la misma.

b   La independencia fonológica del sufijo se muestra en que es habitual no pronunciar la /t/ final incluso si la base comienza por vocal: *pos-operatorio*. Esto es lo esperable si la /t/ final no se resilabifica con la primera vocal de la base.

Problemas de clasificación

La existencia de formas como *posterior, postrero* y *póstumo* puede suscitar la pregunta de si no debería considerarse este elemento un formante neoclásico, ya que el valor temporal o espacial del prefijo es claro en estas formas. Tal vez esto podría explicar su baja productividad, inferior a otros prefijos de espacio y tiempo; no obstante, es dudoso que el hablante segmente estas formas, que vienen directamente del latín.

Relaciones con otros afijos

Es sorprendente la baja productividad de **post-**, teniendo en cuenta que en el dominio temporal es el único prefijo que expresa 'después de', y que en el espacial compite con **tras-**, **retro-** y **re-**[3], ninguno de los cuales es particularmente productivo. Su contrario es **pre-**, mucho más productivo y con usos tanto temporales como espaciales, si bien con preferencia por los primeros, lo cual da oposiciones como *preguerra ~ posguerra, predorsal ~ postdorsal*.

> **Lecturas recomendadas:** Varela & Martín (1999); RAE & ASALE (2009: §10.5-10-4); Martín García (2012).

pre-. Del latín *prae-*, y este a su vez de la preposición *prae* 'ante'. Prefijo preposicional de valor locativo y temporal.

Tipos de bases

a   Este prefijo es productivo sobre todo con verbos. Entre muchísimos otros, encontramos los siguientes:

(1)   precalentar, precocinar, preconcebir, preconocer, predecir, predefinir, predestinar, predeterminar, predisponer, predominar, preelegir, preexistir, prefabricar, prefigurar, pregustar, preinscribir, prejubilar, prejuzgar, premeditar, premorir, premostrar, preponer, prescribir, presentir, presuponer, pretender, prevaler, prevenir, prever

b   Como puede verse, la lista incluye verbos de estado (*preexistir*), de acción télica (*precocinar*) o atélica (*prever*), con o sin duración (*prevenir*). Todas las clases gramaticalmente relevantes de verbos léxicos en español permiten este prefijo.

c   También es productivo con sustantivos, muchos de ellos nombres de acción o de estado, pero no necesariamente (*prehomínido, prerrequisito*):

(2)   preacuerdo, preaviso, precognición, precontrato, predorso, prefilatelia, preguerra, prehistoria, prehomínido, prejuicio, prenoción, prenombre, prerrequisito

d   Destacan por su frecuencia los sustantivos y adjetivos relacionales que se refieren a periodos históricos, artísticos o culturales:

(3)   precámbrico, preclásico, precolombino, preconstitucional, precortesiano, preescolar, preglaciar, prehelénico, prehispánico, preincaico, preindustrial, preliterario, prematrimonial, premenstrual, preolímpico, preoperatorio, prepalatal, prerrafaelista, prerrománico, preuniversitario, presocrático, preverbal

e   Este prefijo no se combina con adjetivos calificativos ni adverbios.

f   Este prefijo se combina, en cambio, también con bases neoclásicas equivalentes a sustantivos y adjetivos (*preámbulo, prefijo, preludio, prematuro, premonición*) y con bases neoclásicas verbales:

(4)   preferir, presidir, prestar, presumir

Comportamiento gramatical

a   Este prefijo no cambia la categoría gramatical de la base, ni su género, clase de conjugación o estructura argumental.

b   Este prefijo es iterable: si definimos un periodo como *preclásico* podemos indicar el que lo antecede como *pre-pre-clásico*.

c   Este prefijo puede participar en las paradojas de segmentación, con adjetivos relacionales: *prediluviano* no es 'antes de la relación con el diluvio', sino 'relacionado con lo anterior al diluvio'.

d   Este prefijo no admite la expansión funcional de su base, pero puede habilitar a un sustantivo para ser modificador de otro:

(5)   *ropa mamá > ropa premamá

e   Este prefijo no participa en la parasíntesis.
f   Este prefijo admite lecturas en que toma alcance sobre un sintagma completo, como en *preguerra de Cuba*, donde no se habla de una situación de preguerra en Cuba, sino del periodo de tiempo anterior a la guerra de Cuba.

Tipos de significado

a   Este prefijo expresa una relación de anterioridad que rara vez es locativa; se interpretan locativamente, sin embargo, las escasas bases que indican objetos, como sustantivos (*predorso*) o como adjetivos relacionales (*predental, prepalatal*).
b   Son mucho más frecuentes, en cambio, los valores temporales. Este valor temporal aparece con bases que designan acciones, acontecimientos o periodos temporales como sustantivos (*preaviso, precontrato*), adjetivos relacionales (*prematrimonial, pregótico*) y por supuesto verbos (*preinscribir, prejubilar*).
c   Con verbos, el prefijo indica 'de antemano', es decir, puede localizar la acción antes de un punto que se consideraba natural para que sucediera (*predefinir, predestinar, predisponer, preinscribir, prejubilar, presuponer*) o puede indicar que la acción ha sucedido antes que otra que se espera que suceda a continuación (*preexistir, precocinar, prefabricar, premorir*). Con los participios correspondientes, ambas lecturas se mantienen.
d   Son varios los verbos que tienen significados no transparentes para este prefijo. La noción de 'anterioridad' es visible aún en *preocupar, preparar, preceder* o *prenunciar*, pero el conjunto hace imperceptible la contribución del prefijo en otros casos como *pretender* o *prevenir*.
e   Sucede igual, que está parcialmente demotivado, en el caso de *precursor*.
f   Aunque escasos, el valor de anterioridad se reinterpreta como 'primero en una jerarquía' en algunas voces, como *prevalecer, preponderar* o *prepotente*, así como en los adjetivos *predilecto, preeminente, preexcelso* y *preclaro*.

Propiedades fonológicas

a   Este prefijo da muestras de cierta independencia prosódica de la base, visible en la resistencia a resilabificar su vocal final con la primera de la base (*pre.in.dus.tri.al*, no **prein.dus.tri.al*) y en la ausencia de casos donde la vocal se cancele (*pre-actual*, no *practual o *prectual).
b   No se documentan alomorfos de este morfema.

Relaciones con otros afijos

Este prefijo compite con **ante-**, más típico en lecturas locativas. Forma oposición con **post-**, mucho menos productivo; el valor de anterioridad también se puede expresar con **ex-**.

preter-. Del la preposición latina praeter, 'más allá de'. Prefijo preposicional usado para expresar la noción de 'que va más allá de algo'.

a   Este prefijo, poco productivo, se combina sobre todo con adjetivos relacionales: (*preterintencional, preternatural*) y muy pocas veces con bases nominales (*pretermundo*).
b   Este prefijo forma verbos a partir de bases verbales neoclásicas, como en *pretermitir* 'pasar de largo sobre algo'. Pese a la relación etimológica, no se identifica la segmentación en *preterir, pretérito*.
c   Este prefijo forma paradojas de encorchetado o segmentación: *preterintencional* es lo que se relaciona con algo que tiene consecuencias que van más allá de la intención de alguien, no aquello que está más allá de la relación con las intenciones.
d   El significado del prefijo como 'más allá' se suele interpretar en un sentido no locativo: *preternatural* 'lo que está más allá de lo natural', pero no *pretercasa 'espacio más allá de la casa' o *pretercorrer 'pasarse de un punto al correr'.
e   Véase para otros prefijos con valores similares **para-, cis-, trans-**.

LECTURAS RECOMENDADAS: Varela & Martín (1999); RAE & ASALE (2009: §10.5-10-4); Martín García (2012).

---

pro-[1]. De la preposición latina *pro* 'a favor de'. Prefijo preposicional de actitud favorable.

Tipos de bases

a   Este prefijo se combina productivamente con sustantivos y adjetivos relacionales. Entre los sustantivos, las bases indican un movimiento político o cultural, o una entidad que se considera parte –de acuerdo al conocimiento del mundo– de un debate o controversia en la que hay posturas enfrentadas.

(1)   provida, proelección, prodemocracia, prodistrubución de la riqueza, proimperialismo, proindependencia, proderechos

b   Son muy frecuentes las formaciones sobre adjetivos relacionales. Entre muchas otras encontramos las siguientes, entre las que destacan las que indican nacionalidades y movimientos políticos:

(2)   proacadémico, proamericano, probelicista, probritánico, procatólico, proclerical, procomunista, prodictatorial, proespañol, profeminista, profrancés, progubernamental, promilitarista, promonárquico, prooccidental, prosemita, prosindical, prosoviético,

c   Frente a anti-, este prefijo no toma bases que indiquen procesos para indicar que se favorece o promueve su desarrollo (*antihemético* ~ **prohemético, antiadherente* ~ **proadherente, antivirus* ~ *provirus).
d   No se documenta este prefijo con bases que sean adjetivos calificativos, verbos o adverbios. Véase **pro-**[2], donde ocasionalmente el prefijo tiene significado de promover o llevar algo adelante.
e   Este prefijo puede combinarse también con nombres propios para indicar la actitud de apoyo a lo que el referente representa o a la propia persona (*pro-Trump, pro-Salvini, pro-Miguel Bosé*).

Comportamiento gramatical

a   Si bien este prefijo no altera la categoría gramatical de la base, muy a menudo habilita a la base para convertirse en un modificador de otro sustantivo:

    (3)   manifestación *(pro)vida, medidas *(pro)inmigración, partidos *(pro)iglesia...

b   Todos los casos en que el prefijo denota una acción o actitud favorable a lo denotado en la base permiten que la palabra resultante modifique a otro sustantivo. Desde esta perspectiva, los casos de uso como núcleo de sintagma nominal de los sustantivos con **pro-** pueden verse como situaciones de nominalización de un modificador nominal, aproximadamente como en (4).

    (4)   el [n] provida

c   Esta propuesta explica que el género y número de la palabra en **pro-** usada como núcleo no reflejen necesariamente el de la base:

    (5)   Ella es una prosistema, Él es un proinmigrantes.

d   Este prefijo permite la expansión funcional de la base, que puede aparecer en plural. Frente a **anti-**, no puede aparecer acompañado de distintos determinantes y cuantificadores:

    (7)   política económica pro-impuestos
    (8)   ??Soy pro-todo lo que digas

e   Este prefijo no es fácilmente iterable, pero esto puede deberse a motivos semánticos. Mientras que la idea de oposición, repetida, da conceptos opuestos, la idea de actitud favorable, repetida, no produce fácilmente nociones distintas. No obstante, puede concebirse que un movimiento a favor de quienes están a favor de la independia, pero distinto de ellos, pueda llamarse *pro-pro-independencia*.

f   Este prefijo no participa en la parasíntesis.

g   Con adjetivos relacionales, produce paradojas de encorchetado: ser *prosindical* es a los sindicatos, no estar a favor de la relación con estos.

h   Este prefijo claramente toma alcance sobre el sintagma completo: *proderechos humanos* no es alguien humano que está a favor de los derechos, sino lo que está a favor de los derechos humanos.

Tipos de significado

a   El valor de este prefijo es muy regular: indica la actitud favorable hacia la ideología, actividad, comportamiento o estado que se denota en la base.

b   No se documentan casos lexicalizados de significado con este prefijo, si bien suele ser necesario acudir al significado conceptual para aclarar el conjunto ideológico que expresa la formación prefijada (provida = contra el aborto).

Propiedades fonológicas

a   Este prefijo claramente tiene independencia fonológica de la base, que a veces se refleja en su escritura como forma separada de la base.

b Esta independencia fonológica se refleja en asignación de acento secundario al prefijo (*pròdeterminación*), en la ausencia de diptongos formados con la última vocal del prefijo y la primera de la base (*pro.in.de.pen.den.cia*, no **proin.de.pen.den.cia*) y en la no cancelación de la vocal final (*proorgullo gay*).

Relaciones con otros afijos

Pese a que se suele tratar el prefijo **pro-**[1] como el contrario de **anti-**, este segundo prefijo admite una mayor variedad de usos, y además la expansión funcional completa de la base sustantiva, pudiéndose combinar con pronombres, algo que **pro-** no puede hacer (*Soy anti-ella* vs.??*Soy pro-ella*). Cabe también plantearse una posible relación, más allá de la etimología, con **pro-**[2], que en ocasiones (*promover, propulsar*) contiene el significado de 'acción hacia algo', que podría interpretarse metafóricamente como 'a favor de alguien'. No existen en español otros afijos que indiquen actitud favorable, pero sí hay elementos compositivos, como *-filo* (*profrancés, francófilo*).

> LECTURAS RECOMENDADAS: Varela & Martín (1999); RAE & ASALE (2009: §10.11); Fábregas (2010).

pro-[2]. Del latín *pro*, 'en lugar de él, ante'. Prefijo preposicional poco productivo en español.

Tipos de bases

a Este prefijo se combina sobre todo con sustantivos y verbos. Entre los sustantivos destacan los que indican distinciones y cargos políticos y administrativos (*procapellán, procónsul, propretor, prosecretario*).

b La inmensa mayoría de las formaciones verbales con este prefijo tienen bases neoclásicas:

 (1) proceder, producir, proferir, prohibir, pronunciar, propalar, propulsar, prorrumpir, prostituir, provocar, proyectar

c Hay no obstante formaciones donde se reconoce un verbo español en la base, aunque casi siempre en significado demotivado: procesar, procurar, proclamar, promover, prometer, propagar, propasar, propugnar, prorrogar, proscribir, proseguir, prosperar, provagar, provenir.

d Son muy frecuentes las formaciones sobre temas neoclásicos correspondientes a sustantivos (*procarionte, progenitor, prolepsis, prólogo, pronóstico, proscenio, proverbio*) y adjetivos (*prófugo, proclive*).

Comportamiento gramatical

a Este prefijo no altera la clase de palabras de la base (con *procomún* como excepción, sin duda lexicalizada) ni su género o clase de conjugación.

b Este prefijo no es iterable.

c Su ausencia con bases que sean adjetivos relacionales y su poca transparencia semántica hace que no dé lugar a paradojas de segmentación.

d Este prefijo participa en la parasíntesis con alguna base nominal (*prohijar*).

Tipos de significado

a   Son escasos los ejemplos en que puede verse claramente el significado del prefijo, correspondiente a 'en lugar de' (*pronombre*) o su extensión ('que sigue en dignidad a un cargo'), como *procónsul* o *procapellán*.

b   Se documenta parcialmente el valor de 'sustituto de' en *procaína*, y la extensión 'primero en dignidad' en *prohombre*.

c   Como se ha dicho, es frecuentísima la situación en que el significado de la base es imperceptible en el derivado: si el valor de 'antes' es visible en prolepsis, prólogo, pronóstico o proscenio, es difícil entender este valor combinado con la base veral en *procesar, procurar, propugar, prorrogar, proscribir, prosperar, provenir* o *provocar*.

d   En algunas formaciones se documenta un valor de 'hacia adelante', real o figurado: *proyectar, propulsar, proseguir, promover, proclamar, prorrumpir*.

Propiedades fonológicas

Claramente este prefijo se integra fonológicamente con la base, como se observa por la cancelación vocálica de la primera vocal de la base: *proscribir, prosperar*.

proct-. Del latín *procto-* y este del griego πρωκτός 'ano'. Prefijo adjetival poco productivo, de significado equivalente a 'anal'. Este prefijo aparece solo en algunos cultismos, como *proctólogo, proctoscopia*. Parece dudoso que pueda considerarse un formante de compuestos, ya que no forma palabras en combinación con otros afijos (*próctico, *áprocto) ni se documenta nunca como segundo miembro de un compuesto.

proto-. Del latín *proto-* 'primero', y este del griego πρωτο. Prefijo adjetival equivalente a 'importante, antiguo'.

Tipos de base

a   Como otros prefijos adjetivales, este también se combina preferentemente con bases sustantivas, siempre nombres comunes:

   (1)   protofascista, protoestado, protoevangelio, protocristianismo, protopartido, protoindoeuropeo, protopapa, protolenguaje, protobanco, protoauriñacense, protoflamenco, protoescritura, protoaspirante, protopopulismo, protociencia, protonacionalismo, protokirchnerismo, protogolpismo

b   Este prefijo es particularmente productivo con términos del lenguaje científico, tanto bases neoclásicas equivalente a nombres comunes (*protozoo*) como patrimoniales (*prototierra*).

   (2)   protocloruro, protoplasma, protosol, protosulfuro, protóxido, protozoo, protoplaneta, protoestrella, protocerátops, protomamífero, prototierra, protocélula,

c   También son frecuentes las bases que se refieren a papeles sociales y puestos dentro de una jerarquía:

   (3)   protoalbéitar, protomártir, protomédico, protonotario, protopresbítero,

d No son frecuentes las bases formadas por adjetivos relacionales, aunque se documentan cuando este adjetivo relacional puede referirse a un periodo histórico o a un movimiento cultural o artístico: *protoindustrial, protocubista, prototerrorista, protoclásico*.
e Como otros prefijos adjetivales, este también rechaza bases verbales, adverbiales o formadas por adjetivos calificativos.

Comportamiento gramatical

a Este prefijo no altera la clase de palabras, el género o el número de su base.
b En principio, este prefijo es iterable; si definimos una entidad como *protopartido*, 'versión temprana de un partido', podemos referirnos a otra que sea solo la semilla de un protopartido como *protoprotopartido*.
c Este prefijo participa en paradojas de segmentación con adjetivos relacionales: *protosurrealista* se interpreta como lo relacionado con el surrealismo temprano, no como una relación temprana con el surrealismo.
d Contra otros prefijos adjetivales (cf. **mini-**), no se documentan casos en que este prefijo aparezca ya convertido en un adjetivo que puede aparecer de forma libre para indicar una subclase de las entidades a las que modifica: **un cubismio proto* (donde se podría querer indicar 'un cubismo temprano, un cubismo inicial').

Tipos de significado

a El valor de 'primero' permite dos lecturas para este prefijo. La primera de ellas es una lectura casi temporal en la que indica las versiones iniciales, tempranas o más antiguas de un concepto denotado por la base. Este valor es el principal que se documenta en el lenguaje científico (*protozoo*) o con bases que indican periodos históricos o movimientos artísticos localizables en una línea temporal (*protohistoria, protofeudalismo*).
b El segundo valor derivado de 'primero' es el de tomar la base como una clase de entidad de las que el prefijo extrae aquella que es más importante, más ejemplar o primera en dignidad, como en *protoalbéitar, protomártir, protomacho*.
c No son frecuentes los casos en que el significado no es transparente; está parcialmente lexicalizado, al punto de que algunos hablantes no reconocen la base, *prototipo*.

Propiedades fonológicas

Este prefijo muestra signos de independencia fonológica de la base, manifestada en la preservación de acento secundario no rítmico (*pròtonotário*) y la preservación de la vocal final en aquellas voces cuya base comienza por vocal (*protoestrella*), sin formar diptongo con ella (*pro.to.in.dus.trial*).

Problemas de segmentación

Pese a la existencia de *protón*, derivado etimológicamente de la misma raíz en griego, este morfema no puede considerarse un tema neoclásico, ya que (i) siempre aparece en posición inicial, (ii) el sufijo **-ón**[5] necesario para esta formación no selecciona el valor adjetival que se ha descrito aquí (cf. *neutrón, electrón, positrón*).

LECTURAS RECOMENDADAS: RAE & ASALE (2009: §10.12); Fábregas (2018).

pseudo-. Del griego *ψευδής* 'falso, mendaz'. Prefijo adjetival intensional que indica que las propiedades de la base no caracterizan a la entidad denotada.

Tipos de base

a Este prefijo, como otros prefijos adjetivales, se combina preferentemente con bases sustantivas de distintos tipos.

(1) pseudociencia, pseudoterapia, pseudodemocracia, pseudocereal, pseudoizquierda, pseudonoticia, pseudocultura, pseudosindicato, pseudomatrimonio, pseudocalifato, pseudohistoria, pseudoanonimato, pseudodocumental, pseudoproducto, pseudomadridismo, pseudoprueba, pseudoislote

b Destacan entre los nombres comunes aquellos que designan profesionres, papeles sociales y otras clases de individuos humanos:

(2) pseudoperiodista, pseudocientífico, pseudointelectual, pseudoaficionado, pseudomaestro, pseudohistoriador, pseudoexperto, pseudopresidente, pseudoempresario, pseudofamoso, pseudofilósofo

c Se documentan también nombres propios de persona como bases: *Pseudoberlusconi, Pseudodionisio.*

d Entre los adjetivos este prefijo escoge bases relacionales, y rechaza los adjetivos calificativos, al igual que otros prefijos adjetivales.

(3) pseudohumano, pseudoambiental, pseudosocialista, pseudorreligioso, pseudolegal, pseudomafioso, pseudoliberal, pseudojudicial, pseudopolítico, pseudomedieval, pseudofeminista, pseudomarxista

(4) *pseudoalto, *pseudoguapo, *pseudodifícil

e Esto hace que fuerce la lectura nominal de algunas bases que también pueden funcionar como adjetivos calificativos: *los pseudofamosos* vs. **un cantante pseudofamoso*.

f Este prefijo se combina también con bases neoclásicas, equivalentes a sustantivos: *pseudónimo, pseudópodo*

g Este prefijo rechaza las bases verbales y adverbiales.

Comportamiento gramatical

a Este prefijo no altera la clase de palabras, el género o el número de su base.

b En principio, este prefijo es iterable; si definimos una entidad como *pseudociencia*, podemos referirnos a otra que parezca pseudociencia, pero no lo sea como *pseudopseudociencia*. En esto se comporta igual que el adjetivo intensional *falso*, con el que comparte propiedades: *una pistola falsa* vs. *una falsa pistola falsa*.

c Este prefijo participa en paradojas de segmentación con adjetivos relacionales: *pseudoliberal* se relaciona con *pseudoliberalismo*, pese a que esta voz no esté presente en la formación del adjetivo prefijado.

d Este prefijo toma alcance sintagmático: *una medida pseudoambiental* se interpreta como una falsa medida acerca del medioambiente, no necesariamente como una medida que se relaciona falsamente con el medioambiente. Para ello es necesario interpretar *pseudo [medida ambiental]*.

e   Contra otros prefijos adjetivales (cf. **mini-**), no se documentan casos en que este prefijo aparezca ya convertido en un adjetivo que puede aparecer de forma libre para indicar una subclase de las entidades a las que modifica: **un lenguaje pseudo* (donde se podría querer indicar 'un lenguaje solo aparente, un lenguaje falso').

Tipos de significado

a   Este prefijo adjetival tiene un valor intensional: no incorpora propiedades nuevas a la base, usadas para denotar una subclase de la entidad definida por ella, sino que indica que las propiedades de la base realmente no se predican del referente. Así, la *pseudociencia* no es un tipo de ciencia, sino algo que toma de la ciencia alguna propiedad, pero no puede clasificarse como ciencia.

b   Este significado equivalente a 'falso' se documenta con bases sustantivas que son nombres comunes y adjetivos relacionales derivados a partir de sustantivos. El valor es muy regular y no se documentan casos de significado no transparente.

c   Es frecuente este valor con toda clase de nombres comunes: de objeto (*pseudópodo*), de clases de humanos (*pseudoperiodista*), de estados (*pseudoanonimato*), de evento (*pseudodebate, pseudoconsulta, pseudonegociación*), etc. Son comunes también, en el lenguaje de la medicina, las bases que indican sustancias, afecciones y enfermedades, donde el prefijo indica que la entidad descrita comparte propiedades con la que denota la base, pero no merece el mismo diagnóstico o consideración:

(5)   pseudoefedrina,   pseudoartrosis,   pseudotumor,   pseudofoliculitis, pseudoestrabismo

d   Con nombres propios se diferencian dos valores. En el primero, **pseudo-** indica que la identidad del nombre propio no ha sido completamente establecida, y equivale a 'atribuido a', como en *Pseudodionisio*. En el segundo, se indica que la entidad a la que se refiere la palabra prefijada trata de imitar algunos rasgos de comportamiento o asociados enciclopédicamente de otra manera al referente del nombre propio pero sin llegar a alcanzar al original, como en *Pseudotrump, Pseudohitchcock*.

Propiedades fonológicas

a   Este prefijo da muestras de cierta independencia fonológica de la base, manifestada en que recibe acento secundario no rítmico (*psèudoactuál*) y en que no cancela su vocal final incluso cuando la base comienza por vocal (*pseudoorganismo*), ni forma diptongo con ella (*pseu.do.in.te.lec.tu.al*).

b   Es habitual que el prefijo adquiera la forma ortográfica *seudo-*, que no cuenta como un alomorfo y simplemente refleja la reducción normal del grupo /ps/ en posición inicial de palabra.

Relaciones con otros afijos

El valor de este prefijo es similar al de **para-**, pero mientras que aquel indica 'alternativo', sin negar que el ejemplar pertenezca a la clase denotada por la base, **pseudo-** claramente indica que las propiedades de la entidad no satisfacen la descripción de la base. Véase también **semi-** y **cuasi-**, que indican en algunos casos que la entidad tiene propiedades parcialmente asimilables a las de la base (*semidiós, cuasidivino*).

> LECTURAS RECOMENDADAS: RAE & ASALE (2009: §10.12); Fábregas (2018).

puto-. Del adjetivo vulgar español *puto*, 'maldito, condenado'. Prefijo escalar que se combina sobre todo con verbos y adjetivos.

Tipos de base

a Propio de la lengua coloquial y vulgar, este prefijo aparece documentado sobre todo con verbos de estado que indican sentimientos y estados psicológicos graduables (*Me putoencanta, Estoy putocansado de esto, Lo putoaborrezco*) y con adjetivos, también graduables (*putobueno, putoharto, putolargo, putoaburrido, putodifícil*), sobre todo aquellos que tengan un componente de valoración subjetiva.
b Con verbos que indican cambios no graduables, la presencia del prefijo fuerza la reinterpretación de la base como indicando una noción graduable: *Me putomuero* se interpreta como 'estoy extraordinariamente afectado', no en su valor literal de perder la vida.
c Son poco frecuentes los casos de base nominal, aunque se documentan formas como *Dame la putocopia de una vez, Paga la putocuenta ya*.

Comportamiento gramatical

a Este prefijo no altera la categoría gramatical de la base u otras propiedades.
b Este prefijo es iterable, como otros prefijos preposicionales con valor escalar: *Me puto-puto-flipa*.
c Este prefijo no participa en parasíntesis o en paradojas de encorchetado.
d Este prefijo no puede coordinarse a otros.

Tipos de significado

a El valor semántico de este prefijo es similar al adjetivo *puto*, es decir, aporta una valoración subjetiva equivalente a la de algunos afijos apreciativos.
b Este valor es intensificativo, y denota el grado extremo de alguna cualidad o estado asociados a la base.
c La intensificación produce más frecuentemente valores negativos, e indica el fastidio o hartazgo del hablante con respecto a una situación.
d Ocasionalmente el valor es positivo (*Me putoencanta*), pero siempre depende de que la base a la que se une exprese un grado de alguna propiedad positiva, en cuyo caso el prefijo se limita a indicar un valor extremo de dicho valor positivo.

Propiedades fonológicas

Este prefijo tiene un comportamiento fonológico con signos de independencia prosódica de la base, manifestada en la asignación de acento secundario no rítmico (*pùtodifícil*) y la preservación de su vocal final (*putoobligado*), que no forma diptongo con la primera vocal de la base (*putoinfernal*).

Problemas de clasificación

La existencia del adjetivo puto suscita la pregunta de si este elemento es un afijo o un miembro de un compuesto. En ambos casos, se explicaría la ausencia de flexión de concordancia (*Es la putoama*), pero la hipótesis de que sea un componente de un compuesto se enfrenta al problema de que **puto-** no flexionado nunca se emplee como segundo miembro de palabra. Asimismo, su contribución al significado está próxima a los morfemas apreciativos y a los afijos de cantidad que indican exceso o desmesura.

> LECTURAS RECOMENDADAS: Esteban Fernández (2022).

Q

qu-. Posible morfema segmentable que codificaría la noción de interrogativo o exclamativo, en formas como *quién, qué, cuánto, cuándo, cómo, cuál* y otras. De tomarse esta decisión, qu- correspondería a la base de la palabra, no a un afijo, y se deberían segmentar los sufijos **-ien**, *-é*, **-anto**, **-al**, *-ando*, *-omo*. Solo en el caso de **-ien** (*alguien*), **-al** (*tal*) y **-anto** (*tanto*) hay alguna base empírica para proponer que se trate de afijos segmentables.

quasi-. Véase **cuasi-**.

quecca-. Forma no recomendada por las instituciones científicas de **quetta-**.

quecto-. Relacionado con el latín *decem* 'diez', junto a una consonante *q-* elegida arbitrariamente y la terminación *-to*, característica de los prefijos fraccionarios a partir de **femto-**. Prefijo cuantificativo que expresa la fracción correspondiente a 10^{-30}. Como sucede con otros prefijos cuantificativos del sistema científico, sus bases son unidades de medida, como en *quectosegundo*.

quetta-. Relacionado con el latín *decem* 'diez', junto a una consonante *q-* elegida arbitrariamente y la terminación *-ta*, característica de los prefijos multiplicativos de **peta-** en adelante. Prefijo cuantificativo que expresa el valor multiplicativo equivalente a 10^{30}, y que, al igual que los demás prefijos del sistema métrico en el lenguaje científico, toma como bases únicamente unidades de medida, como en *quetabyte*. La forma **quecca-**, que se propuso inicialmente, no se considera estándar en la actualidad.

-quier(a). De la forma de presente de subjuntivo del verbo *querer, quiera*. Posible sufijo funcional segmentable en algunos cuantificadores de elección libre.

a Este sufijo forma cuantificadores de elección libre, siempre formados sobre interrogativos, como *(a)dondequiera, comoquiera, cualquiera, cuandoquiera, quienquiera*, así como la conjunción subordinante interrogativa si (cf. *No sé si viene*), *siquiera*.

b Este sufijo, semánticamente, da lugar a formas de indistinción, que denotan cualquier referente dentro del dominio definido por el interrogativo, sin importar su identidad: *Quien canta* se refiere a la entidad que en cierto contexto canta, pero *Quienquiera (que) cante* se refiere a todos los referentes que potencialmente pudieran cantar o cantan en el contexto. La indistinción entre dichos referentes, tal que no se toma ninguno específico, explica que se emplee el subjuntivo.

c   Se ha dicho que este sufijo tiene el efecto de extender el dominio relevante del que se pueden tomar los potenciales referentes, ampliándolo.
d   Un motivo importante para tratar este elemento como un sufijo y no como un elemento de un compuesto, pese a su etimología, es que (i) pese a su forma, no tiene valor verbal y no admite flexión verbal; (ii) construye cuantificadores, no verbos; (iii) sufre cancelación de la vocal final en posición prenominal, como en *cualquier mujer que venga*.
e   Esto fuera a tratar **-quier(a)** como un sufijo que, a partir de un origen verbal, se ha gramaticalizado. La gramaticalización es imperfecta, sin embargo, y el sufijo puede permitir la presencia de flexión de número entre él y la base, como en *quienesquiera, cualesquiera*. Esta propiedad sugiere que su posición estructural no es la de núcleo de la construcción, frente a lo habitual entre los sufijos, sino una de modificador.

quilo-. Véase **kilo-**.

quiro-. Del latín *chir-*, y este del griego χείρ 'mano'. Prefijo adjetival del español, que significa 'manual'.

Tipos de bases

a   Este prefijo es poco productivo, y como se espera de un prefijo adjetival, se combina con bases sustantivas, algunas de ellas patrimoniales:

   (1)   quiromasaje, quiropráctica

b   Resultan más frecuentes, sin embargo, las bases neoclásicas correspondientes a sustantivos.

   (2)   quiragra, quirófano, quirógrafo, quiróptero, quirurgo

c   Como es esperable, el prefijo puede combinarse también con adjetivos relacionales: *quiroactivo*.

Comportamiento gramatical

a   Este prefijo no altera las propiedades de la base, ni su categoría gramatical.
b   Este prefijo no es iterable, tal vez porque indica una noción relacional y no descriptiva.

Tipos de significado

a   El valor de este prefijo es muy regular, e indica 'manual': *quiromasaje* 'masaje manual'.
b   Es frecuente que el prefijo, al igual que otros prefijos adjetivales, se reinterprete sustantivado como el participante 'mano' dentro de un evento: *quiróptero* 'insecto que vuela con unos miembros semejantes a las manos'.

Problemas de clasificación

Es indudable que, históricamente, **quiro-** era un elemento compositivo y no un prefijo, lo cual queda patente por su segmento final /o/, que se corresponde con la vocal de enlace -o- en los comupuestos de origen griego. No obstante, en español actual no exhibe el comportamiento gramatical de los formantes de compuesto neoclásico, ya que no puede unirse a otros sufijos o prefijos para formar palabras (**quírico*) y nunca se documenta en segunda posición de la palabra (compárse con *logo*: *lógico, logopeda, filólogo*).

R

-r[1]. Del latín *-re*, terminación empleada para las formas de infinitivo en nominativo y acusativo. Sufijo flexivo que marca la forma no personal de infinitivo.

Tipos de bases

a   Este sufijo se emplea para formar los infinitivos de los verbos de todas las conjugaciones. Casi siempre está precedido por la vocal temática.

(1)   cant-a-r, beb-e-r, viv-i-r

b   El sufijo de infinitivo se combina con el tema de presente de los verbos, propiedad que se observa claramente en aquellos verbos que tienen temas de perfecto irregulares.

(2)   ten-e-r (*tuv-i-r)
pon-e-r (*pus-i-r)

c   En español suele decirse que no existen los infinitivos irregulares, afirmación que parece cierta para la inmensa mayoría de los casos, dado que ningún infinitivo usa las formas de presente irregulares del verbo: ni las formas diptongadas, ni las que contienen cambio vocálico, ni las que tienen incrementos o cambios consonánticos.

(3)   cont-a-r (*cuent-a-r)
ped-i-r   (*pid-i-r)
sab-e-r (*sep-e-r)

d   La afirmación, sin embargo, está sujeta a ciertas suposiciones ancilares, como que en el verbo *ser* la forma 'regular' es *se-*, y en el verbo *ir* la base es una vocal temática, algo que entra en contradicción con la flexión en imperfecto de indicativo (*i-ba*, cf. **-ba**).

Comportamiento gramatical

a   Este sufijo solo se combina con verbos y, con la posible excepción de *ir* y *ser*, está precedido por la vocal temática que marca la conjugación.

(4)   zarp-a-r, barr-e-r, part-i-r

b Lo mismo se aplica a los verbalizadores, con los que **-r** puede combinarse para construir la forma correspondiente al infinitivo.

(5) clasificar, compadecer, analizar, berrear, abanicar, multiplicar...

c Del hecho de que este sufijo solo se combine con verbos se sigue que en las formas adjetivales y nominales derivadas nunca aparezca este sufijo en combinación con ellas. No obstante, no se sigue necesariamente que el infinitivo no pueda ser parte de la base de formación de algunas formas, aunque tampoco se documentan casos claros en los que un sufijo nominalizador o adjetivalizador se combine con una base en infinitivo.

d Este sufijo también aparece en las formas compuestas del verbo (*haber comido, haber llegado*). La posibilidad de tener forma aspectual compuesta se entiende como la marca más clara de la presencia de un infinitivo flexivo, frente a las formas híbridas de -r^2 y las nominales de -r^3.

e Históricamente, el infinitivo se relaciona con las formas de futuro y condicional, que fueron formadas perifrásticamente en combinación con un *habeo* modal. Sincrónicamente, sin embargo, no se puede proponer sin afrontar problemas serios que el infinitivo sea la base de formación de estos tiempos. El motivo es que la propuesta no funciona para los verbos irregulares en estas formas, donde se diferencia claramente la base del infinitivo y la base del futuro y condicional.

(5) tendr-é (*tendr-e-r)
    habr-í-a (*habr-i-a-r)

f Tradicionalmente se ha empleado el infinitivo en diccionarios y gramáticas como la forma citativa del verbo. Es importante tener presente que esta es una decisión arbitraria –en la tradición árabe se cita el verbo por la tercera persona singular, y en la latina por la primera singular– y el infinitivo no tiene necesariamente ningún papel privilegiado dentro de la flexión verbal.

g El infinitivo flexivo se encuentra en las perífrasis (6), las oraciones subordinadas sustantivas, adjetivales o adverbiales (7) y enunciados libres con valor imperativo o exclamativo, entre otros (8).

(6) Puede haber llegado ya.
(7) a Prometió a su hija llevarla al cine.
    b Hay muchas personas que conocer en el mundo.
    c Al volver a casa, encontró la puerta abierta.
(8) a ¡Haber estudiado!
    b ¡Trabajar tanto para esto!

h El infinitivo, como forma no finita prototípica del verbo, suele verse por ello como una versión defectiva de una estructura clausal que es incapaz por sí sola de legitimar un sujeto léxico (9a). Para que el sujeto léxico se combine con un infinitivo es necesario la ayuda de otros elementos, como preposiciones o verbos principales.

(9) a *Juan cantar me hizo sentirme molesto.
    b Al cantar Juan, me hizo sentirme molesto.
    c Vi a Juan cantar.

i Con respecto a su categoría, el problema es que los infinitivos marcados por **-r** aparecen en contextos verbales que, en su comportamiento gramatical, constituyen proyecciones sintácticas de muy distinto tipo. Así, en combinación con auxiliares modales de capacidad o verbos de logro el infinitivo parece corresponder a un sintagma verbal (10a), en contextos de verbos de ascenso como *parecer* se ha propuesto que corresponde a un sintagma temporal (10b) y en algunas cláusulas subordinadas sin conjunción parece equivaler a una oración completa (10c), entre muchas otras construcciones que se han apuntado en la bibliografía. Asociar **-r** a verbo, tiempo o una conjunción solo daría cuenta de una de las clases.

(10) a Logró salir.
     b Juan parece salir.
     c Juan le prometió a María llevarla al cine.

j Por esto, más bien parece probable que el infinitivo flexivo deba tratarse como una forma neutra que emerge por defecto en aquellos contextos en que faltan rasgos de concordancia y flexión aspectual, temporal o modal del verbo; en contraste, los participios y gerundios serían formas no finitas que contienen información aspectual marcada.

Tipos de significado

a Como ya se ha apuntado, el valor semántico de **-r** en los casos flexivos en que produce una forma del verbo es muy difícil de definir en términos positivos, y puede reducirse a construir una forma finita neutral del verbo.
b Generalmente se piensa que las formas no personales codifican nociones aspectuales. No obstante, es polémica la cuestión de qué rasgos gramaticales pueden asociarse a este sufijo. Frente al participio **-do**[1] y al gerundio **-ndo**[1], el infinitivo no aporta ningún valor aspectual o temporal marcado, y se interpreta como simultáneo, anterior o posterior al verbo principal dependiendo de las propiedades gramaticales de este.

(11) ver salir   (simultáneo)
     culpable de leer demasiado   (anterior)
     dispuesto a leer demasiado   (posterior)

Comportamiento fonológico

Este afijo se integra plenamente en la base.

> LECTURAS RECOMENDADAS: Ambadiang (1993); Alcoba (1999); Hernanz (1999); RAE & ASALE (2009: §26.4).

-r[2]. Del latín *-re*, terminación empleada para las formas de infinitivo en nominativo y acusativo. Sufijo que aparece en formas híbridas con propiedades mixtas, nominales y verbales.

Tipos de base

Este sufijo tiene las mismas propiedades que -r¹ para sus bases.

Comportamiento gramatical

a   Este sufijo aparece en construcciones de infinitivo mixtas en las que el infinitivo presenta una mezcla de propiedades nominales y propiedades verbales; generalmente, las propiedades nominales se manifiestan a la izquierda del infinitivo y las verbales a su derecha.
b   Entre las primeras destacan la combinatoria con adjetivos y determinantes o cuantificadores nominales.
c   Entre las segundas encontramos la imposibilidad de flexionar en plural, la combinación con adverbios, la posibilidad de usarse como auxiliares para introducir perífrasis y la preservación de algunos argumentos introducidos por preposición.

(1) el lento leer de Juan
(2) un constante ir caminando de un lado a otro
(3) *sus constantes ires caminando de un lado a otro

d   También es posible encontrar complementos directos introducidos como tales en estas construcciones mixtas: *el continuo mascar chicle de Juan*.
e   Los sujetos en nominativo solo son compatibles con determinantes definidos o demostrativos siempre y cuando el sujeto aparezca tras el verbo, pero nunca con determinantes indefinidos: *el lamentar Juan estos hechos, *el constante lamentar Juan estos hechos, *un lamentar Juan estos hechos*.
f   Es probable que en estos casos haya que proponer que la estructura es una oración subordinada con infinitivo plenamente verbal y la presencia del determinante se deba al mismo motivo que permite su aparición con subordinadas finitas (*Lamenté el que María viniera*).
g   En los casos mixtos, los determinantes y adjetivos siempre aparecen en la forma tradicionalmente llamada masculina, que se considera gramaticalmente no marcada.

(4) *la clara percibir de Juan (la clara percepción de Juan)

h   Por lo general en estas estructuras se rechaza el infinitivo compuesto (*el molesto haberse comido mi comida de Juan*).

Tipos de significado

a   La interpretación de estas estructuras depende del tipo de predicado principal con el que se combinen. Con verbos de percepción suelen interpretarse como eventos:

(5) Presenciamos el constante ir y venir de Juan.

b   Con verbos de valoración y juicio es más frecuente la lectura de hecho o proposición:

(6) Me perturba este intenso enviarse mensajes unos a otros de los estudiantes.

c   Se ha propuesto una lectura de situación –un estado de cosas anclado a un tiempo y mundo determinado– cuando el infinitivo aparece combinado con negaciones en estructuras nominales mixtas.

(7) El no llegar a tiempo de Juan nos sorprendió.

> **Lecturas recomendadas:** Hernanz (1999); RAE & ASALE (2009: §26.2-3); Resnik (2021).

-r³. Del latín *-re*, terminación empleada para las formas de infinitivo en nominativo y acusativo. Sufijo nominalizador que selecciona verbos.

Tipos de bases

a Este sufijo no es frecuente en la lengua actual, pero se documenta en un número relativamente robusto de infinitivos empleados como sustantivos.

(1) deber, parecer, andar, cantar, amanecer, atardecer, anochecer, pesar, decir, despertar, poder, haber, querer, saber, sentir...

b Destacan en la serie dos tipos de verbo: verbos modales o con componente modal, auxiliares o no (*querer, poder, deber, saber, parecer*) y verbos impersonales que marcan distintos cambios en el decurso del día, como *anochecer, amanecer, atardecer*.

Comportamiento gramatical

a El uso plenamente sustantivo de este sufijo se manifiesta en aquellos casos en que el infinitivo puede combinarse con el morfema de plural.

(2) un cantar ~ varios cantares, sus andares, poder ~ poderes, ser ~ seres, pesar ~ pesares, decir ~ decires, parecer ~ pareceres, amanecer ~ amaneceres, atardecer ~ atardeceres.

b Este valor va unido a otros signos de comportamiento puramente nominal, como la combinación con adjetivos y no adverbios (*mi parecer personal* ~ **mi parecer personalmente*) y el uso de preposiciones para introducir cualquier complemento, interpretado como objeto o sujeto (*el cantar de Roldán, el cantar del coro*).

Tipos de significado

a Pese a que hay un alto grado de variación, en los infinitivos que se encuentran plenamente lexicalizados es frecuente encontrar lecturas contables en que se habla de las entidades que manifiestan, causan o ejemplifican la situación descrita por el verbo:

(3) pesares, poderes, pareceres, decires, sentires

b Son frecuentes también las interpretaciones de manera en que se expresa alguna forma particular de ejecutar la acción del verbo.

(4) el dulce lamentar de dos pastores, los andares de María

> **Lecturas recomendadas:** Hernanz (1999): RAE & ASALE (2009: §26.3); Resnik (2021).

-ra. Del latín *-(ve)ra-*, sufijo empleado para marcar el pluscuamperfecto de indicativo. Sufijo usado para expresar el modo subjuntivo en pasado.

Tipos de bases

a   Este sufijo se combina con toda clase de verbos, derivados o no, pertenecientes a las tres conjugaciones.

   (1)   cantara, bebiera, viviera

b   Tanto los verbos regulares como los irregulares se combinan con este sufijo.
c   El sufijo selecciona el tema de perfecto de los verbos que diferencian irregularmente el presente y el perfecto simple:

   (2)   tener – tuve – tuviera
         poner – puse – pusiera
         ser – fui – fuera
         estar – estuve – estuviera

d   Este sufijo es invariable en todas las formas personales de la conjugación.

   (3)   cantara, cantaras, cantara, cantáramos, cantarais, cantaran

e   Este sufijo se combina también con el auxiliar *haber* para formar el llamado pluscuamperfecto de subjuntivo.

Comportamiento gramatical

a   Este sufijo preserva la vocal temática de la conjugación del verbo, y se sitúa inmediatamente después de ella.

   (4)   cant-a-ra
         beb-ie-ra
         viv-ie-ra

b   Este sufijo codifica simultáneamente las nociones de tiempo y modo marcados: subjuntivo y pasado. Por el lado del subjuntivo, en la inmensa mayoría de los casos requiere algún legitimador de este modo.

   (5)   a   Quería que vinieras.
         b   *Afirmaba que vinieras.
   (6)   a   Ojalá vinieras.
         b   *Sin duda vinieras.

c   Por el lado del pasado, habitualmente aparece en contextos de concordancia temporal donde aparece en verbos contenidos dentro de oraciones subordinadas dependientes de un verbo en cualquier forma del pasado, así como el condicional y también el perfecto en aquellas variedades que, como muchas de las de España, permiten su interpretación de hechos recientes.

(7) {Quería / Quiso / Ha querido/ Había querido / Querría} que vinieras.

d Esta forma, sin embargo, se emplea también en contextos hipotéticos referidos al presente o al futuro, en la medida en que la noción de 'pasado' puede reinterpretarse a veces como reflejo de un estado de cosas no actualizado en el mundo y tiempo en que se emite el enunciado.

(8) si yo fuera rico
(9) si mañana lloviera

e Este morfema tiene propiedades, en este sentido, semejantes al condicional **-ría**, con el que de hecho concurre en los periodos concesivos y condicionales. La oración de (10a) contrasta con la de (10b) en este sentido.

(10) a Si ahora estuviera lloviendo, iríamos al cine.
     b *Si ahora estuviera lloviendo, iremos al cine.

Tipos de significado

a De los dos componentes gramaticales de este sufijo, subjuntivo y pasado, claramente el predominante es el primero. La información temporal que se espera que se asocie al pasado no siempre está presente en esta forma.

b Así, en (11) no se sigue que el deseo se esté emitiendo acerca del estado de cosas pasado, sino que lo hace del futuro. Igualmente sucede en (12), cuya interpretación es de presente.

(11) Ojalá viniera María mañana.
(12) Ojalá tuviera dinero ahora.

c Parece que el papel que tiene la marca de 'pasado', que sí es visible en (13), en los casos de (11) y (12) es la de designar un estado de cosas que el hablante considera que no se da en el mundo real en el momento de emitir el enunciado. De la misma forma que un estado de cosas se presenta en pasado cuando ya no es cierto en el momento de la enunciación, en este sufijo la noción de pasado se acomoda a esta misma interpretación.

(13) a Dice que vengas.
     b Dijo que vinieras.

d Así, habitualmente el grado de inseguridad o falta de expectativa en el cumplimiento de un estado de cosas se siente como más alto con el pasado subjuntivo que con el presente.

(14) a Ojalá venga.
     b Ojalá viniera.

e Pese a que tradicionalmente este sufijo se asocia con la forma llamada 'imperfecto de subjuntivo' es importante notar que se usa en contextos de subjuntivo equivalentes tanto a imperfectos de indicativo (15) como a perfectos simples o indefinidos (16), sin que se altere la interpretación aspectual equivalente. Por tanto, este sufijo parece no codificar explícitamente el aspecto gramatical.

(15) a Creo que Juan estaba enfermo.
b No creo que Juan estuviera enfermo.
(16) a Creo que Juan llegó tarde.
b No creo que Juan llegara tarde.

f Al igual que todos los sufijos que denotan una forma marcada de aspecto, tiempo o modo, este también fuerza el sincretismo entre la primera y la tercera personas singulares.

(17) canto   cantara
     canta   cantara

Propiedades fonológicas y alomorfías

a Este sufijo siempre impone la presencia de acento prosódico en la vocal inmediatamente anterior a él.

(18) cant[á]ra, cant[á]ras, cant[á]ra, cant[á]ramos, cant[á]rais, cant[á]ran

b Este sufijo carece de alomorfos, pero fuerza la presencia de los alomorfos de otros sufijos. Concretamente, en verbos de la segunda y la tercera conjugación fuerza la presencia del alomorfo *-ie-* de la vocal temática *-e*.

(19) viniera, bebiera, tuviera, supiera, viviera, partiera, creciera...

Relaciones con otros afijos

a La principal relación que establece -ra- es con el sufijo -se-, que tiene un uso casi absolutamente equivalente en la expresión de formas subjuntivas de pasado. Por este motivo, en muchos contextos ambas formas pueden alternar sin cambio aparente de significado.

(19) Me gustaría que cantaras / cantases.

b Sin embargo, los dos sufijos no son sinónimos en el sentido estricto. En primer lugar, en la inmensa mayoría de las variedades la forma predominante en la lengua oral es **-ra-** y **-se-** se restringe a contextos de alta formalidad, especialmente ciertos textos escritos. En recuentos estadísticos se ha observado repetidas veces que **-ra-** es más frecuente que **-se-**.

c El sufijo **-ra-** también aparece en contextos gramaticales donde **-se-** es marcado o imposible para muchos hablantes. Uno de estos contextos es el subjuntivo libre que aparece con unos pocos verbos de valor modal, como en (20), donde los hablantes no suelen admitir -se-.

(20) *Quisiera un café, Debieras atender más, Pudiera ser cierto, Tu actitud mereciera un castigo.*

d   Debido a su origen etimológico –en latín **-ra-** equivalía a una forma de pluscuamperfecto de indicativo– en ciertos registros se puede emplear **-ra-** para marcar un estado de cosas pasado en indicativo (*Quien fuera presidente de la FIFA durante muchos años* ~ *Quien fue presidente de la FIFA durante muchos años*). Este uso también excluye a **-se-**.

> **Lecturas recomendadas:** Ambadiang (1993); Alcoba (1998, 1999); De Sterck (2000); RAE & ASALE (2009: §24.2); Fábregas (2014).

-rá. De la contracción, en latín tardío, de la marca de infinitivo *-re* y el auxiliar modal *habere*. Morfema que marca las formas de futuro para la tercera persona y la segunda singular.

Tipos de base

a   Este sufijo se combina con el tema de presente de verbos de las tres conjugaciones, derivados o no.

   (1)   cantará, beberá, vivirá

b   En algunos verbos, la vocal temática que normalmente precede a este sufijo no está presente.

   (2)   haber – habrá
         poder – podrá
         querer – querrá
         saber – sabrá

c   Adicionalmente, en algunos verbos la raíz adopta una forma alomórfica. Esta irregularidad se extiende, en general, a los verbos derivados a partir de estas mismas bases.

   (3)   decir – di-rá
         hacer – ha-rá
         poner – pond-rá
         salir – sald-rá
         tener – tend-rá
         valer – vald-rá
         venir – vend-rá

d   Este sufijo se combina también con las formas auxiliares de *haber* para formar el llamado futuro perfecto.

Comportamiento gramatical

a   Pese a que tradicionalmente se ha considerado el futuro como una forma temporal, la evidencia gramatical sugiere que es realmente una forma modal que expresa situaciones hipotéticas con respecto al presente.

b Esta caracterización explica las relaciones con el condicional **-ría**, que como los sufijos de futuro también tienen lecturas aparentemente temporales junto a lecturas hipotéticas.

c Entre las pruebas de que este sufijo es modal, encontramos que, al igual que formas indiscutiblemente modales, puede forzar la lectura no específica de un indefinido –es decir, una lectura en que el sintagma introducido por el indefinido no introduce un reference particular–:

(4) a Toman una sopa (lectura específica: debe existir un referente concreto para *la sopa*).
      b Pueden tomar una sopa (lectura no específica: puede no existir ninguna sopa en el contexto).
      c Tomarán una sopa (lectura no específica: puede no existir ninguna sopa).

d La distribución de este morfema en las formas de futuro no es homogénea. Se emplea en las dos formas de tercera persona, pero también en la segunda singular.

(5) canta-rá-s
      canta-rá
      canta-rá-n

e La alternancia entre **-rá** y **-ré** en el futuro refleja la conjugación del verbo *haber* usado como auxiliar, dado que la terminación deriva etimológicamente de este verbo. No resulta fácil encontrar un rasgo sintáctico o semántico que agrupe las dos terceras personas con la segunda singular, por un lado, y las dos primeras personas con la segunda plural, por otro.

(6) ha-s
      ha
      ha-n

f En este sentido véanse los problemas de segmentación de **-ré**, que son compartidos por **-rá**.

g Debido a la alternancia entre **-rá** y **-ré** en las formas de futuro, el futuro constituye la única forma marcada temporal, modal o aspectualmente del verbo en la que no hay sincretismo entre la primera singular y la tercera singular.

(7) canto   cantaré
      canta   cantará

Tipos de significado

a Como se ha dicho, el morfema de futuro ha de caracterizarse más como una forma modal que expresa un estado de cosas entendido como hipotético –especulativo a partir de la situación presente– más que como un tiempo. Esto explica la frecuente competición con la perífrasis ir a + infinitivo, que frente al futuro indica un estado de cosas que se espera o se da por garantizado dado el estado de cosas presente.

(8) Va a llover.
?Lloverá.

b De esta distinción entre situación futura esperable y estado de cosas hipotético o especulativo en el futuro se sigue también la tendencia –no absoluta– a que el futuro se prefiera en aquellos contextos donde el periodo temporal denotado está muy lejos del presente, frente a la perífrasis, que tiende a futuros más cercanos.

(9) Voy a comer unas arepas (ahora).
Comeré unas arepas (cuando viaje a Venezuela).

c De esta misma distinción entre situaciones hipotéticas y esperables se sigue que pueda asociarse al futuro una noción de 'situación que escapa del control del sujeto' que contrasta con su opuesto en la perífrasis.

(10) Me voy a poner enfermo para no tener que ir a la reunión.
??Me pondré enfermo para no tener que ir a la reunión.

d El futuro expresado morfológicamente tiene menos frecuencia de aparición en los corpus escritos y sobre todo orales para expresar situaciones futuras, donde vence la perífrasis. Sin embargo, el futuro predomina en contextos llamados de conjetura o hipótesis donde se habla de una situación presente de la que no se tiene suficiente evidencia pero que se toma como probable o posible.

(11) Ahora mismo serán aproximadamente las dos o dos y media.
Juan no ha venido porque estará en su casa.
Pedro ha suspendido porque no habrá estudiado lo suficiente.

Propiedades fonológicas y alomorfos

a Este sufijo siempre lleva el acento prosódico de la palabra.
b Es posible interpretar la alternancia **-rá** y **-ré** como un caso de alomorfía condicionada morfológicamente.
c Como ya se ha visto, en algunos casos el sufijo fuerza la presencia de una variante alomórfica de la base, siempre y cuando falte la vocal temática que normalmente le precede.

Relaciones con otros afijos

Véase **-ré**.

LECTURAS RECOMENDADAS: Alcoba (1999); RAE & ASALE (2009: §4.5, §23.14); Pérez Saldanya (2012); Martín Vegas (2014); Zacarías-Ponce de León (2021).

re-[1]. Del prefijo latino *re-*, y este a su vez del protoitálico *wre- 'otra vez, atrás'. Prefijo preposicional que indica repetición.

Tipos de bases

a   Este prefijo es sumamente productivo con bases verbales de las tres conjugaciones; entre muchos otros, son usuales los verbos de (1):

(1)   reabrir, reabsorber, reactivar, reacuñar, readmitir, reagravar, reagrupar, realojar, realquilar, reanimar, reanudar, reaparecer, rearmar, reasumir, reatar, reavivar, rebautizar, rebotar, rebrincar, rebullir, recaer, recalentar, recalzar, recalificar, recambiar, reconocer, reconquistar, reconstituir, reconstruir, recoser, redecir, redefinir, redescubrir, redistribuir, reedificar, reeditar, reeducar, reelaborar, reelegir, reembolsar, reembarcar, reencarnar, reencontrar, reenviar, reescribir, reestructurar, reexaminar, reflorecer, refreír, refrescar, rehacer, rehervir, reimplantar, reimprimir, reingresar, reiniciar, reinstituir, reinvertir, rejuvenecer, relanzar, religar, remondar, renacer, renovar, repagar, repatriar, repensar, repescar, replantar, repoblar, repodar, reponer, resaludar, resanar, restablecer, resurgir, retocar, retomar, reunificar, revacunar, revalidar, revalorar, revender, revitalizar, revivir, rezurzir

b   Este prefijo rechaza las bases que son verbos de estado que caracterizan a los individuos (#*resaber*, cf. **re**-²), probablemente porque la noción de repetición que indica exige que la base sea episódica y que pueda tener un final natural, para poder evaluar en qué punto se produce la repetición del evento y no es que se prolongue el evento más allá de lo esperable.

c   Por este mismo motivo, con bases que pueden ser atélicas el prefijo impone una lectura télica de cambio de estado: *poblar, poseer* o reconocer, donde se selecciona la lectura de cambio de estado y no la atélica (*conocer* 'descubrir la existencia de algo o alguien, como en *Conocí a María en la fiesta*).

(2)   a   Las águilas pueblan esta zona.
      b   *Las águilas repueblan esta zona.
      c   Las autoridades han repoblado esta zona con águilas.
(3)   a   Juan posee una casa.
      b   *Juan reposee una casa.
      c   Juan ha reposeído esta casa.

c   La necesidad de la lectura télica hace que este prefijo no se una a bases adjetivales de ninguna clase, pero cf. relaciones con otros afijos y **re**-².

d   Pese a lo que se ha dicho, los verbos de cambio que implican la destrucción del argumento interno admiten este prefijo, en la medida en que un ejemplar de la misma clase a la que pertenece la entidad destruida en el primer caso puede servir para repetir la acción, o en la medida en que la entidad puede ser reconstruida: *redestruir, rederruir, redesaparecer*.

e   Se identifican algunas escasas formaciones con base nominal en las que el prefijo indica que la entidad de la base aparece por segunda vez (*remiel* 'segunda miel', *resol* 'reflejo del sol'). Junto a estas, el sustantivo *acción* puede servir como base, con valor de iteración, en la forma *reacción*, que no es completamente composicional.

f   No se documenta el prefijo tampoco con bases adverbiales o preposicionales; las formas *retardar* y *retrasar* son instancias de **re**-³, con valor de 'detrás'.

g Como se espera de un prefijo preposicional, este prefijo puede combinarse con bases neoclásicas verbales: *recurrir, redimir, regresar, repetir*.

Comportamiento gramatical

a Como se espera de un prefijo preposicional, este tampoco altera la clase de palabras de la base, pero puede tener efectos sobre su interpretación aspectual o argumental. Cf. *poblar ~ repoblar*.
b Este prefijo es iterable: *re-re-escribir* (cf. también **requete-**).
c Este prefijo participa en la parasíntesis:

   (4)   recapitular, recauchar, reciclar, reformar,

d Este prefijo, al restringirse casi por completo a las bases verbales, no permite verificar si, como otros prefijos preposicionales, habilita a la base nominal para ser un modificador de otro sustantivo.

Tipos de significado

a En el prefijo **re-**^{1} se suelen diferenciar dos significados, relacionados con la noción de repetición en sentido amplio. En el valor iterativo, la repetición de la acción involucra al mismo sujeto en ambos casos (*Pedro releyó la novela*).
b El valor restitutivo implica devolver una situación a un estado que ya se encontraba anteriormente, lo cual puede obtenerse sin que el sujeto ejecute la acción por segunda vez: en *Los arqueólogos reconstruyeron las termas romanas*, es evidente que la repetición no indica que los mismos arqueólogos construyeron inicialmente las termas, sino que indica que las termas que ya habían estado construidas vuelven a estar construidas.
c La lectura restitutiva exige que el verbo no sea solamente télico, sino que además tenga un estado resultante asociado a él, ya que es ese estado resultante el que se repite. Por este motivo, los verbos que carecen de un argumento interno que pueda restablecer su estado anterior rechazan esta lectura.
d Las dos lecturas de **re**^{1}- son paralelas a las que se obtiene con *otra vez*: en *Pedro leyó el periódico otra vez* se interpreta iteración, y en *Pedro bailó La Macarena otra vez* se admite una lectura restitutiva en la que es la segunda vez que se baila la Macarena, pero la primera vez que lo hace Pedro. El argumento interno es necesario en esta segunda oración para obtener la lectura restitutiva, y *Pedro bailó otra vez* exige repetición que incluye al sujeto.
e Las dos lecturas del prefijo ilustran un fenómeno de alcance o ámbito, es decir, se dirimen por en qué nivel estructural se introduce la noción de 'otra vez' asociada a este prefijo. La lectura restitutiva se introduce en un nivel que contiene al argumento interno, pero no al externo que actúa como agente, y la lectura de repetición se introduce en el nivel que contiene tanto al argumento externo como al interno. Esto se ha de interpretar como un argumento a favor de descomponer el verbo en capas estructurales y dejar que el prefijo se adjunte a dos capas distintas.
f La noción de repetición es visible en una serie de formaciones de significado no completamente transparente, porque la contribución de la base es menos clara:

   (5)   recapacitar, recobrar, recrear, recurrir, redimir, reemplazar, regresar, reiterar, repasar, repetir, reproducir, retornar, reunir, revertir

g   Este prefijo parece introducir una noción redundante, porque ya está expresada en la base la noción de repetición, en *reduplicar* (que es multiplicar por dos, no por cuatro) y *recambiar* (que es cambiar algo, no cambiar algo dos veces).

Propiedades fonológicas

Este prefijo muestra algunos signos de independencia fonológica de la base, como la posibilidad de mantener la vocal final en los casos en que la base comienza por vocal (*reactivar*), incluso cuando esta es /e/: *reescribir*.

Relaciones con otros afijos

a   La relación más evidente es con **re**^{2}- y **re**^{3}-. Con respecto a los valores escalares del primero, puede pensarse que la noción que expresa el prefijo es la de 'extensión de una noción', que se refleja en la repetición de un evento cuando la base es télica y en la poderación de los valores y cualidaes asociados a la base cuando la base es estativa o carece de dimensión temporal.
b   En este sentido, es significativo que el prefijo **requete-** preserve tanto un valor de repetición como un valor de intensificación, unificando así **re**^{1}- y **re**^{2}- de una manera que invita a pensar que ambos son el mismo prefijo con lecturas distintas que pueden depender de las dimensiones presentes en la base y que por tanto puede tomar el prefijo para tomar la dimensión que extiende.
c   En caso de ser posible esta unificación, habría que explicar por qué algunos verbos son ambiguos entre las dos lecturas –es decir, qué determina la dimensión que el prefijo toma, si es la temporal para obtener repetición o alguna cualidad, para obtener intensificación–: *repeinar* puede ser volver a peinar o peinar en exceso, *repensar* puede ser volver a pensar algo o pensar demasiado, *reconcentrar* puede ser volver a concentrar o concentrar mucho algo.
d   Resulta igualmente problemático el caso de los sustantivos, puesto que no todos los que no proceden de verbos tienen lecturas intensificativas o ponderativas del prefijo. No obstante, es llamativo que la distribución de los dos prefijos sea prácticamente complementaria en los adjetivos, con el primero rechazándolos de plano y el segundo prefiriendo las formaciones que los toman como base.
e   Con respecto a la noción de 'parte trasera' de **re**^{3}-, la conexión puede ir por la vía de que es frecuente que las lenguas empleen la noción de 'atrás' para expresar repetición o restitución de algo (cf. el inglés *to give something back* 'retornar algo' o *to come back* 'regresar').

LECTURAS RECOMENDADAS: Martín García (1996); Varela & Martín (1999); Rifón (2018); Cabredo Hofherr (2021).

---

re-^{2}. Del latín *re-*, 'de nuevo, atrás'. Prefijo preposicional de valor escalar que indica intensificación o atenuación.

Tipos de bases

a   Este prefijo se combina sobre todo con bases adjetivales calificativas, siempre graduables, sin importarle que la escala sea cerrada o abierta siempre y cuando haya más de dos valores concebibles.

(1) reagudo, regordete, reharto, repajolero, reseco, resuave

b Debido a su valor escalar, que selecciona los valores más altos dentro de una escala, rechaza los adjetivos relacionales (*recuántico*), los adverbiales (*represunto*) y los adjetivos que tienen escalas limitadas a dos valores (*redentado*).

c El valor de intensificación es frecuente con bases verbales, generalmente las que indican cambios de estado o actividades que suponen alguna transformación en el argumento interno, pero también admite bases estativas (*resaber*) y atélicas (*relamer*), en contraste con **re**^{1}-:

(2) reafirmar, reajustar, realegrarse, realzar, rebasar, rebufar, rebuscar, recalar, recargar, recocer, recomerse, reconcentrar, recriar, redoblar, refinar, refregar, refrescar, rehilar, rejuntar, relimpiar, relamer, rellenar, relucir, rematar, remirar, remojar, remoler, remorder, remover, repeinar, repintarse, requemar, resaber, resoplar, resudar, retemblar, retorcer, retronar

d Con sustantivos, este prefijo se documenta ocasionalmente:

(3) rebaba, rebisabuelo, rebisnieto, reborde, recuadro, redescuento, redolor, renombre, reojo

e El prefijo también puede combinarse con adverbios graduables.

(4) rebién, remal

f El prefijo se combina también con interjecciones.

(5) recórcholis, rediós

Comportamiento gramatical

a Este prefijo no altera ni la categoría gramatical ni otras propiedades de la base con la que se combina, conservando intactos la estructura argumental, el aspecto léxico y el significado conceptual.

b Este prefijo es iterable: *re-re-difícil*.

c Este prefijo no admite la expansión funcional de la base, ni tampoco habilita a los sustantivos a funcionar como modificadores de otros sustantivos.

d Se ha observado que en Argentina y otras zonas americanas este prefijo puede combinarse con sintagmas preposicionales (*Está re de moda, Vino re de lejos*) e incluso oraciones completas (*Re que lo hago para quedar bien*).

e En este valor, el prefijo se comporta casi como un adverbio de intensificación que tiene combinatoria libre. Este uso está asociado a la pronunciación tónica de *re*, que fonológicamente no funciona como un clítico que se una a la base.

f Este prefijo participa en estructuras parasintéticas, como en *reblandecer, recelar, recrudecer* o *reverdecer*, con bases tanto adjetivas como sustantivas.

Tipos de significado

a Con adjetivos y verbos, el significado de este prefijo es el de intensificación de una propiedad –o de la actividad que designa el verbo–: *rebuscar, redoblar, reafirmar, refregar, remorder, resoplar, rebufar, repintarse* y *redifícil, recansado, reharto, reseco, retriste*.

b El valor de intensificación puede interpretarse, en predicados télicos, como el de ejecutar el cambio completamente, sobre toda la superficie de objeto (*rellenar, recubrir, revestir*) o en el sentido de alcanzar la culminación del cambio (*rematar, requemar, refinar*).

c Es probable que haya que identificar el prefijo con el valor de 'valor que se sale de lo corriente', y en algunos casos por tanto tiene un valor atenuativo, como en *reajustar*, interpretado como un ajuste menor, y sobre todo con algunos sustantivos, como *regusto* o *redolor* 'dolor poco intenso'. Se asocia con la atenuación *reojo*, que indica una mirada de refilón.

d Con sustantivos, el valor de exceso se observa en *renombre, redescuento*, y los sustantivos que designan clases de entidades definidas por una valoración subjetiva (*recabrón, redéspota, rehijoputa*) pero es más frecuente un significado que indica el exceso de algo (*reborde* 'lo que excede del borde de una imagen o fotografía', *rebaba* 'lo sobrante de algo', *recuadro*) o, dentro de una jerarquía, los valores superiores al marcado por la base (*rebisabuelo, rebisnieto*).

e El valor de exceso es visible en algunas formaciones no enteramente transparentes porque el verbo de la base no toma su significado normal:

(6) reclamar, renegar, repercutir, repugnar, resalir, resaltar, retumbar, revolver

f En las variedades americanas donde este prefijo admite la combinación con sintagmas preposicionales y oraciones, también se admite la lectura de exceso con sustantivos no contables que indican propiedad o entidades definidas por alguna valoración: *recatástrofe, reparaíso, rementira*.

Propiedades fonológicas y alomorfos

a Este prefijo muestra algunos signos de independencia fonológica de la base, como la posibilidad de mantener la vocal final en los casos en que la base comienza por vocal (*reagradable*), incluso cuando esta es /e/: *reelegante*. Como se ha observado, en las variedades donde este prefijo se puede combinar con sintagmas preposicionales y nominales este prefijo es tónico.

b Véase también el prefijo **res-**, posible alomorfo de este.

Relaciones con otros afijos

La relación más evidente es con **re**[1]-. Véase este prefijo para la discusión. El valor de exceso se manifiesta también con **requete-**, prefijo con el que es frecuente que concurra **re**[2]-. Es menos clara la relación con **re**[3]-, ya que es difícil relacionar el valor locativo de este prefijo con el ponderativo de **re**[2]-, puesto que el primero designa 'atrás' y este prefijo en todo caso se asociaría a la noción de 'por encima de' o 'por debajo de'.

> LECTURAS RECOMENDADAS: Martín García (1996); Varela & Martín (1999); RAE & ASALE (2009: §10.9); Felíu (2017); Kornfeld (2010, 2021); Kornfeld & Kuguel (2013).

re-[3]. Del latín **re-**, 'atrás, de nuevo'. Prefijo preposicional poco productivo, de valor locativo.

Tipos de base

a Este prefijo se combina ocasionalmente con sustantivos que designan espacios delimitados:

(1) recámara, rebotica

b El valor espacial permite también algunas bases verbales, donde el prefijo aporta la noción de retirarse o desplazar algo hacia atrás:

(2) rebalsar, rebobinar, rehuir, relegar, replegar, retraer

c El prefijo no se combina con adjetivos relacionales o calificativos.
d En algunas formaciones parasintéticas donde interviene este prefijo se documentan bases adverbiales (*retardar*) o preposicionales (*retrasar*).
e Este prefijo puede combinarse con formas neoclásicas verbales: *recibir, remitir, reprimir, repulsar*.

Comportamiento gramatical

a Este prefijo no altera la categoría gramatical de la base, su estructura argumental, género, número o conjugación, su aspecto léxico o su valor conceptual.
b Este prefijo puede ser iterable: si la recámara es la estancia posterior a la cámara, una *re-re-cámara* podría ser la que es posterior a esta.
c La baja productividad del prefijo no permite evaluar si habilita a los sustantivos para modificar a otro (las formaciones registradas no tienen esta propiedad) o si permite la expansión funcional de la base (de nuevo, las formaciones registradas no combinan el prefijo junto a su expansión de número).
d Este prefijo participa en parasíntesis: *retrasar, retardar*.

Tipos de significado

a Con formaciones nominales, el valor del prefijo es locativo estático e indica la posición de algo como tras otra entidad. La base puede ser la entidad que se localiza detrás de algo (*la recámara de una pistola*) o la que se toma como punto de referencia para determinar la posición de otra cosa (*la rebotica*).
b Con bases verbales, el significado de este prefijo es direccional, 'hacia atrás': *retraer, rehuir* 'retirarse en una huida', *replegar, rebobinar*.
c Ocasionalmente, es difícil diferenciar estos usos de los valores iterativos de re¹-: en *realimentar* cabe interpretar el significado como 'dirigir de vuelta una respuesta' o 'volver a alimentar algo'.
d En varias formaciones, se interpreta el significado de 'mantener atrás o llevar atrás algo' sin que sea transparente la contribución semántica de la base: *recibir, reflejar, reposar, reprimir, repulsar, respirar* 'meter aire hacia atrás en la nariz', *retener* 'mantener algo atrás sin dejar que avance'.

Propiedades fonológicas

Este prefijo no muestra claramente signos de independencia fonológica de la base. No se documentan bases comenzadas por vocal (en *rehuir* hay un diptongo que tiende a pronunciarse con consonantización parcial de /u/) que permitan evaluar la posibilidad de mantener la vocal final en los casos en que la base comienza por vocal.

Relaciones con otros afijos

La relación más evidente es con **re**[1]-. Véase este prefijo para la discusión. De los tres prefijos que suenan /re/, este es el único que no compite con **requete-** por su significado. El valor locativo correspondiente a 'tras' se expresa mucho más productivamente en español mediante **post-, tras-, retro-**.

-re. Del latín *-eri-*, sufijo empleado para expresar el futuro perfecto de subjuntivo, mediante un formante que también se empleaba en algunas formas de futuro perfecto de indicativo. Sufijo que expresa subjuntivo.

Tipos de bases

a   Este sufijo se combina con toda clase de verbos, derivados o no, pertenecientes a las tres conjugaciones.

    (1)   cantare, bebiere, viviere

b   Tanto los verbos regulares como los irregulares se combinan con este sufijo.
c   El sufijo selecciona el tema de perfecto de los verbos que diferencian irregularmente el presente y el perfecto simple:

    (2)   tener – tuve – tuviere
             poner – puse – pusiere
             ser – fui – fuere
             estar – estuve – estuviere

d   Este sufijo es invariable en todas las formas personales de la conjugación.

    (3)   cantare, cantares, cantare, cantáremos, cantareis, cantaren

e   Este sufijo se combina también con el auxiliar *haber* para formar el llamado futuro perfecto de subjuntivo.

Comportamiento gramatical

a   Este sufijo preserva la vocal temática de la conjugación del verbo, y se sitúa inmediatamente después de ella.

    (4)   cant-a-re
             beb-ie-re
             viv-ie-re

b   Pese a que su presencia está condicionada por algún elemento que fuerza el subjuntivo, las formas construidas con este sufijo están restringidas a las prótasis condicionales y concesivas, o a las oraciones subordinadas relativas equivalentes a ellas en su significado:

(5) Si hubiere causa fundada, se establecerían diligencias.
(6) Aunque no cumpliere toda la pena, sería candidato a una libertad condicional.
(7) Quien condiciare a la mujer del prójimo cometería un gran pecado.
(8) *Me dijo que viniere mañana.

c   La distribución de esta forma es, por tanto, más limitada que la de los pasados de subjuntivo en **-ra** y **-se**. También está más limitada la forma en su uso, dado que se restringe en la actualidad casi exclusivamente al lenguaje jurídico y otros tipos de texto de valor altamente formal o arcaizante.

d   En este sentido, pese a que se llame tradicionalmente a este sufijo 'futuro' no se manifiestan signos de que en la actualidad contenga rasgos de futuro junto a los de modo. No se dan en español actual alternancias esperables de la orientación futura, como las de (9), porque las combinaciones opuestas (10) son igualmente válidas.

(9)   a   Si Juan estuviera aquí hoy...
      b   Si Juan estuviere aquí mañana...
(10) a   Si Juan estuviera aquí hoy...
      b   Si Juan estuviera aquí mañana...

e   Al igual que otras formas marcadas de tiempo, aspecto y modo, este sufijo fuerza el sincretismo entre la primera y la tercera persona singular.

(11)   canto   cantare
       canta   cantare

Tipos de significado

a   Esta forma es exclusivamente modal, y no se documenta en ella comportamiento temporal asociado al futuro.

b   En los contextos modales, como ya se ha apuntado, el valor está más limitado que el de las formas de pasado en subjuntivo. En su uso para establecer hipótesis, comparte con **-ra** y **-se** la noción de hipótesis considerada poco probable y añade a ella una noción estilística de formalidad extrema o alguna sugerencia irónica relacionada con un estilo arcaizante.

(12) Ojalá viniere María mañana.
(13) Ojalá tuviere dinero ahora.

Propiedades fonológicas y alomorfías

a   Este sufijo siempre impone la presencia de acento prosódico en la vocal inmediatamente anterior a él.

(14)   cant[á]re, cant[á]res, cant[á]re, cant[á]remos, cant[á]reis, cant[á]ren

b   Este sufijo carece de alomorfos, pero fuerza la presencia de los alomorfos de otros sufijos. Concretamente, en verbos de la segunda y la tercera conjugación fuerza la presencia del alomorfo *-ie-* de la vocal temática **-e**.

(15)   viniere, bebiere, tuviere, supiere, viviere, partiere, creciere...

Relaciones con otros afijos

La principal relación que establece **-re** es con los sufijos **-ra** y **-se**, que tienen un uso estilísticamente más extendido y gramaticalmente más amplio en la expresión de hipótesis o estados de cosas no reales. Su contraste es casi exclusivamente estilístico, empleando el sufijo de futuro de subjuntivo en contextos formales o aquellos que quieren imponer formalidad, y los otros dos en el resto de situaciones, con predominio de **-ra** en la lengua oral.

> LECTURAS RECOMENDADAS: Camus (1990); Ambadiang (1993); Alcoba (1999); De Sterck (2000); RAE & ASALE (2009: §24.3); Fábregas (2014).

-ré. De la contracción, en latín tardío, de la marca de infinitivo *-re* y la forma de primera persona *habe-*. Sufijo que caracteriza las formas de primera persona y la forma de segunda persona plural en el futuro de indicativo.

Tipos de base

a   Este sufijo se combina con el tema de presente de verbos de las tres conjugaciones, derivados o no.

   (1)   cantaré, beberé, viviré

b   En algunos verbos, la vocal temática que normalmente precede a este sufijo no está presente.

   (2)   haber – habré
         poder – podré
         querer – querré
         saber – sabré

c   Adicionalmente, en algunos verbos la raíz adopta una forma alomórfica, que también está seleccionada por el sufijo **-ría**. La misma irregularidad se extiende, por lo general, a los verbos derivados de estas bases mediante prefijación.

   (3)   decir – di-ré
         hacer – ha-ré
         poner – pond-ré
         salir – sald-ré
         tener – tend-ré
         valer – vald-ré
         venir – vend-ré

d   Este sufijo se combina también con las formas auxiliares de *haber* para formar el llamado futuro perfecto.

Comportamiento gramatical

a   Pese a que tradicionalmente se ha considerado el futuro como una forma temporal, la evidencia gramatical sugiere que es realmente una forma modal que expresa situaciones hipotéticas con respecto al presente. Véase **-rá**.

b   La distribución de este morfema en las formas de futuro no es homogénea. Se emplea en las dos formas de primera persona, pero también en la segunda plural.

   (4)   canta-ré
         canta-ré-mos
         canta-ré-is

c   La alternancia entre **-rá** y **-ré** en el futuro refleja la conjugación del verbo *haber* usado como auxiliar, dado que la terminación deriva etimológicamente de este verbo.

   (5)   he
         he-mos
         h(ab)é-is   (cf. antiguo *heis*)

d   Debido a la alternancia entre **-rá** y **-ré** en las formas de futuro, el futuro constituye la única forma marcada temporal, modal o aspectualmente del verbo en la que no hay sincretismo entre la primera singular y la tercera singular.

   (6)   canto   cantaré
         canta   cantará

Tipos de significado

Las propiedades semánticas de este sufijo son idénticas a las de **-rá**. Véase la entrada correspondiente a esta forma.

Propiedades fonológicas y alomorfos

a   Este sufijo siempre lleva el acento prosódico de la palabra.
b   Es posible interpretar la alternancia **-rá** y **-ré** como un caso de alomorfía condicionada morfológicamente, ya que no resulta fácil encontrar rasgos sintácticos, semánticos o fonológicos que agrupen las dos primeras personas con la segunda plural y las dos terceras personas con la segunda singular.
c   Como ya se ha visto, en algunos casos el sufijo fuerza la presencia de una variante alomórfica de la base, siempre y cuando falte la vocal temática que normalmente le precede.

Problemas de segmentación

a   Se ha propuesto que **-ré** y **-rá** son morfológicamente complejos y deben descomponerse en *-r-* como morfema que marca modo y un segundo morfema, *-é* o *-á*, que correspondería a la vocal temática.
b   Esto explicaría que las formas de futuro estén caracterizadas por vocales que de otra manera se emplean como vocales temáticas en verbos (7), y que ni la /o/ ni la /u/ se empleen en el futuro.

   (7)   cant-a
         beb-e

c   Que el morfema vocálico sea la vocal temática asociada al sufijo modal también explica que las mismas terminaciones sean usadas por verbos de las tres conjugaciones; el motivo es que la vocal temática del futuro está controlada por -r- y no por la base verbal, que no puede imponer la naturaleza de la vocal a través de su conjugación.

d   Finalmente esta segmentación también tiene la ventaja de que permite dar cuenta de la coincidencia entre el futuro y el condicional **-ría**. Se debería a que ambas formas parten del mismo constituyente, -r-, de valor modal y solo difieren en su orientación temporal, con el condicional caracterizado por un segmento *-ía* que corresponde a la marca de imperfecto de los verbos de la segunda y tercera conjugación (véase **-a**[4]).

Relaciones con otros afijos

a   Junto a la alternancia con **-rá** condicionada por la persona y número gramaticales, el sufijo **-ré** y el sufijo **-rá** establecen diversas relaciones gramaticalmente relevantes con el sufijo **-ría**, usado para expresar el condicional.

b   En primer lugar, las irregularidades de conjugación presentes con los sufijos de futuro se extienden también a los de condicional. No existen verbos irregulares en condicional que no lo sean en futuro, ni verbos irregulares en futuro que no lo sean en condicional, y tampoco verbos que usen distintas formas de la base en futuro y condicional.

c   De la misma forma que los sufijos de futuro se emplean para expresar hipótesis y situaciones que no están actualizadas en el aquí y ahora del hablante, el de condicional también:

   (8)   En Noruega haría demasiado frío para hacer este pícnic.

d   En este sentido cabe interpretar, por varios motivos, que el condicional es una forma pasada del futuro. Véase **-ría** en este sentido.

LECTURAS RECOMENDADAS: Ambadiang (1993); Alcoba (1999); RAE & ASALE (2009: §23.14); Martín Vegas (2014).

---

recién-. De la apócope del adjetivo *reciente*, y este del latín *recentem*. Prefijo cuantificativo de valor aspectual.

Tipos de bases

a   Este prefijo se combina sobre todo con participios de verbos télicos, como en (1)

   (1)   recién llegado, recién desaparecido, recién fallecido, recién cumplido, recién pasado, recién elegido, recién firmado, recién casado, recién hecho, recién terminado, recién independizado, recién nacido, recién fallecido, recién publicado, recién abierto, recién lanzado, recién emitido, recién impreso, recién equipado, recién despierto, recién inscrito, recién absuelto, recién pulido, recién duchado, recién rehabilitado, recién roto, recién depuesto, recién planchado, recién tendido, recién horneado

b   Este prefijo requiere un valor de perfectividad en su base, es decir, la base debe indicar un estado alcanzado tras la culminación de un cambio de estado. Esto excluye en principio los participios procedentes de verbos atélicos, salvo que puedan recategorizarse semánticamente como estados resultantes de un proceso previo: *recién empujado* se relaciona con el significado 'dar un empujón' de *empujar*, no con el de 'arrastrar a lo largo de una trayectoria' con contacto constante entre el agente y el objeto desplazado, como en *empujar el carrito por el supermercado*.

c La dificultad de recategorizar como estados resultantes los participios de *acariciar* (??*recién acariciado*), *nadar* (*recién nadado), *buscar* (*recién buscado), *mantener* (??*recién mantenido*), *preservar* (**recién preservado*) o *vigilar* (*recién vigilado) explican la falta de combinación con este prefijo.

d Los adjetivos perfectivos, que expresan estados episódicos y comparten algunas propiedades gramaticales con los participios resultativos, también pueden funcionar como bases, en contraste con los que expresan cualidades (**recién alto,* **recién gordo,* *recién difícil).

(2) recién limpio, recién electo, recién seco

e Con todo, algunos adjetivos que no tienen las propiedades gramaticales de los adjetivos perfectivos –por ejemplo, porque deben combinarse con ser y no con estar– admiten este prefijo, y en tales casos la propiedad se interpreta como adquirida tras un cambio implícito. Una persona barbada es una persona con *barba*, pero si se dice *recién barbado* se focaliza el estado resultante de que le salga barba por primera vez.

(3) recién adulto, recién barbado, recién huérfano, recién fríos

f Se identifican algunas bases sustantivas con este prefijo; en todos los casos, venga o no de un verbo, el sustantivo indica un papel social o un estatus obtenido tras la consecución de algún evento que se presupone en su semántica, como el de ganar en una competición: *recién campeón, recién vencedor*.

Comportamiento gramatical

a Este prefijo no altera la categoría gramatical de la base.
b Este prefijo no altera el género, número o conjugación de la base, y preserva también su estructura argumental y significado conceptual, aunque puede forzar una lectura aspectual de resultado que no es obligatoria en la base verbal o adjetival.
c Este prefijo, como se espera de los prefijos cuantificativos, no es iterable: **recién recién casado*.
d Este prefijo no permite la expansión estructural de la base, y no da lugar a paradojas de encorchetado.
e Este prefijo se combina de forma productiva con participios en las formas compuestas de perfecto, especialmente aquellas en que el auxiliar no aparece en presente, porque en ellas el auxiliar no se comporta fonológicamente como un clítico. Aunque es más frecuente en América que en España, en ambas variedades se admite (4).

(4) Se había recién levantado de la siesta.

f El requisito de que el participio deba expresar un estado resultante bloquea el prefijo en las estructuras donde el perfecto se interpreta como continuo o universal:

(5) He (*recién) trabajado en esta empresa desde 1984.

g El requisito de 'resultado obtenido hace poco tiempo' que impone la semántica del prefijo bloquea igualmente las lecturas remotas experienciales:

(6) Esta película la he (*recién) visto.

h En las pasivas, este prefijo admite solo las pasivas con *estar*, generalmente consideradas adjetivales, porque en ellas el participio expresa solo el resultado de una acción. Las pasivas con *ser*, donde se habla del evento completo, son rechazadas probablemente porque en ellas el participio equivale a un proceso y no a su resultado.

(7) a La cena está recién hecha.
    b La cena fue (*recién) hecha.

Tipos de significado

a Semánticamente, este prefijo presupone un estado resultante y expresa sobre ese resultado que se ha obtenido hace poco con respecto a un punto temporal que puede corresponder al momento de la enunciación (8a) o a otro introducido en el discurso (8b).

(8) a Juan está recién duchado.
    b Cuando llegó a casa, se encontró con la ropa recién planchada.

b De esta manera, *recién* es un operador que toma el estado resultante que sigue a un evento presupuesto y selecciona el periodo temporal inicial dentro del estado; así se obtiene la lectura de que el estado resultante había sido adquirido hacía poco tiempo.
c Ese estado resultante puede obtenerse mediante la forma participial de los verbos, o léxicamente por el contenido del verbo.
d No se documentan casos en que la combinación entre la base y el prefijo dé lugar a lecturas no composicionales, si bien en algunos casos la combinación se ha convertido casi en una fórmula, como en *recién casados* y *recién nacidos*, donde se observa una tendencia a reducir el acento del prefijo.

Propiedades fonológicas

Este prefijo presenta un alto grado de independencia fonológica, que se refleja gráficamente en la tendencia a escribirlo separado de la base. El prefijo conserva acento primario, y en los casos más formulaicos lo reduce a acento secundario, pero lo mantiene. No se produce nunca la resilabificación de la consonante final (*re.cien.a.ca.ba.do*, no **re.cie.na.ca.ba.do*).

Problemas de clasificación

a Si bien *recién* no se emplea como forma libre en español europeo, es frecuente encontrar el adverbio *recién* en numerosas variedades del español americano. Para ellas surge la pregunta de si las formaciones con recién deben considerarse compuestos o no.
b Al margen de que el criterio de la supuesta independencia de los miembros no está exento de problemas para definir un compuesto, **recién-** en combinación con bases nunca aparece en segunda posición de la secuencia (**casadorrecién*), algo sorprendente si fuera un formante compositivo.
c Su naturaleza como prefijo adjuntado en una posición baja se manifiesta en la posición sintáctica que exhibe en estas variedades, y que permite distinguirlo del adverbio: *Recién terminamos la grabación* vs. *La grabación está recién terminada*.

Bibliografía: Varela & Martín (1999), Martín García y Varela (2007); RAE & ASALE (2009: §10.6).

recontra-. Véase **requete-** y **requetecontra-**.

requete-. De origen incierto, posiblemente relacionado con **re-**^{2}. Prefijo preposicional escalar que indica grado alto de cierta propiedad, expresada por la base.

Tipos de base

a   Este prefijo se combina productivamente con bases que son adjetivos calificativos graduables, puesto que presupone la existencia de una escala.

(1) requetemalo, requetebueno, requetecorto, requetefeliz, requeteimposible, requetecontento, requeteguay, requetestupendo, requetedivertido, requetegilipollas, requetelento, requetelimpio, requetelindo, requeteloco, requetealto, requeteborracho, requetegordo, requetemoderno, requeteharto, requetefácil, requetefamoso, requeteapasionado, requetecansino, requetebruto, requetebonito, requetecurioso, requetestúpido,

b   Este prefijo es productivo también con bases nominales –en las variedades americanas sobre todo–, cuando se pondera alguna de las cualidades de la base, o se seleccionan los ejemplares de mayor calidad dentro de la clase.

requeteadaptación, requetefán, requeteoferta, requetecopago, requetesecuela, requetedisparate

c   También en las variedades americanas se documentan numerosas bases verbales, especialmente atélicas o estativas:

(2) requetever, requetejurar, requeteencantar, requeteenvasar, requeteodiar, requetechequear

d   Es frecuente en todas las variedades que el prefijo se combine con participios estativos derivados de verbos, donde indican sea el estado asociado a él o sea su resultado, cuando el verbo es télico.

(3) requetesabido, requetevisto, requetefirmado, requetedemostrado, requeteusado, requeteleído, requeteanunciado, requetemuerto, requetepensado, requeteavisado, requetejubilado, requetexplotado, requeteanalizado, requetecomplicado, requetesuperado,

e   Este prefijo también se combina con cuantificadores escalares, como en *requetepoco, requetemucho*.

f   Este prefijo también admite en todas las variedades bases adverbiales graduables.

(4) requetemal, requetebién, requeterrápido

Comportamiento gramatical

a   Este prefijo no altera la clase de palabras de la base, ni su género, número, conjugación, número de argumentos o propiedades aspectuales.

b Este prefijo es claramente iterable: *requete-requete-importante*.
c La posibilidad de repetirlo excluye que el prefijo sea él mismo un cuantificador de grado, ya que la repetición impediría que el segundo prefijo tuviera una variable sobre la que operar. En la misma línea que excluye que este prefijo sea un gradador tenemos que puede unirse a bases comparativas y elativas:

   (5) a requetepeor
        b requetemuchísimo
        c requeteespantoso

d Este prefijo puede combinarse también con prefijos que indican valores altos en una escala, como *requetehiperactivo* y *requeteultraconservador* (cf. **hiper-**, **ultra-**).
e Es frecuente que el prefijo aparezca en secuencias coordinadas como último elemento para indicar un aumento del grado de algo:

   (6) Lo tengo asumido y requeteasumido.
   (7) Le pregunté, le repregunté y le requetepregunté.

Tipos de significado

a Este prefijo es escalar y selecciona dentro de una escala los valores que exceden las expectativas marcadas, por lo que cabe considerarlo elativo.
b Este prefijo indica los valores más altos de la escala, por encima de los que selecciona **re**^{2}-, que a menudo forma secuencias con él, como en (7) o en (8).

   (8) Esto es sabido, resabido y requetesabido.

c Junto al valor escalar, que es prioritario con bases adjetivales y con bases nominales que describen clases de objetos definidos por alguna propiedad valorativa (*requetementira, requetedesastre, requeteoferta*), este prefijo puede emplearse para restringir la denotación del sustantivo a los miembros de la clase que exhiben las propiedades más perfectas que se consideran propias de ella, como en *requeteescuela* 'escuela con todas las ventajas de las mejores escuelas' o *requetelibro* 'libro espectacular, de extensión, profundidad o calidad admirable'.
d Además del valor escalar o ponderativo, **requete-** admite un valor de repetición similar al del prefijo **re**^{1}-, donde indica las repeticiones insistentes y excesivas de un evento:

   (9) Lo leí, lo releí y lo requeteleí, pero seguía sin entenderlo.

Propiedades fonológicas

Este prefijo claramente posee independencia fonológica de la base, si bien no puede usarse de forma libre: posee acento secundario (*requètepeór*) y no cancela su vocal final cuando la base comienza también por vocal: *requetealto, requeteencantar*.

Relaciones con otros prefijos

Este prefijo indica valores superiores tanto para **re**^{1}- como para **re**^{2}-; en el primer caso, indica las repeticiones que se consideran excesivas, y en el segundo los valores escalares más altos que se salen de la norma. Esto es lo que hace posible que se combine con otros prefijos escalares, como **hiper-**, ya que el segundo selecciona valores altos pero requete- selecciona los valores superiores dentro del intervalo alto. Véase también **requetecontra-**, con el que claramente el prefijo tiene una relación.

> LECTURAS RECOMENDADAS: Kornfeld (2010).

requetecontra-. De origen incierto. Prefijo escalar que indica valores incluso superiores a **requete-**, como en *requetecontraharto, requetecontracansado, requetecontramolesto*. Sus propiedades son idénticas a las de **requete-**, salvo posiblemente por la dificultad de iterarlo ??*requetecontrarrequetecontraencanta*), ya que **requetecontra-** parece seleccionar los valores que son tan altos que resulta imposible concebir otros superiores a él. Se documentan también las variantes **recontra-** y **requeteque-**, con las mismas propiedades.

res-. Posible forma segmentable, tal vez relacionada con **re-**, que aparece en un conjunto reducido de formas, como *resfriar(se), resquebrajar(se)* y, etimológicamente, en algunas más que ya no se consideran segmentables (*respingar*). Su significado podría estar relacionado con el valor gradativo de **re-**, y cabría interpretarlo como un alomorfo de este prefijo. La inserción de *-s-* no parece estar causada por motivos fonológicos, ya que aparece ante bases comenzadas por vocal (cf. el interfijo fonológicamente motivado de *en-s-anchar*, donde la inserción impide que la consonante final del prefijo se silabifique con la primera vocal de la base), y de hecho su presencia construye una sílaba más marcada, con coda consonántica.

-rén. Posible forma segmentable en el sustantivo *saltarén* 'cierto tipo de son bailable'. El motivo de proponer la segmentación es la existencia de la base *saltar*, que puede relacionarse fácilmente con esta formación. En tal caso, este sufijo sería un nominalizador no productivo.

reta-. Posible alomorfo de **retro-**, documentado en *retaguardia*.

rete-. Forma reducida de **requete-**, con propiedades semánticas y gramaticales idénticas a él.

retro-. Del adverbio latino *retro*, '(hacia) atrás'. Prefijo preposicional con valor direccional del español.

Tipos de bases

a   Al igual que otros prefijos preposicionales, este prefijo se combina con bases sustantivas, con cierta productividad.

   (1)   retrocarga, retrocuenta, retropié, retropilastra

b   Si bien son menos frecuentes que las bases nominales derivadas de verbos, este prefijo también puede combinarse con verbos eventivos en los que existe alguna idea de desplazamiento o donde se describe una situación que contiene un valor direccional.

   (2)   retropropulsar, retroproyectar, retrotraer, retrovender

c   Son menos frecuentes las bases adjetivales –calificativas o relacionales– (*retropróximo*), si bien se documentan ocasionalmente, en la medida en que pueden relacionarse semánticamente con bases sustantivas: *retroactivo* (retroacción), *retrógrado*.
d   El carácter culto de este prefijo hace que con cierta frecuencia se combine con bases neoclásicas que en español no constituyen formaciones independientes: *retro-ceder, retro-spección, retro-peler*.

Comportamiento gramatical

a   Al igual que otros prefijos preposicionales, este no altera la categoría gramatical de la base.

   (3)   visor > retrovisor
         activo > retroactivo
         proyectar > retroproyectar

b   Al igual que otros prefijos de su clase, este prefijo tampoco altera el género o marca de palabra de los sustantivos y adjetivos, o la clase de conjugación del verbo al que se une.
c   Este prefijo, tal vez por motivos semánticos relacionados con la noción direccional que expresa, no es iterable en la mayoría de sus usos (**retro-retro-visor*), pero en principio es iterable, y cuando muestra valores derivados a partir de la noción de 'hacia atrás' lo permite: *retro-vender* 'devolver al vendedor algo que se había comprado' permite *retro-retro-vender* 'devolver al comprador lo que había devuelto', etc.
d   Este prefijo no permite la expansión funcional de la base (**retro-la visión, *pistolas retro-cargas*).
e   Al igual que otros prefijos preposicionales, **retro-** puede habilitar a una base sustantiva para funcionar como modificador de otro sustantivo: *pistolas retro-carga* 'pistolas que se cargan por la parte trasera'.
f   Se encuentra extendido el uso de **retro-** como un adjetivo invariable (*películas retro, decoración retro*), equivalente a 'nostálgico, que celebra un pasado reciente'. No es inmediatamente evidente que esto sea un uso libre del prefijo; debido a que este adjetivo se limita al valor temporal y no exhibe nunca valor espacial (**las puertas delanteras y las puertas retro de este auto*) tal vez lo que tengamos aquí sea un caso en que la misma raíz se categoriza como preposición o como adjetivo.

Tipos de significado

a   Se diferencian cuatro valores de este prefijo, todos ellos relacionados en mayor o menor medida con la noción de 'atrás'.
b   El primero de ellos es el valor direccional, en que denota movimiento real o figurado hacia atrás (con respecto a la posición de un agente o instrumento involucrado en la situación): *retrovisor* 'que permite ver hacia atrás', *retroceder* 'volver atrás', *retrocuenta* 'cuenta atrás', *retropulsión, retroversión* 'desviación hacia atrás de un órgano del cuerpo'.
c   El segundo valor es locativo, e identifica la base como localizada en la parte trasera de otra (*retroguardia* 'porción del ejército que está en último lugar en la batalla', *retropilastra* 'pilastra que está detrás de una columna') o identifica la parte trasera de la entidad denotada por la base (*retropié* 'parte trasera del pie').

d   El tercer valor es una extensión metafórica del valor locativo al dominio temporal, y sitúa algo en el pasado o como dirigido hacia el pasado: *retroactivo* 'activo hacia el pasado', *retrospectivo, retrógrado, retropróximo* 'anterior en el tiempo'.
e   Finalmente, como extensión metafórica de la idea de 'volver atrás' (vease también **re-**), este prefijo indica la reversión de una acción en un número pequeño de voces, como *retrovender* 'devolver al vendedor'.
f   En ocasiones, la noción 'atrás' no es transparente en la formación, y depende del conocimiento del mundo que el hablante tenga de la noción expresada en la base. Un *retrovirus* es un virus que emplea transcripción inversa de ARN a ADN; los hablantes que ignoran este hecho tratarán la forma como no transparente, donde el prefijo se limita a marcar una subclase de virus.

Propiedades fonológicas

a   Este prefijo da muestras de independencia fonológica en dos propiedades. La primera es que, pese a acabar en vocal, se mantienen los hiatos que se forman con la vocal inicial de la base (*retro-acción*). Nótese que de hecho *retracción* se relaciona con *retraer*, donde nunca ha habido hiato.
b   El prefijo porta acento secundario en la primera sílaba, no obtenido rítmicamente: *rètroactívo*.
c   No se documentan alomorfos claros de este prefijo, si bien ocasionalmente conviven en el español actual una formación culta con el prefijo y un derivado no transparente que originalmente portaba el prefijo: *retroguardia ~ retaguardia*.

-ría. De la combinación, en latín tardío, de la marca de infinitivo *-re* y el imperfecto de indicativo *hab-e-ba-*. Sufijo que caracteriza las formas de condicional.

Tipos de base

a   Este sufijo se combina con el tema de presente de verbos de las tres conjugaciones, derivados o no.

   (1)   cantaría, bebería, viviría

b   En algunos verbos, la vocal temática que normalmente precede a este sufijo no está presente.

   (2)   haber – habría
         poder – podría
         querer – querría
         saber – sabría

c   Adicionalmente, en algunos verbos la raíz adopta una forma alomórfica, que también está seleccionada por los sufijos de futuro **-ré** y **-rá**. La misma irregularidad se extiende, por lo general, a los verbos derivados de estas bases mediante prefijación.

   (3)   decir – di-ría
         hacer – ha-ría

poner – pond-ría
salir – sald-ría
tener – tend-ría
valer – vald-ría
venir – vend-ría

d   Este sufijo se combina también con las formas auxiliares de *haber* para formar el llamado condicional perfecto, usado en los periodos condicionales contrafactuales (*Si hubieras estado atento, no habrías perdido tu turno*).

Comportamiento gramatical

a   Existe un debate acerca de si esta forma ha de interpretarse como temporal o como modal. Con respecto a los datos que apoyan una interpretación temporal, encontramos que se usa para expresar una acción posterior a otra cuando ambas preceden al momento de habla –sería, pues, un pasado del futuro–, algo visible en las construcciones de concordancia de tiempos.

(4)   a   Juan dice que vendrá mañana.
      b   Juan dijo que vendría mañana.

b   Sin embargo, clasificar **-ría** como forma temporal apoyándose en su relación con el futuro depende crucialmente de que el futuro sea a su vez una forma temporal. La evidencia empírica sugiere, sin embargo, que el futuro ha de considerarse una forma modal. Véase **-rá** y **-ré**.

c   El valor modal de este sufijo es claro en la mayoría de contextos en que se emplea, ya que en ellos introduce un estado de cosas que se considera hipotético o directamente el hablante quiere marcar que no corresponde a la realidad actual tal y como la entiende en este momento.

(5)   En París encontraríamos fácilmente un restaurante de lujo.
(6)   Si tuvieras hambre te prepararía un bocadillo.

d   Un motivo que se ha aducido para negar el carácter modal del condicional es que se comporta como el indicativo –supuestamente el modo no marcado– con respecto a la subordinación: admite solamente verbos que seleccionan indicativo y rechaza los de subjuntivo, donde es sustituido por los morfemas **-ra** y **-se** de pasado de subjuntivo.

(7)   a   Juan nos contó que su mujer llega mañana.
      b   Juan nos contó que su mujer llegaría mañana.
      c   *Juan nos contó que su mujer llegue mañana.
(8)   a   Juan lamenta que su mujer llegue mañana.
      b   Juan lamentó que su mujer llegara mañana.
      c   *Juan lamentó que su mujer {llega / llegaría} mañana.

e   No obstante la anterior situación presupone que el modo nunca puede expresarse en indicativo, precisamente porque asume que el indicativo es un modo no marcado. Existen dos alternativas analíticas para tratar el condicional como un modo dada esta situación: (i) es una forma modalizada del indicativo, igual que consideramos modales los verbos de la clase de poder aunque estén en indicativo y (ii) es un modo distinto del indicativo o del subjuntivo cuyos contextos de aparición son iguales al indicativo en situaciones subordinadas.

f Tratar el condicional como un modo, desde esta perspectiva, permite explicar la estrecha relación con el pasado de subjuntivo, que también se verifica en contextos condicionales donde solo aparece si la prótasis está en subjuntivo.

(9) a Si Marta viniera, iríamos a cenar.
    b *Si Marta viniera, vamos a cenar.

g La distribución de este morfema en las formas de condicional, frente a los sufijos de futuro, es homogénea y se emplea en todas las formas personales de singular y de plural, sin cambios alomórficos. Siempre sigue a la vocal temática del verbo en presente y es seguida por los morfemas de concordancia con el sujeto.

(10) cant-a-ría
     cant-a-ría-s
     cant-a-ría
     cant-a-ría-mos
     cant-a-ría-is
     cant-a-ría-n

h Al igual que otros sufijos que expresan tiempo, aspecto y modo marcados en la conjugación, la presencia de **-ría** causa un sincretismo entre la primera persona singular y la tercera persona singular.

(11) Canto   cantaría
     canta   cantaría

Tipos de significado

a Como ya se ha notado en (4b), este sufijo tiene un solo valor en que interactúe con la relación temporal entre una situación y el momento en que se ejecuta otra, en los casos en que se interpreta como el pasado del futuro dentro de contextos de concordancia temporal.

b Sus usos modales están mucho más extendidos. En primer lugar, este sufijo se emplea para indicar estados de cosas hipotéticos que el hablante considera solo posibles. En (12) se interpreta que el abuelo del hablante no está presente en la fiesta; si dicho abuelo pudiera en principio haber acudido a ella, el estado de cosas es hipotético.

(12) Mi abuelo disfrutaría mucho con esta fiesta.

c Si interpretamos en (12) que el abuelo ya ha fallecido, el estado de cosas descrito es uno que el hablante entiende como imposible. Esto corresponde a los usos irreales del condicional referido al presente o al pasado.

(13) Si estuviera enfermo podría quedarme en casa, pero estoy bien.
(14) Si hubiera nacido en Roma, hablaría italiano, pero he nacido en Albacete.

d   Al igual que el futuro (**-rá, -ré**) el condicional puede emplearse en contextos de conjetura para presentar posibles estados de cosa de los que no se tiene evidencia suficiente, en el pasado. Este 'condicional de conjetura' alterna con el futuro, empleado para emitir hipótesis sobre el presente.

    (15) a ¿María no está? Estará enferma en su casa.
            b ¿María no fue a la fiesta? Estaría enferma en su casa.

e   Este valor de falta de seguridad se manifiesta también en el llamado condicional de rumor, donde el hablante presenta una información como obtenida por fuentes indirectas –alguien se lo ha contado–, no mediante evidencia directa. En este sentido el condicional se comporta como una marca de evidencialidad que marca falta de evidencia directa.

    (16) Según algunas fuentes, esta película ganaría el oscar el lunes próximo.

f   Su valor modal se manifiesta también en las lecturas concesivas, como (17) –equivalente a 'Fuera o no fuera el ganador...'– y exclamativas (18).

    (17) Sería el ganador y todo lo que tú quieras, pero no se lo merecía.
    (18) Qué vida me daría con todo ese dinero...

Propiedades fonológicas y Alomorfos

a   Este sufijo siempre lleva el acento prosódico de la palabra en la vocal alta, lo cual implica que recibe acento ortográfico.
b   No hay alomorfos de este sufijo, y tampoco se documentan alomorfos específicos de las marcas de concordancia con el sujeto en presencia de **-ría**.
c   Como ya se ha visto, en algunos casos el sufijo fuerza la presencia de una variante alomórfica de la base, siempre y cuando falte la vocal temática que normalmente le precede.

Problemas de segmentación

a   La estrecha relación morfológica con **-ré** y **-rá** puede interpretarse como un argumento a favor de descomponer el morfema -ría en al menos dos componentes: -*r*-, que podría verse como un verbo modal, e -*ía*.
b   Así, futuro y condicional estarían caracterizados por formarse a partir del verbo modal -*r*-, entendido tal vez como un verbo ligero, y las vocales que siguen a esta forma expresarían contrastes temporales o de concordancia con el sujeto.
c   En este sentido, -*ía* coincide con la terminación de imperfecto de indicativo de los verbos de la segunda y tercera conjugación, donde de forma invariable aparece esta secuencia. La secuencia es descomponible, a su vez, en -*a* como forma temporal (cf. -**a**[4]) e -*i* como forma de la vocal temática.

    (19) ven-í-a   vendría
            ven-í-a-s   vendrías
            ven-í-a-mos   vendríamos
            ven-í-a-is   vendríais
            ven-í-a-n   vendrían

d   Una segmentación como *-r-i-a* explicaría tres propiedades del condicional: su relación con el futuro a través de *-r-*, el hecho de que contraste con el futuro en expresar hipótesis o situaciones modalizadas en el pasado a través de *-a*, y el hecho de que la misma terminación de condicional se use en verbos de las tres conjugaciones a través de la hipótesis de que es el propio elemento verbal *-r-* el que impone la vocal temática.

e   Desde esta perspectiva, el futuro se descompondría en *-r-é* y *-r-á*, donde la primera forma ha de interpretarse como básica porque corresponde a la segunda conjugación – que, frente a la primera, toma *-a* y no *-ba* en imperfecto–. Tratar la vocal del futuro como una vocal temática explicaría que las formas de futuro estén caracterizadas por vocales que de otra manera se emplean como vocales temáticas en verbos (7), y que ni la /o/ ni la /u/ se empleen en el futuro.

(20)   cant-a
       beb-e

f   Esta descomposición se conecta con la conjugación del auxiliar *haber*, que (salvo en la forma actual para *vosotros* en las variedades que emplean este pronombre) coincide con las terminaciones de futuro. La idea es que al igual que en su antecedente etimológico latino el verbo *haber* tendría aquí la función de marcar un auxiliar modal, *-r-*. Los casos en *-rá* serían marcados si aceptamos que el auxiliar es de la segunda conjugación, y correspondería a casos que tal vez están seleccionados mediante alomorfía morfológica, sin que se descarte una explicación más profunda.

(21)   he – cantaré
       has – cantarás
       ha – cantará
       hemos – cantaremos
       han – cantarán

Relaciones con otros afijos

Como ya se ha visto, el sufijo **-ré** y el sufijo **-rá** establecen diversas relaciones gramaticalmente relevantes con el sufijo **-ría**. Igualmente, el sufijo **-ría** establece relaciones gramaticales con **-ra** y **-se**, pasados de subjuntivo, expresadas mediante la conexión en los periodos condicionales y la equivalencia temporal en contextos similares a indicativo y subjuntivo, respectivamente. Las irregularidades de conjugación presentes con los sufijos de futuro se extienden también a los de condicional. No existen verbos irregulares en condicional que no lo sean en futuro, ni verbos irregulares en futuro que no lo sean en condicional, y tampoco verbos que usen distintas formas de la base en futuro y condicional.

> LECTURAS RECOMENDADAS: Ambadiang (1993); Alcoba (1999); De Sterck (2000); RAE & ASALE (2009: §4.5, §23.15); Pérez Saldanya (2012); Martín Vegas (2014); Zacarías-Ponce de León (2021).

-rife. Posible sufijo cuya segmentación se propone en Rainer (1993: 653) y que aparece en la forma *matarife*. La segmentación surge como resultado de identificar la base verbal *matar*, y en tal caso el sufijo sería un nominalizador de agente no productivo. Etimológicamente, este segmento surge del término árabe *muqrif* 'sucio', cruzado con el verbo *matar*.

-ron. Del latín *-(ve)runt*, terminación de tercera persona plural en el tema de perfecto. Sufijo que marca la tercera persona plural en las formas de perfecto simple o indefinido.

Tipos de bases

a   El sufijo **-ron** se añade en la expresión de la concordancia de la forma de 3pl al pretérito indefinido o perfecto simple de verbos de las tres conjugaciones, precediendo inmediatamente la vocal temática. Con verbos de la segunda y tercera conjugación la vocal temática toma el alomorfo **-ie-** en estos verbos.

(1)   cant-a-ron
      beb-ie-ron
      viv-ie-ron

b   Con verbos irregulares de vocal media diptongante, este sufijo selecciona la forma sin diptongación ni cambios en el caso de los verbos de la primera conjugación.

(2)   contaron, fregaron, jugaron

c   En verbos diptongantes que contienen bases en que la vocal media se convierte en una vocal alta, selecciona la base irregular: *sintieron, durmieron, murieron*.

d   Con verbos de la tercera conjugación con alternancia vocálica *e > i*, este sufijo siempre selecciona la forma irregular.

(3)   pidieron, rieron, sirvieron

e   Existe un solo verbo en *-ar*, generalmente interpretado como verbo de la primera conjugación, donde sin emplear un exponente claramente irregular el sufijo **-ron** lo trata como si perteneciera a la segunda o a la tercera conjugación, manteniendo la vocal temática como /ie/: *dieron*, de *dar*.

f   Existen asimismo numerosos verbos llamados rizotónicos en el pretérito indefinido, es decir, verbos en los que el acento recae en la raíz en este tiempo y donde por lo tanto el sufijo **-ron** se combina con una base irregular. Los verbos irregulares pertenecen a las siguientes subclases, y en todas este sufijo aparece antecedido de la vocal temática **-i**.

i)   bases rizotónicas acabadas en -j, entre las que están *traer > trajeron, decir > dijeron*, así como todas las formas de verbos acabados en *-ducir (produjeron, condujeron, indujeron)*.

ii) bases rizotónicas acabadas en -s o sigmáticas: *querer > quisieron, poner > pusieron*.

iii) Como se ve, algunos de los verbos de las clases anteriores, junto a la irregularidad consonántica, alteran la vocal de la base convirtiéndola en una vocal alta. Tambén existen bases rizotónicas donde la vocal de la base pasa a ser /i/ o /u/ sin cambios consonánticos adicionales (*venir > vinieron, hacer > hicieron, poder > pudieron*). El verbo *haber*, cuyo pretérito irregular es *hubieron* se asimila también a este grupo.

iv) Tomando *hubo* como forma de partida y como formaciones analógicas, la terminación /ubo/ se agrega o sustituye a la base en un conjunto pequeño pero frecuente de verbos rizotónicos: *estar* > *estuvieron*, *andar* > *anduvieron*, *tener* > *tuvieron*.

v) El ascenso vocálico a /u/ se combina con cambios consonánticos únicos en *caber* > *cupieron* y *placer* > *pluguieron*.

g Este sufijo se emple también en la conjugación supletiva: *fueron*, pretérito de tanto *ser* como *ir*.

Comportamiento gramatical

a Este sufijo conserva la vocal temática de los verbos de primera conjugación (*bailaron*).
b En cambio, en verbos de la segunda conjugación la vocal temática -**e** se convierte en -**ie**-.

(4) bebieron (*beberon).

c En verbos de la tercera conjugación, se emplea el mismo alomorfo -**ie**-: *vivieron*.
d En las formas rizotónicas la vocal temática se conserva (cf. -**ó**, donde no es el caso).
e Este sufijo claramente contiene información de tercera perona plural. En cierto sentido este sufijo parece estar doblemente especificado para tercera persona plural, ya que contiene el segmento /n/, que de otra manera puede entenderse como la misma -**n** que marca la tercera persona plural en otros tiempos, y el segmento -*ro*-, que aparece exclusivamente en la tercera persona plural (véase también -**ste**).

Propiedades fonológicas

a Los verbos terminados en secuencias -CV- pertenecientes a la tercera conjugación convierten la vocal /i/ en /y/ en esta forma en español normativo: *construyeron*, *instruyeron*.
b Los verbos de la segunda conjugación terminados en secuencias CV- previas a la vocal temática también convierten la vocal temática -*e* en /y/.

(5) cayeron, creyeron, leyeron, poseyeron, royeron

c El sufijo siempre se asocia a estructuras fonológicas donde el acento prosódico recae en la vocal temática que le antecede inmediatamente, algo que puede estar detrás de los motivos históricos que hacen emplear -**ie**- en lugar de -**e** o -**i**.

(6) cant/á/ron, vin/ié/ron, sup/ié/ron, tej/ié/ron

LECTURAS RECOMENDADAS: Ambadiang (1993); Alcoba (1999); RAE & ASALE (2009: §4.5, §23.9).

---

ronna-. Relacionado con el griego ἐννέα 'nueve', con una /r/ inicial elegida arbitrariamente y la terminación /a/, que replica la de los prefijos multiplicativos a partir de **mega-**. Prefijo cuantificativo que expresa la noción multiplicativa de 10^{27}. Como otros prefijos cuantificativos del sistema métrico científico, sus bases son siempre unidades de medida, como en *ronnabyte*.

ronto-. Relacionado con el griego *ἐννέα* 'nueve', con una /r/ inicial elegida arbitrariamente y la terminación /to/, que replica la de los prefijos fraccionarios a partir de **femto-**. Prefijo cuantificativo que expresa la noción fraccionaria equivalente a 10^{-27}. Al igual que otros prefijos cuantificativos del sistema métrico científico, sus bases son siempre unidades de medida, como en *rontosegundo*.

-rragia. Véase **-orragia**.

-rrea. Véase **-orrea**.

S

-s[1]. De la terminación de acusativo plural en los sustantivos no neutros de las cinco conjugaciones latinas, y sobre todo la primera y la segunda (*-as, -os*). Sufijo de número tradicionalmente considerado plural que se combina con sustantivos, determinantes y adjetivos.

Tipos de bases

a   Este sufijo se combina con productividad máxima con sustantivos contables, independientemente de la noción que expresen, tanto si denotan objetos (*martillos*) como entidades animadas (*alumnas, profesoras*), lugares (*dormitorios*), acciones (*ataques*), periodos temporales (*reinados*), etc. La presencia de este sufijo para marcar número también es independiente de si el sustantivo es derivado o no, compuesto o no, y de la marca de género que presente.

b   También se documentan bases que son nombres no contables, como *víveres, albricias, celos, fauces, agujetas, represalias, cimientos*.

c   Son muy pocos los sustantivos que rechazan la flexión de número, los llamados singularia tantum. En ellos generalmente se expresa una propiedad inherentemente no contable, sean estados psicológicos (*hambre, sed, grima, tino*) u otras nociones relacionadas con cualidades o estados entendidos como entidades no delimitables (*pereza, blancura*), si bien en estos segundos se admiten plurales ocasionalmente para indicar tipos de la cualidad (*hay varias blancuras: la del alma, la de la piel...*) o entidades que la exhiben (*las blancuras de su piel*).

d   Este sufijo también se combina con adjetivos relacionales, calificativos y de otras clases semánticas, en masculino y femenino, sean derivados o no, compuestos o no: *altos, sordomudas, beneficiosas, económicas, españoles, antiguos, anteriores, próximas*, etc.

e   Son pocos los adjetivos que no admiten esta marca; entre ellos se encuentran algunos comunes en género (*porno, tecno, gagá*) y otros que provienen inicialmente de sustantivos recategorizados como adjetivos (*calcetines naranja*), a veces con alternancias en su combinación (*corbatas rosa ~ corbatas rosas*).

f   El sufijo de número también se combina con determinantes y cuantificadores de distintos tipos (*los, unos, estos, todos, ciertos*). Las excepciones son el cuantificador negativo, que en muchas variedades carece de forma natural plural (*ninguna cosa, %ningunas cosas*) y algunas formas invariables, como *cada*.

g   Los numerales cardinales no exhiben el sufijo de plural, salvo que se usen como sustantivos (*He sacado dos dieces en el cole*): *cuatro, cinco, siete, ocho*. Con todo, probablemente no es casual que varios de ellos terminen en /s/: *dos, tres, seis*.

h Este sufijo también se une a los clíticos (*los, las, les*) y a las formas pronominales de tercera persona (*ellos, ellas*), así como al uso pronominal de muchos determinantes y cuantificadores (*aquellos, otros, algunos*).
i Este sufijo no se añade a los pronombres inherentemente animados, con muy pocas excepciones (*quien – quienes*). La expresión de la pluralidad en *yo* y *tú* emplea pronombres distintos (*yos comemos), si bien en ellos se segmenta un morfema plural (*nosotros, vosotros*).
j De la misma manera, y tal vez en relación con esto, los verbos finitos –que flexionan en persona– no emplean este sufijo para marcar el plural.
k La marca de plural puede añadirse a los nombres de pila (*Cármenes, Marías*), pero resulta menos aceptable para la mayoría de hablantes añadirlo a los apellidos. De esta manera, *los Martines* se interpreta más fácilmente como 'las personas que tienen de nombre de pila 'Martín'' que como 'la familia de apellido Martín' o 'las personas cuyo apellido es Martín'.

Comportamiento gramatical

a Este sufijo nunca afecta a la categoría gramatical de la base, a su género o a sus otras propiedades flexivas, como es esperable de un afijo gramatical.
b Pese a esto se documentan algunos casos en que una base de otra categoría se emplea como sustantivo solo en plural: *afueras, alrededores, comestibles*.
c Se suele entender que el sufijo tiene papeles distintos en los sustantivos y pronombres, por un lado, y en los adjetivos, determinantes y cuantificadores, por otro. En el primer caso, el número se refleja directamente en la semántica y comportamiento sintáctico del sustantivo o pronombre, pudiendo condicionar su distribución. Así, los nombres contables sin determinante solo pueden aparecer en ciertas posiciones argumentales cuando se combinan con *-s*.

(1) a *leer libro
     b leer libros

d En los adjetivos, determinantes y cuantificadores se entiende que la flexión de número surge como efecto de la concordancia con un sustantivo –ocasionalmente, un pronombre– que impone estos rasgos a la forma.
e Como se espera de la flexión, este sufijo suele aparecer en posición externa de la palabra, después de cualquier morfema derivativo y de las marcas de género.

(2) man-ual-es, *man-es-ual.

f Es posible, sin embargo, encontrarlo en posición interna de un compuesto (*cualesquiera, quienesquiera, perros policía*) o locuciones de todo tipo (*dimes y diretes, dar palos de ciego, sacar las castañas del fuego*).
g Algunos sustantivos exigen la presencia del sufijo *-s* para poder funcionar como palabras independientes; estos son los llamados pluralia tantum. Entre los que rechazan de forma fuerte el singular encontramos *andurriales, añicos, apuros, arras, bártulos, dietas, entendederas, exequias, fastos, gachas, gárgaras, tinieblas, zarandajas*. Los pluralia tantum que expresan objetos compuestos por dos partes (*pantalones, gafas, tijeras, tenazas, alicates...*), en cambio, frecuentemente se emplean también en singular cuando se quiere aclarar su valor de cardinalidad (*No compres pantalones, te digo que compres un solo pantalón*).

Tipos de significado

a La interpretación intuitiva de -s es que expresa pluralidades de objetos, algo visible en contextos donde se opone al sustantivo sin marca de número, que se interpreta como singular.

    (3)   perro – perros

b Sin embargo, el significado de este sufijo no es fácil de determinar, y claramente no puede ser el de expresar una pluralidad. El motivo es que en contextos como (4a) el oyente debería responder 'no' si solo tiene un hijo, pero interpretamos que el hablante no le pregunta si tiene varios hijos, solo si tiene alguno; en (4b) el hablante no niega tener varios hijos sino que niega tener hijo alguno; en (4c) no es necesario que la persona haya vendido alguna casa ya para poder emplear esta frase, y en (4d) obviamente -s no puede designar una pluralidad porque el valor de cardinalidad es cero.

    (4)   a   ¿Tienes hijos?
            b   No tengo hijos.
            c   Ahora me dedico a vender casas.
            d   cero puntos

c Se ha propuesto, a partir del caso de (4d), que la semántica del morfema -s es la de particionar o dividir la entidad expresada por el nombre léxico para permitir que se enumere y pueda combinarse con cardinales. Esta explicación asociaría -s a la contabilidad, y no es sostenible en español debido a que algunos nombres no contables (*víveres*) la contienen.

d Existen varios sustantivos que adquieren un significado distinto del que tienen en singular: *celos* (distinto de *celo*), *tripas* ('intestinos'), *vísperas* ('tipo de rezo'), *fondos* ('soporte económico').

Propiedades fonológicas, haplologías y alomorfía

a El sufijo -s puede manifestarse de tres maneras distintas en el español general: como -*s* al unirse a bases terminadas en vocal átona, como -*es* y como cero.

b La manifestación cero del sufijo aparece en aquellas bases acabadas en /s/ si no está precedida por una vocal tónica (*francés – franceses*). Esto incluye sustantivos como *lunes, bíceps, caos* o *clímax*, así como los compuestos verbonominales cuyo segundo miembro es un plural. Nótese que estos sustantivos pueden aparecer en plural, como muestra el determinante en (5).

    (5)   a   el lunes, los lunes
            b   el bíceps derecho, los bíceps
            c   el limpiabotas, los limpiabotas

c La motivación de esta regla es fonológica, como muestra que los compuestos verbonominales cuyo segundo miembro es singular y por tanto no acaban en /s/ admiten el plural:

    (6)   un parasol, varios parasoles

d   El alomorfo -*es* aparece sobre todo combinado con bases terminadas en consonante distinta de /s/:

(7)   pasteles, cárceles, canciones, amores, ciudades, relojes

e   También aparece este alomorfo en bases terminadas en la secuencia vocal tónica + *s*.

(8)   adioses, aguarrases, arneses, repeluses, toses

f   Cuando la base termina en vocal tónica generalmente se emplea -*s* si esta es -*é, -ó* y -*á*, aunque esta última permite la alternancia con -*es* en varios casos.

(9)   cafés, cuplés, canapés, sofás, pachás, rondós, platós, mamás, papás

(10)   faralaes, rajaes, dominoes

g   Generalmente, el plural toma -*es* cuando la vocal tónica es /i/ y casi siempre si es /u/.

(11)   rubíes, israelíes, bisturíes, jabalíes, hindúes, saudíes
(12)   tabúes (tabús), iglús (iglues), manchús (manchúes)

h   Los extranjerismos, sobre todo los que proceden del inglés, prefieren en la lengua coloquial la forma -*s*, si bien la norma suele recomendar -*es*.

(13)   clubs, pívots, carnets, tíquets, tráilers, escáners, gánsters, hámsters

i   En las voces de origen latino, siempre en registros cultos, se pueden documentar ocasionalmente otros posibles alomorfos marcados de -*s*: *currícula (currículum), cuanta (cuantum)*.

j   En estos registros también puede suceder que el plural seleccione alomorfos marcados de la base. Las voces acabadas en -*on* procedentes del griego y -*um* procedentes del latín pueden admitir un plural en que esta terminación se elimina y se sustituye por la marca de palabra -*o*, seguida de -*s*: *hipérbaton > hipérbat-o-s, currículum > currícul-o-s*.

k   La presencia de -*s* no tiene efectos fonológicos sobre la base, y preserva la posición del acento. En cambio, su alomorfo -*es*, al contener una vocal, potencialmente puede añadir una sílaba prosódica a la palabra y tener como efecto que la posición del acento cambie. En español no existen palabras superproparoxítonas (acentuadas en la cuarta sílaba contando desde el final), por lo que se rechaza habitualmente *régimenes*, sustituida por *reg/í/menes*. Pese a que la norma dicta que el plural de *carácter* es *caracteres*, al no producirse aquí una infracción de superporparoxítona es casi universal el plural *carácteres*.

l   En numerosas variedades no estándar se documenta también el alomorfo -*ses*, que se une a voces terminadas en vocal tónica (*café > cafeses, papá > papases*).

m   El alomorfo -*(e)se* se emplea con bases terminadas en vocal átona o consonante en República Dominicana (Lipski 1996: 366): *mujer > mujérese, casa > cásase*.

> **LECTURAS RECOMENDADAS: Ambadiang (1993); Bosque (2000); Colina (2006); Picallo (2008); Aguirre & Marrero (2009); RAE & ASALE (2009: §3); Fuchs, Polinsky & Scontras (2015); Camacho (2021).**

-**s**[2]. Del latín -*s*, sufijo empleado para marcar la concordancia del verbo con la segunda persona singular. Sufijo flexivo que expresa concordancia de 2sg.

Tipos de base

a   Este sufijo se combina con verbos regulares e irregulares de las tres conjugaciones:

    (1)   a   cant-a-s
             b   beb-e-s
             c   viv-e-s
    (2)   a   ere-s
             b   está-s
             c   ha-s

b   Este sufijo no es sensible a si el verbo es derivado o no, auxiliar o no.
c   Este sufijo se restringe a formas finitas, ya que marca la forma concordada con la segunda persona singular.
d   Este sufijo marca la segunda persona singular en casi todas las formas flexivas del verbo: el presente de indicativo y subjuntivo (3a,b), el imperfecto de indicativo y subjuntivo (3c,d), el futuro (3e), el condicional (3f), el futuro de subjuntivo (3g) y todas las formas equivalentes del auxiliar *haber*.

    (3)   a   cant-a-s
             b   cant-e-s
             c   cant-a-ba-s
             d   cant-a-ra-s
             e   cant-a-rá-s
             f   cant-a-ría-s
             g   cant-a-re-s

e   Este morfema no marca el indefinido o pretérito perfecto simple, donde se emplea normativamente **-ste**. Sin embargo se documenta en la lengua coloquial la extensión de este sufijo también a estos casos (*cantastes*).
f   El sufijo tampoco marca el imperativo de segunda persona singular (*canta*); aunque ocasionalmente en la lengua coloquial se extiende también a esta forma, esto sucede solo en algunos verbos concretos (*oyes*), frente a la extensión al indefinido.
g   Este sufijo selecciona la forma diptongante de la base, cuando el verbo es irregular, en las formas de presente de indicativo y subjuntivo (*contar ~ cuentas ~ cuentes*). Igualmente, selecciona la forma con cambio vocálico de los verbos de la tercera conjugación con vocal media en la raíz en los presentes (*pedir ~ pides ~ pidas*). También selecciona la forma consonántica de las raíces acabadas en *-i*: *construir ~ construyes ~ construyas*. En los tres casos hay una motivación fonológica: el sufijo aparece en formas donde el acento prosódico recae en la raíz, y está precedido por la vocal temática, lo cual crea un contexto de consonantización.

Comportamiento gramatical

a   Al igual que otros morfemas flexivos, este sufijo no altera la categoría gramatical de la base, ni tampoco sus propiedades léxicas o semánticas, como número de argumentos, significado conceptual o aspecto léxico.

b Este sufijo no aparece con la realización /i/ de la vocal temática de tercera conjugación, que pasa a /e/: *vivir ~ vives*.
c Fuera de este caso, que probablemente tiene la explicación fonológica de que el español rechaza en las formas patrimoniales la vocal /i/ en finales de palabra átonos, el sufijo no implica la cancelación o alteración del morfema inmediatamente anterior a él.
d Este sufijo, al reflejar los rasgos de la forma 'tú', implica gramaticalmente que se emplea el tratamiento de familiaridad para la segunda persona, frente al tratamiento de distancia 'usted', que se construye con flexión de tercera persona.
e Es igualmente la forma que marca el voseo de familiaridad en las áreas americanas donde se emplea esta forma de tratamiento. La diferencia es la posición del acento prosódico de la palabra, que en las formas de 'tú' recae en la raíz y en las formas de 'vos' lo hace en la vocal temática, lo cual preserva /i/ para la tercera persona: *cantás, bebés, vivís, tenés*.
f La diferencia en la posición del acento explica también que las irregularidades de presente asociadas con -s desaparezcan: no hay diptongación (*contás*), ascenso vocálico (*pedís*) o consonantización (*construís*).

Tipos de significado

a Como se ha dicho, al reflejar la forma de tratamiento 'tú' o 'vos', este sufijo expresa el grado máximo de familiaridad con un oyente singular.
b La necesidad pragmática de que el oyente sea animado hace que el uso de este sufijo fuerce la interpretación animada metafórica de toda clase de objetos a los que se dirige el enunciado: *¿Sabes, árbol, que me has acompañado toda mi vida?*

Propiedades fonológicas y alomorfía

a Este sufijo no presenta cambios o alteraciones por sí mismo en la acentuación de las bases, que conservan el acento en la misma posición en que lo llevan conforme a las reglas generales de asignación de acento o los requisitos específicos de los morfemas de tiempo, aspecto y modo.
b Así, el sufijo puede ir antecedido de un segmento con acento (*cantarás*) o sin él (*vivas*).
c Este sufijo no selecciona por sí mismo alomorfos de la base, cuando se producen irregularidades consonánticas; es el morfema que le precede el que en todo caso selecciona la forma irregular: *tener > tendrá > tendrás, conducir > conduzca > conduzcas, ir > iba > ibas, ser > era > eras*.

LECTURAS RECOMENDADAS: Ambadiang (1993); Alcoba (1999); RAE & ASALE (2009: §4.4, §4.7); Martín Vegas (2014).

-s-. Interfijo fonológicamente motivado que aparece en algunos verbos con prefijo *en-*: *en-s-anch-a(r), en-s-angost-a(r), en-s-alz-a(r)*.

sa-. Posible prefijo segmentable en la forma *sahumar*, que sin embargo procede directamente del latín *suffumare*. Si se segmenta, podría relacionarse con **so-**, tal vez como un alomorfo.

satis-. Posible prefijo segmentable en *satisfacer* y su familia morfológica (*satisfactorio, satisfecho, satisfacción*...). Procedente del latín *satis* 'suficiente' (adjetivo o adverbio), en esta forma sería un prefijo cuantificativo no iterable cuyo valor semántico sigue siendo rastreable 'hacer algo suficientemente'. La misma transparencia en la segmentación se manifiesta en que el verbo sigue la conjugación de *hacer* (*satisfago, satisfizo, satisfaz*), por lo que cabe segmentar el prefijo a pesar de su ausencia de productividad.

se-. Posible sufijo preposicional segmentable en un conjunto reducido de formas, como *seducir*. La segmentación estaría justificada por el hecho de que este verbo sigue el paradigma irregular de conjugación de otros verbos segmentables en un prefijo claramente establecido y el tema verbal *-duci*: *seduzco (produzco, conduzco, reduzco), seduzca (traduzca, reproduzca, introduzca), sedujo (abdujo, dedujo), sedujera (redujera, indujera, tradujera)*.

-se. Del latín *-(is)se-*, forma usada para expresar el perfecto de subjuntivo. Sufijo usado para expresar el modo subjuntivo en pasado.

Tipos de bases

a   Este sufijo se combina con toda clase de verbos, derivados o no, pertenecientes a las tres conjugaciones.

    (1)   cantase, bebiese, viviese

b   Tanto los verbos regulares como los irregulares se combinan con este sufijo.

c   El sufijo selecciona el tema de perfecto de los verbos que diferencian irregularmente el presente y el perfecto simple:

    (2)   tener – tuve – tuviese
               poner – puse – pusiese
               ser – fui – fuese
               estar – estuve – estuviese

d   Este sufijo es invariable en todas las formas personales de la conjugación.

    (3)   cantase, cantases, cantase, cantásemos, cantaseis, cantasen

Comportamiento gramatical

a   Este sufijo preserva la vocal temática de la conjugación del verbo, y se sitúa inmediatamente después de ella.

    (4)   cant-a-se
               beb-ie-se
               viv-ie-se

b   Este sufijo codifica simultáneamente las nociones de tiempo y modo marcados: subjuntivo y pasado. Por el lado del subjuntivo, en la inmensa mayoría de los casos requiere algún legitimador de este modo.

(5) a Quería que vinieses.
    b *Afirmaba que vinieses.
(6) a Ojalá vinieses.
    b *Sin duda vinieses.

c Por el lado del pasado, habitualmente aparece en contextos de concordancia temporal donde aparece en verbos contenidos dentro de oraciones subordinadas dependientes de un verbo en cualquier forma del pasado, así como el condicional y también el perfecto en aquellas variedades que, como muchas de las de España, permiten su interpretación de hechos recientes.

(7) {Quería / Quiso / Ha querido/ Había querido / Querría} que vinieses.

d Esta forma, sin embargo, se emplea también en contextos hipotéticos referidos al presente o al futuro, en la medida en que la noción de 'pasado' puede reinterpretarse a veces como reflejo de un estado de cosas no actualizado en el mundo y tiempo en que se emite el enunciado.

(8) si yo fuese rico
(9) si mañana lloviese

e Este morfema tiene propiedades, en este sentido, semejantes al condicional **-ría**, con el que de hecho concurre en los periodos concesivos y condicionales. La oración de (10a) contrasta con la de (10b) en este sentido.

(10) a Si ahora estuviese lloviendo, iríamos al cine.
     b *Si ahora estuviese lloviendo, iremos al cine.

Tipos de significado

a De los dos componentes gramaticales de este sufijo, subjuntivo y pasado, claramente el predominante es el primero. La información temporal que se espera que se asocie al pasado no siempre está presente en esta forma.

b Así, en (11) no se sigue que el deseo se esté emitiendo acerca del estado de cosas pasado, sino que lo hace del futuro. Igualmente sucede en (12), cuya interpretación es de presente.

(11) Ojalá viniese María mañana.

(12) Ojalá tuviese dinero ahora.

c Parece que el papel que tiene la marca de 'pasado', que sí es visible en (13), en los casos de (11) y (12) es la de designar un estado de cosas que el hablante considera que no se da en el mundo real en el momento de emitir el enunciado. De la misma forma que un estado de cosas se presenta en pasado cuando ya no es cierto en el momento de la enunciación, en este sufijo la noción de pasado se acomoda a esta misma interpretación.

(13) a Dice que vengas.
     b Dijo que vinieses.

d Así, habitualmente el grado de inseguridad o falta de expectativa en el cumplimiento de un estado de cosas se siente como más alto con el pasado subjuntivo que con el presente.

(14) a Ojalá venga.
     b Ojalá viniese.

e Pese a que tradicionalmente este sufijo se asocia con la forma llamada 'imperfecto de subjuntivo' es importante notar que se usa en contextos de subjuntivo equivalentes tanto a imperfectos de indicativo (15) como a perfectos simples o indefinidos (16), sin que se altere la interpretación aspectual equivalente. Por tanto, este sufijo parece no codificar explícitamente el aspecto gramatical.

(15) a Creo que Juan estaba enfermo.
     b No creo que Juan estuviese enfermo.
(16) a Creo que Juan llegó tarde.
     b No creo que Juan llegase tarde.

f Al igual que todos los sufijos que denotan una forma marcada de aspecto, tiempo o modo, este también fuerza el sincretismo entre la primera y la tercera personas singulares.

(17) canto   cantase
     canta   cantase

Propiedades fonológicas y alomorfías

a Este sufijo siempre impone la presencia de acento prosódico en la vocal inmediatamente anterior a él.

(18) cant[á]se, cant[á]ses, cant[á]se, cant[á]semos, cant[á]seis, cant[á]sen

b Este sufijo carece de alomorfos, pero fuerza la presencia de los alomorfos de otros sufijos. Concretamente, en verbos de la segunda y la tercera conjugación fuerza la presencia del alomorfo -ie- de la vocal temática -e-.

(19) viniese, bebiese, tuviese, supiese, viviese, partiese, creciese...

Relaciones con otros afijos

La principal relación que establece -ra- es con el sufijo -se-, que tiene un uso casi absolutamente equivalente en la expresión de formas subjuntivas de pasado. Véase el sufijo -ra.

> Lecturas recomendadas: Ambadiang (1993); Alcoba (1998, 1999); RAE & ASALE (2009: §24.2); Fábregas (2014).

semi-. Del prefijo latino sēmi-, 'medio'. Prefijo adjetival del español equivalente a 'medio'.

Tipos de bases

a El prefijo **semi-** se une productivamente a sustantivos. Su semántica, que indica la mitad de la entidad denotada por la base, requiere que esta base sea un nombre contable o al menos que se interprete como tal. Como puede verse en (1) este prefijo es productivo en el campo de la geometría y de la música.

(1) semicadencia, semicírculo, semicilindro, semicircunferencia, semicorchea, semidiámetro, semieje, semiesfera, semifinal, semifusa, semiluna, semimeridiano, semiperíodo, semiplano, semitono

b Existen, sin embargo, algunas formaciones en que el sufijo, al adoptar otro significado que no cuantifica sobre la extensión de un cuerpo, admite nombres no contables: *semiconsciencia, semimetal, semihilo*.

c Este prefijo también puede unirse a adjetivos; como tales, el requisito es que la base no designe una propiedad de escala abierta –es decir, concebible en grados ilimitádamente altos o bajos–, por lo que predominan los adjetivos relacionales o usados como relacionales que se emplean para denotar subclases de la entidad a la que modifican, en lugar de describirla (*terreno desértico, terreno semidesértico*).

(2) semiautomático, semiculto, semicursivo, semideponente, semidesértico, semilíquido, semilogarítmico, semipermeable, semitransparente

d Nótese que, en combinación con **semi-**, los adjetivos que pueden usarse como calificativos se interpretan como relacionales y pasan a denotar subclases de una entidad (como sucede con *azul* en *ballena azul*): podemos usar *desértico* en sentido calificativo en un *aula desértica*, pero no podemos decir **un aula semidesértica*. Igualmente, *semiprecioso* se refiere a una clase de piedras, y no describe su belleza (*María estaba (*semi-) preciosa*). Se aplica lo mismo a *semisalvaje, semirrígido* y *semivivo*.

e Pese a que este prefijo no admite bases verbales (**semiabrir*), se combina también con cierta productividad con bases participiales que denotan el estado en que se encuentra un individuo. Nótese que estos participios generalmente rechazan también la cuantificación de grado, y en todo caso la combinación con *semi-* la bloquea (*muy dormido ~ *muy semidormido*). En estos casos el prefijo indica que el resultado esperable del proceso solo ha sido alcanzado en parte.

(3) semiabierto, semidescremado, semidesnatado, semidormido, semielaborado, semiinternado

f Algunos adjetivos perfectivos, combinables solo con *estar*, también admiten este prefijo, indicando así que la propiedad se ha alcanzado solo parcialmente: *semivivo, semivacío, semilimpio*.

Comportamiento gramatical

a Este prefijo nunca cambia la categoría gramatical de la base.
b Este prefijo no afecta al género o la marca de palabra de los sustantivos con los que se combina, y tampoco altera la flexión del adjetivo.
c Debido a que se combina fundamentalmente con sustantivos o adjetivos relacionales se considera un prefijo adjetival. Al igual que otros prefijos adjetivales, no se combina

con verbos –pero sí con participios– y no habilita a la base sustantiva para modificar a otro sustantivo.

(4) *tejidos semihilo

d Este prefijo no es iterable con facilidad, debido a su semántica, que o bien implica que la repetición dé una cuarta parte, para la que ya hay otros elementos (cf. **cuarti-**), o bien implica un valor de aproximación en el que la repetición solo tendría un sentido estilístico. No obstante se documentan ocasionalmente estos casos: *semisemifusa, semisemiidiota*.

Tipos de significado

a El valor central del prefijo es el de expresar la mitad de algo, lo cual, como se ha dicho, requiere que la base exprese alguna noción con límites precisos que permitan evaluar qué cuenta como la mitad. Estos límites pueden estar dados por la extensión asociada a un sustantivo o bien por una escala adjetival cerrada donde la pertenencia a la clase denotada por el adjetivo no se defina de forma vaga.

b De aquí siguen dos valores principales del prefijo: denotan el partitivo correspondiente a 'mitad' con sustantivos, sea para indicar que aparece la mitad del objeto denotado por la base (*semiluna, semicírculo*), sea para indicar que el objeto ocupa la mitad del espacio o periodo asociado a él (*semicorchea, semitono*).

c Con bases adjetivales, la interpretación es la de que la entidad de la que se predican posee solo una parte de las propiedades consideradas necesarias en los entrañamientos lógicos de la base; el efecto es que la entidad se clasifica en una posición intermedia entre la pertenencia total a la clase denotada y la no pertenencia total: *semifrío* 'que no pertenece a la categoría de los productos guardados en frío pero tampoco a la de los que se pueden conservar a temperatura ambiente'.

d De esta interpretación se sigue un uso con sustantivos en que el prefijo toma solo una parte de las propiedades que describe el sustantivo y así clasifica a la entidad en una categoría intermedia entre los que pertenecen al grupo y los que pertenecen a su opuesto (*dios ~ semidiós ~ humano*).

(2) semicabrón, semiconductor, semiconsonante, semiconserva, semicultismo, semidifunto, semidiós, semidragón, semihilo, semihombre, semimetal, semivocal

e Resulta particularmente relevante en este sentido la interpretación del prefijo en *semipiso* y *semisótano*; dado que las bases indican posiciones dentro de una jerarquía de alturas, el prefijo se interpreta aquí al mismo tiempo como indicando posición intermedia y que las propiedades del objeto son solo una parte de las que se esperan de la descripción de la base.

f Con bases participiales la interpretación de 'mitad' se obtiene indicando que el resultado asociado al participio no se ha alcanzado plenamente: *semiabierto* quiere decir de un objeto que lo que lo tapaba ha sido desplazado solo en parte, de manera que sigue bloqueando parte de la entrada pero permite el paso parcial de algo.

g No se documentan valores no composicionales para este prefijo.

Propiedades fonológicas

Como otros prefijos adjetivales, este también presenta signos de cierta independencia fonológica con respecto a la base: junto a la presencia de acento secundario (*sèmiabiérto*) y en que permite secuencias de vocales, incluida la /i/ si la base comienza por vocal (*semiinterno*).

Relaciones con otros afijos

a En su valor de 'mitad' el prefijo compite con **hemi-** y **demi-**.
b En su valor de 'parte de las propiedades', sobre todo con sustantivos, compite con **cuasi-**.
c Nótese que el valor del prefijo es muy distinto del que tiene el prefijo adjetival **pseudo-**. Mientras que semi- indica que solo una parte de las propiedades asociadas a la base se cumplen y permite establecer una clase intermedia y bien delimitada, lo que fuerza a interpretar como cerrados predicados que de otra manera son vagos, **pseudo-** actúa como un predicado que produce vaguedad en la clasificación de las entidades que denota la palabra derivada.

> LECTURAS RECOMENDADAS: Varela & Martín (1999); Montero Curiel (2001b); RAE & ASALE (2009: §10.8).

-se(s). Alomorfo de -s¹, usado en algunas variedades (*caféses*).

sesqui-. Del latín sesqui-, combinación de *semi-* 'medio' y *-que* 'también'. Prefijo cuantificativo culto poco productivo. Su significado, equivalente a 'uno y medio', restringe su uso a términos técnicos del lenguaje de la música, arquitectura y otras ciencias (*sesquilátero* 'ritmo que combina pases de 6/8 y 3/4', *sesquiplano* 'objeto con un par de alas más pequeñas que las otras', *sesquióxido* 'óxido que contiene tres átomos de oxígeno y dos de otro elemento'). Su valor, con excepciones, es más 'una unidad y parte de otra' que exactamente una y media, salvo en algunas formaciones como sesquicentenario. Pese a su relación etimológica con semi-, este prefijo se comporta como cuantificativo al permitir convertir en adjetivos bases sustantivas: *centena ~ sesquicenteno*. Tiene un valor no composicional *sesquipedal* 'que emplea palabras muy largas'.

seudo-. Véase **pseudo-**.

sex-. Del latín *sex-*. Prefijo cuantificativo no productivo que aparece en alguna formas cultas (*sexcentésimo*) y tiene un significado equivalente a 'seis'. Véase también **hexa-**.

-sión. Posible alomorfo de **-ción**.

sin-¹. De la preposición española *sin*, y esta del latín *sine*. Prefijo preposicional que indica privación.

Tipos de base

a Este prefijo se una exclusivamente a bases sustantivas, entre las que destacan dos grupos semánticos. El primero se refiere a sustantivos que designan cualidades abstractas.

  (1) sinvergüenza, sinsustancia, sinrazón, sinsabor, sinventura

b El segundo grupo se refiere a objetos físicos que o bien designan relaciones de posesión inalienable con otra entidad (*sinhueso*) o bien designan objetos de la esfera personal de otra entidad, generalmente humana (*simpapeles, sintecho*).

c Constituye una posible excepción *sinvivir*, que contiene una base de forma infinitiva; recuérdese que los infinitivos frecuentemente se acercan a los sustantivos en su comportamiento (cf. **-r**).

Comportamiento gramatical

a Este prefijo no altera la categoría gramatical de la base.

b Este prefijo no es iterable, frente a otros prefijos preposicionales, si bien en este caso puede deberse a que su significado negativo daría lugar a un valor 'no privativo' –es decir, 'posesivo'– a la iteración.

c Sobre todo con bases que designan cualidades abstractas el prefijo no altera ni el género ni otros accidentes morfológicos de la base (*la razón* > *la sinrazón, el sabor* > *el sinsabor*). No obstrante, es frecuente que la palabra derivada, sobre todo cuando se interpreta como humana, no preserve el género y número de la base: *un simpapeles, el sinvergüenza, los sintecho*.

d Este prefijo se combina con bases expandidas funcionalmente, puesto que ocasionalmente pueden flexionar en plural (*simpapeles*). No obstante, no llega a la expansión funcional que permiten los prefijos **anti-** y **pro-**, también preposicionales.

e Es difícil evaluar si este prefijo puede habilitar a la base sustantiva para actuar de modificador de otro sustantivo, debido a la correspondencia con sintagmas preposicionales introducidos por sin. Es difícil determinar si en *inmigrantes /simpapeles/* tenemos como segundo miembro un sintagma preposicional o un sustantivo prefijado, pero véase el siguiente punto.

f Pese a tener valor negativo, **sin-** no legitima como prefijo términos de polaridad negativa. Así, *sin hueso de ningún tipo* contrasta con **aceitunas sinhueso de ningún tipo*. Esta propiedad permite discriminar los casos en que /sin/ corresponde a una preposición o a un prefijo: una persona sintecho de ningún tipo vs. *los sintecho de ningún tipo. En consecuencia, los casos en que sea agramatical *las personas /sin/techo de ningún tipo* deben considerarse instancias del prefijo; dado que hay casos en que es agramatical (**Acogemos a los inmigrantes sintecho de ningún tipo*) cabe concluir que el prefijo puede habilitar al sustantivo para actuar como modificador.

g Todas estas propiedades sugieren que **sin-** es un elemento preposicional no completamente gramaticalizado como prefijo.

Tipos de significado

a El significado fundamental de este prefijo es el privativo, 'ausencia de'. Esto se manifiesta en varias formaciones composicionales sobre nombres de cualidad para indicar una entidad que carece por completo de dicha cualidad: sinvivir, sinvergüenza, sinrazón.

b La interpretación privativa se extiende a formaciones sobre nombres contables, en los que es frecuente interpretar la base como una metonimia (*sintecho* = *sin vivienda*) o en un valor semántico específico que permita interpretar la entidad como perteneciente a la esfera personal de un referente animado (*simpapeles* = *sin documentos legales*).

c En los casos en que el prefijo no preserva el género y número de la base se interpreta invariablemente la palabra derivada como descriptiva de una entidad humana: *simpapeles, sintecho, sinvergüenza* no pueden referirse, respectivamente, a un bolso donde no está la documentación, a una casa que ha perdido el tejado o a un acto que exhibe falta de pudor.

d   La propiedad de referirse solo a seres humanos es típica de algunos pronombres tácitos (cf. la interpretación del sujeto en *Se ladra mucho aquí* y la agramaticalidad de **Se nieva mucho aquí*, debido a que *nevar* no admite sujetos humanos), lo cual, combinado con la alteración de género y número, sugiere que estas formaciones contienen gramaticalmente una categoría nominal tácita que es en realidad el núcleo de la construcción, con la estructura formada por el prefijo y la base tomadas como un modificador de ese nombre tácito (aproximadamente, *[SN ø [SP sin[Ntecho]]]*).

e   Existen también algunas formaciones de significado no inmediatamente composicional: *sinvivir* expresa un valor distinto de su base, y *sinnúmero* no indica falta de número, sino una agrupación tan grande que es imposible contarla.

Propiedades fonológicas

Como otros prefijos preposicionales, **sin-** se integra fonológicamente en la palabra compleja, permitiendo resilabificaciones (*si.na.mor*), la asimilación de la consonante nasal al punto de articulación de la consonante siguiente (*simpapeles*) y no admitiendo acento secundario salvo que se le asigne rítmicamente (*sìnrazón). Estas propiedades son compartidas por la preposición.

Relaciones con otros afijos

Véase **an-** para otro prefijo exclusivamente y **des-** (*desamor*), **in-** (*imberbe*) para los usos privativos de estos prefijos negativos, generalmente empleados para expresar la negación de otras nociones.

LECTURAS RECOMENDADAS: Montero Curiel (1999, 2015).

sin-[2]. Del latín *syn-* y este a su vez del griego σύν-, 'con'. Prefijo adjetival culto usado exclusivamente en formaciones neoclásicas.

Tipos de bases

a   Este prefijo se une casi exclusivamente a temas neoclásicos: *sinalefa, sinapsis, sinarquía, sindáctilo, sindéresis, sinergia, sinfonía, sinónimo, sintagma*. Todas estas formaciones son sustantivos, como se espera de un prefijo adjetival.

b   Son escasas las formaciones en que toma una base que funciona independientemente como una forma española, y en tales casos son siempre adjetivos relacionales: *sincategoremático, sincrónico*. Nótese que en *sincronizar* se emplea la base sincrónico, con haplología de '**-ico** (cf. **-izar**).

c   El valor semántico de este prefijo es el de 'coincidente', tanto en un sentido temporal (*sincrónico, sinfonía*) como en un sentido locativo (*sintagma, sinalefa*).

d   A partir del valor de coincidencia se derivan otros valores, como el de 'acción conjunta' (*sinergia, sinarquía*), equivalencia (*sinónimo*), conexión (*sinapsis*).

e   Los hablantes probablemente no segmentan este prefijo salvo que tengan conocimientos explícitos sobre la etimología de la voz, lo cual se refleja en que el prefijo se trata como parte de la base a efectos fonológicos, y se resilabifica cuando la base empieza por vocal (*si.na.le.fa*) y nunca recibe acento secundario no rítmico.

-sis. Posible alomorfo de **-is**[1] que aparece en algunas formas cultas, como *analepsis, sinopsis, silepsis, epilepsis*.

-sivo. Posible alomorfo de **-tivo**, que aparece en formas como *alusivo, excesivo, ofensivo, sucesivo, transgresivo*. Es muy probable que realmente deba entenderse como el alomorfo -ivo combinado con bases que acaban en /s/, ya que todas las formas que podrían contener este sufijo tienen bases alomórficas documentadas independientemente acabadas en /s/: *aludir ~ alusión, exceder ~ exceso, ofender ~ ofensa, suceder ~ suceso, transgredir ~ transgresión*.

so-. Relacionado con la preposición antigua *so* 'bajo' (*so pena de muerte*), y esta a su vez de la preposición latina *sub* 'bajo'. Prefijo preposicional no productivo.

a   Este prefijo se une casi exclusivamente a verbos: *soterrar, soalzar, soasar, socalzar, socavar, sofreír, solevantar*.
b   Solo se documenta base nominal en *socollar* 'paño que se pone debajo del collar'.
c   Al igual que **sub-**, este prefijo tiene dos valores: el valor locativo 'por debajo de' es visible en *socollar, solevantar* 'levantar empujarndo desde abajo', *soterrar, socalzar* y *socavar*. El valor escalar, que indica la aminoración o atenuación de la acción expresada en la base, es visible en *soalzar* 'alzar solo en parte', *soasar* 'asar levemente', *sofreír* 'freír levemente'.
d   Este prefijo participa en la parasíntesis con base nominal: *tierra > soterrar*.
e   Es evidente la relación etimológica de **so-** con **son-**, pese a que se diferencian en sus lecturas y bases: mientras que ambos tienen lectura escalar de insuficiencia, **son-** carece de lecturas locativas, y en parasíntesis toma bases adjetivales, mientras que **so-** las toma nominales. Siendo ambos prefijos no productivos es difícil saber si estas diferencias indican una distribución casi complementaria, por lo que podrían tratarse como alomorfos del mismo morfema, o en el periodo histórico en que eran productivas ya se trataban como prefijos distintos.

sobre-. Relacionado con la preposición española *sobre*, del latín *super-* 'sobre'. Prefijo preposicional de valor locativo.

Tipos de base

a   Al igual que otros prefijos preposicionales del español, este prefijo se combina con nombres comunes, adjetivos y verbos. Entre los nombres comunes tenemos los siguientes:

(1)   sobrealiento, sobrearco, sobrecalza, sobrecama, sobrecaña, sobreceja, sobrecielo, sobreclaustro, sobrecostilla, sobrecostura, sobrecubierta, sobrecuello, sobreempeine, sobrefalda, sobrehilo, sobrehueso, sobrejuanete, sobrelecho, sobrepago, sobreproducción, sobrepuerta, sobrerropa, sobresueldo, sobretítulo

b Son frecuentes las bases que denotan partes del cuerpo, externas o no, y prendas de vestir, pero las bases nominales no están restringidas a ellos.
c Con adjetivos el prefijo es algo menos productivo, pero se documenta con bases calificativas (*sobrecaro, sobrebarato*) y relacionales (*sobrecelestial, sobreañal, sobresesdrújulo, sobrenatural*).
d El prefijo es muy productivo también en combinación con verbos de todas las clases, estativos o no.

(2) sobreabundar, sobreactuar, sobreaguar, sobrealimentar, sobrealzar, sobreañadir, sobrecargar, sobrecrecer, sobreexplotar, sobregirar, sobrellenar, sobreponer, sobresalir, sobrestimar, sobrevestir, sobrevolar, sobrexceder, sobrexcitar

e Excepcionalmente, en la forma *sobretodo* el prefijo se combina con un cuantificador; su valor es no composicional en este caso.

Comportamiento gramatical

a Como otros prefijos preposicionales, este también mantiene la categoría gramatical de la base.
b Normalmente, el prefijo no altera el género, número y marca de palabra o clase de conjugación de la base, pero excepcionalmente en *sobrecejo* convierte la base femenina *ceja* en masculina.
c Este prefijo es iterable; si la acción de sobreescribir implica escribir sobre algo, volver a escribir encima de lo sobreescrito puede expresarse mediante iteración: *sobresobrescribir*.
d Este prefijo puede alterar la estructura argumental de la base añadiendo un complemento directo a un verbo no transitivo (3) o alterando el papel temático de la base, como (4b), donde el complemento directo indica el lugar en que se sobreescribe y no lo que se produce al escribir.

(3) a *Juan voló España.
     b Juan sobre-voló España.
(4) a Juan escribió unas palabras.
     b Juan sobre-escribió el texto.

e Tradicionalmente se ha dicho que este prefijo tiene dos versiones: la preposicional que se acaba de ilustrar y la llamada adverbial, en la que no afecta a la estructura argumental de la base. Este valor adverbial es generalmente escalar, e indica exceso. Véase tipos de significado.
f Este prefijo participa en la parasíntesis con bases sustantivas: *agua* > *sobreaguar* 'caminar sobre el agua'.

Tipos de significado

a Este prefijo tiene dos valores fundamentales. El primero es locativo, e indica 'por encima de'. En este primer valor se pueden distinguir tres subcasos.
b El primer subcaso es aquel en que la base se interpreta como el fondo, la entidad que se toma como punto de referencia para definir la posición 'por encima de'. Así, un *sobrecuello* es la prenda de vestir que se pone encima del cuello.

c   En el segundo subcaso la base es la entidad que se sitúa por encima de otra, y no la que se toma como punto de referencia. Una sobreflor es una flor que crece anormalmente sobre otra (cf. también *sobrefaz* y *sobresello*).
d   En el tercer subcaso, el valor locativo se reinterpreta como posición jerárquica de más importancia que la base dentro de una estructura administrativa u organizativa: un *sobrejuez* es el cargo que está por encima del juez. Hay ocasionalmente valores temporales donde la noción de 'por encima de' se interpreta como 'después de': *sobreparto*, 'puerperio, periodo tras el parto'.
e   El valor locativo es frecuente con bases sustantivas y verbales. Entre los verbos donde el prefijo tiene un valor locativo tenemos *sobrearar*, *sobreescribir*, *sobrebarrer* ('barrer solo por encima de algunas cosas'), *sobreimprimir*, *sobrevolar* y otros muchos.
f   El segundo valor es escalar: en él el prefijo selecciona dentro de una escala de valores de un estado o propiedad los valores que están por encima de lo que se considera normal, por lo que denota exceso, claramente derivado semánticamente de su valor locativo. Este significado es poco frecuente con sustantivos, pero se da en bases que denotan entidades no contables cuya cantidad o intensidad es manipulable (*sobredosis*, *sobrepeso*, *sobreprecio* y *sobreviento* 'viento excesivo').
g   El valor escalar se obtiene también en bases verbales (*sobrestimar*, *sobreasar*, *sobrecalentar*, *sobrebeber* 'beber demasiado', etc.), y en tales casos es glosable como 'demasiado, por encima de lo esperable o adecuado'. En *sobrevivir*, la idea que aporta es la de vivir más de lo que se esperaba.
h   Este valor escalar es el único que se documenta con bases que sean adjetivos calificativos (*sobrecaro* 'demasiado caro').
i   Son frecuentes las formas de valor no composicional, sobre todo con verbos (*sobrecoger*, *sobreentender*, *sobresaltar*, *sobrevenir*) y sustantivos (*sobremesa*, *sobrepalo*).

Propiedades fonológicas

Este prefijo mantiene cierta independencia fonológica con respecto a la base, lo que se manifiesta en la presencia de acentos secundarios no rítmicos (*sòbresaltárse*) y la preservación de la vocal final con bases que empiezan por vocal (*sobreasar, sobreentender*), si bien en las formaciones más habituales es frecuente que se simplifique (*sobrestimar, sobrescribir*).

Relaciones con otros afijos

Este prefijo es claramente el más productivo para expresar en español las nociones de 'por encima de' en su valor locativo y escalar, con verbos y sustantivos. Compite en registros cultos con **super-**[1] (*superviviente, sobreviviente*), **supra-** e **hiper-**, estos dos últimos preferidos en los términos técnicos referidos a la administración, la política y las ciencias. Fuera de los registros cultos, en su competición con **super-**, claramente este segundo vence en la combinación con adjetivos calificativos, y pierde en las bases nominales y verbales.

LECTURAS RECOMENDADAS: Val Álvaro (1993); Varela & Martín (1999); Varela & Haouet (2001); RAE & ASALE (2009: §10.5, §10.9); Montero Curiel (2011); Rifón (2018); Gibert Sotelo (2021).

son-. Del latín *sub* 'bajo'. Prefijo preposicional no productivo, que ocasionalmente se describe como la forma patrimonial de **sub-**.

a   Este posible prefijo se documenta solo en bases verbales, tanto en formaciones prefijadas (*reír > sonreír, rugir > sonrugir, sacar > sonsacar, rodar > sonrodar*) como parasintéticas (*rojo > sonrojar, rosa > sonrosar*). Nótese que **sub-** nunca forma parasíntesis con adjetivos, mientras que el posible morfema **son-** solo forma parasíntesis con adjetivos.
b   Este prefijo no es iterable, no altera la categoría gramatical de la base por sí solo ni altera su conjugación.
c   En los casos donde la aportación semántica del prefijo puede diferenciarse de la de la base, **son-** indica un valor escalar que aminora o atenúa la acción expresada por el verbo: *sonreír* es menos que *reír, sonrugir* es *susurrar, sonrodar* es dejar de rodar o rodar de forma dificultosa.
d   El valor no es reconocible en *sonsacar*, si bien se relaciona con el valor separativo que tiene **sub-** en *substraer*.
e   Este prefijo nunca tiene valores locativos ni de jerarquía, lo cual lo distingue claramente de **sub-**. Por este motivo, incluso si se decide segmentar esta forma pese a la ausencia de productividad actual, este formante ha de ser considerado independiente de **sub-**, nunca un alomorfo.

-sorio. Posible alomorfo de **-torio**, que aparece en algunas formaciones, como *accesorio, decisorio, reclusorio, ilusorio, suspensorio*. En tales casos es más probable que el alomorfo sea **-orio** y la /s/ pertenezca a la base, que siempre muestra un alomorfo acabado en /s/ en otras formaciones: *acceder ~ acceso, decidir ~ decisión, recluir ~recluso, suspender ~ suspenso*.

sota-. Del adverbio latino *subtus* 'bajo'. Prefijo adjetival poco productivo.

Tipos de base

a   Este prefijo se combina, como se espera de un prefijo adjetival, predominantemente con sustantivos:

   (1)   sotabanco, sotabarba, sotacola, sotacoro, sotacura, sotaministro, sotavento, sotayuda, sotobosque, sotoministro, sotorrey

b   Entre dichos sustantivos destacan los que semánticamente se refieren a cargos políticos o eclesiásticos, y algunas partes del cuerpo.

Comportamiento gramatical

a   Este prefijo no altera la categoría gramatical de la base.
b   El prefijo no cambia el género de la base.
c   Este prefijo no es iterable.
d   La alternancia entre *sota-* y *soto-* no siempre refleja el género de la base: *sotabarba, sotayuda* vs. *sotoministro, sotobosque*, por ejemplo, lo hace, pero no hay correspondencia en sotabanco, sotacoro, sotacura, sotavento y muchas otras.

Tipos de significado

a Este prefijo introduce el significado correspondiente a 'inferior' de forma composicional en muchos casos. Este valor es locativo por ejemplo en *sotobosque* 'bosque que crece por debajo de los árboles', *sotabarba* 'barba por debajo de la barbilla', *sotacoro* 'espacio por debajo del coro'.

b El valor 'inferior' se interpreta más frecuentemente como un grado más bajo del cargo designado por la base dentro de una jerarquía: *sotaministro ~ sotoministro, sotacura, sotayuda*.

c Con enorme frecuenci el significado está lexicalizado en la actualidad y no es composicional: *sotavento* 'contra el viento', *sotorrey* 'cierto pájaro', *sotacola* 'cierta pieza usada en la equitación'.

Propiedades fonológicas y Alomorfos

a La alternancia entre *sota-* y *soto-* debe verse como un caso de alomorfía, dado que la terminación vocálica no refleja ya el género de la base.

b Este prefijo se integra fonológicamente con la base, y no recibe acento secundario –pero sí acento rítmico–.

c Otra prueba de la integración es la simplificación de los grupos consonánticos con bases que empiezan por vocal: *sotayuda* (*sotaayuda; compárese con **contra-**, *contra-argumentar*).

Problemas de clasificación

Este elemento no puede considerarse en la actualidad un elemento compositivo, por más que históricamente pueda haberlo sido. Formaciones donde aparentemente se deriva una voz con un sufijo a partir de *soto-, sota-* (*sotana*) se encuentran fuertemente lexicalizadas y no se sienten como derivadas en español actual (*sotana* procede del italiano *sottana*, de *sotto* 'bajo'). Es posible que en parte la alternancia entre los dos alomorfos refleje un estadio anterior en que este elemento era un adjetivo concordante, pero claramente ya no puede considerarse así.

Relaciones con otros afijos

La noción de 'bajo' suele expresarse en español mediante prefijos preposicionales (**so-**, **sub-**) u otros prefijos adjetivales (**hipo-**) de mayor productividad. El prefijo sota- establece alguna relación etimológica con **so-**.

soto-. Véase **sota-**.

-ste. Del latín *-sti*, morfema de segunda persona del perfecto. Sufijo flexivo que marca la concordancia con la segunda persona y expresa el perfecto simple o indefinido.

Tipos de bases

a El sufijo **-ste** se añade en la expresión de la concordancia de las formas de 2sg y 2pl al pretérito indefinido o perfecto simple de verbos de las tres conjugaciones. Con verbos de la segunda conjugación la vocal temática es /i/ en estos verbos.

(1) cantaste, cantasteis
bebiste, bebisteis
viviste, vivisteis

b Con verbos irregulares de vocal media diptongante, este sufijo selecciona la forma sin diptongación ni cambios en el caso de los verbos de la primera conjugación.

(2) contaste, fregaste, jugaste

c De igual manera, en verbos diptongantes de la tercera conjugación, con bases en que la vocal media se convierte en una vocal alta, selecciona la base regular: *sentiste, dormisteis, moristeis*.

d Con verbos de la tercera conjugación con alternancia vocálica e > i, este sufijo siempre selecciona la forma regular.

(3) pediste, reísteis, servisteis

e Existe un solo verbo en *-ar*, generalmente interpretado como verbo de la primera conjugación, donde sin emplear un exponente claramente irregular el sufijo **-ste** lo trata como si perteneciera a la segunda o a la tercera conjugación, manteniendo la vocal temática como /i/: *diste*, de *dar*.

f Existen asimismo numerosos verbos llamados rizotónicos en el pretérito indefinido, es decir, verbos en los que el acento recae en la raíz en este tiempo y donde por lo tanto el sufijo **-ste** se combina con una base irregular. Los verbos irregulares pertenecen a las siguientes subclases, y en todas este sufijo aparece antecedido de la vocal temática **-i**.

i) bases rizotónicas acabadas en -j, entre las que están *traer > trajiste, decir > dijiste*, así como todas las formas de verbos acabados en *-ducir (produjiste, condujiste, indujiste)*.

ii) bases rizotónicas acabadas en -s o sigmáticas: *querer > quisiste, poner > pusiste*.

iii) Como se ve, algunos de los verbos de las clases anteriores, junto a la irregularidad consonántica, alteran la vocal de la base convirtiéndola en una vocal alta. Tambén existen bases rizotónicas donde la vocal de la base pasa a ser /i/ o /u/ sin cambios consonánticos adicionales (*venir > vininste, hacer > hiciste, poder > pudiste*). El verbo *haber*, cuyo pretérito irregular es *hubiste* se asimila también a este grupo.

iv) Tomando *hubo* como forma de partida y como formaciones analógicas, la terminación /ubo/ se agrega o sustituye a la base en un conjunto pequeño pero frecuente de verbos rizotónicos: *estar > estuviste, andar > anduviste, tener > tuviste*.

v) El ascenso vocálico a /u/ se combina con cambios consonánticos únicos en *caber > cupiste* y *placer > pluguiste*.

g Este sufijo se emple también en la conjugación supletiva: *fuiste, fuisteis*, pretérito de tanto *ser* como *ir*.

Comportamiento gramatical

a Este sufijo conserva la vocal temática de los verbos de primera conjugación (*bailaste, bailasteis*).

b En cambio, en verbos de la segunda conjugación la vocal temática **-e** se convierte en **-i**.

(4) bebiste (*bebeste).

c   En verbos de la tercera conjugación, la vocal temática permanece inalterada: *viviste, sentiste, dormisteis*.
d   En las formas rizotónicas la vocal temática se conserva (cf. **-ó**, donde no es el caso).
e   Este sufijo claramente contiene información de segunda persona, común al singular y al plural: *cantaste, cantasteis*. Esto produce que, en español normativo, -ste sea el único exponente morfológico para el rasgo de segunda persona, si bien es muy común en la lengua coloquial combinar este sufijo con el morfema -s².

(5)   tú contestastes que no

f   Un factor que, junto a la evidente regularización de las segundas personas singulares que implica *cantastes*, puede favorecer la extensión de (5) es que en el plural normativo la noción de segunda persona está doblemente especificada: *cant-a-ste-is*, donde **-is** también expresa segunda persona (plural); véase **-is**.
g   Por tanto en las variedades donde se emplea *cantastes ~ cantasteis* cabe proponer que **-ste** es un morfema que expresa únicamente el perfecto, y que se ha de entender como un alomorfo del morfema de perfecto que está seleccionado por los sufijos de concordancia **-s** e **-is**.

Propiedades fonológicas

a   Los verbos terminados en secuencias -CV- pertenecientes a la tercera conjugación mantienen la vocal /i/ y no la convierten en /y/ en esta forma en español normativo: *construiste, instituiste*.
b   Los verbos de la segunda conjugación terminados en secuencias CV- previas a la vocal temática tampoco convierten la vocal temática -*e* en /y/.

(6)   caíste, creíste, leíste, poseíste, roíste

c   El sufijo siempre se asocia a estructuras fonológicas donde el acento prosódico recae en la vocal temática que le antecede inmediatamente: *cantaste, pusisteis, dijiste, fuisteis, tuvisteis*.

Lecturas recomendadas: Ambadiang (1993); Alcoba (1999); RAE & ASALE (2009: §4.5, §23.9); Fábregas (2015).

---

sub-. De la preposición latina *sub* 'bajo'. Prefijo preposicional de valor locativo, que también desarrolla lecturas escalares.

Tipos de bases

a   Este prefijo es productivo con bases sustantivas, donde se restringe a los nombres comunes, como suele suceder con los prefijos preposicionales

(1)   subalcaide, subarrendador, subcampeón, subclase, subcomendador, subcomisión, subconciencia, subcontinente, subdelegado, subdiácono, subdirección, subespecie, subestación, subgénero, subestación, subíndice, subinspector, subjefe, submundo,

suboficial, suborden, subnota, subprefecto, subproducto, subreino, subrigadier, subsecretario, subtipo, subtitular

b En segundo lugar, este prefijo se combina con adjetivos relacionales, como los de (2).

(2) subacuático, subatómico, subcelular, subcostal, subcutáneo, subdominante, subfebril, sublingual, sublunar, submaxilar, submúltiplo, subranquial, subsiguiente, subsolar, subsónico, subtropical

c Son menos frecuentes las formaciones cuya base es un adjetivo calificativo, aunque se documentan *subnormal* y *subestándar*.

d Resultan muy frecuentes también las bases verbales, que incluyen verbos estativos (*subestimar*) o eventivos (*subalimentar*).

(3) subcontratar, subdesarrollar, subdistinguir, subemplear, subentender, subestimar, subrayar, subsanar, subscribir, substraer, subyacer, subyugar

e Ocasionalmente, se documentan formas a partir de temas neoclásicos y alomorfos cultos de sustantivos o verbos españoles, como en *substituir, substancia, sublime*. El valor del prefijo es en estos casos siempre no composicional.

Comportamiento gramatical

a Este prefijo no cambia la categoría gramatical de la base, si bien en algunas formaciones deadjetivales su uso como sustantivo es más frecuente que como adjetivo: *submarino, subterráneo, suburbano*.

b Este prefijo no altera el género, número o conjugación de la base con la que se combina.

c Este prefijo es iterable: si una *subclase* es una división interna a una clase, una *subsubclase* es una división interna a esa subclase.

d Este prefijo no admite la expansión funcional de la base, ni siquiera en la medida en que la base pueda admitir flexión de número.

e Este prefijo no suele habilitar a los sustantivos para funcionar como modificadores de un sustantivo, si bien en la lengua científica y técnica se documentan estructuras como *divisiones subclase* (cf. *divisiones clase).

f Este prefijo participa frecuentemente en paradojas de encorchetado o de segmentación. Lo subterráneo se refiere a lo que se relaciona con lo que está bajo la tierra, pero *subterra* no existe como formación. Estas paradojas son características de las bases que son adjetivos relacionales.

g Con bases sustantivas, este prefijo participa de la parasíntesis: *subrayar*, donde el significado no es el de *rayar*, sino el de 'poner una raya bajo algo'.

Tipos de significado

a Este prefijo tiene dos significados principales: el locativo y el escalar. Con respecto al locativo, indica 'por debajo de'.

b Este valor locativo es más frecuente con adjetivos relacionales que con sustantivos. Generalmente la base indica el punto de referencia que se emplea para determinar qué cuenta por debajo: *sublingual* 'por debajo de la lengua', *subliminal* 'por debajo del límite de percepción', *subsolar* 'por debajo del sol', etc.

c   En otras formaciones, en cambio, la base indica la noción que se localiza debajo de otra, como en *subtítulo* 'títulos que están en la parte baja de la pantalla de cine', *subíndice* 'índice bajo un elemento', *submundo* 'mundo por debajo de otro'.
d   Del significado locativo 'por debajo de' se deriva una lectura jerárquica en que la noción de 'bajo' se reinterpreta como los puestos inferiores a otro, generalmente expresado en la base, dentro de una estructura organizativa o en una competición: *subdirector, subdelegado, subjefe, subrigadier, subcampeón,* etc. Esta es la lectura más frecuente con bases sustantivas, y se extiende a las formaciones que designan clasificaciones taxonómicas para indicar las divisiones (o *subdivisiones*) que se dan en ellas: *subtipo, subclase, subgénero,* etc.
e   La lectura de lugar y de jerarquía se extiende a los verbos también: *subarrendar, subcontratar, subdividir, subordinar* (estructura organizativa) frente a *subrayar, subyacer, subscribir* (lectura locativa).
f   En la lectura escalar, **sub-** selecciona los valores dentro de una escala graduable que están por debajo de lo que se considera suficiente. Esta lectura es frecuente con adjetivos calificativos (*subnormal*), algunos sustantivos (*subproducto* 'producto insuficiente o de baja calidad') y verbos (*subestimar, subdesarrollar, subalimentar*).
g   Existen también lecturas no composicionales con este sufijo, donde puede asociarse vagamente a un valor separativo (*substraer, sublevar*) o es difícil otorgarle valor alguno (*subsanar, subsiguiente*).

Propiedades fonológicas y Alomorfos

a   La independencia fonológica parcial de este prefijo se refleja en el rechazo a resilabificar su última consonante con la primera de la base, cuando esta es líquida: *sub.lu.nar* (cf. *pa.blo*). No obstante, si la base comienza por vocal, la resilabificación se produce: *su.ba.li.men.tar*.
b   Como formas patrimoniales de este prefijo, se relaciona con **so-** y **son-**, que sin embargo pueden considerarse en la actualidad formas no productivas que el hablante no siempre segmenta dentro de la palabra.

Relaciones con otros afijos

En la expresión de la noción 'por debajo de', **sub-** compite con **hipo-**, más típico del lenguaje científico y poco usado fuera de las expresiones correspondientes a este ámbito. En ocasiones, forma pares con **sobre-**, que expresa 'por encima de' (*sobrealimentar, subalimentar*), y con **supra-** en los adjetivos (*supralingual, sublingual*).

> Lecturas recomendadas: Varela & Martín (1999); RAE & ASALE (2009: §10.5, §10.9); Montero Curiel (2011, 2018), Gibert Sotelo (2021).

sud-. Del francés *sud*, 'sur'. Prefijo adjetival de valor locativo.

Tipos de base

a   Este prefijo es productivo con nombres propios de lugar, generalmente referidos a países o regiones administrativas:

(1) Sudáfrica, Sudamérica, Sudcorea, Sudvietnam

b Seguidamente, es productivo con sustantivos que designan, como el prefijo, puntos cardinales y sus sinónimos:

(2) sudoeste, sudeste, sudoccidente

c Es asimismo productivo con aquellos adjetivos relacionales que designan el origen geográfico de un elemento o su posición entre los puntos cardinales:

(3) sudoriental, sudcaliforniano, sudcoreanos, sudpatagónico, sudcontinental, sudatlántico, sudfloridano...

Comportamiento gramatical

a Este prefijo no altera ni la categoría gramatical de la base, ni su género, número o marca de palabra.
b Este prefijo es iterable: *sudoeste* > *sudsudoeste*.
c Desde el punto de vista de su distribución, el prefijo es más común con adjetivos relacionales derivados de nombres geográficos que con los sustantivos equivalentes. Para muchos hablantes, voces como Sudcorea o Sudpatagonia no son comunes (vs. *Corea del Sur, Sur de Patagonia*), pero admiten sin problemas el adjetivo relacional correspondiente (*sudcoreano, sudpatagónico*).

Tipos de significado

a El significado de este prefijo adjetival es el de restringir a su parte sur la entidad referida por la base; si *argentino* se refiere a cualquier entidad que provenga de este país, *sudargentino* se refiere solo a las que provienen de la parte sur del país.
b Con sustantivos referidos a puntos cardinales, el prefijo orienta hacia el sur la dirección expresada por la base: *oeste* > *sudoeste*.

Propiedades fonológicas

Este prefijo presenta signos de independencia fonológica de la base, manifestadas en la presencia de acento secundário no rítmico (*sùdéste*) y la tendencia a no resilabificar su consonante final con el inicio de la base (compárese *sud.o.rien.tal* con *su.dor,* **sud.or*).

Alomorfos

En el uso este prefijo a veces se asimila al sustantivo *sur*, dando lugar a *surcoreano, Suramérica, Suráfrica,* etc.

Problemas de clasificación

Tradicionalmente este elemento se considera un formante de compuestos. En contra de esta clasificación encontramos dos fenómenos: la posibilidad de iterarlo, inusitada para los compuestos de cualquier clase, y que siempre se deba restringir a la posición inicial de palabra, algo de nuevo inesperado si fuera un formante de compuesto (*estesud vs. *sudeste*). Su posible naturaleza compositiva se muestra en que existen voces en las que parece unirse directamente a un sufijo: *sud-aca, sud-ista* (cf. **-ista, -aca**). Es importante observar, sin embargo, que en estas formaciones *sud-* es el acortamiento de otras voces, no el elemento que consideramos prefijo. *Sud-aca* es un término despectivo que se refiere a las personas cuyo origen es latinoamericano –no es necesario, pues, que el origen sea la parte sur de América, y no se puede referir a los habitantes de otras zonas surezonas sureñas– y *sud-ista* se refiere a lo relacionado con los federalistas, representantes de los estados del sur de EEUU, durante la guerra de secesión (1861-1865). Considerar a este elemento igual al prefijo corresponde al mismo error que trataría *tele-* como formante de compuesto en *teletienda* (donde es acortamiento de *televisión*, cf. **tele-**) o *auto-* en *autoescuela* (donde es acortamiento de *automóvil*; cf. **auto-**).

super-[1]. Del prefijo latino *super-*, 'sobre'. Prefijo preposicional de valor locativo y escalar.

Tipos de bases

a   Este prefijo se combina sobre todo con sustantivos, a partir de los cuales es común derivar adjetivos relacionales ya prefijados.

(1)   superclase, superestrato, superestructura, superíndice, supernumerario, superrealismo, supersonido

b   Con respecto a las bases adjetivales, el prefijo admite adjetivos relacionales en su valor locativo:

(2)   superciliar, superdominante, supereminente, superhumeral

c   El prefijo, en su uso escalar, admite también con enorme productividad adjetivos calificativos como su base.

(3)   superguapo, superactivo, supersabroso, supercansado, supergordo

d   El prefijo también se combina con bases verbales, tanto estativas (*superabundar, superpoblar*) como eventivas; entre las eventivas encontramos bases de todos los tipos aspectuales, como actividades (*supervivir*), realizaciones (*superproducir*) y logros (*supervenir, superponer, superdotar*).

e   Se documentan ocasionalmente otras bases, en lenguaje técnico, como pronombres (*superyó*).

f   Este prefijo, debido a su carácter culto, puede combinarse también con temas neoclásicos y latinismos crudos: *superávit, superficie*, etc.

Comportamiento gramatical

a   Este prefijo no altera la clase de palabras de su base, y da sustantivos a partir de sustantivos, adjetivos a partir de adjetivos y verbos a partir de verbos.

b   Este prefijo generalmente no altera el género de la base sustantiva, o la marca de palabra y conjugación de los adjetivos y verbos con los que se combina.

c   Este prefijo, sobre todo en su valor escalar, admite la iteración: *supersuperguapo*.

d   Ocasionalmente este prefijo admite la expansión de la base nominal en su estructura funcional –hasta el número– y habilita al sustantivo para modificar a otro nombre: *superventas, libro superventas, *libro ventas*. En estos casos el género y número de la base no se conservan en la voz derivada.

e   El comportamiento de este prefijo, por tanto, es típico de los prefijos preposicionales, que admiten las tres clases léxicas mayores como su base, no alteran la categoría gramatical, permiten la iteración, cierta expansión funcional de la base y pueden habilitar a los sustantivos como modificadores de otros sustantivos.
f   Este prefijo forma adjetivos interpretados como elativos, que por tanto suelen rechazar la gradación: *muy alto* vs. *muy superalto (*muy enorme).

Tipos de significado

a   Este prefijo tiene dos significados fundamentales. El primero de ellos es el valor locativo, que se manifiesta como 'posición sobre algo'. Es posible que la base se interprete como el elemento que se toma de referencia para localizar a otro encima de él (*superciliar* 'lo que está por encima de la ceja', *supersonido* 'lo que está por encima de la franja audible').
b   Es más frecuente, sin embargo, que la base se interprete como la entidad que está por encima de algo que no se especifica: *superíndice* 'índice sobre algo', *superestrato, superclase, superestructura*.
c   Es frecuente que la base se interprete al mismo tiempo como el fondo –la entidad tomada como punto de referencia– y la figura –la que se localiza sobre la anterior–, de manera que el superestrato es un estrato superior a otros, o la superestructura es la estructura superior a otra.
d   El segundo valor es escalar, y en él el prefijo conserva su significado de superioridad para seleccionar los valores superiores dentro de una escala. Este uso es frecuente en los casos que admiten iteración, con bases que indican cualidades o estados que permiten una variedad de valores de distinta intensidad.
e   Por supuesto, las bases más frecuentes en este significado son los adjetivos calificativos (*superalegre, supertriste*), pero también algunos verbos de estado (*superabundar, superpoblar, supervalorar*) e incluso algunos sustantivos que indican cualidades y estados sin estar derivados de adjetivos (*superhambre, superpaz*).

Propiedades fonológicas y Alomorfos

a   Este sufijo posee cierta independencia fonológica de la base, que se manifiesta en que prosódicamente puede recibir acento primario, algo que algunos hablantes reflejan ortográficamente escribiéndolo separado de la base, como en *súper alto*.
b   Pese a esto, su consonante final se resilabifica con la vocal inicial de la base (*su.pe.ra.ni.ma.do*).
c   Es posible concebir **sobre-** como la versión patrimonial de este prefijo; su semejanza en significado puede sugerir que es procedente tratar ambos prefijos como alomorfos del mismo morfema. Véase también **supra-**.

Problemas de clasificación

La existencia de *superar* como verbo suscita la pregunta de si **super-** no debería considerarse más bien como un tema neoclásico que, por algún motivo misterioso, solo aparece en primera posición de palabra (cf. también *superior*, cf. **-ior**). Históricamente, superar procede directamente del latín superare, lo cual sugiere que en latín este elemento sí podía considerarse un elemento compositivo, como sucede también en *superior*. En español, sin embargo, es un prefijo porque no admite formar sustantivos o adjetivos por adición de sufijos derivativos, y no se combina con prefijos para dar palabras.

> LECTURAS RECOMENDADAS: Martín García (1998); Varela & Martín (1999); RAE & ASALE (2009: §10.5, §10.9); Kornfeld (2010); Montero Curiel (2011); Gibert Sotelo (2017).

super-[2]. Del latín *super-*. Prefijo adjetival que significa 'gran'.

Tipos de bases

a Como otros prefijos adjetivales, este es productivo solo con bases nominales:

(1) superbombardero, superconductor, supermercado, superhéroe, superhombre, supermán, superpotencia

b Frente a otros prefijos adjetivales, este no es productivo con adjetivos relacionales, lo cual puede relacionarse con su significado semántico, que es frecuentemente subsectivo (véase ***Tipos de significado***).

Comportamiento gramatical

a Este prefijo, como otros adjetivales, no altera la categoría gramatical de la base o su género y número.
b Este prefijo no es iterable.
c Este prefijo no altera la distribución gramatical del sustantivo al que se une.

Tipos de significados

a El valor semántico de este prefijo corresponde al del adjetivo grande, en los dos sentidos que tiene también. El primero de ellos es un valor en que mide el tamaño de algo y determina que, dentro de la clase de objetos, ese tamaño es superior al que se toma como valor estándar (*casa grande, hombre grande*): *supermercado, superbombardero*.
b Es más frecuente, sin embargo, el valor subsectivo, en el que el adjetivo pondera la importancia o capacidad de la entidad denotada sobre la base (cf. también *gran artista, gran problema*, donde no se habla del tamaño sino del estatus que alguien tiene como artista o algo tiene como problema). Así, un superhombre es una versión mejorada de un hombre; un superhéroe es un héroe que, dadas sus propiedades, tiene un estatuto elevado; cf. también *superpotencia, superconductor*.
c Para dar lugar a una lectura subsectiva es necesario siempre que la base posea un conjunto de características descriptivas que puedan tomarse para declarar su carácter excepcional o excelente, lo cual explica que este prefijo adjetival no admita bases que sean adjetivos relacionales.

Propiedades fonológicas

Este prefijo conserva cierta independencia fonológica con respecto a la base, manifestada en la existencia de acentos secundarios no asignados rítmicamente (*sùpermercádo*).

Relaciones con otros afijos

Pese a que existe una relación etimológica evidente entre **super-**[2] y **super-**[1], el comportamiento gramatical de ambas formaciones sugiere la necesidad de dividirlas en dos elementos distintos contemporáneamente. El valor adjetival no se puede derivar fácilmente del valor escalar del prefijo **super-**[1]: si este valor escalar selecciona los grados que están por encima de un valor de referencia, **super-**[2] no expresa grado alto de las propiedades de la base –un superhombre no es un hombre que tiene las propiedades de hombre en grado alto, sino una versión casi no humana de un hombre debido a su importancia, que lo sitúa en una posición de importancia entre los hombres–. Por el contrario, los valores locativos y escalares de **super-**[1] están claramente relacionados, de manera que en ambos casos se selecciona una región que está por encima de un punto de referencia, sea esta región un espacio locativo o un intervalo dentro de una escala.

> LECTURAS RECOMENDADAS: Martín García (1998); Rainer (1993); RAE & ASALE (2009: §10.12); Fábregas (2018).

supra-. Del adverbio latino *supra*, 'por encima', 'antes'. Prefijo preposicional culto de valor locativo.

Tipos de bases

a   Este prefijo es sobre todo productivo con bases que son adjetivos relacionales.

   (1)   supraindividual, supralingual, suprahumano, supraestatal, supranacional, suprarrenal, suprasegmental, supraorbital

b   La lectura de adjetivo relacional es virtualmente obligatoria, lo cual lleva a que los adjetivos que en principio pueden entenderse como calificativos son obligatoriamente relacionales en combinación con este prefijo: *una persona sensible* ~ *una persona suprasensible, pero *la capacidad sensible* ~ *la capacidad suprasensible*.

c   Resultan en comparación mucho menos productivas las formaciones sobre sustantivos:

   (2)   supraconciencia, supramundo, suprapoder, supraglotis

Comportamiento gramatical

a   Este prefijo no altera la categoría gramatical de la base.
b   Este prefijo no altera el género, número o marca de palabra de la base.
c   Si bien no son frecuentes, es posible iterar este prefijo en su valor locativo: si *supralunar* designa una región por encima de la luna, *suprasupralunar* puede emplearse para designar la región superior a la anterior.
d   La propiedad más clara dentro del comportamiento gramatical del prefijo es que produce con mucha frecuencia paradojas de segmentación: no existe *supraindividuo*, por lo que *supraindividual* debería estar formada formalmente sobre individual, pese a que su significado es 'que se relaciona con lo que está por encima de la esfera individual de alguien'. Esta paradoja puede resolverse de dos modos: mediante la declaración de que la semántica de un adjetivo relacional permite acceder al sustantivo sobre el que

se forma, o proponiendo que **supra**- se une a bases sustantivas siempre, pero tiene una propiedad que fuerza que el todo se categorice como adjetivo.

e Se da la misma clase de paradojas en otras muchas formaciones que indican relaciones con áreas superiores a ciertas partes del cuerpo o ámbitos estructurales: *supralingual, supraestatal, suprafísico, supralunar, suprapúbico, suprasegmental, supramolecular, supraterrenal, supranuclear, suprarregional, supraorbital, supralitoral.*

Tipos de significado

a Este prefijo tiene un valor locativo equivalente a 'por encima de'. Es casi completament regular que la base indique la entidad que se toma como punto de referencia para identificar una región como superior a ella: *supraciliar* 'que está por encima de las cejas', *supraintestinal* 'que está por encima de los intestinos'.

b No obstante, este valor locativo también se manifiesta en formaciones donde la base designa la entidad que se localiza por encima de otra, como en *supramundo*.

c Resulta excepcional suprayacente, 'que está encima', porque en él la base no se interpreta como la entidad localizada por encima o tomada como punto de referencia para localizar otra. La razón es que esta base es un adjetivo relacional de forma participial que procede de un verbo, *yacer*. Con bases verbales, los prefijos locativos no pueden tomar a la base –que no denota un individuo, sino una eventualidad– para localizarla, y en su lugar toman los argumentos del verbo.

d El valor locativo en ocasiones se reinterpreta no como superioridad espacial, sino como superioridad jerárquica, refiriéndose entonces a aquello que dentro de una estructura pertenece al nivel superior a la entidad que se emplea como base: *supraestatal, supramundo, suprafísico, suprapoder, supramolecular*, etc. En estos casos, las bases suelen designar entidades que, dentro del lenguaje científico o filosófico, indican términos técnicos que se refieren a distintos niveles de la entidad analizada (*molécula, átomo*, etc.).

e Así, aunque no designen estos niveles, se interpretan como asociados a una estructura jerárquica con niveles superiores e inferiores las bases en *suprasensible, supraindividual, suprapoder, supraconciencia*, entre otras.

Propiedades fonológicas

Este prefijo muestra cierta independencia fonológica de la base, manifestada en la capacidad de introducir acento secundario no asignado rítmicamente (*sùprasensíble*) y en que, pese a terminar en vocal, no produce ni simplificación del hiato en contacto con bases que comienzan también por vocal (*supraespinoso*) ni forma diptongos cuando la vocal inicial de la base es alta (*su.pra.in.di.vi.du.al*, no *su.prajn.di.vi.du.al*).

Relaciones con otros afijos

Supra- compite con **sobre**- y **super**-[1] para expresar localizaciones superiores a otras. Lo que hace especial a **supra**- es su especialización en determinar niveles superiores a otros dentro de jerarquías estrictas, una capacidad de la que carecen los otros prefijos locativos de superioridad. Por contra, frente a los otros dos, **supra**- carece de valores escalares en que seleccione los valores altos de cierta propiedad o estado.

LECTURAS RECOMENDADAS: Varela & Martín (1999); RAE & ASALE (2009: §10.5); Rifón (2014, 2018).

suso-. Del adverbio antiguo *suso* 'arriba', y este a su vez del latín *sursum*. Prefijo preposicional de valor locativo, poco productivo, que aparece con algunas bases, siempre participiales, como *susodicho, susoescrito, susomentado*. Su valor actual se reduce exclusivamente a crear expresiones anafóricas que remiten a una entidad ya mencionada anteriormente en un texto escrito u oral, donde el valor locativo de 'arriba' se ha transformado en una marca que remite a un antecedente.

T

-ta. Del latín *-ta*, y este a su vez del griego *-τής*, sufijo nominalizador agentivo. Posible sufijo nominal segmentable asociado a sustantivos humanos marcados regularmente en **-a**^{3} para masculino y femenino.

Tipos de base

a De segmentarse, este sufijo se uniría solo a bases neoclásicas:

  (1) ancoreta, astronauta, atleta, burócrata, cineasta, compatriota, croata, demócrata, exégeta, fisiterapeuta, geodesta, pirata, poeta, proxeneta, psicópata, tecnócrata

b En unos pocos casos la base neoclásica también funciona como base para otros sufijos, como en *poema ~ poeta, terapeuta ~ terapia*, pero más frecuentemente el nombre de la profesión, ámbito o especialidad asociada al sustantivo de persona se consigue añadiendo otros afijos, sobre todo -ia o -ía, a la base: *psicópata ~ psicopatía, demócrata ~ democracia*.

Comportamiento gramatical

a Este sufijo siempre da lugar a sustantivos comunes en género, marcados por **-a**^{3}.
b Este sufijo, al no combinarse con bases verbales independientes del español, no produce nombres de agente que puedan tomar estructura argumental, frente a **-dor** o **-nte**.

Tipos de significado

Este sufijo siempre construye sustantivos referidos a humanos, que se definen por su profesión, actividad o algunas propiedades destacables.

Propiedades fonológicas

Este sufijo se integra plenamente en la base.

Relaciones con otros afijos

Véase también **-ma**, que forma con él algunos pares donde **-ma** se refiere al objeto (*poema*) y **-ta** se refiere a la persona (*poeta*). No son frecuentes las alternancias entre estos dos sufijos con la misma base, y cuando lo hacen suelen especializarse en ámbitos distintos (*idiota ~ idioma*, donde el significado de 'idioma' entendido como 'particularidad exclusiva' puede rastrearse en idiomático 'de valor impredecible, no general').

-tad. Alomorfo de **-idad**, documentado en voces como *libertad, lealtad*.

-tajo. Posible alomorfo de **-ajo**² (*escupitajo*).

-tano. Del latín *-tanus, -tani*. Sufijo adjetivalizador que forma gentilicios, típicamente relacionados con zonas de influencia histórica árabe.

Tipos de bases

a De forma casi exclusiva, este sufijo se combina con bases latinizantes que se asocian con nombres geográficos, típicamente del sur de Europa o la cuenca mediterránea, a menudo influidos históricamente por la cultura árabe –si bien las formaciones existían ya en latín, por lo que no puede hablarse de influencia alguna de la lengua árabe en estas formaciones–.

   (1) Cádiz > gaditano, Málaga > malacitano, Nápoles > napolitano, Valladolid > vallisoletano, Samaria > samaritano

b En otras ocasiones, no cabe identificar una base correspondiente a un sustantivo que expresa una zona geográfica, porque el nombre asociado al área correspondiente se deriva del adjetivo, como en *mauritano > Mauritania* –pese a que en *mauritano* cabe reconocer la base latinizante relacionada con *moro–* o *Lusitania > lusitano* –donde puede relacionarse con una base *luso–*.

c El sufijo se emplea ocasionalmente con algunas bases que no corresponden a lugares geográficos concretos (*metrópolis > metropolitano*), incluyendo nombres propios (*Mahoma > Mahometano*).

d Resulta excepcional en este sentido el adjetivo *puritano*, correspondiente a cierta ideología moral y religiosa, que si se descompusiera en español tendría como base un adjetivo (*puro > puritano*) o requeriría una haplología poco motivada (*pureza > puritano*) para justificar que existe una base nominal.

Comportamiento gramatical

a Este sufijo siempre forma adjetivos de dos terminaciones, variables en género, marcados con **-o**¹ en masculino y con **-a**¹ en femenino.

   (2) un hombre gaditano, una mujer gaditana

b Como sucede habitualmente con los gentilicios, estos adjetivos se convierten en sustantivos con facilidad.

c Al igual que otros gentilicios, los adjetivos formados con estos sufijos son regularmente relacionales y no admiten grado o la posición antepuesta, pero pueden utilizarse como calificativos cuando se asocian a estereotipos que describen características típicas de las personas o las cosas originarias de cada zona geográfica correspondiente.

(3) a un alcalde napolitano
b la muy napolitana pizza margarita

Tipos de significado

a La inmensa mayoría de estas formaciones son gentilicias, designando una relación, generalmente de origen, con la zona geográfica expresada por la base.
b Partiendo de aquí, el sufijo puede indicar ocasionalmente otras relaciones, que siempre están impuestas por que la base no designa una zona geográfica determinada, como en *mahometano, metropolitano* o *puritano*, si bien en este último es más dudoso que deba segmentarse una base.

Alomorfos

Este sufijo es bastante estable en su realización, pero ocasionalmente muestra el alomorfo *-etano* (*mahometano, napoletano* –frente a *napolitano*–).

Relaciones con otros afijos

a Como sucede con otros sufijos que se emplean como gentilicios, la distribución de **-tano** es poco predecible, y como tal es frecuente que la misma base permita más de un sufijo, como es el caso de *gaditano ~ cadicense ~ cadiceño, malacitano ~ malagueño, urcitano ~ almeriense, iliberitano ~ granadino, aurgitano ~ jienense, cesetano ~ tarraconense*.
b En estos pares, suele comprobarse siempre que **-tano** tiene tendencia a seleccionar bases latinizantes ya perdidas, y completamente desconocidas para la mayoría de los hablantes.
c Cuando las dos formaciones son frecuentes, suele observarse que la forma con **-tano** se especializa en designar relaciones institucionales o afiliaciones con la zona geográfica más que de origen por nacimiento, que se reserva para la forma que compite con ella. Así, un *jugador malacitano* se interpreta normalmente como un jugador que compite en el equipo de fútbol de Málaga, independientemente de cuál sea su ciudad de nacimiento, mientras que un *jugador malagueño* se interpreta más fácilmente como un jugador nacido en Málaga que es parte de la escuadra de cualquier ciudad.
d Puede considerarse tratar **-tano** como un simple alomorfo de **-ano**. En este diccionario hemos tomado la decisión de separarlos por dos motivos fundamentales: no todas las bases donde aparece **-tano** pueden relacionarse con formas terminadas en /t/, y, en contraste con **-ano**, tiene una preferencia muy marcada por bases latinizantes que frecuentemente se asocian con ciertas regiones geográficas específicas.

LECTURAS RECOMENDADAS: Bosque (1993); Rainer (1999); Fábregas (2007, 2020).

tardo-. Del latín *tardum* 'tardío'. Prefijo de valor adjetival que selecciona el intervalo final de periodos de tiempo.

Tipos de bases

a   Este prefijo se combina sobre todo con sustantivos y adjetivos relacionales. Muchos de ellos denotan periodos históricos, y los que no, movimientos artísticos o de otro tipo también localizables en el tiempo. La lista de (1) muestra algunos de los sustantivos.

(1)   tardofranquismo, tardomedievo, tardocastrismo, tardocapitalismo, tardobarroco, tardomodernidad, tardofelipismo, tardomanierismo...

b   Son frecuentes también las formaciones sobre adjetivos relacionales:

(2)   tardorromano, tardocolonial, tardoimperial, tardoantiguo, tardogótico, tardorromántico, tardopúnico, tardoherreriano, tardovictoriano...

c   Son poco frecuentes las bases que no denotan periodos de tiempo, sino fases temporales dentro del desarrollo de un individuo (*tardoadolescente, tardonacido*) o de otra clase.

Comportamiento gramatical

a   Como otros prefijos adjetivales, este tampoco altera las propiedades gramaticales de la base.
b   Este prefijo es en principio iterable: a partir de *tardoclasicismo*, podemos enfocar el periodo más tardío de este con *tardotardoclasicismo*.
c   Este prefijo no participa en parasíntesis.
d   Este prefijo es coordinable con otros: *neo- y tardo-franquismo*.
e   Este prefijo produce paradojas de encorchetado o segmentación: *tardoimperial* se interpreta como relativo al imperio (romano) tardío, no como una relación tardía con el imperio.
f   Frente a otros prefijos adjetivales, este no puede ser empleado como un adjetivo independiente.

Tipos de significado

a   El significado de este prefijo es el equivalente a 'tardío'. Siempre elige la parte final de los periodos de tiempo asociados a las bases, que consecuentemente deben denotar ellas mismas periodos de tiempoo (*tardobarroco, tardoclasicismo*) o interpretarse conceptualmente como designadoras de periodos históricos (*tardomodernidad*) o movimientos localizados temporalmente (*tardomodernismo*).
b   Sin embargo, en algunas formaciones se identifica el significado de 'demasiado tarde', o 'posterior al momento esperable', en lugar de designar la parte final del periodo denotado por la base. Así, un *tardoadolescente* no es un adolescente al final de ese periodo, sino más bien un adulto que, de forma tardía, se comporta como un adolescente. Sucede algo parecido en *tardonacido*, 'nacido demasiado tarde, fuera de su época'.

Propiedades fonológicas

Este prefijo da signos de independencia prosódica de la base, manifestada en la existencia de acentos secundarios no rítmicos (*tàrdomodérno*) y en la preservación de su vocal final (*tardootomano*), que no forma diptongo nunca con la primera vocal de la base (*tardoimperial*).

Problemas de clasificación

Hay tres motivos para considerar este morfema un prefijo y no un componente de compuesto: (i) solo aparece en primera posición de palabra, (ii) solo se combina con bases nominales y adjetivos relacionales, lo cual es un comportamiento típico de los prefijos adjetivales; (iii) es iterable y su significado es solo uno de los posibles para 'tarde', el que se refiere al valor temporal y no el que tiene por ejemplo en 'una persona tarda, morosa'.

Relaciones con otros afijos

Véase **vetero-**, **paleo-** para otros prefijos adjetivales con valor temporal; se diferencia de estos dos en que estos denotan el periodo de tiempo más antiguo y **tardo-** denota el que está más próximo a nosotros, y al final del periodo. Véase **neo-** para su opuesto en algunos contextos.

-tario. Alomorfo de **-ario**.

tatara-. De la repetición de la preposición *tras* en español (*tras-tras*). Prefijo adjetival especializado en designar relaciones familiares verticales.

Tipos de base

Este prefijo se especializa en combinarse con nombres comunes que designan relaciones familiares: *tataranieto*, *tatarabuelo*, *tatarasobrino*, *tataradeudo* 'antepasado muy antiguo'.

Comportamiento gramatical

a   Este sufijo no altera la categoría gramatical de la base, ni su género o número.
b   Este sufijo no admite la expansión funcional de la base ni la interpolación de modificadores.
c   Este sufijo es iterable: *tatara-tatara-tatara-nieto*.

Tipos de significado

a   Dentro de los prefijos preposicionales, **tatara-** toma la base como el elemento que se localiza por referencia a otro, que permanece implícito dentro del significado de la base. Así, el *tataranieto* es el nieto que desciende del nieto de otra persona, no el abuelo del abuelo de ese nieto.
b   Este sufijo se especializa en denotar relaciones verticales a través de generaciones, pero está subespecificado con respecto a su direccionalidad. Cuando la base define la relación generacional desde la perspectiva de la generación mayor (*nieto*), **tatara-** salta generaciones de forma prospectiva, es decir, de la más antigua a la más nueva: el *tataranieto* es el nieto del nieto, es decir, se saltan dos generaciones hacia adelante (cf. también *tatarasobrino*). Cuando la base define la relación desde la perspectiva de la

relación más joven (*abuelo*), el salto es retrospectivo: el *tatarabuelo* es el abuelo del abuelo, o sea, se saltan dos generaciones hacia atrás (cf. *tataratío*).

c   Debido al significado de *tataradeudos* 'antepasados remotos', puede determinarse que el valor por defecto del prefijo es un salto retrospectivo, ya que deudo no especifica si la relación está definida desde la perspectiva de la generación mayor o la más joven.

d   El segundo aspecto en que **tatara-** tiene un valor subespecificado es en el número de generaciones que salta. Cuando aparece solo, se saltan dos generaciones: de *nieto* a *tataranieto* pasamos por dos generaciones, en oposición a *bisnieto* (cf. **bis-**). Sin embargo, en las sucesivas repeticiones del prefijo solo se añade una generación por vez: el tataratataranieto es el hijo del tataranieto, no el nieto del tataranieto.

Propiedades fonológicas

El grado de integración fonológica de este prefijo es variable; se integra fonológicamente con la base al fusionar su vocal final con la inicial de la base (*ta.ta.ra.bwe.lo*, no **ta.ta.ra.a.bwe.lo*), pero admite acentuación adicional a la base.

Relaciones con otros afijos

Tatara- es el único prefijo que se especializa en definir relaciones familiares, pero probablemente deba ser asimilado a los sufijos que se emplean para definir relaciones jerárquicas dentro de sistemas de mando o sistemas que se ordenan por inclusión uno dentro de otro, como sucede con **contra-** en *contraalmirante*, **sub-** en *subclase* o *suboficial*, o **vice-**, entre otros prefijos que parten a menudo de la expresión de una relación locativa y construyen a partir de ella valores más abstractos.

-teco. Alomorfo de **-eco**.

-tegui. Del vasco *-tegi*, sufijo nominal usado para formar nombres de lugar.

a   Este sufijo se une a bases verbales, respetando la vocal temática, como en *amarrar* > *amarrategui*, *aprovechar* > *aprovechategui*, *conservar* > *conservategui*.
b   Este sufijo produce adjetivos comunes en género, pero admite flexión plural con **-s**[1].
c   Gramaticalmente, el valor de este sufijo es semejante a **-dor** cuando se usa como adjetivo relacional, pero semánticamente tiene un valor intensificativo y disposicional 'que hace algo mucho', con valor calificativo. Siempre deriva adjetivos usados para describir a los humanos.
d   Los adjetivos derivados con este sufijo adoptan un valor peyorativo que se relaciona presumiblemente con la noción de intensidad o exceso en la acción designada por la base.

LECTURAS RECOMENDADAS: Casado Velarde (2017).

tele-. Del griego τῆλε, 'a distancia, de lejos'. Prefijo preposicional que se combina con bases de muy distinto tipo, a las que aporta la noción de 'lejos de algo', 'sin contacto'.

Tipos de base

a Este prefijo se une productivamente a sustantivos que designan acciones y situaciones, como en *telecompra, teleconferencia, telecontrol, telegestión, teleseminario, televisión* o *telemárquetin*.
b De la misma manera, se une productivamente a otros sustantivos que, pese a designar objetos, pueden asociarse con acciones debido al conocimiento del mundo: *telecabina, telecroqueta, teleobjetivo, teleproducto*.
c No es habitual que este prefijo se una a adjetivos, salvo que sean adjetivos relacionales que se deriven o se relacionen con las formaciones nominales o verbales a las que da lugar. Esta es una propiedad típica de los prefijos preposicionales.
d Este prefijo se une productivamente a verbos, como en *telecomunicar, teledectectar, teledirigir, teletrabajar, teletransportar*.
e Finalmente, es frecuente encontrar el prefijo en combinación con temas neoclásicos equivalentes a sustantivos, como en *telefonía / teléfono, telegrama, telekinesis, telemetría, telepatía, telepatía* y otros muchos.

Comportamiento gramatical

a Este prefijo no altera el género de la base, ni otras propiedades gramaticales de ella, como su irregularidad o su clase de conjugación.
b Este prefijo no admite la expansión funcional de la base ni la interpolación de modificadores.
c Este prefijo no admite la iteración.

Tipos de significado

a El significado más estable de este prefijo es el de denotar a partir de una acción o relación estativa que esta tiene lugar a distancia. Esta es la interpretación que se obtiene productivamente cuando la base con la que se combina designa una eventualidad, tanto si es nominal como si es verbal: *teletrabajar* es trabajar a distancia, igual que el *telecontrol* es la situación en que algo se mantiene bajo control sin entrar en contacto directo con él.
b Con las bases sustantivas que denotan objetos suele ser necesario enriquecer el significado de la base mediante el conocimiento del mundo para deducir qué clase de relación o acción que involucra a esos elementos es la que se produce a distancia. Muy frecuentemente, la interpretación involucra que la distancia de la que habla el prefijo implica un desplazamiento desde un lugar diferente para traer a un consumidor un servicio o un producto, por lo que la acción que se deduce es una de movimiento: *telebocata* 'servicio que trae bocatas a domicilio', *teleniñera* 'servicio que ofrece niñeras a domicilio', etc.
c Resulta llamativo que, frente a otros prefijos de valor locativo, **tele-** no dé lugar a lecturas de localización con sustantivos que designan objetos. Así, no es posible interpretar un *teleproducto* como algo que está lejos de un producto (cf. *tras-tienda* 'lo que está detrás de la tienda'), y una interpretación como 'producto que está lejos de alguna localización de referencia' no da cuenta por entero del significado del prefijo, que supone que ese producto va a ser enviado al consumidor desde otra localización.

Es posible, sin embargo, que el valor de desplazamiento o venta a distancia se deduzca de la interpretación locativa más literal 'producto que está lejos'.

d No obstante, resulta llamativo y es poco habitual que un prefijo locativo no tenga lecturas en que la base sustantiva designe el punto espacial que se toma como referencia (cf. **infra**- para un caso similar, y contrástese por ejemplo con **ante**-).

Propiedades fonológicas

Este prefijo, como muchos otros, rechaza la integración fonológica con la base, como se muestra en la aceptación de hiatos entre su vocal final y la vocal inicial de la base (*te.le.ob. xe.ti.bo*, no **te.lob.xe.ti.bo*) y la presencia de un acento secundario que no es explicable en términos rítmicos: *tèlevisión*, no *televìsión*.

Problemas de clasificación

No ha de confundirse el prefijo **tele**- con el sustantivo fruto del acortamiento del sustantivo televisión, que aparece en *teleadicto, telefilme, telenovela, telerrealidad* y otros muchos. Tampoco debe confundirse **tele**- con el tema neoclásico *telo*- que aparece en *télico* y otras formaciones, y con el que no establece ninguna relación ni sincrónica ni diacrónica.

LECTURAS RECOMENDADAS: Varela & Martín (1999); RAE & ASALE (2009: §10.5).

tera-. Del griego τέρας, 'monstruo, prodigio'. Prefijo cuantificativo que cuantifica en un billón la magnitud que expresa su base. Las bases son siempre sustantivas, designan unidades de medida y suelen pertenecer al léxico técnico: *teragramo, terabyte, terabit, teravatio, terahercio*. Pese a su relación etimológica, en español se ha perdido la conexión con el tema neoclásico *terat*- (*teratógeno*). En el léxico de la informática suele acortarse *terabyte* a *tera*.

-terio. Del griego -τήριον. Sufijo nominalizador que expresa nombres comunes de lugar.

Tipos de bases

a Son muy pocas las bases del español, directamente segmentables, en las que este sufijo aparece presente. Cuando la base es segmentable de forma directa, esta resulta ser un sustantivo o adjetivo (*beato* > *bea-terio*, 'casa en la que viven las beatas en comunidad').

b Incluso en la voz anterior sería necesario suponer pérdida de la consonante final de la raíz (*beat*- > *bea*-), si bien es muy plausible una motivación fonológica por tal pérdida. Resultan mucho más abundantes casos en que se ha de argumentar que la base es un alomorfo marcado de una voz española, como en *falans-terio* (relacionado etimológicamente con *falange*, a través de su pronunciación francesa), o *minis-terio* (de *ministro* o *ministrar*, en ambos casos con haplología si es que la palabra ha de segmentarse de este modo). Para segmentar el sufijo ha de suponerse supleción de la raíz en *monas-terio* (de una raíz culta para *monje*; cf. *monástico, monacal*) y haplología de -*er* en *presbítero* > *prebisterio*.

c Abundan también las formaciones cultas o semicultas en las que el sufijo no es inmediatamente reconocible porque tampoco lo es la base, como *baptisterio~bautisterio*, *dicasterio, cementerio* (sin relación con *cemento*, sino con el verbo griego para *dormir*; por tanto, 'dormitorio'). Como se ve, en tales formaciones, además, habría que suponer bases verbales, en contra de lo observado en los dos casos anteriores, lo cual hace muy dudosa su segmentación sincrónica, con la posible excepción de la forma *bautisterio* (cf. *bautizar*), donde cabría explicar la alomorfía *bautis-~bautiz-* por causas fonológicas.

Comportamiento gramatical

a   Este sufijo produce siempre sustantivos masculinos marcados en -o[1].

b   El sufijo, en los escasos derivados en que se puede argumentar que la base es independiente, siempre implica la caída de la marca de género o de palabra de dicha base.

Tipos de significado

a   El sufijo se asocia casi por completo a sustantivos comunes que expresar lugares donde se realiza una acción (*baptisterio*) o se destinan específicamente al uso de alguna clase de personas (*beaterio, presbiterio*).

b   En una voz como *climaterio*, la formación aportaría un valor temporal y no locativo ('periodo de tiempo previo a la menopausia'), pero ni es reconocible una base composicional para esta voz ni la etimología permite justificar la segmentación (ya que la palabra se relaciona con el término griego para 'escalón'). Es dudoso si la conciencia del hablante contemporáneo identifica en esta voz el mismo morfema que en *baptisterio* o *cementerio*, sin embargo.

c   La voz *ministerio*, junto al lugar que se destina a un ministro, puede designar también la actividad del *ministro* (cf. *magisterio*, de *maestro*, donde para postular la segmentación de **-terio** sería necesario de nuevo proponer un alto grado de alomorfía).

Relaciones con otros afijos

En las formaciones de sustantivos de lugar, **-terio** compite con el mucho más productivo **-torio**[1], que se relaciona etimológicamente más bien con **-dor** que con **-terio**. En varias de las formaciones mencionadas anteriormente surge la duda de si no sería preferible, en lugar de postular el sufijo -terio, segmentar el sufijo -io (cf. *designar* > *designio*), algo sobre lo que resulta difícil decidir dada la poca productividad de ambos sufijos y el alto grado de alomorfía de las bases; surge este problema por ejemplo en *ministerio*, que podría segmentarse como *minis-terio* o *minister-io* con iguales grados de idiosincrasia.

LECTURAS RECOMENDADAS: Pharies (2002).

tetra-. Del griego τέτταρες 'cuatro'. Prefijo cuantificativo que aporta el valor de cardinalidad 'cuatro' a su base.

Tipos de bases

a   Este prefijo es casi exclusivamente combinable con bases neoclásicas que corresponden a sustantivos, como en *tetraedro, tetraplejia, tetralogía, tetrápodo*.

b Son mucho menos frecuentes las formaciones sobre sustantivos del español, como en *tetracentenario, tetracampeonato, tetramonarca*.
c Ocasionalmente, se forman derivados a partir de adjetivos relacionales, como en *tetranacional*; es frecuente que en tales casos exista ya la forma prefijada con **tetra-**, como en *tetracilindro* > *tetracilíndrico, tetramestre* > *tetramestral*.

Comportamiento gramatical

a Este prefijo tiene la capacidad de convertir en adjetivo una base sustantiva, al igual que otros prefijos cuantificadores. Así, *tetrasílabo* puede funcionar como un adjetivo (*versos tetrasílabos, palabras tetrasílabas*) cuando en ausencia del prefijo ha de ser sustantivo (cf. *sílaba* vs. *silábico*). Sucede esto mismo con *estrofa* > *tetrástrofo*, donde sin necesidad de otros sufijos adjetivalizadores el prefijo da lugar a una forma adjetival que concuerda en género y número con el nombre al que modifica (*poema tetrástrofo, composición tetrástrofa*); véase también *uniformes tetracolores*, cuando la secuencia *uniformes colores* no es posible, o *vehículo tetracilindro*.
b Este prefijo no es iterable.
c Este prefijo no puede combinarse con bases expandidas funcionalmente, y no admite modificación de la base.
d Es muy frecuente que este prefijo produzca paradojas de encorchetado. En *tetracloruro* se habla de un compuesto con cuatro átomos de cloro, donde la valencia del otro elemento es 4, y no de un compuesto con cuatro cloruros. Igualmente, un *tetragoleador* es quien golea cuatro veces, o quien es golaedor cuatro veces.
e Estas paradojas de encorchetado son muy frecuentes en el lenguaje de la química: la forma *tetravalente* indica a los elementos que tienen valencia 4 (no 'que valen cuatro veces', o algo de este estilo), pese a que *valencia* se deriva de *valente* por adición del sufijo **-ia**. Podría tal vez resolverse esta paradoja si se admite que en ella **tetra-** se une a la raíz *val-* en un valor semejante a 'valor', y el sufijo **-nte**, posiblemente con una /e/ epentética, convierte el conjunto en un adjetivo equivalente a 'que tiene valor 4'.

Tipos de significado

a El valor de este prefijo es el cardinal 'cuatro'. Generalmente este valor de cardinalidad se aplica a la noción denotada por la base, algo visible particularmente cuando la base es un sustantivo del español (*tetracolor*). Esta misma interpretación puede extenderse a varias formaciones neoclásicas, como *tetra-edro* ('con cuatro bases'), *tetra-morfo* ('con cuatro formas').
b Como sucede en un buen número de los casos en que un prefijo da lugar a formas adjetivales sobre bases sustantivas, la interpretación de las formaciones relevantes es la de un adjetivo posesivo: *tetrasílabo* equivale a 'que tiene cuatro sílabas', *tetracolor* equivale a 'que tiene cuatro colores', etc.
c En otras ocasiones, se ha de suponer que la cuantificación afecta a una noción relacionada con la base, pero no expresada directamente por ella: *tetravencedor* no habla de cuatro vencedores, sino de cuatro ocasiones distintas en que el referente ha sido vencedor.
d La lectura que cuantifica sobre ocasiones se documenta ocasionalmente con participios en los que el prefijo cuantifica las veces en que se ha producido el evento, sin que exista la forma verbal correspondiente: *tetradescendidos* 'que han bajado a segunda cuatro

veces', pero *tetradescender*. Otras veces, el prefijo no cuantifica sobre las ocasiones, sino que mide o cuantifica el resultado: *tetradivididos* (**tetradividir*) no equivale a 'dividido cuatro veces', sino a 'dividido en cuatro'.

e Ocasionalmente, esta interpretación equivalente a 'cuatro veces' se extiende a la cuantificación gradativa, como en *tetramillonario* o la combinación de tetra- con insultos (*tetrahijueputa*).

f Estas interpretaciones donde el prefijo cuantifica sobre algo que no está expresado directamente por la base son muy frecuentes en las formaciones del lenguaje técnico, sobre todo con formas neoclásicas en su base (*tetra-plejia*, 'parálisis de cuatro miembros').

Propiedades fonológicas

El prefijo oscila en su integración fonológica, asociándose a veces con formas donde se reduce la vocal inicial de la base (*tetrástrofo*) y en otras ocasiones con formas donde se preserva el hiato (*tetraedro*). El prefijo no recibe acento, y dependiendo de la palabra lleva acento en la segunda sílaba (*tetrápodo, tetrástrofo*) o en la primera, como acento rítmico (*tètrapléjia*).

-ticio. Alomorfo de **-icio**.

'-tico. Posible alomorfo de **'-ico**, presente en formaciones como *analítico, lexemático* o *maniático*.

'-til. Alomorfo de **'-il**.

-tina. Alomorfo de **-ina**.

-tivo. Del adjetivalizador latino *-ivum*, unido a la terminación del participio pasivo en *-t-*. Sufijo adjetivalizador que forma adjetivos relacionales sobre todo a partir de verbos.

Tipos de base

a Este sufijo es productivo con bases verbales de todos los tipos semánticos y sintácticos, sobre todo de la primera conjugación.

(1) abdicativo, ablandativo, acreditativo, acumulativo, acusativo, adaptativo, administrativo, admirativo, adversativo, afirmativo, agregativo, ahorrativo, alcanzativo, alternativo, amativo, ambulativo, ampliativo, anticipativo, anulativo, apelativo, aprobativo, aproximativo, arbitrativo, argumentativo, aseverativo, asociativo, aumentativo, bonificativo, calificativo, causativo, chupativo, cicatrizativo, clarificativo, colorativo, comparativo, comunicativo, conciliativo, concordativo, condensativo, confederativo, confirmativo, conforativo, congelativo, conmemorativo, conmesurativo, conminativo, conmutativo, conservativo, considerativo, consignativo, consolativo, consolidativo, conspirativo, consumativo, contemplativo, conversativo, cooperativo, coordinativo, corroborativo, creativo, curativo, dativo, decorativo, deliberativo, demostrativo, depurativo, divulgativo, durativo, edificativo, educativo, enunciativo, escandalizativo, especulativo,

espesativo, estativo, evacuativo, excitativo, exclamativo, exhortativo, facultativo, fecundativo, formativo, frecuentativo, generativo, gobernativo, gravativo, gustativo, identificativo, ilustrativo, imaginativo, indicativo, informativo, justificativo, lavativo, legislativo, limitativo, llamativo, lucrativo, manifestativo, meditativo, memorativo, modificativo, narrativo, negativo, optativo, organizativo, orientativo, ostentativo, paliativo, participativo, pensativo, preparativo, privativo, probativo, propagativo, provocativo, purgativo, recitativo, recordativo, rogativo, rotativo, sanativo, sedativo, separativo, significativo, tentativo, transformativo, turbativo, valorativo, vengativo, vigilativo

b Son más problemáticas y menos frecuentes las bases de la segunda y tercera conjugación, donde frecuentemente se emplean alomorfos de la base que pueden sugerir un origen nominal. Entre las formaciones inequívocamente deverbales de estas conjugaciones encontramos las de (2).

(2) argüitivo, competitivo, constitutivo, definitivo, distributivo, dormitivo, nutritivo, partitivo, prohibitivo, unitivo

c Se documentan asimismo algunas bases nominales, siempre nombres comunes. Estas bases nominales, sin embargo, suelen relacionarse con verbos y en ocasiones es problemático saber si proceden del verbo sin vocal temática o del sustantivo.

(3) afectivo, apetitivo, arbustivo, asertivo, asuntivo, caritativo, coercitivo, combativo, contraceptivo, deportivo, discursivo, festivo, gerundivo, institivo, olfativo, productivo

d Hay también unas pocas formaciones donde puede proponerse una base adjetival:

(4) adictivo, altivo, correctivo, diminutivo, distintivo, perfectivo

e El origen latino del sufijo hace que en muchas ocasiones se puedan documentar bases neoclásicas o alomorfos cultos de voces españolas:

(5) ablativo, activo, aditivo, adjetivo, auditivo, corporativo, equitativo, peyorativo, volitivo

Comportamiento gramatical

a Este sufijo forma casi siempre adjetivos variables en género, marcados regularmente por **-o**[1] en masculino y por **-a**[1] en femenino.
b La mayoría de las formaciones son adjetivos relacionales que indican alguna clase de relación temática o no con el tipo de evento designado por la base.
c Algunas de las formaciones desarrollan, además, un valor calificativo. Entre las formaciones que se emplean mayoritariamente como calificativas tenemos *ahorrativo, agresivo, caritativo, contemplativo, competitivo, comunicativo, cooperativo, creativo, depresivo, imaginativo, llamativo, pensativo, permisivo, provocativo, receptivo, vomitivo*, entre otras.
d Es frecuente que muchas de las formaciones se usen también como sustantivos. Algunas de ellas, de hecho, se usan predominantemente como tales, como *sedativo, partitivo, ablativo, contraceptivo, correctivo, diminutivo, acusativo, dativo* o *aditivo*.
e Con verbos de la primera conjugación, este sufijo tiende a conservar la vocal temática. No sucede así en todos los casos, sin embargo: *abrasivo, abusivo, adoptivo, completivo*

(salvo que se derive de 'completo'), *conectivo, consultivo, ejecutivo, inyectivo, proyectivo* (si no viene de 'proyecto'), *vomitivo* (si no procede de 'vómito').

f   Es poco frecuente, en cambio, que el sufijo preserve la vocal temática de la segunda o tercera conjugación, como en (2). Es frecuente que la vocal temática no aparezca: *atributivo, preventivo*.

g   Con los verbos de la segunda y tercera conjugación es muy frecuente que, pese a la presencia de un segmento que puede asociarse a la vocal temática, aparezca un alomorfo de la base, como en *adquisitivo, apositivo, compositivo, dispositivo*, o que no esté presente la vocal temática y además aparezca un alomorfo de la base, como en *aflictivo, atractivo, conceptivo, conductivo, constructivo, digestivo, electivo, perceptivo, prescriptivo, receptivo, sugestivo, sustractivo*.

Tipos de significado

a   Al formar adjetivos relacionales, este sufijo se limita a denotar una relación no especificada semánticamente entre el sustantivo modificado y el tipo de eventualidad denotada por la base.

b   Hay una cierta tendencia a que la relación sea de agente o instrumento (*un elemento identificativo, un principio administrativo, el aparato digestivo, una sustancia corrosiva*), pero no hay nada que lo fuerce (*una reforma administrativa*).

c   Cuando el sufijo produce adjetivos calificativos, tiende a producir valores disposicionales (*una persona agresiva, un hombre ahorrativo, una filósofa pensativa*) y, en menor medida, causativos (*un comentario vomitivo*).

Propiedades fonológicas

a   Este sufijo atrae el acento prosódico a su vocal /i/, lo cual tiene el efecto de bloquear la diptongación de la base: *fiesta > festivo*.

b   Por el mismo motivo, el sufijo selecciona la forma regular de aquellos verbos con irregularidades que dependen de la posición del acento: *asentir ~ asiento ~ asentivo*.

c   Más allá de la tendencia a seleccionar bases alomórficas de los verbos de la segunda o tercera conjugación, este sufijo no produce cambios fonológicos sistemáticos en la base.

d   Pese a que se ha propuesto la haplología de -*ión* en algunos casos (*repulsión, recesión*), esta propuesta es difícil de sostener, al existir tanto *repulsa* como *receso*, o en casos donde no existe la base en español (*obsesivo*), que en realidad podrían asimilarse a los de (5).

Alomorfos

a   Es necesario proponer un alomorfo -*ivo* para aquellos casos donde no aparece ni la vocal temática ni la /t/, como en *tenso > tensivo*.

b   No es necesario postular un alomorfo -*sivo*, debido a que las formaciones que terminan en esta secuencia siempre tienen bases que pueden terminar en /s/ en alguno de sus alomorfos, como en *conclusivo* (cf. *inconcluso*) o en *abrasivo, abusivo, adhesivo, agresivo, alusivo, aprensivo, compasivo, comprensivo, concesivo, conclusivo, corrosivo, decisivo, defensivo, depresivo, explosivo, impresivo, ofensivo, opresivo, permisivo, posesivo, recesivo, visivo*.

c   En muchos casos, al existir ya una base alomórfica que termina en /t/ resulta difícil saber si se emplea el alomorfo *-ivo* o se emplea *-tivo* con posterior simplificación de la doble /t/: *adoptivo, aflictivo, atractivo, colectivo, completivo, conceptivo, conductivo, conectivo, constructivo, consultivo, cualitativo, cuantitativo, cultivo, digestivo, ejecutivo, electivo, inyectivo, perceptivo, prescriptivo, proyectivo, receptivo, sugestivo, sustractivo, vomitivo*, entre muchas otras.

Relaciones con otros afijos

Este sufijo, junto a **-torio**[2], es el que deriva con más productividad adjetivos con propiedades relacionales a partir de verbos.

> LECTURAS RECOMENDADAS: Rainer (1993, 1999); Rifón (2000); Fábregas (2020).

-to[1]. Del latín *-tus*. Sufijo adjetival empleado en la formación de algunos adjetivos numerales ordinales, siempre sobre bases alomórficas: *cuatro > cuar-to, cinco > quin-to, seis > sex-to*. La serie de los ordinales por debajo de 10 es irregular, y junto a este sufijo también se emplean **-ero** (*primero, tercero*), **-ésimo** (*sépt-imo*), **-avo** (*octavo*) y **-eno**[3] (*noveno*).

-to[2]. Del latín *-tum*. Sufijo que toma el cardinal *cien* en dos contextos: cuando forma numerales complejos, sea por adición (*cien ~ cien-to dos*) o por multiplicación (*dos-cien-to-s*), y cuando se emplea como sustantivo (*cientos de personas, el ciento y la madre, tres por ciento*).

-to[3]. Falso sufijo del español, resultado de una secuencia en que la base irregular termina en /t/ y se añade una marca de palabra de género variable. Esta secuencia aparece en participios irregulares del español procedentes de formas latinas en *-ptus/-rtus* y otras secuencias donde la *t* va precedida de una consonante en latín clásico o vulgar, como *roto, escrito, abierto, suelto* (y sus derivados, como *absuelto*), *cubierto, muerto, puesto, visto* o *vuelto* (y sus derivados, como *revuelto*). La inconveniencia de segmentar *-to* como morfema en estos casos obedece a que las bases alomórficas de las raíces que quedarían aisladas tras esta segmentación no se emplean como alomorfos de la raíz en otras formas verbales o nominales (*ro, *vuel, *cubier, *muer), mientras que las formas acabadas en *-t* sí lo hacen (*escrit-or, rot-ura, cubert-ería, apert-ura, muert-e*). No es un contraejemplo *visión*, probablemente segmentable como *vi-sión* más que como *vis-ión*.

todo-. Del latín *tōtus*. Prefijo cuantificativo que se combina con adjetivos.

Tipos de bases

a   Las formaciones más establecidas con este prefijo proceden de bases adjetivales, donde los adjetivos son calificativos o relacionales: *todopoderoso, todocampista*.
b   Se documentan también algunas formaciones sobre sustantivos, como *todoterreno, todocamino, todopantalla*.

Comportamiento gramatical

a   Este prefijo puede alterar las propiedades gramaticales de la base, como en *todoterreno*, donde habilita al sustantivo para actuar como modificador de otro sustantivo: *hombre todoterreno*. Nótese que sin embargo no convierte al sustantivo en un adjetivo (**mujer todoterrena*).

b   Este prefijo no es iterable.

c   Este prefijo permite que se expanda la base en número: *todonoticias, todomóviles, todopelículas*. Este valor está restringido, sin embargo, a nombres dados a marcas, publicaciones, tiendas y secciones comerciales que se especializan en el producto que expresa la base, por lo que parecen funcionar como nombres propios en los que no se hace puede comprobar la pluralidad gramatical del sustantivo –y de hecho frecuentemente se constata que el sustantivo es singular, como en *el todonoticias matinal*–. No obstante, la pluralización de la base en estos casos está condicionada gramaticalmente, y es fácil asociarla al valor de totalidad del prefijo; nótese que esta pluralización no es necesaria cuando la base es un nombre masa, como en todomúsica, todocine.

d   Junto a los casos anteriores, que requieren cierto grado de lexicalización, hay frecuentes casos de paradoja de encorchetado, como en *todocampista*, que se interpreta como 'el que se ocupa de todo el campo (de fútbol)', donde no existe la forma **campista*.

Tipos de significado

a   Este prefijo se asocia claramente a un valor de cuantificación universal, como sucede con el cuantificador libre equivalente del que es homónimo, pero la interpretación de las voces derivadas con él no siempre permite predecir sobre qué noción se está cuantificando. En la forma *todopoderoso*, parece interpretarse como un argumento del verbo base, 'que lo puede todo', y en *todocampista* la totalidad mide la extensión completa del campo de fútbol.

b   En otras formaciones, la idea de totalidad se aplica a 'todas las clases de la entidad de la base' (*todoterreno*, y las formaciones publicitarias *todomúsica, todomóviles, todotelevisores, todonoticias...*). Nótese, sin embargo, que en ambos casos esta interpretación implica suponer cierto propósito o intención que permanece tácita en la estructura morfológica: *todoterreno* es que sirve para cualquier tipo de terreno, y las formaciones publicitarias suelen referirse a que incluye o se ocupa de todas las clases de esa entidad.

c   Resulta mucho menos frecuente, en cambio, la interpretación equivalente a 'todos los ejemplares de N', equivalente a 'todos los N'. Esta interpretación parece posible solo en algunos nombres propios publicitarios, como *todonoticias*, que cabe interpretar como 'todas las noticias' además de como 'toda clase de noticias'. Fuera de este ejemplo, parece que esta lectura es imposible: una tienda llamada *todomóviles* no promete tener todos los ejemplares de móvil que existan, sino todas las clases de móvil que existan; esto sugiere que la interpretación de totalidad de ejemplares de todonoticias se deriva de alguna forma pragmática y no está reflejada en la estructura semántica de la palabra.

Problemas de clasificación

Cabe plantearse cuál es la relación entre el cuantificador universal *todo* y este prefijo. Puede tratarse el prefijo como una versión del cuantificador libre que es invariable en número y género tal vez por haber perdido las proyecciones sintácticas relacionadas con la concordancia (cf. *toda noticia* vs. *todanoticia), y que se restringe por tanto a lecturas de clase de entidades y no de totalidad de ejemplares. Esto mismo sucede con otros prefijos como **medio-**. Nótese que en tal caso ciertas definiciones de compuesto tratarían las palabras formadas con este morfema como palabras compuestas, y al propio **todo-** como equivalente a una palabra. Nótese, sin embargo, que es dudoso que todo contenga una raíz, salvo que se propongan alomorfías de esa raíz en palabras como *tot-al*.

Relaciones con otros afijos

El significado de **todo-** es similar al de **omni-**, que sin embargo es relativamente más productivo que **todo-** con adjetivos, y tiene usos mucho más restringidos en el lenguaje publicitario.

-tor. Alomorfo de **-dor** que aparece en algunas voces con bases cultas, como *abductor, coadyutor, instructor* o *interventor*.

-toria. Posiblemente del latín *-tōria, -us*, formas femenina y masculina, respectivamente, del sufijo adjetival *-tōrius*. Sufijo nominalizador que forma nombres de acción a partir de verbos.

Tipos de bases

a   Este sufijo se combina siempre con verbos, sobre todo, pero no exclusivamente de la primera conjugación.

(1)   combinatoria, interrogatorio, eliminatoria, rogatoria, envoltorio

b   Las bases verbales suelen ser verbos que expresan eventos, pero no exclusivamente, ya que permite bases usadas frecuentemente como verbos de estado (*recordar > recordatorio*).

c   Algunas formaciones cultas pueden relacionarse con bases verbales pero no son idénticas a ellas, como en *moratoria*, relacionado semánticamente con *demorar*.

Comportamiento gramatical

a   Este sufijo forma siempre sustantivos.
b   Los sustantivos pueden ser tanto masculinos marcados con **-o**[1] como femeninos marcados con **-a**[1].

(2)   suplicatorio, envoltorio, recordatorio
(3)   laudatoria, convocatoria, dilatoria

c   Normalmente, el sufijo mantiene la vocal temática de la base verbal, pero existen algunas excepciones en las que la base es alomórfica, como *ofertorio* (que puede relacionarse con *ofertar*) y *envoltorio* (que lo hace a su vez con *envolver*).

d   Los sustantivos formados con este sufijo son nombres contables no animados. Resulta en este sentido excepcional el sustantivo *combinatoria*, que es no contable en su sentido más habitual de 'capacidad de combinarse con otros elementos'.

Tipos de significados

a   El significado más frecuente de este afijo es el de 'acto en que se ejecuta la acción del verbo', como en *interrogatorio, eliminatoria, indagatoria, rogatoria,* o *escapatoria*. Dichos valores pueden ser generales o estar marcadamente especializados a ámbitos específicos, como *ofertorio*, especializado en el léxico religioso, e *indagatoria*, especializado en el léxico jurídico.

b   Partiendo de este valor de acto, se derivan tres tipos de significado relacionados con él. El primero de ellos es el de entidad que facilita o permite la acción, como en *escapatoria* (*tener una escapatoria preparada*) o *recordatorio*.

c   El significado de resultado de ejecutar la acción es visible en *sumatorio, dedicatoria* o *envoltorio*.

d   Finalmente, es derivable un significado de 'capacidad de participar en el acto', más que de expresión del acto en sí, como en *combinatoria* en *Definir la combinatoria de este verbo*.

Propiedades fonológicas

El sufijo atrae el acento y por tanto suele seleccionar las bases verbales no diptongadas de los verbos alternantes: *recordatorio* (**recuerdatorio*), *envoltorio* (**envueltorio*).

Relaciones con otros afijos

a   Existen dos sufijos que podrían en principio relacionarse con **-toria,** ambos compartiendo etimología con él: **-torio**[1] y **-torio**[2].

b   El primero se especializa en la formación de sustantivos de lugar, y entre otras propiedades rechaza las bases estativas y carece de formas femeninas, por lo que se ha decidido separarlo.

c   El segundo forma adjetivos relacionados con eventos verbales; podría haberse propuesto que **-toria** es el resultado de la sustantivación de algunos de estos adjetivos. No obstante, esta opción queda descartada porque existen varias formaciones en **-toria** que no tienen un equivalente adjetival, como *ofertorio, velatorio* o *escapatoria*.

-torio[1]. Del latín *-tōrium*. Sufijo nominalizador que forma sustantivos, sobre todo de lugar, a partir de verbos.

Tipos de base

a   Este sufijo resulta particularmente productivo con bases verbales, sobre todo, pero no exclusivamente de la primera conjugación:

   (1)   cagatorio, conservatorio, dormitorio, purgatorio, interrogatorio, escapatoria, observatorio, paritorio, predicatorio, evacuatorio

b   El sufijo, con valor de nombre de lugar, es reconocible también en algunas bases latinizantes, que se dividen en varios grupos. En algunas de ellas la base verbal es reconocible, pero su significado no es visible en el derivado (*vomitorio, locutorio*; en ninguno de los dos casos la base aportaría el significado actual de los verbos *vomitar* y *locutar*). En otras cabe reconocer formas claramente neoclásicas o relacionadas con formas participiales latinas, ya no empleadas como términos en español (*auditorio, refectorio, mingitorio, repositorio*). Finalmente, hay otras bases que, aunque están presentes en otras formaciones, no se emplean como formas verbales entre la mayoría de los hablantes, como *laboratorio, crematorio* y *ambulatorio*.

c   Resulta excepcional, en este sentido, la forma *tanatorio*, que viene de una forma neoclásica que sería identificable con un sustantivo correspondiente a 'muerte'. Cabe agregar que es dudoso que en la conciencia de la mayoría de los hablantes esta forma sea segmentable, pese a que expresa un sustantivo de lugar.

d   Los verbos segmentables, y los postulables en las formaciones menos transparentes, son invariablemente verbos eventivos, por lo que el sufijo rechaza las bases estativas (cf. *estatorio, *conocetorio).

Comportamiento gramatical

a   Este sufijo siempre forma sustantivos como palabras derivadas; dichos sustantivos son siempre masculinos marcadas en **-o**^{1}, y no son imposibles las formas femeninas en **-a**^{1}, igualmente procedentes de verbos.

b   La mayoría de las formaciones con el sufijo, y virtualmente todas las que contienen bases reconocibles como verbos en español actual, contienen la vocal temática de la base (*observatorio, paritorio*). Son excepcionales en este sentido formas como *consultorio*, y los casos en que la base verbal es dudosa (*vomitorio, locutorio*).

Tipos de significado

a   Como se ha adelantado, el sufijo resulta particularmente productivo en la formación de sustantivos comunes que expresan lugares específicamente destinados a las acciones denotadas por las bases.

   (2)   dormitorio, sanatorio, observatorio, paritorio, locutorio, auditorio

b   Es frecuente, no obstante, que el significado del verbo no sea directamente transparente en el derivado y que se haya producido una cierta especialización. Un laboratorio no es el lugar en que se ejerce cualquier labor, sino específicamente tareas experimentales generalmente científicas; un locutorio no es cualquier lugar en que se habla, sino lugares en que se habla por teléfono u otras vías remotas, y un observatorio no es un lugar en que se observa cualquier cosa, sino típicamente un lugar designado para la observación astronómica; sucede algo similar con consultorio.

c   Partiendo de este significado, las palabras derivadas con el sufijo pueden derivar valores instrumentales que designan objetos en los que se realiza la acción que a veces son más directamente interpretables que los locativos, como en *reclinatorio* 'objeto para reclinarse' o *escritorio*, u objetos que contienen lo que se emplea para realizar la acción, como en *enjuagatorio* o *destilatorio*.

Alomorfos

En formas como *consultorio*, la t final de la base y la t inicial de la raíz sufren un proceso de coalescencia; no parece necesario suponer un alomorfo *-orio* en tales casos, ya que el proceso puede explicarse como la reducción fonológica de una secuencia -tt- (*consult-torio*) sin necesidad de proponer formas almacenadas diferentes.

Relaciones con otros afijos

Pese a las semejanzas con **-toria** (*escapatoria, recordatorio*), cabe separar ambos sufijos debido a su comportamiento gramatical y semántico. Las formaciones con -torio expresan siempre lugares y siempre son masculinos. Esto lleva a plantear que una misma base puede dar lugar a formaciones homófonas cuando se combina con **-torio**[1] y con la versión masculina de **-toria**, como en *velatorio*, que puede ser tanto el acto de velar a un muerto (**-toria**) como el lugar designado para velarlo (**-torio**[1]).

> LECTURAS RECOMENDADAS: Rifón (2000); Pharies (2002);, RAE & ASALE (2009: §6.8); Felíu (2012); Fábregas (2016).

-torio[2]. Del latín *-tōrius, -tōria, -tōrium*. Sufijo adjetivalizador que toma bases verbales y forma adjetivos, generalmente relacionales, a partir de ellas.

Tipos de bases

a Este sufijo es productivo sobre todo con verbos de la primera conjugación, si bien admite formas de otras conjugaciones:

(1) aclaratorio, amatorio, circulatorio, combinatorio, consolatorio, contradictorio, giratorio, operatorio, ovulatorio

b Ocasionalmente existen formaciones con el mismo valor gramatical de las anteriores donde es reconocible el sufijo, pero no se identifica una base verbal clara o es necesario suponer versiones alofónicas de una raíz verbal española (*aleatorio, natatorio, asertorio, predatorio, infusorio, punitorio, admonitorio*).

c Las bases verbales son casi siempre eventivas, y con muy pocas excepciones que pueden no estar formadas en español (*meritorio*) se rechazan las bases estativas (*posesorio, *existorio, *significatorio).

d Son muy escasas las formaciones, sin duda heredadas del latín, en que la base puede argumentarse como nominal o adjetival (*mortuorio* < *muerte, ostensorio* < *ostensión, provisorio* < *provisional*). Como se ve en los ejemplos, para suponer estas bases sería necesario un alto grado de irregularidad morfofonológica, lo cual sugiere que aunque el valor de las voces pueda relacionarse vagamente con esos sustantivos o adjetivos no procede hablar de una relación sincrónica entre las dos palabras.

Comportamiento gramatical

a Este sufijo siempre forma adjetivos variables en género, marcados con **-o**[1] en masculino y **-a**[1] en femenino.

b Los adjetivos formados con el sufijo son más habitualmente relacionales, rechazando la modificación de grado y expresando relaciones más o menos amplias con las eventualidades que denotan las bases verbales en lugar de propiedades descriptivas.

(2) el aparato (*muy) respiratorio

c No obstante, este sufijo puede ocasionalmente formar adjetivos calificativos (*meritorio, satisfactorio, obligatorio, contradictorio*) o los adjetivos correspondientes admiten valores calificativos junto a los relacionales (*preparatorio, liberatorio, introductorio*).

Tipos de significado

a Al igual que otros sufijos que forman adjetivos relacionales, su contribución semántica no va más allá de definir una relación vaga con la base verbal, que admite varios valores que dependen en buena medida del significado del sustantivo al que modifican.
b Destaca el valor de 'que hace posible o inicia el evento verbal', sea como instrumento o como medio, como en *un texto blasfematorio, una prueba clasificatoria, un dociumento absolutorio* o *un comentario acusatorio*.
c El evento verbal en ninguno de estos casos está necesariamente instanciado en el tiempo o en el espacio, por lo que el significado ocasionalmente deriva al de 'que hace posible o intenta causar el evento verbal', como en *una reunión conciliatoria, un gesto consolatorio* o *un argumento paliatorio*.
d En otras ocasiones el adjetivo expresa el tema o asunto (*arte amatorio*), o el contenido interno y partes componentes de algo, cuya función se relaciona con un evento (*aparato circulatorio, sistema respiratorio*).
e No son raros tampoco los casos lexicalizados en que el evento denotado no es claramente reconocible en la base, como en *accesorio* (relacionado semánticamente con *prescindir* más que con *acceder*) o *articulatorio* (relacionado con *articulación* antes que con *articular*).
f Las voces formadas con este sufijo son frecuentemente del lenguaje jurídico (*absolutorio, rogatorio, conciliatorio*), sobre todo cuando se emplean como sustantivos en lugar de adjetivos.

Alomorfos

a Parece necesario reconocer un alomorfo *-orio*, sin la t inicial, en formas como *decisorio, disuasorio, divisorio, ilusorio, infusorio, irrisorio, promisorio*.
b El alomorfo no es *-sorio* en tales casos, puesto que la base invariablemente se relaciona con una raíz que termina en s: *decis-ión, disuas-ión, divis-ión, ilus-ión, infus-ión, irris-ión, promis-or*.

Relaciones con otros afijos

Podría haberse propuesto que el sufijo **-toria** es el resultado de la sustantivación de algunos de los adjetivos formados con **-torio**^{2}. Sin menoscabo de que esta relación pueda reconocerse históricamente en muchos casos, esta opción no parece válida porque existen numerosas formaciones en **-torio**^{2} que no tienen un equivalente nominal, como *igualatorio, inspiratorio* o *satisfactorio*.

LECTURAS RECOMENDADAS: Rifón (2000); Pharies (2002); RAE & ASALE (2009: §7.8); Fábregas (2020).

trans-. Del latín trans-, 'a través de, más allá'. Prefijo preposicional que se combina especialmente con adjetivos relacionales y verbos.

Tipos de base

a Este prefijo se combina sobre todo con adjetivos relacionales formados sobre sustantivos que designan áreas geográficas, tanto nombres comunes (*transcontinental, transfronterizo, transoceánico, transnacional*) como propios (*transalpino, transandino, transatlántico, transeuropeo, transiberiano, transmediterráneo*, etc.).

b Son menos frecuentes los casos en que el adjetivo relacional no indica un área geográfica, sino un sustantivo que implica una clasificación de entidades: *transexual, transgrupal*.

c Este prefijo es muy productivo con bases verbales, donde pueden diferenciarse tres grupos. El menos numeroso es aquel en que el prefijo se combina con un verbo existente en español, que conserva su significado básico en combinación con el prefijo: *transportar, transcribir, transmutar*.

d El segundo grupo es aquel en que el prefijo se combina con un tema neoclásico verbal, habilitándolo para ser un verbo completo: *trascender, transcurrir, transferir, transmitir, transpirar*.

e El tercer grupo es aquel en que el prefijo forma parte de un patrón de parasíntesis con una base nominal, algo frecuentemente reconocible en la glosa interpretativa del verbo: *transbordar* ('pasar de una borda a otra'), *transculturar* ('pasar de una cultura a otra'), *transfigurar* ('pasar de una figura a otra'), *transformar* ('pasar de una forma a otra'), *transliterar* ('pasar de un sistema de letras a otro'), *transvasar* ('pasar de un vaso a otro'). Contrástese esto con *transportar algo*, glosable como 'portar algo a través de cierto espacio', o *transcribir* 'escribir algo para llevarlo a otro formato o soporte'.

f Tal vez por esto son muy poco frecuentes las formaciones sobre sustantivos, que además tienen propiedades especiales: *trans-continente, trans-Chaco*. Las formaciones de este tipo suelen incluir nombres comunes o propios referidos a áreas espaciales. Es posible que la casi total ausencia de formaciones denominales se deba a que el prefijo tiene un valor de movimiento que un sustantivo no satisface por sí mismo, y requiere aparecer en combinación con otras estructuras para permitir que se deduzca. Resulta en este sentido excepcional y probablemente viene directamente del latín el sustantivo *tránsfuga*, en cuya bae ya legitima la noción de movimiento (cf. también *transeúnte*).

Comportamiento gramatical

a El prefijo no altera las propiedades flexivas de las bases con las que se combina, pero puede habilitarlas para que se comporten como otra clase de palabras. Son frecuentes los usos sustantivos de muchos de los adjetivos relacionales formados sobre él: *transatlántico, transiberiano, transexual*.

b En los casos en que el prefijo se combina con un sustantivo, suele forzarle a actuar como modificador de otros sustantivos, al igual que hacen varios otros prefijos preposicionales (cf. *pre-*): *vía férrea trans-Chaco, gira trans-continente*. Una posible explicación de esto es que el valor semántico del prefijo requiere nociones de movimiento real o previsto que legitimen la deducción de que el espacio geográfico denotado por la base va a

ser atravesado, lo cual hace que, en cierto sentido, *trans-Chaco* no sea una expresión semántica cerrada.
c Esta capacidad de convertir al sustantivo en un modificador se extiende a los casos en que trans- indica la ausencia de coincidencia entre dos ámbitos, como en *personas transgénero* ~ *personas género.
d Este prefijo no es iterable, y no permite la expansión funcional de la base o la interpolación de modificadores.
e Este prefijo participa ocasionalmente en la parasíntesis: *tras-lad-ar*.
f Este prefijo ocasionalmente se emplea como forma libre (*personas trans*), si bien en estos casos es probable que se trate del acortamiento del adjetivo *transexual* o el sustantivo *transgénero*.

Tipos de significado

a El prefijo **trans-** es uno de los pocos prefijos direccionales del español, e implica por tanto nociones de desplazamiento de las que carecen otros prefijos locativos, como **ante-**. Véase **retro-** como otro ejemplo.
b Este valor de desplazamiento lo hace más frecuentemente combinable con verbos, que pueden aportar las nociones de dinamicidad y cambio que presupone cualquier movimiento. Este movimiento es espacial en verbos como *transportar, transbordar, transvasar*, y es mucho más frecuentemente metafórico, sea temporal (*transcurrir*, aunque también admite valores espaciales, como en *El río transcurre por el prado*) o de otro tipo (t*ranscribir, transferir, transmitir, transmutar*).
c Es muy frecuente que este valor de desplazamiento implique en los verbos pasar a través de algo (transpirar) y es por el contrario más habitual que se presuponga o se denote un par de entidades del mismo tipo, de forma que se pase de la primera a la segunda (*transbordar, transliterar, transculturar*).
d Con adjetivos relacionales y sustantivos, el valor de transferencia no suele estar legitimado por la base y debe combinarse composicionalmente con otros sustantivos que denoten eventos de movimiento (*viaje transatlántico*), entidades extendidas que pueden ocupar en su extensión física un territorio o que pueden estar orientadas hacia un lugar (*ruta transamericana, paso transandino*) o vehículos cuya función es desplazarse (*tren transiberiano*).
e No son tan estrictos en su combinatoria los casos que no implican bases con valor geográfico, donde el prefijo puede admitir la lectura de 'que ahora ocupa una clase opuesta a la anterior', es decir, una lectura en la que no se habla del desplazamiento a otro lugar sino de estar ahora en un lugar distinto, y enfrentado, al que se ocupaba antes. Podemos hablar de una actriz transexual sin tener que deducir ninguna idea de movimiento de la estructura sintáctica.
f Es mucho menos frecuente el valor relacionado con 'más allá' del prefijo, pero se documenta en casos como *trascender, transfigurar*, que tienen en común significados en los que de alguna manera se habla de ir más allá de lo físico o de lo habitual sin especificar gramaticalmente cuál es el trayecto que se ha de seguir.
g Recientemente el prefijo ha desarrollado un valor no locativo en que denota, por oposición a **cis-**, la falta de coincidencia entre la identidad de género y el sexo biológico, como en *transgénero, transnormativo*, que pueden interpretarse como 'que procede del otro valor de género, que procede del otro lado de la norma'.

Propiedades fonológicas

El prefijo admite las formas *trans-* y *tras-*, que más que alomorfos cabe considerar variedades de pronunciación en la medida en que virtualmente todas las formas derivadas con él admiten las dos grafías y pronunciaciones. La forma *trans-* es sin embargo fonológicamente más fuerte y debido a su coda compleja puede formar una palabra independiente del español; el sustantivo *trans*, fruto del acortamiento de transexual, nunca se simplifica a **tras*.

Problemas de clasificación

No ha de confundirse este prefijo con el sustantivo y adjetivo *trans* (*personas trans, un trans, cine trans*), fruto del acortamiento de *transexual*.

Relaciones con otros afijos

Trans- es de los pocos prefijos direccionales del español, junto a **retro-**, **re-**[3], **in-**[2] y algunos posibles casos de **a-**[2]. En algunos verbos parasintéticos forma pares con el prefijo **a-**[2], como en *aculturar ~ transculturar, abordar ~ transbordar*; en tales casos, la forma con **trans-** enfatiza la existencia de desplazamientos e intercambios de una a otra cultura o localización, mientras que la forma en **a-** simplemente habla de dirigir algo a otra cultura o lugar. Este mismo valor de intercambio se percibe en el verbo *transmitir* (vs. *emitir, remitir*). En formas como *transmigrar (inmigrar, emigrar), transcender (descender, ascender)* el prefijo aporta un valor de 'ir más allá' que se interpreta como 'fuera de un plano físico, material o restringido al periodo de vida biológica'.

tri-. Del latín *tri-* 'tres' o el griego τρι- 'tres'. Prefijo cuantificativo que se combina sobre todo con bases sustantivas.

Tipos de bases

a Este prefijo es sobre todo combinable con bases neoclásicas que corresponden a sustantivos, como en *tricéfalo, tricromía, trigémino, trilogía, trípode* o *triatlón*.
b Son mucho menos frecuentes las formaciones sobre sustantivos del español, como en *triángulo, triatleta, trimotor, tripresidente* ('que ha sido presidente tres veces').
c A menudo se forman derivados a partir de adjetivos relacionales, como en *trianual, tridimensional, trifásico, trilateral, trilobulado, trisemanal*; es frecuente también que el adjetivo relacional proceda de una voz sustantiva ya modificada por **tri-**, como en *trimestre > trimestral*.
d Excepcionalmente para la clase de los prefijos cuantificativos que dan valor de cardinalidad, este prefijo aparece combinado en un verbo: *tripartir*, 'partir en tres'.

Comportamiento gramatical

a Este prefijo tiene la capacidad de convertir en adjetivo una base sustantiva, al igual que otros prefijos cuantificadores. Así, *trisílabo* puede funcionar como un adjetivo (*versos trisílabos, palabras trisílabas*) cuando en ausencia del prefijo ha de ser sustantivo (cf. *sílaba* vs. *silábico*).

b De forma semejante, en otros casos el prefijo se une a un sustantivo y lo convierte en una voz que puede usarse para modificar a otra, como en *avión trimotor*, si bien la concordancia de número no es posible ahí para todos los hablantes (*aviones trimotores ~ aviones trimotor*).

c Existe un buen número de formas que proceden de sustantivos o bases neoclásicas sustantivas en las que la combinación con el prefijo ha producido adjetivos. Estas formaciones regularmente toman el sufijo **-e** con independencia del que tomara la base sin el prefijo: *cuerno > tricorne, folio > trifolio, lengua > trilingüe, miembro > trimembre, remo > trirreme*. Todas estas voces pueden usarse como adjetivos, aunque algunas también lo hagan como sustantivos (*barco trirreme, hoja trifolia*).

d Este prefijo no es iterable.

e Este prefijo no puede combinarse con bases expandidas funcionalmente, y no admite modificación de la base.

f Es muy frecuente que este prefijo produzca paradojas de encorchetado. En *tridimensional* se habla de la relación con algo que tiene tres dimensiones, no de algo que es dimensional tres veces. Igualmente, en *trifásico* se habla de lo que tiene tres fases, y no existe la palabra *fásico*.

g Este prefijo participa en cruces léxicos: *bikini > trikini, millón > trillón*.

Tipos de significado

a El valor de este prefijo es el cardinal 'tres'. Generalmente este valor de cardinalidad se aplica a la noción denotada por la base, algo visible particularmente cuando la base es un sustantivo del español (*tridente, triángulo*). Esta misma interpretación puede extenderse a varias formaciones neoclásicas, como *tricéfalo, tricromía* o *triatlón*.

b Esta misma lectura, salvando la paradoja de encorchetado, se da cuando el prefijo se combina con adjetivos relacionales: *trilobulado* 'con tres lóbulos', *trilateral* 'de tres lados', etc.

c Como sucede en un buen número de los casos en que un prefijo da lugar a formas adjetivales sobre bases sustantivas, la interpretación de las formaciones adjetivales implica la noción de posesión: *tricorne* equivale a 'que tiene tres cuernos', *trimembre* equivale a 'que tiene tres miembros', etc.

d En otras ocasiones, se ha de suponer que la cuantificación afecta a una noción relacionada con la base, pero no expresada directamente por ella: *triministro* no habla de tres ministros, sino de tres ocasiones distintas en que el referente ha sido ministro, o de tres ámbitos simultáneos en los que el mismo referente es ministro a la vez (eg., ministro de agricultura, ministro de cultura, ministro de industria).

e Es relativamente frecuente que se formen palabras en **tri-** donde se habla de entidades formadas por tres partes, sustituyendo con este prefijo segmentos que se interpretan como equivalentes al prefijo **bi-**, procedan o no de él, o simplemente secuencias de una sílaba dentro de palabras que expresan pares. Así se forma *triciclo (cf. bicicleta), trifurcar (bifurcar), trikini (bikini), trillizo (mellizo)* o *triplano (biplano)*.

Propiedades fonológicas

Este prefijo no suele integrarse fonológicamente con la base: *trianual* se pronuncia con hiato (*tri.a.nwal*), no con diptongo (*trja.nwal*). Similarmente, el prefijo admite acentos secundarios incluso cuando no están impuestos por condiciones rítmicas (*trìsemanál*).

Problemas de clasificación

Existen formaciones en las que parece posible descomponer una forma *tri-* correspondiente a 'tres' y un sufijo: el multiplicativo *triple* (cf. *cuádruple* el adjetivo *trial* y otras posibles formaciones como *trío*. Estas formas suscitan el problema de si la forma *tri-* ha de entenderse como un alomorfo de la raíz *tres* que aparece en el numeral cardinal y por tanto como una forma diferente del prefijo **tri-**, o si ha de entenderse que *tri* es un tema neoclásico que puede formar parte de relaciones de composición. El problema principal para optar por la consideración de **tri-** como un elemento neoclásico es que nunca aparece en posición de sufijo, y que la productividad de este elemento como raíz a la que se unen otros afijos estaría muy restringida. Los pocos casos en que se forman voces derivadas a partir de una posible raíz *tri-* siempre involucran sufijos, nunca prefijos, y son tan escasos (compárese por ejemplo con **oct-**) que podría ponerse en duda que sean el fruto de procesos productivos en español actual.

tribo-. Del griego *τρίβω* 'frotar'. Prefijo adjetival del lenguaje científico que equivale en su significado a 'relacionado con la fricción'. Se une a sustantivos y a temas neoclásicos (*triboelectricidad, triboluminiscencia, tribólogo, tribómetro*). No altera las propiedades gramaticales de la base. Pese a su etimología, tiene el comportamiento de un prefijo y no de un elemento compositivo: nunca aparece a la derecha de la base y no forma palabras por combinación con otros afijos.

-triz. Del latín *-trix, -tricis*. Sufijo nominal asociado al género femenino, con valor agentivo.

Tipos de bases

a Este sufijo aparece en combinación con bases verbales para formar la forma femenina de nombres animados referidos a la persona que ejecuta la acción en un conjunto pequeño de casos, como *adoratriz, fregatriz, dominatriz, pecatriz, encueratriz,* o *institutriz*.
b También forma la forma femenina en algunos nombres no animados relacionados con bases verbales, como *directriz, conmutatriz, formatriz,* o *mediatriz,* donde tiene un valor instrumental.
c Son también escasos, pero algo más abundantes, los nombres de agente o instrumento femeninos en los que el sufijo es posiblemente segmentable, pero dejando bases que no son verbos españoles, aunque pueda encontrarse algún antecedente verbal latino, como *actriz, emperatriz, meretriz, bisectriz* o *directriz*.

Comportamiento gramatical

a En los casos claramente segmentables, el sufijo forma sustantivos femeninos a partir de bases verbales.
b Son muy escasos los ejemplos de formaciones adjetivales relacionadas con **-dor** o **-tor** en que se identifique este sufijo, restringiéndose en español actual prácticamente solo a la forma *motriz* (cf. *organismo motor, fuerza motriz* o *motora*), la forma *generatriz* (cf. *generador, generadora*) y sus derivados (*locomotor, locomotriz ~ locomotora*).
c Cuando la base es segmentable e identificable en español, la vocal temática del verbo se conserva (*adoratriz*) o se pierde (*institutriz*), sin que existan tendencias claras en este sentido.

Tipos de significados

a   Este sufijo se puede interpretar como una forma culta femenina de **-dor**, por lo que sus valores en casos donde la segmentación es menos cuestionable son agentivos o instrumentales.

b   El sufijo aparece en un buen número de términos del lenguaje científico, especialmente en las matemáticas, en formaciones que o bien tienen bases verbales (*mediatriz*) o bien conservan valores agentivos o instrumentales, aunque no se identifiquen bases verbales normales (*matriz, bisectriz*).

Propiedades fonológicas

Este sufijo atrae el acento a su vocal /i/, lo cual puede tener como efecto que el sufijo bloquee las irregularidades de la base que dependen de la posición del acento (*fregar ~ friego ~ fregatriz*).

Alomorfos

Etimológicamente, la forma *-driz* (*venadriz, nodriza*) se puede interpretar como una variante de este sufijo que carece por completo de una asociación sistemática con él en la actualidad, como muestra el hecho de que en *nodriza* se marque el género femenino con un morfema adicional.

Problemas de segmentación

Si se deja a un margen la conciencia etimológica, surge la cuestión en pares como *actor ~ actriz* o *motor ~motriz* si la segmentación correcta no sería *actr-iz* y *motr-iz*, tratando la secuencia *tr* como parte de un alomorfo de la base o incluso como un alomorfo de *-dor* (*emperador ~ emperatriz*, segmentados como *emper-a-dor* y *emper-a-tr-iz*, respectivamente). Estas segmentaciones implicarían reconocer un sufijo tónico *-iz* asociado necesariamente al género femenino. Esta propuesta no parece muy prometedora: en una formación como *aprendiz*, que sería un caso esperable si *-iz* es un sufijo, y por tanto se segmentara como *aprend-iz*, la forma puede ser tanto femenina como masculina, y de hecho muchos hablantes marcan la femenina con **-a**[1] (*aprendiza*). Si bien hay un número apreciable de palabras femeninas en *-iz* (*lombriz, cicatriz, perdiz*) hay al menos tantas masculinas (*regaliz, tapiz, maíz*) sin que se justificara segmentar el sufijo en las primeras, pero no en las segundas. Además, tratar *-tr-* como un alomorfo de **-dor** predice que todas las formas acabadas en *triz* deben tener un equivalente masculino en **-dor**, cosa de nuevo falsa (*matriz, meretriz*). Parece, pues, más esclarecedor de la distribución en español tratar **-triz** como un sufijo que aparece en lugar de **-dor**, con significado parecido, en un conjunto pequeño de formas femeninas, segmentando así *emper-a-dor* y *emper-a-triz*.

Relaciones con otros afijos

Etimológicamente y por su significado y distribución, **-triz** puede considerarse una forma femenina sintética de **-dor**, y por tanto establece relaciones directas con ella. En tanto que sufijo asociado obligatoriamente al género femenino, establece relaciones con **-a**[1] y terminaciones femeninas como **-isa** o **-esa**, siendo **-triz** el único entre ellos que no marca con -*a* el femenino. En tanto que forma femenina de **-dor**, también es relevante relacionarlo con **-dera**, etimológicamente la versión patrimonial de la forma femenina de **-dor**.

> Lecturas recomendadas: Ambadiang (1993); Pharies (2002).

-tud. Alomorfo de **-itud** que aparece en unas pocas formaciones heredadas del latín, como *juventud* y *senectud*.

-tura. Alomorfo de **-dura**, documentado en un conjunto relativamente pequeño de formaciones deverbales generalmente relacionadas con ámbitos cultos y escritos (*abreviatura, asignatura, diplomatura, cuadratura, apoyatura, costura, hilatura*).

U

-**ual**. Alomorfo de -**al**.

-**uario**. Alomorfo de -**ario**, en todos sus usos.

-**uc**-. De origen incierto, tal vez relacionado con el diminutivo -**uco**. Interfijo que aparece en una sola formación verbales, asociado a un valor de iteración o de realización imperfecta: *besuquear* (< *besar*). Como otros interfijos verbales, la verbalización prefiere el sufijo -**ear**, si bien también se documenta *besucar*, algo menos extendido. Se ha propuesto que este interfijo también aparece en el verbo *machucar* (por *machacar*) y su derivado *machucazo* 'golpe fuerte', si bien la segmentación en tal caso no daría una base transparente.

LECTURAS RECOMENDADAS: DiTullio (1997); Portolés (1999), Martín Camacho (2003).

-**uca**. Posible sufijo nominal que, de segmentarse, tendría una productividad muy baja. Su segmentación puede argumentarse en *pelo* > *peluca* o *falo* 'palo de la embarcación' > *faluca* 'embarcación pequeña', y cabría relacionarlo con el diminutivo -**uco**, del que se diferenciaría, pese a ello, por alterar el género de los sustantivos que toma en su base.

-**uch**-. Interfijo que Portolés (1999: 5065) identifica en *chamuchina*.

-**uchi**. Posiblemente relacionado con -**ucho** y con '-**i**. Posible sufijo independiente, apreciativo diminutivo, que aparece en formaciones como *mamuchi* y *papuchi*. El argumento para no segmentarlo internamente es que estas formaciones carecen del valor peyorativo de -**ucho**. A favor de la segmentación encontramos que el valor de los apreciativos no es sistemático siempre, y que existe independientemente un sufijo '-**i** especializado en formar voces afectuosas a partir de sustantivos que se refieren a seres humanos, sean nombres propios o no.

-**ucho**. Del latín -*usculum*, suma de -*us* y el sufijo diminutivo -*culus*. Sufijo apreciativo empleado productivamente como peyorativo.

Tipos de bases

a   Este sufijo es productivo sobre bases sustantivas, tanto animadas como no animadas, pertenecientes a los dos géneros. Dichos sustantivos no expresan necesariamente entidades neutras o positivas y pueden codificar ya un valor negativo (*mierda* > *mierducha*).

(1) alcalducho, abogaducha, gentucha, presidentucho, profesorucho
(2) papelucho, tienducha, novelucha, pueblucho, hotelucho

b El sufijo también forma voces peyorativas a partir de adjetivos calificativos, destacando en este caso las bases que expresan falta de fuerza, tamaño u otras propiedades físicas, como en *debilucho, flacucho, delgaducho* o *feúcho*.

c Se documentan voces en que el sufijo sería en principio segmentable, y tiene un significado peyorativo, pero requeriría bases altamente alomórficas, como en *larguirucho*.

d Frente a otros morfemas apreciativos, no son naturales las formaciones de este sufijo sobre bases adverbiales (*cerca* >?? *cercucha*)

Comportamiento gramatical

a Este sufijo mantiene inalterada la clase gramatical de las bases con las que se combina: cuando se construye sobre sustantivos, forma sustantivos (*cantina* > *cantinucha*), y cuando se construye sobre adjetivos, mantiene la categoría gramatical adjetiva (*flaco* > *flacucho*).

b Las voces se marcan en masculino con -**o**¹ y en femenino con -**a**¹, y el género de la base se mantiene en el de la palabra derivada (*gente* > *gentucha*, *cuarto* > *cuartucho*), lo cual puede implicar regularizar la terminación de género (*programa* > *programucho*, *hotel* > *hotelucho*).

c Este sufijo no es iterable.

d Como se ve en los casos anteriores, el sufijo implica la pérdida de la vocal átona final de la base (**cuart-o-ucho*).

Tipos de significado

a El valor de este sufijo es peyorativo, y como tal las voces formadas con él suelen denotar ejemplares o subclases de la entidad denotada por la base que resultan de baja calidad, insuficientes o defectuosas, como en *cantina* > *cantinucha* o *partido* > *partiducho*.

b Los motivos de esta baja calidad pueden depender de las propiedades internas de la entidad (*pueblo* > *pueblucho*), de su tamaño insuficiente (*cuarto* > *cuartucho*), del contenido que poseen (*revista* > *revistucha*) o de otras nociones que se dejan al contexto comunicativo en que se emplea la voz.

c El valor de tamaño menor carece de nociones peyorativas en algunas formaciones lexicalizadas que se han transmitido al español conservando el valor diminutivo original, como *aguilucho* ('cría del águila') o en los préstamos italianos *cartucho, serrucho* o *capucho ~ capucha*, donde el valor diminutivo no es visible a veces.

d Con bases adjetivales, el sufijo se asocia a la expresión de grado, indicando en ocasiones que el grado es inconveniente por excesivo (*larguirucho, flacucho*) y en otras ocasiones que la propiedad negativa aparece en un grado notable pero inferior al máximo (*feúcho*).

e El valor despectivo desaparece del todo en algunas formas de tratamiento familiares, como *mamucha ~ mamuchi* o *papucho ~ papuchi*, con terminación en /i/ que sugiere un valor diminutivo (tal vez como acortamientos de *mamuchita* y *papuchito*).

Alomorfos

a Al igual que otros sufijos apreciativos, **-ucho** tiene un alomorfo con /s/ (θ en parte de España). La forma *-zucho* aparece en algunas voces acabadas en líquida (*actorzucho, presentadorzucho*).
b La forma *-ezucho* aparece en algunos contextos fonológicos similares a los de la forma *-ecito* (cf. **-it-**¹), aunque con menor extensión: *sueldezucho, alcaldezucho*.
c También se documenta una forma *-cezucho* (*piecezucho*).

Relaciones con otros afijos

Entre los sufijos peyorativos, **-ucho** establece relaciones evidentes con **-acho**, del que solo lo separa la vocal inicial y con el que puede establecer relaciones etimológicas (cf. italiano *-uccio* ~ *-accio*). Dentro de este grupo de sufijos apreciativos, compite –entre otros– con **-ajo**, **-ango**, **-orrio** y **-orro**, siendo de productividad media con sustantivos no animados y pudiendo argumentarse que es el sufijo peyorativo más natural con sustantivos animados y adjetivos referidos a personas, como puede verse en (3).

(3) escriturucho ~??escritorajo /??escritorango...

LECTURAS RECOMENDADAS: Lázaro Mora (1999); Pharies (2002); RAE & ASALE (2009: §9.7); Kornfeld (2021).

-ucio¹. Del latín *-ūceus*. Sufijo nominalizador, restringido geográficamente a zonas del norte de España. Este sufijo forma nominalizaciones a partir de adjetivos (*hartucio* ~ *jartucio*, de *harto*, 'hartazgo') y posiblemente de verbos (*aguarrucio* 'llovizna', posiblemente de *aguar* o *revolucio* 'confusión', de *revolver*). Junto al cambio de categoría gramatical, este sufijo aporta significados valorativos sobre la intensidad de la propiedad o acción, generalmente aumentativos pero a veces solo peyorativos (*aguarrucio*) (cf. Pharies 2002).

-ucio². Posiblemente variante de **-uzo**, y como él del latín *-ūceus*. Sufijo apreciativo, de valores sobre todo peyorativos y aumentativos. Este sufijo aparece combinado con bases adjetivales o nominales y está más restringido geográficamente que *-uzo*: *negrucio, tontucio, parrafucio, gentucia*. En tales casos sus propiedades son idénticas a las de **-uzo**.

-uco. De etimología incierta. Sufijo apreciativo usado para formar diminutivos, particularmente productivo en Cantabria y zonas limítrofes de Asturias, zonas del norte de Sudamérica, como Colombia y Venezuela, y parte de Centroamérica, como Honduras.

Tipos de bases

a Este sufijo es productivo sobre nombres comunes, referidos tanto a entidades animadas como no.

(1) ventanuco, terruca, veranuco, brazuco, patuca
(2) perruco, nenuca, viejuco, beatuco, niñuco

b El sufijo también se documenta con nombres propios, como *Antonuco, Piluca, Teresuca, Neluca* (*Manuela*).
c No son tan frecuentes las formaciones a partir de adjetivos calificativos, si bien se documentan formas como *maluco* (< *malo*), *feúco* (< feo), *rapiduco* (< *rápido*) y *machuco* (< *macho*).
d También se documentan formas a partir de cuantificadores (*poco* > *pocuco*), o adverbios (*tarde* > *tarduco, rápido* > *rapiduco*)

Comportamiento gramatical

a Este sufijo conserva la categoría gramatical de la base, como otros morfemas apreciativos, dando lugar a sustantivos a partir de bases sustantivas (*queso* > *quesuco*) o adjetivos a partir de bases adjetivas (*pequeño* > *pequeñuco*).
b Las voces formadas a partir de él marcan el género masculino con -o^1 y el femenino con -a^1, conservando siempre el género de la base cuando se construye con sustantivos y dando lugar a adjetivos de dos terminaciones. Esta marca de género se agrega en todos los casos, incluidos aquellos en los que la base carece de marca explícita (*papel* > *papeluco*).

(3) ventano > ventanuco
(4) palabra > palabruca
(5) maluco, maluca

c El sufijo siempre implica la cancelación de la vocal átona final del sustantivo, relacionada con el género, y su sustitución por las terminaciones productivas de género masculino o femenino.

(6) valle > vall-uco

d Frente a otros diminutivos, este sufijo no permite su iteración; compárese *chiqu-it-ito* con **pequeñ-uc-uco*.

Tipos de significado

a Al igual que otros diminutivos, el valor de tamaño menor con sustantivos puede estar presente (*valluco, patuca, ventanuco*), pero es más frecuente encontrarlo asociado a un valor de afecto o simpatía (*niñuco, terruca, gatuco, veranuco*).
b Como sucede también con otros diminutivos, al unirse a bases adjetivales se obtiene un valor gradativo por el que se expresa un valor relativamente pequeño de la propiedad expresada en la base, como en malo > maluco, o se enfatiza el valor de los adjetivos que expresan pequeñez, como en *chiquito* > *chiquituco*.
c El mismo valor de grado reducido se encuentra cuando el sufijo toma bases cuantificativas (*poco* > *pocuco*) o adverbiales.
d Junto a estos valores productivos, es posible relacionar el significado con el valor de tamaño pequeño, en tanto que se describen las crías o frutos de ciertos seres vivos, en algunos casos generales: se emplea el sufijo para expresar el fruto de ciertos árboles en *almendruco y hayuco*, y se documenta la voz *cayuco*, derivada de *cayo*, para expresar una embarcación pequeña.
e La voz *abejaruco*, que expresa cierto tipo de pájaro, deriva de *abeja*, debido a que dicha especie se alimenta preferentemente de estos insectos. No parece posible encontrar aquí

ningún valor semántico claro para este sufijo, que como puede observarse debería en todo caso aparecer en una versión alomórfica.

Relaciones con otros afijos

Como sufijo diminutivo, **-uco** se restringe geográficamente en su uso, dentro de la península, a Cantabria y zonas limítrofes, y contrasta por tanto con los sufijos diminutivos preferidos en otras áreas, como **-ito, -illo, -ín, -ico** o **-iño**. Fuera de estas zonas geográficas, en las voces no lexicalizadas en que se emplea el sufijo al valor diminutivo se superponen nociones peyorativas, como en *feúco* (cf. también el sufijo despectivo -**ucho**).

LECTURAS RECOMENDADAS: Náñez (1973); Lázaro Mora (1999); Pharies (2002); RAE & ASALE (2009: §9.5).

-ud. Alomorfo de **-itud** que aparece en un escaso conjunto de formaciones deadjetivales terminadas en *-t*, como *quieto > quietud*.

-ud-. Posible interfijo propuesto en Portolés (1999: 5065) para la forma *bambudal*. Dado que bambú termina en vocal tónica, es probable que el interfijo sea más bien *-d-* y que se inserte por motivos fonológicos.

-udo. Del latín *-ūtus, -ūti*. Sufijo adjetivalizador empleado para formar adjetivos de posesión con un componente evaluativo.

Tipos de bases

a   Este sufijo se combina productivamente con bases sustantivas que pertenecen a un número limitado de clases conceptuales bien definidas.

b   Destacan sobre todo sustantivos que designan partes del cuerpo de seres humanos, típicamente contables, como en (1).

     (1)   barriga > barrigudo, cabeza > cabezudo, nariz > narigudo, diente > dentudo

c   Por extensión también se incluyen en esta clase objetos que pertenecen a la esfera personal del individuo, y que, no siendo propiamente partes del cuerpo, se llevan puestos como adornos o complementos usados típicamente por alguien, tanto si son adornos obtenidos de forma natural (*bigote > bigotudo, barba > barbudo*) como artificial (*gafas > gafudo, moño > moñudo*).

d   El sufijo también se combina con bases que designan partes del cuerpo de los animales, como en (2).

     (2)   agallas > agalludo, alas > aludo, hocico > hocicudo, pico > picudo, rabo > rabudo

e   Si bien la mayoría de las bases son sustantivos contables, tenemos también bases que designan sustantivos típicamente no contables, tanto para las personas como para los animales.

     (3)   cabello > cabelludo, melena > melenudo, pelo > peludo, lana > lanudo, vello > velludo

f   Se añaden a estas clases relacionadas de forma más o menos directa con la noción de partes del cuerpo y por tanto la posesión inalienable un número abundante de sustantivos que designan propiedades, capacidades o estados de las personas y otros seres animados.

   (4)   cachaza > cachazudo, confianza > confianzudo, conciencia > concienzudo, fuerza > forzudo, linaje > linajudo, pachorra > pachorrudo, suerte > suertudo, talento > talentudo

g   El valor típico del sufijo, la posesión en exceso, se identifica también en algunas voces cuya base se ha perdido o es muy desusada, como *bezudo* 'que tiene los labios grandes', originalmente de *bezo*, 'labio grueso'.

Comportamiento gramatical

a   El sufijo **-udo** siempre forma adjetivos calificativos a partir de las bases nominales.
b   Estos adjetivos son variables en género, marcados en **-o**¹ para el masculino y en **-a**¹ para el femenino, con independencia del género de la base.
c   Cuando la base nominal tiene una vocal átona final asociada a la marca de género, el sufijo siempre implica su desaparición (*cogote > cogot-udo, oreja > orejudo, carrillo > carrilludo*).
d   Pese a ser adjetivos calificativos, el componente de evaluación del tamaño de lo poseído como grande o excesivo hace que ocasionalmente resulten poco naturales las construcciones en que el adjetivo está graduado (?*muy bigotudo,*?*mofletudísimo*), lo cual sugiere que estos adjetivos pueden tomar valores elativos.
e   En la medida en que la posesión de una parte del cuerpo puede emplearse para clasificar tipos de entidades, alguno de los adjetivos formados por este afijo pueden recategorizarse como adjetivos relacionales no graduables y no anteponibles al sustantivo, como en *ave zancuda, delfín ventrudo, rinoceronte lanudo*.
f   Tal vez por contener un componente evaluativo que presupone la posesión de la entidad descrita por la base, este sufijo, frente a **-ado**, no puede formar pares privativos con un prefijo negativo (*dentado ~ desdentado* pero *dentudo ~ *desdentudo*).

Tipos de significado

a   Este sufijo tiene un valor posesivo 'que posee o tiene N', al que añade –frente a otros afijos posesivos, como **-ado** u **-oso**– una evaluación de las dimensiones o cantidad de la entidad poseída, que se considera de tamaño llamativamente grande o en una cantidad superior a lo esperable.
b   Con sustantivos de partes del cuerpo contables, la evaluación alude al tamaño de dicha parte del cuerpo, que siempre es mayor de lo que se considera la norma (*panza > panzudo, rabo > rabudo, vientre > ventrudo*).
c   Cuando la parte del cuerpo expresada en la base típicamente se manifiesta en el mundo real en grupos de entidades (*diente > dentudo*) o pares (*ceja > cejudo*), el componente evaluativo de exceso puede aplicarse tanto al tamaño de cada una de las unidades como al número total de ellas o el tamaño de la agrupación formada por ellas.
d   En aquellas partes del cuerpo que no se poseen siempre y cuya posesión se ve como negativa (*chepa > chepudo*) el componente de tamaño excesivo se neutraliza, ya que se considera que la mera posesión de esa entidad va contra las expectativas habituales.

De la misma manera, en un conjunto relativamente bajo de casos el sufijo no indica necesariamente tamaño grande, sino que esa parte del cuerpo es la que destaca en la descripción física de las personas, tal vez por ausencia de otras partes (*pellejo* > *pellejudo, hueso* > *huesudo, nervio* > *nervudo*)

e Con sustantivos de parte del cuerpo no contables, el valor de exceso se manifiesta en la consideración de la cantidad en que aparece como muy alta (*pelo* > *peludo, greñas* > *greñudo, melena* > *melenudo*).

f Cuando la base designa una propiedad o capacidad, el componente evaluativo indica que el sujeto del adjetivo exhibe o posee esa noción de forma llamativamente alta o de una forma tan intensa que puede definir las propiedades de la entidad, como en *coraje* > *corajudo, conciencia* > *concienzudo, linaje* > *linajudo*. Se añade a estos *jeta* > *jetudo*, ya que *jeta* se emplea más frecuentemente para hablar de desvergüenza que del rostro de las personas.

g Se documenta un caso excepcional en que -**udo** expresa semejanza y no posesión: *repolludo*, donde se expresa la propiedad de tener una forma corporal parecida a un repollo, bajo y grueso, y no la posesión de repollos, sea cual sea su tamaño.

h No faltan tampoco valores lexicalizados, donde se conserva la idea de que hay una propiedad que aparece en un grado alto por su intensidad, pero donde no se reconoce una relación composicional con la base, como en *bola* > *boludo, cojón* > *cojonudo, concha* > *conchudo, cuerno* > *cornudo* o *campana* > *campanudo*, esta última caso excepcional de base no relacionada con las clases conceptuales típicas para el sufijo.

Propiedades fonológicas

Aunque no es habitual que este sufijo produzca alomorfía en la base, se documenta sistemáticamente la falta de diptongación de la base (*diente* > *dentudo, vientre* > *ventrudo, cuerno* > *cornudo*), tal vez al atraer el sufijo el acento. Es excepcional la forma *narigudo* (en convivencia con *narizudo*) en que en ella se documenta un alomorfo de la base. No se conocen alomorfos del propio sufijo.

Relaciones con otros afijos

El valor posesivo de exceso en el caso de -**udo** se relaciona con -**ón**^{2}, con el cual a veces forma dobletes sin diferencias evidentes de significado (*cabezudo ~ cabezón, panzudo ~ panzón*). Es tentador además relacionarlo con el sufijo posesivo -**ado**, carente por lo general de componente evaluativo (*cornudo ~ cornado, aludo ~ alado, barbudo ~ barbado, dentudo ~ dentado*), y por tanto indirectamente con los participios en -**do**. También es relevante el sufijo -**oso**^{2} en sus valores posesivos –de nuevo sin componente de evaluación– (*talentudo ~ talentoso*), si bien este último no es tan productivo en la expresión de la posesión de partes del cuerpo inalienables.

> Lecturas recomendadas: Rainer (1993, 1999); Pharies (2002); Fábregas (2020); Zacarías-Ponce de León (2020).

-**ueco**. Del posible sufijo prerromano -*ŏccu*. Sufijo nominal, de significados poco claros. Forma sustantivos, que muchas veces pueden tener valores apreciativos (*doncellueca*, 'solterona'), sobre todo diminutivos (*ranueca*, 'renacuajo'), pero otras veces carecen de un significado sistemático asociable al sufijo, como en *manueco* 'palo del manal que se recoge con la mano' y *papueco* 'cierto tipo de fritura' –de base nominal, *mano* y *papa*, respectivamente– o *batueco* 'huevo donde la clara y la yema aparecen como batidas' –de base verbal, *batir*–. Se documenta también en algunos topónimos, como *Barrueco* (cf. Pharies, 2002).

-uelo. Del latín *-ŏlus, -oli*, sufijo diminutivo de acentuación grave en latín vulgar. Sufijo diminutivo poco usual.

Tipos de bases

a   Este sufijo es sobre todo productivo con sustantivos animados, como los que se muestran en (1), con cierta preferencia por bases que muestran papeles sociales o designan miembros jóvenes de una familia o grupo.

   (1)   hijuelo, rapazuelo, jovenzuelo, ladronzuelo, reyezuelo, frailezuelo

b   Si bien con productividad menor, también se documentan algunas voces sustantivas formadas sobre nombres comunes no animados.

   (2)   plazuela, negozuelo, espejuelo, riachuelo

c   Con productividad algo menor, el sufijo también se emplea en nombres propios de persona, dando lugar en ocasiones a ortografías irregulares que se han afianzado en la tradición.

   (3)   Sanchuelo, Andrehuela

d   El sufijo también se combina con bases adjetivales calificativas, generalmente relativas a propiedades físicas o intelecuales que implican rasgos en principio juzgados como negativos.

   (4)   borrachuelo, locuela, bajuelo

e   Frente a otros diminutivos, la productividad de este sufijo con adverbios no es alta; los hablantes aceptan *lejos > lejuelos*, pero rechazan de forma tajante voces como **cercuela, *rapiduelo* o **lentuela*.

Comportamiento gramatical

a   Al igual que otros diminutivos, el sufijo conserva la categoría gramatical de la base, que se mantiene como sustantivo o adjetivo en paralelo a la consideración gramatical que tuviera la base (*rey > reyezuelo, loco > locuelo*).

b   Las voces se marcan en masculino con **-o**[1] y en femenino con **-a**[1], y el género de la base se mantiene en el de la palabra derivada (*tejo > tejuelo, reina > reinezuela*), lo cual puede implicar regularizar la terminación de género (*ladrón > ladronzuelo*).

c   Frente a otros diminutivos, este sufijo no permite su iteración; compárese *chiqu-it-ito* con **pequeñ-uel-uelo* o **pequeñ-ol-uelo*.

Tipos de significado

a   Aunque el valor de este sufijo se describa tradicionalmente como diminutivo, son más frecuentes los valores afectivos tanto en sustantivos como en adjetivos. Se documentan valores de cariño o afecto, aun cuando las bases son negativas, en *ladronzuelo, cabronzuelo* o *bribonzuelo*.

b   Los valores valorativos negativos son visibles en un conjunto relativamente pequeño de voces, generalmente referidas a entidades animadas, que no poseen valores negativos por sí mismas, como *reyezuelo, mujerzuela, escritorzuelo* o *jovenzuelo*.

c   El valor de tamaño menor en objetos físicos está documentado en voces como *espejuelo, piecezuelo* o *riachuelo*, y en nombres animados no referidos a entidades físicas suele traducirse como 'de importancia menor', como en *negozuelo*.

d   Existen también valores lexicalizados que conservan el valor de tamaño pequeño, en algunos de los cuales se debe a que la base ha perdido su valor original (*tejo* > *tejuelo*) y en otros a que se ha especializado en distintos ámbitos (*arañuelo* 'larva de algunos insectos', *brazuelo* 'parte de la pata de algunos cuadrúpedos entre la rodilla y el codillo'). Ya no es visible la conexión con el valor diminutivo en otras voces, como *seña* > *señuelo*.

Alomorfos

a   Se reconocen tres alomorfos de **-uelo**, que son paralelos a otros tantos alomorfos que se documentan en el diminutivo **-ito**.

b   Un alomorfo *-zuelo*, pronunciado con /s/ en la mayor parte del mundo hispanohablante, que aparece típicamente en bases terminadas en /n/ o // con acento en la última sílaba, como las de (5).

(5)   bribon-zuelo, cabr-on-zuelo, escrit-or-zuelo, mujer-zuela

c   Un alomorfo *-ezuelo*, que se combina normalmente con bases bisilábicas (6), frecuentemente aquellas acabadas en *-e* o que contienen una primera sílaba diptongada, y en las que cabe pensar que la adición del segmento extra introduce una sílaba más que evita que la sílaba tónica de **-uelo** esté adyacente a la sílaba diptongada, evitando secuencias como las de (7), y permitiendo secuencias como las de (8), donde la sílaba diptongada puede recibir acento rítmico.

(6)   pleguezuelo, cuerpezuelo, puentezuelo, puertezuela, hombrezuelo
(7)   *cuerpuelo /kuer.pué.lo/
(8)   cuerpezuelo /kuèr.pe.θué.lo/

d   Un alomorfo *-cezuelo*, combinado con bases monosilábicas tónicas.

(9)   piecezuelo

Propiedades fonológicas

Este sufijo, al atraer el acento de la palabra, suele provocar la monoptongación de las bases diptongadas (*piedra* > *pedruelo*). Su alomorfo *-ezuelo*, en cambio, da lugar a alternancias entre la diptongación y la ausencia de diptongación, como en (10).

(10) dentezuelo ~ dientezuelo, pedrezuela ~ piedrezuela, pueblezuelo ~ poblezuelo, netezuelo ~ nietezuelo

Son excepcionales en este sentido las voces que solo tienen una de las dos versiones, siendo generalmente la versión monoptongada la que se preserva: *portezuela, pleguezuelo*.

Relaciones con otros afijos

En tanto que sufijo diminutivo, **-uelo** alterna con los sufijos **-ito**, **-ete**, **-illo** o **-ín**. De estos se diferencia en dos sentidos: **-uelo** no parece estar marcado geográficamente, y nunca alcanza la productividad máxima en ninguna variedad, de forma que queda restringido a un conjunto relativamente pequeño de voces. En los contrastes a los que da lugar sobre las mismas bases, **-uelo** parece enfatizar valores afectivos positivos o negativos, que predominan sobre los puramente diminutivos.

(11) jovenzuelo ~ jovencito ~ jovencillo
(12) cabronzuelo ~ cabroncito ~ cabroncete
(13) pequeñuelo ~ pequeñito ~ pequeñín

Lecturas recomendadas: Náñez (1973); Lázaro Mora (1999); Pharies (2002); RAE & ASALE (2009: §9.5); Kornfeld (2021).

-uence. Del latín *-onicus*. Sufijo adjetivalizador no productivo que forma el adjetivo relacional gentilicio *vascuence*, de base posiblemente nominal (*vasco*, en su uso sustantivo).

-ueño. Relacionado con el latín *-on*, *-onis*. Sufijo adjetivalizador de valor frecuentativo o disposicional.

Tipos de bases

a El sufijo, que no tiene una gran productividad, se añade a bases verbales o sustantivas. La base verbal solo es clara en *pedir > pedigüeño*.
b Se documentan también algunas voces que parten de bases claramente nominales, como *risa > risueño* o *pasto > pastueño*.
c Por lo que toca a la forma *halagüeño*, esta podría en principio proceder de una base nominal (*halago > halagüeño*) o de una base verbal (*halagar > halagüeño*) si bien su valor semántico y su comportamiento morfofonológico hacen más probable la base nominal.

Comportamiento gramatical

a El sufijo da lugar a adjetivos variables en género, marcados en **-o**[1] para el masculino y en **-a**[1] para el femenino.
b Estas formas solo ocasionalmente pueden usarse como sustantivos, específicamente en el caso de *pedigüeño*; sin embargo, no suena natural el uso sustantivo de las otras formaciones.
c La base pierde siempre la vocal final átona de los sustantivos.
d La vocal temática de los verbos se conserva en la forma *pedigüeño*, relacionada con *pedigón*, donde quizá cabe hablar sincrónicamente de un alomorfo *-güeño* para los que no son conscientes de esta relación etimológica. El hecho de que la única formación claramente de base verbal conserve la vocal temática sugiere que en la forma *halagüeño* es preferible hablar de una base nominal.
e Los adjetivos resultantes son siempre calificativos y admiten modificación de grado.

Tipos de significado

a   Este sufijo produce sobre todo adjetivos que expresan distintos tipos de comportamiento de las personas o los animales. Se reconocen valores de frecuencia y tendencia a participar en ciertos eventos sobre todo en *pedigüeño* y *risueño*.

b   También designa un tipo de comportamiento, en este caso de un tipo específico de animal, el adjetivo *pastueño* 'que acude sin recelo al engaño', si bien en este caso no se reconoce de forma composicional el significado de la base dentro del derivado.

c   En el caso de *halagüeño* también hay un cierto grado de lexicalización en la lengua actual, ya que el adjetivo no significa 'que tiende a halagar', si bien cabe asociar el adjetivo con el valor menos usado de 'dar motivos de satisfacción'. Desde esta perspectiva, el adjetivo no posee valor de tendencia o de frecuencia, ya que se interpreta más bien como 'que puede interpretarse como algo favorable'.

Alomorfos

La poca productividad del sufijo hace que no sean inmediatamente evidentes sus alomorfos, pero cabe proponer la presencia de un alomorfo *-güeño* en *pedigüeño*, por tanto segmentado como *ped-i-güeñ-o*.

Problemas de segmentación

La poca productividad de este sufijo dificulta también la segmentación de algunas formas, al faltar otras formaciones con las que sea posible comparar. La forma *risueño* ha sido segmentada en algunas obras como *risu-eño*, por tanto con el sufijo *-eño* partiendo de una base *risu-* que se relacionaría con el latín *risus*. Esta segmentación no parece, sin embargo, bien fundada desde un punto de vista sincrónico: el alomorfo *risu-* para *risa* no aparecería en otras formas, estaríamos ante un caso prácticamente único de vocal final de palabra que se preserva ante un sifjo derivativo (*risueño*, no **riseño*) y el significado de la palabra es fácilmente relacionable con el de *pedigüeño* como adjetivo que expresa tendencias típicas.

Relaciones con otros afijos

Este sufijo se relaciona por su valor disposicional o frecuentativo, así como por su origen histórico, con el sufijo **-ón**[3], si bien ese sufijo es usado más típicamente con bases verbales y, pese a la escasez de formas, **-ueño** prefiere bases nominales.

> LECTURAS RECOMENDADAS: Pharies (2002).

-ufo. De origen incierto. Sufijo apreciativo peyorativo no productivo que aparece en algunas formas, como *catalán* > *catalufo*, con haplología de la terminación de la base. Da lugar a nombres y adjetivos masculinos marcados con **-o**[1] o femeninos marcados con **-a**[1].

-ug-. Posible interfijo que Portolés (1999: 5065) identifica en una serie de formas que, en realidad, podrían tratarse como derivadas de *pechuga*: *pechugada*, *pechugazo*, *pechuguera*, *pechugón*.

-ugo. Del sufijo tardolatino *-ucus*. Posible sufijo nominal segmentable en una serie de formas con base sustantiva, como *pecho > pechuga, lana > lanugo*. Su valor semántico, de segmentarse, no sería sistemático, y tendría la capacidad de cambiar el género de la base.

-uj-. De origen incierto, tal vez relacionado con -ujo. Interfijo que aparece en algunos verbos, como *apretar > apretujar, mascar > mascujar, pegar > pegujar*. Tiene un valor peyorativo en estas formas, en el sentido de que indica una acción excesiva, realizada de forma descuidada o desorganizada, lo cual enfatiza la posible relación con **-ujo**.

-ujiento. Alomorfo de **-iento** (*granujiento*), si no se propone un interfijo.

-ujo. De origen incierto. Sufijo apreciativo poco usual, de valor diminutivo o peyorativo.

Tipos de bases

a   Pese a su baja productividad, el sufijo se emplea con bases nominales (*papel > palelujo, perro > perrujo, mujer > mujeruja*) de manera composicional en el caso de los sustantivos que expresan entidades físicas, seres animados u objetos contables.
b   Este sufijo también se documenta con bases adjetivales, específicamente con adjetivos calificativos que suelen designar nociones físicas, generalmente, orientadas a los valores bajos de la escala, como *blando > blandujo* (cf.??*duro > durujo*), *pequeño > pequeñujo* (cf.?? *grande > grandujo*).
c   El sufijo aparece muy ocasionalmente en combinación con nombres propios de persona, como en *María > Maruja*.
d   Frente a otros morfemas apreciativos, el sufijo **-ujo** no se une a adverbios y otras categorías léxicas (**cerca > cercuja*).
e   Con respecto a bases referidas a topónimos, el sufijo puede emplearse como sufijo gentilicio en la forma *portugalujo*, de *Portugalete* (Vizcaya). Resulta significativo que este sufijo aparezca en sustitución del segmento *-ete*, fácilmente relacionable con el diminutivo **-ete**, puesto que **-ujo** también se emplea como un morfema apreciativo.

Comportamiento gramatical

a   Al igual que otros diminutivos, el sufijo conserva la categoría gramatical de la base, que se mantiene como sustantivo o adjetivo en paralelo a la consideración gramatical que tuviera la base (*blando > blandujo, papel > papelujo*). Se exceptúa de esta generalización el sufijo cuando aparece en la forma aislada *portugalujo*, adjetivo gentilicio de *Portugalete*.
b   Las voces se marcan en masculino con **-o**[1] y en femenino con **-a**[1], y el género de la base se mantiene en el de la palabra derivada (*papel > papelujo, mujer > mujeruja*), lo cual puede implicar regularizar la terminación de género en bases que, sin el sufijo, terminaban en consonante o en *-e*.
c   Frente a otros diminutivos, este sufijo no permite su iteración; compárese *chiqu-it-ito* con *pequeñ-uj-ujo.

Tipos de significado

a   En este sufijo los valores peyorativos y los diminutivos se entremezclan de forma típica, con los valores peyorativos imponiéndose típicamente por encima de los diminutivos, aunque estos no están del todo excluidos: es posible, en este sentido, interpretar de forma neutra o incluso cariñosa la noción que expresa el adjetivo en *un niño pequeñujo*.

b   Dado que las bases adjetivales preferidas son en sí mismas adjetivos orientados al polo negativo de una escala, designando valores inferiores a lo esperable en un estándar, el valor diminutivo es casi imperceptible y destaca por encima de él un valor peyorativo correspondiente al significado 'que se hace desagradable por poseer la cualidad X', como en *un apretón de manos blandujo*.

c   Con sustantivos el valor peyorativo destaca igualmente por encima del diminutivo; así, un papelujo no es necesariamente un papel pequeño, pero sí se asocia con un papel de poca importancia o calidad.

d   En la forma *portugalujo* (de *Portugalete*) el sufijo tiene un valor gentilicio.

Relaciones con otros afijos

Entre los sufijos con valores peyorativos, **-ujo** es mucho menos productivo que **-ucho**, **-orrio**, **-urrio** o **-astro**. Su estructura fonológica y segmental los relaciona claramente con esta clase, puesto que contiene, como otros sufijos peyorativos, la vocal /u/. Se relaciona, asimismo, con el sufijo también despectivo o diminutivo **-ejo** (*tipejo*), por lo que cabe pensar que podría ser una variante de este con diferencias en su primera vocal.

LECTURAS RECOMENDADAS: Lázaro Mora (1999); Pharies (2002); RAE & ASALE (2009: §9.7).

-ul-. Posible interfijo que Portolés (1999: 5065-5066) identifica en formas como *patuleco, patulejo, patuleque* y *santulario, santulón*. Podría proponerse que en realidad es un segmento de un alomorfo de la base.

-ulento. Alomorfo de **-iento**, usado en unas pocas voces como *corpulento, fraudulento, purulento* o *flatulento*.

-ull-. De origen incierto, tal vez onomatopéyico. Interfijo segmentable en algunas formaciones aumentativas (*grande > gradullón*) y verbos etimológicamente derivados de bases también verbales, como *mascar > mascullar*, si bien su valor está actualmente claramente lexicalizado. Etimológicamente el sufijo sería aislable en *chanchullar*, del italiano *cianci-ullare* 'hacer naderías', de *ciancia* 'nadería'), pese a que esta relación no es rescatable en español. Sin que sea clara la posibilidad de aislar una raíz en los segmentos anteriores a **-ull-**, la secuencia aparece en un número apreciable de verbos relacionados con la noción de 'acción ejecturada de forma confusa', como *aturullar, farfullar, barbullar* o *chamullar*. Es dudoso que, pese a esta correlación parcial con un valor semántico que también está presente en *mascullar*, se pueda argumentar que en estos casos las voces se han formado composicionalmente en español asociando -**ull-** al valor 'de forma confusa', y cabe pensar que más que un morfema se trate de un segmento que por sus propiedades fonológicas sugiera fonoestéticamente una idea de acción atropellada o poco ordenada.

LECTURAS RECOMENDADAS: Portolés (1999); Martín Camacho (2003).

-ullo. Posible sufijo, tratado como tal en algunas obras. Junto a su presencia en algunos nombres relacionados con los verbos que podrían contener **-ull-** (*chanchullo*), su uso se restringiría a una sola voz, *murmullo*, de *murmurar* (no *murmullar*, sincrónicamente, pese a los cambios históricos experimentados por esta voz). Incluso en esta voz sería necesario asumir un alto grado de haplología, lo cual sugiere que tal vez sería mejor tratar la terminación **-ullo** como una modificación segmental de la terminación de la raíz *murmur-*, que de todos modos tiene una naturaleza claramente onomatopéyica.

> LECTURAS RECOMENDADAS: Rainer (1993).

'-ulo. Del latín *-ŭlus, -uli*. Sufijo diminutivo culto.

Tipos de base

a   Este sufijo se une a bases nominales generalmente masculinas, aunque también existen voces femeninas.

    (1)   globo > glóbulo, nodo > nódulo, órgano > orgánulo, grano > gránulo
    (2)   campana > campánula, forma > fórmula, gema > gémula, luna > lúnula

b   En otros casos, la base es relacionable con la version neoclásica o culta de un sustantivo español como *ovo (huevo) > óvulo, flama (llama) > flámula, clave (llave) > clavícula*. La voz *lóbulo* procede de una base griega que no ha pasado al castellano.

c   Son numerosas las voces en que el sufijo es posiblemente descomponible pero la base solo se relaciona indirectamente con un sustantivo existente, con un alto grado de alomorfía o lexicalización: *ínsula (isla), glándula (glande), capítulo (cabeza), retícula (red)*.

c   Existen algunas formaciones en que la base no es nominal, pero estas se encuentran muy lexicalizadas en su significado y aparecen en versiones alomórficas frecuentemente. Así, la voz *crédulo* puede relacionarse con el verbo *creer*, pero en ella aparecería el alomorfo culto *cred-* (cf. *crédito*), lo que sugiere que más que formada sobre un verbo esta voz o bien no se descompone o se forma sobre una raíz. En el caso de *párvulo*, relacionado con el desusado *parvo*, la base podría ser adjetival, pero debido al uso más extendido de *párvulo* que de *parvo* y a la lexicalización del significado que hace difícil asignar un valor semántico al sufijo, podría no ser una voz descomponible en la actualidad.

Comportamiento gramatical

a   El sufijo siempre forma sustantivos, tanto en los casos en que se reconoce una base sustantiva española como en los que no.
b   Como sucede con otros diminutivos, al unirse a sustantivos masculinos, este diminutivo conserva el género masculino, y al unirse a femeninos conserva el género femenino.
c   Contra otros diminutivos, **'-ulo** no es iterable.

Tipos de significado

a   Este diminutivo es un caso raro en que el valor es típicamente el de tamaño inferior, sin valoraciones o consideraciones afectivas. Pese al alto grado de lexicalización de algunas de estas formas, este valor de 'manifestación de menor tamaño de lo expresado por la base' es claramente visible en *gránulo, partícula, orgánulo, campánula, montículo, febrícula* o *lúnula*.

b Parte de las razones de esta ausencia de valores afectivos es que este sufijo se emplea especialmente en la terminología técnica, y concretamente de la biología, especialmente para expresar partes del cuerpo de personas, animales o plantas, lo cual a veces conlleva un alto grado de especialización del significado, como se ve en *lúnula* 'parte de la uña con forma de luna', *óvulo, nódulo, glóbulo, campánula, testículo* o *gémula*.

c Fuera del ámbito científico, el sufijo se asocia a otros valores más discutibles, en la medida en que no es transparente que sea posible una segmentación real: en *crédulo* el sufijo podría asociarse a un valor de tendencia o disposición ('que se cree las cosas fácilmente'); en *verso > versículo*, se asocia a la especialización de significado ('cada una de las partes en que se divide un capítulo de la biblia u otros textos religiosos').

d Existen muchos otros casos en que el sufijo no contribuye valor alguno reconocible en la palabra, que ha de tratarse como una combinación puramente demotivada: por ejemplo, *forma > fórmula, testa > testículo*, o el ya mencionado *párvulo*.

Alomorfos

a La coincidencia en significado, tipos de bases admitidas, propiedades fonológicas y aun similitud segmental sugieren que *-ículo* ha de considerarse un alomorfo de este sufijo:

(3) monte > montículo, red > retícula, verso > versículo, fiebre > febrícula, parte > partícula

b No es razonable proponer lo mismo para **-úsculo**, pese a su relación etimológica con este sufijo, ya que aporta frecuentemente nociones valorativas a la base (cf. *grupúsculo*).

Propiedades fonológicas

El sufijo **'-ulo** es claramente culto, y como tal conserva la acentuación esdrújula que se pierde en las voces patrimoniales en el paso del latín al español. Esta propiedad se extiende al alomorfo *-ículo*, y puede conllevar la atracción del acento de la base con la consecuente pérdida de la diptongación (*fiebre > febrícula*).

LECTURAS RECOMENDADAS: Pharies (2002).

ultra-. Del latín *ultra* 'más allá, al otro lado de algo'. Prefijo preposicional que designa grado extremo de algo.

Tipos de bases

a Este prefijo se combina productivamente, de forma casi exclusiva, con bases nominales, si bien estas bases se organizan en distintos campos semánticos. Destacan las bases que designan ideologías o los miembros que pertenecen a ellas: *ultraderecha, ultraizquierdista, ultracatólico, ultraortodoxo, ultraliberal, ultraconservadurismo...*

b Destacan también las bases sustantivas que se refieren a localizaciones físicas o figuradas, como en *ultramar, ultratumba, ultramundo*. En el lenguaje científico se toman como localizaciones, dentro de escalas de frecuencia de diverso tipo, bases como *violeta* o *sonido*, para dar lugar a *ultravioleta* o *ultrasonido*.

c Finalmente, tenemos bases sustantivas que indican procesos, como en *ultrafiltrado, ultralimpiado, ultracerrado*.

d Este prefijo puede también combinarse con bases adjetivales; cuando son adjetivos relacionales, aporta un valor preposicional en que habla de 'más allá de', a veces en sentido figurado: *ultramontano, ultraterrestre, ultraterreno, ultralunar*, etc. Naturalmente, varias de las formaciones nominales admiten derivación, como *ultramar > ultramarino*. Igualmente, muchos de los sustantivos nombrados en (a) doblan como adjetivos relacionales: *un cura ultracatólico*.

d Con adjetivos calificativos también se documentan casos de combinatoria: *ultrasecreto, ultrarrápido, ultrafrío, ultradelgado, ultracorto*.

e Son menos frecuentes los casos de base verbal, si bien se documentan los verbos *ultracongelar, ultraproteger, ultravibrar, ultracomprimir*, entre otras formaciones ocasionales.

Comportamiento gramatical

a Este prefijo no altera las propiedades flexivas de la base, y por tanto preserva el género, la clase de conjugación y otras propiedades del elemento con el que se combina.

b Este prefijo admite la iteración: *ultraultrasecreto*.

c Este prefijo no admite la expansión funcional de la base y no permite la interpolación de modificadores.

d Este prefijo tiene la capacidad de alterar la distribución gramatical de la base, ocasionalmente. Pese a que *tumba* y *mar* son sustantivos, las formas *ultratumba* y *ultramar* no tienen usos sustantivos: **(La / el) ultramar tiene muy buenas costas, *(La / el) ultratumba tiene muchos fantasmas*. Estos elementos aparecen solo como término de preposición (*voces de ultratumba, productos de ultramar, vivir en ultramar, ir a ultramar*), lo cual tal vez se relacione con el carácter preposicional del prefijo.

Tipos de significado

a Al igual que sucede con otros prefijos preposicionales (cf. **sobre-** o **sub-**) hay dos valores para este prefijo: el valor locativo y el valor gradativo. El valor locativo es el menos frecuente en el uso, y se documenta con algunas bases sustantivas que se toman como puntos de referencia dentro de secuencias de objetos, escalas o espacios: *ultramar, ultrasonido, ultravioleta*.

b La forma *ultramontano*, etimológicamente, es un adjetivo relacional que se aplica a quienes viven más allá del monte, al otro lado del monte, pero tiene un valor no composicional equivalente a 'extremista'. De hecho, lo más frecuente con este prefijo es que el valor locativo 'más allá de' se reinterprete como un grado extremo de algo. Con los numerosos sustantivos que designan ideologías y partícipes en esas ideologías, la lectura de 'extremo' puede derivarse fácilmente de la interpretación locativa: *ultraliberal* puede interpretarse como 'más allá de la ideología liberal' o 'más allá de los liberales', de donde se seguiría la lectura de valor extremo dentro del espectro de tendencias que define el sustantivo o adjetivo relacional correspondiente.

c Este mismo valor de extremo está presente cuando el prefijo se combina con adjetivos calificativos, donde funciona como un modificador de grado que selecciona los valores extremos de la escala: *ultrasecreto* se refiere a los valores más altos de la escala de secretismo.

d   La lectura de grado también aparece con verbos, donde el prefijo habla de la intensidad del estado que se asocia al evento verbal, sea como resultado de un evento de cambio previo (*ultracongelar, ultracongelado; ultrapreparar, ultrapreparado; ultrasimplificar, ultramedicar*) o no (*ultraproteger, ultraconservar*); solo en los casos atélicos donde se habla de movimientos repetidos puede el prefijo referirse a la intesidad del evento mismo, como en *ultravibrar*. La misma interpretación de grado de un resultado se puede obtener con adjetivos perfectivos, como *ultravacío*.

Propiedades fonológicas

Este prefijo muestra indicios de su independencia fonológica al rechazar la simplificación vocálica en el límite con la base (*ultraobediente*, no **ultrabediente*) y admitir un acento secundario no motivado rítmicamente (*ùl.tra.o.be.dién.te*).

Problemas de clasificación

Hay varios motivos que sugieren la necesidad de aceptar la existencia de un morfema libre *ultra* que no procede del acortamiento de otra palabra, y que significa 'extremo en su ideología'. Decir que alguien es un ultra solo indica que es extremo en su ideología, sin especificar la naturaleza de esa ideología, lo cual muestra que no es el acortamiento de ningún sustantivo o adjetivo. Esta forma libre es la que está detrás de las formaciones *ultraísmo, ultraísta* y posiblemente *ultranza*. El hecho de que no tenga valores locativos (**ir ultra*) sugiere que este morfema puede derivarse del valor de grado que tiene el prefijo preposicional, aunque esto suscita la pregunta de si no debe diferenciarse entre un prefijo preposicional *ultra* y un morfema libre *ultra* que se comporta como un sustantivo.

> **LECTURAS RECOMENDADAS**: Varela & Martín (1999); RAE & ASALE (2009: §10.9).

-um. De la terminación neutra de la segunda declinación latina, *-um*. Marca de algunos sustantivos masculinos tomados del latín por vía culta.

a   Este sufijo aparece en algunas voces cultas, como *armónium, auditórium, critérium, currículum, desiderátum, factótum, fórum, maremágnum, máximum, médium, memorándum, mínimum, pandemónium, péplum, pódium, quadrívium, quórum, referéndum, santasanctórum, solárium, súmmum, tedeum, trívium, ultimátum, vademécum*, que son sustantivos en español con independencia de la categoría que tuvieran en latín

b   Esta terminación apenas aparece en adjetivos, con la excepción de *mágnum*, usado en el léxico de la enología.

c   Pese a no proceder directamente del latín se asimilan a los casos anteriores *linóleum* y *presídium*.

d   Los sustantivos que poseen esta terminación siempre son masculinos.

e   Algunas de estas formaciones hacen el plural en -a[6], pero es más frecuente el plural en que se restituye la -o[1] y se emplea -s[1]: *currículos, armonios, referendos, pandemonios, auditorios*... Esto permite determinar que en algunas formas etimológicamente relacionadas con este sufijo se ha reanalizado como parte de la base, como en *álbum* > *álbumes*, no **albos* o **alba* (cf. también *médium ~ médiums*)

f   Esta terminación es cancelada en la derivación, y de ser necesario sustituida por -o¹: *referéndum* > *referendito*.

-umbo. De origen incierto, tal vez afrocubano. Sufijo despectivo no productivo que se documenta en *casa* > *casumba*. Preserva el género de la base y cancela la vocal átona final de esta.

-umbre. Véase **-mbre**.

-umen. Relacionado con el nominalizador neutro latino *-men, -minis*. Sufijo nominal no productivo, de valor colectivo, como en *cera* > *cerumen*, y reconocible en distintos nombres cultos que denotan substancias, como *albumen, bitumen*, o agrupaciones (*cardumen*), siempre sustantivos no contables con bases no reconocibles en español actual. Suele tomar el alomorfo *-umin-* con otros afijos (*ceruminoso, bituminoso*) y produce siempre sustantivos masculinos.

-umin-. Alomorfo de **-umen**.

-una. Sufijo nominal poco productivo, de valores poco predecibles semánticamente, y documentado en unas pocas voces derivadas, como *aceite* > *aceituna*, *vaca* > *vacuna*, *hambre* > *hambruna*, *lago* > *laguna* y *tonto* > *tontuna*. Siempre forma sustantivos a partir de bases que o bien son obligatoriamente sustantivos o bien pueden serlo (*tonto*). Sus valores, aun siendo poco sistemáticos, permiten destacar un significado relacionado con el tamaño o extensión de una entidad, si bien esa extensión puede ser mayor o menor que la típicamente asociada con la base. Una hambruna es un hambre generalizada en el espacio y el tiempo, mientras que una laguna es un lago de extensión y tamaño menor. Se observan también significados de relación: la aceituna se relaciona con el aceite por producirse éste de aquella, mientras que la tontuna es lo que produce el tonto, revirtiendo la relación. Este sufijo se relaciona etimológicamente con **-uno**, adjetivalizador.

-uncho. Del latín *-unculus*, y por tanto es etimológicamente versión patrimonial de este sufijo. Sufijo apreciativo poco usado y restringido geográficamente. Se documenta su uso ocasionalmente con sustantivos (*barba* > *barbuncho*) y adjetivos (*flaco* > *flacuncho, manco* > *mancuncho*), donde siempre se asocia a valores peyorativos que no tiene su versión culta **-únculo** (cf. Pharies 2002).

-únculo. Sufijo tal vez segmentable en un escaso número de voces técnicas cuya base, de segmentarse, sería un alomorfo culto de un sustantivo español, como en *homúnculo* (*hombre*) y *pedúnculo* (*pie*), en ambos casos con valores diminutivos carentes de valoraciones afectivas. Este posible sufijo, en todo caso, no sería productivo en la actualidad.

-unda. De origen incierto. Posible sufijo apreciativo peyorativo que conserva el género y la marca de palabra de la base, como en *carca* > *carcunda*.

-undio. De origen incierto. Posible sufijo apreciativo peyorativo no productivo que se combina con bases sustantivas, como en *novela* > *novelundio*, con cambio de género, o verbales con interfijación, como en *mamar* > *mamarrundia*.

-ungo. De origen incierto, tal vez africano; quizá variante fonológica poco usada de **-ongo**. Sufijo peyorativo que se documenta ocasionalmente en formaciones nominales como *querindunga, chatungo* o *señorungo*, generalmente siempre con una variante en **-ongo** (cf. Pharies 2002).

uni-. Del latín *ūni-* 'con uno solo', y este del numeral *unus*. Prefijo cuantificativo que se combina con bases adjetivales.

Tipos de bases

a   Este prefijo se une casi exclusivamente a adjetivos relacionales: *unicameral, unicelular, unidimensional, unidireccional, unifamiliar, unilateral, unipersonal, uniradical.*
b   En segundo lugar, este prefijo se asocia a bases neoclásicas, especialmente en el lenguaje científico: *unigénito, uníparo, unísono, univalvo, unívoco*. En tales casos suele producir adjetivos relacionales que se convierten fácilmente en sustantivos.

Comportamiento gramatical

a   Este prefijo, al igual que otros prefijos cuantificativos, pero con menor productividad que ellos, puede convertir bases sustantivas en adjetivos: *unicorne,* de *cuerno,* con la marca de palabra *-e* que es frecuente en estas formaciones. A partir del anglicismo sustantivo *sex*, forma el adjetivo invariable *unisex (ropa unisex)*.
b   Como otros prefijos cuantificativos, este prefijo no es iterable.
c   Este prefijo no permite la expansión funcional de la base ni la interpolación de modificadores.
d   Es muy frecuente que este prefijo produzca paradojas de encorchetado. En *unifamiliar* se habla de la relación con algo que se aplica a una sola familia, y en *unidireccional* se habla de la relación con algo de una sola dirección.

Tipos de significado

a   El valor de este prefijo es el cardinal 'uno'. Generalmente este valor de cardinalidad se aplica a la noción denotada por la base, con la salvedad de que generalmente esa base es un adjetivo relacional derivado a su vez de un sustantivo, que es lo que se cuantifica: *unidimensional* es 'de una dimensión', *unipersonal* es 'para una persona', etc.
b   Como sucede en un buen número de los casos en que un prefijo da lugar a formas adjetivales sobre bases sustantivas, la interpretación de las formaciones adjetivales implica la noción de posesión: *unicorne* equivale a 'que tiene un solo cuerno'; *unisex* cabe interpretarlo como 'que tiene un solo sexo', es decir, sin distinguir entre dos sexos.
c   En otras ocasiones, se ha de suponer que la cuantificación afecta a una noción relacionada con la base, pero no expresada directamente por ella: *uníparo* se entiende como 'que pare una sola cría cada vez', por ejemplo.

Propiedades fonológicas

Este prefijo no suele integrarse fonológicamente con la base: *uniasociación* se pronuncia con hiato (*u.ni.a.so...*), no con diptongo (*u.nja.so...*). Similarmente, el prefijo admite acentos secundarios incluso cuando no están impuestos por condiciones rítmicas (*ùniasociación*).

Problemas de clasificación

Existen formaciones en las que parece posible descomponer una forma *un(i)*- correspondiente a 'uno' y un sufijo: el adjetivo *único* (cf. **'-ico**), el verbo *unificar* (cf. **-ificar**) o el sustantivo *unidad* (cf. **-idad**), junto al compuesto *uniceja*, que parece involucrar el morfema **-i-**^{2} y seguir el patrón de los adjetivos compuestos de la clase de *pelirrojo*. Estas formas suscitan el problema de si la secuencia *un-* en estas formaciones ha de entenderse como la raíz *un-* que aparece en el numeral *uno* y por tanto como una forma diferente del prefijo **uni-**, o si ha de entenderse que *uni* es un tema neoclásico que puede formar parte de relaciones de composición. El problema principal para optar por la consideración de **uni-** como un elemento neoclásico es que nunca aparece en posición de sufijo, y que la productividad de este elemento como raíz a la que se unen otros afijos estaría muy restringida. Además, en los casos claramente derivados o formados por composición, la /i/ puede asociarse o a parte del morfema derivativo o con la vocal de enlace de los compuestos, algo que no sucede en los casos que hemos clasificado como prefijos.

Relaciones con otros afijos

La productividad del prefijo **uni-** es menor que la del prefijo **mono-**, usado también como un prefijo cuantificativo equivalente a 'uno'.

-uno. Del latín *-ūnus, -uni*. Sufijo adjetivalizador que produce adjetivos de semejanza o similitudinales.

Tipos de base

a El sufijo **-uno** es productivo con bases sustantivas referidas a entidades animadas, especialmente nombres de animales.

  (1) ciervo > cervuno, caballo > caballuno, gato > gatuno, zorro > zorruno

b No faltan tampoco bases animadas referidas a clase de entidades humanas, definidas por su papel social (*fraile > frailuno*), estatus biológico de género o edad (*hombre > hombruno, viejo > viejuno*) u origen histórico o geográfico (*moro > moruno*).

c Frente a esto, son relativamente menos productivas las formaciones sobre bases sustantivas relacionadas con entidades no animadas, como *monte > montuno*.

Comportamiento gramatical

a El sufijo **-uno** da lugar a adjetivos variables en género, marcados en **-o**^{1} para el masculino y en **-a**^{1} para el femenino.

b Estas formas se resisten a ser empleadas como sustantivos por procesos de conversión, incluso cuando se refieren a entidades animadas (*??un moruno, ??un frailuno*).

c   La base pierde siempre la vocal final átona de los sustantivos sobre los que se construye, incluso cuando podría haber formado diptongo con la vocal inicial del sufijo (*aceite-uno*).
d   Este sufijo produce tanto adjetivos calificativos como relacionales. Suelen interpretarse como calificativos los que se derivan de bases humanas (*hombruno*) y muchos de los que designan tipos de animales. Los sustantivos de animales sobre los que se forman adjetivos típicamente calificativos son, como cabría esperar, aquellos que designan especies con rasgos de apariencia o comportamiento que se consideran prototípicos y pueden extenderse metafóricamente a otras entidades (*zorruno, gatuno, lobuno*...). A veces coadyuva a este resultado la existencia de un par léxico construido sobre la misma base, pero con un sufijo prototípicamente relacional, como **-al** (*caballuno ~ caballar*).
e   En otros muchos casos, el adjetivo es puramente relacional y rechaza la gradación o la posición antepuesta al sustantivo, prototípicamente en casos como *boyuno, vacuno, montuno, cervuno, capruno, osuno, porcuno* o *lebruno*.

Tipos de significado

a   Como es habitual, en los adjetivos relacionales el sufijo no aporta más valor que el de designar que se establece una relación entre la clase denotaba por su base y el sustantivo modificado, dejando a la información contextual o al significado de ese sustantivo modificado el papel de determinar cómo interpretar tal relación. Así, se pueden expresar relaciones muy distintas en *una especie montuna, una cría perruna, la ganadería boyuna* o *productos caprunos*.
b   Al formar adjetivos calificativos, en cambio, el sufijo introduce un valor de semejanza. Con bases referidas a nombres de animales o humanos, esta semejanza suele definirse por el comportamiento que exhiben las entidades que se describen (*andares gatunos*, es decir, 'andares similares a los del gato', o *astucia zorruna*, 'astucia similar a la que exhibe prototípicamente el zorro').
c   En otras ocasiones, la semejanza toma como base las propiedades físicas de la entidad, como en *mirada boyuna, boca caballuna* u *orejas perrunas*. Esto mismo se extiende típicamente a los adjetivos que parten de bases no animadas, como en *piel aceituna*, 'del color típico de la aceituna'.

Propiedades fonológicas

Este sufijo implica casi sistemáticamente la pérdida de los diptongos relacionados con las vocales medias de las bases (*ciervo > cervuno, liebre > lebruno*), con la posible excepción de *buey*, donde conviven *boyuno* y *bueyuno*, el segundo más frecuente en valores calificativos. No son habituales los cambios consonánticos de la base, aunque ocasionalmente se documentan (*cabra > capruno*, donde alternativamente puede pensarse que se emplea una base culta en lugar de aludir a cambios fonológicos).

Relaciones con otros afijos

No se conocen alomorfos de este sufijo, pero es evidente su relación diacrónica con el sufijo nominal **-una**, hasta el punto de que podría argumentarse que las formaciones construidas mediante **-una** son el producto del uso nominal no sistemático y semánticamente especializado de algunos adjetivos en **-uno**, al menos en los casos en que existe un adjetivo morfológicamente próximo (*aceituno ~ aceituna, vacuno ~ vacuna*). No obstante, no todas las formaciones con **-una** pueden explicarse mediante esta misma hipótesis, por falta de un adjetivo relacionado (*habruna, laguna*). También resulta insuficiente la explicación basada en la relación etimológica para dar cuenta del simple hecho de que **-una** solo construye formaciones femeninas, un hecho que es difícil de explicar si no se admite que en el español contemporáneo **-una** y **-uno** ya no son afijos relacionados uno con el otro.

> Lecturas recomendadas: Rainer (1993, 1999); Pharies (2002); Fábregas (2020).

-uñ-. Tal vez relacionado con -uño. Posible interfijo que Portolés (1999: 5066) identifica en *refunfuñón*; si se trata como derivada de *refunfuñar*, no es necesario proponerlo.

-uño. Del latín *-ūnius, -unii*. Sufijo nominal, de significado poco sistemático. Este sufijo es segmentable en un número reducido y poco sistemático de sustantivos cuya base es segmentable en español actual, tanto sustantivos (*tierra > terruño*) como verbos (*rasgar > rasguño*). El significado que aporta en estas voces es poco sistemático, indicando 'resultado de la acción' en *rasguño* y aportando valores apreciativos en *terruño*. No se relaciona etimológicamente con estas la secuencia identificable en *pezuño ~ pezuña*, donde cabe tratar la *-uña* como el sustantivo procedente del latín *ungula*, y por tanto considerar la palabra un compuesto. El sufijo tuvo cierta productividad en el pasado en la formación de patronímicos, como en *Fortuño ~ Ortuño ~ Ortoño ~ Ordoño, Garduño* o *Carduño*.

'-uo. Del latín *-uus*. Posible sufijo adjetival segmentable, característico sobre todo de adjetivos cultos. Lo controvertido de proponer que este segmento debe considerarse como un morfema es que las bases que quedarían aisladas no suelen relacionarse con voces existentes en español, frente al equivalente latino, donde a menudo se identifica una base verbal: *fatuo, ingenuo, perpetuo, propincuo, asiduo*. En los casos en que se puede relacionar la base con una voz española de forma mecánica, la relación de significado no es visible (eg., *arduo ~ arder*) o la relación derivativa claramente construye el verbo sobre el adjetivo (*individuo > individuar, continuo > continuar*).

-uoso. Alomorfo de **-oso**[2], documentado en voces cultas como *afectuoso, respetuoso* o *majestuoso*.

'-uple. Del sufijo latino *-plicem*, y este a su vez del verbo *plecto* 'doblar'. Sufijo de valor multiplicativo en español.

Tipos de base

a   Este prefijo se une a adjetivos ordinales de forma productiva para dar lugar a adjetivos multiplicativos:

    (1)   quíntuple, séxtuple, séptuple, óctuple

b   En los valores inferiores, es frecuente que la base sea alomórfica.

    (2)   doble, triple, cuádruple

c   Resulta excepcional la forma *múltiple*, posiblemente no formada en español, ya que en ella aparecería un alomorfo *-iple* que no se documenta en estas formas; la base podría considerarse el cuantificado *mucho* en su alomorfo culto, alternativamente.

Comportamiento gramatical

a   Este sufijo no cambia la categoría gramatical de la base, que permanece siendo un adjetivo de la clase de los numerales.
b   Al igual que otros adjetivos numerales este sufijo permite que se use el numeral como un sustantivo.

   (3)   Tengo el doble de libros.

c   El valor multiplicativo hace que el adjetivo sustantivado tenga un valor comparativo, lo cual le permite legitimar segundos términos de la comparación. Este valor comparativo queda excluido cuando el multiplicativo funciona como adjetivo (**María tiene un sueldo doble que tú*).

   (4)   Tengo el cuádruple de posibilidades <u>que tú</u> de ganar este premio.

d   Este sufijo produce adjetivos comunes en género marcados en **-e**[4], pero su variante **-uplo** da lugar a adjetivos variables en género.

Tipos de significado

a   Este sufijo indica multiplicación, donde el valor por el que se multiplica está expresado en su base. La multiplicación puede manifestarse de tres maneras distintas. En la primera, el adjetivo resultante multiplica la noción que expresa el nombre al que acompaña, como en *triple asesinato, parto quíntuple, plaza triple, problema doble*. Este mismo valor es el que se aplica a las cantidades y grados en las estructuras comparativas (*el cuádruple de libros, el quíntuple de dinero, el triple de difícil*).
b   En la segunda, se indica que el sustantivo contiene varias partes, multiplicadas por el valor de la base: *hamburguesa triple, quíntuple potencia, doble salto mortal*.
c   En la tercera se indica que alguna noción conceptualmente relacionada con la que expresa la base se ha de multiplicar por esa noción: *habitación triple* 'para tres personas'.

Propiedades fonológicas

El sufijo impone acento en la última vocal de la base (*triple, cuádruple, quíntuple, séxtuple, séptuple, décuplo, undécuplo*).

Alomorfos

a   Este sufijo tiene dos alomorfos: *-ble*, usado en *doble*, y **-uplo**, donde toma la marca **-o**[1] para el masculino y la marca **-a**[1] para el femenino, que se emplea en los multiplicativos superiores a ocho, y opcionalmente en todas las formas (*séptuple ~ séptuplo, décuplo, céntuplo*).
b   Es frecuente que el sufijo seleccione bases alomórficas, como en *cuarto > cuádruple, noveno > nónuple, décimo > décuple*.

Relaciones con otros afijos

Véanse los prefijos cuantificativos cardinales **mono-, bi-, tri-, tetra-, penta-, hexa-, hepta-, octo-**, con los que este sufijo comparte la capacidad de multiplicar por cierto número alguna noción expresada en la base. La diferencia es que la base de -uple se toma como el valor numérico de la multiplicación, mientras que estos prefijos incorporan el valor en su significado y usan la base como la variable sobre la que operan.

'-uplo. Véase **-uple**.

-uqui. De origen incierto, tal vez la combinación de **-uco** e **-i**. Sufijo apreciativo coloquial.

a   Este sufijo aparece combinado con sustantivos (*fiestuqui, pasta* 'dinero' > *pastuqui, fresa* > *fresuqui*) y algunos adjetivos, como *modernuqui, primeruqui*. No se combina con adverbios y otras categorías (**cercuqui de tu casa*).
b   Conserva el género de la base, aunque no su terminación, que es común en cuanto al género.
c   Este sufijo no es iterable.
d   Este sufijo tiene valores apreciativos, que pueden ser tanto peyorativos (modernuqui) como neutros o positivos (fiestuqui, pastuqui).
e   Se documenta haplología en *sub-i-d-ón* > *subiduqui*.
f   Este sufijo atrae el acento prosódico a su vocal /u/.

-ur-. Interfijo que Portolés (1999:5066) identifica en formas como *largurucho, abejuruco*; existen versiones similares en **-ar-** e **-ir-** de este interfijo.

-ura[1]. Del latín *-ūra, -urae*. Sufijo nominalizador especializado en formar nombres de cualidad o dimensión a partir de adjetivos.

Tipos de bases

a   Este sufijo se combina sobre todo con adjetivos, de entre los que destacan adjetivos que expresan propiedades físicas de distintos tipos.

   (1)   alto > altura, ancho > anchura, angosto > angostura, gordo > gordura, gris > grisura, blanco > blancura, negro > negrura, caliente > calentura, espeso > espesura, moreno > morenura

b   Junto a ellos, también es fácil documentar bases adjetivales que designan propiedades no físicas. Destacan entre ellos los adjetivos que expresan tipos de comportamientos.

   (2)   bravo > bravura, chalado > chaladura, chiflado > chifladura, loco > locura, cuerdo > cordura, travieso > travesura

c   Otros muchos adjetivos admiten por sí mismo valores tanto físicos como de comportamiento. En tales casos, la formación en **-ura** suele ser compatible con ambos valores, ocasionalmente con preferencias parciales por la versión de comportamiento: *fino* > *finura, dulce* > *dulzura, amargo* > *amargura, fresco* > *frescura, rico* > *ricura* o *tierno* > *ternura*.

d   También se documentan adjetivos de otras clases no físicas que, sin indicar comportamientos, implican cierta evaluación no objetiva de la entidad, como *donoso > donosura, hermoso > hermosura, lóbrego > lobregura, listo > listura, precioso > preciosura*, entre otros muchos.
e   Existen, frente a **-eza**, pocos casos de adjetivos con valor de estado psicológico, si bien se documenta *triste > tristura*, menos usado que *tristeza*, y *harto > hartura* (cf. *hartazgo*).
f   Es poco habitual que la base sea sustantiva, pero se documentan casos ocasionales en que la base se interpreta siempre como asociada a cierta clase de personas con propiedades muy marcadas, como en *diablo > diablura, galán > galanura*.
g   Otras bases, específicamente las participiales, son más dudosas en estos casos: se pueden relacionar con participios truncos antiguos *holgura, tortura, tonsura, tintura, cochura*. Sobre si es apropiado identificar el sufijo **-ura** en *apertura, cobertura* y otras formaciones a partir de participios o verbos (*montura*), véase más abajo 'Problemas de segmentación'.

Comportamiento gramatical

a   Este sufijo forma invariablemente sustantivos femeninos marcados en **-a**[1].
b   El sufijo se une a bases radicales, donde se cancela la vocal de género de los adjetivos correspondientes (*llano > llan-ura*). No se identifican bases adjetivales que estén ellas mismas derivadas (**generoso > generosura, *amarillo > amarillura*), por lo que se puede establecer la generalización de que la base del sufijo es siempre una raíz.
c   Esos sustantivos suelen comportarse como sustantivos no contables en la mayoría de los casos, al expresar típicamente propiedades abstractas o dimensiones, pero pueden formarse variantes contables de algunos de esos sustantivos caracterizadas por significados de acción o entidad que posee la propiedad, como se verá en la siguiente sección.
d   Como suele suceder con otras nominalizaciones de cualidad y dimensión física, las nominalizaciones resultantes pueden llevar complementos preposicionales que corresponden a la entidad que exhibe la propiedad o tiene la dimensión.

   (3)   la estrechura del desfiladero, la hermosura de Pedro

e   En la lectura de cualidad además permiten la interpretación de grado de los cuantificadores indefinidos, como en *mucha blancura*, interpretable como 'un grado muy alto de blancura' además de como 'mucha cantidad de blanco'.

Tipos de significado

a   El significado más destacable del sufijo es el de 'propiedad correspondiente a BASE', en la creación de nominalizaciones de cualidad. En este significado, la nominalización entraña que el complemento preposicional tiene un grado suficiente de la propiedad para legitimar la deducción 'X es A': *la amargura de Juan, la gran altura de Pedro, la guapura de María*, etc.
b   Junto a este valor principal, el sufijo forma también nominalizaciones en que expresa la dimensión o escala asociada a la propiedad expresada por el adjetivo, sin entrañar que el grado de esa propiedad es suficiente para legitimar la deducción 'X es A'. Así se forman sustantivos de dimensión como *altura, largura, hondura* o *anchura*. En esta lectura el sufijo es menor productivo, en parte, por la competición de otros nominalizadores

como **-or** (*grosor, espesor*) e **-idad** (*luminosidad, oscuridad*), mientras que -eza suele formar lecturas valorativas no dimensionales (*largueza, alteza*).

c Varias de estas nominalizaciones derivan significados eventivos o de acción en que expresan 'acciones caracterizadas por la propiedad de A o que exhiben la propiedad de A'. Este es el significado exclusivo de *travesura*, que no es 'la cualidad de ser travieso' sino 'una acción traviesa'. Son ambiguas entre la lectura de cualidad y la de acción, entre otras, *locura, chaladura, chifladura*.

d El valor de cualidad puede reinterpretarse, como en otros casos, como 'entidad que exhibe la propiedad A' y convertirse así en una nominalización contable. Esta lectura de objeto físico concreto es particularmente saliente en formaciones como *espesura, llanura* o *tintura*, donde son casi desconocidos los usos de cualidad.

e En otras formaciones, especialmente cuando la base puede relacionarse con una nominalización en **-dor** o su alomorfo *-or*, la nominalización resultante produce la lectura de 'ciencia que ejerce BASE', como en *acupuntura (acupuntor), agrimensura (agrimensor), arquitectura*. La lectura de dimensión no física o de cualidad de *culto* > *cultura* contrasta con una serie de formaciones que expresan la ciencia o práctica asociada con la base, donde culto se asocia con cultivo: *agricultura, apicultura, piscicultura*.

f No faltan tampoco las lecturas lexicalizadas de muchas de estas nominalizaciones, que han perdido la conexión con la propiedad expresada por la base o se han especializado enormemente en su significado: *verdura, basura* (originalmente relacionada con *bajo*), *hechura* ('estructura de una persona o cosa, forma en que está hecho'), *censura* o *textura*, apenas relacionable con el participio culto del verbo *tejer*.

Propiedades fonológicas

Este sufijo atrae el acento de la palabra y como tal puede implicar la monoptongación de las bases diptongadas, como en *tierno* > *ternura*. No se identifica que participe en haplologías.

Problemas de segmentación

a Cabe plantearse si **-ura** puede formar sustantivos concretos que expresan el resultado o incluso el evento cuando se une a participios y otras formas verbales, como en *apertura, abertura, apretura, cobertura, envoltura, rotura* o *ruptura* (de los participios irregulares *abiert-o, cubiert-o, envuelt-o, rot-o*) o en *moldura* o *montura* (de los verbos *mold-ear* o *mont-ar*). Además de ser deverbales, estas formaciones no tendrían ningún valor de cualidad.

b No obstante, resulta significativo que en la base de la formación siempre haya precediendo a la secuencia *-ura* una vocal dental /t/ o /d/. Esto sugiere que en estas formaciones aparece el sufijo **-dura** o su alomorfo **-tura**, que efectivamente se especializa en bases verbales y designa de forma regular eventos o resultados de esos mismos eventos, y simplemente la secuencia con doble dental -tt-, -td- o -dt- se ha simplificado fonológicamente, dando la impresión superficial de que tenemos el sufijo **-ura**.

c Por tanto, el sufijo **-ura** se especializaría en lecturas de cualidad con bases adjetivales, mientras **-dura**, con el que establece una relación etimológica pero no sincrónica, se especializaría en lecturas de evento o resultado.

Relaciones con otros afijos

Este sufijo establece una relación etimológica con **-dura** y **-or**, pese a que se diferencia de ellos claramente en español actual. En el sistema de sufijos nominalizadores de cualidad, tiene una productividad intermedia con respecto a **-or**, más restringido, e **-idad** o **-eza**, algo más productivos. Su interpretación preferida es la de cualidad, especialmente con propiedades físicas o que implican la evaluación subjetiva de propiedades físicas, de las que ocasionalmente también designa la dimensión (algo que **-or** puede hacer, pero no **-eza**), y es casi desconocido su uso con bases que expresen estados psicológicos.

> Lecturas recomendadas: Pena (1980, 2004); Santiago Lacuesta & Bustos Gisbert (1999); Pharies (2002); RAE & ASALE (2009: §6.2); Fábregas (2016); Benítez (2020); Zato (2020).

-ura[2]. Alomorfo de **-dura** (*escritura*).

-urgia. Relacionado etimológicamente con **-urgo**. Sufijo nominal que forma nombres de disciplinas o distintos tipos de trabajo. En algunos casos, este sufijo es en realidad la suma de **-urgo** e **-ia**, y se puede argumentar que el nombre de la profesión surge del del agente **-turgo** añadiendo **-ia** con cambio en la consonante final de **-urgo** (*dramaturgo > dramaturgia*), pero existen formaciones aisladas (*siderurgia, metalurgia*) donde no existe el equivalente en **-urgo**.

-urgo. Del griego -ουργός, 'obrero'. Posible sufijo nominal que construye nombres de profesión u ocupación sobre bases también sustantivas, a menudo que exhiben alomorfos cultos, como *drama > dramaturgo*. La inmensa mayoría de estas voces, sin embargo, conservan un valor de agente o persona que ejerce un papel pero no tienen bases segmentables en la conciencia contemporánea del hablante, como *taumaturgo, demiurgo*. De segmentarse, no sería un sufijo productivo, pero podría entrar dentro del elenco de afijos usados para denotar nombres de profesión y ocupación, como **-ero**[2].

-uría. Véase **-duría**. En voces como *habladuría* la segmentación *habla-d-uría*, donde el sufijo se uniría a un participio no es admisible, por la existencia de voces como *correduría*, donde el participio es *corrido* y por tanto se habría esperado *corr-i-duría. Por este motivo es preferible hablar de un sufijo **-duría** que se une a temas verbales.

-urno. Del latín *-urnum*. Posible forma segmentable en unos pocos adjetivos (*diurno, nocturno, taciturno*), donde solo *diurno* puede asociarse con una base nominal no alomórfica (*día*). Si se segmenta, surge el problema de que tomaría como base tanto sustantivos como adjetivos (*tácito > taciturno*). En tal caso, sería un adjetivalizador de significado poco estable y no productivo; cf. también **-erno**.

-uro. Del francés *-ure*. Sufijo nominal propio del lenguaje científico, donde significa 'sal de hidrácido', siendo el hidrácido la base de formación de la palabra.

Tipos de bases

a El sufijo es productivo exclusivamente con sustantivos no contables que designan elementos químicos:

(1) bromo > bromuro, cloro > cloruro, yodo > yoduro

b A estas bases cabe añadir ciertos temas neoclásicos igualmente correspondientes a elementos y compuestos químicos.

(2) hidr-uro, cian-uro, sulf-uro, nitr-uro

Comportamiento gramatical

a Este sufijo siempre forma sustantivos masculinos marcados regularmente por el sufijo -o[1].
b Como corresponde a compuestos y sustancias químicas, dichos sustantivos son nombres no contables.
c Es frecuente que el sustantivo se combine con sintagmas preposicionales que introducen otros sustantivos no contables sin determinante, especificando el subtipo de la sustancia (*cloruro de potasio, cloruro de sodio*, etc.).

Tipos de significado

Como corresponde a un sufijo asociado al léxico científico, el significado de este morfema es unívoco: denota la sal formada a partir de un hidrácido, cuya composición o elemento principal se encuentra denotado por la base.

Propiedades fonológicas y haplologías

Son posibles los casos en que la base pierde sus segmentos finales, tanto si corresponden a un posible morfema como si no: *carbono > carburo*.

Relaciones con otros afijos

Pese a ser homófonos en español actual, no debe confundirse este sufijo con el morfema -*uro* procedente del griego -ουρος y empleado en voces como *anuro* 'sin cola' o *macruro* 'con una gran cola'. Este morfema es un elemento compositivo neoclásico con el valor 'relacionado con la cola de los animales', como muestra la posibilidad de formar voces a partir de él solo mediante la combinación de los prefijos **an-** y **macro-**.

-**urr**-. De origen incierto. Interfijo documentado en un número pequeño de verbos derivados o formaciones apreciativas. Este interfijo es poco productivo, pero se documenta en varios verbos deadjetivales (*manso > mansurrear; pancho > despanchurrar*, cf. también *despachurrar, espachurrar*), en la formación de otros verbos a partir de raíces verbales (*cantar > canturrear*) y ocasionalmente en algunos aumentativos formados sobre adjetivos (*santo > santurrón, manso > mansurrón*). Cuando participa en la formación de verbos, se combina preferentemente con el sufijo -*ear*, pero también se documentan formaciones temáticas en -*ar*. Su significado es poco claro: el interfijo colabora en formar pares de verbos en el que la voz que lo contiene expresa un valor de 'ejecución imperfecta' o repetición interrumpida de la acción, como en *cantar* ~ *canturrear*, pero ese valor no es visible directamente en otras voces como *espachurrar*. Ese mismo valor de ejecución imperfecta es a veces parte del significado de voces que, sobre posibles bases no independientes, podrían contener el sufijo, como en *chapurrear*, que en tal caso sería segmentable en *chap-urr-*, y el valor de repetición sería visible en voces tampoco segmentables en bases identificables como zurrar. Esto produce el problema de si **-urr-** debe considerarse un morfema o más bien una secuencia fonológica que se asocia fonoestéticamente a cierto significado.

LECTURAS RECOMENDADAS: Portolés (1999);, Martín Camacho (2003).

-urrio. De origen incierto, posiblemente vasco. Sufijo despectivo, combinable con adjetivos (*calenturrio, flacurrio, securrio*) y sustantivos (*canturria, campurrio*), en los que conserva la categoría gramatical de la base, y solo excepcionalmente capaz de formar sustantivos sobre bases verbales (*cagar > cagurrio*). Tiene una relación evidente con **-orrio, -arro** y otros sufijos de valor peyorativo fonológicamente próximos a él, y muchas de las voces formadas con él también se documentan con **-urro**.

-urro. De origen incierto, posiblemente vasco. Sufijo apreciativo, de valores despectivos: *blandurro, chiquiturro, campurro*. Muchas de estas voces se documentan con **-urrio**, que es posiblemente una variante de este sufijo (cf. Pharies, 2002).

-us. De la terminación de nominativo de la segunda declinación latina, *-us*. Posible marca de sustantivo, asociada al género masculino, en un dominio pequeño de voces cultas.

a   Esta terminación aparece en una serie de sustantivos masculinos en el lugar en que se esperaría que apareciera **-o**¹.

(1) bonus, cactus, campus, diplodocus, eucaliptus, ficus, humus, ictus, lapsus, lupus, negus, nevus, rictus, tifus, virus

b   También se documenta en latinismos crudos como *agnus, ángelus, cárolus, corpus, cristus, cunnilingus, idus, nonius, nullus, sanctus*.
c   Esta marca siempre tiene género masculino y se restringe a sustantivos, sin que se documente en adjetivos o determinantes.
d   Esta marca siempre es cancelada por los sufijos derivativos (*virus > vírico, bonus > bonificar, tifus > tifoideo*).
e   Los diminutivos alternan entre la preservación de la terminación (*virusito*) y su cancelación (*eucaliptito*).
f   Por lo general, los sustantivos que llevan esta marca no marcan expresamente el número plural (*el virus ~ los virus*).
g   Esta terminación es siempre átona y, en las formaciones no latinas, implica siempre acento llano sobre la palabra.

-usc-. De origen poco claro, posiblemente relacionado con **-usco**. Posible interfijo poco productivo que aparece en algunas formaciones verbales (*apiñar > apeñuscar*, y también *zurruscar, chamuscar, churruscar*). Este interfijo, de segmentarse, tendría un valor semántico poco claro, tal vez relacionado con una intensificación peyorativa que sugiere falta de orden o excesiva intensidad.

-usco[1]. De posible origen prerromano. Sufijo nominal poco productivo.

a   Este sufijo se une a bases sustantivas, como en (1).

(1)   piedra > pedrusco, churro > churrusco

b   Las voces que contienen este sufijo son invariablemente masculinas, regularmente marcadas en **-o**[1].

c   Su significado se asocia a la noción de 'entidad tosca o irregular'; con respecto a una piedra, un pedrusco es una piedra sin labrar o mal labrada, típicamente un fragmento de una piedra mayor que se ha desprendido de ella. Con respecto a *churro*, 'masa harinosa frita', un churrusco en un pedazo de pan demasiado tostado, con un cierto grado de lexicalización.

d   El sufijo puede producir la monoptongación de la base, como en *piedra > pedrusco*.

e   Este sufijo se relaciona etimológicamente con **-uzco**, del que sin embargo se distingue claramente en su uso contemporáneo.

-usco[2]. Alomorfo de **-uzco**, documentado en formas como *pardusco*, siempre en convivencia con la versión interdentalizada *parduzco*.

-úsculo. Del latín *-uscŭlus*, posiblemente por vía francesa. Sufijo diminutivo culto poco productivo asociado casi siempre a sustantivos.

Tipos de bases

a   Este sufijo se documenta en un número reducido de voces en las que se combina con bases sustantivas, generalmente cultas o en alomorfos que coinciden con su forma original latina:

(1)   cuerpo > corpúsculo, obra > opúsculo

b   Tampoco son comunes las formaciones sobre voces que son sustantivos en español actual, aunque se documentan *grupo > grupúsculo* y neologismos como *mierda > mierdúsculo*.

c   Las formaciones que se pudieran postular sobre bases adjetivales son de segmentación incierta en español actual. La conexión con el adjetivo *creper* 'oscuro' que formaba la base de *crepúsculo* en latín se ha perdido por completo. Alguna relación puede identificarse aún en *mayor > mayúsculo* o *menor > minúsculo*, pese a que esta relación derivativa requeriría un alto grado de alomorfía y haplología (*-or*) en español contemporáneo.

Comportamiento gramatical

a   Este sufijo produce sustantivos masculinos marcados en **-o**[1]. El género masculino parece estar impuesto por el sufijo, como sugieren neologismos como *mierda > mierdúsculo*.

b   Este diminutivo no es iterable.

c   Las voces adjetivales son de segmentación dudosa, como en *min-úsculo* y *may-úsculo*, y en caso de segmentarse contendrían raíces relacionadas con la forma comparativa de algunos adjetivos (*mayor, menor*).

Tipos de significado

El sufijo no tiene un valor diminutivo puro, salvo en voces como *corpúsculo*, y añade al significado de tamaño una valoración negativa de la entidad expresa por la base, generalmente relacionada con 'poca calidad' (*opúsculo*), o 'con intención maligna' (*grupúsculo*).

Propiedades fonológicas

Como otros sufijos diminutivos adoptados por vía culta –cf. **'-ulo**, con el que puede relacionarse– este sufijo es esdrújulo. Pese a atraer el acento, no siempre fuerza la monoptongación de la base (*mierd-úscula*, no **merd-úscula*), lo cual sugiere que en formaciones donde sí parece hacerlo (*corp-úsculo*) más bien estemos ante un uso de la base culta *corp-* en lugar de la monoptongación del sustantivo *cuerp-o*.

-ustre. Alomorfo de **-estre**, documentado solo en *lago* > *lacustre*.

-uso. Sufijo gentilicio poco empleado, documentado por ejemplo en *Pasto* (Colombia) > *pastuso*. Posiblemente es también relacionable con el que aparece en la voz *(Islas) Pitiusas*, donde se combina con una base griega equivalente a 'pino' para formar el topónimo 'relacionado con los pinos', es decir, 'tierra de pinos'.

-ute. De origen incierto. Sufijo peyorativo empleado apenas en una sola voz, *franchute*, para formar un gentilicio evaluativo que se refiere despectivamente a los habitantes de Francia, generalmente. Suponiendo una derivación *Francia* > *franchute* o *francés* > *franchute* –y es difícil elegir entre ellas–, el sufijo tiene efectos significativos sobre la base, que incluyen al menos la palatalización y africatización de la consonante final, y tal vez la haplología de **-és**.

-uto. Del latín *-ūtum*, participio de algunos verbos en *-uō*. Posible sufijo segmentable, a veces interpretable como una versión culta de **-udo** (*canuto*). Pese a su origen etimológico, el valor de este sufijo, de segmentarse, sería claramente distinto del de **-udo**, al carecer de un valor sistemático que aporte a la palabra y preferir bases verbales en vez de nominales (*resoluto, disoluto, absoluto, impoluto*). Otras formaciones serían sustantivas (*estatuto, instituto, tributo, atributo*). La dificultad de identificar las bases en español, la variabilidad categorial y la ausencia de significados sistemáticos hacen muy polémica la propuesta de que este segmento debe identificarse como un morfema activo en español (cf. Pharies 2002).

-uv-. Del latín *habui*, forma de perfecto de *habeo*, a través de la evolución *auvi* > *ove* > *uv*. Forma flexiva segmentable que aparece en algunas formas irregulares de perfecto simple o pretérito indefinido.

a   Esta forma aparece en cuatro verbos del español: *hubo*, donde es el únifo morfema pronunciado además de la marca flexiva, *estuvo, tuvo* y *anduvo*.

b Su presencia en los tres primeros verbos es muy estable, pero en el verbo andar apenas se emplea de forma espontánea, y los hablantes tienen a regularizar su pretérito indefinido a *andé, andaste, andó*, etc.

c Gramaticalmente, este morfema convierte al verbo en próximo a la segunda o tercera conjugación con independencia de a qué conjugación pudiera adscribirse antes de tenerlo. Como se ve en (1), las terminaciones corresponden de forma relativamente cercana a las que toman los verbos de segunda (o tercera) en este tiempo verbal.

(1) est-uv-e   beb-í
     est-uv-i-ste   beb-i-ste
     est-uv-o   beb-i-ó
     est-uv-i-mos   beb-i-mos
     est-uv-i-ste-is   beb-i-ste-is
     est-uv-ie-ron   beb-ie-ron

d La diferencia en la primera persona singular (e ~i) con respecto a la conjugación regular de segunda puede explicarse fonológicamente si se acepta que la falta de acento sobre la vocal final fuerza a cambiar su timbre a /e/. Es más difícil explicar fonológicamente la diferencia en la forma de tercera singular, donde **-uv-** impide que aparezca la vocal temática.

e Fonológicamente, este sufijo hace que el acento prosódico no caiga nunca en el morfema de concordancia verbal.

Lecturas recomendadas: Ambadiang (1993); Alcoba (1999); RAE & ASALE (2009: §4.12).

-uzco. Relacionado históricamente con **-usco**[1], de origen prerromano. Sufijo adjetival empleado con bases que expresan colores.

Tipos de bases

a Este sufijo toma exclusivamente bases adjetivales, específicamente adjetivos que expresan ciertos colores básicos.

(1) negro > negruzco, blanco > blancuzco, verde > verduzco

b Dentro de los adjetivos de color, son escasos los tonos que pueden combinarse con este sufijo, y se excluyen muchos adjetivos básicos de color (**azul > azulusco,??amarillo > amarilluzco*), así como todos los términos de color derivados secundariamente de sustantivos (**naranja > naranjuzco, *marrón > marronuzco*).

Comportamiento gramatical

a El sufijo no modifica la categoría gramatical de la base, ya que produce adjetivos a partir de bases igualmente adjetivales (*pardo > parduzco*).

b La presencia del sufijo, de hecho, bloquea el uso del adjetivo de color como sustantivo, forzando que sea empleado en un uso adjetival:

(2) a   un perro blanco
    b. un blanco muy cálido
(3) a   un perro blancuzco
    b. *un blancuzco muy cálido

Tipos de significado

El sufijo aporta el significado de 'color aproximado', denotando que el tono expresado por la base no es exhibido por la entidad en un valor prototípico, sino en un valor que recuerda o se asemeja a él, a menudo sugiriendo tonos manchados, impuros o de apreciación negativa.

Alomorfos y relaciones con otros afijos

Se suele pensar que este sufijo se relaciona etimológicamente con **-usco**[1], del que morfofonológicamente le separaría solo la interdentalización de /s/ en las variedades no seseantes. Pese a que los dos sufijos deben diferenciarse en la lengua contemporánea por su uso, sí se documenta el alomorfo *-usco* para **-uzco** en algunas formaciones ocasionales, como *pardusco* o *verdusco*.

LECTURAS RECOMENDADAS: Pharies (2002).

-uzg-. Posible interfijo que Portolés (1999: 5066) identifica en la forma *pelluzgón*; la segmentación de esta forma, sin embargo, es dudosa.

-uzo. Posiblemente de la terminación adjetival *-ūceus* en latín. Sufijo apreciativo, combinable con adjetivos y sustantivos, asociado a valores peyorativos que ocasionalmente implican nociones aumentativas.

Tipos de bases

a Este sufijo tiene cierta productividad con sustantivos, especialmente referidos a entidades animadas o personificadas: *derecha > derechuza, gente > gentuza, peste > pestuzo*.
b También exhibe algo de productividad con adjetivos, de nuevo usados especialmente para referirse a seres humanos: *borracho > borrachuzo, guarro > guarruzo, hetero > heteruzo*.
c Ocasionalmente, el alomorfo *-eruzo* aparece en formaciones aisladas, como *capa > caperuza*, altamente lexicalizada, o la formación *lameruzo*, caso único de base relacionable con la raíz de un verbo (*lam-e-r*).

Comportamiento gramatical

a Como otros morfemas evaluativos, este sufijo mantiene la categoría gramatical de la base.

b   Con adjetivos, el sufijo es variable en género, marcando con -o^1 en masculino y con -a^1 en femenino: *borrachuzo ~ borrachuza*.
c   Con sustantivos, el sufijo respeta el género de la base cuando esta es animada (*gentuza*), pero varía cuando es no animada: para muchos hablantes impone género masculino en *pestuzo*, pero conserva el femenino en *caperuza*.

Tipos de significado

a   El significado más general de este sufijo es peyorativo, ocasionalmente sin valoraciones sobre el tamaño o intensidad, como en *gentuza* o *derechuza*.
b   En otros casos el valor peyorativo viene de la posesión de propiedades en un grado excesivamente alto, la exhibición exagerada de ellas o la repetición desmedida de las acciones sugeridas por la base, como en *heteruzo*, *pestuzo* o *lameruzo*.
c   Hay también formaciones lexicalizadas carentes de estos dos valores, como en *gatuzo*, especie de pez que se asocia con los gatos porque, según se dice, hace sonidos semejantes a este animal. Este es un caso excepcional en que el sufijo puede formar un adjetivo relacional que clasifica tipos de entidad, como en *tiburón gatuzo*.

Alomorfos

En la medida en que sean voces segmentables en la conciencia del hablante, *lameruzo* o *caperuza* incluyen un alomorfo *-eruzo*. Resultaría poco motivado y excepcional proponer que en lameruzo el segmento *-er-* es la vocal temática -e^2 y el morfema de infinitivo **-r**.

> LECTURAS RECOMENDADAS: Lázaro Mora (1999); Pharies (2002); RAE & ASALE (2009: §9.7).

V

vani-. Posible prefijo adjetival muy poco productivo, que aparece en *vanílocuo* y formas derivadas (*vaniloquio, vanilocuente, vanilocuencia*). Como en otros casos de posibles prefijos acabados en /i/, la dificultad radica en decidir si **vani-** corresponde a una raíz combinada con la vocal de enlace -i- (en cuyo caso sería un elemento compositivo, también presente en formas como *casquivano* o *dentivano*) o ha de interpretarse (al igual que sucede con *pluri-* o *multi-*) como un prefijo donde la /i/, tal vez etimológicamente relacionada con la vocal de enlace, se ha reanalizado como parte del exponente.

-vé. Probablemente del imperativo de *ir*. Posible sufijo enfático que se documenta en combinación con algunos imperativos en Panamá (Robe 1960: 132), como oyevé, andavé. Aunque Lipski (1996: 322) lo trata como un morfema, su comportamiento gramatical sugiere que es más bien el resultado de la contracción de 'oye y ve' o 'anda y ve', puesto que no es productivo y puede legitimar oraciones subordinadas: *oyevé comprame el sombrero azul*

vetero-. Del latín *vetus, vetoris* 'anciano'. Prefijo adjetival poco productivo que denota 'antiguo, del momento más alejado del nuestro' y aparece combinado con algunos sustantivos y adjetivos, sobre todo del ámbito religioso (*veterotestamentario, veterocatólico*), pero no únicamente (*veterofeminismo, veterofascista*). Sus propiedades gramaticales son las típicas de un prefijo adjetival: es en principio iterable, no altera la clase de palabras u otras propiedades gramaticales de la base, se restringe a adjetivos relacionales y sustantivos, y no participa en parasíntesis. La existencia de la forma *veter-ano* arroja dudas sobre si no está desarrollando un uso como tema neoclásico.

vice-. Del latín *vicis* 'vez'. Prefijo adjetival de valor jerárquico que designa el cargo inmediatamente inferior al expresado por la base.

Tipos de base

a Este prefijo se combina productivamente con sustantivos que designan distintos tipos de cargos políticos, administrativos y de responsabilidad dentro de estructuras organizativas:
   vicealmirante, vicecapitán, vicesargento, vicecomodoro, vicesecretario, viceministro, vicegobernador, vicecónsul, viceconsejero, vicecoordinador, vicedecano, viceprefecto, vicemariscal, entre muchas otras.

b Ocasionalmente, la base puede ser un sustantivo que no se refiere necesariamente a un cargo político, pero sí a un papel otorgado socialmente por otros o que designa una profesión o papel profesional, para designar a la persona que sigue inmediatamente al que designa la base, como en *vicepárroco, vicecampeón, viceportavoz, vicefiscal, viceprofesor*.
c En el caso del sustantivo *vicetiple*, se designa a la persona con voz un grado por debajo de la voz de *tiple*.
d Normalmente los sustantivos que contienen este prefijo y que designan los nombres abstractos de poseer la condición social correspondiente (*vicepresidencia*) o el lugar donde se ubica (*vicerrectorado*) son derivados de los nombres de cargo con el correspondiente prefijo ya incorporado, pero se documentan algunos casos no derivados donde la base es un nombre abstracto referido a la condición: *vicegobierno, viceprovincia* ('conjunto de conventos de una orden religiosa que aún no se ha erigido en provincia').
e No es descomponible en español *viceversa* 'al contrario', usado como una expresión adverbial.

Comportamiento gramatical

a Este prefijo es iterable, añadiendo un grado menos dentro de la jerarquía por cada iteración: *vicevicepresidente*.
b Este prefijo no admite la expansión funcional de la base.
c Este prefijo admite interpretaciones en que afecta semánticamente no solo al sustantivo con el que se combina sino también sobre sus modificadores: el *viceministro de economía* es la persona que sigue en rango al ministro de economía, no la persona que se dedica a la economía y sigue en rango a un ministro. Nótese que esta interpretación no se extiende a los modificadores que son adjetivos relacionales: el *vicepresidente económico* no es la persona que sigue en rango al presidente económico, sino la persona que se dedica a la economía y sigue en rango al presidente.

Tipos de significado

El valor de este prefijo es muy estable, y designa el valor inmediatamente inferior a aquel que expresa la base dentro de una jerarquía. Si el sustantivo de la base no implica una jerarquía por sí mismo (*campeón, tiple, provincia, gobierno*), el prefijo fuerza al hablante a construir esa jerarquía para poder interpretarlo.

Propiedades fonológicas

Como la mayoría de los prefijos, este preserva parte de su independencia fonológica de la base, rechazando la simplificación vocálica en linde de morfema (*vicealmirante*, no **vizalmirante*).

Alomorfos

En la forma *vizconde* (y sus derivados *vizcondesa, vizcondado*) es necesario reconocer un alomorfo *viz-*. En la forma *virrey*, es descomponible la forma *vi-*.

Relaciones con otros afijos

Véase **sub-**, **sobre-**, **contra-** para otros prefijos de valor jerárquico. Estos prefijos jerarquizantes se asimilan parcialmente a los que expresan relaciones verticales –a través de generaciones– en las familias, cf. **tatara-** y **bis-**.

> LECTURAS RECOMENDADAS: Varela & Martín (1999).

viz-. Alomorfo de **vice-** restringido a *vizconde*, *vizcondesa* y *vizcondado*. En la forma *biznieto* (por *bisnieto*), que etimológicamente contiene el prefijo **bis-**, es probable que haya habido un cruce entre este alomorfo y el prefijo original, debido a que **vice-** define relaciones jerárquicas –y por tanto, verticales– entre entidades, y el parentesco entre abuelos y nietos es una relación vertical.

X

xenna-. Del griego ἐννέα 'nueve', empleando el final en /a/ de los prefijos multiplicativos a partir de **mega-**, y con una x inicial elegida arbitrariamente. Prefijo cuantificativo multiplicativo que se emplea en algunos textos científicos como sinónimo informal de **ronna-**, y que equivale a 10^{27}, siempre con bases que constituyen unidades de medida.

xeno-. Del griego ξένος 'ajeno, extraño'. Posible prefijo adjetival. Pese a que algunas obras citan este elemento como un prefijo del español, no presenta las propiedades esperables que le garantizan este estatus. Si bien no existe una gran cantidad de formaciones siguiendo este patrón, este elemento se comporta como un tema neoclásico en que forma palabra en unión a un afijo (*xenismo*), y en que existe al menos una forma en que aparece en segunda posición (*piroxeno*, mineral encontrado en residuos volcánicos y por tanto 'ajeno al fuego'). Su comportamiento como posible prefijo se restringe a algunas formaciones en que aporta el significado 'ajeno' (*xenofobia, xenotransplante*) o 'extraño' (*xenología*), en que aparece en primera posición.

xero-. Del griego ξηρός 'seco'. Prefijo adjetival que se combina con sustantivos y bases neoclásicas interpretadas como sustantivos.

a   Este prefijo se combina sobre todo con bases neoclásicas interpretadas como sustantivos (*xerografía* 'técnica de impresión en seco, sin tinta'; *xeroftalmia* 'síndrome de ojos secos') y adjetivos relacionales (*xerófilo* 'adaptado a climas secos', *xerodermo* 'de piel seca'), y solo ocasionalmente con sustantivos (*xerocopia* 'copia en seco').
b   Como sucede con muchos prefijos adjetivales, este prefijo no es iterable. No altera las propiedades gramaticales de la base, de las que preserva su marca de género.
c   No admite la expansión funcional de la base.
d   Su interpretación se relaciona con el adjetivo 'seco', pero habitualmente son necesarias glosas adverbiales más bien equivalentes a 'en seco', donde el prefijo más que calificar como seco a la base (*xeropaisajismo, xeroftalmia, xerodermia*) indica que la manera de realizar una acción relacionada con la base no requiere líquidos o un mínimo de ellos, como en *xerografía, xerojardinería, xerófito*.
e   Aunque etimológicamente el contenido de este prefijo es muy fuerte semánticamente, lo que suele ser una propiedad de los elementos compositivos, este elemento es formalmente un prefijo, ya que no aparece nunca como segundo elemento de una palabra y no da lugar a formaciones en combinación con otros afijos (*xérico).

DOI: 10.4324/9781003415046-24

xilo-. Del griego ξύλον 'madera'. Prefijo adjetival que se combina con bases neoclásicas interpretadas como sustantivos, y algunas bases españolas de la misma categoría.

a   Este prefijo se combina sobre todo con bases neoclásicas interpretadas como sustantivos (*xilófono* 'instrumento musical de madera'; *xilografía* 'técnica de grabado en madera', *xilomancia*) y solo ocasionalmente con sustantivos (*xilograbado, xiloprotector, xiloenergía*).
b   Como sucede con muchos prefijos adjetivales, este prefijo no es iterable. No altera las propiedades gramaticales de la base, de las que preserva su marca de género.
c   No admite la expansión funcional de la base.
d   Su interpretación se relaciona con el adjetivo relacional 'maderero' o 'relacionado con la madera', dando lugar a un número muy variado de interpretaciones, como es típico de los adjetivos relacionales: interpretación de argumento interno o complemento (*xilófago* 'que come madera', *xiloprotector* 'que protege la madera'), lectura de lugar (*xilografía*), de medio o instrumento (*xilófono, xiloenergía*), entre otras. De forma interesante no se documentan interpretaciones en que el prefijo indique que la entidad denotada por la base es de madera.
e   Aunque etimológicamente el contenido de este prefijo es muy fuerte semánticamente, lo que suele ser una propiedad de los elementos compositivos, este elemento es formalmente un prefijo, ya que no aparece nunca como segundo elemento de una palabra y no da lugar a formaciones en combinación con otros afijos (*xílico).

Y

-y.[1] Del antiguo clítico locativo *y* 'allí', y este del latín *ibi* 'allí'. Sufijo flexivo de naturaleza locativa.

a   Este sufijo solo es segmentable en el verbo presentacional *hay*, que contrasta con *ha* como tercera persona singular del auxiliar *haber*. Sincrónicamente no es segmentable en las terminaciones de primera perosona singular de formas como *soy, estoy, doy* (cf. **-oy**).

b   En la forma presentacional, este morfema está restringido al presente de indicativo: *Ha-y muchas cosas* (vs. {*Había / que haya / hubo / que hubiera*} *muchas cosas*).

c   El valor locativo etimológico de este sufijo se relaciona claramente con el verbo presentacional, del que se ha dicho en muchas lenguas, incluido el español, que toma como sujeto una expresión locativa (cf. inglés *There was a boy*; cf. Fernández Soriano 1999). De ser así podría tratarse este sufijo como una marca de concordancia locativa.

d   Un aspecto a favor de tratar este morfema como un sufijo que marca la naturaleza locativa del sujeto es que los hablantes que concuerdan el verbo presentacional con el argumento nominal (*Habían niños, que hayan niños, que hubieran niños*, etc.) generalmente no extienden esa concordancia al presente de indicativo, donde el verbo marca explícitamente con **-y** la naturaleza locativa.

e   No obstante, la concordancia *hayn* se documenta en distintas zonas del español (cf. Claes 2014, que lo documenta en variedades antillanas, rioplatenses, colombianas y venezolanas), lo cual sugiere que no se interpreta como una marca de concordancia locativa en todas las variedades.

LECTURAS RECOMENDADAS: Penny (1993).

-y[2]. De la marca posesiva del quechua, *-y*. Sufijo apreciativo diminutivo enfático.

a   Lipski (1996: 213-214) identifica este sufijo entre hablantes bilingües quechuas de Bolivia, añadido a la forma diminutiva para marcar un grado mayor de afecto o cercanía:

(1)   hermana > hermanita > hermanitay, corazón > corazoncito > corazoncitoy

b   El efecto afectivo puede relacionarse con el valor posesivo original de este sufijo en quechua: 'corazoncito mío', 'hermanita mía' también se asocian con un valor afectivo.

DOI: 10.4324/9781003415046-25

c   Nótese que este sufijo se une a las bases tras la vocal de género, frente a otros elementos apreciativos, que la preceden. Esto incide en la posibilidad de que este sufijo se siga tratando como una marca posesiva, introducida estructuralmente por encima de la flexión de género de la base.

yocto-. Del griego antiguo *οκτώ* 'ocho', al que se antepone *y* para evitar que la sigla que habría sido empleada para él (*o*) se confundiera con el número 0. Prefijo cuantificativo que equivale al valor 10^{-24}. Propio del lenguaje técnico, se combina solamente con sustantivos equivalentes a unidades de medida, como en *yoctosegundo, yoctonewton, yoctogramo, yoctómetro*.

yotta-. Del italiano *otto* 'ocho', partiendo del griego *οκτώ*, con sustitución de la vocal final por *-a* por analogía con **peta-** y otros prefijos de la serie, al que además se añade la Y inicial para evitar que su sigla fuera O y se confundiera con el número 0. Prefijo cuantificativo que equivale, en el lenguaje técnico, al valor 10^{24}. Se combina solamente con sustantivos que designan unidades de medida, como *yottabite, yottámetro, yottagramo*.

yuxta-. Del latín *iuxta* 'junto a'. Prefijo preposicional locativo.

Tipos de bases

a   Este prefijo se combina sobre todo con adjetivos relacionales, dentro del lenguaje científico, y especialmente con aquellos que indican relaciones con distintos órganos y regiones anatómicas: *yuxtacortical, yuxtacapilar, yuxtacervical, yuxtapiramidal (pirámide bulbar)*...
b   También aparece combinado dentro del verbo *yuxtaponer*, y sus formas derivadas (*yuxtapuesto, yuxtapongo*...)

Comportamiento gramatical

a   Este prefijo no es iterable.
b   Este prefijo no modifica las propiedades gramaticales de la base, y mantiene las propiedades morfológicas que tuviera en ausencia del prefijo, incluyendo clase de conjugación, irregularidades, etc.
c   Este prefijo no permite la expansión funcional de la base ni la interpolación de modificadores.
d   Este prefijo forma frecuentemente paradojas de encorchetado: *yuxtacervical* es 'relacionado con el área próxima a la región cervical', no 'próximo a lo relacionado con la región cervical'.

Tipos de significado

El significado de este prefijo es locativo de forma estable, y se puede glosar como 'cerca de, en las proximidades de, en contacto con'. En el verbo *yuxtaponer* este significado se mantiene: poner algo cerca o en contacto con otra cosa.

Comportamiento fonológico

Este prefijo admite acento secundario no rítmico en su primera sílaba. No se combina con bases que comiencen por vocal, lo cual impide comprobar si conduce a la elisión de algún segmento.

Z

zepto-. Del latín *septem* 'siete'. Prefijo cuantificativo fraccionario del lenguaje técnico con valor equivalente a 10^{-21}, y que se combina únicamente con sustantivos que equivalen a unidades de medida, como *zeptosegundo, zeptogramo, zeptomol*.

zetta-. Del latín *septem* 'siete'. Prefijo cuantificativo del lenguaje técnico con valor equivalente a 10^{21}. Prefijo cuantificativo que se combina únicamente con sustantivos que equivalen a unidades de medida, como *zettabit, zettaflop*.

-zón[1]. Alomorfo de **-ón**[4], muy poco usado.

-zón[2]. Del latín *-tiō, tionis*. Sufijo nominalizador deverbal de valor estativo.

Tipos de bases

a El sufijo **-zón**[2] toma invariablemente bases verbales, casi siempre de la primera conjugación.

    (1)   armazón, cargazón, cerrazón, picazón, quemazón, salazón

b Existe una única forma verbal de la segunda conjugación, de valor lexicalizado, que aparece con este sufijo. En ella la vocal temática se mantiene invariable.

    (2)   comezón

c Las clases semánticas de verbos que se emplean como base de este sufijo cae en dos categorías principales. La primera de ellas es la de verbos que expresan daños, heridas y otras situaciones cuyo resultado causa molestia o dolor.

    (3)   hinchar > hinchazón, picar > picazón, quemar > quemazón

d La segunda clase se refiere a verbos que implican la acción de unir o juntar dos o más cosas en la misma estructura.

    (4)   armar > armazón, ligar > ligazón, trabar > trabazón

e Los verbos que sirven como bases tienen en común que casi siempre implican estados resultantes que afectan a sus objetos.

    (5)   armar una estructura, ligar dos ideas, quemar un asado, salar el pescado, hinchar un globo

    (6)   armazón, ligazón, quemazón, salazón, hinchazón

f   Es puramente estativo, sin noción de resultado, el verbo *picar* (*picazón*) en la acepción usada por el sufijo, 'sentir picor'.
g   Ninguna de las formas verbales usada en la base contiene morfemas verbalizadores, pero su carácter verbal es indudable dado que se preserva la vocal temática.

Comportamiento gramatical

a   El sufijo **-zón**^{2} forma invariablemente sustantivos a partir de verbos.
b   Los sustantivos son regularmente femeninos, sin marca explícita de género.

(7)   la hinchazón, la comezón, la salazón

Es excepcional en este sentido el sustantivo *armazón*, que admite también el género masculino, igualmente no marcado (*el armazón* o *la armazón*), probablemente por la selección del alomorfo el para el artículo en el sustantivo *arma* (*el arma*), con el que se relaciona etimológica y semánticamente.

c   El sufijo siempre preserva, sin cambios, la vocal temática de la base verbal, algo a lo que sin duda contribuye que su primer segmento sea una consonante.

(8)   hart-a-zón

d   El sufijo **-zón**^{2} da sustantivos tanto contables como no contables. Lo más habitual es que los sustantivos sean no contables, como corresponde a los sustantivos que, en general expresan estados.

(9)   *dos hartazones, *cuatro cargazones

(10) *tres hambres, *seis fríos

e   La versión contable suele referirse al grupo formado por las bases verbales que designan formas de unir o juntar entidades, en las que el sufijo puede referirse a los instrumentos usados para la unión o los objetos que resultan de dichas uniones.

(11) dos armazones, tres ligazones, seis trabazones

f   No son frecuentes en español los nominalizadores que expresan estados, por lo que no suele hablarse en las gramáticas de 'sustantivos deverbales de estado', que sin embargo es una clase que puede justificarse en virtud de su comportamiento gramatical.
g   Las nominalizaciones de estado (Fábregas, 2016) se caracterizan por (i) permitir modificadores temporales, (ii) ser sustantivos no contables (cf. 9), (iii) permitir argumentos deverbales y (iv) rechazar los modificadores dinámicos o, en general, las marcas que se relacionan con la eventividad. Como puede verse, el sufijo **-zón**^{2} forma derivados que tienen estas propiedades precisamente.

(12) a. una cargazón de dos horas, una hinchazón de varios días
      b. la trabazon de esta idea con aquella idea
      c. *La picazón tuvo lugar el jueves.

Tipos de significado

a   Su valor básico es el de expresar el estado asociado al verbo base, especialmente interpretado como cierta sensación que experimenta un sujeto animado.

(13) sentir una gran {quemazón / cargazón / picazón / comezón}

b Otras interpretaciones menos comunes de la noción de estado con este sufijo son estado resultante, referido a la posesión de propiedades físicas (*salazón*), o estado psicológico (*cerrazón*). Si bien no se derivan de bases identificables en español, estos mismos valores se manifiestan en los términos *sazón* y *desazón*.

c Dada la tendencia a que esos estados sean sensaciones o estados psicológicos, cuando el verbo base tiene un significado aplicado a personas o entes animados y otro referido a entidades no animadas, el sufijo **-zón²** selecciona el primero.

 (14) a. hinchar el globo > #la hinchazón del globo
      b. hincharse la mano de Pedro > la hinchazón de la mano de Pedro

 (15) a. cargar el camión > #la cargazón del camión
      b. cargar a Marta [agotar a Marta] > la cargazón de Marta

 (16) a. cerrar la puerta > #la cerrazón de la puerta
      b. cerrarse Luis a algo [negarse Luis a algo] > la cerrazón de Luis

d En tanto que estados interpretados como sensaciones o resultados, el sufijo permite en este uso que el sustantivo reciba modificadores que ponderan el grado o intensidad de dicho estado.

 (17) una gran cargazón, una ligera picazón, demasiada quemazón, muy poca cerrazón

e Con los verbos que designan unión entre dos cosas, el derivado nominal puede referirse al estado de unión entre dichos objetos.

 (18) a. la trabazón entre estas ideas
      b. la ligazón entre esos elementos

f Del valor anterior se deriva a menudo una lectura en que el sustantivo designa no el estado resultante de la unión, sino el objeto usado como instrumento para unir las partes del todo (*armazón*, donde la lectura de estado es más difícil de obtener en la actualidad) o la entidad que hace patente dicha unión (*trabazones, tablazones*).

Relaciones con otros afijos

Pese a la relación etimológica con **-ción** y con **-ón⁴** este sufijo es sincrónicamente distinto de ellos, ya que se especializa en lecturas de estado que son imposibles con el segundo y no forzosas con el primero. En tanto que nominalizador que expresa estados, el sufijo compite con **-dura**, que sin embargo permite con mayor facilidad la lectura de objeto resultado más que de estado, como se aprecia en el contraste de (19).

 (19) a quemadura ~ quemazón
      b picadura ~ picazón

LECTURAS RECOMENDADAS: Santiago Lacuesta & Bustos Gisbert (1999); Pharies (2002); RAE & ASALE (2009: §5.11).

-zucho. Alomorfo de **-ucho.**

-zuelo. Alomorfo de **-uelo**, usado en voces cuyas bases acaban en /n/ y algunas consonantes líquidas, como *bribonzuelo, jovenzuelo* o *escritorzuelo*.

Glosario de términos técnicos empleados

Actividad Un predicado de actividad es un predicado que describe un cambio o proceso que no alcanza una culminación y no tiene un fin natural, por lo que en principio puede extenderse en el tiempo indefinidamente y solo puede finalizar de forma arbitraria. *Correr* o *nadar* son verbos de actividad porque describen situaciones donde sucede algo y que en principio pueden prolongarse en el tiempo sin alcanzar una culminación.

Adjetivo Calificativo Adjetivo que proporciona cualidades o propiedades de las personas o las cosas, como *hermoso, fácil* o *desagradecido*.

Adjetivo Elativo Adjetivo que designa por sí mismo el grado extremo de cierta propiedad y, por ello, rechaza ciertos modificadores. Se distingue entre elativos morfológicos, que contienen un morfema superlativo (*altísimo*) y elativos léxicos, que expresan grado extremo sin dichos morfemas (*espléndido* u *horrible*).

Adjetivo perfectivo Adjetivo absoluto que expresa propiedades que normalmente se alcanzan como resultado de un proceso previo, como *limpio, roto* o *borracho*.

Adjetivo Relacional O De Relación Adjetivo, generalmente derivado de un sustantivo o relacionado semánticamente con él, que no designa una cualidad, sino la relación que se establece con cierto ámbito o dominio, como *telefónico, ministerial* o *químico*.

Adjetivo CLASE LÉXICA DE PALABRAS que modifica o se predica de un sustantivo, con el que concuerda en género y número, y que suele admitir modificadores de grado.

Adjunto Grupo sintáctico que no está exigido por el significado de un predicado y por ello es opcional, como los subrayados en *El lunes Ana leyó un libro en la cama*.

Adverbio Clase invariable de palabras cuya función es la de MODIFICAR otros grupos sintácticos, como *demasiado largo, incluso María* o *cantar maravillosamente*.

Agente FUNCIÓN SEMÁNTICA que corresponde a la entidad que, conscientemente, da lugar a una acción, como en *Juan escribió una carta*.

Agramaticalidad Propiedad de las ORACIONES y GRUPOS SINTÁCTICOS que son imposibles en una lengua por infringir alguna de las reglas de esta y, por tanto, nunca son emitidos por sus hablantes. Se marca generalmente con el asterisco *.

Apódosis En un PERÍODO, la oración principal, como *Si quisiera, lo haría*.

Aspecto Léxico Información que el significado propio de cada PREDICADO aporta acerca de su aspecto, es decir, de las distintas fases en las que puede dividirse la acción que expresa o de la naturaleza de la situación que denota.

Aspecto Información que se proporciona acerca del desarrollo interno de cierta acción o acerca de las características de cierto estado, distinguiendo, entre otras nociones, si ha culminado en un resultado o puede culminar en él, si carece de duración interna o si puede prolongarse indefinidamente.

Atelicidad La atelicidad es una propiedad de los predicados dinámicos o no que describen situaciones que no conducen a una meta, culminación o compleción, por lo que en principio pueden extenderse indefinidamente en el tiempo.

Composición Proceso morfológico por el que dos o más palabras forman conjuntamente una tercera, llamada compuesto, como en *limpiabotas*.

Composicionalidad Propiedad de ciertas combinaciones de morfemas o palabras cuyo significado puede predecirse a partir del significado de sus constituyentes y, por tanto, no debe listarse en el diccionario.

Concordancia Relación que se establece entre ciertas palabras y grupos sintácticos, por la cual deben compartir ciertos rasgos gramaticales, como la persona, el género y el número.

Conjunción CLASE GRAMATICAL de palabras invariables que ligan dos o más oraciones o grupos sintácticos, a veces mediante COORDINACIÓN (*Juan y María*) y a veces mediante SUBORDINACIÓN (*Juan dice que María está enferma*).

Coordinación Relación sintáctica establecida entre dos o más elementos que desempeñan la misma FUNCIÓN SINTÁCTICA, de tal manera que ninguno depende de los demás, como la establecida entre los segmentos subrayados en *bueno, guapo y alto* o *Ni vino ni se fue*.

Deadjetival En morfología, voz que se forma a partir de un ADJETIVO, como *hermosura* (de *hermoso*) o *blanquear* (de *blanco*). Se llaman deadjetivales los morfemas que se combinan con adjetivos para dar otras voces.

Deadverbial En morfología, voz que se forma a partir de un ADVERBIO, como *acercar* (de *cerca*) o *adelantar* (de *delante*).

Denominal En morfología, voz que se forma a partir de un SUSTANTIVO, como *encarcelar* (de *cárcel*) o *bondadoso* (de *bondad*). Se llaman denominales los morfemas que se combinan con sustantivos para dar otras voces.

Deverbal En morfología, voz que se forma a partir de un VERBO, como *concebible* (de *concebir*) o *clarificación* (de *clarificar*). Se llaman deverbales los morfemas que se combinan con verbos para dar otras voces.

Dinamicidad La dinamicidad es una propiedad de los predicados verbales que los diferencia con respecto a la situación que describen. Un predicado es dinámico cuando se desarrolla durante un periodo de tiempo y en ese periodo, incluso cuando la acción sucede de forma ininterrumpida, hay instantes que no pueden ser descritos con el propio predicado: si alguien come, corre o trepa durante diez minutos en ese periodo de diez minutos hay instantes en que la persona, por ejemplo, mastica un grano de arroz, tiene ambas piernas en el aire y no se desplaza o se sujeta a un lugar sin moverse hacia arriba. Un predicado es no dinámico cuando puede extenderse durante un periodo de tiempo y cualquier instante de ese periodo puede describirse con ese mismo predicado: si alguien espera, está enfermo o duerme durante dos horas, en cualquier instante dentro de esas dos horas es cierto que espera, está enfermo o duerme. Son no dinámicos algunas actividades y todos los predicados de estado.

Elipsis Proceso sintáctico que calla ciertos segmentos que ya han sido mencionados en el discurso previo, como se ve en *-¿Te gusta este jersey? – Me gusta más el ∅ verde*.

Episodicidad Propiedad de algunos predicados por la que describen situaciones que se dan o suceden en un periodo de tiempo definido. Se consideran no episódicos los predicados cuando denotan obligaciones, hipótesis, costumbres o disposiciones generales.

Epistémicidad Noción semántica que alude al juicio que el hablante hace de un estado de cosas como cierto, probable, posible o dudoso, como en *Puede que llueva* o *Seguramente está aquí*.

Escala Concepto semántico formado por la serie de valores que se ordenan dentro de una misma dimensión, como la serie *poco alto < bastante alto < muy alto* o *poco < bastante < mucho < demasiado*. Por extensión se emplea también para hablar de aquellos adjetivos que expresan propiedades que pueden darse en distintos grados, mayores o menores.

Estado Un predicado de estado es un predicado que describe una situación sin cambios internos y que no admite modificadores de manera como rápidamente, cuidadosamente, accidentalmente o de forma atropellada. Así, *saber español* es un predicado de estado porque designa una situación sin cambios internos –la situación de poseer una capacidad o conocimiento– y no se admite *saber español cuidadosamente*, pero sí *aprender español cuidadosamente*, ya que este segundo no es un verbo de estado.

Exocentricidad Situación en la que ninguno de los consituyentes de una palabra puede caracterizarse como su NÚCLEO, como *limpiabotas* o *rostro pálido*.

Experimentante FUNCIÓN SEMÁNTICA desempeñada por las entidades, generalmente animadas, que sufren ciertos estados psicológicos, como *Juan se preocupa mucho*.

Flexión Proceso que marca morfológicamente los distintos accidentes gramaticales de una voz, como los morfemas subrayados en *chicas altas*.

Forma No Personal Del Verbo Forma verbal que carece de FLEXIÓN de persona, tiempo y modo, como el infinitivo, el gerundio y el participio.

Función Semántica Papel que desempeña un grupo sintáctico con respecto a la acción o el estado de cosas designado por un predicado, como AGENTE o PACIENTE.

Función Sintáctica Papel que desempeña un grupo sintáctico dentro de la estructura de la oración, como SUJETO O COMPLEMENTO CIRCUNSTANCIAL.

Genericidad Interpretación de ciertos pronombres y grupos nominales que se refieren a todas las entidades que forman parte de una clase, como en *El perro es un mamífero*.

Gramaticalización Proceso histórico por el que una voz perteneciente a una CLASE LÉXICA se interpreta y usa, con el paso del tiempo, como una marca gramatical.

Haplología Proceso por el cual se suprimen segmentos fonológicos de una palabra cuando esta se deriva morfológicamente, como sucede con el segmento subrayado en *novedad > novedoso*.

Inacusativo Verbo intransitivo cuyo sujeto desempeña la función semántica de paciente y que por tanto carece de un agente, como *llegar, aparecer, morir* o *caer*.

Inalienabilidad Relación semántica establecida entre una entidad y otra que se considera parte necesaria de la primera, como *María perdió la vista* o *Luis se rompió la pierna*.

Inergativo Verbo intransitivo cuyo sujeto desempeña la función semántica de agente y por tanto controla la manera en que se realiza la acción, como *correr* o *caminar*.

Inespecificidad Propiedad de los grupos nominales y los PRONOMBRES que se refieren a cualquier entidad perteneciente a una clase, sin aludir a una de ellas en particular y aun a veces sin suponer que esta tenga existencia real, como *Cada niño leyó una novela distinta* o la interpretación del sujeto en *Llaman a la puerta*, donde se indica que hubo al menos una persona, no definida, que llamó a la puerta.

Interfijo Secuencia de sonidos, segmentable morfológicamente para algunos autores, que aparece entre una BASE y un PREFIJO o un SUFIJO, como en *en-s-anch-ar* o *buen-ec-ito*.

intersectividad Propiedad de aquellos modificadores que designan propiedades que se aplican con igual propiedad a la entidad denotada por el sustantivo y a su hiperónimo; así si alguien es *un médico alto* también es *una persona alta*.

Iteración Propiedad de ciertas reglas, que permite aplicarlas de nuevo a la forma a la que han dado lugar. Muchas reglas sintácticas y ciertas reglas compositivas son recursivas, como se ve en *para + brisas > parabrisas; limpia + parabrisas > limpiaparabrisas*.

Lexicalización Propiedad semántica de ciertas combinaciones de morfemas o palabras, por el cual el significado del conjunto no puede deducirse a partir del significado de sus partes, como en *saltamontes* u *ojo de buey*.

Logro Un predicado de logro es un predicado que describe una situación de cambio sin incluir en su significado el proceso previo que conduce al cambio o el posterior al inicio del cambio. Así, estos predicados no designan situaciones extendidas en el tiempo, sino localizadas en instantes que pueden en ocasiones definirse con precisión: disparar un arma, explotar, morir o llegar a casa describen acciones instantáneas y no mencionan los procesos previos –si los hay, como la acción de agarrar el arma y apuntar, agonizar o moverse hacia la casa– o que siguen a dicho instante.

Morfema Apreciativo SUFIJO O INTERFIJO que se añade a una voz para expresar la valoración que merece lo que esta denota, como *amiguito, feúcho* o *fortunón*.

Nombre Colectivo Sustantivo que designa entidades formadas por la agrupación de personas o cosas similares, y que en singular acepta ser término de la perposición entre, como *profesorado, ejército* o *rebaño*.

Nombre Común Sustantivo usado para distribuir a las entidades en clases en virtud de ciertas propiedades compartidas, como *alumno, pera* o *camello*.

Nombre Contable Sustantivo que acepta los numerales cardinales, ya que denota entidades cuyos límites son precisos y que por tanto pueden enumerarse: *perro, libro, manzana, casa*.

Nombre Individual Sustantivo que, en singular, designa entidades concebidas como entidades únicas o átomos, como *profesor, soldado* o *cabra*.

Nombre Masa O No Contable Sustantivo no contable, es decir, sustantivo que generalmente rechaza los numerales cardinales, a menudo por designar nociones, sustancias o materias sin límites precisos, como *agua, harina* o *testarudez*.

Nombre Propio Sustantivo que identifica a una entidad dentro de una clase sin informar sobre sus propiedades características, como *Ana, México* o *Niágara*.

Paciente FUNCIÓN SEMÁNTICA que corresponde a la entidad que sufre una transformación o desplazamiento en una acción, como en *Luis peló las manzanas*.

Parasíntesis Proceso morfológico en que una voz, generalmente un verbo, se forma añadiendo simultáneamente un PREFIJO y un SUFIJO, como *en-gord-ar* o *a-bomb-ar*, o mediante un sufijo y un constituyente compositivo, como *quince-añ-ero.*

Prefijo Morfema ligado que aparece a la izquierda de su base, como *pre-* (*pre-aviso*).

Preposición Clase de palabras invariables que obligatoriamente introducen un complemento nominal, pronominal o una oración subordinada sustantiva, como *con un martillo, de aquí* o *para que vayas*.

Productividad Número de formas a las que un proceso o una regla gramatical puede dar lugar; así, la productividad de la PRONOMINALIZACIÓN del COMPLEMENTO DIRECTO es alta.

Prótasis En un PERÍODO, la oración subordinada, como *Si quisiera, lo haría*.

Realización Un predicado de realización es un predicado que describe un cambio o proceso con extensión temporal que alcanza de forma natural una culminación o final: estos procesos no pueden extenderse en el tiempo indefinidamente, porque antes o después se completan. Así, *leer un libro* o *correr un kilómetro* son predicados de realización porque describen situaciones que ocupan algo de tiempo pero que se completan tan pronto se alcanza un kilómetro entero o se llega al final del libro.

Segmentación División de una construcción morfológica o sintáctica en sus partes constituyentes, como *en-carcel-a-miento*.

Sufijo Morfema ligado que aparece a la derecha de su base, como *–oso* (*glori-oso*).

Sustantivo CLASE LÉXICA de palabras que se caracteriza por admitir género y número, formar grupos nominales y hacer CONCORDAR a adjetivos, determinantes, cuantificadores y participios, como *Pedro, clase, dinosaurio* o *institucionalización*.

Telicidad El concepto de telicidad es una propiedad de los predicados dinámicos que describen situaciones de cambio, creación, consumo o destrucción que pueden completarse al alcanzar un final natural o una meta. Un predicado télico –entre los que están las realizaciones y los logros– no puede prolongarse indefinidamente en el tiempo, por muy lento que se realice, ya que en algún punto se alcanza la meta: *pintar la pared, ordenar la ropa, llegar a casa, nacer*.

Tema Neoclásico Formante de origen grecolatino que, en español, no puede formar una palabra si no es con la ayuda de morfemas derivativos o compositivos y que no tiene una posición fija en la palabra, como *grafo* (*gráfico, ágrafo, grafólogo, bolígrafo*).

Vocal Temática Morfema obligatorio en los verbos, que designa la conjugación a la que estos pertenecen, como los subrayados en *pasar, temer* y *vivir*.

Apéndices. Clasificaciones de afijos citados

I. Clasificación de afijos por la categoría gramatical que imponen

a) Sufijos

ai. Nominalizadores

de acción o estado: *-ada¹, -aje¹, -ata¹, -azgo², -azo³, -ción, -cro, -dera, -dura, -en, -én, -eo, -eque, -ería², -ido², -ina¹, -jo, -mento, -miento, -ncia, -nda, -nza, -ón⁴, -or¹, -rén, -toria, -ullo, -zón²*

de agente o instrumento: *-án, -de, -dor, -ete², -lle, -ndero¹, -ica¹, -iz, -nte, -ojo², -rife, -tegui, -triz*

de cualidad: *-deras, -dumbre, -era¹, -ería², -ez, -eza, -ia, -ía¹, -icia, -icie, -idad, -itud, -ncia, -nza, -or¹, -ucio¹, -ura*

de lugar: *-dero¹, -duría, -terio, -torio¹*

de resultado o entidad afectada: *-ato², -do⁴, -dura, -men, -ndo²*

de otros participantes: *-ajo², -año¹, -ata¹, -azón, -ción, -erio, -ijo, -ja, -mento*

aii. Adjetivalizadores

relacionales *-aca, -áceo, -aco¹, -aico, -al¹, -alista, -ano, -año², -ar, -ario¹, -arra, -asco, -ata³, -avo², -eca, -eco, -enco, -engo, -eno¹, -ense, -eño, -eo, '-eo, -erno, -ero², -és, -estre, -eyo, -í¹, -iano, -ica3, -icio, '-ico¹, '-ico2, -iego, '-igo, -il¹, -il, -ín³, -ino¹, -io², -ío¹, -isco, -ístico, -ista, -ita¹, -nte, -oca, -ol¹, -oso¹, -oso², -ota, -tano, -tivo, -torio², -uence, -urno, -uso*

calificativos
    causativos o agentivos: *-évolo, -icida, -ícola, -ífero, -ífico, -ífugo, -ígrado, -ípeto, -nte, -oclasta, -ófago, -ólatra, -oro, -oso¹*
    de resultado: *-do³*
    de hábito: *-ete³, -euque, -ndino, -ón³*
    disposicionales: *-az, -dizo, -ero², -iego, -ín², -isco, -ista, -oso¹, -ueño, '-uo*
    modales: *-ble, -dero²*
    posesivos: *-ado¹, -al, -bundo, -eco, -ejo², -etis, -eto³, -ido³, -iento, -ífero, -ígero, -ojo¹, -ón², -ondo, -oso¹, -udo*
    similitudinales: *-áceo, -aco¹, -ado¹, -al, -eño, -ense, '-eo, -esco, -iento, -iforme, -il¹, -ino¹, -izo, -oso¹, -uno*

aiii. Verbalizadores

-ear, -ecer, -icar, -ificar, -iguar, -itar, -izar; cf. también *-a²* y los prefijos *a-¹* y *en-*

aiv. Adverbalizadores: -mente

av. Flexivos

en las categorías nominales: *-a¹, -a³, -a⁶, -e¹, -e⁴, -esa, -ina³, -is¹, -isa, -o¹, -os, -s¹, -um, -us*
en las categorías verbales: *-a², -a⁴, -a⁵, -ba, -d, -do¹, -do², -e², -e³, -i¹, -i², -is², -mos, -n, -ndo¹, -o2, -ó, -oy, -r, -ra, -rá, -re, -ré, -ría, -ron, -s², -se, -ste, -uv-, -vé, -y¹*

avi. Apreciativos

aumentativos: *-acho, -aquen, -arro, -azo¹, -ejo¹, -eras, -etis, -íbiris, -iche, -ón¹, -oncio, -ongo, -orro, -ote*
diminutivos: *-áculo, -ata², -elo, -elli, -ete¹, -eto¹, '-i, -ichi, -ico, -ículo, -ija, -illo, -ín¹, -ingo, -ingue, -ino³, -iño¹, -ito¹, -izna, -ocha, -olo, -uchi, -uco, -ueco, -uelo, -ujo, '-ulo, -únculo, -uqui, -úsculo, -y²*
peyorativos: *-acho, -aco², -aina, -aja, -ajo¹, -ales, -anco, -arro, -astre, -astro¹, -ata², -ato³, -azos, -ejo¹, -elli, -engue, -estorio, -etas, -ica², -ingo, -ipondio, -ndurria, -oncho, -oide, -oideo, -ongo, -orrio, -orro, -ucho, -ucio², -ufo, -ujo, -umbo, -uncho, -unda, -undio, -ungo, -uqui, -urrio, -urro, -ute, -uzo*

avii. Nominales

colectivos: *-ada³, -ado², -aje³, -al², -alla, -amen, -amenta, -amento, -ángano, -ar, -ario⁴, -azón, -eda, -edo, -ela², -ena, -era², -ería³, -ero³, -esca, -eto², -ío², -iza, -mbre, -ojo³, -umen*
de acción o actividad: *-ada², -azo², -ectomía, -eja, -era³, -eta¹, -gate, -ina¹, -ing, -lisis, -iza, -orragia, -orrea, -urgia*
de agente o instrumento: *-arca, -ario², -asta, -el, -er, '-er, -ero1, -eta², -euta, -ka, -iatra, -ómaco, -omante, -ta, -urgo*
de estado: *-ado³, -ato¹, -azgo¹*
de lugar: *-ario³, -ería¹, -landia, -ódromo, -oteca*
de parentesco: *-astro², -ato², -el, '-ez, -ezno, '-ida, -ino²*
de propiedad: *-ancia, -ela³, -ia, -ía¹, -ío²*
otros: *-aje⁴, -anca, -ardo, -asa, -ato², -ato⁴, -aza, -echa, -egio, -el, -ela¹, -ema, -eno², -ero⁴, -feno, '-ido, -il², -ilo, -ina², -ino², -ino³, -io¹, -ismo, -ita², -itis, -ito², -ma, -ocha, -oides, -ol², -ol³, -oma, -ón⁵, -osis, -uca, -ueco, -ugo, -una, -uro, -usco¹*

aviii. Adjetivales

-érrimo, -eti, -ísimo, -ité, -izco, -uzco

aix. Funcionales

-al³, -anto, -avo¹, -ce, -eno³, -enta, -ésimo, -ien, -quier(a), -to¹, -to², '-uple

b) Prefijos

bi. Adjetivales

acro-, alo-, andro-, anemo-, arqueo-, atto-², braqui-, ciber-, cis-, citra-, clepto-, crio-, cuasi-, cuadri-¹, demi-, demo-, dia-, dino-¹, dino2-, dipso-, dis-², eco-, ecto-, endo-, epi-, eritro-, eu-, euro-, ex-¹, exo-, fanta-, fanto-, farmo-, femto-², ficto-, fino-, geronto-, giga-², gineco-, hemi-, hemo-, hetero-, hiper-, hipo-, histo-, holo-, homeo-, homo-, iso-, justi-, lati-, macro-, maxi-, mega-¹, meso-, meta-, micro-¹, mini-, mito-, nano-², neo-, nor-¹, nor-², oligo-, omni-, onco-, orto-, paido-, paleo-, pan-, para-, pen-, per-², piro-, pleni-, proct-, proto-, pseudo-, quiro-, semi-, sin-², sota-, soto-, sud-, super-², tardo-, tatara-, tribo-, vani-, vetero-, vice-, xeno-, xero-, xilo-

bii. **Cuantificativos**

a-², ambi-, anfi-, atto-¹, bi-, bis-, bronto-, centi-¹, centi-², cuatri-, deca-¹, deca-², deci-, di-¹, diali-, dodeca-, endeca-, enea-, exa-, femto-¹, giga-¹, hecto-, hella-, hexa-, icosa-, in-¹, kilo-, mega-², micro-², mili-, mono-, multi-, nano-¹, no-, octo-, pebi-, penta-, pico-, pluri-, poli-, quecca-, quecto-, quetta-, recien-, ronna-, ronto-, satis-, sesqui-, sex-, tera-, tetra-, todo-, tri-, uni-, xenna-, yocto-, yotta-, zepto-, zetta-

biii. **Preposicionales**

a-¹, a-³, a-⁴, ab-, ad-, ana-, anfi-, ante-, anti-, apo-, arce-, archi-, arqui-, auto-, bien-, circun-, co-¹, con-², contra-¹, contra-², de-¹, de-³, dentro-, des-, dis-¹, en-, entre-¹, entre-², equi-, ex-², extra-¹, extra-², fuera-, hiper-¹, in-², infra-, inter-, intra-, intro-, mal-, medio-, menos-, ob-, per-¹, peri-, plus-, por-, post-, pre-, preter-, pro-¹, pro-², puto-, re-¹, re-², re-³, recontra, requete-, requetecontra-, rete-, retro-, se-, sin-¹, so-, sobre-, son-, sub-, super-¹, supra-, suso-, tatara-, tele-, trans-, ultra-, yuxta-

c) **Interfijos y vocales de enlace**

-ac-, -ach-, -ad-, -ag-, -aj-, -al-, -all-, -an-, -anc-, -anch-, -ancl-, -and-, -andr-, -ant-, -ar-, -arr-, -at-, -az-, -ed-, -eg-, -ej-, -el-, -ell-, -end-, -ent-, -er-, -et-, -i-1, -i-2, -ic-, -ich-, -id-, -ij-, -il-, -ill-, -in-, -ind-, -ingl-, -ir, -irr-, -isc-, -ist-, -it-1, -it-2, -it-3, -iz-, -l-, -o-, -ol-, -oll-, -on-, -or-, -orr-, -ot-, -s-, -uc-, -uch-, -ud-, -ug-, -uj-, -ul-, -ull-, -uñ-, -ur-, -urr-, -usc-, -uzg-

II. Clasificación de prefijos por dominio semántico

a) **Locativos**

coincidencia: *sin-²*
dirección a través: *per-¹, trans-*
dirección desde: *ab-, apo-, son-*
dirección hacia afuera: *des-, ex-²*
dirección hacia atrás o hacia abajo: *ana-, de-¹, re-³, retro-*
dirección hacia: *a-⁴, ad-, en-, in-², ob-*
distancia: *tele-*
localización delantera: *ante-, pre-*
localización exterior: *ecto-, exo-, extra-¹, fuera-*
localización inferior: *hipo-, infra-, so-, sota-, soto-, sub-, suso-*
localización interior: *dentro-, en-, endo-, intra-, intro-*
localización intermedia: *entre-, inter-, meso-*
localización o movimiento alrededor: *anfi-, circun-, peri-*
localización superior: *epi-, hiper-, sobre-, super-¹, supra-*
localización trasera: *post-, re-³, retro-*
puntos de referencia: *a-³, cis-, citra-, contra-², de-³, nor-¹, oes-, preter-, sud-, trans-, ultra-, yuxta-*

b) Jerárquicos

arce-, archi-, arqui-, bis-, biz-, contra-, pro-², sub-, tatara-, vice-

c) Temporoaspectuales

acción no culminada y estado no alcanzado: *medio-, semi-*
anterioridad: *ante-, ex-¹, neo-, paleo-, pre-, recien-, vetero-*
iteración: *re-¹*
posterioridad: *neo-, post-, recien-, tardo-, vetero-*

d) De cantidad

de mitad: *demi-, hemi-, semi-*
de totalidad: *ambi-, holo-, omni-, pan-, pleni-, todo-,*
distributivo: *por-*
equivalentes a cardinales: *bi-, bis-, cuatri-, deca-², di-¹, diali-, dodeca-, endeca-, enea-, hexa-, icosa-, mono-, octo-, penta-, sesqui-, sete-, sex-, tetra-, tri-, uni-*
equivalentes a cuantificadores de valor impreciso: *multi-, oligo-, pluri-, poli-, satis-*
equivalentes a potencias y fracciones de valor definido: *atto-¹, bronto-, centi-¹, centi-², deca-¹, deci-, exa-, femto-¹, giga-¹, hecto-, hella-, hexa-, kilo-, mega-², micro-², mili-, nano-¹, pebi-, peta-, pico-, quecca-, quecto-, quetta-, ronna-, ronto-, tera-, xenna-, yocto-, yotta-, zepto-, zetta-*

e) De grado

grado alto: *archi-, bien-, extra-², hiper-¹, per-¹, plus-, puto-, re-², recontra-, requete-, retquetecontra-, rete-, sobre-, super-¹, ultra-*
grado bajo: *infra-, mal-, menos-, sub-*
grado intermedio: *entre-², medio-, semi-*

f) De actitud favorable o desfavorable

anti-, contra-¹, pro-¹

g) Negativos

a-², des-, dis-¹, in-¹, no-, sin-¹

h) Con incidencia en la estructura argumental

auto-, co-¹, con-², entre-¹, inter-¹, yuxta-

i) Intensionales

cuasi-, meta-, orto-, para-, pen-, proto-, pseudo-

j) De identidad y diferencia

alo-, equi-, hetero-, homeo-, homo-, iso-

k) Equivalentes a adjetivos calificativos de tamaño, color y otras propiedades descriptivas

acro-, atto-², braqui-, cuadri-, dino-¹, dis-², eritro-, eu-, femto-², giga-², hiper-², justi-, lati-, macro-, maxi-, mega-¹, micro-¹, mini-, nano-², nor-², puto-, super-², vani-

l) Equivalentes a adjetivos relacionales

andro-, anemo-, arqueo-, ciber-, clepto-, crio-, demo-, dia-, dino-², dipso-, eco-, euro-, fanta-, fanto-, ficto-, fino-, geronto-, gineco-, hemo-, histo-, mito-, onco-, paido-, per-², piro-, proct-, quiro-, tribo-, xeno-, xero-, xilo-

III. Clasificación de afijos por la categoría de las bases

a) De una sola categoría

Solo toman sustantivos:

-a⁶, -áceo, -aco¹, -aco², -ada¹, -ada², -ada³, -ado¹, -ado³, -aja, -aje², -aje³, -ajo⁴, -al¹, -al², -alla, -alista, -amen, -amenta, -amento, -anca, -ángano, -año¹, -ardo, -ario¹, -ario³, -ario⁴, arqueo-, -asa, -asco, -asta, -astre, -astro¹, -astro², -ata², -ato¹, -ato², atto-¹, atto-², -aza, -azgo, -azo¹, -azo², -azos, bis-, bronto-, centi-¹, centi-², ciber-, contra-², cuadri-¹, deca-¹, deci-, diali-, dino-¹, -echa, eco-, -ectomía, -eda, -edo, -egio, -eja, -ejo¹, -ejo², -ela¹, -ela², -ela⁴, -elo, -enco, endeca-, enea-, -engo, -eno², -eño, -eque², -er, -era², -eras, -ería¹, -ería³, -erío, -eriza, -erizo, -ero¹, -ero³, -ero⁴, -és, -esa, -esca, -esco, -estre, -etas, -eto¹, -eto³, euro-, ex-¹, exa-, -eyo, -ezno, fanta-, fanto-, femto-¹, femto-², ficto-, fuera-, -gate, geronto-, giga-¹, giga-², gineco-, hecto-, hella-, hemi-, hiper-², histo-, holo-, -iano, -iatra, -íbiris, -icida, -icio, '-ico¹, '-ico², -ícola, -ículo, -ido³, '-ido, -ífero,-iforme, -ífugo, -ígero, -ígrado, -il¹, -il², -ín¹, -ina², -ina³, -ing, -ingo, -ino², -io¹, -io², -ípeto, -ipondio, -is¹, -isco, -isa, -ístico, -ita², -itis, -iza, -izo¹, justi-, -ka, kilo-, -landia, -ma, maxi-, mega-¹, mega-², micro-², mili-, mini-, nano-¹, nano-², nor-², -ocha, -ocho, -oclasta, -ódromo, -ófago, -oides, -ojo¹, -ol², -ol³, -ólatra, oligo-, -ola, -oma, -omante, -ón², -ón⁵, onco-, -orragia, -orrio, -orrea, -os, -osis, -oso², -oteca, pebi-, pen-, per-², peta-, pico-, plus-, ronna-, ronto-, sesqui-, sin-¹, super-², -ta, tatara-, tera-, -terio, tetra-, tribo-, -uca, -uchi, -udo, -ueco, -uence, -ufo, -ugo, '-ulo, -um, -umen, -una, -uncho, -únculo, -unda, -undio, -ungo, -uno, -uño, -uro, -us, vani-, vice-, xenna-, xeno-, -y², yocto-, yotta-, zepto-, zetta-

Solo toman adjetivos calificativos:

-ales, -ela³, -elli, -era¹, -ería², -érrimo, -estorio, -ica², -icia, -icie, in-¹, -itar, -itud, -mente, -ón¹, uni-, -uzco

Solo toman adjetivos relacionales:

ambi-, -ancia, bien-, citra-, dino-², extra-¹, -mente, omni-, supra-, suso-

Solo toman verbos:

-a⁴, -a⁵, -aje¹, -ajo², -án, -ata¹, -az, -azo³, -ba, -bundo, -cro, -d, -de, dentro-, -dera, -deras, -dizo, -do¹, -do², -do³, -do⁴, -duría, -e², -e³, -en, -én, entro-, -eque¹, -eta¹, -ete², -ete³, -euque, -i¹, -i², -í², -ica¹, -iche, -ido², -ijo, in-², -ín², intro-, -is², -ja, -jo, -lle, medio-, -men, -mento, -miento, -mos, -n, -ncia, -ndero¹, -ndino, -nda, -ndo¹, -ndo², -ndurria, -o², -ó, ob-, -ón³, -ón⁴, -ondo, -oro, -oy, per-¹, -r, -ra, -rá, -re, -ré, -rén, -ría, -rife, -ron, -s², satis-, se-, -se, so-, -ste, -tegui, -toria, -torio¹, -torio², -ullo, -vé, -y¹, -zón²

Toman nombres propios:

-aca, -aico, -ano, -arra, -ata³, -avo², -eca, -eco, -eno¹, -ense, -eño, -eo², '-er, -és, '-ez, -í¹, -iano, -ica³, -ichi, -ín³, -io², -ita¹, -ito², -landia, -ol¹, -ota, sud-, -tano, -uso

b) De dos categorías

Toman sustantivos y adjetivos relacionales:

a-², andro-, anti-, cis-, demi-, ecto-, endo-, exo-, farmo-, fino-, hemo-, hetero-, hexa-, hipo-, homo-, -ismo, iso-, -ista, -izar, macro-, meso-, meta-, micro-¹, mono-, neo-, no-, nor-¹, -oide, orto-, paleo-, pan-, para-, penta-, peri-, piro-, pleni-, pluri-, poli-, pro-¹, proto-, pseudo-, quiro-, recien-, semi-, sud-, tardo-, tele-, todo-, vetero-, xeno-, xero-, xilo-

Toman sustantivos y adjetivos calificativos:

-acho, -aina, -ajo¹, -anco, -aquen, archi-, -ato³, cuasi-, -ecer, -el, en-, -ete¹, extra-², -ez, '-i, -ia, -ía, -ico, -ífico, -ija, -ino³, -ismo, -ista, -izar, -oide, -ongo, -orro, semi-, todo-, -ucho, -ucio², -uelo, -ujo, -uqui, -ura, -ute, -uzo

Toman sustantivos y verbos:

-áculo, -ado², -año², -ario2, -arro, -ble, contra-¹, -dero¹, -dero², -dor, -dura, entre-¹, -eta², -iego, -iento, -ina¹, infra-, -ino¹, -ío¹, -mbre, -nte, re-¹, re-³, tele-, -triz, -ueño

Toman adjetivos y verbos:

-azgo², -ción, de-¹, -dumbre, entre-², -eti, inter-, mal-, menos-, -nza, -or¹, puto-, -tivo, -ucio¹, yuxta-

Toman cuantificadores y determinantes:

-al³, -anto, -avo¹, -ce, -ena, -eno³, -enta, -ésimo, -eto², -ica³, -ien, -quier(a), sex-, -to¹, -to², '-uple

c) De más de dos categorías

Toman sustantivos, adjetivos y verbos:

ante-, auto-, bi-, circun-, co-¹, cuatri-², des-, dis-¹, -engue, -eo¹, equi-, -era³, ex-², hiper-¹, intra-, multi-, -oso¹, post-, pre-, preter-, pro-², retro-, sobre-, sub-, super-¹, tri-, ultra-, -urro

Toman sustantivos, adjetivos, determinantes y/o pronombres:

-a^1, -a^3, -e^1, -e^4, -idad, -ificar, -o^1, -s^1

Toman nombres, adjetivos, verbos, adverbios y otras categorías:

a-^{1}, -a^2, -ear, -ero^2, -illo, -ísimo, -ito^1, -ote, -uco

Toman adjetivos calificativos, adverbios e interjecciones:

re-^{2}, recontra-, requete-, requetecontra-

Toman preposiciones y adverbios, ocasionalmente otras categorías léxicas:

a-3, a-4, de-3, -ité

d) Otros criterios

Toman temas neoclásicos y bases supletivas prioritariamente:

a-^{2}, ab-, -áceo, -aco, acro-, ad-, -aico, alo-, ana-, anemo-, anfi-, apo-, -ario^1, arqueo-, -asta, bi-, braqui-, clepto-, con-^{2}, crio-, de-^{1}, deca-^{2}, demo-, di-^{1}, dia-, dipso-, dis-^{1}, dis-^{2}, dodeca-, ecto-, -ela^1, -elo, -ema, endeca-, endo-, enea-, -ense, '-eo, epi-, -erio, eritro-, -erno, -estre, -euta, ex-^{2}, exo-, -feno, geronto-, gineco-, hemi-, hemo-, hetero-, hexa-, hipo-, histo-, holo-, homeo-, homo-, -iatra, -icida, icosa-, -ífero, -ífico, -ífugo, -ígero, '-il, -ilo, -ílocuo, iso-, -itis, -itud, -lisis, -ma, meta-, mito-, -oclasta, octo-, -ódromo, -ófago, -oides, -ólatra, oligo-, -oma, -ómaco, -omante, -ón^5, -orragia, -orrea, orto-, -osis, -oteca, paido-, penta-, per-^{1}, peri-, poli-, proct-, quecca-, quecto-, quetta-, sin-^{2}, sota-, -ta, tetra-, tri-,'-ulo, -únculo, -urgo, -urno, -uro, -usco, -úsculo, vani-, xeno-, xeno-, xero-, xilo-

Bibliografía

Aguirre, C. & V. Marrero. 2009. Number morphology in Spanish first language acquisition, en U. Stephany and M. Voeikova (Eds.), *Development of Nominal Inflection in First Language Acquisition: A Cross-Linguistic Perspective*, pp. 341–371. Berlin / New York, Mouton de Gruyter.

Alcoba, S. 1998. Las formas *-ra /-se* de valor no subjuntivo en español actual, en *Atti del XXI Congresso Internazionale di Lingüistica e Filologia Romanze, pp.* 15–26. Tübingen, Max Niemeyer Verlag

Alcoba, S. 1999. La flexión verbal, en Bosque & Demonte (1999), 4915-4993.

Alcoba, S. 2014. Los sentidos de *–ción* de 'acción' o de 'efecto', en Martí, M. A. y M. Taulé (coords.), *Homenatge a Sebastià Serrano*, Col.lecció Homenatges, 44, pp. 29–52. Barcelona, Universitat de Barcelona.

Almela, R. 2000.¿Es *nosotros* el plural de *yo*?, *Estudios Lingüísticos de la Universidad de Alicante* 14, 9–17.

Ambadiang, T. 1993. *La morfología flexiva*. Madrid: Taurus.

Ambadiang, T. 1996. La formación de diminutivos en español: ¿fonología o morfología? *LEA* 18, 175–212.

Ambadiang, T. 1999. La flexión nominal: género y número, en Bosque & Demonte (1999), 4843-4915.

Aronoff, M. (1976). *Word formation in Generative Grammar*. Cambridge (Mass.): MIT Press.

Bajo Pérez, E. 1997. *La derivación nominal*. Madrid: Arco Libros.

Batiukova, O. 2021. Derivation and category change (III): verbalisation, en Fábregas et al. (2021), 209–222.

Bengoechea, M. (2015): Lengua y género, Madrid, Síntesis.

Beniers, E. 1977. La derivación de sustantivos a partir de participios. *Nueva Revista de Filología Hispánica* 26, 316–31.

Benítez, G. 2020. Un análisis onomasiológico de los sufijos nominalizadores de cualidad. *RILEX. Revista sobre investigaciones léxicas* 3-2, 32–58

Bermúdez-Otero, R. 2006. Morphological structure and phonological domains in Spanish denominal derivation, en F. Martínez-Gil & S. Colina (eds.), *Optimality-theoretic studies in Spanish phonology*, 278–311. Amsterdam, John Benjamins.

Bermúdez-Otero, R. 2013. "The Spanish Lexicon Stores Stems with Theme Vowels, Not Roots with Infectional Class Features." Probus 25 (1): 3–103.

Borgonovo, C. 1999. Participios activos. *Nueva Revista de Filología Hispánica* 47, 281–303.

Bosque, I. & V. Demonte (dirs.). 1999. *Gramática descriptiva de la lengua española*. Madrid, Espasa.

Bosque, I. 1993. Sobre las diferencias entre los adjetivos relacionales y los calificativos. *Revista Argentina de Lingüística* 9, 9–48.

Bosque, I. 2000. Reflexiones sobre el plural y la pluralidad. Aspectos léxicos y sintácticos, en M. Casas M. A. Torres (eds.), *Actas de las V Jornadas de Lingüística*, pp. 5–37. Cádiz, Universidad de Cádiz.

Bosque, I. 2014. On resultative past participles in Spanish. *Catalan Journal of Linguistics* 13, 41–77.

Bosque, I. 2019. ¿Participios en el diccionario?, en M. C. Cazorla Vivas et. al. (eds.), *Lo que hablan las palabras. Estudios de lexicología, lexicografía y gramática en honor de Manuel Alvar Ezquerra*, pp. 61–75. Lugo: Axac.

Bosque, Ignacio (1990): «Sobre el aspecto en los adjetivos y en los participios». In: Bosque, Ignacio (ed.). Tiempo y aspecto en español, Madrid: Cátedra, pp. 177–214.

Bustos Gisbert, E. de. 1986. *La composición nominal en español*. Salamanca, Universidad de Salamanca.

Cabredo Hofherr, P. 2021. Verbal plurality in Romance. *The Oxford Research Encyclopedia of Romance Languages*. Oxford: Oxford University Press.

Camacho, J. 2021. The inflection of nouns: gender and numbe, en Fábregas at al. (2021), 97–113.

Camus, B. & J. A. Miranda Pozas. 1996. En favor de una morfología paradigmática: las formaciones españolas en -ata. *Revista Española de Lingüística* 26, 271–300.

Camus, B. 1990. El futuro de subjuntivo en español, en I. Bosque (ed.), *Indicativo y subjuntivo*, pp. 410–427. Madrid, Taurus.

Camus, B. 1997. Sufijos apreciativos con derivados deverbales en español. *Revista de Filología Románica* 14, 85–97.

Camus, B. 1998. La descripción de un paradigma derivativo: los sustantivos españoles en -ez, *Verba* 25, 357–374.

Camus, B. 2018. Aspectos de la evolución histórica de la alomorfia en los diminutivos españoles. *Estudios de Lingüística del Español* 39, 107–124.

Camus Bergareche, B. 2021. The basic inflectional structure of verbs (II): conjugation classes and other paradigmatic properties of verbs, en Fábregas et al. (2021), 129–152.

Cantero, M. 2021. Morphology and pragmatics. In A. Fábregas et al. (eds.), pp. 416–430.

Carrasco Gutiérrez, A. (ed.) (2008). *Tiempos compuestos y formas verbales compuestas*. Madrid, Iberoamericana Vervuert.

Carriscondo, F. M. 2018. Con la mente puesta en los adverbios en -mente, en E. Felíu (ed.), *Problemas de demarcación en morfología y sintaxis del español*, pp. 25–42. Berna, Peter Lang.

Casado Velarde, M. 1981. Un sufijo de la lengua juvenil: -ata, *Thesaurus. Boletín del Instituto Caro y Cuervo* XXXVI, 323-327.

Casado Velarde, M. 2017. Sobre un préstamo sufijal del euskera al español: -tegui. *Hesperia* XX, 7–21.

Colina, S. 2006. Output-to-Output Correspondence and the Emergence of the Unmarked in Spanish Plural Formation, en J.-P. Montreuil (ed.), *New Perspectives on Romance Linguistics. Vol II: Phonetics, Phonology and Dialectology*, pp. 49–63. Amsterdam, John Benjamins.

Darmesteter, A. (1875). Traité de la formation des mots composés dans la langue française comparée aux autres langues romaines et au latin. Paris: Honoré Champion.

De Sterck, G. 2000. *Registros y áreas geográfcas en lingüística. Usos y valores de las formas en -ra, -se, -ría y -re*. Salamanca: Ediciones Universidad Salamanca.

Di Tullio, Á. 2008. Participios y adjetivos, en J. Pena & M. J. Rodríguez Espiñeira (eds.), pp. 99–125.

DiTullio, Á. 1997. Verbos de sufijación homogénea en español. *Revista de Lengua y Literatura* 22, 47–58.

Eguren, L. 2001. Evaluative suffixation in Spanish and the syntax of derivational processes, en Julia Herschensohn, Enrique Mallén & Karen Zagona (eds.), *Features and Interfaces in Romance*, pp. 71–85. Amsterdam, John Benjamins.

Escandell-Vidal, M. V. 2018. Reflexiones sobre el género como categoría gramatical. Cambio ecológico y tipología lingüística, en M. Ninova (ed.), *De la lingüística a la semiótica: trayectorias y horizontes del estudio de la comunicación*, Sofía, Universidad S. Clemente de Ojrid.

Esquivel, S. 2017. Sufijos gentilicios en el español de México. Rivalidad y restricciones de aplicabilidad. *Anuario de Letras. Lingüística y Filología* V, 67–89.

Esteban Fernández, N. 2022. El 'puto' de la RAE, el 'puto' del pueblo: productividad y categorización de *puto, -a*. *Hesperia* XXV, 37–56.

Fábregas, A. 2004. Prosodic constraints and the difference between root and word compounding. *Lingue e linguaggio* 2, 303–341.

Fábregas, A. 2007. The internal syntactic structure of relational adjectives. *Probus* 19, 1–36.

Fábregas, A. 2008. Categorías híbridas en morfología distribuida: el caso del gerundio, en J. Pena & M. J. Rodríguez Espiñeira (eds.), pp. 57–87.

Fábregas, A. 2010. On Spanish prepositional prefixes and the cartography of prepositions. *Catalan Journal of Linguistics* 9, 55–7.
Fábregas, A. 2012a. Evidence for Multidominance in Spanish agentive nominalizations en A. Alexiadou et al. (eds.), *Ways of structure building*, pp. 66–92. Oxford: Oxford University Press.
Fábregas, A. 2012b. A syntactic account of affix rivalry in Spanish nominalizations, en M. Uribe-Etxebarria et al. (eds.), *The Syntax of Nominalizations across Languages and Frameworks*, pp. 59–65. Berlin, Mouton de Gruyter.
Fábregas, A. 2013. Diminutives as heads or specifiers: the mapping between syntax and phonology. *Iberia: An international Journal of Theoretical Linguistics* 5, 1–44.
Fábregas, A. 2014. A guide to subjunctive and modals in Spanish: questions and analyses. *Borealis* 3, 1–94.
Fábregas, A. 2014. Phrasal spell-out: an argument from haplology. *Linguistic Analysis* 39, 83–124.
Fábregas, A. 2015. Imperfecto and indefinido in Spanish: what, where and how. *Borealis* 4, 1–70.
Fábregas, A. 2016. *Las nominalizaciones*. Madrid: Visor.
Fábregas, A. 2017. ¿Son algunos interfjos morfemas apreciativos? *ELUA: Estudios de Lingüística* 31, 135–50.
Fábregas, A. 2017. Algunos problemas de los sufijos con lectura de contacto brusco. *Cuadernos de investigación filológica* 43, 51–71
Fábregas, A. 2018. Los prefijos adjetivales: un grupo heterogéneo. *Dicenda* 36, 167–189.
Fábregas, A. 2020. *Morphologically derived adjectives in Spanish*. Amsterdam: John Benjamins.
Fábregas, A. 2022. Hacia una caracterización sintáctica del género del sustantivo en español. *Revista Española de Lingüística* 52, 39–96.
Fábregas, A. 2023. *Spanish verbalisations and the internal structure of lexical predicates*. Oxford / Nueva York: Routledge.
Fábregas, A. (en prensa). The fine-grained structure of the lexical area. Amsterdam: John Benjamins.
Fábregas, A., V. Acedo-Matellán, G. Armstrong, M. C. Cuervo & I. Pujol (eds.). *The Routledge Handbook of Spanish Morphology*. Oxford / New York: Routledge.
Felíu, E. 2003. *Morfología derivativa y semántica léxica*. Madrid: Ediciones de la Universidad Autónoma de Madrid.
Felíu, E. 2012. La formación de sustantivos con el sufijo *-torio* en español actual, en E. Pato y J. Rodríguez Molina (eds.), *Estudios de filología y lingüística españolas. Nuevas voces en la disciplina*, pp. 53–92. Berna, Peter Lang.
Felíu, E. 2013. Restricciones en la formación de nombres de lugar en *-dero*, en V. Marcet Rodríguez, C. Quijada Van den Berghe y M. Torres Martínez (eds.) *Pro Lingua. Investigaciones lingüísticas universitarias*, pp. 123–140. Salamanca, Luso-Española de Ediciones.
Felíu, E. 2017. Formación de palabras y variación: algunas reflexiones a partir de ejemplos del español. *Hispania* 100, 509–521.
Felíu, E. 2022. Morfología derivativa y expresión de la aproximación en español: el caso de -oide. *Hesperia: Anuario de Filología Hispánica* XXV-I, 57–74.
Felíu, E. & E. Pato. 2015. De modificador aspectual a atenuador oracional: nuevos datos sobre la evolución de *medio*. *Zeitschrift für romanische Philologie* 131, 119–156.
Fuchs, Z., M. Polinsky & G. Scontras. 2015. The Diferential Representation of Number and Gender in Spanish. *The Linguistic Review* 32, 703–37.
García Fernández, L. 1995. La interpretación temporal de los tiempos compuestos. *Verba* 22, 363–396.
Gibert Sotelo, E. 2017. *Source and negative prefixes*. Tesis doctoral, Universitat de Girona.
Gibert Sotelo, E. 2021. Prefixation, en Fábregas et al. (2021), 236–255.
Gibert Sotelo, E. e I. Pujol Payet. 2020. Derivación verbal y cambio tipológico: a propósito del latín –izāre. *Lingue antiche e moderne 9*, 107–130.
Harley, H. (2005). Compounding in Distributed Morphology, en R. Lieber & P. Stekauer (eds.), *The Oxford Handbook of Compounding*, pp. 129–144. Oxford: Oxford University Press.
Harris, J. W. 1991. The exponence of gender in Spanish. *Linguistic Inquiry* 22, 27–62.
Harris, H. (2005). Compounding in Distributed Morphology, en R. Lieber & P. Stekauer (eds.), The Oxford Handbook of Compounding, pp. 129–144. Oxford: Oxford University Press.

Hernanz, M. Ll. 1999. El infinitivo, en Bosque & Demonte (1999), 2197-2357.
Jespersen, O. (1933). *Essentials of English Grammar*. Londres: Allen & Unwin.
Kornfeld, L. 2016. Una propuestita astutita: el diminutivo como recurso atenuador. *Revista Internacional de Lingüística Iberoamericana* XIV, 123–36.
Kornfeld, L. 2021. Appreciative morphology, en Fábregas et al. (2021), 269–285.
Kornfeld, L. M. 2010. *La cuantificación de adjetivos eGarcian el español de Argentina. Un estudio muy gramatical*. Buenos Aires, El 8vo. Loco.
Kornfeld, L. & I. Kuguel. 2013. Un afjo re loco (Notas sobre *re*), en Á. Di Tullio (ed.), *El español de Argentina: estudios gramaticales*, pp. 13–33. Buenos Aires, EUDEBA.
Kovacci, O. 1999. El adverbio, en Bosque & Demonte (1999), 705–786.
Laca, B. 1993. Las nominalizaciones orientadas y los derivados españoles en *-dor* y *-nte*, en S. Varela (ed.), *La formación de palabras*, pp. 162–79. Madrid, Taurus.
Lavale Ortiz, R. M. 2013. *Verbos denominales causativos en español actual*. Tesis doctoral, Universidad de Alicante, Alicante.
Lázaro Mora, F. 1999. La derivación apreciativa, en Bosque & Demonte (1999), 4645–4683.
Lipski, J. 1996. *El español de América*. Madrid: Cátedra.
López, L. 2015. Parallel computation in word formation. *Linguistic Inquiry* 46, 657–701.
López, L. 2018. Case and the event structure of nominalizations. *Linguistic Inquiry* 49, 85–121.
Marín, R. 1997. Participios con aspecto de adjetivos: entre la diacronía y la morfología. *Moenia* 3, 365–376.
Marín, R. 2004b. Sobre pasivas adjetivales. *Verba* 31, 455–471.
Marín, R. 2009. Del adjetivo al participio, en E. De Miguel Aparicio et al (ed.), *Fronteras de un diccionario: las palabras en movimiento*, pp. 327–348. San Millán de la Cogolla, Cilengua.
Marín, R. & A. Fábregas. 2021. Participles and gerunds. In Fábregas, A. et al. (eds.), 484–499.
Marrero, V., C. Aguirre & M. J. Albalá. 2007. The acquisition of diminutives in Spanish, en I. Savickiene y W. Dressler (eds.) *The Acquisition of Diminutives: A Cross-Linguistic Perspective*, pp. 155–183. Amsterdam, John Benjamins.
Martín Camacho, J. C. 2001. Sobre los supuestos diminutivos infijados del español. *Anuario de Estudios Filológicos* XXIV, 329–341.
Martín Camacho, J. C. 2003. *El problema lingüístico de los interfijos españoles*. Cáceres, Servicio de Publicaciones de la Universidad de Extremadura.
Martín García, J. 1996. *La morfología léxico-conceptual: la palabras derivadas con 're-'*. Tesis doctoral. Publicada en 1998 en Madrid: Ediciones de la Universidad Autónoma de Madrid.
Martín García, J. 1998. Los prefijos intensivos del español: caracterización morfo-semántica, *Estudios de Lingüística*, 12, pp. 103–116
Martín García, J. 2005. Los nombres prefijados en aposición. *Verba* 32, 25–57.
Martín García, J. 2007. Las palabras prefijadas con *des-*. *Boletín de la Real Academia*, LXXXVII, 5–27.
Martín García, J. 2008. Los participios adjetivos pasivos en los diccionarios de español, en J. Pena y M. J. Rodríguez Espiñeira (eds), pp. 149–163.
Martín García, J. 2012. Los prefijos *pre-* y *pos-* con sustantivos deverbales, en E. Bernal et al. (eds.), *Tiempo y espacio en la formación de palabras del español*, pp. 21–33. Munich: Peniope.
Martín García, J. y S. Varela. 2007. Naturaleza gramatical y valor semántico-aspectual de *recién*, en *Actas del VI Congreso de Lingüística General*, pp. 1733–1742. Madrid, Arco/Libros.
Martín Vegas, R. A. 2014. *Los verbos irregulares del español: clasificación de modelos*. Madrid: Biblioteca Nueva.
Mateu, J. 2021. Main morphological formal means (II): approaches to parasynthesis, en Fábregas et al. (2021), 28–40.
Moliner, M. (1998). *Diccionario de uso del español*, 2nd edition. Madrid: Gredos.
Mendívil, J. L. 2020. El masculino inclusivo en español. *RSEL* 50, 35–64.
Mendívil, J. L. 2021. Inflection, derivation and compounding: issues of delimitation. In A. Fábregas (2021), 55–67.
Melloni, C. (2023). Neoclassical word formation, in P. Ackema, S. Bendjaballah, E. Bonet & A. Fábregas (eds.), The Wiley Companion to Morphology. Oxford: Wiley.

Mondoñedo, A. 2012. Todos vimos tu bostezada, en A. Fábregas et al. (eds.), *Los límites de la morfología. Estudios ofrecidos a Soledad Varela Ortega*, pp. 269–87. Madrid, UAM.

Montero Curiel, M. L. & P. Montero Curiel. 2020. Sufijación y género gramatical, *Studia Philologia* 4, 95–110.

Montero Curiel, M. L. 1998b. La evolución del prefijo *anti-*, *Actas del IV Congreso Internacional de Historia de la Lengua Española*, pp. 321–327. Logroño, Universidad de la Rioja.

Montero Curiel, M. L. 1999. *La prefijación negativa en español*. Cáceres: Servicio de Publicaciones de la Universidad de Extremadura.

Montero Curiel, M. L. 2001. *Prefijos aminorativos en español*, Cáceres: Servicio de Publicaciones de la UEx.

Montero Curiel, M. L. 2001b. El prefijo *contra-* en español, *Anuario de estudios filológicos*, XXIV, 355–364.

Montero Curiel, M. L. 2011. De los valores espacio-temporales a los valores nocionales en algunos prefijos españoles, *Tiempo y espacio en la formación de palabras en español*, pp. 11–20. Múnich, Peniope.

Montero Curiel, M. L. 2015. Negation, *Word-Formation (HSK 40.1-40.4) An International Handbook of the Languages or Europe*, pp. 1351–1359. Berlin, De Gruyter.

Montero Curiel, M. L. 1998. Los prefijos *ex-* y *extra-* en español. *Anuario de Estudios Filológicos* 21, 243–255.

Morera, M. 2019. Las confluencias referenciales de los prefijos de 'alejamiento' españoles *de-*, *ex-*, *des-*, *di(s)* y *ab(s)*, *Lingüística Española Actual* XLI/2, 221–264.

Náñez, E. 1973. *El diminutivo: historia y funciones en el español clásico y moderno*. Madrid, Gredos.

Ohannesian, M. 2021. Interfixation, en Fábregas et al. (2021), 387-399.

Oltra-Massuet, I. & E. Castroviejo. 2014. A syntactic approach to the morpho-semantic variation of *-ear*. *Lingua* 15,: 120–141.

Oltra-Massuet, I. 2014. *Deverbal adjectives at the interface*. Berlin: De Gruyter.

Pascual Rodríguez, J. A., and M. N. Sánchez González de Hierro. 1992. Una forma particular de amalgama morfológica: notas sobre la historia de -dor y -dero en español, en J. A. Bartol (ed.), *Estudios flológicos en homenaje a Eugenio de Bustos Tovar* II, pp. 675–698. Salamanca, Universidad de Salamanca.

Pastor, A. 2021. The basic inflectional structure of adjectives: degree and agreement, en Fábregas et al. (2021), 152–163.

Pato, E. & E. Felíu. 2021. Morphological variation in the Spanish-speaking world. In A. Fábregas et al. (eds.), 68–81.

Pato, E. 2018. Queriba una cosa y traíba otra. Los pretéritos imperfectos 'analógicos' en español. *Philologica Jassyensia* XIV (2), 83–100.

Pena, J. 1980. *La derivación en español. Verbos derivados y sustantivos verbales*. Anejo 16 de Verba. Universidad de Santiago de Compostela.

Pena, J. 2004. Morfología de los nombres de cualidad derivados. *Verba* 31, 7–42.

Pena, J. 2005. Interferencias entre paradigmas derivativos. A propósito de los sustantivos en *–ncia, –ada* y *–ería*, en G. Rio-Torto et al. (coords.): *Estudos em Homenagem ao Professor Doutor Mário Vilela* (I e II volumes), pp. 313–323. Porto, Facultad de Letras da Univ. do Porto.

Pena, J. 2007. Los nombres denominales de cantidad y de lugar, en Inmaculada Delgado Cobos y Alicia Puigvert Ocal (eds.) *Ex admiratione et amicitia. Homenaje a Ramón Santiago*, pp. 864–897. Madrid, Ediciones del Orto.

Pena, J. 2008. La distinción entre centro y periferia aplicada al paradigma derivativo: el caso del sufijo *–ería* en español, en E. Corral et al. (eds.), *A mi dizen quantos amigos ey. Estudos filolóxicos en homenaxe a Xosé Luís Couceiro*, pp. 565–571. Universidad de Santiago de Compostela, Servizo de Publicacións.

Pena, J. 2014. Sobre el origen de algunos adjetivos considerados parasintéticos, en M. Bargalló Escrivá et al. (eds.):*"Llaneza". Estudios dedicados al profesor Juan Gutiérrez Cuadrado*. Anexo 23 de Revista de Lexicografía, pp. 131–144. A Coruña: UDC.

Pena, J. & M. J. Rodríguez Espiñeira. 2008. *Categorización lingüística y límites intercategoriales. Anejo 61, Verba* . Santiago: Ediciones de la Universidad de Santiago de Compostela.

Penny, R. 1993. *Gramática histórica del español*. Barcelona: Ariel.

Pensado, C. (1999). Morfología y fonología. Fenómenos morfofonológicos, en Bosque & Demonte (1999), 4423–4505.

Pérez, S. y Moragas, F. 2020. Lenguaje inclusivo: malestares y resistencias en el discurso conservador, en S. Kalinowski, J. Gasparri, S. Pérez, S. & F. Moragas (eds.), *Apuntes sobre lenguaje no sexista e inclusivo*, pp. 69–96. UNR Editora.

Pérez Saldanya, M. 2012. Morphological Structure of Verbal Forms, en J. I. Hualde, A. Olarrea, & E. O'Rourke (eds.), *The Handbook of Hispanic Linguistics*, pp. 227–46. Oxford, Wiley-Blackwell.

Pharies, D. 2002. *Diccionario etimológico de los sufijos españoles y otros elementos afines*. Madrid, Gredos.

Picallo, M. C. 2008. Gender and Number in Romance. *Lingue e Linguaggio* 7, 47–66.

Portolés, J. 1988. Sobre los interfjos en español. *Lingüística Española Actual* 10, 153–169.

Portolés, J. 1999. La interfijación, en Bosque & Demonte (1999), 5041–5075.

Pujol Payet, I. 2014. From Latin to Old Spanish: On the Polysemy of Denominal Parasynthetic Verbs Prefxed with *a-*. *Carnets de Grammaire, CLLE-ERSS* 22, 276–99.

Pujol Payet, I. 2018. Prefjos y preposiciones: dimensión histórica de *contra-*. *Estudios de Lingüística del Español* 39, 55–80.

RAE & ASALE. 2009. *Nueva gramática de la lengua española*. Madrid, Espasa.

Rainer, F. 1989. Das Präfix *neo-* im Italienischen und in anderen europäischen Sprachen, *Italienisch* 21, 46–58

Rainer, F. 1990. Appunti sui diminutivi italiani in *-etto* e *-ino*, en Monica Berretta / Piera Molinelli / Ada Valentini (eds.), *Parallela 4. Morfologia/Morphologie*, pp. 207–218. Tubinga, Narr.

Rainer, F. 1993. *Spanische Wortbildungslehre*. Tubinga, Niemeyer.

Rainer, F. 1999. La derivación adjetival, en Bosque & Demonte (1999), 4595-4645.

Rainer, F. 2003. Semantic fragmentation in word-formation: the case of Spanish *-azo*, en Rajendra Singh / Stanley Starosta (eds.) *Explorations in Seamless Morphology*, pp. 197–211. New Dehli, Sage.

Rainer, F. 2004. Del nombre de agente al nombre de instrumento y de lugar en español: ¿cuándo y cómo? Iberoromania 59, 97–122.

Rainer, F. 2005. Noms d'instruments/de lieux en *–tor* dans la Galloromania. *Vox Romanica* 64, 121–140

Rainer, F. 2007. De *Porfiriato* a *zapaterato*, *Lingüística Española Actual* 29, 251–259

Rainer, F. 2009. El origen de los nombres de instrumento en-dora del español. *Vox Romanica* 68: 199–217.

Rainer, F. 2017a. El origen del patrón (*tener buenas*) *tragaderas*. *Romanische Forschungen* 129, 439–456

Rainer, F. 2017b. El sufjo *-ero* locativo-colectivo del español atlántico, en Jesús Pena (ed.), *Procesos morfológicos. Zonas de interferencia*, pp. 141–176. Santiago de Compostela, Secretariado de Publicaciones de la Universidad de Santiago de Compostela.

Rainer, F. 2018. Patterns and niches in diachronic word formation: The fate of the suffix *-men* from Latin to Romance". *Morphology* 28, 397–465.

Rebollo Torío, M. A. 1991. -izar. *Anuario de estudios flológicos* 14, 405–11.

Resnik, G. 2013. Las nominalizaciones en -ada en el español rioplatense, en L. Colantoni & C. Rodríguez Louro (eds.), *Perspectivas teóricas y experimentales sobre el español de la Argentina*, pp. 191–205. Madrid, Iberoamericana.

Resnik, G. 2021. Derivation and category change (I): nominalisation, en Fábregas et al. (2021), 182-195.

Rifón, A. 1994. La habitualidad e iteratividad en la derivación verbal española. *Verba* 21, 183–206.

Rifón, A. 1997a. *Pautas semánticas para la formación de verbos en español mediante sufijación*. Santiago: Universidad de Santiago de Compostela.

Rifón, A. 1997b. Sinonimia y polisemia de los sufjos *-dor* y *-nte*. *Revista de Lexicografía* III, 95–109.

Rifón, A. 1998. La derivación verbal apreciativa en español. *ELUA* 12, 211–226.

Rifón, A. 2000. *-ori(ola)* e *-iv(ola)*: ¿Nombres postverbales y postnominales? *EPOS* XVI, 43–57.

Rifón, A. 2009. «-oide»: un sufijo cosmopolita. *Cuadernos del Instituto de Historia de la Lengua*, 81–114.

Rifón, A. 2014. Evolución del significado morfológico de los prefijos supra- e infra-. *Estudios filológicos* 53, 85–107.

Rifón, A. 2018. Estudio exploratorio de la red de prefijos en español. *Hesperia: Anuario de filología hispánica* 21, 95–112.

Roca, I. M. 2005. La gramática y la biología en el género del español. *Revista Española de Lingüística* 35, 17–44 y 397-492.

Rodríguez Rosique, S. 2011. Morphology and Pragmatics of Afxal Negation: Evidence from Spanish *des-*, en J. L. Cifuentes Honrubia & S. Rodríguez Rosique (eds.), *Spanish Word Formation and Lexical Creation*, pp. 145–62. Amsterdam, John Benjamins.

Rodríguez Rosique, S. 2013. El valor aspectual de los verbos reversativos: Claves pragmáticas para un proceso de verbalización. *Círculo de Lingüística Aplicada a la Comunicación* 54, 99–129.

Santiago, R. & E. Bustos Gisbert. 1999. La derivación nominal, en Bosque & Demonte (1999), 4505-4595.

Serrano Dolader, D. 1995. *Las formaciones parasintéticas en español*. Madrid, Arco / Libros.

Serrano Dolader, D. 1999. La derivación verbal y la parasíntesis, en Bosque & Demonte (1999), 4683-4757.

Torner, S. 2003. *De los adjetivos calificativos a los adverbios en -mente*. Madrid, Visor.

Val Álvaro, J. F. 1981. Los derivados sufijales en *–ble* en español. *Revista de Filología Española* 61, 185–198.

Val Álvaro, J. F. 1992. Representación léxico-semántica y verbos deadjetivales en español. En C. Martín-Vide (ed.), *Lenguajes naturales y lenguajes formales VIII*. Barcelona, pp. 517–525.

Val Álvaro, J. F. 1993. Prefijación verbal en la formación de predicados complejos (a propósito de verbos prefijados con *entre-*, *con-* y *sobre-* en español), en C. Martín-Vide (ed.), *Lenguajes naturales y lenguajes formales IX*. Barcelona, pp. 485–493.

Val Álvaro, J. F. 1998. Flexión y derivación: la vocal temática en la formación de derivados, en B. Gallardo Paúls (ed.), *Temas de Lingüística y gramática*, pp. 163–176. Valencia, Universidad de Valencia.

Varela, S. 1990. *Fundamentos de morfología*. Madrid, Síntesis.

Varela, S. 2002. 'Active or 'Subjective' Adjectival Participles in Spanish, en J. Lee, K. Geeslin y C. Clements (eds.), *Structure, Meaning, and Acquisition in Spanish. Papers from the 4th Hispanic Linguistics Symposium*, pp. 304–316. Somerville, Cascadilla Press.

Varela, S. 2012. La interacción de las nominalizaciones con la voz, el aspecto y la dimensión temporal, en E. Bernal, C. Sinner y M. Emsel (eds.), *Tiempo y espacio en la formación de palabras del español*, pp. 91–106. Múnich, Peniope.

Varela, S. 1992. Verbal and adjectival participles in Spanish, en C. Lauefer & T. Morgan (eds.). *Theoretical studies in Romance linguistics*, pp. 219–234. Amsterdam, John Benjamins.

Varela, S. & L. Haouet. 2001. For a morphological analysis in the privacy of the lexicon: prefixed verbs, *Cuadernos de Linguística del I. U. Ortega y Gasset* VIII, 53-69.

Varela, S. & J. Martín. 1999. La prefijación, en Bosque & Demonte (1999), 4993-5041.

Varela, S. & L. Haouet. 2001. For a morphological analysis in the privacy of the lexicon: prefixed verbs, *Cuadernos de Linguística del I. U. Ortega y Gasset* VIII, 53–69.

Vázquez, E. 2020. Análisis onomasiológico de los agentivos deverbales *–nte*, *–dor* y *–ón*. *Boletín de Filología* 55, 405–427.

Zacarías-Ponce de León, R & A. Hernández-Quiroz. 2017. La correspondencia morfológica tripartita del tipo *Marx, marxismo, marxista*, según el modelo basado en palabras. *Boletín de Filología* LII.

Zacarías-Ponce de León, R. 2015. Análisis morfológico y semántico del sufijo *-iza* y sus implicaciones lexicográficas. *Signo y seña* 27.

Zacarías-Ponce de León, R. 2016. Análisis morfológico, semántico y lexicográfico del sufijo *-erío* en el español de México. *Thesaurus* 58.

Zacarías-Ponce de León, R. 2020. Los sufijos *-oso, -ento, -udo* y *-ón* en el español de México: Alternancia y vitalidad. *CLAC. Círculo de Lingüística Aplicada a la Comunicación*, 92.

Zacarías-Ponce de León, R. 2021. The basic inflectional structure of verbs (I): aspect, tense, mood and agreement, en Fábregas et al. (2021), 129–152.

Zato, Z. 2020. *The role of state-kinds in the morphosemantics of Spanish deadjectival nominalizations.* Tesis doctoral, Universidad del País Vasco.